KB023779

아편전쟁에서
5·4운동까지

아편전쟁에서 5·4운동까지

호승(胡繩) 지음
박종일 옮김

인간사랑

일러두기

- 한자사용 : 원전의 한자는 간자체이나 역서에서는 우리에게 익숙한 번체로 바꾸었다. 역서 전체를 통해 한자 독음은 모두 우리식 독음으로 통일하였다.
- 고유명사(인명과 지명) : 처음 나올 때에만 한자를 병기하였다.
- 외래어 표기 : 현지 발음으로 표기하고 처음 나올 때만 로마자를 병기하였다.

차
례

서문   13

원본 서문   14

서론   21

제1장   19세기 40년대 이전의 중국   23

     경제기초   23

     전제주의 정권   28

     농민혁명   33

제2장   19세기 40년대 이전 중국과 자본주의 각국의 관계   37

     16, 17세기 외국침략자들의 등장과 좌절   37

     18세기 중국 측의 방비 강화와 통제   40

     영국과 동인도회사   45

제1편 아편전쟁과 태평천국 농민혁명   49

제3장   아편전쟁   51

     아편 금지문제   51

     임칙서의 아편 금지령과 영국침략자   55

     전쟁과 "타이름"   60

     패전의 원인   67

     삼원리 전투   72

　　　남경조약, 망하조약, 황포조약　　　　　　　　　　　77

제4장　전쟁 이후　　　　　　　　　　　　　　　　　83

　　　광주성의 투쟁　　　　　　　　　　　　　　　　83

　　　통상항과 매판계급의 등장　　　　　　　　　　89

　　　"조계"—나라 안의 나라　　　　　　　　　　　96

　　　누적된 변화와 첫 번째 격랑　　　　　　　　100

제5장　태평천국의 흥기　　　　　　　　　　　　106

　　　농민혁명 중의 계급과 계층　　　　　　　　106

　　　금전촌의 봉기　　　　　　　　　　　　　112

　　　남경 진군　　　　　　　　　　　　　　　118

　　　북벌과 서정　　　　　　　　　　　　　　123

　　　천조전무제도　　　　　　　　　　　　　129

　　　천경 성내의 대변란　　　　　　　　　　　136

제6장　제2차 아편전쟁　　　　　　　　　　　　142

　　　태평천국 초기의 외국 침략자의 태도　　　142

　　　상해와 광주에서의 허위적 중립　　　　　146

　　　조약 개정문제　　　　　　　　　　　　　149

　　　영·프랑스 연합군의 광주 점령과 천진 침입　154

　　　제2차 아편전쟁과 러시아　　　　　　　　161

　　　천진조약에서 북경조약까지　　　　　　　166

　　　봉건 통치자의 진정한 적　　　　　　　　175

제7장　1856-1861년의 태평천국　　　　　　　179

　　　장강 중하류 쟁탈전　　　　　　　　　　　179

　　　염군과 태평군의 합작　　　　　　　　　　185

홍인간과 『자정신편』 190

태평천국 치하의 소주·항주 지역 194

다른 깃발을 든 반란 198

종교적 망상과 현실적 투쟁 204

제8장 국내외 반혁명 세력의 대연합과 태평천국의 실패 211

친구가 된 강도 211

상해주변의 전쟁과 "상승군"의 등장 218

상군과 회군 223

태평천국에 대한 지식분자의 태도 234

태평천국 내부의 위기 240

천경 함락 245

제2편 반식민지, 반봉건 통치 질서의 형성 253

제9장 농민대혁명 실패 이후 255

사회경제의 심각한 파괴 255

소수민족 대중봉기의 실패 260

외국 자본주의 약탈의 강화 266

봉건 통치자와 외국 침략자의 결탁 273

제10장 봉건 통치자들의 "양무운동" 281

양무운동의 발생 281

관영 군사공업 285

관독민영 기업 289

후당창과 철갑선 297

양무운동에 대한 이견 302

양무운동에 대한 또 다른 이견   307

중국 무산계급의 탄생   312

제11장 외국 침략에 반대하는 대중운동의 흥기   317

60년대의 반침략 대중운동   317

교안에 대한 양무파의 태도와 천진교안   326

70년대~90년대 초의 반침략 대중투쟁   331

제12장 제국주의의 중국 변경 침략과 반식민지적 외교   337

러시아의 서북 변경 침략   337

영국의 서부 변경 침략   343

좌종당의 서정과 이리조약   347

반 식민지적 외교   353

제13장 중·프랑스전쟁과 중·일전쟁   361

중·프랑스전쟁 1단계 : 전쟁발발 이전   361

중·프랑스전쟁 2단계 : 개전에서 정전까지   366

중·일전쟁 1단계 : 강요된 대응   370

중·일전쟁 2단계 : 강화와 반대여론   378

중·일전쟁 3단계 : 대만 보위투쟁   384

제3편 무술유신과 의화단 운동   391

제14장 중·일 갑오전쟁 후의 제국주의 열강의 중국에 대한 약탈   393

러시아와 요동반도   393

정치적 예속을 강요한 차관   398

철도 강탈   402

분할의 위기   408

이이제이 413

제15장 제2차 혁명고조기 출현 이전의 국내 계급형세 421

제국주의의 세리로 전락한 청 왕조 정부 421

폭풍우의 전주곡 426

민족 자본주의의 초보적 발전 432

민족 자산계급의 상층과 하층 437

제16장 자산계급 개량주의의 유신운동 445

유신운동과 그 지도자 강유위 445

유신파의 선전 조직활동 451

유신파와 양무파의 논쟁 457

유신파의 서양학습 463

통속적인 진화론과 정치상의 개량주의 469

제17장 백일유신의 실패 475

유신파의 집권 475

백일유신 시기의 광서황제 481

권력투쟁 489

정변의 승자와 패자 497

등장하지 않은 배역 503

제18장 의화단의 흥기 508

권회에서 의화단으로 508

의화단의 북경·천진 진입 515

자희태후의 "전쟁 선포" 519

의화단의 북경점령? 526

반침략전쟁의 일선 530

제19장 8국 연합군과 의화단의 실패 535

8국 연합군의 북경 점령 535

"동남지역 상호보존"과 이홍장의 강화 539

날강도 무리 543

제국주의 열강의 "문호개방" 정책과 신축조약 554

의화단의 역사적 공적과 자산계급의 의화단에 대한 태도 561

제4편 자산계급이 주도한 신해혁명 569

제20장 제3차 혁명 고조기의 성숙 571

일본·러시아 전쟁과 제국주의의 중국 경제침략 571

자희태후의 "변법" 578

손중산의 초기 활동 584

자산계급 애국운동 591

지식계의 혁명사상 599

지식계에 등장한 혁명조직 606

제21장 동맹회 초기 613

동맹회의 성립과 그 강령 613

청 조정의 입헌준비와 자산계급 입헌파 622

혁명파와 입헌파의 논쟁 629

1906년 호남·강서 접경지역의 봉기 635

1907–1908년 손중산이 이끈 6차례의 무장봉기 640

1907–1908년 광복회가 발동한 봉기 644

개별적인 암살행동 648

제22장 신해혁명 전야   651

   청 왕조 통치의 기본을 뒤흔든 농민대중의 자발적 투쟁   651

   자의국, 자정원, 그리고 원세개   658

   제국주의 열강의 "기회균등"과 "이익균점"   665

   철도부설권의 확보와 애국운동   673

   동맹회 내부의 분열과 동맹회가 주도한 두 차례 광주 봉기   682

   일지회에서 문학사까지   688

제23장 무창 봉기와 봉기 후의 무창 정권   693

   혁명적 병사들이 하룻밤 사이에 거둔 승리   693

   신정권의 성립과 그 변천   697

   반혁명 세력의 중심인물이 된 원세개   705

   반혁명 세력의 손에 떨어진 무창 정권   713

제24장 혁명의 물결에 휩싸인 각 성의 풍운   720

   단명으로 끝난 자산계급 혁명파의 정권   720

   정권을 지켜내지 못한 자산계급 입헌파   728

   혁명의 외피를 걸친 군벌과 불량배 정객들   736

   새로운 도독의 외피를 걸친 옛 순무   741

   "혁명금지"   744

   교전과 화의   750

제25장 손중산을 수뇌로 한 남경정부   757

   손중산의 임시 대총통 취임   757

   남북 화의와 원세개의 음모   761

   남경정부의 유약한 태도   768

   청 왕조의 멸망과 남경정부의 종결   775

제국주의에 대한 환상의 파탄   779

제5편 신민주주의 혁명의 과도기   785
제26장 원세개의 반동통치와 반 원세개 투쟁   787
1913년 국민당의 반 원세개운동의 실패   787

원세개 독재 매국행위의 폭로   794

손중산의 중화혁명당   798

양계초 : 친 원세개에서 반 원세개로   802

원세개의 파멸   806

제27장 5·4운동   811
북양군벌의 파벌투쟁과 남방의 호법운동   811

민족공업의 일시적인 번영   818

5·4신문화운동   821

5·4대중애국운동   825

역자 후기   834

찾아보기   841

서문

　『아편전쟁에서 5·4운동까지』의 원본은 약 70만자, 상하 두 권으로서 인민출판사에서 1981년 6월에 초판이 나왔다. 홍기출판사에서 1983년 2월에 축약본을 내놓았다. 원본과 축약본의 장절은 완전히 동일하나 전체 부피가 약 1/3가량 줄었다. 축약 작업에는 정혜(鄭惠), 진명강(陳銘康), 정칙민(鄭則民), 석중천(石仲泉), 손결인(孫潔人) 동지가 참가했다.

　1997년 6월에 인민출판사에서 수정 재판이 나왔다. 이 축약본은 백소맥(白小麥), 여강(黎鋼) 두 동지가 원본의 재판본을 기초로 하여 원 축약본에 수정을 가한 것이다.

호승

1997년 10월

원본 서문

본서는 중국이 반(半)식민지 반(半)봉건시대였던 시기의 전반부, 다시 말해 무산계급이 영도한 신민주주의 혁명이 시작되기 전까지의 역사를 다루고자한다. 많은 사람들이 습관적으로 이 시기의 역사를 중국근대사라고 불러왔지만, 어떤 이는 일찍이 중국근대사를 1840년 아편전쟁에서부터 1949년 중화인민공화국이 성립되기 전까지의 110년의 역사를 중국근대사로 규정하고 반식민지 반봉건적 사회를 벗어나 사회주의로 진입한 이후의 역사를 중국현대사로 부르자고 제안한 바 있다.[1] 중화인민공화국이 성립된 지 이미 30년이 넘었으니 사회성격에 따라 중국근대사와 중국현대사를 나

---

1 이런 제안을 한 사람은 한둘이 아니다. 예컨대, 영맹원(榮孟源)은 1956년에 쓴 「근대사 시기구분에 관한 의견(關于近代史分期的意見)」이란 글에서 다음과 같이 말했다 : "어떤 이는 중국 근대사의 시기적 한계는 1840년에서 1949년 9월까지로 보아야 한다고 주장하는데 나는 이 의견에 찬성한다."(『중국근대사 분기문제 토론집(中國近代史分期問題討論集)』, 146쪽을 보라)

누자는 주장은 설득력을 갖는다. 본서가 『중국근대사』란 제목을 달지 않은 것은 부화뇌동하는 인상을 주지 않으려는 뜻도 있지만 본서가 중국근대사 전기의 역사만을 다루고 있기 때문이기도 하다.

소련의 일부 중국사 연구자들은 중국근대사의 기점을 17세기 중엽 청 왕조의 건립 시까지 늘려 잡고 있다. 이런 시대구분은 한편으로는 서구역사 의 시대구분을 중국역사에 무리하게 대입하는 것이며 다른 한편으로는 중 국근대사의 주제를 중국 국내의 민족모순에 국한시키려는 의도에서 나온 것이기도 하다. 이런 시대구분 방식은 비과학적이며, 따라서 중국역사학계 는 단연코 부정해왔다.

저자는 본서를 1973년 9월부터 쓰기 시작했지만 본서를 쓰겠다는 계 획은 훨씬 이전부터 갖고 있었다. 말이 나온 김에 저자가 중국근대역사를 공부하게 된 경위를 밝혀두고자 한다.

지금부터 40년 전, 아편전쟁 발발 100주년인 1940년에 저자는 아편 전쟁에 관한 논문[2] 한 편을 《이론과 현실(理論與現實)》이란 잡지에 발표한 적 이 있다. 이 논문은 저자가 22살 때에 중국근대사에 관해 쓴 첫 번째의 습 작이었다. 그 후 저자는, 중국의 반식민지 반봉건시대가 혁명의 포성 속에 서 종말을 고하려 하고 있던 1946-1948년에 실질적인 필요 때문에 비로소 이 방면의 공부와 연구를 다시 시작했다. 당시 국민당 통치 하의 상해의 신 문잡지에 싣기 위해 여러 편의 글을 썼는데 대부분이 현실 정치문제에 관 한 것이었다. 이런 글들은 점차로 발표하기가 어려워졌다. 그래서 저자는 중 국근대사를 주제로 하여 정치적 관점을 우회적으로 밝히는 방식을 시도하 였다. 그렇게 하여 몇몇 짧은 논문이 잡지에 실리게 되었고 1947년에는 『제

---

2 「아편전쟁을 논함(論阿片戰爭)」을 심지원(沈志遠)이 편집하는 《이론과 현실》 잡지(중경, 생활서점 출판)에 발표했다.

국주의와 중국정치(帝國主義與中國政治)』[3]라는 소책자도 나오게 되었다. 전국이 해방된 후 이 소책자를 비교적 많이 수정 보완하려는 생각을 갖고 있었으나 소폭의 수정만 한 채로 판을 거듭하였다.

1953년에 저자는 중국공산당 중앙고급당학교에서 강의하면서 4만여 자에 달하는 『중국근대사제강(中國近代史提綱)』(이 책에서 말한 "근대"는 1840-1919년이다)을 썼다. 이 책은 정식으로 출판되지는 않았고 1960년과 1962년에 학교에서 인쇄하여 강의 교재로서 사용되었고 학교 밖에도 전파되었다. 그러나 이 책자는 소략한 개설서여서 결함이 적지 않았다. 이 개설서를 쓴 후 저자는 차츰 이 시기의 역사에 관해 나름의 관점을 가다듬게 되었고, 이러한 저자의 관점을 초보적으로 설명하기 위해 쓴 글이 「중국근대사의 시대구분 문제(中國近代史的分期問題)」[4]였다. 이 글은 학계에서 시대구분 문제를 두고 한바탕 논쟁이 벌어지는 계기를 만들었다.[5]

시대구분에 관한 이 글에서 저자는 주로 세 차례의 혁명 고조기란 개념을 제시하려고 했다. 제1차 혁명 고조기는 1851-1864년의 태평천국 시기를 말한다. 제2차 혁명 고조기는 중·일(갑오)전쟁 후의 몇 년이며, 이 시기에 1898년의 무술유신운동(戊戌維新運動)과 1900년의 의화단운동(義和團運動)이 일어났다. 제3차 혁명 고조기는 1905년의 동맹회(同盟會) 설립에서 1911-1912년의 신해혁명(辛亥革命)까지의 시기이다. 당시 저자는 "역사발전 상황을 기준으로 할 때 세 차례의 혁명 고조기는 계급역량의 배치와 관계가 각기 다른데, 이것은 중국근대 사회경제 구조의 발전과정에서 각기 상이

---

3   1948년 7월에 홍콩 생활서점에서 출판. 신 중국 수립 후 인민출판사(1952년 7월 제1판. 1978년 제6판)에서 출판.

4   《역사연구》 1954년 제1기에 발표.

5   이 때 토론된 글들은 『중국근대사 분기문제 토론집(中國近代史分期問題討論集)』 [삼련 (三聯)서점, 1957년]을 보라.

한 단계가 집중적으로 반영되었기 때문"이라는 논리를 펼쳤다.

이런 관점을 바탕으로 하여 저자는 한 권의 책을 쓰려는 생각을 하게되었다. 이후로 여러 해 동안 자료를 수집하면서 준비 작업을 하는 한편 개별 단락별로 원고를 쓰나갔으나 끝내 한 권의 책으로 완성하지는 못했다. 1966년 이후로는 일종의 특수한 생활조건을 맞이하게 됨에 따라 상당히 많은 "한가한" 시간을 갖게 되었으나 반면에 일체의 자료로부터 떨어져 있어야 했다. 그 무렵 문득 오래 동안 구상해왔던 책을 쓰도 괜찮겠다는 "엉뚱한 생각"이 들었고 부분적인 개요까지도 썼으나 역시 특수한 생활조건 때문에 책을 쓴다는 것은 결국 공상으로 끝나고 말았다.

1973년이 되어서야 비로소 자료에 접근할 수 있게 되었고 글을 쓰는 일도 가능해졌으나 차일피일 시간을 끌다가 6년 만에 책을 완성할 수 있었다. 외부요인을 제외한다면 저자의 나태함 때문이었다고 말하지 않을 수 없다.

역사학계 일부에서는 세 차례의 혁명 고조기란 관점을 수용했으나 이의를 제기하는 연구자도 있었고, 주로 제2차 혁명 고조기에 대해 문제제기가 있었다. 20여 년 전에 쓴 글에서 저자는 다음과 같이 주장했다. "제2차 혁명 고조기를 1899-1900년의 의화단 운동에만 국한시킨다면 불완전한 시각이다." "농민혁명은 당시 중국사회의 주요한 혁명역량이었으며, 자본주의 사상은 당시 중국사회의 진보적 성격을 띤 이상이었다. 양자는 제2차 혁명 고조기에 같이 존재하고 있기는 했으나 양자 사이에 연관성은 전혀 없었다. 자본주의란 이상을 추구하던 개량주의 운동은 단명으로 끝난 '무술유신'으로 표출되었고, 농민대중의 주체적이고 자발적인 (반제국주의) 투쟁은 비참하게 실패한 의화단운동이란 왜곡된 형태로 표출되었다." 당시에 어떤 평자는 이런 관점이 "의화단운동의 반제국주의적 의의를 충분히 평가하지 않았다" 고 비판했다. 근래에 들어와 학계에서는 의화단운동은 혁명의 고조라고 부르기에는 부족하다고 보는 또 다른 관점이 등장했다. 저자가 보기에는, 의화단운동의 반제국주의적 의의를 충분히 고려하더라도 이 운동이 갖고 있던 여러 가지 약점을 무시해서는 안 될 것이고 다른 한편으로는 당시의 역사조건 하에서 의화단운동은 건강한 반제국주의 투쟁으로 발전할 가능성이 없었다고 해서 이 운동의 역사적 지위를 말살해서도 안 된다. 의화단운동은 전통적인 농민투쟁 형식의 계속이었지만 타격의 창끝은 제국주의 침략세력을 직접 겨냥했을 뿐만 아니라 의화단운동 시기에 이미 자산계급적 경향을 가진 정치역량이 생겨났다. 무술유신과 의화단운동을 포함하는 제2차 혁명 고조기는 중국 근대사 가운데서 중요한 고리이다.

　　세 차례의 혁명 고조기라는 관점에서 본다면 양무운동을 어떻게 평가할 것인가 하는 문제가 대두된다. 이 문제를 두고 근래 학계에서는 여러 가지 주장이 나오고 있다. 본서는 "양무운동-무술유신-신해혁명"이란 줄거리로 이 시기 역사의 진보적 흐름을 논할 이유가 없다고 본다.

　　1906년 12월에 동맹회 기관지 《민보(民報)》의 창간 1주년 축하회가 열렸다. 장태염(章太炎)은 이 축하연에서 연설하면서 다음과 같이 말했다. "이전의 혁명은 속칭 강도결의(强盜結義)요, 지금의 혁명은 속칭 수재반란(秀才造反)이다." 장태염의 연설 요지는 "수재반란"이 갖고 있는 철저하지 못한 성격을 경계하는 것이었지만 우리는 그의 현명한 화법을 차용해도 무방할 것이다. 태평천국 시기는 "강도결의"였지 "수재반란"은 아니었다. 무술유신과 의화단 시기도 역시 "강도결의"였고, "수재"는 거의 "반란"에 가까이 갔으면서도 "강도결의"에 말려들려고 하지 않았다. 동맹회 시기에 이르면 "수재반란"이 주가 되었을 뿐만 아니라 "수재"는 "강도"의 역량을 운용하려고 했다. 세 차례 혁명 고조기의 형세가 달랐던 것은 그 발동 세력으로 볼 때 기본적으로 이와 같은 상태였기 때문이다. 당연한 말이지만, 소위 "강도"와 "수재"는 분명히 계급적 함의를 내포하고 있다.

20여 년 전에 저자는 1840-1919년의 역사를 일곱 시기로 나누자는 제안을 한 바 있다. 그러나 매번의 혁명 고조기와 그에 앞선 준비기를 하나로 묶는다면 네 개의 시기로 나눌 수 있을 것이다. 그 네 개의 시기는 다음과 같다.

첫째, 아편전쟁에서 태평천국의 실패까지(1840-1864년). 본서의 제1편은 바로 이 시기를 다루고 있다. 학계에서는 이 시기의 하한을 1864년으로 잡을 것이 아니라 1873년으로 잡아야 한다는 의견이 있다. 그러나 1864년의 태평천국 수도 천경(天京) 함락은 태평천국운동 실패의 분명한 표지일 수밖에 없고, 이후 몇 년 동안은 태평군 잔당이 활동했고 념군(捻軍)의 활동과 기타 농민봉기가 있었지만 그것은 제1차 혁명 고조기의 여파였을 뿐 역사적 확대경의 초점은 점차로 다른 곳으로 옮겨갔다.

둘째, 태평천국의 실패로부터 의화단운동까지(1864-1901년). 본서의 제2편과 제3편은 이 시기를 다루고 있다. 이 시기의 하한에 대해서는 학계에서 이론이 존재한다. 어떤 연구자는 1901년이 아니라 1905년이 하한이 되어야 한다고 주장한다. 그러나 저자의 관점으로는 1901년 이후의 몇 년은 1905년부터 일어나기 시작한 자산계급과 소자산계급이 주도한 혁명운동의 준비기("수재"가 반란을 시작)였다. 어떤 연구자는 1864년에서 1894년 혹은 1895년까지를 하나의 독립된 시기로 보아야 하며 그 이후부터 1911년까지를 하나의 시기로 구분해야 한다고 주장한다. 저자의 생각에는, 시기를 더 세분하자고 한다면 1864-1895년을 하나의 시기로 구분해야 할 것이지만 제2차 혁명 고조기와 연관하여 본다면 이 시기는 준비기이고, 무술유신과 의화단운동은 모두 이 30년 동안의 사회 정치발전의 결과였다. 나아가 이 시기의 하한을 1911년에 둔다면 제2차 혁명 고조기와 제3차 혁명 고조기가 하나로 합쳐지는 결과가 되므로 저자의 관점으로는 적절치 않다고 생각된다. 결론을 말하자면 1901년은 시기 획정의 중요한 표지이다. 이 해가 공교롭게도

20세기의 첫 해라서가 아니라 그 이전과 이후의 사회 정치 역량의 배치에 분명한 변화가 있기 때문이다.

셋째, 의화단운동의 실패에서부터 신해혁명까지(1901-1912년). 본서의 제4편은 이 시기를 다루고 있다. 본서는 신해혁명에서 1913년까지를 이른바 "2차 혁명"의 실패가 선고되고 혁명이 종결되었다는 관점을 수용하지 않으며, 이 시기가 1919년까지 연장된다는 관점도 수용하지 않는다. 1912년 원세개(袁世凱)가 정권을 장악했을 때 신해혁명의 고조기는 이미 종결되었기 때문이다.

넷째, 신해혁명의 실패로부터 5·4운동까지(1912-1919년). 본서의 제5편은 이 시기를 다루고 있다. 이 시기는 낡은 민주주의혁명과 새로운 민주주의혁명의 과도기이며, 따라서 제3차 혁명 고조기와 하나로 합치기가 쉽지 않다.

이상이 본서의 기본 구조이다.

원래 이 책은 일반 독자들이 딱딱한 느낌을 받지 않고 쉽게 읽을 수 있도록 쓰려고 했으나 이 목적은 충분히 달성할 수 없었다. 서술하는 과정에서 저자의 관점이 작용하지는 않을 수 없으나 그래도 학계의 기존 연구성과를 가능한 한 반영하려고 노력했다. 저자의 능력이 부족하고 견문이 넓지 않은 탓에 학계의 기존의 연구 성과는 물론이고 최근의 연구 성과 가운데서 마땅히 반영되어야 할 것들이 제대로 드러나지 않은 바가 적지 않을 것이다.

저자가 동학들의 저작으로부터 받은 영감과 자양분에 대해, 저술 과정에서 친구들로부터 받은 도움에 대해 여기서 함께 감사의 뜻을 밝힌다.

호승
1980년 2월

서
론

제1장
19세기 40년대 이전의 중국

경제기초

청(清) 왕조 도광(道光) 20년에서 22년까지(1840-1842년) 영국이 중국을 침략한 중·영 아편전쟁 이후로 봉건적인 중국에 중대한 변화가 일어났다. 외국 자본주의-제국주의의 침략과 압박 아래서 중국사회는 반식민지 반봉건 사회로 변했다. 그 이전에 중국사회가 처했던 봉건시대는 장장 2천 4백년을 이어왔다.

7세기에서 13세기까지 당(唐)과 송(宋) 왕조를 거치며 중국 경제와 문화의 발전 수준은 당시 세계의 선두였다. 명(明) 왕조의 후기와 청 왕조의 전기에 해당하는 16, 17, 18세기에 서구 각국은 서로 이어가며 봉건사회에서 자본주의 사회로 발전했으나 중국은 여전이 봉건사회에 머물렀다. 중국은 낙후했다.

중국 봉건시대의 사회경제는 개체 소농업과 가내 소규모 수공업의 긴밀한 결합이 그 기본 특징이었다. 이런 사회에서는 "자급자족적 자연경제가 주요한 지위를 차지했다. 농민은 자기 수요를 충족시키기 위한 농산품을 생산했을 뿐만 아니라 자기 수요를 충족시키기 위한 대부분의 수공업품을 생산했다. 지주와 귀족은 농민으로부터 착취한 지조(地租)를 주로 자신을 위해 소비하고 교환에 사용하지 않았다. 교환의 발전이 없었던 것은 아니지만 전체 경제에서 결정적인 작용을 하지는 못했다."[1]

봉건전제 왕조는 오래 전부터 전국 지주계급의 총대표인 동시에 그 자신이 전국 최대의 지주였다. 명 왕조는 황실 직속의 경지를 황장(皇莊)이라 불렀는데, 홍치(弘治) 2년(1489년)에 수도와 그 인근에 분포된 황장이 약 128만 무(畝)였고 이후로 계속 확대되어 가정(嘉靖) 원년에는 2천만 무를 넘었다. 청 왕조 내무부(內務府)가 직접 관할하던 장전(莊田)은 명 왕조의 황장과 성격이 같은 것이었다. 가경(嘉慶) 연간(1796-1820년)에 내무부의 장전은 도합 4백만 무였다. 만주족 귀족도 각기 크고 작은 장전을 소유했는데, 이것을 팔기(八旗)종실 장전이라 했고 가경 연간에 도합 130만 무였다.

명과 청의 경지는 관전과 민전 두 가지로 나뉘었다. 황실과 귀족 직속의 관전 이외에도 각종 명칭의 관전이 있었다. 민전은 자유롭게 매매할 수 있었다. 명 왕조 초기에 자경농과 지주의 숫자는 비교적 많았다. 《명사(明史)》의 기록[2]에 따르면 홍무(洪武) 26년(1393년) 전국의 경지는 8억 5천만 무, 홍치 15년(1502년)에 이르자 오히려 4억 2천 2백만 무로 110년 사이에 경지 면적이 절반으로 줄었다. 만력 6년(1578년)부터 3년에 걸쳐 전국의 경지를 실사한 결과 면적이 7억 백만 무였는데 그래도 홍무 연간에 비해 1억 5천만 무가 줄었다. 그 주요한 원인은 다량의 민전이 관전으로 편입되거나 관료, 호신, 지주의 손에 집중된 때문이었다. 관에서 경지면적을 조사하는 이유는 그 결과를 가지고 징세의 근거로 삼고자 하는 것이었으니 관전이나 대지주의 경지는 조사할 수가 없었다. 토지는 갈수록 집중되고 농민이 받는

---

1 모택동(毛澤東), 「중국혁명과 중국공산당[中國革命和中國共産黨]」, 『모택동선집』 제2권 (인민출판사, 1991년 판), 623-624쪽.

2 『명사(明史)』 권 77 「식화지(食貨誌)」. 중화서국 판, 1882-1883쪽.

24 | 아편전쟁에서 5·4운동까지

압박은 갈수록 커져갔다. 수많은 자경농과 반자경농, 심지어 일부 소지주까지 토지를 상실하고 농노나 소작농으로 전락했고 농촌에서 생활의 근거를 빼앗긴 대량의 농민이 유랑민이 되었다. 명 말에 10년 동안이나 지속된 대규모 농민봉기는 이런 배경 아래서 발생한 것이었다. 청 왕조가 들어서고 나서도 명이 경험했던 과정이 그대로 반복되었다. 청 초기인 강희(康熙)연간(1662-1722년)에 관전을 제외한 민전의 소유권은 비교적 분산되어 있었으나 권문호족의 토지겸병 추세가 빠른 속도로 발전하기 시작했다. 건륭황제의 총애를 받았던 화신(和珅)이 점유한 토지는 80여 만 무에 이르렀다.[3] 물론 이 사례는 돌출적인 것이기는 하지만 각지에서 수 천 무 혹은 수 만 무의 경지를 소유한 호족지주가 적지 않았다.

토지를 소유하지 못했거나 소량의 토지를 소유한 농민은 황제, 귀족, 관료와 기타 지주의 토지를 빌려 경작했다. 명과 청 두 왕조에서 농민이 지조를 바칠 때는 대체로 "분조(分租)"제를 따랐다. 이것은 수확의 절반 혹은 60%, 심지어 많은 경우는 7, 80%를 지조로 바치는 것이었다. "정조(定租)"제도 있었는데, 지조는 분조제보다 약간 낮았으나 아무리 큰 자연재난을 당해도 정해진 지조대로 바쳐야했다. 또한 지주계급은 고리대를 통해 농민을 착취했는데 그 부담이 지조보다도 컸다. 농민은 여기다가 봉건국가와 지주를 위해 노역까지 감당해야했다. 명 만력 9년(1581년)에 징세제도를 개혁하고 "일조편법(一條便法)"을 실시했는데, 이것은 원래부터 있던 지세, 공납, 요역, 인두세 등을 모두 합쳐 토지세로 일원화하고 경지면적에 따라 은으로 징수하는 제도였다. 이러한 개혁은 사실상 철저하게 집행되지 않았을 뿐만 아니라 빈궁한 농민으로서는 부담이 줄어들 것도 없었다. 지주는 국가에 바

---

3 이문치(李文治) 편, 『중근대농업사자료(中國近代農業史資料)』, 삼련(三聯)서점 1957년판, 제1집, 69쪽.

쳐야할 자기 몫의 토지세를 소작농에게 부담시켰다. 권세 있는 대지주는 토지세를 줄이거나 회피할 수단을 갖고 있었는데, 자기 몫을 중소지주나 자경농에게 나누어 부담시켰다("비쇄[飛灑]"-흩뿌림). 명 왕조의 마지막 20여 년인 천계(天啓)와 숭정(崇禎) 연간(1621-1644년)에는 토지세 이외에 각종 명목으로 세금을 부과했다("가파[加派]"). 청은 왕조를 열자 곧바로 명 만력제 때 제정된 정액 징세제의 실시를 선포하고 명 말의 각종 가파를 폐지하는 한편 요역(국가를 위한 무상 노동)을 면제했다. 이 제도는 농업경제를 회복시키는데 일정한 작용을 하기는 했지만 주로 지주, 특히 대지주에게 유리한 것이었다. 대지주가 자기 몫의 부담을 중소지주에게 "흩뿌리는" 상황은 건륭(乾隆) 이후로 점차 성행하기 시작했다. 형식상으로는 농민의 국가에 대한 요역을 폐지하고 관에서 돈을 내어 사람을 고용하는 쪽으로 바뀌었으나 결국 빈곤한 농민을 강압적으로 고용하면서 마땅한 보수를 지급하지 않으니 무상 노동의 성격은 여전했다. 광대한 빈곤 농민은 지주와 지주계급을 대변하는 국가와의 관계에서 무거운 압박을 받는 농노의 지위를 벗어날 수 없었다. 봉건국가가 규정한 세금 이외에도 각지의 관리와 호족 지주들은 각종 명목으로 세금을 징수하였고 모든 납세부담은 결국 농민에게 돌아갔다. 수많은 소농은 일 년 내내 열심히 일해도 최상의 경우라야 최저 수준의 생활 조건을 유지할 수 있을 뿐이었고 자신이 직접 경작하는 토지 위에서 간단한 재생산을 반복했다. 청 가경 연간(1796-1820년)에 전국의 경지면적을 조사하였는데, 민전과 관전이 도합 8억 8백만 무로서 명 왕조 초보다 적었다. 물론 이 통계는 완전히 신뢰할 수 있는 것은 아니지만 명·청 왕조를 일관하여 농업경제가 총체적으로 쇠락하는 상태였음을 보여주기에는 충분하다. 명 말과 청 초의 전란으로 인한 파괴를 겪은 후 농업생산은 점차로 회복하기 시작한 것은 사실이지만 끝내 명 왕조의 수준을 넘어서지 못했다. 명 후기에 상업은 이전의 어떤 왕조보다 발전하여 번성하는 도시가 여러 곳에서 등장하였다. 청 중기에 이러한 도시경제가 다시 발전하기 시작했다. 모택동은 다음과 같이 지적했다. "중국 봉건사회 내의 상품경제의 발전은 이미 자본주의의 싹을 배태하고 있었다. 만약 외국 자본주의의 영향이 없었더라면 중국도 완만하게 자본주의 사회로 발전했을 것이다."[4] 당시의 도시경제 가운데서 자본주의의 싹을 발견할 수 있기는 하지만 그것은 결국 "싹"이었을 뿐 봉건경제의 압박 하에서 성장하지 못하고 어린 싹으로 머물고 말았다.

명과 청 왕조에서는 규모가 상당히 큰 관영 공장수공업 — 직조공업, 도자기공업, 화폐제조공업, 선박과 병기 제조공업 — 이 있었다. 그러나 그 생산은 시장에 공급하기 위한 것이 아니라 오로지 봉건국가의 수요와 황실과 귀족의 사치를 위한 것이었다. 관영 수공업 공방과 공장 내에서의 생산관계도 봉건적이어서 노동자는 신체의 자유를 완전히, 또는 부분적으로 제약받았다. 이런 관영 공장수공업은 직접 자본주의로 발전할 수가 없었다. 당시의 상업은 기본적으로 봉건적 생산관계의 판매업에 의존했다. 이런 상업도 직접 자본주의로 발전할 수 없었다.

민영 수공업공장도 자본주의의 시초적 성격을 띠고 있었다. 당시의 역사조건 하에서 민영 수공업공장은 봉건제도에 대해 매우 큰 의존성을 갖고 있어서 그 내부의 노동자의 고용관계는 정도의 차이는 있지만 여전히 노예노동의 성격을 띠고 있었다. 변경지역의 광산 채굴업을 예로 든다면 대부분이 지방호족의 투자로 경영되고 있었고 노동자는 고용의 형식을 취하고는 있었지만 실제로는 봉건적이고 야만적인 강제노동이 시행되고 있었다. 상품경제가 비교적 발달한 지역에서는 일부 업종의 민영 수공업공장에서 자본주의적 성격이 비교적 강했다. 일부 지역에서는 철기제조업, 면포염색업, 제유업, 정미업, 제지업, 제당업 등 대규모의 공방과 수공업공장이 발달했다.

---

4 『모택동선집』 제2권 (인민출판사, 1991년 판), 626쪽.

생산자료는 공방과 공장 주인의 소유였고 노동자에게는 정기적으로 임금이 지급되었다.[5] 여러 분야에서 상업자본이 수공업공장에 투입되거나 혹은 도매상의 형식으로 농민의 소규모 수공업을 직접 지배했는데, 이 역시 자본주의적 요소의 가장 빠른 시기의 싹이라고 할 수 있었다. 봉건적 생산관계의 속박 하에서 이러한 시초상태의 자본주의 요소가 튼튼한 재목으로 성장해 가기는 매우 어려웠다.

도시의 소규모 수공업자와 수공업 노동자는 대다수가 파산한 농민에서 변신한 사람들이었다. 소규모 수공업자는 봉건적 착취와 압박을 견뎌내지 않으면 안 되었고 봉건적 도제관계와 조합제도에 의존하여 자신의 생존을 유지했다. 그들 중에서 소수만 수공업공장의 주인으로 지위를 상승시킬 수 있었다. 수공업공장 노동자는 현대적 의미의 무산자와는 거리가 한참 멀었다.

결론적으로 말하자면, 19세기 40년대 이전 3, 4백 년 동안 중국의 사회와 경제는 봉건단계에 머물고 있어서 자본주의 요소의 싹은 수적으로도 희소했을 뿐만 아니라 성장상태도 매우 불완전했다. 당시 사회의 주요 모순은 농민계급과 지주계급의 모순이었다.

전제주의 정권

명의 통치정권은 중국 봉건역사상 전례 없는 통일집중을 실현했다. 이 정권은 지주계급의 이익을 대표하여 농민대중을 착취하고 압박하는 전제

---

5   팽택익(彭澤益) 편, 『중국근대수공업사자료(中國近代手工業史資料)』(삼련서점, 1957년 판) 제1권 226쪽.

정권이었다. 농민영웅 이자성(李自成)을 우두머리로 한 농민대혁명이 명 왕조를 넘어뜨렸다(1644년). 중국 동북지역을 차지하고 있던 소수민족인 만주족(滿洲族)의 군대가 이 틈을 타고 관내로 들어왔다. 그들은 명의 수많은 한족 장군과 관료들의 협조를 얻어 농민혁명을 잔혹하게 진압한 후 농민반란으로 흐트러진 봉건통치 질서를 회복했다. 새로 들어선 청 왕조도 고도로 중앙집권적인 봉건 전제주의 정권이었고 명의 전통을 완전하게 이어받았다. 만주족 황제가 지배하는 청에서 만주족은 상당한 특권을 누렸지만 왕조는 여전히 전국의 봉건 지주계급의 이익을 대표하는 정권이었다.

　　만주족이 입관할 당시의 병력은 20만에 불과했다(그 중 만주족 병사는 13만). 이처럼 적은 역량으로 매우 짧은 시간 내에 전체 중국을 정복할 수 있었던 것은 만주족 귀족들이 처음부터 한족 지주계급과 연합하여 농민 혁명세력을 진압하는 정책을 성공적으로 실행할 수 있었기 때문이었다. 한족 지주계급 중에서 일부 세력은 남방에서 명 왕실의 후예를 옹립하여 청의 통치에 저항했지만 이런 저항은 순치(順治) 17년(1660년)에 기본적으로 붕괴되었다. 명의 옛 신하 정성공(鄭成功)이 명 말기부터 대만(臺灣)을 강점하고 있던 네델란드인들을 몰아내고 그곳에 명 왕조를 받드는 정권을 세웠다. 강희 원년(1662년)에 정성공이 죽자 그의 후손이 대만을 차지하기는 했지만 이미 대륙에 진출할 능력을 상실했다. 청은 남방의 명 잔여세력을 소멸시키는 전쟁을 하는 과정에서 주로 투항한 명의 장군들이 갖고 있던 병력을 이용했다. 대만을 차지하고 있던 정씨 정권도 강희 22년(1673년)에 청에 의해 소멸되었다. 이와 거의 동시에 청은 운남을 근거지로 한 오삼계(吳三桂)의 세력을 소멸시켰다. 오삼계는 원래 명의 장군이었는데 청에 투항한 후 왕으로 봉해졌다가 강희 12년(1673년)에 반란을 일으켰다. 오삼계와 대만의 정씨 일가를 정복하는 전쟁에서 청이 주로 동원한 병력은 만주족 군대가 아니라 녹영(綠營)이라 부르던 한족 지주계급의 군대였다.

청의 통치자들은 한족 지주계급의 문화와 통치방식을 받아들였다. 그들과 한족 대지주들은 함께 국가의 권력을 장악하고 봉건질서를 유지했다. 이 정권은 한족 지주계급의 지지를 받았다.

청의 정치제도는 기본적으로 명의 그것을 물려받았다. 명과 청의 중앙 정권기구는 이부(吏部)(문관의 인사), 호부(戶部)(재정), 예부(禮部)(전례), 병부(兵部)(군정), 형부(刑部)(형법), 공부(工部)(전국의 건설공사)로서 동일했고 각 부의 정·부장관을 상서(尚書)와 시랑(侍郎)이라 불렀다. 청은 각 부의 상서와 시랑을 만주족과 한족으로 한 사람씩 두 명을 두었다. 상서와 시랑은 모두 직접 황제에게 상주할 수 있었고 황제에게 책임을 졌다. 명은 황제의 조수로서 내각(內閣)을 두었는데, "입각하여 일을 처리하는" 관료를 대학사(大學士)라 불렀고 흔히 상서가 겸임했다. 청의 내각은 만주족과 한족 대학사 각 2명, 만주족과 한족 협판(協辦)대학사 각 1명으로 구성되었다. 단, 옹정(雍正) 이전에는 황제에게 군사정책을 건의하는 만주족 귀족으로만 구성된 의정왕대신(議政王大臣)회의를 두었다. 옹정 때부터는 군기처(軍機處)를 따로 설치하여 대학사와 상서, 시랑 약간 명을 군기대신으로 임명했고, 군기처가 사실상 내각의 지위를 대신했다. 청의 중앙 정권기구로서 이밖에도 도찰원(都察院), 대리시(大理寺), 이번원(理藩院), 한림원(翰林院) 등이 있었고 모두 직접 황제에게 책임을 졌다.

청의 지방 행정구역과 관제는 대체로 명의 그것과 동일했다. 수도 북경과 그 인근을 관할하는 순천부(順天府)(장관의 명칭은 부윤[府尹]) 이외에 18개 행성(行省)과 약간의 특별행정구역을 두었다. 18개 행성은 직례(直隸), 산동(山東), 산서(山西), 하남(河南), 안휘(安徽), 강서(江西), 강소(江蘇), 호북(湖北), 호남(湖南), 광동(廣東), 광서(廣西), 절강(浙江), 복건(福建), 섬서(陝西), 감숙(甘肅), 사천(四川), 운남(雲南), 귀주(貴州)였다. 동북3성(성경盛京[봉천奉天], 길림[吉林], 흑룡강[黑龍江])은 만주족의 발상지라 하여 특별히 취급하다가 광서(光緒) 연간에 일반 행성으로 바꾸었다. 신강은 원래 "번부(藩部)"로 취급하다가 광서 연간에 일반 행성이 되었다. 또한 광서 연간에는 원래 복건에 소속되었던 대만을 행성으로 승격시켰다. 내몽고(內蒙古), 외몽고(外蒙古), 청해(靑海), 서장(西藏)은 모두 "번부"로 취급했다. 18개 행성의 장관은 총독(總督)과 순무(巡撫)였다. 어떤 성(산동, 산서, 하남)에는 순무만 있었고 총독은 없었으며, 어떤 성(직례, 사천)에는 총독만 있고 순무는 없었다. 나머지 성에는 순무 1명과 2, 3개 성을 겸임으로 관할 하는 총독을 두었다(광동과 광서는 양광총독, 호남과 호북의 호광총독, 복건과 절강의 민절[閩浙]총독, 운남과 귀주의 운귀총독, 섬서와 감숙의 섬감총독, 강소·안휘·강서의 양강총독). 총독의 지위는 순무보다 높기는 했지만 겸임 관할하는 두 개 또는 세 개의 성에서 순무는 총독에게 예속되지는 않았고 두 사람이 공동으로 황제에게 책임을 졌다. 만주 군대(팔기군)가 주둔한 성에는 만주족 장군을 임명했고 그 지위는 총독이나 순무와 대등했다. 모든 성에는 총독이나 순무 아래로 포정사(布政使), 안찰사(按察使), 제독학정(提督學政), 독량도(督糧道), 염법도(鹽法道), 하공도(河工道) 등의 관원을 두었다. 성 아래의 행정구역으로서는 도(道), 부(府), 현(縣) 3등급을 두었다. 성급의 주요관원과 성 이하의 각급 지방장관은 현관까지 모두 중앙에서 임명했다. 이런 제도는 모두 중앙집권의 필요에 부응하는 것이었다.

관리는 지주계급 가운데서 선발했다. 만주족과 몽고족의 귀족 자제와 특수한 공적을 세워 작위를 받은 한족 대관료의 자제는 관리가 될 수 있는 특권을 가졌고 그 밖에는 일반적으로 과거시험을 통해 봉건통치에 적합한 관리를 선발했다. 청이 입관할 때의 군대인 "팔기"는 주로 만주인으로 구성되었으나 몽고족과 한족도 있었다. 전국을 통일한 후 팔기병은 수도인 북경과 수도 부근의 성 및 각지의 요충지에 주둔했다. 가경 17년(1812년) 전국의 만·몽·한 팔기병은 도합 50만이었다. 팔기 이외에 한족으로만 구성된 "녹영"(녹색의 깃발을 사용했기 때문에 그렇게 불렀다)도 있었다. 녹영은 전국 각 성에 주둔하면서 총독과 순무의 지휘를 받았고 군사를 움직일 때는 중앙 정권의 직접 통제를 받았다. 전국의 녹영병은 약 66만. 팔기병은 세습되었고 녹영병도 기본적으로는 종신 직업병이었다. 봉건통치자들은 사회와 완전히 격리된 이런 군대를 이용하여 인민을 진압했다. 황실과 황제를 정점으로 하는 관료기구와 군대를 부양하기 위해 봉건통치 정권은 방대한 국가재정을 집중했고 이런 재정은 근본적으로 수많은 농민의 피땀에서 나왔다. 봉건적인 국가는 각급 관리가 각종 방법을 동원해 인민으로부터 재산을 거두어들이는 것을 묵인했다. 예컨대, 각급 지방관은 조세를 징수하여 국가에 바칠 때 법정 액수 이외로 더 걷어 관리의 개인 주머니에 넣었는데, 명과 청양대에 걸쳐 이렇게 걷은 세금을 "화모(火耗)"라고 불렀다. 청의 지방관은 하나나 둘의 정규세를 징수할 때 한 푼(1/100)을 더 걷어 착복하는 일은 당연한 것으로 생각했고 실제로 화모는 일반적으로 1전(10/100) 이상, 심지어 4, 5전(4, 50/100)인 경우도 있어서 민간에서는 "청렴한 지부라도 3년을 하고나면 10만의 가외 수입을 쌓는다(三年淸知府, 十萬雪花銀)"는 말이 있었다. 봉건 관료제도 안에서 진정으로 청렴한 관리는 극히 드물었다.

황하와 그 밖의 수재가 잦은 하천을 관리하기 위해 청은 하도총독(河道總督)을 두었는데, 그 품계는 2, 3개의 성을 관할하는 총독과 대등했다. 그밖에도 수많은 치수 관련 관리가 있었다. 국가가 지출하는 치수관련 재정이 적지 않았지만 그 효과는 매우 적었다. 치수공사는 관원이 사욕을 채우는 "비곗덩어리"가 되었다. 청의 관변 통계에 의하면 가경 8년(1803년)의 전국 인구는 3억, 도광 15년(1835년)에 이미 4억을 넘었다. 전국 총인구의 90몇%가 봉건착취 하의 농민, 농민에서 변신한 수공업자, 운수노동자, 기타 빈민이었다. 북경 조정을 중심으로 전국에 분포된 관료기구와 군대로 구성된 방대한 국가기구의 유일한 임무는 봉건 토지관계와 착취제도를 유지 보호함으로써 총인구의 몇 %밖에 되지 않는 귀족, 지주, 열신의 특권적 지위를 보장하고 90몇 %의 인민을 억압하는 것이었다. 청 왕조 정권은 문화적인 전제주의를 답습했다. 전통적인 봉건종법제도의 관념에다가 우매한 종교미신을 더하여 인민의 지혜를 속박하고 광대한 민중을 우롱한 것도 역시 이러한 목적을 달성하기 위함이었다.

명 후기에 민간의 상업과 광업에 과중한 세금을 부과한 것은 막 나타나기 시작한 자본주의의 싹을 압박하는 작용을 하였다. 청도 유사한 정책을 실시했다. 청은 관료기구를 통해 일부 상업을 독점하였는데 염업과 수출입무역이 그런 경우이고, 내륙에도 세관을 설치하여 운반 중인 상품에도 무거운 세금을 과세했다. 이 모든 정책은 자유로운 상품경제의 발전을 저해했다.

결론을 말하자면, 봉건적 전제정권은 갖고 있던 모든 수단 — 행정적 강제, 문화적 이념적 통제 — 을 동원하여 개체 소농업과 가내 수공업이 결합된 경제기초를 유지하고, 이런 경제기초를 흔들 수 있는 새로운 요소들을 극력 타격했다. 자신을 부양하는 봉건적 상부구조를 유지하기 위해서는 이러한 경제기초가 절대로 흔들려서는 안 되었기 때문이다. 농민에 대한 가혹한 수탈로 수많은 농가가 "남자는 밭 갈고 여자는 길쌈하는" 생활을 지속할 수 없어 봉건통치가 위기에 빠졌지만 봉건 전제주의 정권은 모든 수단을 동원하여 고유의 사회질서를 유지하려 했다. 그러므로, 봉건 전제주의 정권의 질곡을 타파하지 않고는 중국사회의 진보는 불가능했다.

농민혁명

명 말기에 조세수입이 날로 감소하자 전제 왕조는 상업세와 광업세 징수를 증가시킴으로써 각지 상인과 도시 빈민의 저항을 촉발했다. 특히 만력 25년(1597년) 이후의 10년 동안 조정에서 파견한 태감(太監)이 전국을 돌아다니며 가혹한 세금을 걷었다. 호북의 형주(荊州)와 무창(武昌), 산동의 임청(臨淸), 강소의 소주(蘇州), 광동의 조양(潮陽), 강서의 경덕진(景德鎭) 같은 도시에서 격렬한 민란이 일어났다. 이런 민란들 가운데서 시초적 자본주의의 등장에 따라 도시 시민과 봉건 통치자 사이에 모순이 출현한 사실을 알수 있다. 당시의 지식계에서는 결사(結社)의 풍조가 성했다. 조정에서 비교적 낮은 관직을 담당했거나 관직에 나아가지 못한 지주계급 지식분자들이 학문연구를 명분으로 단체를 만들고 조정의 정책을 풍자하고 인물을 평가하며, 부패한 집권세력을 비판하고 폐정의 개혁을 주장했다. 만력 20년(1594년) 이부 낭중(郞中) 고헌성(顧憲成)은 조정의 실권을 쥔 환관세력의 배척을 받아 고향인 강소의 무석(無錫)으로 돌아가 뜻이 맞는 지식계 인사들과 동림(東林)서원에서 학문을 연마했는데, 이 일파를 동림당(東林黨)이라고 불렀다. 실권을 쥔 환관들과 이들에게 의탁한 관료들은 엄당(閹黨)이라고 불렀다. 양당의 대립과 투쟁은 명이 남방에서 최후의 순간을 맞을 때까지 계속되었다. 이 투쟁은 지주계급 내부의 투쟁이긴 했지만 동림당이 형성한 사회여론은 도시 시민의 정서를 대표한 면도 있었다. 천계 연간(1621-627년)에 봉건 통치자는 학문과 결사의 자유를 억압했다. 동림당의 일부 지식분자가 체포되어 처형되자 소주, 상주(常州) 등 수공업과 상업이 발달한 도시에서는 대중적인 항의운동이 일어났다.

당시의 도시 시민은 근대 자산계급과 무산계급의 전신이라고 할 수는 있지만 하나의 계급을 형성하기에는 아직 먼 수준이었다. 그러므로 명 왕조 통치하의 위기의 대폭발은 앞선 왕조들과 마찬가지로 여전히 단순한 농민봉기와 농민전쟁으로 표출되었다. 명·청 교체기에 사상계에서는 봉건 전통세력의 입장에서 보자면 이단적인 사상이 등장했다. 황종희(黃宗羲)(1610-1704), 고염무(顧炎武)(1613-1682), 왕부지(王夫之)(1619-1692), 당견(唐甄)(1630-

1704) 같은 걸출한 사상가들은 민주주의와 개인주의 색채가 강한 관점을 제시하고 정도의 차이는 있지만 봉건 토지제도와 군주 전제제도, 봉건도덕과 윤리관념에 대해 회의와 부정의 태도를 보였다. 그들의 사상체계는 총체적으로 보자면 봉건주의의 틀을 벗어나지는 못했지만 낡은 틀의 속박 하에서도 모호하기는 하지만 사회관계에 관한 새로운 방향을 탐색하고자 했다. 새로운 사회관계는 어떤 것이어야 하는지, 어떤 세력이 새로운 사회관계의 주역이 되어야 하는지 그들은 명확하게 이해하지 못했다. 그들은 봉건착취 하에서 비참한 생활을 하고 있는 농민에 대해 일반적인 동정을 표시했지만 농민혁명에 대해서는 강력하게 반대했다.

청 왕조 정권이 수립되고 나서 40년 후부터는 전술한 바와 같이 지주계급 가운데서 정권에 대한 조직적인 반항이 다시는 발생하지 않았다. 반항을 포기하지 않은 계급은 농민계급 뿐이었다.

건륭황제 통치 하의 60년(1736-1795)은 경제상황만 본다면 청 왕조의 극성기였다. 그러나 가경 원년(1796년)에 백련교(白蓮敎)를 주축으로 한 농민 대봉기가 폭발했다. 이때의 봉기는 호북성 서부 장강 이북 지역에서 발생하여 사천과 하남 등 부근 일대로 번져갔다. 관군의 공격을 받은 봉기군은 사천으로 들어가 농민대중의 광범위한 지지를 받았다. 섬서와 감숙도 잇따라 봉기의 물결에 휩쓸렸다. 이 봉기가 발생한 때로부터 완전히 진압되기까지는 9년이 걸렸다.

백련교 봉기는 전통적인 종교미신의 외피를 걸친 단순한 농민전쟁이었다. 봉기를 이끈 통일된 조직도 없었다. 호북의 봉기와 사천의 봉기는 각기 지도자가 달랐다. 그들은 떨어진 채 각자 활동하면서 합치고 떨어지기를 반복했다. 한 무리가 관군에 의해 소멸된 후 다른 한 무리가 다른 곳에서 발전하기 시작했다. 이때의 농민봉기를 진압하기 위해 청 왕조는 동원할 수 있는 병력을 거의 전부 동원했고 2억 냥의 전비를 소비했다. 관군이 보고

한 반란 군중 살해자 수는 수십만이었다. 진압에 동원된 관군은 팔기뿐만 아니라 녹영까지도 극히 부패하고 전투력이 형편없었다. 각지의 지주호족이 조직한 무장세력인 "향용(鄕勇)"이 이때의 농민전쟁에서 큰 역할을 하였다.

백련교 봉기는 실패했지만 청의 통치기반을 크게 흔들어 놓았다. 이 봉기는 봉건주의 통치의 극성기란 표면 아래에는 격렬한 계급투쟁이 매복하고 있음을 보여주었고 농민에게 기생하던 청 왕조의 강대한 외모 뒤쪽에 숨겨진 허약한 모습을 드러내주었다.

제2장

19세기 40년대 이전 중국과 자본주의 각국의 관계

16, 17세기 외국침략자들의 등장과 좌절

일찍이 16세기에 서구 자본주의의 막이 오르자 유럽의 식민자, 상인, 모험가들이 해적과 같은 방식으로 중국을 찾아오기 시작했다.

16세기의 해상의 패권을 쥔 나라는 포르투갈과 스페인이었다. 명 정덕(正德) 9년에서 11년(1514-1516년) 사이에 포르투갈 선박이 광동 연해에 도착하기 시작했다. 정덕 12년(1517년)에 무장한 포르투갈 선박 8척이 주강(珠江) 하구에 진입하여 포를 쏘며 시위했다. 1년 후, 포르투갈 인들이 주강 하구에 보루를 쌓고 거점으로 삼았다. 이들을 몰아내기로 결정한 명 조정은 정덕 16년(1521년)에 군대를 파견하여 포르투갈 인들을 쫓아냈다.

쫓겨난 포르투갈 인들은 이어서 복건과 절강 연해 지역에서 똑 같은 해적활동을 했다. 명 가정 25년(1546년)에 명의 관군이 현지 주민들의 협조를 받아 이들 해적을 토벌했다. 서방측 기록에 따르면 이때의 전투에서 죽은 포르투갈 인이 5백 명이라 한다. 27년(1548년)에 절강의 거점을 차지하고 있던 포르투갈 인들이 완전히 소탕되었다. 그로부터 1년 후 먼 바다를 건너온 이 해적들은 복건에 다시 거점을 만들었다.

세계의 다른 지역에서와는 달리 무력에 기대어 멋대로 할 수 없게 된 포르투갈 인들은 결국 뇌물이란 방법을 동원했다. 명 가정 40년(1561년) 무렵 명의 지방관이 마카오(오문[澳門])를 그들의 거류지로 승인해주었다.

스페인 인들이 1571년(명 융경 5년)에 필리핀을 점령했다. 필리핀에서 스페인 인들은 스페인 식민자들에게 저항하는 필리핀 인들을 돕고 있던, 명 정부가 해적으로 규정한 임봉(林鳳)의 부대를 소탕하기 위해 명과 협력했다. 이것이 스페인과 중국의 첫 번째 만남이었으나 스페인 인들은 복건의 항구에서만 통상을 할 수 있었다.

17세기 중엽, 동북의 변경에서는 중국과 러시아 사이에 분쟁이 일어났다.

당시 러시아는 침략성이 강한 봉건제국이었다. 16세기 말 러시아는 시베리아 서부의 여러 민족을 무력으로 정복했다. 17세기 들어와 수많은 무장 탐험대와 상인이 러시아 정부의 지시를 받아 계속 동쪽으로 발전해 왔다. 그들은 예니세이 강 동쪽에서 오호츠크 해에 이르는 광대한 지역에 흩어져 살고 있던 유목민족으로부터 모피를 강탈하고 유목민들을 혹사했으며 반항하면 잔혹하게 살해했다. 만주족 군대가 입관하던 무렵인 17세기 40년대에 러시아인들이 흑룡강 지역을 침범했다. 그들은 중국 군대의 저지를 받았지만 흑룡강 유역을 병탄하려는 계획을 포기하지 않았다. 그들은 흑룡강 상류의 쉴카 강 북안에서 네르친스크(중국명 니뿌추[尼布楚]) 성을 점령하는 한편 흑룡강 북안 강이 구부러지는 지점에 전초기지 알바진(중국명 야크사[雅克薩])을 건설하고 하류 쪽으로 진출하려는 음모를 꾸몄다.

강희 24년과 25년(1685년, 1686년)에 청 정부는 두 차례 군대를 출동시켜 알바진을 공격했다. 강희 28년(1689년)에 중·러 쌍방은 대표를 파견하여 네르친스크에서 회담을 갖고 네르친스크조약을 체결했다. 이 조약에 근거하여 중·러 양국은 국경을 획정했다. 케베치(중국명 꺼얼삐치[格爾必齊]) 강, 쉴카 강, 아르군(중국명 얼꾸나[額爾古納]) 강과 외흥안령(外興安嶺)에서 동쪽으로 오호츠크 해에 이르는 선의 남쪽은 중국영토로 하고 북쪽은 러시아 영토로 결정되었다. 조약에 따라 알바진 기지는 철거되었다. 이렇게 하여 러시아의 이 지역에 대한 침략야심은 일시 저지되었다.

네르친스크조약이 체결된 후 백여 년 동안 중·러 사이에는 대체적으로 정상적인 무역관계가 유지되었고 18세기에 러시아는 정기적으로 북경에 사절을 파견했다.

가경 10년(1805년)에 러시의 원양선단이 마카오에 도착했지만 청 정부는 중·러 간에는 이미 북방의 육로무역이 이루어지고 있음을 이유로 들어 항구 통상을 거절했다.

17세기에 해양패권은 점차로 포르투갈과 스페인에서 영국과 네덜란드의 수중으로 옮겨가고 있었다.

네덜란드는 17세기의 전형적인 자본주의 국가였다. 명 만력 29년(1601년)에 네덜란드 선박이 처음으로 광주(廣州)에 도착했다. 이후로 네덜란드인들은 두 차례 팽호(澎湖)열도를 점령하고 하문(廈門) 연해지방에서 소란을 일으켰다. 그들은 백여 년 전의 포르투갈 인들과 마찬가지로 어선을 약탈하고 중국인을 포로로 잡아 보루를 쌓게 했다. 뿐만 아니라 그들은 붙잡은 중국인들을 자바로 싣고 가 노예로 만들었다. 천계 4년(1624년), 명군이 팽호열도를 탈환했다.

네덜란드인들은 이어서 대만을 점령했다. 청 순치 18년(1661년)에 중국의 민족영웅 정성공이 대만에서 네덜란드인들을 몰아냄으로써 네덜란드 식민자들의 중국에 대한 야심은 좌절되었다. 이후 20년 동안 청 정부는 대만과 복건 연해를 차지하고 있던 정씨 일가의 세력을 소멸시키기 위해 네덜란드인들에게 통상권을 주고 군사적 도움을 빌렸다.

처음으로 (명 숭정 8년, 1635년) 중국에 도착한 영국의 동인도회사 선박은 포르투갈인들이 고용한 것이었다. 숭정 10년(1637년) 영국인 웨델(J. Weddell)이 이끄는 선단(도합 4척)이 주강 하구에 진입했다가 호문(虎門) 포대와 포격전을 벌였다. 선단의 포격에 포대는 무너졌지만 영국 선박도 손상을 입고 물러났다. 당시 동방에서 영국의 주된 관심은 인도를 경영하는 것이었고 중국의 항구에서는 먼저 온 포르투갈 인들이 견제했기 때문에, 17세기 말까지 매년 많지 않은 영국 선박이 광동 항구에서 무역에 종사했다.

18세기 중국 측의 방비 강화와 통제

이상의 사실에서 보듯, 16, 17세기에 중국의 항구를 찾아 온 서방인들은 평화로운 교역을 원하는 상인이 아니었다. 그들은 서구 자본주의의 원시 축적 시기에 재화를 약탈하기 위해 세계 각국으로 나가 식민 사업을 하던 모험가들이었다. 손에는 기독교 성경을 들었으나 그들의 행위는 해적이었다. 마르크스는 『자본론』에서 기독교를 연구한 호이트(W. Howitt)의 다음과 같은 말을 인용했다. "소위 기독교도라는 인간들이 세계 각지에서 노역에 동원하기 위해 일체의 민족에게 행한 야만적이고도 잔혹한 폭력은 세계사의 어느 시기, 어떤 야만적이고 우매하며 잔인하고 염치없는 인종과도 비교될 수가 없는 것이다."[1] 16, 17세기에 포르투갈인, 스페인인, 네덜란드인, 영국인 프랑스인들이 아메리카 인디언, 아프리카 흑인, 인도인, 인도네시아인, 필리핀인 등을 상대로 저지른 무수한 살육행위가 바로 이러한 주장의 유력한 증거라고 할 것이다.

중국 주재 공사를 지낸 적이 있는 미국 작가 홀컴(Chester Holcombe)은 1910년에 쓴 저작에서 16, 17세기에 중국에 온 서방 인들의 행태를 개괄적

---

1 『마르크스·엥겔스전집』 제23권, 인민출판사 1972년 판, 819-820쪽.

으로 묘사했다. 그는 다음과 같이 지적했다. "… 이른 바 평화로운 교역의 개척자라는 이들이 저지른 일들은 우호적인 문명인의 행위라고 말할 수는 없고 다만 해적행위라고만 말할 수 있을 따름이다. 그들이 제국(중국을 지칭함, 저자인용)으로부터 거절당한 것은 마땅한 대우였을 뿐만 아니라 중국 당국이 그들을 소멸시키려 했던 것은 당연한 조처였다. 그들은 끊임없이 중국 남부해안을 소란스럽게 만들고 도시를 약탈하고 파괴했다. 그들은 수 십, 수백 곳에서 무고한 남녀와 아동들을 살해한 후 '평화롭게' 돛을 올려 떠나갔다. 그들은 대륙에 올라 중국인들을 강제하여 그들을 위한 보루를 쌓게 했고, 가장 거칠고 야수적인 방식으로 부녀자를 붙잡아 갔고, 현지인들의 재산을 강탈했으며, 인도주의와 문명의 모든 준칙을 짓밟았다."[2]

19세기 이전, 중국인들은 서방 자본주의 각국이 세계 각처에서 벌이고 있는 행위에 대해 알지 못했다. 서방에서 온 손님들은 중국에 도착한 후 처음으로 보여준 행위를 통해 그들 자신을 소개했고, 이를 본 중국인들은 마땅하다고 판단한 조처를 취했다. 중국은 봉건시대에도 외국과 평화로운 교역을 한 오랜 역사를 갖고 있고, 외국에서 온 상인과 기타 인사들을 손님으로 대할 뿐 민족적 편견을 갖고 있지 않았지만, 16세기 이후로 중국인들은 잇달아 찾아오는 "초대하지 않은 손님들"에 대해 엄격한 방비와 통제를 하지 않을 수 없었다. 그것은 필요한 자위조처였다. 또 한사람의 미국 외교관이자 작가인 포스터(John Watson Foster)는 1904년에 쓴『원동에서의 미국의 외교정책』이란 책에서 다음과 같이 썼다. "16세기에 …… 중국의 통치자들은 필리핀과 자바의 여러 섬을 무력으로 점령하고 인도와 말레이반도에 거점을 확보한 포르투갈인, 네덜란드인, 스페인인의 침략 기세를 가볍게 보

---

2 Chester Holcombe, *A Sketch of the Relations Between China and the Western World*(1910년 판 George H. Blakeslee 편 China and the Far East, 36쪽을 보라).

지 않았다. 중국 자신의 항구에서 중국이 이런 민족 및 영국인들과 접촉한 초기의 경험은 폭력과 살육으로 가득 찬 것이었고, 따라서 중국 당국은 17세기에 광주 이외의 모든 항구의 문을 닫는 엄중한 조처를 취하기에 이르렀을 뿐만 아니라 광주에서도 대외교류를 지극히 까다로운 조건 하에서만 진행했다."[3]

광주는 송 왕조 때부터 호시(互市)가 열리던 곳이어서 외국(주로 아라비아) 선박의 정박을 허락했다. 16세기 중엽에 이르자 명 정부는 외국 선박의 광주 입항을 금지하고 포르투갈인들이 전백(電白), 상천도(上川島), 마카오 같이 성의 수도에서 비교적 멀리 떨어진 곳에서만 교역을 하도록 규정했다. 이러한 조처는 전술한 포르투갈인들의 폭력과 분명한 관계가 있는 것이었다. 숭정 10년(1637년), 상술한 바와 같이 영국 선박이 호문 포대를 포격하는 사건이 벌어지자 명 조정은 외국 선박이 주강 하구 안으로 진입하는 것을 금지하는 명령을 내렸다. 청도 초기에 이런 금령을 부활시켰다. 이 기간에 중국정부는 외국 선박이 정박할 수 있는 곳으로 마카오 한 곳만을 지정하고 외국인의 일시적인 거주만 허용했다.

강희 24년(1685년), 청 정부는 해금(海禁)을 해제하고 광주, 장주(漳州), 영파(寧波), 운대산(雲臺山)(지금의 연운[連雲]항 부근) 네 곳을 통상항으로 지정했다. 청 정부가 이런 조처를 취한 까닭은 한편으로는 내부 통치 질서가 이미 안정되었다고 판단했고 다른 한편으로는 서방에서 온 모험가들을 상인의 신분으로서 비교적 법규를 준수하도록 만들지 않으면 안 된다고 판단했기 때문이었다. 당시의 중국 정부의 태도는 법규만 지킨다면 중국에서 사업을 해도 좋다는 것이었다(앞에서 언급했듯이 동북 변경에서도 같은 태도를 보였다).

동남 연해지역에서의 교역에 대해 청 정부는 엄격한 법령을 적지 아

3   J. W. Foster, *American Diplomacy in the Orient*, 6-7쪽.

니 적용했다. 강희 24년에 지정된 4곳의 통상항 가운데서 중요한 항구는 광주였다. 다시 건륭 24년(1759년)에 청 정부는 통상항을 광주 한 곳으로 축소했다. 17세기 말에서 19세기 초까지 광주에서의 통상 법규는 대체로 다음과 같았다. 외국 상선은 황포(黃埔)까지 들어와 정박할 수 있지만 외국의 병선은 항구 안으로 들어올 수 없다, 상선 중에서 함포를 적재한 선박은 황포에 진입하기 전에 반드시 함포를 내려놓고 교역이 끝나고 돌아갈 때 돌려준다, 외국 상인이 광주에 도착한 후 매매행위는 반드시 지방관으로부터 특허를 받은 상인(양행[洋行]이라 불렀다. 독점권을 가진 조직은 공행[公行]이라 하였다)을 통해야 한다, 외국 상인이 광주에서 거주할 때는 양행 상인이 감독의 책임을 지며 외국 상인은 광주에서 겨울을 날 수 없다(매년 5, 6월에 입항하고 9, 10월 중에 출항해야 한다), 외국 상인은 광주에서 체류하는 동안에는 양행이 지은 "이관(夷館)" 안에서만 머물러야 하고 외국인이 중국인을 고용하거나 중국인이 외국인으로부터 자본을 빌리는 일은 엄격히 금한다, 외국 상인이 광주에 체류하는 동안에는 "이관"을 떠날 수 없으며 매월 정해진 날짜에 정해진 곳만 돌아다닐 수 있다, 외국인은 부녀자를 대동하고 광주 시내에 들어올 수 없으며 중국 관원처럼 가마를 탈 수 없다.

18세기에 적용된 외국 상인에 대한 이러한 통제규정은 지금까지 서방의 일부 자산계급 역사학자들로부터 조소와 공격의 대상이 되었다. 그들은 이런 규정을 근거로 당시 중국이 "야만"국가이며 외국인을 "불평등"하게 취급했다는 점을 증명하려 했고, 심지어 훗날 서방국가가 중국을 상대로 발동한 침략전쟁의 합리성을 증명하려 했다. 그러나 주권국가라면 당연히 대외무역에 어떤 제도를 적용할 것인지 결정할 수 있는 권리를 가지며 당시의 규정은 이런 권리를 넘어선 것이라고 할 수 없다. 부녀자를 대동하고 광주 시내로 들어올 수 없다는 등 부차적인 규정이 당시 중국 봉건 통치자들의 낙후한 편견을 반영한 것은 분명하다. 그러나 서방 식민자들이 모험가와 해

적의 신분으로 접근 가능한 세계 각지와 국가에서 거리낌 없는 행위를 하고 있던 당시에 이런 규정의 주요 부분은 중국 측에서 보자면 취할 수 있는 필수불가결한 자위적 조처였다. 18세기 청 정부가 채택한 이런 제도를 단지 낙후한 쇄국정책으로만 보고 제도의 민족 자위적 기능을 인정하지 않는다면 그것은 잘못된 판단이다. 문제는, 국내에서 낙후한 봉건적 생산관계를 유지하는 것을 임무로 하는 반동 통치자들이 대외적 자위정책을 진지하게 관철해나가지 못했고, 나아가 이런 자위정책을 자국의 사회경제의 진보 발전과 결합시키지 못했다는 점이다. 청의 통치자들이 대외무역을 전적으로 금지하기를 원치 않았던 이유는 조정과 유관 관원들이 대외무역으로부터 큰 이익을 얻을 수 있었기 때문이다. 부패하고 탐욕스러우며, 근본적으로 자국 인민에 대해 적대적인 봉건 통치자들은 외부 침략자들과 진지하고 유효하게 맞설 수 없었다. 우리가 이미 본 바와 같이, 포르투갈인들은 뇌물을 써서 마카오를 거류지로 얻었고, 명의 통치자들은 필리핀에서 스페인인들과 힘을 합쳐 자국의 해적을 공격했으며, 청의 통치자들은 대만의 정씨 세력을 소멸시키기 위해 네덜란드인들의 병력을 빌리는 방법까지 생각해냈다. 여기서 한 가지 보충 설명이 필요하다. 17. 18세기에 스페인 식민자들이 필리핀에서, 네덜란드 식민자들이 자바에서 현지의 중국 교민을 대량으로 학살할 때 명과 청 조정은 다 같이 전혀 문제 삼지 않았다. 상술한 여러 가지 통상관련 규정을 빠져나가기 위해 외국 상인들도 늘 중국 관리들을 상대로 뇌물을 주고 일부 중국 상인들을 매수하는 방법을 썼다. 예컨대, 영국의 동인도회사는 중국 상인들과의 자유로운 교역을 위해 건륭 35년(1770년)에 광동 총독 이시요(李侍堯)에게 은화 10만 냥을 뇌물로 주었고 이시요는 양행으로 구성된 독점 조직인 "공행"을 해산했다(건륭 45년에 다시 복구되었다). 그 밖의 몇 가지 규정도 문서상으로만 존재했는데, 상선에 적재된 함포를 내리는 규정은 지켜지지 않았고 "이관"에 몰래 무기를 들여오는 행위는 늘 있는 일이었다. 이러한 방비와 통제가 일시적으로 자위를 강화하는 효과를 내자 청의 통치자들은 외국 상인들이 보잘 것 없는 미개국에서 왔고 중국은 모든 나라보다 우월한 "천조(天朝)"라는 자만에 빠졌다. 그들은 서방 국가가 어떤 나라인지 진지하게 알아보려는 생각을 하지 않았다.

영국과 동인도회사

18-19세기에 영국은 서방 자본주의의 선두 국가가 되었다. 18세기 중엽의 산업혁명을 거치면서 영국은 강대한 자본주의 공업국가로 신속하게 발전했다. 영국의 자산계급은 열광적으로 식민지의 확대를 요구했다. 식민지 개척 경쟁에서 영국 세력은 점차로 노쇠한 스페인과 포르투갈을 추월하였고, 네덜란드와 (영국과 동시에 신속하게 발전한 자본주의 국가인) 프랑스까지도 따돌렸다. 각국의 대 중국 무역에서 영국이 수위를 차지하기 시작했다. 건륭 29년(1764년), 중국이 서구 각국으로부터 수입한 상품의 가액 가운데서 영국이 63%인 120만 냥을 차지했고, 서구 국가가 중국으로부터 수입한 상품의 가액 가운데서 영국이 47%인 170만 냥을 차지했다.

영국의 동인도회사는 1767년(건륭 32년)에 음모와 무력을 통해 인구 2,3천만에다 가장 부유한 (인도의) 주인 벵글라데시를 점령했다. 동인도회사는 1833년(도광 13년) 이전까지 영국의 대 중국 무역을 독점해왔다.

프랑스는 강희 28년(1689년)부터 중국에 상선을 보내기 시작했다. 18세기 초에는 오스트리아, 벨기에, 프루시아, 덴마크, 스웨덴 등도 중국과 통상을 시작했다. 미국은 영국으로부터 독립한 다음 해인 1784년(건륭 49년)부터 중국과 교역을 시작했다. 19세기 초, 미국의 대 중국 교역량은 벌써 영국에 이어 2위를 차지했다. 그러나 절대 금액으로 보면 영국에 비해 매우 적었다.

건륭 57년(1792년), 영국은 조지 맥카트니(George Macartney)를 특사로 파견하여 북경 방문을 요구했다. 이때 사절단의 경비는 전액 동인도회사가 부담했다. 맥카트니는 영국 국왕의 친서를 휴대하고 있었지만 실제로는 동인도회사의 대표였다. 그는 북경으로 와 건륭황제를 만나기는 했지만 그의 요구(영파, 주산[舟山], 천진[天津] 등의 개항과 영국 외교관의 북경 주재, 주산 부근의 작은 섬과 광주 부근의 토지를 영국인 거류지로 줄 것)는 모두 거절되었다. 가경 21년(1816년), 영국은 다시 앰허스트(William Amherst)를 단장으로 하는 사절단(주요 구성원은 역시 동인도회사가 파견한 인물)을 북경으로 파견하여 같은 요구를 하였으나 거절되었다.

동인도회사로 대표되는 영국의 자산계급은 중국 정부가 정한 규정에 따르는 정상적인 무역에 만족하지 못했다. 중국 봉건경제의 강한 자급자족성 때문에 중국과의 교역은 매우 느린 속도로 발전했다. 외국상품은 중국에서 시장을 열기 어려웠고 당시 중국의 대외무역은 늘 출초 상태였다.

영국은 앞장서서 각종 방법을 동원하여 중국 정부가 정한 각종 규정을 파괴했다. 가경 13년(1808년), 영국과 프랑스 사이에 "반도전쟁"이 일어나자 영국의 인도총독은 프랑스군의 마카오 침략을 막는다는 구실로 함대를 파견하여 마카오 부근에 상륙하는 한편 군함이 진입할 수 없는 황포에 진입했다. 청 정부는 지방관에게 무력으로 대응하라는 명령을 내렸다. 영국 측에서도 당시에 중국과 전쟁을 치를 준비가 되어 있지 않아서 사태는 확대되지 않았지만 이것은 동인도회사 측에서는 무력을 동원하여 중국에 대응한다는 계획을 세웠음을 드러낸다.

1789년 (건륭 54년)에 프랑스에서 자산계급 혁명이 일어나기 전, 미국을 제외한 남북 미주(서인도제도 포함) 전체와 인도, 인도네시아의 대부분, 아프리카 서해안과 남해안, 대양주의 일부분은 이미 서방 자본주의 국가의 식민지로 떨어졌다. 영국은 1816년(가경 21년)에 인도 전체를 통치하게 되었고 1824년(도광 13년)에는 싱가포르와 미얀마의 일부를 점령했다. 1883년(도광 13년), 동인도회사의 중국 무역 독점권이 취소되었다. 이것은 영국 자본가들이 중국에 대해 보편적인 "관심"을 갖게 되었음을 의미한다.

　　한편으로는 내부위기가 날로 높아져 가고 있던 봉건중국과 다른 한편으로는 이미 3백여 년의 식민 "사업"의 경험을 가진 서방 자본주의 국가가 부닥치는 상황에서 중국은 근대로 진입해야 했다.

제 1 편

아편전쟁과 태평천국 농민혁명

제3장
아편전쟁

아편 금지문제

도광 20년에서 22년까지(1840-1842년)에 발생한 아편전쟁은 봉건 중국이 반식민지 반봉건 사회로 진입하는 전환점이었다.

아편전쟁이 일어나기 전 70여 년 동안 영국인들을 주로 한 외국 상인들은 해가 거듭할수록 중국에 대한 아편 판매량을 늘려갔다. 건륭 38년(1773년), 동인도회사는 인도에서 아편의 전매제도를 시행했는데, 이 무렵 이미 매년 1천 상자의 아편이 중국으로 수입되고 있었다. 가경 연간(19세기 초)에 아편의 수입량은 해마다 4천 상자씩 늘어났다. 아편전쟁이 일어나기 수년 전 매년 4만 상자가량(한 상자는 백 근 혹은 120 근. 아편전쟁이 발생했을 때 중국의 해안 지역에서 판매되던 아편의 가격은 품질에 따라 상자 당 은화 4백 위안에서 8백 위안)의 아편이 수입되고 있었다.

전쟁 전 정상적인 무역을 통해 영국 상인들이 중국에 수출하던 주요 상품은 모직품과 인도 면화였고 중국으로부터는 차와 견사를 수입했다. 중국 경제의 자급자족적 구조와 여기에 더하여 대외 무역을 통제하는 중국 정부의 정책 때문에 중국에서 영국은 자국 상품의 시장을 열 수가 없었고 이로 인해 교역 역차가 발생했다. 영국 상인들은 중국에서 면방직품을 팔려고 노력해왔으나 판로는 매우 좁아 국면을 바꿀 수 없었다. 이런 상황에서 영국 상인들은 아편이 가장 유리한 상품임을 알게 되었다. 아편은 원가에 비해 판매가가 상당히 높았을 뿐만 아니라 다음과 같은 특성을 갖고 있었다. 아편 흡연은 한 번 습관이 되면 지속적으로 피우지 않을 수 없을 뿐만 아니라 갈수록 흡연량이 늘어나며, 중국처럼 인구가 많은 나라에서 아편 흡연이 유행한다면 광대한 아편시장이 형성될 수 있었다. 이 때문에 중국 정부의 금령에도 불구하고 영국 상인들은 높은 이윤을 노리고 중국을 향해 불법적인 대규모 아편 수출에 매달렸다. 이것은 대 중국 교역 역차를 바꿀 수 있는 중요한 수단이기도 했다. 영국의 관변 자료를 보면, 1837년 7월에서 1838년 6월까지의 1년 동안에 중국이 영국(인도 포함)으로부터 수입한 총액은 560만 파운드인데 그중 아편이 60%(340만 파운드)를 차지했다. 같은 기간 동안 중국의 대 영국 수출 총액은 310만 파운드로서 중국의 입초가 250만 파운드이다. 아편을 제외한다면 정상 교역에서 영국인이 중국에 판 상품 총액은 중국에서 사간 상품 총액보다 90만 파운드가 적다.

이 무렵 미국인도 터키로부터 아편을 구매하여 중국에 수출했다. 그 수량은 영국 다음인데, 가경 22년(1817년)의 경우 중국이 수입한 아편 총량 4,500 상자 가운데서 미국은 1,900 상자를 차지했다. 중국 측에서는 가경 원년(1796년)부터 여러 차례 아편 수입 금지령을 내렸으나 별 효과가 없었다. 도광 연간 초기에 아편의 밀수입 양이 갈수록 늘어났다. 당시 중국의 최대 통상 항구는 광주였다. 영국과 미국의 상인들이 아편 상자를 실어내릴 때 사용하는 소형 운반선이 광주 부근의 황포로부터 주강 하구 밖의 한적한 바다까지 아편을 운반했다. 외국 아편상인과 중국 상인이 거래를 할 때는 중국인의 밀수선이 외국인의 소형 운반선에 접근하여 화물을 옮겨 실었다. 밀수선은 무리를 짓고 무장을 갖추어 자유롭게 세관을 넘어 아편을 광동, 복건, 절강과 기타 연해 지역으로 수송했다. 각급 관원들은 이를 묵인했다. 그들은 중국인이나 외국인 밀수 판매상들로부터 대량의 뇌물을 받았고 일부 관원들은 직접 밀수활동을 벌이기도 했다. 심지어 양광 총독은 관용선박을 밀수업자에게 제공해주었다. 수많은 지방관들과 그들의 배후에 있는 중앙 고위관료들이 직간접적으로 아편 밀수에서 이득을 취했다.

청 정부는 점차로 아편의 대량 유입이 유발한 문제를 인식했는데, 그것은 은의 유출이었다. 일찍이 도광 초기부터 "은 가격은 올라가고 돈의 가치는 떨어지는" 현상이 나타나기 시작했다. 도광 원년(1821년)에 은 1냥의 가치가 1천 문 가량이었는데 도광 16년에서 18년 사이(1836-1838년)에는 1,300문에서 1,600문 사이였다. 당시 시중에서는 밀수입한 아편을 은으로 교환해가서 내륙지역에 은이 귀해졌기 때문이라는 얘기가 나돌았다. 각급 지방관원들은 이런 현상을 민감하게 받아들였다. 지방관들이 백성으로부터 세금을 징수할 때는 돈으로 받아서 상부에 보고할 때는 은으로 환산해야 했기 때문이다. 은은 귀해지고 돈 가치는 떨어져 사회경제와 국가재정에 불리한 영향을 주게 되니 아편 금지령은 더욱 절박한 문제가 되었다. 조정에서는 거의 해마다 아편의 수입과 판매 금지령을 내렸으나 효과가 없었다. 부패한 관료기구는 이 문제를 해결할 수 없었다. 사실상 엄격하게 금지할수록 아편 판매의 이윤은 더 커졌고 각급 관원들도 갈수록 더 많은 뇌물을 받을 수 있었다. 그래서 일부 관리들은 "변통 처리"를 주장했는데, 그 대표적인 인물이 태상시(太常寺) 소경(小卿) 허내제(許乃濟)였다. 그는 도광 16년(1836년)에 올린 상주문에서 "오랑캐 상인들이 파는 아편을 약재로 분류하여 과세하자"는 주장을 내놓았는데, 이것은 아편 무역을 합법화하여 관리들이 밀수업자로부터 받던 뇌물을 국가 세수로 전환시키자는 의미였다. 그는 아편을 즐기는 무리는 모두가 "놀고먹는 하잘 것 없는 무리"이므로 "문무관원, 선비 가족, 병정"을 제외하고 민간에서 마음대로 피우고 먹게 하자고 주장했다. 은의 대외 유출을 해결하는 방법으로서 그는 아편 무역을 합법화한 후 "물건으로 물건을 바꾸는 것만 허용하고 은을 사용하여 사고파는 일을 금한다"는 안을 제시했다.

허내제의 "금령 완화책"은 광주 현지의 일부 고급 관료들(양광 총독 등 연정(鄧延楨) 등)로부터 즉각적인 지지를 받았으나 다른 관원들은 반대했다. 어사(御史) 원옥린(袁玉麟)은, 정령에는 예외가 없어야 하며 민간의 금령을 풀어주면 "관원, 선비, 병정"에게 아편 흡연을 금할 방법이 없다고 반박했다. "물건으로 물건을 바꾸는 것만 허용한다"는 것도 아편과 교환하여 수출할 상품이 그리 많지 않으니 통할 수 없는 방법이라고 그는 주장했다. 금령 완화책은 설득력을 잃었지만 아편을 금지할 유효한 방법은 무엇이며 어디서부터 손을 대야 할 것인가? 도광 18년(1838년) 윤사월, 홍려시경(鴻臚寺卿) 황작자(黃爵滋)가 상주문을 올려 통상항에서 아편의 수입을 금지하는 것만으로는 효과가 없으니 근본적인 방법은 아편 흡연을 금하는 것이라고 주장했다. 그는, 아편 흡연자들에게 1년의 기한을 주어 아편을 끊도록 하고 기한이 지난 후에 금령을 어기는 자는 사형에 처하자고 주장했다. 황제는 그의 상주문을 각 성의 관원들에게 돌려 의견을 구했다. 그의 주장을 가장 강력하게 지지한 인물은 호광 총독 임칙서(林則徐)였다. 임칙서가 제시한 아편을 금지하는 6개의 구체적인 정책은 현지에서 철저하게 시행하여 좋은 효과를 보았고 광범위한 여론의 지지도 받았다. 황작자와 임칙서는 아편 수입은 흡연하는 사람에게도 해로울 뿐만 아니라 재화를 "바다 밖으로 흘러 나가게 하고" 이것이 발전하면 나라는 약해지고 재화는 마를 위험이 있으므로 반드시 엄중한 문제로 다루어야 한다는 생각을 갖고 있었다. 도광 황제가 그들의 주장에 귀 기울이자 다시는 반대 의견을 내놓는 관원이 없었다.

당시에 아편 흡연은 보편화되어 있어서 각급 관원과 군대 내의 장교와 사병들 사이에서 아편에 중독되는 사람이 날로 늘어갔다. 따라서 계도 기간이 지난 후에도 아편을 끊지 못하는 자는 사형에 처하자는 황작자의 주장을 많은 관원들이 찬성하지 않았고 도광 황제도 이 안을 받아들이지 않았다. 그러나 금령 완화를 계속 주장하는 사람은 없었다. 금령 완화를 주장한 허내제는 직급을 강등하는 처분을 받았다. 금령 완화를 지지했던 양광 총독 등연정도 아편 판매를 금지하는 것이 옳다는 의견을 표시했다. 수석 군기대신 목창아(穆彰阿) 등 아편 밀수로부터 이득을 보고 있던 조정의 일부 고위 관원들은 아편 밀수가 지속되기를 원했다. 그들은 막후에서는 일관되게 아편을 금지하는 정책을 방해하면서 표면적으로는 "국체를 손상시킨다"는 명분을 내세우면서 아편의 공개적인 매매에 반대했다.

도광 황제는 아편을 금지하기로 결심하고 수입을 금하는 데서 해법을 찾으려 했다.

도광 18년 11월 15일(1838년 12월 31일), 임칙서가 광주로 가서 이 문제를 전담할 흠차대신(欽差大臣)으로 임명되었다.

임칙서의 아편 금지령과 영국침략자

임칙서(1785-1850)는 복건성 후관(侯官)(지금의 복주[福州]) 사람으로서 아편 엄금을 주장한 대표적 인물이며 또한 아편전쟁 시기에 청의 관리가운데서 저항파의 우두머리였다. 그는 가경 16년(1811년)에 진사시에 합격하여 관로에 들어선 후 절강, 강소, 섬서, 호북, 하남 등에서 지방관을 지냈고 하남에서는 제방공사를 감독한 경험이 있어서 사회 상황과 민간의 고통에 대해 비교적 이해가 많은 인물이었다. 그는 일직부터 황작자, 공자진(龔自珍), 위원(魏源) 등과 함께 경세의 학문을 주장했다. 이들은 부패하고 어두운 현실정치에 불만을 품고 개혁을 요구했던 지주계급 지식분자였다. 임칙서는 광주에서 임무를 순탄하게 완수하리라고는 예상하지 않았다.

임칙서는 도광 19년 정월 하순(1839년 3월) 광주에 도착하자 곧바로 강력한 아편 금지운동을 시작했다. 원래 아편 금지를 찬성하지 않았던 양광총독 등연정은 분위기에 눌려 금지파의 중요인물로 변신했다. 외국 상인들은 오랜 경험을 통해 청의 관원들은 매수할 수 있으며 금지운동은 비를 뿌리지 않는 뇌성으로 끝날 것이라고 예상했다. 그러나 새로 온 흠차대신은 전혀 다른 작풍을 보였다. 그는 도착 즉시 외국 상인과 결탁한 아편 밀매상들을 체포했을 뿐만 아니라 반 달이 지나자 외국 상인들에게 부두에 정박한 소형 운반선에 실린 아편을 모두 제출하라고 통지했다. 또한 그는 오랫동안 아편 밀수에 종사했던 악명 높은 영국 상인을 체포하라는 명령을 내렸다(후에 재입국을 허가하지 않는 강제출국 조처로 바뀌었다).

임칙서의 강경한 조처 때문에 2백여 명의 영국 상인들은 결국 그 해 3, 4월 사이에 18,753 상자의 아편을 내놓았다. 영국 정부가 광주에 파견한 상무감독 엘리어트(Charles Elliot)는 영국 상인들에게 아편을 직접 중국 관청에 제출하지 말도록 설득하고 자신이 제출받은 후 다시 영국 정부의 상무감독관 명의로 중국 정부에 제출했다. 엘리어트가 이런 방식을 택한 이유는 아편 수출입을 양국 정부 사이의 문제로 만들려는 의도 때문이었다. 이 방식은 영국 정부가 불법적인 아편 밀수를 공개적으로 지지한다는 사실을 인정하는 행위와 다름없었다. 광주에 체류하고 있던 미국 상인들도 1,540 상자의 아편을 엘리어트를 통해 내놓지 않을 수 없었다.

영·미 상인들이 제출한 아편은 2만여 상자, 약 230만 근이었다. 임칙서는 전량을 군중이 지켜보는 가운데 호문에서 폐기했다. 이 광경을 지켜본 일부 외국 상인들은 폐기 작업이 철저하게 실시되는 것을 보고 놀랐다. 부패가 만연한 청 관계에서 아편 색출은 치부의 수단이었다. 임칙서의 아편 몰수와 폐기는 관례에 비추어 본다면 매우 돌출적인 행동이었다.

또한 임칙서는 외국 상인들에게 "이후로는 영원히 아편을 가져 오지 않을 것이며, 만약 가져 오다가 발각되는 경우 물건은 전부 관에서 몰수 하고 사람은 법에 따라 기꺼이 처벌 받겠다"는 서약서를 제출하라고 요구했다. 엘리어트는 영국 상인들에게 임칙서가 요구한 서약서를 제출을 거부하라고 지시한 후 상인들을 인솔하여 4월 12일에 광주를 떠났다. 광주를 떠난 상인들은 마카오에 머물다가 구룡(九龍)반도 첨사취(尖沙嘴) 부근에 정박하고 있던 배로 옮겨갔다. 엘리어트는 영국 상선에게 황포에 진입하여 교역하는 것을 일절 금하는 명령을 내렸다. 그는 본국 정부에 보낸 보고서에서 군대를 파견하여 무력해결을 준비하도록 요청했다. 임칙서의 아편 폐기 이후로 중영 간의 무역은 단절되었는데, 그 책임은 엘리어트가 져야지 임칙서가 질 일이 아니었다. 임칙서는 광주 항구를 폐쇄하지 않았다. 오히려 그는 정상적인 무역은 예전대로 진행되어야 한다고 판단했다. 어떤 국가의 선박이든 아편을 적재하지 않고 앞으로도 그렇게 하겠다는 서약을 하는 선박은 모두 입항을 허락했다. 4월 이후로 6개월 동안 45척의 미국 상선과 기타 국가의 상선 17척이 서약을 하고 입항했다. 영국 상선은 엘리어트의 명령 때문에 계속 해상에 정박했다. 5월 27일, 첨사취에서 영국 수병이 중국인 한 사람을 살해하는 사건이 발생했다. 임칙서는 범인의 인도를 요구했으나 엘리어트가 거절했다. 이때 엘리어트는 2척의 군함을 지휘하고 있었다. 7월 27일, 엘리어트는 군함을 몰고 와 구룡산 자락을 포격하자 그곳에 있던 중국 군함과 포대가 반격했다. 이런 상황에서도 임칙서는 영국인이 살인범을 인도하고 영국 상선이 아편을 판매하지 않겠다고 서약만 하면 광주항은 전처럼 영국인에게 개방될 것이라고 밝혔다. 또한 임칙서는 사람을 보내 마카오에서 엘리어트와 담판을 하는데도 동의했으나 엘리어트는 담판 기회

---

1   중국사학회 편: 『중국근대사자료총간 : 아편전쟁』 (이후 『아편전쟁자료』라 약칭한다) 제1책, 신주국광사(神州國光社) 1954년 판, 제2책, 243쪽.

를 이용해 시간만 끌면서 본국 군대가 도착하기를 기다렸다. 담판은 결렬되었다.

9월, 인도에서 온 영국 상선 두 척이 엘리어트의 금지 명령에도 불구하고 임칙서가 정한 규정에 따라 입항 허가를 요청했다. 이것을 못마땅하게 생각한 엘리어트는 천비양(穿鼻洋)(호문 포대 앞 바다)에서 입항하는 영국 상선을 저지하는 한편 수사제독(水師提督) 관천배(關天培)가 지휘하는 중국 군함과 전투를 벌였다. 이후 10일 동안 영국 군함은 연속 6차례나 관용(關涌)(구룡 첨사취 북쪽의 작은 산)을 침범했다. 임칙서와 등연정은 미리 군사적인 준비를 해두었기 때문에 영국인의 여러 차례 공격은 격퇴되었다. 이때의 승리는 그리 큰 것은 아니지만 영국인들에게 광주는 침입자들을 맞을 경계를 갖추고 있음을 알려주었다. 임칙서와 등연정은 이때의 전투 경과를 알리는 보고에서, 비록 이기기는 했지만 영국인을 대하는 태도는 "잘못을 뉘우쳐 되풀이 하지 않게 하는 것"이라고 설명했다. 이것은 영국과 완전히 결별할 준비를 할 필요는 없다는 뜻이다. 이때 임칙서는 영국 정부가 군대를 파견할 준비를 하고 있는 사실을 알지 못했다. 그는 아편금지 문제에만 매달려 원칙을 지키면서도 비교적 타협적인 정책을 내놓았다. 그러나 북경의 도광 황제는 갈수록 판단력이 흐려져 갔다. 황제는 다음과 같은 지시를 내렸다. "임칙서 등은 형세를 감안하여 영국의 무역을 정지시키고, 영국의 선박은 모두 쫓아낼 뿐 굳이 좋은 말로 서약을 받을 필요는 없다."[2]

조정의 뜻을 거스를 수 없던 임칙서는 11월 초하루(1839년 12월 6일)부터 영국과의 교역은 정지한다고 선포하고 12월 초하루(1840년 1월 5일)에는 한발 더 나아가 영국 선박의 입항을 금지한다는 명령을 내렸다. 그러나 이

---

2   『주판이무시말(도광조)[籌辦夷務始末(道光朝)]』 (이후 『도광이무(道光夷務)』라 약칭한다)
     제1책, 제사화(齊思和) 등 정리, 중화서국 1964년 판, 242–243쪽.

후로도 임칙서와 엘리어트 사이에는 여러 차례의 서신 왕래가 있는 등 완전한 결렬에는 이르지 않았다. 영국 정부가 파견한 침략군대가 광동 앞바다에 나타나고서는 상황이 근본적으로 변했다.

1840년 2월(도광 20년 정월), 영국 정부는 소위 "동방원정군"을 중국으로 파견한다는 결정을 발표했다. 영국의 자산계급 정부가 전쟁을 발동한데는 아편 무역을 보호하는 이외에도 더 중요한 원인이 있었다. 당시 영국 자산계급 가운데서 중국과의 전쟁을 열심히 부추긴 두 부류가 있었다. 한 부류는 아편 밀수업자들. 임칙서에게 쫓겨난 자딘(William Jardine)과 매티슨(James Matheson) 같은 인물이 여기에 속했다. 이 두 사람은 중국 연해에서 아편 밀수를 하면서 큰돈을 번 후 귀국한지 얼마 안 되어 하원의원이 되었고, 매티슨은 작위까지 받았다. 다른 한 부류는 대 중국 무역과 관련 있는 공업, 상업, 해운업, 금융업 분야의 자본가들. 이들은 영국의 공업제품을 중국에 내다팔기 위해 힘을 쏟았다. 당시 영국은 이미 자본주의의 "과잉생산"의 위기를 맞고 있었고 영국 자산계급은 세계 도처에서 새로운 시장을 찾고 있었다. 중국 같은 대국은 그들로서는 놓칠 수 없는 시장이었다. 그들은 중국 정부의 대외무역 통제 정책이 영국 상품이 중국에서 팔리지 않는 장애요인이라고 생각했다. 그래서 그들은 중국을 영국 상품의 광활한 시장으로 개방하기 위해서는 무력을 동원해서라도 장애를 제거해야 한다고 주장했다. 임칙서가 아편을 금지하지 않았더라도 영국의 자산계급은 다른 구실로 전쟁을 일으켰을 것임은 단언할 수 있다.

영국 자산계급이 1840년에 전쟁을 발동한 직접적인 이유는 추악한 아편밀수의 보호 유지였다. 영국은 무력을 동원하여 중국으로 하여금 자위적인 일체의 조처를 포기하도록 만들고 중국을 외국 자본주의 상품의 자유로운 시장으로 개방하려 했다. 그러므로 이 전쟁은 영국의 입장에서 보드라도 완전히 정의롭지 못한 침략전쟁이었다.

전쟁과 "타이름"

　　도광 황제는 아편 금지 문제에서도 그렇지만 전쟁 문제에서도 일관된 방침이 없었다. 아편 금지문제로 말하자면 그는 한 때 분명한 결심을 보이기는 했지만 장애에 부닥치면 그의 결심은 거품처럼 스러졌다. 그의 조정에서 많은 관원들이 원래부터 강력한 아편 금지를 찬성하지 않았는데, 아편 판매는 그들에게 이득을 가져올 수 있었기 때문이었다. 아편 금지를 주장한 다수 관원들도 비교적 힘이 들 더는 방법에 기대어 이 문제를 해결하려 했다. 부패한 봉건 통치 집단은 자신의 역량으로 자신의 고질병을 제거할 수가 없었다. 분명한 사실로 드러났듯이, 외국 아편을 들여와 국내 각지에서 파는 과정에서 각급 관원은 뇌물을 챙길 수 있었을 뿐만 아니라 많은 대소 관원들 자신이 바로 아편 애호가였다. 그런데도 비교적 중요한 지위에 있는 관원으로서 아편 때문에 징계를 받은 사람은 없었다. 황제와 관원들은 외국의 실상에 대해 아무런 이해도 없었고 무역을 정지시키겠다고 약간의 위협만 주면 외국 상인들의 아편 밀수를 막을 수 있다고 생각했다. 그래서 그들은 아편 금지 문제와 아편과 관련된 은의 해외 유출 문제를 해결할 수 있는 가장 간편한 방법은 외국의 아편 판매상들을 단속하는 것이라고 믿었을 뿐 내부의 부패와 투쟁할 생각은 하지 않았다. 도광 황제가 아편 금지를 결심했을 때 임칙서를 광동으로 파견한 동기도 바로 그런 것이었다. 황제는 외국의 아편 판매상들 배후에 자신의 명령이 먹혀들지 않는 일종의 세력이 있다는 점을 눈치 채지 못했다.

　　봉건 통치 집단 가운데서 임칙서는 비교적 머리가 깬 인물이었다. 그도 흠차대신으로 임명되기 전에는 중국 이외의 세계에 대해 전혀 알지 못했다. 광주에 도착 한 후 그는 외국 사정을 탐지하는 일을 매우 중시하여 서방 자본주의 국가의 상황과 동태에 주의를 기울였다. 그는 마카오에서 발행되는 신문 잡지의 기사를 번역하는 전문 조직을 만드는 한편 자료를 모아 『사주지(四洲誌)』의 초고를 작성하는 등 서방 국가의 역사, 영토와 정치상황을 이해하려고 노력했다. 그의 이해는 제한적이기는 했지만 그는 점차로 서방 국가를 진지하게 대해야 한다는 사실을 깨닫게 되었다.

임칙서는 광동의 방비를 강화하는데 힘을 쏟았다. 도광 19년(1839년) 12월 초에 그는 양광 총독으로 임명되었다(전임 양광 총독 등연정은 민절총독으로 이동했다). 그는 호문 앞 바다에 말뚝을 박아 쇠사슬을 연결하고, 서양 대포를 구입하여 포대를 설치했으며, 주강 하구 양쪽의 방어설비를 강화했다. 그는 수사제독 관천배에게 명령을 내려 수군과 육군의 훈련을 강화했다. 연해 지역 인민들의 영국 침략자에 대한 적개심을 확인한 그는 어민과 배 위에서 생활하는 단호(蛋戶)[3]를 모집하여 군사훈련을 시켰다. 그의 작전 방침은 "적을 깊이 유인하여 공격하고(以守爲戰), 적이 강할 때는 지치기를 기다린다(以逸待勞)"는 것이었다.

영국 정부는 희망봉함대 제독 엘리어트(George Elliot. Charles Elliot의 형)로 하여금 동방원정군을 지휘하게 하는 한편 그와 찰스 엘리어트를 중국과 교섭할 전권대표로 임명했다. 도광 20년 5월(1840년 6월), 영국 함대는 광동 앞바다에 도착하여 광주 봉쇄를 선포하고 모든 선박의 광주 입항을 금지했다. 임칙서는 호문으로 자리를 옮겨 수군을 검열하고 인민을 동원하는 포고문을 발표하여 전쟁을 준비했다. 조지와 찰스 엘리어트는 광주에서 시간을 끌지 말라는 영국 정부의 훈령에 따라 함대 주력을 북상시켰다. 6월 초, 침략군은 하문 앞바다에서 민절총독 등연정 휘하의 수군과 충돌했다. 영국군은 복건 이북의 방비가 허술한 틈을 타 절강 연해 지역을 공격하고 주산

---

3 봉건시대에 광동과 복건 지역에서 배를 집으로 하여 물 위에서 생활하는 주민을 단호라고 불렀다.

앞바다를 거쳐 상륙한 후 정해현(定海縣) 성을 점령했다. 영국군 일부는 남아서 정해를 지키고 나머지는 계속 북상하여 7월 16일에 천진의 백하(白河) 하구에 도착했다.

조정은 절강에서 적을 물리치고 정해를 되찾는다고 큰 소리쳤으나 정작 외국 군함이 수도 근처를 압박하자 부드러운 말로 적을 남방으로 물러가도록 권유할 생각만 했다. 당시 통치자들의 표현을 그대로 옮기자면 이것을 "타이름(撫)"의 방책이라 하였다. 이른 바 "타이름"이란 사실상으로는 굴복과 투항의 다른 이름이었다.

직례 총독 기선(琦善)은 백하 하구에서 손님을 맞이하듯 영국 군함을 받아들였다. 조지와 찰스 엘리어트는 영국의 외무장관 파머스톤이 중국의 "제상"에게 보내는 각서를 기선에게 건네주면서 황제에게 전달해달라고 요청했다.[4] 이 각서는 매우 거칠고 무례하게도 폐기한 아편을 시가대로 보상해주고, 하나 또는 몇 개의 섬을 할양해주고, 영국의 출병 비용 전부를 중국이 부담해야 한다는 요구를 담고 있었다.

도광 황제는 기선에게 이 요구를 거절하라는 훈령을 내렸다. 그러나 황제의 훈령 가운데는 다음과 같은 구절이 있었다. "임칙서 등이 아편을 금지시킴에 있어 공명정대하게 처리하지 못한 부분이 있고, 사람들에게 속아 조처가 타당하지 못했다." 이것은 모든 책임을 임칙서에게 미루고 임칙서를 처벌함으로써 무장 침범한 서양인들을 무마하려는 생각을 드러낸 표현이었다. 영국인들은 요구를 완전히 관철시키지는 못했으나 황제의 훈령은 아편 금지 정책의 실패를 선언한 것이나 다름없었다. 광동에서는 아편을 금지한 임칙서 등의 관원이 오히려 죄인이 되었다. 황제와 기선 등 대신들은 천진 항구 밖에 머물고 있는 영국의 군함이 언제 어디로든 마음먹은 대로 상륙

4　『도광이무』 제1책, 382–387쪽을 보라(당시 황제가 읽었던 번역문이다).

할 태세가 되어 있으나 자신들에게는 조금의 방어능력도 없는 사실을 알게 되자 임칙서가 공연히 일을 크게 만들었다고 비난했다.

기선은 백하 하구에 머물면서 조지 엘리어트와 여러 차례 서신을 교환하였고 찰스 엘리어트와는 두 차례 회담을 가졌다. 영국인들은 아편 가격 배상을 포함한 무리한 요구를 포기하지 않았다. 기선은 임칙서를 처벌하겠다는 약속 이외에는 모호한 답만 내놓으면서 광동으로 돌아간다면 모든 문제를 협상할 수 있다고 대답했다. 이렇게 하여 영국 함대는 8월 20일에 백하 하구를 떠나 남쪽으로 돌아갔다.

영국 함대는 다시 절강 앞바다에 나타났다. 영국인은 기선에게 요구조건을 들어주지 않으면 이미 점령한 정해를 포기하지 않겠다는 의사를 표시한 적이 있었다. 절강으로 파견된 흠차대신 이리포(伊里布)는 전쟁 준비를 전혀 하지 않은 채 영국인들에게 강화를 요청했다. 영국 측에서는 그의 요청을 받아들여 휴전을 선포하고 소수의 병력만 남겨두고 광동으로 향했다.

"타이름"의 분위기가 높아가고 황제가 이미 임칙서에 대한 불신을 표시하자 원래 아편 금지에 반대했던 관원들이 임칙서를 위시한 아편 금지파와 저항파에 대해 중상과 음해를 시작했다. 9월, 도광 황제는 임칙서와 등연정을 "나라를 그르치고 백성을 병들게 했다"는 죄명으로 파면하고 기선을 후임 양광 총독으로 파견했다. 기선은 광주에서 찰스 엘리어트와 담판만 할 뿐 전쟁준비를 하지 않았다(조지 엘리어트는 병이나 귀국했다). 그는 시간을 끌면 지친 상대가 요구조건을 완화할 것으로 기대했다. 찰스 엘리어트는 다시 무력을 사용하기로 결정했다. 도광 20년 12월, 영국은 기습 공격을 펼쳐 호문 밖의 사각(沙角)과 대각(大角) 두 포대를 점령했다. 수사제독 관천배가 이끄는 수비군은 용감하게 저항했고 영국 측에서는 적지 않은 사상자가 나왔다. 그러나 기선은 즉시 강화를 요청하고 찰스 엘리어트가 요구한 대로 홍콩을 할양하고 아편 가격을 배상하는 '천비초약(穿鼻草約)'을 멋대로 체결했다. 곧이어 영국군이 홍콩을 점령했다.

도광 황제는 영국 측이 영토 할양과 배상을 고집한다는 사실을 안 후 갑자기 방침을 바꾸어 전쟁을 주장했다. 원래 황제는 천진 항구에 들어온 영국 군대가 쉽게 물러나 남쪽으로 돌아가자 그들의 실력이 대단치 않다고 판단했다. 그는 "타이름"을 받아 들였으니 다시는 영토 할양과 배상을 요구하지 않을 것으로 생각했다. 영토 할양은 "천조"의 체면을 상하게 하는 일이었다. 도광 21년 정월 초 5일(1841년 1월 27일), 황제는 광동과 절강에서 영국인을 "호되게 공격하여 깨끗이 쓸어버리겠다(痛加剿洗)"[5]는 결심을 밝히는 조서를 공포했다. 한 달 후 그는 기선을 파면하고 그의 재산을 몰수하라는 명령을 내렸다.

찰스 엘리어트는 '천비초약'에서 정한 배상금을 받지 못한데다가 청 정부가 군대를 동원한다는 소식을 듣자 선제공격을 시작했다. 2월 상순, 영국군은 호문 포대를 공격했다. 기선의 투항정책 때문에 많은 관병이 이미 전투의지를 상실한 상태라 영국군은 쉽게 호문의 10여 좌의 포대와 천여 문의 포를 점령했다. 수사제독 관천배가 직접 포대로 올라와 전투를 지휘하다가 전사했다.

병력이 부족했던 영국은 2월 초에 절강 정해에 남겨두었던 부대를 전부 철수시켰다. 그러자 흠차대신 이리포는 정해를 "수복"했다는 보고를 조정에 올렸다. 도광 황제는 이때 이리포가 여태껏 적과 전투를 벌이지 않고 있었다는 사실을 알게 되었고, 그를 파면했다.

도광 황제는 이때 진정으로 전쟁할 결심을 하고 있었다. 그는 호북, 사천, 귀주, 하남, 광서, 강서의 군대를 광주로 이동시키는 명령을 내리고 황제의 조카인 혁산(奕山)을 정국장군(靖國將軍)으로, 상서 융문(隆文)과 호남제독

---

5   『도광이무』 제2책, 712쪽

양방(楊芳)을 참찬대신(參贊大臣)으로 임명하여 함께 광동 작전을 책임지게 하였다.

4월 초, 혁산은 적절한 부대배치도 하지 않은 상황에서 침략군과 전투를 벌였다. 전투가 시작된 지 7일 만에 광주성 밖의 모든 포대를 잃고 1만 8천의 군대가 궤멸했다. 혁산이 주재하여 새로운 정전협정이 맺어졌는데, 그 주요한 내용은 혁산과 중국 군대가 6일 이내에 광주성에서 물러나고 7일 이내에 6백만 냥의 배상금을 지급한다는 것이었다. 혁산은 서둘러 배상금을 지급했고 영국군은 4월 19일에 호문에서 물러났다.

도광 황제는 혁산의 투항을 승인했다. 황제의 결전의 결심은 아편 금지 결심과 마찬가지로 한 번 좌절을 겪자 재빨리 식어버렸다. 서양인은 호문에서 물러났고 절강에서도 정해를 반환했으니 체면은 살린 셈이었다. 전투에서 패배한 혁산 등은 아무런 처벌도 받지 않았고 오히려 임칙서와 등연정을 신강성 이리(伊犁)로 유배하는 처벌이 내려졌다. 6월 초, 황제는 광동과 연해지역 각 성의 방비를 강화하기 위해 다른 성에서 동원한 병력을 복귀시키는 명령을 내렸다.

그러나 침략군은 전쟁이 끝났다고 생각하지 않았다. 영국 정부는 찰스 엘리어트가 대고(大沽)항까지 진출했다가 철수했고, 다시 광동에서 천비초약을 체결하자 엘리어트가 원래의 계획을 철저히 집행할 능력이 없다고 판단했다. 영국 정부는 찰스 엘리어트를 소환하고 인도에서 영국군을 지휘하던 포팅어(Sir Henry Pottinger)를 후임 전권대표로 파견하는 한편 사령관을 교체하고 병력을 증강했다.

도광 21년 6월 중순(1841년 8월 초), 포팅어는 광주에 도착하자마자 중국 측에 군대를 북상시켜 지난 해 백하 하구에서 제출한 요구 사항을 전부 관철시키겠다고 통지했다. 이후 꼬박 1년 동안 영국군은 복건, 절강, 강소에서 일련의 공격을 발동했다. 청 당국에서는 서둘러 군대를 배치하여 대응하였으나 군대는 어느 곳에서도 확고한 의지와 능력을 보여주지 못했다. 영국 군은 7월 동안에 하문을 한 차례 점령하였고 8월에는 다시 정해를 공격하는 한편 진해(鎭海)와 영파를 점령했다. 절강의 수비군은 저항했으나 실패했다. 절강에 파견된 흠차대신 유겸(裕謙)이 진해에서 패전하여 자살하자 절강 순무 유운가(劉韻珂)는 군사적 저항이 소용 없다고 판단하고 강화를 시도했다. 도광 황제는 다른 조카 혁경(奕經)을 양위장군(揚威將軍)으로 임명하고 절강으로 파견하여 군사작전을 지휘하게 했다. 도광 22년 정월 말, 혁경은 1만 3천의 병력으로 영파와 진해를 공격했으나 실패하여 퇴각했다. 영국군은 1,200여 명의 병력으로 추격하였고 혁경의 대군은 모조리 흩어졌다. 이리하여 양위장군은 그 호칭이 말하듯 "위력을 떨치"기는 고사하고 유운가의 입장만 강화시켜 주었다. 이제 침략군은 강화할 생각이 전혀 없게 되었다. 3월 하순 영국군은 영파를 버리고 병력을 절강 이북으로 옮겨 더욱 치명적인 타격점을 찾아 나섰다. 사포(乍浦)를 한 차례 점령한 후 4월 말에 영국 함대는 강소성의 장강 하구 밖에 도착했다. 5월 초 8일, 영국군은 오송(吳淞)과 보산(寶山)을 점령하였고 강남제독 진화성(陳化成)이 군사를 이끌고 저항하다가 장렬하게 전사했다. 양강 총독 우감(牛鑑)은 싸우기를 두려워하여 아무런 저항도 하지 않고 상해(上海)를 포기했다. 영국군은 장강에 진입하겠다고 위협하는 한편, 더 북쪽으로 올라갈 태세를 갖추었다.

도광 황제는 양위장군 혁경에게 기대를 걸었으나 이 기대가 무산된 후 다시 강화하는 쪽으로 방침을 바꾸었다. 황제는 전임 성경장군(盛京將軍) 기영(耆英)을 흠차대신으로 임명하여 절강으로 파견하는 한편 "타이르는" 정책에 능하다고 알려져 영국인의 호감을 얻은 이리포를 기용했다. 기영과 이리포가 받은 임무는 가능한 한 덜 강경한 조건 하에서 강화를 맺는 것이었다.

전쟁의 중심이 장강 하구로 옮겨갈 무렵, 기영과 이리포는 강소에 도착하여 강화를 위해 즉시 영국군과 접촉했다. 영국군은 거절했다. 그들은 보다 유리한 상황에서 강화조건을 제시할 생각이었다. 영국군은 상해에서 물러나 오송에서 서쪽으로 장강을 따라 올라갔다. 부패한 봉건 통치자들이 제대로 방비하지 못한 장강은 이곳에 처음으로 온 영국군에게는 널따란 통로와 다름없었다. 5월 28일, 영국 함대는 장강에 진입하였다. 나흘 후, 영국 함대는 장강에서 가장 중요한 관문으로 인식되던 강음(江陰) 포대를 지났다. 6월 14일, 진강(鎭江)이 함락되었다. 7월 초하루, 영국 군함은 이미 남경(南京)의 하관(下關)에 정박했다. 남경으로 황급히 달려온 흠차대신 기영과 이리포, 양강 총독 우감은 포팅어가 제시한 강화 조건을 남김없이 그대로 받아들였다. 7월 24일(1842년 8월 29일), 치욕스러운 조약이 체결되었다. 이것이 근대에 중화민족에게 강요된 첫 번째 불평등 조약인 남경조약(南京條約)이다.

패전의 원인

여기서 아편전쟁 교전 쌍방의 역량을 대비해보자.

영국군이 무기의 성능 면에서 우위에 있었음은 분명하다. 그러나 또한 그만큼 분명한 사실은 영국군은 다른 면에서는 극히 불리한 입장에 처해 있었다는 점이다. 아편전쟁이 시작될 때 영국의 "원정군"은 함포가 탑재된 16척의 군함(범선), 4척의 증기선, 그리고 약간의 수송선을 갖고 있었고 육해군 병력 전체는 약 5천 명이었다. 전쟁 후기에 병력을 보강하여 군함이 25척, 증기선이 14척, 함포가 7백여 문, 포병을 제외한 보병이 1만여 명이었다. 일부 병력은 남아 홍콩, 하문, 정해, 진해를 지키고 있어서 남경까지 온 병력은 7천 명을 넘지 않았다. 당시의 교통 조건 하에서 영국 본토에서 중국까지 항해하는 데는 최소한 4개월이 걸렸다. 인도에서 중국까지 해로로 오는 데는 최소한 꼬박 한 달이 걸렸다. 소수의 병력으로 머나먼 대국을 침입한다는 것은 원래부터가 해적의 약탈과 같은 모험행위였다. 그들은 길고 긴 중국의 해안선에서 임의로 공격 지점을 선택할 수는 있었지만 비교적 장기간 점령하거나, 병력을 분산하거나, 내륙으로 깊이 진입할 수가 없었다. 그들은 고작해야 기습작전으로 승리한 후 위협할 수 있을 뿐이었다. 침략군은 대고 항에 도착한 후 상륙하여 내륙으로 들어가지 않았고, 하문·영파·사포를 점령한 후에도 곧 포기했고, 마지막으로 장강에 진입한 후에도 어느 곳도 점령하지 않았으며, 남경성 아래서 위협으로 목적을 당성하자 즉시 물러났다. 이 모두는 병력이 제한되어 있고, 전선을 지나치게 길게 늘일 수가 없었으며, 전쟁을 오래 끌고 갈 수가 없었기 때문이다.

당연히 전쟁의 주도권을 쥔 중국의 봉건 통치지들은 자국의 광대한 인민과 첨예한 대립관계에 있었다. 그들은 자국에서 전쟁을 벌인다는 유리한 조건을 충분히 활용할 수 없었을 뿐만 아니라 그들이 취한 조처는 이러한 유리한 조건을 버리는 것이었다. 그들은 먼 곳에서 온 적이 처한 불리한 조건을 이용하여 적으로 하여금 갈수록 큰 어려움을 맞도록 하지 못했을 뿐만 아니라 오히려 적의 불리한 조건을 유리한 조건으로 만들어 주었다.

중국의 장군과 총독과 순무들은 패전의 원인을 어떻게 분석했을까?

그들은 무기의 성능을 과장하는 것도 모자라 여러 가지 이유를 둘러댔다. 양위장군 혁경은 상주문에서 다음과 같이 패전의 원인을 열거했다. 자국의 "병사들은 전투의지가 약한데"[6] 반해 모험적인 침략행위를 한 적의 병사들은 오히려 전투의지가 매우 강했다. 밖에서 온 침입자들은 우리 쪽의 허점을 잘 알고 있었으나 자국의 영토 안에서 싸우는 군대는 장님처럼 적군보다도 "산세와 육로"에 익숙하지 못했다 …… 이런 기괴한 현상은 적을

---

6 『도광이무』 제3책, 1300쪽.

겁낸 장군들의 헛된 변명이며, 이런 기괴한 현상이 발생한 원인이 무엇인지 알 수 없는 그들의 무능함을 시인하는 분석일 따름이다.

"병사들의 전투의지가 약한 것"은 진실로 중대한 문제이다. 봉건 통치자들이 군대를 키운 목적은 인민의 저항을 진압하는 것이었고, 그런 군대는 한 뼘의 쇳조각도 갖지 못한 인민들 앞에서만 용맹을 떨쳤다. 아편전쟁이 벌어졌을 때 청의 군대는 이미 극도로 부패했다. 녹영병은 일반적으로 훈련이 부족했고 기율도 없어 먼 곳으로 배치되자 가는 곳마다 주민들을 괴롭혔다. 봉건 통치자들은 전쟁 기간 내내 확고한 방침을 갖지 않았다. 황제로부터 장군, 총독, 순무에 이르기까지 강화와 전쟁 사이에서 오락가락했다. 전쟁을 말하면서도 확실한 작전계획이 없었고 조금만 좌절하면 곧바로 강화를 요청했다. 강화가 이루어 지지 않으면 빈말로만 전쟁을 외쳤다. 이런 상황에서 강력한 군심과 민심에 대해서는 말을 꺼낼 필요도 없는 것이 당연하다.

봉건 통치자들에게는 침략자에 맞서겠다는 확고한 결심도 없었고 침략자에 대항하는 전쟁 중에도 군대는 여전히 인민을 괴롭혔으니 당연히 인민대중의 지지를 받지 못했다. 대중의 지지가 없는 군대는 매국노의 길안내를 받은 외국 침략자보다도 "산세와 육로"에 익숙할 수가 없었다. 이것은 전혀 기괴한 일이 아니다. 침략자들에게 매수된 배신자는 주민의 극소수에 불과했다. 봉건 통치자들은 군대와 군대 사이의 모순, 군대와 인민 사이의 모순을 해결할 방법이 없었으니 매국노와 배신자의 숫자와 역할을 극도로 과장했던 것이다. 어떤 관원은 심지어 이런 말까지 했다. "백성을 막는 것이 도적을 막는 것보다 힘들다."

외국 침략자들은 오래 동안 연해지역에서 활동하면서 여러 경로로 일부 매국노들을 매수했는데, 전쟁이 일어나자 이런 매국노들이 침략자의 유용한 조수 노릇을 했다. 그러나 봉건 통치자들은 이런 매국노를 진정으로 원수로 생각하지는 않았다. 특히 이른 바 "타이르는" 정책을 실행함에 있어서 매국노는 그들이 사용할 수 있는 귀한 자산이 되었다. 한 예를 들자면, 포붕(鮑鵬)이란 인물은 본래 광주에서 저명한 영국인 아편 판매업자의 앞잡이 노릇을 했다. 임칙서 후임으로 광주에 온 양광 총독 기선은 포붕을 불러 8품의 관직을 주었다. 기선이 광주에서 영국인과 교섭할 때 포붕은 빠짐없이 참여했다. 그렇다면 8품 관리인 포붕을 매국노라고만 할 수는 없다. 기선은 물론이고 기영, 이리포 등은 한 마음 한 뜻으로 적의 역량이 강대하다고 선전했는데, 비굴하게 강화를 추구한 이런 대신들이야말로 매국노라 해야 할 것이다. 화려한 관복을 입은 매국노들은 밖에서 온 침략자들에게 저항하는 나라의 능력을 손상시켰고 전쟁 중에는 실패주의, 투항주의를 몸소 실천했다. 그들이 끼친 해악은 적군에게 길을 인도하고 정보를 탐지해 준 조무래기 매국노들과는 비교할 수가 없는 것이다.

봉건 통치계급은 농민 봉기군과 싸울 때는 확고한 결심을 보였다. 예컨대, 백련교도가 봉기했을 때는 불리한 여건일지라도, 전쟁이 오래 끌더라도 봉건 통치계급은 끝까지 싸워냈다. 네가 죽어야 내가 사는 계급모순 때문에 그렇게 한 것이다. 그러나 아편전쟁처럼 밖에서 온 침략자들과 싸울 때는 그들은 그토록 쉽게 동요하고 조그마한 좌절도 견뎌내지 못했는데, 이 역시 그들의 계급적 입장 때문에 그런 것이었다. 봉건 통치자들이 볼 때 대외적인 전쟁은 승리하면 내부통치를 강화할 수 있기 때문에 당연히 좋은 것이고 실패한다 하더라도 작은 좌절일 뿐이었다. 장기간 전쟁을 끌어간다면 이미 존재하고 있는 내부 모순이 크게 악화될 것이니 이것이야말로 극력 피해야 하는 일이었다. 봉건 통치자들은 민족 자위전쟁 중에 광대한 인민의 역량을 동원할 수가 없어 제한적인 군사력에만 의존하여 기나긴 해안선 곳곳에 군사를 분산 배치하여 지켜야 했다. 이런 상황에서 어느 한 지점만 돌파 당해도 줄줄이 패퇴하는 것 말고는 방법이 없었다. 원래가 적은 적고 우리는 많은 형세의 전쟁이었는데 실제 전투에 들어가서는 적은 많고 우리는 적은 형세로 바뀌어 버렸다. 침략자들로서는 오랜 지구전은 매우 불리한 것이라 속전속결을 바랐던 것인데 오히려 부패한 봉건 통치자들이 침략자보다 전쟁을 오래 끄는 것을 더 두려워했다. 봉건 통치자들은 적에게 승리할 때마다 일정한 대가를 치르게 만들지 못했고, 적에게 승리의 희망보다는 곤경에 빠질 두려움을 안겨주지도 못했다. 봉건 통치자들은 매번 적에게 쉽게 승리를 안겨주었을 뿐만 아니라 적에게 위협만으로도 효과를 볼 수 있다는 확신을 심어줌으로서 적의 위신만 크게 높여 주었다.

아편전쟁 중에 일부 주전파 장군, 총독, 순무들도 쉽게 주화파로 돌아섰다. 도광 황제 역시 강경한 주전파처럼 보였다가도 거듭 동요했고 끝내 굴욕적인 화약을 받아들였다. 그들은 전쟁을 주장할 때 실상을 무시한 채 단 한 번의 전쟁으로 끝낼 수 있다고 판단했고, 속전론이 통하지 않게 되자 곧바로 투항주의로 돌아섰다. 임칙서는 일관된 주전론자였지만 그가 할 수 있는 것이라고는 자신이 책임진 광동 지역의 방비를 강화하는 것뿐이었다. 봉건 관료집단 가운데서 임칙서 같은 우수한 인물이 나왔지만 그는 그 집단에서 배척과 타격만 받았다. 봉건 통치세력 전체가 적의 해적행위에 두려움을 느끼고 강화와 투항이 전쟁보다 훨씬 유리하다고 인식하고 있는 상황에서 임칙서에 대한 파면과 처벌은 불가피한 일이었다. 남경조약에 서명한 기영, 이리포, 우감은 황제에게 올린 보고에서 다음과 같이 말했다. "신 등이 엎드려 생각하건데 이 오랑캐가 청하는 각종 요구는 욕심이 많기는 해도 그 뜻이 항구를 구해 무역 통상하는데 지나지 않을 뿐 아직 숨겨진 다른 뜻은 없는 듯합니다."[7] 봉건 통치자들이 말하는 "다른 뜻"이란 왕조의 전복을 의미했다. 봉건 통치자들은 반란을 일으킨 농민세력과는 타협하지 않으

---

7 『도광이무』제5책. 2261~2263쪽.

면서 그토록 싫어해왔던 "서양놈(洋鬼子)"과는 결국 타협했다. 그 이유는, 봉건 통치자들이 볼 때 전자는 "다른 뜻"을 갖고 있었지만 후자는 "숨겨진 다른 뜻"을 갖고 있지 않았기 때문이다.

삼원리(三元里) 전투

영국 침략자들이 중국을 상대로 전쟁을 발동할 때 소수의 "원정군"으로 수억에 이르는 중국 인민과 맞서는 것은 위험한 일이라는 생각을 하지 않았을 수는 없다. 겉으로는 강한 듯 하지만 속으로는 허약한 중국 정부의 약점과 중국 인민의 정부에 대한 적대적인 정서는 그들로서는 이용할 만한 기회였다. 영국 침략군은 처음 광동에 왔을 때 중국어로 된 성명서를 발표했는데, 그 가운데서 "이번의 원정은 평화로운 주민에게는 악의가 없는 것임을 중국인에게 보증한다. 원정은 순전히 임칙서가 영국인을 학대한데서 비롯된 것이며 대군의 공격 목표는 오직 정부 관원과 장교와 병사에 국한 될 것"[8]이라고 밝혔다. 중국의 봉건 통치자들은 이 성명서를 보고 깊은 충격과 분노를 느꼈다. 기영과 이리포는 상해 일대의 상황을 보고하는 상주문에서 다음과 같이 썼다. "(영국군은) 거짓 성명서를 통해 중국 백성과는 전쟁할 생각이 전혀 없으며 가장 바라기로는 피차 화목하게 지내고 통상의 길을 널리 열고자 하지만 청의 관병과는 화의를 논하지 않겠다고 하였습니다. 이런 음흉하고 비열한 수법은 사람들의 가슴 속에 분노가 가득 차게 합니다."[9]

그러나 실상은 침략자들의 예상과는 반대였다. 침략자들은 가는 곳마

---

8 「영국군의 작전기」. 『아편전쟁자료』 제5책 63쪽을 보라.

9 『도광이무』 제4책. 2024쪽.

다 봉건 통치자들을 적대시하는 중국의 광대한 인민을 자기편으로 끌어들일 수 있다고 판단했으나 이것은 망상이었다.

　여러 지역의 중국인들은 서방 침략자들을 처음으로 보았고 이들 무장한 낯선 사람들이 달려온 이유가 무엇인지, 이번의 전쟁이 왜 일어났는지 전혀 알지 못했으나 직접 경험해가면서 점차로 진상을 알게 되었다. 영국 침략군은 연해 지역의 많은 마을과 도시에서 약탈과 방화, 부녀자 강간 등 해적의 본색을 보여주었다. 영국군의 침략과 폭행은 연해 지역 인민들의 강렬한 분노를 촉발했다. 인민들은 자발적으로 일어나 외국 침략자에 맞서 영웅적인 투쟁을 벌였다. 예를 들자면, 복건성 하문 근교의 촌민들은 창을 들고 일어나 영국군과 격렬한 전투를 벌여 적 다수를 죽였다. 절강성 영파, 진해, 정해 등지에서는 침략자에 반대하는 "흑수당(黑水黨)"이 등장하여 여러 차례 영국군을 저격했다. 강소성 태창(太倉) 등에서는 농민들이 영국군을 습격하여 다수를 죽였다. 정강(靖江)의 인민들은 영국 군함의 화약 칸을 공격했다. 대만성의 대남(臺南), 대북(臺北), 기륭(基隆) 등에서는 인민들이 영국군의 침범을 여러 차례 물리쳤다. 광동성에서는 광주 삼원리의 인민들이 반침략투쟁의 빛나는 깃발을 들고 영국군에 대항했다.

　청의 관병들은 저항 능력이 없다고 믿고 있었던 영국 침략자들은 도광 21년 4월 10일(1841년 5월 30일)에 광주성 북쪽 약 5리의 삼원리에서 예상치 못한 적을 만나 특수한 전쟁을 치렀다.

　이때 광주 지역을 지휘하던 혁산은 저항을 포기하고 이미 영국 침략자들과 강화를 의논하고 있었고 광주성 부근까지 진출한 침략군 병사들은 약탈과 강간을 자행하고 있었다. 이날, 사방(四方) 포대를 점령한 영국 군대는 문득 자신들이 수천 명의 적과 대치하고 있다는 사실을 알게 되었다. 한 영국군 장교는 이때의 상황을 다음과 같이 기록하고 있다. "30일 상오 큰 무리의 적이 진지의 후면에 집결했다. 그들의 주요한 무기는 긴 창과 방패와 칼이었다 …… 적은 1마일 이상의 지면에 산포하고 있었는데 대략 5천 명 정도였다 …… 두 시간 이내에 적은 7천 명으로 늘었다. 그들은 수많은 깃발을 들고 있었고 몇 자루의 화승총도 보였다."[10] 이들은 중국의 관병이 아니라 보통 백성이었고 주로 농민이었다. 부근 103개 마을에서 몰려온 군중은 갈수록 늘어났다. 그들은 간단한 무기를 들고 육박전을 벌였다. 침략군은 몇 개의 장소에 분리되어 군중의 포위망 속에 갇혀 빠져나갈 수가 없었다. 비가 내리고 있어서 침략군의 상황은 더욱 위험해졌다. 다음날, 영국군의 요청을 받은 혁산이 광주 지부(知府) 여보순(余保純)을 파견하여 군중의 영도자에게 해산을 권고했다. 침략군은 속속 철수했다.

삼원리는 중국 근대사에서 마침내 거대한 물결로 발전한 인민의 반제국주의 투쟁의 시초였다. 삼원리에서 폭발한 투쟁 가운데서 보통의 농민들은 정부가 이미 무릎을 꿇고 강화를 요청했음에도 스스로 일어나 침략자들을 징벌했으나 침략자들은 봉건 관원들의 도움을 받았는데, 이것은 결코 우연히 생긴 일이 아니라 이번 전쟁이 유발한 대내외 계급관계의 변화 추세가 심각하게 표출된 사건이었다.

삼원리 투쟁은 중국 근대사에서 오직 광대한 인민만이 외국 자본주의와 제국주의 침략을 반대하는 역량을 갖추고 있음을 보여준 첫 번째 사례였다. 봉건 통치자들은 이러한 역량을 인식하지 못했을 뿐만 아니라 이런 역량을 동원할 수도 없었다. 그러나 봉건 통치자들은 침략세력에 저항하면서 인민의 저항의지를 이용한 것이 아니라 그들 자신의 표현을 빌리자면 "백성으로부터 자본을 빌렸다."

봉건 통치자들이 백성으로부터 자본을 빌린 방식은 "모용(募勇)"과 "단련(團練)" 두 가지였다. "모용"이란 관에서 돈을 내어 장정을 고용하여 정

---

10 「영국군의 작전기」, 『아편전쟁자료』 제5책 225-226쪽을 보라.

규군을 보조하게 하는 것이었다. 예컨대, 임칙서는 광주에서 어민, 단호와 해변 주민 가운데서 5, 6천 명을 모집하였고 양위장군 혁경은 절강에서 각 성의 정규군 1만 1천 명을 동원한 이외에 "향용(鄕勇)" 2만 1천 명을 모집했다.[11] 절강 순무 유운가도 사포 일대에서 "유민(遊民)"을 모집했다. 그들이 모집한 "용(勇)"은 일반적으로 "유민"이었는데, "유민"은 항상 소란을 일으켜 봉건 통치 질서를 어지럽혔기 때문에 봉건 통치자들이 가장 신경 쓰는 집단이었다. 봉건 통치자들은 소란을 예방하기 위한 목적에서 이들을 조직하여 훈련시키기 시작했다. 이것은 진정으로 인민의 역량을 신뢰하거나 인민의 역량을 동원하기 위해서가 아니라 최상의 경우 인민의 역량을 일시적으로 이용하려는 방책이었다. 임칙서는 진지하고도 흔들림 없이 침략자들에게 저항했는데, 이는 중국 인민의 이익에 부합하는 것이었다. 그가 다른 봉건관료들보다 뛰어난 이유는 바로 여기에 있다. 그랬기 때문에 그가 실시한 모용은 비교적 적극적인 성과를 낼 수 있었다.

이른 바 "단련"이란 농촌의 지주와 향신이 스스로 조직한 무장역량을 가리킨다. 백련교의 반란을 진압하는 과정에서 매우 큰 역할을 한 단련은 인민의 무장이 아니라 반란을 일으킨 농민들과는 대립되는 지위에 있던 무장이었다. 그러나 아편전쟁과 백련교 전쟁의 상황은 전혀 다른 것이었다. 농민혁명을 진압하는 전쟁 중에 각 지방의 지주 향신은 농민과는 양립할 수 없는 관계였다. 지주계급의 이익을 집중적으로 대표하는 봉건 조정은 전쟁의 결심이 흔들린 적이 없었고, 따라서 관병이 불리한 상황에 처하자 지주 향신들은 무장집단을 조직하여 전력을 다해 관병을 지원했다. 아편전쟁 중에 조정의 방침은 강화와 전쟁 사이에서 흔들리고 있었고, 따라서 각지의 지주 향신도 당연히 관망하는 자세를 취했다. 아편전쟁 중에 연해 지역

---

11 패청교(貝靑喬), 「돌돌음(咄咄吟)」, 『아편전쟁자료』 제3책 176쪽을 보라.

각 성의 지주 향신들이 "스스로 향용을 단련"했지만 이런 지주 향신의 무장이 조직되지 않은 곳이 허다했고 조직된 곳에서도 별다른 작용을 하지 못했다. 광주 지역의 남해, 반우, 순덕 일대 농촌의 지주와 향신은 아편전쟁 중에 원래부터 있던 그들의 조직인 "사학(社學)"과 단련을 통해 대영 저항에 참가했다. 이런 저항은 임칙서의 침략군에 대한 강경한 태도와 관련이 있었다. 삼원리 투쟁에 참가한 사람들은 농민들 이외에도 현지의 직조 노동자, 채석 노동자가 만 명 가까이 있었으니 단련의 범주를 훨씬 뛰어넘었다. 사학을 주도하던 일부 지주와 향신들이 이 투쟁에 참가했고 군중을 영도하는 역할까지 했다. 농촌 지역의 비교적 지위가 낮은 지주와 향신들은 침략자의 폭행에 맞서 대중의 자발적인 반침략 투쟁의 물결이 높아가는 과정에서 투쟁의 적극성을 보여주기는 했지만 그들의 기본 태도는 결국 지방관원의 방침을 따르는 것이었다. 삼원리 투쟁 후에 혁산은 자신의 투항주의를 은폐하기 위해 황제에게 올린 보고서에서 "그 중에서 공이 있는 자들"에게 상을 내릴 것을 요청했고 사학을 이끌던 일부 지주 향신은 관직을 얻었다. 투쟁에 참가했던 노동인민의 영웅들은 "그 이름이 정식 기록에 보이지 않고" 현지 인민의 입에서 입으로만 전해졌다. 한 조사에 의하면, 일부 삼원리 투쟁에 참가했던 농민과 수공업 노동자들은 "살아서는 아문(衙門)에 가지 않고 죽어서도 지옥에 가지 않는다"며 관부에 상을 요구하지 않았고 훗날 50년대의 농민 봉기군에 참가했다.[12]

삼원리 투쟁은 중국 인민의 장기간 대규모의 반제국주의 투쟁의 최초의 싹이었다. 이 투쟁은 기본적으로 농민대중의 자발적 투쟁이었으나 지주계급이 내부에서 지도적인 역할을 했다. 당시 투항주의에 반대했던 일부 인사들은 광주에서 온 관원들이 포위를 풀게 하지 않았더라면 삼원리 투쟁은

---

12 광동성 문사(文史)연구원 편, 『삼원리항영투쟁사료』 1978년 수정판, 171쪽.

큰 승리를 거둘 수 있었을 것이며 심지어 전쟁 전체에 결정적인 작용을 했을 것이라고 주장했다. 이런 관점은 실제와 부합한다. 중국 인민의 반제국주의 투쟁은 많은 곡절과 긴 여정을 거쳐 역사에 결정적인 작용을 하는 역량으로 발전했다. 삼원리 투쟁의 역사적 의미를 부인하는 관점은 당연히 오류이다. 20세기 30년대에 국민당 반동파는 외국 침략자에 대해 투항주의로 일관하며 혁명인민을 억압했고, 따라서 삼원리 투쟁의 역사기록에 대해서는 극도의 반감을 보였다.[13] 그들이 19세기 40년대 초의 삼원리 투쟁을 폄하했던 이유는 20세기 30년대의 중국인민의 반제국주의 투쟁역량을 부정하기 위해서였다. 이것이 바로 역사 발전과정에서의 삼원리 투쟁의 위상을 증명한다.

남경조약, 망하조약, 황포조약

도광 22년 7월(1842년 8월)에 남경조약이 체결된 이후 영국의 요구에 따라 중영 쌍방은 광주와 홍콩에서 계속 회담을 열었고, 도광 23년 6월과 8월(1843년 7월과 10월)에 다시 『오구통상장정[부 해관세칙]』(五口通商章程[附 海

---

13 예컨대 나가륜(羅家倫)은 1931년에 발표한 한 글에서 다음과 같이 말했다 : "중국이 아편전쟁 중에 이토록 큰 상처를 입고도 사후에라도 분발할 줄 몰랐던 데는 삼원리 사건의 영향이 적지 않았다. 사람들은 관이 약하고 민이 강하였고 매국노가 강화를 추구했다고 믿고 있다. 그러나 나는 19세기 상황에서 몽둥이를 들고 강하고 예리한 무기와 맞설 수 있었다고는 생각하지 않는다"(곽정이[郭廷以] 편 『중국근대사』에서 인용). 이 국민당 반동파 역사학자는 사람들로 하여금 관은 강했고 민은 약했으며, 매국노들이 강화를 추구하지 않았으며, 무기의 열세 때문에 저항을 포기하고 강화를 추구할 수밖에 없었다고 믿게 하려한다.

關稅則)》과『오구통상부점선후조관(五口通商附粘善後條款)』(일명『호문조약[虎門條約]』이라고도 한다.『오구통상장정』은『호문조약』의 한 부분으로 보기도 한다)을 체결했다. 이 두 가지의 내용은 대부분 통상항 무역의 구체적인 규정에 관한 것이다. 원래 이런 규정은 중국이 주권국가로서 스스로 결정해야 마땅하지만 모두가 침략자의 이익을 반영하여 작성되었다. 두 조약에는 남경조약에는 없든 중요한 내용을 포함하고 있다. 세 가지 불평등조약의 주요 내용은 다음과 같다.

1. 다섯 통상항의 지정. 광주, 복주, 하문, 영파, 상해를 통상항으로 정한다.

2. 영국의 전비와 아편의 배상 및 광주 양행의 상인들이 영국 상인에게 진 "빚" 도합 1,200만 냥의 상환.

3. 홍콩의 할양. 남경조약에서 "영국 상선은 먼 바다를 건너와 상한 곳을 수리해야할 일이 흔히 있으므로 연해의 한 곳을 주어 배를 고치고 그 일에 필요한 물자를 보관하게 하는 것이 마땅하다. …… 홍콩 섬을 주는 것을 허락한다"고 규정하였다.

4. 관세의 협의 결정. 남경조약에서, 통상항에서는 "마땅히 수입, 수출 화물의 세금을 내야하며, 모두 협의에 의해 예를 정함이 타당하다"고 규정하였다. 다음해에 이른 바 통상장정을 체결할 때 각종 수출입 관세율을 협의하여 결정했다. 이렇게 하여 관세 규칙을 정할 때 중국이 주도적으로 할 수 없는 국면이 시작되었다.

5. 광주에서 실시하던 공행제도(중국 관부에서 지정한 상인만 수출입업을 할 수 있는 제도)의 폐지. 영국은 자기 필요에 따라 중국에 자유무역 정책을 강요했다.

6. 남경조약의 관련규정에 따라 청은 영국에 부역한 매국노의 죄를 일체 묻지 않는다. 이로서 사실상 외국 침략자는 매수하거나 고용한 간첩을 보호할 수 있

게 되었다.

7. 오구통상장정에서. 통상항에서 발생한 영국인의 범죄는 중국이 처리할 수 없다고 규정하였다. 이로서 외국인이 중국에서 중국 법률의 적용을 받지 않는 이른 바 "영사재판권"이란 제도가 생겼다.

8. 오구통상장정에서. 통상항에 영국의 "관선" 한 척을 정박하도록 허락하였다. 이로서 외국의 군함이 중국의 영해 및 내륙하천에 자유롭게 진입할 수 있게 되었다.

9. 남경조약에서. 영국인은 가족을 대동하고 통상항에 거주하도록 허락했다. 호문조약에서는 여기에 더하여 "중국 지방관은 영국의 유관 관원과 함께 각 지방의 민정을 살펴 어느 지역과 어떤 주택 및 토지를 영국인에게 빌려줄 것인지 협의하여 결정해야 한다"고 규정하였다. 영국인과 기타 외국인은 이 조항을 이용하여 통상항에서 거주 지역을 획정하는 이른 바 "조계(租界)"제도가 생겨났다.

10. 호문조약에서. "청 대황제가 장래에 새로운 은전을 각국에 베풀 때는 영국인은 함께 같은 은전을 누린다"고 규정하였다. 이 조항을 근거로 하여 영국은 이른 바 "최혜국 대우"(일종의 일방적인 최혜국 대우)를 얻었다. 이때부터 한 국가가 중국으로부터 어떤 특혜를 뺏아 내면 나머지 국가도 "합법적으로" "함께 누리게" 되었다.

남경조약이 체결되었다는 소식을 듣자 미국 대통령 테일러(Zachary Taylor)는 즉시 쿠싱(Caleb Cushing)을 특사로 파견하였다. 쿠싱이란 인물은 오래 동안 중국에서 아편밀수업을 경영했던 존 쿠싱(John Cushing)의 동생이었다. 도광 24년 정월(1844년 2월) 포함 3척을 끌고 마카오에 도착한 쿠싱은 영국의 경험을 모방하여 포함으로 위협하였다. 청 정부는 흠차대신 기영을 광주로 파견하여 쿠싱과 담판하게 하고 미국이 중국에서 영국과 같은 일체의 특권을 누리도록 승인했다. 기영과 쿠싱은 도광 24년 5월(1844년 7월) 마카오 근처의 망하촌[14]에서 조약을 체결했기 때문에 이 조약을 망하조약(望夏條約)이라 부른다.

망하조약은 영토 할양과 배상을 제외하고 영국과 체결한 조약의 내용 전부를 포함하고 있었다. 어떤 부분에서는 영국과 체결한 조약 보다 더 구체적이고 더 심하게 중국의 주권을 침해하는 내용을 담고 있었다. 예컨대 관세협정에 관해서 망하조약은 다음과 같이 규정했다. "중국이 향후 관세규칙을 변경하고자 하는 경우 미합중국 영사와 협의하여 결정해야 한다." 영사재판권에 관하여는 일체의 민·형사 사건의 관할 지역을 통상항에만 국한하지 않았다. 또한 망하조약은 "미합중국의 …… 병선은 중국의 각 항구에 와서 순찰 무역한다"는 규정을 두었으니 이는 영국과의 조약보다 더 확대된 것이었다. 망하조약은 영국과의 조약과 마찬가지로 "중국이 향후 …… 각국에 달리 유리한 조건을 승낙할 경우 미합중국인도 같은 이익을 누린다"는 조항을 두었다.

망하조약을 체결한 얼마 후인 도광 24년 6월 말(1844년 8월) 프랑스의 특사 라그레느(Lagrene)도 군함 7척, 증기선 1척과 함께 마카오에 도착하여 기영과의 회담을 요구했다. 9월 13일(10월 24일) 쌍방은 황포에 정박한 프랑스 군함 위에서 조약을 체결했는데, 이를 황포조약이라 부른다. 청 정부는 이때 "일시동인(一視同仁)"을 표방하며 어느 한 나라의 노여움도 사지 않으려는 태도를 보였다. 그러나 프랑스와의 담판 중에는 그래도 문제가 발생했다. 프랑스인은 천주교에 대한 "금령을 해제"하라는 독특한 요구를 내놓았다.

천주교는 명 때에 중국에 전파되어 일부 지역에서 소수의 신자를 끌

---

14 당시에 망하촌은 마카오에 속하지 않았다. 마카오를 점령한 포르투갈 당국은 후에 멋대로 마카오의 경계를 확장하여 망하를 마카오 시의 일부로 만들어버렸다.

어 모았다. 청 왕조 옹정 연간에 청 정부는 천주교를 금하는 명령을 내렸다. 서방 자본주의 국가가 세계 각지에서 "식민사업"을 벌일 때는 늘 선교사가 앞섰고 기독교 성경은 군함과 함께 사용되는 유용한 무기였다. 아편전쟁이 일어났을 때도 서방 국가에서 온 선교사들이 중국의 연해 지역에서 끊임없이 활동했다. 중국의 관부는 "오랑캐의 가르침"을 따르는 행위를 불법으로 간주했고 서방 국가는 이를 못마땅하게 생각했다. 프랑스인의 중국 무역은 원래 매우 소액이었기 때문에 프랑스 측은 선교 문제를 들고 나온 것이다. 황포조약에는 다음과 같은 특별한 조항이 있었다. "중국인이 프랑스 예배당과 프랑스인의 분묘를 훼손할 경우 지방관은 규정에 따라 이를 엄하게 처벌한다."[15] 이 조항에 따라 중국 정부는 프랑스인의 중국 선교사업을 보호해야 했다.

프랑스인은 이 조항만으로는 만족하지 않았다. 라그레느는 황제가 천주교 금령을 해제하는 명령을 반포하라고 요구했다. 청 정부는 프랑스의 무력 위협에 굴복했다. 도광 26년 정월(1846년 2월) 황제는 "천주교는 사람들에게 선한 일을 권하니 다른 사교와는 분명히 다르므로 금지를 면하게 한다"[16]는 유시를 내렸다.

아편전쟁을 통해 중국은 서방의 주요 자본주의 강국 영국, 미국, 프랑스 세 나라의 강요에 의해 불평등 조약의 족쇄를 차기 시작했다. 그들이 무력으로 중국의 문호를 개방한 목적은 이 오래된 나라를 노예로 만들기 위함이었다. 중국을 반식민지로 만드는 각종 악독한 제도가 상술한 여러 가지 조약을 통해 기초를 다지게 되었다. 아편전쟁과 전후에 체결된 조약들은 외국 자본주의 침략세력에 저항하지 못하는 봉건 통치자들의 무능을 충분

---

15 『중외구약장회편(中外舊約章匯編)』 제1책, 삼련서점 1957년 판, 62쪽.

16 『도광이무』 제6책, 2964쪽.

히 폭로했다. 전쟁 전에 봉건 통치자들이 자신을 보호하기 위해 설치한 여러 가지 방비책은 전부 붕괴했다. 이때부터 중국 사회에서는 역사상 유례가 없는 일련의 변화가 발생하지 않을 수 없게 되었다.

광주성의 투쟁

아편전쟁 중에 영국 침략의 전초가 되었던 광주에서 삼원리 투쟁이 일어났다. 인민대중 가운데 축적된 반침략 정서는 전후의 몇 년 동안 일련의 대중적 반영투쟁으로 폭발했다. 이러한 투쟁을 통해 우리는 전쟁을 거치면서 내외의 계급관계가 변화하고 발전하는 추세를 볼 수 있다.

남경조약을 체결한 석 달 후인 도광 22년 11월 초(1842년 12월 초)에 군중이 "오랑캐의 집(夷樓)"(광주성 밖의 외국상인 거주지로 지정된 지역)을 포위하고 불태우는 사건이 발생했다. 상륙한 영국 수병 한 무리가 만행을 저지르자 분노한 군중이 자발적으로 모인 것이 이 사건이었다. 이 사건이 발생하기 며칠 전, 성 안의 명륜당(明倫堂)(당시 지식분자들의 활동 중심이었다)에 '광동의 의사와 의민 전체에게 고하는 격문(全粵義士義民公檄)'이 나붙었다. 격문은, 영국 침략자와의 강화는 부당하므로 "자위를 위해 조직하라"는 황제의 조서를 받들어 반영투쟁을 준비하자고 호소했다.[1]

몇몇 지식분자와 향신이 이 격문을 기초하고 인쇄하여 뿌렸다. 수 천

---

1   『아편전쟁자료』 제3책 353 – 355쪽을 참고하라.

명의 군중이 명륜당에 모여 토론을 벌였다. 이 격문은 대중의 반영 정서를 촉발하는데 중요한 역할을 하였다.

이 격문의 논거는 전쟁 기간 중에 반포된 황제의 조서였다. 양광 총독 기공(祁堪)과 광동 순무 양보상(梁寶常)은 즉시로 "무리를 지어 소란을 키우는" 행위를 금지하며 강화의 국면을 파괴하는 폭력행위는 엄벌에 처한다는 포고문을 명륜당에 내다 붙였다. 이루 방화사건이 발생한 후 총독과 순무는 집회의 주동자로 지목된 10명을 처형하고 얼마 후에는 명륜당 격문을 기초하고 배포한 전강(錢江)(그는 감생[監生]이었다) 등 수명을 황제의 비준을 받아 처벌했다.

전쟁 전에는 영국인만 광주성 밖의 일정 지역에 거주하도록 허가했다. 전후에 영국은 광주성 안에 거주하도록 해달라는 요구를 내놓으면서 이것이 남경조약에서 보장한 권리라고 주장했다(조약은 광주를 통상항으로만 규정했지 성 안에 거주지를 두는 문제는 언급하지 않았다). 영국인은 이 요구를 매우 중요한 문제로 취급했다. 광주성 안으로 들어갈 수 있느냐 하는 문제는 사실상 중국에서 하고 싶은 대로 할 수 있느냐 하는 문제와 같았다. 그렇다면 그들의 요구를 관철하는데 장애가 된 투쟁의 형세를 살펴볼 필요가 있다.

도광 23년 6월(1843년 7월) 광주에 주재하던 흠차대신 기영(다음 해에 양광 총독에 임명된다)은 이미 영국인들의 요구에 동의를 표시했다. 하유서(何有書)를 위시한 지방 향신들이 기영에게 영국인들의 광주 성내 거주를 허락하지 말도록 요구했다. 이들은 기영에게 제출한 청원서에서 외국인의 성내 진출을 허락하면 "불량배들이 소란을 일으켜" 오히려 외국인을 불만스럽게 할 가능성이 높다고 주장했다. 기영은 영국인들에게 보낸 답신에서, 원래는 영국인의 성내 진출을 허락할 생각이었으나 현재 80여 명의 향신들이 반대 의사를 밝히고 있고, 그들에게 경고를 보내고 청원의 접수를 거절은 했지만 여러 날 동안 살펴 본 결과 우려하는 민심이 아직 사라지지 않았으므로 좀 더 때를 기다려야 할 것이며, 그동안 관원들로 하여금 민심을 안정시키게 하겠다는 등의 변명을 늘어놓았다.[2] 영국 측에서도 성내 진출을 잠시 늦추기로 동의했다.

기영과 향신들의 염려에 대해 영국인들이 동의한 것은 근거가 없지 않았다. 도광 25년 12월(1846년 1월) 광주 성내에서는 실제로 심각한 소동이 벌어졌다. 이 무렵 인민들에게 서양인을 반대하지 말라는 기영의 포고문이 거리에 나붙었다. 포고문은 나붙자 말자 사람들에 의해 뜯겨나갔다. 군중은 항의 벽보를 통해 영국 침략자에 대한 원한은 물론이고 침략자에게 굴복한 관원들에 대한 분노를 표시했다. 군중은 관아를 포위한 후 불 질렀다. 지부 유심은 황급히 달아나 겨우 화를 면했다.

광주 성내에서 소요가 발생한 후로 영국인들은 즉각적인 성내 진출을 주장하지 않았다. 영국 공사 겸 홍콩 총독이자 주둔군 사령관인 데이비스(Sir John Frnacis Davis)는 기영과 협의한 후 영국인들에게 보낸 통고문에서 광주 지방 당국이 인민을 통제할 수 있을 때까지 (성내 진출을) 연기하기로 동의했다.[3]고 밝혔다. 이러한 조처에 대해 영국 외무상 애버딘(George Gordon Aberdeen)은 다음과 같이 말했다. "광주성 개방 문제와 관련하여 기영의 지위를 손상시킬 어떤 일도 신중하게 고려해야 한다. 광동 사람들은 모든 외국인에 대해 깊은 원한을 품고 있으므로 기영이 강압에 못 이겨 순종하는 태도를 보이게 된다면 그의 입장은 매우 곤란해진다."[4]

도광 26년 8월, 영국 수병 2명이 광주성 밖에서 구타당하는 사건이

---

2   이 서신의 원본은 이미 유실되고 없다. 영어번역문이 Chinese Repository 1846년 1월호 64쪽에 보인다.
3   Chinese Repository 1846년 5월호, 277쪽.
4   Hosea Ballou Morse, 『중화제국대외관계사』 제1권, 중국어번역본 삼련서점 1957년 판, 428쪽.

발생했고, 27년 정월에는 다시 몇 명의 영국인이 광주 부근의 불산진(佛山鎭)에서 군중들로부터 돌팔매질을 당하는 사건이 발생했다. 이 사건을 평계로 하여 데이비스는 영국 정부의 동의 하에 광주를 향해 갑작스런 무장 공격을 실시했다. 천여 명의 병력을 태운 영국 군함이 2월 한 달 동안 호문을 기습하여 모든 포대를 점령하고 광주성 밖의 상관(商館) 지역에 진입했다. 데이비스와 교섭을 벌인 기영은 영국인을 "기만한" 범인을 찾아내 처벌하고 2년 후에는 영국인의 "자유로운 성내 진출"을 허락하겠다고 약속했다.[5] 영국 군대는 하구 밖으로 철수했다. 영국인들이 중요하게 생각하는 성내 진출 문제를 두고 기다리겠다는 결정을 하게 된 바탕에는 기영을 대표로 하는 지방 관원들이 외국인을 적대시하는 하층 인민을 통제하기 위해 노력하고 있다는 판단이 깔려 있었고, 따라서 기영에게 즉각적인 광주성 개방을 압박함으로써 그의 지위를 약화시키지 않는 게 좋다는 계산을 했기 때문이었다. 여기서 우리는 중국 근대사에서 처음으로 외국 침략자가 중국의 봉건 통치자의 지위를 보호해줌으로써 그들을 통해 인민대중을 다루려한 사례를 목격하게 된다.

중국의 봉건 통치자들은 외국 침략자에게 치욕스럽게 굴복 투항함으로써 유력한 내부 통치를 실시할 수 없게 된다. 중국 근대사에서 이 법칙은 광주성 진출 문제를 두고 분명하게 모습을 드러냈다. 기영은 인민들에게 외국인의 성내 진출은 사소한 일에 불과하며 다시 한 번 굴복 투항하는 것이 아니라고 설득하는데 실패했다. 그는 외국인의 성내 진출 요구를 거절하지 못했고 그렇다고 해서 자신이 말한 대로 "백성을 누르고 오랑캐를 따르자니" 인민의 공격 목표가 자신이 될까 두려웠다.

앞에서 예로 든 하유서 같은 지방 향신들은 외국인의 성내 진출 문제

---

5   전게서, 438쪽.

를 두고 일종의 특수한 역할을 했다. 그들은 외국 침략자에 대해 온화한 반대파였다. 그러나 그들은 하층 인민의 격렬한 반대가 없다면 온화한 반대파의 지위도 유지될 수 없음을 알고 있었다. 따라서 그들은 때로는 광대한 인민의 반대 정서를 대표하는 역할을 맡기도 했다. 그래도 궁극적으로 그들은 봉건 통치정권의 지주였기 때문에 기영은 그들을 통해 대중의 정서를 완화시키려 했다. 그는 분수를 모르는 대중을 향신들을 통해 단속하는 것이 봉건 통치에 유리하다는 판단을 했다.

영국 침략자들이 남경조약을 앞세워 승리의 과실을 마음껏 따 모으자 지방 향신들도 자신의 이익이 침해당하고 있다고 느꼈다. 도광 27년 6월, 영국인들이 광주 남쪽(주강 하구 남쪽 기슭)의 토지를 임차하려하자 관부에서는 동의하고 토지 소유자들에게 임대가격을 협의하라는 지시를 내렸다. 고향을 떠나기를 원치 않는 토지 소유자들이 관부의 명령을 거절하자 영국인들이 직접 나서 토지를 측량하고 깃발을 꽂아 경계를 표시하는 등 강점할 태세를 보였다. 이것이 현지 주민은 물론 상층 향신들의 강렬한 반감을 불러 일으켰다. 그러나 향신들이 반감을 표시한 방식은 영국 영사에게 편지를 보내 "도리로 설득"하는 것이었다. 그들은 영국인들에게, 만약 남쪽 토지를 강점하면 하층 인민대중의 소요를 피할 수 없고, "백성의 공분이 일어나 마음을 합치면" 우리로서도 달랠 수 없고 당신들도 누를 수 없다고 말했다.[6] 향신들은 하층 인민의 폭력을 들어 상대를 위협하면서 자신은 온화한 태도를 유지한 것이다. 이때 광주성의 상인들도 '영국 상인들에게 알리는 개요(告諭英商大略)'라는 문건을 배포했다. 이 문건도 하층 인민대중의 저항 정서를 내세워 상대에게 경고하는 한편 다음과 같이 설득했다. "중국의 군자는 오로지 예의를 중하게 여기므로 조금이라도 의리를 아는 자는

---

6 『아편전쟁자료』 제3책 410, 411, 413쪽.

자기의 본분을 지키나 도리를 따르지 않는 불량배도 있어 이들이 기회가 있으면 일을 만드는 바를 피할 수 없다. 이후로 영국 상인들은 군자를 자처코자 한다면 자중 자애하고 삼삼오오 무리를 지어 각지를 쓸데없이 돌아다님으로써 불량배로부터 해를 입는 일이 절대로 없기를 바란다."[7] 여기서 말하는 "불량배"란 하층 인민대중을, "중국의 군자"란 향신과 부유한 상인을 가리킨다.

하층 인민대중 사이에 쌓인 분노는 당시의 구체적인 조건 하에서는 자발적이고 개별적인 행동으로 표출될 수밖에 없었다. 광주에서 외국인들이 "삼삼오오 무리를 지어 각지를 쓸데없이 돌아다니다가" 향신과 부상들이 말한 대로 "불량배로부터 해를 입는" 일은 항상 발생했다. 이런 행동은 외국 침략자들에게 치명적인 타격을 주지는 못했지만 영국인들은 이 때문에 광주 성내에 진출하려는 시도를 몇 년 동안이나 실현하지 못했다.

도광 28년 기영은 광동을 떠나고 전임 광동 순무 서광진(徐廣縉)이 양광 총독으로 승진했다. 영국인들은 2년의 기한에 따라 도광 19년 3월(1849년 4월)에 성내에 진입하는 "권리"를 실현시켜달라고 요구했다. 이 소식이 알려지자 광주 성내에서는 다시 대중의 반영 정서가 끓어올랐다. 서광진은 대중을 설득할 수도 없고 억압할 수도 없는 곤란한 처지에 빠졌다. 이때 향신 허상광(許祥光) 등이 들고 일어나 주민들에게 자위조직을 만들자고 호소했다. 이 제안은 서광진의 찬성과 허락을 얻었다. 그는 관부가 믿을 수 있는 향신과 부상들을 내세워 대중을 관리할 수 있다고 판단했다. 서광진과 광동 순무 섭명침(葉名琛)은 그렇다고 하더라도 외국인의 성내 진입을 허용하면 불량배들이 "기회를 타 선동"하여 수습할 수 없는 사태가 벌어질 것이라

7 전게서, 355-357쪽.

고 판단했다.[8] 도광 황제는 외국인이 한 차례 성내로 들어오는 것은 무방하다는 지침을 내렸지만 서광진 등은 심사숙고한 끝에 그렇게 할 수는 없다고 판단했다. 그들은 이번에도 "민심이 따르지 않고 백성의 분노를 거스를 수 없다"는 핑계로 완곡하게 영국인들의 요구를 거절했다.[9]

영국인들은 또 한 차례 성내 진입을 포기했다. 서광진 등은 문제가 이처럼 쉽게 해결되리라고는 예상하지 못했다. 그들의 보고를 받은 황제는 "크게 기뻐하여" 서광진 등 관원과 허상광 등 향신들에게 후한 상을 내렸다. 그들은 이처럼 인민대중의 위세를 이용하여 "관민합심"의 국면을 조성함으로써 서양인의 무리한 요구를 물리칠 수 있었다. 그들은 손쉬운 "승리"에 도취되었으나 실상은 전쟁의 진정한 교훈은 깨우치지 못하고 있었다. 그들은 외부 침략자와 맞서 "관민 합심"을 이루어 내지 못했기 때문에 민족 자위를 실현할 수 없었던 사실을 잊고 있었다. 영국 침략자들은 인민대중과의 직접적인 충돌을 회피하는 한편 중국 정부를 향해 위협적인 경고를 발함으로써 앞으로의 대규모 행동을 준비했다.

통상항과 매판계급의 등장

아편전쟁 후 5개 항구가 정식으로 통상항으로 개방되었고 불평등조약은 외국 상인들에게 여러 가지 유리한 조건을 마련해 주었다. 전쟁 직후의 몇 년 동안 중국의 대외 무역의 실상은 아래와 같았다.

무엇보다도, 아편은 여전히 밀수상들에 의해 중국으로 유입되었다.

---

8   『도광이무』 제6책. 3174쪽.
9   『도광이무』 제6책. 3182쪽.

도광 22년(1842년)에는 3만 3천 상자의 아편이 중국으로 수입되었는데 도광 30년(1850년)에 이르자 5만 3천 상자로 증가하였고 판매 가격은 약 3천만 냥 이상이었다. 함풍(咸豊) 8년, 청 정부는 마침내 아편무역은 합법이라고 인정했는데 이 해의 아편수입량은 7만 8천 상자에 달했다. 이 10여 년 동안 외국 상인들은 중국과의 정상적인 무역에서 생긴 무역 수지의 적자를 아편수출로 매웠다.

아편전쟁 이후 외국상인들이 중국에서 사들이든 주요 상품은 여전히 차와 견사(絹絲)였다. 그들의 수출액은 빠른 속도로 늘어났다. 차의 수출액은 1843년(광주항 한 곳에서만)에는 대략 1천 3백만 근, 1855년(상해, 광주, 복주 세 곳에서)에는 8천 4백만 근이었다. 12년 동안에 5 배가량 늘어났다. 견사의 수출액은 1843년에는 2천 묶음에 미치지 못하였는데 1855년에는 5만 6천 묶음이 되었다. 12년 동안에 26배나 늘었다.

외국 자산계급은 중국의 농산품을 싼 값으로 사들이는 한편 중국을 그들의 공산품 시장으로 만들려고 했다. 그러나 중국 시장 개척은 그리 성공적이지 못했다. 아편전쟁 이전인 1836년에 영국이 중국에 수출한 화물의 총액은 아편을 제외하고 130만 파운드였다. 아편전쟁 이후 1843년부터 1855년까지 13년 동안 영국의 대 중국 수출액은 몇 해만 2백만 파운드를 넘었고 나머지 해는 모두 150만 파운드 정도였고 어떤 해는 130만 파운드 밖에 되지 않았다. 가장 많았던 해(1855년)의 250만 파운드는 당시 가격으로 환산하여 은화 1천 백만 냥이었다. 그런데 매년 중국으로 수출한 아편은 3천만 냥 이상이었다! 이로써 무역에서 아편의 지위를 짐작할 수 있을 것이다.

외국 자산계급은 중국의 "완고한" 봉쇄정책을 풀기만 하면 중국을 공산품의 광대한 시장으로 만들 수 있다고 생각했다. 그러나 소농과 가내 수공업이 긴밀하게 결합된 중국의 경제구조는 예상 밖에 견고하여 외국 공산품에 대해 완강한 저항력을 갖고 있었다. 탐욕스러운 서방 자산계급은 이러한 상황이 불만스러웠다. 그들은 제1차 아편전쟁의 과실을 맛보던 중에도 조약을 통해 획득한 우월한 지위를 이용하여 새로운 충격을 주려고 준비하고 있었다. 결국 태평천국 농민대혁명 기간 동안에 제2차 아편전쟁(1856-1860년)이 발생하게 되는데, 이것은 뒤에 가서 살펴보기로 한다. "외국 자본주의는 중국의 사회경제에 대해 거대한 해체 작용을 했다. 그것은 한편으로는 중국의 자급자족적 자연경제의 기초를 파괴하였고 도시 수공업과 농민의 가내 수공업을 파괴하였다. 다른 한편으로는 중국의 도시와 농촌의 상품경제의 발전을 촉진시켰다."[10]

외국 자본주의가 중국의 사회경제를 해체하고 파괴하는 과정은 상당히 오랜 시간에 걸쳐 진행되었다. 남경조약이 체결된 후 초기에는 이후처럼 많은 항구를 개항하지 않았으므로 5개 항 통상시기라고 부를 수 있을 것이다. 이 시기에 중국의 수출입액은 이후 시기와 비교할 때 매우 적었으나 통상항에 가까운 연해지역에서는 전통적인 사회경제 생활이 심각한 영향을 받기 시작했다.

차와 견사 등 농산품의 수출수요 증가는 산지 농민들의 수출용 작물의 재배 확대를 자극했다. 차와 견사와 기타 수출상품의 생산자는 여전히 개체 소농민이었다.[11] 개체 소농 생산자는 채집한 차 잎을 인근 집산지 시장에서 수집상에게 판매하였고 수집상은 이를 통상항까지 운송하여 팔거나 현지의 상인에게 매각하면 서양 상인이 이들로부터 사들였다.[12] 견사와 기

---

10 『모택동선집』 제2권, 인민출판사 1991년 판, 626쪽.

11 중국 총세무사를 맡고 있던 외국인은 1888년에 총리아문에 보낸 보고에서 다음과 같이 말했다 : "중국의 차 재배는 영세하고 분산되어 있다. 여기에 한두 그루, 저기에 두서너 그루, 이런 식이다."『중국근대농업사자료』 제1집, 445쪽을 보라.

12 「1882년-1891년 해관무역 10년보고」, 『중국근대농업사자료』 제1집, 451쪽을 보라.

타 상품도 이와 같았다. 소규모 생산에 종사하는 중국 농민들은 이렇게 하여 그들이 전혀 알지 못하는 국제시장에 편입되었다. 농민들은 현지의 소규모 수집상, 중국인 대상인을 거쳐 외국 상인에 이르기까지 중첩적인 착취를 감당하지 않을 수 없게 되었다. 런던과 뉴욕의 차와 견사 시장의 가격이 농촌 현지의 보잘것없는 가격을 지배하고 농민들의 운명까지 지배하게 되었다.

기계로 생산한 외국의 공산품이 수입되면서 그 낮은 가격 때문에 농민의 가내 수공업과 도시의 소규모 수공업을 질식시켰다. 가장 큰 타격을 받은 부문은 일부 지역의 수공업 방직이었다. 도광 26년(1846년), 사회경제 문제에 관심 있는 한 작가(포세신[包世臣])가 송강(松江)과 태창 일대의 상황을 기록한 글에서 다음과 같이 묘사했다. "송·태의 이익은 면화로 포를 짜는데서 나왔는데 …… 근래 양포가 크게 퍼져 가격이 베틀로 짠 포의 1/3에 지나지 않는다. 우리 마을에서 방직을 업으로 하는 사람들의 얘기를 들어보면 근래에는 베를 짤 실이 없다고 하며 송·태의 포목시장은 절반으로 줄었다고 한다."[13] 그러나 5개 항 통상시기에는 외국의 공장제 면포가 아직은 가는 곳마다 중국의 간단한 소농 수공 직기를 몰아내지는 못했다. 당시 일부 영국 상인들은 다음과 같은 개탄의 말을 남겨 놓았다. "토종 면포는 품질이 조악하거나 정치한 것을 떠나 원료의 함량이 매우 높고 생산 원가도 낮아 외래품과의 치열한 경쟁에서도 충분히 견뎌낼 수 있다."[14] 그러나 실제에 있어서 중국의 소농민이 경쟁에서 살아남기 위해서는 모든 수단을 다 동원하여 자신의 생활수준을 낮추어야 했다. 그들은 거의 빈손으로 대

---

13 포세신의 「안오사종(安吳四種)」. 팽창익 편, 『중극근대수공업사자료』 제1권, 495쪽을 보라.
14 전게서, 506쪽.

포를 앞세우고 불평등조약을 방패로 삼은 영국 랭커스터의 증기기관 공장과 "경쟁"해야 했다. 가정현(嘉定縣)의 상황을 묘사한 기록에 따르면, "지난날에는 식구가 다섯인 한 집안에서 하루에 한 필을 짜 백 문을 벌었다. 양포가 성행한 이후로 토종 면포의 값이 날로 떨어지니 벌어들이는 돈으로 말하자면 지난날의 절반에 불과하다."[15] 이러한 상황은 중국 농민의 소규모 수공업이 외국 자본주의 상품의 압박 하에서 목숨을 부지하기가 얼마나 어려운지를 보여준다.

아편전쟁 이전에 중국의 도·농 상품경제는 이미 발전하고 있어서 소농과 가내 수공업의 긴밀한 결합을 기초로 한 자연경제는 변화하지 않을 수 없었고, 따라서 중국 사회경제에는 이미 자본주의의 시초적 요소가 등장했다. 외국 자본주의 세력의 침입이 이러한 변화를 가속시켰지만 그 결과는 결코 중국이 독립적으로 자본주의의 길로 나아가게 한 것이 아니라 중국을 식민지로 만든 것이었다. 우리는 5개 항 통상시기에 이러한 현상을 볼 수 있는데, 그것은 곧 매판 자산계급의 등장이었다.

모택동은 다음과 같이 말했다. "제국주의 열강은 중국의 통상항에서 궁벽한 농촌에 이르기까지 제국주의를 위해 봉사하는 매판계급과 상업 고리대 계급의 착취망을 형성하여 광대한 중국 농민과 기타 인민대중을 착취하는 도구로 삼았다."[16] 이러한 매판계급은 민족 자산계급보다 먼저 등장했는데, 매판계급은 아편전쟁 이후 5개 항 통상의 직접적인 산물이기 때문이다."

"매판"은 아편전쟁 이전에 이미 등장했다. 당시 유일한 통상항 광주에서 외국상인을 위해 통역을 맡거나 교역 업무를 보조하는 사람을 "통사

15　광서 8년(1882년)의 「가정현지(嘉定縣誌)」, 『중국근대농업사자료』 제1집, 503쪽을 보라.
16　『모택동선집』 제2권, 629쪽.

(通事)"와 "매판(買辦)"이라고 불렀다. 그러나 통사와 매판은 중국 항상(行商)이 선발하여 파견하였으며 항상의 통제를 받았고 외국 상인이 자유롭게 고용할 수 없었다.[17] 항상은 중국 관부에서 지정한 독점적 대외 무역상이었다. 일부 항상은 다년간 대외무역을 영위하면서 거부가 되었으나 봉건 정부의 철저한 통제를 받았다. 그들의 대외무역 독점권은 관부에서 적절치 못하다고 판단할 경우 언제라도 박탈당할 수 있는 것이었다. 조정과 지방관은 각종 명목으로 그들로부터 거액을 긁어냈다. 그러므로 항상은 외국 상인과 공통의 이해관계를 갖고 있었지만 궁극적으로는 외국 상인이 마음대로 이용할 수 있는 도구가 아니었다. 일부 항상은 현금이 부족하면 외국 상인으로부터 돈을 빌렸고 동인도회사와 기타 외국 상인들은 기꺼이 그들에게 돈을 빌려주었다. 이런 거래는 외국 상인들로서는 이자수입도 생길 뿐만 아니라 대차관계를 이용하여 항상을 조종할 수 있는 수단이기도 했다. 중국 관부에서는 항상과 외국 상인의 금전 대차를 불법으로 간주하고 발각되면 엄중하게 처벌했다. 항상은 오래 동안 안으로는 관부의 착취에 시달리고 밖으로는 서양 상인의 무거운 부채 때문에 파산하는 자가 속출했다. 그러므로 아편전쟁 이전의 항상과 이후의 외국 상인에게 완전히 의존하는 매판은 그 지위가 달랐다.

외국 상인들도 특허 받은 상인 이외의 상인과 비밀리에 접촉하여 무역활동을 했다. 아편 밀수는 대부분이 항상과의 정식 거래를 거치지 않았다. 중국 정부는 불법적으로 대외무역에 참여하는 중국인을 엄격하게 제재

---

17 임칙서는 한 보고서에서 다음과 같이 말했다 : "각 이관(夷館)에 고용된 일꾼이나 문지기 등은 매판이 보증하며 매판에 대해서는 통사가 보충하여 책임을 지며, 통사는 양상(즉 항상)이 책임지고 선발한다. 이처럼 여러 층에서 담보한 후에도 부현에서 검사한 후에라야 허가증을 내준다." (『도광이무』 제1책, 264쪽)

했다. 도광 19년(1839년), 강남도(江南道) 감찰어사 낙병장(駱秉章)은 상주문에서 "멋대로 돈을 내어 오랑캐와 교역하고," "오랑캐와 결탁하여 사사로운 매매를 금한 법을 어기는 자"가 있다고 지적했다. 이런 부류가 매판계급의 전신이라고 할 수 있을 것이다. 당시 그들과 외국 상인과의 관계는 불법행위로 간주되었다.

아편전쟁과 남경조약으로 새로운 국면이 조성되었다. 조약에서는 외국 상인이 중국의 항구에서 어떤 중국인과도 교역할 수 있다고 규정했을 뿐만 아니라 아편전쟁 기간에 외국 상인에게 부역한 매국노에 대해 무죄를 선포했다. 외국 침략자들은 이 조항을 철저하게 이용했다. 1844년 말 하문에서, 중국 관부가 아편전쟁 기간에 영국인에게 식료품을 판매한 중국인 2명을 체포했다. 영국 영사 알콕(Rutherford Alcock)이 즉시 출두하여 항의하자 두 사람은 한 달 후에 석방되었다. 사실상 아편전쟁 이후로 중국의 봉건통치자들이 정치적인 이유에서 외국 침략자와 밀통한 자들을 처벌한 경우가 매우 적었고 상업적인 이유에서 외국 침략자에게 협력하는 것은 완전히 합법적인 행위가 되었다.

5개 항 통상 이후로 매판은 외국 상인의 피고용인이 되었다. 그들은 외국 상인을 대신하여 매매 업무를 처리했다. 그들의 직능은 점차로 확대되었다. 19세기 말에 일본인이 남긴 기록에 의하면, 매판은 시초에는 외국 상인을 대리하여 거래를 관리해주고 일정한 보수를 받았으나 후에 가서는 매판이 자기 이름으로 점포를 개설하고 외국 상인이 원하는 업무를 일괄 처리해주었으며, 외국 상인은 "사고 팔 일이 있으면 모두 매판에게 위탁하고 매판은 위탁자의 뜻을 충실히 실현시키면서 외국 상인과 직접 교섭했다."[18] 이러한 상인은 형식적으로는 독립적이었으나 실제로는 외국 자본에 완전히

---

18 양호총독 관서에서 번역 출간한 『중국경제전서』 제2집, 246쪽.

의존했다. 외국 상인이 농촌에 분산된 농산품을 수집하려 할 때는 물론이고 수입한 상품을 판매하려고 할 때, 특히 5개 항 이외의 지역에서 판매하려 할 때는 중국 상인의 중개가 없이는 불가능했다. "매판"의 개념은 실제 생활의 발전에 따라 확대되었다. 많은 상인들이 통상항에 있는 외국 회사에 공급하기 위해 각지의 생산자와 소상인으로부터 농산품을 구매했고, 적지 않은 상인들이 외국 상품을 통상항 이외의 지역으로 운반하여 판매했다. 이들은 매판이란 명의를 사용하지는 않았으나 경제적으로 외국 상인에 대한 의존성이 매우 컸다. 그들은 사실상 매판이었다. 중국 근대사에서 극히 반동적인 기능을 수행한 매판계급은 이렇게 생겨났다.

"조계" — 나라 안의 나라

아편전쟁 후 개방된 통상항 가운데서 가장 중요한 곳은 상해였다. 상해에서의 교역규모는 빠르게 광주를 초과했다. 상해는 반식민지 반봉건적 중국에서 특수한 지위를 차지했다. 상해는 자본주의-제국주의가 중국을 침략하는 최대의 교두보이자 중국의 무산계급과 인민대중이 국외 반동파와 장기적인 투쟁을 벌이는 과정에서 가장 격렬한 소용돌이가 일어난 곳이었다. 상해는 통상항으로 지정된 직후부터 대외무역에 있어서 우월한 조건을 보여주었고, 따라서 중국을 침략한 자본주의 국가들로부터 특별한 주목을 받았다.

상해는 지리적으로 차와 견사의 산지와 근접해 있을 뿐만 아니라 부근 지역의 상품경제가 비교적 발달한 곳이었다. 통상항으로 지정된 직후부터 상해의 수출무역은 빠른 속도로 증가하기 시작했다. 전국 수출액에서 차지하는 상해의 비중은 도광 16년에 1/7이었으나 함풍 원년(1852년)에는

1/3로 늘어났고 이후 수년 안에 이미 1/2 이상이 되었다.

반식민지 반봉건적 중국 국토의 적지 않은 도시에서 이른 바 "조계"라는 것이 생겨났는데, 그곳의 통치권은 완전히 외국인에게 속했다. 외국인들은 그곳에 법원, 경찰, 감옥, 행정 관리 기구와 징세 기관을 설치했다. 조계는 자본주의-제국주의가 중국을 무력으로 위협하고 정치적 경제적 침략을 실행하는 기지가 되었다. 그것은 인간의 몸에 기생하는 암 덩어리 같은 기능을 했다. 대부분의 조계는 2차 세계대전 때까지 존재했다. 상해의 조계는 아편전쟁 직후 형성되었다.

영국, 미국, 프랑스 자산계급의 대표인물들이 완전히 사기적인 수단을 동원하여 청 왕조의 봉건관료들로부터 상해에 조계를 건설할 수 있는 권리를 얻어냈다. 이것은 교활한 속임수와 공개적인 강탈이 혼합된 전형적인 사례였다.

영국 영사 발포어(George Balfour)가 도광 23년(1843)년에 상해에 도착했다. 그는 상해 도원(道員) 궁모구(宮慕久)와 교섭하여 상해 현성 밖 황포 강변의 황무지 130 무를 임차하고 그곳에 영국 영사관을 세웠다. 그 후 그는 도원을 설득하여 조차지를 1,080 무까지 늘리고(1846년까지) 이 지역 내에서 영국인이 중국인 토지 소유자로부터 사적인 계약을 통해 토지를 빌릴 수 있는 규정을 만들어 냈다. 여기까지는 그래도 조약에 근거한 것이라고 할 수 있었다. 호문조약에는, 통상항에서 영국인은 지정된 지역 내에서 중국인으로부터 건물을 임차하거나 토지를 임차하여 건물을 지을 수 있다는 조항이 있었다.[19]

도광 25년(1845년) 상해의 영국 영사는 상해 도원으로부터 '상해조지

---

19 「오구통상부점선후조관(五口通商附粘善後條款)」,『중외구약장회편』제1책, 35-36쪽.

장정(上海租地章程)'[20]에 서명을 받아냈다. 장정은 전체 23조, 외견상으로는 사무적인 규정이었고 조차지에 대한 중국의 주권도 인정되었다. 그러나 영국인은 교묘하게도 이 장정을 상해 조계의 제도적 기초로 만들었다. 아래에 몇 가지 사례만 열거한다. 첫째, 조문은 서양 상인은 토지를 임차하여 건물을 지은 후 임차관계를 중지하거나 임차권을 타인에게 양도할 수 있지만 "토지 소유주는 임의로 임대를 중지할 수 없다"고 규정했다. 이렇게 하여 일종의 영구적인 임차제가 생겨났다. 둘째, 또 한 조문에서는 "토지와 건물을 임차한 서양 상인은 함께 의논하여 다리를 놓고, 도로를 청결하게 유지하며, 가로등과 소화전을 설치하고, 나무를 심어 도로를 보호하며, 배수로 파고, 야경꾼을 고용해야 한다. 영사관은 각 임차인의 요청을 거쳐 회의를 소집하여 이상 각 항의 사업에 필요한 경비를 분배한다." 당시 청의 관원은 서양인들이 돈을 내어 다리를 놓고 도로를 닦는다면 나쁠 게 없다고 판단했다. 그러나 영국인들의 본심은 중국의 주권이 미치지 않는 왕국을 건설하기 위해 초보적인 "합법적" 근거를 만드는 데 있었다. 셋째, 장정의 조문 가운데는 다음과 같은 규정이 있었다. "타국 상인이 영국 상인이 임차한 지역 내에서 토지를 임차하여 건물을 짓거나 거주할 경우와 화물을 보관할 경우 먼저 영국 영사관에 신청하여 허락을 받음으로써 오해를 피해야 한다." 청의 관원들은 직접 나서서 영국인과 다른 외국인 사이의 분규를 처리하지 않고 외국인들끼리 문제를 해결하는 방법이라 좋아했겠지만 사실은 "영국 상인이 임차한 지역" 내에서 영국 영사관의 최고 권력을 인정한 것과 다름없었다.

당시 상해의 외국 상인의 숫자는 매우 적었다. 도광 24년(1844년), 영사 본인까지를 포함하여 25명이었고 도광 30년(1850년)에는 148명으로 늘었다.

20 전게서, 65-70쪽.

'조지장정'이 생겨난 후 영국 영사는 임차지 내의 외국 상인을 매년 소집하여 (최초에는) 3인으로 구성된 "도로 부두 위원회"를 만들고 주민들로부터 세금을 징수하고 도로와 부두를 관리하는 일을 했는데, 이것은 행정기구의 원형이었다.

미국인들은 원래 영국인 조계에 거주했는데, 1848년(도광 28년) 미국인 목사 분(William Jones Boone)이 도원에게 홍구(虹口)(영국 조계 북쪽)에 교회당을 짓겠다며 이곳을 미국 조계로 획정해줄 것을 요구했다. 상해 도원은 즉시 요구를 받아들였다. 홍구 지역 조계는 마지막에 8천 무 가까이 확대되었다(1863년). 도광 29년(1849년), 상해 관원은 다시 프랑스인들의 요구를 받아들여 영국 조계 남쪽 지역을 프랑스 조계로 내주었는데, 시작할 때는 5백여 무였으나 이후 점차로 확대되어 1,200 무로 확대되었다(1863년). 이렇게 하여 "공동조계"가 생겨났다. 이 공동 조계는 8만 무 이상으로 확대되어(20세기 30년대) 최초 영국 영사가 상해 도원으로부터 얻은 130무보다 6백배로 확대되었다. 프랑스 조계도 마지막에는 2만 여 무로 확대되었다.

공동 조계의 전신인 영국 조계는 함풍 4년(1854년)에 "공무국"이라고 번역할 수 있는 기관을 설치했는데 이 기관은 사실상의 조계 정부였다. 공무국 아래로는 "경무," "세무," "재무," "학무"를 관장하는 기구가 있었고 법원이 별도로 있었다. 외국인이 무슨 근거로 중국의 영토 안에서 자신들의 정부를 세울 수 있었을까? 그 근거는 바로 도광 25년에 제정된 '상해조지장정'이었다. 외국인은 공동조계 내에 이른 바 "외국인 납세회"란 것을 설치하고 회장을 선출했다. 회장이 바로 공무국의 수뇌였다. 상해에 거주하는 외국인으로서 은화 5백 냥 이상의 부동산을 소유하고 매년 은화 10냥 이상을 납세한 사람은 납세회의 회원이 될 수 있었고, 매년 납세액이 50냥 이상인 사람은 납세회의 이사가 될 수 있었다. 여기서 말하는 세금이란 중국 정부에 납부한 것이 아니라 공무국에서 징수한 것이었다. 이른 바 "공동"의 원래 의미는 "국제"였고, 따라서 상해 공동조계는 상해에 거주하는 각국 대상인들의 "민주공화국"이었다. 말할 필요도 없지만 그들의 배후세력은 각 침략 국가였다. 도광 25년에 제정된 장정은 조계 내에 중국인의 거주를 불허했으나(당시 중국 관원과 영국 영사는 분규를 피하기 위해 "중국인과 서양인의 잡거"를 인정하지 않았다) 함풍 4년(1854년)에 장정을 개정하면서 외국 영사와 대상인들이 중국인의 조계 내 거주를 결정할 수 있게 했다. 대상인들만으로는 "공화국"을 운영해 나갈 수가 없었던 것이다. 이때부터 조계 내에 거주하는 중국인이 갈수록 늘어나 외국인 숫자를 능가했다. 1920년(중화민국 9년)에는 공동 조계 내에 외국인 납세회 이외에 중국인 납세회가 따로 설립되었다. 회원의 자격은 최소한 은화 5백냥 이상의 부동산 소유자라야 한다는 등의 조건을 그대로 적용했으니, 그들은 이른 바 "고등 중국인"이었고 주로 매판 자본가였다. 중국인 가운데서도 이사 몇 명을 선출하여 "국제 민주공화국" 통치기구에 참여케 하였다. 원래 시작은 침략자들이 강도 같은 수단을 동원해 만든 상해의 외국 상인만 거주할 수 있는 거류지였으나 결과는 국제 대상인(과 그들에게 기생하는 극소수 중국의 대상인)의 공화국이 되었다. 이 공화국은 중국의 국토 안에서 독립된 왕국이었을 뿐만 아니라 장기간 반식민지 반봉건적 중국의 경제 명맥을 장악하고 중국인민의 피땀을 빨아들이는 국제 대상인의 천당이었다.

누적된 변화와 첫 번째 격랑

아편전쟁 이전의 중국 봉건사회는 마치 내부 깊은 곳에 거대한 변화의 요인들이 퇴적된 저수지와 같았고, 여기에 아편전쟁이 큰 돌을 던지니 강력한 연쇄반응이 일어나 저수지 전체가 격랑을 일으키지 않을 수 없는 상황이었다. 봉건 통치계급은 이미 심각한 부패에 빠져 있어서 당면한 역사 변화에 기민하게 대응할 수 없었고, 다만 그들의 일부는 모호하게나마 남경 조약의 체결로 일이 마무리되는 게 아니라 봉건 통치 질서 전체를 흔들 예측할 수 없는 사건의 시작임을 감지하고 있었다.

봉건 관료와 지주계급 지식분자들 가운데서 일부는 아편전쟁의 충격을 받은 후 서방에서 온 낯선 인종에게 제대로 대응하려면 그들을 확실하게 파악해야 한다고 판단했고, 그래서 세계 각국에 관한 새로운 지식을 찾기 시작했다.

그렇게 한 첫 번째 인물이 임칙서였다. 그는 도광 19년에서 20년 사이에 광주에서 사람을 시켜 외국 서적과 잡지를 번역하게 하였다. 그는 이런 자료를 이용하여 『사주지』를 저술하는 한편 수집한 자료를 친구인 위원에게 보내주었다. 위원은 자료 수집을 계속하여 도광 22년(1842년)에 50권으로 된 『해국도지(海國圖誌)』를 출판했다. 그는 이 책을 수정과 보완을 거듭하여 함풍 2년(1852년)에 마침내 1백 권으로 된 대작을 완성했다. 거의 같은 시기에 복건의 서계여(徐繼畬)도 자신이 수집한 외국인이 만든 지도와 기타 서적을 이용하여 5년의 시간을 쏟아 도광 29년(1849년)에 『영환지략(瀛環誌略)』을 출판했다. 위원과 서계여의 저작은 중국에서 서방 각국의 역사와 지리를 체계적으로 소개한 가장 이른 시기의 저서이다.

아편전쟁 이전 중국은 유럽 각국과 다년간의 통상을 했음에도 불구하고 유럽 국가들이 어디에 위치하고 있는지, 어떤 나라인지를 알지 못했을 뿐만 아니라 각국에 대한 황당하고도 부조리한 인식을 갖고 있었다. 이런 상황에서 위원과 서계여의 저서가 처음으로 실제와 부합하는 정보를 제공했다. 새로운 저서는 지구상의 대륙과 해양, 그리고 각국의 위치와 지리에 관해 대체적으로 정확하게 설명하고 간략하나마 각국의 역사를 서술함으로써 유럽 각국의 당시의 정치 경제제도를 알리려고 시도했다. 그러나 설명이 명확하지 않고 적지 않은 오해를 담은 면도 있었다.

서계여의 저서에는 다음과 같은 서술이 있다. "영국 …… 도성에는 공회소(公會所)(의회를 가리킨다-저자)가 있고 안으로는 둘로 나뉜다. 하나는 작방(爵房)이고 다른 하나는 향신방(鄕紳房)이다(상원과 하원을 가리킨다-저자). 작방은 작위를 가진 귀족과 예수교 성직자들이 있는 곳이고 향방은 서민이 추대한 재능과 학식을 갖춘 사람들이 있는 곳이다. 국가에 대사가 생기면 왕이 재상에게 알리고 재상은 작방에 고하여 무리지어 의논하는데, 법령을 참조하여 가부를 결정한 후 다시 향신방에 넘기고 반드시 향신방의 승낙이 있어야 시행한다."[21] 이것은 자산계급의 의회 민주주의 제도의 모습을 모호하게 보여주는 설명이다. 서계여는 영국에 대해 다음과 같이 설명했다. "사해에 이 나라의 배가 닿지 않는 곳이 없고 사람이 있고 땅이 있는 곳이면 어디서나 업신여기며 그 정수를 빼앗아 올 생각을 한다."[22] 이것은 자본주의 식민지 확장의 속성을 묘사한 표현이다. 이 저서는 유럽인의 배가 견고하고 대포의 성능이 뛰어남을 격찬했지만 그 기술이 어디서 나오게 되었는지는 분명하게 설명하지 않았다. 저자는 사회 경제 제도를 들어 원인을 설명하지 못하고 유럽의 "견고한 배와 뛰어난 대포"를 유럽인들의 "성품"과 "사고방식" 탓으로 돌렸을 뿐이다.

『해국도지』의 저자 위원은 세계의 형편을 이해하는 것이 매우 중요한 일이라고 주장했다. 그는 다음과 같이 말했다. "바깥 오랑캐를 누르자면 반드시 오랑캐의 사정을 알아야 하고, 오랑캐의 사정을 알고자 한다면 반드시 번역 관서를 세워 오랑캐의 책을 번역해야 한다." 그는 중국 근대사에서 최초로 서방을 배우자는 구호를 외친 인물 가운데 한 사람이었다. 그 자

---

21 서계여, 『영환지략』 제7권, 44쪽.
22 전게서 제7권, 46쪽.

신의 말을 빌리자면, "오랑캐의 장기를 배워 오랑캐를 누르자"는 주장이었다. 그가 배우려 했던 것은 주로 "견고한 배와 뛰어난 대포"였다. 그는 이렇게 말했다. "오랑캐의 장기는 셋이다. 전함이 그 하나요, 화기가 그 둘이며, 병정 훈련방식이 그 셋이다."[23] 따라서 그는 광주에 관부에서 운영하는 "조선창"과 "화기국"을 하나씩 세우고 기타 지역에서는 "연해의 상인과 백성이 이를 모방하여 조선창과 화기국을 세워 배를 짓게 하고 혹은 스스로 사용하거나 혹은 내다팔게 하자"고 주장했다. 그는 관영 조선소와 병기창 한 곳씩만 있으면 중국의 해안 방비 문제를 해결할 수 있다고 보았고, 한 번의 호소로 각지의 상인과 백성들이 조선소를 세워 민영 선박과 기계를 만들 것이라고 생각했다. 이것은 서생의 공상에 지나지 않았다.[24] 그의 주장은 당시의 조건 하에서 큰 반응을 얻지 못했다.

하나의 집단으로서 봉건 통치계급은 아편전쟁의 자극을 받아 크게 놀라기만 했을 뿐 진지한 교훈을 얻지 못했고 자본주의의 침략에 진지하게 대응하지도 못했다. 전쟁이 끝난 후 통치계급 내에서는 무사안일하게 지내려는 생각이 지배적이었다. 이런 인식은 앞에서 언급한 기영 등이 남경조약을 체결한 후 황제에게 올린 보고서에서 잘 드러나고 있다. "이 오랑캐가 청하는 각종 요구는 욕심이 많기는 해도 그 뜻이 항구를 구해 무역 통상

---

23 『해국도지』 제2권, 청 함풍2년(1852년) 각본, 4–5, 15쪽.

24 1842년에 광동의 상인 반사성(潘仕成)이란 인물이 "돈을 대어" 군함을 만들었는데 "서양 선박 만드는 기술"을 모방하였다고 하였다(『도광이무』 제5책, 2395쪽). 황제는 그에게 상을 내리며 다음과 같이 지시했다 : "보고에 의하면 반사성이 만든 배가 튼튼하다고 한다. 이후로는 배를 만들 때 그가 먼저 관리하게 하고 관원들이 간섭하지 못하게 하라."(『도광이무』 2397쪽) 도광 황제는 관료기구에 의존해서는 새로운 사업을 아무것도 해낼 수 없다는 사실을 잘 이해하고 있었다. 반사성은 후에 포정사의 관직을 얻었으나 "서양선"을 모방한 사업의 기록을 남기지 않았다.

하는데 지나지 않을 뿐 아직 숨겨진 다른 뜻은 없는 듯합니다." 그들은 외국 침략자들이 "통상"을 원할 따름이지 역사상 중원을 침략한 변경의 수많은 소수민족처럼 재물을 약탈하고 땅을 점령하며 마침내 중국의 황제가 되려는 생각은 없다고 판단했다. 그러므로 통상 문제에만 집중하면 큰 혼란에 이르지 않게 "통제" 할 수 있다고 생각했다. 도광 29년(1849년)에 서광진이 영국인의 광주 성내 진입을 포기하게 만든 일은 대단한 성공인 것처럼 평가받았다. 조정과 광주의 관원들은 이 성공이 타이르고 붙들어 두는 옛 방식이 아직도 통하는 증거라고 생각했다.

외국인을 통제하는 일은 그리 대단한 문제가 아닌 것처럼 보였다. 이런 탓에 모두가 전처럼 내부문제에 매달렸다.

아편전쟁을 거치면서 국내의 계급모순 ― 주로 지주와 농민 양대 계급 사이의 모순 ― 은 한층 더 첨예해졌다. 전쟁은 외국 침략자 앞에 무력한 봉건 전제정부의 모습을 폭로했다. 전쟁 중에 국가의 군사비 지출은 증가하였고 전후에는 거액의 배상금을 지불했으니 그 부담은 최종적으로 모두 농민대중에게 돌아갔다.

도광 21년(1841년)부터 연속 3년 동안 황하가 범람하여 하남, 산동, 안휘의 넓은 지역이 물에 잠기고 사망자가 백만을 헤아렸다. 도광 26년에서 30년까지(1846-1850년) 황하 유역과 장강 유역에서 해마다 막대한 홍수와 한발 피해가 발생했다. 특히 도광 29년(1849년)에는 호북, 안휘, 강소, 절강에서 백년 만에 최대의 수해가 발생했다. 도광 28년(1848년)에는 광동과 광서에 큰 가뭄이 들었다. 이러한 "천재"는 부패한 봉건 관료기구의 수리정책 실패의 결과인 면이 상당히 강했다.

통치자 자신도 인정했듯이 봉건 관료기구는 인민에게 유리한 어떤 일도 할 수 없었다. 양강총독 기영은 도광 23년에 황제에게 올린 비밀 보고서에서 다음과 같이 말했다. 현재 지방관원들은 "백성의 일을 돌보지 않고 백성의 고통을 묻지 않으며, 걸핏하면 백성을 괴롭히니 백성의 형편이 말이 아닙니다. 안으로 스스로 평안하지 못한데 어찌 외적을 막아낼 틈이 있겠습니까?" 그는 또한 "관부와 백성, 백성과 병정이 서로 적으로 대한다"고 말했다. 그는 이런 현상은 나쁜 관원들 때문에 생긴 것이라고 말하면서도 "좋은" 관원을 찾아보기가 어렵다는 점도 인정했다. 그가 지적한 것은 사실상 부패한 전제통치하의 첨예한 계급모순이었고 이런 모순은 봉건 통치자 스스로 해결할 수 없는 것이었다.

피압박 농민대중은 이런 모순을 해결하기 위해 일어섰다. 아편전쟁이 끝나고 몇 년 동안 전국의 수많은 지역에서 농민들이 무리지어 징세에 항의하고 무기를 들고 관원을 징벌하는 사태가 폭발했고, 각종 명목의 회당이 농민과 기타 노동대중 사이에서 성행했다. 특히 광동, 광서, 호남 일대에서는 도광 27년(1847년) 이후로 농민의 무장 봉기가 몇 차례 일어났다. 봉기의 규모는 비교적 작았으나 순전히 경제적 이유 때문에 생겨난 도적무리가 도처에 널려 있었다. 태평천국 농민혁명은 바로 이러한 혁명적 기운이 고양되고 있던 시기에 일어났다.

제5장
태평천국(太平天國)의 흥기

농민혁명 중의 계급과 계층

기나긴 중국 봉건시대의 역사에서 반복적으로 발생한 농민혁명은 자산계급이 이끌지도 않았고 무산계급이 이끌지도 않았다. 당시에는 무산계급도 자산계급도 없었다. 반식민지 반봉건 시대로 진입한 이후 20세기 초에 이르러서야 새로이 등장한 자산계급을 대표하는 세력이 농민의 역량에 주목하기 시작했지만 혁명 중에 농민을 영도할 능력은 없었다. 무산계급이 독립된 정치세력으로서 농민을 동원하고 영도한 것은 훨씬 뒤의 일이다. 역사 실천이 증명하듯이 중국 역사에서 오직 무산계급만이 농민의 혁명 적극성을 최대한도로 끌어낼 수 있었을 뿐만 아니라 무산계급의 영도 하에서만 혁명은 진정한 의미의 승리를 거머쥘 수 있었다. 아편전쟁 이후 긴 시간 동안 중국 농민의 혁명 투쟁은 여전히 과거 봉건시대와 마찬가지로 농민보다 선진적인 계급의 영도를 받지 못했다.

가혹한 봉건적 착취를 받고 있던 농민대중은 봉건사회 내부의 거대한 혁명역량이었다. 그 중에서도 혁명성이 가장 강한 계층은 빈농이었다. 그러나 빈농만으로는 광대한 농민혁명의 대오를 형성할 수 없었다. 봉건시대의 비교적 규모가 큰 농민혁명은 모두가 농민에 대한 봉건통치자의 부단한 착취와 압박 때문에 중농대중, 그 중에서도 비교적 빈곤한 중농이 생계를 이어갈 방법이 없다고 느꼈을 때 폭발했다. 봉건사회에서 지식은 지주계급의 전유물이었다. 가장 가난한 생활을 하던 빈농에게는 최소한의 교육조차도 받을 기회가 없었다. 빈농과 비교할 때 중농은 어느 정도의 지식은 갖출 수 있어서 자신이 사는 마을과 그 마을을 벗어난 바깥 세계에 대해 약간의 식견을 갖출 수 있었다. 그러므로 빈농은 흔히 빈곤한 중농과 연합하여 농민혁명을 이끌었고, 이들이 혁명의 불길을 중국 대지 전체에 퍼뜨린 때가 역사에 여러 번 있었다.

도시와 농촌의 소규모 수공업자, 소상인, 수로와 육로 운송노동자들의 생활상의 지위는 빈농이나 중농과 별 차이가 없었다. 그들은 원래 빈곤한 농민출신이었기 때문에 혁명에서 기본 대오를 형성할 수 있었다.

봉건시대, 특히 봉건 통치자의 가혹한 착취가 하층 인민대중을 불안정하게 만들었을 때 사회에는 대량의 유랑민이 발생했다. 그들은 비교적 고정적이고 정상적인 직업을 가질 수 없었고 생존을 위해 각지를 유랑하면서 통상적으로 극히 빈곤한 생활을 영위했다. 그들의 절대 다수는 원래가 빈곤한 농민 출신이었으나 유랑 생활을 통해 그들은 일종의 특수한 사회 성격을 갖게 되었다. 중국이 반봉건 반식민지 상태에 이르자 이러한 유랑민은 대량으로 증가했다. 유랑민은 때로 반동세력에게 매수되어 봉건 통치자의 용병이 되거나 지방 향신이 조직한 무장집단의 중요한 공급원이 되었다. 그러나 반동세력이 이들을 모두 흡수할 수는 없었다. 정착할 수 없어 떠도는 유랑민은 생존의 방도를 찾기 위해 자발적으로 조직을 갖추어 현존 질서에 대한 반감을 표출하였으나 그들의 행동은 경제적 요구에 그친 경우가 많았고 원대한 정치적 목적을 갖지 않았기 때문에 이른 바 비적이나 강도 집단이 되는 경우가 흔했다. 그들은 적절한 조건이 제시되면 쉽게 반동 세력의 회유에 굴복하여 "귀순"했다. 혁명의 기세가 무르익었을 때 그들은 적극적인 참여자가 되었고 심지어 용감한 선봉이 되었다. 그들은 대다수가 빈곤한 농민 출신이었기 때문에 혁명적 농민들의 요구 속에서 쉽게 공통의 언어를 찾아냈다. 일반적으로 좁은 토지를 지키면서 순박한 생활을 영위하는 농민과 대비할 때 그들은 사회 경험이 풍부하고 식견이 넓으며 상황대처 능력이 뛰어났기 때문에 농민혁명 대오 가운데서 중요한 역할을 하거나 심지어 혁명의 지도자가 되기도 했다. 그들이 참여함으로써 농민혁명의 기세는 더욱 높아졌다. 그러나 그들과 함께 농민혁명의 대오 가운데 비조직성, 비기율성, 단순 파괴주의, 약탈주의 등의 나쁜 요소가 유입되어 농민혁명이 오염되거나 결국은 실패에 이르는 경우도 많았다.

긴 봉건시대의 역사에서 봉건 황제가 농민전쟁의 폭풍우를 만나 몰락한 경우는 여러 차례 있었다. 농민혁명은 봉건 통치 질서에 결정적인 타격을 줄 수 있었지만 농민계급은 새로운 생산력을 갖추지 못했고 새로운 생산관계를 수립하지도 못했다. 봉건적인 경제제도와 정치제도를 소멸시키고 새로운 경제제도와 정치제도를 세우는 일은 그들의 능력 밖의 일이었다.

반란을 일으킨 농민들은 이념적으로도 봉건 통치계급의 독소를 벗어날 수 없었다. 압박받는 노동대중이 이전의 생활을 계속할 수 없게 되고 지주계급도 이전처럼 통치할 수 없었다. 정치적으로 실의에 빠진 일부 지주계급과 지주계급 지식분자들이 출로를 찾기 위해 농민들의 대오에 뛰어들었다. 그들은 지주계급의 풍부한 정치투쟁 경험과 지주계급의 정치사상을 혁명에 끌어 들였다. 그들 가운데 일부는 농민 대오 가운데서 일정 정도 농민의 의지를 추종하지 않을 수 없었지만 한편으로는 지주계급의 본능에 따라 농민의 역량을 이용한 경우가 많았다. 농민계급은 철저하고도 독립적인 세계관을 갖추지 못했기 때문에 혁명 대오에 끼어든 지주계급의 나쁜 영향을 완전하게 배제하기란 거의 불가능했다. 농민혁명의 승리가 눈앞에 다가 왔을 때 지주계급에서 분화되어 나온 세력이 갈수록 더 많이 혁명 대오에 참여했고, 이런 상황은 농민혁명을 변질시키지 않을 수 없었다. 농민혁명은 마침내 낡은 봉건 왕조를 무너뜨리고 승리했지만 승리의 과실은 오히려 지주계급이 이러저러한 방법으로 절취해갔다. 새로 일어난 왕조는 여전히 지주계급의 정권이었고 농민은 여전히 봉건적 압박 아래 놓이게 되었다.

결론을 말하자면, 무산계급과 자산계급이 아직 형성되지 않은 시대적 상황 아래서는 농민혁명 내부에서 활동하던 주요 사회세력은 빈농, 중농, 유랑민과 일부 지주계급이었다. 봉건시대에 일어난 비교적 규모가 큰 농민혁명은 모두가 이런 계급과 계층이 주도한 것이었다. 이들의 역량이 상호 영향과 배척을 주고받으면서 혁명의 주도권을 장악하려는 투쟁이 모든 농민혁명의 특색이었다.

지금 우리가 고찰하려고 하는 19세기 50년대의 태평천국 농민 대혁명은 빈농과 빈곤한 중농이 주도권을 장악한 혁명이었다. 그들은 유랑민의 파괴적 성향을 제어하기 위해 필요한 투쟁을 전개하면서 자신의 주도권을 지켜냈다. 이 혁명에는 물론 지주계급도 참여했으나 그 숫자가 매우 적어 혁명 초기에 운동의 발전 방향에 영향을 끼칠만한 세력을 형성할 정도가 되지 못했다.

광서의 검강(黔江)과 욱강(郁江)이 합류하는 곳인 계평(桂平)과 심강(潯江) 북안의 평남(平南)현 등 산악지역은 태평천국의 요람이었다. 태평천국의 창립자들이 이 지역에서 새로운 종교를 전파함으로써 활동을 시작하고 미래의 위대한 운동을 구상하고 있을 때 광서성과 인근의 호남성, 광동성 각지에서는 수많은 농민반란의 대오가 불꽃처럼 타오르고 있었다. 태평군도 초기에는 동시 병존하던 수많은 농민반란 대오 가운데 하나에 불과했다.

태평천국 혁명이 일어나기 전 도광 27년에서 30년(1847-1850년) 사이에 문헌에 기록된 광서 지역 농민봉기의 대오는 2~30갈래나 된다. 그들은 일반적으로 대승당(大勝堂), 득생당(得生堂), 합의당(合義堂), 취의당(聚義堂)

등 "당"이란 명칭을 사용했다. 이 명칭은 천지회(天地會)의 표지였다. 천지회
란 비밀 조직은 일찍이 청 왕조 초기 강희 연간에 생겨났다. 천지회는 자칭
"홍문(洪門)"이라고 했고 어떤 지역에서는 "삼점회(三點會)" 혹은 "삼합회(三合
會)"라고 부르기도 했다.¹ 천지회의 조직 형식은 이른 바 "산당(山堂)"이었다.
각 산당에는 독자적인 우두머리("대가[大哥. 큰형님]"라고 불렀다)가 있었고 피
를 발라 충성을 맹세하고 가입서를 불태우며 형제의 관계를 맺음으로서 조
직원이 되었다. 천지회에 참가한다는 것은 각 산당에 가입하는 것이었다. 여
러 지역에서 재력과 지도력을 가진 인물이 스스로 우두머리가 되어 산당을
세울 수 있었다. 천지회 조직원들은 구전으로 내려오는 은어와 암호를 갖고
있어서 다른 산당에 속한 사람끼리라도 서로 만나면 인사하고 상호 협조할
의무를 졌다. 이 비밀 조직의 기본 구성원과 지도자는 주로 강호에 떠도는
유랑민이었다. 그들은 그들의 생활조건 때문에 일종의 정치 경제투쟁을 하
는 상호부조 단체가 필요했다. 그들은 이 조직을 통해 관부의 압박에 저항
하고 생존조건을 쟁취하기 위해 봉건통치 질서의 관점에서 보자면 불법적
인 행위를 이어나갔다. 계급투쟁의 형세가 격화될 때는 그들도 자신의 조직
을 이용하여 봉건 통치자들에게 대항하여 무장 반란을 일으켰다. 그러므로
청 정부는 일관되게 천지회를 엄격하게 금지했다.

천지회 내부에서 전해 내려오는 조직의 역사 서술에 따르면 그들의
종지는 "반청복명(反淸復明)"(청 왕조의 전복과 명 왕조의 회복)이었다. 이 구호는
청 초기에 명 왕조의 잔여 세력이 남방 연해지역에서 최후의 투쟁을 벌이

---

1   이후 천지회는 더 많은 지역으로 뻗어나가면서 상이한 명칭을 사용했다. 모택동은 유랑
    민에 관한 논문에서 호남·호북·귀주·사천의 '가로회(哥老會)', 안휘·하남·산동의 '대도
    회(大刀會)', 직례와 동3성의 '재리회(在理會)', 상해의 '청방(靑幇)' 등은 모두 천지회 조직
    에서 변화하여 나온 것이라고 하였다.

던 시기에 내 건 후 후대에까지 전해져 내려온 것이었다. 천지회가 이 구호를 사용했다는 사실은 청의 통치에 반대하지만 한편으로는 한족의 봉건 왕조를 세운다는 목표를 갖고 있었음을 의미한다. 이는 달리 말하자면 천지회가 광대한 농민대중을 동원할 수 있는 진정한 의미의 정치구호를 갖고 있지 않았음을 반증한다. 천지회의 조직 형식도 큰 약점을 갖고 있었다. 각 산당은 상호 독립적이어서 예속 관계가 아니었다. 위신이 높은 "대가"가 다른 산당을 복속시키는 경우가 있었지만 쉽게 이합집산을 거듭하였기 때문에 통일된 거대 세력을 형성할 수 없었다. 큰 세력을 형성할 수 없었던 천지회는 반청의 깃발을 공개적으로 내걸지 못하고 제한된 지역에서만 관리를 살해하고 관부의 창고를 약탈하면서 산악지형에 의지하여 왕을 칭했다. 원대한 정치적 목표도 없었고 통일된 조직도 갖추지 못한 천지회의 행동은 투기성을 띤 경우가 많았고 형세가 불리하면 봉건 통치자에게 자신을 팔아버리는 배신행위가 쉽게 나타났다. 어떤 지역에서는 지방 호족이 침투하여 산당의 우두머리가 됨으로서 조직의 정치적 면목이 분명하지 않은 경우도 있었다.

천지회의 약점은 유랑민 계층의 소극적 요소가 그대로 반영된 것이었다. 광서와 그 부근 지역에서 태평천국이 봉기했을 때 같은 시기에 천지회도 수많은 봉기를 일으켰지만 지속되지 못하고 쉽게 소멸한 원인은 바로 이런 약점 때문이었다.

천지회가 광서 각지에서 봉기했던 것은 객관적으로는 적의 세력을 분산시키는 작용을 했기 때문에 태평천국 운동을 엄호한 면이 없지 않았다. 천지회와 비교할 때 태평천국은 새롭게 일어난 세력으로서 초기의 위세는 천지회와 비할 바가 못 되었다. 태평천국 운동은 이전의 자발적인 농민혁명과 다를 바 없었으나 비교적 명확한 투쟁 강령과 치밀하고도 통일된 조직을 갖추고 있어서 여러 면에서 천지회가 도달하지 못한 수준에 이르고 있었다. 태평천국도 최종적으로는 실패했지만 협소한 지역에서 일어나 전국적인 거대 세력으로 발전하였고, 중국에서 무산계급이 형성되기 이전 시기의 역사에서 가장 위대한 농민혁명 운동이었다.

금전촌(金田村) 봉기

태평천국 혁명운동의 최초 조직자는 홍수전(洪秀全)(1814-1864)과 풍운산(馮雲山)(1822-1852)이었다. 두 사람은 모두 광동성 화(花)현 출신이었다. 홍수전은 광주성에서 북쪽으로 약 백리 떨어진 관록(官祿)이란 곳의 대대로 농민인 집안에서 태어났다. 그의 집안은 소규모의 자경 농지를 갖고 있어서 아버지와 형은 농사일로 생계를 유지했다. 홍수전만 7살 때부터 서당에 들어가 공부했으나 16살이 되자 집안형편 때문에 학업을 중단하고 집안의 농사일에 참여했다. 홍수전은 18살 때부터 시작하여 10여 년 동안 고향 마을과 인근 마을에서 서당의 훈장 노릇을 했다. 이 기간 동안에 광주로 가 여러 차례 수재시(秀才試)에 응시했으나 모두 실패했다. 그는 서당 훈장을 하는 동안에 새로운 종교를 건립하기 시작했다. 풍운산은 홍수전의 초기 동지 중의 한 사람이자 그 자신도 시골 서당의 훈장이었다. 태평천국이 펴낸 정식 문건에서는 "집안이 넉넉했다"고 기록[2]하고 있는 것으로 보아 그도 홍수전과 마찬가지로 중농 가정 출신의 청년이었던 것 같다.

아편전쟁과 그 이후의 시기에 광주는 중국의 대외관계와 내부 사회관계가 극렬하게 진동하는 중심지였다. 광주 부근에서 태어난 이 두 청년이

---

2 「천정도리서(天情道理書)」. 중국사학회 편 『중국근대사자료총간 : 태평천국』 (이후 『태평천국자료』라 약칭함) 제1책. 신주국광사 1952년 판. 371쪽을 보라.

태평천국 혁명운동의 창시자가 된 것은 우연이 아니었다.

　　태평천국의 문헌기록과 홍수전의 집안 동생 홍인간(洪仁玕)이 남긴 기술에 의하면 홍수전은 일찍이 신기한 행적을 보였다. 홍수전은 도광 16년(1836년)에 과거시험에 응시하기 위해 광주에 갔다. 그는 우연히 길거리에서 만난 낯선 사람으로부터 양아발(梁阿發)이 편찬한 기독교 교리 선전 소책자 『권세양언(勸世良言)』을 손에 넣게 되었다. 집으로 돌아온 그는 이 책을 개략적으로 읽어 보았다. 다음해에 다시 광주로 가 과거에 응시했던 그는 이번에도 낙방하고 집으로 돌아온 후 큰 병을 앓았다. 전하는 말에 따르면 그는 병을 앓는 동안에 천사들의 인도로 천당으로 올라갔고, 그곳에서 한 엄숙한 노인이 그에게 마귀가 세상 사람들을 미혹하는 모습을 보여주면서 마귀들을 모조리 지옥으로 떨어뜨리라는 지시와 함께 그에게 보검 한 자루를 주었다. 노인은 또한 그에게 마귀를 물리치는 일을 한 청년이 도울 것이라고 말했다. 도광 23년(1843년), 그는 광주에서 얻은 소책자를 다시 읽어보고 책의 기술 내용과 그가 "승천"하였을 때 본 상황이 서로 부합되는 면이 매우 많다고 느꼈다. 그가 천상에서 만난 인물은 책에서 말하는 상제(上帝)와 상제의 아들 예수이고 자신은 상제의 둘째 아들이며, 상제가 그에게 일종의 신성한 사명을 부여했다.

　　홍수전의 이른 바 승천이란 병중의 환각에 불과했다. 기독교가 어떤 종교인지 전혀 알지 못했던 그는 『권세양언』을 오직 자신을 위해 준비된 "천서(天書)"라고 믿었고, 책에서 서술한 상제는 "유일한 참 신"이기 때문에 일체의 우상을 폐기하는 것이 자신의 사명이란 확신을 갖게 되었다. 그는 상제가 자신에게 새로운 종교를 전파하는 사명을 계시해주었다고 믿고 이때부터 과거 시험을 통해 출로를 찾겠다는 계획을 버렸다. 그는 광주 일대와 고향에서 듣고 본 바를 통해 사회는 부패, 암흑, 불공정한 일로 가득 차 있다고 확신했으며 그가 발견한 새로운 종교는 이런 사회를 치료할 "복음"

이라고 보았다.

　홍수전이 고향에서 상제 신앙을 처음으로 전파했을 때 추종자는 매우 적었다. 그와 풍운산은 공자의 위패를 부수기 시작했다. 이들의 대담한 행동은 향촌 사람들의 반대에 부닥쳤고 이 때문에 두 사람은 훈장 자리를 잃게 되었다. 두 사람은 도광 24년(1844년) 2월에 함께 고향을 떠나 여러 곳을 전전하다가 광서 귀(貴)현 산골에 도착하였고, 몇 개월 후 이곳에서 백여 명의 농민을 신도로 흡수했다. 홍수전은 그해 10월에 광동의 화현으로 돌아왔다. 풍운산은 귀현 인근 계평현의 자형산(紫荊山)으로 갔다.

　풍운산은 궁벽한 자형산 산악 지역에서 쇠똥을 줍고 머슴살이를 하면서 점차로 산골 마을로 깊이 들어가 마침내 한 부유한 집안의 가정교사가 되었다. 그는 이렇게 힘든 선전활동과 조직활동을 이어갔다. 2년여의 기간 동안(1845-1847년) 그는 산악지역의 주민들, 특히 빈곤한 농민들 가운데서 3천여 명의 "배상제회(拜上帝會)" 신도들을 모았다. 태평천국의 중요 지도자들 가운데서 많은 사람들은 풍운산이 이 시기에 모은 인물들이었다. 홍수전과 풍운산의 활동, 그 중에서도 풍운산이 자형산 지역에서 벌인 활동은 그들의 종교적 선전이 혁명투쟁으로 발전하는 중요한 관건이었다. 홍수전은 고향으로 돌아온 후 「원도구세가(原道救世歌)」, 「원도성세가(原道醒世歌)」 등의 작품을 썼다. 홍수전이 쓴 작품은 도덕적 종교적 설교였지만 종교의 범주를 벗어나는 내용도 담고 있었다. 그는 농민들의 순박한 도덕관념을 찬양함으로써 이를 통해 대중의 강력한 투쟁의지를 고취시키려 했다. 그는 작품에서 "사악한 신을 숭배하지 말고 바른 사람이 되어야 한다"[3]고 강조했다. 또한 그는 고난 받는 농민들이 투쟁해야할 가치가 있는 아름다운 미래의 모습을 종교적 방식으로 다음과 같이 묘사했다. "천하의 많은 남자

3　「원도구세가」, 『태평천국자료』 제1책, 87-90쪽을 보라.

는 모두 형제이며, 천하의 많은 여자는 모두 자매이다."" "혼란이 극에 이르면 안정이 오고 어둠이 극에 이르면 빛이 되는 것이 하늘의 도이다. 이 밤이 물러가면 해가 떠오른다 … . 천하는 한 집안이니 태평을 함께 누리자."[4] 도광 27년 7월(1847년 8월) 홍수전도 자형산으로 와 풍운산과 합류했다. 그는 새로운 종교의 교주이자 지도자로 추대되었다.

당시 중국사회의 계급투쟁의 형세로 볼 때 농민 대혁명이 발생할 수 있는 객관적 조건이 성숙되었다. 그러나 천지회가 제공하는 구호나 조직으로는 농민혁명을 촉발하기에는 부족했고 무언가 새로운 조직형식과 구호와 깃발이 필요했다. 홍수전이 서방 자산계급이 들여온 기독교와 접촉한 것은 우연한 사건이었다. 그러나 역사의 필연성은 이 우연한 사건을 통해 실현되었다. 기독교가 홍수전을 사로잡고 중국의 혁명적 농민에게 영향을 준 것이 아니라 홍수전이 중국 농민혁명의 필요에 따라 기독교의 일부 형식을 이용한 것이었다.

"배상제회"의 조직은 다음과 같은 특색을 갖고 있었다. 첫째, 이 종교는 "상제"만이 진정한 신이며 지금까지 숭배의 대상이 되어왔던 것들은 모두 마귀이다. 그리고 모든 사람은 상제의 자녀로서 평등하다고 주장했다. 이런 사상은 농민대중을 정신적으로 크게 해방시켰다. 봉건사회에서는 모든 정신적 권위 — 공자, 보살, 염라왕, 용왕 등 — 는 지주계급 권력의 상징이며 봉건 통치질서를 유지하는 정신세력이었다. 이런 존재들이 모두 마귀로 몰리게 되면 농민들이 상제 편에 서서 마귀를 믿는 사람들과 싸우지 않을 이유가 무엇이겠는가? 모든 사람이 평등한 권리를 갖는 상제의 자녀들이라고 한다면 농민들이 봉건주의의 계급제도를 분쇄하기 위해 일어서지 않을 이유가 무엇이겠는가? 둘째, 이 종교의 일신론 사상은 분산된 생활에 물

---

4 「원도성세가」, 『태평천국자료』 제1책, 91−92쪽을 보라.

든 농민들을 통일된 조직으로 묶어내는 작용을 했다. 셋째, 이 종교는 엄격한 도덕적 생활(간음, 살인, 재물탐욕, 도박, 아편흡연, 음주를 절대적으로 금지)을 요구했으며, 이런 요구를 가장 잘 받아들여 조직화에 나선 대중은 주로 빈곤한 농민들이었고 이들이 전체 운동에서 핵심적인 역량이 되었다.

배상제회의 활동은 우선 지방 지주세력의 적대와 박해를 불러일으켰다. 지주세력과의 투쟁과정에서 배상제회 세력은 빠르게 발전하였고, 도광 29년(1849년)이 되자 회중이 만여 명으로 늘어나고 분포지역도 광서의 계평, 귀현, 평남, 무선(武宣), 상주(象州), 박백(博白), 육천(陸川) 등의 현으로 퍼져나갔으며 가장 먼 곳은 광동의 고주(高州), 신의(信宜) 일대에까지 미쳤다. 광서 각지의 천지회 조직이 속속 무장활동에 돌입하는 상황에서 배상제회도 무장봉기를 발동하기로 결정했다. 그들은 군대를 조직하고 무기를 제조하는 등의 충분한 준비를 마친 후 도광 30년 12월 10일(1851년 1월 11일) 금전촌에서 정식으로 국호를 태평천국이라고 선포하고 봉건 통치세력 전체와 맞서 싸울 것임을 천명했다.

태평천국의 무장 봉기에 참여한 대중은 주로 각지의 빈농과 소작농이었다. 가장 먼저 이들의 봉기에 화답하여 참여한 사람들은 자형산의 "숯 굽는 사람들"이었는데, 이들은 토지를 전혀 소지하지 못했거나 거의 소지하지 못한 빈농이었다. 초기에 합류한 사람들로서는 귀현 용산(龍山) 산악지역의 광산노동자와 계평(桂平) 부두의 짐 나르는 일꾼들도 있었다. 이들도 파산한 농민이었고 일부는 외지에서 유랑하여 들어온 사람들이었다. 빈곤한 농민 이외에 경제적 지위로 보자면 지주부농에 속하는 사람들도 있었는데, 이들은 관직에 나아간 지 얼마 되지 않았거나 관직에 나아가지 못해 입신하지 못하였거나, 혹은 다른 원인으로 인해 사회적 지위가 낮아 권력을 쥔 지주 향신들로부터 멸시와 배척을 받고 있었기 때문에 농민혁명 대오에 합류했다.

봉기 후 홍수전은 천왕(天王)이라 칭하고 최고지도자가 되었다. 그의 아래에 동왕 양수청(東王 楊秀清), 서왕 소조귀(西王 蕭朝貴), 남왕(南王) 풍운산, 북왕 위창휘(北王 韋昌輝), 익왕 석달개(翼王 石達開) 등이 최고 지휘부를 구성했다. 최고 지휘부의 계급 성분을 보자면 양수청과 소조귀는 빈농인 반면 위창휘와 석달개는 지주가정 출신이었다. 여기서 주목해야 할 것은 지휘부 내에서의 양수청의 지위다. 여러 왕을 봉하는 조서는 다음과 같이 분명하게 밝히고 있다. "이상의 봉함을 받은 각왕은 모두 동왕의 통제를 받는다."[5] 금전촌 봉기가 있고나서 10개월 후 동왕은 전군의 지휘권을 장악하게 된다.

양수청(1820?-1856)은 광서 계평현 자형산 산골 마을에서 자랐고, 10살이 되기 전에 부모를 잃고 화전 경작과 숯 굽는 일로 생계를 영위했으며 글자를 알지 못했다. 그와 소조귀는 "숯 굽는 사람들"의 우두머리였다. 두 사람은 운동에 참가한 후 재빨리 홍수전을 중심으로 하는 지도집단에 흡수되었다. 양수청은 금전촌 봉기가 있기 이전에도 여러 차례 상제가 내려와 자신의 몸을 빌려 말을 전한다고 주장한 적이 있어서 "천부(天父)"의 대변인을 맡았다. 소조귀도 같은 방식으로 "천형(天兄)"(예수)의 대변인이 되었다. 양수청이 전군의 군권을 장악했던 시기에 태평천국은 짧은 시간 안에 거대한 승리를 거두었는데, 이는 빈농 출신인 그가 조직을 통솔하는데 비범한 재능을 가진 인물이었음을 증명한다. 천왕 이외의 5왕 가운데서 지위가 동왕 바로 다음인 인물은 서왕 소조귀와 남왕 풍운산이었다. 그러나 두 사람은 봉기 후 1년 이내에 전사했다. 태평군이 남경에 진입할 때까지 양수청이 줄곧 정치와 군사의 전체 국면을 처리하는 일에서 홍수전의 주요 조수였다.

홍수전을 우두머리로 한 핵심 지도부의 구성은 빈농과 빈곤한 중농

---

5   「천명조지서(天命詔旨書)」. 『태평천국자료』 제1책, 680쪽을 보라.

이 태평천국 운동의 핵심 역량이었던 사실을 반영하고 있다.

남경 진군

태평군은 금전촌에서 봉기한 후 2년 동안 연속적인 고전을 거치면서 광서성에서 호남성으로 진입하고 다시 호남성 전체를 휩쓴 후 함풍 2년 2월(1853년 1월) 장강 중류의 거점 도시인 무창을 점령했다. 무창을 점령한 후 전군은 장강을 따라 동진하여 함풍 3년 2월(1853년 3월)에는 남경성을 점령했다. 장강 하류의 이 고도는 태평천국의 수도로 선포되었고 이름은 천경으로 고쳐졌다.

이 2년여의 진군은 결론부터 말하자면 승리의 진군이었지만 여러 차례 심각한 위기를 경험했다.

금전촌 봉기 이전에 청 조정은 광서의 관원과 군대가 현지의 반란의 불길을 잡을 능력이 없다는 것을 알고 다른 성의 군대를 그곳으로 이동시키는 한편 전투를 잘하기로 소문난 호남 제독 향영(向榮)을 광서 제독으로, 양강 총독 이성원(李星沅)을 흠차대신으로 임명하여 광서의 군사업무를 처리하게 했다. 관부에서 먼저 주목한 대상은 이른 바 "당비(堂匪)," "회비(會匪)"라고 부르던 천지회 조직이었으나 금전촌 봉기가 일어난 후 관부는 즉각 금전촌 봉기군이 가장 위험한 적임을 간파했다. 이성원은 약 만 명의 병력을 집중하여 향영을 전선 지휘관으로 삼아 태평군에 대응했다.

금전촌은 자형산 남쪽 자락에 있었다. 태평군은 봉기 후 계림으로 진격할 계획이었으나 향영 군대가 여러 방면에서 차단하여 계획을 실현할 수 없었다. 자형산 산악 일대는 협소한 지역이어서 신생 태평군은 8개월 동안의 고투 끝에 동북쪽 산길을 통해 포위망을 뚫고 사왕(思旺) 등을 거쳐 몽강(蒙江) 상류의 산성 영안(永安)에 다다랐다. 태평천국은 봉기하면서부터 왕을 칭하고 국호를 선포하였기 때문에 위세가 높았으나 그 때문에 너무 일찍 봉건 통치자들의 주목을 받게 되었다. 태평천국의 지도자들은 군사 경험이 없었기 때문에 적의 병력이 아직 집중되지 않았을 때 신속하게 이동하는 전법을 몰랐고 적의 약점을 찾아내 역량을 집중하여 그 중의 일부를 섬멸하지도 못했다. 이런 탓에 태평천국은 자칫하면 요람 속에서 적에게 목 졸려 죽을 뻔했다. 이 8개월 동안의 전투를 겪으면서 그들은 기동작전의 초보적인 경험을 쌓기 시작했다.

영안성을 점령한 태평군은 성을 굳게 지키기만 했기 때문에 보다 큰 적 병력의 포위망에 갇혔다. 그들은 반년 만에 기회를 잡아 포위망을 뚫고 북상했다. 계림성 공격이 실패로 돌아가자 그들은 곧바로 호남성으로 진군했다. 전주(全州)를 지날 무렵 풍운산이 적의 포격에 맞아 전사했다. 전주성 북쪽 상강 가의 사의도(蓑衣渡)에서 적의 습격을 받아 태평군은 심각한 피해를 입었다. 대오를 정리하고 보충하기 위해 그들은 호남성의 도주(道州), 강화(江華), 영명(永明) 등지를 두 달 가량 배회했다. 이때 농민부대 가운데서는 처음으로 성의 경계를 넘게 되자 고향 광서로 돌아가자는 요구가 나왔다. 양수청을 위시한 지휘부는 광서에서부터 추격해온 적군을 뒤쪽에 떨쳐두고 계속 전진한다는 방침을 굳게 지켰는데, 이는 당시의 상황에서 유일하고도 정확한 방침이었다. 이리하여 그들은 동쪽으로 침주(郴州)로 진군하고 북으로는 장사(長沙)를 공격했다. 장사 포위공격은 한 달을 끌어도 성과를 내지 못하고 오히려 선두부대의 지휘관인 서왕 소조귀가 전사했다. 장사 포위를 푼 후 태평군은 서쪽으로 영향(寧鄉)을 거쳐 익양(益陽)에 도착했다. 그들은 동정호 가에서 수 천 척의 배를 손에 넣었는데, 이 덕분에 동정호를 건너 악주(岳州)(현재의 악양[岳陽])을 점령할 수 있었다. 청 정부가 각지에서 동원한 대규모 병력이 아직 장사와 익양 쪽으로 집결하고 있을 때 태평군은 신속하게 악주를 떠나 한양(漢陽)과 무창(武昌)으로 진군했다. 태평군은 무창에서 한 달을 머물지 않고 곧바로 장강을 따라 동쪽으로 내려가 20여 일 만에 구강(九江), 안경(安慶), 무호(蕪湖)를 점령한 후 남경으로 직행했다.

태평군 지휘부와 각급 지휘관, 그리고 전사들의 절대 다수는 전투 경험이 전혀 없었다. 그들은 실전을 통해 배워나갔다. 청 정부는 태평군보다 몇 배나 많은 군대를 동원하여 포위와 추격 작전을 펼쳤다. 정부군을 통솔하던 위풍당당한 흠차대신, 총독, 순무, 장군들은 얼마 전까지만 해도 고향을 벗어난 곳에서는 이름도 알려지지 않았던 미천한 농민들과 마주치는 대로 패배할 뿐 그들의 전진을 막아낼 수가 없었다.

금전촌 봉기 때에 태평군의 숫자는 약 2만이었고 그 중에서 전투력을 갖춘 사람은 절반을 넘지 못했다. 태평군의 병력은 점차로 늘어났다. 영안성을 점령했을 때 전군의 숫자는 4, 5만, 그 중에서 전투력을 갖춘 사람이 2만에 가까웠다. 사의도 전투에서 실패한 후 호남에 진입했을 때 남은 병력은 만 명을 채우지 못했다. 그들은 호남과 호북에서 점차로 병력을 10여 배로 확충했다. 무한(武漢)을 출발하여 동쪽으로 내려 갈 때는 태평군의 무리가 이미 50만이라는 말이 나왔다.

태평군이 가는 곳마다 수많은 빈곤하거나 이미 토지를 상실한 농민들, 이미 유랑민이 되어 떠도는 무리들, 버리기에 아까운 "항산(恒産)"이라고는 가진 게 없는 노동자들이 다투어 태평군 대오로 달려왔다. 호남의 침(郴)현, 귀양 일대의 산악지역에서는 광산노동자들, 절강의 직조공·뱃사공·부두의 짐꾼, 수많은 도시의 철기 장인·목기 장인·소상인·가마꾼들이 태평군에 투신했다. 이미 "산으로 올라가 도적이 된" 가난한 사람들도 무리를 지어 태평군에 가입했는데, 이들은 대다수가 천지회 조직에 속해 있었다.

천지회 조직과의 관계를 어떻게 설정할 것인가 하는 문제는 계급관계의 관점에서 보자면 바로 강호의 유랑민을 어떻게 처리할 것이냐 하는 문제와 같았다. 광서, 호남, 호북에서 천지회 조직은 매우 많았다. 천지회의 참여를 거절한다면 태평군은 자신의 대오를 확대할 수가 없었다. 반면에, 유랑민의 나쁜 습관이 스며든다면 태평군은 조직과 기율을 유지할 수 없음은 물론이고 엄숙한 정치적 면모도 유지할 수 없었다. 이것이 태평군이 마주한 중요한 문제였다.

일찍이 금전촌에서 봉기할 때 적지 않은 천지회 조직원들이 참가했고, 그 중에서 나대강(羅大綱) 같은 인물은 남경을 향해 진군할 때 이미 태평군의 중요한 장군이 되어 있었다. 그러나 딴맘을 품고 기회를 엿보는 인물들도 있었다. 예컨대, 장교(張釗)와 전방(田芳) 등은 원래는 나대강의 동료로서 심강을 누비든 "수상 비적(정비[艇匪])"의 우두머리였다. 태평군 측에서는 이들에게 연합을 제의했으나 나대강만 응했다. 장교와 전방은 배상제회의 엄격한 기율이 두려웠던 데다가 청 조정에서 그 무렵 이들을 상대로 "귀순" 공작을 펼치고 있었기 때문에 두 사람은 끝내 태평군에 참가하지 않고 정부군 쪽에 섰다. 배상제회 쪽에서 그들과 접촉한 일부도 그들의 영향을 받아 동요했다. 광서 무이현의 천지회 우두머리인 진아계(陳亞癸)는 태평군과 협력하겠다는 의사를 밝혀 놓고도 실제 행동은 대중과 유리된 비적의 작풍을 버리지 않아 일지감치 적에게 섬멸 당했다. 횡주(橫州)에서 무리를 모아 강도짓으로 이름을 날리던 장가상(張嘉祥)은 욱강 연안에서 영웅으로 불리던 인물이었다. 그는 정부군의 초무를 받아들여 향영의 유력한 조수가 되었다.

이러한 초기의 경험 때문에 태평천국의 지도자들은 경계심을 높였다. 태평천국은 자신의 대오에 참가하려는 모든 사람에게 반드시 배상제회의 신도가 되어 신앙을 기반으로 한 조직기율에 복종할 것을 요구했다. 이것은 태평군이 대오도 확대하고 농민혁명의 나쁜 습성의 침투도 막기 위한 최상의 방법이었다.

　미신은 봉건시대의 농민들이 겪는 막대한 정신적 부담이었다. 그러나 혁명을 이끌 무산계급이 없던 시대에 농민은 해방을 쟁취하기 위한 투쟁에 나섰으면서도 이러한 정신적인 부담으로부터 완전히 벗어날 수 없었다. 농민들은 반란의 목적과 방향을 밝혀줄 수 있는 과학적인 정치언어를 갖지 못했기 때문에 반란의 합리성을 논증하지 못했고, 따라서 흔히 종교언어의 도움에 의존했다. 태평천국의 영웅들은 농민들을 위한 상제를 창조하여 농민을 우롱하는 봉건 통치계급의 일체의 마귀에 대항하였을 뿐만 아니라 상제의 이름으로 대중의 혁명의식을 고취하고 조직했다. 그들은 반란의 목적은 일시적으로 잘 먹고 잘 살자는 것이 아니라 곤궁한 인민에게 원대한 복리를 제공하는 것이며, 만주족 황제를 몰아내는데 그치지 않고 상제의 의지에 부합하는 천국을 건설하는 것이라고 선포했다. 이것은 천지회의 구호보다 더욱 깊고 풍부한 내용을 담고 있었기 때문에 피압박 농민대중을 진정으로 격동시킬 수 있었다.

　그러나 선진계급의 영도를 받지 못하는 농민대중은 종교에서 혁명언어와 사상적 무기를 찾을 수밖에 없었고, 이것은 당연히 큰 약점이 될 수밖에 없었다. 우리는 여기서 다음과 같은 몇 가지를 지적할 수 있을 것이다. 첫째, 혁명운동을 실천하던 태평천국은 종교적 역량을 동원하여 대오 내부의 통일성을 유지하고 있었는데, 그들 이외의 각종 농민혁명 역량의 입장에서는 그들의 종교는 오히려 협소한 종파주의로 비쳤다. 태평군이 북상하자 광동과 광서에서는 곳곳에서 농민봉기가 일어났는데 주로 천지회가 조직하고 이끈 운동이었다. 그들의 기세는 결코 낮지 않았으나 이왕의 농민혁명이 간 길을 그대로 밟아갔다. 길지 않은 시간 내에 그들은 적에게 진압되었다. 태평군은 그들과의 연합을 모색했으나 그들의 활동을 지도할 수는 없었다. 결국 태평군은 그들이 여기저기서 일어났다 스스로 소멸해가는 모습을 좌시할 수밖에 없었다. 둘째, 태평천국 내부만 보드라도 종교를 무기로 사용하는 것만으로는 유랑민의 습관을 개조하거나 농민 대오에 참가한 지주계급을 통제할 수 없었다. 남경을 차지한 후 혁명의 형세는 이전과는 분명하게 달라졌다. 천경은 이미 건립되었고 "천국"은 눈앞에 다가온 듯 했다. 천하를 손에 넣기 위한 전투 과정에서 태평군은 농민혁명을 파괴할 수도 있는 유랑민 세력과 기타 세력을 유효하게 제어했고, 각종 실패를 경험하면서도 자신의 역량을 증명해냈다. 이제는 승리가 그들을 시험할 참이었다. 남경을 손에 넣었다고 해서 전국적인 승리가 눈앞에 다가온 것은 아니지만 승리는 그들에게 심각한 문제를 던져주었다.

북벌과 서정

모택동은 유격전쟁을 논술하면서 근거지 건립문제를 두고 다음과 같이 지적했다. "역사에 존재했던 수많은 떠돌이 비적식 농민혁명은 모두 성공하지 못했다."[6] 봉건시대 농민전쟁의 역사조건이 이런 비적주의를 만들어냈다. 특히 유랑민 집단 가운데서 비적주의는 깊은 뿌리를 갖고 있었다. 태평천국 대오 내부에 대량의 유랑민 성분이 존재하는 상황에서, 그리고 태평천국이 처했던 역사조건 하에서 (태평군은) 비적주의적 전쟁의 전통을 벗어날 수가 없었고 근거지 건립문제도 정확하게 해결할 수도 없었다.

자형산 지역은 태평천국의 발원지이기는 하지만 태평천국의 근거지가 되지는 못했다. 태평군은 광서에서 출발하여 근거지가 없는 전쟁을 벌이면서 진군하는 길에 점령한 도시와 마을을 신속하게 포기했다. 태평군의 진군

---

6   『모택동선집』 제2권, 인민출판사 1991년 판. 418쪽.

은 봉건 통치세력에게 큰 두려움을 안겨주었지만 태평군은 천경에 진주한 후로 적의 전국적인 역량을 동원한 포위에 직면하지 않을 수 없었다.

이때 태평천국은 2만 명 가량의 병력을 파견하여 계속 북상시켰다. 이 부대는 함풍 3년 4월(1853년 5월) 양주(揚州)를 출발하여 빠른 속도로 안휘와 하남을 통과하고 정주(鄭州) 서쪽에서 황하를 건넌 후 산서를 우회하여 8월 하순에 직례성(直隸省)에 진입했다. 이 부대와 천경 사이의 연락은 완전히 두절되어 있어서 전혀 소식이 통하지 않았다. 당시 홍수전과 양수청이 이 부대에게 준 방침은 적의 병력이 남경을 중심으로 집중된 틈을 타서 청왕조의 수도를 직접 교란하라는 것이었다. 그들은 남경을 점령한 경험에 비추어 크지 않은 규모의 고립된 부대만으로도 북경을 점령할 수 있다고 믿었음이 분명하다. 그러나 한 부대가 유동작전을 펼치면서 부패하고 무능한 봉건 통치계급의 군대를 피로하게 만들 수는 있었으나 대규모 병력으로 굳게 수비하고 있는 큰 성을 점령하기는 어려웠다. 이 부대는 직례에 진입한 후 보정(保定) 방향에서 북경을 정면으로 공격하기는 불가능하다는 사실을 알게 되자 동쪽으로 돌아가 천진 성 근처에 도착했다. 이 용감한 부대가 도착한 최북단이 이곳이었다. 이 부대가 장강에서 이곳까지 진군해오는데 걸린 시간은 반년이 넘지 않았다. 이곳에서 부대는 적의 강한 저지에 더하여 혹독한 겨울 추위까지 만났다. 이 부대는 함풍 4년 정월(1854년 2월)에 남쪽으로 철수할 수밖에 없었다. 이 부대의 지휘관은 임봉상(林鳳祥), 이개방(李開芳), 길문원(吉文元)이었다. 이들은 모두 광서의 빈농가정 출신으로서 금전촌 봉기 때부터 태평군에 참가한 인물들이었다. 이들은 용감하고 완강하게 마지막 순간까지 전투를 벌였다. 이들이 지휘한 부대는 2년 동안 6개 성(省)을 휘저으며 수천 리를 행군하면서 청 왕조 통치의 심장부를 뒤흔들었다. 그러나 그들이 채택한 군사방침은 실패를 면하기 어려웠다. 북벌군은 도착하는 곳에서 대중의 참여와 봉기를 유도해내지 못했고 천진 부근에서 저지당해 철수하자 병사들의 사기가 떨어졌다. 철수 이후로 부대는 기동작전의 능력을 상실했다. 부성(阜城)까지 후퇴하여 포위당했을 때 길문원이 전사했다. 임봉상과 이개방은 부성에서 포위망을 돌파한 후 부대를 나누어 각기 직례성의 연진(連鎮)과 산동성의 고당(高唐)(후에 치평풍관둔[茌平 馮官屯]으로 후퇴했다)을 사수하다가 각기 10개월과 1년 동안 포위된 끝에 마침내 부대 전원이 전사했다. 태평천국은 천경으로부터 여러 차례 구원군을 북상시켰으나 성공하지 못했다.

태평천국이 천경에 자리 잡은 후 천경 밖으로 점령한 거점은 진강과 양주 등 몇 곳뿐이었다. 남경성 밖 효능위(孝陵衛)와 자금산(紫金山) 일대에는 청의 대규모 부대가 주둔하고 있었는데, 이를 "강남대영(江南大營)"이라 불렀다. 장강 북안 지역에는 양주성 밖에 "강북대영(江北大營)"이란 청의 부대가 주둔하고 있었다. 이와 같이 천경은 적에게 포위된 상태였다. 이런 상황에서 그들이 북벌에 동원할 수 있는 병력은 예비부대뿐이었다. 그들의 주력부대는 강남대영과 강북대영을 상대하는 이외에도 남경 이서의 장강 상류를 지켜야 했다. 장강 상류지역 쟁탈은 천경을 유지하기 위한 필수조건이었다.

함풍 3년 4월(1853년 5월), 태평군은 북벌군을 출동시키는 동시에 서정을 시작했다. 이 작전은 성을 빼앗고 땅을 점령하는 진지전이었다. 태평군은 먼저 그 해 안에 안휘성의 안경과 여주(廬州)(지금의 합비[合肥])를 점령했다. 같은 해, 태평군은 강서성에서 청군과 치열한 전투를 벌여 남창(南昌)을 점령한 후 포위망을 뚫고 북상하여 8월에 구강을 점령했다. 함풍 4년, 태평군은 다시 호북성에 진입하여 무창을 재차 점령하는 한편 서쪽으로 진군하여 형문(荊門)과 의창(宜昌)을 점령했는데, 태평군이 장강을 따라 서쪽으로 가장 멀리 진군한 지점이 이곳이었다. 같은 해에 태평군은 호남에 진입하고 그곳에서 가장 강력한 적인 증국번(曾國藩)의 상군(湘軍)과 마주쳤다. 상군은 정항(靖港) 전투에서 패배한 후 전열을 다시 정비하여 이 해 하반기에 청의 군대와 함께 반격에 나서 태평군으로부터 호남의 악주와 호북의 무창을 탈환하는 한편 태평군이 점령한 구강을 포위했다. 호남과 호북에서 밀려난 태평군은 주요 병력을 집중하여 상군과 대적했으며 12월에 호구(湖口)와 구강 부근에서 상군에게 막대한 손실을 입혔다. 이리하여 태평군은 함풍 5년 2월 중순에 세 번째로 무창을 점령했다. 이 무렵 태평군은 광동에서 북상해 온 일부 천지회 봉기세력과 협력하여 강서의 대부분 지역을 점령했다. 증국번 상군의 주력은 강서성 동북쪽 한 모서리만 지켜냈다. 함풍 6년 5월에 태평군은 향영이 통솔하는 강남대영을 재차 대파했다. 이제 서쪽으로는 무한에서부터 동쪽으로는 진강에 이르는 장강 천리가 모두 태평군의 수중에 들어왔다. 북벌군은 완전히 실패했지만 태평군은 장강 중 하류 유역에서 전성기를 맞이했다.

여기서 우리는 태평군이 마주친 가장 흉악한 적인 증국번의 상군에 대해 살펴보기로 하자.

청의 정규군 "녹영"은 지난 날 대내적으로는 백련교 전쟁과 대외적으로는 아편전쟁에서 부패와 무능을 드러냈다. 태평천국의 봉기 초기에 청은 전국의 녹영병 주력을 동원하여 태평군을 추격했으나 전혀 성과가 없었다. 녹영군으로 구성된 강남대영과 강북대영은 남경 부근을 수년간 지키면서도 태평군이 나고 드는 모습을 좌시하기만 했다. 봉건 통치자들은 녹영군으로는 태평군을 이길 수 없음을 깨달았다. 이때 증국번이 나서서 새로운 반혁명 군대인 상군을 조직했다. 태평천국 토벌전쟁에서 증국번은 점차로 중심 인물이 되었다.

증국번(1811-1872)은 부농에서 지주로 변신한 집안에서 출생하여 도광 18년(1838년)에 진사시에 합격한 후 10여 년 동안 수도에서 관리로 일하면서 예부시랑 겸 병부시랑에까지 올랐다. 함풍 2년(1852년) 그는 모친상을 당해 고향인 호남 상향(湘郷)으로 돌아갔다. 청 조정은 그에게 고향에서 "단련"을 조직하라는 명령을 내렸다. 이때부터 그는 반 태평천국 사업에 매달렸다. 이른 바 "단련"이란 그때까지는 각 지방의 분산된 지주 무장에 불과했다. 태평군과 같은 대규모의 농민 무력조직에 대응하자면 분산된 지주 무장은 소용이 없었다. 증국번은 단련을 조직하면서 낡은 방식을 버리고 녹영에 필적하는 정규군을 조직했다.

　증국번 상군의 골간은 전통사상을 지키면서도 관직에 나간 적이 없는 독서인으로서 주로 중소지주와 지식분자였다. 증국번은 동향과 사제 등 관계를 이용하여 이런 인물들을 집결시켰다. 그는 산간벽지의 "농부 기질을 가진 자를 모집하여" 병사로 만들자고 주장했다.[7] 산간벽지를 선택한 이유는 외부세계의 혁명의 물결에 노출된 적이 없어 사상적으로 낙후한 "농부들"을 이용하고자 했기 때문이었다. 상군의 병사는 대다수가 지휘관들이 직접 자신의 고향에서 선발한 사람들이어서 두터운 봉건 예속관계에 묶여 있었다. 병사들에 대한 대우도 녹영에 비해 약간 높았다. 병사를 모집할 때는 신원보증을 받고 주소, 가족 성명, 지문을 등기하게 함으로써 탈영을 막고 통제하기 쉽게 하였다. 이러한 규정에서 보듯이 증국번은 깊은 계략을 가지고 새로운 반혁명 무장을 조직했다.

　태평천국 전쟁 시기에 봉건 통치세력은 매우 부패하기는 했지만 2천여 년 중국을 통치한 역사를 통해 풍부한 정치경험을 쌓은 지주계급은 결코 손 놓고 죽음을 기다릴 수는 없었다. 태평천국이 중국 대륙의 절반을 휩쓸고 고립된 부대로서도 직접 수도 일대를 위협할 때 청 정부는 분명히 심각한 위기에 빠졌다. 청은 죽음을 앞둔 유기체가 그러하듯 남아 있는 내부의 에너지를 끌어 모으기 시작했다. 상군을 조직한 증국번, 강충원(江忠源), 나택남(羅澤南), 호림익(胡林翼) 등은 이런 위기를 맞아 동원된 세력이었다. 이

7　「초정영규22조(初定營規22條)」, 『증문정공잡저(曾文正公雜著)』 제2권, 2쪽.

들은 대부분 대를 이어 관직에 나간 집안 출신은 아니었다. 이들은 거인, 진사시를 통과한 인물이었지만 이른 바 "서생"의 면모를 유지하고 있어서 오래 동안 고위 관직에 있었던 관료에 비해 민심을 비교적 잘 알고 있었고 신분 상승을 노리는 소지주와 부농 세력을 반혁명사업에 끌어들일 수 있었다. 청 정부는 이들을 통해 농민혁명의 대폭풍 앞에서 중소지주, 부농 및 지식분자들을 결집시키고 이들에게 영향을 받은 낙후한 대중을 이용하여 난관을 넘길 수 있었다.

증국번은 장사에서 단련을 조직할 때부터 "증 이발사"란 별명을 얻었는데, 너무나 많은 사람들을 살육했기 때문이었다. 당시에 그는 이렇게 말했다. "지난 3,40년 동안 죽였어야 마땅하나 죽이지 않은 자들이 산골자기에 가득하니 이것이 오늘의 도적떼의 화를 만들어 냈다."[8] 그는 분수를 모르는 백성들을 너무 적게 죽였고 너무 늦게 죽였다는 분명한 인식을 갖고 있었다. 이들 "서생"은 자신들의 행위는 봉건주의를 보위하는 것이라는 충분한 "이론적" 근거를 갖고 있었기 때문에 반란 농민을 학살할 때 매우 악랄한 수단을 사용했다. 증국번 자신의 말을 빌리자면, "서생이 살인을 좋아하게 된 것은 시국이 그렇게 만들었기 때문"[9]이었다.

함풍 4년(1854년) 상군은 호남과 호북에서 태평군을 공격했는데, 이때 청의 군대는 처음으로 승리다운 승리를 거두었다. 그 후 상군은 다시 태평군의 반격을 받아 수세에 몰리기는 했지만 청 정부는 상군의 전투력이 녹영군을 능가한다는 사실을 인정하지 않을 수 없었다. 태평천국 전쟁 후기에 가서 상군은 갈수록 청의 유일한 주력이 되어갔다.

---

8   「풍수당에게(與馮樹堂)」, 『증문정공서찰』 제1권, 16쪽.
9   「강민초에게(與江岷樵)」, 『증문정공서찰』 제1권, 18쪽.

천조전무제도(天朝田畝制度)

　　농민혁명의 이상은 궁극적으로 무엇이었을까? 봉건착취 하에서 해방을 쟁취한 농민은 어떤 모양의 사회를 건설하려 했을까? 2천여 년이나 지속된 봉건시대에 일어난 모든 농민혁명은 이 문제를 제기했고 이 문제에 대한 답을 제시하려 시도했다. 태평천국의 영웅들은 이 문제에 대해 농민계급이 보다 선진적인 계급의 영도를 받지 못하는 시대 상황에서 내놓을 수 있는 가장 완벽한 해답을 내놓았다. 그들은 "사해가 모두 형제," "마귀를 쓸어내고 천하를 태평하게 한다"는 방대하고도 모호한 언어에 머물지 않고 농민의 이상사회를 만들기 위한 구체적인 계획을 제시했다. 그것은 바로 남경에 도읍을 정한 후 정식 문건으로 선포한 「천조전무제도」였다.

　　태평천국은 시작 때부터 완전하고 엄밀한 군사조직을 수립했다. 5명으로 한 "오(伍)"를 편성하고 그 중 1명을 세워 "오장"으로 하였다. 5 오장 위에 "양사마(兩司馬)" 1명을 세우고, 4 양사마 위에 "졸장(卒長)" 1명을 세웠다. 5 졸장 위에 "여사(旅師)" 1인을 세우고, 5 여사 위에 "사수(師帥)" 1인을 세웠다. 5 사수 위에 "군수(軍帥)" 1인을 세웠다. 군수 1인이 13,155명을 통솔했다. 전군의 통수("정군사[正軍師]")가 "총제(總制)"와 "감군(監軍)"을 파견하여 각 군수를 지휘했다. 이러한 군사편제를 적용함으로써 산만한 농민대오를 기율이 엄격한 통일된 전투 집단으로 만들어냈다. 최초 봉기 때에 태평군에 참가한 사람들은 대다수가 전 가족과 함께 참가했다. 그들은 얼마간이라도 전답을 가진 경우 이를 팔아 "성고(聖庫)"에 납부했다. 부유한 자도 참가할 때는 이 조건을 받아들여야 했다. 작전 중에 노획한 일체의 재물은 모두 공유로 하고 "사사로이 취하고 쌓아두는 것"을 철저하게 금지했다. 전군이 대체적으로 평균적인 공급제도를 실시했고 이 제도는 상당히 긴 시간 동안 유지되었다. 군대의 전투력을 유지하는데 중요한 작용을 한 군사조직 상의 경험은 「천조전무제도」라는 문건의 기반이 되었다.

이 문건은 "토지제도" 뿐만이 아니라 전체 사회조직의 원칙을 제시했다. 토지제도란 표제가 채용된 것은 혁명과정에서 농민의 최대 최고 관심사이자 또한 봉건 사회제도를 타파하는 중심과제가 토지문제였기 때문이었다.

「천조전무제도」[10]가 제시한 원칙은 토지의 균등한 분배였다. 구체적인 방법은 가구의 가족 수에 따라 균등하게 분배하는 것이었다(15세 이하의 자녀에게는 성인의 절반을 분배했다). 문건은 토지를 산출량에 따라 상의 상에서 하의 하까지 9등급으로 나누도록 규정했는데, 이는 분배의 균등성을 지키기 위해서였다. 당연한 얘기지만, 이러한 토지분배 방식의 전제는 지주의 토지소유권을 박탈하고 지주 소유의 토지 일체를 몰수하는 것이었다. 문건에는 다음과 같은 구절이 있었다. "천하가 상제가 내린 복을 함께 누려야 하니 땅이 있으면 함께 갈고, 밥이 있으면 함께 먹고, 옷이 있으면 함께 입고, 돈이 있으면 함께 쓰고, 균등하지 못한 곳이 어디에도 없으며 추위와 배고픔을 겪는 자가 없어야 한다." 이 농민혁명의 강령은 이처럼 대담하게도 지주계급의 소유권을 부정하고 토지는 "천하 사람들"의 공유라고 주장했다.

「천조전무제도」는 진일보한 이상사회의 구조를 그려놓았다. 이 제도는 태평군에서 이미 시행되고 있던 효율적인 조직체계를 사회 전체로 확대한 것이었다. 군수 1인이 13,155호를 관할하고 군수 아래로 등급에 따라 사수와 여수 등을 세웠는데 그 기층은 25호(5 오)마다 1인씩 세운 양사마였다. 문건은 다음과 같이 규정했다. "추수할 때는 양사마가 오장을 감독하며, 25호의 모든 가족이 충분히 먹을 수 있는 식량을 제외하고 남는 수확은 국고에 귀속한다." 국고는 25호마다 하나씩 설치하고, 양사마는 국고 수

---

10 『태평천국자료』 제1책, 318-326쪽.

입을 한 등급 높은 군 조직에 바치고 "돈과 곡식의 숫자를 장부에 기록"해 두기만 한다. "결혼식이 있은 지 한 달 이내이면 모든 비용을 국고에서 지급하되 제한을 두어 1전이라도 더 많이 사용하게 해서는 안 된다. 한 집안에서 혼사가 있은 지 한 달 이내이면 돈 1천과 곡식 1백근을 지급하며 천하에 똑같이 적용"한다. "홀아비와 과부, 자식이 없는 자와 부모가 없는 자"에게는 "국고에서 생활비를 지급"한다. "25호 가운데 도자기, 야금, 목공, 석공 장인이 있으면 모두 오장과 오졸이 되게 하고 농한기에 일을 처리"한다. 이처럼 양사마 1인이 관할하는 25호가 이상적인 공유사회의 경제단위가 되었다. 사람들이 이 문건을 신뢰하여 상제의 의지대로 공유제를 실행한다면 수천 년 동안 빈곤에 시달리던 농민이 꿈꾸는 사람마다 배불리 먹고 따뜻하게 입는 행복한 사회가 실현되었을 것이다.

양사마를 우두머리로 하는 25호는 공유제의 경제 단위이자 문화교육, 자위무장, 사법행정의 직능 단위였다. 25호마다 "예배당" 한 곳을 설치하고 양사마가 그 곳에서 "성서를 읽고 가르쳤다." 민간의 소송은 양사마가 처리했고 해결이 되지 않으면 상급기관에 보고했는데 군수나 천왕에게까지 상소할 수 있었다. 양사마에게는 매년 한 차례 소속된 각 가정에서 "명을 따를 수 있고 열심히 농사짓는 자"[11]를 뽑아 상부에 보고해야하는 책임이 있었고 상급 기관에서는 이를 심사하여 관리로 임명하도록 천왕에게 건의했

---

11 "명을 따른다" 함은 태평천국의 정치와 종교 방면의 각종 규정을 지키는 것을 의미했다. 어떤 역사학자는 「천조전무제도」 가운데 관리를 "농민으로 쫓아낸다", "농민으로 낮춘다"는 규정이 있음을 들어 농민이 홀대받았으며 심지어 이 문건이 농민의 관점을 대표하지 않았다고 주장하지만 이는 잘못이다. 문건은 다음과 같이 분명하게 밝히고 있다 : "명을 따르고 열심히 농사짓는 백성에게 관직을 주거나 상을 준다." 열심히 농사짓는다는 것은 관리가 되기 위한 조건이었다. 무능한 관리는 "농민으로 쫓아낸다"(농민으로 돌려보낸다). 이것은 봉건 통치계급의 민·관 관점과는 대립된다.

다. 현재 관리로 봉직 중인 자에 대해서도 승진과 강등의 제도가 있었는데, 매년 한 차례 각급 "수령"이 관리의 "현명한 행적"과 "열악한 행적"을 심사하여 상급 기관에 보고하고 최종적으로는 천왕이 "특진"이나 "견책"을 결정했다.

이것이 「천조전무제도」가 그려놓은 이상사회와 이상국가의 밑그림이었다. 이 그림은 조악하기는 하지만 그 윤곽은 매우 분명했다. 이것은 현실과 이상, 철저한 투쟁과 실제와는 부합하지 않는 공상이 교직된 그림이었다. 이 그림 속에는 혁명의 뜨거운 불길로 타오르는 대담한 상상이 들어 있기도 하지만 한편으로는 소생산자의 협소한 실제주의가 드러나 있었다. 또한 이 그림에는 찬란한 역사적 전망과 구시대의 무거운 그림자가 어른거리고 있었다.

빈곤한 농민의 반 봉건적 혁명 강령은 봉건 착취제도의 소멸 이후에 어떠한 착취도 용납하지 않는 공유사회를 수립하려는 열망을 담고 있었고, 봉건적 토지소유제와는 타협의 여지가 없는 의지를 담고 있었을 뿐만 아니라 소규모 소유자로서의 농민의 사유욕과도 결별하려는 방향성도 어느 정도 담아내고 있었다. 태평군에 참가한 소농민은 이미 소유한 소규모 토지를 포기하였고, 전쟁의 뜨거운 열기는 소규모 사유자의 울타리를 타파하고 이상사회의 모습을 창조적으로 설계하였으며, 나아가 자신의 손으로 하나의 천국을 건설하려는 혁명농민의 꿈을 보여주었다. 그러나 그들은 결국 소규모 생산자의 경험을 초월할 수 없었다. 그들은 성실하고 순박한 농민의 실제주의에서 출발하여 "강호의 영웅들"이 꿈꾸던 "금을 말로 나누어 주고 은을 됫박으로 나누어주는" 낭만주의를 그려냈을 뿐만 아니라 집집마다 다섯 마리의 닭과 두 마리의 암퇘지를 기르고 결혼식이 있은 지 한 달이 지나지 않았으면 돈 1천과 곡식 1백 근 등등을 주는 사회로 가려고 생각했다. 그들이 꿈꾸었던 천국은 2천여 년 이래로 소농민이 영위해왔던 소농업과 가정 수공업이 결합된 생활 방식, 폐쇄적이고 협소한 농촌 자급자족 경제였다. 봉건 착취제도 하에서는 그들은 힘들긴 하지만 안정된 생활도 보장받지 못했는데 이제 그들이 꿈꾸는 천국은 그런 생활을 모두에게 약속하려고 했다. 그들은 이상사회가 매우 아름다울 것으로 상상했지만 그 사회는 사실은 암담한 사회였다. 그들은, 이러한 평균주의에 기대서는 이상적인 천국을 절대로 건설할 수가 없고 오히려 빈궁한 세계가 지속될 따름이라는 점은 상상도 하지 못했다.

잔혹한 전쟁 중에 농민들은 "도화원(桃花源)"의 환상을 갖지는 않았다. 그들은 국가도 군대도 정부도 필요 없는 세상을 기대하는 우매한 망상에 젖지는 않았다. 그들이 건설하려든 것은 천왕을 중심으로 한 통일 집중적 국가였고 이 국가에 농민이 생각할 수 있는 방법으로 민주적 색채를 더하고자 했다. 당연한 일이지만, 그들은 소농과 가정 수공업이 결합된 분산된 소규모 생산을 기초로 해서는 봉건 전제주의 정권 이외에 어떤 정권도 만들 수 없다는 사실은 알지 못했다.

소농민들이 그려낸 이상국가의 그림 가운데는 도시도 없었고 상업도 없었으며 독립된 수공업도 없었다. 이런 것들은 농민의 자급자족적 사회에서는 존재할 여지가 없었다. 태평군이 남경에 진입한 후 실제로 도시를 해체하고 상업을 근절하려 시도한 적이 있었다. 그들은 천경 성내의 관료와 대지주 소유의 주택과 재산 일체를 몰수하는 한편 각종 상점의 상품을 모조리 몰수했다. 모든 물자는 집중되고 분류되어 군대, 즉 국가의 소유가 되었다. 주민들은 남녀를 분리하여 전원이 태평군 군사조직으로 편제되었다. 수공업자는 군대 소속의 "제장영(諸匠營)"과 "백공아(百工衙)"에 편입되었다. 이렇게 하여 도시 전체가 거대한 군영으로 변했다. 그들은 "모든 물자는 천부가 내리신 것이니 돈을 내고 사서는 안 된다"고 선포하였고 상업도 자연히 폐지되었다.

이런 정책이 농민이 생각해낼 수 있는 가장 "혁명적인" 도시 정책이었다. 중국의 봉건사회에서는 도시는 농촌을 착취하였고 도시는 지주, 상인, 고리대업자가 차지하고 있었다. 반란을 일으킨 농민들은 동원할 수 있는 모든 방법을 동원하여 도시를 향해 보복하려 했다. 태평천국의 지도부는 도시를 완전히 약탈해서 간단하게 없애버려서는 안 되며 질서 있게 새로운 사회제도 안에 편입시켜야 한다고 생각했다. 이런 점에서 태평천국은 단순한 비적주의를 탈피하기는 했지만 현실사회를 후퇴시켰음은 분명하다(절대적인 자급자족은 상품경제를 일부 허용하는 것보다는 어쨌든 후퇴이다).

당시 중국의 일부 지방에서는, 특히 태평군이 장악한 장강 중하류 지역에서는 상품경제가 이미 상당한 수준으로 발달해 있어서 상업을 소멸시키는 일은 불가능했다. 얼마 지나지 않아 태평군은 천경 성 밖 일정 지역에 각종 상점의 개설을 허가했고, 여기서 팔리는 물건은 "성고"에서 지급했으니 일종의 공영 상점이었다. 이런 공영 상점은 장기간 지속될 수가 없었다. "성고"가 끊임없이 상품을 제공할 수는 없었다. 그들은 강제적인 수단을 동원하여 도시의 상업을 소멸시키기는 했으나 농촌의 집시(集市)교역은 없앨 수가 없었다. 군사 형세가 어느 정도 안정되기만 하면 집시교역 또한 자동적으로 회복되었다. 후기에 와서 태평군은 강남 지역에서 초기의 상업정책을 실행할 방법을 찾지 못했고 도시에서도 시장을 개방할 수밖에 없었다. 법령을 준수하는 조건으로 자유교역이 허락되었다. 사실이 증명하듯, 「천조전무제도」는 상품경제라고 하는 "마귀"를 인정하지 않았으나 태평천국의 영웅들은 실제 생활 가운데서 상품경제의 존재를 부정할 수가 없었다. 태평천국의 도시 정책은 치명적인 약점을 갖고 있었다. 그들은 착취제도가 폐지된 자급자족적 농촌으로 구성된 사회를 설계했으나 그것은 실현 불가능한 공상에 지나지 않았다.

「천조전무제도」에서 제시된 사회제도는 사실상 제대로 실행된 적이 없었고 실행 가능하지도 않았다.

남경에 진입하기 이전 유동작전을 펼치던 시기에는 전무제도를 실시했다고 할 수 없다. 당시의 상황을 청의 관변 기록에서는 다음과 같이 기술하고 있다. 태평군은 가는 곳마다 "부유한 자는 돈과 곡식을 바치고 가난한 자는 힘을 바치라"는 포고문을 내다 붙였다. 남경에 진입하고 강서와 호남 일대를 다시 장악했을 때는 농촌 문제의 해법을 다시 생각하지 않을 수 없었다. 그들은 농촌 지역에서 「천조전무제도」의 규정에 따라 군수, 사수, 여수, 졸장, 양사마, 오장 등의 관직을 설치하였다. 일부 지역에서는 "천하의 농민의 곡식과 상인의 자본은 모두 천부의 소유이니 전부 성고에 귀속해야 한다. 식구가 많은 집은 1년에 한 섬을, 적은 집은 다섯 말을 양식으로 지급한다"[12]는 포고를 발표했다. 이 역시 「천조전무제도」의 정신에 근거한 것이었다. 만약 정말로 이와 같이 한다면 농민과 소상인의 소유권을 박탈하고 국가가 전체 인구의 부양을 책임져야 하는데, 이는 불가능한 일이었다. 실제로 이렇게 한 적도 없었다. 그들이 한 것이라고는 농민에게 경지를 주고 일정 양의 식량을 국가에 바치게 한 것뿐이었다. 태평군이 서정에 나설 때 천왕은 "옛날대로 곡식과 세금을 (국가에) 바치게 하자"[13]는 동왕, 북왕, 익왕의 건의를 받아들였다. 이를 보면, 태평천국은 농촌의 지주계급에게 경제적 정치적 타격을 가했고 농민은 지주에게 소작료를 내지 않고 국가에 직접 납세했음을 알 수 있다. 이는 「천조전무제도」의 혁명적인 정책이 일정 정도 실행되었음을 의미한다. 토지의 절대 균등배분을 살펴보면, 최저 생활에 필요한 양 이외의 식량과 재산은 모두 "국고"에 귀속시킨다는 구상은 실시되지 않았고 실행 가능성도 없었다.

---

12 장덕견(張德堅) 「적정회찬(賊情匯纂)」, 『태평천국자료』 제3책, 272~275쪽을 보라.
13 「적정회찬(賊情匯纂)」, 『태평천국자료』 제3책, 203~204쪽을 보라.

여기서 지적되어야 할 것은, 태평천국이 점령한 농촌에서 지주의 통치권과 봉건적 토지소유제에 가해진 타격의 정도는 일률적이지 않았고 심지어 적지 않은 지역에서 철저하게 타격을 가하지도 않았다는 점이다. 일부 지역에서는 태평천국의 관직 제도가 형식상으로만 실시되고 지주의 현지에서의 지배적 지위에 아무런 영향을 주지 않았다. 이른 바 향관(鄉官)(양사마와 졸장)도 현지 주민 가운데서 선발했다. 지주세력이 분명하고도 심각하게 타격을 받은 지방에서 수립된 향촌 정권은 비교적 혁명성이 강했으나 적지 않은 지방에서 향관이 된 자는 지주와 지주의 주구인 인물이었다. 이런 향관에 의지해서는 진정한 혁명질서를 세울 수 없었음은 당연한 일이었다.

상술한 여러 정황에서 드러나듯, 태평천국은 농촌과 도시를 성공적으로 관리하지 못했다. 단순한 농민혁명은 마치 한바탕의 폭풍우와 같아서 봉건 통치 질서에 심각한 타격을 주었으나 낡은 질서를 대체할 새로운 제도의 수립을 보증하지는 못했다. 태평천국의 영도자들이 「천조전무제도」에서 제시한 방안은 실행될 수 없음이 증명되었고 그들이 시도한 실험은 결국 실패하기는 했지만 그 경험은 중국 혁명의 복잡한 문제가 포함하고 있는 각종 모순을 보다 선명하게 드러냈다. 바로 이런 문제를 해결해야 한다는 좌표를 제시했다는 점에서 태평천국은 중대한 공헌을 했다고 할 수 있다.

천경 성내의 대변란

태평군이 남경에 진입하는 과정에서 마치 낡은 사회를 체로 거르듯 낡은 요소는 남겨두고 새로운 요소만 태평군과 함께 따라왔다. 그러나 남경과 같은 대도시를 점령하여 비교적 고정적인 지역을 확보하게 되자 태평군은 도주한 일부 지주계급을 제외한 일체의 사회적 성분을 자신의 내부에 수용하지 않을 수 없었고, 이 때문에 태평군의 내부 성분은 크게 복잡해졌다. 도시에는 더 많은 유랑민이 흘러들었다. 도시의 많은 지주분자와 지주계급 지식분자, 상인, 수공업자들은 다른 방도가 없어 태평군에 순종했다. 농촌 기층정권 가운데는 적지않은 지주계급이 섞여 들었고 청의 패잔병들도 적지 아니 태평군에 흡수되었다. 이런 상황에서 혁명대오의 사상과 조직을 강화하는 조치가 필요했고 혁명에 참가한 다양한 계급과 계층에 대한 정책이 나와야 했다. 태평천국의 지도자들은 이런 정책과 조치를 내놓지 못했다. 그들이 표방한 종교도 도움이 되지 못했다. 공상적인 요소가 다분한 「천조전무제도」의 강령도 역시 현실문제를 해결하는 데는 소용이 없었다.

천경에 도읍을 정한 후 태평천국의 지도자들은 승리를 눈앞에 두고 냉철한 판단을 유지하지 못했고 오히려 교만에 빠졌다. 봉건 지주계급의 부패한 사상이 갈수록 혁명대오 내부를 침식했다. 그들은 봉건 통치계급의 작풍을 모방하여 천경에서 대규모 토목공사를 일으켜 왕궁을 짓고 사치와 안일에 빠졌다. 청 정부쪽의 정보에 따르면, 천왕 홍수전이 조회에 나갈 때는 양수청, 위창휘, 석달개 등 몇몇 왕들만 그 앞에 나갈 수 있었고 나머지 관원들은 대문 안에 늘어서서 의식에 따라 무릎을 꿇고 "만세"를 외쳤다. 천왕과 여러 왕들의 관계(기타 관원과 장군들과의 관계는 말할 것도 없고)는 이제는 형제의 관계가 아니라 군신 상하의 관계로 변했다. 왕들도 천 명 이상의 참모와 시종을 거느렸다. 봉건 계급제도는 매우 번잡한 지경에 이르렀다. 관원들이 출입할 때는 모두 가마를 탔고 천왕의 가마꾼은 64명, 동왕의 가마꾼은 48명, 아래로 내려가면 양사마도 가마꾼이 4명이었다. 고급 관원이 탄 가마가 지나갈 때는 하급 관원과 병사는 길을 비키거나 길가에 무릎을 꿇어야 했고 이를 어기는 자는 처벌을 받았다. 이런 상황은 태평천국의 지도자들이 도시에 진입한 이후로 대중과 동고동락하던 자세를 잃어버리고 대중으로부터 이탈했음을 설명해준다.

태평군이 서정에 나섰을 때 이미 초기에 집행했던 정책은 사실상 유지되고 있지 않았다. 함풍 6년(1856년), 강서에 진입한 광동에서 온 천지회 부대는 여전히 원래의 조직과 깃발을 유지한 체 태평군과 함께 작전했다. 천지회 부대의 합류로 태평군의 위세는 높아졌지만 천지회 부대의 유랑민 기질이 미친 나쁜 영향은 심각했다. 이런 사례에서 태평군이 엄격한 조직과 기율로 유랑민 세력을 융화시킬 능력을 상실했음을 알 수 있다.

태평군의 봉기 초기에 지주와 부농 분자는 재산을 버리고 반란 농민과 함께 혁명에 참가했다. 태평군은 그런 조건 하에서만 그들을 받아들였던 것이다. 그러나 상황이 변했다. 이제는 그런 조건을 고집할 수 없는 상황이 되었다. 안휘, 강서, 호북 각지에서 수많은 부호와 향신, 지주들이 태평천국의 지방관으로 임명되어 농촌에서의 지배적 지위를 그대로 유지했다.

태평천국의 적은 전장에서 태평군을 패배시킬 수 없을 때 태평군 내부의 배반자를 이용하는 전통적 방법을 생각하지 않을 수 없었다. 한 예를 들자면, 강녕(江寧) 부학(府學)의 늠생(廩生) 장계경(張繼庚)은 거짓으로 천경에 귀순한 후 비밀리에 강남대영의 향영에게 정보를 전해 주다가 함풍 4년에 발각되었다. 이 경우는 그래도 비교적 낮은 수준에서 진행된 내부 파괴공작이었다. 갈수록 많은 이질 분자들이 태평군 내부에 섞여 들어 각종 방식으로 농민 대오를 침식했다.

이러한 상황에서 천경에서는 함풍 6년 8월에서 10월(1856년 9월에서 11월) 사이에 대변란이 일어났다. 모순은 우선 홍수전과 양수청 사이에 발생했다. 양수청은 실제적으로 군정 대권을 장악하고 있었을 뿐만 아니라 "천부"의 대변인이란 특권을 버리지 않았다. 그가 "천부"가 자신에게 임했다고 자칭할 때는 홍수전조차도 무릎을 꿇고 그의 말을 들어야 했다. 강서 전선에 나가 있던 위창휘가 홍수전과 양수청의 갈등을 이용해 3천의 병력을 이끌고 천경으로 급히 들어와 심야에 양수청의 거처를 습격하여 그를 죽였다

(함풍 6년 8월 4일, 1856년 9월 2일). 이후 두 달 동안 위창휘는 천경에서 공포통치를 시행하여 양수청의 부하와 백성 2만여 명을 죽였다.

위창휘(1823-1856)는 광서 계평현 금전촌의 부유한 가정 출신으로서 전당포를 겸영하던 지주였다. 그는 돈을 내고 감생의 자격을 샀으나 항상 현지 관료들의 멸시를 받았고 이 때문에 풍운산에게 설득 당해 전 가족을 이끌고 봉기에 참가했다. 천경에 도읍을 정한 후 위창휘는 양수청에게 표면적으로는 공손한 태도를 보이면서 아첨했으나 속으로는 불만을 품고 있었다. 어떤 기록에 따르면 그가 양수청을 죽인 것은 홍수전의 암시가 있었기 때문이라고 하는데 이는 대체로 믿을만하다. 그가 어떻게 홍수전의 이름을 팔아 양수청을 죽이고 이어서 학살극을 벌이게 되었는지는 분명한 기록이 없다. 대학살이 진행되고 있는 동안에 익왕 석달개가 무창 전선으로부터 천경으로 돌아와 위창휘의 행동을 저지했다. 위창휘는 석달개도 죽이려 했다. 석달개는 서둘러 천경을 떠났고 안휘에서 병력을 조직하여 천경을 공격할 준비를 했다. 이때 홍수전은 이미 천경 성내를 장악하고 이틀 동안의 교전을 거쳐 신속하게 위창휘의 세력을 진압했다. 이때 죽은 사람은 불과 2백여 명, 국면은 안정되었다.

석달개(1831-1863)는 젊었으나 태평군의 서정에서 중요한 지휘관의 한 사람이었다. 그는 전장에서 용감함과 지략으로 적의 두려움을 샀다. 강서와 안휘의 일부 지역을 관할하고 있을 때 그는 지주와 향신들을 양수청보다 온건하게 다루었다. 이 때문에 양수청은 그를 불만스럽게 생각했고 그도 양수청의 독단에 불만을 품고 있었다. 그는 홍수전과 양수청의 조악한 신앙심을 달가와 하지 않았다. 위창휘가 죽은 후 석달개는 천경으로 돌아와 중요한 정치 지도자가 되었으나 홍수전의 신임을 얻지는 못했다. 다음 해 5월 (1857년 6월), 그는 천경을 빠져나와 부대를 이끌고 태평천국과 결별한 체 독립적으로 행동했다. 그는 적지않은 정예 병력을 데리고 나왔고 이 때문에 태평천국의 군사력은 위창휘의 학살극 이후로 다시 한 번 크게 약화되었다.

농민봉기의 지도자가 개인적인 원한과 권력쟁탈 때문에 서로 시기하여 무력으로 충돌한 사례는 역사에서 적지 아니 보인다. 그러나 위창휘가 천경 성내에서 벌인 대 학살극은 농민 봉기군 지도자 상호간의 무력 충돌을 훨씬 넘어서는 의미를 갖고 있었다. 위창휘는 행동으로 농민혁명의 적이 되었음을 보여주었다.

이런 대변란이 일어났을 때 태평천국은 청 왕조의 통치를 종식시킨다는 목표에 아직 근접하지 못한 상태였지만 태평천국의 지도자들은 초야에서 일어선 영웅에서 그들이 말하는 "소 천당"의 주인으로 변모해 있었다. 홍수전과 양수청은 승리에 도취되어 권력을 다투기 시작했는데, 이것은 소생산자의 편협한 관념의 표현이었을 뿐만 아니라 지주계급의 사상에 물든 결과이기도 했다. 그들은 내부에서 지주계급 세력이 대두하는 것을 방지하지 못했고 오히려 지주계급이 전면에 등장할 수 있는 기회를 만들어 주었다.

천경의 대변란은 태평천국이 비약적으로 발전하는 형세에서 내리막길로 접어드는 전기가 되었다. 주요 간부의 상실, 군사력의 약화는 그 직접적인 결과였을 뿐 더 심각한 결과는 정치와 사상 면의 위기가 강화된 것이었다. 과거에는 모두가 형제로서 힘을 합해 마귀를 물리치고 천국을 건설하자는 구호 아래 단결했으나 이제 이런 구호는 태평천국 지도부의 분열과 상호 살육으로 빛을 잃게 되었다. 과거에는 태평천국의 혁명정치와 혁명사상이 종교적 언어로 표출되었다고 한다면 천경의 대변란을 거치면서 종교적 언어는 매력을 상실할 수 밖에 없었다.

그러나 금전촌 봉기와 성공적인 남경 진입으로 높아진 혁명의 위세가 천경의 대변란 때문에 완전히 무너진 것은 아니었고 위창휘의 파괴활동은 실패로 끝났다. 농민혁명의 주도 세력이 (비록 약점이 갈수록 분명하게 드러나기는 했지만) 이때의 정변에서 승리했다. 이 때문에 태평천국은 총체적인 쇠락 과정에서도 일부 승리를 거둘 수 있었고 이후로도 8년이란 세월을 더 버틸 수 있었다.

제6장
제2차 아편전쟁

태평천국 초기의 외국 침략자의 태도

태평천국 혁명은 아편전쟁과 5개 통상항 지정 이후, 다시 말해 외국 자본주의 세력이 이미 중국에 침입한 이후에 발생했다. 이것은 기왕의 농민 전쟁이 경험하지 못했던 역사 조건이었다. 태평천국은 결국 외국 자본주의 침략자와 중국 봉건 통치자의 협력에 의해 숨통이 끊겼다. 그러나 외국 침략자는 처음부터 태평천국에 대해 적대적인 입장에 있지는 않았고 태평천국 전쟁 기간 동안에 외국 침략자와 청 통치계급 사이에는 다시 전쟁이 벌어졌다(역사에서는 이를 제2차 아편전쟁이라 부른다). 외국 침략자의 군대는 심지어 청 왕조의 수도에까지 진입하여 봉건 통치자에게 참기 어려운 타격을 주었는데, 양자의 협력관계는 오히려 후자가 이런 타격을 받는 과정에서 형성되었다.

태평천국이 초기에 승리하자 일부 청의 지방관원이 부끄럽게도 외국 침략자에게 도움을 청한 적이 있었다. 소송(蘇松) 태도(太道) 오건창(吳健彰)이 양강 총독서리 양문정(楊文定)을 대표하여 상해에서 미국인, 영국인, 프랑스인에게 해군을 파견하여 장강으로 들어와 청군이 태평군을 격퇴하는 것을 도와달라고 요청했다. 이때는 함풍 3년(1853년)으로 태평군이 남경을 점령하기 며칠 전의 일이었다. 오건창은 원래 광주의 동순양행(同順洋行)에서 장사하던 인물이었고 상해에서도 미국 자본인 기창행(旗昌行)(아편 판매업)의 동업자였다. 그는 대표적인 매판관료였다.

미국은 함풍 3년에 모종의 경로를 통해 청의 태평군 진압부대의 주장인 향영에게 군사적인 원조를 제공하겠다는 뜻을 전한 적이 있었다. 그러나 이때는 청 정부가 외국의 도움을 받을 상황은 아니라고 판단하고 있었고 영국, 프랑스, 미국도 청 정부가 명확한 태도를 밝히지 않고 있었으므로 즉각적인 행동을 통해 입장을 표명할 생각이 없었다. 그들은 태평군의 놀라운 승리로 조성된 복잡한 형세를 관망하다가 자신들에게 가장 유리한 정책을 채택할 필요가 있었다. 그러므로 이 무렵 그들이 중국의 국내전쟁에 대해 취할 수 있는 가장 현명한 태도는 일시적인 "중립"이었다.

영국, 미국, 프랑스 3국의 공사들은 함풍 3년과 4년(1853년과 1854년)에 이어가며 상해와 천경을 방문하여 태평군 지도자들과 접촉했다. 그들은 돌연히 흥기한 정권의 속셈을 파악하고 싶었고 한편으로는 청 정부에 대해서도 일종의 메시지를 전하고자 했다. 그들의 이런 태도는 청 정부를 협박하는 밑천이었다.

함풍 3년에 맨 먼저 천경을 방문한 사람은 영국 공사 보넘(George Bonham)이었다. 그는 3월 달에 북왕 위창휘와 익왕 석달개를 만났다. 뒤이어 프랑스 공사 드·부르불롱(Alphonse de Bourboulon)이 같은 해 11월에 천경으로 와 연왕(燕王) 진일강(秦日綱)을 만났다. 세 번째로 미국 공사 멕클레인(Robert Milligan McLane)이 찾아왔다. 그는 함풍 4년 5월에 천경에 도착했으나 천경의 관원들이 동왕 양수청에게 "알현"하는 예를 갖추라고 요구하자 이를 거절하고 타고 왔던 군함을 몰아 무호(蕪湖)까지 올라갔다가 상해로 돌아갔다. 이들 외국 공사는 모두 자국의 군함을 타고 장강에 진입했다. 당시 청 정부는 외국 선박의 자의적인 행동을 저지하지 못했고 태평천국 정부도 외

제6장 제2차 아편전쟁 | **143**

국 선박이 장강을 항행할 권리가 없다는 사실을 알지 못했다.

태평천국의 지도자들 가운데서 홍수전과 일부 장군(당시 진강을 수비하던 나대강과 오여효[吳如孝])을 제외하고는 외국인을 접촉한 경험이 없었다. 또한 그들은 국제정세에 무지했기 때문에 봉건 통치자들이 남겨 논 "만국이 조공하러 온다"는 따위의 전통 관념을 벗어나지 못했다. 뿐만 아니라 그들은 이들 외국인이 자신들과 같은 "상제"를 받들고 있다고 믿어서 순진하게도 외국인들을 "서양 형제"라고 불렀다. 그러나 총체적으로 볼 때 태평군의 지도자들은 이들 외국 사절을 만났을 때 그 태도가 비굴하지도 않았고 거만하지도 않았는데, 이것이 농민혁명가의 본래 모습이었다. 외국 사절들이 시급하게 확인하고자 했던 문제는 태평천국이 남경조약 등 일련의 불평등 조약을 인정하는지 여부였으나 만족스러운 답을 얻지 못했다. 외국 사절들은 천경에서 태평천국의 출판물 몇 가지를 구하여 돌아간 것 외에는 아무런 소득을 얻지 못했다.

당시 일부 외국 선교사들은 상제를 믿는 태평천국의 승리는 서방 각국에 매우 유리한 일이라고 판단했다. 이들 선교사는 본국 정부에 진정한 중립을 지키라고 건의했다. 그들은 태평천국의 등장으로 기독교가 중국에 전파되면 장래에 서방국가에 크게 유리할 것이며 1840년의 침략전쟁으로 중국에서 획득한 지위는 태평군의 승리로 인해 더욱 공고해지고 확대될 것이라고 믿었다.[1] 그러나 선교사들의 건의는 본국 정부에 수용되지 않았다. 각국 정부가 중국에 파견한 공사들은 직접 목격한 바를 통해 다른 결론을 내리고 있었다.

공사들은 중국의 반란 농민들이 신봉하는 상제와 자본주의 침략자들

---

1   I. J. Roberts(중국명 나효전[羅孝全]), 『홍수전혁명지진상(洪秀全革命之眞相)』 (요약번역본), 『태평천국자료』 제6책, 825쪽.

이 신봉하는 하나님은 동일한 존재가 아니라고 판단했다. 당연한 일이지만 문제는 정치와 계급투쟁이었지 종교가 아니었다. 미국 공사 멕클레인은 보고서에서 다음과 같이 썼다. "그들(태평군)은 거의 모두가 내륙에서 온 무지한 자들이며 사상이 없는 대중으로 구성되어 있다 …. 그들은 내륙의 강도 무리에서 출발했다 …… 그들은 문명세계가 주목할 만한 존재가 아니다. 뿐만 아니라 그들은 탈취 혹은 약탈한 도시 이외의 지역에 정부기구를 조직할 능력도 없는 것 같고, 도시 탈취도 고도의 선동에 넘어간 광대한 대중을 동원하여 이루어 졌으며 재산을 가진 자들은 이들에 대해 깊은 원한을 품고 있다."[2] 이들 공사로 대표되는 자본주의 침략자들은 태평천국 혁명의 초기부터, 중국에서 손잡아야 할 세력은 아무리 우매하고 낙후했다 하더라고 "재산을 가진 자들 뿐"임을 분명하게 인식하고 있었다. 또한 그들은, 태평천국으로 대표되는 가난한 노동대중은 중국에서 그들의 진정한 적이라는 명확한 인식을 갖고 있었다.

청 정부는 이미 아편전쟁을 통해 협박을 견뎌낼 수 없는 정권임이 증명되었고 그 결과물이 남경조약을 위시한 일련의 불평등 조약이었다. 침략 각국은 갈수록 이들 조약에 대해 불만을 느꼈으나 청 왕조가 전복된다면 이런 기득권도 상실된다는 사실도 알고 있었다. 함풍 4년(1854년), 영·미·프랑스는 1842년에서 1844년 사이에 체결된 조약의 개정을 요구하고 나섰다. 요구의 핵심은 기득권의 확대였음은 말할 필요도 없다. 그들은 청 정부가 태평천국 혁명으로 심각한 내부 위기에 빠진 상황을 이용해 더 큰 협박을 하고자 했다. 따라서 그들은 청 정부를 포기하지도 않고 그렇다고 쉽게 도움을 주지도 않는 "중립"을 표방하면서 한편으로는 태평군을 지원할 것 같은 태도를 보여주었다. 이런 정책은 한마디로 비유하자면, "값을 후하게 내

---

2 경여집(卿汝楫), 『미국침화사(美國侵華史)』 제1권, 삼련서점 1952년 판, 111쪽에서 인용.

지 않으면 거래를 깨겠다"는 셈법이었다.

상해와 광주에서의 허위적 중립

영·미·프랑스의 중립의 허위성은 함풍 3년과 4년(1853, 1854년)에 상해와 광주에서 충분히 드러났다.

천지회 계통에 속하는 비밀 대중조직으로서 소도회(小刀會)라 불리던 단체가 상해 일대에서 활동하고 있었다. 이 단체가 함풍 3년 8월 초(1853년 9월 초)에 봉기하여 상해 성을 점령하고 정권을 세웠는데, 그 수령인 유려천(劉麗川)은 "대명국통리정교초토대원수(大明國統理政教招討大元帥)"라 자칭했다. 소도회는 봉기 후 상해와 가정 등 6개 현을 점령했다. 소도회는 봉기 전에 태평군과 연락을 취했으나 쌍방은 합작에까지 이르지는 못했다. 이때 태평군은 남경 이동 지역을 개척할 여력이 없었다. 소도회는 소주에서 발동한 봉기가 실패한 후 상해를 제외한 몇 개 현을 청군에게 빼앗기고 9월 말이 되자 상해현 하나만을 지키는 형세가 되었다. 그러나 이런 상황에서도 청의 관군이 상해를 포위 공격하는 데는 15개월이 걸렸고, 외국 무력의 도움을 받아 함풍 4년 연말(1855년 2월)에 가서야 마침내 소도회의 반란을 진압할 수 있었다.

외국 조계는 상해 성에 인접한 곳에 있었다. 상해를 포위 공격하던 청 관군은 조계 언저리에서 작전하지 않을 수 없었다. 함풍 4년 4월 관군의 병사 몇 명이 조계 지역에 들어가자 영국과 미국은 연합하여 포함으로 청의 군대를 공격했고 관군은 조계에서 멀리 떨어진 곳으로 물러났다. 영·미 자산계급 역사서에서는 이 사건을 "니성(泥城)전투"라고 부른다(영국군이 남경로에서 니성교 쪽으로 공격했기 때문에 붙인 이름이다). 이 전투로 영·미와 청의 관계는 악화된 것이 아니라 오히려 긴밀해지기 시작했다. 이 전투의 결과로 침략국은 조계의 면적을 확대하고 조계의 독립적 지위를 인정받았을 뿐만 아니라 상해의 중국 세관에 대한 통제권도 얻어냈다.

매판관료인 소송 태도 오건창이 이때 다시 한 번 중요한 역할을 했다. 소도회가 상해를 점령했을 때 오건창은 성안에서 포로가 되었다. 이때 마침 상해에 와있던 미국 공사 마샬(Humphrey Marshall)과 미국 선교사 예이츠(Matthew Tyson Yates)가 직접 성 안으로 들어와 오건창의 탈출을 도왔다.[3] 이 때부터 오건창은 조계 안에서 청의 관원의 신분으로 활동했다. 니성전투가 있은 후 황제가 상해의 관원에게 내린 지침은 "양인"이 상해의 "반란 비적"과 관계를 맺을지 모르니 "회유와 타협을 통해" 서양인을 통제하라는 것이었다.[4] 이 방침에 따라 오건창은 청의 대표로서 영·미·프랑스에 배상금을 주고 "조계의 불가침"을 보증해주었다.

소도회 봉기 후 청 정부가 상해 조계 내에 설치한 세관이 군중들에 의해 파괴되었다. 원래 상해 세관의 감독을 겸임하고 있었던 오건창이 세관을 재건하려 하자 미·영이 나서 방해했다. 각국 영사들은 다음과 같은 기묘한 논리를 내세워 세관 재건을 반대했다. 청 정부가 세관을 재건하고자 한다면 반드시 세관을 지킬 병력이 있어야 하는데, 청의 병력이 진입하면 조계의 "중립"이 파괴된다. 이렇게 하여 세관의 재건은 무산되었다. 이 문제는 니성전투 이후에 비로소 해결되었다. 오건창과 영·미·프랑스 영사는 함풍 4년 6월에 외국인을 상해 세무사(稅務司)로 초빙하는 협정을 맺었다. 이 협정에 따라 영·미·프랑스인 각 1인으로 구성된 상해 관세관리위원회가 설

---

3 「태평군기사(太平軍紀事)」, 『태평군자료』 제6책, 928쪽.

4 『함풍조주판이무시말(咸豊朝籌辦夷務始末)』(이후 『함풍이무』라 약칭함) 제7권, 고궁박물원 1932년 간본, 23쪽.

치되었다. 이렇게 하여 중국 세관을 외국인이 관리하는 식민지 제도가 생겨났고 이 제도는 이후 상해 한 곳으로부터 전국으로 확대되었다.

함풍 4년 6월, 미국 공사 멕클레인의 주도 하에 영·미·프랑스 3국의 상해 영사는 소도회 봉기군을 상해 성에서 강제로 몰아내는 조처를 취하기로 협의했다. 그들은 청군과 협력하여 조계와 상해 성을 연결하는 교통을 완전히 단절시켰다. 성 안의 봉기군은 외부로부터 어떤 도움도 받을 수 없게 되었다. 프랑스 조계가 성과 가장 가까웠기 때문에 프랑스인이 직접 봉기군을 공격하기로 결정되었다. 프랑스 해군 육전대가 청의 관군과 함께 상해 성을 공격했다. 소도회 지도자 유여천과 많은 전사들이 성 안에서 전사했고 포위망을 돌파한 일부 봉기군은 다른 곳으로 가 봉기에 참가했다. 조계 안으로 도망쳐온 일부 봉기군은 조계 당국에 의해 청군에 "인도"되었다. 청 정부는 프랑스인들의 도움에 감사의 뜻을 표하기 위해 십육포(十六鋪) 일대의 황포 강에 면한 토지를 프랑스 조계로 획정해 주었다. 프랑스 쪽은 소도회 봉기군과 충돌이 생겨 나섰을 뿐 청의 관군을 도울 의사가 전혀 없었으며 그들의 기본 입장은 여전히 "중립"이라는 거짓말을 늘어놓았다.

함풍 4년, 광동의 천지회 조직도 다투어 봉기했다. 광동성 거의 대부분 지역이 천지회 각 당 조직에게 점령되었다. 광주 부근 도시와 농촌의 봉기군은 광주를 포위했다. 10월, 곤경에 빠진 양광 총독 섭명침은 영국 공사(겸 홍콩총독) 보우링(John Bowring)에게 편지를 보내 영국 해군이 관군과 함께 광주 진입을 시도하고 있는 "반도"를 막자고 요청했다. 보우링은 이 요청을 거절하는 한편 정식 성명을 통해 영국인은 광동의 내전에서 엄격하게 중립을 지킬 것이라고 밝혔다. 그러나 광주성이 반란 군중의 손에 떨어지는 일은 영국이 결코 원하는 바가 아니었다. 그들은 중립의 이름 아래 실제로는 광주에 개입했다. 영국인 린들리(Augustus Frederick Lindley)가 저술한 『태평천국혁명 친력기』(*Ti Ping Tien Kwoh : The History of the Ti-Ping Revolution, Includ-*

ing a Narrative of the Author's Personal Adventures)는 다음과 같이 기록하고 있다.
"1854년, 보우링 경은 영국 해군을 동원하여 악명 높은 양광총독 섭명침과
연합해 광동을 공동으로 유린했다. 광주는 사실상 청 정부가 광동성에서
점거한 유일한 지역인데, 청 정부는 영국 세력에 의존하여 이 도시를 지켜
냈다."[5]

함풍 4년, 상해의 소도회 봉기와 광주의 천지회 봉기 과정에서 영국
과 미국 등이 내건 중립은 명백한 허위였다. 그러나 당시의 역사조건 하에
서 그들은 위장 "중립"을 공개적으로 포기하고 청 정부 측에 서기 전에 먼
저 청 정부에게 가혹한 본때를 보여줄 필요가 있었다. 그것이 바로 제2차
아편전쟁이었다. 이런 형세는 일견 이상해 보일 수도 있지만, 앞에서 살펴본
대로 니성전투를 통해 중국과 외국의 반동세력이 상해에서 공동으로 소도
회 봉기를 진압한 바 있다. 니성전투는 미미하고 국부적인 사건이기는 하나
사실상 제2차 아편전쟁의 예행연습이라고 할 수 있다.

조약 개정문제

함풍 4년(1854년), 영·미·프랑스는 그들의 기득권을 확대하기 위해 청
정부에 조약의 개정을 요구했다. 그들 자신의 논법에 따른다면 개정 요구
는 합법적 권리였다.

도광 24년(1844년)에 체결된 중·미 망하조약에는 "화약이 맺어지면 양
국은 각자 이를 준수하고 가볍게 바꾸어서는 안 된다. 항구의 형편이 같지
않으므로 무역과 해상활동에서 약간의 변통이 필요한 일이 없지 않을 것

---

5   『태평천국혁명 친력기』. 왕유주(王維周) 역, 131쪽.

이므로 12년이 지난 후에 양국이 관원을 파견하여 공평하게 헤아려 처리한다"[6]는 규정이 있었다. 같은 해에 체결된 중·프랑스 황포조약에도 유사한 규정이 있었다. 이 규정을 근거로 하여 미국과 프랑스는 함풍 6년(1856년)에 조약의 개정을 요구했다. 영국과 청이 체결한 조약에는 그나마 이런 규정도 없었으나 영국은 "최혜국대우"를 근거로 도광 22년(1842년)에 체결한 남경조약이 12년을 경과하자(1854년) 조약의 개정을 요구했다.[7] 일방적인 최혜국 대우의 논리에 의하면 영국이 함풍 4년에 조약의 개정을 요구하였으므로 미국과 프랑스도 같은 해에 같은 요구를 한다는 것이었다. 강도들의 "합법성"이란 원래부터가 이런 논리를 바탕으로 만들어졌다.

당시 영국 정부가 중국 주재 공사에게 내린 훈령을 보면 조약 개정의 가장 주요한 목표는 다음과 같다. 1. 중국의 내지와 연해의 각 성에 광범위하게 진입할 수 있는 권리의 쟁취, 최소한 장강을 자유롭게 항행할 수 있는 권리와 남경에 이르는 장강 연안 각 성과 절강성 연해의 대도시에 진입할 수 있는 권리의 쟁취. 2. 아편무역의 합법화. 3. 외국으로부터 수입한 상품과 외국으로 수출하기 위해 구매한 상품의 내국세 철폐.[8] 미국과 프랑스 정부도 중국 주재 공사에게 영국의 요구를 지지하고 이를 관철시키기 위해 협력하라는 훈령을 보냈다. 그러나 영국 정부는 중국 주재 공사에게 보낸 훈령에서 이러한 요구를 제시할 때 서둘러 관철시킬 필요는 없으며 중국의 국내 형세의 발전을 지켜보라고 하였다.

함풍 4년 3월(1854년 5월), 미국과 영국이 중국 주재 공사를 경질했다.

6　『중외구약장회편』 제1책. 56쪽.

7　영국 외상이 1854년 2월 13일에 주중 공사 보우링에게 보낸 서신. Morse, 『중화제국대외관계사』 제1권. 부록 16. 765쪽.

8　Morse, 『중화제국대외관계사』 제1권, 767쪽.

신임 공사 멕클레인과 보우링이 부임한 후 양광 총독 섭명침은 조정에 보낸 보고서에서 이들 공사의 임무는 조약 개정이라고 밝혔다. 함풍제는 "서양인의 뜻이 그렇다고 하더라도 의연하게 대처하여 막으라"[9]고 지시하였다. 당시의 청의 체제에 따르면 양광 총독은 서양인 처리 업무를 책임지는 흠차대신을 겸하고 있었다. 섭명침은 외국의 상황에 대해 아무 것도 몰랐다. 그런 그에게 "의연하게 대처하여 막으라"는 지시는 외국 공사의 접견 요청을 일체 거절하라는 지시와 다름없었다. 영·미·프랑스 3국의 공사가 공동으로 접견을 요구하자 섭명침은 지주(知州) 한 사람과 지현(知縣) 한 사람을 통해 다음과 같은 말을 전하게 했다. "섭 총독은 변통의 일을 처리하라는 황제의 성지를 아직 받지 못했다."[10] 여기서 말하는 변통의 일이란 조약 개정을 가리켰다. 3국 공사는 방법을 바꾸어 상해로 가서 일을 처리하기로 하였다. 그들은 양강 총독(이량[怡良])과 강소 순무(이 해 상반기에는 허내교[許乃釗], 하반기에는 길이항아[吉爾杭阿])를 만나 광주와 상해에서 문제를 해결할 수 없으면 직접 천진으로 가겠다는 뜻을 밝혔다.

길이항아는 황제에게 조약 개정 요구를 받아들여도 무방할 것 같다고 건의하였다. 이보다 앞서 3국 공사는 이미 천경을 방문한 터였다. 그들 중에서 특히 미국 공사는 조약상의 권리를 확대해주면 청 정부에게 군사적 도움을 줄 수 있다는 의사를 밝혔다. 길이항아는 조약 개정 요구를 전면적으로 받아들이고 외국의 원조를 받자고 주장했다. 그러나 조정은 길이항아의 주장을 물리쳤다. 청 정부는 이때도 "서양인"과 태평군이 "결탁"할지 모른다고 의심하고 있었고[11], 그래서 서양인의 분노를 유발하고 싶지는 않지만 길

---

9   『함풍이무』 제8권, 4쪽.
10   『함풍이무』 제9권, 2쪽.
11   『함풍이무』 제9권, 5쪽.

이항의의 건의도 받아들일 게 못된다고 판단하였다.

함풍 4년 8월, 영국과 미국 공사가 탄 군함이 천진의 대고 항에 도착했다. 이때 프랑스 공사는 동행하지 않고 비서를 보냈다. 그들은 북상의 목적이 황제와 대학사를 만나 요구사항을 제출하는 것이라고 밝혔다. 청 정부는 황급히 관원을 파견하여 대고 항 밖에서 그들을 막았다. 영국 공사 보우링은 서면으로 18조의 요구조건을 제출했고 미국 공사 맥클레인도 11개 항의 요구조건을 제출했는데, 그 주요 내용은 상술한 영국 정부의 훈령과 동일했다. 한 마디로 말해 서방 침략국가의 이익을 위해 중국을 전면적으로 개방하라는 것이었다. 청 정부는 요구를 검토한 후 "모든 조항이 한결 같이 황당하기 그지없으나" "서양인과 중국 백성 사이의 다툼을 공정하게 처리하는 문제," 상해의 외국 상인들이 요구한 체납세액의 감면 문제, 광동의 차 수출세 경감 문제는 고려할 만한데 다만 광동으로 돌아가 현지에서 협의하라는 회답을 내놓았다.[12]

영국과 미국 공사는 이때의 북상에서 만족스러운 결과를 얻지 못했으나 천진행과 북경행을 고집할 수 없어 조용히 상해와 광동으로 돌아갔다. 청 당국은 이들의 철수를 기량이 부족한 증거라고 판단했을 뿐 이들의 본심은 중국 국내 형세의 발전을 관망하데 있음을 간파하지 못했다. 당시 영국과 프랑스는 러시아와 벌이고 있던 크리미아전쟁이 아직 끝나지 않은 상태여서 원동에서 대규모 군사행동을 벌일 형편이 되지 못했기 때문에 중국에서 강경한 태도를 보이는 일은 잠시 미루어 두기로 하였다.

함풍 6년(1856년) 6월, 영·미·프랑스 3국 공사는 다시 광주에서 양광총독 섭명침에게 조약개정 문제를 제기했다. 3국 공사 중에서 가장 적극적으로 움직인 인물은 신임 미국 공사 파커(Peter Parker)였다. 파커는 원래 선

---

12 『함풍이무』 제9권, 40쪽.

교사로 중국에서 다년간 활동하다가 외교관이 된 인물이었다. 그는 미국 대통령의 친서를 가지고 왔다. 그는 군함을 앞세워 청 정부에 조약 개정을 요구하자고 주장했다. 그러나 당시 미국 정부는 비교적 대규모의 병력을 원동에 파견할 능력이 없었다. 파커는 우선 광주에서 섭명침과 교섭하였으나 성과가 없자 복주로 가서 민절총독을 통해 대통령의 친서를 전달하려 했으나 이 역시 거절되었다. 그는 다시 상해로 가서 청의 관부와 조약의 전면적인 개정을 위해 담판을 벌일 계획을 세웠다. 그는 상해의 관원에게 다음과 같이 말했다. "지금 반란을 일으킨 사람들(태평군을 지칭한다)이 영·미·프랑스 3국이 일치하여 청 정부를 지원할 것이라는 사실을 알게 되면 그들은 이 거대한 힘에 저항하지 못할 것이다." "그러나 대황제께서 서방국가의 우의 표시를 거절하신다면 장래에 어떤 사태가 벌어질지 예측하기 어렵다. 태평군의 왕이 앞으로 외국 공사에게 조약을 체결하자고 제의해오고 각국 공사가 이 건의를 받아들인다면 대황제께서는 우리들을 원망해서는 안 될 것이다."[13]

파커는 달성할 수 없는 목표를 달성하기 위해 협박이란 수단을 사용했지만 병력을 갖지 못한 그로서는 광동으로 돌아가는 수밖에 다른 방법이 없었다. 영국과 프랑스는 파커의 활동을 지지했지만 함풍 4년에 북상했던 경험으로 미루어 보아 무력을 사용하지않고는 효과를 볼 수 없다는 판단을 하고 있었고, 따라서 그들은 파커의 행동에 보조를 맞추지 않았다. 영국 공사 보우링이 당시에 본국 정부에 보낸 보고서에는 다음과 같이 기술되어 있다. "단독 행동으로, 강력한 병력의 도움이 없이 말로만 위협하여 중국인들부터 중요한 양보를 얻어내기를 바란다면 추호의 희망도 없다는 것

___
13   경여집, 『미국침화사』 제1권, 160쪽에서 인용.

이 본인의 변함없는 의견이다."[14] 영국과 프랑스는 크리미아 전쟁이 끝난 1856년이 되자 병력을 원동으로 보낼 수 있게 되었다. 파커가 상해에서 광주로 돌아갔을 무렵 영국은 움직이기 시작했다.

영·프랑스 연합군의 광주 점령과 천진 침입

함풍 6년 9월(1856년 10월) 영국은 불시에 광주를 공격했는데, 그 구실은 매우 하찮은 작은 사건이었다. 중국의 관원과 병사들이 해적을 체포하기 위해 "애로우(Arrow) 호"라는 쾌속선을 수색하던 중에 중국인 선원 12명을 체포했다. 이 쾌속선의 주인은 중국인이었지만 선주는 밀수를 위해 영국인 선장을 고용하고 홍콩 정부에 선박을 등기했는데 사건이 발생했을 때는 등기 기간이 지난 후였다. 영국 측에서는 중국이 영국 선박 위에서 사람을 체포할 권리가 없으며 이 선박은 영국 국기를 걸고 있었으므로 중국 병사가 정선시킬 수 없다고 주장했다. 사건의 발생 경위가 이렇기 때문에 서방의 역사서에서는 "애로우 전쟁"이라고 부른다. 양광 총독 섭명침은 사건 처리과정에서 타협적인 태도를 보이고 체포된 선원을 영국인에게 넘겨주고 당시 선상에는 영국 국기가 걸려있지 않았다고 해명했다.

영국이 전쟁을 발동한 근거는 이처럼 희박하였기 때문에 당시 영국 의회에서는 이런 일로 중국과 전쟁을 벌여야 하는지를 두고 격론이 벌어졌다. 하원은 파머스톤(Palmerston) 내각의 중국 정책에 대한 불신임안을 통과시켰다. 파머스톤은 의회를 해산하고 새로운 선거를 통해 다수당의 지위를 확보했다. 파머스톤은 일찍부터 중국을 상대로 새로운 전쟁을 일으킬 계획

---

14   Morse, 『중화제국대외관계사』 제1권, 787쪽.

을 갖고 있었다. 마르크스는 파머스톤 내각을 다음과 같이 비판했다. "전쟁은 파머스톤 독재의 생명을 결정하는 조건이 되어버렸다." "파머스톤은 선교사와 아편밀수상 중간에 서있으며," "거룩한 주교들과 사악한 아편 밀수상과 함께 걷고 있으며," "그밖에 대규모 차 수입상이 있지만 그들은 대부분이 직접 혹은 간접으로 아편무역에 종사하고 있기 때문에 중국과 체결한 현행 조약을 취소하려고 열심이다."[15] 여기서 분명히 알 수 있는 사실은 애로우호 사건 때문에 전쟁이 일어난 게 아니라 파머스톤 정부가 중국을 상대로 전쟁을 일으켜야할 필요가 있었기 때문에 애로우호 사건이 일어났다는 점이다.

영국 공사 보우링은 애로우호 사건을 구실로 하여 섭명침에게 최후통첩을 보내고 이어서 군함 3척을 보내 주강 하구에 진입시켜 포대 몇 곳을 점령하는 한 편 광주성을 포격했다. 섭명침은 진지하게 전쟁 준비를 하지 않았으나 광주의 민간 무력과 일부 병사들이 저항했다. 한편 영국 측도 이때 광주를 점령하기에는 병력이 충분하지 않아 침략군은 한바탕 소란을 일으킨 후 철수했다. 황제는 섭명침으로부터 "승리했다"는 보고를 받은 후 영국군이 보복하지 않을까 크게 염려했다. 청 정부 측에서는 힘써 침략군과 타협하려 했는데, 이것이 제2차 아편전쟁 중의 특징이었다. 함풍 7년(1857년) 초, 영국이 파견한 새로운 대표가 중국을 향해 오고 있는 중이라는 소식을 들은 황제는 다음과 같은 지시를 내렸다. "이번에 파견되어오는 인물이 도리에 맞는 말을 한다면 마땅히 도리로서 접촉해야 할 것이나 다시 구실을 찾아 만회하려 하게 해서는 안 될 것이다."[16] 이때 영국의 파머스톤 정부는 국내의 여론 준비를 끝냈고 새로 파견되어오는 전권특사 엘긴(James

---

15 『마르크스·엥겔스전집』 제12권, 인민출판사 1962년 판, 155, 161, 162쪽.
16 『함풍이무』 제15권, 10쪽.

Bruce, 8th Earl of Elgin)은 군대를 이끌고 오고 있었으며 그의 임무는 무력을 사용하여 청 정부가 영국의 요구를 받아들이게 하는 것이었다.

프랑스의 황제 나폴레옹 3세도 중국을 상대로 한 전쟁에 참가하기로 결정했다. 프랑스가 내세운 참전 명분은 프랑스인 선교사 살해사건이었다. 프랑스 측은 함풍 6년 정월에 프랑스 선교사(마[馬]신부)가 광서 서림(西林)현에서 선교활동을 하던 중 지방관에게 살해되었다고 주장했다. 서림현 지현은 사건 자체를 부인했다. 청 관부는 프랑스 측에게 조약에 의하면 선교사는 5개 통상항 이외의 지역에서는 활동할 권리가 없다고 지적했다.

이른 바 "마(馬)신부" 사건이 발생한 지 1년 반이 지나 프랑스는 이것을 핑계로 전권특사 그로(Jean-Baptiste Louis Gros)를 파견하였고 그가 이끄는 원정부대는 영국군과 함께 행동했다.

영국과 프랑스 정부는 미국의 협조를 요청했으나 미국은 전쟁에 참가하지 않기로 결정했다. 미국은 무기를 들고 강도짓을 하는 영국과 프랑스에게 다른 역할로 도움을 주고 장물을 같이 나눌 계획이었다.

영국을 우두머리로 하는 이 전쟁은 충분한 준비를 갖추었음에도 불구하고 함풍 7년(1857년) 하반기에 인도에서 폭발한 민족 봉기 때문에 엘긴이 지휘하던 부대는 인도로 이동해야 했고 따라서 중국에서의 전쟁은 잠시 연기되었다.

이 해 10월, 섭명침은 엘긴과 그로의 부임 각서를 받았는데, 각서는 무력을 사용할 것임을 명백히 밝히고 기한을 정해 답변을 요구했다. 그러나 섭명침은 황제에게 올린 보고에서 "영국 오랑캐와 프랑스 오랑캐"의 요구를 물리쳤으며 뿐만 아니라 이번 기회를 이용하여 그들이 지금까지 요구한 것들을 "모두 물리쳐 한 번 수고로 영원히 편안하게 지낼 수 있는 조치"를 했다고 과장했다. 황제는 12월 27일에 내린 유시를 통해 그의 노고를 치하하면서 다음과 같이 말했다. "섭명침이 오랑캐들의 기량이 이미 다했음을 꿰뚫어보고 기회를 기다려 회답하였으니 대국은 대체로 정해졌다."[17] 그러나 황제의 유시가 발송되기도 전에 광주에서의 국면은 급격하게 변하고 있었다.

11월 초하루(12월 16일), 영국과 프랑스의 군함이 주강 하구에 진입했다. 13일, 침략군은 포격을 시작했고 이틀 후 광주는 점령되었다. 광주에 있던 청의 고위 관료들은 모두 포로가 되었다. 섭명침은 영국 군함으로 끌려간 후 인도로 압송되었다(함풍 9년 캘커타에서 사망). 당시 섭명침의 행동을 풍자하는 "6불" ― 싸우지 않고(不戰), 강화하지도 않고(不和), 지키지도 않고(不守), 죽지도 않고(不死), 항복하지도 않고(不降), 달아나지도 않는다(不走) ― 이라는 말이 유행했다. 섭명침은 공개적으로 투항하지는 않았지만 실질적으로 투항주의와 구별할 수가 없었고 단지 허세로 투항주의를 감추었을 뿐이었다.

광주 점령만이 침략자들의 목적이 아니었다. 엘긴과 그로는 함대를 이끌고 북상하면서 상해에서 각서를 전달한 후 대고 항으로 직행했다. 미국 공사 리드(William Bradford Reed)뿐만 아니라 러시아 공사 푸티아틴(Euphimus Putiatin)은 함풍 7년 9월에 홍콩에 도착하여 영, 프랑스, 미와 행동을 같이 하기로 결정하고 함께 북상했다. 영국과 프랑스는 청과 전쟁상태에 있었고 미국과 러시아는 청의 친구로 위장했으나 그들 사이의 협력관계는 분명하게 드러나 있었다. 함풍 8년 3월, 이들 적과 "친구"는 함께 대고 항 밖에 도착했다.

황제는 직례 총독 담정양(譚廷襄) 등을 대고 항으로 파견했다. 그들은 우선 러시아와 미국 공사와 접촉했다(이들은 교전 당사자가 아님을 표시하기 위해 영국과 프랑스 공사보다 먼저 도착했다). 뒤에 도착한 영국과 프랑스 공사는 담

---

17 『함풍이무』 제17권, 37쪽.

정양이 전권 대신이 아니라는 이유로 담판을 거절했다. 4국 공사들은 청 정부를 상대로 회유와 협박을 병행했다. 청 측에서는 4국이 손발을 맞추고 있다는 사실을 알고 있었으나 그래도 미국과 러시아가 "중간에서 화해를 주선해주도록" "구슬렀다." 청 정부의 속셈은 세금을 감면해주고 부득이한 경우 "복건과 광동의 작은 항구 한 곳씩을 통상항으로 개방"해주는 것이었다.[18] 그러나 이 정도의 양보는 침략자의 요구와는 한참 거리가 멀었다. 침략자들은 청 정부가 외국과 전쟁을 두려워한다는 사실을 간파하고 있었기 때문에 그 정도에서 일을 끝내려 하지 않았다.

4월 8일(1858년 5월 20일), 영국과 프랑스는 불시에 대고 포대를 포격했다. 청의 군대는 황급히 달아났고 영국과 프랑스 군대는 신속하게 천진에 접근했다. "중재인" 미국과 러시아도 그들을 따라왔다. 조정 관원들 가운데서 전쟁을 주장하는 자가 없지는 않았으나 울분과 공론만 쏟아 낼 뿐이었고 일부는 지방 향신들의 단련에 의존하여 적을 막자고 주장했다. 비교적 독특한 견해를 제시한 인물이 병부좌시랑 왕무음(王茂蔭)이었다. 그는 황제에게 올린 상주문에서 북경에서 적을 맞을 준비를 해야하며 "싸워서 이기면 당연히 좋고, 이기지 못해 성 밖으로 물러나도 역시 지킬 수 있다"[19]고 하였다. 그러나 이 때 청 정부는 쉽게 이길 수 있다는 확신이 서지 않는 한 진정한 저항을 하려 하지 않았다. 수도를 버리고 장기적인 저항을 한다는 것은 생각할 수도 없는 일이었다. 이보다 5년 전 태평군이 북경과 천진에 접근했을 때는 확고한 결심을 가지고 완강하게 저항했던 봉건 통치자들이 천진에 침입한 외국 침략자들에 대해서는 한마음 한뜻으로 강화를 추구했다. 황제는 즉각 대학사 계량(桂良)과 이부상서 화사납(花沙納)을 천진으로 파견

---

18 『함풍이무』 제21권. 39쪽.
19 『함풍이무』 제23권. 24쪽.

하면서 제1차 아편전쟁 때에 투항주의로 이름을 날렸던 기영을 특별히 기용했다.[20] 담판 과정에서 청 측은 하나하나 양보했고 최종적으로 영·프랑스·미·러시아 4국이 요구하는 바를 모두 받아들여 조약을 체결하였다.

중·영, 중·프랑스 천진조약은 각기 함풍 8년 5월 16일과 17일(1858년 6월 26일과 27일)에 체결되었다. 그 주요 내용은 다음과 같다. 영국과 프랑스는 북경에 공사를 주재시킨다, 통상항의 숫자를 늘린다, 외국인은 중국 내지를 여행하며 통상과 선교를 할 수 있다, 관세 규정을 개정한다, 외국 선박은 장강을 항행할 수 있다, 중국은 영국과 프랑스에게 각기 은 4백만 냥과 2백만 냥을 배상금으로 지급한다. 러시아와 미국은 "중재자"의 모자를 쓰고 청 정부를 회유하고 압박하여 이보다 앞서(6월 13일과 18일) 중·러시아, 중·미 천진조약을 체결했다. 러시아와 미국은 배상금만 받지 않았을 뿐 나머지는 영국·프랑스와 똑같은 권리를 획득했다.

이 조약의 체결을 주재한 계량과 화사납은 조약이 체결된 후 황제에게 올린 보고서에서 국내의 "민란"을 강조하면서 "나라 안의 도적무리를 아직 청소하지 못한 상태에서 외환을 맞으니 군대를 움직이기 어렵고 전비를 마련하기도 쉽지 않으므로" 절대 전쟁을 벌일 수 없다고 말했다. 또한 상주문은 외국 침략자들은 그래도 신뢰할 수 있을 것 같다고 주장하면서 다음과 같이 기술했다. "섭명침을 해치지 않은 것을 보면 천조의 뜻을 두려워함을 알 수 있고 광동을 돌려주는 것을 보면……땅을 차지하려는 생각이 없음을 알 수 있다." "이번에 온 오랑캐는 성은에 감동하니 관대하게 대하고 성의를 보여주면 오래 동안 좋은 관계로 지낼 수 있으며 각 성과 중앙

---

20 이때 기영은 큰 역할을 하지 못했다. 기영은 담판이 진행 중일 때 멋대로 천진을 떠나 북경으로 돌아갔고 이 때문에 황제로부터 "사사(賜死)"받았다.

의 병력으로 그들을 묶어둘 수 있다."[21] 이런 논법은 일부 봉건관료들의 서방 침략자에 대한 "새로운" 인식을 대표했다. 이 새로운 "인식"은 봉건관료가 정치적으로 매판화하는 기초가 되었다.

영국과 프랑스에게 점령된 광주에서 청의 일부 관원들이 직접적이고 공개적으로 외국 침략자를 위해 부역하는 사례가 나타났다. 영국과 프랑스 군대가 함풍 7년 11월에 광주를 점령하고 양광 총독 섭명침을 체포하자 광주장군 목극덕납(穆克德納)와 광동 순무 백귀(柏貴) 등도 포로가 되었다. 침략자들은 백귀와 목극덕납의 원래 직위를 회복시키기로 결정하고 다음과 같이 공고했다. 광주성은 연합군의 무력통제 하에 있으나 정부는 백귀가 관리하도록 한다, 영국인 2명과 프랑스인 1명으로 구성된 위원회가 순무의 관아에 주재하면서 통제한다, 순무가 발표하는 모든 포고는 이 위원회의 추가 서명이 있어야 유효하다. 이렇게 하여 백귀를 우두머리로 하는 허수아비 정권이 광동에 세워졌다. 청 정부는 백귀가 적의 허수아비가 되었다는 사실을 알고도 그에게 어떤 책임도 묻지 않았으며 여전히 그를 광동 순무의 자리에 앉혀두었다. 광주성이 침략군의 통치를 받던 3년여 동안에 백귀는 병사했다. 청 정부는 노숭광(勞崇光)을 광동 순무에 임명하였고, 노숭광은 광주에 부임한 후(함풍 9년 7월) 침략군의 통제위원회와 "공동으로 업무를 처리"함으로써 허수아비 정권은 지속되었다.

제1차 아편전쟁 중에는 침략군이 정해와 같은 작은 항구를 점령했을 뿐이고 침략군 자신이 행정장관을 맡았다. 제2차 아편전쟁이 벌어진 광주에서는 침략자가 허수아비 정권을 수립하고 이를 통해 청의 중앙정부와 연결을 유지했다. 이것은 중국의 반식민지화 과정에서 제국주의가 중국을 통치하는 새로운 방식의 시작이었다.

----

21 『함풍이무』 제27권, 1-3쪽.

제2차 아편전쟁과 러시아

　도광 30년, 즉 중·영 아편전쟁이 일어난 지 10년 후, 러시아는 청 정부에게 이리, 타르바가타이, 카슈가르(세 곳은 모두 신강성에 있다)를 교역지역으로 개방할 것을 요구했다. 이전 100년 동안 중국과 러시아 사이의 교역은 몽고 국경과 캬흐타를 통해서만 이루어져 왔다. 청 정부는 카슈가르를 제외한 두 곳만 개방하기로 동의했다. 함풍 3년(1853년) 러시아 정부는 다시 러시아 선박이 상해 등 연해지역에서 교역하게 해줄 것을 요구했으나 청은 거절했다. 이 무렵 러시아는 주로 흑룡강 유역에 야심을 갖고 있었다. 강희 28년(1689년)에 체결된 네르친스크 조약으로 좌절된 러시아의 야심은 19세기 50년대에 들어와 다시 팽창하기 시작했다.

　도광 27년(1847년) 러시아 황제는 무라비요프(Nikolay Nikolayevich Mura-vyov-Amursky)를 동 시베리아 총독으로 임명하고 흑룡강 유역으로의 확장이란 임무를 그에게 부여했다. 도광 30년(1850년), 무라비요프는 흑룡강 하안의 묘가(廟街)(지금의 니콜라예프스크)를 무단으로 점거하고 러시아 국기를 게양했다. 그는 바이칼 호 바깥으로 코사크 군대를 추가 배치했다. 그는 "아무르 강(흑룡강) 점령을 실현하기 위한 유일한 방법은 우리의 겁 많은 이웃(중국을 가리킴)에 무력을 휘두르는 것"이라고 공언했다.[22]

　크리미아전쟁이 진행 중이던 함풍 4년(1854년) 5, 6월 사이에 무리비요프는 캄챠카반도 쪽으로 공격해오는 영국과 프랑스 함대를 막기 위해 군대의 최단거리 이동로를 찾는다는 구실을 내세워 직접 상당히 큰 규모의 선단을 이끌고 쉴카 강으로부터 흑룡강으로 진입하여 동쪽 바다로 나갔다.

22　『무라비요프 아무르스키 백작』 제1권. 러시아어 판은 1891년 모스크바에서 출판. 중국어 번역판, 1973년 상무인서관 출판. 298쪽.

중국 영토에 대한 공개적인 침범을 호도하기 위해 무라비요프는 청 정부에게 다음과 같이 설명했다. "본 대신이 동해 항구로 나가면서 중국 흑룡강수면을 거쳐 갔으나 군사를 움직이는데 들어간 일체의 비용은 스스로 부담했다 …… 이 번에 중국 경내를 거쳐 군대를 움직인 것은 좋은 이웃의 득을본 것이다."[23] 청 정부는 흑룡강을 지키는 병력이 적어 러시아의 행동을 저지할 수 없었으나 러시아 측에 "내지의 수면은 외국의 병선이 임의로 왕래할 수 없는 곳이니 이후로는 다시는 흑룡강을 지나가서는 안 된다"[24]고 답변했다. 양측의 교신을 보면 당시 러시아와 청은 흑룡강이 중국의 내륙 하천이라는 분명한 인식을 갖고 있었고 이는 외흥안령 일대를 중·러의 국경으로 정한 네르친스크 조약에도 명시되어 있던 바였다.

이로부터 1년만인 함풍 5년(1855년) 4, 5월 사이에 무라비요프는 다시 같은 구실을 내세워 흑룡강을 두 번째로 항행했는데 이것은 사실상 무력시위였다. 중국과 러시아는 8월에 송화강 하구에서 이른 바 "경계 획정" 회담을 열었다. 담판이 시작되자마자 러시아 측에서는 흑룡강이 "양국 사이에 다툼이 가장 적은 천연의 경계"라는 극단적으로 무리한 선언을 하고 흑룡강 좌안 전부와 연해주 지역 전부를 러시아 영토로 주장했다. 중국 대표는 이러한 무리한 요구를 거절했고 담판은 성과 없이 끝났다.

함풍 6년(1856년), 크리미아 전쟁이 끝나자 러시아는 흑룡강에서 공개적으로 제3차 무력시위를 벌였다. 흑룡강과 길림의 지방장관들이 러시아의 군함이 빈번히 출몰할 뿐만 아니라 강안에 상륙하여 도처에 병영을 짓고 양식과 병사를 배치하고 있다는 보고를 올렸다. 이에 대한 황제의 지시는 "가벼이 전쟁의 빌미를 만들지 말 것이며 통제를 소홀히 하지도 말라"는

---

23 『함풍이무』 제8권, 25-26쪽.
24 『함풍이무』 제10권, 18쪽.

공허한 내용이었다.[25] 이 무렵 영국은 광주에서 행동을 개시했다. 러시아는 푸티아틴을 특명 사절로 파견하여 청 정부 당국에게 "귀국의 내지가 불안정하고 외적이 침입하고 있으니" 특명 사절을 북경으로 파견하여 "양국 교섭에 관한 일체의 사무를 처리"하고자 한다고 알렸다.[26] 러시아는 중국의 친구인 것처럼 위장하고 있었으나 청 당국은 푸티아틴의 북경 방문을 거절했다.

러시아는 한편으로는 푸티아틴을 홍콩으로 보내 영국·프랑스·미국과 협력방법을 논의하고 다른 한편으로는 무라비요프가 흑룡강에서 아무런 제지도 받지 않고 "식민정책"을 펼치면서 흑룡강 좌안을 사실상 군사적으로 점령했다. 러시아는 1858년 이후부터 "흑룡강 좌안에 거주하는 주민은 모두 우리나라(러시아) 관할"이라고 선포했다.[27] 러시아는 심지어 다음과 같이 공표했다. "우리가 어쩔 수없이 중국인을 상대로 무력을 사용하게 된다면 아무르 강(흑룡강)이 주요 작전 기지가 될 것이며, 아이훈(璦琿)에서 상륙하여 몇 갈래 평탄한 길을 따라 인구가 집중된 지역을 가로질러 남만주와 북경을 향하게 될 것이다."[28]

푸티아틴은 홍콩에서 3국과 협의하기 전에 먼저 천진에서 활동했다. 이때 그는 국경문제를 모호하게 언급했다. 청 당국은 국경문제는 네르친스크 조약으로 이미 명확하게 해결되었고, 다만 오특하(烏特河) 유역은 캬흐타 조약에서 양국의 공유로 규정하였으므로 현지에서 회동하여 경계를 정할 수 있다고 주장했다. 청 당국은 푸티아틴에게 흑룡강으로 가 중국이 지

---

25 『함풍이무』 제13권. 21쪽.

26 『함풍이무』 제15권. 8쪽.

27 『무라비요프 아무르스키 백작』 제1권. 514쪽.

28 전게서. 502쪽.

정한 관원을 만나 문제를 해결하라고 통보했다. 푸티아틴은 먼저 본국으로 돌아가 정부의 훈령을 받아야한다고 응수했다. 청 정부는 해란포(海蘭泡)(지금의 러시아령 블라고베셴스크)를 포함하는 흑룡강 좌안은 중국령이며 이는 네르친스크조약과도 부합한다는 분명한 입장을 밝혔다. 푸티아틴은 본국의 훈령을 받기 위해 귀국한 게 아니라 홍콩으로 가 영국·프랑스·미국 3국의 공사와 만난 후 함께 상해로 갔다. 그는 상해의 중국 관원에게 제시한 각서에서 3국의 요구를 지지했을 뿐만 아니라 "흥안령으로 양국의 국경을 삼을 수는 없으며 흑룡강이 국경이 되어야한다"[29]며 특별히 중·러 양국의 국경문제를 제기했다. 청 당국은 이 주장을 반박하고 흑룡강 장군 혁산에게는 "만약 이 오랑캐(푸티아틴을 가리킴)가 흑룡강으로 돌아가 혁산을 찾아오면 이치를 따져 거절하고 전에 논의한 대로 오특하 지방으로 함께 가 경계를 정하라"고 지시하였다.[30] 이때 청은 러시아 측이 경계를 획정하는 임무를 무라비요프에게 지우고 있음을 알고 있었기 때문에 다시 이 방침에 의거하여 무라비요프를 "자세히 타이르고 이 오랑캐가 멋대로 땅을 차지하지 못하게 하라"고 지시했다.[31]

함풍 8년(1958년) 4월에 청의 흑룡강 장군과 러시아의 동시베리아 총독 무라비요프 사이에 아이훈 담판이 벌어졌다. 담판 첫날부터 무라비요프는 사전에 준비한 조약 초안을 내놓았는데 그 기본 논지는 흑룡강을 국경으로 확정하자는 무리하고도 교만한 요구였다. 혁산은 이 조약을 접수할 수 없다고 주장했으나 담판 닷새째가 되자 완전히 굴복하고 말았다. 엿새째 되는 날 혁산과 무라비요프는 아이훈조약에 서명했다. 혁산은 황제에게

29 『함풍이무』 제18권, 33쪽.

30 『함풍이무』 제20권, 1쪽.

31 『함풍이무』 제20권, 2쪽.

올린 보고서에서 회의 기간 동안 "밤이면 멀리 보이는 오랑캐 배에서 불을 밝히고 총과 포를 쏘아대는 소리가 끊이지 않았으며…… 전쟁의 빌미를 찾는 태도가 분명"했을 뿐만 아니라 "형세가 이토록 어려운데 글로 써주지 않으면 반드시 오랑캐의 추장을 노엽게 하여 전쟁을 빌미를 만들 것인즉 타이르기 어려웠고," 따라서 타협하여 "화급한 위험"을 피할 수밖에 없었다고 하였다.[32]

아이훈 조약의 조문은 매우 간략했으나 이 조약이 중국에 가져다 준 영토손실은 놀라운 것이었다. 이 조약에 따르면 외흥안령 이남 흑룡강 이북의 60만 평방 킬로미터나 되는 광대한 지역이 러시아 영토로 귀속되었고, 우수리 강 이동에서 바다에 이르기까지 약 40만 평방 킬로미터가 이른 바 중국과 러시아의 "공동관리" 지역이 되고, 우수리 강과 흑룡강은 러시아가 자유롭게 항행할 수 있는 항로가 되었다. 그러나 공동관리 지역은 2년 후에 체결된 중·러 북경조약으로 러시아 영토로 편입되었다.

아이훈 조약이 체결되고 반 달 후 러시아는 중재자의 자격으로 청과 중·러 천진조약을 체결했다. 그러나 제2차 아편전쟁은 이때까지 종결되지 않은 상태였고 얼마 되지 않아 영국과 프랑스 연합군이 다시 북경에 침입했다. 러시아는 연합군과 함께 들어와 청 정부와 북경조약을 체결했다. 러시아는 천진조약과 북경조약으로 별로 득을 본 것은 없었으나 당시 엥겔스가 지적한대로 아이훈 조약만으로도 "중국으로부터 프랑스와 독일을 합한 것과 맞먹는 면적의 영토와 도나우 강만큼 긴 강 하나를 차지하게 되었다."[33] 제2차 아편전쟁 시기에 각기 다른 모습으로 출현하여 중국을 침략한 강도 무리 가운데서 러시아는 가장 많은 장물을 차지한 강도였다.

---

32 『함풍이무』 제25권, 13–15쪽.
33 『마르크스·엥겔스전집』 제12권, 인민출판사 1962년 판, 662쪽.

천진조약에서 북경조약까지

태평천국 혁명운동 시기에 발생한 제2차 아편전쟁으로 청의 봉건 통치자들이 안고 있던 다음과 같은 모순이 여실히 드러났다. 청 왕조는 외국 침략자에 대항하지 못하고 압력에 굴복할 수밖에 없으면서도 한편으로는 자국 인민들에게는 아직도 "외국 오랑캐"를 몰아내고 국가의 "존엄"을 지켜낼 능력이 있음을 보여주어야 했다. 함풍 8년(1858년)의 천진조약에서 함풍 10년(1860년)의 북경조약 사이의 사태 발전은 이런 모순으로 점철되어 있었고, 이 때문에 함풍 황제로 대표되는 중앙 정권이 내놓은 정책과 명령은 일관성이 없이 늘 상호 모순적이었으며 결국은 침략자들의 의도대로 휘둘렸다.

천진조약 체결 후 이어서 상해에서 영국인과 관세제도를 개정하는 회의가 열렸다. 함풍 황제는 이때 자신이 비준한 조약 가운데 "외교사절의 북경 주재, 내륙하천에서의 통상, 내지 여행, 전비 배상과 광동 반환 등 네 가지 조항은 중국에 큰 해가 된다"는 사실을 비로소 알게 된 듯 담판 책상에 마주 앉고 나서야 무력 위협 아래 맺은 치욕스런 조약을 취소하도록 적을 설득하라는 주장을 내놓았다.[34] 심지어 그는 관세면제를 조건으로 이상의 4개 조항을 개정하자는 황당한 주장을 내놓았다. 회의에 참가한 대신들은, 면세는 당연히 "외국 오랑캐들"이 원하는 바이지만 이런 조건을 받아들인 후에도 조약을 통해 기왕에 얻어낸 일체의 특권을 여전히 주장할 것으로 판단했고 이런 판단은 근거가 없지 않았다. 이들 대신은 영국 측에 황당한 주장을 제기하지도 않았고 문제의 4개항을 개정하자는 요구도 할 수 없었다. 그런데도 황제는 거듭하여 대신들에게 상대를 "타이르라"는 지시를

---

34 『함풍이무』 제31권, 31쪽.

내렸다. 대신들은 조약 개정을 완곡하게 암시했다가 상대로부터 단번에 거절당하자 할 수 있는 일이란 이 사실을 황제에게 보고하는 것뿐이었다. 상해 회의가 열렸다가 닫히기를 반복하며 반년 동안 지속된 후 황제는 마침내 어쩔 수 없이 "오랑캐의 성정이 교활하고 집요한데 대신들(상해 회의에 참가한 대신들)이 처리해야할 시국 사무는 급박하니 이 역시 진퇴양난"[35]이란 뜻을 밝혔다. 이때 황제의 유일한 희망은 외국의 사신들이 북경에 장기간 주재하도록 허락하는 조항 하나만이라도 고치는 것뿐이었다. 황제는 외국 사절이 수도에 장기간 주재한다는 것은 조정이 "외국 오랑캐의 감독을 받고 있다"는 사실을 공개적으로 선포하는 것과 다름없다고 판단했다.[36] 천진조약에 따르면 1년 후에 정식으로 비준서를 교환하게 되어 있었다. 함풍 황제는 수도에서 비준서를 교환하기를 원지 않았는데, 이는 굴욕적인 조약은 황제 자신의 책임이 아니라는 표시를 보여 얼마간의 "체면"을 유지하고 싶었기 때문이었다. 회의에 참가한 대신은 영국인들에게 사절의 주재 지점과 비준서의 교환 지점을 수도 이외의 곳으로 옮기도록 설득했으나 상대는 한 치도 양보하지 않았다.

침략자는 봉건 통치자와 그 최고 대표자의 "체면"을 세워줄 수도 있었으나 청 조정이 철저한 굴복을 보증한 후에 그렇게 할 작정이었다. 그러므로 천진조약에 관해 마음이 변한 듯한 청 조정의 태도는 침략자로 하여금 무력 위협을 한층 더 강화할 준비를 하게 했을 뿐이었다.

함풍 9년 5월(1859년 6월), 예정된 비준서 교환 시간이 다가왔다. 영국·프랑스·미국 3국 공사는 통지도 없이 대고 항 밖에 나타났다. 그들은 모두 군함을 이끌고 왔으며, 특히 영국은 해군 소장 호프(James Hope)가 상당히

---

35 『함풍이무』 제35권, 40쪽.
36 『함풍이무』 제50권, 16쪽.

큰 규모의 함대를 지휘했다. 청 조정은 3국 공사를 받아들이기로 결정했으나 병력을 거느리지 말고 대고 항 약간 북쪽에 있는 북당(北塘) 항에서 상륙하여 천진으로 들어오라고 통지했다.[37] 그러나 영국 측은 이 통지를 무시했다. 5월 25일(6월 25일), 영국과 프랑스 군함이 무단으로 대고 항에 진입하여 포대를 향해 포격을 가하는 한편 육전대가 상륙을 시작했다. 예상 밖으로 중국 측 포대가 그들을 향해 맹렬하게 반격했다. 대고 항 수비를 맡고 있던 장군은 승격임비(僧格林沁)였다. 포격전은 하루 낮밤 동안 계속되었고 침략자는 심각한 손실을 입었다. 영국 측은 4척의 포함이 침몰했고 몇 척의 포함은 작전 능력을 상실했다. 상륙한 영국군의 반수 이상이 전사하고 호프 소장도 부상을 입었다. 영국과 프랑스군은 심각한 손실을 입었으나 현장에 있던 3척의 미국 군함의 도움을 받아 간신히 대고 항을 빠져나갔다.

영국과 프랑스는 의외의 실패를 만회하려고 부심하였으나 국제정세의 영향 때문에 1860년 초가 되어서야 대규모 연합병력을 파견하여 다시 전쟁을 선포했다. 이때도 영국의 특명공사는 엘긴, 프랑스 특명공사는 그로였다.

대고 항의 포격전은 청 당국의 입장에서는 의외의 사건이었다. 이때의 포격전은 청 황제와 조정의 침략자에 대한 정책이 변했다는 표지가 아니었다. 포격전이 있은 지 5일 후 황제는 유시에서 다음과 같이 밝혔다. "오랑캐를 몰아내는 방법은 토벌과 선무를 병행해야 할 것이니…… 이번의 승리 후에는 선무하여 쫓아낼 방법을 찾음이 타당하다." 이른 바 "선무하여 쫓아낼 방법을 찾음"이란 사실은 적에게 북경으로 와 비준서를 교환할 것을 요청하는 것을 의미했다. 미국 공사는 이 요청을 받아들였다. 청 당국은 북경에서 미국과 비준서 교환 절차를 마친 후 미국 공사에게 영국과 프랑스도

37 『함풍이무』 제38권, 17쪽.

북경으로 와 비준서를 교환하기를 바란다고 전해줄 것을 부탁했다.[38] 러시아의 신임 공사 이그나티에프(N. P. Ignatiev)도 북경에 도착했다. 함풍 9년 11월에 영국과 프랑스의 해군이 곧 상해에 도착할 것이라는 소식이 전해졌는데도 황제는 상해의 지방 관원에게 그들이 강화를 논의하기 위해 온 것이 아닌지 알아보라는 지시를 내렸다. 조정은 해안 방위를 강화하여 영국군과 프랑스군의 공격에 대비하라는 명령을 내리기는 했지만 무력으로 저항할 결심을 한 것은 아니었다.

함풍 10년(1860년) 초, 양강 총독 하계청(何桂淸)(이 인물은 일찍부터 상해의 매판자산가들의 정치적 대표가 되었다)은 황제의 지시에 따라 중국상인들과 영국상인들의 접촉을 통해 영국 공사가 어떤 조건이면 강화를 받아들일 것인지 탐문하려 하였다. 그러나 영국 공사는 "즉각적이고 무조건적으로" 4개항 조건(대고 항 포대의 행위에 대한 "사과," 천진조약의 완전한 이행, 새로운 배상금의 추가 등)을 받아들일 것을 요구했다. 강화회담 시도는 이렇게 무산되었다. 함풍 황제가 갑자기 강경한 태도를 보였다. 윤3월 초하루(1860년 4월 21일), 황제는 "이 오랑캐가 군사를 이끌고 온다면 맞서 결전을 벌일 뿐"이란 유시를 내렸다.[39] 그러나 한 달이 되지 않아 영국과 프랑스의 북상하겠다는 협박이 실행되지 않은 상태에서 황제의 태도가 다시 바뀌었다. 황제는 북방에서 전쟁을 벌이면 승리한다 해도 위험하므로 "북쪽으로 오지 말도록 상해에서 반복하여 타이르라"는 지시를 내렸다.[40] 이른 바 "반복하여 타이른다"함은 적에게 완화된 조건으로 강화를 맺도록 요구하라는 것이었다. 이 임무가 이번에도 하계청에게 주어졌다. 그러나 침략자는 "타이름"을 받아들이지 않았

38　『함풍이무』 제40권, 5쪽.

39　『함풍이무』 제50권, 1쪽.

40　『함풍이무』 제50권, 33쪽.

다. 4월 중에 영국과 프랑스의 군대가 각기 절강의 정해와 산동의 연대(煙臺)에 상륙했다. 5월 초, 하계청은 "반복적으로 타이르는" 작업을 하면서 오히려 영국과 프랑스 측에 출병하여 함께 태평군을 공격하자고 요청했다. 이때 태평군은 동진하면서 곳곳에서 승리를 거두고 이미 소주를 점령한 상태였다. 하계청은 황제에게 올린 보고에서 영국과 프랑스의 요구를 받아들여야 그들의 북상 위험을 제거할 수 있을 뿐만 아니라 태평군 토벌에 도움을 받을 수 있다고 하였다. 황제는 이런 주장을 수용하지 않고 하계청을 파면한 뒤 설환(薛煥)을 후임으로 임명했다. 그러나 설환도 하계청과 동류의 인물이었다. 5월 하순, 영국과 프랑스 군대가 산동에 진입하고 엘긴과 그로 두 사람도 상해에 도착한 후 곧 북상을 시작했다. 설환은 황제에게 올린 보고에서 자신이 수년간 "오랑캐를 다루어본 경험"이라며 "오랑캐를 몰아내는 방법은 그 성정에 따라 길들이는 것이 전부"라고 하였다.[41] 적이 나라의 문턱을 넘었으니 이치로 따지자면 마땅히 저항의 결심을 표시해야 할 때에 황제는 오히려 설환의 주장에 동의하였다. 설환은 보고에서 "오랑캐의 추장들이 병선을 함께 모아…… 같이 대고 항까지 들어와 중국이 어떻게 거동하는지를 보고 전쟁이냐 강화이냐를 결정한다 하니…… 이 오랑캐들이 강화를 원한다는 소문은 근거가 없다"고 하였다.[42] 강화를 원하는 측은 본래 자신이 아니라 무장하고 국경을 침범한 적이라는 얘기다!

황제의 이런 방침을 지킨다는 것은 대문을 열어놓고 도적을 잡겠다는 형세와 다름없었다. 아무 방비도 없는 북당 항에 상륙한 영국과 프랑스 군대는 대고 포대를 습격하여 쉽게 점령하였다. 승격임비의 부대는 백기를 내걸고 통주(通州)(지금의 북경 통현[通縣])로 철수하였다. 천진은 적에게 점령되

41 『함풍이무』 제53권, 43쪽.
42 『함풍이무』 제54권, 13, 15쪽.

었는데, 사실상 청의 지방 관원이 아무런 방비도 없는 천진으로 적을 인도한 셈이었다.

황제는 대학사 계량을 천진으로 파견하여 직례 총독 항복(恒福)과 함께 이해 1월 상해에서 적이 제시한 4개항 요구를 모두 받아들이는 조건으로 강화를 논하게 했다. 그러나 이때 적은 배상금을 늘이고 천진까지 통상항으로 개방하도록 요구조건을 높였다. 계량 등은 황제에게 상대의 요구를 받아들이는 수밖에 없다는 보고를 올리는 한편 영국과 프랑스 측에 동의한다는 각서를 건네주었다. 그들의 이런 조치는 황제의 방침을 따른 것이지만 황제는 갑자기 생각을 바꾸어 계량 등이 겁이 많아 쓸모없는 인물이라고 질책하였다. 황제는 입만 열면 지금은 오랑캐를 "잠시 붙들어 둘 때일 뿐," 반드시 한차례 "결전"을 치를 준비를 해야 한다고 말했다.[43] 7월 24일(1860년 9월 9일), 영국과 프랑스 침략군은 천진을 떠나 통주 쪽으로 진격했다. 그러나 "결전"은 일어나지 않았고 황제는 황급히 직급이 더 높은 흠차대신(이친왕 재원[怡親王 載垣]과 상서 목음[穆蔭])을 파견하여 적과 강화를 논하고 적군이 통주에 진입하지 않도록 설득하라고 지시하였다. 황제는 이미 "현금 요구"와 적군의 "북경 진입"을 제외한 어떤 조건이든 받아들인다는 결정을 내려놓고 있었다. 그러나 침략자는 한 치도 양보하려 하지 않았다. 이때 황제는 정말로 저항할 결심을 했던 것 같다. 8월 초에 내린 황제의 유시는 겉으로 보기에는 선전포고와 같았다. 유시에는 다음과 같은 구절이 들어 있었다. "순종하지 않는 오랑캐가 감히 병사를 이끌고 통주까지 들어왔으니 …… 지금은 군사를 통솔하는 대신이 전국의 병사를 동원하여 결전에 나설 때이다." 황제는 통주 일대를 수비하던 승격임비의 부대에 결전의 희망을 걸고 있었다. 뿐만 아니라 황제는 영국과 프랑스가 담판 대표로 통

---

43 『함풍이무』 제60권, 26, 30쪽.

주에 파견한 파크스(Harry Smith Parkes)를 적의 "모사"로 판단하고 그를 구금한 일을 일대 승리라고 치하했다. 전쟁 중에 집행된 혼란스러운 정책 때문에 청군은 사실상 투지를 상실한 상태였다. 8월 7일(1860년 9월 21일), 영국과 프랑스 군대는 통주 서쪽의 팔리교(八里橋) 일대에서 공격을 시작했다. 승격임비의 부대는 거의 전군이 궤멸했다. 이렇게 하여 북경의 성문은 침략자들을 향해 활짝 열렸다.

함풍 황제는 팔리교의 패전 소식을 들은 후 즉시로 북경을 빠져나가 열하(熱河)의 행궁으로 갔다. 황제의 동생 공친왕(恭親王) 혁흔(奕訢)이 수도를 지키면서 "강화 문제를 처리할" 흠차대신으로 임명되었다.

북경성 밖에 도착한 영국과 프랑스 연합군은 맨 먼저 북경 서북쪽 교외에 있는 원명원(圓明園)으로 몰려가 가져갈 수 있는 보물과 문물을 모조리 약탈한 후 9월 5일(10월 18일)에 불을 질렀다. 청 왕조가 백여 년 동안 보화와 예술품을 모아들이고 중국식과 서양식을 결합하여 건축한 화려한 궁전과 정원이 완전히 폐허로 변했다.

일부 관원들은 북경성 밖에서 적과 전투를 벌이자고 주장했고 열하로 달아난 함풍 황제도 "병력을 두텁게 모아 일전을 벌여 성공하도록 모든 계책을 세우라"[44]고 지시하였다. 그러나 누가 "일전을 벌여 성공"을 보증할 수 있을까? 유일한 출로는 강화를 요청하는 것뿐이었다. 성 안에 남아있던 일부 대신들이 자발적으로 안정문(安定門)을 열어 연합군의 입성을 도왔다. 원래 성 밖에 주둔하고 있던 공친왕도 함풍 황제의 명령에 따라 성 안으로 들어와 적의 모든 요구를 단 한마디도 반박하지 않고 받아들였다. 함풍 황제는 "이미 성 안에 들어왔으니 반박하면 반드시 결렬될 것인 즉, 좋게 처리

---

44 『함풍이무』 제65권, 4쪽.

하여 전체 국면을 보전하도록 하라"[45]고 지시하였다.

함풍 10년(1860년) 9월, 공친왕은 영국·프랑스와 북경조약을 체결했을 뿐만 아니라 이어서 러시아와도 추가조약(역시 중·러 북경조약이라 부른다)을 체결했다. 제2차 아편전쟁 중 청 왕조 정부가 강압에 의해 체결한 일련의 불평등조약의 주요 내용은 다음과 같다.

1. 북경조약은 천진조약에서 규정한 영국과 프랑스에 대한 "배상금"을 각기 8백만 냥으로 늘이는 외에도 "위로금"으로 영국에 50만 냥, 프랑스에 20만 냥을 지급하도록 했다.

2. 러시아는 흑룡강 이북과 우수리 강 이동의 백만 평방킬로미터에 이르는 광대한 영토를 손에 넣고 일방적인 최혜국 대우를 확보했다.

3. 아편전쟁으로 개방된 5개 통상항 이외에 해안 지역의 천진, 우장(牛莊)(후에 영구[營口]로 개명됨), 등주(登州)(후에 연대로 개명됨), 대남(臺南), 담수(淡水), 조주(潮州), 경주(瓊州) 등 7개 항과 장강 연안의 진강, 남경, 구강, 한구(漢口) 등 4개 항이 통상항으로 개방되었다. 신강의 카슈가르도 러시아에게 개방되었다.

4. 외국 선박(군함 포함)이 해안 지역의 통상항뿐만 아니라 장강 일대를 자유롭게 항행할 수 있게 되었고 외국인은 내지를 마음대로 다니면서 교역할 수 있게 되었다.

5. 외국 교회는 중국 각지에서 자유롭게 활동할 수 있는 권리를 획득했다. 통역을 맡았던 프랑스 선교사는 북경조약의 조문에 멋대로 "프랑스 선교사가 각 성에서 토지를 매입하거나 임차하여 편의에 따라 건축을 할 수 있다"는 조항을 삽

---

45 『함풍이무』 제66권, 14쪽.

입했다.[46]

6. 영사재판권이 상세하게 규정되었다. 중국은 중국에서 범죄를 저지른 외국인을 심판 할 수 없게 되었고, 중국인과 외국인 사이의 민사소송도 "중국의 지방관과 (외국) 영사가 함께 재판"하도록 규정되었다.[47]

7. 수출입 화물의 세율은 차, 견사, 아편을 제외하고는 일률적으로 5%로 정해졌고 내지로 반입되는 서양 화물에 대한 내륙 관세는 2.5%로 정해지고 각종 내국세는 면제되었다. 또한 중·영 통상후속조약에서는 "관세 업무를 돕도록 총리대신은 영국인을 초빙할 수 있다"[48]는 조항이 있었는데, 이후 이 조항은 외국인이 중국의 세관을 관리하는 "합법적인" 근거처럼 되었다.

8. 아편이 합법적인 수입상품이 되었다.

9. 조약 가운데는 중국 노동자가 영국과 프랑스의 속지 또는 해외로 나가 노동하는 것을 허락한다는 조항이 있었다. 당시 이미 외국 침략자들은 동남 연해지역에서 중국 노동자들을 납치하여 대량으로 해외에 내다 팔고 있었는데, 이 조항으로 인해 이런 행위는 "합법행위"로 보장되었다.

10. 외국이 파견한 공사는 정복자와 같은 자세로 중국의 수도에 진주하게 되었다.

조약 중의 이런 규정과 기타 일부 규정 때문에 중국은 반식민지의 수렁 속으로 더욱 깊이 빠져들게 되었다.

제2차 아편전쟁의 후과는 조약의 조문으로만 나타난 게 아니었다. 이 전쟁을 거치면서 외국 침략자와 중국의 봉건 통치자가 연합하여 중국 인민의 혁명을 진압하는 국면이 형성되어 중국의 봉건 통치자는 서방 열강의

---

46 『중외구약장회편』, 147쪽.

47 전게서, 98쪽(중영천진조약 제17조).

48 전게서, 118쪽(중영천진조약 제10조).

하수인으로 변하기 시작했다.

봉건 통치자의 진정한 적

　　여기서 제2차 아편전쟁 중의 "단련" 문제를 살펴보기로 하자. 우리는 제1차 아편전쟁 중에 봉건 통치자들이 외국 침략자에 대응하기 위해 "백성의 힘을 빌린다"는 주장을 늘 해왔음을 살펴보았다. 제2차 아편전쟁 중인 함풍 10년 7월 27일의 선전포고와 비슷한 황제의 유시는 "수도 인근의 각 주와 현"에서 "향병"과 "단련"을 조직하라고 호소했다.[49] 그러나 봉건 통치자의 단련을 조직하라는 호소는 결코 인민의 역량에 대한 신뢰의 표시가 아니었고, 진정으로 인민의 역량을 동원하여 침략자와 맞서겠다는 결의의 표현도 아니었으며, 또한 진정으로 인민의 역량을 동원할 수 있는 방법도 아니었다.

　　영국과 프랑스 연합군이 천진과 대고에 진입했을 때 수도권 일대에서 단련을 조직하라는 청 당국의 호소가 효력을 발휘하지 않았다고 말할 수는 없다. 그러나 조정이 파견한 고위 관원의 독려로 향신과 부유한 상인들이 조직하기 시작한 단련은 침략군이 진격하는 길에 장애물이 될 수 없었다. 향신들이 단련을 조직하는데 열심이었던 이유는 이를 빌미로 돈을 걷거나 관리의 길로 들어서는 계단으로 삼고자 했기 때문이었다. 그들이 무력을 필요로 했던 다른 이유는 전쟁으로 어지러운 상황에서 자신의 재산을 지키기 위함이었다. 청 당국은 정규군이 적을 만나면 곧바로 궤멸되어 부단히 적에게 강화를 구걸해야 하는 상황에서 향신들이 영도하는 단련이 적을 막

49　『함풍이무』 제61권. 3쪽.

아줄 수 있으리란 환상을 가졌지만, 이 환상은 깨어질 수밖에 없었다. 하층 인민들이 품고 있던 분노는 조직과 지도자가 없는 상황에서 흔히 침략군에 대한 개별적인 파괴행위로 나타났다. 관원과 향신이 영도하고 조직한 단련은 하층 인민의 적극성을 동원할 수 없었을 뿐만 아니라 오히려 적극성을 억제하는 작용을 했다.

　　문제의 본질을 잘 성명해주는 사례가 광동성의 상황이다.

　　함풍 7년 광주성이 영국과 프랑스 침략군에게 점령된 후 청 정부는 아무런 대책이 없는 가운데 한 가지 방법을 생각해냈는데, 광동의 관원들이 단련을 모아 침략자를 몰아내라는 황제의 유시를 향신과 백성들에게 전달하는 것이었다.[50] 광동 노동대중의 삼원리 전투의 전통은 광주를 점령한 적을 상대로 한 투쟁에서 끊어진 적이 없었다. 작은 무리를 지어 성을 나서는 적이 습격을 받는 경우가 흔했다. 이런 투쟁을 조직화한다면 적을 곤경에 빠트릴 수 있었겠지만 한 번의 전투로 적을 몰아낸다는 것은 실질적으로는 불가능한 일이었다. 뿐만 아니라 청 당국은 다음과 같은 기묘한 방침을 갖고 있었다. 인민의 공격은 청 관부와는 관련이 없다고 할 것, 공격이 성공하면 그 때가서 관원이 나타나 조정을 시도한다.[51] 이 방침은 전임 호부시랑 나돈연(羅惇衍) 등 3인의 영향력이 큰 향신들이 광주성 부근 각지의 단련을 주관하는 방침이었다. 이들은 광주성을 수복하는 임무를 자임했다. 황제는 신임 양광 총독 황종한(黃宗漢)에게 나돈연 등과 협의하여, 이들 향신이 인민의 이름으로 침략자들과 결전을 벌이도록 하고 관부는 "국외자"로서 "조정"을 맡도록 하라는 명령을 내렸다.[52] 천진조약이 체결 된 후 황제

50　『함풍이무』 제18권. 5쪽.

51　『함풍이무』 제18권. 6쪽.

52　『함풍이무』 제26권. 38쪽.

는 나돈연에게 확신이 있다면 지금이라도 광주를 공격해도 좋다는 지침을 내리면서 한편으로 황종한에게는 "오랑캐에게는 백성이 무리지어 공격하는 것은 관부와는 무관한 일임을 알게 하라"는 지침을 내렸다.[53] 이런 상황에서 향신들이 어찌 진정으로 전투를 벌일 수 있겠는가? 그들은 황제에게 다음과 같은 보고를 올렸다. "신 등은 성지를 받들어 병사들의 움직임을 눌러두고 위세만 보여주고 있습니다. 그러나 시골의 어리석은 백성들에게 유시를 널리 전하기는 어렵습니다. 지금 연해지역 향촌에서는 백성의 분노가 들끓어 오랑캐와 오랑캐를 위해 일하는 자들에게는 물자를 제공하려 하지 않습니다. 오랑캐는 힘으로 위협하고 속이니 그러는 사이에 백성과 오랑캐가 원수가 되어 서로 죽이는 일이 일어나고 있습니다. 이처럼 손대기 어려운 문제를 두고 이 같은 방침이 나옴은 민심이 공분하는데 견제할 방책을 내지 않을 수 없음이기 때문임을 쉬 알 수 있습니다. 그것이 바로 백성이 일으켰으나 관부는 관련이 없다는 방침입니다."[54] 황제의 답변은 이랬다. "지금 오랑캐가 여전히 성의 수도를 점거하고 있으니 관원을 곤란하게 해서도 안 되고 잠시 서로 편안하게 지낼 수밖에 없다. 백성과 오랑캐가 서로 죽이는 일은 전체 국면과는 무관하니 여전히 아는 체 할 필요가 없다."[55] 이렇게 하여 "관부"와 "향신"은 모두 "국외자"가 되었고 침략자에 맞서 굴복하지 않으려는 사람은 "시골의 어리석은 백성"만 남았다.

그러나 "시골의 어리석은 백성"은 관부와 향신을 국외자로 인정하지 않았다. 관부와 향신들이 광주를 점령한 적과 평화롭게 지내려고 하고 있을 때 황종한은 다음과 같은 보고를 올렸다. "유감스럽게도 일을 만들기를

---

53 『함풍이무』 제35권, 5쪽.

54 『함풍이무』 제30권, 35, 38쪽.

55 상동.

좋아하는 무리들이 일부러 사단을 만들어 나돈연 등을 용두사미라 함부로 욕하고 민간을 속여 수십만 냥을 모았으나 타이름을 듣고는 병사들의 움직임을 눌러두고 있습니다 …… 신에게 병사를 이끌고 적의 소굴을 치라고 요구하는 익명의 격문이 신의 관아 문전에까지 나붙었고 돌을 격문으로 싸서 심야에 담장 밖에서 던져 넣는 자도 있습니다."[56] 하층 인민대중의 침략자에 대한 분노는 침략자와 타협하는 관원과 향신을 겨냥하여 옮겨갔다.

이렇게 되자 단련을 이끌던 향신의 임무도 180도로 바뀌었다. 함풍 9년 초, 나돈연은 황제에게 올린 상주문에서 "신 등은 화현에 주둔하면서 …… 북로의 촌민들에게 오랑캐를 원수처럼 죽이지 말라고 타일렀습니다"라고 하였다. 그러나 광주를 점령한 침략군이 화현을 공격하겠다는 뜻을 밝히자 나돈연은 화현을 떠나 북쪽으로 철수하면서 "한편으로 장정과 촌민들이 망동하지 말도록 단속했다."[57]

광동의 상황은 봉건 지주계급이 이 단계에서 철저히 타락했음을 보여주기에 충분하다. 침략자의 압력 하에서 그들이 할 수 있는 역할이라고는 인민대중의 애국투쟁을 단속하는 일뿐이었다. 외국 침략자가 아무리 기만하고 멸시해도 그들은 적과 타협하거나 심지어 적에 의존하여 자신의 생존을 도모하려 했다. 제2차 아편전쟁 중에 청의 봉건 통치자들은 시종 침략자를 진정한 적으로 보지 않았다. 그들의 마음속의 적은 혁명인민, 즉 태평천국이었다.

---

56 『함풍이무』 제31권. 10쪽.
57 전게서. 12, 13쪽.

장강 중하류 쟁탈전

함풍 6년(1856년) 천경성 안에서 대변란이 일어났을 때 태평군은 서쪽으로는 무한에서부터 동쪽으로는 진강에 이르는 장강 유역을 장악하고 있었고 호북, 강서, 안휘 3성에서도 우위를 유지하고 있었다. 그러나 이 무렵 태평군의 내부사정은 전략적 공격에서 전략적 방어로 바뀌고 있었다. 위창휘가 천경에서 자행한 대학살이 태평군의 골간에 커다란 손상을 입히고 석달개가 일부 병력을 데리고 이탈한 후 천경 서쪽의 전선에서는 점차로 태평군이 불리한 형세에 몰렸다.

가장 먼저 형세가 불리해진 곳은 호북이었다. 호림익이 호북 순무로 임명된 후 상군이 무창을 공격했다. 성 밖에 있던 석달개가 성 안의 태평군과 힘을 합쳐 호림익을 협공하였다. 천경에서 변란이 일어나자 성 밖의 석달개 원군은 철수했다. 성 안의 태평군은 성을 지켜낼 힘이 없어 함풍 6년 11월 하순에 포위망을 뚫고 탈출했다. 이때 이후로 태평군은 다시는 무창에 진입하지 못했다. 이어서 상군이 10만의 병력을 강서 전선에 투입하고 함풍 6년과 7년에 수많은 성을 차례로 함락시켰다. 상군에게 포위된 지 1년 반이나 된 구강은 마침내 함풍 8년 4월에 함락되었다. 태평군의 명장 임치용의 전군 1만 7천 명이 시가전을 벌이다 몰살되었다. 이해 8월, 태평군이 강서에서 장악하고 있던 최후의 성인 길안(吉安)이 태평군과 천지회가 서로 다투는 사이에 적에게 점령되었다.

안휘에서의 태평군의 상황은 아주 좋았다. 함풍 6년 하반기에 태평군은 회남(淮南) 지역의 적지 않은 도시와 촌락을 청군에게 뺏겼다. 그러나 태평군과 당시 안휘성 북부에서 활동하고 있던 염군(捻軍)이라 불리던 부대가 손을 잡기 시작하여 함풍 7년과 8년에는 비교적 활발하게 전투를 벌였다. 그들은 안휘 북부지역에서 우위를 차지했을 뿐만 아니라 서진하여 하남과 하북의 경계까지 이르렀다.

태평군의 주요 거점 지역이 잇달아 실함되는 상황에서 천경이 다시 포위되었다. 청의 흠차대신 화춘(和春)이 사망한 향영의 뒤를 이어 강남대영을 이끌면서 흠차대신 덕흥아(德興阿)가 지휘하는 강북대영과 힘을 합쳐 태평천국의 심장인 천경을 압박했다. 함풍 8년 6, 7월 사이에 태평군의 장수들은 안경 동북쪽의 종양진(樅陽鎭)에서 회의를 열고, 진옥성(陳玉成)과 이수성(李秀成)이 연합작전을 펼쳐 천경의 포위망을 푸는 새로운 작전을 세웠다. 태평군은 진옥성의 통솔 아래 회남의 여주(廬州)(지금의 합비[合肥])와 기타 성과 촌락을 다시 점령했다. 진옥성은 염군과 연합하여 저주(滁州)의 오의(烏衣)에서 이수성의 부대와 합류했다. 8월, 그들은 승리의 여세를 몰아 포구(浦口)로 직행하여 천경을 감시하던 강북대영을 습격했다. 이 전투에서 강북대영은 전군이 궤멸하였고 태평군의 선봉부대는 동진하여 양주(揚州)에 도달했다.

이때 강서의 상군은 회남의 태평군 주력이 동진하여 이미 강소성 북부에 이르렀다고 판단하고 이 기회를 타서 안휘를 공격했다. 상군은 안경을 중심으로 하여 적지 않은 성과 촌락을 점령하고 주력은 소호(巢湖) 부근의 삼하(三河)로 진격했다. 8년 10월, 진옥성은 강소성 북부에 있던 태평군 주력을 이끌고 신속하게 서쪽으로 돌아갔고 이수성의 원군과 기타 병력은 삼하를 지키던 부대와 협력하여 삼하를 공격하는 상군을 포위하여 막대한 손실을 입혔다.

삼하에서 태평군은 대승을 거두었다. 주요 적수인 상군은 1년여가 지나서야 점차로 기력을 회복했다. 이 기간을 이용해 태평군은 천경을 포위하고 있던 강남대영을 상대할 수 있었다.

태평군이 강북대영을 완파한 후 청은 강북의 군사업무를 강남대영의 흠차대신 화춘이 맡도록 하였다. 태평군의 주력이 삼하 전투에 투입된 기회를 이용하여 청군은 천경 부근지역에서의 활동을 재개했다. 진옥성과 이수성 주력부대가 강북으로 돌아와 함풍 9년 10월에 육합(六合)과 강포(江浦) 등지를 수복하자 천경의 상황이 개선되었다. 그러나 천경의 상황을 근본적으로 개선하자면 강남대영을 철저하게 분쇄해야만 했다. 강남대영의 부대는 부패하기는 했지만 그래도 10만의 병력을 갖고 있었다. 그 중의 일부는 이전에 광서에서 산적 도목 노릇을 하다가 청 당국의 초무를 받아들여 귀순한 장국량(張國梁)이 이끌고 있었다. 장국량의 부대는 비교적 강한 전투력을 갖추고 있었다. 강남대영을 분쇄하기 위해 태평군 지도자들은 매우 현명한 전략을 세웠다.

함풍 10년(1860년) 2월, 이수성은 예정된 계획에 따라 상당히 강한 전투력을 갖춘 병력을 이끌고 안휘 남부에서 절강으로 진입하여 항주를 기습했다. 강남대영은 병력을 나누어 항주로 증원군을 보내지 않을 수 없었다. 절강에 진입한 태평군은 적의 병력을 분산시키려던 목적이 달성된 것을 알고는 즉각 항주에서 철수하여 신속하게 안휘 남부로 돌아와 사전에 계획한대로 진옥성의 부대와 합류한 후 천경을 포위하고 있던 강남대영을 역으로 포위했다. 이 해 윤삼월 초에 벌어진 대규모 전투에서 강남대영은 전군이 붕괴되었다. 장국량은 단양(丹陽)까지 도주하다가 전사했고 화춘은 자살했다.

　당시 태평군의 주장이던 진옥성과 이수성은 태평천국 후기의 걸출한 장군이었다. 진옥성(1837-1862)은 광서 계평현의 빈농출신이었다. 그는 금전 봉기 때에 불과 14세의 나이에 병사로 참가했다. 천경에 도읍한 후 진옥성은 서정하는 군대를 따라 무창 공격전에 참가하여 5백 명의 선봉대를 이끌고 용감하게 전투를 벌여 성을 점령했다. 연속하여 몇 년 동안 실전을 통해 단련된 이 빈농의 자제는 태평군의 주장 가운데 한 사람으로 성장했다. 함풍 8년, 진옥성은 전군(前軍) 주장으로 임명되었고 다음 해에는 영왕(英王)으로 봉해졌다. 이수성(1823-1864)은 광서 등현(藤縣)의 빈농 가정 출신. 태평군이 영안(永安)에 진입하여 등현을 지나갈 때 혁명에 참가했다. 전투에서 용맹과 기지를 보여주어 일개 사병에서 출발하여 청년 장군으로 승진했다. 그와 진옥성은 석달개가 이탈한 후 태평천국이 위기를 맞은 상황에서 공동으로 군사 책임을 맡아 함께 안휘 전선에서 작전했다. 함풍 8년, 그는 후군(後軍) 주장으로 임명되었고 다음 해에는 충왕(忠王)으로 봉해졌다. 증국번과 호림익 같은 반혁명 우두머리들은 진옥성과 이수성을 전장에서 가장 무서운 적수로 여겼다.

　강남대영을 분쇄한 후 태평군이 마주한 문제는 앞으로 어떻게 국면을 타개하느냐는 것이었다. 당시 태평군이 점령한 지역은 천경 부근의 크지 않은 지역을 제외하면 안휘성 대부분 뿐이었다. 천경 이동의 중요 거점인 진강은 이미 적에게 빼앗긴 상태였다. 태평군 지휘부는 우선 풍요로운 강남지역을 빼앗기로 결정했다.

　동진 작전의 중요 책임자는 이수성이었다. 그는 함풍 10년(1860년) 4월에 부대를 이끌고 상주, 무석, 소주를 잇따라 점령함으로써 태호(太湖) 이동의 지역을 신속하게 차지했고 6월 초에는 상해에 접근했다. 그와 동시에 진옥성은 태호 이서 지역을 점령한 후 그곳에서부터 절강으로 진입하여 항주를 위협했다. 태호 유역은 청 왕조가 세수를 크게 의존하는 중요 기지였기에 이 지역을 빼앗긴다면 청은 큰 타격을 입을 수밖에 없었다. 그러나 태평군이 이 지역에 힘을 쏟음으로써 청군은 남경 상류에서 반격을 조직할 수있는 기회를 잡을 수 있었다.

삼하 전투의 참패로부터 벗어나 점차로 기력을 회복한 상군은 함풍 9년(1859년) 하반기부터 안휘를 공격하기 시작했다. 증국번은 안경을 점령하기만 하면 한걸음씩 남경을 향해 진격할 수 있다고 판단했다. 함풍 10년 5월, 증국번은 직접 상군 주력 8만을 이끌고 안경을 포위했다.

이때 태평군은 군사를 양로로 나누어 적의 후방인 무한을 기습하여안경의 포위를 풀 계획을 세워두고 있었다. 북로는 진옥성이 통솔하여 안휘 북부에서 호북으로 진입하고 남로는 이수성이 통솔하여 안휘 남부에서강서를 거쳐 호북으로 진입할 계획이었다. 이 계획에 따라 진옥성의 군대는함풍 11년(1861년) 2월 초에 호북의 영산(英山)에 도착한 후 황주(黃州)(지금의황강[黃崗])를 점령하여 직접 무창을 압박했다. 이것은 매우 현명한 전략이었다. 상군의 후방은 비어 있어서 무한을 방어할 능력이 없었다. 이때 영국의중국 주재 해군사령관 호프와 광주 주재 영사 파크스가 군함을 이끌고 한구로 찾아왔다. 파크스는 특별히 황주로 가서 진옥성을 만나 영국의 이익이 손상될 수 있으니 무한을 공격하지 말라고 "권고"했다. 이 때 파크스는의도적으로 구강 방면에서 이수성의 군대가 진입했다는 소식을 듣지 못했다고 알려주었다. 이런 상황에서 진옥성은 무창을 눈앞에 두고 군대를 황주 이북으로 돌려 마성(麻城)과 황안(黃安) 일대를 공격했다. 이 때문에 증국번과 호림익은 마음을 놓을 수 있게 되었다. 진옥성은 안경의 포위가 여전한 것을 보고 호북에서 전선을 열려던 계획을 밀고 나갈 수가 없어 3월에주력을 불러들여 안경을 구원하려 했다. 소주와 상주 일대에 있던 이수성은 원래 서정에 찬성하지 않았고 동남 지역의 새로운 근거지를 지키자고 주장했으나 홍수전의 독촉과 명령을 받고 군대를 무한으로 돌려 안경을 구하려 했다. 그는 주력을 남겨두어 강남을 지키게 하고 자신은 일부 병력을 이끌고 안휘 남부에 이르러 기타 부대와 함께 증국번의 지휘부가 자리한 기문(祁門)을 공격하였으나 성공하지 못했다. 그는 곧바로 상군의 후방인 강서 경내로 들어갔다. 그는 일부 병력을 강서에 남겨두고 자신은 강서에서 호북으로 진입하였고, 함풍 11년 5월에는 무한 근처까지 접근했다. 그러나 그는 진옥성의 군대가 이미 안휘로 돌아갔고 또한 태평군이 강서 동북부에서 불리한 상황에 처했다는 소식을 듣자 신속하게 호북에서 철수했다. 다시 강서로 돌아온 그는 남겨두었던 부대와 함께 동진하여 절강에 진입한 후 항주를 점령하였다. 이처럼 진옥성과 이수성은 호북과 강서에 진입하여 적에게 큰 타격을 줄 기회가 있었지만 상군은 일시 위협을 받았다가 안경 포위작전의 후방 기지를 여전히 유지할 수 있게 되었다.

안경 구원 문제를 두고 이수성과 진옥성은 논쟁을 벌였다. 이수성은 안경 포위를 푸는 작전에 대해 소극적이었는데, 그는 한 결 같이 강남지역을 지킬 생각을 했기 때문이었다. 당시 상황에서 전체 병력을 집중하여 안경 일대를 차지하기 위해 상군과 결전을 벌이는 전략은 옳은 전략이 아니었으나 그렇다고 해서 천경 이서 지역을 방치하고 오직 소주와 항주 지역을 지킨다는 전략도 옳은 전략은 아니었다. 증국번은 진옥성과 이수성이 전후하여 호북과 강서에 진입하자 다음과 같이 말한 적이 있다. "이 번에 도적무리가 안경을 구하려고 천리 밖에서 왔다…. 도적무리는 병사를 움직이는 데 뛰어나고 지난 해 보다도 더 교활하고 용감해졌다. 그렇지만 나는 안경을 깨뜨리는 데만 전념할 것인데, 나머지는 잃고 얻는데 신경 쓰지 않을 것이다."[1] 증국번이 거의 모든 병력을 집중하여 안경을 포위하는 작전에 몰두

---

1   『증문정공가훈(曾文正公家訓)』 상권. 12쪽.

한 것은 천경을 공격하기 전 단계로서 태평군의 병력을 모두 이곳으로 유인하기 위해서였다. 그런데 태평군이 증국번의 의도와는 달리 적의 빈 후방으로 들어와 종횡무진으로 활동하자 상군은 병력을 분산시켜 수동적인 처지에 놓이지 않을 수 없었다. 원래 이 전략은 매우 현명한 전략이었으나 태평군이 주도적으로 이런 정확한 책략을 실행한 것이 아니었고 따라서 계속 유지할 의지도 없는 책략이었다. 그들은 결국 이미 손에 들어온 물건을 버리려 하지 않았다. 이수성과 진옥성은 한 사람은 풍요로운 강남을 유지하는 걸로 만족했고 한 사람은 전력을 다해 안경이라는 성 하나를 탈취하려고 했다. 그 결과는 증국번이라고 하는 완강한 반혁명 우두머리가 안경 포위로 상대를 수동적인 위치로 몰아넣고 원하는 데로 즐기는 형세가 된 것이었다.

함풍 11년(1861년) 3월부터 진옥성은 안경을 포위한 상군을 전력을 다해 공격했다. 안경 쟁탈전은 5개월 동안이나 지속되었다. 진옥성의 부하들은 용감하게 싸웠으나 안경성은 결국 8월 초에 적에게 넘어갔고 진옥성은 남은 군사를 이끌고 철수 할 수밖에 없었다. 이 전투에서 용맹스럽게 전사한 태평군은 최소한 2만이었다.

안경이 함락된 후 천경 이서는 거의 전부 적의 천하가 되었고 태평군은 소주와 항주 지역에서 일시적인 우세만 유지했다.

염군과 태평군의 합작

하남과 안휘의 회하 이북지역에서는 일찍이 가경 연간에 농촌에서 "염당(捻黨)"이라고 하는 비밀조직이 성행했다. 현지 농촌에서는 신을 맞아들이는 의식을 치를 때 종이를 꼬아 기름을 묻혀 불을 붙였기 때문에 "염당"이란 이름을 얻게 되었다. 청 당국은 일찍부터 염당을 금했으나 이 무리는 분산하여 소규모 활동을 했기 때문에 크게 문제삼지는 않았다. 함풍 3년(1853년)에 이르러 태평군이 장강 유역으로 들어오고, 특히 태평군의 북상 원정군이 회하 북부지역을 가로질러 가면서 이 지역의 농민투쟁이 활발하게 일어나기 시작했다. 아쉽게도 북벌에 나선 태평군이 농민투쟁을 조직적으로 활용하지 않았기 때문에 회하 이북 지역의 농민투쟁은 이후 몇 년간 태평군과 아무런 관계를 맺지 못했다. 함풍 5년(1855년) 6월, 개봉(開封) 동쪽 동와상(銅瓦廂)에서 황하의 둑이 터져 황하 하류의 물길이 바뀌어 대청하(大淸河)로 들어가 북쪽으로 흐르게 되자 산동성 서남부와 안휘성 북부, 강소성 북부 지역 대부분이 심각한 재해를 입었다. 가난한 농민과 유랑민은 피해가 더 컸다. 염당은 점차로 작은 무리가 합쳐 큰 무리를 이루어갔고 그 위세가 갈수록 커졌다. 장락행(張洛行)이 안휘 북부지역 염당의 우두머리가 되어 "대한맹주(大漢盟主)"라고 자칭하였고 그를 수령으로 받드는 개별 부대가 수십만 명에 달했다. 안휘 북부지역 이외에 회하 이북의 광대한 지역(강소 북부, 산동 남부, 하남 동부)에서도 군웅이 다투어 일어났다. 이들의 역량이 커지자 활동지역도 점차로 확대되었다.

염군은 다음과 같은 특징을 갖고 있었다. 첫째, 염군의 위세는 강대했으나 각 무리가 독립되어 상호 통솔관계에 있지 않았다. 장락행은 안휘 북부지역의 맹주를 칭했으나 그들 우두머리로 받드는 각 부대는 통일적인 지도체계를 갖추지 않았다. 둘째, 염군은 적군과 치열한 전투를 피하면서 항상 유동전을 펼쳤기 때문에 적이 포착하기가 어려웠다. 염군은 기병 중심이어서 기동성이 매우 높았다. 셋째, 염군은 태평군과 같은 농민혁명의 강령을 갖고 있지 않았고 청 왕조를 무너뜨린다는 명확한 목표도 제시하지 않았다. 넷째, 염군은 지도부의 성분이 매우 복잡하였다. 일부 염군 지도자는 농민혁명의 영웅으로 불리기에 부끄러움이 없었고 태평천국이 실패한 후에도 끝까지 적과 맞서 싸웠다. 그러나 일부 지도자는 "난세를 맞아" 투기에 나선 자들이었다. 심지어 어떤 인물은 원래 지방의 토호열신이었다. 태평군이 회하 유역에 들어오자 청은 늘 하던 방식대로 회하 북부 지역 향신들에게 단련을 조직하라고 호소했다. 그러나 기꺼이 나서는 향신은 없었고 나선 인물은 대체로 토호열신이었다. 그 중 일부는 단련 세력을 장악하여 자신의 가업을 지키는데 이용했을 뿐만 아니라 모종의 정치적 야심을 달성하는 데도 활용했다. 그들은 이해관계에 따라 오늘은 염군에 맞서 싸우다가 내일은 염군과 손을 잡았다. 그들은 농민대오 가운데서 자신의 야심을 실현할 수 없다는 사실을 알게 되고나서는 돌아서서 청에 충성을 바쳤다.[2] 아래에서 소개하는 묘패림(苗沛霖)의 경우가 단련을 통해 입신했다가 변절을 거듭한 대표적인 사례라 할 것이다.

함풍 7년(1857년), 태평군은 안휘 전선에서 염군의 장락행, 공득수(龔得樹)와 협력하기 시작했다. 염군은 안휘 남부에서 태평군의 일부 전투에 참가했다. 태평군은 염군의 협력 덕분에 안휘 북부와 하남 동부를 수월하게 출입할 수 있었다. 이때 태평군은 부왕(扶王) 진득재(陳得才)와 준왕(遵王) 뇌문광(賴文光)이 이끄는 부대를 파견하여 하남을 거쳐 섬서로 들어가 그곳에서 서북전선을 개척하려 했다. 태평군과 염군의 협력은 청에게 큰 위협이 되었다.

여기서 지적하지 않을 수 없는 것은, 태평군은 안휘에서 염군과 기타 지방 세력과 협력하는 과정에서 적지 않은 낭패를 경험한 사실이다.

첫 번째 사례가 이소수(李昭壽)의 투항이었다. 이소수는 원래 호북과

---

2 같은 유의 사례는 『산동군흥기략(山東軍興紀略)』의 「단비(團匪)」 각 장에 숱하게 등장한다. 중국사학회 편, 『중국근대사자료총간 : 염군』(이후 『염군자료』라 약칭한다. 제4책 416쪽 이하를 보라.

안휘 경계 지역에서 활동하던 염군 부대의 하급 우두머리였는데 호북성 영산(英山)에서 청에 투항했다가 다시 청의 관원들을 죽이고 태평군에 귀순하여 이수성의 부장이 되었다. 이소수는 태평군에 참가했지만 그의 부하들 가운데는 아편을 피우는 자가 많았고 각자 재물을 약탈하여 개인 소유로 하는 태도를 버리지 않았다. 진옥성은 이런 행태를 알고 난 후 대노하여 이소수를 죽이려 했으나 이수성은 그를 크게 신임했다. 함풍 8년(1858년) 8월 태평군이 강북대영을 타파한 후 이수성은 이소수 부대를 저주 등의 도시를 지키는 수비대로 내보냈다. 이소수는 주둔지에 도착하자 곧바로 청의 흠차대신 승보(勝保)에게 투항했다. 뿐만 아니라 그는 동지이며 강포를 수비하던 설지원(薛之元)에게도 투항을 권유했다. 두 사람의 투항으로 천경이 포위망 속에 갇히는 형세가 되었고 서쪽 전선에 나가있던 태평군은 되돌아오지 않을 수 없었다.

두 번째 낭패는 묘패림 때문에 생겨났다. 묘패림은 원래 안휘성 봉태(鳳台)현의 수재 출신으로서 고향에서 단련을 조직하여 염군과 여러 차례 전투를 벌였다. 청 당국은 그에게 사천 천북도(川北道)란 벼슬을 주고 안휘성의 단련을 지휘하게 하였다. 안휘 북부 지역의 단련을 수중에 넣은 묘패림은 지역의 강자가 되었다. 함풍 9년(1859년), 그는 부대를 이끌고 원갑삼(袁甲三) 휘하에 들어가 봉양(鳳陽)전투에서 장락행의 염군을 공격했다. 그는 이 전투에서 큰 공을 세웠다고 자부했으나 더 높은 관직이 주어지지 않아 불만을 품었다. 함풍 10년(1850년), 영국과 프랑스 침략군이 북경에 진입하고 황제가 열하로 도피했다는 소식이 전해지자 묘패림은 곧바로 "반기"를 들었다. 그는 한편으로는 청의 안휘 순무 옹동서(翁同書)의 주둔지인 수주(壽州)를 공격하고 또 한편으로는 염군의 장락행에게 연락원을 보내고 남경에도 사자를 보내 태평천국에 귀순하겠다는 뜻을 밝혔다. 장락행이 그를 받아들여 이때부터 그는 염군에 합류했다. 태평천국 측도 전혀 의심하지 않고 그를 즉시로 "주왕(奏王)"으로 봉했다. 함풍 11년(1861년) 9월 하순, 그는 수주성을 공격하여 함락시켰다. 이때 청의 새로운 황제(同治)가 즉위한 후 이미 북경으로 돌아와 있었고 태평군은 안경 전투에서 패배했다. 묘패림은 양쪽에 다리를 걸치기로 결심했다. 청의 흠차대신 승보가 동치 원년(1862년) 정월 초에 안경에 도착하여 군대를 지휘하자 묘패림은 즉시 승보에게 연락하여 비밀리에 투항했다. 이 해 3월, 장락행의 염군이 태평군과 함께 영주(潁州)(지금의 부양[阜陽])을 포위 공격할 때 묘패림은 배후에서 장락행 부대를 기습 공격하였고 장락행 부대는 이 때문에 궤멸했다.[3] 같은 시점에, 진옥성은 회하 남부의 여주(지금의 합비)에서 적의 포위 공격을 받고 있었고, 4월에는 포위망을 뚫고 북상하던 중 묘패림의 주둔지역을 지나게 되었다. 묘패림은 거짓으로 진옥성의 수주성 입성을 환영하면서 진옥성과 수행원들을 손쉽게 붙잡아 청 당국에 바쳤다. 진옥성이란 빈농 출신의 청년 영웅은 이렇게 하여 변절을 일삼는 반혁명 분자의 손에 희생되었다. 그러나 묘패림도 청 당국으로부터 충분한 신임을 얻지 못했다. 얼마 지나지 않아 그는 다시 "반란"을 일으켰는데, 이 때는 완전히 고립되어 있었고 청 당국은 큰 힘 들이지 않고 그와 그의 부대를 소멸시켰다.

태평천국 초기에 태평군이 광서에서 남경으로 진군하던 도중에는 각종 농민봉기 세력을 받아들이고 내부에서 융화시켜 하나의 조직으로 만들어냈다. 그러나 그 뒤로 태평군은 두 가지 방법을 채택했다. 하나는 합작을 거절하는 것이었는데, 상해의 소도회 봉기가 이 경우이다. 다른 하나는 문호를 크게 개방하고 아무 조건 없이 받아들이는 것이었다. 병력 조달이 갈

---

3 장락행은 전군이 괴멸한 후 아들과 함께 숙주(宿州)의 염군 우두머리 이영가(李英家)의 부대를 찾아갔으나 이때 이영가는 적에게 투항한 뒤라서 장락행을 붙잡아 관에 넘겼다.

수록 어려워지자 태평군은 갈수록 후자의 방법을 선호했다. 그러나 이 방법은 합작을 거절하는 것만큼이나 잘못된 방법이었다. 이소수와 묘패림을 받아들인 결과가 그것을 증명해준다.

홍인간(洪仁玕)과『자정신편(資政新編)』

석달개는 함풍 7년(1857년) 5월에 천경을 떠나 태평천국으로부터 이탈하여 독립적으로 행동하면서 안휘에서 부대를 이끌고 강서로 진입했다. 그후 그는 절강, 복건, 호남 3성을 전전하면서 작전하였으나 적이 그를 막는데 큰 병력을 동원하지는 않았음에도 불구하고 그는 국면을 타개하지 못했다. 그의 분열 행위 때문에 부하들의 충성심이 줄어든 탓이었다. 그를 따르던 부대가 끊임없이 이탈하여 태평천국으로 돌아갔다. 함풍 9년 9월에 그의 부대는 광서로 들어갔고, 광서에서 2년 동안 머물며 부대를 정돈하는 동안에도 그를 떠나 강서의 태평군 부대로 돌아간 병력이 20여 만 명에 이르렀다. 그의 부하가운데서 광서에서 청에 투항하는 사례까지 나왔다. 훗날 석달개는 광서에 있을 때 투지를 잃고 절망한 끝에 "산림에 은거"할 생각까지 했다고 밝힌 적이 있다. 그러나 "도처에 현상 포고가 나붙은 상황이라 몸을 숨길 곳이 없어" 활동을 계속할 수밖에 없었다.[4] 암울한 심정을 품은 채 그는 함풍 11년에 다시 수만 명의 무리를 모아 광서를 떠나 호남을 거쳐 호

4　「석달개자술(石達開自述)」,『태평천국자료』제2책, 781쪽을 보라. 광서에서 석달개와 갈라 선 길경원(吉慶元) 등이 천왕에게 보낸 보고에도 같은 얘기가 나온다 : "익왕은 고향으로 돌아가 곧바로 산림으로 돌아갔다는 말이 있습니다."『근대사자료』1955년 제3기, 7쪽을 보라.

북성에 도착한 후 사천에 진입할 계획을 세웠다. 청군의 저지 때문에 장강을 건널 방법이 없었던 그는 귀주를 거쳐 운남으로 쫓겨 간 후 최후에는 운남의 소통(昭通)으로 갔다. 그곳에서 금사강(金沙江)을 건넌 그는 대도하(大渡河)를 강공으로 건너 사천 한 복판으로 들어가려 했다. 동치 2년(1863년) 4월 동안에 그의 전군 주력은 대도하 근처의 자타지(紫打地)(지금의 안순장[安順場])에서 적의 포위 공격을 받아 곤경에 빠졌다. 이때 석달개는 사천 총독 낙병장(駱秉章)에게 항복을 요청하는 편지를 보내고 아무런 저항도 없이 체포되었다. 그는 자기 한 몸을 희생하면 전군의 생명을 보전할 수 있을 것으로 판단했다. 그러나 그의 곁을 끝까지 지키다가 마지막 순간에 무기를 내려놓은 부장 200여 명과 병사 2천여 명은 모두 처형되었고 자신도 성도로 압송되어 그곳에서 처형되었다.

석달개가 천경을 떠난 후 천왕 홍수전은 몽득은(蒙得恩)을 당시 최고의 관직인 "정장솔(正掌率)"에 기용했다. 젊고 우수한 장군 진옥성은 "우정장솔(又正掌率)"에 임명되었고 이수성은 "부장솔(副掌率)"에 임명되었다. 진옥성과 이수성 두 사람은 항상 전장을 쫓아다니느라 천경을 비웠고 몽득은만 천경에서 홍수전이 국사를 처리하는데 주요 조수 노릇을 하였다. 몽득은은 금전 봉기 이전부터 배상제회에 가입하였으나 군사방면은 물론이고 정치 방면에서도 이렇다 할 재능을 보여주지 못했다. 함풍 9년(1859년) 3월에 홍인간이 천경을 찾아오자 홍수전은 그를 몹시 반겼다. 반 달 후 홍인간은 간왕(干王)에 봉해져 천왕의 지도하에 "조정의 업무를 총괄하는" 임무를 맡았다.

어느 날 갑자기 천경에 나타난 홍인간이란 어떤 인물이었을까?

홍인간(1822-1864)은 천왕 홍수전의 집안 동생이자 배상제회 초기의 신도 중 한 사람이었다. 그 자신의 설명에 의하면 그는 "어렸을 때부터 책을 읽었다"고 한 것으로 보아 홍수전과 마찬가지로 농민중의 소지식분자였던 것 같다. 금천 봉기가 일어났을 때 그는 광동의 고향에 있었다. 봉기가 일어난 후 홍수전 고향의 친족들과 그와 관계를 맺었던 사람들은 모두 관부에 체포되었다. 홍인간은 광서로 간 적이 있었으나 봉기군대를 따라가지는 않았다. 함풍 2년(1852년), 그는 홍수전이 광동으로 파견한 인물과 함께 소규모의 봉기를 일으켰으나 성공하지 못했다. 그는 청 당국에 체포되었으나 운 좋게도 탈출하여 홍콩으로 달아났다. 태평천국이 남경에 정도한 후 상해로 갔으나 천경으로 들어갈 방도를 찾지 못해 다시 홍콩으로 돌아갔다. 그는 홍콩에서 몇몇 외국 선교사들과 알게 되어 그들에게 중국어를 가르치는 선생 노릇을 하는 한편 외국인들로부터 새로운 지식을 배웠다. 함풍 9년(1859년), 그는 상인으로 가장하여 광동에서 강서와 호북으로 간 후 청 왕조 통치지역을 지나 마침내 천경에 도착했다.

이렇게 갑자기 찾아온 인물이 즉시로 국가의 높은 직위에 오르게 된 것이다. 함풍 10년(1860년), 태평군은 항주를 공격하여 적의 강남대영 병력을 분산시킨 후 곧바로 군사를 돌려 강남대영을 격파했는데, 이 뛰어난 작전계획은 바로 홍인간이 제시한 것이었다. 이 전투를 통해 천경의 형세가 크게 개선된 후 소주, 항주, 상해로 출병한 것도 홍인간의 작전계획에 따른 일이었다. 당시 그는 동진이 승리한 후에는 즉각 장강 상류를 손에 넣고 군사를 나누어 호북과 강서를 점령할 작정이었다. 그는 태평천국에서 중임을 맡았고 천경이 함락될 때까지 그 임무를 수행했다.

홍인간은 간왕에 봉해지고 얼마 지나지 않아 『자정신편』[5]이란 제목의 책을 썼는데, 이 책은 천왕 홍수전의 허가를 받아 공포되었다. 그는 이 책에서 자신이 알고 있는 서방 자본주의 국가의 상황을 서술하고 이들 국가가 "기예가 정교하고 국법은 넓고 깊다"고 인정했다. 그는 외국과의 통상을 주

---

5 『태평천국자료』 제2책, 523-541쪽을 보라.

장했다. 내정에 간섭하지 않는 조건 하에서 외국인을 널리 받아들여 공업 기술을 배우자는 게 그의 주장이었다. 그는 공업, 광업, 교통의 발전을 주장하고 은행의 설립, 지폐의 발행, 우편국의 설치, 신문사의 설립, 병원의 개설을 역설했다. 그는 개인의 투자를 허용하고 발명을 장려하자고 주장했다. 홍인간이 구상했던 새로운 국가에는 부유한 사람과 가난한 사람이 있었고 심지어 백만장자도 있었다. 그는 은행, "서신관(書信館)(우편국)," "신문관"은 모두 "부유한 사람들"이 창업하게 하자고 주장했다. 또한 그는 부유한 사람이 가난한 사람을 구제하는 것은 마땅한 일이지만 그 방법은 시혜를 통해서가 아니라 "일한만큼 상당하는 돈을 주는" 방법이라야 한다고 역설했다. 홍인간의 주장은 사실상 낡은 중국의 전통을 따르지 말고 서방국가로부터 배워 새로운 나라, 다시 말해 자본주의 제도를 시행하는 사회를 건설하자는 것이었다.

홍인간은 태평천국의 혁명사업을 발전시키기 위해 자본주의 색채가 농후한 강령을 제시했는데, 이것은 자발적인 농민운동으로서는 제시할 수 없는 것이었다. 그러나 홍인간은 자신이 구상하고 희망한 개혁을 봉건 착취 제도의 소멸과는 연결시키지 못했다. 앞에서 보았듯이 「천조전무제도」의 작자는 그들이 바라는 이상사회 안에 상공업과 도시경제를 받아들일 수 없었다. 그러나 홍인간은 『자정신편』에서 이와는 정반대로 농촌에 관해서는 거의 한마디도 언급하지 않았다. 농촌에 관한 언급이라고는 간단하게 두 조항으로만 언급했는데, 하나는 "향관(鄕官)"을 임명하고 다른 하나는 "향병(鄕兵)"을 일으킨다는 것이었다. 그는 "공의(公義)를 지닌 자"가 "향관"을 맡게 하여 "한 마을의 시비곡직과 길흉사 등등을 처리하고 향병은 그의 지시를 받게 하자"고 주장했다. 향병의 임무란 공중위생과 사회 치안의 유지였다. 「천조전무제도」의 핵심인 토지의 균등분배는 『자정신편』에서는 단 한자도 언급되지 않았다.

당시의 중국 상황에서 자본주의 상공업의 발전을 주장한 것은 진보적인 의미를 지녔다고 할 수 있다. 그러나 봉건주의 정권과 이 정권의 기초인 봉건적 토지관계를 타도 소멸시키지 않고서는 자본주의 상공업의 발전은 불가능한 일이었다. 뿐만 아니라 중국의 자본주의가 독립적으로 발전하기 위해서는 외국 자본주의의 침략과 압박이란 문제도 해결해야 했다. 「천조전무제도」의 작자는 봉건 착취제도의 소멸이 자본주의 발전의 길을 닦는 일이라는 사실을 알지 못했고 오히려 이를 통해 새로운 평균주의 사회로 직접 진입한다는 구상을 갖고 있었다. 『자정신편』의 작자 홍인간이 구상했던 상공업이 자유롭게 발전하는 새로운 사회는 「천조전무제도」를 완전히 포기한 사회였다. 홍인간은 이 책을 쓰면서 농민혁명의 현실적인 투쟁 목표를 전혀 언급하지 않았다. 홍인간은 홍수전의 혁명 사업을 돕기 위해 일관되게 헌신했지만 오랜 기간 실천적 농민투쟁에는 참가하지 않았다. 그는 이미 성장하기 시작한 서방 자본주의 사회로부터 자본주의의 외피를 배웠으나 자신이 투신한 농민혁명과 자본주의 발전 과정의 관계를 진정으로 이해하지는 못했다.

태평천국 치하의 소주·항주 지역

함풍 10년과 11년(1860, 1861년), 태평군이 강소성 남부와 그곳에 근접한 절강성 북부 에 진입하자 이 지역은 한바탕 혁명적 폭풍의 세례를 받았다. 농촌의 광대한 빈곤 농민과 도시의 빈민들은 열렬하게 혁명을 지지했다. 소주·항주 지역도 태평군이 진주한 다른 지역과 마찬가지로 한 차례 격동을 겪었다.

소주·항주 지역은 상품경제가 발달한 부유한 지역이었다. 이 지역의 청군이 붕괴한 이후 상당 기간 동안 이 지역은 태평천국의 후방이 되었다. 현지의 반동세력은 군사적인 방법 이외의 모든 수단을 동원하여 파괴활동을 벌였다. 이곳은 태평군이 점령했던 다른 어떤 지역보다도 반혁명적 부패와 파괴 요소가 많은 지역이었다.

태평천국과 태평군은 이러한 외래적 부패와 파괴 요소를 극복해내지 못했다. 앞에서 살펴본 바와 같이 태평천국과 태평군은 혁명 대오 내부와 사회 전체에 포진한 상이한 계급과 계층을 통합할 체계적인 혁명정책을 갖고 있지 못했다. 이러한 약점은 태평천국 전반기에 드러났고 후반기의 정책을 담은 홍인간의 『자정신편』에서도 보완되지 못했다. 뿐만 아니라, 함풍 10년(1860년)에 상주와 소주에 진입하고 나서부터 이 지역의 주요 지도자인 이수성은 "풍요로운 소항 지역"을 차지하자 이내 "베개를 높이 베고 근심을 잊어버린" 심리에 빠져 눈앞에 있는 적만 주목할 뿐 내부에 파고든 적에 대해서는 마땅히 품어야 할 경계심을 갖지 않았다.

태평군이 강남대영을 격파한 승리의 여세를 몰아 재빠르게 동진할 때 적지 않은 강남대영의 관원들이 남은 병력을 이끌고 태평군에 투항했다. 예컨대, 태평군이 소주성을 점령했을 때 이문병(李文炳), 하신의(何信義), 주오(周五) 등이 성문을 열고 태평군을 맞아들였는데 이들은 모두가 원래 강남대영의 후보 도원(道員)이나 후보 지부 등의 관직을 갖고 있던 자들이었다. 이들은 태평군에서도 곧바로 관직을 얻었다. 청의 지방관원들 중에서 태평군에 귀순한 자가 적지 않았는데 그들은 바로 태평군의 현지 관원으로 변신했다.

소주와 항주 지역에는 지주계급이 태평군에 저항하기 위해 조직한 단련 이외에도 수로가 발달한 지역 특성을 이용해 배 위에서 활동하는 무장세력인 "창비(槍匪)"가 적지 않았다. 이들은 태평군 치하에서 사회 질서를 교란하고 태평군과 대적했다. 이들의 우두머리 또는 배후 조종자는 현지의 토호열신이었다. 지주가 조직한 단련은 대부분이 단시간 내에 흩어졌지만 "창비"는 태평군이 쉽게 소멸시킬 수 없는 세력으로 성장했다. 태평군은 단련과 창비를 회유하여 태평군으로 편제하는 정책을 폈는데, 이들 세력은 형식상으로는 태평군에 귀부했으나 실제로는 여전히 원래의 입장과 활동을 유지했다.

이수성이 상숙(常熟)에 파견하여 민정을 관리하게 한 전계인(錢桂仁)의 이력을 보면 농민혁명 대오에 섞여 든 지주계급 분자가 이수성의 신임을 이용하여 방자한 활동을 한 사례를 알 수 있다. 전계인은 상숙에 도착하자 곧바로 이수성에게 금으로 만든 그릇을 바쳐 환심을 샀다. 함풍 11년(1861년), 이 인물은 소주의 민정을 관리하던 웅만전(熊萬荃)과 공모하여 이수성이 출정하여 소주와 상주 일대를 비운 사이에 상해의 청 관부와 연락하여 내부에서 호응하기로 하였다. 그러나 공교롭게도 이수성이 12월 27일에 새로이 탈취한 항주에서 소주로 돌아오자 이 반란 계획은 실현되지 못했다. 이수성은 반란 음모를 알아내고도 웅만전을 평호(平湖)로 내보냈을 뿐[6] 전계인에 대해서는 아무런 의심을 품지 않았다. 동치 원년(1862년), 전계인은 이수성의 환심을 사기 위해 상숙 남문 밖에 "보은비방(報恩碑坊)"이란 큰 비석을 세웠다. 이수성은 크게 만족하여 그를 "천군주장(天軍主將)"으로 승진시키고 상숙의 군정과 민정을 총괄하게 하였다. 이 해에 이수성이 명령을 받들어 출병하여 천경을 구한 후 전계인은 다시 심복을 청군에 보내 투항을 의논하게 했고 이에 따라 청군은 첩자를 상숙에 잠입시켜 거사의 기회를 엿보았다. 전계인의 부장 낙국충(駱國忠)도 이 모의에 참가하였는데, 그는 전계인을 배제하고 반란의 과실을 독식할 생각을 품었다. 11월에 전계인이 소주로 가 활동하고 있던 사이에 낙국충은 투항을 반대하는 성내의 태평군 일부 장교와 병사들을 죽인 후 청군에 상숙성을 바쳤다. 상숙에서 일어난 사변

은 강남 전선에서 태평군에게 극히 불리한 형세를 만들어냈다. 전계인은 여전히 태평군 내부에 남아 있었을 뿐만 아니라 한 단계 더 승진하여 왕("비왕[比王]"이라 불렸다)으로 봉해졌다. 이 내부의 간첩은 동치 3년(1864년)에 항주가 포위 공격을 받을 때 마침내 청군에 투항했다.

　　태평군은 소주와 항주 일대에서 근거지를 확보한 후 전통에 따라 각급 향관을 임명했다. 그러나 웅만전이나 전계인 같은 인물이 지방 민정을 관리하는 상황에서는 향관은 필연적으로 지주 향신과 그들의 앞잡이들로 채워질 수밖에 없었다. 당시 향관의 주요 임무는 전비를 조달하는 일이었다. 태평군에는 이른 바 "진공(進貢)"이란 전통적인 방법이 있어서 지주와 부호들로 하여금 강제로 재산을 바치게 하였다. 그러나 이제는 향관에 임명된 자가 "진공"의 명의를 이용하여 부담을 모든 주민에게 나누어 지게 하였다. 어떤 지방에서는 태평군이 지주의 소작료 징수를 허락하였을 뿐만 아니라 지주가 소작료를 독촉하는 기구를 만드는 행위도 인정했고 심지어 소작인이 저항하면 소작인을 지지하는 것이 아니라 지주의 소작료 수취권을 보호하는 사례도 있었다. 소주의 웅만전은 옛 예를 따라 소작인이 지주에게 소작료를 바치고 지주는 태평군에게 지세와 인두세를 납부하라고 선포했다. 또한 그는 지주가 도망하면 소작인이 대신 세금을 납부하고 지주가 돌아오기를 기다렸다가 "납부한 세액에 따라 정산하라"는 규정을 만들었다. 웅만전의 후임자인 황 모라는 자는 동치 원년(1862년)에 웅만전이 만든 규정을 그대로 실시한다고 포고하면서 지주가 소작료를 걷지 못하는 것은 "소작인이 강한 자를 두려워하고 약한 자를 업신여기기 때문이니 이 역시 향관의 단속이 철저하지 못한 탓"이라고 하였다.

　　상업은 완전히 자유방임되었다. 전쟁을 치르고 있는 상황에서 원래 번성했던 강남의 도시는 인구가 감소하고 경기가 불황에 빠졌지만 농촌의 상품 집산지에서는 상업이 더 활발해졌다. 여기서 주목해야 할 것은, 일부 자료에서는 태평군의 관원이 상인과 합작하여 상업을 경영하고 심지어 고리대 착취에도 나섰음이 드러나고 있다는 점이다. 예컨대, 가흥성(嘉興城) 남쪽 복진(濮鎭)의 한 상인이 태평군과 공동으로 견직품 상점을 운영했는데, 태평군이 출자하고 경영은 이 상인이 맡았다. 또한 가흥 남쪽 왕점(王店)에서는 향관과 태평군이 함께 전당포를 운영했다.[7] 자료에서는 분명하게 드러나고 있지는 않으나 출자하여 상인과 합작한 인물은 현지의 태평군 우두머리였을 것으로 짐작된다. 이런 상황은 농민혁명 대오가 이미 원래의 질박하고 단순한 상태를 유지하기 어려웠던 사실을 분명하게 보여준다.

다른 깃발을 든 반란

태평천국의 등장은 전국 각지의 피압박 피착취 노동인민을 격동시켰다. 태평군이 도착하지 않았거나 지나가기만 한 지역에서는 태평천국 이외의 깃발을 든 대중 반란이 일어났고 그 중에서 태평천국과 관련이 있는 것도 있었고 관련이 없는 것도 있었다. 지역별로 비교적 중요한 민중반란을 살펴보면 다음과 같다.

1. 상해의 소도회

함풍 3년(1853년) 8월, 상해의 소도회가 봉기한 경위는 앞에서(제6장 상해와 광주에서의 허위적 중립) 이미 설명한 바 있다. 상해의 소도회는 천지회 계통의 조직으로서 그 주요 구성원은 도시 빈민이었다. 소도회는 현지 농

---

7 이런 사례들은 모두 심재(沈梓) 『피구일기(避寇日記)』에 보인다. 태평천국역사박물관 편 『태평천국사료총편간집(太平天國史料叢編簡輯)』 제4책, 74쪽을 보라.

촌과의 연락 관계가 비교적 적었고 시종 도시를 사수하는 방법을 채택했다. 태평천국은 이때 아직 동진할 계획이 없었기 때문에 그들에게 적극적인 원조를 제공하지 않았고 또한 소도회가 내건 깃발과 구호도 태평천국의 그것과는 달랐다. 소도회는 구식의 회당 관념이 강하게 지배하고 있어서 복건파와 광동파가 대립하고 있었다. 이 때문에 내부는 단결할 수가 없었고 그들은 실패할 수밖에 없었다.

2. 광서, 광동, 호남의 천지회

태평군이 광서를 떠나온 후 초기인 함풍 원년에서 5년(1851-1855년) 사이에 광서의 천지회(삼합회)는 여전히 광서성 내에서 소규모 조직으로 활동하고 있었다. 광서 동북부에서는 주홍영(朱洪英)과 호유록(胡有祿)을 우두머리로 하는 천지회 봉기군이 함풍 4년에 공성(恭城)과 관양(灌陽)을 한 차례 점령했다. 이 무리는 "승평천국(昇平天國)"이란 나라를 세우고 "태평천덕(太平天德)"이란 연호를 사용했다.

광동성에서는 천지회가 함풍 4년(1854년)에 반란을 일으켰다. 이 해 5, 6월에 광동성 수도(광주)를 에워싼 동완(東莞), 화현(花縣), 삼수(三水), 불산(佛山) 등지를 천지회 봉기군중이 점령하거나 포위했다. 6월 하순부터 각 봉기 세력이 연합하여 성의 수도를 공격하기 시작했다. 광주는 반년 동안이나 포위공격을 받았다. 이 기간 동안 광동성 내의 거의 모든 주(州)와 부(府)에서 회당(會黨, 민간 비밀 결사)이 봉기하여 수많은 도시와 촌락을 점령하고 성의 수도와 각지 사이의 교통을 단절시켰다. 양광 총독 섭명침은 서양인들의 무력 지원에 의존하여 겨우 광주성을 지켜냈다. 그는 함풍 5년에 점차로 광주성을 포위 공격하는 봉기세력을 몰아내는 한편 각지의 지주 무장을 동원하여 천지회가 점령하고 있던 수많은 성을 되찾았다.

광주의 천지회 봉기군 일부는 북상하여 호남으로 들어갔고 일부는 서진하여 광서로 들어갔다. 광서로 들어간 부대는 광주 부근 불산에서 봉기한 진개(陳開)와 이문무(李文茂)가 이끄는 세력이었다. 진개는 뱃사공 출신이었고 이문무는 강호를 떠돌면서 노래와 연극을 하던 인물이었다. 이들은 본래 광서의 심강(潯江) 위에서 활동하던 삼합회 우두머리 양배우(梁培友)와 협력하여 부대를 이끌고 오주(梧州)에서 청군의 저지선을 돌파하여 강을 거슬러 올라가 함풍 5년 8월에 심주(潯州)를 점령했다. 이들은 "대성국(大成國)"을 세워 연호를 "홍덕(洪德)"이라 하고 심주부성 계평(桂平)을 수경(秀京)이라 개명한 후 수도로 정했다. 이들은 군사를 나누어 수십 곳의 부, 주, 현 성을 점령하였고 그 세력이 광서성 대부분의 지역에 미쳤다. 광서성 각지의 천지회 우두머리들은 혹은 대성국과 연결하거나 혹은 기회를 타서 독자적으로 세력을 확대했다. 예컨대, 광서성 서남부 태평부(太平府)에서는 장족(壯族)인 오능운(吳凌雲)을 우두머리로 하는 봉기 부대가 있었는데, 오능운은 함풍 11년(1861년) 초에 부성을 점령하여 "연능(延陵)"이란 나라를 세우고 연능왕이라 자칭했다. 상군 일부가 함풍 7년(1867년)에 장익풍(蔣益澧)의 지휘 하에 광서에 진입했다. 진개, 이문무, 양배우 등은 대성국을 세우기는 했지만 천지회의 독립적인 각 산당의 구태를 벗어나지 못해 통일적인 지휘체계가 없었으므로 전투력이 비교적 강한 상군을 막아내지 못했다. 이문무와 양배우는 잇따라 전사했다. 함풍 11년(1861년) 7월, 장익풍의 상군이 심주를 점령하자 진개는 수경을 탈출하다가 붙잡혀 처형되었다. 동치 2년(1863년), 연능왕 오능운도 전투에서 패하여 살해되었다.

함풍 5년(1855년) 5월에는 광동에서 호남으로 진입한 천지회 봉기부대가 많았다. 그 중에서 비교적 강력한 세력은 동완에서 봉기한 하록(何祿)의 부대였다. 이 무렵 광서에서 승평천국을 세운 주홍영과 호유록도 호남에 진입했다. 호남 남부 각지의 천지회 우두머리들이 잇따라 봉기하여 호응했다. 이들 호남 남부의 천지회 세력은 북쪽으로 진공했다가 대다수가 상군의 저지를 받아 패퇴했다. 광동에서 온 일부 천지회 세력만 강서에 진입하여 태평군에 합류했다.

3. 복건의 쌍도회(雙刀會)와 홍전회(紅錢會)

복건 남부의 쌍도회와 홍전회라 불리는 회당은 천지회 계통의 조직이었다. 함풍 3년(1853년) 4월에 황득미(黃得美)를 수령으로 하는 쌍도회가 봉기하여 하문을 점령하였다. 같은 시기에 임준(林俊)을 수령으로 하는 홍전회도 봉기하였다. 쌍도회의 봉기는 곧 실패로 끝났고 하문은 관군이 탈환하였다. 쌍도회의 남은 무리는 바다로 물러나 함풍 8년(1858년)까지 투쟁을 계속했다. 홍전회 봉기 대오는 복건 중부의 산악지역에서 관군과 현지 지주무장과 수년간 싸웠으나 국면을 타개하지 못했다. 함풍 8년, 그들은 북상하여 복건 북쪽을 지나가고 있던 석달개 대오에 합류하려 했으나 중도에 지주계급이 조직한 단련의 저지를 받아 패배했다.

4. 회하 이북의 염군과 산동의 백련교 계통 봉기군

회하 이북에서는 염군이 하남, 안휘, 산동 지역에서 활동하고 있었음은 본 장 제2절에서 이미 언급한바 있다. 그들은 태평군과 협력관계를 맺었다.

산동의 민간 회당 가운데서 백련교는 오랜 전통을 갖고 있었다. 함풍 11년(1861년) 2월에 산동 동부의 백련교가 봉기하여 단시간 내에 10여 곳의 현성을 점령하였다. 그러나 그들 내부에는 통일된 조직이 없었고 두 명의 주요한 지도자인 장선계(張善繼)와 양태(楊泰)는 각자 황제를 칭했다. 청은 즉각 우세한 병력으로 이 봉기를 진압하였고 두 황제는 모두 적에게 살해되었다. 봉기군의 잔여 부대는 그래도 분산하여 활동했다. 백련교 봉기군과 관계가 있던 송경시(宋景詩)가 이끄는 흑기군(黑旗軍)이 비교적 강력한 세력이었다. 송경시는 작전이 실패하자 청 관부의 초무를 받아들여 귀순했다가 동치

2년(1863년)에 다시 반란을 일으켜 산동 서부지역에서 관군의 강력한 적이 되었다. 송경시 부대는 후에 염군에 합류하였다.

5. 귀주, 운남, 사천 각 민족의 민중봉기

함풍 5년(1855년), 한족의 압박과 빈곤에 시달리던 귀주의 묘족(苗族) 민중이 봉기하였다. 그들의 가장 저명한 지도자는 장수미(張秀眉)였다. 그들은 초라한 무기에 의존하여 생존을 위한 민중투쟁을 전개했는데, 결국 관군에게 소탕되기는 했지만 그 세력이 매우 빠른 속도로 확대되었다. 묘족과 손잡은 한족 빈곤대중이 조직한 "교군(敎軍)"과 "호군(號軍)도 있었다.

동치 2년(1863년), 석달개의 부대가 대도하 가에서 궤멸된 후 남은 병력의 일부는 귀주로 가서 현지의 봉기 민중과 결합하였다.

귀주의 이웃 성인 운남에서 같은 시기에 이족(彞族)과 회족(回族) 등 소수민족이 봉기하였다. 운남성 서남부, 난창강(瀾滄江) 이동의 애뢰산(哀牢山) 지역에는 당시 주민의 대다수가 이족이었다. 함풍 6년(1856년), 이곳에서 이족의 빈농 영웅 이문학(李文學)을 우두머리로 하는 봉기가 일어났다. 봉기군은 최초에는 5천여 명에 불과했으나 점차로 애뢰산을 둘러 싼 3만여 평방킬로미터에 확대되었다.

운남성의 회족은 한족과 잡거하고 있었다. 일찍이 도광 연간에 한족과 회족 사이에 무력 충돌이 일어나 서로 살상하는 사건이 있었다. 이 사건은 회족 상층 분자가 종교를 이용해 협소한 민족의식을 선동한 결과였던 측면도 있지만 주요한 원인은 한족 토호열신들의 선동때문이었다. 지방관은 한 결 같이 토호열신들 편에 섰다. 회족들 사이에 누적된 분노와 불만이 태평천국 혁명시기에 폭발하여 규모가 상당히 큰 봉기로 발전하였다.

당시 운남 각지에서 봉기한 회족은 통일적인 지휘계통을 갖추지 못한 채 여러 무리로 나뉘어 있었고 그 지도자들의 성분과 동기도 매우 복잡했다. 곤명(昆明) 남쪽의 임안(臨安)(지금의 건수[建水]) 일대 회족의 주요 지도자 마여룡(馬如龍)은 지주계급 출신이었다. 그는 함풍 7년(1857년)에 기타 회족 부대와 연합하여 성의 수도 곤명을 포위해 거의 점령할 뻔했다. 후에 그는 청 정부에 투항하여 운남 제독에 임명되었고 회·한 각 족 민중의 봉기를 진압하는 도구가 되었다. 그와 함께 투항한 회족의 종교지도자 마복초(馬復初)는 한때 운남 총독 서리를 맡았다.

곤명 이서의 회족 봉기부대는 함풍 6년(1856년)에 대리(大理)를 점령하고 두문수(杜文秀)를 지도자로 추대했다. 두문수는 대대로 상인인 집안 출신으로서 학문을 한 적이 있었으나 중도에 집안이 기울어 소상인이 된 자였다. 두문수는 태평천국의 영도를 인정하고 협소한 민족의식을 반대했으며 그가 이끄는 봉기부대에 한족과 기타 소수민족도 받아들였다.

귀주의 묘족 봉기, 운남의 애뢰산 봉기와 두문수의 봉기는 태평천국이 실패하고 나서도 몇 년 동안 지속되었다. 이들의 종말에 관해서는 뒤에 다시 언급하기로 한다.

함풍 9년(1859년), 운남 동북부에서 남대순(藍大順)과 이영화(李永和) 등이 백여 명의 작은 대오를 이끌고 봉기하여 사천성 경내로 진입했다. 이 부대는 가장 낮은 수준의 유동 약탈전을 펼쳤다. 이들은 최성기에는 30만의 병력을 갖추었으나 군사를 나누어 사방으로 출몰했고 명확한 정치적 강령이나 원대한 정치적 목표가 없었다. 이 부대는 함풍 11년(1861년) 8월에 사천 북부의 면주(綿州)(지금의 면양[綿陽])에서 낙병장의 상군에게 격파 당했고 동치 원년(1862년)에는 다시 사천 서부의 단능(丹棱), 청신(靑神) 일대에서 포위되어 전군이 궤멸했다. 이들의 일부 잔여 병력이 남대순의 지휘 아래 포위망을 뚫고 북상했다가 섬서에 진출한 태평천국 부왕 진득재 부대에 합류했다.

이상에서 살펴본 여러 정황이 보여주듯이 태평천국의 영향을 받아 전국적인 범위에서 혁명의 물결이 높아졌음은 분명한 사실이다. 그러나 천지회, 백련교 등등의 구식 조직을 바탕으로 봉기한 분산된 세력과 일부 소수민족의 민중봉기 세력을 통일적으로 지도하고 결합해낼 능력이 태평천국에는 없었다.

종교적 망상과 현실적 투쟁

제2차 아편전쟁 중에 외국침략자가 수도 깊숙이까지 들어왔음에도 청 왕조 당국은 장강 유역의 농민혁명을 진압하려는 군사행동을 조금도 늦추지 않았다.

뿐만 아니라, 제2차 아편전쟁 중에 영국과 프랑스 연합군이 북방에서 청의 수도를 공격하고 있을 때 남방에서는 청 왕조의 관부가 영국과 프랑스에게 도움을 요청하고 태평군을 상대로 공동 작전을 펼치는 기이한 현상이 벌어졌다.

이 기이한 현상은 함풍 10년(1860년)에 태평군이 강남대영을 격파한 후 상주와 소주를 거쳐 상해를 압박할 때에 일어났다. 당시 강소성 남부의 정치 경제의 중심은 소주였다. 소주의 지주와 향신은 매판상인과 관계가 비교적 많았다. 그들은 청의 관군이 파죽지세로 밀려오는 태평군을 막아낼 능력이 없음을 보고는 지방 당국을 향해 서양 군대의 도움을 받자는 주장을 내놓았다. 강소 순무 서유임(徐有壬)(이 인물은 소주가 태평군에게 점령될 때 전사했다)은 즉시 강소 포정사 설환, 소송 태도 오후(吳煦), 소주부 지부 오운(吳雲)을 상해로 파견하여 영국과 프랑스 영사에게 소주로 군대를 보내줄 것을 요청했다. 그러나 이들이 상해에 막 도착했을 때 소주는 이미 태평군에게 점령된 뒤였다. 이때 상해의 조계는 도망 나온 지주, 향신, 자산계급의 피난처가 되었다. 그들과 청의 지방관은 함께 각종 통로를 통해 외국인들을 향해 군대를 보내 반란 농민의 진압을 도와달라는 수치스러운 요청을 했다. 양강 총독 하계청(何桂清)도 상해로 도피하여 직접 영국·프랑스·미국 공사와 이 문제를 협의했다. 이때 하계청은 조정에다 영국과 프랑스의 모든 요구를 받아들여 조속히 강화를 맺고 "도적무리를 대신 토벌해주는" 이득을 보자고 제안했다.[8]

하계청의 주장은 황제로부터 질책을 받았고 그는 이 때문에 파면되었으나 상해의 관원과 향신, 매판상인은 여전히 영국과 프랑스 상인들과 협력하였다. 이때 태기(泰記) 은호(銀號)(환전상)를 운영하던 매판자본가 양방(楊坊)이란 인물이 있었다. 그는 사명공소(四明公所)(매판자본가가 중심이 되어 만든 조직) 의장이었고 돈을 주고 후보 도원(道員)의 관직을 산 적이 있었다. 이 인물이 청 관부와 외국인 사이의 주요 연락책이었다. 영국과 프랑스는 이때 주요 병력을 북방의 대고와 천진에 집중시켜놓고 있었다. 영국과 프랑스는 정치적으로나 군사적으로도 상해 쪽에서 공개적으로 청 당국을 대신해 비교적 큰 책임을 떠안을 생각도 없었고 그럴 능력도 없었다. 그러나 그들은 상해 조계는 외국 상인의 이익이 걸린 곳이므로 조계를 지키기 위해서는 병력을 동원하겠다는 뜻을 밝혔다. 조계는 상해 성 밖에 있었다. 중국 지방관은 다시 양방을 통해 영국과 프랑스에게 상해 현성도 함께 지켜달라고 요청하고 관련 경비는 양방이 부담하겠다고 제안했다.

영국 공사 브루스(Frederick Bruce)와 프랑스 공사 드·부르불롱이 만나 상해성을 "방위"하기 위해 공동으로 1,200명의 병력을 내어 청군을 돕기로 하고 상해 조계는 각자가 방위책임을 지기로 합의했다. 상해의 청 왕조 관원들과 향신 매판 자본가들은 외국인이 무력으로 조계를 보위할 권리가 있

---

8 『함풍이무』 제52권, 7쪽.

음을 인정했을 뿐만 아니라 상해 전체를 외국인의 무력보호 아래 맡겼다. 영국과 프랑스 공사는 이때도 상해에서는 중국의 내전에 개입하지 않는다는 "중립태도"를 밝혔다.

향신과 관원들은 상해를 지키는 것만으로는 안심할 수 없었다. 이 무렵 와드(Frederick Townsend Ward)란 미국인 건달이 한 미국 상인의 소개로 양방을 만났다. 와드는 서양인을 모집하여 군대를 조직할 터이니 훈련과 지휘를 자신에게 맡겨주고 중국 측에서 비용을 부담하는 한편 병사들에게는 높은 급여와 성을 하나 점령할 때마다 거액의 상금을 지급해 달라고 제안했다. 양방과 그의 후견인 소송 태도 오후는 이 제안을 기꺼이 받아들였다. 와드는 단시간 내에 중국에서 횡재를 꿈꾸는 외국인 수병과 건달, 도망병 2백여 명을 모아 부대를 만들었다. 와드 부대는 봉건 관료와 매판 자본가의 용병이라 할 수 있었는데 표면적으로는 양방이 이 용병부대의 고용주였다.

양창대(洋槍隊)라 불리던 이 용병부대는 당시 송강부(松江府)를 향해 진격해오던 태평군을 저지하려 했으나 대패하고 상해로 후퇴했다. 이수성의 부대는 함풍 10년 5월 중순에 송강을 점령하였고 그 선발대가 상해 교외에 접근했다. 5월 말, 와드의 양창대가 청군 일부와 함께 송강성을 탈환했다. 와드의 부하들은 약속된 상금을 받았을 뿐만 아니라 송강성을 마음대로 약탈했다. 와드의 부대는 이 일로 널리 이름이 알려져 일확천금을 꿈꾸는 서양인들이 몰려들었다. 와드는 고용주가 부여한 두 번째 임무인 청포(青浦) 공격에 즉시 착수했다. 그러나 청포에서 와드는 대패했다. 양창대 병력의 1/3이 넘는 사상자가 나왔고 부대는 송강으로 후퇴했다. 얼마 되지 않아 태평군이 다시 송강을 탈환했다. 청포 전투에서 부상을 입은 와드는 치료차 프랑스로 떠났다.

이수성이 지휘하는 태평군이 송강과 청포를 점령하자 상해는 이미 그의 수중에 들어온 것과 다름없었다. 이수성 부대는 단시간 내에 상해성 부근에 접근하였고 성 서쪽 9리 지점에서 청군을 대패시켰다. 상해 성벽까지 접근한 이수성은 성을 지키는 부대가 청군이 아니라 영국군과 프랑스군이라는 의외의 사실을 알게 되었다. 성을 수비하던 군대와 황포강에 정박해있던 외국 군함이 협력하여 태평군을 향해 맹렬한 포격을 퍼부었다. 7월 2일부터 4일까지 3일 동안 벌어진 전투에서 태평군은 막대한 손실을 입고서도 성 안으로 진입하지 못했다. 7월 5일(8월 21일), 이수성은 군사를 이끌고 물러났다.

영국과 프랑스군이 청군을 도와 태평군을 물리친 날은 그들이 북방에서 대고 포대를 점령한 바로 그날이었다.

이수성은 왜 그토록 빨리 상해에서 물러났을까? 군사적인 면에서 보자면, 당시 청군 부대가 가흥을 맹공하고 있어서 가흥을 지키던 태평군이 위급한 상황에 빠졌다. 그러나 이 청군 부대는 강남대영의 패잔병들이어서 세력이 그리 크지 않았고 상해에서 돌아온 이수성은 이들을 쉽게 분쇄할 수 있었다. 가흥 공격이 상해 진격을 포기할 수밖에 없었던 원인은 아니었다. 실제로 이수성은 영국군과 프랑스군이 지키는 상해를 전력을 다해 공격하지 않았다. 당시 이수성이 보유하고 있던 군사력으로 계속해서 공격했더라면 상해 점령은 절대 불가능한 일은 아니었다. 이수성의 소극적인 작전의 주요한 원인은 태평천국 측의 외국 침략자에 대한 정확하지 못한 인식 때문이었다. 이수성이 상해를 공격하기 2년 전인 함풍 8년(1858년) 겨울, 천진 조약이 체결된 후 영국 침략군의 지휘자 엘긴은 상업 항구를 살펴보고 가장 적합한 통상항을 결정한다는 명분을 내세워 함대를 이끌고 장강으로 들어와 한구로 직행했다. 그는 장강을 따라 올라갈 때 태평천국이 점령한 지역을 지나면서 천경에 있는 태평군의 포대를 향해 야만적인 포격을 가했다. 천왕 홍수전은 사자를 보내 무호에서 엘긴에게 조서를 전달했다. 이 조서는 그의 종교 관념을 밝히는 내용으로 가득 찼었다. 그는 상제가 자신의 부친이며 예수는 형이기 때문에 "사악한 신을 쓸어버리고" "천국"을 세울 수 있었다고 주장했다. 조서 가운데서는 상대를 "서양 변방의 형제"라고 불렀다.[9] 이 문건이 분명히 보여주는 바와 같이 홍수전은 서양인들이 자신과 같은 "상제"를 신봉하고 있으므로 서로 형제로 대할 수 있다고 믿었다. 그는 종교적인 망상에 빠져 있었고 현실적인 국제관계에 대해서는 완전히 무지했다.

함풍 9년(1859년)에 천경에 도착한 홍인간은 홍콩에서 오래 동안 살았지만 그가 접촉한 외국인은 주로 선교사들이었다. 그의 집권은 태평천국의 현실적인 국제관계 이해를 높이는 데는 도움이 되지 못했다.

이수성이 상해로 진격하기 전에 홍인간은 상해의 영국·프랑스·미국 영사에게 편지를 보냈고 자신도 소주로 가서 상해의 영국 선교사 몇 사람을 소주로 초청했다. 그는 자신의 영향력을 이용하여 외국인들이 상해에서 태평군의 진격에 간섭하지 않도록 할 생각이었다. 영국 선교사 양독신(楊篤新 John Griffith)은 소주에서 간왕을 만난 상황을 다음과 같이 기록하였다. "간왕은 정서가 매우 격앙된 상태였다. 훗날에사 알게 되었지만, 그가 격앙된 이유는 상해의 각국 영사관에 보낸 자신의 편지를 영사들이 열어 보지도 않았을 뿐만 아니라 영국과 프랑스 군대가 상해 성을 방어하고 있었기 때문이었다. 그는 자신이 보낸 편지를 열어보지도 않은 것은 자신에 대한 모독이며 외국 군대가 상해성을 방어한 것은 외국인은 교전 단체 사이에서 중립을 지켜야 한다는 원칙을 위반한 일이라고 생각했다."[10]

이수성과 홍인간은 외국인이 무력을 사용하여 상해성을 포함한 전체 상해를 방어할 수 있다고 믿지는 않았다. 이수성은 부대가 상해 교외에 접

---

9   원문 전문은 북경대학교 문과연구소와 북경도서관 편의 『태평천국사료』, 개명서점 1950년 판. 93-98쪽을 보라.

10 William B. Reed 저, 왕유주 역, 『태평천국혁명친력기』

근했을 때 다시 각국 공사에게 공한을 보내 부하들에게 외국인을 해치지 말라는 명령을 내린 사실을 통지하고 외국인은 황색 깃발을 내걸어 표시하라고 요구하는 한편 상해에 도착하면 각국 공사들과 회담하겠다는 의사를 밝혔다.

이수성은 상해에서 큰 전투를 벌일 준비조차 하지 않았다. 그가 상해성까지 이끌고 간 병력은 3천 명에 불과했다. 상해 일대를 지키는 청군은 한 번의 공격도 감당할 수 없는 형편이었다. 그는 외국인이 정말로 무력을 동원하리라고는 생각하지 않았을 뿐만 아니라 상해 성안에는 내응하기로 사전에 약속한 광동 사람들(아마도 소도회의 남은 무리였을 것이다)도 있었기 때문에 피를 보지 않고도 상해에 진입할 수 있으리라 믿었다. 그러나 예상치 못하게 내응은 영국군과 프랑스군에게 진압되었다. 그가 대응해야할 적은 와드 같은 용병이 아니라 영국과 프랑스의 정규군이었다. 상해성 근처에서 벌어진 3일 간의 전투 상황을 보면 이수성은 이런 적과 전쟁을 벌일 결심을 하지 않았던 것 같다.

이수성은 군사를 철수시키면서 영국·미국·포르투갈 영사에게 다음과 같은 내용의 서신을 보냈다. "내가 상해를 취할 생각이 있었더라면 주머니 속의 물건을 꺼내듯 손쉬웠을 것이다. 다만 같은 교를 믿는 형제의 정리를 생각하건대 만약 우리 사이에 싸움이 벌어지면 관병의 조롱거리가 될 것이다… 너희들 중에 이런 정리를 생각하는 사람이 있어 전날의 잘못을 뉘우치고 우리와 평화롭게 지낸다면 좋지 않겠는가?"

서방 자산계급은 중국 인민의 정신을 마비시키기 위해 기독교를 중국에 전파했다. 태평천국은 기독교를 뒤집어 이용하여 농민혁명을 일으키는데 동원했다. 그러나 기독교는 다른 어떤 종교나 미신과 마찬가지로 인민의 각성을 높이는 데는 근본적으로 심각한 방해물이었다. 태평천국이 종래에 농민혁명이 마주해본 적이 없는 국제관계와 직면했을 때 그들이 신봉했던 상제신앙은 결국 그들로 하여금 현실 투쟁목표를 제대로 인식하지 못하고 종교적 망상에 빠져 잘못된 길로 나아가게 했다. 태평군이 상해로부터 철수하고 나서 두 달 후에 각국 침략자들은 청 왕조와 북경조약을 체결했다. 이때부터 예수 그리스도를 받든다고 자처하는 사람들도 공맹의 도를 받든다고 자처하는 사람들과 마찬가지로 태평천국을 적이라고 공개적으로 선포했다. 현실 투쟁을 통해 혁명농민들은 종교적 망상에서 벗어날 수밖에 없었고 이제부터 태평천국은 연합한 내외의 적과 맞서 힘든 투쟁을 벌여나가야 했다.

제8장

국내외 반혁명 세력의 대연합과 태평천국의 실패

친구가 된 강도

제2차 아편전쟁 중에 황제의 행궁인 원명원이 불탔으며 북경성의 대문은 무력으로 열렸고 굴욕스러운 조약이 체결되었다. 놀라운 것은 청 왕조의 집권파 사이에서 다음과 같은 관점이 등장했다는 점이다. 이들 침략자는 사실은 예의를 알고 신의를 지킬 줄 아니 친구로 지낼만하다!

봉건 집권파 가운데 출현한 이런 관점은 제1차 아편전쟁 때에 기영 등이 보여준 "오랑캐"에 대한 관점(제4장 누적된 변화와 첫 번째 격랑)이 한 걸음 더 발전한 것이었다. 이때 이런 관점을 대표한 인물이 외국 침략자와 담판을 벌여 북경조약을 체결한 공친왕 혁흔이었다. 함풍 황제의 동생인 그는 이때의 담판을 벌인 경험을 통해 "양무(洋務)"의 전문가로 변신했고 얼마 지나지 않아 새로 설립된 "총리각국사무아문(總理各國事務衙門)"[1]의 책임자가

---

[1] 북경조약 체결 3개월 후(함풍 10년 12월)에 청 정부는 "총리각국사무아문"이란 새로운 기구를 설치하였는데 그 직무는 외교부에 해당한다고 할 수 있었으나 실제로는 외교부보다 훨씬 큰 직권을 행사했다. 당시의 표현을 빌리자면 이 기구는 "양무"와 관련된 일체의 일을 관할하는 관서였다. 습관상 "총리아문," "총서," "역서(譯署)"라고 약칭하였다(이 책에서도 이후 "총리아문"이란 약칭으로 부른다).

되었다. 열하 행궁에서 내려오는 황제의 조서에 강화가 성립되어도 같은 일이 반복될까 염려된다는 내용이 담겨있자 혁흔은 다음과 같은 관점을 재삼 강조했다. "(이들 오랑캐는) 속으로는 뜻이 통상에 있고 겉으로는 체면을 다투니 넉넉한 예로서 다룬다면 점차로 순하게 길들일 수 있을 것으로 생각됩니다. 또한 이 오랑캐는 전에도 성을 빼앗고 땅을 차지하기 위해 온 것이 아니라고 말한 적이 있으니 반드시 피차 신의로 대해야 할 것입니다. 신 등이 여러 차례 이 오랑캐들의 말을 살펴보니 그 마음을 헤아릴 수 없는 정도는 아닙니다."[2] "이 오랑캐는 신을 만나 솔직하게 말하고 차츰 가르침을 따랐습니다. 이후로 여러 차례 만나면서 이전처럼 고분고분하지 않은 태도는 보이지 않았습니다. 이 오랑캐는 지금은 이미 군사를 물렸으니 다시 염려할 필요는 없는 것 같습니다."[3]

혁흔으로 대표되는 일부 집권파가 느꼈듯이 서양인들이 의외로 부드러운 태도를 보여준 적이 없지는 않았다. 서양인들은 북경성을 점령하지도 않았고 천진을 점령하지도 않았다. 이것은 "오랑캐는 우리 땅과 인민에게 이로울 게 없으나 신의로 구슬릴 수 있고, 그 품성에 따라 타이를 수 있으니 앞 세대의 일과는 얼마간은 다르다"[4]는 점을 증명해 주었다. 뿐만 아니라 그로부터 얼마 지나지 않은 함풍 11년(1861년) 3월에 영국과 프랑스는 3년여 동안 군사적으로 점령해왔던 광주성을 돌려주겠다는 뜻을 동시에 밝혔다. 혁흔은 이 일에 관한 보고서에서 다음과 같이 말했다. "(영국과 프랑스는) 다 같이 중국이 성실하게 대하고 있음을 깊이 깨달아 조금의 의심도 갖지 으므로 지난날의 불화를 풀고 피차 오래 동안 화목하게 지낼 수 있을 것입

---

2 『함풍이무』 제69권. 1-2쪽.
3 『함풍이무』 제69권. 8쪽.
4 『함풍이무』 제71권. 18쪽.

니다." 그는 또 이렇게 덧붙였다. "그 말이 반드시 충심에서 나온 것은 아닐 지라도 이후로 성의로 대하면 점차 순종할 것입니다."[5]

부패한 봉건 통치자들은 외국의 무력 침략 앞에서 투항주의에 빠져 중국의 민족적 긍지와 인민의 이익을 배반하였으면서도 이들 외국 침략자가 "우리 땅과 인민에게 이로울 게 없다"는 점은 인식하고 있었다. 그들은 비굴함으로 안전을 도모함으로써 외국 침략자의 호감을 사면서 서양인들은 "성의"로 대하면 "순종"할 것이라 생각했다. 그들은 외국 침략자들이 처음부터 제시한 요구 이외에는 "딴" 생각을 갖고 있지 않으며 중국에 와서 청 황제로 대표되는 봉건 통치자들을 몰아내고 그 자리를 차지할 생각이 없음을 알아챘다. 그래서 "앞 세대의 일과는 얼마간은 다르다"고 말한 것이다.

이들 "오랑캐"는 청의 황제를 몰아낼 계획이 없었을 뿐만 아니라 오히려 실력으로 청 왕조 정부를 지지할 생각이었다. 북경조약이 체결된 후 얼마 지나지 않아 프랑스와 러시아 공사가 공친왕에게 반 태평천국 전쟁 중에 청과 군사적으로 협력하겠다는 뜻을 밝혔다.[6] 청 왕조 당국은 이 제안을 진지하게 고려할 수밖에 없었다. 공친왕은 사실은 협력을 간절히 희망하고 있었다. 그는 상주문에서 제갈량이 "오(吳)와 손잡고 위(魏)를 친" 정책을 선례로 들면서 프랑스·러시아·영국과 연합하여 공동의 적인 태평천국을 토벌하자고 주장했다.[7] 그의 건의에 따라 황제는 함풍 10년(1860년) 10월에 이 문제를 두고 증국번 등 관련된 지방 고위 관원들의 의견을 물었다.

강소 순무 설환이 가장 열렬한 찬성 의사를 밝혔다. 그는 러시아와 프

---

5 『함풍이무』 제76권. 21쪽.
6 『함풍이무』 제69권. 29쪽.
7 『함풍이무』 제71권. 18쪽.

랑스가 이미 협력의사를 밝혔으니 이보다 좋은 일은 없을 것이라고 말했다. 이때 양강 총독 겸 강남대영을 지휘하는 흠차대신 중국번도 러시아의 도움은 받아들이되 출병 시점은 좀 늦추어서 남경을 협공할 때 "배를 보내 도적을 소탕하는 일을 도와 달라"고 요청하자고 주장했다.

그러나 이때의 러시아와 프랑스에 대한 출병 요청은 실현되지 않았다. 중국번이 출병 시점을 늦추자고 주장한 이외에 청의 일부 관원들이 "오랑캐"의 출병을 요청하면 많은 전비를 요구할 것이고 외국 군대는 장강 연안을 점령한 후 눌러 앉아 나가지 않을 위험이 있다는 우려를 표시한 때문이었다.

영국은 장강에 발을 들여 놓으려는 러시아의 시도에 큰 불만을 가졌고 프랑스가 거래를 좌지우지 하는 것도 원치 않았다. 영국 영사관의 참찬(參贊) 웨이드(Thomas Francis Wade)는 공친왕에게 이렇게 말했다. "도적을 토벌하는 일은 원래 중국이 마땅히 해야 할 일인데 다른 사람의 힘을 빌린다면 그들이 땅을 차지하지 않고서는 무슨 이득을 보겠는가? 프랑스와 러시아가 성을 차지하면 나가려 하지 않을 것이고 영국이라도 차지한 땅은 자기 것으로 만들지 않는다고 말할 수 없다." 웨이드는 영국의 인도 점령을 예로 들었다.[8] 영국은 고의로 프랑스와 러시아의 무대를 걷어차 버렸는데, 그들 사이에는 중국을 침략하는 과정에서 상호 협력하기도 했지만 상호 모순도 있었다.

공친왕 등 양무 전문가들은 황제에게 러시아와 프랑스의 제안을 즉각 수락하라고 건의할 수는 없었으나 이때의 토론을 통해 청의 관부는 "오랑캐"와 그들이 태평천국을 반대하는 투쟁에서 동맹을 맺을 수 있음을 확인했다. 문제는 우려되는 후과를 피하자면 어떤 방식으로 협력하느냐 하는 것

---

8   공친왕 등의 상주문에 근거함. 『함풍이무』 제72권, 10쪽을 보라.

이었다.

천진조약과 북경조약에 참여한 4개국 가운데서 러시아는 주요 역량을 중국의 북방 변경지역을 삼키는데 소진했기 때문에 중국 남방까지 내려와 무엇인가를 해볼 여력이 없었다. 그 후 동치 원년(1862년)에 러시아는 해군을 이용하여 중국의 남방 연해지역에서 청 정부를 돕겠다는 뜻을 다시 한 번 밝혔지만 이때도 영국과 프랑스의 견제 때문에 실행에 옮길 수가 없었다. 미국은 국내에서 1861년에 남북전쟁이 발생했기 때문에 이 무렵에는 아시아에 신경을 쓸 수가 없었다. 프랑스는 중국에서 모종의 우월적인 지위를 먼저 차지하기 위해 태평천국의 토벌을 돕겠다고 앞장서 제안했지만 중국에서 프랑스의 역량은 영국에 미치지 못했다. 당시 중국을 둘러싸고 북방에서는 러시아가 우세한 위치에 있었고 남방에서는 영국이 우월한 위치에 있었기 때문에 영국은 청과 태평천국 사이에서 명확한 태도를 서둘러 밝혀야 할 이유가 없었다.

함풍 11년 정월(1861년 2월), 영국의 중국 주재 해군사령관 호프는 엘긴의 명을 받아 함대를 이끌고 상해를 출발하여 장강 연안을 따라 내륙으로 들어갔는데 광주 주재 영사 파크스가 그와 동행했다. 그들의 항행 목적은 조약의 규정에 따라 장강 내륙에서 절취한 특권을 확인하고, 한편으로는 이런 목적을 달성하기 위해 아직 장강 중하류를 점유하고 있는 상당히 우세한 태평천국과 어떤 관계를 설정할 것인지 탐색하는 것이었다.

호프와 파크스의 이때의 항행은 약 2개월이 소요되었다. 그들은 청의 관군이 수비하는 한구 등지에도 들렀을 뿐만 아니라 태평천국의 수도에도 들렀다. 청의 지방 관원들을 비굴한 자세로 그들을 환영했다. 호광 총독은 정식 보고에서 호프 등이 무한에 도착했을 때의 상황을 "노비(奴才)(관원이 황제를 향하여 자신을 가리키는 공식 용어)는 예를 갖추어 환대했고 그들은 모두 만족해"했다고 묘사했다. 한편, 태평천국의 지도자들은 아직 종교적 망상을 벗어나지 못했고, 북방에서 발생한 전쟁의 의의도 이해하지 못했으며 이 전쟁의 결과로 맺어진 조약을 통해 기독교를 신봉하는 국가가 청 정부와 손을 잡았다는 사실도 이해하지 못했고, 영국이 입으로만 말하는 "중립"의 거짓말을 믿고 있었지만 영국인들은 구체적인 문제를 논의 할 때 태평천국이 자신들의 계략에 쉽게 넘어가지 않을 것이란 느낌을 받았다.

영국인은 태평천국에게 자신이 중국에서 무력을 보유하고 있는 이유는 단지 통상항의 이익을 지키기 위함일 뿐이며 결코 중국 내전의 어느 일방에도 참가할 뜻이 없다고 말했다. 그들은 태평군이 상해로부터 30 마일 ― 중국 리 수로는 백리 ― 반경 이내의 지역으로는 진입하지 않을 것임을 보증해달라고 요구했다. 천경에서 태평천국과 담판을 벌일 때 영국의 책임자는 파크스였다. 담판이 시작되자 태평천국을 대표한 젊고 경험이 없는 몽시옹(蒙時雍)(찬왕 몽득은[贊王 蒙得恩]의 아들, 칭호는 찬사군[贊嗣君])은 이 요구를 받아들일 수 있다고 답했다. 그러나 천왕 홍수전은 보고를 받자 즉각 반대의사를 밝혔다. 5일 동안 담판을 진행하면서 홍수전은 약간 양보하여 영국 측의 요구를 받아들이되 적용 기한은 그해 말까지로 한정했다. 2월 23일 (4월 2일)에 찬사군의 이름으로 태평군 장병들에게 하달된 명령에는 그해 말까지는 상해로부터 백리 이내로는 진입하지 말라고 되어 있었다.[9] 파크스는 위협과 회유를 동시에 동원했지만 이런 결과 밖에 얻을 수 없었다.

호프는 이때 장강을 항행하면서 월스리(G. L. Wolseley)란 장교를 천경에 1주일 동안 남겨두어 내부를 관찰하게 하였다. 그가 관찰하여 내린 결론은, 영국은 더는 수수방관 할 수 없으며 청 정부를 도와 "난리를 일으킨 무리

---

9 명령의 원본은 유실되고 전하지 않는다. Reed 저, 『태평천국혁명친력기』 중문 판. 260 쪽.

를 소탕"하기 위해서는 "직접 남경을 공격"해야 한다는 것이었다.[10] 그러나 영국 정부와 중국에 주재한 영국 관원들은 이처럼 극단적인 수단은 채택하지 않기로 결정했다. 그들이 보기에 청 정부를 상대로 하는 작전과 태평천국을 상대로 하는 작전은 상황이 달랐다. 전자를 상대로 할 때는 소수의 병력을 투입하여도 단기간 내에 효과를 볼 수 있었지만 후자를 상대로 했을 때는 협박에 넘어가지 않는 인민대중의 역량과 직접 대면해야 했다. 그들은 하급 장교의 조악한 낙관주의에 동의하지 않았고 결과를 예측 할 수 없는 전쟁에 스스로 뛰어들기를 원치 않았다. 그들은 표면적으로는 "중립"을 표방하면서 청 정부가 혁명을 진압하도록 도움을 줌으로써 전쟁이란 모험을 피하는 방법을 찾고자 했다.

영국의 이런 태도를 청 정부도 간파하고 있었다. 총리아문의 공친왕 혁흔 등 대신들은 함풍 11년 5월에 올린 상주문에서, "신 등이 영국과 프랑스를 구슬린 이후로 아직까지는 조용하니 우리와 친하게 지낸다고 할 수 있다"고 말했다. 6월에 공친왕이 올린 상주문에서는 영국 한 나라만을 언급하면서 "지금 도적의 세력이 널리 퍼져있기는 하나 웨이드와 파크스 등은 그들이 성공할 수 없다고 누차 말했고 그런고로 우리와 친하게 지내려합니다. 도적을 제대로 토벌할 수 있으면 각국은 마음을 놓을 것이고 친함은 더욱 두터워 질 것"[11]이라고 하였다. "우리와 친하게 지낸다"는 게 무얼 의미하는가? 우리와 가까워지고 우리에게 접근한다는 뜻이니 그냥 보통의 친구가 아님은 분명하다. 이제 봉건 통치세력과 외국 자본주의 침략자가 공동으로 농민혁명을 진압할 형세는 분명히 성숙했다. 남은 것은 쌍방이 받아들일 수

---

10   Wolseley, 「태평천국천경관찰기」, 간우문(簡又文) 저, 『태평천국잡기』, 상무인서관 1935 년 판, 127쪽을 보라.
11   『함풍이무』 제80권, 25쪽.

있는 방법을 찾는 일 뿐이었고 이 일은 그리 많은 시간을 요하지 않았다.

상해 주변의 전쟁과 "상승군(常勝軍)"의 등장

현대 자본제국주의는 역사에 등장하는 어떤 침략자보다도 침략행위에 "합법"의 형식을 갖다 붙이는데 뛰어난 재능을 보여주었다. 현대 자본주의 침략자들은 자신의 이익에 따라 먼저 조약, 협정, 규칙 따위를 만들어놓고 필요할 때마다 조약, 협정, 규칙을 확대 해석하여 자신의 모든 행동을 "합법화," "합리화"시켰다.

영국과 프랑스가 태평천국이 통상항에 진입하는 것을 반대하고 나아가 무력으로 태평천국의 진입을 막을 준비를 한 근거는 그들이 청 정부와 맺은 조약이었다. 그러나 조약에는 그런 권리를 인정한 어떤 조항도 없었다. 그들의 논리는 이랬다. 조약에서는 몇몇 도시를 통상항으로 개방하기로 규정하였으므로 통상항의 "안전"은 그들의 이익과 관련이 있다, 따라서 "통상항의 안전을 보장하기 위해" 무력을 사용할 권리가 있다, 통상항을 보위할 권리가 있으니 통상항 주변 백리 이내의 지역을 보위하는 것은 당연한 권리이다.

외국인들의 황당한 논리는 조약의 원래 취지와도 맞지 않는 주장이었지만 청 당국은 이의를 제기하기는커녕 오히려 매우 만족해하였다.

앞에서 언급한 바와 같이 태평천국은 함풍 11년 2월의 담판에서 일부 타협했지만 외국인들이 주장하는 "합법적" 권리를 인정한다는 표시는 전혀 한 적이 없었다.

함풍 11년 11월 26일(1861년 12월 27일), 영국 측은 다시 태평천국에게 오만한 언사로 가득 찬 각서를 보냈다.[12] 이 각서는 네 가지 무리한 요구를 제시했는데, 태평군이 상해 주위 백리 이내는 물론이고 구강과 한구 주위 백리 이내로 진입하지 말 것을 요구했고, 진강의 금산(金山)은 영국 영사의 주택이 있는 곳이므로 침입해서는 안 된다고 선포했다. 며칠 후 태평천국은 답신을 보내면서 상대와 우호적인 관계를 희망하나 영국이 제시한 요구는 사리에 맞지 않는다며 강력하게 반박했다.[13]

각서 때문에 벌어진 담판은 실질적으로 결렬되었다. 이수성은 태평군을 이끌고 즉시 상해로 진군했다. 상해로 피난한 강소성과 절강성 각지의 퇴직 관료, 지주, 향신들은 우선 외국 상인과 협력하여 이른 바 "중외회방공소(中外會防公所)"란 것을 만들었다. 그들은 상해에 주재하는 영국과 프랑스 외교관들에게 군대를 동원하여 청군을 도와줄 것을 청원했다. 영국 측은 상해의 관원들에게 이 사실을 조정에 보고하라고 요구했다. 그들의 속셈은 청 정부가 정식으로 출병을 요청해줌으로써 자신의 중국 내정에 대한 무장간섭이 "합법적" 형식을 갖추는 것이었다. 강소 순무 설환은 외국의 도움을 요청하자고 주장하는 관료였다. 그는 함풍 11년 12월과 동치 원년 정월(1862년 1월과 2월)에 연속적으로 상주문을 올려 이런 주장이 상해의 "관원, 향신, 상인, 백성"의 공통된 의견일 뿐만 아니라 영국인들도 전체 국면을 깊이 이해하고 "역시 도적무리의 악독함에 대해 원한을 품고 있다"고 말했다. 조정은 보고를 받자 즉시 "수도에 주재하는 영국과 프랑스 사신들과 적절히 협의하라"고 총리아문에 지시하고, 이어서 "상해는 통상의 요지라 중국과 외국이 함께 보위함이 마땅하고" 나아가 일일이 총리아문에서 심의

━━
12 이 각서는 영국의 중국 주둔 해군사령관 호프가 당시 남경 근처에 정박하고 있던 한 척의 영국 군함 선장을 통해 제출했다. 파크스는 이때도 교섭에 참여했다. 각서의 원문은 『태평천국혁명친력기』. 323쪽을 보라.

13 태평천국 측의 답신은 유찬왕 몽시옹과 장왕(章王) 임소장(林紹璋) 등이 서명했다. 이 문건의 원본은 유실되었으나 『태평천국혁명친력기』. 323-326쪽에 번역문이 실려있다.

하면 시간이 지체되니 "설환으로 하여금 앞서 청원한 향신들과 영국 프랑스 양국과 신속하게 협의하여 날짜를 늦추지 말고 처리하게 하라"[14]는 지침을 내렸다. 동치 원년 정월 13일에 내린 황제의 유시에서는 "영국과 프랑스 양국은 강화조약을 비준한 이후로 피차 다 같이 신의를 지키고 있다. 이번에 상해에서 도적무리를 토벌하는 일을 돕는 것은 특히 진심으로 우호를 다지고 우방의 도리를 다 하는 것이다. 앞으로 영국과 프랑스의 문무관원이 도적무리를 토벌하는데 돕겠다고 하면 설환은 이를 신속하게 보고하여 중국과 외국의 우호와 합심협력의 뜻이 널리 드러나게 하라"[15]고 하였다.

통상항과 그 부근 지역에서 외국 군대의 직접 전쟁 참가는 청 정부와 영국·프랑스 등 외국이 다함께 타당하다고 인정한 협력방식이 되었다.

여기서 반드시 언급해야할 것은 미국의 불량배 와드가 국내외 반혁명 대연합 활동 가운데서 보여준 특수한 역할이다.

앞에서 이미 언급한 바와 같이 와드는 함풍 10년(1860년)에 태평군이 상해로 진격할 때 청의 관원과 상인에게 고용되어 외국 건달과 도망병을 모아 편성한 부대를 이끌고 작전에 참가했다. 그는 이 작전에서 돈은 벌었지만 큰 전적은 보여주지 못했다. 그는 프랑스로 건너가 부상을 치료한 후 함풍 11년(1861년) 봄에 상해로 돌아왔다. 그는 중국인을 병사로 쓰고 서양 무기로 무장하며 서양인이 훈련과 지휘를 맡는 부대를 만든다는 새로운 계획을 제시했다. 원래 그를 고용했던 청의 관원과 매판상인의 대표인 오후와 양방은 이 계획에 적극 찬성하고 투자를 약속했다. 얼마 후 와드의 새로운 계획을 알게 된 영국의 해군 사령관 호프도 만족을 표시하고 지지를 약속

---

14 『동치이무』 제3권, 48쪽 ; 제4권, 2쪽.
15 『동치이무』 제4권, 3쪽

했다.[16] 와드는 송강에서 새로운 계획대로 서둘러 부대를 편성했다. 함풍 11년 말 태평군이 상해를 향해 진격했을 때 와드의 부대는 병력이 1,200명에 포병과 수송선까지 갖추고 있었다.

태평군의 상해 일대 공격은 5개월가량 지속되었다(함풍 11년 12월에서 동치 원년 5월까지, 즉 1862년 1~6월). 태평군이 상대했던 국내외 반혁명 군대는 세 부류였다. 첫 번째 부류는 영국과 프랑스 군대, 병력은 많지 않아 도합 4천을 넘지 않았다. 두 번째 부류는 청군, 소주와 상주 일대에서 패전한 군대로서 병력의 수는 상당히 많았으나 전투력이라고는 거의 갖추지 못했다. 이홍장(李鴻章)의 회군(淮軍) 8천 명이 전투력을 갖춘 유일한 부대였는데, 이홍장은 동치 원년 5월이 되어서야 상해에 도착했다. 세 번째 부류가 바로 와드의 부대였다. 청 관부는 수치스럽게도 이 부대에 "상승군"이란 이름을 붙여주었다. 와드는 중국 국적을 취득했다고 자칭했고 청 당국으로부터 관직도 받았다. 청 당국은 그를 연속적으로 승진시켜주어 그는 관모에 붉은색 구슬을 붙이는 부장(副將)에 까지 올랐다. 그의 병사는 전부 중국인이었고 비용은 모두 청의 관부에서 지급했지만 이 부대는 서양인의 부대였고 일종의 특수한 지위를 누렸다. 부대의 병력은 1,200명에서 점차로 늘어나 6천명에 달했다.

태평군은 상해로 진격하면서 초반에 우세한 병력을 집중시키지 않는 잘못을 범했기 때문에 동치 원년 정월에는 상해를 압박할 수 있는 지점까

---

16 이 일이 있기 전에는 영국 측은 와드의 활동을 좋아하지 않았다. 1861년 5월에 영국 해군사령관 호프는 그를 체포하여 미국 영사에게 넘기며 처벌을 요구했는데 그 이유는 영국 수병의 탈영을 부추겼다는 것이었다. 그러나 미국 영사는 그가 중국 국적을 취득했기 때문에 미국 측은 처벌할 권한이 없다는 이유로 석방했다. 미국 측은 와드가 개인 명의로 벌이는 활동에 대해서는 최소한 간섭하지 않으려 했을 뿐만 아니라 후에는 지지해주었다.

지 왔음에도 결정적인 승리를 거두지 못했다. 2월과 3월 사이에 영국과 프랑스 군대와 와드의 부대가 청군과 협력하여 반격을 시작하여 태평군의 수중에 있던 상해 외곽의 가정, 청포, 송강 등지를 점령했다. 그러나 4월이 되자 태평군이 정예부대를 동원해 태창 방면에서 재차 상해를 향해 진격하여 가정, 남상(南翔), 청포 등지를 탈환하고 상해 근교까지 진출했다. 영국과 프랑스 군대는 후퇴하여 조계를 지킬 수밖에 없었고 와드 부대는 송강성을 힘겹게 지켰다. 송강성을 함락시키지 못한데다 상해를 방위하던 영국과 프랑스 군대가 포대를 쌓아올리고 이홍장의 회군이 상해 근교에서 태평군과 싸워 한 차례 승리하자 태평군은 전투를 계속하기가 어려워졌다. 5월 하순, 이수성의 태평군은 상해 부근지역에서 물러났다.

영국과 프랑스 군대가 직접 참가한 이른 바 상해 보위전쟁을 통해 양국의 병력은 많아봐야 연해의 통상항을 지킬 수 있는 수준을 넘지 못한다는 사실이 드러났다. 이후로 영국과 프랑스군이 상해 이외의 지역으로는 진격한 경우는 거의 없었다. 여기서 덧붙여 설명해야 할 것은, 동치 원년 4월 12일(1862년 5월 10일) 영국과 프랑스 군대가 청군을 도와 영파를 탈환했는데 이때도 영국군과 프랑스군은 전함의 포격으로만 지원했다는 점이다. 영국은 시종 자신의 군대를 사용하여 작전을 도맡는 경우를 피하려고 했다. 이 때문에 와드의 "상승군"이 청의 관부뿐만 아니라 영국·프랑스·미국으로부터도 주목을 받았다. 당시 중국에 주재하던 영국의 문관과 무관은 모두가 경험이 풍부한 식민주의자라고 할 수 있었다. 그들은 청 정부의 중국 인민혁명 진압을 돕는 데는 와드의 방법이 사실상 가장 좋은 방법임을 금방 알아차렸다. 그것은 외국인은 지휘를 맡고 중국인을 동원해 중국인을 공격하는 방법이었다.

영국은 와드 부대의 확대를 주장했을 뿐만 아니라 이 방식을 확대 적용하려고 했다. 영국의 요구에 따라 총리아문은 천진, 광주, 복주에 파견한 부대의 훈련을 영국군 장교에게 맡겼으나 부대의 규모가 영국이 희망한 5천 내지 만 명에 미치지 못하는 수백 명에 불과했다. 청 당국이 많은 비용을 두려워 한 탓도 있었지만 그렇게 많은 병력을 빼낼 수가 없었기 때문이었다.

프랑스도 지지 않고 병사 훈련을 분담하겠다고 나섰다. 와드 방식을 그대로 본 따 절강성 영파에서 중국인 사병을 프랑스군 장교 르·브레통(Albert-Edouard Le Brethon de Caligny)이 지휘하는 부대가 편성되었다. 프랑스 측의 요청에 따라 청 당국은 르·브레똥에게 절강 총병(總兵)서리란 관직을 주었다.[17] "상첩군(常捷軍)"이라 명명된 이 부대는 절강 동부지역에서 반 태평군 전투를 수행했다.

옛날의 식민주의자들은 자신의 병력을 동원하여 식민지 인민의 혁명 투쟁을 진압했는데 현대의 새로운 식민주의자들은 식민지와 반식민지 국가 내부의 반동세력을 이용하여 자신의 병력을 사용하는 일을 피하려했다. 서방 열강은 일찍이 태평천국 시기에 후자의 방식이 중국과 같은 대국을 다루는데 가장 적합한 방식임을 알아냈다.

상군과 회군

국내외 반혁명세력이 연합하는 과정에서 증국번을 우두머리로 하는 상군과 상군에서 파생된 이홍장의 회군이 갈수록 중요한 지위를 차지했다.

앞에서 이미 설명했지만, 상군의 지도부는 다수가 중소지주와 부농 및 그 지식분자였다. 그들이 나서서 농민혁명을 반대하고 청 왕조 통치의

---

17   『동치이무』 제9권, 14쪽.

권위를 지켜준 것이 청 왕조 정권이 위기를 모면할 수 있었던 중요한 요인이었다. 그러나 전쟁을 거치면서 상군의 위세가 갈수록 커지고 상군 지도부의 명망이 갈수록 높아지자 청 조정의 의심과 걱정도 커졌다.

증국번 등은 당시의 봉건 관료집단의 심각한 부패에 대해 불만을 갖고 있었고 비효율적인 군사제도와 군대 안에 만연한 악습을 강력하게 비판했다. 증국번은, 이런 군대라면 제갈량이 나와도 태평군을 꺾을 수 없다고 말했다.[18] 그는 태평군을 물리치려면 "새로운 깃발을 세우고 제도를 바꾸어야 한다"[19]고 주장했다. 증국번의 상군은 기존의 "녹영"과 다른 점 이외에도 체제 면에서도 크게 달랐다. "녹영"의 병사와 장교는 상호 예속관계에 있지 않았다. 각지의 녹영병은 조정이 직접 움직였고 임시로 장교를 파견해 지휘했다. 상군의 장교는 모두 증국번 자신이 직접 선발했고 전체 상군은 증국번이 배치하고 지휘했다. 상군은 사실상 증국번의 사병이었다. 이 때문에 청 조정은 증국번의 군대를 경계했다. 함풍 10년(1860년) 이전에는 상군의 제2인자인 호림익만 호북 순무의 관직을 갖고 있었다.[20] 증국번 자신은 오래 동안 시랑이란 명칭뿐인 관직을 가지고 군대를 이끌었을 뿐 어떠한 지방 실권도 갖지 못했다. 각 성의 장관(총독, 순무)들이 전비와 보급품 때문에 늘 증국번의 상군을 어렵게 만들었다. 이 때문에 증국번은 직접 조정을 향해 불만을 쏟아놓고 지방 실권을 주지 않으면 전쟁을 지속할 수 없다고 주장했다.

함풍 10년(1860년) 4월, 태평군이 강남대영을 분쇄하고 녹영병의 거의 전부가 붕괴된 상황에서 영국과 프랑스군의 북상이 눈앞에 다가왔다. 이때

---

18 「팽유방에게 보낸 서신(與彭筱房)」. 『증문정공서찰』 제2권. 10쪽.
19 「왕박산에게 보낸 서신(與王璞山)」. 전게서. 6쪽.
20 호림익은 함풍11년 8월에 병사했다.

서야 청 당국은 증국번을 양강 총독서리로 임명했고 같은 해 6월에 양강 총독으로 임명하면서 동시에 강남의 군사업무를 통할하는 흠차대신에 임명했다. 이제 강남북 수륙 각 군이 모두 증국번의 통제 하에 들어온 것이다.

함풍 11년에 발생한 청 왕조 궁중 정변은 증국번 집단의 지위를 한층 더 높이는 기회가 되었다.

함풍제는 열하 행궁으로 도피한 후 11년 7월에 그곳에서 죽었다. 겨우 6세의 황태자 재순(載淳)(즉 동치제)이 제위를 이었다. 이때 궁중에는 두 황태후 — 동태후(東太后)(자안태후[慈安太后], 함풍제의 황후)와 서태후(西太后)(자희태후[慈禧太后], 동치제의 생모) — 가 있었다. 함풍 황제는 죽기 전에 8명의 찬양정무왕대신(贊襄政務王大臣)을 임명해 두었는데, 모두가 황제의 신임을 받아 중용된 대신들로서 그 중에서 주요 인물은 이친왕 재원(怡親王 載垣), 정친왕 단화(鄭親王 端華), 단화의 동생이자 협판 대학사인 숙순(肅順)이었다. 이들은 새로운 황제가 즉위한 후 섭정의 지위에 올랐다. 함풍제의 동생인 공친왕 혁흔은 당시 북경에서 정무를 주제하고 있었음에도 배제되었다. 재원 등을 반대하는 일파가 황태후가 수렴청정하게 하자는 주장을 내놓자 재원 등이 반박했다. 자희태후(1835-1908년)는 정치적 야심이 있는 여자여서 혁흔과 손잡고 재원 등과 첨예하게 대립했다. 재원 등이 저지했음에도 두 황태후는 새 황제를 데리고 북경으로 돌아갔다. 조정이 북경으로 돌아온 다음날인 9월 30일에 새 황제의 이름으로 재원 등 8명의 찬양정무왕대신들은 파면되었다. 며칠 후, 재원과 단화에게는 자살하라는 황제의 명령이 내려졌고 숙순은 참수되었다. 이 궁중 정변의 결과로 두 황태후가 "수렴청정"을 하게 되었는데 실제 권력은 점차로 자희태후가 독단했다. 공친왕 혁흔은 의정왕대신(議政王大臣)에 임명되었고 여전히 총리각국사무아문을 관장했다.

궁중정변을 통해 권력을 장악한 통치자들은 자신의 지위를 공고히 하기 위해 국내에서 태평군에 대항할 수 있는 유일한 군사역량으로 성장한 증국번 집단의 지지를 확보할 필요가 있었다. 10월 18일, 증국번에게 강소·안휘·강서 3성을 통할하고 절강성 전체의 군사업무를 관장하게 하는 한편 증국번에게 장수들을 추천하라는 명령이 나왔다. 이후 수개월 이내에 증국번에게는 태자소보(太子少保)와 협판 대학사의 관직이 더해졌다. 그의 동생 증국전(曾國荃)은 1품의 관품을 받고 절강 안찰사에 임명되었다. 증국번이 천거한 이속의(李續宜), 심보정(沈葆楨), 이홍장, 좌종당(左宗棠)은 각기 안휘, 강서, 강소, 절강의 순무로 임명되었다. 이밖에도 이후 1년 이내에 광서, 하남, 귀주 등의 순무는 모두 상군계의 인물이 임명되었다.

이 무렵, 만주족 귀족을 포함한 대지주계급 집권파의 무능과 유약함이 충분히 폭로되었다. 증국번 집단의 중용은 만주족 귀족에서 한족 중의 반혁명 세력까지, 대지주계급에서 중소지주계급까지, 그리고 중국의 정치무대에서 갈수록 중요한 지위를 차지해가고 있던 매판자본 세력을 단결시켜 태평천국을 진압하는 반혁명 사업에 나서게 하는 작용을 하였다. 증국번 집단의 중용은 지배집단의 해체를 막았다.

함풍 11년의 궁중 정변은 대외 관계에도 영향을 미쳤다. 재원, 단화, 숙순 등을 문책하는 첫 번째 조서에서 그들에게 뒤집어씌운 죄명은 "온 힘을 다하여 화의를 추구하지 못했고," "각국에게 신뢰를 잃었다"는 것이었다. 또한 조서는 이미 "총리아문에서 각국에 관련된 사무를 타당하게 처리하고 있고 도성 안팎이 평소와 같이 안온한" 때에 그들은 여전히 "무리를 지어 나쁜 짓을 하면서 외국의 형세를 빌미로 하여 반복적으로" 황제의 귀경을 저지했다고 하였다.[21] 그러나 재원 등은 화의를 반대한 적이 없었다. 함풍 황제는 제2차 아편전쟁 중에 흔들리는 방침을 제시했고 그들은 황제의 심복으로서 황제의 흔들리는 방침을 따라갔으나 그 기조는 화의를 구걸하는 것

---

21 『동치이무』 제2권, 9쪽.

이었다. 어쨌든 궁극적으로 투항과 도주의 방침을 정한 책임은 그들이 져야 할 것이다. 그들의 특징이라고 한다면 "변방의 야만족"을 대하는 전통적인 시각에서 서방 각국을 평가한 것과, 때로는 한 차례 전쟁으로 "천조상국(天朝上國)"의 위풍을 회복할 수 있다는 환상을 가졌던 것뿐이었다. 그들이 "온 힘을 다하여 화의를 추구하지 못했다"는 죄명을 뒤집어 쓴 이유는 다름 아니라 이때의 정변에서 승리한 측이 외국인들에게 자신은 완전히 안심할 수 있는 상대임을 보여주고자 했기 때문이었다. 당시 영국과 프랑스는 아직도 천진에 군대를 주둔시키고 있었다. 청 왕조의 통치자들 입장에서는 황제가 북경의 황궁에 온전하게 머물 수 있느냐 하는 문제는 "외국의 태도"에 따라 결정되는 것이었다. 따라서 정변의 승리자들로서는 외국의 지지를 받는 일이 매우 중요한 문제였다. 자희태후가 공친왕 혁흔과 손을 잡은 이유도 혁흔이 당시에 외국인과 좋은 관계를 유지하고 있었기 때문이었다.[22]

반식민지 반봉건적 중국의 역사에서 각종 반동파가 정변을 일으켜 정권을 탈취하는 일은 여러 차례 발생했다. 정변을 일으킨 자들은 언제나 외국 침략자들의 안색을 살피지 않을 수 없었다. 1861년의 정변은 바로 이런 정변의 선례가 되었다.

이때의 정변 이후로 증국번 집단은 일약 지주계급 집권세력 가운데서 최대의 실력파가 되었고, 점차로 이들도 중국에서의 침략적 이익을 유지하고 확대시키기 위해서 공개적으로 중국 내정에 간섭하고 있던 서방 열강의 호감과 지지를 획득해갔다.

증국번은 제2차 아편전쟁 중에 외국 침략자들과 맞서기 위해서는 단

---

22 자희태후와 공친왕의 협력관계는 오래 지속되지 못했다. 이후 궁정내부의 알력 때문에 공친왕은 점차로 자희태후의 미움을 샀다. 동치12년(1873년)에 그의 작위는 낮추어졌고 광서10년(1884년)에는 그의 일체의 직위가 박탈되었다.

한 명의 병사도 동원하지 않았고 굴욕적인 투항 조약이 체결될 때에도 한 마디의 반대의사도 표시하지 않았다. 전후의 대외 정책에 있어서도 그는 공친왕 혁흔의 노선을 전적으로 지지했다. 동치 원년(1862년) 이전에는 증국번과 그 집단은 외국인과 직접 교류한 경험이 없었다. 동치 원년에 증국번은 이홍장을 회군을 이끌고 상해로 가도록 파견했다. 이홍장은 상해에 도착하자 곧 이 지역의 지주계급과 매판자본가의 총대표가 되었다. 또한 그는 외국 자본주의 침략세력과 직접적인 결탁에 나섰다.

이홍장(1824-1901년)은 도광 27년(1847년)에 진사시에 합격했다. 태평천국 전쟁 초기에 그는 안휘 순무 복제(福濟) 밑에서 일하는 하급 관리에 지나지 않았다. 함풍 8년(1858년)이 되어서야 그는 증국번의 막료가 되어 신임을 얻었다. 함풍 11년, 증국번은 상해로 군대를 파견하기로 결정했을 때 그를 강소 순무로 천거했다. 이홍장은 증국번의 명을 받아 고향인 안휘성 여주(합비)로 가 현지에서 "민단(民團)"을 조직한 지주들의 도움을 받아 병사를 모집하고, 여기다 더해 증국번이 상군 가운데서 내어준 약간의 부대를 가지고 자신의 부대를 편성했는데 이름하여 회군이라 하였다. 회군의 군사 편제는 상군의 전통을 그대로 따랐고 회군은 상군의 파생물이었다. 태평천국 전쟁이 종결된 후 상군은 점차로 흩어지고 이홍장의 회군이 최대 실력파가 되었다.

이홍장이 안휘에서 편성한 군대가 육로로 상해로 가려면 반드시 태평천국이 점령한 지역을 지나야 했다. 조정은 원래 그의 주둔지로 진강을 지정해 주었으나 그는 상해를 기지로 하겠다고 고집했다. 상해의 관원·향신·매판은 영국 상인과 계약을 맺고 높은 가격으로 영국 선박을 빌려 회군 8천명을 몇 차례로 나누어 상해로 실어 날랐다. 이홍장은 "중국인과 오랑캐가 하나가 되는 형세가 이미 이루어졌으니 우리가 어찌 억지로 경계를 그을 수 있는가"라고 하였다.[23] 그는 이런 이유를 들어 첫 번째 행군에서 외국 세력의 도움을 받은 일과 사실상 외국세력이 지배하는 상해를 자신의 기지로 선정한 일을 설명했다. 상해의 관원·향신·매판, 외국인과 합작으로 설립된 "중외회방공소" 같은 상인 단체, 와드와 협력하여 "상승군"을 만든 오후와 양방은 노골적인 대외 의존주의자들이었다. 그들은 오로지 외국 병력에 의존하여 태평군을 타도할 생각뿐이었고 그것이 태평군을 타도하는 유일한 방법이라고 믿었다. 이홍장은 상해에 도착한 후 다음과 같이 논평한 적이 있었다. "오후와 양방은 회방공소 측 사람들과 교섭할 때 지나치게 비굴한 모습을 보인다." 그렇지만 그는 한편으로는 오후와 회방공소의 지도자들이 "중국과 외국이 함께 도적무리를 토벌하는 일을 위해" "서양인들의 비위를 맞춤에 있어서 세밀한 부분까지 미치지 않는 바가 없다"[24]고 평했다. 이홍장은 서양인들에 대해 "지나치게 비굴한" 자세를 취하는 것을 못마땅하게 생각했다. 이런 자세는 이홍장과 증국번 같은 인물의 서양인을 대하는 방식과는 어느 정도 차이가 있었지만 그 차이란 오십보백보의 차이였다.

증국번과 이홍장은 외국이 직접 출병하여 소주, 상주, 남경을 공격하는 것을 원치 않았는데 그들 자신이 실력파였기 때문이었다. 그들은 태평군의 세력이 날로 쇠퇴하는 것을 보고 자신들의 손으로 "큰 공"을 세울 수 있다고 판단했다. 그들은 와드 부대와 같은 방식의 "도움"만 받아들이고 자신의 병력이 주역을 맡기를 원했다. 서양인이 앞장서서 공을 세우는 일은 그들이 원하는 바가 아니었다. 당시 상해의 관원·향신·매판과 서양인들이 결탁하여 상해 세관의 관세수입 거의 전부를 와드의 "상승군"과 상해의 "중외회방공소"에 참가한 외국 군대의 경비로 사용하고 있었고 이홍장이 상해에서 사용할 수 있는 자금은 지방 상업세 수입뿐이었다. 이홍장은 자신

---

23 『이문충공붕료함고(李文忠公朋僚函稿)』 제1권, 광서31년 각본, 9쪽.
24 전게서, 19, 17쪽.

의 군대를 부양하기 위해 서양인들이 쥐고 있는 관세 수입의 일부를 나누어 갖기를 원했다. 그는 상해에서 서양인들과 직접 접촉하면서, 자신이 서양인의 역량에 의존하고 있기는 하지만 서양인들은 청의 관군이 직접 나서서 태평군과 싸워주기를 원하고 있다는 사실을 점차로 알게 되었다. 서양인에게 모든 희망을 걸고 있는 관원 매판과 이홍장, 증국번 등이 다른 점은 바로 이런 인식이었다.

증국번은 이홍장의 회군이 상해에 도착하기 전에 이미 다음과 같이 말했다. "영파와 상해는 모두 통상하는 항구이니 서양인은 우리와 이해관계가 같으므로 함께 싸우고 함께 지킴이 마땅하다."[25] 이홍장은 상해에 도착한 후 자신의 활동을 증국번에게 보고하는 문건에서, "(서양인들에 대해) 홍장은 부드러운 말로 위로하고 따를 것은 따르면서 결코 화목을 잃지 않았습니다. 상해는 결국 그들이 보호해야 안전합니다. 그러나 피차가 도적(태평군을 지칭함)과는 원수이고 군사는 한번 움직이면 중도에 멈추기 쉽지 않으므로 백리 이내에 들어왔을 때 공격하여 없앨 생각을 하는 것입니다. 몸을 굽혀 접대하여 밖으로는 좋은 관계를 유지하고 안으로는 스스로 강해져야 할 것입니다"[26]라고 하였다. 그래서 이홍장과 증국번은 영국과 프랑스가 상해 백리 이내의 지역을 지킬 권리가 있다는 주장을 당연한 이치로 받아들였다. 이홍장은 소주와 상주로 진격할 때 후방 기지였던 상해를 완전히 서양인들의 보호 아래 맡겼다.

이홍장은 와드의 병력을 매우 중시했지만 와드와의 접촉은 오후와 양방을 통하지 않으면 안 된다는 사실을 알게 되었다. 이홍장이 처음 상해에 도착했을 때 와드는 그를 찾아오지도 않았다. 5개월 후, 이홍장은 증국번에

---

25 『동치이무』 제4권, 28쪽.
26 『이문충공붕료함고』 제1권, 26쪽.

게 보낸 보고서에서 다음과 같이 말했다. "와드는 실제로 용감하게 싸우고 서양의 좋은 무기는 다 가지고 있습니다. 홍장이 온 정성을 쏟아 회유하려는 뜻은 한 사람의 마음을 붙듦으로써 각국의 호감을 얻고자 함입니다. 그는 우리에게 포탄을 만들어 줄 기술자를 데려오고 서양 총을 대신 사주기로 응낙하였습니다."[27] 이홍장은 "온 정성을 쏟은 회유" 덕분에 마침내 와드의 부대를 어느 정도는 자신의 뜻대로 사용할 수 있게 되었다. 그가 말한 "한 사람의 마음을 붙듦으로써 각국의 호감을 얻고자 함"이란 오후와 양방 같은 무리의 방식과 기본적으로 일치하는 것이었다.

동치 원년(1862년) 8월, 태평군은 상해 부근 지역을 떠나 절강 동부 지역의 영파를 공격하는데 몰두했다. 이때 절강 순무 좌종당의 군대는 절강 서부에 있었기 때문에 동쪽 연해 지역을 돌볼 겨를이 없었다. 영파 방위는 완전히 영국과 프랑스 병력에 의존했다. 이홍장은 와드가 이끄는 "상승군"의 병력 일부를 영파로 보내 지원하게 하였다. 자계(慈溪)를 점령하기 위해 태평군과 전투를 벌이든 중에 와드는 중상을 입고 사망했다. 누가 와드의 뒤를 이을 것인가 하는 문제가 발생했다. 미국 공사가 주장하고 영국 관원들이 찬성하여 버지바인(H. A. Burgevine)이란 미국인(그는 원래 와드의 조수였다)이 와드를 이어 "상승군"을 이끌게 되었다. 이 해 9월 초, 남경성 밖에 도달한 증국전의 부대(남경으로 진격한 상군의 주력)는 태평군에게 역으로 포위되자 이홍장에게 절박하게 지원을 요청했다. 자신의 병력을 동원하고 싶지 않았던 이홍장은 버지바인을 남경으로 보내 돕기로 결정했다.

남경으로 진격하겠다는 의사를 밝힌 버지바인이 뜻밖에 시간을 끌면서 출발하지 않았다. 11월이 되자 버지바인 부대가 소란을 피우고 지금껏 "상승군"의 비용을 대면서 사욕을 채워온 양방과 심하게 다투었다. 한바

---

27 전게서, 54쪽.

탕 분쟁이 있은 후 "상승군'은 남경으로 가지 않았고 부대의 지휘자도 고든 (Charles George Gordon)이란 영국인으로 바뀌었다. 고든은 원래 영국 공병부대의 장교로서 제2차 아편전쟁 때에 북경 진공작전에 참가하여 원명원을 약탈한 인물이었다. 동치 2년(1863년), 이홍장은 소주와 상주를 공격하면서 상당한 정도로 고든의 "상승군"의 도움을 받았다. 강소 순무인 이홍장이 전임자인 설환[28]과 달랐던 점은 직접 서양인과 교류하였다는 사실이다. 그의 관부에는 거의 매일 서양인들이 찾아왔다. 설환은 서양인들에게 의존하는 향신 매판을 전적으로 지지하였으나 조정의 뜻을 제대로 파악하지 못했기 때문에 지나치게 외국인과 접촉하였다가 조정의 징계를 받을까 두려워하여 막후에 머물면서 서양인들과의 직접적인 접촉을 가능한 한 피했다. 그렇지만 그에게는 군사적 실력이 없었고 서양인들도 그를 중시하지 않았다. 이와는 달리 이홍장은 증국번의 상군이 후원하고 있기 때문에 설환처럼 소극적일 필요가 없었다. 그의 회군은 상해에 도착한 후 어느 정도 전투능력이 있음을 증명해보였다. 그는 증국번에게 보낸 보고서에서 "호프(영국 해군사령관)가 이곳에 주둔하면서 설공이나 오공(설환, 오후를 가리킨다)과는 만나지 않았으나 홍장의 예의와 정성에는 기대를 걸고 있으니 상해사람들은 전에는 없던 일이라고 말합니다."[29] 호프는 늘 이홍장의 진영으로 찾아와 그를 만났다. 이홍장은 이를 두고 흡족해하며 영광으로 생각했다. 이홍장도 설환이나 서양인의 비위를 맞추기 위해 분주하게 쫓아다니던 향신 매판과 다를 바가 없었다. 호프가 이홍장을 중시했던 것은 그가 다른 인물들보다 쓸모가 많

---

28 이홍장의 군대가 상해에 도착했을 때 설환은 아직 강소 순무였고 얼마 지나지 않아 이홍장이 순무직을 이어받았다. 설환은 판리통상사무대신(辦理通商事務大臣)이란 직함을 가지고 단기간 상해에 머물렀다.
29 『이문충공붕료함고』 제1권, 20쪽.

다고 판단했기 때문이었다.

이홍장은 상해에 도착하고 나서 얼마 후에 서양인들의 무기에 대해 높이 평가하는 말을 했다. 증국번은 이홍장의 이런 평가를 크게 믿지 않았다. 이홍장은 힘을 다해 스승을 설득하려 했다. 그는 외국군대는 병사는 적으나 강하고 중국군은 병사는 많으나 약한데 그 원인은 중국의 무기가 낙후한데 있다고 말했다. 원래 약했던 러시아와 일본은 영국과 프랑스로부터 무기와 배를 들여와 강해졌다. 그는 "중국이 대포와 윤선 두 가지를 갖게 되면 서양인들이 함부로 하지 않을 것"이라고 말했다. 또한 그는 자신의 부대 안에서는 다음과 같은 방침을 실행하고 있다고 말했다. "홍장은 현재 서양인 수명을 고용하여 병사를 훈련시키고 있습니다. 또 외국 장인을 모집하여 홍콩으로부터 대포를 만드는 기계를 사들이고 있고," "프랑스와 영국 제독에게 본국으로부터 대포 몇 문을 대신 사서 보내달라고 부탁했습니다."[30] 서양 총과 서양 대포를 사들이고 서양인에게 병사의 훈련을 부탁하는 것은 당시 총리아문이 주장하는 바였지만 이홍장은 그보다 먼저 자신의 부대에서 이를 실천하고 있었다.

앞에서 이미 언급했듯이, 이홍장은 "몸을 굽혀 접대함"이 "밖으로는 좋은 관계를 유지하고 안으로는 스스로 강해지기" 위해서라고 말했다. 이른바 "밖으로는 좋은 관계를 유지함"이란 농민혁명에 반대하는 연맹을 맺는 것이었고, 이른바 "안으로는 스스로 강해진다" 함은 병사의 훈련을 서양인에게 의존하고 서양 총과 서양 대포를 사들여 자신의 반혁명 무장을 강화하는 것이었다. 이것은 서방 열강으로서는 당연히 찬성할만한 일이었다.

이홍장이 자랑스러워했던 한 가지는, 고든 상승군의 도움을 받아 태평군의 수중에서 소주와 항주를 탈환한 후 "상승군"을 해산시켰던 일이었

---

30 전게서 제3권, 16, 19쪽.

다. 고든은 사직했지만 그가 통솔하던 부대는 일부 외국인 장교를 포함하여 그대로 회군에 통합되었다. 외국인들이 "상승군"의 해산에 동의했던 이유는 이홍장의 회군이 이미 모습만 바꾸어 확대된 "상승군"으로 변신했기 때문이었다.

태평천국에 대한 지식분자의 태도

국내외의 모든 반혁명 분자들이 결합하기 시작했을 때 혁명농민은 어떤 동맹 계급도 찾지 못했다. 당시 중국에서는 농민혁명을 영도할 무산계급이 형성되지 않았고 농민혁명을 이용하려는 자산계급도 등장하지 않았다.

지식분자를 하나의 계급이라고 할 수는 없다. 당시의 지식분자는 거의 전부가 지주계급에 속했다. 대지주계급의 지식분자뿐만 아니라 중소지주계급 지식분자와 부농 지식분자도 모두 농민혁명의 적대세력 편에 섰다.

태평천국 혁명대오 가운데도 지식분자가 있었다. 홍수전 본인과 풍운산, 홍인간은 모두 빈곤한 중농가정 출신의 지식분자였고 석달개도 소지주가정 출신의 지식분자였다. 태평천국의 혁명대오 가운데서 소지식분자가 일부 있기는 했지만 그 수는 매우 적었다.

태평군이 한 지역에 들어오면 대지식분자는 대부분 일찍이 달아났으나 소지식분자들은 (그들 자신의 표현을 빌린다면) "불행스럽게도 태평군 가운데 빠져들었다." 태평군은 그들을 "선생"이라 부르면서 문서작성 업무에 참여해달라고 요청했다. 이런 상황에 관해 직접 경험한 일부 지식분자들이 매우 흥미 있는 기록을 남겨놓았다. 강소성 금산(金山) 사람인 고심(顧深)(학자 고관광[顧觀光]의 아들)은 『호혈생환기(虎穴生還記)』에서 때맞춰 달아나지 못해서 태평군과 마주쳤다고 적었다. 그는 태평군에게 자신은 "아이들을 가르치는 훈장"이며 과거에 응시한 적은 있으나 수재가 되지는 못했다고 밝혔다(그는 고의로 자신의 신분을 낮추어 말했다). 태평군은 그가 "글 읽는 사람"임을 알자 붙들어 두었다. 그는 자신이 글 읽는 사람이라 일은 할 줄 모른다고 말했다. 태평군 쪽 사람은 힘든 일은 할 필요가 없다고 말했다. 붙잡히게 된 경위에 이어서 그는 태평군 대오 가운데서 생활하면서 우대받은 상황을 서술해 놓았다. 태평군의 한 우두머리가 특별히 이 "선생"에게 깨끗한 숙소를 마련해주었다. 곧 연말이 닥아 왔고, 사람들이 새해를 축하하는 글을 써달라고 부탁했으며 글씨가 좋다고 칭찬했다. 이 때문에 "사람들이 존중해주었고 문답을 할 때는 밝은 얼굴색을 보였다." 어떤 상급자는 문서를 내려 보낼 때 행서로 썼기 때문에 그 말고는 읽어낼 사람이 없었다. 모두가 운 좋게도 "해박한 선생님"을 만났다며 좋아했다. 이후로 "만날수록 친해지고 모르는 일이 있으면 곧바로 '해박한 선생님을 불러오라'고 말했다 …… 서로 대하기를 한 가족 같이 했다." 그가 야경을 서러갈 때 사람들이 "야경은 힘든 일이니 내일은 가지 않아도 된다"고 말했다. 이 글 읽는 선생은 그래도 야경은 계속 서겠다고 말했다. 그의 본심은 야경 서는 틈을 타서 달아날 생각이었다. 얼마 후 그는 마침내 "호랑이 굴"에서 도망쳐 나왔다.[31] 이 이야기를 통해 우리는 농민혁명 대오는 지식분자의 도움을 환영했다는 사실을 알 수 있다. 지주계급 지식분자인 이규(李圭)라는 인물도 유사한 경험을 했다. 그가 저술한 『사통기(思痛記)』에는 다음과 같은 구절이 나온다. "대략 도적 무리 가운데 문인을 대할 때는 인재를 귀하게 여기는 기풍이 강하다. 한 사람을 얻을 때마다 음식과 옷을 내놓고 미비함이 없는지 염려하며, 기분을 상했으면 부드럽게 말하나 아첨하지는 않는다."[32] 그러나 이런 지주 지식분자

---

31   『태평천국자료』 제6책, 732-734, 740쪽.
32   『태평천국자료』 제4책, 484쪽.

들은 반란을 일으킨 농민이 "인재를 귀하게 여기는" 예의를 갖추어 대하고 "서로 대하기를 한 가족 같이"하여도 여전히 혁명농민을 "도적"으로 보았고 진심으로 혁명을 위해 일해 줄 마음은 없었다. 태평천국은 과거제도를 모방하여 시험을 보았으나 별 효과를 보지 못했다.

주목할 가치가 있는 것은, 당시 자산계급도 없었고 따라서 자산계급 지식분자도 없었으나 자본주의 사상을 초보적으로 받아들인 지식분자가 나타나기 시작했다는 점이다. 그들이 서방 자본주의 국가의 모델을 본받아 중국이 개혁을 시작해야 한다고 주장한 것은 진보적인 의미를 갖는다. 그러나 그들은 반봉건 농민혁명을 이해하지 못했고 그런 혁명을 반대했다. 이들 중에서 비교적 이름이 알려진 몇몇 인물을 아래에 열거한다.

1. **풍계분(馮桂芬)(1809-1874)**

   그가 함풍 11년(1861년)에 간행한 『교빈여항의(校邠廬抗議)』[33]는 자산계급 신학문을 배우자고 주장한 가장 빠른 시기의 저작 가운데 하나이다. 이 책에는 "서학(西學)을 받아들이고," "서양 기물을 만들자"는 주장, 서방의 "산학(算學), 중학(重學), 시학(視學), 광학, 화학" 등을 배우자는 주장이 나온다. 풍계분은 봉건 중국과 자본주의 외국을 대비하면서 "인재를 버리지 않음에 있어서 오랑캐보다 못하고, 땅의 이득을 남기지 않음에 있어서 오랑캐보다 못하고, 임금과 백성이 사이가 벌어지지 않음에 있어서 오랑캐보다 못하고, 명실이 상부함에 있어서 오랑캐보다 못하다"[34]고 중국을 평했다. 그의 책은 당시의 관제, 관원의 승진과

---

[33] 풍계분의 저서 『교빈여항의』는 동치와 광서 연간에 적지않이 간행되었다. 그의 아들이 그의 사후에 그의 글을 모아 『현지당문집(顯志堂文集)』을 간행했으나 『교빈여항의』 50편 전부를 수록하지는 않았다.

[34] 『교빈여항의』: 『제양기의(制洋器議)』

배치 제도, 과거시험 제도, 관료조직의 부패상 등을 비판했다. 그의 비판은 근본적인 개혁을 요구했다고 할 수는 없는데 관료 지주 집단 내부에서는 "논지가 약간 과격하다고 하지 않을 수 없다"[35]는 평가를 받았다. 풍계분은 진사과에 합격한 소주의 지주 향신이었다. 그는 함풍 10년에 상해로 도피했다. 그는 이홍장의 초청을 받아 그의 막료가 되었고, 소주와 상주 일대에서의 작전을 도왔다. 그의 저서에는 중국이 "세계 만국의 먹잇감이 되는" 형세를 매우 우려하는 구절이 나오지만 그는 서양 군대를 이용해 "도적을 소탕"하는 방법을 찬성했다. 그는 서양 군대를 빌리는 일을 반대하는 사람은 오랑캐의 사정을 모르는 사람이라고 주장했다. 그는 "오랑캐를 이용함은 정상적인 방도가 아니나 임시변통의 책략도 버려서는 안 된다"[36]고 하였다. 그의 판단으로는 "도적 소탕" ― 태평천국 농민혁명의 소멸 ― 이 급선무였다.

2. 왕도(王韜)(1828-1897)

그는 원래 소주 농촌의 수재였다. 수재시에 합격하고 4년 후인 도광 29년(1849년)에 그는 상해로 가 영국 선교사 무어헤드(William Muirhead)가 운영하는 "묵해서관(墨海書館)"에서 일했다. 함풍 11년(1861년) 중국 주재 영국 해군사령관 호프가 함대를 이끌고 장강 연안을 따라 남경과 한구로 갈 때 왕도도 함께 갔다. 이해 겨울 그는 전 가족을 이끌고 고향 소주로 이주했다. 소주에서 그는 태평천국에 귀순하겠다는 뜻을 전하는 한편 태평천국을 위한 계책을 써서 올렸다. 약 반 년 후 그는 상해로 돌아와 전과 같이 영국인 밑에서 일했다. 상해 부근의 한 차례 전투에서 청군은 노획물 가운데서 태평군의 "총리소복성민무(總理蘇福省民務)"의 관원 유조균(劉肇鈞)에게 보낸 장문의 서신을 발견했는데 발신

---

35 오운(吳雲)이 『현지당문집(顯志堂文集)』을 위해 쓴 서문을 보라.
36 『교빈여항의』: 『차병아법의(借兵俄法議)』

자의 서명은 황원(黃畹)으로 되어 있었다. 청군은 이 서신의 작성자가 왕도라는 사실을 곧 알아냈다. 청 관부에서는 왕도가 "도적과 내통한" 죄인이라며 영국인에게 인도를 요구했으나 영국인은 거절하고 그를 홍콩으로 보내 사건을 마무리했다. 이후 왕도는 홍콩에서 오래 동안 신문을 발행하는 일을 하였고 한때 영국으로 갔다가 만년에서야 상해로 돌아왔다. 왕도는 수많은 문장을 발표하고 적지 않은 책을 출간하면서 서방의 과학기술 지식을 배우고 상공업과 신식 교통사업을 발전시키자고 주장했으며 봉건적인 과거시험 제도와 학교제도를 개혁하라고 요구했다. 그는 자산계급 개량주의 사상을 전파한 초기의 작가였다. 그러나 그의 저작은 일관되게 태평천국의 입장을 반대하는 견해를 밝혔다. 그가 태평군에 보낸 장문의 서신의 요지는, 태평군은 상해로 진격하지 말아야한다. 서양인에 대해서는 "결코 전쟁을 벌여서는 안 된다"는 것이었다. 그는, 태평군은 주로 증국번과 장강 상류지역에서 결판을 내야하며, "안경을 수복하고 황주를 점령한 후에 구강을 통제하고 한구를 다투어야 하며, 익왕(석달개)과 연락하여 병력을 합해 장기전을 벌여 황하 이남을 다시는 청이 갖지 못하게 해야 한다"고 주장했다. 그는, 상해는 함락시킬 수 없는 곳은 아니나 그 때문에 서양인과 원한을 맺어서는 매우 불리하며, "뜻대로 상해를 손에 넣는다 해도 상류에서 큰 판을 두고 싸우는 일에는 방해가 될 터이므로 이 작은 땅은 취할 바가 못 된다"[37]고 주장했다. 얼마 후 그는 상해에서 같은 논리로 증국번에 보낼 서신을 초안했는데, 이 서신에서도 그는 태평군이 장강 상류를 다투지 않고 강소와 절강을 차지하는 것은 "지리의 이점을 놓지는 일"이라며 증국번에게 다음과 같은 계책을 바쳤다: "도적을 평정하자면 그들의 방도와 반대로 움직여야 할 것이니…… .상류를 손에 넣은 후 강을 따라 나아가며 취하면 지리의

---

37 「황원이 유조균에게 올린 건의(黃畹上劉肇鈞稟)」, 『태평천국자료』 제2책, 766-772쪽.

이점을 누릴 것이다."[38] 왕도가 증국번과 태평군 양쪽에 제시한 계책을 종합하면 양쪽 다 연해지역인 강소와 절강을 버리고 장강 상류에서 결판을 내라는 것이다. 그렇다면 강소와 절강 일대는 누구에게 주어 버릴 것인가? 가장 유력한 대상은 영국이었다. 우리는 왕도란 인물에게서 이 무렵부터 중국에서 등장하기 시작한 외국 침략자로부터 교육받고 보호받는 지식분자를 보게 된다. 그들은 일정 정도는 봉건 전통과 대립되는 사상을 제시했으나 반봉건적 농민혁명의 친구가 되지는 못했다.

3. 용굉(容閎)(1828-1912).

광동성 오문(마카오) 부근의 농가 출신. 7세 때부터 마카오와 홍콩의 영국인이 운영하는 학교에서 공부했다. 20세 때에 외국인의 도움으로 미국으로 가 대학교육을 받았다. 그가 귀국했을 때는 태평천국 전쟁 시기였다. 함풍 10년(1860년) 10월에 그는 미국 선교사 두 사람과 함께 상해로부터 내륙 수로를 통해 태평군 점령지역인 소주와 무석(無錫)을 거쳐 천경에 도착했다. 그들은 간왕 홍인간을 만났다. 용굉은 간왕에게 7가지를 건의했다: "1. 정당한 군사제도에 의거하여 양호한 군대를 조직할 것; 2. 군사학교를 설립하여 다수의 학식 있는 장교를 양성할 것; 3. 해군 학교를 설립할 것; 4. 선량한 정부를 수립하고 경험이 풍부한 인재를 각 부의 행정고문으로 초빙할 것; 5. 은행을 설립하고 도량형 표준을 정할 것; 6. 각 급 학교 교육제도를 수립 시행하되 예수교 성경을 주요 과목으로 할 것; 7. 각 종 실업학교를 설립할 것." 그의 건의의 핵심은 서방 자본주의 국가의 모델을 도입하여 농민정권을 개조하는 것이었지만 그 자신은 농민혁명에 참가하기를 거부했다. 그는 동행한 미국 선교사와 함께 태평군 지역을 떠나 상해로 돌아왔다. 그 후에 쓴 책에서 그는 태평천국이 그토록 큰 승리를 거

---

38 왕도, 『도원척독(弢園尺牘)』 제6권

둘 수 있었던 것은 "종교를 통해 얻은 용감한 정신" 덕분이라고 하였으나 홍수전의 종교에 대해서는 진정한 기독교가 아니라고 비판했다. 동치 2년(1862년), 용굉은 다른 사람의 소개를 받아 증국번을 만났다. 이때부터 그는 증국번의 양무 처리를 돕는 조수가 되었다. 그의 저서는 증국번을 높이 찬양하였다.

결론을 말하자면, 당시 개별적으로 초보 수준의 자본주의 사상을 받아들인 지식분자가 있었지만 그들은 여전히 지주계급의 입장을 지지하거나 제국주의와 비교적 밀접한 관계를 맺고 있어서 농민혁명과는 어울리지 않았다. 그들은 오히려 태평천국의 적인 증국번과 이홍장에게 희망을 걸었다.

태평천국 내부의 위기

태평천국 후기에 들어와 홍수전은 태평천국 최고 지도자의 지위를 유지하고 있었으나 갈수록 지도력을 잃어갔다.

위창휘의 반란, 양수청의 피살, 석달개의 이탈 등을 겪으면서도 홍수전은 적극적인 교훈을 얻지 못했다. 그는 주변의 많은 사람들을 신임하지 못해 친척만 등용하는 나쁜 경향을 보였다. 그의 형 홍인발(洪仁發)과 홍인달(洪仁達)은 범속하고 무능한 인물로서 재물을 탐하여 여러 가지 사건을 일으켰으나 그래도 안왕(安王)과 복왕(福王)으로 봉해져 천경이 함락될 때까지 정사에 참여했다. 그들의 아들 10명도 모두 왕에 봉해졌다. 홍인간은 식견과 재간이 있는 인물이었지만 처음 천경에 왔을 때 아직 공적이 없는데도 홍씨 일가였기 때문에 간왕으로 봉해졌다. 홍수전의 "부마" 두 사람도 중용되었다. 진옥성, 이수성과 같은 시기에 비교적 낮은 관직에서 발탁된 몽덕은은 비위를 잘 맞추었기 때문에 천왕의 총애를 받아 그 지위가 탁월한 전공을 세운 진옥성이나 이수성보다 높았다. 몽득은이 병사한 후 그의 아들 몽시옹은 경험도 없고 무지한 청년인데도 왕위를 잇고 국정에 참여했다. 태평천국 후기에 홍수전의 친족으로서 천경에서 그를 보좌한 인물 가운데 홍인간을 제외하고는 뛰어난 인물이라고는 없었다.

홍수전의 사상은 갈수록 그가 창립한 황당무계한 신앙에 사로잡혔다. 이수성은 이런 기록을 남겼다. "육해경위(六解京圍)(수도 포위를 6차례 풀다-역자)("육해경위"는 함풍 10년, 즉 1860년이다-저자) 이후로 우리 주인(홍수전)은 특별히 진언을 듣지 않았고 천령(天靈)만 믿었다. 조서에는 하늘만 있고 사람은 없었다." "주인은 군사와 백성의 일을 묻지 않고 궁중 깊은 곳에 거하며 오래 동안 궁문을 나서지 않았다." "하늘과 땅만 말할 뿐 나라는 살피지 않았다."[39] 이것은 이수성이 패배하여 체포된 후 증국번에게 제출한 진술서에 나오는 말이다. 다소 과장된 부분은 있을지 모르나 현재 우리가 찾아낼 수 있는 홍수전 만년에 공포된 조서를 보면 "천령(天靈)만 믿었다"거나 "하늘만 있고 사람은 없었다"는 지적은 사실로 확인된다. 어떤 조서를 보면 그가 "상제"와 "예수 그리스도" 및 "천병천장(天兵天將)"의 보호를 받고 있음을 믿으라고 요구하는 것이 그 유일한 내용이다. 예컨대, 안경이 포위되어 태평군이 고전하고 있을 때 천왕이 내린 조서는 그가 어느 날 밤 "등천"하여 "직접 상제를 만났고," 다른 날 밤에는 "친정(親征)"했고(물론 꿈 속에서였겠지만), 하늘에서부터 내려온 소리가 왕후에게 "천하태평이 서서히 와서 태평천당이 이루어질 것이니 천왕에게 마음을 느긋하게 가지도록 권하라"고 말했다고 하였다.[40]

홍수전이나 그와 함께 대혁명에 참가한 사람들 가운데서 그들이 초기

39 「이수성자술(李秀成自述)」, 『태평천국자료』 제2책, 810, 826쪽.
40 11년 5월 16일자 「천왕조지(天王詔旨)」, 『태평천국자료』 제2책, 685쪽.

에 그처럼 순조롭게 거대한 승리를 거두게 된 요인이 무엇인지, 이런 승리를 거둔 후에 지속적으로 발전할 수 없었던 원인이 무엇인지를 과학적으로 분석할 수 있는 능력을 가진 사람은 아무도 없었다. 홍수전은 자신이 만들어 낸 상제가 승리의 근원이라고 믿었을 뿐만 아니라 상제가 다시 한 번 기적을 보여주기만을 바랐다. 혁명 초기에 그는 "천상"의 말을 빌려 인간의 혁명의지를 전달했으나 혁명 후기에 가서는 현실과는 멀리 떨어진 궁중에 파묻혀 비현실적인 말만 내어 놓을 뿐 민중을 격동시킬 능력을 상실했다.

이수성은 패배 후 작성한 자술서에서 그와 그의 집안 동생인 시왕 이세현(侍王 李世賢)은 일찍부터 "천부 천형" 따위의 종교적 언어를 믿지 않았다고 밝혔는데, 이런 상황은 이 두 사람에게만 국한되지는 않았을 것이다. 태평군 전체를 보더라도, 후기에 와서도 여전히 종교의식을 지켰지만 그 형식은 이미 공허하게 변해 있어서 초기처럼 신앙을 빌려 군대의 통일된 의지와 엄격한 기율을 유지할 수 없었다. 외국인 목사에게서 직접 배운 적이 있는 홍인간은 홍수전의 종교 관념이 잘못된 것임을 알았고 "정통 기독교리"를 이용하여 홍수전의 "잘못"을 바로잡으려 시도했으나 이것이 태평천국의 내부위기를 해소하는데 아무런 도움이 될 수 없었음은 당연한 일이었다.

홍인간은, 양수청이 집권했을 때 "호령이 통일"되었던 모습을 회복하기 어렵다는 사실을 깊이 인식하고 있었고 "일과 권력의 불일치"가 위험한 결과를 낳을 수 있다고 판단했다.[41] 또한 그는 장수와 관원들이 "움직이기만 하면 승진하고 좋은 자리로 옮기고, 한 해에 아홉 번 옮기는 것도 느리다고 생각하며 한 달에 세 번 옮기는 것도 부족하다고 생각한다"[42]고 지적했다. 이 말은 모두가 승진하여 재물을 모으고 권력과 이익을 다툴 뿐 공동투쟁

---

41 『태평천국사료』147쪽.

42 전게서, 147-148쪽.

의 원대한 정치목표를 잃어버렸음을 지적한 것이다. 일과 권력의 불일치, 민심의 이반은 필연적인 추세였다. 태평천국의 지도자들은 민심을 얻기 위해 관직과 작위를 주는 방법 이외에는 아무런 수단이 없는 지경에 빠진 것이다.

금전촌 봉기 후 천왕 홍수전 아래로는 동왕, 서왕, 남왕, 북왕, 익왕 등 다섯 왕 밖에 없었는데 그 중에서 서왕과 남왕은 일찍이 전사했다. 남경에 진입한 후 늘어난 왕은 연왕 진일강과 예왕 호이황(豫王 胡以晄) 뿐이었다. 익왕 석달개는 이탈했고 나머지 왕들은 모두 죽었다. 홍수전은 홍씨 집안의 형제들 몇 명을 왕으로 봉했는데 민심이 따르지 않자 진옥성, 이수성, 몽득은 등 몇 명을 왕으로 봉했다. 1861년 겨울의 기록을 보면 천왕은 이미 백여 명을 왕으로 봉했다.[43] 왕이란 작위 바로 아래에 "천장(天將), 신장(神將), 조장(朝將)" 등의 작위를 증설했을 뿐만 아니라 다시 "의(義), 안(安), 복(福), 연(燕), 예(豫), 후(侯)" 등 6등급의 작위를 설치했다. 그런데도 공이 있다고 자부하는데 왕의 작위를 받지 못했다고 불만인 장수들의 욕구를 채워 주기에는 부족했다. 지도자는 더 나아가 장수들이 지방권력을 장악하는 것을 막기 위해 더 많은 장수들을 왕으로 봉해 서로 견제하게 하였다. 심지어 뇌물을 써서 권력을 갖게 된 자가 왕으로 봉해지기도 했다. 이렇게 해서 왕의 작위가 갈수록 넘쳐났다. 천경이 함락된 후 청군에 붙잡힌 황문영(黃文英)은 집안 형인 황문금(黃文金)이 전공이 있다하여 도왕(堵王)으로 봉해졌고 자신은 황문금의 "집안일을 관리하고 돈과 곡식을 관리해 주었을 뿐인데도" 소왕(昭王)으로 봉해졌다고 진술했다. 또한 그는 "처음에는 큰 공을 세운 자라야 왕에 봉해졌는데 후에 가서는 어지러워졌다. 광동에서부터 같이 나온 자는 모두 왕이 되었고 홍씨 친척이면 왕이 되고 돈을 바쳐도 왕

---

43 노숙용(魯叔容), 「호구일기(虎口日記)」, 『태평천국자료』 제6책, 795쪽.

이 되었으니 결국 왕이 2,700여 명이나 있었다"[44]고 말했다. 극히 비정상적인 이런 현상은 태평천국 내부 질서가 해법이 없는 혼란 속에 빠졌음을 반영한다 할 것이다.

　후기 태평군의 문란한 기율은 입에 담기조차 힘든 사실이었다. 병사들이 노획한 재물을 관에 내놓지 않고 사유화하는 경우가 허다했고 무고한 사람을 약탈한 후 살해하는 일이 넘쳐났는데, 이는 원래 태평천국에서 엄격히 금지되던 바였다. 도박과 아편 흡연의 악습도 군대 내에 등장했다. 이 때문에 군대의 전투력은 떨어지고 대민관계도 손상되었다. 태평군은 청 왕조의 군대를 상대해야 했을 뿐만 아니라 자신의 통치지역 내에서 등장한 "비적"도 힘든 적이 되었다. 1862년 절강에 있던 시왕 이세현이 부하에게 보낸 편지를 보면 "우리 병사의 마음이 흩어져 힘껏 싸우려 하지 않으니 매우 위험한 형세다, 또 듣기에 각처에서 비적이 일어났다 하니 10만의 정병이 아니면 평정할 수가 없다…. 이후로는 마땅히 백성을 아끼는 마음을 더해 백성이 우리를 원수로 여기지 않도록 해야 할 것인즉 만약 형세가 좋지 않으면 물러나 몸을 숨길 곳이 있어야 한다. 그렇지 않으면 군대가 한 번 실기하면 너와 내가 몸을 숨길 곳이 없는 곳에서 함께 죽게 될 것"이라고 하였다.[45] 이세현의 이 기밀편지는 청군이 가로 챈 후 다시 영파에 있던 영국 영사의 손에 들어갔다. 영국 영사는 이 편지를 북경의 영국 공사에게 보내면서 편지 내용의 특징이 "세속의 문제만 논하고 있고" "태평천국의 종교는 완전히 피해간 것"이라고 평가하였다. 또한 영사는 "무릇 청 정부에 대해 호감을 가진 사람이라면 편지에서 태평천국의 앞날을 언급한 부분을 보면 침체되고 암울한 정서가 가득함을 알 수 있을 것인데 이는 만족스럽고도 기

44　「황문영자술(黃文英自述)」, 『태평천국자료』 제2책, 857쪽.

45　왕숭무(王崇武), 여세청(黎世淸) 편역, 『태평천국역총(太平天國譯叢)』, 33~34쪽.

쁜 일"이라고 하였다.[46]

천경 함락

동치 원년(1862년), 증국번은 태평군을 향해 전면적인 공격을 시작했다. 그는 이홍장의 회군을 상해로 파견한 한편 좌종당에게는 상군 일부를 이끌고 강서를 거쳐 절강으로 진입하라는 명령을 내렸다. 그 자신은 안경에 총지휘소를 설치하고 상군 주력을 동원하여 장강을 따라 수륙 양면으로 동진하면서 안휘 남부, 회하 남쪽, 장강 연안의 태평군 거점을 하나씩 탈환했다. 상군의 수군이 장강 수면을 장악했다. 5월 초, 증국번의 동생 증국전의 부대가 천경성과 가까운 우화대(雨花臺)를 점령했고 그 대안 포구 쪽은 태평군에서 투항한 이소수(李昭壽)의 부대가 지키면서 북안의 각 거점을 압박하고 있었다.

이때 천경성의 방위력은 아직도 강했다. 천경 이동에는 상당히 큰 규모의 태평군 병력이 있었고 안휘 남부에서도 태평군이 작전을 계속하고 있었을 뿐만 아니라 섬서로 원정을 떠났던 부왕 진득재, 준왕 뇌문광의 부대도 이때는 하남과 호북으로 돌아와 천경 전장의 상류에서 청군을 견제하는 역할을 하고 있었다. 증국전의 1만여 병력은 우화대에 5, 6개월이나 주둔하고서도 한 발짝도 전진할 수 없었다. 윤8월 하순, 강소 남부에 있던 이수성이 이끄는 태평군이 대거 귀환하여 천경을 지원했고 9월 초에는 절강 서부에 있던 시왕 이세현의 부대도 북상하여 이수성 부대와 함께 작전했다. 증국전 부대가 이제는 오히려 포위 공격을 당하는 형세가 되었다. 보왕 양보청

---

46 『태평천국역총』. 32-33쪽.

(輔王 楊輔淸)과 도왕 황문금도 안휘 남부에서 영국(寧國)과 선성(宣城)을 반격하여 상군의 후방인 안휘 지역을 위협했다. 증국번은 크게 긴장했다. 남경 진격의 실패는 물론이고 안휘와 강서에서 호북에 이르기까지 장강 남북의 청군 진지가 전부 흔들리는 형세가 되었다. 그는 원군을 찾을 수 없었고 자신의 직속 부대를 데리고 남경성 아래서 한 바탕 대회전을 벌일 수밖에 없었다.

대회전은 46일 동안 지속되었다. 태평군의 군사지휘와 정치상의 약점이 대회전을 통해 고스란히 드러났다. 증국전을 포위 공격한 태평군은 이수성과 이현세의 부대가 주력이었고 그밖에도 13명 왕의 병력이 동원된 도합 60만의 병력이었다. 태평군은 대규모 병력을 집중하여 증국전과 격전을 벌였으나 상군의 후방인 안휘를 제대로 반격하지 못했고 그 결과 10월 상순이 되자 태평군은 후퇴하기 시작했다. 상군의 주력은 막대한 손실을 입기는 했지만 전멸의 위기는 벗어났다. 천경은 여전히 포위된 상태였다.

천왕 홍수전이 "북진 남공"이란 새로운 계획을 내놓았다. 대군을 동원하여 강을 건너 북상해 안휘 북부와 호북 북부를 거쳐 섬서에서 남하한 진득재와 뇌문광 부대와 합류한 후 무한을 위협함으로써 전장을 장강 이북과 상류로 확대한다는 전략이었다. 이것은 원래 좋은 계획이었지만 실행이 너무 느렸다. 동치 원년(1862년) 10월, 태평군은 비교적 소규모의 병력을 보내 장강을 건너 강북에서 몇몇 거점을 확보했지만 주력부대가 신속하게 뒤따르지 못했다. 동치 2년(1863년) 2월이 지나서야 이수성의 대군이 강을 건너 북상했다. 증국번은 한편으로는 천경에 대한 공격을 강화하면서 다른 한편으로는 회하 남부 지역을 군게 지켰다. 이수성 부대는 이곳에서 각지를 돌며 공격하였으나 별다른 전과를 올리지 못했다. 한편, 섬서에서 남하하던 진득재와 뇌문광 부대는 안휘와 호북 경계에 있는 대별산(大別山)에서 청군의 저지를 받아 더 나아가지 못하고 섬서 남부로 돌아갔다. 태평군의 합류는 불가능해졌다. 이해 5월, 이수성 부대의 전군이 강북에서 강남으로 돌아오면서 장강을 건너던 중 상군의 저격을 받아 큰 손실을 입었다. "북진 남공" 계획은 이렇게 하여 실패로 끝났다.

이수성의 북상 도강에 발맞추기 위해 장강 이남의 수많은 태평군 부대가 안휘 남부에서 서진하여 강서로 진입했으나 통일된 지휘체계가 없이 어지럽게 각자 움직였고 이 때문에 적에게 위협이 되지 못했다. 증국번이 천경 이동에 배치한 두 갈래 부대가 이 기회를 이용하여 반격을 시작했다.

한 갈래 부대는 이홍장의 회군이었다. 앞에서(제7장 태평천국 치하의 소주·항주지역) 이미 언급한 바와 같이, 동치 원년(1862년) 11월에 상숙을 지키던 태평군의 장수가 청군에 투항했다. 이홍장은 상숙이란 거점을 확보한 후 동치 2년 10월과 동치 3년 4월에 출병하여 소주와 상주를 점령했다. 영국인 고든이 지휘하던 상승군이 이홍장의 작전에 도움을 주었다. 그러나 태평군 내부의 분열과 혼란이 없었더라면 이홍장은 쉽게 승리하지 못했을 것이다. 예컨대, 소주성을 지키던 태평군에는 왕이 5명, 천장이 4명이나 있었다. 그 중에서 모왕 담소광(慕王 譚紹光) 한 사람만 굳건하게 적과 맞섰다. 나머지 4명의 왕과 4명의 천장은 투항하기 위해 적과 협상을 벌였다. 그들은 공모하여 담소광을 살해하고 소주성을 이홍장에게 바쳤다. 이홍장은 투항자들을 즉각 처형했다.

다른 한 갈래 부대는 절강 서부의 좌종당 부대였다. 그가 지휘하던 상군과 기타 부대는 병력이 5만에 가까웠으나 전투력은 강하지 않았다. 시왕 이세현이 천경 포위를 풀기 위해 태평군 일부를 이끌고 떠나자 좌종당은 태평군 내부에 섞여든 이질분자와 배반자들을 이용하여 절강 서부지역 전장에서 우위를 차지하게 되어 중요한 여러 성을 점령했다. 좌종당은 절강 동부에서 온 프랑스군 장교가 지휘하는 "상첩군"과 함께 항주를 포위했다. 동치 3년(1864년) 2월, 연합군이 항주를 점령했다.

태평군 지역이 점차로 축소되자 많은 이질분자와 동요분자가 투항하고 많은 부대가 와해되었다. 적의 포위망 안에 갇힌 태평군은 그래도 10만이 넘는 병력이 남아 있었다. 당시 재차 섬서에 진입한 태평군은 한중을 점령한 후 돌아와 호북과 하남에 진입했고 기세는 아직도 높았다. 따라서 태평군의 사업이 이미 절망적인 상황이라고 할 수는 없었다. 정확하고도 강력한 지도력이 특별히 요구되던 시점이었지만 태평천국의 지도자들은 과감한 행동으로 당면한 위기국면을 돌파하지 못했다. 천왕 홍수전이 천경성 내에서 사망했다(4월 27일).[47] 16세인 그의 아들 홍천귀복(洪天貴福)이 뒤를 이었는데 그가 의지할 수 있는 주요 인물은 홍인간과 이수성이었다. 천경을 굳게 지키던 태평군은 한 달을 더 버텼다. 천경은 6월 16일에 마침내 함락되었다. 천경 성내의 만여 명 농민혁명 영웅들은 끝까지 혈전을 벌였는데 일부는 학살되었고 나머지는 혼란 중에 흩어져 포위망을 빠져나갔다. 이수성은 천경을 빠져나왔다가 동남쪽의 방산(方山)에서 적에게 붙잡혔다. 그는 죄수 우리에 갇힌 체 수만 자에 달하는 진술서를 썼고 자신이 나서서 태평군 남은 무리에게 무기를 내려놓고 투항하도록 호소하겠다는 뜻을 밝혔다. 이수성은 태평천국 전쟁 후기의 중요한 지주였고 적지 않은 과오를 범하기는 했지만 용감한 전사의 면모를 잃지 않았다. 마지막 패배의 순간에는 절망감에 빠져 동요와 변절의 태도를 보였지만 그렇다고 해서 증국번이 그의 목숨을 남겨주지는 않았다. 홍천귀복과 홍인간은 천경을 빠져나와 소수의 병력만 데리고 이곳저곳으로 도망 다니다가 강서성 광창(廣昌)에서 붙잡혀 처형되었다.

---

47 홍인간과 홍수전의 아들 홍천귀복의 말에 의하면 홍수전은 병사했다고 한다(『태평천국자료』 제2책, 847, 856쪽을 보라). 그러나 이수성 심문서와 증국번이 조정에 보낸 보고서에서는 그가 음독자살했다고 한다.

천경이 함락된 이후에도 장강 이남에는 시왕 이세현과 강왕 왕해양(康王 汪海洋)의 부대가 남아 있었다. 두 부대는 각기 강서성 감강 이동 지역에서부터 남하하여 복건 서부의 정주(汀洲)(지금의 장정[長汀])와 남부의 용암(龍巖) 및 장주(漳州) 일대에 이르렀다. 청은 우세한 병력을 이용하여 이들을 포위하기 시작했다. 두 부대는 협력하지 않았다. 왕해양은 장주 지역에서 패배했을 때도 지켜만 보고 있었을 뿐만 아니라 이세현을 직접 살해했다. 왕해양 부대도 동치 5년(1866년)에 결국 궤멸했다.

천경이 함락되자 섬서에서 하남·호북·안휘 접경지대로 돌아온 태평군 부대는 사기를 잃었다. 부왕 진득재는 부대가 청군에게 패한데다 내부에서 배신과 와해의 움직임이 나타나자 절망 끝에 자살했다. 그러나 준왕 뇌문광은 인근의 염군과 연합하여 다시 일어섰다. 뇌문광은 광서 출신, 24세에 금전 봉기에 참가했고 전장에서 성장한 태평군의 영웅으로서 조직과 지휘에 뛰어난 재능을 보여주었다. 그는 자신이 이끄는 태평군 부대와 염군을 결합시켜 조직을 갖춘 강대한 대오로 만들어냈다. 그와 협력한 염군의 우두머리는 양왕(梁王)이라고 불리던 장종우(張宗禹)(또는 총우[總愚])와 노왕(魯王)이라 불리던 임화방(任化邦)이었다. 그들은 태평군 사업의 계승자라고 할 수 있었지만 이제는 태평천국의 깃발을 올리지 않았고 태평천국의 종교적 면모도 버렸기 때문에 염군이라고 불렸다. 또한 그들은 각기 부대를 나누어 동부지역(산동)과 서부지역(섬서)에서 활동했기 때문에 동염과 서염이라고 불렸다.

동치 4년(1865년) 4월 청의 명장 승격임비가 산동에서 염군 토벌작전을 시작했다. 뇌문광이 이끌던 염군은 교묘한 전술로 조주(曹州) 부근에서 청군을 포위 섬멸했고 승격임비는 전사했다. 청 정부는 염군을 상대하기 위해 상군과 회군을 동원했다. 증국번과 이홍장은 하남과 산동 지역의 토벌군 통수에 임명되었고 좌종당도 서염군을 토벌하는 책임자로 임명되었다.

이 무렵 상군과 회군, 그중에서도 특히 회군은 비교적 많은 서양 총과 대포를 갖추고 있었다. 그러나 동치 5년과 6년(1866, 1867년) 사이에 염군은 여러 전투에서 중대한 승리를 거두었다.

염군 작전의 특징은 적이 견고하게 지키는 성은 공격하지 않고 어떤 진지도 고수하지 않는다는 것이었다. 적의 예봉을 피하고 변화무쌍하고 신속한 행군으로 추격해오는 적을 피로하게 만드는 것이 그들의 전술이었다. 그들은 적이 싸움을 걸려 해도 따라 잡을 수 없어 지쳤을 때 예상하지 못한 곳에서 나타나 적을 포위 섬멸했다. 염군이 이런 전술을 택한 것은 태평군의 실패한 후기 경험을 참조했음이 분명하지만 한편으로는 초기 염군의 유동작전의 특징을 충분히 살린 것이었다. 그러나 그들은 단순한 농민반란의 수준을 넘어 태평천국보다 더 높은 수준의 정치적 목표를 제시하지 못했다. 군사작전 면에서도 떠돌며 약탈하는 농민전쟁의 전통을 벗어나지 못했다. 그들은 어떤 근거지도 만들지 못했고 지나가는 지역에서 획득한 자원으로 부대를 유지했다. 몇 개의 성을 가로지르는 광대한 지역에서 종횡 무진한 활동을 할 수 없었더라면 곤란에 빠졌을 것이다.

증국번과 이홍장은 이러한 염군의 특징이자 약점을 간파하고 적의 뒤를 쫓아다니는 전술을 바꾸었다. 그들은 자연지형(주로 강과 하천)을 이용해 방어선을 구축하여 염군의 활동 범위를 제한하는 한편 염군을 추격하여 그 활동 영역을 축소시킴으로써 염군의 특장점인 유동전략이 힘을 쓰지 못하게 만들었다. 이렇게 되자 뇌문광과 임화방을 우두머리로 하는 염군은 동치 6년 말(1868년 초)에 강소와 산동에서 패배했다. 장종우 등이 이끌던 염군은 이때 섬서 북부에서 황하를 건너 동진하면서 우여곡절을 끝에 산서성 남부와 하남성 북부를 거쳐 북상하여 보정(保定)까지 진격하여 청의 수도를 직접 위협했다. 그들의 구상은 적의 병력을 유인함으로써 동염군을 구하는 것이었지만 이 목적은 달성되지 못했다. 각지에서 모여든 청군이 포위 공격을 하자 서염군은 하남을 우회하여 산동으로 진출했는데 그 결과는 동염군이 걸어간 길을 되풀이 한 것이었다. 하북과 산동의 접경지역인 협소한 연해지역에서 그들은 적에게 포위되어 결국은 전군이 궤멸했다. 이때가 동치 7년 6월 말(1868년 8월), 태평천국의 천경이 함락된 때로부터 4년이 지난 시점이었다.

도광 30년 12월(1851년 1월)에 시작된 태평천국의 농민혁명이 동치 3년(1864년)에 천경이 함락됨으로서 끝나기 까지는 14년, 그리고도 여파는 4년 동안 지속되었다. 이 대혁명은 중국이 반식민지 반봉건 근대로 진입하면서 경험한 첫 번째의 혁명의 물결이었다.

위대한 태평천국 농민혁명 운동은 비록 실패하기는 했지만 봉건사회의 낡은 질서를 뿌리까지 흔들어 봉건사회의 붕괴를 촉진했다. 태평천국 농민혁명은 외국 자본주의 침략자들에게 중국의 광대한 노동인민들이 품고 있던 헤아릴 없는 강대한 혁명역량을 보여주었고 중국의 식민지화를 저지하는 역할을 했다. 태평천국 대혁명과 두 차례의 아편전쟁을 거치면서 중국 봉건 통치계급의 극단적인 부패가 충분히 폭로되었고 서방 자본주의 침략세력의 반동성도 여실히 드러났다. 서방 자본주의 침략자들은 동방에서 진보적인 인민의 혁명사업을 교살하는 역할을 맡았고 그들과 부패한 봉건 통치자들은 반혁명의 동맹을 맺기 시작했다. 수많은 농민혁명의 용감한 전사들이 대지 위에 선혈을 뿌리고 있을 때 국내외 반동세력은 연합하여 반봉건 반식민지 통치 질서를 수립하기 시작했지만 태평천국 대혁명으로부터 비롯된 반제국주의 반봉건주의 투쟁은 대를 이어가며 계승되었다.

제2편

반식민지, 반봉건 통치 질서의 형성

제9장
농민대혁명 실패 이후
- -

사회경제의 심각한 파괴

근대 중국사 전기의 첫 번째 혁명의 물결은 지나갔다. 혁명적 농민대중은 봉건주의 착취제도와 통치제도를 무너뜨릴 수 없었지만 봉건주의 통치자들도 그들이 지배하던 옛 통치 질서를 회복할 수 없었다. 농민혁명으로부터 심각한 타격을 받은 봉건주의의 기초 위에서 자본주의적 요소는 불가항력적으로 성장하는 추세를 보였다. 그런데도 외국 자본주의 침략세력이 방대한 중국을 그들의 식민지로 만들 수 없었던 것은 침략 각국이 서로 견제한 탓도 있지만 중요한 요인은 첫 번째의 혁명 물결 가운데서 외국 침략자들이 결코 정복할 수 없는 중국의 피압박 인민대중의 강대한 혁명역량이 표출되었기 때문이었다.

제1차 혁명 고조기 이후 형성되기 시작한 반식민지, 반봉건 통치 질서 하에서 첨예한 사회모순이 존재했다. 봉건주의 통치자와 농민계급을 주로 하는 피압박 인민대중 사이의 모순이 여전히 중국사회 내부의 주요 모순이었다. 외국 자본주의-제국주의 세력이 중국에 대한 침략과 압박을 날로 강화하고 봉건주의 통치자들의 외국 침략세력에 대한 종속과 결탁이 갈수록 심화되자 제국주의와 중국인민의 모순도 중국사회의 주요 모순이 되었다. 이러한 주요 모순과 그 밖의 모순이 갈수록 격화되자 새로운 혁명의 물결이 일지 않을 수 없었다. 광서(光緖) 10년(1884년)에는 중·프랑스전쟁이 일어났고 광서 20년(1894년)에는 중·일 전쟁이 일어났다. 두 차례의 전쟁 중에서 특히 중·일 전쟁이 중국 외부와 내부의 각종 모순을 크게 격화시켰다. 중·일 전쟁 후에 중국 근대사상의 제2차 혁명고조기가 등장했다.

본 편에서는 제1차 혁명 고조기의 종결에서부터 제2차 혁명 고조기의 시작까지 30년 동안 정치와 대외관계의 동태를 논술하고자 한다. 우선 언급해야 할 것은 농민대혁명이 실패한 후 중국인민이 겪은 심각하고도 막중한 재난이다.

봉건주의 통치자들은 외국 침략세력과 연합하여 농민혁명을 진압하고 광대한 인민에 대해 잔혹한 살육을 자행하였으며 사회생산력을 심각하게 파괴했다.

강소성 남부, 안휘성 남부, 절강성 동부 지역을 예로 들자면 이 지역은 원래 비교적 풍요롭고 인구가 조밀했으나 태평천국 전쟁을 거치면서 깊은 상처를 입었다. 동치 2, 3년 (1863, 1864년) 상군이 점령한지 얼마 지나지 않아 안휘 남부와 천경 부근은 증국번이 말했듯이 "수 십리 들판에 씨 뿌리는 사람이 없고 마을에는 밥 짓는 연기가 나지 않는" 상황이 되었고[1] 심지어 굶주림 때문에 인육을 먹는 일이 벌어졌다.[2] 이홍장은 강소 남부의 상황을 묘사하면서 "눈길 닿는 곳까지 황무지이며 가시덤불이 길을 덮고 2, 30리를 가도 사는 사람이 없다"고 하였다. 좌종당은 전후의 절강은 인구가 줄고 남은 사람도 사람의 몰골이 아니며 역병이 유행하고 농지는 황폐해졌다

1   『증문정공주고(曾文正公奏稿)』 제21권, 14쪽.
2   『증문정공주고』 제24권, 7쪽.

고 말했다.[3]

후기의 태평군은 기율이 무너져 전기와는 크게 달랐으나 재난을 가져온 죄의 수괴는 청의 관군이었지 태평군이 아니었다. 이 점은 태평군에게 적대적인 입장에 섰던 사람들이 남긴 기록에도 확인할 수 있다. 함풍 10년에서 11년 사이에 전장을 직접 경험한 이규가 쓴 기록은 "도적"이라 불리던 태평군의 기본 대오는 기율이 엄격했고 태평군 치하의 사회질서는 대체로 안정적이었음을 인정하고 있다. 그는 자신이 직접 경험한 바를 근거로 하여 다음과 같이 지적했다. "관군이 도적을 패배시키거나 도적이 점거했던 성을 탈환한 후 저지른 방화와 살인, 약탈의 참혹함은 실제로 도적보다 더 심했으니 이를 알지 못한다고 할 수는 없다." 또한 그는 "관군이 나타나면 패배한 후의 노략질이나 승리한 후의 방화 살인이나 모두가 귀로 들을 수 없고 눈뜨고 볼 수 없을 정도여서 그 참혹하고 악독함이 도적무리의 참혹함과 악독함이 미치지 못한다. 말하고 싶지도 않고 말하기도 어렵다"[4]고 하였다.

전쟁과 관군의 학살로 인구는 대량으로 감소했다. 이러한 상황은 강소, 절강, 안휘 3성에서 특히 심했다. 예컨대, 강소성 오강(吳江)현의 전전(가경 25년, 1820년)의 인구는 57만 여였는데 전후(동치 3년, 1864년)의 인구는 20만 남짓에 불과했다. 절강성 가흥현의 전전(도광 18년, 1838년)의 인구는 52만에 가까웠으나 전후(동치 2년, 1863년)에는 15만 8천만 남았다.[5] 이들 지역에서는 전후 몇 년 동안 수많은 경지가 주인이 없는 황무지가 되었고 달아났다 돌아온 일부 지주들은 경작할 소작인을 찾을 수 없었다. 이 때문에 청

---

3 『좌문양공주소(左文襄公奏疏)』 제2권, 35쪽.

4 이규, 『사통기(思痛記)』, 『태평천국자료』 제4책, 474, 481쪽.

5 광서 30년의 『오강현속지(吳江縣續誌)』와 광서 4년의 『嘉興府誌』의 기록에 따름. 『중국근대농업사자료』 제1편, 153, 156쪽을 보라.

왕조 정부는 지방관에게 백성을 모아 황무지를 개간하라는 명령을 수도 없이 내렸다.

이처럼 버려져 황무지가 된 땅은 다른 성에서 온 "객민(客民)"이 개간했다(강소와 절강에는 호남과 호북에서 온 황무지를 개간하는 객민이 적지 않았다). 관부에서는 황무지는 개간 후에 개간한 자에게 준다고 구두로 약속하였으나 실제로는 재산과 세력이 있는 자가 틈을 노려 차지했기 때문에 개간한 농민은 그들로부터 착취당하는 소작인이 될 수밖에 없었다. 개간한 농민이 소규모 토지의 주인이 된다 해도(빈곤한 농민은 비교적 넓은 땅을 개간할 재력이 없었다) 관부에 직접 세금을 바쳐야하는 막중한 부담을 면할 수 없었다. 지주가 소작인을 모집하여 황무지를 개간하게 한 후에는 후 약간의 "은혜"를 베풀기는 했지만 경지가 비옥해진 후에는 소작료를 올리는 방식으로 수취를 배가했다.

지주들은 각종 방식을 동원하여 농민에 대한 소작료 착취를 가중시켰다. 압조(押組)(소작인이 지주의 토지를 빌릴 때 내는 보증금)를 올리거나, 곡물의 가격을 기준으로 돈을 빌려주었다가 소작료를 받을 때는 곡물의 가격을 높게 적용하는 방식이 이용되었다. 지주, 특히 대지주가 관부의 위력을 빌어 소작인이 소작료를 내도록 압박하는 일이 보편적 현상이었다. 18년의 농민봉기 전쟁을 거치면서 특히 동란이 비교적 크게 일어났던 지역에서는 지주계급의 토지를 다시 분배하는 현상이 발생했다. 일부 대지주는 몰락했고 일부 중소지주는 파산했다. 농민봉기를 진압하는 과정에서 새로운 세력가가 등장했다. 이들은 군사력과 관권에 의존하여 거부가 되거나 매수와 사취를 통해 토지를 겸병했다. 상군과 회군의 장교들과 반혁명 전쟁에 참가한 기타 장교들은 그들의 고향 혹은 다른 지방에서 대지주가 되었다. 호남 상향(湘鄉)의 증국번 집안은 일찍이 대지주가 되었고 증국전 한 사람만 하더라도 6천 무의 경지를 가졌다. 안휘 합비의 이씨 집안(이홍장의 형제는 모두 6명이었다)의 토지는 더 많아 그들의 손안에 집중된 경지는 60만 무에 달했다. 하남 항성(項城)의 원갑삼(袁甲三)(염군을 토벌한 적이 있는 군벌, 원세개[袁世凱]가 그의 집안 손자이다)이 차지한 경지도 4천 무에서 5천 무 사이였다. 태평천국 전쟁 후의 2, 30년 동안에 군벌과 관료 및 대상인이 토지를 겸병했고 수많은 자경농과 중소지주는 토지를 상실한 체 소작인이나 빈민으로 전락했다.

태평천국 전쟁 후에 청 왕조 정부는 사회경제가 심각하게 파괴된 지역에 대해서는 조세를 감면한다고 선포했다. 실제로 이전과 같은 액수의 조세를 징수할 수가 없게 되었고 한편으로는 대란 후에 지주계급을 단결시키고 안정시키기 위해서 이런 조처가 나왔다. 지주들은 그 해의 세금이 경감되었다고 해서 농민으로부터 소작료를 조금이라도 적게 걷지는 않았다. 진정으로 혜택을 받은 사람은 토호와 대지주였다. 그들은 심지어 경감된 세금조차 내지 않았다. 힘들게 노동하는 농민에서부터 중소지주에 이르기까지 조세 부담은 막중했다.

결론을 말하자면, 토지를 소유하지 못했거나 소규모 토지를 소유한 빈곤한 농민은 지주계급의 반격과 토지 회수 때문에 더 깊은 고통에 빠졌다. 중소지주와 부농은 농민혁명 중에 반혁명세력 쪽에 섰음에도 일부만 대지주로 상승했을 뿐 다수는 아무런 혜택도 받지 못했고, 그 중 일부는 갈수록 생활이 어려워졌다. 이 점도 주목할 가치가 있는 현상이다.

지주 통치계급은 국민경제의 기초인 농업을 회복 발전시킬 능력을 상실했다. 각 지역의 흉년은 농업생산력이 파괴되었다는 분명한 표지였다. 이홍장이 동치 9년(1870년)에서 광서 21년(1895년)까지 직례 총독으로 재임하면서 조정에 올린 보고서를 보면 이 25년 동안에 직례성(지금의 하북성)에서는 흉년이 든 해가 17년이었으며, 그중에서 13년은 수재였고 3년은 가뭄이었으며 한 해는 서남지역에서는 가뭄이 발생하고 동북 지역에서는 수해가 발생했다. 직례는 수도에 인접한 성이어서 청 정부는 항상 거액의 자금을 투입하여 치수에 힘썼으나 치수 경비의 대부분은 관료들이 착복했다. 전국적인 범위에서 보자면 이 시기에 가장 심각한 흉년이 든 때는 광서 2년에서 5년(1876-1879년)이었다. 광서 2년에 남방의 광동, 복건, 절강, 강서, 호남 등 5개 성에서 대규모 수해가 발생했고 북방의 산서, 섬서, 하남, 산동 성에서 큰 가뭄 피해가 발생했는데, 북방의 가뭄은 3,4년 동안 되풀이 되었다. 북방의 몇 개 성에서 가뭄으로 인한 사망자 수는 한 통계에 의하면 900만에서 1,300만 사이라고 하고 다른 통계에 의하면 산서성 한 곳에서만 광서 3년(1877년) 1년 동안에 5백만의 주민이 사망했다고 한다. 자연조건이 조금만 정상을 벗어나도 곧 바로 흉년이 들었고 광대한 소농민은 흉년을 막아낼 능력이 전혀 없었다. 이것은 폭력에 의존하여 착취하고 압박하는 일 이외에는 농민을 위해 어떤 일도 해 줄 수 없는 부패한 봉건 통치계급의 무능이 빚어낸 결과였다.

소수민족 대중봉기의 실패

중국 국경 내에는 예부터 한족 이외에 많은 소수민족이 거주해왔다. 봉건 통치계급은 소수민족에 대해 항상 차별, 기만, 압박정책을 펼쳐왔고 일부 소수민족의 경우 민족 내부의 착취계급이 민족 간의 갈등과 분규를 이용하여 자신의 야심을 달성한 사례가 없지 않았으나 각 민족의 노동인민은 일반적인 상황에서는 화목하게 지내왔다. 청 통치자들은 중국을 통치하면서 한족 중의 지주계급에 의존했을 뿐만 아니라 몽고족, 회족, 티베트족 및 기타 소수민족 중의 왕공귀족, 종교지도자들, 상층 착취계급에도 의존했다. 청 왕조의 통치자들은 온갖 수단을 동원하여 각 민족, 특히 한족과 각 소수민족 사이의 상호 의심과 적대를 조장해왔다. 한족과 각 소수민족의 노동 인민은 다 같이 막대한 봉건압박 하에 있었다. 태평천국이 광서에서 봉기했을 때 적지 않은 동족(僮族, 즉 장족[壯族]) 군중이 참가하였다. 앞(제7장 다른 깃발을 든 반란)에서 이미 언급한 바와 같이 이때 이후로 귀주성의 묘족, 운남성의 이족과 회족의 대중봉기가 있었는데, 그들은 태평천국 봉기로부터 영향을 받았음이 분명하다. 태평천국의 멸망 이후에도 이들 소수민족의 봉기는 몇 년 동안 지속되었다.

장수미(張秀眉)를 우두머리로 한 귀주 묘족의 봉기는 동치 3년(1864년) 태평천국의 천경이 청군에게 점령될 무렵에 이미 귀주성 전체에 번져있었을 뿐만 아니라 이웃 성인 광서, 호남, 운남까지도 미치고 있었다. 동치 5년 (1866년)에 호남순무 이한장(李瀚章. 이홍장의 형)은 조정의 명에 따라 군대를 이끌고 귀주에 진입했지만 진압에 실패했다. 동치 6년(1867년)에 석보전(席寶田)이 이끄는 상군도 귀주에 도착했다. 석보전의 부대는 서양 총과 서양 대포로 봉기군을 잔혹하게 살육했다. 한족 빈곤층으로 구성된 교군(敎軍)과 호군(號軍)이 잇따라 궤멸하자 묘족 봉기군은 고립되었다. 장수미는 병력이 우세한 적의 압력에 맞서 5년 동안 전투를 벌였다. 동치 11년(1872년), 18년을 끌어온 묘족 봉기가 마침내 진압되었다. 이문학(李文學)을 수령으로 한 운남성 애뢰산(哀牢山)의 빈곤한 이족 농민들의 봉기는 태평천국이 실패한 후에도 수 년 동안 유지되었다. 동치 13년(1874년), 봉기군은 마침내 관군과 지방지주 무장에 의해 진압되었다. 이 봉기를 기념하기 위해 이족 인민들은 이문학의 출생지인 미도현(彌渡縣) 와로촌(瓦盧村) 부근의 산 위와 애뢰산 지역에 초라한 사당을 여러 곳에 세웠다.[6]

태평천국이 몰락한 후 운남성 대리를 중심으로 두문수(杜文秀)가 이끄

---

6 유요한 편, 「운남애뢰산구이족반청투쟁사료(雲南哀牢山區彝族反淸鬪爭史料)」, 『근대사자료』 1957년 제2기.

는 회족 봉기군의 기세는 여전히 더 높았다. 그들은 동치 6년에서 8년까지 (1867-1869년) 운남성 수도를 2년가량 포위했다. 그러나 전국적인 범위에서 보자면 농민군 혁명은 이미 퇴조기에 접어들었고 두문수는 한쪽 구석만 차지하고 더 큰 세력으로 발전하지 못했다. 그의 봉기군 가운데서 지도부는 대다수가 회, 한, 백(白) 각 민족의 상인과 지주계급이었다. 따라서 그들은 반(反)봉건적 토지혁명의 강령을 내걸지 않았다. 그들이 점령한 지역 내에서는 조세의 경감, 수리사업의 확대, 상인의 통행 보호, 민족간 적대행위의 제지 등의 정책이 실시되었다.

당시 미얀마와 베트남에 침입한 영국과 프랑스는 중국의 운남에 대해 야심을 품고 있었다. 프랑스 탐험대가 동치 7년(1868년)에 대리에 도착하였으나 두문수는 이들의 접견을 거절하고 즉각 떠날 것을 요구했다. 같은 해에 영국 탐험대가 미얀마로부터 두문수의 지역에 들어왔다. 두문수는 그들에게 쌍방이 호시무역을 희망한다는 일반적인 협정의 체결만 허락했다. 두문수 수하에 있던 유도형(劉道衡)이란 서생이 동치 9년에 두문수에게 영국·프랑스와 동맹을 맺고 그들의 힘을 빌려 청 왕조를 전복시키자 건의했다. 이 인물은 스스로 사절로 나서 영국과 프랑스로 갔다.[7] 봉기의 전도가 어둡다고 판단한 두문수는 이런 반동적인 주장에 현혹되었다. 유도형은 미얀마를 거쳐 영국으로 간 후 수치스러운 태도로 영국 정부에 원조를 요청했으나 이미 청 왕조를 지지하기로 결정한 영국 정부는 그를 신임하지 않았고 진지하게 대하지도 않았다. 유도형은 외국을 떠돌다가 죽었다. 그의 국외 활동이 모두 두문수의 책임이라고 할 수는 없으나 이 사건은 19세기 중엽에 중국 국내의 계급투쟁과 민족투쟁의 지도자들이 올바른 방향을 잡지 못하고 각 민족이 단결하여 매국적인 봉건 통치세력과 맞선다는 대의에서 이탈

---

7   유도형, 「상두공서(上杜公書)」, 『회민기의자료』 제2책, 165-171쪽을 보라.

했을 때 자본주의 외국침략자들이 중국을 분열시키려는 음모에 이용될 뿐임을 보여주었다.

청군은 두문수의 곤명 포위를 격퇴하고 아울러 곤명 이남과 이북의 회족 부대를 격파한 후 두문수의 근거지인 대리를 공격했다. 동치 11년(1872년)에 대리가 함락되었다. 두문수 일가와 수하의 회족과 한족 장교들, 그리고 병사 전원이 살해되었다.

동치 원년(1862년)부터 서북의 섬서와 감숙성(녕하와 청해 동부 포함)의 회족과 한족이 혼거하는 지방에서 회족의 봉기가 폭발했다. 청 왕조의 반동적인 민족정책이 민족간의 갈등과 충돌을 조장했다. 회족은 온갖 구실로 억압받았기 때문에 격렬하게 저항했다.

태평천국 후기에 태평군 일부가 염군과 협력하여 여러 차례 섬서에 진입했다(1861-1863년 사이). 태평천국이 붕괴된 후에도 염군(서염군)은 섬서 지역에서 활동을 계속했다(1866-1867년). 회족의 봉기는 섬서에 들어온 태평군 및 염군과 사실상 합동작전이기는 했지만 그들의 봉기는 태평군 및 염군의 활동과 일체는 아니었다. 이 상황을 이해하기 위해서는 회족 봉기 지도층의 성분을 살펴보아야 한다. 봉기의 기본 군중은 겹겹의 봉건착취에 노출된 빈곤한 회족 노동인민이었으나 그 지도부는 일반적으로 회족 가운데서 상층 착취 계급이었다. 예컨대, 녕하의 대수령 마화룡(馬化龍)은 "한 마을을 호령하는" 봉건 영주이자 종교 지도자였다(당시 회교 가운데서 "신파"라고 불리는 교파의 최고 지도자).[8] 이러한 지도층은 편협한 민족관점을 이용하여 봉기 군중을 이끌었다. 그들은 기껏해야 현지의 한족 토호열신이나 "불공정한" 관리를 반대하면서 조정을 향해 억울함을 "풀어 달라"고 요구했을 뿐, 비교적

---

8   양육수(楊毓秀) 편찬, 『평회지(平回誌)』 제3권; 증육유(曾毓瑜) 편찬, 『정서기략(征西記略)』 제2권. 『회민기의자료』 제3책, 112, 133쪽을 보라.

높은 수준의 정치 강령을 제시할 수 없었다. 조직체계로 보아서도 봉기 지도층은 각자 무리를 이끌었고 통일된 지도기구를 설치하지 않았다. 청 왕조의 군대가 섬서에 진입한 태평군과 염군을 상대로 주력을 투입하고 있는 틈을 이용해 이들 지도층은 잇따라 봉기했기 때문에 봉기 군중들은 지도부를 신뢰했다. 관군이 태평군과 염군을 진압하자 이들 지도부는 대부분 스스로 투항하여 봉기 군중을 배신했다.

섬서에 들어온 태평군과 염군, 그리고 섬서와 감숙의 회족 봉기를 토벌하기 위해 청 정부는 수년 동안 적지 않은 병력을 서북지역에 동원하였고 성과를 내지 못한 장군과 총독 순무 등을 적지 아니 파면하거나 소환했다. 동치 6년(1867년)이 되자 좌종당이 섬·감 총독에 임명되었다. 좌종당은 우선 염군을 토벌하는데 역량을 집중했고 염군을 좇아 강을 건너 산서에까지 들어갔다. 염군이 모두 소멸된 후 좌종당은 동치 7년(1868년) 10월에 군대를 둘로 나누어 서안을 출발하여 회족 봉기군을 추격하는데 전력을 쏟았다. 좌종당은 상군 대장 유송산(劉松山)을 북로군 책임자로 임명하여 수덕(綏德)을 거쳐 녕하로 진입하게 하였고 자신은 섬서를 거쳐 감숙의 경천(涇川), 평량(平凉)으로 진입하면서 감숙성 수도 난주(蘭州) 부근의 회족 봉기군 각 부대를 점차로 소멸시켰다. 좌종당은 상술한 회족 봉기군의 약점을 겨냥하여 우선 지도부의 투항을 유도하고 나머지 봉기 군중은 살해하는 이른바 "선무후살(先撫後殺)"이란 책략을 동원했는데 이미 투항한 우두머리들까지도 함께 살해하는 경우가 많았다. 북로군의 토벌 목표였던 녕하의 마화룡이 동치 9년(1870년)에 투항을 요청했다. 이때 유송산은 이미 전사한 후였고 그의 조카 유금당(劉錦棠)이 직위를 잇고 있었다. 그는 회족을 잔혹하게 진입하여 입신한 인물이었다. 그는 마화룡의 투항 요청을 받아들인 후 마화룡의 가족과 집안 일꾼까지도 모조리 살해하였고 이 일대의 회족 마을을 철저하게 파괴했다. 좌종당은 동치 11년(1872년)에 감숙성 난주로 들어가고 그해 겨울

에는 유금당을 파견하여 지금의 청해성에 속한 서녕(西寧)과 대통(大通) 일
대의 회족 군대를 토벌하게 했다. 이때 회족 봉기군 우두머리들이 속속 투
항을 요청했다. 마지막에는 좌종당이 하서회랑으로 출병하였다. 수많은 회
족 마을에서 좌종당은 잔혹한 살육을 벌인 후 남은 회족들은 다른 지역으
로 옮기게 하였다.

동치 12년(1873년)에 좌종당이 섬서와 감숙의 회족 봉기를 대체로 진
압한 후에도 서북의 문제는 완전히 종결되지 않았고 신강에서 새로운 사태
가 일어났다.

당시 청 왕조는 신강지역에 둔병을 시행하고 있었는데 천산북로에는
이리장군(伊犁將軍)을, 남로에는 참찬대신(參贊大臣)을 두고 있었다. 그 밖에도
우루무치와 하미(哈密) 등지에는 도통(都統) 또는 판사대신(辦事大臣)을 두고
있었다.

태평천국 대혁명의 영향은 머나먼 변경인 신강에도 점차로 미치지 않
을 수 없었다. 청 왕조의 군대는 이곳에서 각 민족 주민들을 상대로 가혹한
세금을 징수하고 있어서 이들의 저항을 불러일으켰다. 이 지역은 국경에 면
한 곳이라 청의 통치역량이 비교적 취약했기 때문에 여러 종류의 야심가들
이 음모활동을 벌이고 있었고 러시아와 영국이 이런 상황을 이용하여 침략
의 손길을 뻗치고 있었다. 이런 탓에 이 지역의 상황은 매우 복잡했다. 당시
의 신강지역의 상황은 봉건통치자들이 만들어낸 국내 각 민족의 심각한 재
난을 그대로 보여주고 있었을 뿐만 아니라 중국을 분열시키려는 국내의 일
부 반동세력과 외국침략자 및 그 주구들에게 좋은 기회를 제공하고 있었다.
이런 상황에 대해서는 뒤에서 다시 언급하도록 하겠다.

태평천국 혁명이 실패한 후 국내 각 소수민족 군중봉기도 잇따라 실
패했다. 이것은 소수민족의 해방투쟁은 전국 인구의 대다수를 차지하는 광
대한 한족 인민의 투쟁과 불가분의 관계에 있음을 증명한다. 전국적인 혁명

의 승리가 없다면 개별 소수민족의 투쟁은 진정한 승리를 거둘 수 없을 뿐만 아니라 때로는 국내외의 반동세력에게 이용되어 다른 길로 빠질 수도 있다.

외국 자본주의 약탈의 강화

지금까지 살펴본 30년 동안, 즉 19세기 60년대 초에서 90년대 초까지 서방의 주요 자본주의 국가들은 제국주의 단계로 발전해갔다. 그들은 전 세계적인 범위에서 식민지 쟁탈전을 치열하게 벌였다. 그들은 식민지와 반(半)식민지를 상대로 약탈적인 자본수출, 다시 말해 정치적 특권의 획득과 함께 경제적으로 아직 낙후한 국가나 지역에 자본을 투입함으로써 직접 원료와 저렴한 노동력을 이용하고 초과이윤을 긁어모았다. 제국주의 열강의 중국에 대한 자본수출은 1884-1895년의 중·일(갑오)전쟁 이후로 갈수록 규모가 확대되었지만 그 이전에도 홍콩이나 연해지역의 통상항에 공장을 세웠다.

중국에 외자 공장이 나타난 가장 빠른 시기는 1850년대와 1860년 사이이며 주로 영국과 미국 자본의 선박 공장이었다. 이들 공장은 선박 수리에 종사하면서 중국 노동자 수백 명에서 수천 명까지를 고용했다. 외국자본은 이어서 각지에 제분, 제약, 양조, 전차(磚茶), 비누, 식용유, 제사, 제지, 연초, 식기 등등의 공장을 열었고 심지어 "생아편을 흡연용 작은 알갱이로 만드는" 아편공장까지 운영했다. 공장의 규모는 일반적으로 작았으나 그 중에서 비교적 큰 것은 영국, 미국, 독일 자본이 운영하는 몇 군데 제사공장으로서 가장 큰 공장은 천여 명의 노동자를 고용했다. 러시아 자본이 운영하는 전차 공장은 연해지역인 복주뿐만 아니라 한구와 구강에도 있었다. 영국과 미국 자본은 적지 않은 인쇄 공장을 설립하고 서적, 잡지, 신문을 출판했는데 이는 이미 경제적 약탈의 범위를 넘어서 의식과 여론을 통해 중국인을 세뇌하려는 준비를 하고 있었음을 보여준다.

천진조약에 따라 자본주의 국가는 중국 연해의 항행권을 가졌을 뿐만 아니라 내륙 하천 항행권도 갖게 되었다. 미국 상인이 1862년(동치 원년)에 상해에 세운 기창윤선공사(旗昌輪船公司)는 60년대에 장강의 항운을 독점했다. 후에 설립된 된 영국계의 태고공사(太古公司)와 이화공사(怡和公司)는 연해와 장강의 항운을 겸영하면서 기창윤선공사보다 우위에 올랐다. 외국 항운회사로부터 가장 먼저 타격을 받은 것은 원래부터 연해와 장강의 항운에 종사하던 중국의 구식 범선이었다. 중국의 봉건관료가 운영하는 초상국(招商局. 연해와 장강 항운에 종사하던 회사)이 1872년(동치 10년)에 설립되었으나 외국 선박회사의 경쟁상대가 되지 못했다.

외국 자본은 일찍부터 중국에 은행을 설립했다. 대표적인 것이 영국의 맥가리(麥加利)은행(본점은 런던에 있었고 1858년에 상해에 분점을 세웠다)과 회풍은행(匯豊銀行. 1864년 홍콩에 본점을 세웠고 1865년에 상해에 분점을 세웠다)이었다. 이 두 은행은 점차로 영국 제국주의가 중국에서 경제침략을 실행하는 중심 기관이 되었다. 두 은행의 초기 업무는 중국에서 활동하는 외국 상인들을 위한 환전영업이었으나 상업적 투기와 중국 상인과 청 왕조 정부를 상대로 고리의 대출도 하면서 중국의 관료, 지주, 상인의 자금을 흡수했고 나중에는 화폐까지 발행하여 중국의 금융을 지배했다. 상해와 기타 통상항의 중국 상인들이 운영하던 수많은 구식 전장(錢莊)은 점차로 이들 외국은행의 하부 기관으로 변해갔다. 이들 외국은행이 중심이 되고 이들과 연계하여 주변에 포진한 외국 무역회사들이 중국의 매판 상인과 매판적 전장 등을 통해 중국 농민과 기타 인민 대중을 착취하는 망을 형성해갔다.

제2차 아편전쟁과 태평천국 진압 전쟁 이후 중국의 세관과 대외무역은 제국주의 열강의 완전하고도 직접적인 지배를 받게 되었다. 제2차 아편전쟁 동안에 전임 상해 세무사(稅務司)이던 영국인 이태국(李泰國. Horatio Nelson Lay)이 청 정부에 의해 총세무사로 임명되었다. 그가 동치 2년(1863년)에 사직하자 영국인 혁덕(赫德. Robert Hart)이 후임으로 임명되었다(이 인물은 1909년까지 45년이란 긴 세월동안 총세무사로 일했다). 혁덕의 손 안에서 외국 제국주의가 지배하는 중국의 세관 제도가 수립되었다. 그가 만든 제도에 따라 동치 3년(1864년)에 중국 연해의 12개 개항장(대만의 두 곳 포함)과 장강 연안의 구강과 한구 세관의 세무사는 모두 그가 선발 파견한 영국인, 미국인, 프랑스인과 기타 외국인으로 임명되었고 세무사 아래로 비교적 고급 직원도 모두 외국인이었다. 이후 증설되는 세관도 모두 마찬가지였다. 총세무사 청사는 북경에 있었고 총리각국사무아문은 총세무사에게 모든 세관을 관리하는 권한을 부여했다. 천진조약과 북경조약에서 규정한 "배상금"은 관세수입에서 해마다 분할하여 지급되었다. 서양인 세무사는 중국의 관세수입을 감독하여 영국과 프랑스에 대한 배상금 지급을 보증하는 역할을 했다. 동치 5년(1866년)에 배상금 지급이 완료 되었음에도 식민지 관리 성격의 이러한 세관제도는 여전히 보존되면서 평화시에도 제국주의 열강이 각종 명목으로 중국을 착취할 때 관세수입으로 보증하는 기능을 하였다.

제1차 아편전쟁의 결과로 생겨난 이른 바 협정관세 제도에 따라 수입화물에 대한 관세율은 이미 크게 낮아졌다. 제2차 아편전쟁 기간 동안에 영국을 위시한 자본주의 열강은 다시 청 왕조 정부를 강압하여 수입관세율을 가격 기준으로 5/100로 한 단계 더 낮추었다. 이렇게 정해진 관세율은 이후 반세기 동안 유지되었다. 중국은 세계에서 수입관세율이 가장 낮은 국가가 되었다. 오직 아편만 합법적인 수입상품이 된 후로 관세율이 비교적 높았으나 다량의 아편이 밀수입되고 있었다.

세관은 외국인이 관리하고, 세율은 지극히 낮은 수준이며, 항운은 외국 선박회사가 독점하였으며, 여기에 더하여 외국인이라면 상인이건 선교사건 혹은 기타 어떤 목적에서건 중국 천지를 마음대로 돌아다닐 수 있게 되었으니 이런 상황은 자본주의 침략국가에게는 더 없이 유리한 조건이었다. 이처럼 유리한 조건 하에서 중국에 대한 상품수출은 점차로 증가하였다. 그러나 이런 증가 속도는 개방된 중국이 즉시로 광대한 시장이 되어줄 것으로 기대했던 외국 자본가들을 만족시키지는 못했다.

이 시기에 수출상품의 대종은 여전히 개체 농민이 생산하는 차와 견사였다. 수입되는 각종 상품 가운데서 아편은 여전히 수입 총액 1위를 차지하고 있었다. 거의 기아선상에서 생계를 유지하기 위해 분투하는 중국의 농민과 소규모 수공업자들은 외국 자본주의 공산품이 중국 시장을 개척하는데 중대한 장애가 되었다. 아래에 기술하는 몇 가지 대외무역 관련 통계수치를 보면 중국의 광대한 빈곤 대중의 심각한 재난을 쉽게 이해할 수 있을 것이지만 그런데도 외국 상인들은 자신들이 거두어들이는 이윤에 대해 불만을 갖고 있었다.

차는 오래 동안 중국의 수출상품 가운데서 최대의 비중을 차지해왔다. 광서 12년(1886년) 차의 수출량은 180만 담(擔. 약 50kg)이었다. 그 이전에도 차의 수출량은 해마다 증가하고 있었으나 일본과 인도산 차가 국제시장에 진출하자 80년대 초부터 중국 차의 산지 구매가격은 날로 내려갔다. 1886년 이후로 차의 수출량은 점차로 감소하여 광서 20년(1894년) 무렵에는 연간 100만 담으로 떨어졌다. 수출용 수요에 자극을 받아 생산에 뛰어든 소규모 차 생산농가는 치명적인 타격을 받았다.

면화는 수출상품이면서 한편으로는 수입상품이었는데, 이 30년 동안의 초기에 수입량이 수출량을 초과하였다. 중국의 수공업 방직업자들은 자국산 뿐만 아니라 수입면화로 면포를 짰다. 이런 상황은 빠르게 역전되었다. 1873년의 면화 수입량은 12만여 담, 수출량은 1.5만 담이었는데 1893년이 되자 수입량은 3만여 담에 불과했으나 수출량은 34.8만 담에 이르렀다. 이와 함께 면사와 면포의 수입량도 해마다 빠르게 증가하였다. 갈수록 더 많은 수공업 방직업자들이 서양 면사와 면포의 압력을 받아 무더기로 파산했고 수많은 소농이 자신들이 생산한 면화를 낮은 가격으로 외국 자본가들에게 팔지 않을 수 없었다.

석유는 60년대에 외국 교민의 수요에 충당하기 위해 극소량이 중국으로 수입되었다. 1878년 미국산 석유가 비교적 대량으로 중국 시장에서 팔렸는데 이 해의 수입량은 1,570만 리터였다. 1891-1893년이 되자 매년 석유 평균 수입량은 1억 7,600여 만 리터로 늘어났다. 이때부터 중국은 이른바 "양유(洋油)"의 시대로 접어들었다. 염료, 도료, 철, 철제 못, 바늘, 성냥("양칠 洋漆", "양정洋釘", "양화洋火" 등으로 불렀다)같은 일용잡화도 해마다 수입량이 증가하였다. 당시 사람들은 수입 서양 상품이 대응하는 토착 상품을 밀어냄으로써 인민의 생활이 곤란해지는 상황을 지켜보았다.

그러나 서양 면포가 토착 면포를 완전히 타도하지는 못했고 석유는 전국적인 인기 상품이 될 수 없었는데, 그 원인은 중국 인구의 절대 다수를 차지하는 농민이 극단적으로 빈곤한 상황에 처해 있었기 때문이었다. 자본주의 열강이 중국 봉건 통치자들을 강압하여 서양 상품의 수입을 제한하는 일체의 장애물을 제거하고 난 뒤에 남은 유일한 장애물은 중국 농민의 빈곤이었다.

자본주의 외국이 무역을 통해 중국을 약탈한 사례를 말할 때 무기 무역 부문을 놓쳐서는 안 된다. 태평천국 전쟁 시기에 중국은 이미 서방 무기 상인들의 주목을 받은 좋은 고객이었다. 사기와 강탈은 대 중국 무기 수출에서 관습적으로 동원되는 수법이었다.

앞에서 언급한 영국인 이태국은 청 왕조를 대리하여 군함을 구매하였는데, 그의 수법은 비교적 이른 시기에 드러난 전형적인 사례라고 할 수 있다.

당시 청 왕조의 총세무사이던 이태국은 동치 원년(1862년)에 병으로 휴가를 얻어 귀국하고 영국인 혁덕이 그의 직무를 잠시 대신하였다. 혁덕의 종용으로 총리아문은 이태국에게 영국에서 함대 하나 규모의 함선을 구매하는 업무를 위탁하고 은화 65만 냥을 지급했다. 혁덕의 설명에 의하면 이 정도의 돈이면 함포를 장착한 중형 윤선 4척과 소형 윤선 3척을 구매할 수 있었다. 얼마 지나지 않아서 혁덕은 돈이 부족하다며 15만 냥을 더 요구하였다. 동치 2년에 중국으로 돌아온 이태국은 함대는 구입하였으며 오스본 (Sherad Osborn)이란 영국 장교와 함대 운용 인원 6백 명을 초빙하였고 함대는 곧 도착할 것이라고 보고하였다. 그는 인원 초빙 비용으로 27만 냥을 추가로 요구하였다. 이렇게 하여 함대 도입비용은 도합 107만 냥으로 늘어났을 뿐만 아니라 그는 이후 매월 비용(오스본과 기타 서양인의 급료 포함) 10만 냥이 더 필요하다고 보고하였다. 청 관부는 어쩔 수 없이 추가된 구입 비용을 승인하였으나 협상을 통해 매월 비용은 7.5만 냥으로 낮추었다. 이때 청 관부는 함대가 도착 한 후에는 청 측에서 관원을 파견하여 함대를 지휘하고 오스본은 부책임자 되며, 외국인의 고용 기간은 4년으로 하고 이 기간 중에 중국의 병사가 승선하여 함대 운용을 배우도록 한다는 내용을 이태국과 협상하여 정했다.[9] 그런데 이태국은 영국에서 이미 오스본과 계약을 맺어 두었다. 이 계약에 따르면 오스본이 전권을 가지고 함대를 지휘하며 모든 병사는 오스본이 선발하도록 되어 있었고, 또한 오스본은 오직 이태국을 통해서만 황제의 명령을 받도록 하되 이태국이 판단하여 실행할 수 없는 명령은 전달하지 않도록 되어 있었다.[10] 함대가 도착한 후 오스본은

---

9   『동치이무』 제16권, 29쪽을 보라.

10   이 계약의 전문은 Morse, 『중화제국대외관계사』 제2권, 39-40쪽을 보라.

이 계약대로 집행할 것을 고집했다. 처음부터 함대의 구매를 찬성했고 승선할 병사들까지 선발해두었던 증국번은 분노를 터뜨리며 이렇게 말했다. "이 배 7척은 있으나마나다!"[11] 영국 공사 브루스가 나서서 오스본을 지원하였고 미국 공사 벌링게임(Anson Burlingame)도 거들었다. 돈을 들여 사왔지만 유지하는데 계속 돈을 주어야 하는 함대라면 진정한 자기 소유라고 할 수도 없고 더군다나 중국 병사가 승선하여 배울 수도 없는 조건이라면 청 관부도 결코 참고 받아들일 수 있는 상황이 아니었다. 그러나 청 관부는 조금도 강경한 태도를 보이지 않았다. 그들이 제시한 방법은 "함대가 필요 없다"는 것이었다. 함대는 오스본이 지휘하여 영국으로 돌아갔고, 청 정부는 매월 7.5만 냥의 비용을 지급한다는 규정에 따라 몇 달치의 비용을 지급했을 뿐만 아니라 함대가 영국으로 돌아가는 데 필요한 비용 37.5천 냥까지 지불했다. 이 일로 소모된 돈이 모두 대략 170만 냥이었다. 오스본과 그 후원자들의 비위를 맞추기 위해 오스본에게는 1만 냥의 돈이 따로 지급되었다. 이 일로 인해 이태국은 청 왕조의 총세무사를 다시 맡을 수 없게 되었다. 이 악당을 돌려보내기 위해 청 왕조 정부는 다시 "전별금"으로 1.4만 냥을 주었다. 영국 정부는 이 인물이 중국에서 세운 "공훈"을 포상하면서 대십자훈장을 수여하였다.

오스본 함대 구매 사건은 자본주의 외국과 중국 봉건통치자들 사이의 무기 거래가 후안무치한 경제적 약탈이며 그 정도가 얼마나 황당한 수준에까지 이르렀는지를 보여주는 사례이다. 청 왕조의 관부는 낭패를 보고 사기를 당하면서도 "후하게" 전별금까지 주었다.

태평천국 전쟁이 시작되자 외국인들은 총포와 탄약에서 함선에 이르기까지 청 당국에 팔았다. 전후에도 이런 거래는 계속되었고 갈수록 규모

11 『동치이무』 제21권, 18쪽

가 커졌다. 청 왕조의 중앙정부와 군권과 재정권을 모두 가진 지방의 대관료는 외국 무기를 사들여 인민을 억압할 수 있는 역량을 증가시켰다. 거래과정에 손을 뻗칠 수 있는 관리는 예외 없이 거액의 뇌물과 수수료를 챙겼다. 80년대가 되자 이홍장이 외국 무기 상인의 최대 고객이 되었다. 이홍장은 총포와 소형군함을 꾸준히 사들이는 이외에도 1879년(광서 5년)부터는 대형 군함을 사들이기 시작했다. 중·일 갑오전쟁 직전인 1894년에 이홍장이 보유한 함대는 20년 전에 돈을 주고도 날려버린 자그마한 오스본 함대가 아니라 총 톤수가 4만여 톤에 달하는 당시로서는 제대로 된 함대였다. 그 동안에 무기 거래의 총액이 얼마인지, 외국 무기상이 돈을 얼마나 벌었는지, 청 왕조의 관계 관료들과 상인들이 얼마나 횡령했는지는 여기서 상세히 논할 바는 아니다. 중국의 광대한 빈곤한 인민들이 몸을 가릴 옷이 없고("양포(양포)"를 사지 못해) 밤이면 불을 밝히지 못했어도("양유"를 살 수 없어) 중국의 봉건통치자들은 인민의 피땀을 긁어모은 돈을 외국의 무기 공장에 갖다 바쳤으니 외국의 대상인들이 그저 감격할 따름이었다.

봉건 통치자와 외국 침략자의 결탁

전쟁 이전, 외국 침략자들은 청 왕조의 황제를 위시한 봉건 통치기구 전체를 그들의 중국 침략활동의 장애물로 보았으나 이제는 시각이 바뀌었다. 이 통치기구가 아니었더라면 그들은 광대한 중국 인민의 저항 투쟁과 직접 대면해야 했을 것이다. 이 봉건 통치기구를 존속시키고 그것을 통해 중국 인민의 저항을 진압하고, 외국 침략자들이 요구하는 조약에 이 통치기구가 서명함으로써 약탈행위에 "합법적인" 지위를 부여하도록 하는 것이 외국 침략자들에게는 가장 유리한 국면이었다.

1858년의 천진조약 체결에 참여한 영국·프랑스·미국·러시아 4대국은 60년대에 들어와서는 자칭 "협력정책"이라는 연합 침략정책을 채택했다. 이른 바 "협력정책"이란 영국과 미국이 제안했고 프랑스와 러시아는 상당한 정도로 지지를 표시한 정책이었다. 강도들의 "협력"에서는 상호 의심과 경쟁과 알력은 피할 수 없는 일이지만 각자의 이익을 위해서, 또한 공동의 이익을 위해서도 청 왕조 정부의 통치를 유지시키는 게 나았다. 열강의 이러한 계산에 대해 청 왕조의 권력자들 또한 완전히 간파하지 못하지는 않았다. 동치 6년(1867년)에 이홍장(당시 호광총독)은 한 상주문에서, "각국이 중국을 대하는 방식은 관리를 협박하여 백성을 제압하고, 조정을 협박하여 관리와 백성을 제압하고자 하는" 것이라고 말했다.[12] 유곤일(劉坤一. 당시 강서순무)은 "양인이 중시하는 것은 이익이고 두려워하는 대상은 백성이다. 중국에서 이익을 도모하고자 한다면 조정을 협박하여 말을 듣게 만들지 않으면 안 된다는 것을 스스로 알고 있다"[13]고 하였다. 이런 말들은 사정의 핵심을 어느 정도 파악하고 있다는 증거이다.

청 왕조 봉건 통치자들은 두 차례의 아편전쟁을 겪으면서 외국의 도움을 받아 인민혁명을 진압한 초보적 경험을 한 이후로 외국 침략자들의 의지를 거스르지 않으려는 태도가 갈수록 심화되었다. 총리아문은 설립되고 나서 얼마 되지 않아 이런 방침을 밝혔다. "외국과 관련된 일을 처리함에 있어서 결렬을 두려워하지 않거나 타협하는 두 가지 방법이 있는데 양쪽을 겸하기는 본래부터 어렵다. 어느 한 쪽을 택하면 다른 한 쪽은 버려야 하므로 피해가 가벼운 쪽을 택해야 할 것인데, 타협했다는 비난을 면하기

---

12 『동치이무』 제55권, 9쪽.
13 『동치이무』 제54권, 13쪽.

위해 결렬의 해를 따라가기란 실로 어렵다."[14] 이 방침은 결국 "결렬"을 피하기 위해 일체의 "타협"을 불사하겠다는 뜻이다.

청 왕조 정부가 영국·러시아·미국·프랑스 등 4대국 이외의 다른 나라들과 불평등조약을 체결하는 과정에서도 이 방침이 충실하게 지켜졌음을 볼 수 있다. 청 정부는 일찍이 도광 27년(1847년)에 스웨덴·노르웨이와 조약을 체결했다. 함풍 10년(1860년) 이후, 즉 제2차 아편전쟁 이후 10년이 안 되는 기간 동안에 청 정부는 프루시아, 포르투갈, 네델란드, 덴마크, 스페인, 벨기에, 이탈리아, 오스트리아·헝가리제국 등과 불평등조약을 맺었다. 이들 국가는 간단한 구변만으로 영국, 러시아, 미국, 프랑스 4대국과 동일한 영사재판권과 일방적인 최혜국 대우, 수도에 외교관을 상주시키는 특권을 인정받았다.

그렇다고 해서 청 왕조의 봉건 통치자들과 자본주의 침략자들 사이에 갈등이 없었던 것은 아니다. 청 왕조의 통치자들은 이들 "양이(洋夷)"가 중국 역사에서 왕조를 바꾼 이민족과 같은 역할을 하지는 않을 것으로 판단했다. 그러나 갈수록 명백하게 드러났듯이 외국 침략세력은 중국의 왕조를 바꾸지는 않았으나 중국 내부로 진입하여 봉건 통치자들이 예전처럼 자신의 통치 권력을 완전하게 행사할 수 없게 만들었다.

봉건 통치자들은 이미 체결된 조약을 기반으로 하여 이른바 "중외가 서로 편안한(中外相安)" 상황을 기대했다. 그러나 그들은 이미 체결된 조약을 자구 그대로 지켜도 서양인을 만족시킬 수 없다는 사실을 곧 깨닫게 되었다. 서양인들은 자신의 필요에 따라 조약의 규정을 마음대로 해석했을 뿐만 아니라 무력을 배경으로 하여 조약을 초월한 요구를 끊임없이 제시했다. 봉건 통치자들은 자신이 중국의 합법적이고도 전권을 가진 "주인"이라고 생

---

14 『동치이무』 제5권, 55쪽.

제9장 농민대혁명 실패 이후 | **275**

각했다. 그들은 이런 권리를 부정하는 농민반란은 잔혹하게 진압했다. 그런데 이제는 무장을 하고 뛰어든 서양인들이 봉건 통치자들의 지위를 부정하지는 않지만, 때로는 농민반란을 진압하는데 힘을 보태주기까지 하지만 실제로는 중국의 통치권을 나누어 가지려하고 더 나아가 중국의 "주인"의 "주인"이 되려고 했다. 이것은 봉건 통치자들의 입장에서는 삼키기 어려운 쓴약일뿐만 아니라 실제로 통치에 중대한 장애가 되었다. 한편으로는 일이 생길 때마다 서양인의 뜻에 굴종하면서 다른 한편으로는 광대한 인민들에게 그들이 지고무상의 전권을 가진 "주인"임을 확인시키기란 불가능한 일이었다. 아편전쟁 때부터 중국에 침입한 각국은 장기간 중국과 직접 접촉해왔던 북방의 러시아를 제외하고는 모두가 망망대해를 건너왔기 때문에 중국 땅에 뿌리를 내릴 수 없는 존재로 인식되었다. 그런 서양인들이 이제는 중국의 땅을 차지하고 물러날 기색을 보이지 않는 세력으로 바뀌었다. 중국의 동남 해역이 이미 외국 침략자들 앞에 활짝 열렸을 뿐만 아니라 중국 대륙의 변경이 모두 점차로 열강의 포위 속에 들어간 형세가 되었다. 러시아는 중국 동북부의 광대한 영토를 강점한 이후로도 계속하여 북방에서 중국의 영토를 잠식하였을 뿐만 아니라 중앙 아시아의 몇 나라와 지역을 점령한 후 중국의 서북 변경인 신강을 압박해왔다. 이처럼 중국의 북방은 동쪽에서 서쪽까지 약 1만 km에 걸쳐 러시아와 국경을 맞대게 되었다. 영국은 인도 전체와 카슈미르까지 점령한 후 다시 미얀마를 식민지로 만들었고, 그 결과 중국의 서장(西藏. 티베트)과 운남의 5천여 km 변경은 영국 세력과 직접 접촉하게 되었다. 베트남과 라오스를 식민지로 만든 프랑스 세력도 천여 km에 이르는 변경에서 중국의 운남과 광서를 직접 압박했다. 이제 동남 연해지역과 장강 유역뿐만 아니라 동북, 서북, 서남의 광대한 내륙이 모두 열강이 넘보는 대상이 되었다. 침략자의 선봉이 선교사, 탐험대, 조사대, 여행가, 상인 등의 명의와 신분으로 중국 전체에 발길을 들여놓았다. 통상항에 설치된 "조계" 이외에도 밤하늘의 별자리처럼 무수한 외국 교회당은 중국 각지의 주민들이 외국 침략세력과 직접 접촉하는 분명한 표지가 되었다.

외국 침략세력이 이처럼 전국 각지에 깊이 파고들자 봉건 통치자들은 심각한 위기를 느끼지 않을 수 없었다. 봉건 통치자들은 자신의 통치 권력이 도처에서 제약을 받는다고 생각했다. 나아가, 극도로 폐쇄된 지역의 주민들까지도 통치자들이 외국 침략세력 앞에서 연약하고 무능하다는 사실을 알게 되었다. 반(反)봉건 농민봉기는 퇴조기에 접어들었지만 인민들의 투쟁이 멈춘 것은 아니었다. 농민봉기의 뒤를 이어 전국에서 외국 침략세력을 반대하는 대중적 투쟁이 잇따라 일어났다(대부분 외국 교회를 반대하는 형식을 띠었다). 청 왕조 통치자들은 외국 침략세력의 뜻을 받들어 대중 투쟁의 불길을 잡으려 했으나 그 불길 때문에 자신의 머리를 태우는 상황이 되었다. 봉건 통치자들이 외국 침략자의 새로운 요구를 받아들여 타협하고 양보할 때마다 불길은 더욱 거세게 타올랐다.

이런 이유 때문에 청 왕조의 통치자들은 "타협"이란 기본 방침을 고수하면서도 자신의 통치가 돌이킬 수없는 위기에 빠지는 상황을 피하기 위해 대외적인 양보에 어느 정도의 한계를 설정할 수밖에 없었다. 이런 한계란 외국 침략자들의 사기와 협박 때문에 언제나 느슨해질 수밖에 없었고, 청 왕조 통치자들의 엉거주춤한 태도는 다시 외국 침략자들의 불만을 불러일으켰다.

60년대에 영국이 앞장서서 추진한 침략 각국의 "협력정책"의 구체적인 내용은 청 왕조 정부로 하여금 열강의 지지를 얻으려면 자본-제국주의가 전 세계를 지배하는 국제관계를 받아들이고 식민지와 반식민지가 지켜야할 규칙을 따르도록 지도하는 것이었다. 제1진으로 북경에 들어온 각국 외교 대표들은 이 일에서 "교사"의 지위를 자처했다. 당시 중국 총세무사이던 영국인 혁덕과 영국 공사관 참사 웨이드는 청 왕조 정부를 "지도"하기 위해 두 가지 문건을 작성했다. 이 두 문건은 동치 5년(1866년)에 총리아문을 거쳐 황제에게 올라갔고 각 성의 총독과 순무들에게도 토론하도록 회람되었다.

혁덕은 「국외방관론(局外旁觀論)」[15]이란 문건을 작성했다. 그 중심 내용의 하나는, 청 왕조 정부는 조약을 철저히 지켜야 하며 대외 사무는 모두 외국 침략자가 정한 조약의 "규정"에 따라 처리해야 한다는 것이었다. 그는 다음과 같이 협박하였다. "규정"을 위반하면 군사를 움직이게 되고 나라가 어지러워지는 재난이 따른다." 또한 그는 청 왕조 정부에게 외국이 제시할 가능성이 있는 요구는 알아서 먼저 처리하라고 "권고"했다. 그가 말한 먼저 처리해야 할 일에는 "서양 상인과 중국 상인이 함께 기선과 기계를 만드는 일을 허용하는 일"이 포함되어 있었다. 당시 자본주의 열강은 외국 자본이 중국에서 철도부설, 전신, 광산채굴, 내륙하천 항운을 할 수 있도록 하라는 요구를 제시하기 시작했다. 이런 요구는 이미 체결된 조약에서는 전혀 언급된 적이 없었다. 혁덕의 문장의 마지막은 다음과 같았다. "규정대로 행하면 서양 각국은 반드시 기뻐할 것이니 무슨 일이든 언제든지 도울 것이다." 그러니 청 왕조 정부에게 가장 유리할 뿐이라는 논리였다. 웨이드가 작성한 "신의약론(新議略論)"[16]이란 외교 각서는 영국 공사 알콕이 총리아문에 제출했다. 이 각서는 외국의 뜻에 순종하지 않으면 외국의 "간섭"을 피하기 어렵다고 협박하면서 한편으로는 청 정부에게 "조약을 이용하여 자강을 도모하라"고 권고했는데, 사실은 청 왕조 정부가 먼저 나서서 중국 전체를 외국 세력에게 완전하게 개방하라는 요구였다. 각서에는 다음과 같은 구절이 들어 있었다. "만약 각 성에 철도와 비선(飛線. 전신선)을 개설하고, 각종 광산

---

15 『동치이무』 제40권. 13-22쪽.

16 『동치이무』 제40권. 23-32쪽.

을 열고, 수륙 각 군을 설치하여 훈련시키자면 중국은 재정이 부족할 것이다. 계약을 맺어 돈을 빌려오고 의학 등 학교를 열어 가르치는 등 각종 신법(新法)을 시행하기로 중국이 결심한다면 각국이 듣고 기뻐하지 않을 나라가 없을 것이다." 각서는 각국이 기뻐할 이유를 다음과 같이 설명했다. 신법을 시행하고자 한다면 "외국인이 서로 돕기로 약속할 것이니" 외국인이 투자의 기회를 갖게 되는 것은 물론이고 "내지도 이때부터 쉽게 통치할 수 있게 되고 외국 백성도 쉽게 왕래하며 통상하거나 거주할 수 있게 될 것이니 각국 역시 염려할 일이 없다. 이것이 가장 기뻐할 일이다."

　　외국 침략자가 자의적으로 조약을 해석하여 제시한 요구나 조약을 초월하여 제시한 요구에 대해 청 왕조 정부는 끊임없이 회피하거나 거절할 방법만 찾을 뿐 주권국가로서 정정당당하게 물리치거나 항의하지 못했을 뿐만 아니라 외국 침략자들이 중국 내부의 통치의 어려움을 헤아려서 요구를 포기하거나 낮추어 줄 것을 간청했다. 동치 6년(1867년)에 청 왕조의 중앙정부가 각 성의 총독과 순무에게 관련 문제에 대해 토론을 요구했을 때 총리아문에서 지방의 실력자에 이르기까지 거의 모두가 외국 침략자의 새로운 요구를 거절 할 가장 좋은 이유로서 다음과 같은 논리를 내세웠다. 정부가 이런 요구를 받아들인다면 인민대중의 저항을 불러일으킬 따름이고, 그렇게 된다면 외국인들에게도 매우 불리한 국내 정세가 생겨날 것이다. 양강총독 증국번의 의견은 다음과 같았다. "서양인이 쟁변을 멈추지 않는다면, 수도에서 억지로 허락한다고 해도 …… 중국의 억만의 어린 백성들이 궁지에 몰리면 생각이 바뀌어 외국인을 원수처럼 여길 것이고, 이는 중국의 관원으로서도 결코 금지시킬 수가 없다."[17]

　　열강이 청 왕조 정부를 지지하는 정책 가운데는 해결될 수 없는 모순

17　『동치이무』 제54권, 2쪽.

이 포함되어 있었다. 한편으로는 청 정부를 부패하고 유약한 상태로 유지시킴으로써 외국의 압력에 굴복하여 모든 일마다 타협하고 양보하게 한다는 목표와, 다른 한편으로는 청 정부가 수억 인민대중을 진압할 수 있는 충분한 역량을 갖추게 함으로써 외국 침략자에게 유리한 국내의 안정과 질서를 유지하게 한다는 목표는 결코 양립할 수 없는 정책목표였다. 그들은 끊임없이 청 정부를 압박하여 대외적으로 새로운 양보를 하도록 만들었지만 그 결과는 또한 끊임없이 청 정부의 통치능력을 약화시키는 것이었다. 청 왕조의 관리들이 "궁지에 몰리면 생각이 바뀌는" "억만의 어린 백성들"을 누를 힘이 없음을 이유로 들어 외국 침략자들에게 간청했던 사실이 이 모순을 설명해준다.

다음 각 장에서는 1864-1894년 30년 동안에 드러난 일련의 사실들을 살펴봄으로써 청 왕조 봉건 통치자들과 외국 침략자들 사이의 상호 결탁과 상호 모순의 실상을 밝히고자 한다.

제10장
봉건 통치자들의 "양무운동(洋務運動)"

양무운동의 발생

여섯 살에 즉위한 재순(동치제)은 13년을 재위했는데 실제로 권력을 장악한 인물은 그의 생모 자희태후였다. 그는 "친정"을 시작하자 갑자기 사망했다. 그의 사망은 자희태후에게 계속 권력을 장악할 수 있는 기회를 제공했다. 재순에게는 아들이 없었다. 자희태후는 황족들의 반대를 물리치고 순친왕(醇親王) 혁현(奕譞)의 아들 재첨(載湉)을 계승자로 지명했는데 이 인물이 바로 광서제이며 나이는 겨우 네 살이었다. 혁현은 도광제의 일곱째 아들이자 함풍제의 동생이었으며, 재첨의 생모는 자희태후의 여동생이었다. 황가의 항렬로 따진다면 재첨은 동치제의 계승자가 아니라 함풍제의 계승자였다. 자희태후가 황위계승을 이렇게 바꾸어 놓은 데는 동치제 시대의 동·서 양 태후의 수렴청정을 지속시키기 위해서였다. 새로운 황제가 동치제의 자식 항렬이라면 두 태후는 "태황태후"가 되기 때문에 섭정을 할 권리를 잃어버리게 된다. 광서 7년(1881년)에 자안태후가 급병으로 사망하자 궁중의 음모와 계략에 능숙한 자희태후가 국권을 독점하는 국면이 확립되었다.

자희태후의 통치 시기는 동치제 재위 13년 동안(1862-1874년)과 광서제 재위 34년(1875-1908년)을 아우르는 47년이었다. 그녀의 통치 기간 중에는 지금 여기서 살펴보고자 하는 태평천국 전쟁 종결 이후 중·일 갑오전쟁까지의 30년(1864-1894년)이 포함된다. 자희태후는 봉건 통치 질서를 유지하려던 완고한 세력의 대표 인물로서 통치 질서를 위태롭게 만드는 어떠한 새로운 사물도 완강하게 거부하였다. 다만 그녀는 제국주의의 요구에 적응하기 위해 자신의 통치방식과 정책을 부분적으로 바꾸기는 했다. 그녀는 봉건 통치에 저항하는 인민의 역량을 진압하는데 도움이 되기만 하다면 중국의 권리를 팔아먹는 일체의 투항주의적 주장과 정책을 마다하지 않았다.

자희태후의 통치시기에 서방 자본주의 침략세력과 연합하여 농민대중의 저항을 진압하는 정책이 시작되었다. "양무"의 열기도 이러한 배경에서 일어났다.

당시에 "양무"란 대외 관계의 모든 일, 서양에서 들어온 사물과 관련된 모든 일을 일컬었다. 외교 교섭과 조약의 체결은 당연히 양무였으며 유학생의 파견, 서양 과학지식의 학습, 서양 총포의 구매, 기기의 사용, 광산의 개발과 공장 설립, 외국인 군사교관의 고용, "서양식(洋法)"의 군대 훈련 등이 모두 양무에 범위에 들어갔다. 군사공업이나 군사공업과 관련된 기타 기업의 진흥, 신식 무기와 장비를 갖춘 육해군의 설치가 60년대에서 90년대까지 양무운동의 주요 내용이었다. 60년대에 양무운동을 주장하고 주도한 인물로서 조정에서는 총리각국사무아문의 대신 혁흔과 문상(文祥) 등이었고 지방에서는 실권을 갖고 있던 대관료 증국번, 좌종당, 이홍장 등이었다. 이 인물들 가운데서 양무 정책을 가장 많이, 그리고 가장 오래 동안 집행한 사람은 이홍장이었다. 그는 양무운동의 가장 중요한 대표인물이라고 할 수 있다. 양무활동에 종사한 봉건관료들을 양무파라고 할 수 있다.

중국 근대사에서 가장 일찍이 양무에 관심을 기울인 인물은 임칙서이다. 당시에는 양무라 하지 않고 "이무(夷務)"라 불렀다. 임칙서는 서양인으로부터 대포와 군함 만드는 방법을 배우자고 주장했는데, 이런 점에서 양무파는 임칙서의 계승자들이라고 할 수 있다. 그러나 양무파는 외국 침략자들의 압력에 굴복했지만 임칙서는 외국 침략자들에게 굳세게 저항했다는 점에서 다르다. 임칙서의 친구 위원은 "오랑캐의 장기를 배워 오랑캐를 제압하자(師夷長技以制夷)"고 말했는데 이는 바로 임칙서의 주장이었다. 부패한 봉건 통치계급으로서는 이 일을 해낼 수가 없었고 임칙서가 배척당했던 이유는 이 때문이었다. 양무파 관료들은 "서양의 군함은 견고하고 대포는 예리함으로" 서양인에게서 배워야 한다고 인정했을 뿐만 아니라 국내의 봉건 통치 질서를 유지하기 위해서라면 중국에서의 외국 침략세력의 존재를 용인하고 그들의 도움을 받아 인민의 혁명투쟁을 진압해야 한다고 주장했다. 봉건 관료집단 가운데서 이런 주장에 회의를 품거나 반대한 사람이 없지는 않았다. 그러나 양무파의 운명은 임칙서의 그것과는 전혀 달랐다. 그들은 집권파 내에서 유력한 세력집단이 되었다. 양무파는 봉건 지주계급이 제국주의가 중국을 통치하는데 중요한 지지 세력이 되어가는 역사 조건 하에서 나온 산물이었다.

함풍 10년 12월(1861년 1월), 북경조약이 체결된 후 공친왕 혁흔, 대학사 계량, 호부좌시랑 문상이 총리각국사무아문을 설치하자는 상주문을 올렸다. 이 기구의 지위는 군기처와 대등하며 이·호·예·병·형·공 등 6부를 능가하여 양무만 전담하는 내각이었다. 혁흔 등의 상주문에서는 총리아문이 임시적인 기구인 것처럼 다음과 같이 설명했다. "군무(軍務)가 정리되고 외국 사무가 비교적 간단해지면 즉시 폐지하고 그 업무를 군기처에 넘겨 옛 제도대로 처리한다." 그러나 이 기구는 "즉시 폐지"되지 않은 채 40년을 존속한다. 양무를 총괄하는 총리아문은 설치될 때부터 "군무"를 처리하기 위함이라고 하였으니 이는 곧 외국 세력과 연합하여 함께 태평천국과 기타 농민봉기를 진압하는 것이 설립 목적이었음을 말해준다.

제2차 아편전쟁 이후로 통상항이 늘어나자 남양과 북양 통상대신(通

商大臣)을 설치했다. 영구(營口), 천진, 연대(煙臺) 등 세 곳 항구는 북양대신이 관리했다. 산동 이남의 각 항구와 장강 연안의 몇 개 항구는 남양대신이 관할했다. 남·북양대신은 통상과 관련된 사무를 처리했을 뿐만 아니라 그 밖의 대외 사무를 현지에서 처리하는 권한을 갖고 있었고 광서 초년부터는 남양과 북양의 해상 방위 업무도 맡았다. 남양대신은 줄곧 양강총독이 겸임했다. 양강총독이던 증국번이 동치 11년에 사망하자 양무파 관료 심조정, 증국전, 유곤일 등이 차례로 양강총독에 임명되었다. 증국전과 유곤일은 상군 계열의 중심인물이었다. 이홍장은 장기간 직례총독과 북양대신을 겸임했다. 상해와 천진은 상군계와 회군계 세력이 양무를 주도하고 아울러 외국 침략세력과 협력하는 기지가 되었다.

양무파 관료들은 "자강(自强)"의 깃발을 내걸고 외국으로부터 총포와 군함을 사들이며 스스로 병기공장을 설립 운영하면서 이 모든 것은 "자강"을 위해서라고 주장했다. 동치 13년(1874년)에 총리아문이 황제에게 올린 상주문에서, 함풍 10년의 영·프랑스 연합군의 전쟁 이후로 "사람마다 자강의 생각을 갖고 사람마다 자강을 말하나 지금까지 자강의 열매는 없고 날이 갈수록 지난 일을 잊고 있다"면서 여섯 가지 "긴급히 시행해야할 정책"을 제시하고 이 여섯 가지 정책을 시행하면 "자강은 열매를 맺어 외국의 업신여김은 차츰 사라질 것"이라고 하였다.[1] 여섯 가지 정책이란 전부터 주장해오던 해군의 설치, 조선소 설립, 신식 무기의 구입 등등이었다. 봉건 통치 세력의 입장에서 보자면 이런 정책은 분명히 일종의 개혁이었지만 이런 표피적인 개혁만으로는 부패한 봉건 세력이 외국 침략자 앞에서 강해질 수는 없었다.

봉건 관료의 양무운동은 자강을 달성할 수 없었고 그들이 대외 관계

---

1   『동치이무』 제98권, 19, 20쪽.

에서 할 수 있는 것이라고는 타협과 투항뿐이었다. 동치제의 재위 기간 중에 농민봉기가 모두 진압되자 이를 두고 봉건 통치자들은 "동치중흥"이라고 자찬했다. 그러나 "자강"이나 "중흥"은 자기 기만일 따름이었다.

양무파 관료들의 외교와 정치 방면의 활동에 대해서는 다음 몇 장에서 논하기로 하고 이 장에서는 양무운동의 경제방면의 성과를 살펴보기로 한다.

관영 군사공업

양무파 관료들의 주도로 중국에서는 몇 가지 관영기업이 일어나기 시작했다. 이런 기업은 신식 기기를 사용하고 대량의 노동자를 고용하여 서양의 공장 조직을 본받아 생산했기 때문에 구식의 관영 공장 수공업과는 다른 자본주의 성격을 띤 기업이었다. 이들 기업은 대부분이 군사공업이었고 그 생산품은 국가와 군대에만 공급되었을 뿐 시장에 나오지는 않았다. 이들 기업은 봉건 관료들의 지배하에 있었을 뿐만 아니라 외국 자본제국주의에 크게 의존했다.

여기서는 우선 봉건 관료들이 운영한 군사공업을 살펴보기로 한다. 태평천국 전쟁이 아직 끝나지 않았을 때인 동치 원년에서 2년(1862-1863년) 사이에 양강총독 증국번이 안경에서 병기공장(군계소[軍械所])을 열었고(소형 윤선 한 척을 제조했다), 강소순무 이홍장은 소주와 상해에서 대포 공장(양포국[洋砲局])을 열었는데 그 규모는 매우 작았다. 그런대로 모습을 갖춘 첫 번째의 관영 병기공장은 동치 4년(1865년)에 상해에 세운 강남제조국(江南製造局)이었다. 강남제조국은 증국번의 지지를 얻어 이홍장이 세웠는데 총과 대포를 제조하는 외에 광서 11년(1885년) 이전에 군용 선박을 제조한 적이 있었다.

동치 4년, 이홍장은 남경에 금능제조국(金陵製造局)을 세웠다. 이홍장은 소주의 양포국을 이곳으로 옮겨와 규모를 확대해갔다. 동치 6년(1867년)에는 북양 통상대신 숭후(崇厚)가 천진기기국(天津機器局)을 세웠다. 동치 9년(1870년) 이홍장이 직례총독에 임명된 후 천진기기국의 운영을 지휘했다. 천진기기국은 강남제조국에서 생산한 총포에 사용될 화약과 총탄을 만들었다. 민절총독 좌종당은 동치 5년(1866년)에 복주에 마미조선국(馬尾造船局. 일명 복주선정국[船政局]이라 불렀다)을 세웠다. 이 공장은 당시로서는 비교적 규모가 컸고 비교적 오래 동안 운영되었는데 주로 군용 선박을 제조했다. 70년대와 80년대에 전국의 여러 성 ─ 섬서, 감숙, 광동, 복건, 산동, 호남, 사천, 길림, 산서, 절강, 대만, 운남, 호북 등 ─ 에서 "기기국" "제조국" 등의 명칭을 가진 병기 공장을 세웠는데 모두가 관부의 자금으로 세워졌다. 그러나 이들 공장은 일반적으로 규모가 작고 일부는 얼마가지 않아 문을 닫았다. 그 중에서 광주기기국(동치 3년, 1874년 설립), 호북창포창(槍炮廠)(광서 6년, 1890년 설립)은 비교적 큰 규모의 공장으로 발전했다.

여기서는 강남제조국과 마미조선국 등 비교적 규모가 큰 몇 개 공장의 상황을 살펴봄으로써 관영 군사기업의 특징을 설명하고자 한다.

이들 관영 군사기업의 생산품은 상품이 아니었기 때문에 원가를 계산하지 않았다. 기업은 적자든 흑자든 상관하지 않았고 따라서 이윤을 통한 자금축적도 없었다. 기업의 확장이나 정체도 책임진 관부에서 어느 정도의 자금을 투입하느냐에 따라 결정되었을 뿐 시장의 수요나 기업 경영의 성과와는 무관하였다. 이들 군사기업의 경비는 일반적으로 군벌 관료들이 장악하고 있던 군사비 일부에서 충당되거나 현지의 관세수입 또는 내국 관세에서 일부를 전용하여 충당되었다. 이홍장이 운영한 강남제조국의 경우가 특히 그러했다. 이홍장은 부정행위로 파면당한 세관 통역관 당국화(唐國華)와 같은 사건에 연루되어 처벌받은 두 명의 세관 검사원으로부터 받은 4만 냥의 "속죄금"으로 상해 홍구(虹口)에 있던 미국인이 경영하던 기계공장을 사들여 이를 기초로 하여 강남제조국을 설립했다.[2] 이런 관영 군사기업은 생산을 유지하기 위해 매년 대량의 경비를 지출해야 했다. 강남제조국, 천진 기기국, 복주선정국은 모두 현지의 세관수입 가운데서 매년 약간을 때내어 일상 운영경비로 사용했다.

이런 관영 군사공업은 기술이나 생산설비 면에서 외국에 의존하는 정도가 심했다. 군사공업을 일으킨 군벌관료는 모두 외국인을 고문으로 채용했고 이들이 외국에서 기기와 원료를 구입하고 서양 기술자를 고용했다. 이홍장이 소주와 남경에서 군사공장을 운영할 때 의존했던 주요 인물은 영국인 맥카트니이었다. 이 인물은 원래 제2차 아편전쟁 때 영국 침략군의 군의관이었다. 강남제조국을 운영할 때는 두 명의 미국인에게 의존했다. 공장을 운영한지 30년이 지나서도 전체 공정 관리와 대포의 조립은 두 명의 영국인이 책임지고 있었다.[3] 승후가 천진제조국을 개설할 때는 영국 상인에게 전권을 맡겼다. 좌종당은 복주선정국을 개설할 때 태평천국 전쟁 중에 친교를 맺었던 프랑스인 지켈(Proper Marie Giquel)과 데게벨(Paul d'Aiguebelle)을 정·부 감독에 임명했다.[4] 이들 외국인은 고문, 감독, 기술자로서 높은 급료를 받았으나 대부분이 해당 분야의 전문가가 아니었고 이름난 기술자도 아니었다.

관영 공장은 선박, 총포, 화약을 생산했으나 생산 기기는 물론이고 원재료에서 제품의 부품에 이르기까지 모두 외국에서 사왔다. 예컨대, 강남제조국이 광서 10년(1884년)에 구매한 외국 물건의 합계는 백은 45.2만 냥으로

---

2   『이문충공주고』 제9권. 32쪽을 참고하라.

3   손육당(孫毓棠) 편, 『중국근대공업사자료』 제1집, 과학출판사 1957년 판. 276, 282쪽.

4   『좌문양공문집·주고』 제20권. 64쪽.

서 전체 지출의 65/100이었다.[5] 마미선정국이 만든 선박에 사용된 강판, 발동기, 전등, 전선, 목재와 장착한 함포는 모두 프랑스, 영국, 독일에서 사왔다. 그래서 이홍장은 복건과 상해의 공장에서 "사용하는 재료와 기술자는 대부분 서양에서 들여온 까닭에 중국이 배를 만드는데 들어가는 돈은 서양에서 사오는 배의 가격의 두 배나 된다"[6]고 하였다.

이런 상황은 결코 기이한 일이 아니었다. 채굴공업, 금속 제련공업, 강철공업, 일반 기계공업의 기초가 전혀 갖추어지지 않은 상황에서 관료들이 필요로 하는 군사공업을 운영하자니 모든 것을 외국에서 사오지 않을 수 없었다. 이런 군사공업은 당연히 독립적인 민족공업이 될 수가 없었다.

봉건적이고 매판적인 관영 군사공업은 예외 없이 봉건 관료제도의 습관대로 운영되었다. 관리 기구는 방대하고 생산 설비의 배치는 효율이 떨어졌으며, 기업을 운영하는 관리는 하는 일 없이 높은 급료만 받았고 소개장 가지고 와 이름만 걸어 놓고 급료를 받아가는 인원이 무수했다. 각종 서양 물품을 구매하는 과정에서 허위보고와 횡령은 놀라울 정도였다. 광서 초년에 "허위보고한 가격이 물건마다 5-6배가 넘고" "기기국에서 1년 일하면 평생을 쓰고도 남는다"[7]는 말이 나돌았다.

60년대에 관영 군사공업을 크게 일으킨 원래 목적은 대내적으로 인민의 저항을 진압할 필요가 있었기 때문이었다. 군벌 관료들은 총포와 윤선을 스스로 만들었기 때문에 외국인의 업신여김을 물리칠 수 있게 되었다고 주장했으나 이는 허황한 말이었다. 광서 5년(1879년) 양무운동으로 이름을 떨

5 『양무운동자료』 제4책, 59쪽.

6 『이문충공주고』 제24권, 17쪽.

7 유석홍(劉錫鴻), 「독곽염사논시사서우필(讀郭廉使論時事書偶筆)」, 『양무운동자료』 제1책, 289쪽.

친 관료 정일창(丁日昌)은 다음과 같이 고백했다. "강남제조국과 복건선정국에서 만든 윤선으로는 내부의 도적 무리를 진압할 수 있어도 외국의 업신여김을 막을 수는 없다."[8] 장지동(張之洞)은 광서 29년(1903년)에 강남제조국에 관해 언급하면서(공장이 세워진지 40년이 지난 때이다) "근래에도 계속하여 설비를 더하고 점진적으로 정리했는데도 1일 생산량이 총 7자루이니 1년에 총 2천여 자루밖에 생산하지 못한다"[9]고 하였다. 중·일 갑오전쟁이 끝난 해인 광서 21년(1895년)에 황제가 내린 조서는 호부의 보고를 근거로 하여 "중국의 제조국, 기기국 등은 8,9 곳이 넘고 해마다 소비하는 돈이 적지 않은데 한번 군사를 동원하려하면 여전히 서양으로부터 군비를 사들여 와야한다"[10]고 지적하였다. 60년대 이후 30년 동안 관료자본이 일으킨 군사공업의 결과가 이러하였다.

관독민영(管督民營) 기업

양무파 관료들이 운영하는 군사공업이 여러 가지 곤란에 부닥치자 그들은 "자강은 부에서 나온다(寓强于富)"는 구호를 내걸고 군사공업 이외에 여러 가지 기업을 일으키기 시작했다. 70년대 초에서 90년대 초까지 이런 기업이 20여 곳이나 설립되었다. 그 중에서 비교적 중요한 예를 들자면 아래와 같다.

동치 11년(1872년), 이홍장이 주도하여 윤선 운수업을 경영하는 초상

---

8 『양무운동자료』 제2책, 393쪽.

9 『장문양공전집(張文襄公全集)』 제60권, 5쪽.

10 주팽수(朱彭壽), 「안락강평실수필(安樂康平室隨筆)」, 『양무운동자료』 제4책, 178쪽.

국(招商局)이 설립되었다.

광서 3년(1877년)에 이홍장은 다시 개평광무국(開平鑛務局)을 설립했는데 중국 최초의 기계식 채굴 탄광이었다. 70년대에서 80년대까지 산동 역현(嶧縣), 대만 기륭(基隆), 강소 동산(銅山)과 일부 지방에 관부에서 운영하는 기계식 채굴 탄광이 열렸다. 80년대에는 열하, 흑룡강, 산동, 귀주, 운남에서 관이 운영하는 동, 금, 납을 채굴하는 기업이 설립되었고 어떤 곳은 제련 설비까지 갖추었다. 가장 유명한 곳은 90년대 초에 호광총독 장지동이 호북에 설립한 대야철광(大冶鐵鑛)과 한양철창(漢陽鐵廠)이었다.

방직공업 분야에서는 광서 6년 (1880년) 섬감총독 좌종당이 난주에 감숙기기직니창(甘肅機器織呢廠)을 세웠고, 광서 16년(1890년)에 이홍장이 주도하여 상해기기직포국(上海機器織布局)을 세우고 생산에 들어갔으며, 광서 19년과 20년(1893, 1894년)에 장지동이 호북에 직포국(織布局), 방사국(紡絲局), 제마국(製麻局), 소사국(繰絲局) 등 4개 국을 잇달아 세웠다.

상술한 기업 가운데서 감숙의 직니창은 관이 설립자금을 댔고 생산품은 군대에 공급했을 뿐 상품으로 판매되지는 않았다. 이 기업의 성격은 관영 군사기업과 같았다. 이 기업은 조업 2년만에 생산을 중지했다.

초상국과 기타 일부 기업의 성격은 관영 기업과 다른 점이 있었다. 초상국은 민간이 필요로 하는 항운을 제공했고 채굴 제련공업과 방직공업의 생산품은 전부 또는 일부가 상품으로서 시장에서 팔렸다. 이런 기업들 가운데서 소수는 관부에서 전액을 출자하였으나 대부분은 관부의 자본 이외에 민간의 자본도 받아들였다. 70년대와 80년대에는 이러한 관독민영이라 불리는 경영방식이 크게 유행했다. 생산품은 상품이었고 민간 자본도 투입되었기 때문에 미리 배당을 약속했고 따라서 적자와 흑자를 분명하게 계산했다. 이런 기업들은 비교적 자본주의적인 성격이 강했다. 이익을 따지지 않고 대외 의존도가 매우 높은 사상누각 같은 군사공업에서 이윤을 추구하는 기업으로 방향이 전환되었음은 일종의 진보적인 추세라고 할 수 있었다.

90년대 초 이전의 2,30년 동안 제국주의 경제세력이 이미 중국에 깊이 침투했지만 중국에서 자유롭게 공장을 설립할 수 있는 권리는 얻지 못했다. 청 왕조 당국은 재정이 고갈된 가운데서도 자금을 투입하여 신식 기업을 설립했다. 적지 않은 퇴직관료, 지주, 봉건상인과 매판상인 가운데서 상당한 화폐자본을 가진 자들이 봉건경제가 몰락하는 상황에서 외국 자본주의 침략에 자극을 받아 외국 자본주의 발전의 선례를 모방하여 신식 기업에 계획적으로 투자했다. 양무파 관료들의 민간 자금도 받아들여 이윤을 추구하는 기업을 설립하자는 주장은 초기 단계에서는 화폐자본의 출로를 모색하던 인사들로부터 환영받았다. 중국 자신의 기술력은 매우 낮았으나 어느 정도의 과학 기술지식을 가진 지식분자와 소수의 기술자들이 형성되어 있었다. 이 시기는 중국의 자본주의의 발생과 발전에 비교적 유리한 시기였다고 할 수 있을 것이다.

관독민영 기업은 민간의 투자를 받아들였으나 운영은 완전히 관부에서 주도했다. 이들 기업은 관영 군사기업과 마찬가지로 봉건 관료적 운영방식이 지배했다. 자본을 투입한 상인은 기업 운영과 관련하여 전혀 발언권이 없었고 일체의 경영권은 관에서 지명하여 파견한 총판(總辦), 방판(幫辦) 등이 장악하고 있었다. 기업을 설립할 때 투입되었던 관부의 자본은 연차적으로 회수해 갔다. 이윤이 발생했을 때 주주는 연말에 다소간의 배당을 받았으나 그런 경우는 흔치 않았다. 적자는 주주의 몫이었다. 이 때문에 관독민영 기업의 명성은 갈수록 나빠졌다. 그래서 나온 것이 관민 합영이었는데, 관과 민간이 함께 출자하고 적자와 흑자를 함께 나누는 방식이었으나 실제로는 경영권은 완전히 관부에 속했다.

관영과 관독민영의 민수용 기업은 규모는 크지 않았으나 관의 세력을 업고 독점을 누렸다. 상해직포국을 설립할 때 이홍장은 조정의 인가를 요청하면서 "10년 이내에는 중국 상인에게만 자본참여와 경영을 허락하고 동종 기업은 달리 설립하지 않는다"[11]는 방침을 세웠다. 상해직포국은 생산을 시작한 지 3년만에 화재로 완전 소실되었다. 이홍장은 화성방직총창(華盛紡織總廠)을 다시 설립하면서 상해, 녕파(寧波), 진강 등지에 있던 기존의 관영과 민영 방직공장과 장지동이 호북에 세웠던 방직공장을 모두 이 "총창" 아래에 합병하여 "40만 추의 방적기와 5천 대의 방직기"를 갖춘 기업을 만들 계획이었다. 이홍장은 상주문에서 이렇게 말했다. "관영과 민영을 막론하고 현재 운영하고 있는 방적기 40만 추와 방직기 5천 대 이외에는 앞으로 10년 동안 증설을 허락하지 않는다."[12]

이런 독점 정책은 순수한 민간 기업을 겨냥한 것이었다. 봉건관료는 외국자본에 대해 서는 어찌하지 못하고 오로지 민족자본의 자유로운 발전을 저지할 생각만 했다. 청 왕조는 관부 이외에는 외국으로부터 방직기를 수입하지 못하게 하는 명령을 내렸다. 순수한 민영 상공업은 과중한 세금을 벗어날 수 없었을 뿐만 아니라 각종의 제도적 제약을 피하기 어려웠다. 그러므로 상인이 경영하는 소규모 기계식 공업이 이미 등장했으나 발전하기가 어려웠다.

봉건관료들이 봉건사회에서는 없었던 현대식 기계식 공업을 경영하자 사회경제적 변화가 촉진되지 않을 수 없었다. 그들의 원래 의도는 봉건적 통치를 유지 강화하고, 대내적으로 억압역량을 강화할 뿐만 아니라 대외적으로도 외국 침략세력에게 끝없이 양보하는 국면을 끝내겠다는 것이었다. 그러나 그들이 경영하던 기업은 대다수가 실패했다. 현대적 생산역량은 봉건적 생산관계나 그 상층구조와는 융합될 수가 없었다. 양무과 관료의 통

---

11 『이문충공주고』 제43권, 44쪽.
12 『이문충공주고』 제78권, 1쪽.

제는 중국 자본주의의 자유로운 발전에 장애가 되었다. 그러나 현대적 기계식 공업이 일단 도입되고 나자 봉건적 낡은 중국 사회를 원형대로 유지하는 일은 불가능해졌다. 양무파 관료들의 원래 의도와는 달리 그들이 일으킨 기업은 중국 자본주의 발전을 자극하고 추동하는 역할을 했다.

아래에서는 양무파 관료들이 설립한 기업의 실상을 살펴보도록 한다. 성공적으로 운영된 기업은 아니었지만 봉건관료들의 부패한 통치방식으로는 현대적 기업을 운영할 수 없다는 사례로서 의미는 있을 것이다.

1. 윤선초상국

초상국은 설립 이후 성장하기가 매우 어려웠다. 영국계의 태고공사나 이화공사와 경쟁하기 어려웠다는 점 말고도 자체의 부패한 경영이 그 주요한 이유였다. 광서 6년(1880년)에 한 인사가 다음과 같이 말했다. "초상국의 설립 때를 살펴보면 도원(道員) 주기앙(朱其昂. 이홍장이 임용한 인물 - 저자주) 등이 관의 자금을 받고 상인의 자본을 모아 첫 번째의 선박을 사서 이름을 이돈(伊敦)이라 했는데 배는 크지만 낡았다. 두 번째 배는 복성(福星)이라 하였는데 선창이 좁았다. 두 배가 다 같이 얼마가지 않아 침몰했다. 남은 배 가운데서 부리기에 적합한 것이 적었고 해마다 침몰해서 배를 사들이면 그 가격이 서양회사가 새로 만든 최고의 배보다도 더 비쌌다. 부리는 사람이 넘치고 소모되는 비용이 무서울 정도였다. 그 후 사업이 거의 기울어졌다"[13]고 하였다. 이홍장은 성선회(盛宣懷), 당정추(唐廷樞), 서윤(徐潤) 등으로 책임자를 교체하며 초상국을 운영하게 했다. 성선회는 오래 동안 이홍장의 심복이었고 이후 청 말의 저명한 매판관료의 한 사람이 된다. 당정추와 서윤은 매판이었다. 이 두사람은 돈으로 도원이란 관직을 샀고 성선회의 소개로

13 「국자감좨주왕선겸주(國子監祭主王先謙奏)」, 『양무운동자료』 제6책, 38쪽.

이홍장에게 중용되었다. 두 사람은 계속 관의 자금을 받아 자본을 늘리고 광서 3년(1877년)에 미국계 기창양행의 윤선, 선좌, 창고를 모두 사들였다. 이 거래는 말할 수 없는 흑막이 개재되어 있었다. 기창양행의 윤선과 기타 설비는 낡아서 영국인의 윤선회사와 경쟁할 수가 없었다. 성선회 등은 우선 기창양행의 주가가 떨어지자 초상국의 돈을 이용해 자기 명의로 적지않은 기창양행의 주식을 사들인 후 초상국이 미국인의 낡은 배와 설비를 사들이게 했다. 이 과정에서 그들은 거액의 중개료를 챙겼다. 이런 흑막이 밝혀지고 나서도 이홍장은 이들을 보호해(아마도 이홍장 본인도 챙긴 것 같다) 자리를 지킬 수 있게 해주었다. 초상국은 미국인의 배를 사들여 배의 숫자는 늘어났으나 경영진의 부패로 매월 5,6만원의 적자를 냈다.

광서 20년(1884년) 중·프랑스전쟁이 일어나자 성선회는 초상국 사업 전체를 기창양행에 팔았다가 2년 후에 다시 사들였고 다시 영국계 회풍은행으로부터 회사를 담보로 하여 20만 파운드를 빌렸다. 광서 20년(1894년)의 중·일전쟁과 광서 26년(1900년)의 의화단운동 때에 성선회는 초상국을 외국 회사에 팔았다가 사들이는 짓을 되풀이했다.

2. 상해기기직포국

이홍장은 광서 4년(1878년)에 상해기기직포국의 설립 준비를 시작했다. 자본을 모으고 영국 회사로부터 설비를 사들이고 미국인 기술자를 초빙하고 공장부지까지 마련했으나 경영자를 수시로 바꾸는 바람에 10년이 지나도록 아무런 진전이 없었다. 광서 14년(1888년)에 다시 관원을 바꾸고 두 번째로 설립했다. 이미 교부한 주식은 100냥을 70냥으로 절하하고 추가로 30냥을 더 내는 주주에게만 새 주식 100냥을 발급해주었다. 광서 16년에 화재가 나자 성선회가 이홍장의 명을 받아 옛 공장을 처분하고 새로운 공장을 지었다. 성선회는 옛 공장의 남은 자산을 주식 수대로 새로운 주식으로 발급해주었는데 원래 납입금액의 2할 밖에 쳐주지 않았다. 관부에서는 옛 공장에 대한 지분을 새 공장에서 생산된 "면사 1포가 팔릴 때마다 은 1냥씩을 출연하여 지속적으로 상환"하여 주었다. 결국 관부에서는 한 푼도 손해 보지 않고 자본을 납입한 상인들은 "10년 동안 전혀 이익을 보지 못한" 결과가 되었다.[14] 상인들이 납입한 130냥의 돈은 20냥의 주권으로 변했다.

3. 한양철창

양광총독 장지동은 광서 15년(1889년)에 제철소를 세울 계획을 수립하고 영국주재 공사 유서분(劉瑞芬)에게 위탁하여 기계와 설비를 사들였다. 장지동이 호광총독으로 옮겨가자 계획된 제철소도 호북으로 옮겨가 공장부지는 한양으로 결정되었다. 그해 11월에 시작된 공장 건설공사는 3년이 걸려서 끝났다. 전체 공장은 크고 작은 10개의 분공장으로 구성되었고 철을 제련하는 고로가 2기, 강철을 제련하는 산성전로(酸性轉爐) 2기와 평로(平爐) 1기, 철도 궤도를 생산하는 설비를 갖추고 있었다. 광서 20년(1894년) 5월에 고로에서 첫 쇳물이 나왔다. 장지동의 말에 의하면 이 공장의 생산능력을 전부 동원했을 때 매년 정강(精鋼)과 숙철(熟鐵) 3만 톤을 생산할 수 있었지만 실제로 그만큼 생산된 적은 없었다.

제철공업의 경험이 전혀 없고 지식도 부족한 상황에서 세워진 제철소는 적지 않은 시행착오를 면할 수 없었다. 장지동은 석탄이 어디에 매장되어 있는지, 철광은 어디서 나오는지도 알지 못하는 상태에서 광동에다 제철소를 세우기로 결정했다. 다행히도 입지가 호북으로 바뀌었고 공장부지로 선정된 한양으로부터 멀지 않은 곳에서 대야(大冶)철광을 찾아냈다. 제철소 입지로는 광동보다 호북이 훨씬 유리했다. 장지동이 영국으로부터 용광로를

14 『양무운동자료』 제7책, 492쪽.

구입하기로 계약을 체결하자 어떤 사람이 철광석의 화학검사를 먼저 한 후 그에 맞는 용광로를 선정해야한다고 충고했다. 장지동의 답변은 다음과 같았다. "중국은 큰 나라이니 어디서든 좋은 석탄과 철광이 나온다. 그러니 영국이 갖고 있는 용광로를 사오면 그만이다."[15] 영국에서 구입한 2기의 산성 전로는 인의 함량이 많은 대야 철광에는 맞지 않아서 생산된 철도 궤도의 품질에 문제가 있었다. 공장 가동을 앞두고 철광석은 확보되었으나 코크스는 조달할 방법이 없었다. 호북성 내에서 쓸 만한 탄광 두 곳을 찾아냈으나 매장량이 많지 않았고 채굴 설비도 없었다. 석탄 공급이 원활하지 않아 생산은 항상 정체에 빠졌다. 북방의 개평(開平)탄광으로부터 비싼 값으로 석탄을 사오거나 수입 코크스를 사용할 수밖에 없었다. 이것이 주된 원인은 아니지만 한양철창이 실패한 원인 중의 하나였다.

그러나 이런 식으로 공장을 운영한 기백과 투지는 인정해 줄만 하다. 당시로서는 이 공장은 동양에서 가장 큰 제철소였다. 일본의 야하다(八幡)제철소는 한양철창보다 7년 뒤인 1901년에야 생산에 들어갔다. 기백과 투지는 봉건주의적 통치 때문에 실패로 끝났다. 장지동의 구상은 우선 관부의 자금으로 공장을 건설하고 추후에 민간 자본을 끌어 모아 관의 자금을 회수하며 관독민영으로 운영한다는 것이었다. 그러나 그의 구상은 통하지 않아 계속해서 관의 자금을 사용할 수밖에 없었다. 장지동은 순친왕 혁현의 지원을 받고 있었기 때문에 합계 560여 만 냥의 관부 자금을 끌어올 수 있었다. 그러나 생산과 판매는 장지동이 예상했던 것만큼 원활하지 않았다. 많은 돈을 주고 외국인 기술자를 초빙했으나 제품의 품질수준이 높지 않았다. 앞서 말한 연료 공급의 문제와 기타 원인 때문에 생산량도 예상 같지 않았다. 생산된 철도 궤도는 청 왕조 정부가 준비하고 있던 노한선

---

15   오걸(吳杰), 『중국근대국민경제사』, 인민출판사 1958년 판, 375쪽에서 인용.

(노구교[盧溝橋]-한구) 철로 공사에 공급할 예정이었으나 철로 공사가 아직 시작되지 않았고 (또 이홍장이) 철로 공사를 책임진 서양 기술자들이 중국 공장에서 시험 생산한 궤도를 사용하려 하지 않는다고 말했다.[16] 판로를 찾지 못한 장지동은 상해의 양행들에게 시험 구매 해줄 것을 요청했으나 거절당했다. 한양철창이 생산을 시작한지 2년 만에 장지동은 공장을 계속 운영할 방법이 없다고 판단했다. 광서 22년(1896년)에 장지동은 한양철창은 물론 대야철광까지 매판 성선회에게 넘겼다. 성선회는 외견상으로는 민간 자본 100만 냥을 모았으나 사실상 돈의 출처는 초상국과 전보국(電報局. 성선회는 전보국의 책임자이기도 했다)의 자금을 전용하고 여기다가 외국은행으로부터 빌린 돈을 더하여 한양철창을 인수했다. 이때부터 한양철창은 성선회의 개인재산이 되었다.[17] 그는 관료기구처럼 이 기업을 운영했고 그 부패함이 초상국과 마찬가지였다. 성선회와 그 친족들은 돈을 벌었지만 기업은 일본·독일·벨기에 자본이 침투하여 쟁탈의 대상이 되었다.

후당창(後膛槍)과 철갑선(鐵甲船)

태평천국 전쟁 말기가 되자 이홍장은 일종의 무기지상론이라고 할 수 있는 주장을 내놓았다. 만주족 귀족 혁흔과 문상 등이 주도하는 총리아문에서 이 주장을 강력하게 지지했다. 그들은 이홍장의 주장에 대해 다음과

---

16 「복악독장향사(覆鄂督張香師)」, 『이문충공전집전고』 제40권, 24쪽을 보라.
17 한양철창과 대야철광은 후에 강서의 평향(萍鄕)탄광과 합쳐져 한야평공사(漢冶萍公司)가 되었다. 평향탄광은 오래 동안 민간 전통방식으로 채굴해오던 것인데 광서 24년에 성선회가 이를 매입한 후 기계식 채굴을 시작했다.

같이 간단한 몇 마디로 평가했다. "치국(治國)의 도리는 자강에 있고, 시국을 살펴보면 자강은 군대 훈련이 요체인데 군대 훈련은 바로 무기가 우선이다."[18] 이들 봉건 관료는 외국 침략자들에게 굴복할 수밖에 없는 원인은 무기가 상대보다 못하기 때문이며, 태평천국과 기타 농민 봉기를 진압할 수 있었던 이유는 외국 침략자들로부터 서양의 총포를 사들였기 때문이라고 인식했다. 외국인들은 중국의 봉건 통치자들에게 기꺼이 총포를 팔려고 했고 중국인에게 그것을 사용하는 방법은 물론이고 제조하는 "비결"까지도 알려주려고 했는데, 양무파 관료들은 이를 매우 다행스런 일로 생각했다. 그들은 서양총포 제작 기술을 배우고 나면 최소한 외국인과 동등한 지위에 서게 될 것이라고 생각했다.

그러나 실제에 있어서는 청 왕조 정부는 서방 열강의 군사적 협박 앞에 계속하여 굴복하였을 뿐만 아니라 70년대 초에는 동방의 이웃에서 새로이 등장한 침략국가의 위협 앞에서도 속수무책이었다. 일본은 1868년에 명치유신(明治維新)을 시작한 후 빠르게 자본주의의 길로 들어섰을 뿐만 아니라 서방 열강의 지지를 받아 중국에 대한 침략의 야심을 드러냈다. 동치 13년(1874년)에 일본은 3천명의 군사를 동원하여(지휘관의 일부는 미국 군인이었다) 불시에 대만 남부에 있는 낭교(琅𡼈. 지금의 항춘[恒春]반도)에 상륙했다. 기습을 당한 청 왕조는 중앙 조정에서부터 연해지역 각 성에 이르기까지 혼란과 공포에 빠졌다. 그들은 무력으로 대항하면 전쟁이 일어날까 두려워하여 영국·미국·프랑스 등이 일본을 비호하는 입장에서 제시한 "조정안"을 받아들이고 일본군의 철수를 조건으로 일본에 50만 냥을 "배상"했다. 바로 이 해에 청 왕조의 통치자들이 6 가지 "긴급 시무(時務)"를 제시하면서 일정한 기간 내에 "자강을 실현하여 외국의 업신여김을 조용히 벗어난다"는 목

---

18 『동치이무』 제25권. 1쪽.

표를 세운 것은 일본의 침략 행동으로부터 받은 충격과 교훈 때문이었다. 60년대에 서방 자본주의 국가에서는 공업이 발전함에 따라 무기의 성능도 크게 개선되었다. 소총의 장전 방식이 총신 전면 장탄에서 후면 장탄(後膛槍)으로 발전하였다. 1870년의 프루시아·프랑스 전쟁에서는 교전 쌍방이 후면 장탄의 신식 소총을 사용하였고 해상의 군함도 목제 함선에서 철판을 입힌 군함으로 바뀌었는데 철판의 두께가 10, 12, 14, 24 인치로 점차로 두터워졌다.

중국의 봉건관료들은 서방 무기의 개선이 사회 생산이나 경제발전과 연관되어 있다는 사실을 알지 못했다. 이홍장은 동치 2년(1863년)에 이렇게 말했다. "중국이 대포와 윤선 두 가지만 갖추면 서양인들이 함부로 하지 못할 것이다."[19] 이미 대포와 윤선을 갖춘 지금 왜 외국인들은 여전히 중국을 업신여길 뿐만 아니라 일본처럼 보잘것없는 "소국"을 부추겨 중국에 도전하게 할까? 이홍장은 중국이 아직 후당창을 사용할 줄 모르고 철갑선을 갖지 못했기 때문이라고 생각했다. 그는 후당창을 보유한 자신의 부대에 대해 자부심을 느꼈다. 그래서 그는 동치 13년(1874년)에 총리아문의 6가지 "긴급 시무"를 지지하면서 다음과 같이 말했다. "각 성에서 병사를 훈련시킬 때 …… 서양 총을 사용하는 경우가 적고 후당창을 사용하는 경우는 더욱 적다." 그는 이런 군대라면 "나라 안의 도적을 토벌할 때는 쓸모가 있다 할 수 있으나 외국의 업신여김을 막는 데는 아직 믿을 수가 없다"고 말했다. 그래서 그는 "현재의 육군은 정밀하게 선별한 후 무기를 모두 서양 총포로 바꾸고" "연해 지역의 방위도 후당창으로 바꾸어야 한다"[20]고 주장했다. 회군계의 호북제독 곽송림(郭松林)이 광서 5년(1879년)에 올린 상주문에서 모든

---

19 『이문충공붕료함고』 제3권, 19쪽.
20 『이문충공주고』 제24권, 13, 14쪽.

군대의 무기를 "서양식 후당창으로 바꾸고 서양인들의 방식을 따라 군대를 훈련해야 한다"고 주장했다.[21] 당시에 각지의 기기국이 총을 만들 수는 있었으나 신식인 후당창은 외국에서 사와야 했다. 청 왕조와 중앙정부와 지방정부가 신식 소총을 보편적으로 사용할 만큼 재정능력이 없는 형편이었지만 이런 주장 덕분에 상해의 양행들과 독일의 크루프, 영국의 암스트롱 등 군수업체는 대규모의 무기 판매를 성사시킬 수 있었다.

철갑 대형 군함은 중국으로서는 도저히 생산할 수 없었기 때문에 사오지 않을 수 없었다. 적지 않은 양무 운동가들은 동치 13년에 일본의 도발을 참고 견딜 수밖에 없었던 근본 원인은 철갑선 때문이라고 생각했다. 그러나 철갑선은 가격이 비쌌기 때문에 총리아문이 광서 원년(1875년)에 우선 한 두 척을 사서 시험 운용해보자는 주장을 내놓았으나 몇 년이 지나도록 실행하지 못했다.

직례총독과 북양대신을 겸하고 있던 이홍장은 광서 원년에서 6년 사이에(1875-1880) 총세무사 혁덕에게 부탁하여 영국의 암스트롱 병기공장으로부터 10여 척의 쾌속 소형 함정을 사들이는데 2백만 냥 가까운 돈을 썼다. 그의 제안에 따라 광동과 산동 성에서도 같은 급의 함정을 잇달아 사들였다. 그러나 이홍장은 이것만으로는 부족하다고 생각했다. 그는, "자강을 원한다면 선입관을 버리고 철갑선을 사들이지 않으면 안 된다"고 말했다.[22] 이 무렵 청 왕조 당국은 영국이 최근에 독일로부터 사들인 "8각 철갑선"을 약 2백만 냥의 가격에 되팔려한다는 소식을 들었다. 이홍장은 자금을 마련하기가 어렵기는 하지만 이 기회를 놓칠 수 없다고 판단했다. 그는 "이 기회를 놓치면 중국은 영원히 철갑선을 갖지 못하게 될 것이니 자강의 날은 끝

---

21 『양무운동자료』 제3책, 514쪽.
22 상게서, 337쪽

내 오지 않을 것"이라고 주장했다.[23]

여러 가지 이유로 영국으로부터 독일제 "8각 철갑선"을 사들이려든 거래는 무산되었지만 총리아문의 지지를 받아 이홍장은 독일 주재 공사 이봉포(李鳳苞)를 통해 독일로부터 비교적 큰 규모인 6천 마력의 철갑선 두 척("정원[定遠]"호와 "진원[鎭遠]"호)과 2,800 마력의 강철 장갑선 한 척("제원[濟遠]"호)을 발주하는 계약을 맺었다. 3척의 군함은 건조 된 후 광서 11년(1885년)에 중국 측에 인도되었다. 이 3척의 군함과 부대설비 일체, 그리고 운송비까지 포함하여 4백만 냥을 넘는 돈이 지급되었다.

이 3척의 군함이 이홍장에게 인도되었을 때는 중·프랑스전쟁(광서 10년, 1884년)이 끝난 후였다. 1885년에 해군아문이 설립되고 순친왕 혁현이 해군 사무를 총괄했다. 혁현은 우선 이홍장 휘하의 북양해군을 강화하기로 결정했다. 정원, 진원, 제원 등의 군함에 이어 이홍장은 독일과 영국으로부터 몇 척의 군함을 더 사들이는 한편 군항과 도크를 건설했다. 이홍장의 해군은 그의 육군과 마찬가지로 수많은 외국인을 초빙했다. 당시에 명목상으로는 외국의 침략을 방어한다는 각지의 방어 시설은 거의 모두가 외국인에 의존하여 운용되고 있었다. 예컨대, 장강 연안의 오송 포대와 강음 포대는 영국인이 건설하고 병사들을 훈련시켰다.

이홍장은 해군을 성공적으로 건립했다고 자처하면서 광서 17년(1891년)에 첫 번째의 대검열을 실시하고 광서 20년(1894년)에는 두 번째의 대검열을 실시했다. 두 번째의 대 검열을 실시했던 그 해 7월과 8월에 중·일전쟁이 폭발했다. 이 전쟁에서 북양해군은 완전히 궤멸하고 여순(旅順), 대련(大連), 위해위(威海衛) 등의 요새가 모두 적군에게 점령되었다. 청 왕조 정부가 해군을 건설하는 데는 엄청난 비용이 들어갔고 그 중에서 적지 않은 부

---

23   『이문충공주고』 제36권, 4쪽.

분이 황실과 각급 관리들의 주머니로 흘러 들어갔다. 자희태후의 오락을 위해 지어진 이화원(頤和園)공사를 시작한 후로 "매년 해군 경비에서 30만 냥을 전용하여 공사 담당 부서에 지급되었다."[24] 그러나 이 금액은 해군 경비 가운데서 극히 적은 일부에 지나지 않았다. 이봉포가 이홍장으로부터 군함의 구매를 부탁받았을 때 어떤 사람이 지적하기를 "값을 부풀려 개인 주머니를 채웠는데, 들리는 바에 따르면 그 금액이 10개 대대의 일 년치 유지비와 맞먹는다"[25]고 하였다. 새로운 군함을 사들이기를 멈추고 난 후에도 북양 해군의 유지비만 매년 150만 냥에 이르렀는데 그 중에서 진정으로 해상 방위에 쓰인 돈이 얼마인지는 알 수가 없었다.

부패는 봉건 관료기구의 필연적인 속성의 하나라고 밖에 할 수 없다. 이홍장으로 대표되는 군사 역량은 봉건 통치를 유지하기 위한 무력이자 봉건 통치의 경제적 기초였다. 이홍장은 본래의 사회경제 제도를 견고하게 유지하면서 몇 가지 신식 무기를 외국에서 사들여옴으로써 이른 바 "자강"의 목적을 달성하고자 했는데 이는 몽상일 따름이었다.

양무운동에 대한 이견

양무파 관료들이 대량으로 서양의 총, 대포, 윤선, 군함을 사들이고 한편으로는 각종 공장을 세울 때 봉건관료 내부에서는 반대 의견을 내놓은 일파가 있었다. 이 파는 봉건사회에서 원래부터 있었던 것 이외의 새로운 것이라면 무엇이든 거부했는데 극단적 수구파라고 부를 수 있을 것이다.

---

24 「광서 17년 2월 총리해군사무 혁광 등 편(片)」, 『양무운동자료』 제3책, 141쪽을 보라.
25 「국자감좨주 성욱(盛昱) 편」, 전게서 12쪽.

동치 원년(1862년)에 총리아문은 북경에 동문관(同文館)을 설치하고 학생을 모아 영어, 프랑스어, 러시아어를 가르쳤는데 만주족 청년만 입학이 허락되었다. 동치 5년(1856년)에 총리아문은 동문관 내에 또 하나의 과정을 개설하여 "서양인을 초빙하여" 천문과 산학(算學)을 가르치게 하자고 건의했다. 그러나 서양인의 뛰어난 기술이 민간에 전수되는 것을 막기 위해 만주족과 한족 가운데서 거인(擧人) 이상의 자격을 갖춘 자에게만 입학을 허용하는 규정을 둔다고 하였다.[26] 이러한 제한을 두었음에도 이 제안은 극단적인 수구파의 반대에 부딪혔다.

반대파들의 주요 인물은 당시 이학(理學)의 권위자였던 대학사 왜인(倭仁)이었다. 그는 "시서를 배우든 자들이 지금은 오랑캐를 스승으로 받드니" 많은 사람들이 오랑캐에게 이용당할지도 모른다고 주장했다. 또한 그는 "나라를 세우는 도리는 마땅히 예와 의와 인심을 본으로 해야 하며 자고로 오직 술수에만 기대어 쇠약한 자가 일어선 적이 없다, 천문과 산학은 말업일 따름이니 국가 대계에 보탬이 될 것이 없으므로 가르치지 말아야 한다"[27]고 주장했다. 그 결과 동문관은 총리아문의 제안대로 설치되기는 했으나 왜인 등의 주장 때문에 조성된 부정적인 여론의 영향을 받아 입학하려는 자가 드물었다.

동치 13년(1874년)에 총리아문이 6가지 "긴급 시무"를 발표하고 각 성의 총독과 순무에게 의견을 제시하라고 요구했을 때는 이홍장을 위시한 실권파들이 주도한 양무는 이미 관료사회에서 일종의 유행이 되어있었고 많은 사람들이 병기를 사들이고 기계를 도입하며 기기국 등을 설립하는 일을 진급과 축재의 지름길로 여기고 있는 상황이었다. 그러나 관료집단 중에는

---

26 『양무운동자료』 제2책, 22-23쪽.

27 전게서, 34-38

여전히 적지 않은 사람들이 극단적으로 수구적인 관점에서 반대의 목소리를 높이고 있었다.

극단적인 수구파는 "공맹의 도리"를 내세워 양무를 반대했다. 그들은 "양학"이 성행하면 봉건 전통사상 체계가 붕괴하고 따라서 봉건정치와 봉건 경제체제가 흔들린다고 생각했다. 광서 원년(1875년)에 한 관원이 한 말을 빌려 표현하자면 그들의 논지는 다음과 같다. "서양 기계를 만들고 서양 배를 건조하자면 양학을 배우지 않을 수 없고", "천하가 나라의 근본은 예의염치라는 말이 소용없다고 말하고 이로 인해 인심이 흩어질까 두렵다."[28] 사실은 양무파와 극단적인 수구파 사이에 원칙상의 대립은 없었다. 증국번, 이홍장, 좌종당, 장지동과 기타 양무파 관료들은 모두가 봉건 전통사상의 수호자들이었을 뿐 자본주의의 정치 경제제도를 배울 생각이 전혀 없었다. 이홍장은 일찍이 동치 3년(1864년)에 다음과 같이 말했다. "중국의 문무제도는 하나하나가 서양의 그것보다 뛰어난데 오직 무기만 그들에게 미치지 못한다."[29] 봉건관료 가운데서 양무파와 극단적 수구파는 다 같이 봉건적 경제기초와 그 상층 구조를 수호하는데 온 힘을 기울였는데 둘 사이의 차이라고 한다면 양무파는 봉건주의 통치 도구에 서양식의 무기를 더함으로써 위기의 운명을 벗어나려 했다는 점이다. 양무파의 목표는 달성되지 못했고, "서양 기기"와 "양학"을 거부함으로써 봉건주의의 붕괴를 막고자 했던 극단적 수구파의 희망도 공상에 불과했다.

극단적 수구파가 양무파를 비난했던 논리 가운데는 현실을 예리하게 파악한 부분도 있었다. 예컨대, 유석홍(劉錫鴻)은 광서 원년(1875년)에 이홍장에게 보낸 서신에서 양무파가 추진하는 병사 훈련, 이재, 조선, 기계제작이

---

28 『양무운동자료』 제1책, 121쪽.
29 『동치이무』 제25권, 9쪽.

모두 성과를 내지 못하고 있다고 지적했다. 그는 다음과 같이 말했다. "근래에 위로는 국고를 탕진하고 아래로는 백성의 재물을 낭비하는데 오로지 각 성의 관리만 갑자기 부자가 된 자가 심히 많으니 이로써 하는 일들이 실익이 없음을 알 수 있다. 장래에 이를 믿고 적을 막으려 하다가는 반드시 일을 크게 그르치게 될 것이다. 지금은 관직을 얻고자 하는 자는 관직을 얻고 재물을 얻고자 하는 자는 실컷 재물을 취하고 있을 따름이다."[30]

극단적 수구파들은 양무파가 "오랑캐를 이용하여 중화를 바꾸려한다"고 생각했다.[31] 수구파 가운데 어떤 인물은 이홍장이 "국고와 백성의 재물을 탕진하여 서양인들에게 바치고 있다"고 비난하였다.[32] 봉건질서의 유지를 바라는 지주관료들은 이런 비난을 찬양하였고 투항주의를 맹렬하게 비난하던 인사들도 이 말이 일리가 있다고 느꼈다. 그러나 투항주의는 철도를 놓고 윤선을 만드는데서 나온 것이 아니라 부패한 봉건주의의 파생물이었다. 극단적 수구파는 양무파를 투항주의라고 공격했지만 사실은 그들 자신이 투항주의였다. 앞에서 예로 든 유석홍은 이홍장의 양무운동을 반대하는 서신에서, 먼 바다를 건너온 "서양 오랑캐"는 중국을 삼킬 수 없으므로 "서양과 관련된 일은 화의를 위주로 함이 당연하고" "평소 서양인을 대할 때는 성실과 신의로 대하고 서로 솔직해야 한다"고 주장했다.[33] 서양 총포와 서양 선박을 도입하는 데는 반대했던 이 인물도 서양인을 세무사로 앉히는 데는 반대하지 않았고 심지어 각 성에 "양무사(洋務司)"를 설치하고 서양인을 임명하여 일체의 대외 교섭업무를 처리하게 하자고 주장했다. 이렇게 하

---

30 『양무운동자료』 제1책, 273-274, 277쪽.
31 「광서 원년 통정사(通政使) 우능진(于凌辰) 주절(奏折)」, 전게서 121쪽.
32 「광서 원년 대리시 소경 왕가벽(王家璧) 주절」, 전게서 135쪽.
33 『양무운동자료』 제1책, 275-276, 288쪽.

면 "중국의 고귀한 관리"가 직접 나서 서양인을 대하다가 체통을 잃는 일은 피할 수 있다는 주장이었다.[34] 그가 요구했던 것은 봉건주의의 "체통"을 지키는 일이었지 투항주의를 반대한 것은 아니었다.

극단적인 수구파는 양무파의 무기 제일주의의 약점을 집요하게 공격했다. 유석홍은 다음과 같이 말했다. "병사와 백성의 마음이 다 같이 흩어졌는데 윤선과 소총이 있다한들" 누가 그것들을 사용할 것인가?[35] 이런 반론은 일견 상당한 설득력을 갖고 있는 것처럼 보인다. 그러나 이런 논리로 신식 총포를 사용하지 말아야 한다거나 중국에서는 철도, 윤선, 기계, 전보 등 새로운 사물이 등장해서는 안 된다고 주장한 것은 큰 착오이다. 극단적 수구파들이 내세우는 "인심"이나 "민심"은 양무파들이 숭상하는 후당창이나 철갑선과 대비해 본다면, "중국에서 수천 년 동안 내려온 예의염치"를 굳건하게 지켜야 "인심"을 얻을 수 있고 낡은 봉건제도와 낡은 사상으로 인민을 대표하고 인민의 역량을 동원할 수 있다는 주장과 다름없다. 이들의 주장은 아편전쟁 이후로 얻게 된 인민의 역량을 중시해야 한다는 교훈과 맥이 닿는 것처럼 보이지만 그 출발점은 봉건적 예교를 수호하자는 것이니 결코 교훈을 올바르게 받아들였다고 할 수는 없다.

봉건제도의 몰락을 앞두고 중국사회가 거대한 혼란과 변화에 직면했을 때 극단적 수구파는 봉건 전통으로 인민을 속박하려 했고 새로운 변화와 진보는 모조리 반대했다. 그들은 양무파보다 더 낙후한 관점으로 양무파를 반대했다.

---

34 전게서, 297-298쪽.
35 전게서, 278, 289쪽.

양무운동에 대한 또 다른 이견

양무운동에 대해서는 또 다른 이견이 있었다. 초기 단계에서는 양무운동의 논리와 선명하게 대립하지는 않았지만 주목할 가치가 있다.

광서 원년(1875년)에 복건 안찰사 곽숭도(郭嵩燾)가 「조의해방사의(條議海防事宜)」란 글에서 상인이 스스로 "기기국"(기기공장)을 열도록 허락하자고 주장했다. 그는 글 중에서 다음과 같이 말했다. "서양이 나라를 일으킨 데는 본(本)과 말(末)이 있는데 그 본은 조정의 정교(政敎)에 있고 그 말은 상업에 있다."[36] 곽숭도도 양무운동을 열렬히 지지하는 관료였고 여러 가지 문제에서 이홍장과 견해를 같이 했지만 이 점에 있어서는 이홍장과 달랐다. 이홍장에게 완전히 동조하는 인물은 "서양 각국의 정치에서 본받을 만한 것은 아무것도 없다"(내각학사 매계조[梅啓照]의 말)고 하였지만 곽숭도는 서양 각국이 부강한 근본은 조정의 정교에 있다고 보았다. 다만 그것을 단 한 번에 배워올 수는 없으므로 우선 조선과 기계제조부터 배울 수밖에 없다는 것이 그의 주장이었다.[37] 그는 서양 각국처럼 상인이 자유롭게 조선, 기계제조업을 경영하게 해야 한다고 믿었고 관독민영의 초상국 같은 방식은 크게 찬성하지 않았다.

유사한 관점의 예를 또 하나 들겠다. 과거에 합격했으나 관직에는 나아가지 않았던 강여순(强汝詢)은 동치 13년에 총리아문이 제시한 6개항 긴급시무에 대한 의견 가운데서, 신식 무기를 골라 쓰자는 데는 찬성하면서도 "서양의 강함이 어찌 무기에서만 나오는가? 그 관과 민이 화목하여 뜻이 같고 그 법제가 엄격하나 간단하다 … ."는 말로 자산계급 정치에 대한 선망

---

[36] 『양무운동자료』 제1책, 138, 139, 142, 143쪽.
[37] 상동.

을 표시했다. 그는 당시에 유행하던 관영기업은 오래가지 못할 것이라며 "천하에 오직 관영이 가장 오래가지 못한다"[38]고 주장했다. 광서 4년(1878년)에 감찰어사 이번(李璠)이 서방의 경제침략에 대응하는 데는 "오직 상인으로서 상인에 맞서게 하는 방법뿐이므로 연해 지역의 뜻있는 백성이 외국을 모방하여 자금을 함께 모아 회사를 세우고 나아가 무역하며 이권을 걷어 들이도록 장려해야 한다"고 주장했다. 광서 5년(1879년)에 귀주의 후보 도원 나응류(羅應旒)도 "서양인의 법제는 취할 것이 많으므로 참고할만하다"며 부유한 상인으로 하여금 각종 기업에 투자하도록 장려해야 한다고 주장했다. 이런 주장은 민간자본을 발전시키자는 게 핵심이었고 (모호하게 표현하기는 했지만) 서방 자본주의 정치를 배우자고 요구했다. 이런 주장은 당시에 이미 일부 지주와 상인이 신식 기업에 투자하고 있었던 사실을 반영한 것이었다.

중국 봉건경제 내부에 원래부터 존재하고 있던 자본주의의 싹은 봉건주의의 엄중한 속박에다 더하여 외국 자본주의 세력이 침입하는 조건 하에서 파괴되고 말았다. 원래부터 있었던 공장제 수공업이 생존을 위해 분투해야 하는 상황에서는 기계공업으로 발전할 가능성은 매우 적었다. 신식 기업에 투자할 수 있는 자본을 가진 사람은 관료, 지주, 상인과 매판상인 뿐이었다. 봉건 통치자들은 장기간 동안 기계가 민간에 전파되는 것을 해로운 일이라고 생각했다. 예를 들자면, 광서 21년(1895년)에 북경 부근 통주(通州)에서 무과에 급제한 적이 있는 이복명(李福明)이 하루에 밀가루 2만 근을 생산할 수 있는 기계식 제분소를 열었다가 어사에게 발각되어 "허가 없이 기계식 제분소를 열었다"는 죄목으로 처벌받았다.[39] 70년대 초부터 실시된 관독민영 방식이 관료기구의 통제 하에 민간의 자금을 집중시켜 독점

---

38 「구익재문존(求益齋文存)」, 『양무운동자료』 제1책, 361, 365쪽.
39 『광서조동화록(光緖朝東華錄)』 제4책, 총 3553쪽.

을 시도하다가 어떤 결과를 냈는지는 앞에서 설명한 바 있다. 일부 상인들은 윤선을 사들이고서도 외국 상인에게 예속되는 외국 국기를 달기를 원했다. 수많은 관료, 상인, 지주가 자금을 외국은행과 양행에 맡겼다. 이런 상황에서 민간자본이 경영하는 신식 공업은 그 수가 매우 적었고 그나마 상해에 집중되었다. 70년대 초에서 90년대 초에 이르기까지 상해의 민간자본이 경영하는 신식 기업(기계를 사용하는 기업)은 윤선수리, 제사, 식량가공(도정, 제분), 성냥제조, 인쇄출판업에 불과했고 기업의 수는 대략 50곳이었다. 노동자가 가장 많은 곳은 5,6백 명이었다. 상해 이외에 광주와 그 부근 지역, 그리고 연해의 복주, 산두(汕頭), 녕파, 하문(夏門), 대만 등지에도 약간의 신식 기업이 등장했다. 그 중에서 주목할 만한 사례는 동치 11년(1872년)에 광동 남해(南海)현에 거인(擧人) 출신 진계원(陳啓源)이 고향 동네에 세운 기계식 제사 공장이다. 이후로 여러 사람이 이 공장을 모방하여 공장을 설립했는데 광서 7년(1881년)에 이르자 남해와 순덕(順德) 일대에 이런 모양의 공장이 11곳으로 늘어났고 광서 18년(1892년)에는 5,60 곳으로 늘어났다. 공장마다 직공이 적게는 수 십 명에서 많게는 7,8백 명에 이르렀다. 전국적인 범위에서 보자면 중경(重慶), 한구, 진강, 항주, 태원(太原) 등지에만 극소수의 신식 민영기업이 생겨났다. 이런 기업을 설립하는데 투자한 사람들은 대부분이 관료 출신이거나 명망 있는 지주들로서 권력 있는 관료들과 연결되어 있었다. 일부는 외국 양행의 매판으로서 외국자본과 연결되어 있거나 양무파 관료와 밀착하고 있었다.

상술한 곽숭도 등은 양무파의 주요 관점과는 다른 주장을 펼쳤으나 자발적으로 양무파와 대립하지는 않았다. 그들의 주장은 진정으로 독립적인 민족자산계급을 대표하는 것이 아니라 이제 막 자산계급화하기 시작한 지주와 관료를 대변하고 있었기 때문이다.

이상에서 살펴본 바와 같이 양무운동을 두고 두 종류의 이견이 있었다. 하나는 극단적 수구적 봉건주의의 입장에 서있던 반대자였고 다른 하나는 자산계급적 경향의 반대파였다. 전자의 경우는 상호 첨예한 공격을 주고받았지만 봉건적 정치 경제제도를 보호하자는 데는 근본적으로 이견이 없었다. 그렇기 때문에 다음 단계에서 정치 경제제도를 자본주의 방향으로 개혁할 것인지 하는 문제를 두고 논쟁이 벌어졌을 때 양자는 공동행동을 취할 수 있었다. 후자의 경우 초기에는 이견을 분명하게 드러내지는 않았으나 이견의 출발점은 본질적인 의미를 지녔었다. 사회의 실제적 발전에 따라 양무파와 후자의 대립은 갈수록 격화될 수밖에 없었다.

80년대 후기가 되자 비교적 분명하게 자산계급의 관점에서 양무파를 반대하는 세력이 점차로 등장했다. 예컨대, 광서 12년(1886년)에 송유인(宋有仁)은 『시무론(時務論)』이란 저작을 통해 서방국가로부터 "그 제도는 배우지 않고 오직 기계만 모방하려 하고, 해상방위 양무에만 천하의 지력과 재력을 기울여 아직 부강의 효과를 거두지 못하며, 헛되이 온 나라의 재력을 긁어모아 관리와 일부 백성의 주머니만 불리니 이는 근본은 놔둔 체 말단만 손대는 것이므로 이득을 보려다가 오히려 손해만 가져온 꼴"이라고 지적했다.[40] 이 주장은 양무파의 논리를 명백하게 반박했을 뿐만 아니라 한편으로는 극단적 수구파의 양무 반대논리를 신랄하게 비판했다.

이런 주장을 펼친 사람들은 대체로 두 부류였다. 한 부류는 지주계급 출신의 비교적 젊은 지식분자였다. 이들은 과거시험에 합격하고 말단 관리 노릇을 한 적이 있으나 "서학"의 영향을 받았거나 상공업 활동에 참가한 적이 있었다. 다른 한 부류는 상해와 홍콩에서 외국어를 배운 적이 있고 외국인과 비교적 자주 접촉했으며 심지어 매판상인 노릇을 한 적도 있어서 이 때문에 양무파 관료들에 의해 중용되었던 사람들이었다. 이들은 양무파

---

40 송육인, 『시무론』. 광서연간 각본, 1쪽

처럼 서방을 배워서는 충분하지 못하며 봉건 관료들이 주도하는 양무운동은 성과를 낼 수 없다고 주장했다. 이들은 "변법"이란 깃발을 내걸고 양무파와 자신을 구분했다. 이들의 주장의 두 가지 특징은 다음과 같다.

첫째. 국가는 민간 자본주의의 발전을 허용하고 보호해야 한다. 정관응(鄭觀應)은 광서 6년(1880년)에 출판한 『역언(易言)』에서 무장을 갖추어 외국 자본주의와 "병전(兵戰)"에 대응해야 하지만 민족 상공업을 진흥하여 외국과 "상전(商戰)"도 벌여야 한다고 주장했다. 또한 그는 철도, 윤선, 채광, 방직, 제조 등 "일체를 민간에서 개설하는 것을 금해서는 안 되며, 여럿이 자금을 모아 하던 혼자서 하던 모두 편리한 대로 두어야한다. 상업의 논리로 경영하게 두어야 하고 절대로 관의 체통 때문에 속박해서는 안 된다"[41]고 주장했다. 진규(陳虯)는 광서 18년(1892년)에 펴낸 『경세박의(經世博議)』에서 "보험, 전신, 철도, 광업, 직포 등 관에서 할 수 없는 것은 중국의 상인에게 경영을 허용하고 약간의 기간 동안 독점을 허락"하라고 주장했다.[42]

둘째. 서방의 자산계급 정치를 본받아 "의회"를 설립해야 한다. 광서 19년(1893년)에 정치(鄭熾)는 『용서(庸書)』에서 다음과 같이 주장했다. "각 부·주·현에 서양의 의원(議院)제도를 본뜬 제도를 설치하고 백성으로 하여금 향관(鄕官)을 선출하게 한다. 향관은 각 지역마다 정(正), 부(副) 2인을 두되 30세 이상으로서 재산이 1천금을 넘어야 한다…. 임기는 2년으로 하고 임기가 만료되면 재선한다. 그 지역의 중대한 정사와 재판은 무리를 모아 의견을 듣도록 한다."[43] 그는 지방에서 중앙에 이르기까지 등급에 따라 모

41 정관응, 『성세위언(盛世危言)』 제3권, 광서 21년 간본, 8-9쪽. 『양무운동자료』 제1책, 524쪽.
42 진규, 『경세박의』 제2권, 광서 19년 구아당(甌雅堂) 간본, 12쪽.
43 진치, 『용서』 내(內)편 상권, 광서 23년 간본, 16쪽.

두 "의원"제도를 설치해야하며 이런 제도가 "국가"에 해가될 것으로 걱정할 필요는 없다고 주장했다. 이런 주장은 자산계급의 정치참여 욕구를 대변한 것이라고 할 수 있겠지만 진정한 의미에서 자산계급 제도로서 봉건주의 제도를 철저하게 대체하자는 요구는 아니었고, 기존의 봉건통치 제도 하에서 "신상(紳商)이 일을 감독하게 하자"는 요구였다.[44] 그의 주장은 자산계급화 하고 있던 지주, 향신, 관료들이 정치 경제적으로 더 많은 권력을 갖고자 하는 욕구를 대변하고 있었다.

이러한 변법 주장은 봉건주의 양무파를 비교적 명확하게 반대하기는 했지만 봉건계급 가운데서 분화되어 나온 자산계급의 관점을 반영하고 있었기 때문에 일종의 연약한 개량주의에 불과했다. 중·일 갑오전쟁의 실패로 양무파의 위신이 땅에 떨어진 후로 변법 주장은 날로 영향력이 커져 갔다.

중국 무산계급의 탄생

근대 중국의 민족자산 계급은 7, 80년대에 매판자본과 관료자본에서 점차로 분리되어 나오면서 형성되기 시작했다. 근대 중국의 무산계급은 이보다 먼저 생겨났다. 모택동은 다음과 같이 말했다. "중국 무산계급의 발생과 발전은 중국 민족자산 계급의 발생 및 발전과 함께했을 뿐만 아니라 제국주의가 중국에서 직접 기업을 경영한 것과 함께 했다."[45]

19세기 40년대와 50년대에 외국 자본주의 세력이 중국을 침입했을

---

44 진치, 『용서』 외(外)편 하권, 1쪽.
45 『모택동선집』 제4권, 인민출판사 1991년 판, 1484, 1485쪽.

때 빈곤한 노동인민이 외국 자본으로부터 직접적인 수탈을 받는 고용노동자가 되었다. 그들은 외국 윤선에서 일하는 선원과 홍콩 및 연해 지역 통상항의 부두노동자와 소수의 공장 노동자였다. 60년대 이후로 외국 자본이 중국에 설립한 공장이 점차로 늘어나고, 여기에 더하여 봉건 관료가 경영하는 군사공업과 민수공업이 생겨나고 초기 단계의 민족자본 공업이 등장하기 시작함에 따라 무산계급의 수도 점차로 증가하였다. 여기서 살펴보고자 하는 30년 동안의 마지막 시기인 광서 20년(1894년)에는 중국 근대공업 노동자 총수는 이미 10만에 육박한 것으로 추산된다.[46] 그들은 중국의 제1세대 산업노동자라고 할 수 있다. 당시에 선원, 부두 운수노동자, 도시 건축노동자, 수공업 고용노동자, 상점 점원, 농촌의 고용농 등이 무산계급으로 분류될 수 있었다. 그들의 숫자는 상술한 산업 노동자보다 당연히 많았다. 그러나 산업노동자(일부 선원도 그 중에 포함된다)가 전체 무산계급의 핵심이었다. 그들의 등장은 중국 역사에서 전례가 없었던 새로운 혁명적 계급이 형성되었음을 보여주는 표지였다.

초기의 중국 산업노동자는 자본주의의 착취를 받는 임금노동자였을 뿐만 아니라 직접적으로 외국자본-제국주의의 압박과 봉건주의의 압박을 받았다. 외국 자본가는 중국 노동자를 "쿠리(苦力)"라 부르면서 지극히 낮은 임금과 지극히 열악한 노동조건 하에서 중국 노동자를 부렸다. 중국 노동자를 감독하는 서양인("감공[監工]")은 실제로 가죽 채찍을 든 노예주였다. 외국 자본가들은 봉건적인 십장제도를 이용하여 중국 노동자를 부렸다. 청 왕조의 관영 기업도 노동자를 초경제적으로 착취했을 뿐만 아니라 직접적

---

46 손육당 편 『중국근대공업사자료』 제1집 하책에 근대 공업부문의 고용노동자 수 추계가 나온다(이 책 1201쪽을 보라). 여기서 인용한 숫자는 이 책이 제공하는 자료에 부분적인 조정을 가하고 그 중에서 큰 숫자를 택한 것이다.

으로 폭력을 동원하여 노동자를 억압하고 통치했다. 예컨대, 이홍장은 관영 개평탄광에 형구를 설치하고 노동자에게 형벌을 가할 수 있는 권한을 주었다.[47]

1세대 중국 산업노동자들은 신식 기계와 접촉할 기회가 주어졌을 때 재빨리 기능을 학습하는 근면과 지혜를 갖고 있음을 증명해주었다.[48] 양무파 관료들은 서양인의 도움이 없이는 기업 경영을 해나갈 수 없었고 초빙된 서양 기술자들도 힘써 중국 노동자들을 가르치려 하지 않았지만 중국 노동자들은 어느 정도의 학습과 실습을 거치고 나면 독립적으로 일을 해나갔다. 관영 공장의 효율이 낮았던 이유는 노동자의 무능 때문이 아니라 봉건관료들의 부패한 관리제도 때문이었다.

외국자본이 중국에서 경영하는 기업, 청 왕조의 관영기업, 초기 민족자산계급이 운영하는 기업은 거의 대부분이 연해지역과 강 연안의 통상항에 설립되었다. 이런 까닭에 초기의 중국 산업노동자는 숫자는 많지 않지만 지역적으로 고도로 밀집되어 있었다. 통계에 의하면, 1894년에 광공업을 제외한 전국의 산업노동자 총수의 80/100이 상해, 한구, 광주, 천진 등 4개 도시에 집중되어 있었는데 그중에서 상해가 47/100을 차지했다. 또한 중국의 근대 기계식 공장은 일반적으로 수공업 공장에서 확대된 것이 아니라 방대한 실력을 갖춘 외국 자본과 관료자본이 설립했기 때문에 중국 산업노동자는 형성되면서부터 비교적 규모가 큰 기업에 집중된 특징을 보였다. 통계에 의하면 1894년에 고용 노동자 수가 5백 명 이상인 기업(공장과 광산 포

---

47 「개평광무창판장정(開平鑛務創辦章程)」, 『중국근대공업사자료』 제1집 하책 1243쪽에서 인용.

48 1893년 6월 9일 「북화첩보(北華捷報)」, 『중국근대공업사자료』 제1집 하책 1224쪽에서 인용.

함)은 40 곳, 이들 기업이 고용한 노동자 수는 중국 전체 노동자의 60/100 이상을 차지했다.[49]

중국처럼 광대한 나라에서 10만에 가까운 노동자라면 숫자로는 보잘 것이 없다. 그러나 그들은 기계 사용법을 배워 중국의 새로운 사회생산력의 대표가 되었고, 처음부터 고도로 집중 분포된 특징을 갖고 있었기 때문에 수공업에 종사하는 기타 도시와 농촌의 노동대중에 비해 훨씬 선진적인 의식을 갖고 있었다. 그들은 인구 점유율과는 비례하지 않는 강대한 정치적 에너지를 축적하고 있었다.

80년대에 신생 중국 노동계급은 반 착취, 반 억압 투쟁의 기록을 세워나가기 시작했다. 예컨대, 개평광무국의 채탄 노동자들은 임금인상을 요구하며 파업을 벌였고 외국 기술자의 억압적인 감독에 반대하는 투쟁을 벌였다. 강남제조국에서도 노동시간 연장에 반대하는 파업이 발생했다. 홍콩의 노동자들은 일찍부터 외국 침략자와 투쟁을 벌이는 뛰어난 능력을 보여주었다. 함풍 8년(1858년)에 홍콩의 도시행정과 운수노동자 2만여 명이 파업을 벌였고, 이들 가운데서 많은 사람들이 광주로 돌아가 영·프랑스 연합군의 광주성 점령에 반대하는 투쟁에 참가했다. 광서 10년(1884년)의 중·프랑스 전쟁 동안에는 홍콩 노동자들이 대규모 파업을 벌여 홍콩을 보급기지로 이용하던 프랑스군에게 일정한 타격을 주었다.

중국의 1세대 노동자계급은, 꾸준히 증가하여 합류한 다음 여러 세대의 노동자들과 마찬가지로 대부분이 파산한 농민이었다. 모택동이 지적했듯이 중국 무산계급의 특징이자 우수한 점은 그들이 "광대한 농민들과 일종의 태생적인 연대를 갖고 있어서 그들과 농민은 쉽게 친밀한 동맹을 맺을

---

49 『중국근대공업사자료』 제1집 하책 1203쪽을 참고하라.

수 있었다"는 것이었다.[50]

　　그러나 신생 무산계급이 곧바로 계급의식을 갖추었던 것은 아니다. 초기의 노동자계급은 소생산자 출신의 흔적을 지니고 있었을 뿐만 아니라 수공업 동업조합과 지방 파벌 같은 봉건적 조직의 영향을 강하게 받았다. 동업조합과 지방파벌은 노동자 대중의 시각을 국부적이고 일시적인 이익에 묶어 두었기 때문에 노동자계급의 단결과 자각을 높이는데 장애가 되었다. 여기서 살펴보는 30년 동안과 그 이후의 20여 년 동안 신생 무산계급은 자재계급(自在階級. 계급적 의식이 분명하지 않은 무산계급[역자주])상태에서 점차로 자각계급(自覺階級. 계급적 의식이 분명한 무산계급[역자주])으로 진화해 가는 과정에 머물렀다. 1919년의 5·4운동 이후에 중국의 무산계급은 비로소 독립된 계급으로서 혁명의 무대 위에 등장했고 그들을 대변하는 정당(중국공산당)의 영도 하에 중국 인민의 반제국주의, 반봉건주의 민주혁명의 전위 계급이 되었다.

50　　『모택동선집』 제4권. 인민출판사 1991년 판. 644쪽.

제11장
외국 침략에 반대하는
대중운동의 흥기
- -

60년대의 반침략 대중운동

태평천국을 중심으로 한 전국적인 혁명의 격랑 속에서 인민투쟁의 주된 대상은 국내 봉건지주 계급의 통치였다. 여기서 살펴보는 30년 동안 인민투쟁의 주된 대상은 점차로 외국침략자로 옮겨갔다. 그러나 외국 침략세력에 반대하는 대중적 투쟁은 점진적으로 고조되어가는 과정에 머물렀다. 선교사가 침략의 선봉으로서 중국의 광대한 내지에 깊이 침투했기 때문에 외국 침략자에 대한 대중의 반감과 투쟁은 외국 선교사와 교회에 대한 행동으로 표출되었다. 이 때문에 야기된 외국과의 분쟁을 당시에는 "교안(敎案)"이라 불렀다.

외국 침략자에 반대하는 투쟁은 광범위한 사회적 기초를 갖고 있었기 때문에 반봉건투쟁과 비교할 때 더 많은 사회 계급과 계층이 참여했다. 그러나 일정 시기 동안 이 투쟁은 전국적인 물결을 이루지는 못했다. 인구 가운데서 최대다수를 점하는 농민은 봉건세력의 강력한 진압을 경험한 후 기력을 회복해가면서 다시 조직을 갖추기 시작했으나 그 속도는 빠르지 못했다. 또한 외국 침략세력이 전국 각지에 뻗어가는 시기도 지역마다 차이가 있어서 대중적 저항투쟁의 발전도 지역마다 달랐다. 투쟁은 전국 각지에서 산발적으로 일어났다.

농민계급이 아직 강력한 투쟁조직을 재건하지 못한 상태에서 수많은 지방 지주계급과 지식분자들이 반침략 인민투쟁에 참가하였고 심지어 투쟁의 선동자, 발동자의 역할을 했다. 그들은 하층 인민의 역량을 이용하여 자신의 통치 지위를 위협하는 외국 침략자에 대항하려 하였다. 그러나 부패 몰락한 지주계급은 외국 침략자에 대항하는 입장을 굳게 지켜낼 수가 없었다. 대지주계급 집권파는 외국 침략자에 대해 타협과 투항의 방침을 확립해 두고 있었기 때문에 각 지역의 지주계급은 잘 해봐야 짧은 시간 동안만 외국 침략자에 대해 격렬한 반대를 표시할 뿐이었다. 그들의 반외세 투쟁은 봉건주의의 경제적 기초와 그 상층 구조를 수호하려는 성격이 강했다. 그들의 참여는 사상 면에서나 행동 면에서도 대중운동 과정에서 파괴적인 작용을 했다. 그들은 언제나 투쟁으로 야기된 희생과 손실을 하층 대중에게 전가하고 재빠르게 대오에서 이탈했다.

외국 침략자와 가장 먼저 접촉한 곳은 연해 지역이었고 지주계급이 반침략 투쟁의 대오에서 가장 먼저 이탈한 곳도 연해지역이었다. 여기서는 동치 5년(1866년) 이전의 몇 년 동안 영국인이 조주(潮州)성 진입을 시도하면서 일어난 충돌을 예로 하여 살펴본다.

제2차 아편전쟁 중에 청 정부는 광동의 조주를 새로운 통상항으로 개방했다. 영국은 즉시로 산두(汕頭)에 영사관을 개설했다. 그러나 함풍 11년(1861년)에 영국 영사가 청 관부의 보호를 받으면서 조주성에 진입하려 하자 수천 명이 몰려나와 반대했고 영사는 결국 돌아갈 수밖에 없었다. 이후 몇 년 동안 영국은 청 관부가 영국인의 안전한 진입을 책임지라고 줄기차게 요구했다.

조주성 진입을 둘러싼 충돌은 제1차 아편전쟁 후의 광주성 진입을 둘러싼 충돌과 성격이 유사했으나 해결되는 과정은 상당히 달랐다. 청 왕조의 관부와 현지의 다수 지주 향신들은 광주성 충돌에서와는 달리 외국인이 진입을 포기할 때까지 하층 인민의 역량을 동원하지 않았다.

영국인들의 요구를 만족시켜주기 위해 동치 4년(1865년) 양광총독 서린(瑞麟)과 광동순무 곽숭도는 전담 관원을 조주성으로 파견하여 지방관원과 향신을 불러 모아 서양인의 진입은 "황제의 칙명에 따른 것이며 조약에서 정한 의무"라고 설득했고 같은 내용의 포고문도 내다 붙였다. 그래도 영국 영사는 조주성에 진입하면서 대중의 항의를 받았고 관아 내에서만 3일 동안 머물다가 다시 호송을 받으며 조주성을 나갔다. 영국 영사는 양광총독에게 조주 백성의 이런 행동은 일부 지방 유력자들이 배후에서 "교사한" 때문[1]이라며 불만을 나타냈다. 북경 주재 영국 공사는 이 문제를 두고 즉각 총리아문과 교섭에 들어갔다. 총리아문은 "소란을 일으킨 자들은 양국을 이간시키려는 첩자이거나 현지의 불량배들이 기회를 틈타 선동하여 공연한 일을 벌인 것"[2]이라며 영국 영사의 양해를 구했다. 양광총독과 광동순무도 지방 유력자들은 서양인의 진입에 반대할 뜻이 없으며 관부와 지방 유력자들은 잘 협력하고 있다고 설명했다.

조정은 이홍장 수하에서 양무에 뛰어난 관원 정일창(그는 조주 출신이었다)을 광동으로 파견하여 지방관의 사태 수습을 돕도록 했다. 영국인을 조주성에 진입시키는 임무를 완수하기 위해 정일창은 광동 지방관과 함께 여러 가지 준비 작업을 진행했다. 지방 유력자들이 서명한 인쇄물을 집집마다 돌려 "황제의 뜻을 거슬러 함부로 행동하지 말라"고 알렸다. 관부에서는 성내를 나누어 여러 "국(局)"을 설치하고 지방 유력자들이 치안을 맡아 대중을 통제하게 했다. 면밀한 준비 작업을 마친 후 영국 영사와 그 수행원들은

---

1 『동치이무』 제37권, 21-24쪽.
2 전게서, 41쪽.

동치 5년(1866년)에 무사히 성 안으로 들어가 "공관"을 설치했다.

조주성 진입 문제의 해결 사례는 연해 지역, 특히 통상항의 지주계급이 청 왕조 정부의 투항주의를 앞장서서 따라가며 외국 침략자들에 대한 저항을 포기했을 뿐만 아니라 온건한 반대자도 되지 않으려 했던 사실을 보여준다.

비교적 늦게 외국 침략세력을 접촉한 내지에서는 지주계급과 지식분자, 지방의 유력인사들과 지방 관원들이 외국 침략자에 반대하는 투쟁에서 지도자가 되거나 막후에서 책동하는 경우가 많았다. 함풍 11년(1861년)에 호남에서는 지주와 지방 유력자들이 천주교를 반대하는 서적을 간행하거나 격문을 뿌렸다.[3] 이 무렵 프랑스 선교사들은 총리아문이 발급한 통행증을 들고 호남과 강서에서 활동하고 있었다. 동치 원년(1862년) 2월에 남창에서 군중이 교회당을 파괴하는 사건이 발생했다. 이때의 행동을 촉발하고 주도적으로 참가한 사람들은 과거 시험에 응시하러 온 유생들이었으며 이들은 대부분이 부농 지주의 자제였다.[4] 성의 수도인 남창에서 일어난 일에 영향을 받아 남창 동남 쪽 진현(進賢) 현에서도 유사한 사건이 발생했다. 같은 시기에 호남의 상담(湘潭)과 형양(衡陽) 현에서도 외국인이 세운 교회가 잇따라 불타거나 파괴되었는데 사정은 대체로 비슷했다. 이런 사건이 발생한 후 프랑스 공사는 북경에서 총리아문과 교섭에 들어가 사건을 빌미로 많은 배상을 요구했다. 강서성과 호남성 당국은 현의 관리를 처벌하고 프랑스에 배상금을 지불했을 뿐만 아니라 교회를 지을 토지를 주거나 교회를 복구하여 주었다. 두 성의 관부는 사건을 일으킨 주동자를 찾아낼 수 없다고 설명했다. 이 몇 차례의 투쟁은 현지의 권세 있는 자들이 책동하거나 아니면 그들

---

3   강상건수(江上蹇叟)(하섭[夏燮]), 『중서기사(中西紀事)』 제21권, 5쪽.

4   『동치이무』 제16권, 20쪽.

의 지지를 받은 것이었다.

벽지인 귀주성에서 이 무렵 발생한 교안도 지방관이 사주한 것이었다. 귀주제독 전흥서(田興恕), 순무 하관영(何冠英)은 전 성의 관리들에게 천주교 선교사들을 몰아내자는 공한을 보냈다. 전흥서는 젊은 무관으로서 함풍 11년에 지주 무장을 지휘하여 청암의 천주교당을 파괴하고 4명의 중국인 신도를 살해한 경력이 있었다. 동치 원년에 개주(開州)의 지주(知州) 대녹지(戴鹿芝)가 현지의 지주 무장과 교회 간의 분쟁을 이용하여 프랑스 선교사 1명과 중국인 신도 5명을 살해했다. 프랑스는 전흥서의 처형을 요구했다. 프랑스와 여러 차례 교섭을 거쳐 청 왕조 정부는 지방 정부가 거액의 배상금을 지급하고 전흥서는 파면하는 선에서 사태를 마무리했다.

위에서 살펴 본 호남, 강서, 귀주의 여러 차례 교안은 태평천국 전쟁이 종결되기 전에 발생했다. 이후 동치 4년(1865년)에서 8년(1869년) 사이에 이들 성과 연해 지역과 내지의 몇 개 성에서 대중적 반교회 투쟁이 무수히 발생했다. 사천 동부의 몇 개 현에서 일어난 투쟁이 특히 격렬하고 대표적이었다.

프랑스는 중경(重慶)에 주교좌를 설치하였고 이곳에서 파견한 선교사들이 사천 동부 각지에서 활동했는데 대중의 강렬한 반감을 샀다. 이 지역의 지주 향신은 이전부터 세력이 강대하여 "단방(團防, 지주 무장)"은 관부에서 의존하는 중요한 무력이었다. 풍도(酆都), 팽수(彭水), 유양(酉陽) 등지에서는 거의 해마다 단방 무력이 중심이 된 반교회 투쟁이 벌어졌다. 동치 4년(1865년)과 7년(1868년)에 두 명의 프랑스 선교사가 유양에서 살해되고 교회는 파괴되었다. 프랑스는 이 사건이 모두 지방관원의 묵인 하에 지방 유력자들이 일으킨 것이라고 보고 엄중한 처리를 요구했다. 동치 4년, 사건의 해결을 위해 유양의 지방 세력가들은 염노오(冉老五)란 인물을 속죄양으로 삼아 처형하고 은화 8만 냥을 모아 배상금으로 내놓았다. 이 배상금은 당연히 일반 주민들로부터 골고루 나누어 걷었기 때문에 대중의 분노를 샀고 대중의 분노는 새로운 교안의 빌미가 되었다. 동치 7년의 사건이 발생한 후 프랑스 공사는 청 왕조 정부에 대한 협박의 강도를 높였다. 프랑스 공사는 지방관과 지방 세력가들을 엄격하게 처벌할 것은 물론이고 사천총독의 처벌도 요구했다. 청 왕조 정부는 호광총독 이홍장을 사천으로 파견하여 이 사건과 동치 8년 5월에 귀주성 준의(遵義)에서 발생한 프랑스 선교사 1명 살해 사건도 함께 처리하게 했다. 준의의 반교회운동의 주력도 지방 세력가들이 이끄는 단방 무력이었다.

　　프랑스는 주로 천주교를 이용하여 내지는 물론 비교적 벽지까지 중국 각지에 세력을 넓혀 갔으므로 교안의 대부분은 프랑스와 관련이 있었다. 동치 5년 (1866년) 프랑스 공사는 총리아문에 보낸 각서에서 남방 몇 개 성의 교안은 모두가 지방관과 현지 세력가와 부호들이 결탁하여 일으킨 것이므로 군함을 각지로 파견하여 교회를 보호하겠다고 말하면서 다음과 같이 밝혔다. "프랑스 군함이 도착하는 곳 마다 현지의 관원과 부호 세력가들은 최소한 매일 군함 파견비용으로 1천 냥을 내놔야 한다."[5] 동치 8년(1869년)에 이홍장이 사천으로 가 사천과 귀주의 교안을 처리하고 있을 때 프랑스 공사 로슈슈아르(Julien de Rochechouart)는 북경을 떠나 천진으로 가 그곳에 정박하고 있던 프랑스 군함을 대동하고 상해에 도착한 후 장강을 거슬러 남경, 안경, 구강에 이르렀다. 그가 지나는 곳마다 청 왕조의 지방당국은 프랑스 공사의 요구를 순순히 받아들였고 그의 요구대로 배상금을 주어 당시 안휘와 강서 각지에서 발생한 교안을 해결했다. 프랑스 공사는 마지막으로 무창에 도착한 후에 사천으로 들어가겠다고 위협했다. 이홍장이 황급히 사천에서 무한으로 달려와 프랑스 공사를 만났다. 이홍장은 이미 사천에서

5　『동치이무』 제42권, 56-57쪽.

외국 선교사를 살해했다고 지목된 범인을 참수하고 배상금으로 은화 1.8만 냥을 지급하였으나 프랑스 공사는 이 금액에 만족하지 않았다. 이홍장은 배상금 액수를 3만 냥으로 올리는 한 편 프랑스 공사가 요구한대로 유양에서 발생한 반교회 행동의 배후로 알려진 부호 한 사람을 다른 지방으로 추방하였다. 유양 교안은 이렇게 하여 종결되었다. 귀주성 준의의 교안은 은화 7만 냥의 배상금을 지급하여 종결되었다.

이 무렵 발생한 교안의 일부는 영국과 관련이 있었다. 동치 7년(1868년) 3월 대만의 대남에서 영국인이 세운 교회가 군중들에 의해 파괴되었고, 같은 해 7월에는 강서성 양주에서 영국 교회를 겨냥한 폭동이 일어났다. 양주 교안이 발생했을 때는 마침 과거 시험이 열리고 있던 중이었다. 양주 성내에 영국 선교사를 "예수교 강도"라고 부르는 격문이 나붙었고 만 명이 넘는 군중이 모여들었다. 영국은 이 폭동이 지방 세력가와 과거에 응시하러 온 유생들이 선동하여 일어난 것이라 판단했다.[6] 두 차례 교안이 발생한 후 영국은 대남과 남경으로 군함을 출동시켜 위협을 가함으로써 거액의 "배상금"을 받고 지방관원을 처벌하는 목적을 달성했다.

지방의 봉건 관료와 지방 세력가들이 외국 침략세력에 대해 적대감을 가진 이유는 자신들이 원래 갖고 있던 독점적 통치 권력이 위협받는다고 인식했기 때문이었다. 동치 5년에 강서순무 유곤일은 다음과 같이 말했다. "행교자(行教者. 외국 선교사를 가리킨다)가 교인을 부추겨 관의 일에 간여하고 지방장관을 업신여기니 심지어 지방의 불량배도 그들의 위세에 의탁하여 거들먹거리는데 선교사는 번번이 그들을 지지해주므로 각 주현에서는 법을 집행할 수가 없다." 지방관과 지방 세력가들이 교회세력에 대해 적대감을 갖는 근본적인 이유는 바로 이것이었다. 유곤일은 봉건주의 상층구조

---

6   Morse, 『중화제국대외관계사』 제2권, 249쪽.

를 지키는 관점에서 외국인의 선교행위가 통상행위보다 해악이 더 크다고 보았다. 그는 "통상은 우리의 물산의 정수를 소모시키지만 선교는 바로 우리의 인심과 풍속을 바꾼다"고 주장하였다.[7] 반봉건 농민혁명이 아직 진행 중이거나 그 여파가 체 가라앉지 않은 상황에서 봉건관료와 지방 세력가들이 대중을 인도하여 반교회운동을 벌이게 한 주관적인 의도는 대중의 투쟁의 창끝을 봉건주의로부터 외부로 향하게 하려는 것이었다.

봉건관료와 지방 세력가들은 외국 교회와 선교사들의 자본제국주의의 첨병으로서의 역할을 정확하게 이해하지 못했다. 그들은 교회의 해악에 관한 괴담을 지어내고 유포했다. 예컨대, 외국 선교사들은 사람의 마음을 미혹하고 부모도 몰라보게 만드는 "미약(迷藥)"을 갖고 있다는 등의 소문이 그런 것이다. 이런 날조된 얘기는 당시의 조건 하에서는 대중을 선동하는 작용을 할 수는 있었으나 대중의 정확한 인식을 방해하고 대중의 행동을 잘못된 길로 이끌었다.

외국 선교사들에게 포섭된 중국인 신도는 각 지역의 주민 가운데서 소수에 지나지 않았다. 교회는 신도들을 사상적으로 미혹하는 이외에도 신도들의 실질적 이익의 보호자를 자처했다. 신도들 중에는 봉건적 착취를 피하기 위해 입교한 자가 적지 않았다. 신도들은 입교한 후에는 지방 세력가들이 각종 전통적 종교행사를 명분으로 내세워 주민들로부터 걷어 들이는 금품을 거부할 권리가 있었는데, 교회가 이 권리를 보호했을 뿐만 아니라 청 왕조 정부도 이를 정식으로 인정했다. 일부 불량배들이 교회의 세력을 등에 업고 옳지 못한 짓을 저질렀다. 현지의 관료들과 지방 세력가들은 서양의 위세를 빌어 봉건적 통치망을 빠져나가는 일부 신도들을 적대시하였으며 이들에 대한 비신도의 증오심을 부추겼다. 청 왕조의 관변 문서에는

---

7 『동치이무』 제41권, 43, 44쪽

습관적으로 "백성과 신도들이 원한을 품고 서로 죽이다", "신도와 단방이 원한 살인을 하다"는 등의 용어가 등장하는데 사실상 신도들은 "외국인이 된 백성" 취급을 받았다. 반교회적인 지방 관료와 세력가들의 선동으로 신도들이 무차별적으로 박해를 받게 되자 결과는 오히려 그들을 서양인의 보호 우산 아래로 쫓아 보내는 모양이 되었다.

　　지방 관료와 세력가들의 반교회 입장의 출발점은 이런 것이었기 때문에 외국 침략세력에 저항할 수 없는 상황이라고 판단되거나 교회 세력이 봉건적 경제기초와 그 상층 구조를 근본적으로 위협하지 않는다고 판단될 때는 지방 관료와 세력가들은 교회 세력을 용인하고 그들이 선동한 대중의 투쟁에서 이탈했다.

　　동치 원년 12월(1863년 초) 강서순무 심보정은 조정에 올린 보고서에서, 첩자를 풀어 시중에 나도는 얘기를 들어보니 관부와 세력가들은 서양인들의 말만 듣고 백성을 윽박지르다가 긴급한 상황이 되면 몸을 피해 일을 끝낸다. 결국 죄를 뒤집어쓰는 것은 백성뿐"이라는 말이 있다고 하였다.[8] 이것은 당시 하층 대중이 지방 관료와 세력가들을 믿고서 외국 침략자에 대한 분노를 표출할 수는 없다는 사실을 이미 간파하고 있었음을 설명해준다. 그러나 인민대중이 봉건 지주계급의 나쁜 영향을 완전히 벗어나 정확한 반외국침략 투쟁을 벌이기까지는 아직도 장시간의 실천과 학습의 과정을 거쳐야 했다.

8　『동치이무』 제12권, 27, 23쪽

교안에 대한 양무파의 태도와 천진교안

앞에서(제10장 후당창과 철갑선) 설명했듯이 봉건관료 중에서 양무파와 양무를 반대하는 극단적 수구파는 이견을 갖고 있었으나 봉건주의를 수호하는 데는 의견을 같이했다. 그래서 극단적 수구파가 서양 종교의 전파에 대해 철저한 적개심을 갖고 있었듯이 양무파도 서양 종교를 극히 유해한 존재로 파악했다.

그러나 양무파의 일부 주장 가운데서 교안에 대한 태도가 극단적 수구파와 다른 점을 발견할 수 있다. 일반적으로 극단적 수구파는 국가가 외국인의 선교활동과 그 밖의 침략활동을 제지할 방법이 없으므로 유일한 방법은 대중의 역량을 동원하는 것이라고 보았다. 만주족 귀족 순친왕 혁현은 동치 8년(1869년)에 향신과 대중이 교회를 불 지르고 서양 상인을 살해하고 서양 상품을 약탈하는 일을 장려해야 한다고 주장했다. 서양인이 항의하면 책임을 회피하고 시간을 끌어 흐지부지 처리하는 방식이 그래서 나왔다. 그는 이것이 "민심을 거두어 근본을 굳건하게 하는" 방법이라고 주장했지만 사실은 비겁하게 민중의 역량을 이용하여 서양인에 반대하는 방법이었다. 양무파는 이 방법이 매우 위험하고 통하지도 않는다고 주장했다. 그들은 반교회 활동이 외국 침략자와의 "결렬"을 초래할까 두려워했고 또한 "민심"을 선동한 후 찾아올 "후환"을 염려했다. 그들은 외국 침략자와 사이가 틀어져서는 안 된다고 판단했기 때문에 매번 교안을 처리할 때마다 외국인의 뜻에 완전히 순종하고 대중을 진압했다. 그들이 교안을 처리하는 방식은 항상 극단적 수구파의 공격을 받았다. 극단적 수구파는 양무파를 "시무(時務)를 알지 못하는 자들"이라고 비난했다.

동치 9년(1870년)에 폭발한 천진교안은 양무파와 극단적 수구파의 격렬한 논쟁을 불러일으켰으나 이때부터 양무파의 방침이 관부의 명확한 방침으로 자리 잡아 유사한 사건을 처리하는 원칙이 되었다. 극단적 수구파의 사상적 지도하에 대중의 반교회 투쟁을 선동하던 각지의 관료와 세력가들도 점차로 깃발을 거두어 들였다.

천진교안이 발생하기 전 사회에서는 교회의 악행에 관한 온갖 유언비어가 나돌았는데 일정 부분은 지방 세력가들의 선동과 관련이 있었다. 5월 23일, 수천 명의 군중이 프랑스인이 세운 교회 앞에 모였다. 중국 관부가 군중을 진지하게 통제하지 않는다고 판단한 프랑스 영사 퐁따니에(Henry Fontanier)가 직접 총을 들고 교회 앞으로 나와 당시 이 일을 처리하고 있던 천진 지현 유걸(劉杰)과 그 부하들을 향해 발포하자 군중의 분노가 더 커졌다. 군중은 현장에서 그를 때려 죽였다. 흥분한 군중은 교회를 불 지르고 이어서 외국인들의 주택에도 불을 질렀다. 분란 가운데 20명의 외국인(대부분이 프랑스인이고 3명의 러시아인이 있었다)과 몇 명의 중국인 신도가 살해되었다. 퐁따니에의 무리한 발포가 사건의 주요 원인이었다. 사건 발생 후 천진의 인심이 흔들리고 사회질서가 혼란스러워졌을 뿐만 아니라 영향은 수도 부근과 전국에 미쳤다. 청 왕조 당국은 물론 중국에 주재하던 모든 외국인이 놀랐다. 프랑스 공사가 이 사건을 빌미로 청 정부를 위협했을 뿐만 아니라 영국, 미국, 러시아, 이탈리아도 연합하여 항의문을 제출하는 한편 군함을 출동시켜 시위했다. 총리아문의 건의에 따라 황제는 각 성의 지방관에게 각지의 군중이 모방하여 소란을 일으키지 않도록 단속하라는 명령을 내렸다. 총리아문은 프랑스가 "놀라서 결렬을 선언하고" "이 때문에 군대를 동원"하며 기타 각국도 프랑스와 보조를 맞추어 "우리를 압박"할 것이라고 판단했다. 당시 프랑스는 나폴레옹 3세 치하에서 국내 정세가 매우 불안한 상태였다. 천진교안이 발생하고 나서 한 달 만에 프루시아·프랑스 전쟁이 시작되었고 프랑스군은 빠르게 무너졌다. 나폴레옹 3세가 직접 지휘한 프랑스군은 세당(Sedan)전투에서 전군이 궤멸했다. 따라서 프랑스는 원동에서 어떤 행동도 취할 형편이 아니었다. 국외 정세에 관해 무지했던 청 왕조 관리들은 중국 주재 프랑스 공사가 어떤 결정도 내리지 못하고 주저하는 태도를 보고 이것이 나쁜 징조라고 판단했다. 조정은 총리아문의 건의를 바탕으로 하여 천진에 주재하고 있던 통상대신 숭후를 특명대사로 프랑스에 보내 사죄하게 하는 한편 직례총독 증국번을 천진으로 파견하여 사태를 수습하게 했다.

천진교안은 증국번이 일생에서 마지막으로 처리한 큰 사건이이라고 할 수 있다. 천진교안을 처리한 후 그는 양강총독에 임명되었고 동치 11년(1872년)에 죽었다. 그는 3개월 만에 천진교안을 처리했다. 당시 강소순무인 정일창도 천진으로 파견되어 그를 도왔다. 두 사람은 외국인들에게 충분한 희생양을 내놓지 않으면 이번 교안의 위기를 해결할 수 없다고 판단했다. 그러나 군중이 몰려서 저지른 일에 정확한 "주동자"를 찾아내기란 어려운 일이었다. 증국번과 정일창은 기한을 엄격하게 정하고 밤낮으로 범인 색출에 나섰다. 충분한 증거도 없이 사형에 처해진 희생자가 20명에 이르렀고 유배형과 징역형에 처해진 자도 상당했다. 관부에 붙잡혀가 자백을 강요당한 사람은 셀 수도 없었다. 북경에서는 총리아문이 프랑스 공사가 제시한대로 은화 46만 냥을 배상금으로 지급하고 러시아에게도 3만 냥을 지급했다. 이때 지급한 배상금은 이전의 어떤 교안에서 보다도 많은 금액이었다.

천진교안을 처리하는 과정에서 증국번은 외국 교회가 중국에서 나쁜 일을 한 적이 없고 다만 "백성을 미혹하는" 사회의 범죄자들이 교회를 끌어들였을 수는 있다고 판단했다. 그는 외국 교회의 활동이 외국의 중국침략 과정에서 어떤 역할을 하는지, 외국 교회가 왜 대중의 증오의 대상이 되었는지, 왜 교회와 관련된 각종 유언비어가 전파될 수 있는지를 조사하지 않았고 오히려 교회는 억울한 비방을 받고 있으므로 "명예를 회복시켜주어야"한다고 판단했다.

후에 증국번은 천진교안을 처리한 경험에 관해 다음과 같이 말했다. "밖으로는 사회의 정당한 비판이 부끄럽고 안으로는 천지신명 앞에 양심의 가책을 느끼니 일생의 유감이다." 그러나 그가 말한 양심의 가책이란 인민에게 중형을 남발한 때문이 아니었다. "우매한 백성"과 "교활한 백성"에게 목숨을 내놓게 한 것은 그가 보기에 도리에 맞는 일이었다. 그가 유감스러워 했던 일은 천진의 지주와 지현을 희생시킨 것이었다. 그는 애초에 지방관을 처벌할 생각이 없었으나 프랑스 공사의 완강한 요구로 조정에 올리는 보고서에서 두 관원의 유배형을 건의했다. 증국번은 보고서에 이렇게 썼다. "신이 심히 부끄러움을 느끼는 바는 이 일입니다."[9]

극단적인 수구파의 공격 때문에 조정은 6월 말에 증국번에게 더 이상 양보하지 말라는 지시를 내리고 전국 각지에 군사적인 경계태세를 갖출 것을 명령했다. 증국번은 즉시 반대 의견을 올렸다. "중국의 현재의 실력으로는 갑자기 군사를 일으킬 수는 없습니다. 오로지 우리의 뜻을 접고 안전을 도모하는 방법뿐입니다." "이후에도 여전히 우리의 뜻을 접고 우호관계를 유지해야하며, 만부득이 조치를 해야 한다면 역시 화평을 우선으로 고려해야 합니다." 증국번은 상주문의 결론 부분에서 다음과 같이 말했다. "신이 준비를 제대로 하지 못한 탓에 이번 일을 처리하면서 지나치게 양보하였기에 마음 가득히 부끄러움을 느낍니다."[10] 이 말은 스스로를 책망하는 것처럼 보이나 "지나치게 양보한" 데는 이유가 있었다. 중국은 외국 침략을 물리칠 역량을 갖추지 못했기 때문에 자신의 뜻을 굽혀 대외적으로 유순한 태도를 보일 수밖에 없었다.

증국번의 천진교안 처리를 도운 정일창은 천진에 도착하자마자 자신

---

9 『동치이무』 제76권, 40쪽.
10 『증문정공주고』 제35권, 13, 14쪽.

의 방침을 밝혔다. 그는 영국과 러시아 등이 현재 염려하는 바는 "중국 관리가 백성들을 진압할 권위가 없는 것"[11]이므로 이번 일을 처리함에 있어서 반드시 봉건 통치자들이 아직도 그런 권위를 갖고 있음을 보여주어야 한다고 말했다.

극단적인 수구파는 천진교안이 발생한 후 목청을 높였다. 그들 중 어떤 인물은 천진사건을 통해 인민이 "국가에 대해 충성하고 있음"이 증명되었으므로 "이 기회를 이용해 수도에 있는 오랑캐의 외교 공관을 모조리 없애고 수도에 머물고 있는 오랑캐의 우두머리들을 남김없이 죽여 없애자"[12]고 주장했다. 그들은 증국번을 직접 공격할 수가 없어서 정일창을 대상으로 "백성을 억압하고 외국에는 몸을 굽히며, 서양인의 요구를 빨리 만족시켜주기 위해 억울한 사람들을 모함하였다"[13]고 비난했다. 극단적 수구파들이 천진교안을 처리하는 과정에서 양무파가 국가를 욕되게 하고 백성은 억압하고 외국인에게는 몸을 굽혔다는 주장이 일시적으로 여론을 주도하자 양무파는 궁지에 몰렸다. 그러나 양무파 관료들은, 부패한 봉건 통치세력이 인민을 동원하여 자기편으로 끌어들이면 일거에 서양세력을 몰아낼 수 있다는 극단적 수구파의 주장이 공허한 논리라는 점을 알고 있었다. 실제로 극단적 수구파 관료들은 요란한 의논만 일으켰을 뿐이지 서양인과 관련된 일체의 사무는 서양인의 뜻에 영합하려는 양무파가 처리하도록 내버려 두었다. 자희태후를 정점으로 하는 청 왕조의 통치자들은, 한편으로는 양무파의 방침대로 대중의 반침략운동을 진압하여 외국 침략자들에게 자신들이 아직도 지지해줄만한 집단임을 보여주었고, 다른 한편으로는 극단적 수구파들

---

11 『동치이무』제75권, 7쪽.
12 『동치이무』제73권, 17쪽.
13 『동치이무』제78권, 17쪽.

로 하여금 "백성을 애호해야 한다"는 여론을 일으키게 함으로써 인민대중에게 이 왕조가 인민대중과 함께 외국 침략세력을 반대하고 있다는 환상을 심어주었다. 봉건 통치자들은 생존을 유지하기 위해 교활한 이중 공작을 하고 있었다.

70년대~90년대 초의 반침략 대중투쟁

천진교안을 중형으로 진압한 선례는 지주계급의 반교회투쟁 참여를 위축시켰으나 하층 대중의 투쟁을 막지는 못했다. 외국 선교사들이 도처에서 오만한 짓을 벌임에 따라 이후 십 수 년 동안 교안이 발생하는 지역은 전보다 훨씬 확대되었다.

천진교안 이전 귀주의 전흥서처럼 공공연하게 반교회 투쟁을 선동하는 지방 관원은 나타나지 않았다. 각지의 대소 관원들은 외국 선교사와 외국인을 보호하는데 소홀함이 없었고 그들의 요구는 모두 들어주었다. 각지의 명망 있는 상층 인사들은 일반적으로 반교회 투쟁에 소극적이었고 다만 사적인 자리에서만 "양놈", "양놈 종교", "양놈 종교에 물든 놈" 따위의 말로 적개심을 표현했다. 하층 대중이 자발적으로 일으킨 반외국침략자 투쟁은 결국은 관부의 진압에 부닥쳤다.

광서 초년에 복건성 북부 산악 지역인 연평(延平)현(지금의 남평[南平]현)에서 발생한 교안은 반침략 투쟁의 발전과정에서 하층 민중과 지주 향신의 분열을 보여준다. 광서 원년과 2년(1875, 1876년)에 연평현 민중들이 미국 교회를 두 차례 파괴했다. 지방 세력가들은 이 행동을 지지했고 상인들도 참가했다. 이 때의 반교회투쟁에는 상하 각 계급과 계층이 망라되었음을 볼 수 있다. 광서 5년(1879년)에 미국 선교사가 서점을 개설한다는 명분을 내세우고 "복음당(福音堂)"을 재건하고 선교활동을 벌이자 군중이 반대했다. 미국 선교사가 총을 쏘아 중국인 한 사람을 다치게 했다. 분노한 군중이 "복음당"을 파괴했고 미국 선교사는 지방관의 보호 하에 삐져나갔다. 복건·절강 총독은 미국 영사의 요구에 따라 즉각 "조사, 처벌"을 진행할 인원을 파견했다. 서양 종교를 반대한다고 밝힌 바 있던 향신들은 이때는 이탈하고 아무런 행동도 취하지 않았다. 거리에는 새로운 격문이 나 붙었는데 그 중에는 다음과 같은 표현이 있었다. "오늘날 양놈은 간교한 꽤가 많고 마음이 음흉하다. 우리 백성의 재물을 훔쳐가고 아편을 멋대로 퍼뜨리며, 우리의 땅을 가지려고 돈의 위세를 빌어 사들인다. 항구에서는 서양 누각을 세우고 몰래 요충지를 차지한다. 가는 곳마다 교회당을 세워 이빨을 드러낸다. 이는 우리의 어린 황제를 능멸하고 중국을 도모함과 다름없다. 신하로서 뼈저리게 반성하니 그들은 같은 하늘아래 살 수 없는 원수이다." 격문은 지방관을 가리켜 "송(宋)대의 진회(秦檜)와 다름없다"[14]고 비난하고 향신들은 줄곧 지방관에게 아첨만 한다고 하였다. 이 격문은 하층 대중의 투쟁에 동참한 지식분자의 작품임이 분명했다. 이 격문에서 우리는 하층 대중은 반교회 투쟁의 의의를 반외국침략의 수준까지 끌어 올렸고 관리와 세력가들이 실제로는 외국 침략자 편에 서있다고 인식하고 있음을 알 수 있다. 그러나 이 격문의 작자는 조정에 충성하는 신민을 자처하면서 서양인들로부터 능멸당하는 어린 황제를 동정하였다. 관리와 세력가들의 서양인에 대한 태도가 바로 조정의 방침이었지만 대중은 서양인에게 아첨하는 관리와 세력가들에 대한 적대감을 한 단계 더 발전시키지 못하고 있었다. 그래서 광서 5년에 한림원 시독(侍讀) 왕선겸(王先謙)은 다음과 같은 우려를 표명했다. "처음에는 우매한 백성이 (조정의 서양인에 대한 태도를- 저자 첨가) 알지 못하고 관

---

14 『청계교안사료(淸季敎案史料)』 제2책, 159쪽.

부만 원망했으나 이제는 알게 되니 삽시간에 원망이 조정을 향한다."[15]

대중투쟁의 불길이 더욱 치열하게 타오르기 시작한 것은 광서 10년
(1884년) 중·프랑스 전쟁 이후의 일이었다. 많은 지역에서 이러한 투쟁의 주
역은 민간의 회당인 가로회(哥老會. 천지회[天地會])였다. 각 지방의 지주계급과
그들에게 장악된 무장 세력은 이미 운동의 대척점에 서있었다.

중경을 중심으로 한 사천성 동부지역에서는 대중의 반교회 투쟁이
60년대 유양교안 이후로 거의 해마다 발생했다. 광서 12년(1886년) 5월과 6
월 사이에 프랑스인, 미국인, 영국인이 중경에 세운 교회와 기타 시설이 거
의 전부 파괴되었다. 교회를 공격하는 풍조는 동량(銅梁), 남천(南川), 대족(大
足), 기강(綦江) 등지로 빠르게 전파되었다. 그 중에서 대족현 용수진(龍水鎭)
의 프랑스 교회는 광서 12년, 14년, 16년 세 차례 거듭 파괴되었다. 프랑스
선교사 팽약슬(彭若瑟)은 용수진에서 대량의 토지를 사들였는데 용서이촌
(龍西二村)이란 마을 한 곳에서만 논 1,200여 무를 갖고 있었다. 중국 내지의
수많은 교회는 대량의 경지를 소유한 사실상의 장원 영주로서 중국인 신도
들을 정신적으로 지배했을 뿐만 아니라 중국인 신도를 소작농으로 부리는
착취자였는데 용수진이 바로 그런 사례의 하나였다. 광서 16년(1890년) 6월
에 용수진 교회가 파괴되었을 때 관군이 출동하여 군중을 진압했다. 관군
이 주모자로 몰린 소지주 장찬신(蔣贊臣)을 체포하려 하자 장찬신의 친구 여
동신(余棟臣)이 주도하여 무장폭동을 일으켰다. 여동신은 별명이 "만자(蠻子.
야만인)"였고 소량의 토지밖에 갖지 못해 석탄 캐는 일을 해야 하는 가난한
집안 출신으로서 현지 가로회의 우두머리였다. 여동신 무리의 핵심은 "탄광
과 제지공장 노동자 백여 명"이라고 하였으니 모두가 빈곤한 농민이다. 다음
해 3월과 4월에 걸쳐 여동신 무리는 관군에 의해 토벌되었다. 이 봉기는 사

---

15 『양무운동자료』 제1책. 191쪽.

천 동부지역 각지의 하층 민중에게 강렬한 영향을 미쳤다.[16]

광서 17년(1891년) 장강 하류의 광범위한 지역에서 대중투쟁의 새로운 물결이 일어났다. 4월부터 시작하여 무호(蕪湖)에서 빈민 만 여 명이 모여들어 교회를 불 질렀다. 이 사건은 안휘와 강소 두 성의 장강 연안 지역 일대에 빠르게 영향을 미쳤고 강서와 호북의 일부 지역에도 폭동이 일어났다. 강소의 상황에 관해서는 양강총독 유곤일이 보고서에서 다음과 같이 설명했다. "단양(丹陽), 금궤(金匱)(지금의 무석현 경내에 있었다), 무석(無錫), 양호(陽湖)(지금의 무진[武進]현 경내에 있었다), 강음(江陰), 여고(如皐)의 각 교회가 잇따라 파괴되었다." 유곤일은 "우매한 백성"이 "악당"의 "선동"에 넘어가 폭동을 일으켰다고 말했다. 얼마 후 유곤일은 무호에서 "방화와 약탈을 모의한" 혐의로 체포된 "도적 무리"의 일원인 두 사람을 죽이라는 명령을 내렸다. 이른바 도적 무리는 가로회를 가리켰다. 다음 해에 올린 보고서에서 유곤일은 강소 각지에서 적지 않은 가로회 사람들을 체포했는데 그 중 일부는 "교회를 불 지르고 약탈할 모의를 했다"고 자백했다고 하였다. 유곤일은 장강 연안 일대에서 발생한 교안은 가로회가 일으킨 것이라고 판단했다.[17] 당시 북경 조정과 외국인들도 가로회를 교안을 일으킨 원흉으로 보았다.

광서 17년(1891년) 겨울, 장성 밖 열하의 동쪽 조양(朝陽), 평천(平泉), 적봉(赤峰) 일대에서 비교적 규모가 큰 무장봉기가 일어났다. 봉기자들은 서양인이 전파하는 천주교를 몰아내고 인민을 억압하는 청 왕조의 관리와 몽고의 왕공귀족들을 타도하자는 구호를 내세웠다. 직례성의 동북부와 봉천성

16　여동신의 봉기에 관한 자료는 『근대사연구자료』 1955년 제4기와 1958년 제1기에 실린 「여동신과 사천농민 반제운동자료에 관하여(關千余棟臣與四川農民反帝運動資料)」를 보라.

17　유곤일의 말은 『유곤일유집(劉坤一遺集)』 제2책, 중화서국 1959년 판. 698, 704, 727쪽 여기저기에서 보인다.

의 서남부가 영향을 받아 그곳에서도 민중의 소요가 있었다. 청 왕조 정부는 열하, 봉천, 직례의 군대를 동원하여 잔혹하게 진압하였고 살해된 봉기 군중이 2만여 명에 달했다. 이때의 봉기의 핵심세력은 재리회(在理會)였는데, 재리회는 가로회가 북방으로 확대되면서 파생된 일종의 회당이었다.

천지회, 가로회, 재리회 등의 민간 회당은 청 왕조에서 엄격히 금하던 불법조직이었다. 이들 조직은 종교의 외피를 걸치고 있었기 때문에 통치계급은 이들을 "사교"라고 불렀다. 광서 17년 이후 얼마 되지 않아 한 지주계급 지식분자는 교안 문제를 논하는 글에서 "정교를 흥하게 하고(興正敎), 이교는 안정시키고(安異敎), 사교는 제거한다(除邪敎)"는 해법을 제시했다.[18] 여기서 말하는 "정교"란 "성인 공자의 가르침"을 지칭하고 "이교"란 주로 천주교와 예수교를 가리키며 "사교"란 바로 회당을 일컫는다. 이 주장은 지주계급이 공맹의 가르침과 외국 침략세력을 대표하는 천주교 예수교는 평화롭게 공존할 수 있으나 "이교를 안정시키기" 위해서는 반드시 하층 민중의 반교회 투쟁 역량을 뿌리 뽑아 "사교를 제거해야 한다"는 인식을 갖고 있음을 드러낸다. 우리는 여기서 지주계급 가운데서 적지 않은 부분이 이미 대중의 폭력적 반침략세력 투쟁에 동참하기를 원치 않았고, 나아가 그런 투쟁을 적극적으로 진압하려 했다는 사실을 간파할 수 있다.

80년대 후기에 등장한 자산계급 개량주의자들은 몇 가지 문제에서는 양무파 관료들과 비교적 선명하게 대비되지만 어떤 문제에 있어서는 양무파 관료와 분명하게 구분되지 않으며 교안 문제에 있어서는 더욱 그러했다. 예컨대, 탕진(湯震)과 진치(陳熾)는 그들의 저작에서 교안이 발생한 원인은 교회에 흡수된 신도들의 다수가 "우둔하고 염치를 모르는 무리"였기 때

---

18 섭한(葉瀚), 「정돈중국교무책(整頓中國敎務策)」, 『증정교안회편(增訂敎案匯編)』 제4권, 광서 28년 간본, 6~7쪽을 보라.

문이므로 관부가 "이교를 믿는 백성(敎民)"의 명부를 장악하면 문제를 해결할 수 있다고 주장했다.[19] 초기의 자산계급 개량주의자들은 대중의 자발적인 반교회 운동 가운데서 낙후한 요소만 보았기 때문에 운동에 동조하지 않았을 뿐만 아니라 운동과 대립하는 입장에 섰다.

우리는 앞에서(제5장 농민혁명 중의 계급과 계층) 천지회, 가로회, 재리회 등 회당의 주요 구성분자는 각양각색의 유민이었음을 살펴보았다. 봉건경제가 외국 자본주의 세력 때문에 나날이 파괴되어 가는 상황에서 이들 유민의 숫자는 갈수록 늘어났고, 그들의 회당은 청 왕조의 가혹한 진압에도 불구하고 확대되어 갔다. 그들이 반침략 투쟁에 참가하자 운동은 위세를 떨쳤다. 그러나 그들은 이 투쟁을 비교적 높은 수준의 정치운동으로 끌어 올릴 수 없었다. 지주계급이 이 투쟁에 참여함으로써 드러난 부정적인 영향을 어떻게 극복할 것인지, 아울러 외국 침략자들에 적대적인 일체의 사회 역량을 어떻게 동원하고 조직할 것인지, 반침략 투쟁과 반봉건 투쟁을 어떻게 결합할 것인지, 중화민족의 독립을 쟁취하는 투쟁과 중국 사회의 진보와 발전을 쟁취하려는 투쟁을 어떻게 연결시킬 것이지는 역사가 제시한 새로운 과제였다. 대중의 투쟁을 두려워하고 반대했던 자산계급 개량주의자들과 유민을 주요 구성분자로 하는 회당은 어느 쪽도 이 과제에 대한 해답을 내놓지 못했다.

---

19   탕진, 『위언(危言)』 제31권 ; 진치, 『용서』 외편 하권, 「교민(敎民)」을 보라.

제12장
제국주의의 중국 변경 침략과
반(半)식민지적 외교

러시아의 서북 변경 침략

러시아는 19세기 60년대 초에 우리나라 동북 변경의 약 백만 평방킬로미터의 영토를 병탄했고(제6장 2차 아편전쟁과 러시아 참조) 이어서 서북 변경으로 손길을 뻗쳐왔다. 함풍 10년(1860년) 러시아는 북경조약을 체결하면서 청 왕조 정부에게 서부 국경에 관한 조항을 수용하도록 강요했다(조약 제2조). 이 조항에 따라 청 정부와 러시아 정부의 관리가 신강의 탑성(塔城, 타르바가타이)에서 만나 서부 국경 문제를 두고 담판을 벌였다. 이 지역의 원래 국경은 발카슈 호수 북안까지가 중국의 영토였으나 북경조약 제2조에서는 발카슈 호수 이동 3백 킬로미터의 짜이산 호수와 그 이남 약 4백 킬로미터의 이식 쿨 호수를 국경을 획정하는 표지로 정했다. 러시아는 자신들의 해석대로 조약을 "엄격하게 지키도록" 청 정부를 무력으로 위협했다. 중·러시아 간의 서부 국경을 획정하기 위해 동치 3년 9월(1864년 10월)에 체결된 탑성(타르바가타이)의정서는 순전히 러시아 쪽의 속임수와 위협의 산물이었다.

러시아 측의 전권대표였던 바브코프(J. F. Babkov)는 회고록 『서시베리아에서의 나의 임무』에서 러시아 정부와 관리들이 속임수를 쓰기 위해 온갖 방법을 고안해냈음을 인정하고 있다. 짜이산 호수와 이식 쿨 호수가 러시아 영토라고 주장하기 위해 그들은 북경조약 제2조가 중국어 본과 러시아어 본에서 용어가 다르다고 억지를 부렸다. 북경조약 제2조는 옹정 6년(1728년)에 세워진 샤비나이(沙賓達巴哈)고개 정계비를 서부 국경의 기점으로 한다고 규정했는데, 중국어 본에서는 국경선이 이곳에서부터 "서쪽으로" 짜이산 호수 등에 이른다고 되어 있었으나[1] 러시아어 본에서는 "서남쪽으로"라고 되어 있었다. "서남쪽으로"가 러시아에게는 더 유리했기 때문에 그들은 이 문제에 있어서는 러시아어 본을 근거로 삼을 수 밖에 없었다. 그들의 주장은 러시아어 본이 "정본"이고 "중국어 본을 작성하는 과정에서 착오가 있었음이 분명하다"는 것이었다.[2] 그렇다고 해서 그들이 모든 조항의 해석을 러시아어 본을 기준으로 한 것은 아니었다. 러시아어 본에서 "중국의 현재 카룬"이란 표현이 중국어 본에서는 "상설(常設) 카룬"(카룬[卡倫]은 초소를 말한다)으로 되어 있었고 "상설 카룬"이란 용어는 트집을 잡는데 이용될 수 있었다. 그래서 그들은 여기서는 중국어 본을 근거로 해석해야 한다고 주장했다. 그들은 "상설 카룬"이란 고정된 설비를 갖춘 카룬으로 해석했다. 따라서 그들은 국경은 고정 설비를 갖춘 카룬을 기준으로 획정되어야 하며 상설 카룬 서쪽에 있는 "이설(移設) 카룬"과 "첨설(添設) 카룬"은 모두 제외해야 한다고 주장했다.[3] 청의 관리들은 완강하게 반대했으나 러시아 측은 주장을 굽히지 않았다. 그러나 그들이 "정본"이라고 주장하는 러시아어 본에는 "상설"이란 글자가 없었다. 후안무치한 확장주의자 바브코프는 이런 모순을 전혀 문제 삼지 않았다. 그는 "중국 측 위원들은 러시아어를 전혀 몰

---

1   『중외구약장회편』 제1책, 150쪽.
2   바브코프, 『서시베리아에서의 나의 임무』 상책, 중국어 번역본 1973년 판, 265쪽.
3   청은 국경 상의 전략적 요충지에는 카룬이란 초소를 설치했다. 초소는 상설, 이설, 첨설 3가지가 있었다. 이설과 첨설 카룬은 여름철에만 운용되었고 각 초소 사이의 거리는 짧게는 수 백리, 길게는 천리가 되는 곳도 있었다(역자 주).

랐기 때문에 이런 상황은 현재의 담판 과정에 특별히 불편을 주지 않았다"[4]고 말했다.

중국 측에서는 러시아 측의 조문 해석을 수용하지 않았기 때문에 동치 원년의 제1차 탑성회의는 아무런 성과 없이 끝났다. 북경에서는 총리아문의 관리들이 러시아 공사에게 이 문제를 두고 여러 차례 변명하였다. 그들은 조문 가운데 "서쪽으로"가 아니라 "서남쪽으로"라는 표현이 있는 줄 알았더라면 애초부터 조약에 동의하지 않았을 것이라고 말했다. 또한 그들은 "상설"이란 장기 주둔을 의미하지는 않으며 북경조약의 조문 가운데 상설 카룬을 국경으로 한다는 명백한 표현도 없으며 러시아어 본에 "상설"이란 표현이 없다는 사실도 몰랐다고 말했다.

러시아는 회의가 열리기 전부터 자기들의 영토를 점거해야 한다면서 군대를 동원하여 알타이(阿爾泰), 타르바가타이, 이리(伊犁) 등지에서 무력시위를 벌였다. 바브코프가 회고록에서 말했듯이, 그들은 흑룡강과 우수리강에서 써먹었던 방식을 신강에서도 그대로 모방하여 무력으로 기정사실화했다. 동치 2년 5월에 이리 지역에서 청의 군대는 침입한 러시아군을 상대로 포격을 주고받는 전투를 벌여 러시아군을 물리쳤다. 그러나 국경 방위를 책임진 장군들은 적극적인 의지가 없었다. 청 왕조 정부도 회담이 결렬되면 손실이 더 클 것으로 두려워하여 타협으로 서둘러 일을 끝내려 했다.

청 측에서 탑성회의를 다시 열자고 제안했다. 러시아 측의 답변은 단 한 마디뿐이었다. "우리가 제시한 경계 획정 안을 변경 없이 받아들인다면" 대표를 파견하겠지만 그렇지 않다면 "경계 획정 사무는 정지한다."[5] 청 정부의 대표가 할 수 있는 일이라고는 러시아 측에서 제시한 경계 획정 초안

---

4   바브코프. 『서시베리아에서의 나의 임무』 상책. 206쪽.

5   전게서. 287쪽.

에 서명하는 것뿐이었다. 명색이 청의 대표단이라고 하는 사람들은 한 마디의 이의도 제출하지 않고 러시아 측에서 기초한 의정서와 그들이 그려준 지도를 접수했다. 이렇게 하여 다시 한 번 러시아는 중국으로부터 발카슈 호수 이동, 이남의 44만여 평방킬로미터의 영토를 떼어갔다.

확장주의자의 탐욕은 만족을 몰랐다. 러시아가 동치 3년(1864년)의 경계획정 의정서를 통해 탈취한 중국 영토는 북경조약 제1조에서 규정한 것을 초과했지만 그래도 그들은 북경조약을 속박으로 받아들였다. 그들은 방대한 영토만 떼어 간 것이 아니라 당시 불안정한 신강지역의 정세를 이용하여 더 많은 영토를 떼어갈 기회를 노렸다.

여기서 당시의 신강지역 정세를 살펴보기로 하자.

원래 섬서 회족의 이맘이던 투밍(妥明, 妥得隣이라고 했다)이란 인물이 우루무치로 와 청 왕조의 참장 색환장(索煥章)과 손을 잡고 동치 3년(1864년)에 회족과 한족 사이에 충돌이 일어난 기회를 이용하여 제독을 죽이고 도통을 축출한 후 우루무치(烏魯木齊)를 점령했다. 투밍은 다시 색환장을 몰아내고 청진왕(淸眞王)이라 자칭하며 섬서와 감숙의 회족 군대를 장악하려 했다. 그러나 그의 정권은 사회적 기초가 없었고 그의 잔혹한 군사통치가 회족과 한족 인민의 저항을 야기했다. 이리 지역에는 "타란치 술탄(塔蘭齊蘇丹)"이라 부르는 인물이 우두머리인 다른 세력이 동치 5년(1866년) 1월에 이리 성을 점령하고 이어서 타르바가타이도 점령했다. 투밍은 동치 8년(1869년)에 남부 신강의 카슈가르(喀什噶爾)를 거점으로 하는 야쿱 벡(阿古柏)에게 패하여 죽었다.

남부 신강의 여러 지역에는 상층 봉건주들이 청의 부패와 소수민족을 차별하는 정책에 불만을 품은 위구르족과 기타 민족의 반청 정서를 이용하여 지방을 할거하고 있었다. 야쿱 벡은 코칸드 칸국의 장군이었다. 코칸드 칸국과 신강은 인접하고 있었고 광서 2년(1876년)에 러시아에게 병탄되기 전에는 독립적인 칸국이었다. 그 영토는 현재의 키르기스탄 대부분과 우즈베키스탄, 카자흐스탄, 타지키스탄 일부 지역에 걸쳐 있었다. 남부 신강의 위구르인 가운데서 일찍이 권력을 상실한 통치자(호자[和卓])의 후예인 부주르그(布士爾克)는 코칸드 칸국에 망명해 있었다. 코칸드 칸국의 야쿱 벡은 남부 신강의 혼란스러운 형세를 이용하여 동치 4년(1865년) 코칸드 군대를 이끌고 중국 경내로 징입하여 부주르그를 복위시켰다. 그들은 카슈가르를 점령한 후 점차로 남부 신강 각 성을 점령했다. 동치 6년(1867년)에 야쿱 벡이 부주르그를 쫓아내고 칸을 자칭했다. 그는 투밍을 패퇴시킨 후 북부 신강으로 세력을 넓혀갔으나 타란치 술탄이 점령한 이리 지역은 차지하지 못했다.

이처럼 신강에서는 남북을 막론하고 전 지역이 복잡하고도 혼란한 형세에 빠져 청 왕조의 통치가 심각한 위기에 빠졌다. 이런 국면은 러시아의 입장에서는 세력을 확장할 좋은 기회였다.

러시아는 여러 차례 장교들을 파견하여 남부 신강의 야쿱 벡과 접촉했다. 동치 5년에 러시아는 야쿱 벡과 협정을 맺고 남부 신강으로 달아난 러시아인을 체포할 수 있는 권리를 확보했다. 동치 11년(1872년), 러시아는 야쿱 벡과 체결한 조약에서 그를 "독립국의 군주"로 인정했고 야쿱 벡은 러시아에 모종의 특권을 주었다. 영국도 야쿱 벡을 포섭하려 했다. 영국은 비교적 성공적으로 야쿱 벡을 주구로 만들었는데, 이점에 관해서는 뒤에서 따로 설명하기로 한다.

동치 3년(1864년)에 체결된 탑성의정서에 따라 중국령으로 인정된 북부 신강의 이리지역 전체가 러시아가 넘보는 목표가 되었다. 동치 10년(1871년)러시아군이 타란치 술탄의 지방정권을 무너뜨리고 이리 성을 점령했다. 이 때문에 중국과 러시아 사이에 70년대에 일련의 긴장 국면이 조성되었다.

청은 탑성의정서를 체결한 후 후속조치를 지연시켰다. 탑성의정서는 1년 후에 구체적으로 국경선을 정하고 정계비를 세우도록 규정하고 있었는데 청은 수년간 끌면서 이 일을 미루어왔다. 동치 8년(1869년) 러시아 측의 요청으로 양국의 관원들이 샤비나이령에서 타르바가타이 산맥의 하파(哈巴爾)-아수산(阿蘇山) 구간의 국경을 측정했다. 이곳은 서부 국경 전체 가운데서 이리 지역 이북의 일부였다. 청이 파견한 고위 관리는 이리장군 서리 겸 우리아수타이(烏里雅蘇台) 참찬대신 영전(榮全)과 코브도(科布多) 참찬대신 규창(奎昌)이었다. 두 사람은 직무를 팽개치고 러시아 측 대표 바브코프가 하자는 대로 따랐다. 이 때문에 러시아는 적지 않은 지역을 더 차지하게 되었다.

러시아 군대는 동치 10년(1871년) 5월에 이리 지역을 "대리 관리"한다는 명목으로 이리를 점령하고 우루무치까지도 진군하겠다고 공표했다. 청 왕조 정부는 황급히 영전의 부대를 파견하여 이리를 "접수"하려 했으나 러시아인들로부터 거절당했다. 러시아는 탑성 부근에서 영전과 담판하든 중 오히려 더 많은 영토를 요구했다. 영전은 이 문제를 해결할 수 없었고 담판은 북경으로 옮겨져 계속되었다. 러시아 공사는 각서에서 청 왕조 정부가 "이 지역을 안정시키고 나아가 관리를 파견하여 통치할 것"을 보증해야 이리를 반환하겠다고 주장했다. 또한 러시아 공사는 동치 3년에 획정된 국경은 "폐단이 있으므로" "분명해지도록" 수정해야할 뿐만 아니라 몽고 지역과 천산 남북로(울룽구르, 우루무치, 하미, 아크수, 야르칸드, 카슈가르 등)에 영사관 설치를 하락하라고 요구했다.[6] 러시아는 신강 지역의 정세가 혼란함을 핑계로 이리 지역을 차지하고 이참에 동치 3년에 획정한 국경을 자신들에게 유리하게 변경하여 신강 전체와 몽고를 차지하려는 야심을 드러냈다. 담판은 1년을 끌었지만 성과가 없었다. 총리아문은 황제에게 올린 보고서에서 러시아는 이리를 차지하려는 목적을 달성하고도 다시 다른 땅을 잠식하려니

6   『동치이무』 제87권, 14, 16, 17쪽.

"그 속을 정말 짐작하기 어렵다"[7]고 하였다. 러시아는 이리를 10년 동안이나 점거했다. 광서 2년(1876년)에 좌종당이 신강에 진격하여 중국을 분열시키려는 야쿱 벡의 지방정권을 분쇄함으로써 이리를 돌려주지 않으려는 러시아의 핑계는 무색하게 만들었다. 그러나 러시아는 수법을 바꾸어 지속적으로 중국의 영토를 잠식했다. 이와 관련된 사건들을 서술하기 전에 같은 시기에 중국 서부영토에 대해 야심을 갖고 있는 또 하나의 침략세력인 영국의 활동을 살펴보도록 하자.

영국의 서부 변경 침략

영국은 주로 동남 연해지역을 기반으로 하여 장강 유역으로 세력을 넓혀왔다. 그러나 영국의 활동은 연해와 장강 유역에만 국한 되지는 않았다. 19세기 70년대부터 영국은 식민지 인도를 기지로 삼아 침략의 손길을 중국의 서부-운남, 티베트, 신강-지역으로 뻗쳤다.

영국은 인도와 인접한 미얀마를 침략하면서 미얀마 북부에서 운남으로 통하는 길을 열기 위해 동치 7년(1868년)에 첫 번째로 이른 바 "탐험대"를 파견하여 일라와디 강을 따라 중국 경내로 들어와 등월(騰越. 지금의 등충[騰冲])을 거쳐 대리로 나아가려 했다. 영국군 중령 슬레이든(E. B. Sladen)이 지휘한 탐험대가 등월에 도착하자 당시 이 지역을 통치하고 있던 두문수가 그들의 통과를 저지했다(제9장 소수민족 대중봉기의 실패를 보라). 두문수의 세력이 청에 의해 진압된지 얼마 되지 않은 동치 13년(1874년)에 영국은 다시 "탐험대"를 조직하였다. 이 탐험대의 지휘관은 브라운(Horace Browne) 중령이

---

7   『동치이무』 제88권. 35쪽.

었고 인원은 약 2백 명으로서 사실상 무장부대였다. 북경의 영국 공사관은 청 왕조 정부에게 소수의 영국인들이 "유람"하고 있다고 설명했다. 영국 공사관은 통역 마가리(Augustus Raymond Margary)를 탐험대에 합류시켰다. 브라운 탐험대는 광서 원년(1875년) 초에 중국 국경을 넘은 후 현지의 무장한 중국인들로부터 저지를 받아 미얀마로 돌아갔고 통역 마가리는 만윤(蠻允. 국경으로부터 멀지 않은 곳)에서 맞아 죽었다. 영국은 이를 빌미로 한바탕 풍파를 일으켰다.

런던 정부의 지시를 받은 영국 공사 웨이드(이 인물은 중국에서 활동한지가 30년이 넘어 협박의 솜씨가 뛰어났다)가 청 정부에 제시한 요구는 너무나 광범위해서 타협이 몸에 밴 총리아문의 관원들조차도 받아들이기가 어려웠다. 청 정부 당국은 마가리 살해에 가담한 10여 명을 체포하여 처형하고 거액의 배상금을 지급했지만 영국인들을 만족시킬 수 없었다. 사건 발생 후 1년 반 동안 총리아문이 나서 웨이드와 협상을 벌이는 한편 천진에 있던 이홍장도 명을 받아 따라 협상을 진행했다. 영국은 미얀마와 운남 접경지역에 군대를 증파하는 한편 군함을 발해만 안으로 출동시켰다. 웨이드는 요구조건을 전부 받아들이지 않으면 외교관계를 단절하겠다고 공표했는데 이는 전쟁에 돌입하겠다는 위협이었다. 그는 회담을 결렬시키겠다는 표시로 여러 차례 담판을 중단시키고 북경을 떠난 상해로 갔다.

최종적으로 담판의 임무는 이홍장에게 떨어졌다. 광서 2년(1876년) 6, 7월 동안 연대에서 열린 회의에서 이홍장은 웨이드가 제시한 요구를 전면적으로 받아들인 연대조약에 서명했다. 연대조약은 마가리 살해 보상금으로 은 20만 냥을 지급하고 영국에 사죄사절을 파견하며, 운남 병경지역에서의 통상에 관한 규정을 만들고 향후 5년 동안 대리와 운남 기타 지역에 영국의 관원이 주재하면서 통상 상황을 관찰하도록 한다고 규정했다. 이렇게 하여 운남 지역은 침략세력에게 완전히 개방되었다. 뿐만 아니라 연대조약은 의창, 무호, 온주(溫州), 북해(北海)를 통상항으로 지정하였고, 영국의 관리가 중경에 주재하고 장강 연안 6개 도시에 외국 선박이 정박할 수 있도록 하였으며, 영사재판권을 좀 더 구체적으로 규정하였다.

연대조약에는 본문 이외에 티베트에 관한 부속 조항이 붙어 있었다. 부속 조항의 대체적인 내용은, 인도와 티베트 간의 통로 사정을 "알아보기 위해" 영국의 관원이 북경을 출발하여 "감숙과 청해 일대, 혹은 사천을 통해 티베트로 들어가 인도로 나가는 길을 탐사할 수 있도록" 하거나 "인도와 티베트 접경지역에서 티베트로 들어가는 길을 탐사할 수 있도록" 총리아문이 통행증을 발급한다는 것이었다.[8] 광서 11년(1885년) 인도 총독부의 관원 맥콜리(C. Macauley)는 총리아문으로부터 통행증을 받고 약 3백 명의 무장 부대를 조직하여 시킴에서 국경을 넘어 티베트로 진입하였다가 티베트인들의 강력한 저항에 부딪쳤다. 다음 해에 영국과 청은 미얀마문제에 관한 조약을 체결했다. 이 조약에서 청은 미얀마에서의 영국의 최고 주권을 인정했고 대신 영국은 티베트로 가는 길을 찾기 위해 관원을 파견하는 행동을 중단한다고 밝혔다. 그럼에도 불구하고 영국은 티베트로 진출하려는 야심을 버리지 않았다. 광서 16년(1890년), 영국의 지속적인 요구 때문에 청 왕조 정부는 주장방판대신(駐藏幇辦大臣) 부도통(副都統) 승태(昇泰)를 대표로 하는 사절단을 캘커타로 파견하고 인도 총독과 협상을 벌여 티베트-인도 조약을 체결했다.[9] 이어서 양국은 광서 19년(1893년)에 티베트-인도 조약을 개정했다.[10] 이 두 차례의 조약은 티베트와 시킴의 국경을 획정하는 이외에 아동(亞東)을 영국 상인이 자유롭게 왕래하고 거주할 수 있는 교역지로 지

---

8   『중외구약장회편』 제1책, 346-350쪽.
9   『중외구약장회편』 제1책, 551-552쪽.
10   『중외구약장회편』 제1책, 566-568쪽.

정했다. 티베트 인민들의 반대 때문에 아동 개방은 실현되지 못했으나 영국은 티베트로 진출하기 위한 또 하나의 기초를 마련했다.

중국을 침략한 열강은 상호 결탁하고 협력하면서 한편으로는 상호 경쟁하고 배척했다. 영국은 운남에서 프랑스와 경쟁했고 티베트에서는 러시아도 침략의 음모를 꾸미고 있었다. 그러나 영국과 러시아의 주된 각축장은 신강이었다.

당시에 영국과 러시아는 아시아 대륙에서 패권을 다투고 있었다. 이미 인도와 카슈미르를 점령한 영국은 60년대 말에는 형식상으로는 독립국인 아프가니스탄을 자신의 종속국으로 만들었다. 중앙아시아로 세력을 넓혀가던 러시아가 아프가니스탄 변경에 도달했다. 양국은 중앙아시아에서 첨예하게 대립했다. 러시아는 영국이 계속하여 북진하는 것을 극력 저지하려 했고 영국은 러시아가 인도에 접근하는 것을 막으려 했다. 양국의 중국 신강 지역 침략 활동은 양국의 중앙아시아에서의 대립과 쟁탈의 한 부분이었다.

남부 신강 지역을 중심으로 한 야쿱 벡 정권이 신강 지역 전체를 병탄할 국면에 이르자 영국의 스파이들이 끊임없이 카슈가르 지방으로 찾아왔다. 동치 9년(1870년), 중앙아시아에서 러시아와 세력범위를 획정하는 협상을 벌인 적이 있는 인도 총독부의 고위 관리가 야쿱 벡을 방문했다. 러시아와 조약을 맺고 있던 야쿱 벡은 동치 13년(1874년)에는 영국령 인도 정부와 조약을 맺어 영국에게 야쿱 벡의 통치지역 내에서 통상, 사절 주재, 영사관 설치의 권리를 인정했다. 야쿱 벡은 영국과 러시아의 경쟁을 이용하여 중국의 영토 내에서 자신의 독립 국가를 건설하려는 야심을 갖고 있었다. 영국은 야쿱 벡에게 무기를 제공하는 한편 군사 교관과 공병 기술자를 파견하여 도왔다. 야쿱 벡이 갈수록 영국 쪽으로 기울자 러시아도 경계심을 갖기 시작했다.

청 왕조 정부의 명에 따라 좌종당이 신강 지역으로 진군하자 영국이 야쿱 벡의 보호자의 역할을 했다. 영국의 중국 주재 공사는 청 왕조 정부에게 출병을 중지하고 야쿱 벡을 정권으로 인정하라고 요구했다. 영국은 야쿱 벡을 내세워 신강 남부 지역을 자신의 세력범위로 만들어 러시아의 남하를 막을 생각이었다. 러시아는 영국의 저지가 없다면 이미 점령한 이리 지역에서 출발하여 신강 북부를 점령할 수 있었다. 신강은 사실상 영국과 러시아 양국이 나누어 가진 형국이었고 동시에 양국이 쟁탈전을 벌이는 무대가 되었다.

좌종당의 서정과 이리조약

러시아가 이리를 점령하고 카슈가르의 야쿱 벡이 남북 신강으로 세력을 확대하고 있을 때 이리 이북의 타르바가타이 지역과 우루무치 이동의 고성(古城, 구충 나이히쉬. 현재의 기태현[奇台縣]) 지역에는 청의 군대가 주둔하고 있기는 했으나 숫자도 적었고 전투력도 보잘 것 없었다. 이밖에 신강 북부 지역에는 한족 지주계급이 조직한 민단이 있었다. 신강의 질서를 회복하기 위해 청 왕조 정부는 군대를 파견하지 않을 수 없었다. 이 부대를 좌종당이 지휘했다. 동치 12년(1873년)에 좌종당의 군대는 하서 회랑에 도착했다. 다음 해에 일부 부대(장요[張曜]가 지휘)가 신강 하미 지역에 진주하고 대규모 수리 공사를 벌이고 황무지 2천 무를 개간했다. 광서 원년(1875년)에 조정은 좌종당을 흠차대신 독판신강군무(欽差大臣 督辦新疆軍務)로 임명했다.

좌종당의 군대가 신강에서 벌인 전쟁은 형식상으로는 섬서와 감숙 지역의 군사행동의 연장이었지만 그 성격은 바뀌었다. 섬서와 감숙의 회족 봉기를 잔혹하게 진압했던 좌종당은 봉건 통치자의 반동적인 민족정책과 계급 정책을 충실하게 집행했다. 신강에 진입한 후 좌종당의 군대가 마주한 적은 신강의 여러 민족을 포학하게 억압하던 야쿱 벡 정권이었다. 중국 밖에서 들어온 음모가인 야쿱 벡은 식민주의·확장주의 영국과 러시아와 손을 잡았다. 좌종당의 서정은 반동적인 야쿱 벡 정권을 소멸시킴으로써 중국의 서북부 지역을 분할하려던 영국과 러시아의 음모를 분쇄하였다. 그러므로 총체적으로 말하자면 좌종당의 서정은 침략세력에 대항하는 정의로운 전쟁이었다고 할 수 있다.

좌종당이 서정을 준비할 때 봉건 관료집단 가운데서 많은 사람들이 반대의견을 내놓았다. 서정에 동원된 총병력은 약 220개 영(營)이었다. 하미 지역에서는 둔전 정책을 실시하고 있기는 했지만 군대의 자급과는 거리가 멀었다. 부대를 유지하는 데 들어가는 비용은 매년 은화 1천만 냥 이상이 필요했다. 반대자들은 출병하여 이길지 확신할 수 없고 이토록 많은 비용을 들여 지킬 가치가 있는 지역이 못된다고 주장했다. 이런 반대 의견이 나오기까지는 국제정세의 배경이 있었다.

이홍장은 황제에게 올린 상주문에서 신강은 평시에 매년 3백만 냥의 군비를 소비하는데 수 천리의 황무지를 회복하기 위해 다시 엄청난 돈을 쓸 가치가 없다고 주장했다. 그는, 야쿱 벡이 이미 영국 러시아와 통상조약을 맺고 손을 잡았으니 신강에 군대를 동원하면 영국과 러시아의 반대에 부닥칠 것이고 중국의 병력과 재력도 부족하니 출병은 매우 위험한 일이라고 주장했다. 그는 이미 사망한 증국번의 말을 인용하여 "관외(關外)는 잠시 버려두고 관내(關內)를 안정시키는데 주력"하는 것이 "나라를 보존하는 방법"이라고 주장했다.[11] 신강 문제를 두고 본다면 증국번과 이홍장이란 두 양무운동 전문가는 매국노라고 하지 않을 수 없다. 두 사람은 옥문관(玉門關) 밖의 중국 영토 전체를 포기하자고 주장했다. 이들과는 반대로 좌종당

---

11 『이문충공주고』 제24권, 19쪽.

은 야쿱 벡으로부터 신강을 수복하겠다는 결심을 했다. 이홍장의 신강 포기 주장에 맞서 좌종당은, 만약 돈을 아끼려고 출병을 중단하고 물러나 지키는 정책을 택한다면 적은 신강을 차지하는 걸로 만족하지 않고 감숙과 몽고까지도 위협할 것이라고 반박했다.[12]

이홍장은 야쿱 벡의 정권을 인정하자고 주장했다. 이런 주장은 영국의 음모와 완전히 일치하는 것이었다. 광서 2년(1876년) 연대회의가 끝난 후 영국 공사 웨이드가 이홍장에게 야쿱 벡 문제를 거론했다. 웨이드는 명목상으로는 야쿱 벡의 "투항"을 받아들이고 "속국"으로 삼지만 실제로는 독립국가로 인정하는 방안을 제안했다. 이때 좌종당의 군대는 이미 신강에 진입하고 있었다. 이홍장과 주영 공사 곽숭도는 영국 측이 제안한 방식을 전적으로 지지했다. 이홍장은 좌종당이 군사적으로 일시적인 승리는 거둘 수 있겠지만 장래에는 반드시 실패할 것이라고 믿었다.

야쿱 벡은 영국과 긴밀하게 결탁하고 있었기 때문에 러시아는 좌종당의 신강 남부 진격을 관망하는 자세로 지켜보았다. 영국은 야쿱 벡을 위해 청 정부를 열심히 설득했다. 청의 외교에서 갈수록 큰 역할을 맡아가고 있던 이홍장은 이 무렵 주로 영국의 도구 노릇을 수행하고 있었는데, 그런 태도는 야쿱 벡 문제를 두고 분명하게 드러났다.

당시에 이홍장은 국가의 재력을 자신이 거느리는 북양해군을 경영하는데 대량으로 투입하고 있었기 때문에 해상 방위의 중요성을 극력 주장하고 서북 변경의 방위는 해도 좋고 안 해도 좋다고 보았다. 좌종당은 서북 지역의 병력을 대부분 장악한 위치에 있었기 때문에 신강 문제를 중시하지 않을 수 없었다. 본질적으로 두 사람 사이의 의견 차이는 영토를 완전하게 보전할 것인지, 제국주의 세력의 압박에 맞서 어떤 태도를 보일 것이지 하

---

12 『좌문양공전집·주고』 제46권, 36쪽.

는 문제와 맞닿아 있었다. 좌종당의 말과 행동은 중화민족의 장기적인 이익에 부합하는 애국주의의 표현이라고 할 것이다.

좌종당의 대군은 유금당의 부대를 선봉으로 하여 광서 2년(1876년)에 천산 북부로 진격한 후 야쿱 벡 휘하의 백언호(白彦虎) 부대와 격렬한 전투를 벌여 우루무치와 그 부근 지역을 탈환했다. 백언호는 원래는 섬서 지역 회족 봉기 부대의 하나를 거느리고 있었으나 봉기가 실패한 후 감숙을 거쳐 신강으로 들어온 후 야쿱 벡에게 투항하여 그의 부하가 되었다. 유금당 부대는 광서 2년 9월에 마나쓰(瑪納斯)를 점령한 후로 더 나아가지 못했다. 다음 해 초봄, 유금당 부대는 남쪽으로 선회하여 재빨리 야쿱 벡과 백언호 등이 지키던 투르판, 톡순(托克遜), 다반(達坂) 등을 점령했다. 야쿱 벡은 코를라(庫爾勒)까지 달아났다가 절망하여 자살했다. 그의 아들 쿠리(胡里)와 백언호는 군대를 나누어 천산남로 각지를 지켰다. 광서 3년, 좌종당의 각 부대가 남부 신강에서 백언호의 부대를 연속적으로 격파하고 카라샤르(喀喇沙爾, 즉 언기[焉耆]), 코를라, 쿠차, 아크수를 차례로 점령했다. 이후 쿠리와 백언호는 여러 곳을 전전하며 끝까지 저항했다. 그해 11월에 쿠리와 백언호가 러시아 경내로 달아나자 전쟁은 끝났다.

좌종당이 신강 지역에 신속하고 순조롭게 진격할 수 있었던 주요한 원인은 야쿱 벡과 백언호의 통치가 민심을 완전히 잃고 위구르족과 기타 소수민족의 강력한 저항에 부딪쳐 고립되었기 때문이었다. 야쿱 벡이 자살하자 그의 부하들은 대부분 흩어졌고 덕분에 좌종당의 군대는 남부 신강의 광대한 지역에서 큰 어려움 없이 완벽한 승리를 거둘 수 있었다. 그러나 좌종당의 군대는 궁극적으로 봉건적인 군대였고 기율이 그렇게 엄격한 부대는 아니었다. 좌종당의 군대는 가는 곳마다 주민에게 말로 표현하기 거북한 고통을 주었다.

러시아는 청이 출병하여 그토록 신속하게 신강 지역의 통치를 회복할 수 있는 실력을 갖지 못했다고 판단했기 때문에 이리를 점령할 때 청이 이 지역의 안정과 질서를 회복하면 이리를 반환하겠다고 공언했다. 러시아는 패주한 쿠리와 백언호를 받아들였으나 호의 때문만은 아니었다. 광서 4년과 5년(1878, 1879년) 사이에 야쿱 벡의 남은 무리가 러시아의 지원을 받아 여러 차례 카슈가르를 회복하려 했으나 실패했다. 러시아는 이리를 강점할 구실이 없어졌지만 그래도 철수하지 않고 시간을 끌었다. 광서 4년(1878년) 말에 청 왕조 정부는 이리 반환 문제를 논의할 사절로서 숭후를 러시아에 파견했다.

숭후는 이리의 형세에 대해 전혀 알지 못했기 때문에 러시아 측이 하자는 대로 따랐다. 무능한 협상대표를 상대로 하여 러시아는 광서 5년(1879년) 8월에 조약을 체결했다. 이 조약에 따르면 이리 지역의 9개 성은 중국 측에 반환되지 않았을 뿐만 아니라 이 지역의 서쪽 경계인 호르고스(霍爾果斯) 강 이서 지역과 남쪽 경계인 테케스(特克斯) 강 일대는 여전히 러시아령으로 남겨졌기 때문에 이리 지역은 서, 북, 남 3면이 러시아 점령지에 둘러싸여 고립된 처지가 되었다. 그러고서도 중국은 러시아에 5백만 루블의 "배상금"을 지불해야 했다. 또한 이 조약은 동치 3년에 체결된 의정서에서 규정한 타르바가타이 부근과 카슈가르 부근의 국경을 러시아 측에 유리하도록 의정서를 개정했을 뿐만 아니라 러시아에게 몽고와 전체 신강 지역에서 무역을 할 수 있는 권리를 부여하고 서북 지역에서는 천진과 장강 유역에 이르는 지역에서 교역을 할 수 있는 각종 규정을 제정하도록 명시했다. 새로운 조약은 러시아가 중국의 동북 지역 송화강에서 모종의 특권을 갖는 내용도 포함하고 있었다.

숭후가 조정의 훈령도 받지 않고 주권을 손상시키는 조약을 체결하자 조정의 많은 관료들이 분개했다. 조정은 이 조약의 비준을 거부했으며 숭후를 체포한 후 사형 판결을 내렸다. 러시아 정부는 즉각 북경 주재 공사를 통해 항의하는 한편 이리 지역에 군대를 집결시키고 태평양 함대를 황해로 발진시키는 등 무력시위를 벌였다. 이처럼 광서 6년(1880년)에 중국과 러시아 사이에 극도로 긴장된 국면이 조성되었다.

러시아는 중국을 상대로 전쟁을 벌일 생각은 없었다. 러시아는 이미 중앙아시아의 몇 개 칸국을 정복해오고 있었고 방금 터키와의 전쟁(1877-1878년)에서 승리한 후 터키를 분할하는 국제회의(1878년)에 참가하고 있었다. 러시아는 유럽과 아시아에서 획득한 광대한 영토를 소화할 시간이 필요했다. 뿐만 아니라 중앙아시아에서 영국과의 모순이 갈수록 첨예해지고 있었다. 러시아는 여러 방면으로 세력을 확장하는 과정에서 영국과 지나친 갈등은 피하고자 했다. 영국은 러시아가 이처럼 한꺼번에 거대한 영토를 획득하는 것을 원치 않았지만 한편으로는 청이 러시아와의 전쟁 중에 붕괴되는 것도 원치 않았기 때문에 청 정부가 타협과 양보를 통해 중·러시아 문제를 해결하도록 압박했다.

청 조정의 관원들 가운데서 러시아와 전쟁도 마다하지 않아야 한다는 주장이 없었던 것은 아니지만 주요한 실권파들은 영국측의 주선을 받아들여 굴욕적이지만 전쟁을 피하는 조치를 취했다. 청 정부는 전임 주영 공사 증기택(曾紀澤, 증국번의 아들)을 러시아로 보내 숭후에 대한 처벌을 설명했다. 좌종당의 군대가 신강에 진입하여 작전할 때 좌종당은 숙주(肅州, 지금의 감천[甘泉])에 주재했고 광서 6년(1880년)에 지휘소를 하미로 옮겼는데, 이것은 러시아에 대한 강경한 태도의 표시였지만 얼마 가지 않아 청 조정이 좌종당을 북경으로 소환했다.

증기택은 러시아의 수도 페테르부르크에서 러시아 측과 1년에 걸쳐 담판을 벌인 끝에 마침내 광서 7년 1월(1881년 2월)에 새로운 조약(중·러 이리신약[新約]. '개정조약'과 '개정육로통상장정'이라 불렀다)을 체결하여 숭후가 체결했던 조약을 대체했다. 새로운 조약[13]에 따르면, 숭후가 서명한 원래 조약에서 할양했던 테케스 일대의 지역은 중국에 돌려주고 원래의 조약에서 러시아 측에 주었던 광범위한 지역에서의 교역권에 어느 정도의 제한을 가하는 대신 러시아 측의 "양보"에 대한 보상으로 중국은 러시아에 지급할 "보상금"은 9백만 루블로 올라갔다. 이 조약을 바탕으로 하여 청 정부는 후에 몇 가지의 국경 획정에 관한 의정서를 체결했다. 러시아는 중국의 서북 변경에서 탑성의정서를 통해 44만 평방킬로미터의 영토를 획득한 이외에도 다시 7만 평방킬로미터의 중국 영토를 가져갔다.

서북지역에서의 러시아의 중국 영토 잠식은 여기서 그치지 않았다. 광서 18년에서 20년(1892-1894년) 사이에 청 조정은 해마다 관원을 파견하여 러시아와 구체적인 국경 획정 작업을 벌였다. 러시아는 청 관원의 무지와 무능을 이용하여 조약에서 규정한 것보다 더 많은 토지를 차지했다. 이 과정에서 파미르 지역의 중국 영토 2만여 평방킬로미터가 가볍게 러시아의 손에 떨어졌다.

반(半) 식민지적 외교

청 정부가 처음으로 서방국가에 정식 사절을 파견한 것은 천진교안을 수습하기 위해 프랑스에 "사죄"사절을 보낸 때였다. 사절 대표 숭후가 파리에 도착한 1871년 초에 프랑스는 파리코뮌 폭동으로 혼란스러웠다. 전쟁과 혁명의 소용돌이에 휘말린 프랑스의 자산계급 정부는 사절을 영접할 겨를이 없어 숭후는 작은 도시에 격리되어 반년 동안 기다려야 했다. 숭후의 주요 수행원은 북경 주재 프랑스 공사관에서 추천한 두 명의 프랑스인과 영

---

13 『중외구약장회편』 제1책, 381-390쪽.

국군 장교 한 사람이었다(이들은 모두 중국의 세관에서 일한 적이 있었다). 수행원들은 숭후를 다시 영국과 미국으로 데려가 시찰하게 하였다. 프랑스 정부가 파리코뮌을 진압한 후에야 숭후는 프랑스로 돌아왔다. 파리 노동자들에 대한 피비린내 나는 학살로 이름을 떨치고 프랑스공화국 대통령 자리에 오른 지 얼마 되지 않은 티에르(Louis Adolphe Thiers)가 오만한 태도로 중국 황제가 파견한 "사죄" 사절을 접견했다.

숭후는 상주 사절은 아니었다. 그는 "사죄"의 임무를 다 한 후 귀국했다. 도광 3년(1877년)부터 청 정부는 상주 외교사절을 서방 각국에 파견하기 시작했는데 그 중의 한 곳이 런던 공사관이었고 공사는 곽숭도였다. 곽숭도도 "사죄" 사절로서 파견되었다. 영국은 마가리 사건을 이용하여 청 정부에 사죄 사절을 파견하도록 압박했고 이것이 주영 공사관의 시작이었다.

외국 공사들이 북경에 진입할 수 있게 된 것은 함풍 10년(1860년)에 영국과 프랑스 연합군이 북경을 공격한 결과였다. 청 정부가 처음으로 외국에 사절을 파견하게 된 것도 무리한 압박 때문에 어쩔 수 없이 택한 조처였다. 중국과 외국 간의 외교사절 교환은 국가와 국가 사이의 정상적인 외교관계에서 출발한 것이 아니라 이미 반식민지로 전락한 중국의 굴욕적인 지위의 반영이었다.

숭후가 파견되기 2년 전에도 청 왕조 정부는 외국인들의 압박 때문에 "외교대표"를 출국시키는 희극을 연출했다. 외교 사절의 파견이 희극이었던 이유는 이 대표단이 몇 명의 외국 관원들을 위주로 하여 구성되었기 때문이다. 함풍 11년(1861년)부터 미국의 중국 주재 공사였던 벌링게임은 동치 6년(1867년)에 사직하고 귀국을 준비를 하고 있었다. 퇴임을 앞두고 벌링게임은 총리아문에 자신을 "중국과 외국의 교섭사무를 처리하는 사절"로서 서방 각국에 파견해달라고 제안했다. 영국과 프랑스가 불쾌해 할 것을 염려한 총리아문은 중국 주재 영국 공사관의 관원 한 명과 중국 세관에서 일한 적이 있는 프랑스인 한 명을 벌링게임의 조수로 임명했다. 그밖에 중국인 몇 명도 그를 수행했다. 당시 총리아문은 벌링게임을 중국의 외교사절로 파견하는 이유를 다음과 같이 설명했다. "근래에 중국의 허실에 대해서는 외국은 모르는 바가 없는데 외국의 사정에 대해서는 중국은 아는 바가 전혀 없다. 이런 격차가 생긴 이유는 저쪽에서는 사절을 보내왔으나 우리는 사절을 보내지 않았기 때문이다."[14] 그래서 외국인에 의지하여 외국을 이해하려는 기막힌 발상이 나왔던 것이다.

외국인이 우두머리가 되어 "중국을 대표하는" 기괴한 사절단은 동치 7년(1868년)에 출발하여 먼저 미국을 방문했다. 벌링게임은 미국에서 중국을 대표하는 신분으로 대중 앞에서 연설하였는데, 외국 자본주의 침략자의 꿈을 대변하는 관점에서 중국의 앞날을 묘사했다. 그는 다음과 같이 말했다. "여러분의 상인을 환영하며 여러분의 선교사를 환영합니다. 여러분의 선교사들이 빛나는 십자가를 중국의 모든 산꼭대기와 모든 산 골자기에 꼽기를 요청하는 바입니다."[15] 또한 그는 청 정부의 동의도 없이 자의로 미국 국무부 장관과 이른 바 '중·미 천진조약속증(續增)조약'에 서명했다. 미국 국무장관 시와드(William Henry Seward)가 기초한 이 조약에는 중국인과 미국인이 "수시로, 편리한대로 왕래하는 것을 금하지 않는다"[16]는 규정이 포함되어 있어서 형식상으로는 호혜 평등한 규정이었으나 현실적으로는 완전히 위선적인 언어의 장난에 불과했다. 이 조약은 기왕에 미국인이 중국에서 누리고 있던 각종 특권에는 전혀 영향을 주지 않았고 다만 중국의 빈곤한 인민

---

14 『동치이무』 제51권, 27쪽.

15 F. W. Williams, *Anson Burlingame and the First Chinese Mission to Foreign Powers*, 90쪽.

16 『중외구약장회편』 제1책, 262쪽.

이 사기와 인신매매를 통해 미국으로 끌려와 "쿠리"로 일하고 있는 사실을 합법화 했을 뿐이었다. 미국은 태평양에 면한 서부를 개척 건설하면서 중국인 노동력을 대량으로 이용했다. 1860년에 미국 내에 거주하는 중국인은 대략 3만 5천 명이었고 1870년이 되자 6만 2천 명으로 늘어났다. 그들은 매우 열악한 조건 아래서 도로건설, 광산개발, 황무지 개간 등 힘든 노동을 하고 있었다. 60년대에 서부의 철도를 부설하는 공사에서 사망한 중국 노동자의 숫자가 얼마나 많았던지 칼리포니아주에서 시작하여 동쪽으로 천 수백 킬로미터에 이르는 철도는 중국 노동자의 해골 위에 건설되었다는 말이 있었다. 60년대 말에 미국 서부의 각 주는 여전히 값싼 중국 노동력을 필요로 했기 때문에 시와드가 기초한 조약에 그런 규정이 있었던 것이다. 이 규정은 얼마 후에 중국 노동자들이 과도하게 늘어나자 미국 자본가들이 중국인을 배척하는 인종주의를 선동할 때는 아무런 방해도 되지 않았다. 가혹한 노동조건에서 살아남은 수많은 화교들이 70년대에 서부 각 주에서 벌어진 중국인 배척운동 가운데서 학살당했다.

　앞에서 이미 설명했듯이 당시 미국은 중국을 침략한 열강이 서로 협력하여 청 왕조의 통치를 유지시켜야 한다고 주장했다(제9장 봉건통치자와 외국침략자의 결탁 참조). 이 정책의 실질적 내용은 중국을 열강의 공동관리 하에 반식민지로 만든다는 것이었다. 시와드는 태평양에서 미국이 제국을 건설해야 한다는 주장을 최초로 펼친 인물이었다. 이런 주장을 실현하기 위해 미국은 열강이 중국을 공동 관리하는 일에 앞장서려 했다. 이런 정책의 연장선상에서 벌링게임이 청 정부의 외교대표를 자청하고 나왔던 것이다. 영국은 벌링게임 사절단의 활동을 동아시아에서의 영국의 우월한 지위를 넘보는 미국의 도전으로 받아들였다. 이 사절단이 영국에 도착했을 때 영국 정부는 냉담한 태도를 보였다. 새롭게 정권을 장악한 자유당의 외무부 장관 클레어런던(Clarendon)은 벌링게임에게 보낸 서한에서 영국은 중국에서의 우월적 지위를 결코 포기하지 않을 것이라고 밝혔다. 벌링게임 사절단은 영국을 떠나 유럽 대륙 각국을 방문한 후 마지막으로 러시아에 도착했다. 벌링게임이 러시아에서 병을 얻어 숨을 거두자 황당한 희극의 제1막은 끝났다.

청 왕조 정부가 파견한 사절단은 외국인이 고문을 맡지 않은 적이 없었다. 예컨대, 상술한 프랑스로 간 숭후의 사절단에는 두 명의 프랑스인과 한 명의 영국인이 동행했다. 초대 주영 공사 곽숭도의 고문이었던 영국인 맥카트니(Halliday Macartney)는 이홍장에 의해 중용되었는데 광서 3년(1877년)부터 30년 동안 청 왕조 정부의 역대 주영 공사의 고문을 지냈다. 광서 6년에 러시아와 이리문제를 두고 담판을 벌인 증기택은 맥카트니와 지겔을 고문으로 두었다. 지겔은 태평천국 전쟁 동안 좌종당과 결탁하여 각종 "양무"를 처리한 프랑스인이다.

청 왕조 정부의 중요한 외교활동에는 외국인이 참여하지 않은 경우가 없었다. 해관총세무사를 역임했던 영국인 혁덕은 대외 사무를 주재하는 총리아문의 실질적인 총고문이었다. 이홍장은 광서 2년에 영국인과 연대회의를 열면서 혁덕과 천진세무사 독일인 덕최림(德璀琳 Gustav von Detring)을 고문으로 중용했다. 주장방판대신 부도통 승태는 광서 16년에 인도 총독과 티베트·인도조약을 체결할 때 혁덕이 보내준 혁덕의 동생 혁정(赫政 James Hart)을 고문으로 썼다. 이런 일들은 지금의 관점에서 보자면 믿기 어려운 일이다.

외국 공사들이 청 왕조의 수도에 주재하고 나서부터 황제를 만나게 해달라는 요구를 내놓았다. 청 조정은 황제가 아직 친정을 하지 않고 있고 섭정인 황태후는 외국 공사를 만나는 일을 불편하게 생각한다는 이유를 들어 이 요구를 거절했다. 이른 바 "알현" 문제는 총리아문과 기타 관원들이 수년에 걸쳐 논쟁을 벌이는 중요한 문제가 되었다. 그들 중의 절대다수는 서양인들이 황제를 만나게 해서는 안 되며 서양인들이 황제를 만날 때 궤배례(跪拜禮. 무릎을 꿇는 의식)를 행하지 않는 것을 절대로 용인할 수 없다고 주장했다. 동치 12년(1873년) 초에 황제가 친정을 시작하자 청 왕조 당국은 외국 공사들의 요구를 더는 거절할 수 없게 되었고 이 해 5월에 마침내 황제 알현이 실시되었다. 러시아·미국·영국·프랑스·네델란드 공사 또는 공사대리와 독일의 통역관(이때 독일 공사는 북경에 있지 않았다)이 황제 알현에 참가했다. 일본은 이때 특파 대사를 북경에 파견하여 알현에 참가했다. 알현 때의 예법을 두고 총리아문과 외국 공사들은 반복적인 논쟁을 벌였고 결국은 외국인의 예법대로 머리를 숙이는 것으로 결정되었다.

"알현"이 중대한 쟁론이 되었던 이유는 형식문제만이 아니었다. 각국 공사는 전승자로서, 나아가 정복자로서 북경에 들어왔기 때문에 반식민지 중국의 주인으로서의 지위를 확인하고자 했다. 청 왕조의 관료들의 입장에서는 외국 공사들이 궤배례를 행하지 않고 수시로 황제를 만나도록 허용한다면 황제를 정점으로 하는 봉건 통치자들이 외국 침략자들에게 굴복했다는 사실을 공개적으로 인정하는 것과 다름없었다. 그들은 사실 자체를 바꿀 힘은 없었지만 이 사실을 광대한 인민들에게 분명하게 선포하다면 결국 자신들이 위험에 처하게 될 것이라는 점을 알고 있었다.

알현이 있고나서 얼마 후에 동치황제가 죽자 청 당국은 황태후가 섭정한다는 이유를 들어 외국 공사들의 알현을 거절했지만 자희태후를 정점으로 하는 봉건 통치세력이 여러 방면에서 외국 침략세력의 지배를 받고 있다는 사실은 어떻게 해도 감출 수가 없었다. 광서 20년(1894년)에 초기 자산계급 개량주의자의 한 사람인 마건충(馬建忠)은 이러한 상황을 다음과 같이 개괄했다. "공사들이 수도를 넘보고 우리 정부를 능멸하며, 영사들이 통상항에서 우리의 관리들에게 저항하고, 서양의 대소 상인들이 조계에서 우리의 상인과 장인들을 착취하며, 여러 나라의 선교사들이 내륙에까지 들어와 우리의 백성을 현혹하고 있다."[17]

총세무사를 맡고 있던 혁덕과 그가 임명한 각지 세관의 세무사들은 중국의 세관을 장악했을 뿐만 아니라 중국의 수출입 무역과 청 왕조 정부의 재정수입의 중요한 원천 중의 하나를 장악하고 있었기 때문에 그들의 광범위한 활동은 실질적으로 청 왕조의 외교, 군사 및 지방의 인사와 행정에까지 큰 영향을 미쳤다. 이런 상황에 대해 당시 일부 관료와 지식분자들은 우려하고 분개했다. 물론 혁덕 한 사람만의 문제는 아니었다. 중국의 반식민지 상태를 기꺼이 받아들인 봉건 통치자들은 여러 방면에서 외국 제국주의자들의 지배를 받을 수밖에 없었다. 그랬기 때문에 그들의 통치 지위도 제국주의 국가의 인정을 받았던 것이다.

제국주의가 청 정부에게 외교 사절 파견을 강력히 요구한 이유는 직접적인 통로를 통해 그들의 영향력을 봉건 통치집단에 침투시키기 위해서였고 이 목적은 분명하게 달성되었다. 앞에서 설명했듯이 초대 주영 공사 곽숭도는 야쿱 벡 문제를 두고 영국의 주장을 완벽하게 받아들였다. 곽숭도는 광서 2년(1876년)에 출간한 저서 『사서기정(使西紀程)』에서 영국·프랑스·러시아·미국이 "만국공법"(즉 국제공법)을 처음으로 만들어 "신의를 우선으로 하고 국가 간의 교류를 중시하여 예의를 다 한다"고 칭송하였다. 또한 그는 영국과 러시아가 "양대 패자(二覇)"이나 절대로 병력에 의지하여 약탈하지 않으며 매번 중국에 출병할 때마다 먼저 이치를 따져 항변했다고 주장했다. 그러므로 중국은 "오늘날의 형세에 처하여 오직 성실로써 각국을 상대"해야 하고 그렇게 하지 않으면 "자립"할 수 없다. 그의 주장대로라면 중국은 제국주의의 세계통치 질서를 기쁜 마음으로 받아들여야 한다. 중국은 제국주의를 인정하고 그들이 만든 세계 질서를 충실하게 수용하여 반식

---

17 『적가재기언(適可齋記言)』. 중화서국 1960년 판, 89쪽.

민지의 지위에서 "이치를 중시하는" 침략자들과 "성실하게 상대"하는 것 말
고는 다른 출로가 없다.

또 다른 초기의 저명한 외교가인 증기택은 광서 13년(1887년)에 영국
의 《계간(季刊) 아시아》에 기고한 「China, the Sleep and the Awakening」(중
국어로는 「중국선수후성론(中國先睡后醒論)」으로 번역되었다)이란 글에서 다음과
같이 말했다. 중국·프랑스 전쟁을 거친 후 "오히려 중국과 서양 각국의 교
류는 더욱 친밀해졌고 더욱 진실한 마음으로 대하게 되었으며 이는 이전에
는 없던 일이다. 영국과는 특히 막역한 사이가 되었다. 여러 나라가 중국에
요청하기를 중국이 도리를 따라 협상한다면 그들도 그리하겠다고 하였는데
이처럼 자기를 버리고 여러 사람의 호의를 따른 적은 이전에는 없었다. 근
래에 여러 나라와 접촉 교류하면서 중국은 조화를 추구하고 무리한 요구
를 하지 않는데 이후에도 당연히 그러할 것이다. 중국은 이전의 여러 차례
의 패배를 잊지 않고 있기 때문에 우호의 정신을 따르지 않을 것이라는 미
련한 생각을 하는 사람이 있을 것이나 대개 중국이란 나라는 다른 나라와
달라서 한번 피해를 입었다고 해서 시종 증오심에 사로잡히는 나라가 아니
다."[18] 이 정도의 언사라면 침략자를 향한 공개적인 아첨이라 하지 않을 수
없을 것이다.

곽숭도와 증기택은 당시의 관료 사대부 가운데서 세계정세를 가장 잘
알고 있던 인물이었다. 아는 것이 모르는 것보다 나음은 당연하다. 그러나
알고 있기 때문에 현실 앞에서 굴종하는 것과 감히 나서 낡은 국면을 타파
하려는 자세는 천지 차이이다. 제국주의가 원했던 "외교가"는 그들의 필요
에 맞추어 세계정세를 인식하는 이런 외교가였다.

---

18 당시 안영경(顔咏經)과 황죽일(黃竹一)이 번역한 문장을 인용했다. 하계(夏啓) 저, 『신정
    진전(新政眞詮)』 제1편의 부록을 보라.

제13장

중·프랑스전쟁과 중·일 전쟁

중·프랑스전쟁 1단계 : 전쟁발발 이전

중국의 남쪽 이웃나라의 하나인 월남은 일찍이 18세기 말에 프랑스의 침략을 받았다. 19세기 50년대에 나폴레옹 3세의 프랑스 정부는 금융자본과 산업자본의 요구를 충족시키기 위해 적극적으로 식민정책을 실시하였다. 프랑스는 영국과 함께 제2차 아편전쟁을 일으키는 한편 월남을 여러 차례 무력으로 침략하였다. 1858-1862년에 프랑스는 남키(남기[南圻], 코친차이나, 월남 남부)를 침입하여 월남의 봉건왕조로 하여금 배상금을 지급하고 영토를 할양하는 조약을 체결하도록 강압했다. 남키의 여러 성을 병탄한 후 프랑스는 70년대에 다시 침략의 손길을 북쪽으로 뻗었다. 그들은 풍요한 월남 전체를 식민지로 만든 후 그곳을 기반으로 하여 중국의 서남지역, 그 중에서도 우선 운남과 광서로 들어가는 길을 열려고 했다.

동치 5년에서 7년(1866-1868년) 사이에 월남의 프랑스 식민자들은 중국 국경내로 들어가는 길을 찾는 시도를 했다. 그들이 조직한 탐사대가 사이공에서 출발하여 메콩강을 따라 북상하면서 중국의 운남 경내에 있는 사모(思茅)에 도달한 후 다시 운남 동북부의 회택(會澤)을 거쳐 사천의 의빈(宜賓)을 통과하고 장강을 따라 상해로 나와 해로로 사이공으로 돌아갔다.

탐사대는 메콩강 상류인 난창강(瀾滄江)은 선박이 통항할 수 없음을 알아내고 월남 북부에서 홍하(紅河)를 통해 중국으로 들어가는 통로를 찾으려 했다. 동치 10년(1871년) 이후 프랑스 상인이 여러 차례 홍하를 통해 운남의 회족 반란을 진압하던 마여룡(馬如龍)에게 무기를 공급했다. 프랑스는 월남 북부를 점령하고 홍하의 항행권을 장악하기 위해 동치 12년(1873년)에 군대를 동원하여 하노이와 그 부근을 공격했다. 프랑스군은 한편으로는 월남 각지에서 봉기한 인민들의, 또 한편으로는 당시 중부 월남에 주둔하고 있던 중국인 유영복(劉永福) 휘하의 흑기군(黑旗軍)의 완강한 저항에 부닥쳤다. 흑기군은 동치 12년 11월 초(1873년 12월)에 하노이 성 밖에서 벌어진 전투에서 프랑스군에 심각한 타격을 주었고 프랑스군 장군 가미에르(Marie Joseph Fran-cois Gamier)가 전사했다.

유영복(1837-1917)은 광동성 흠주(欽州)의 빈농 가정 출신이었다. 부친을 따라 유랑하다가 8살 때인 도광 24년(1844년)에 광서성 남부의 상사(上思)현에 정착했다. 그는 뱃사공으로 일하고 있었다. 그가 20세가량이 되었을 때 태평천국 봉기가 최고조에 이르렀다. 광서 남부에서는 가는 곳마다 농민 봉기군이 있었고 그들은 대부분 천지회 계통으로서 각기 근거지를 갖고 있었다. 유영복은 농민봉기군에 투신하면서 차례로 몇몇 지방 우두머리 아래로 들어갔다. 동치 4년(1865년), 이때는 태평천국이 이미 붕괴된 뒤였지만 그는 2백여 명의 무리를 이끌고 광서 서부 변경지역인 안덕(安德)에 자리를 잡았다가 현지에서 왕을 자칭한 오아충(吳亞忠) 아래로 들어갔다. 1년 후에 청군이 대군을 동원하여 오아충 부대를 포위하자 그는 오아충과 결별했다. 그는 자신을 따르는 부대를 이끌고 월남으로 들어갔다. 그의 부대는 일곱 개의 별이 그려진 검은 깃발을 들고 있었고 이 때문에 흑기군이라 불렸다. 그의 부대는 태평천국 농민대혁명 시기에 국외로 탈출한 농민무장 세력의 일부였다. 유영복은 지도력이 뛰어났을 뿐만 아니라 기지와 모략에 능했고 그의 부대는 용감하고 잘 싸웠다. 동치 12년(1873년)에 프랑스군을 격퇴했을 때 그의 부대는 병력이 2천여 명에 이르렀다. 이 전투 이후에 유영복은 월남의 응웬(阮)씨 왕조로부터 삼선부제독(三宣副提督)이란 봉호를 받았고 그의 부대는 투엔쾅(宣光), 손시(山西), 홍화(興化) 등 3개 성에 주둔하면서 홍하 상류를 장악하고 프랑스군의 홍하 통과를 저지했다.

80대 초에 프랑스의 금융자본이 급속하게 발전하자 프랑스 정부는 극동에서의 식민정책을 더욱 적극적으로 추진하기 시작했다. 파리코뮌을 무자비하게 진압하면서 명성을 얻은 페리(Jules Ferry)가 두 차례 내각총리(1880-1881, 1883-1885년)를 역임하는 동안에 월남 전체가 프랑스의 식민지가 되고 중국에 대한 프랑스의 침략전쟁이 발생했다. 청 정부는 광서 10년(1884년)에 프랑스를 상대로 선전포고를 하였으나 실제로는 그 1년 전부터 프랑스의 중국에 대한 침략전쟁은 시작됐다. 프랑스가 북부 월남을 점령한 것은 중국에 침입하기 위한 준비 작업이었고 청 정부도 이점을 인식하고 있었다. 광서 7, 8년(1881-1882년) 청 정부는 광서, 운남 및 월남과의 국경지대에 군대를 파견하는 한편 외교경로를 통해 프랑스 정부에 항의했다. 당시 청 왕조의 관료들 가운데서 월남과 중국은 "순망치한(脣亡齒寒)"의 관계이므로 프랑스와 전쟁도 불사해야 한다고 주장하는 사람들이 있었지만 실권을 쥔 세력들은 협상방침을 채택했다. 프랑스 정부는 전쟁을 준비하는 한편 청 정부에 담판을 요구했다. 자희태후를 정점으로 하는 청 조정은 전쟁이 내부 통치의 위기를 가져올 것을 두려워하여 이홍장에게 전권을 주어 프랑스와 협상을 벌이게 했다. 광서 8년(1882년) 이홍장은 천진에서 프랑스 공사 부레(Albert Bourée)와 담판을 벌여 중국과 월남 국경 근처에 배치했던 군대를 철수시키기로 합의했다. 그러나 이런 조치가 프랑스의 침략 행보를 멈추게 하지는 않았다.

광서 8, 9년(1882-1883년) 프랑스는 다시 북부 월남을 침략하여 하노이와 남딘을 점령했다. 월남 정부는 다시 흑기군의 참전을 요청했다. 유영복의 흑기군이 하노이에 진입했다. 광서 9년 4월 13일(1883년 5월 19일)에 양국은 하노이 성 서쪽 지역에서 격렬한 전투를 벌였다. 흑기군은 다시 한 번 프랑스군을 패배시켰고 프랑스군의 사령관 리비에르(H. Rivière)가 전사했다. 프랑스 정부는 즉각 새로운 사령관을 임명하고 증원군을 파견했다. 유영복의 흑기군은 용감하게 전투를 벌여 하노이 근처의 딴푸옹(丹鳳)과 화이떡(懷德)에서 프랑스군을 저지했다. 이때 전장에서 가까운 빡닌(北寧)과 손시에 군대를 주둔시키고 있던 광서 포정사 서연욱(徐延旭)과 운남 포정사 당형(唐炯)은 흑기군의 전투를 지켜보면서 전혀 돕지 않았다. 오히려 이들은 흑기군의 전과를 자신들의 전과로 위장하여 조정에 보고하고 덕분에 광서 순무와 운남 순무로 승진했다. 프랑스군이 빡닌과 손시를 대거 공격하자 당형과 서연욱은 진지를 버리고 달아났다 청 정부는 다시 운남·귀주 총독 잠육영(岑毓英)을 파견하여 전투를 지휘하게 했다. 잠육영은 회족 봉기군을 잔혹하게 진압하여 두각을 나타낸 군벌이었으나 외국 침략자 앞에서는 싸우지도 않고 달아났다. 광서 12년 2월(1884년 3월)이 되자 광서성 변경에 가까운 월남 경내에만 소수의 청군이 남았다. 유영복의 흑기군도 운남성 변경에 가까운 라오차이(老街)로 퇴각했다. 당형과 서연욱은 파면당해 소환되었다.

청 왕조 정부는 유영복의 흑기군에 대해 어떤 태도를 보였을까? 관변 문서에는 흑기군을 "도적무리(匪)"라고 기록하고 있다. 관부에서 흑기군에게 소량의 열등한 무기를 공급하기는 했지만 이것은 비열한 음모에 불과했다. 사천 총독 정보정(丁寶楨)은, 만약 "이 도적무리가 다행하게도 승리한다면" 월남은 중국을 고맙게 생각할 것이나 흑기군이 중국의 정규군이 아니기 때문에 프랑스가 중국을 상대로 전쟁을 일으킬 구실을 찾지 못할 것이고, 흑기군이 프랑스군에게 섬멸된다 해도 "중국으로서는 큰 환난 하나를 제거하는 셈"이라고 말했다.[1]

프랑스의 페리 정부는 중국 주재 공사 부레와 이홍장이 체결한 협정이 만족스럽지 않아 월남 북부에 군대를 증파하는 한편 부레를 소환하고 대신 주일 공사 트리쿠((Arthur Tricou)를 중국 주재 공사로 파견했다. 광서 9년 5월에 트리쿠는 이홍장과 상해에서 담판을 벌였고 8월에는 다시 천진에서 담판을 계속했다. 이 기간 동안에 프랑스군은 월남의 수도 투안호아(順化)를 점령하고 월남이 프랑스의 보호국임을 인정하는 투안호아 조약을 강제로 체결했다. 월남국왕은 중국에 원조를 요청했다. 트리쿠는 이홍장과 담판하면서 월남문제에 있어서 청의 철저한 양보를 받아내기 위해 외교관계를 단절하고 전쟁을 벌이겠다고 위협했다. 이홍장은 협상을 주장하는 한편 유영복은 제거되어야 할 도적무리임을 인정했으나 담판은 성과 없이 끝났다. 9월((1883년 10월), 프랑스는 월남에 진입한 청군을 무력으로 몰아내기로 결정하였고 트리쿠는 담판을 중단한다고 선언했다. 광서 10년 3월(1884년 4월)에 프랑스는 천진 세무사를 역임한 적이 있고 이홍장과 친밀한 관계를 맺고 있던 독일인 폰 데트링을 통해 다시 협상을 요청했다. 한 달 후 이홍장은 프랑스 대표 푸르니에(François-Ernest Fournier)와 천진에서 담판을 벌여 5개항으로 된 '간명조관(簡明條款)'[2]을 체결하였다. 이 조약의 주요 내용은 중국은 월남이 프랑스의 "보호국"임을 인정하고, 북부 월남에 주둔한 청군은 변경지역으로 철수시키며, 프랑스 상품이 월남을 거쳐 중국으로 자유롭게 수입되게 한다는 것이었다. 유영복 부대에 관해서는 이홍장은 프랑스가 이 부대를 근절시켜도 상관하지 않겠다는 태도를 보였다. 이 조약은 중국과 월남 인민의 근본적인 이익을 침해했음은 물론이고 침략자에게 중국의 서남쪽 대문을 열어주었다. 이 때문에 관료집단 내부에서 반대의 목소리가 높

---

1   『광서조중·프교섭사료(光緒朝中法交涉史料)』 제3권, 12쪽.
2   『중외구약장회편』 제1책, 455쪽.

았으나 자희태후를 정점으로 한 청 조정은 전쟁을 피하기 위해 조약에 동의했다.

중·프랑스전쟁 2단계 : 개전에서 정전까지

비굴함으로 전쟁을 피하려 할수록 오히려 전쟁은 피할 수가 없다. 광서 10년(1884년) 5월 중·프랑스 간명조관이 체결되고 나서 얼마 후에 프랑스 침략군은 아직 철수 명령을 받지 못한 랑손(諒山)에 주둔한 청군을 공격했다. 청군은 반격했고 약간의 사상자를 낸 프랑스군은 후퇴했다. 프랑스 정부는 북경 주재 공사를 통해 청 정부에게 2억 5천만 프랑(은화 약 3천 8백만 냥)의 "배상금"을 요구하고 "배상금"을 지급하지 않으면 해군을 동원하여 중국을 공격하겠다는 매우 무리한 요구를 내놓았다. 청 정부는 전혀 근거 없는 요구라고 주장하면서도 양강 총독 증국전으로 하여금 상해에서 신임 프랑스 공사 파트노트르(Jules Patenôtre)와 담판을 벌이게 하는 한편 각국이 나서서 중재해주기를 바랐다. 총세무사 영국인 혁덕이 이때부터 중국과 프랑스 사이의 중개자가 되었는데, 그는 실질적으로는 프랑스를 도와 청 정부를 협박하는 역할을 하였다. 6월에 프랑스 전함이 기습적으로 대만의 기륭을 공격하여 기륭 포대를 점령했다. 독판대만방무(督辦臺灣防務) 유명전(劉銘傳)의 부대가 프랑스군을 반격하여 격퇴했다. 프랑스군이 포대를 점령했을 때 프랑스 공사는 이 행위가 배상금을 받아내기 위한 "담보"라고 공표했다. 증국전의 담판은 아무런 성과를 내지 못했다.

유영복 흑기군의 전과를 보거나 랑손과 기륭 전투의 경과를 볼 때 프랑스군은 두려운 상대가 아니었고 이 때문에 청 왕조의 일부 관리들도 강화를 반대하고 전쟁을 주장했다. 그러나 자희태후와 이홍장으로 대표되는 주요 집권세력은 전쟁을 준비하는 조처를 취하지 않았을 뿐만 아니라 프랑스군이 공격할 수 있는 새로운 빌미를 만들어 주었다. 중국을 공격하기 위해 파견된 프랑스 함대는 이해 윤 5월(7월 중순)에 자기 나라 군항에 진입하듯 복건의 마미 군항에 진입했다. 복건 해군 소속의 군함은 모두 이 항구에 정박하고 있었고, 복건 해군은 북양 해군과 남양 해군을 제외한다면 당시로서는 상당히 큰 규모의 해군 전력이었다. 7월 3일(8월 23일), 마미 항구에 정박하고 있던 프랑스 군함이 공격을 시작하였고 한 시간 남짓 만에 항구 내에 있던 중국 선박 전부(10척의 군함과 19척의 상선)를 격침시키고 마미조선창을 파괴했다. 복건 해군의 장교와 병사들이 전혀 준비가 안 된 상황에서 용감하게 싸웠으나 몇 척의 프랑스 군함에 손상을 입혔을 뿐이었다. 양무파가 건설한 복건 해군은 양무파 자신의 투항주의 때문에 소멸되었다.

마미항 해전 때문에 전쟁은 실질적으로 시작되었다는 사실을 감출 수 없게 된 청 조정은 7월 6일(1884년 8월 26일)에 전쟁을 선포하는 조서를 내리면서 프랑스가 "먼저 도발하였다"고 지적했다. 그러나 봉건 통치자들은 모든 역량을 동원하여 침략에 저항하지 않고 침략자와 협상할 경로를 찾아 나섰다.

프랑스 해군은 기륭 포대를 재차 점령하고 팽호도를 점령한 후 대만 해안을 봉쇄한다고 선언했다. 프랑스 함대는 다시 절강의 진해 항구를 공격하였으나 중국 측의 포격을 받아 항구에 진입하지 못했다. 프랑스군은 육상 전투에서도 큰 손실을 입었다. 흑기군이 북부 월남에서 중국의 운남성으로 통하는 길을 막고 있었기 때문에 프랑스 군대는 주요 공격 방향을 광서 쪽으로 돌렸다. 광서 쪽을 수비하는 청의 장군은 이홍장의 회군 계열에 속한 광서 순무 반정신(潘鼎新)이었는데, 그도 파면된 서연욱과 마찬가지로 스스로 랑손을 포기하고 진남관(鎭南關)(현재의 우의관[友誼關])으로 달아났다. 프랑스군은 이 틈을 타서 광서 경내로 침입했다. 이때 광서 제독을 지낸 70세의 노장 풍자재(馮子材)가 명을 받고 전선에 도착했다. 그는 패주하는 병사들을 수습하여 안정시키고 적극적으로 저항할 준비를 하였다. 광서 11년 2월(1885년 3월)에 진남관 밖에서 풍자재의 부대는 프랑스군과 격렬한 전투를 벌였고 프랑스군은 전혀 생각지 못한 중대한 타격을 입었다. 프랑스군은 천여 명의 전사자를 내고 랑손도 포기한 체 후퇴했다. 프랑스군의 패배 소식이 본국에 전해지자 프랑스 인민은 금융자본의 이익을 대표하는 정부에 대해 강력한 불만을 나타냈을 뿐만 아니라 자산계급 통치 집단 내부에서도 심각한 분열이 일어나 중국 침략전쟁을 주도한 페리 내각은 붕괴했다.

전선에서는 청군이 프랑스군을 물리쳤으나 청 왕조 정부는 이를 강화를 구걸하는 밑천으로 삼았다. 강화를 구걸하는 활동은 정식으로 선전포고를 한 이후로 사실상 하루도 멈춘 적이 없었다. 전쟁이 진행 중이었기 때문에 영국인 혁덕의 중개역할은 더욱 중요해졌다. 혁덕이 파리로 파견한 켐벨(J. D. Kempbell, 역시 영국인)은 청 정부를 대표하여 프랑스 정부와 강화회담을 진행할 전권을 갖고 있었다. 이홍장은 시종 얼마간의 "체면"을 세울 수 있다면 강화하자는 주장을 펼쳤다. 그는 혁덕의 활동을 전적으로 지지했다. 미국, 영국, 독일 정부도 중국 측의 타협과 양보를 전제로 한 강화를 적극적으로 촉구했다. 이들 정부는 프랑스가 지나치게 많은 승리를 거두어 청 왕조의 통치가 위기에 빠지는 것을 원치 않았고 중국이 승리함으로써 중국인의 자립심이 살아나 열강의 중국 침략이 곤경에 처하는 상황도 원치 않았다. 프랑스는 랑손 전투에서 대패하자 강화의 조건을 조금씩 낮추지 않을 수 없었다. 청 왕조의 투항주의자들은 이때가 강화를 맺기에 가장 좋은 시기라고 판단했다. 영국의 이익을 대표하면서 동시에 중국을 침략한 열강의 공동이익을 바탕으로 청 왕조의 대외정책을 관리해오던 혁덕의 역할도 이때 배가 되었다. 켐벨은 청 왕조 정부의 이름으로 파리에서 프랑스와 정전협정 초안을 체결하였는데, 그 내용은 정전 이외에도 천지에서 체결한 간명조관이 유효함을 다시 확인하고 중국은 월남에서 철군한다고 규정하였다. 광서 11년 2월 22일(1885년 4월 7일) 자희태후는 정전명령을 반포했다. 4월 27일(6월 9일)에 이홍장과 프랑스 공사 파트노트르가 천진에서 체결한 정식 조약에서 월남은 프랑스의 보호국임을 인정하는 한편 프랑스의 광서와 운남 지역에서의 통상은 특수권익임을 인정받았고 중국은 이후 이 지역에서 철도를 부설할 경우 프랑스와 협의하여 추진하다고 규정되었다. 투항주의자들은 프랑스의 월남 병탄을 항의하지도 못했고 프랑스 침략자가 원하는 대로 중국 서남쪽의 대문을 열어주었다. 침략자가 전장에서 패배했기 때문에 "배상금"은 요구하지 않았고 기륭과 팽호도에서 철군하기로 약속했으므로 투항주의자들은 이로써 "체면"은 세웠다고 생각했다.

진남관 밖에서 프랑스군을 격퇴한 풍자재와 휘하의 일부 장교들은 승전 후의 굴욕적인 강화에 대해 불만을 표시했으나 정전과 철군 명령을 충실히 따랐다. 남은 것은 청 정부로서도 손대기 어려운 유영복의 흑기군 처리 문제였다. 프랑스는 흑기군을 소멸시킬 능력이 없어 청 왕조 정부에게 흑기군의 해산을 요구하면서 흑기군이 해산해야 팽호도를 반환하겠다고 주장했다. 유영복은 중·프랑스전쟁 기간 동안에 청 왕조의 관부와 이미 여러 차례 접촉했고 기명제독(記名提督)이란 관직을 받았다. 전쟁이 끝나고 반 년 후인 광서 11년 8월(1885년 9월)에 유영복은 청 정부의 명령을 받아들여 부대를 철수시키고 광동 남오진(南澳鎭) 총병(總兵)에 임명되었다. 프랑스 침략자가 무력으로도 제거하지 못한 장애물을 청 왕조 당국이 제거해 주었다. 유영복을 따라 철수한 병력은 일부에 지나지 않고 월남에 흩어져 남은 적지 않은 병력은 이후 월남 농민의 영수 호앙호아탐(黃花探) 영도 하의 반 프랑스 무장투쟁에 참가했다.

중·일전쟁 1단계 : 강요된 대응

중·프랑스전쟁이 종결된 10년 후에 중·일전쟁이 발생했다. 이 전쟁은 광서 20년 6월(1894년 7월)에서 21년 2월(1895년 3월)까지 8개월 동안 지속되었다. 광서 20년은 갑오(甲午)년이었으므로 이 전쟁은 갑오전쟁이라 불린다.

이 전쟁은 일복 측으로서는 오래전부터 계획을 세우고 충분히 준비한 전쟁이었다. 갓 자본주의 국가로 일어선 일본은 봉건적인 성격이 짙었고 처음부터 대외적인 확장을 강력하게 추구했다. 동치 13년(1874년)에 일본은 중국의 대만을 침략한 적이 있었다(제10장 후당창과 철갑선을 보라). 광서 5년(1879년)에 일본은 유구(琉球)를 병탄했다. 이때 일본은 조선을 향해서도 적극적으로 세력을 확장하기 위해 중국을 침략할 계획을 세웠다.[3] 광서 11년(1885년)부터 일본은 군비확장 10년 계획을 세웠다. 이 계획은 예정보다 2년 앞선 1892년에 완성되었다. 광서 19년(1893년)에 일본은 전시대본영(戰時大本營)을 설치하여 무력으로 조선을 병탄하고 중국과 전쟁을 벌일 준비를 하였다.

일본의 대외확장 활동은 영국과 미국의 지지를 받았다. 미국은 오래전부터 일본을 조선과 중국을 침략하는 동반자로 생각해왔었기 때문에 중·일전쟁 기간 동안에 분명하게 일본을 지지하는 태도를 보였다. 영국은 일본을 극동에서 러시아를 견제하는 도구로 이용할 생각을 해왔었기 때문에 일본 세력이 조선과 중국의 동북지역으로 발전해 나가는 것을 응원하는 태도를 보였다. 중국과 일본이 선전포고를 하고나서 반 달 후에 일본과 영국은 런던에서 새로운 조약을 체결했다. 영국은 이 조약을 이용하여 실질적으로 일본의 대 중국 도발을 지지했다. 이 조약 이전에 일본이 서구 각국과 체결한 조약은 모두가 불평등조약의 성격을 갖고 있었으나 새로운 영·일조

---

3   이노우에(井上淸) 등 저, 『일본근대사』, 양휘(楊輝) 역, 상무인서관 1959년 판. 43쪽.

약에서 일본은 처음으로 서구 열강과 대등한 지위를 인정받았다.

조선은 유구한 문화와 역사를 가진 독립국가였다. 이때 조선은 부패한 봉건 왕조의 통치하에서 국내의 계급모순이 첨예하게 드러나고 있었고 통치계급 내부의 권력다툼도 격렬했다. 일본 침략세력은 이런 기회를 이용하여 정치 경제적으로 조선 내부에 대한 침투를 강화하고 있었다. 이홍장과 일본 수상 이토 히로부미(伊藤博文)는 천진에서 조선문제와 관련한 조약을 체결했는데, 조선 국내에 중대한 사태가 발생하여 양국 혹은 일국이 파병하려 할 때는 서로 통지하기로 약속했다. 일본은 이후 이 조약을 이용하여 조선에 출병하였고 조선과 중국을 침략하는 전쟁을 일으켰다.

광서 20년(1894년) 봄, 조선 남부에서 대규모 농민봉기가 일어났다. 일본 정부는 조선을 침략할 시기가 되었다고 판단하고 우선 청 정부에게 출병할 것을 권유했다. 일본은 중국에 보낸 외교문서를 통해 "귀 정부는 왜 조선을 대신하여 난을 평정하지 않는가? … 우리 정부는 결코 다른 뜻이 없다"[4]는 의사를 밝혔다. 청 정부는 일본의 이러한 "보증"을 받은 데다가 조선의 요청도 있어서 5월 초에 직례총독 섭지초(葉志超)와 태원진(太原鎭) 총병 섭사성(聶士成)에게 1,500명의 병력을 주어 조선 수도 한성의 남쪽에 있는 아산(牙山)에 진주하게 하였다. 청군이 출병하자 일본은 돌연히 공사관과 교민을 "보호"한다는 명목으로 대량의 군대를 조선에 파견하여 5월 7일(6월 10일)에 조선의 수도 한성을 점령했다. 전쟁이 눈앞에 다가왔는데도 청 정부는 러시아와 영국에게 "조정"을 요청했다. 영국은 일본을 지지하고 있었으므로 당연히 조정에 나서지 않았다. 러시아는 일본 세력의 확장을 경계하고 있었지만 중국과 일본의 전쟁이 자신에게 유리한 기회를 만들어 줄 것이라 판단하여 그때가 올 때까지 기다리기로 작정했다. 청 왕조 당국이 국

---

4 『이문충공전고』 제15권. 33쪽.

제 조정을 통해 전쟁을 피할 수 있을 것이란 환상을 품고 있을 때 일본은 움직이기 시작했다.

6월 23일(7월 25일)에 일본은 선전포고도 없이 아산항 밖의 풍도(豊島) 해상에서 이홍장이 아산으로 증파하는 중국의 병력을 수송하던 영국 상선 한 척을 격침시켰다. 이홍장은 영국 국적선이라면 보호받을 것이란 반(半)식민지적 심리에서 출발하여 많은 돈을 주고 영국 상선을 고용했다. 이 수송선을 호위하던 몇 척의 북양함대 군함 가운데서 한 척이 격침되었고 한 척은 심한 손상을 입었으며 비교적 강한 철갑선 한 척은 선장의 명령으로 전장에서 탈출했다. 일본군은 해상에서 중국군을 공격하는 한편 육상에서도 한성 쪽에서 출발하여 청군을 공격했다. 섭사성의 부대는 아산 부근의 성환 역에서 일본군과 조우하자 그대로 달아났다. 후원군으로서 공주에 주둔하고 있던 섭지초 부대도 진지를 버리고 달아났다. 그들은 북쪽을 향해 패주하다가 평양까지 이르렀다. 행상과 육상에서 일본군의 기습을 받은 후 7월 1일(1894년 8월 1일)에 청 조정은 선전포고하는 조서를 내렸고 같은 날 일본도 정식으로 전쟁을 선포했다. 일찍부터 예견되었던 이 전쟁에 대해 청 정부는 눈앞에 닥쳐서야 대응하는 태도를 보였다.

8월 중순, 일본군은 1만여 명의 병력을 둘로 나누어 조선 북부의 평양으로 진격했다. 평양에는 청군의 좌보귀(左寶貴), 풍승아(豊昇阿), 마옥곤(馬玉崑), 위여귀(衛汝貴) 등의 부대와 아산에서 도주해 온 섭지초 부대가 주둔하고 있었다. 섭지초는 이홍장의 신임이 두터운 인물이었다. 이홍장은 패배를 숨긴 그의 보고를 믿고 그를 평양에 주둔한 청군의 최고 사령관으로 임명했다. 그는 1만 4천여 병력을 평양성 한 곳에 집결시켜 보루를 구축하고 적의 공격을 기다리기만 했다. 일본군이 공격해오자 청군의 일부만 완강하게 저항했다. 지휘관들 중에서 용감하게 싸운 인물은 좌보귀였다. 그는 진지에서 적의 포격을 받아 전사했다. 위여귀 같은 지휘관은 부대를 이끌고 달아나 숨었다. 총사령관 섭지초는 전세가 불리해지자 곧바로 백기를 내걸고 각 부대에게 평양성을 버리고 북으로 철수하라는 명령을 내렸다. 평양에 쌓아두었던 대소 구경 대포 40문과 소총 만여 정, 군량과 전쟁물자는 모두 적에게 넘어갔다. 패주하던 청군은 일본군의 저지선에 막혀 전사한 일부를 빼고는 모두 한달음에 압록강 이북으로 달아났다. 일본군은 9월 하순에 압록강을 건너 중국 경내로 진입했다. 압록강을 지키던 청군의 병력은 4만에 가까웠으나 싸우지도 않고 패주함으로써 일본군은 불과 며칠 만에 손쉽게 압록강 연안의 안동(安東. 지금의 단동[丹東])과 구련(九連)을 점령하고 나아가 봉황성(鳳凰城. 지금의 봉성[鳳城])까지 점거할 수 있었다.

　　이와 동시에 이홍장의 북양해군은 어쩔 수 없이 황해 해전에 나섰다가 좌절했다. 병력수송선을 호위하여 대련에서 대동구(大東溝)까지 갔다가 귀항을 준비하던 북양함대가 8월 18일(9월 17일)에 일본 해군의 습격을 받았다. 북양함대의 총사령관 정여창(丁汝昌)은 14년 동안 그 직에 있었다. 정여창은 세인들로부터 "겁이 많고 무능하며, 교묘하게 적을 피하기 때문에 총사령관 직을 수행하기 어려운 인물"이란 평판을 들었지만 이홍장은 적극 그를 변호하여 "현재 해군의 장군감으로서는 그를 능가하는 인물이 없다"[5]고 하였다. 이때의 해전이 시작되자 말자 기함 정원호(定遠號)의 함교에 있던 정여창은 수년 동안 보수하지 않았던 함교가 첫 번째 함포를 발사할 때의 충격으로 무너지자 공중에서 떨어져 중상을 입었다. 우익총병 겸 정원호의 부함장 유보섬(劉步蟾)이 정여창을 대신하여 작전을 지휘했다. 해전은 오후 반나절 동안 계속되었다. 전투에 참가한 북양해군의 대소 13척의 전함 가운데서 2척의 전함은 격렬한 전투 중에 도주하다가 그 중 1척이 아군 함정 1척을 들이받아 격침시켰다. 3척의 전함이 적함에게 격침당했고 나머지 6척

5　『이문충공주고』 제78권. 53쪽.

은 기함 정원호를 포함하여 모두 여러 가지 손상을 입었다. 이런 상황에서도 적지 않은 지휘관과 병사가 용감하게 싸웠다. 등세창(鄧世昌)이 함장이던 치원호(致遠號)는 배가 큰 손상을 입고 탄약도 떨어진 위기의 순간에 전력을 다해 일본 쾌속함 요시노호(吉野號)를 향해 돌진하다가 어뢰를 맞고 250여 명의 병사 전원과 함께 침몰했다. 경원호(經遠號)는 함장 임영승(林永昇)의 지휘 아래 할 수 있는 모든 수단을 다해 적선에 타격을 입힌 후 침몰했다. 주력함 정원호와 진원호(鎭遠號)는 불리한 상황에서도 끝까지 전투를 벌여 마침내 적 함대가 퇴각하게 만들었다. 12척으로 구성된 일본군의 함대도 전원이 승리를 거두지는 못했다. 일본군의 기함 마쓰시마호(松島號)는 타격을 입어 운항불능 상태에 빠졌고 몇 척은 심각한 상처를 입었으며 한 척은 침몰했다. 그러나 이 일전은 이홍장에게 심각한 타격을 주었다. 이 전투 이후로 이홍장은 휘하의 모든 함정을 위해위 항구 안에 은신시켜 자신의 실력을 보전하면서 전쟁이 끝나기를 기다렸다. 그러나 이홍장은 자신의 방침이 결국에는 함대의 비참한 최후를 가져다주리라고는 예상하지 못했다.

이홍장의 해군에게 최후의 일격을 가하기 전에 일본군은 먼저 여순 항을 기습했다. 여순 항은 북양해군의 기지 중 하나였다. 전쟁이 발생했을 때 여순 항에는 이미 포대가 설치되어 있었는데 사용하는 포는 모두가 독일에서 구매한 것이었다. 일본군은 해상으로부터 정면 공격을 시도했으나 성과가 없었다. 일본군은 함정으로 병력을 운송하여 화원구(花園口)에서 상륙한 후 배후에서 기습했다. 이때 북양해군은 은신한 체 나타나지 않았고 육상에서도 적을 저지하는 부대는 전혀 없었다. 화원구에서 조용히 상륙한 일본군은 피자와(皮子窩)를 거쳐 금주(金州)로 직행했다. 금주, 여순, 대련에는 상당히 큰 규모의 청군이 주둔하고 있었으나 거의 모든 장교들이 다투어 진지를 벌이고 달아났다. 이 때문에 적군은 금주를 점령한 후 이틀 만에 대련을 점령할 수 있었다. 적군은 대련에서 10일 동안 휴식과 정비를 마친 후 다시 4일 만에 여순을 함락시켰다. 이 모든 일들이 10월 하순에 일어났다. 전투의 전체 과정에서 오직 총병 서방도(徐邦道)만이 휘하의 6개 대대를 이끌고 금주 부근과 여순-대련 사이에서 제대로 된 반격을 펼쳤다. 그는 병력의 열세에도 불구하고 적군에게 약간의 손실을 입혔다. 모든 부대가 힘을 합해 저항했더라면 지원군이 없이 적지에 깊이 들어 온 적군은 쉽게 승리 할 수 없었을 것이다.

두 달 후 일본군은 같은 방식으로 산동의 위해위를 기습했다. 일본군 해군이 호송한 2만여 병력은 위해위 동쪽 성산각(成山角)에서 상륙했다. 위해위 항구 안에 은신하고 있던 북양함대 전체 전함(대소 15척의 군함과 어뢰정 13척)은 이홍장의 명령을 충실히 지켜 적을 맞아 싸우러 나오지 않았다. 상륙한 일본군은 10일 만에 배후에서 공격하여 위해위 항구의 남쪽과 북쪽 해안의 모든 포대를 점령했고 해군은 항구를 봉쇄했다. 항구 안에 은신해 있던 북양함대는 독 안의 든 쥐의 신세가 되었다. 이때 위해위 항구 밖의 유공도(劉公島)는 아직 청군의 수중에 있었으므로 유공도 포대의 화력의 도움을 받아 항구 안의 함대가 전력을 다해 포위망 돌파를 시도했더라면 불가능한 일은 아니었을 것이다. 그러나 지휘관들 누구도 결정을 내릴 수 없었다. 북양해군 가운데는 적지 않은 외국인 선원이 있었고 이들은 모두 투항을 주장했다. 그 중에서 주요한 역할을 한 인물은 해군 부제독이든 영국인 맥클류어(John Mclure, 馬格祿)와 몇몇 외국인 고문이었다. 외국인들과 청군의 일부 장교들이 결탁하여 유공도에 있던 병사들에게 반란을 사주하는 한편 정여창에게 투항하도록 협박했다. 이미 전군을 지휘할 힘이 없어진 정여창은 투항의 죄명도 쓰기 싫어 절망가운데서 음독 자살했다. 그 밖의 장교들은 서양인의 사주를 받아 외국인이 기초한 투항서를 적군에게 보냈다. 이렇게 하여 북양해군의 남은 11척의 군함과 유공도의 포대 및 일체의 군자금과 병기가 모두 적의 전리품이 되었다. 때는 광서 21년 정월(1895년 2월)

이었다.

압록강을 건넌 일본군은 길을 나누어 요양(遼陽)으로 진격했다. 섭사성과 의극당아(依克唐阿)의 부대가 봉성 이북에서 완강하게 저항한 것을 빼고는 나머지 각 군은 거의 전부가 적을 보자 달아났다. 이 무렵 일본군은 여순-대련과 위해위를 공격하기 위해 부대를 나누어야 했기 때문에 요동(遼東) 쪽에서는 신속하게 공세를 펼칠 수 없었다. 요동 남부에 있던 중국 군대의 병력 수는 침입해 온 일본군 보다 많았을 뿐만 아니라 각지의 인민대중도 자발적으로 일어나 적을 타격했다. 각 군이 통일된 지휘체계 아래서 반격했더라면 최소한 침략군을 곤경에 빠트릴 수는 있었을 것이다. 그러나 청 왕조의 군대는 잘해봐야 적이 진격해올 때 소극적으로 방어하다가 적이 멈추어 휴식과 정비를 할 때는 그냥 지켜보며 아무런 행동도 하지 않았다. 여순과 대련이 함락된 후 일본군이 요동 남부의 해성(海城)과 개평(蓋平)을 잇따라 점령하자 요양과 심양도 위협을 받았을 뿐만 아니라 영구(營口)와 우장(牛莊)에서 요동 서부의 금주(錦州)에 이르는 지역이 큰 혼란에 빠졌다.

이때 이홍장의 회군계 세력의 부패하고 무능함이 남김없이 드러났다. 상군계 세력이 기회를 잡고 이홍장을 공격하기 시작했다. 상군계의 양강총독 유곤일이 광서 20년 12월에 흠차대신에 임명되고 산해관(山海關)에 주둔하면서 군대를 지휘했다. 호남순무 오대징(吳大澂)과 사천제독 송경(宋慶)이 그의 조수가 되었다. 오대징은 진사 출신의 문관으로서 금석문과 고고학에 뛰어났고 군사문제에도 일가견을 갖고 있다고 자처했다. 유곤일과 오대징은 호남, 호북, 안휘로부터 적지 않은 군대를 산해관으로 이동시켰고 원래부터 산해관 바깥에 있던 군대도 합쳐져 전세를 역전시킬 것 같은 형세를 보여주었다.

그들의 계획은 우선 해성을 수복하는 것이었다. 오대징과 송경은 직접 군대를 지휘하여 해성 부근으로 갔다. 해성의 적군을 공격하기 위해 그들이 동원한 병력은 백여 개 대대 6만여 명이었다. 그러나 사령관은 지휘를 할 줄 몰랐고 부대는 부패하였으므로 유효한 공격을 펼치지 못하고 오히려 적의 반격을 받아 전군이 패주했다. 적은 해성 이북의 안산(鞍山)을 점령한 후 서쪽으로 향하여 우장을 점령했다. 우장 서쪽 90리의 전장대(田莊臺)에 주둔하고 있던 오대징은 즉시 군대를 이끌고 서쪽으로 달아났다. 3만의 병력을 거느리고 영구에 주둔하고 있던 송경도 밤을 새워 퇴각하다가 전장대에 이르렀을 때 적군의 포위망에 갇혀 막대한 손실을 입었다. 그는 나머지 병력을 이끌고 오대징 부대와 합류한 후 함께 금주 부근의 석산(石山)까지 퇴각했다. 수만 병력의 대패를 목격한 청 왕조 정부는 금주에서 산해관에 이르는 지역을 지킬 방도가 없어 공황상태에 빠졌다.

청군은 왜 모든 전투에서 패했을까? 당시의 일본군의 군사장비를 보면 수량에 있어서는 중국보다 강하지 않았다. 일본 해군이 보유한 전함은 척수나 총톤수에 있어서 이홍장이 장악하고 있던 북양해군과 대체로 비슷했지만 중국은 북양해군 이외에도 규모가 비교적 작은 남양해군과 복건, 광동해군을 갖고 있었다. 그러나 전쟁이 임박했을 때 이홍장은 적의 역량을 극도로 과장하고 자신이 오래 동안 경영해온 해군과 육군은 일본군과의 전쟁을 감당할 수 없다고 주장했다. 그는 일본의 전함은 신식이라 항행 속도가 중국 전함보다 훨씬 빠르고 일본 육군의 총과 대포는 "정교하고도 많으므로" 중국은 일본에 맞설 수 없다고 말했다.[6] 그러나 전쟁이 진행된 실제 경과를 보면 북양해군이 전멸한 이유는 전함의 항행 속도가 느렸기 때문이 아니었고 육상 전투에서 패배한 이유도 마찬가지로 무기의 열세가 아니었다. 이홍장으로 대표되는 양무파 관료들은 전쟁의 승패를 결정하는 유일한 요인은 무기라는 관점을 지켜왔지만 그들의 무기제일주의는 사실은 투항주

---

6   『이문충공주고』 제78권. 61쪽.

의와 다름없다는 점이 갑오전쟁을 통해 다시 한 번 증명되었다.

중·일전쟁 2단계 : 강화와 반대여론

　　조정의 대권을 장악하고 있던 자희태후와 이홍장은 전쟁이 시작되면서부터 전쟁을 계속할 생각이 없었으나 단지 일본이 정전에 동의하도록 만들 방법을 찾지 못했을 뿐이었다. 전쟁이 약 두 달 동안 진행되었을 때 자희태후는 10년 전에 파면한 공친왕 혁흔을 다시 기용하고 경친왕(慶親王) 혁광(奕劻)을 대체하여 총리아문을 맡겼다. "양무" 경험이 풍부한 공친왕은 취임하자 곧바로 이홍장과 함께 각기 영국과 러시아의 중국 주재 공사와 연락을 취하고 "조정"을 부탁했다. 영국과 러시아는 각기 자신의 계산이 있어서 서둘러 정전을 주선하려 하지 않았다. 영국은 미국, 러시아, 프랑스, 독일에게 공동으로 조정에 나서자고 제안했다. 미국의 강한 반발에 부딪쳐 영국은 이 제안을 철회했다. 미국이 이 제안을 반대한 이유는 일본이 충분한 승리를 거둔 후에 자신이 나서서 혼자서 강화를 주선하려는 정책을 갖고 있었기 때문이엇다.

　　공친왕은 일본과 가장 긴밀한 관계를 가진 나라는 미국임을 간파하고 10월 초에 미국 공사 덴비(Charles Denby)를 통해 미국 정부가 나서서 조정해줄 것을 요청했다. 덴비와 미국의 주일 공사가 미국 정부의 훈령에 따라 중·일 간의 연락활동을 전개했다. 강화를 서두르던 이홍장은 공친왕의 동의를 얻어 천진 세무사인 독일인 폰 데트링을 자신의 대리인으로 하여 일본으로 보내 강화의 조건을 알아보게 하였다. 일본군이 여순 항을 공격하고 있을 때 이 독일인은 강화를 요청하는 이홍장의 친필 서신을 휴대하고 일본에 도착했다. 일본은 그와의 담판을 거절하고 동시에 미국인을 통해 청 정부에 "정식 자격을 갖춘 전권 대표"를 파견해 줄 것을 요구했다. 청 정부는 호부 좌시랑 장음환(張蔭桓)과 대만 순무를 지낸 적이 있는 소우렴(邵牛濂)을 대표로 일본에 파견했다. 두 사람은 광서 21년 1월 6일에 일본 히로시마에 도착한 후 10여 일을 기다렸다. 이들이 기다리고 있는 동안에 일본군은 위해위를 점령하고 북양해군을 궤멸시켰다. 일본은 두 사람이 청 정부로부터 전권을 위임받지 않았다는 이유로 담판을 거절했다.

일본은 다시 미국인을 통해 청 정부에 반드시 "신망과 위엄이 있고 충분히 책임질 수 있는 저명한 고위 관리"를 파견해야 담판을 진행할 수 있으며 또한 일본은 배상금뿐만 아니라 영토의 할양도 요구할 것이므로 청의 대표는 이런 조건을 담은 강화조약을 체결할 수 있는 고위 관료를 보내야 한다고 말했다. 일본은 의중에 둔 인물이 혁흔 또는 이홍장임을 암시했다. 전쟁에서 완전한 패배를 자인하고 있던 청 정부는 정전을 위해서 어떤 대가도 치를 준비가 되어 있었기 때문에 이홍장을 전권 대표로 일본에 파견하기로 결정했다. 이홍장은 대규모 수행원단을 거느리고 2월에 일본 시모노세키(下關)에 도착했다. 수행원 가운데는 몇 명의 미국인도 있었다. 미국인 수행원 가운데서 주요 인물인 포스터(John Watson Foster)는 1892-1893년 사이에 미국 국무장관을 지냈고 장음환과 소우렴이 일본에 왔을 때에도 청 정부의 고문이었다. 미국인 수행원들의 역할은 이홍장으로 하여금 일본 측이 제시한 조건을 충실하게 받아들이도록 하는 것이었다. 중국 측 대표 이홍장, 일본 측 대표 수상 이토 히로부미와 외무대신 무츠 무네미츠(陸奧宗光) 사이의 강화회담은 2월 23일에 시작되었다. 일본 측은 정전을 거부하면서도 강화회담에 나왔기 때문에 형식상으로는 전쟁 상태가 계속되고 있었지만 일본은 사실상 새로운 전쟁을 시작할 능력이 없었다. 이홍장이 일본 낭인이 쏜 총에 맞아 부상을 입었기 때문에 회담은 한동안 지연되었다. 3월 5일, 쌍방은 21일 동안의 휴전에 합의했다. 이어서 일본 측은 강화의 조건을 제시하고 강화가 성립되지 않으면 전투를 재개하여 북경으로 진격하겠다고 위협했다. 협박은 이홍장을 포함한 청 왕조의 실권파에게 훌륭한 효과를 냈다.

광서 21년 3월 23일(1895년 4월 17일)일본의 요구를 완전히 수용한 '시모노세키조약'[7]이 체결되었다. 조약의 주요 내용은, 중국은 요동반도와 대만 섬과 그 부속 도서(팽호도 포함)을 일본에 할양하고 일본의 전비 2억 냥을 "배상하며, 호북의 사시(沙市)와 사천의 중경과 강소의 소주와 절강의 항주를 통상항으로 개항하는 것이었다. 또한 조약은 일본인은 중국의 통상항에서 자유롭게 공산품을 제조할 수 있으며 이에 필요한 각종 기계 설비를 임의대로 들여올 수 있고, 일본이 중국에서 제조한 상품은 수입 상품과 같은 대우를 받는다고 규정했다.

중·일 갑오전쟁이 시작되자 조정과 관료집단 그리고 사회 전반에서 전쟁에 힘을 기울이지 않는다는 불만과 강화를 반대하는 목소리가 터져 나왔다.

갑오전쟁이 시작되었을 때 형식상으로는 광서제가 친정을 한지가 5년째였지만 모든 주요 결정은 자희태후의 의견을 물은 후에 결정했다. 이홍장은 자희태후가 총애하는 대신이었다. 광서제가 가장 신임하는 대신 옹동화(翁同龢)는 이홍장의 전횡에 불만을 품어 왔었고 조선 문제와 중·일전쟁은 그와 일부 대신들에게 이홍장을 공격할 수 있는 기회를 제공했다. 그래서 관료집단 가운데서 황제의 지지를 받는 주전파와 태후의 지지를 받는 주화파가 대립하는 국면이 나타났다. 그러나 실질 내용으로 보자면 양파의 대립은 궁정과 관료집단 내부에서 통상적으로 벌어지는 권력을 차지하기 위한

---

7   신약(新約), 별약(別約), 의정(議訂), 정전(停戰)으로 나누어져 있으나 일반적으로 총칭하여 '시모노세키조약'이라 한다. 『중외구약회편』 제1책, 614-618쪽을 보라.

경쟁에 지나지 않았다. 유약한 광서제는 태후의 의지를 거역하지 못했다. 군기대신 중에서 옹동화와 이홍조(李鴻藻) 등도 국면을 바꿀만한 주장을 내놓은 적이 없다가 이홍장이 군사적으로 실패하자 이러저러한 처벌을 내려야 한다고 주장했을 뿐이었고 본심은 이홍장의 권력을 빼앗는 것이었다. 일본 측에서 이홍장을 담판의 상대로 선정하자 이들은 이 기회를 틈타 모든 책임을 이홍장에게 지웠다. 옹동화는 배상금을 물더라도 영토의 할양은 안 된다고 주장했다. '시모노세키조약'이 체결되자 주전파 대신들은 모두 입을 다물고 기정사실을 인정했다.

본래부터 공허한 논쟁을 일으키는 게 임무인 어사(御史)를 포함하여 조정의 하급 관료들 가운데서 전쟁을 주장하는 인물이 적지 않았지만 이들도 강화조약이 체결되자 반대의견을 표시하지 않았다. 이들의 주장은 한 가지 특징을 갖고 있었다. 이들은 패전과 강화를 구걸한 책임을 모두 이홍장 한 사람에게 돌리고 그를 맹렬하게 공격했다.[8] 이들의 주장대로라면 이홍장 한 사람만 제거하면 모든 사태가 호전될 것 같았다. 이들은 투항주의를 진지하게 반대하지 않았고 반대하는 것은 오직 이홍장의 투항주의였다. 일부 주전파 관료들은 지극히 황당한 주장을 내놓았다. 예컨대, 예부 우시랑 지예(志銳)와 한림원 시독학사(侍讀學士) 문정식(文廷式)은 영국에 은화 수천만 냥를 주고 "영국과 손잡고 왜를 토벌하자(聯英伐倭)"고 주장했고, 양강 총독 장지동은 전쟁을 강력히 주장했지만 한편으로는 영국과 러시아의 도움을 받자고 주장했다. '시모노세키조약'이 체결된 후 장지동은 즉각 반대 의사를 밝혔지만 그가 제시한 대안은 여전히 영국·러시아·독일 등과 후한 이권을

8　이홍장에 대한 여러 가지 논조의 공격은 중국사학회 편:『중국근대사자료총간:중일전쟁』(이후『중일전쟁자료』라 약칭한다) 제3책 61, 109, 327쪽과 제4책 33쪽 등을 보라.

주고 밀약을 맺어 무력으로 도움을 받자는 것이었다.[9] 강도를 반대하기 위해 다른 강도들에게 의지하자는 주장은 이홍장의 투항주의와 근본적으로 다를 게 없었다.

어떤 반동 통치세력이라도 자발적으로 내리막길을 걸으려 하는 경우는 없다. 청 왕조 정부는 일본 같은 신생 자본주의 침략국가에게 당하면서도 반격할 힘이 없어 거액의 배상금과 중요한 영토를 할양해주고 구차하게 목숨을 이어갔다. 봉건 통치계급은 이때 극도로 부패하여 아편전쟁 중의 임칙서 같이 비교적 진정한 의미의 주전파는 다시는 등장하지 않았다. 그들이 표시하는 분노와 "존왕양이(尊王攘夷)" 같은 공허한 주장과 투항정책을 편 관리들에게 쏟아 부은 저주는 사실은 투항주의의 쌍생아와 다름없었다. 장지동 등의 상술한 주장은 봉건 통치자들이 의식적으로 반(半)식민지의 길로 접어듦으로서 자신의 지위를 보전하려는 희망의 표현이었다.

부패 무능한 봉건 통치계급은 중화민족에게 전례 없는 위기를 가져다 주었다. 이제 막 고개를 들기 시작한 연약한 자산계급도 이 위기를 맞아 투항주의에 반대하는 사회여론을 조성했다. 앞에서 설명한 바와 같이(제10장 양무운동에 대한 또 다른 이견), 갑오전쟁에 이르기까지 중국의 민족자본주의는 발전하기는 했지만 민족자산계급은 아직 경제적으로나 정치적으로 독립된 계급을 형성하지 못했고 그들의 대변자는 대부분이 지주계급 출신의 지식분자이거나 매판상인과 관련된 문인이었다. 그들이 내는 목소리는 내용상 상술한 관료분자들의 전쟁지지 주장과 상통하는 면이 많았으나 그래도 자신의 특징을 포함하고 있었다. 몰락한 지주계급의 분노와 공허한 주장과는 구별되는 자산계급 경향의 반 투항주의 여론이 출현한 것은 이전에 중

---

9   왕예생(王藝生), 『60년래 중국과 일본(六十年來中國與日本)』 제2권, 천진대공보관(大公報館) 1932년 판, 370쪽.

국이 경험한 몇 차례의 침략전쟁에서는 보지 못하든 현상이었다.

상해는 이런 여론의 중심이었다. 이 무렵 상해에는 《신보(申報)》, 《신문보(新聞報)》, 《호보(滬報)》 같은 몇 종의 신문이 발행되고 있었는데 모두가 영국인이나 미국인이 창설하여 매판상인이 참여하고 중국의 문인이 편집하고 있었다. 이런 신문들은 독립적인 자산계급의 입장에서 국사를 평론할 수는 없었지만 이런 신문을 통해 비교적 광범위한 사회 인사들이 전쟁과 강화의 진상을 이해할 수 있었다. 집필하는 문인들은 시민대중의 관점을 상당한 정도로 반영했다. 그들은 일본과의 전쟁을 적극적으로 지지했고, 제시한 방법론(예컨대, 가로회 등 회당의 역량을 동원하여 일본을 공격하자는 주장)[10]은 실제와 부합하지 않는 면이 있었지만 청 왕조 당국의 소극적인 정책에 대해 강력한 불만을 표출했다. 그들은 패전의 근본적인 원인은 청 왕조 통치의 부패임을 분명하게 지적했을 뿐만 아니라 강화를 구걸하는 청 왕조 당국의 활동을 강력하게 비난했다. 상해를 중심으로 한 대중적 여론은 자산계급의 정치운동이 머지않아 일어날 것임을 미리 보여주는 사례였다.

과거 시험에 응시하러 북경에 온 강유위(康有爲)는 강화에 반대하는 만언서(萬言書)를 기초하고 각 성에서 올라온 거인 천여 명을 모아 함께 조정에 제출할 준비를 했다. '시모노세키조약'이 체결되자 관직을 얻기 위해 모여든 사람들은 "기정사실은 논하지 않는다"는 옛 말을 따라 모두 흩어졌다. 그러나 강유위가 작성한 만언서는 널리 유포되어 영향이 컸다. 만언서의 주요 내용은 강유위의 제자 서근(徐勤)이 전하는 바에 따르면 다음과 같았다. "강화를 거부하고, 수도를 이전하며, 군사를 훈련하고 변법(變法)을 실

---

10 당시 신문에 발표된 「논방왜불여초왜(論防倭不如剿倭)」, 「논중여일전의출기병이승지(論中與日戰宜出奇兵以乘志)」 등의 글. 아영(阿英) 편 : 『중일전쟁문학집』. 북신서국(北新書局) 1948년 판, 25, 27쪽을 보라.

시한다. 수도를 옮기지 않고서는 강화를 거부할 수 없고 변법을 실시하지 않고서는 나라를 세울 수 없다." 청 왕조 집권파가 강화를 맺지 않을 수 없었던 중요한 원인은 일본이 수도를 공격하겠다는 위협 때문이었다. 그래서 강유위는 전쟁을 계속할 결심을 하자면 수도를 옮겨야 한다고 주장했던 것이다. 관료집단 가운데서도 강유위와 유사한 주장이 나왔으나 집권파는 근본적으로 고려에 넣지 않았다. 강유위 만언서의 가장 중요한 특징은 "변법"이었다. 그는 수도 이전과 군사 훈련은 "임시변통"에 불과하고 근본적인 해법은 "자강의 대책", 즉 변법이었다. 변법의 실행 방법에 관해서 강유위는 각종 기계공업·윤선의 제작·철도와 운수사업을 민간에 허락하고 상인 단체의 설립을 장려하자고 주장했는데, 이는 곧 상인이 함께 투자하여 회사를 운영하게 하자는 것이었다.[11] 강유위의 이런 주장은 강화와 전쟁 문제에서 출발하여 자산계급의 요구를 받아들여 국가의 면모를 개조하자는 초보적인 강령이었으며, 이것은 오직 봉건 통치정권을 유지하는 데서 출발하여 패전과 강화의 책임을 이홍장 한 사람에게만 지우는 주전론과는 분명하게 구분되었다.

중·일전쟁 3단계 : 대만 보위투쟁

요동과 산동 전장에서 현지의 하층 인민들이 자발적으로 일어나 적에 대항하는 투쟁을 벌였지만 봉건 착취와 압박의 질곡 아래서 인민의 역량은 광범위하게 동원될 수가 없었다. '시모노세키조약'이 체결된 후 대만을 지키

---

11 중국사학회 편, 『중국근대사자료총간 : 무술변법』 (이후 『무술변법자료』라 약칭한다) 제2책, 신주국광사 1953년 판, 146, 153쪽.

려는 투쟁 중에 더욱 분명하게 드러난 것은 광대한 하층 인민들 속에 침략자를 반대하는 거대한 역량이 잠재하고 있다는 사실이었다.

대만은 중·프랑스전쟁이 끝난 해(광서 11년, 1885년)에 성으로 승격되었고 그 전에는 복건성에 속한 도(道)였다. 성을 설치한 후 초대 순무 유명전이 대만에서 철도와 전신선로를 가설하고 군사 방위제도를 만들었다. 후임인 소우렴은 중·일전쟁이 발생하자 전쟁이 대만에 파급될 것을 두려워하여 조정에 힘을 쓰서 대만을 떠났다. 그래서 대만 포정사인 당경숭(唐景崧)이 승진하여 순무가 되었다. 당경숭은 10년 전 중·프랑스전쟁 때에 이부의 후보주사(候補主事)였는데 자진하여 월남 북부로 가 유영복과 관계를 맺게 되었다. 그는 유영복의 병력을 이용하자고 주장했는데, 이는 실제로는 농민봉기 중에 생겨난 흑기군을 청의 통치 질서 안에 받아들이자는 주장이었다. 그는 자신의 주장을 성공적으로 완수하여 관직이 날로 높아졌다. 유영복은 중·일전쟁이 발발하자 광동 남오진에서 대만으로 이동 배치되었다. 그의 부하들은 2개 대대밖에 남지 않았으나 대만으로 온 후 점차로 확장하여 8개 대대의 병력을 갖추게 되었다. 당경숭은 자신에게 충성하는 부대를 부유한 대만 북부에 주둔시키고 유영복에게는 방판대만군무(幇辦臺灣軍務)란 직함을 주어 대만 남부를 지키게 하였다.

광서 21년 2월 말, 이홍장이 시모노세키에서 강화회담을 벌이고 있을 때 일본은 해군을 동원해 대만성에 속한 팽호도를 손쉽게 점령했다. 대만의 정세가 위급해졌다. 대만이 할양될 것이란 소식이 점차로 흘러나왔다. 당경숭은 대만 할양을 반대하는 전보 상주문을 조정에 보냈다. 그는 '시모노세키조약'이 체결된 후 대만 할양을 피할 수 있는 "묘책"을 조정에 제시했는데, 그것은 대만에 서방 각국의 조계지를 설치하고 광산개발을 서방 각국에 허락하자는 방안이었다.[12] 당경숭의 발상은 일본이 대만을 독점하면 그의 순무 직이 없어지게 되므로 열강이 대만에서 "이익을 균점하게" 하면 자신의 지위를 보전할 수 있다는 것이었다. 그가 제시한 황당한 묘책은 실현되지는 않았지만 그런 방안은 청 왕조의 통치자들이 일정 정도는 전국에 걸쳐 실행하고 있던 것이었다.

대만의 각 계층 인민들은 '시모노세키조약'에 대해 강렬한 항의를 표시하고 저항할 준비를 했다. 정부가 자신들을 팔아먹었기에 분노한 인민대중 앞에서 당경숭은 생명의 위협을 느꼈다. 그는 대만 인민과 함께 일본 침략자에 저항할 용기도 없었고 인민의 분노가 우선 자신을 향할 것을 두려워했다.

청 조정이 대만 할양 절차를 처리하기 위해 파견한 이경방(李經方)은 광서 21년 5월 9일에 기륭 항에 가까운 곳에 정박한 일본 군함 위에서 대만을 넘겨주는 문서에 서명했다. 이보다 앞서 청 조정은 당경숭과 대만의 대소 관원들에게 대만을 떠나라는 명령을 내려두었다. 당경숭은 즉시 대만을 떠나지는 않았다. 그는 처음에는 국제 간섭이 대만 할양을 불가능하게 만들 것이란 환상을 갖고 있었고 후에는 일본 침략자에게 저항하자고 요구하는 인민들에게 포위되어 있었기 때문에 달아날 수가 없었다.

할양 반대와 일본 침략자 반대는 이미 대만에서 끓어오르는 민중운동이 되어가고 있었다. 이 운동의 시작 단계에서는 일부 지방 신사들이 이끌었는데 그 중에서 가장 저명한 인물은 구봉갑(丘逢甲)이었다. 그는 대만 묘율(苗栗)현 사람으로서 진사과에 급제했으나 관직에 나간 적이 없었고 갑오전쟁이 일어났을 때 나이는 31세였다. 그는 사상면에서는 자산계급의 경향을 띤 지식분자였다. 전쟁이 발생하자 그는 단련을 조직했다가 후에 의군(義軍)이라 개칭했다. 구봉갑으로 대표되는 애국적 신사들은 청 왕조 정부에 대해 절망하지 않을 수 없었으나 그래도 당경숭에게 대만에 남아 저항

---

12 『중일전쟁자료』 제6책, 387쪽.

의 지도자가 되라고 요청했다. 당경숭이 거느린 병력이 절실히 필요했기 때문이었다.

일본군은 5월 6일에 기륭 동쪽 저오(底澳)에서 상륙한 후 삼초령(三貂嶺)과 서방(瑞芳)을 거쳐 기륭과 대북 방향으로 진군했다. 당경숭은 지형에 익숙한 현지인의 무력에 의존하지 않고 자신이 광동에서 데려온 병력에 의존했는데, 이 부대는 훈련도 부족하고 기율도 없어서 다수가 적을 만나자 달아났고 소수만 남아 한 차례 저항했다. 5월 12일, 한 무리의 패주병이 대북 성에 들어와 방화 약탈을 자행하자 성은 혼란에 빠졌다. 당경숭은 혼란을 갈아 앉힐 생각은 하지 않고 변장한 체 대북을 빠져나가 영국 선박을 타고 하문으로 달아났다. 대세가 이미 기울었다고 판단한 구봉갑은 당경숭이 달아난 두 달 후에 전 가족을 데리고 대만을 떠나 광동으로 달아났다. 계속하여 침략자에게 저항한 의군의 영수 가운데 가장 널리 이름을 떨친 인물은 서양(徐驤)으로서, 그는 묘율현의 학생이었다. 그와 같은 현의 학생 오탕흥(吳湯興), 같은 현의 학생 강소조(姜紹祖)는 각기 한 무리의 의군을 이끌고 신죽(新竹)과 묘율 일대에서 기륭과 대북을 거쳐 남하해오던 침략군을 공격했다. 그들의 부대는 모두가 비교적 하층 민중에 가까운 청년 지식분자였다. 강소조는 나이가 22세에 불과했다. 그들이 이끌던 의군은 주로 농민이었다. 그들은 전투 중에 대남(臺南)에 주둔하고 있던 유영복의 지원을 받았다.

이때 유영복은 대만에 잔류한 청 왕조의 관원 가운데서 직급이 가장 높은 인물이었다. 대북이 함락된 후 유영복은 대만 인민에게 함께 끝까지 싸우자는 포고문을 발표했다. 윤5월 초, 일본 군함이 대남의 입구인 안평항을 공격하자 유영복은 직접 부대를 이끌고 항구를 지켜 일본군의 상륙을 막았다. 일본군은 육로를 통해 북에서 남으로 한 발짝씩 진군할 수 밖에 없었다. 유영복은 일부 병력을 보내 서양 등의 의군과 함께 대만 중부에서 작전을 벌이게 하였다. 이때 참가한 병력 가운데는 원래는 "비적"으로 불리던 간정화(簡精華), 임의성(林義成), 황영방(黃榮邦)의 부대도 있었다. 유영복의 흑기군과 인민 무장부대는 용감하게 싸웠다. 그러나 그들은 성 하나하나를 사수하는 전략을 택했기 때문에 일본군이 성을 점령할 때마다 상당한 손실을 대가로 치르도록 하는 것 외에는 별다른 전과를 내지 못했다. 의군의 지도자 오홍탕, 강소조와 유영복의 부장 양자운(楊紫雲), 오팽년(吳彭年), 양사홍(楊泗洪) 등은 용감하게 전사했다. 일본군은 대중(臺中)을 점령하고 대남으로 진격했다. 서양도 대남의 북쪽 관문인 가의(嘉義) 성을 지키다가 전사했다. 서양의 전사와 함께 일본 해군도 대남 남쪽 타구(打狗)에서 상륙하여 타구 포대를 점령했다.

유영복은 끝까지 대만에 남아 싸울 결심을 하지는 않았다. 전장의 형세가 불리하게 돌아가자 그는 일본군에게 대만을 물려주는 조건으로 두 가지 요구를 제시했다. 첫째는 "백성을 후하게 대하고 짓밟지 말 것." 둘째는 유영복 자신과 부하들이 "내지로 돌아갈" 배를 제공해줄 것. 특히 수치스러운 것은 유영복이 일본군에게 보낸 편지에서 다음과 같이 말했다는 점이다. 그의 부대는 모두 대남 성안에 주둔하고 있고 "나는 병력을 움직여 공격한 적이 결코 없으며," 대중 각지에서 벌어진 전투는 모두 "대만 현지인들의" 소행이다.[13] 일본군은 회신에서 유영복의 요구 조건을 오만하게 거절하고 일본군 진지로 직접 찾아와 항복하라고 요구했다.

유영복은 9월 초에 당경숭과 같은 방법으로 부하와 대만 인민을 버렸다. 그는 거금을 주고 영국 상선을 고용하여 변장한 채로 대만을 빠져나가 하문으로 달아났다. 유영복에게 산간지역으로 물러나 전투를 계속하자고 건의한 사람이 있었지만 유영복은 그렇게 할 수가 없었다. 그는 이미 봉

13 『중일전쟁자료제』 6책, 495-496쪽.

건 관료집단에 동화되었기 때문에 완강하게 투쟁하는 대만 인민들과 결합될 수가 없었다.

일본군은 대만 전체를 점령했지만 대만의 여러 민족 인민들 가운데서 저항은 끊어지지 않았다. 일본군 점령 후에도 대중 저항을 이끈 초기의 저명한 지도자들은 임대북(林大北), 진추국(陳秋菊), 가철(柯鐵), 간대사(簡大獅), 첨아서(詹阿瑞) 등이었다. 대만 인민의 저항을 진압하기 위해 일본은 대만에서 엄격한 군사통치를 실시했다. 일본이 대만을 점령한 50년 동안 대만의 광대한 인민은 침략자에 대항하는 투쟁을 멈춘 적이 없었다.

제3편

무술유신과 의화단 운동

러시아와 요동반도

갑오전쟁에서 일본 군국주의에 굴복한 중국은 마지막 숨을 몰아쉬는 거인과 같았다. 제국주의 열강은 굶주린 이리떼처럼 앞 다투어 달려들어 거인의 사지를 찢고 피와 살점을 삼켰다. 그들은 서로 간에도 먹이를 놓고 격렬하게 싸웠다.

갑오전쟁 후에 가장 먼저 중국에 마수를 뻗친 나라는 러시아였다.

'시모노세키조약'에는 요동반도를 일본에게 할양한다는 조항이 있었다. 러시아가 이 조항에 대해 지극히 민감하게 반응했다. 러시아는 독일·프랑스와 연합하여 일본 정부에게 요동반도 점유를 포기하라고 요구했다. 일본은 러시아를 우두머리로 하는 3국 연합에 맞설 군사적 실력이 없었고 미국과 영국도 실력으로 일본을 도와줄 형편이 아니었으므로 일본은 3국의 요구를 받아들일 수밖에 없었다. 3국이 미리 일본과 협의하여 정한 방안을 따라 일본은 중국으로부터 은화 3천만 냥을 받고 요동반도를 포기했다.

러시아가 개입한 것은 당연히 중국을 위해서가 아니었다. 러시아는 요동반도라는 멋진 먹이를 자신이 차지하고 싶었다. 러시아는 네르친스크조약에서 중국의 영토로 규정된 흑룡강 이북, 우수리강 이동의 약 백만 평방

킬로미터의 영토를 강점한 바 있지만 러시아의 야심은 여기서 멈추지 않았다. 러시아의 태평양 연안 항구는 겨울이면 얼어붙어 통행할 수가 없었고 70년대부터 러시아의 침략정책의 중요한 목표 가운데 하나는 극동지역에서 부동항을 확보하는 것이었다. 중국 발해만 연안에 위치한 대련과 여순이 러시아에게는 매력적인 목표였다.

러시아는 1891년부터 서시베리아 철도를 건설하기 시작했는데, 그 주요한 전략적 목표의 하나가 바로 중국침략이었다. 갑오전쟁이 아직 진행 중일 때 러시아의 외무대신 로바노프(Alexei Lobanov)는 황제에게 올린 보고서에서 다음과 같이 말했다. "우리는 태평양에서 부동항을 획득해야 하며, 서시베리아 철도 건설을 손쉽게 한다는 관점에서 보자면 우리는 만주의 약간 부분을 겸병하지 않을 수 없다."[1] 1895년에 서시베리아 철도의 노반공사가 치타까지 완공되자 러시아는 일본을 압박하여 요동반도를 반환하게 하는 한편 청 왕조 정부를 향해서는 이 철도가 중국의 만주지역을 통과해 블라디보스토크까지 연결되도록 해달라고 요구했다. 재무대신 비테(Sergei Witte)는 1896년 4월 황제에게 올린 보고서에서 다음과 같이 말했다. "정치적 전략적 관점에서 볼 때 이 철도는 어떤 조건에서도 최단 거리로 우리의 군사력을 블라디보스토크로 운송하여 만주와 황해 해안 및 중국 수도의 근거리에 집중할 수 있게 해 줄 것이다. 상당수의 러시아 군대가 상술한 거점에 출현한다면 중국뿐만 아니라 극동에서의 러시아의 위신과 영향력이 증가할 가능성이 매우 크며 중국에 속한 부족과 러시아의 접촉을 촉진할 것이다."[2]

러시아가 주도한 3국 간섭으로 일본이 요동반도를 중국에 반환했기 때문에 청 정부로서는 간단히 말해 러시아가 "구원자"였다. "구원"에 보답

---

1   『홍당잡지유관중국교섭사료선역(紅檔雜誌有關中國交涉史料選譯)』. 150쪽.

2   전게서, 169쪽.

하기 위해 이홍장이 광서 22년(1896년) 3월에 러시아 황제 니콜라이 2세의 대관식 축하 사절로 파견되었다. 러시아는 이 기회를 이용해 이홍장을 부추겨 하나의 비밀조약을 체결했다. 비밀조약의 중심 내용은 러시아가 중국의 흑룡강과 길림을 경유하여 블라디보스토크로 연결되는 철도를 부설하는데 중국이 동의하는 것이었다. 비밀조약은 다음과 같이 규정하고 있었다. "평상시에 러시아는 중국을 경유하는 이 철도를 통해 군량을 수송하며," "전쟁이 발생한 긴급한 상황이면 중국의 모든 항구에 러시아 전함이 기항할 수 있다." 이 비밀조약에 근거하여 훗날 러시아가 지배하는 "동청철도(東淸鐵道)"가 건설되게 된다.

중·러 비밀조약이 체결된 1년 후에 러시아는 출병하여 여순과 대련을 점령했다. 러시아의 여순과 대련 강점은 독일의 교주만(膠州灣) 강점과 관련이 있었다. 달리 말한다면, 독일이 교주만을 빼앗도록 러시아가 부추기고 이를 빌미로 러시아 자신은 음모와 궤변을 통해 여순과 대련을 빼앗는 기회를 만들었다고 할 수 있다.

독일은 3국 간섭에 참여하여 일본이 요동반도를 반환하게 한 후 그 "보수로서" 청 정부를 압박하여 천진과 한구 두 곳에 조계지를 얻었다. 또한 독일은 중국에서 항구 하나를 점령하고 싶어 했다. 1896년 12월, 중국 주재 독일 공사 폰 하이킹(Edmund Friedrich Gustav von Heyking)이 총리아문에 산동성 교주만을 지명하여 요구하였다. 총리아문은 "각국이 전례로 삼을 염려가 있어 곤란하다"는 이유로 거절했다.[3] 그러나 독일은 청 정부의 거절 이유를 배제하기 어려운 장애로 보지 않았으며 독일이 염려하는 것은 독일의 요구에 대한 러시아의 태도였다. 러시아도 교주만에 대해 깊은 "흥미"를 갖고 있어서 러시아 함대가 교주만에서 겨울을 날 수 있도록 이미 청 정부

---

3   『옹문공공일기(翁文恭公日記)』. 광서22년 11월 22일.

의 동의를 받아놓고 있었다.

독일은 러시아가 독일의 교주만 점령을 적극적으로 지지하지는 않지만 그렇다고 독일의 행동에 간섭할 수도 없다고 판단했다. 산동성 조주(曹州)부 거야(巨野)현에서 두 명의 독일 선교사가 살해되는 사건이 발생하자 독일은 이를 빌미로 광서 23년 10월(1897년 11월)에 교주만을 무장 점령했다. 독일 황제 빌헬름 2세는 러시아에 독일 함대가 "교주를 점령"하려 한다고 정식으로 통보했다. 니콜라이 2세는 즉각 다음과 같은 회신을 보냈다. "귀하가 독일 함대를 교주만으로 파견하는 것에 대해 본인은 찬성할 수도 없고 찬성하지 않을 수도 없다."[4] 그러면서 러시아는 러시아 함대가 그해에도 전과 같이 교주만에서 겨울을 날 것이라고 선포하는 한편 러시아 외무대신 무라비에프(Mikhail Nikolayevich Muraviev)가 이 성명을 독일 정부에 전달했다. 독일은 러시아의 성명에 대해 큰 불만을 표시했다.

러시아의 속셈은 북경 주재 대리공사 파블로프(Ivanovich Pavlov)가 외무대신 무라비에프에게 보낸 전보에서 부분적으로 드러나고 있다. 파블로프는 러시아 함대가 교주만에 진입할 것이란 소식은 "중국의 대신들에게 가장 강렬한 인상을 주었다"고 말했다. 그는, 중국의 대신들이 "중국이 독일과의 현재의 갈등을 해결하는데 우리가 중국 정부에게 적극적인 도움을 줄 것이라고 확신할 수 있도록 해준다면 우리가 중국 정부에게 제시한 약간의 기타 문제, 다시 말해 군사훈련, 송화강 항행과 통상, 산해관 이북의 철도 부설 등등은 반드시 우리가 원하는 대로 신속하게 결정될 것"이라고 말했다.[5] 이것은 기회를 이용하여 러시아가 중국에서 새로운 권익을 탈취할 생각을 갖고 있음을 분명하게 보여준다.

---

4 『홍당잡지유관중국교섭사료선역』. 89쪽.
5 『홍당잡지유관중국교섭사료선역』. 112쪽.

이보다 앞서 총리아문 대신이든 이홍장은 두 차례나 직접 파블로프를 찾아가 러시아가 독일의 교주만 점령을 간섭해주기를 요청했다. 그는 러시아 함대가 교주만에 진입할 것이라는 소문을 듣고 거의 매일 사람을 러시아 공사관으로 보내 염탐하게 했다. 그러나 러시아 함대는 교주만에 진입하지도 않았을 뿐만 아니라 오히려 여순과 대련 항구를 강점했다. 독일 정부는 러시아의 목적을 간파한 후 외교 경로를 통해 러시아 정부에게 다음과 같이 통보했다. "(독일 정부는) 러시아의 대응을 보고 상응하는 이익을 획득할 것이다."[6]

러시아와 독일 양국은 사실상 각기 중국의 항구 하나씩을 점령했다. 그러면서도 러시아 정부는 중국 정부의 독일에 대한 조처를 돕고 있다고 주장했다. 러시아의 대리 공사 파블로프는 총리아문에 다음과 같이 통지했다. 러시아는 중국의 영토를 차지할 의사가 없으며 여순과 대련을 점령한 이유는 중국이 독일의 침략을 받지 않게 하기 위해서이다, 독일군이 철수하면 러시아군도 즉시 철수 할 것이다. 청 왕조 정부는 이 말을 믿고 러시아 함대에 석탄을 제공했다.

독일 함대가 무기한 교주만에 머물게 되었으니 러시아도 무기한 여순과 대련 항구에 머물 수 있는 명분을 갖게 되었다. 광서 24년 3월 6일(1898년 3월 27일) 러시아는 청 정부를 강제하여 '여순·대련조지조약(旅大租地條約)'을 체결했다. 이 조약의 체결을 서두르기 위해 러시아는 최후통첩을 발표하여 청 정부를 위협[7]하는 한편 담판을 책임진 이홍장과 장음환에게는 각기 거액의 뇌물을 보냈다. 러시아 측의 문서를 보면 이홍장은 보내온 은화 50만

---

6 『덕국외교문건유관중국교섭사료선역(德國外交文件有關中國交涉史料選譯)』 제1권, 상무인서관 1960년 판. 184쪽.

7 왕도부 편. 『청계외교사료』 제130권, 13쪽.

냥을 그 자리에서 받았고 장음환은 "뇌물 수수 때문에 무수히 기소되었기 때문에 소문이 같아 앉은 후에" 보내온 50만 냥을 받겠다고 했다.[8] 중국 정부를 대표한 이홍장과 장음환, 중국 주재 러시아 공사 파블로프가 '여순·대련조지조약'에 서명했는데, 이 조약에 따라 러시아가 여순항과 대련만, 그리고 그 부근 수역의 주인이 되었을 뿐만 아니라 러시아는 광서 22년(1896년)에 결정된 만주 지역을 '관통하는 간선 철도와 대련을 연결하는 철도를 건설할 수 있는 권리를 갖게 되었다. 이 철도가 바로 하얼빈과 대련을 연결하는 이른바 '남만철도(南滿鐵道)'이다.

이렇게 하여 청 정부는 은화 3천만 냥을 주고 요동반도를 회수했다가 만주 전체-중국의 동북 지역-를 사실상 러시아가 지배하도록 내주었다.

정치적 예속을 강요한 차관

갑오전쟁이 끝난 몇 년 후에 청 정부에 차관을 제공하는 일이 중국을 침략한 열강의 주요 관심사가 되었다. 열강은 채권자가 되기 위해 치열하게 경쟁했다. 그들의 북경 주재 공사들은 총리아문 문전에서 서로 다툼을 벌였고 차관제공 계약을 체결하기 위해 청 관리들에게 다량의 뇌물을 제공했다.

중·일 갑오전쟁 이전 30여 년 동안 청 왕조 정부는 외국으로부터 25차례에 걸쳐 총액 4천 백만 냥의 외채를 빌려왔다. 갑오전쟁 이전에 외채는 모두 상환되었다. 갑오전쟁 후 열강이 중국에 제공한 차관은 금액도 전대미문의 크기이지만 정치적 예속성이 매우 강했다.

---

8   『홍당잡지유관중국교섭사료선역』. 210쪽.

'시모노세키조약'에서 규정한 "배상금"은 2억 냥의 거액이었고 조약 비준 후 6개월 후에 5천만 냥을 지급하고 나머지는 연리 5%로 분할 지급하도록 되어 있었다. 여기다가 후에 요동반도를 반환하는 보상으로서 3천만 냥을 반 년 이내에 지급해야 했다. 당시 청 왕조 정부의 연간 재정수입은 9천만 냥에 미치지 못했다. "배상금"을 지급하기 위해 청 정부가 할 수 있는 유일한 방법은 외채를 빌리는 것이었다. 제국주의 열강도 이 기회를 빌어 청 정부에게 정치적 조건이 붙은 차관을 제공했다. 러시아, 프랑스, 영국, 독일, 미국 등이 차관을 제공하기 위해 경쟁을 벌였는데 특히 영국과 러시아 두 나라가 치열한 경쟁을 벌였다.

'시모노세키조약' 체결 후 4년 동안 청 정부는 7차례 차관을 들여왔다. 그중 3번째인 광서 21년(1895년)에 러시아로부터 들여온 차관이 가장 큰 금액이었고 광서 22년(1896년)의 영국 차관과 광서 24년(1898년)의 영국 차관은 매번 금액이 은화 1억 냥이었다.

영국은 '시모노세키조약'이 체결된 후 중국 총세무사를 맡고 있던 혁덕을 통해 영국의 은행이 독점하여 대규모 차관을 제공하도록 교섭했다. 청 정부의 친구인냥 요동반도 문제에 간섭하고 있던 러시아, 프랑스, 독일 3국은 이 소식을 접하고 방해에 나섰다. 특히 일본에 대한 간섭에 앞장서고 있던 러시아는 청 정부에게 차관은 러시아가 독점 제공하겠다고 제안했다. 그러나 러시아는 재력이 충분하지 않아 프랑스에 협력을 요청했다. 1895년 7월 페테르부르크에서 러시아와 프랑스 은행이 연합하여 청 정부에 4억 프랑(은화 1억 냥)을 차관을 제공하는 계약이 체결되었다.

러시아·프랑스 집단은 차관 제공 경쟁에서 첫 번째의 승리를 거두었다. 이들로부터 배제된 독일은 돌아서서 영국과 협력했다. 러시아·프랑스 차관제공 계약이 체결되기 전 청 정부는 영국과 독일에게 다음 차례는 그들에게 돌아갈 것이라는 언질을 주었다. 1890년 1월, 영·독 양국의 중국 주재 공사가 총리아문에 영국의 회풍은행(匯豊銀行)과 독일의 덕화은행(德華銀行)이 천 6백만 파운드(역시 은화 1억 냥에 상당)의 차관을 제공하겠다고 제안하는 한편 계약서 초안까지 들고 와 기한 내에 계약을 체결하자고 요구했다. 러시아와 프랑스 양국은 양보하려 하지 않았다. 러시아의 재무대신 비테가 러시아·프랑스·독일·네델란드 4국 공동차관을 제안했으나 영국이 강력하게 반대하고 독일도 참여를 원치 않아 성과가 없었다. 영·독 독점 차관을 성사시키기 위해 분주한 활동을 벌이던 혁덕이 자신이 차관 문제를 처리하도록 총리아문을 설득하여 동의를 얻어냈다.

광서 23년(1897년) 하반기에 청 정부는 갑오전쟁 마지막 배상금을 지불하기 위해 세 번째의 대규모 차관 도입을 진행했다. 이홍장이 이 일의 책임자로 임명되었다. 그는 원래 열강을 제쳐두고 상해의 외국 상인으로부터 직접 차관을 들여올 계획이었으나 성공하지 못했다. 이때 제국주의 열강의 중국 연해지역 항구 획득, 세력범위 분할, 중국 침략에서의 우선적인 지위 확보를 위한 경쟁은 정점에 도달했다. 청 정부의 차관도입은 러시아와 프랑스를 일방으로 하고 영국과 독일을 다른 일방으로 하는 격렬한 쟁탈전에 휘말리지 않을 수 없었다. 쌍방은 각기 조건을 제시하며 차관제공을 독점하기 위한 경쟁을 벌였다. 각국 공사들이 하루도 빠짐없이 총리아문을 드나들며 협박과 유혹을 동시에 진행했고 영국과 러시아 정부도 런던과 페테르부르크에서 교섭을 벌였다. 경쟁의 결과는 영·독 측의 또 한 번의 승리였다. 이때의 차관을 영·독 지속차관이라고 불렀다.

매번의 대규모 차관은 채권국에게 중국에서의 정치적 지위를 강화시켜 주었다. 제국주의 열강의 차관권 쟁탈전은 중국에서의 세력권 분할 경쟁과 중국에서의 우선적 지위를 차지하기 위한 경쟁과 하나로 결합되었다. 예컨대, 1895년 러시아·프랑스 차관의 성립은 러시아 세력이 만주로 남하하고 프랑스 세력이 광동·광서와 운남으로 깊숙이 침투하는 길을 열어주었다. 1898년에 영국 위주의 영·독 지속차관이 성립되었을 때 영국은 총리아문을 압박하여 외교 각서의 형식으로 장강 연안 지역을 "중국은 절대로 다른 나라에게 양도하거나 조차해주지 않을 것"[9]이라고 밝히게 했다. 이때 청 정부는 처음으로 정식 문건을 통해 장강 유역은 영국의 세력범위임을 인정했다.

세 차례의 대규모 차관에서 두드러진 현상은 열강의 중국 세관과 중국 재정의 통제권을 둘러싼 쟁탈전이 벌어졌다는 점이었다. 당시 관세 수입은 매년 약 2천만 냥 정도로서 청 왕조 정부의 주요한 재정 수입원이었다. 세관의 장악은 기본적으로 중국의 재정을 좌우할 수 있을 뿐만 아니라 중국에 대한 자본수출의 안전을 보장할 수 있음을 의미했다. 세 차례의 차관은 모두 관세수입을 담보로 하였다. 관세 수입의 절대부분(약 7/10)이 차관 원리금 상환에 사용되었으니 세관은 실질적으로 채권국들의 채권회수 기관이 되었다.[10] 더욱 중요한 것은 세관을 장악함으로써 중국의 수출입 무역을 통제할 수 있다는 점이었다. 제국주의 열강은 낮은 세율로 상품을 수출하고 원료를 수입할 수 있게 되었으므로 중국이 보호관세를 적용할 가능성을 원천적으로 봉쇄했다. 세관을 장악한 국가는 나머지 국가의 경쟁수단을 박탈하는 효과를 볼 수 있었다.

60년대 이후로 중국의 세관은 영국인이 장악해왔다. 러시아·프랑스 차관 담판과정에서 러시아와 프랑스 양국은 차관제공 은행단을 통해 세관보다 상위의 조직을 만들어 중국의 관세수입과 토지세 그리고 지방 상업세를 포함하는 재정수입 전체를 통제하고 영국의 중국내 세력을 배제하려는 계획을 세웠다. 1896년 제2차 대규모 차관제공을 논의할 때 프랑스 정부는

---

9 『중외구약장회집』 제1책, 732쪽.

10 Morse, 『중화제국대외관계사』 제3권, 421쪽

총리아문에 프랑스인이 세관을 관리하도록 하자는 제안을 내놓았다. 영국과 독일이 이때의 차관권을 가져갔기 때문에 프랑스의 희망은 실현되지 못했다. 세 번째의 대규모 차관 성립에서도 세관은 주요 쟁탈 목표였다. 러시아는 이홍장에게 세 가지 차관 조건을 내놓았는데 그 첫 번째가 "중국 세관 세무사에 결원이 생겼을 때 러시아인으로 충원"한다는 것이었다. 그러자 영국이 크게 반발했다. 영국 공사는 총리아문에 다음과 같이 통지했다. "차관 제공 여부에 관계없이" 영국 정부는 중국 세관의 "총세무사의 직위는 반드시 영원히 영국인이 담당"하기로 "결정"했다. 영·독 지속차관 계약에서는 "이번 차관이 상환되지 않을 시에는 중국의 세관사무의 처리는 현재의 처리방식대로 처리"한다는 특별한 규정을 두었다. 이 규정에 따라 영국은 최소한 1934년까지 중국 세관을 장악할 수 있게 되었다.

세 차례 차관의 상환 기한은 앞의 두 차관이 36년이었고 세 번째 차관은 45년이었으며 조기 상환은 인정되지 않았다. 이 규정은 갑오전쟁 이후에 새로 등장한 현상이었다. 이 시기의 차관은 자본주의 국가의 통상적인 경제차관이 아니라 독점조직의 자본수출이었다. 채권국은 차관이란 수단을 통해 경제적 이익을 추구하는데 그치지 않고 장기적으로 중국의 주권을 차지하려고 했던 것이다.

철도 강탈

열강은 세 차례의 대규모 차관권 쟁탈전을 벌이는 동시에 중국에서 철도 부설권을 차지하려는 투쟁을 벌였다.

청 왕조 정부는 외국인이 중국에서 철도를 부설하려는 시도를 힘써 막아왔다. 광서 2년(1876년)에 영국의 이화양행(怡和洋行)이 허가 없이 상해에서 오송에 이르는 전장 15킬로미터의 경편철도를 부설했다. 다음 해에 청 정부는 28만 5천 냥을 주고 이 철도를 회수하고 이 짧은 철도를 철거해버리는 극히 수구적인 태도를 보였다. 이후 일부 양무파 관료들이 철도 건설을 주장했다. 광서 7년(1881년), 이홍장이 개설한 개평광무국은 석탄을 운송하기 위해 영국인의 도움을 받아 당산(唐山)에서 서각장(胥各莊)까지 철도를 부설하였고 이후로 광서 7년(1881년)에는 서쪽으로 천진까지, 광서 20년(1888년)에는 동쪽으로 산해관과 관외의 수중(綏中)까지 지속적으로 노선을 연장하였다. 이것이 중·일 갑오전쟁 이전 북방의 유일한 철도로서 전체 길이가 320여 킬로미터였다. 남방에는 대만의 기륭에서 신죽 사이의 77킬로미터의 철도가 유일한 것이었다. 갑오전쟁 이후 청 정부는 제국주의 열강의 철도 쟁탈전 앞에서 속수무책이었다. 청 정부는 처음에는 마지못해, 다음으로는 자발적으로 할인 판매하듯 철도 노선 하나씩을 넘겨주었다.

제국주의는 철도를 낙후한 국가를 착취하고 침략하는 전략수단으로 삼았다.[11] 제국주의는 차관이란 형식을 통해 청 정부가 철도를 부설하게 만들었고 이때 각종의 조건을 붙였다. 철도 노선 하나를 건설한다는 것은 그 철도 자체와 철도에 인접한 지역까지 지배한다는 것을 의미했다. 철도 부설을 통해 제국주의의 세력은 중국의 연해지역 항구에서 광대한 내지 깊숙이까지 침투했다. 철도건설 그 자체만으로도 거대한 경제적 이익을 거둘 수 있었다.

제국주의는 불평등조약을 통해 철도부설권을 얻어냈다. 러시아가 건설한 동청철도와 남만철도가 대표적인 예이지만 훨씬 더 많은 철도가 차관을 통해 건설되었다.

---

11 『제국주의는 자본주의의 최고단계이다』의 프랑스어 판과 독일어 판의 서문. 『레닌전집』 제2권, 578쪽.

열강이 중국에 철도차관을 제공한 횟수도 여러 차례이지만 그 규모도 매우 컸다. 청 왕조 정부에서 국민당 정부에 이르는 시기인 1898년에서 1946년 사이에 철도차관과 일시 차입금을 도입한 횟수가 도합 78차례인데 그중에서 1898년에서 1936년 사이에 도입된 차관의 총액이 7억 2천 3백만 위안이었다. 여기서 우리는 1898년에서 1900년 사이에 4차례에 걸쳐 총액 1억 3천 7백여 만 위안의 철도차관이 도입되었음을 주목해야 한다.[12] 이 시기에 건설된 노한철도(노구교-한구), 진진(津鎭)철도(천진-진강), 월한(粵漢)철도(무창-광주) 3개 노선은 중국의 심장부를 가로질렀다.

노한철도 건설 문제는 갑오전쟁 이전에 이미 제기되었다. 갑오전쟁 후 청 정부는 처음에는 정부 재정으로 이 철도를 건설할 계획이었지만 국고가 비어있어서 실행할 수가 없었다. 그래서 관독민영 방식이 제기되었으나 기왕의 관독민영 기업의 경영이 너무나 부패했던 탓에 민간자본이 참여하지 않아 무산되었다. 결국은 차관을 들여와 서양인이 독점 건설할 수 밖에 없었다. 청 정부는 대형 매판 성선회에게 철도 운영책임을 맡겼다.

차관으로 철도를 건설한다는 방침이 정해지자 열강이 벌떼처럼 달려들었다. 영국, 미국, 프랑스, 독일이 다투어 차관 조건을 제시했다. 영국은 차관을 제공하여 노한철도와 그 지선까지 건설하겠다고 요구했을 뿐만 아니라 월한철도의 건설까지도 요구했다. 미국은 한편으로는 담판을 벌이면서 한편으로는 몰래 월한철도의 노선을 탐사했다. 벨기에 공사도 호북으로 사람을 보내 장지동과 접촉했다.

이홍장은 벨기에로부터 차관을 도입할 것을 주장했다. 벨기에는 러시아·프랑스와 관계가 긴밀했다. 벨기에와 프랑스 은행이 손을 잡았다. 벨기에

---

12 엄중평(嚴中平), 『중국근대경제통계자료선집』, 과학출판사 1955년 판, 190쪽 부표에서 인용

로부터 차관을 들여오면 노한철도의 부설권은 러시아·프랑스 진영에 주어야 했다. 이 점을 이홍장은 알고 있었고 장지동도 알고 있었다. 그런데도 이홍장과 장지동은 벨기에는 "소국"이라 후환이 없을 것이라고 주장했다.[13]

그러나 벨기에는 이들의 기대를 저버렸다. 벨기에는 가서명한 계약서의 합의내용을 번복하고 더 많은 권리를 얻기 위해 차관의 조건을 까다롭게 바꾸었다. 프랑스와 러시아 공사는 공공연하게 벨기에를 지지하는 발언을 했다. 1898년 6월에 노한철도의 차관계약이 마침내 체결되었다. 차관의 총액은 450만 파운드로서 1909년부터 20년간 분할 상환하는 조건이었다. 계약의 제10조는 "이 철도 노선과 그 차량, 그리고 운행 수입"을 차관의 담보로 하며 중국 측에서 계약 내용대로 원리금을 상환하지 못할 때는 벨기에 회사가 "돌본다"고 규정하고 있었다.[14]

영국의 입장에서 보자면 러시아·프랑스 진영이 노한철도 부설권을 얻은 것은 영국의 장강 유역 세력범위에 한 발을 들여놓은 것과 마찬가지였다. 계약이 청 정부 당국의 비준을 받기도 전에 영국 정부는 중국 주재 공사 맥도날드(Maxwell MacDonald)에게 다음과 같은 훈령 전보를 보냈다. "이런 종류의 양여는 더는 상공업적 활동이 아니라 장강 유역에서의 영국의 이익을 반대하는 정치활동"이므로 총리아문에 영국이 반드시 새로운 제안을 제출할 것임을 알려야 한다. 머지않아 영국은 다섯 개 노선의 철도를 건설하겠다는 제안을 내놓았다(1. 천진-진강 철도, 2. 산서-하남-장강 연안 철도, 3. 구룡-광주 철도, 4. 포구-신양(信陽) 철도, 5. 소주-항주-녕파 철도). 영국은 이들 철도의 건설조건이 노한철도와 완전히 동일해야 한다고 요구했다. 영국 정부는 맥도날드에게 내린 훈령에서 다음과 같이 강조했다. "이에 귀하에게 그

---

13 『중국근대철로사자료』 제1책, 201쪽.
14 『중외구약장회편』 제1책, 775쪽.

들(청 정부를 가리킴-저자)이 즉시 동의하지 않으면 영국 정부는 그들의 노한 철도에 관한 배신을 고의적인 적대행동으로 간주하고 그에 상응하는 행동을 취할 것임을 그들에게 알릴 권한을 부여하며," "귀하는 함대사령관과 협의한 후 그들의(진진[천진-진강]철도 등 5개 노선 부설권 요구에 대한) 답변 시한을 정해 통첩해도 좋다."[15] 이러한 "제안"과 "훈령"은 제국주의가 중국을 기만하고 압박한 표본적인 문건이었다고 할 수 있다. 이런 문건의 야만적이고 자의적인 성격에 대해서는 설명을 더할 필요가 없을 것이다.

제국주의의 위협 앞에 습관적으로 굴복해 온 청 정부는 진진철도는 "별도로 논의"하기로 하고 나머지는 영국의 요구와 조건을 전부 받아들이겠다고 밝혔다.[16] 진진철도에 관해서는 "별도의 논의"가 필요했던 이유는 독일이 산동은 자국의 세력범위이므로 진진철도 노선 중에서 산동을 지나는 부분은 독일이 부설권을 갖고 있다고 주장했기 때문이었다.

그러나 진진철도에 관한 "별도 논의"는 청 정부를 제쳐둔 채 런던에서 영국과 독일 사이에 진행되었다. 양국은 협상을 거쳐 공동차관을 통해 철도를 건설하기로 결정했다. 총리아문도 즉시 이 결정에 동의하고 관리를 파견하여 영국·독일과 함께 차관계약에 서명했다. 청 정부는 영국과 독일의 합의 결정사항을 집행하기만 하면서도 부끄러움을 몰랐고 양국이 서로 견제하면 비교적 청 정부에 유리할 것이라고 판단했다.[17]

노한철도 차관계약이 체결된 후 호남·호북·광동 3성의 명사와 상인들이 월한철도를 민간자본으로 건설하겠다는 상소를 올렸다. 상소문 가운데는 다음과 같은 표현이 있었다. "다른 사람이 우리보다 먼저 철도를 부

15 『중국근대철로사자료』 제2책, 432-433쪽.
16 총리아문이 광서 24년 7월 21일에 맥도날드에게 보낸 각서, 상게서 435쪽을 보라.
17 『우재존고(愚齋存稿)』 제33권, 20쪽.

설함은 살갗이 찢어지는 아픔이요 심장이 병드는 것이니 모두가 힘을 합해 철도를 놓아 그들이 넘보는 것을 막고자 한다."[18] 그러나 양무파 관료들은 "명사와 상인"의 역량을 믿지 않았고 "심장의 병"도 고려하지 않았다. 그들의 관심사는 철도부설권을 어느 나라에 파는 것이 보다 유리한지 뿐이었다. 장지동은 상주문에서 미국으로 하여금 월한철도를 건설하게 하자고 주장했다. 그 이유는 다음과 같았다. "각국의 철로 가운데서 오직 미국의 철도가 가장 최신의 것이며, 미국은 멀리 떨어져 있는 나라이므로 우리의 땅으로부터 이득을 취할 뜻이 아직 없다."[19] 광서 24년(1898년) 2월 초에 미국과의 협상이 시작되었고 3월 27일에 차관계약 초안이 가조인되었다. 그들은 미국이 좋은 나라라고 믿었지만 벨기에와 마찬가지로 미국도 원래의 합의 사항을 뒤집고 여러 가지 추가 조건을 제시했다. 그 중에서 중요한 것은 차관계약 초안 가운데서 "월한철도 부근에서 석탄채굴을 허용한다"는 규정에 불만을 표시하고 호남과 광동 두 성 전체의 석탄 채굴권을 요구한 점이었다. 청 정부의 관리들은 과분한 요구라고 생각하면서도 결국은 요구를 받아들였다.

이미 광구(광주-구룡)노선의 부설권을 획득한 영국도 홍콩과 장강 유역의 세력범위를 연결하기 위해 월한철도의 부설권을 탐내고 있었다. 1899년에 영·미 양국은 광구철도 건설에 미국의 투자를 허락하는 대신 월한철도는 영·미 양국이 공동으로 투자하여 건설한다는 협정을 맺었다. 이후 미국은 다시 월한철도 건설회사의 주식을 대량으로 벨기에 독점자본에 매각했다.

---

18 『황조축애문편(皇朝蓄艾文編)』 제36권. 『중국근대철로사자료』 제2책, 494-495쪽에서 인용.

19 『우재존고(愚齋存稿)』 제7권, 17쪽.

월한철도가 각국 독점자본 집단의 거래 수단이 되자 분개한 호남·호북·광동 3성 명사와 상인들이 철도부설권의 회수를 요구하고 나섰다. 1905년 8월, 청 정부는 미국의 합흥공사(合興公司)와 체결한 계약을 파기했다. 계약파기 배상금 675만 달러를 지급하기 위해 양무파 관료들은 영국에서 차관을 들여오기로 결정했다. 장지동은 영국 측에 다음과 같은 의사를 표시했다. 장래에 월한철도 건설비용을 중국이 스스로 마련하지 않고 외국에서 빌려온다면 같은 조건 하에서는 영국 은행에 우선권을 주겠다.[20] 양무파 대신 장지동이 보기에 철도부설은 제국주의 국가에 의존해야만 가능한 일이었다.

분할의 위기

레닌은 「제국주의는 자본주의의 최고단계」라는 논문에서 19세기와 20세기가 교차하는 시기에 세계는 제국주의 열강에 의해 분할이 완료되었다고 지적했다. "세계의 기타 지역에서 분할이 이미 완료되었을 때 일부 반독립국을 쟁탈하려는 투쟁은 필연적으로 첨예해질 수 밖에 없다."[21] 이른바 반독립국이라 함은 반식민지를 의미했고 당시의 중국이 바로 그런 나라였다.

중국을 분할하려는 열강의 경쟁에서 주역은 러시아와 영국이었다. 갑오전쟁 이전의 기본적인 형세는 러시아가 중국의 동북 지역을 병탄하고 나아가 화북지역을 손에 넣으려는 시도를 하고 있었고, 영국은 주로 장강 유

---

20 『중국근대철로사자료』 제2책, 781쪽.
21 『레닌선집』 제2권, 인민출판사 1960년 판, 645쪽.

역을 장악하고 있으면서 미얀마에서 출발하여 운남과 사천을 수중에 넣음으로써 장강 하류 지역과 상류 지역 전체를 하나의 세력범위로 연결하려는 시도를 하고 있는 상황이었다. 영국은 화남과 화북 지역에서도 상당한 세력을 갖고 있었다. 러시아·프랑스·독일 3국의 간섭으로 요동반도가 반환 된 후 형세에 변화가 생겼다. 앞에서 설명한 바와 같이 러시아는 요동반도 반환에 "공로"가 있다는 구실을 내세워 세관 관리권에 손을 대려 했고 노한철도 건설로 러시아 세력이 화북지역 뿐만 아니라 장강 유역에까지 뻗칠 가능성이 있었기 때문에 러시아와 영국이 격렬한 투쟁을 벌이는 가운데 러시아가 우위에 있었다.

청 왕조 정부의 버팀목이든 양무파 관료집단은 원래 영·미 세력의 비호를 받았다. 갑오전쟁 패전 이후 양무파의 고위 관료들은 보신책으로써 러시아와 일본이 중국의 동북지역을 놓고 대립하는 기회를 이용하여 러시아 쪽에 의탁했다. 이홍장과 장지동을 정점으로 하는 양무파 관료들이 청 정부 내에서 친러시아 노선을 형성했다. 영국은 이런 변화에 불안을 느꼈다. 혁덕은 "러시아, 독일, 프랑스 3강 가운데서 특히 러시아가 중국을 돕기 위해 이처럼 분주하게 나서니 중국인들의 눈에는 다른 것은 보이지 않게 되었다. 영국은 저만치 밀려날 수밖에 없다"고 말했다. 영국의 북경 주재 공사 오코너(Nicholas R. O'Conor)는 "킹 카드는 모두 다른 사람이 쥐고 있으니 우리는 멀리 보고 계획을 세울 수밖에 없다"[22]고 말했다.

이 무렵 프랑스는 중국의 남방에서 세력을 확대하는 데 몰두하고 있었다. 프랑스는 3국 간섭에 참여하고 대규모 러시아·프랑스 차관을 성립시킬 때부터 운남과 광서에 침투하기에 한층 더 유리한 보충조약(중·프랑스 전

---

[22] 「중국해관과 중일전쟁(中國海關與中日戰爭)」, 『제국주의와 중국해관(帝國主義與中國海關)』 제7편, 과학출판사 1958년 판, 173-174쪽.

쟁 후에 체결된 조약의 보충)을 체결했고, 이로 인해 더 많은 상업적 특권을 획득했을 뿐만 아니라 운남과 광동·광서에서의 광산 채굴권과 월남과 광서를 있는 철도 부설권도 획득했다. 광서 22년(1896년), 프랑스는 청 정부가 복주 선정국을 재건하는데 재정적인 지원을 하겠다고 제안했다. 후에 재건된 복주 선정국의 실권은 프랑스인이 장악했다. 광서 23년(1897년) 2월, 청 정부는 해남도(海南島)에서의 프랑스의 특수권리를 인정했다. 광서 24년, 독일이 교주만을 강점하고 러시아가 여순과 대련을 강점했을 때 프랑스도 이 틈을 타서 "세력균형을 유지"한다는 명분을 내세워 총리아문에 다음과 같은 4개 요구조건을 제시했다. 1. 중국은 운남·광서·광동 성을 타국에 양도해서는 안 된다, 2. 중국 우정국의 총책임자는 프랑스인으로 임명한다, 3. 프랑스는 월남에서 곤명까지의 철도를 건설한다, 4. 중국 남부 해안지역의 광주만을 프랑스에 "조차"해 준다. 총리아문은 전례와 같이 요구를 거절하지 못하고 이런 요구를 원칙적으로 수용했다. 광서 25년(1899년) 10월, 프랑스 전함이 광주 항에 진입하여 위협하는 가운데 광주만 조차 조약이 체결되었다.

그러나 러시아와 프랑스의 실력이 영국을 압도하기에는 부족했다. 당시 서시베리아 철도는 아직 완성되지 않았기 때문에 러시아가 극동까지 군대를 보내 영·일과 대항하기는 어려웠다. 러시아는 재정 면에서도 중국에 대한 차관을 독점할 능력이 없었기 때문에 청 정부를 완전하게 통제할 수 없었다. 한편 영국은 장강 유역에서의 세력이 공고했고 양무파 관료들에 대해서도 실제적인 지배력을 갖고 있었으며(양무파의 경제적 기반은 장강 유역이었다) 재정적으로도 넉넉했다. 영국이 러시아에 대해 공세를 취한다면 러시아는 양보하지 않을 수 없는 형세였다.

마찬가지로 프랑스도 화남지역에서 영국 세력을 완전히 배제할 능력은 없었다. 그래서 영국과 프랑스 양국은 1896년 1월 런던에서 협상을 시작하여 운남과 사천에서의 일체의 권리는 양국이 공동으로 보유한다는 협정을 맺었다.

영국은 1896년 초에 독일을 끌어들여 영·독차관을 성사시킴으로써 러시아·프랑스 진영에 대해 한 차례 승리를 거두었는데, 이 때문에 중국 세관 관리권을 장악하려던 러시아의 시도는 좌절되었다. 광서 23년(1897년) 러시아가 여순·대련 항을 강점한 후 영국은 위해위를 점령하기고 결정하고 발해만에서 러시아와 대치했다. 청 정부는 영국의 요구가 "실정에 맞고 근거 없이 차지하려는 것이 아니"라며 서둘러 받아들였다.[23] 광서 23년(1897년) 초, 영국이 프랑스 세력과 평형을 이룰 수 있었던 이유는 청 정부를 압박하여 남방 몇 개 성에서의 영국의 이익과 관련된 협약을 맺었기 때문이었다. 이 협약은 중국이 등월과 사모(둘 다 운남에 있음), 오주(광동), 삼수(광동)를 통상항으로 개방하며, 영국은 이곳에 영사관을 설치할 수 있으며, 영국은 미얀마의 철도와 운남의 철도를 연결한다고 규정했다. 광서 24년, 청 정부가 광주만을 프랑스에게 조차해준다고 원칙적으로 동의하자 영국은 즉시 홍콩 대안에 있는 구룡반도의 "조차"를 요구했다. 총리아문은 이 요구를 물리치지 못했다. 광서 24년 4월 21일(1898년 6월 9일), 영국의 요구조건을 그대로 수용하여 구룡을 99년 동안 영국에 조차해주는 조약에 청 정부를 대표하여 이홍장이 서명했다.

영국은 화북에서 위해위를 점령함으로써 러시아 세력을 남하를 저지할 수 있게 되었고 화남에서는 구룡반도를 강제로 조차함으로써 프랑스 세력과 균형을 이루게 되었다. 러시아가 노한철도를 지배하게 되자 영국은 진진철도(남단)의 부설권을 받아냈다. 또한 영국이 산해관에서 우장까지의 철도부설권을 받아냄으로써 만주지역까지 세력을 뻗치게 되자 러시아가 강력하게 반대했다. 1898년은 영국이 러시아와 쟁탈전을 벌이는 과정에서 다시

---

23 『청계외교사료』 제132권. 7쪽.

우월한 지위에 올라선 해라고 할 수 있다.

영국과 협력하여 중국에 대한 차관을 성립시킨 독일도 광서 24년 2월 24일(1898년 3월 6일)에 총리아문을 압박하여 '교오조계조약(膠澳租界條約)'을 체결했다. 이 조약에 의해 교주 지역은 독일의 식민지가 되었을 뿐만 아니라 산동성 전체가 독일의 세력범위로 획정되었다.

제국주의 열강은 중국이란 희생물을 놓고 쟁탈전을 벌였다. 그들은 쟁탈전을 벌이면서 때로는 각자가 이미 손에 넣은 전리품을 지키기 위해 서로 타협하는 경우도 있었다. 그러나 경쟁자들의 역량이 언제나 평형을 이룰 수는 없었기 때문에 일시적으로 합의한 타협은 머지않아 격렬한 쟁탈전으로 바뀌었다.

1898년(광서 24년), 영국과 러시아는 9개월 동안의 협상을 거쳐 산해관-우장 철도의 "중립화"에 합의했다. 한 걸음 더 나아가 양국은 1899년 4월 28일에는 다음과 같은 내용의 협정을 맺었다. 러시아는 장강 유역에서 철도부설권 획득을 시도하지 않을 것임을 보장하고 이 지역 내에서 영국 정부가 지지하는 철도사업을 직접 또는 간접으로라도 방해하지 않는다, 영국도 장성 이북의 철도부설권에 대해 유사한 의무를 진다. 이 합의는 표면적으로는 중국에서 철도부설권 문제에 관한 것이지만 실질적으로는 영국과 러시아 양국이 중국에서 대량의 권리를 약탈한 후 세력범위를 잠정적으로 확정한 상황을 반영하고 있었다.

갑오전쟁이 끝난 직후의 몇 년 동안 일본은 점령한 대만 통치문제에 몰두하면서 전쟁 배상금으로 받은 거액의 재원으로 군비를 확충하는데 주력하고 있었다. 3국 간섭 때문에 일본은 요동반도를 반환하기는 했지만 중국 대륙에 대한 탐욕을 거두어들이지 않았다. 광서 24년(1898년) 4월, 일본은 총리아문에 "복건성을 다른 나라에 할양하거나 조차해주지 말라"는 요구를 제출했는데, 이는 곧 바다를 사이에 두고 대만과 마주보는 복건성이 자국의 세력범위라는 의사표시였다.

　　미국도 다른 제국주의와 마찬가지로 갑오전쟁이 가져다 준 기회를 철저하게 이용했다. 이 전쟁이 아직 끝나지도 않은 상황에서 미국인들이 대량으로 중국에 쏟아져 들어와 철도부설, 은행설립, 광산개발을 시도했다. 그러나 미국의 정책은 중국에서 세력범위 분할 경쟁에 참여하지 않는 것이었다. 미국은 서구의 오래된 자본주의 국가와 비교한다면 후발 자본주의 국가였고 19세기 90년대에 이르자 미국의 공업생산은 영국을 크게 앞질러 세계 1위로 뛰어 올랐다. 이 때문에 미국은 열강과 함께 중국의 일부 지역만을 차지하는 세력범위 분할에 뛰어들 생각이 없었고 다른 방식으로 더 큰 야심을 실현하려는 생각을 갖고 있었다. 미국의 야심에 관해서는 앞으로 다른 장에서 언급할 것이다.

　　갑오전쟁이 끝난지 몇 년 밖에 되지 않은 광서 24년(1898년) 한 해 동안에 중국 연해의 중요 항구 — 여순, 대련, 위해위, 교주만, 구룡, 광주만 — 에 제국주의 열강의 국기가 걸렸고, 수많은 간선 철도의 부설권이 그들 손에 들어갔으며, 중국 국토의 거의 전체가 그들의 세력범위로 분할되었다. 이른 바 "조차지," "조계," "조차항구"는 실제로는 식민지로 변했고, 이들 지역과 이른 바 "통상항"은 모두 제국주의 열강이 중국에서 세력범위를 확장해가는 근거지였으며, 이른 바 "세력범위"는 실제로는 독점적 식민지로 이행해가는 과도적 형식이었다. 중국은 반독립국가-반식민지에서 식민지로 전락하는 위기를 맞았다.

"이이제이(以夷制夷)"

　　양무파를 버팀목으로 하는 청 왕조 정부가 제국주의 열강의 중국 침략에 대응한 방식이 자칭 "이이제이"이다. 근대 중국에서 처음으로 이 방식을 제시한 인물은 임칙서였다. 그가 광동에서 아편을 밀수하는 영국 상인들과 맞서 싸울 때 조정의 관원 가운데 한 사람이 국가의 무역을 전면적으로 정지하는 "봉관금해(封關禁海)"를 주장했다. 임칙서는 이 방식에 반대했다. 그는 "옥석을 구분하지 않고" 모두 금하는 것은 타당하지 못하며, "이런 가운데 통제하는 방법은 이이제이로서 그들 서로 간에 감시하게 하는 것"[24]이라고 주장했다. 갈등을 이용하자는 그의 생각은 원래 나쁜 방법은 아니었다. 그러나 그는 확고한 자립을 유지하지 못하면 타인의 갈등을 이용하는 방법은 효과를 볼 수 없다는 점을 간과했다. 중국이 이미 반식민지로 전락한 상황에서 "이이제이"를 표방한 집단은 양무파 관료들이었다. 그들이 내세운 "이이제이"는 근본적으로 독립 자주적으로 제국주의 열강의 상호 무순을 이용하자는·게 아니라 오히려 자신의 생존을 제국주의 열강의 상호 모순에 의존하자는 것이었다. "이이제이" 정책을 집행한 대표적인 인물이 이홍장이었다. 그는 갑오전쟁 발발 때까지 줄곧 25년 동안 직례총독 겸 북양통상대신의 자리에 있으면서 수많은 중대 외교 사무를 처리했다. 갑오전쟁 후 광서 22년(1896년)에 이홍장은 전권대표로서 러시아와 유럽의 몇 나라, 그리고 미국을 방문하였고 귀국한 후에는 공친왕 혁흔, 장음환 등과 함께 광서 24년(1898년)까지 총리아문의 책임자가 되었다. 이홍장은 오래 동안 청 왕조 정부의 외교활동의 중심인물이었고 그의 후견인은 앞에서 말한 바와 같이 자희태후였다. 갑오전쟁 후 수 년 동안 "이이제이"의 방식은 더욱 노골적으로 실행되었고 그 후과는 분명하게 드러났다.

갑오전쟁 중에도 이홍장은 적극적인 저항보다는 영국과 러시아의 실

---

24 임칙서, 「복주증망안조진봉관해금사의절(覆奏曾望顔條陳封關海禁事宜折)」, 『임칙서·주고』, 795쪽.

력에 의존하여 일본을 견제하려 했다. 이런 희망은 실현되지는 못했지만 러시아·프랑스·독일 3국의 간섭으로 일본이 요동반도를 반환하자 "이이제이"란 책략이 일대 "성공"을 거두었다는 평가를 받았다. 그래서 이홍장은 러시아로 떠나면서 측근에게 "서양과 연결하여 동양을 견제하는 것이 이번 여행의 핵심 목적"이라고 말했다. 여기서 말하는 "서양"이란 주로 러시아를 가리켰다. 독일과 '교오조계조약'을 체결한 후 그는 "앞으로 20년 동안은 무사할 것"[25]이라고 말하기도 했다.

"20년 동안의 무사"는 고사하고 뒤이은 3년 동안에 제국주의 열강이 중국의 영토를 두고 세력범위를 분할하는 전례 없는 위기가 출현했다. 당시 사람이 기록한 바를 보면, 러시아가 여순·대련을 강점했을 때 광서 황제는 총리아문의 대신인 공친왕과 이홍장을 질책하면서 다음과 같이 말했다고 한다. "너희들이 러시아는 믿을만한 나라라고 해서 많은 이권을 주는 조약을 맺었다. 지금 러시아는 독일을 저지하기는커녕 자신이 나서서 항구를 요구하고 있으니 이를 친선이라고 할 수 있느냐?" 두 외교대신은 다음과 같이 답했다. "여순·대련을 러시아에 주면 밀약은 유지할 수 있습니다. 러시아의 도움을 받기 위해서는 여순·대련이란 먹이를 주어야 합니다."[26]

원래 러시아와 협력을 지지하던 호광총독 장지동은 이때 주장을 바꾸었다. 일본의 참모본부는 장지동에게 사람을 보내 영·일과 협력하는 주장을 펴도록 공작했다. 당시 영국은 러시아에 대항하기 위해 극동에서 일본과 동맹을 맺는 정책을 채택하고 있었다. 장지동은 일본과 협력하고 일본을 통해 영국과 협력하여 영국의 도움을 받아야 한다는 주장을 담은 건의서를

---

25 이 대화를 기록한 사람은 황준헌(黃遵憲)이다. 황준헌 저, 『인경여시초(人境廬詩草)』. 문화학사 1930년 판. 310쪽을 보라.

26 장백정(張伯楨), 『남해강선생전(南海康先生傳)』. 창해(滄海) 총서 간본. 24쪽.

총리아문에 제출했다. 총리아문은 그의 의견에 찬성하지 않았다. 총리아문의 논리는, 영·일이 중국과 동맹을 맺기를 원하는 것은 사실이나 진정으로 중국을 도울 생각은 없다, 만약 그들과 동맹을 맺으려면 반드시 먼저 이권을 주어야 할 것이고 그러면 러시아뿐만 아니라 독일과 프랑스도 나서서 이권을 요구할 터인데 "그 화가 생각할 수 없을 정도로 크다"는 것이었다. 논리는 맞는 논리였지만 그들은 러시아와 협력을 지속하는 입장에서 영·일과의 동맹을 반대했던 것이고 러시아와의 동맹의 결과 역시 "생각할 수 없을 정도로 큰" 재난이었다.

갑오전쟁 후 몇 년 동안에 청 정부는 엄격히 말하자면 능동적이라고 할 만한 외교정책을 갖고 있지 않았다. 청 정부는 제국주의 열강이 희망하는 대로 따랐고 굶주린 이리떼와 같은 열강의 탐욕을 채워주기 위해 중국 인민의 고혈을 착취했다. 제국주의 열강 사이에는 분명히 모순과 충돌이 있었고 "이이제이"는 이런 갈등을 이용하는 정책인 것처럼 보였으나 실질관계로 보자면 청 정부가 제국주의 열강의 갈등을 이용한 것이라 아니라 제국주의 열강이 중국의 영토주권을 희생물로 하여 자신들 사이의 갈등을 지속적으로 조절해 나가는 형국이었다.

"이이제이"는 비유컨대 이리를 집안에 들인 결과를 낳았다. 이런 결과는 "이이제이"를 주장하는 "외교가들"이 생각하지 못했던 것은 아니었다. 그들의 목적은 차라리 모든 이리를 다 집안으로 끌어들여 "상호 견제"하게 만드는 것이었다.

청 왕조의 관료집단 가운데서 오래 전에 열강을 "상호 견제"하게 하는 것이 좋은 방법이라고 주장한 사람들이 있었다. 함풍 11년(1861년)에 총리아문 대신들이 각국 공사들과 접촉하는 과정에서 각국의 뜻이 한결같지 않아 서로 의심하고 견제한다는 사실을 알게 되었다고 말한 적이 있었다. 그때 그들이 제시한 사례는, 영국과 프랑스가 러시아의 길림성 등 변경지역을 점령한데 불만을 표시했던 이유는 러시아가 날로 강대해지면 그들에게 불리하기 때문이란 것이었다.[27] 동치 6년(1867년)에 주성예(周星譽)란 관리가 황제에게 올린 상주문에서 다음과 같이 주장하였다. 중국은 지구상에서 가장 큰 나라이므로 각국이 오래전부터 넘보아 왔다, 지금 다행스럽게도 강화를 논하고 있는 까닭은 러시아·영국·프랑스·미국 등 4대국이 표면상으로는 화목하나 안으로는 서로 의심하는 탓에 누구도 먼저 손을 쓸 수가 없기 때문이다.[28] 이런 주장은 제2차 아편전쟁에서 영국과 프랑스가 연합군을 구성한 후의 형세를 설명하고 있다. 이홍장과 같은 유파는 이때의 경험을 바탕으로 하여 "이이제이" 정책의 논리를 구성했다. 앞에서 설명한 바와 같이(제13장 중·일전쟁 3단계), 갑오전쟁 때에 당경숭은 대만을 각국의 공동 조계로 만듦으로써 일본에 할양하는 일을 피하자고 주장한 적이 있었는데 이런 구상의 발명권자는 사실은 이홍장이라고 해야 할 것이다. 이홍장은 동치 13년(1874년)에 일본을 포함하여 적지 않은 나라가 대만을 욕심내고 있다는 사실을 간파하고 다음과 같이 말했다. "한 나라가 오래 동안 점거하는 것보다 각국이 균점하는 게 낫다."[29] 광서 5년(1879년)에는, 한국의 대신 이유원(李裕元)에게 보낸 편지에서 이홍장은 조선을 위한 책략이라며 다음과 같이 말했다. "오늘날에는 독으로 독을 물리치고 적으로 적을 제압하는 계책이 마땅한 것 같다. 기회를 보아 차례로 서양 각국과 조약을 맺고 이를 빌어 일본을 견제하는 것이 좋다."[30] 그가 권고한 "서양 각국과 조약을 맺는다" 함은 사실은 서양 열강에게 이권을 주는 행위를 의미했다. 이홍장은 조

---

27 『함풍이무』 제79권, 16쪽.

28 『동치이무』 제49권, 41쪽.

29 『이문충공역서함고(李文忠公譯署函稿)』 제2권, 42쪽.

30 『청계외교사료』 제16권, 15쪽.

선에게 권고한 계책 그대로 중국에서 실행했다. 갑오전쟁 후에 이홍장이 러시아와 서양 각국을 돌아보러 출발하기 전에 말한 "이번 여행의 핵심 목적"도 또한 바로 이것이었다. 이홍장의 서양 각국 시찰 이후로 열강의 중국 쟁탈전이 갈수록 치열해졌던 것도 바로 "서양과 연결하여 동양을 견제한다"는 그의 정책의 결과였다.

성선회란 매판관료는 이홍장 문하의 책사였다. 그는 광서 24년(1898년)에 일종의 "합종(合縱)"론을 제시하여 스승 이홍장 "학설"의 내용을 풍부하게 만들었는데, 그의 주장은 "이이제이"론의 근저를 꿰뚫고 있었다고 할 수 있다. 성선회는 중국을 열강에 의해 분할되는 위기로부터 구해내기 위해 "합종"의 계책을 쓰자고 주장했다.[31] 그가 제시한 구체적인 방법은 "각국의 공동 보호를 요청하고," 전국의 모든 "요충지"를 통상항으로 만들고, 철도광무아문(鐵道鑛務衙門)을 설치하여 모든 국가에 투자를 허락하고, 총세무사처럼 외국인을 총철도사·총광무사로 초빙하자는 것이었다.[32]

"합종"설의 연원은 전국 시기이며 그 의미는 동관(潼關) 이동에 있던 제(齊)·초(楚)·연(燕)·조(趙)·한(韓)·위(魏) 등의 나라가 연합하여 진(秦)에 대항하자는 것이었다. 성선회는 "합종"이란 단어를 빌려와 제국주의 국가가 연합하여 중국을 공동으로 "보호"하게 하고, 중국의 철도와 광산 등 일체의 경제적 권익을 자발적으로 내줌으로써 열강의 쟁탈을 면하자고 주장했다. 그의 논리에 따르면 이렇게 하면 "분할되는 형국을 피하고" "각국의 공동보호"를 얻을 수 있었다. 성선회가 "보호"하고자 했던 대상은 무엇이었을까? 그는 청 왕조 봉건 통치정권이 열강의 보호 아래 계속해서 살아남기를 바랐다. 중국의 국토 전부가 개별 제국주의 국가의 식민지가 된다면 청 왕

---

31 『우재존고』 제31권, 32쪽.
32 전게서 제30권, 23쪽.

조 정부는 존재할 여지가 없어질 것이다. 중국이 반독립국, 다시 말해 반식민지의 지위를 유지해야 청 왕조 정부는 열강이 공동으로 필요로 하는 대리인으로서 계속 존재할 수 있다는 것이 성선회가 제시한 묘책의 본질이자 양무파 "이이제이" 정책의 필연적인 방향도 또한 그것이었다.

중국의 근대사를 연구한 학자들 가운데서 일부는 독자들에게 청 왕조 정부와 그 대신들은 열강의 중국 침략 과정에서 피해자였고, 그들 역시 열강의 협박에 불만을 표시하고 고통 받았으며, 그들도 주관적으로는 중국의 권리를 지키려 했지만 실력이 뜻을 뒷받침하지 못했을 뿐이란 인상을 심어주려고 시도한 적이 있었다. 그들이 봉건제국의 지난 영광을 회복하려는 꿈을 꾸지 않은 것은 아니지만 그들의 몰락하고 부패한 통치는 중국의 주권을 끊임없이 열강에 내어주었고, 열강이 이에 대한 보상으로서 그들에게 일정한 위치를 남겨주었기 때문에 그들은 인민에 대한 통치권을 계속 유지할 수 있었다. 그들은 매국의 경험을 통해 열강의 상호 모순과 쟁탈전이 벌어지는 상황에서는 하나의 강도를 받드는 것보다는 모든 강도를 불러들이는 것이 오히려 자신에게 "유리"하다는 깨달음을 얻었다. 90년대 말이 되자 "시무(時務)를 가장 잘 안다"는 양무파 관료들은 서양의 "보호"를 기꺼이 받아들여 자신의 통치 지위를 유지하려 했다.

노신이 "이이제이"의 본질을 날카롭게 지적하여 다음과 같이 말한 적이 있다. "중국이 택한 '이이제이'란 수단도 내가 보기에 분명히 하나의 수단이었겠지만 그들이 바랐던 것은 결코 '이이제이'가 아니라 오히려 '이이제화(以夷制華)'였다. 그러나 '이(夷)' 또한 그렇게 우둔하지 않아 우리에게 보여준 것은 '이화제화(以華制華)'였다."[33]

청 왕조 정부는 중국의 주권을 팔아 제국주의의 지지를 사들여 중국

33 『노신전집』 제5권, 인민문학출판사 1957년 판, 88쪽.

인민에 대한 통치를 유지하려 했기 때문에 결국은 제국주의의 하수인이자 공모자로 변했다. 중국의 권익을 두고 쟁탈전을 벌이던 제국주의 열강은 부패하고 반동적인 청 왕조 정부를 존속시켜 이들을 통해 중국 인민을 통치할 필요가 있었다. 청 왕조 정부와 그 대신들은 기꺼이 역할을 맡았고 나아가 제국주의 열강이 이 역할을 필요하지 않는 때가 올 것인지만 걱정했다. 이이제이는 이처럼 이이제화로 변했다. 제국주의와 청 왕조 정부의 이중 통치라는 질곡에서 해방되는 것이 중국 인민의 당면한 임무가 되었다.

제15장
제2차 혁명고조기 출현 이전의
국내 계급형세

제국주의의 세리로 전락한 청 왕조 정부

갑오전쟁 이후 제국주의에 의해 분할되는 위기에 직면한 중국에서는 중국근대사 전기의 제2차 혁명 고조기가 출현했다.

중국근대사 전기의 제1차 혁명 고조기인 태평천국 혁명과 비교할 때 제2차 혁명 고조기는 다음과 같은 분명한 특징이 드러난다.

1. 제2차 혁명 고조기에는 광대한 인민의 혁명투쟁의 주요 대상은 외국 제국주의였다.

2. 제2차 혁명 고조기에는 경제적으로, 그리고 정치적으로 초보적인 성장을 보이기 시작한 민족자산계급이 등장했다. 그러나 이 계급은 혁명의 임무를 감당할 역량은 없었고 결국 실패로 끝난 정치 개량운동만 연출했다.

제국주의 세력은 중국에 깊숙이 침투해 들어왔고, 제국주의와 봉건 통치계급은 상호 결탁하였고 그 과정에서 피할 수 없는 갈등이 발생하였고, 민족 자산계급이 정치무대에 올라오기 시작했고, 광대한 피압박 농민대중과 노동자들이 반 제국주의와 반 봉건주의라는 중요한 임무를 자각하고 혁명의 주요 동력으로 등장했으나 아직은 선진계급의 영도가 부족하여 그들의 투쟁이 자발적인 수준에 머물러 있는 상황, 이런 여러 요인들이 뒤엉켜 제1차 혁명 고조기보다 더 복잡한 계급모순이 형성되어 있는 상황이 제2차 혁명 고조기의 형세였다.

갑오전쟁 후 청 정부는 대규모의 외채를 들여와 일본에 배상금을 지급했다. 외채를 상환하기 위해 청 정부는 인민들로부터 각종 세금을 가혹하게 걷어 들였다.

갑오전쟁 전의 몇 년 동안 청 정부의 재정은 대체로 수지균형 상태였고 약간의 세수 잉여가 있었다. 예컨대, 광서11년에서 20년(1885-1894년) 사이에 호부(중앙정부의 재정관리 부문)의 연차보고에 따르면 이 10년 동안에는 해마다 4백만 냥 가량의 세수 잉여가 발생했다. 갑오전쟁 이후가 되자 재정 수지의 균형 상태는 사라졌다. 광서 22년(1896년)부터 매년 원리금 2천만 냥 가량의 외채를 상환해야 했고 광서 24년부터는 외채 원리금 상환액이 2천 5백만 냥으로 늘어났다. 이 몇 년 동안 국가의 정상적인 재정수입은 대략 8천 8백만 냥에서 9천만 냥 사이였는데 주로 황실 유지비용과 방대한 관료 기구와 군대를 유지하는데 소모되었다. 갑자기 거액의 외채 상환 부담이 생겨났으니 세입이 세출을 따르지 못하게 된 것은 당연한 일이었다.

청 정부는 재정 적자를 매우기 위해 각 성에 징세 목표액을 할당했다. 각 성에서는 각종 명목으로 세금을 늘였다. 산서성의 경우 1896년부터 담배와 주류에 과세하기기 시작했는데 1900년까지 매년 20여만 냥을 걷었다.[1] 사천의 파(巴)현에서는 갑오전쟁 후에 새로 걷기 시작한 잡세인 "신연수(新捐輸)"가 매년 1만 9천 냥에서 3만 3천 냥이었었던데 반해 이전부터 부과하던 정상 세금인 "상연수(常捐輸)"는 매년 1만 5천 냥에서 1만 7천 냥이었다.

---

1   범문란, 『중국근대사』 상편 제1책. 407쪽.

광서 24년(1989년) 청 조정은 국채를 발행하여 재정을 조달하였고 발행한 국채의 명칭이 "조신고표(照信股票)"였다. 그러나 반동적인 정부는 인민으로부터 신뢰를 완전히 잃어버린 상태라 "조신고표"라는 것도 각급 관원에게 가렴주구 하는 새로운 기회를 제공했을 뿐이었다. 청 정부의 원래 계획은 "조신고표"를 통해 1억 냥을 조달하는 것이었으나 이름과는 달리 신용이 없어 결과는 1천만 냥 정도로 끝났다. 전국에서 인민의 원성이 길에 늘린 상황이 되자 "조신고표" 발행은 중지되지 않을 수 없었다.

조신고표가 실패한 1년 후인 광서 25년(1899년)에 청 조정은 다시 이른 바 재정 "정돈"을 실시했다. 태후로부터 총애를 받던 협판대학사(協辦大學士) 겸 군기대신 강의(剛毅)가 명을 받고 남방을 순시하면서 돈을 걷어 들였다. 그는 먼저 강소성으로 가서 한 번에 은화 110만 냥을 모았고 계속하여 안휘, 절강, 광동에서 합계 은화 1천만 냥을 모아 조정에 바쳤다. 재정 "정돈"이란 각급 관원들이 착복한 재물을 "공금"으로 바치는 방법이었는데 관원들은 관례에 따라 바친 것의 몇 배나 되는 돈을 인민으로부터 걷어 들여 손실을 매웠다. 영국인이 발행하던《북화첩보(北華捷報)》란 신문은 다음과 같은 기사를 실었다. "이 불행한 제국에 고통을 더하기 위해 다시 강의가 파견되어 광동성에서 재물과 병정을 긁어모았다. 아마도 자희태후는 늘 불타고 있는 반란의 불씨에다 부채질을 하여 큰 불로 키우려고 안달하는 것 같다."[2] 제국주의자들은 이미 그들의 하수인이 된 청 왕조 정부의 운명을 걱정하지 않을 수 없었던 것이다.

조신고표와 강의의 남방 순시란 두 사건을 통해 당시 청 정부가 재원을 조달하기 위해 어떤 방법도 마다하지 않은 상황을 알 수 있다. 조정에서부터 지방의 총독과 순무, 그리고 현의 관리에 이르기까지 모두가 거대한

2 《북첩화보》1899년 9월 11일자. 「중화제국대외관계사」 제3권 183쪽에서 인용.

착취망을 만들었고 모든 무거운 부담은 마지막에는 농민을 위주로 하는 빈곤한 인민대중에게 떨어졌다. 민족자산가, 상인, 중소지주도 이런 압력을 분담하지 않을 수 없었다.

기층 인민대중은 갖가지 잡세 이외에도 봉건적인 차요(差徭)의 압박을 받았다. 차요는 봉건국가가 인민에게 노역을 제공하도록 강제하는 제도이다. 청 왕조는 형식상으로는 "지정(地丁, 인구세)"를 징수하여 차요를 대체하였으나 실제로는 인민은 여전히 각종 무상 노동을 강요받았고 지방 관리들에게 차요는 착취의 중요한 수단이었다.

봉건통치자들의 가혹한 경제적 착취는 야만적인 정치적 박해와 함께 했다. 각지의 감옥 이외에도 조정에서 지방에 이르기까지, 크고 작은 관부에서 토호열신의 저택에 이르기까지 모두 변형된 감옥을 갖고 있었고 전국 각지에 이른 바 "대질공소(待質公所)"라고 하는 구치소가 널려 있었다. 수많은 무고한 인민들이 "토비," "도적," "간민(姦民)," "폭민(暴民)"이란 죄명을 쓰고 감옥에 갇혀 비인도적인 형벌을 받았다. 호남의 감옥에서는 "돼지 반쪽 매달기(弔半邊猪)," "그물 당기기(扳罟)," "그물 거꾸로 당기기(倒扳罟)," "연기에 그을리고 불에 굽기(煙薰火炙)," "짓밟고 찌르는 통(踩刺筒)," "닭 쪼는 매(鷹銜鷄)," "지뢰 묻기(打地雷)," 등등의 가혹한 형벌이 있었다.[3] "대질공소"에 갇힌 사람은 달이 차고 해가 바뀌어도 심문하는 사람이 없어서 관아의 노역을 참고 견딜 수밖에 없었고 그러다가 "공소" 안에서 죽어도 무슨 죄명으로 죽는지를 알 수가 없었다.[4]

갑오전쟁 후 몇 년 동안 직례, 봉천, 산동, 하남, 강소, 안휘, 절강, 강서, 호남, 호북, 광동, 광서, 사천 등에서 심각한 수해와 가뭄이 발생했다. 광서

---

3   《상보(湘報)》제17호. 중화서국 1965년 영인본. 66쪽.
4   『광서조동화록』제4책. 총 3649-3650쪽.

22년(1896년)에 호북에서 대규모 수해가 발생했는데 장지동이 총리아문에 전보로 보낸 보고서는 상황을 다음과 같이 묘사했다. 이재민은 "추위와 배고픔에 시달리고 …… 풀뿌리와 나무껍질, 관음토(觀音土)를 먹고 있으니 눈 뜨고 볼 수가 없다. 굶어 죽은 시체가 켜켜이 쌓였다."[5] 광서 23년에 호남에서 수십 년 만에 최대 규모의 가뭄이 발생했고 같은 해에 회하가 범람하여 안휘의 봉(鳳), 영(穎), 사(泗)현 일대가 물바다가 되었다. 황하의 제방을 보수하지 못해 거의 해마다 둑이 터지는 재해가 발생했다. 광서 24년과 25년에 연속하여 황하의 둑이 크게 터져 직례와 산동의 연안 지역이 물에 잠겼고 사망자 숫자가 16만에 이르렀다. 23년과 24년에 강소 북부에서 두 해 연달아 큰 홍수가 발생하여 수 십 개 현이 재난을 입었다. 당시 외국인이 발행하던 신문 보도를 보면 강소의 이재민들이 "아사를 면하려고 자식을 팔고 있다. 여자 아이가 특히 잘 팔리는데 가격은 50푼에서 천 푼 사이"[6]라고 하였다.

봉건 통치자들이 인민을 가혹하게 착취하는 일은 늘 있어왔지만 이런 시기에 착취가 가중되었다는 것은 특별한 의미를 지닌다. 봉건 통치자들은 가혹한 수탈을 통해 거둔 소득을 제국주의자들에게 바쳤으니 그들은 제국주의의 세리가 되었다. 그들은 무력으로 인민을 억압하여 제국주의가 원하는 통치 질서를 유지했다. 봉건통치 국가기구 전체가 사실상 제국주의의 도구가 되었던 것이다.

광서 21년(1895년) 강유위는 황제에게 올리는 상서에서 과중한 외채는 백년이 지나도 갚지 못할 것이라고 말했다. 그의 상서는 다음과 같이 지적하고 있었다. "우리 백성은 정수가 다 말랐고 피땀도 다 소진하여 앉아서

---

5   『장문양공전집』 제79권, 8쪽.
6   《북화첩보》 1899년 3월 20일자. Morse, 『중화제국대외관계사』 제3권, 172쪽에서 인용.

죽기만을 기다리고 있습니다. 힘이 없는 자는 개천에 쌓였고 힘이 남은 자는 떠돌며 도적이 되었으니 외환이 없더라도 말로 표현할 수 없는 일이 반드시 생길 것입니다."[7] "반드시 생길, 말로 표현할 수 없는 일"이란 바로 "피땀을 다 소진한" 인민대중이 반란을 일으킬 징조를 의미했다.

'시모노세키조약'이 체결될 때 일부 한림원 관원들은 상소문에서 다음과 같이 지적했다. "남경에서 조약이 체결되고 나서 금전의 비적들이 일어난 일이 먼 옛날도 아닙니다. 소름끼치는 일입니다."[8] 그들은 남경조약이 체결되고 나서 얼마 되지 않아 태평천국의 대혁명이 발생한 사실을 들어 경고한 것이다. 그러나 봉건통치자들은 대외적으로는 매번 투항하고 대내적으로는 압박과 착취를 강화함으로써 자신들이 두려워하는 혁명의 도래를 피하려 했다.

폭풍우의 전주곡

인민대중의 혁명투쟁의 창끝은 먼저 가장 흉악한 적인 제국주의 열강을 직접 겨냥했다.

반교회투쟁은 여전히 광범위한 지역에서 일어나고 있었다. 갑오전쟁 이후 몇 년 동안 반교회 투쟁은 점차로 열강의 중국 분할 음모를 반대하고 망국의 위기에서 나라를 구하려는 큰 목표와 결합하기 시작했다. 반교회 투쟁의 의미를 간단하게 살해당한 선교사와 파괴된 교회의 숫자로서는 해석할 수 없다.

7　『무술변법자료』제1책, 140, 145–146쪽.
8　『중일전쟁자료』제3책, 596쪽.

광서 21년(1895년) 5월, '시모노세키조약' 체결 얼마 후에 사천 성도에서 반교회 군중폭동이 일어나 사천 서부와 남부로 퍼져나갔다. 같은 해 8월에는 복건 고전(古田)에서 재교(齋敎) 회당이 다시 반교회 폭동을 일으켰다. 재교는 백련교의 한 유파로서 호남, 광서, 복건 일대에서 활동하고 있었다. 재교의 구성원은 주로 빈농이었고 그 밖에 하층 노동자, 광산 노동자, 수공업자, 행상인과 대만에서 철수해온 병사 일부도 있었다. 폭동의 지도자는 군중들에게 "서양인을 깨끗이 쓸어내지 못하면 백성의 고난이 끝나는 날은 영원히 오지 않는다"[9]고 호소했다. 그들은 총칼로 무장하고 교회와 서양인의 주택을 불살랐다. 복주 주재 러시아 영사는 본국 외무부에 보낸 보고서에서 "중국인이 선교사의 주택을 습격하는 목적은 약탈도 아니고 살인도 아니다. 그들은 복수를 원하지 재물을 노리지 않는다"[10]고 하였다. 러시아 영사는 폭동의 정치적 성격을 정확하게 표현하고 있었다.

성도와 고전에서 잇따라 폭동이 발생하자 영국, 미국, 프랑스 등 제국주의와 청 정부는 크게 우려하였다. 미국 정부는 중국에서 발생한 폭동의 "목적은 외국 선교사를 반대하는 것이 아니라 전국적으로 널리 퍼진 배외운동의 한 부분"이라고 판단하고 아시아 함대를 증강했다. 홍콩에서 발행되던 영국 신문 《자자보(孖剌報)》는 불안한 논조의 다음과 같은 기사를 실었다. 중국인의 "배외" 정서는 "현재 전국적인 규모이며" 폭동이 연이어 발생할 것이란 예측은 "태양이 내일도 떠오르는 것과 같이 의심할 수 없는 사실이다."[11] 청 정부는 잔혹하게 폭동을 진압했다. 성도에서는 6명이 처형되

---

9 복삼과(福森科), 『중국분할투쟁과 미국의 문호개방정책(瓜分中國的鬪爭和美國的門戶開放政策)』, 양시호(楊詩浩) 역, 삼련서점 1958년 판, 92쪽.

10 전게서, 93쪽.

11 전게서, 89, 94, 97쪽.

고 17명이 변방의 병사로 보내는 형에 처해졌다. 고전에서는 2백여 명이 체포되어 26명이 사형 판결을 받았고 17명이 유배형에 처해졌다.

중국 주재 미국공사 덴비는 국무부에 보낸 보고서에서 다음과 같이 말했다. "단지 배상금을 요구하고 사회 하층의 불량배 몇을 처형하기만 한다면 전체 중국인에게 공포를 느끼게 하는 효과를 내기에는 부족하므로" 반드시 고급 관리를 처벌해야 한다.[12] 제국주의의 압력 때문에 사천총독 유병장(劉秉璋)과 사천과 복건의 관원 14명이 파면되었다. 제국주의의 목적은 청 왕조의 관원들로 하여금 외국 침략자를 보호하는 임무를 철저하게 수행하도록 독촉하고 각 성이 총리아문의 통첩대로 외국 교회를 보호하는 명령·통고·규정 등을 내놓게 하는 것이었다. 호광 총독은 관내의 "모든 교회당이 있는 곳에 병사를 비밀리에 파견하고 순찰을 강화하여 보호를 철저히 하고," "유언비어로 무리를 현혹하는 자와 익명으로 벽서를 붙이는 자가 있으면 법에 따라 체포하여 절대로 관대히 처리하지 말라"[13]는 명령을 내렸다. 봉건 통치기구는 전력을 다해 폭동 방지에 나섰으나 광서 22년과 23년(1896, 1897년) 사이에 반교회 폭동은 호남, 호북, 강서, 강소, 귀주, 사천, 산동의 수십 개 현을 휩쓸었다.

일부 지역에서는 돌발적인 반교회 폭동이 아니라 지속성을 띤 반제국주의 무장투쟁이 형성되기 시작했다.

갑오전쟁 중에 일본군이 산동에 진입했을 때 유명한 의화단의 전신인 의화권회(義和拳會)가 이미 활약하고 있었다. 권회와 관련이 있던 대도회(大刀會)도 산동, 하남, 안휘, 강소성이 교차하는 지역에서 활약하고 있었다. 광서 22년(1896년), 이들은 활동 지역 내의 교회당 20여 곳을 불 질렀다. 양강총

---

12 경여집, 『미국침화사』 제2권, 616쪽.

13 정종유(程宗裕) 편, 『증정교안회편(增訂教案匯編)』 제3권, 광서28년 간본, 2쪽.

독 유곤일과 산동순무 이병형(李秉衡)은 명에 따라 "토벌군"을 보냈으나 소멸시킬 수 없었다. 독일이 교주만을 강점하고 영국이 위해위를 강점했을 때 산동 각지 인민의 반제국주의 투쟁이 빈번하게 일어났다. 어떤 통계에 따르면 교주만 사건 후 약 1년 반 동안에 산동 인민의 철도와 광산의 주권 보위와 반교회 투쟁이 천여 차례 발생했다.[14]

광서 24년(1898년) 여름에 광서에서 천지회가 주도한 농민봉기가 발생했다. 봉기군의 격문은 제국주의의 침략을 통렬하게 비난하며 "맹세코 서양인을 모조리 몰아내고 중국 백성을 지켜내자"[15]고 하였다. 봉기 대오는 한때 11만 명으로 발전하여 오주(梧州)·욱림(郁林)·용현(容縣)·홍업(興業)·육천(陸川)·박백(博白) 등지의 현을 점령했다.

같은 해 7월에 사천성 대족현에서 8년 전에 봉기를 주도했다가 실패한 적이 있는 여동신("만자")이 다시 대규모 봉기를 주도했다. 그가 발표한 격문에는 민족위기의 심각성과 청 왕조 통치자들의 시대를 역행하는 행태를 비판하면서 관민이 일치하여 "나라의 원수를 베어버리고 나라의 치욕을 씻자"고 호소했다. 또한 그는 격문에서 적과 아군을 구분하는 기준은 외국 침략세력을 반대하는지 여부라고 주장하고 봉기 과정에서는 "청을 보위하고 서양을 멸하자"는 구호를 내세웠다. 관군이 "토벌"하기 위해 진격해오자 봉기군이 각지로 흩어지면서 그 영향이 사천과 호북의 30여 개 현에 미쳤다. 여동신의 기세등등한 봉기를 마주한 청의 통치자들은 무력으로는 진압할 수 없다고 판단하고 사천 포정사 왕지춘(王之春)에게 봉기군 중의 지주분자를 통해 여동신을 회유하는 공작을 펼치게 했다. 이 공작은 성공했다. 여동신은 투항하였고 봉기군은 와해되었다. 이 "승리"를 통해 통치자들은 민

---

14 이검농(李劍農), 『중국근백년정치사』 상책, 상무인서관 1942년 판, 198쪽.

15 《중외일보(中外日報)》, 광서 24년 7월 16일자.

중 혁명투쟁의 창끝이 외국 침략자를 향할 때는 "청을 구하고 서양을 멸하자"는 따위의 구호가 봉기 군중을 초무하는데 유용한 수단이 될 수 있음을 깨달았다. 청 왕조의 통치자들은 이후 의화단 운동을 다루는 과정에서 "초무"와 "토벌"을 결합한 반혁명적 책략을 사용했다.

전국에 산재한 조계·조차지에서 살면서 제국주의의 식민통치를 직접 겪는 인민대중도 납세거부의 형식으로 반제국주의 투쟁을 전개했다. 프랑스가 광주만을 강점한 한 후 광서 24년 6월에서 10월까지 수계(邃溪)현 해두(海頭)촌과 남류(南柳)촌 주민들(그 중에는 천지회의 유파인 삼점회[三點會] 분자가 적지 않았다)은 프랑스군의 진지를 향해 세 차례나 용감한 기습을 벌였다. 신임 수계현 지현 이종각(李鍾珏)과 일부 지주향신도 인민의 반침략 투쟁의 물결에 합류했다. 단련에 참여했던 민중과 단련에 참여하지 않았던 민중이 연합하기 시작했고 두 차례나 프랑스군과 전투를 벌여 매 번 수십 명의 적군을 죽거나 다치게 하였다. 청 정부는 광주만의 흠차대신 겸 광서제독 소원춘(蘇元春)으로 하여금 프랑스군과 결탁하여 수계 인민의 투쟁을 진압하게 하였다.

이때의 투쟁에서 이종각을 위시한 일부 향신과 관료들은 처음에는 인민들에게 "여러 가지 제약"을 가하는 태도를 보였다. 그러나 그들 자신의 "집과 논이 외국인의 땅이 될" 위험에 놓이자 인민의 대오에 합류했다. 이런 사실은 갑오전쟁 이후로 민족모순이 돌출되고 첨예화하자 지주계급 내부에서 분화가 진행되면서 일부 하층 관리들과 중소 지주들이 인민의 반제국주의 투쟁을 이용하여 자신의 절실한 이익을 지키려고 했음을 보여준다. 그러나 이들이 투쟁에 참여했을 때 적극적이고 완강하지는 않았고 수시로 외국 침략자들과 타협했다. 그들이 "단련"이라는 전통적인 지주무장의 형식을 이용한 것도 분노한 대중을 그들이 용인할 수 있는 궤도 안으로 끌어 들이기 위해서였다. 이를 통해 알 수 있는 것은, 갑오전쟁 이후로 대외적 민족 모순과 대내적 계급 모순이 뒤엉켜 복잡한 발전 추세를 보였다는 점이다.

인민의 반제국주의 투쟁의 물결이 일기 시작했을 때 봉건적 압박과 착취에 반대하는 투쟁의 불꽃도 전국에서 타오르기 시작했다.

광서 21년에서 24년(1895-1898년) 사이에 직례, 산동, 하남, 강소, 안휘, 절강, 복건, 호남, 호북, 광동, 광서, 사천 등 10여 개 성에서 세금과 지대 납부를 거부하는 대중적인 운동이 벌어졌다. 일부 지역에서는 봉건적 착취에 반대하는 경제투쟁이 무장폭동으로 발전하였다. 21년(1895년) 여름, 광서의 내빈(來賓)과 무선(武宣) 일대에서 진원상(陳沅湘)과 위노충(韋老忠)이 이끄는 농민봉기가 폭발했다. 21년과 23년에는 감숙의 회족 인민이 청 왕조의 폭압적인 통치에 반대하는 무장투쟁을 일으켰는데 수십만의 군중이 참여했다. 24년 12월, 안휘의 와양(渦陽)과 박주(亳州) 일대에서 농민봉기가 일어났다. 처음에는 2,3백 명이 참가했다가 2만여 명으로 늘어났고 안휘 북부와 강소의 서주(徐州), 하남의 귀덕(歸德)까지 파급되었다. 《국문보(國聞報)》 기사에 의하면 이 해에 광동과 복건 접경지대에서 4만여 명의 군중이 깊은 산 밀림 속에 모여 무장폭동을 준비하고 있다고 하였다. 이 신문은 다음과 같이 보도했다. 무리의 정서가 "매우 고양되어 있고 반란을 일으킬 듯 흉흉하니 국정을 일신하지 않으면 불씨 하나가 들을 태우는 형세가 될 것이다."[16]

각지에 분산된 반제국주의 반봉건주의의 자발적 투쟁은 한바탕 폭풍우가 불어오기 전에 찾아오는 천둥소리와 번개였다.

---

16 《상보》 제76호, 304쪽에서 인용.

민족 자본주의의 초보적 발전

갑오전쟁 후 몇 년 동안에 강유위를 위시한 유신파의 활동은 영향력 있는 정치운동으로 발전했다. 그들은 "구망도존(救亡圖存 망국의 위기에서 나라를 구한다)"는 깃발을 내걸고 외국의 침략을 막자고 주장했고 부패한 봉건통치에 불만을 품고 자본주의 국가의 본을 받아 어느 정도의 정치적 개혁을 하자고 주장했다. 그러나 그들은 봉건통치자와 마찬가지로 하층 인민의 반제국주의 반봉건 혁명투쟁을 반대했다. 그들은 봉건통치자들이 자신들의 주장을 받아들여 위에서부터 아래로 변법유신을 실시하라고 주장했다. 그들의 희망은 자본주의적 개혁을 통해 흥기하고 있는 농민혁명을 피해 가는 것이었다.

중국의 민족자본주의는 갑오전쟁 후 초보적인 발전을 보였는데 이것이 강유위 변법유신 운동의 경제적 기초였다.

갑오전쟁 이후로 자본수출은 점진적으로 제국주의 열강이 중국을 약탈하는 주요 방식이 되었다. 제국주의 열강의 자본수출은 다시 그들의 상품수출의 길을 열어주었다. 갑오전쟁 이전과 비교할 때 서양 상품의 수입 수량은 급격하게 증가했다. 광서 21년에서 24년 (1895-1898년)까지 4년 동안에 수입이 수출을 2.3배나 초과했고 매년 평균 수입 초과액이 4천 7백만여 냥, 이 기간 동안의 수입 초과액 합계는 1억 9천만 냥에 가까웠다.

면화가 수출되는데도 면사와 면포가 대량으로 수입된 사실은 제국주의자들을 기쁘게 했다. 어떤 이는 "오늘날 어떤 농가에 들어가더라도 이전에는 필수 불가결했던 물레가 먼지를 뒤집어 쓴 체 사람들의 기억에서 잊혀져가고 있음을 목격할 수 있다. 기계로 만든 봄베이산 면사가 손으로 돌리는 물레로 만든 면사를 시대에 뒤떨어진 유물처럼 느껴지게 한다."[17]고 기록했다. 이 묘사를 통해 갑오전쟁 이전에 이미 자연경제는 점진적으로 해체되고 있었고 여러 지역에서 붕괴 직전의 지경에 이르렀음을 알 수 있다.

그러나 제국주의 열강은 그들의 "승리"가 중국인민의 반제국주의 운동을 촉발하고 중국의 민족자본주의가 발전하는 조건을 만들어 주리라고는 예상하지 못했다. 농가 수공업의 파탄은 농촌 일용 필수품의 도시 의존도를 한층 더 높여주었고 자본주의가 발전할 수 있는 상품시장을 확대해 주었다. 파산한 농민과 수공업자는 고향을 떠나 노동력을 팔 수 있는 도시로 몰려들었다. 이들이 자본주의가 발전할 수 있는 노동력을 제공했다. 농산품의 자급성은 후퇴하고 상품성이 부각되었다는 것은 자본주의 발전을 위한 원료 공급원이 확대되었음을 의미한다. 이런 상황은 광대한 농민들에게는 끝없는 재난이었지만 중국의 민족자본주의는 자연경제의 해체와 더불어 초보적인 발전을 보이기 시작했다.

갑오전쟁의 실패는 양무파 관료가 주도하는 관영 공업의 철저한 파산을 선고했다. 이때 이홍장을 대신하여 양무파의 전면에 나선 인물이 호광총독 장지동이었다. 장지동은 원래 수구적인 봉건관료였으나 시대의 흐름을 따라 변신에 능한 인물이었다. 중·프랑스전쟁 이후 그는 관영기업을 활발하게 일으켜 양무파의 주요 인물이 되었다. 갑오전쟁 후 그는 다시 바람의 방향을 살핀 후 목소리를 바꾸어 "중국 상인을 보호하자, 상인의 힘을 두텁게 모으자"는 등의 주장을 내놓고 민족공업의 수호자로 변신하였다. 장지동은 사실은 이홍장의 행적을 그대로 따라가며 관영과 관독민영의 양무 공업이란 낡은 틀을 새롭게 정리할 생각이었다. 그러나 청 정부는 재정이 궁핍하여 새로운 기업을 설립할 수가 없었을 뿐만 아니라 기존의 관영 기업조차도 유지할 수가 없었다. 장지동은 최소한 철도 등의 핵심부문은 민간이 경영하게 해서는 안 된다고 생각했다. 그는, "철도는 온 나라의 이권과 관련

---

17 요현호(姚賢鎬) 편,『중국근대대외무역사자료』제3책, 중화서국 1962년 판, 1367쪽.

되어 있으니 민간에게 이익을 주어서도 안 되고 민간에게 권리를 주어서도 안 된다." "반드시 관민이 공동운영해야 한다"고 주장했다.[18] 그의 주장은 관부가 아직 신식 기업을 독점할 수 있는 능력을 갖고 있음을 보여주는 것이 아니라 오히려 관의 지휘가 이미 작동하지 않게 되었다는 사실을 설명해준다.

민족기업 투자자들과 그 정치적 대변자들이 관의 독점을 비난하고 공업의 자유로운 발전을 요구하는 목소리가 갈수록 높아졌다. 그들은 관독민영, 관민공동 경영의 족쇄를 풀라고 요구했다. 강유위의 문하생인 맥맹화(麥孟華)는 장지동의 주장을 반박하며 다음과 같이 말했다. 철도가 "천하의 이익이 모이는 곳"이기는 하지만 "관이 민간의 영역을 침범하여" 실패하지 않은 적이 없으니 민간이 스스로 일으켜 운영하게 한다면 투자자들이 몰려들 것이다.[19]

관의 독점을 타파하고 신식 공업을 자유롭게 발전시킴으로써 민족의 위기를 구하자는 시대의 조류를 봉건 통치세력이 끝까지 저항할 수는 없었다. 광서 24년(1898년)에 총리아문은 "상공업을 돌보는" 《진흥공예급장장규(振興工藝給獎章規)》를 공포했다. 봉건 통치세력이 양무파 관료를 통해 신식 기업을 독점하는 형세는 이때 끝났다.

'시모노세키조약'을 통해 제국주의 열강은 중국에서 공장을 설립할 수 있는 권리를 확보했지만 최초의 몇 년 동안 그들은 이 권리를 비교적 제대로 이용하지 않았다. 이 시기에 그들은 보다 유리하고 정치적인 차관과 철도부설이란 두 가지 방식을 주로 이용하여 자본수출에 치중했고 이 때문에 중국의 민족 공업은 발전할 수 있는 기회를 가졌다.

---

18 『장문양공전집』 제42권, 23, 24쪽.
19 맥맹화, 「공사(公司)·민의(民義)」, 『시무보』 (광서23년7월1일) 제34책, 3~4쪽을 보라.

갑오전쟁 이후 몇 년 동안 민족자본의 발전은 숫자상으로는 미약하였으나 중국사회에서는 이전까지는 볼 수 없었던 새로운 생산방식이 등장했다. 봉건경제라고 하는 거대한 바다에서 민족자본은 지각변동 때에 수면 위로 솟아오른 작은 섬에 지나지 않았지만 그 존재와 발전의 의미는 수량에서 차지하는 비중보다는 훨씬 컸다.

불완전한 통계에 의하면 광서 21년에서 26년(1895-1900년) 사이에 전국 각지에서 새로 설립된 민간자본의 광공업 기업으로서 설립자본금이 1만 위안 이상인 기업이 104곳이었다. 여기에는 관부의 직접 통제를 받는 민간 기업인 "관영 주식회사(官辦招商集股)"와 "관독민영" 기업도 포함되어 있다. 104개 기업의 자본 합계는 2,300만 위안이었다. 광업 기업을 포함시키지 않는다면 민간자본의 공장은 79곳으로서 그 자본 합계가 1,700여만 위안이었다. 미미한 금액이라고 할 수 있다. 앞에서 설명한 바와 같이 청 정부가 매년 상환하는 외채의 원리금이 2,000만 냥에서 2,500만 냥(2,700여만 위안에서 3,400여만 위안) 사이였다. 이 6년 동안에 민간이 투자한 공·광업 기업의 자본 합계액이 1년 치의 외채 상환액에도 미치지 못한다. 그러나 갑오전쟁 이전과 비교한다면 전후의 민간자본은 현저하게 발전했다. 전전의 20여 년 동안 민간자본 공장(광업 제외)은 80곳을 밑돌았고 그 자본합계액은 730만 위안이었다. 갑오전쟁 이후 6년 동안에 설립된 민간자본 공장은 그 숫자로 보면 전전 20년 동안과 큰 차이가 없으나 투자 총액으로 보면 오히려 2.3배나 되었던 것이다.

이 79곳 공장 가운데서 면방공장이 10곳으로서 상해·절강·강소 등지에 분산되어 있었다. 이들 면방공장의 설립자본금 합계액은 약 500만 위안, 한 공장의 평균 자본금이 40여만 위안이었다. 그 중에서 가장 규모가 큰 강소 남통(南通)의 대생사창(大生紗廠)은 설립 자본금이 70만 위안이었다. 견사공장은 46곳으로 대부분이 상해와 광동의 순덕(順德)에 집중되어 있었다. 순덕의 공장 수는 많았으나 규모가 작아 일반적으로 공장 한 곳의 자본금이 1만 위안을 넘지 못했다. 상해에서는 8곳의 견사공장이 잇따라 설립되었는데 그 중에서 비교적 규모가 작은 공장은 설립자본금이 15만위안 내외였고 비교적 규모가 큰 공장은 설립자본금이 60만 위안 가량이었다. 그 밖에 식품공업으로 분류될 수 있는 공장이 12곳이었다. 산동성 연대에 화교자본가가 설립한 장유양주공사(張裕釀酒公司)는 설립자본금이 1백만 위안이었다. 상해에는 비교적 규모가 큰 몇 곳의 제분공장, 식용유공장, 정미소가 있었다. 안휘의 무호(蕪湖), 강소의 남통, 호북의 한구에도 규모가 비교적 큰 제분공장이 있었다. 그 밖의 마직, 성냥, 피혁, 린넨 등 일용품 공장이 10여 곳 있었다. 이 6년 동안에 설립된 기계 제조공장은 확인되는 곳이 22곳인데 이들 공장에서는 기계의 제조와 수리, 선박의 제조와 수리가 이루어졌다. 그러나 모두가 규모는 너무 작아서 설립자본금이 1만 위안 이상 되는 곳은 한 곳뿐이었고 나머지는 설립자본금이 몇 천 위안 정도였고 가장 작은 곳은 1천 위안이었다. 이들 소형 기계공장은 거의 모두가 상해에 있었다.

이 몇 년 동안에 각지에서 설립된 석탄과 금속 채굴 광업 기업은 모두 25곳이었는데 그 중에는 관영 주식회사와 관독민영 광산이 포함되어 있었다. 이 25곳의 광업 기업의 설립자본금 합계는 580만 위안, 평균 23만 위안에 불과했다.

갑오전쟁 이후 몇 년 사이에 민간자본 기업이 초보적 발전을 보인 것은 분명하지만 성장하기란 매우 어려웠다. 어떤 기업은 설립 후 얼마 되지 않아 폐업하였고 어떤 기업은 설립 후 조업과 휴업을 반복하면서 겨우 명맥을 유지해갔다.

민족 자산계급의 상층과 하층

자본주의 발전과정에서 자본을 투자하여 기업을 설립한 사람들은 대체로 아래의 3개 부류에 속했다.

1) 지주, 관료, 봉건상인. 봉건사회에서 사회의 부는 대부분 이들이 장악하고 있었다. 이들은 근대 공업에 투자함으로써 봉건 착취자에서 자본주의 착취자로 변신했다. 그러나 대다수의 대지주와 중소지주는 여전히 봉건적 토지 착취에 의존하여 재산을 증식했고 근대적 공업에 흥미를 갖고 새로 설립된 신식 기업에 조금이라도 투자하는 사람은 극소수에 불과했다. 봉건 대상인, 주로 봉건국가로부터 아편·소금·차 등 대종 상품의 독점무역의 특권을 부여받은 상인들도 표호(飄壺), 은호(銀號), 전장(錢莊), 전당(典當) 등 고리대 개인 금융기업을 경영했다. 이들 봉건상인 가운데서 신식 공업에 투자하는 인물이 없지는 않았으나 총체적으로 말하자면 그들은 기존의 사업을 유지하는 쪽에 주력했다. 봉건관료는 모두가 그들 자신이 대지주 또는 지주였고 토지를 기반으로 한 착취 이외에도 관료로서 뇌물이나 관직을 이용하여 쉽게 대량의 재산을 축적했다. 그들 중 일부는 토지를 기반으로 한 봉건적 착취를 포기하지 않은 상태에서 재산의 일부를 신식 기업경영에 투자했다. 이들은 이미 관직을 떠났으나 관부와 밀접한 관계를 맺고 있어서 사회적으로 특권을 가진 신분이었기 때문에 기업을 경영하기에 유리한 위치에 있었다. 초기의 자본주의 기업의 설립과정을 보면 이들 대지주 겸 관료가 주요 투자자였다.

2) 매판과 매판상인. 좁은 의미의 매판은 외국인의 양행과 은행에 고용된 매매 대리인(경기인[經紀人])을 가리켰다. 어떤 상인은 형식상으로는 독립하여 양행을 위해 중국 상품을 구매하거나 서양 상품을 판매하는 일을 전문으로 하였는데 이들을 봉건 상인과 구분하여 매판상인이라고 불렀다.

민족공업이 일어나자 민족공업과 관련된 상인도 나타났고 이들도 민족 자산계급의 한 부분이었다. 그러나 민족공업이 아직 매우 미약했기 때문에 이런 부류의 상업 자본가도 그리 발전하지 못했다(봉건상인, 매판상인, 민족 자산계급의 상인은 실제로는 상호 결합된 경우가 많았기 때문에 엄격하게 구분하기 어렵다는 점을 지적해 둔다). 적지 않은 매판과 매판상인이 벼락부자가 되었고 이들 또한 근대 공업의 주요한 투자자였다.

(1) 부류는 봉건적 착취를 통해 부를 축적했고 (2) 부류는 제국주의 세력에 의존하여 부를 축적했다. 두 부류는 밀접한 관계를 맺고 있는 경우가 많았다. 봉건상인과 매판상인을 엄격하게 구분하기 어려웠을 뿐만 아니라 많은 매판과 매판상인도 부를 축적한 후에는 토지를 사들여 지주가 되었다. 또한 이들이 관직을 사들이거나 관료기구로부터 임명을 받아 관료 반열에 드는 경우도 많았다.

3) 수공업 공장주와 중소상인. 상품경제가 비교적 발달한 도시지역의 수공업 공장주는 아편전쟁 이전 중국 사회 내부에서 성장하고 있던 시초적 자본주의의 주요 대표였다. 아편전쟁 후 수 십 년 동안 수공업 공장이 대량으로 파산했다. 그러나 봉건세력의 압박이 자본주의의 싹을 완전히 압살하지 못했듯이 외국 자본주의의 침입도 수공업 공장을 완전히 소멸시키지는 못했다. 생존을 도모하던 수공업 공장 가운데서 일부는 시대의 흐름을 타고 점차로 기계식 생산으로 옮아가 근대공업으로 변신했다. 중소상인은 상품생산을 기초로 하여 도시와 농촌에서 활동하던 좌판 상인과 행상인이었다. 중소상인의 자금의 일부도 공업자본으로 전환되는 추세를 보였다.

민족 자본주의의 초기 발전 상황을 보면, 그 내부 구조에 상층과 하층의 구분이 있었다. 상층 자본은 규모도 크고 역량도 강대하였으나 중하층 자본은 규모도 적고 역량도 미약했다. 일반화하여 말하자면 대지주·관료·대상인에서 전환한 자본가가 민족자본의 상층을 구성했고 수공업 공장주와 중소상인에서 전환한 자본가는 민족자본의 중하층을 구성했다. 앞 절에서 언급한 10곳의 방사 공장은 상층 민족자본을 대표한다고 할 수 있고 22곳의 기계공장은 중하층 민족자본을 대표한다고 할 수 있다. 10곳 방사 공장의 설립자 가운데서 신분을 확인할 수 있는 인물이 9명인데, 그 중 7명은 현직 관료 혹은 퇴직관료이고 1명은 러시아와 프랑스가 공동 설립한 화아도승은행(華俄道勝銀行)의 매판, 1명은 상해의 "상신(商紳. 돈으로 관직을 산 사람. 역자)"이었다. 이들은 제국주의와 결탁했거나 봉건 관료제도와 밀접한 관계를 가진 인물들임이 분명하다. 22곳의 기계제조 공장의 설립자 가운데서 신분 확인이 가능한 인물은 21명인데, 매판 1인을 제외하고는 모두 소상인, 수공업 공장주, 수공업 공장 직공이거나 작업반장이다. 이들의 사회 정치적 지위는 낮았고 경제적 역량도 미약했다. 서구 각국에서는 공장제 수공업의 역사가 2세기가 넘었기 때문에 수공업 공장주가 몇 대에 걸쳐 자본을 축적하고 생산을 확대하여 공업 자본가로 진화한 경우가 적지 않았다. 그러나 중국의 역사조건 하에서는 수공업 공장주가 이런 기회를 갖는 경우는 매우 적었다. 중소자본은 외국자본과 본국 봉건세력의 압박에 대항할 힘이 없었고 한편으로는 근대공업에 투자한 관료·대지주·대상인·매판이 정치적 경제적으로 우월한 지위를 이용하여 중소자본을 배척했다. 이런 요인들이 합쳐져 공장제 수공업이 근대적 공업으로 진화하는 길에는 수많은 장애물이 가로놓여 있었다.

관료·대지주·대상인·매판에서 전환한 자본가들이 19세기 말의 민족경제 무대에서 주역을 맡았다. 그러나 전체적으로 볼 때 민족자본주의 경제는 제국주의와 봉건주의의 압박과 방해를 받는 매우 어려운 조건 하에서 자라나기 시작했다.

제국주의의 중국 침략은 한편으로는 봉건 자연경제 구조를 파괴하고 중국 민족경제의 발전을 자극하였고 다른 한편으로는 중국의 봉건세력과 결탁하여 중국 민족 자본주의의 발전을 심각하게 저해하였다. 제국주의 열강은 값싼 상품을 중국 시장에 쏟아 부어 중국 공산품 시장을 통제 독점하였다. 면사시장의 경우 열강 가운데서도 특히 영국과 일본 두 나라가 양분하여 독점하였다. 화동, 화남, 동북의 시장에서는 중국 기업이 생산한 면사는 발을 들여놓을 여지가 전혀 없었다. 화중 시장에서는 1894-1898년 사이에 서양 면사의 시장 점유율(판매량)이 86.4%였고 화북 시장에서 같은 기간 서양 면사의 시장점유율은 93.7%였다.[20] 제국주의 열강은 차관, 투자 등의 방식으로 민족자본 기업을 통제하거나 합병했다. 광서 21년에 설립된 유진사창(裕晉絲廠)이 곧바로 광서 23년에 외국자본의 손에 넘어가 상호를 바꾼 것이 전형적인 사례라 할 수 있다. 제국주의의 중국 민족자본주의에 대한 압박은 중국의 봉건관료 조차도 인정하지 않을 수 없었다. 장지동은 "서양 상인은 우리나라의 상인이 새로운 방식을 사용하면 이를 깊이 시기하여 온갖 계략으로 방해하는데 싼값으로 상품을 내놓아 우리 상인이 시장에 들어오지 못하게 한다. 지난 해(광서 22년)에 강소, 절강, 호북의 견사와 면사 공장 중에 손해를 보지 않는 곳이 없고 문을 닫거나 서양 상인의 손에 넘어간 곳도 있다. 이후로 우리 상인이 속수무책의 위기에 빠지고 서양 상인이 독점하는 형국이 되었다"[21]고 하였다.

민족자본은 국내 봉건통치 세력의 압박도 받았다. 관료에서 자본가로 변신한 장건(張謇)은, 청 정부 당국이 "상인에게서 세금을 걷는 정책만 있을 뿐 상인을 보호하는 법은 적으니 상인이 관을 보기를 사나운 호랑이 보듯

---

20 엄중평 편, 『중국면방직사고(中國綿紡織史稿)』, 과학출판사 1963년 판, 131쪽을 보라.
21 『장문양공전집』 제45권, 18-19쪽.

한다"[22]고 하였다. 장건은 광서 21년부터 남통의 대생사창 설립을 준비했다. 관부의 온갖 장애 때문에 이 공장은 빛을 보지 못할 뻔 했는데 광서 25년에 가서야 조업을 시작할 수 있었다. 장건은 과거 시험에서 장원을 하고도 관료로서는 높은 자리에 오르지 못했으나 지방 향신들 사이에서는 명망이 높았고 적지 않은 고위 관료들과 교유하는 인물이었다. 그런 그도 "실업에 힘을 쏟겠다"고 결심했을 때 관부의 장애를 벗어날 수가 없었다. 신분이 비교적 낮고 관의 배경이 없는 인물이 공업을 경영하고자 한다면 관으로부터 얼마나 많은 고통에 시달려야 했는지는 말할 필요가 없을 것이다. 민족자본 공장과 광산의 생산품은 시장에 나온 후에도 온갖 족쇄를 벗어날 수가 없었다. 수입 서양 상품은 통상항의 관세와 내국 관세를 합해 7.5%의 세금만 내면 어느 곳으로 이동되든 방해를 받지 않았으나 내국 상품은 "관문을 지날 때마다 상업세를 내고 초소를 지날 때마다 통행세"를 내야 했다. 예컨대, 내륙에서 생산된 누에고치를 수출항까지 운반해오자면 관문과 초소를 통과하며 내는 세금이 27% 이상이 되었다.[23] 복건 성에서 생산된 차를 복주항을 통해 수출하는 경우 납부해야 하는 각종 세금과 수출세가 35%에 이르렀다.[24] 중국의 민족자본은 제국주의와 봉건주의의 이중의 압박을 받으며 자라났다.

민족 자산계급의 각 계층이 제국주의와 봉건주의 통치에 대해 정도의 차이는 있지만 한 결 같이 불만과 저항적 정서를 보였던 이유는 바로 여기에 있었다. 민족자본은 한편으로는 제국주의와 봉건주의의 압박을 받았지만 다른 한편으로는 그들과 각종의 관계를 맺는 의존성을 보였다. 저항

---

22 「주복청강구상무절(奏復請講求商務折)」, 『무술변법자료』 제3책, 399쪽에서 인용.

23 『상해경제사화』 제2집, 상해인민출판사 1963년 판, 73쪽.

24 『시무보』 제1책, 11쪽을 보라.

과 의존의 모순이 바로 민족자본의 생활법칙이었다. 통상항에서는 일부 중국 상인이 외국자본을 받아들이고 서양인의 상호로 기업을 경영했다. 외국자본의 비호를 받으면 관부의 수탈과 간섭에서 벗어날 수 있었기 때문이었다. 특히 매판과 매판상인들은 민족자본가로 변신한 후 온갖 방법으로 제국주의와의 연결을 유지했다. 이런 관계가 존재하고 있었기 때문에 민족 자산계급이 제국주의에 대해 실제와는 동떨어진 환상을 갖는 경우가 많았다. 광서 23년에 상해의 민족자본 방직공장 공장주들이 중국 주재 미국 공사 덴비에게 중국의 민족공업을 후원해달라고 "청원"하였다. 덴비는 이 "청원서"를 본국 국무부에 전달하는 보고서에서 "본인은 중국 면직공업의 발전이 우리나라에 어떻게 좋은 영향을 주는지 모르겠다"고 썼다. 미국 국무장관 올니(Richard Olney)는 공사의 의견에 전적으로 동의한다며 "우리의 이익은 우리의 공산품을 위해 외국시장을 여는 데 있다"[25]고 답했다.

　　민족자본은 제국주의 보다는 봉건주의와 더 돈독한 관계를 맺었다. 민족 자산계급의 주요 구성원들은 봉건 통치계급으로부터 분화되어 나왔기 때문에 그들이 정치·경제·사상 면에서 짙은 봉건주의적 흔적을 지니고 있고 봉건경제·봉건정치와 밀접한 관계를 유지했던 것은 전혀 이상한 일이 아니었다. 민족자본은 한편으로는 새로운 생산관계로서 봉건적 생산관계·봉건적 통치 질서와는 대립하면서 한편으로는 낡은 생산관계와 낡은 통치 질서의 힘을 빌려 자신의 생존과 발전을 도모했다. 관료·지주·대상인·매판은 신식 기업에 투자하여 새로운 사회계급을 형성하면서도 원래의 계급적 신분을 그대로 유지했다. 정치적으로 민족자본, 특히 상층 민족자본은 봉건 정권으로부터 지지와 보호를 기대했다. 앞에서 예로 든 장건은 대생사창을 설립하는 과정에서 유곤일과 장지동 같은 봉건 대관료에게 여러 차례 도움

25　『미국외교문건』 1897년. 복삼과. 『중국분할투쟁과 미국의 문호개방정책』. 61쪽에서 인용.

을 요청했다. 대생사창은 사실상 유곤일로부터 큰 도움을 받았다. 대생사창은 관으로부터 자금도 빌렸고 관군이 공장을 보호했으며, 관의 힘에 의존하여 판로를 열어갔다. 대생사창은 관으로부터 "20년 동안 백리 이내에 같은 공장을 허가하지 않는다"는 특허권을 받았다. 장건은 "관부와 상인의 정서를 다 알고" "관부와 상인을 중개하며 관과 상인의 소임을 겸"하는 지위에 있다고 자칭했는데[26], 이는 상층 민족자본가의 정치 경제적 지위가 봉건정권과 분리될 수 없었음을 설명해준다.

민족기업의 자본회전 상황도 같은 특징 ― 봉건적 착취를 통해 축적된 자금이 공업자본으로 전환되고, 자본주의적 착취를 통해 얻은 이윤이 다시 봉건적 착취에 유입되었다 ― 을 보여준다. 장건 본인은 대지주로서 대생사창을 설립한 후 면화 경작을 하는 통해간목공사(通海墾牧公司)란 기업을 설립했다. 이 기업은 토지를 소농에게 나누어 임대해주고 봉건적인 지대를 받았다. 대생사창은 통해간목공사에 투자하여 이윤을 얻었고 통해간목공사는 면화 원료를 공급하는 이외에도 대생사창에 자금을 공급해주었다. 이것은 봉건착취와 자본주의 착취가 교묘하게 결합된 전형적인 사례라 할 수 있다. 민족자산계급이 봉건주의에 대해 극히 모호한 입장을 보였던 데는 이처럼 깊은 경제적 연원이 있었다.

모택동은 중국의 민족자산계급을 분석한 글에서 다음과 같이 지적했다. "민족자산계급은 지주계급처럼 봉건성이 강하지 않고 매판계급처럼 매판성이 강하지도 않다. 민족자산계급 내부에는 외국 자본주의와 본국 토지와 비교적 관계가 많은 일부의 사람들이 있는데 이들이 민족자산계급의 우익이다."[27] 지금까지의 설명은, 19세기 말에 지주·관료·대상인·매판에서 전

26 『장계자구록·실업록(張季子九錄·實業錄)』제1권, 8, 15쪽.
27 『모택동선집』제1권, 인민출판사 1991년 판, 145쪽.

환한 자산가들은 제국주의와 봉건 통치세력과 비교적 관계가 많았고 민족
자산계급의 우익이란 점을 보여 주었다. 수공업 공장주와 중소상인에서 전
환한 자산가들은 일반적으로 제국주의와 봉건 통치세력과 관계가 없었거
나 비교적 적었으며 이들이 민족자산계급의 좌익이었다. 19세기 말엽에 민
족자산계급 좌익은 아직 독립적인 정치역량을 갖추지 못했다. 민족자산계
급 전체를 대표하여 정치·경제·문화면에서 영향을 끼친 집단은 민족자산
계급 상층부였다. 강유위를 정점으로 한 자산계급 유신파는 주로 자산계급
상층부의 부름을 받고 무대에 등장했다. 민족자산계급 상층부의 경제적 지
위와 정치적 요구가 강유위 유신변법운동의 방향과 내용을 결정했다.

제16장

자산계급 개량주의의 유신운동

유신운동과 그 지도자 강유위

80년대 후기에 자산계급의 관점에서 "변법"을 주장한 인물이 등장하기는 했지만 숫자가 적었고 사회적 영향력도 적었다. 또한 그들은 봉건주의 양무파에 의존했다.

갑오전쟁을 거치면서 자산계급 관점의 변법 주장은 빠르게 전파되어 상당한 기세의 정치운동으로 발전했는데 이것이 바로 강유위가 이끄는 유신운동이었다. 유신파는 각종 방식으로 여론을 조성하고 사회단체를 조직하여 초보적인 정당조직을 갖추었다. 강유위와 그의 문하생들, 그리고 친구들은 황제의 힘으로 그들의 강령을 실현하기 위해 황제에게 변법의 주장을 직접 전달하였다. 광서 24년(1898년) 4월 하순에서 8월 초순까지의 100여 일 동안 유신파는 광서황제의 지지를 받아 거의 성공하는 듯 보였으나 한 차례 궁정 정변 가운데 참패하고 말았다.

유신운동은 중국과 제국주의의 모순이 주요 모순이 된 조건 하에서 중국 인민이 이 모순을 해결하려는 투쟁의 반영이었다. 이 운동의 특징은 중국의 민족자산계급이 처음으로 정치무대에 올라왔다는 점이며 이 운동은 중국 자산계급이 주도하는 민주혁명운동의 전주곡이었다.

이때의 자산계급 정치운동에서는 민족자산계급이 전면에 나섰고 민족자산계급 중의 제국주의·봉건주의와 비교적 관계가 많은 일부도 참여했다. 바로 이런 이유 때문에 강유위 같은 반(半)자본주의·반(半)봉건주의 인물이 이 정치운동의 지도자가 될 수 있었다. 강유위(1858-1927)는 광동 남해현의 관료지주 집안에서 태어났다. 그의 작은 할아버지 강국기(康國器)는 좌종당 부대에서 태평천국을 진압하는 작전에 참가했고 동치 18년(1871년)에 관직이 광서순무 대리에 이르렀다. 그의 부친 강달초(康達初)는 강국기 부대의 막료였고 강서에서 지현을 지냈다. 강유위는 청년 시절에 정통 유교교육을 받았는데 19세 때부터 광주의 저명한 이학(理學)의 대가 주차기(朱次琦) 문하에서 3년 동안 공부했다. 주차기는 송과 명의 이학을 계승하여 유교 경전의 "의리"를 밝혀야 한다고 주장하며 청 왕조 유학의 이른 바 "한학(漢學)"을 반대하는 학자였다. 이런 학풍의 영향을 받은 강유위는 한학자들이 고서더미 속에서 하찮은 고증의 근거를 찾아내는 풍조를 멸시하며 독립적인 사고를 추구했다. 후에 가서는 그는 송과 명의 이학까지도 비판했다. 그는 송과 명의 이학이 "공자의 자기수양의 학문만 말할 뿐 공자의 구세(救世)의 학문은 밝히지 않기" 때문에[1] 자신은 스스로 "구세"의 큰 뜻을 펼치고자 한다고 주장했다. 그는 평생 동안 "공자 존중(尊孔)"을 주장했다. 그는 변법유신운동을 이끌면서 그가 널리 펼치려는 "공자의 가르침(孔敎)" 속에 자산계급 개량주의 사상을 받아들였다. 그의 변법유신은 군주권을 파괴하지 않는 범위 내에서 자산계급적 개혁을 주장했으며 전통적 유교 학설의 테두리를 벗어난 적이 없었다.

강유위는 23세 때에 주차기를 떠나 혼자서 남해 서초산(西樵山) 백운동(白雲洞)에서 공부했다. 한림원 편수(編修) 장정화(張鼎華)가 백운동에 유람

---

1 양계초, 「강유위전」, 『무술변법자료』 제4책, 16쪽을 보라.

왔다가 우연히 강유위를 만나 교류하게 되었다. 장정화는 강유위에게 당시 수도 안팎에서 벌어지고 있는 일들과 도광·함풍·동치 3대에 걸친 시국문제를 얘기해 주었다. 장정화의 영향을 받아 강유위는 적지 않은 "경세치용(經世致用)"의 서적을 읽었다. 장정화를 만난 그해에 강유위는 홍콩을 방문하였다. 그 자신의 말을 빌리자면 이때의 홍콩 방문을 통해 "서양인 궁실의 아름다움, 도로의 질서와 깨끗함, 순포(巡捕, 경찰) 업무의 엄정함을 보고 비로소 서양인들의 치국의 법도를 알게 되었고 옛날의 오랑캐 관점을 버리지 않을 수 없었다"고 하였다. 또한 그는 『해국도지』, 『영환지략』 등의 책을 찾아 읽고서 세계의 대세를 깨닫기 시작했다.[2] 그로부터 3년 후 그는 과거에 응시하기 위해 수도로 가는 길에 홍콩과 상해를 거쳐 가면서 세상에 대한 안목을 넓혔을 뿐만 아니라 당시에 출판된 세계 대세와 서양의 공업기술을 소개한 외국 서적 번역서를 적지 않게 수집하였다. 습득한 서양 자산계급 정치와 자연과학 지식은 소략하기는 했지만 이것이 그의 자산계급 개량주의 사상의 주요 부분을 형성하게 되었다.

갑오전쟁 전 10년 동안 강유위는 주로 고향에서 제자들을 가르치면서 자신의 개량주의적 사상체계를 세웠다. 중·프랑스전쟁 패전을 보고 그는 민족적 위기를 강하게 느꼈다. 그와 그의 학생들은 시국의 발전을 면밀하게 주시했다. 광서 11년(1884년)에 그는 『인류공리(人類公理)』란 책을 썼다(이 책은 후에 제목을 『대동서(大同書)』로 바꾸게 된다). 이 책에서 강유위는 자신이 습득한 서양 자본주의 사회의 정치에 관한 지식을 봉건주의에 대한 비판으로 발전시키고 "대동세계"의 원경을 제시했다. 개량주의적 정치 주장과 전통적 유교사상을 결합시키기 위해 강유위는 공자의 옛 가르침을 빌어 제도를 고친다는 사상체계를 점진적으로 세워나갔고 그 결과물이 광서 17년

<hr />

2 「강남해자편연보(康南海自編年譜)」, 『무술변법자료』 제4책, 115쪽을 보라.

(1891년)에 나온 『신학위경고(新學僞經考)』란 저서였다. 광서 18년에 그는 제자 진천추(陳千秋)와 양계초(梁啓超)의 도움을 받아 『공자개제고(孔子改制考)』란 편저를 내놓았다. 앞의 책에서 그는 공자의 학설을 수호한다는 명분을 내세워 역대로 봉건주의자들이 신성불가침으로 인식해왔던 일부 경전이 위작이라고 선언했고, 뒤의 책을 통해서는 공자를 자산계급 민권사상과 평등관념의 주창자로 묘사했다. 이 두 권의 책은 당면한 정치문제를 직접 논평하지는 않았지만 지식계에 강렬한 충격과 반향을 불러일으켰고, 강유위와 그의 문하생들이 자산계급 개량주의 정치운동을 발동하는데 사상적 기초가 되었으며, 한편으로 정통 봉건주의자들로부터는 이단이라 하여 배척받았다.

중·프랑스전쟁 3년 후인 광서 14년(1888년)에 강유위는 다시 한 번 북경으로 가 과거시험에 응시했으나 합격하지 못했다. 이 해 9월, 황제에게 올리는 그의 상주문은 표현이 "과격하다"는 이유로 집권 대신들에 의해 차단되었다. 이것이 강유위가 실제 정치에 참가한 첫걸음이었다. 이 상주문[3]의 내용은 대부분 "외국 오랑캐가 번갈아 협박하고," "군사는 약하고 재정은 궁핍한" 위기 상황을 묘사하면서 지금은 "비상한 변화의 시국"이며 "조종(祖宗)"이 물려준 "구법"은 지킬 수가 없으므로 반드시 "신법"으로 고쳐야 한다고 주장했다.

갑오전쟁이 폭발하자 그는 세 번째로 상경하여 "공거상서(公車上書)"를 조직했다(제13장 중·일전쟁 2단계를 보라). 그가 기초하여 천여 명의 과거 응시생들의 서명을 받으려 했던 이 청원서는 강유위가 황제에게 올린 두 번째 상주문이었고 역시 황제에게 전달되지 못했다.

이 무렵 강유위는 자산계급 개량주의의 관점을 바탕으로 하여 열광

---

3 『무술변법자료』 제2책, 123−131쪽을 보라.

적이고 웅대한 정치적 구상을 갖고 있었다. 그는 이 구상을 실현시킬 유일한 방법은 황제의 지지와 관료집단의 동조를 끌어내 자신이 고위 관리가되어 정권에 참여하는 것이라고 믿었다. '시모노세키조약'이 체결되자 상서에 서명한 과거 응시생들이 소란을 일으키면 자신의 앞날이 영향을 받을까두려워하여 뿔뿔이 흩어지자 강유위는 준비했던 연명 상서를 고쳐 쓴 후위험을 무릅쓰고 개인의 이름으로 황제에게 올렸다. 이것이 그가 황제에게올린 세 번째 상서였다.[4]

세 번째 상서는 황제에게 전달되었다. 황제는 상서를 읽고 감동하여상서의 사본을 만들어 각 성의 총독과 순무에게 열람시켜 그들의 의견을들어보라는 지시를 내렸다. 강유위는 크게 고무되었다. 그러나 총독과 순무들의 반응은 한 없이 느렸다. 강유위는 다시 네 번째 상서를 썼다. 이때 그는 이미 과거에 합격하여 진사가 되었고 말직이기는 하지만 공부의 주사라는 관직도 갖고 있었다. 공부주사는 직접 황제에 상서를 올릴 자격이 없었고 반드시 공부의 책임자를 통해 상서를 올려야 했다. 공부의 책임자는 상서의 전달을 거절했다.

광서황제가 읽은 세 번째 상서는 온전히 변법을 실시해야 한다는 주장만 담고 있었다. 강유위는 시국이 위급함으로 "변법을 크게 펼쳐" 새로운 정치를 실행해야 한다고 주장했다. 그가 요구한 "신정"에는 철도, 윤선, 광산, 군대훈련 같이 양무파가 늘 주장해오던 내용도 부분적으로 포함되어 있었지만 그는 이런 것들이 근본적인 해법이 못된다고 주장했다. 그는자신의 주장을 다음과 같이 요약했다. "현재 황제 곁에 있는 인물들은 대부분이 무능하므로 진정한 인재를 파격적으로 등용할 것. 언로를 넓게 열어 아래의 실정이 위로 충분히 전달되도록 하여 황제가 인민의 지지를 얻

---

4   『무술변법자료』 제2책. 166-174쪽.

도록 할 것." 황제가 읽어볼 수 없었던 네 번째 상서에서 강유위는 자신의 주장을 보다 구체적으로 설명했다. 여러 차례의 상서를 올렸지만 결국은 황제 한 사람의 결심에 의존한다는 것이 핵심이었다. 그는 네 번째 상서에서 황제가 "잘못을 자신의 탓으로 돌리고" 그런 후에 관료들에 대한 상벌을 엄격히 하고, 신진 인재를 발탁하여 "조언을 구하는" 조서를 내리고, 관제개혁·광산개발·철도부설·공농상업의 진흥 등 여러 가지 신정을 실시하면 "10년 이내에" 중국을 부강한 대국으로 만들 수 있다고 주장했다.[5]

네 번째 상서의 내용을 보면 그의 기본 방향은 황제의 지지를 받아 위에서부터 아래로 개혁을 실시하여 자신의 정치적 주장을 실현하는 것이었다. 이것은 전통적인 "성군과 현명한 재상"의 출현을 고대하는 주장이었다. 그는 광서황제가 성군이 되기를 바랐고 자신이 현명한 재상이 될 생각이었다. 그는 황제가 자산계급의 희망대로 정치개혁을 실시하기를 바랐고, 기존의 관료체제를 공격하며 새로운 인재를 등용하여 낡은 관료들을 밀어낼 생각이었으며, 이 때문에 수구적인 관료들이 크게 반발했다. "한 걸음에 등천한다"는 희망도 실현할 수 없었고 수도에 남아 상사를 모시는 말단 관리를 하기도 싫었던 강유위는 이 해 6월에(네 번째 상서의 전달을 상사가 거절했을 때) 북경에서 강학회(強學會)를 조직하는 일에 뛰어들었다. 그리고 얼마 되지 않아 그와 그의 추종자들은 북경을 떠나 각지에서 여론을 일으키고 단체를 만드는 일에 뛰어 들었다.

---

5   『무술변법자료』 제2책, 185-186쪽.

유신파의 선전 조직활동

　　강유위가 진사시에 합격했을 때는 여러 차례 황제에게 상서를 올린 적이 있는데다가 추종자들이 그를 떠받드는 활동을 해왔었기 때문에 그는 상층 사회에서 이미 명사가 되어 있었다. 그가 북경에서 강학회를 조직한 일은 전대미문의 사건이기는 했지만 집권 관료들로부터 상당한 지원을 받았기 때문에 가능한 일이었다. 한림원 시독학사 문정식은 발기인의 한 사람으로 이름을 올렸다. 광서황제의 스승이자 군기대신이며 호부상서인 옹동화는 매년 일정 경비를 지원하겠다고 약속했다. 이들은 광서황제의 두터운 신임을 받고 있는 인물이었다. 호광총독 장지동, 양강총독 유곤일은 회원으로 이름을 올리고 자금을 지원했다. 천진 근처의 소참(小站)에서 신식 군대를 훈련하고 있던 신건육군도독(新建陸軍都督) 원세개도 회원으로 가입했다. 이홍장은 은화 2천 냥을 내고 회원으로 가입하겠다고 했으나 갑오전쟁 패전 후 그에 대한 평판이 좋지 않아 거절당했다.

　　북경 강학회가 활동한 시간은 4개월에 불과했다. 강학회가 설립된 해 겨울에 이홍장의 사돈인 어사 양숭이(楊崇伊)가 강학회는 "사사로운 회당이 처사들로 하여금 함부로 국정을 논하는 풍조를 만든다"고 비난하는 상소를 올렸다. 자희태후는 이 상소를 받아들여 강학회 폐쇄령을 내렸다. 이렇게 되자 이홍장은 강학회를 큰 적수로 여기지 않게 되었다. 이때만 해도 유신파와 양무파 사이의 경계가 분명하지 않아 유신파는 양무파를 동지로 여겼고 양무파는 유신파를 뒤를 이어갈 수재들로 생각했다. 이홍장의 강학회 파괴는 갑오전쟁 시기에 관료집단 내부의 주전파와 주화파의 알력의 표출이었다. 강학회는 이홍장의 가입을 거절하였고 옹동화와 문정식 등 "주전파"는 강학회의 지지자였다. 강학회가 3일마다 여는 회합에서는 시국문제를 논의했고 전쟁 실패의 교훈과 이홍장의 책임이 언급되지 않을 수 없었다.

이홍장은 이점을 용인할 수 없었다. 북경 강학회 창립 이후 강유위는 《중외기문(中外紀聞)》을 창간했다. 매월 1회 간행되는 이 잡지는 양계초와 맥맹화가 편집했고 《경보(京報)》(조정 내의 상주문과 황제의 지시를 인쇄한 관보)와 함께 북경에 거주하는 관원들에게 무료로 배부되었다. 내용은 대부분이 상해 광학회(廣學會)(외국 교회의 한 조직)의 간행물에 실린 글을 전재한 것이었고 매 기마다 논평 한 편을 실었다.

북경 강학회가 폐쇄되기 전에 강유위는 남경으로 가 양강총독 장지동을 만났고 10월에 상해에서 강학회를 설립하고 《강학보(强學報)》를 발행했다. 장지동은 상해 강학회의 설립을 지지하고 자금을 지원했다. 그는 양무파의 규범에 따라 강학회의 언론활동을 통제할 생각이었다. 《강학보》는 청 왕조의 연호를 사용하지 않고 공자의 출생을 기년으로 삼았다. 장지동이 즉시 회비 납부를 중지하고 강학보의 발행을 금지했다. 얼마 후 북경 강학회가 폐쇄되자 상해 강학회도 와해되었다.

《중외기문》과 《강학보》가 정간된 후 유신파는 광서 22년(1896년)에 상해에서 《시무보(時務報)》를 창간했고 이 해 겨울에는 마카오에서 《지신보(知新報)》를, 다음 해 여름에는 장사에서 《상학보(湘學報)》를, 10월에는 천진에서 《국문보(國聞報)》를 창간했다. 이들 신문은 유신파의 주요 여론기관이 되었다. 유신파는 이 신문들을 통해 국가가 이미 망국의 위기에 처했다고 주장하고 그들이 주장하는 변법은 철도부설·윤선제조·광산개발·신식군대 설립·신식병기 구매에만 그치는 것이 아니라 정치적인 일대 개혁을 요구하는 것임을 분명하게 밝혔다.

《시무보》의 편집자 양계초(1873-1929)는 유신파의 대표적인 선전가였다. 그는 광동 회(會)현 출신으로서 17세 때인 광서 15년(1889년)에 향시에 합격했고 다음 해부터 『영환지략』과 번역된 서양 서적을 읽기 시작하면서 강유위를 만나 그의 사상에 감화되었다. 양계초는 강유위의 제자가 된 후로 강유위가 이끄는 활동에 적극적으로 참가했다. 그는 《시무보》제1호에서부터 게재한 「변법통의(變法通議)」란 장문의 글을 통해 격앙된 어조로 진정한 변법의 실행 여부가 중국의 존망을 결정할 것이라고 주장했다. 그는 비교적 통속적인 문체로 새로운 사상을 설파했기 때문에 처음으로 새로운 사물에 접촉하는 지식분자들의 열렬한 호응을 받았다.

강유위의 몇 차례 상서는 모두 책자로 간행되어 유포되었고 사실상 대중을 향한 선언문이 되었다. 그와 그의 제자들이 신문을 통해 펼치는 정치적 주장은 광범위한 대중에게 전파되어 여론을 좌우했다. 《시무보》의 발행부수는 만여 부에 달했는데 이는 전대미문의 일이었다. 유신파의 입장과 주장은 갈수록 분명해졌다.

광서 23년(1897년) 10월에 독일이 교주만을 강점한 후 강유위는 다시 북경으로 가서 또 한 차례 황제에게 상서를 올렸다. 이 상서에서 그는 격앙된 어조로 열강의 중국 분할이 임박했다고 지적했다. 그는 황제에게 이대로 가면 제위를 유지하기 어려울 것이라고 직설적으로 충고했다. 나아가 그는 "조정이 두려운 존재가 아님을 천하가 다 알고 있고 백성은 곧은 의지가 없이 간사한 궁리만 하고 있으므로" 하층 인민이 반란을 일으킬 수 있고, "뇌물과 어리석은 행동 때문에 위는 어지럽고 말단 관리들은 백성을 괴롭게 하고 있으니" 열강이 침략을 강화하지 않더라도 하층 대중이 무기를 들고 일어 설 것이라고 지적했다. 요컨대, 그는 시국이 매우 위태로우므로 반드시 변법유신을 실시해야 하며 조금이라도 미루어서는 안 된다고 주장했다. 그러나 강유위의 다섯 번째 상서도 즉시 황제에게 전달되지 않았다.

강유위가 상서라는 수단을 이용해 자금성 궁문을 두드리는 동안 그의 추종자들은 학회를 적극적으로 조직해 대중을 동원했다. 이 해 12월 이후로 북경에서는 월(粤)학회, 촉(蜀)학회, 민(閩)학회, 관(關)학회, 보절회(保浙會), 보전회(保滇會), 보천회(保川會), 지치학회(知恥學會) 등이 잇따라 설립되었다. 때마침 과거시험이 열린 시점이라 응시생들이 북경에 몰려들었다. 강유위는 이 기회를 이용하여 이성탁(李盛鐸), 양계초, 강광인(康廣仁) 등을 시켜 광서 12년 3월에 월동회관(粤東會館)에서 그 유명한 보국회(保國會)를 개최했다. 첫 번째 모임에는 2,3백 명이 모였다. 그 중에는 일부 하급 관리들도 있었고 강유위가 등단하여 연설했다. 그는 감동적인 어조로 "4억 인이 모두 분기하여" 힘을 합해 망국의 위기를 돌파하자고 주장했다. 대회에서 발표된 선언문 「보국회서(保國會序)」는 강유위가 집필했는데, 내용은 전과 마찬가지로 시국의 위급함을 강조하고 그 해에 나라를 수치스럽게 한 스무 가지 사건을 열거하며 "철도를 놓고 사람을 쓸 권리를 모두 잃어버려 국토가 오랑캐의 땅이 되었고 임금은 노복과 다름없이 되었으니 이러고서는 나라라고 할 수 없다"고 주장했다.[6]

강유위는 보국회 정관도 기초했다. 정관의 제1조는 다음과 같았다. "본회는 국토가 날마다 잘려나가고, 국권은 날로 빼앗기고, 백성의 어려움이 날로 더하는 위기를 구하기 위해 회를 조직하며 그 이름은 보국회라 한다." 정관에서 제시된 구체적인 강령은 다음과 같았다. "국가의 정권과 국토의 보전, 인민의 자립, 성교(聖敎)의 보전, 내치에 있어서 변법 시행, 대등한 외교."[7] 회원 186명의 명단을 보면 강학회와는 달리 양무파 대관료는 누구도 이름을 올리지 않았다. 옹동화의 손자 옹빈존(翁斌存), 증국번의 손자 증광균(曾廣鈞), 장지동의 아들 장권(張權) 같은 일부 대관료의 자제들은 강학회의 열성분자였으나 보국회에는 가입하지 않았다.

보국회의 성립은 백일유신 이전 유신파 정치활동의 정점이었다. 보국회의 활동은 기본적으로 애국주의 운동이었다. 강유위는 대회 연설과 보국

---

6   「보국회서」, 『무술변법자료』 제4책, 397, 398쪽.
7   「보국회장정」, 『무술변법자료』 제4책, 399쪽.

회 정관에서 주로 구국을 호소했으며 변법을 제시하기는 했지만 두드러진 주제는 아니었다. 유신파가 구국을 전면에 내세웠던 이유는 더 많은 대중을 그들의 깃발 아래 불러 모으자면 그 편이 편리했기 때문이었다. 구국과 변법의 관계는 강유위의 상서에서 분명하게 드러나 있었다. 보국회에 가입한 사람들 중에서 일부는 유신파의 변법 주장에 온전히 동조하지 않으면서도 구국의 구호에 감동된 사람들이었다. 유신파의 위세는 이 때문에 더욱 높아졌다.

수도 이외의 지역에서는 광서 22년과 24년(1896-1898년) 사이에 각종 명칭의 단체가 우후죽순처럼 각지에서 생겨났다. 단체를 만들고 학회를 세워 출판물을 내는 일이 하나의 풍조가 되었다. 기록에 보이는 비교적 저명한 학회가 30여개 이상이고 신문이나 잡지는 50여종 이상, 학교도 50개소 이상이다. 학회의 성격은 다양해서 순수하게 정치적인 학회, 서양의 정치와 기술을 동시에 배우는 학회, 서양의 기술만 배우는 학회, 아동교육을 추구하는 학회, 사회풍기의 개선(전족[纏足] 금지, 금연 등)을 주장하는 학회 등이 있었다. 구체적인 활동 내용은 이처럼 구분이 있었으나 총체적으로는 서양으로부터 배우자는 구호를 내걸고 정도의 차이는 있지만 사회개혁과 정치혁신을 요구했다. 산학회(算學會), 농학회(農學會), 지학공회(地學公會) 같은 조직도 서양 기술을 배우는 방식으로 정치운동에 참여했으므로 단순한 학술단체로 볼 수는 없다. 그러나 각지에 분산된 이런 학회들은 모두가 조직이 느슨하고 집중된 정치적 지도나 조직적 지도가 없었으며 횡적인 연결이 없이 수시로 생겼다 사라졌다. 광서 23년(1897년) 호남에서 담사동(譚嗣同)과 당재상(唐才常) 등이 주도하여 설립된 남학회(南學會)는 적극적으로 정치활동을 벌인 조직이었다. 당시 호남순무 진보잠(陳寶箴)은 장지동과 가까운 양무파 관료였는데 호남성 내에서 제한적인 신정을 추진했다. 장사의 유신을 지지하는 인사들이 남학회에 모여 시국을 토론하고 《상보(湘報)》를 발행하여

혁신을 주장하고 정책 제안을 내놓았는데 지방 보수 세력을 압도했다. 양계
초는 남학회를 일컬어 "사실상 지방의회의 역할을 한다"고 하였다.[8]

보국회의 활동 시간은 매우 짧았다. 보국회가 설립된 지 한 달 만에
어사 황계윤(黃桂鋆)이 다음과 같은 탄핵 상주문을 올렸다. "근래에 인심이
들떠 민주 민권 따위의 논설이 창궐"하고 "나쁜 마음을 품고 기회를 타서
선동하고 미혹한다." 봉건 수구파들이 볼 때 강유위의 조직 활동은 반란의
혐의를 받기에 충분했다. 군기대신 강의가 조사를 준비했다. 강유위의 말에
따르면, 광서황제가 "보국을 목적으로 한다니 크게 아름답지 않은가"라고
말했기 때문에 조사를 면했다고 한다. 이런 곡절을 거치면서 보국회는 흩어
졌다.

당시의 역사조건 하에서 유신파의 조직 선전활동은 분명히 중대한 작
용을 했다. 변법유신 운동은 봉건사상이 혼재된 순수하지 못한 자산계급
개량주의 운동이었지만 전통적인 봉건사상과 비교할 때 신선하고 기백 있
는 운동이었다. 변법유신 운동은 봉건사회의 부패하고 가라앉은 공기를 뒤
흔들고 국가의 운명에 관심을 가지는 열정을 촉발했으며 사람들로 하여금
구국의 길을 적극적으로 탐색하게 만들었다. 사회의 분위기가 일시에 크게
변했다. 당시 사람이 묘사한 바를 인용하자면, "무술년 봄에 강군 등이 수
도로 들어와 변법을 주장한 일은 동면하는 개구리를 깨운 봄 천둥과 같았
다. 세상의 지사들이 환호하며 따랐으니 신중한 사람조차도 미치는 약을
마신듯 하였다."[9] 강유위의 학생 구구갑(歐榘甲)은 훗날 다음과 같이 회고했
다. "이때 지혜가 별안간 열리니 만 갈래 물길이 솟아오르듯 하여 누를 수

---

8   양계초, 「무술정변기」, 『무술변법자료』 제1책, 300쪽.
9   나진옥(羅振玉), 「정송노인유고(貞松老人遺稿)」, 『무술변법자료』 제4책, 249-250쪽.

가 없었다.'"[10]

유신파가 요구했던 것은 개량이었지 혁명이 아니었다. 그러나 유신파는 학회, 학교, 출판물을 통해 지주계급 지식분자들을 정치운동 가운데로 빨아들였고, 그들의 사상을 자산계급화 하였으며, 자산계급을 정치화했다. 그들의 선전 조직활동이 미친 영향은 그들 자신이 바랐던 정도를 훨씬 넘어섰고 훗날의 자산계급 혁명운동의 기초를 놓았다.

유신파와 양무파의 논쟁

갑오전쟁의 실패는 사실상 양무파에 대한 파산선고였고 정치적으로나 사상적으로 양무파를 넘어뜨린 것은 유신파의 공적이었다. 유신파는 비교적 전면적으로 양무파의 주장을 비판했으며 그 과정에서 변법유신이란 자산계급 개량주의 노선을 밝혔다.

이 논쟁에서 유신파는 공격을 주도하면서 선명한 관점과 논쟁성이 매우 강한 문장을 활발하게 발표했다. 논쟁에서 양무파의 주전은 장지동이었다. 광서 24년(1898년) 3월에 그의 이름으로 발표된 「권학편(勸學篇)」이외에 그의 막료와 추종자들도 유신파를 공격하는 문장을 대량으로 발표했다. 완고한 수구파는 당연히 유신파를 강하게 반대했고 논쟁에 참가하여 양무파의 동맹이 되었지만 양무파의 전력 증강에는 도움이 되지 못했다.

논쟁은 여러 가지 문제를 두고 벌어졌지만 중심 문제는 하나-자산계급의 정권참여 허용여부, 입헌군주제 실시여부였다. 달리 말하면 종래의 지주계급이 독점하는 군주전제 제도를 존속시킬지 여부였다.

---

10 「논정변위중국불망지관계(論政變爲中國不忘之關係)」, 『무술변법자료』 제3책, 156쪽.

양무파도 "변법"이란 구호를 사용한 적이 있었다. 유신파는 사실을 기초로 하여 양무파의 변법을 비판함으로써 자신의 주장과 양무파를 구분했다. 강유위는 여러 차례의 상서에서, 근래에 해군·외국공사관·초상국·동문관·제조국 등을 설립했으나 거금만 소모하고 실효가 전혀 없으니 이는 "근본이 바르지 못하면 만사가 어그러지는 이치"를 그대로 보여준 것이라고 말했다. 그는 양무파의 변법은 낡은 집을 허물고 새 집을 짓는 것이 아니라 낡은 집을 부분만 매우는 것이기 때문에 비바람이 불면 무너질 수밖에 없다고 주장했다.[11] 그러므로 양무파의 변법은 "전변(全變)"이 아닌 "소변(小變)"이며, "변법(變法)"이 아니라 "변사(變事)"일 뿐이라고 지적했다. 그는 양무파의 변법을 "세는 곳을 매우고 터진 곳을 꿰매는 대책"이라고 불렀다. 그는 "만국의 형세를 볼 때 변해야 보전할 수 있고 변하지 않으면 망한다, 전변이면 강해지고 소변이면 여전히 망한다"[12]고 말했다. 그는 자신이 주장하는 변법은 지엽적인 변화가 아니라 근본적인 변화이며 "소변"이 아니라 "대변"이라고 불렀다.

유신파가 주장한 근본적인 변법의 근본은 무엇을 말하는 것인가? 광서 22년 7월에 양계초는 《시무보》에 「근본을 모르는 변법의 해악을 논함(論變法不知本原之害)」이란 글을 발표했다. 그는 다음과 같이 말했다. "변법의 본은 인재를 기르는데 있고, 인재의 흥함은 학교를 여는데 있고, 학교가 서려면 과거제도를 바꾸어야 하지만 이 모든 것을 크게 이루려면 관제를 바꾸어야 한다."[13] 거의 같은 시기에 담사동도 다음과 같이 말했다. 윤선·전선·화차·총포·어뢰와 직포·제철기계는 모두 "양무의 지엽에 불과하며 그 본

11 『무술변법자료』 제2책, 178쪽.
12 『무술변법자료』 제2책, 197쪽.
13 《시무보》 제3책(광서 22년 7월 21일). 또한 『무술변법자료』 제3책, 19, 21쪽을 보라.

이 아니다." 그는 양무파가 서방의 "법령과 정치제도의 완벽함에 대해서는 꿈에도 본적이 없다"[14]고 비웃었다. 강유위도 변법을 어떻게 실시해야 하는지 물어 온 총리아문 대신에게 답하면서 "법률을 바꾸는 데는 마땅히 관제를 우선으로 해야한다"고 말했다. 이들은 변법의 본원 혹은 근본은 다름 아닌 "관제"의 개혁이라고 보았고 그러자면 서양의 "법령과 정치제도"를 배워야 했다. 구체적으로 말하자면 그들은 입헌군주제의 실시를 요구했던 것이다.

양무파의 주장은 "중학위체(中學爲體), 서학위용(西學爲用)"이란 여덟 자로 개괄할 수 있을 것이다. "중학위체"는 무엇인가? 장지동은 "무릇 도(道)라 하는 것의 본은 삼강사륜"이라고 해석했다.[15] 삼강은 군위신강(君爲臣綱), 부위자강(父爲子綱), 부위부강(夫爲婦綱)을 말하고 사륜이란 예(禮), 의(義), 염(廉), 치(恥)를 가리킨다. 이것은 봉건사회의 서열관계와 종법관계를 규정하고 있는데 사실상 봉건지주계급의 독재를 뜻한다. 봉건 수구파는 "서학위용"조차도 찬성하지 않았으나 "중학위체"에 대해서는 양무파와 수구파가 일치하여 동의했다. 유신파의 언론가들은 진정으로 봉건사상과 철저하게 결별할 수는 없었지만 정도의 차이는 있어도 서양 자산계급의 정치제도와 윤리 도덕관념을 중국에 수입하려 시도했고 이런 시도는 "중학위체"의 원칙과 배치되는 것이었다. 그들과 봉건주의자들 사이에는 첨예한 대립관계가 형성되지 않을 수 없었다.

일찍이 광서 21년(1895년)에 엄복(嚴復)이 「벽한(辟韓)」이란 글에서 군신의 윤리를 비판한 적이 있었다. 그는 노동자·농민·상인이 편하게 본업에 종사하기 위해 공동으로 한 군주를 추대하여 그들의 생명과 재산을 보호하게

---

14 「보패원징(報貝元徵)」. 『담사동전집』. 397쪽.

15 「권학편·변법」. 『장문양공전집』 제203권. 22쪽.

했다고 주장했다. 그는 계급적 관점에서 통치와 피통치의 관계를 설명한 것은 아니지만 군신의 윤리가 "천도(天道)"라는 관념을 부정하고, 서양 자산계급의 민주적 관점에서 군신관계를 주인과 노예의 관계로 보는 봉건적 전통사상을 반박했다. 이 글은 광서 23년에 《시무보》에 전재되어 "중학위체" 노선을 반박하는 이론적 근거를 제공했다. 담사동은 「인학(仁學)」이란 저서에서 군신·부자·부부의 윤리를 날카롭게 비판했다. 그는 엄복과 마찬가지로 "군주란 백성을 위해 일을 처리하는 자이며, 신하란 그를 도와 백성의 일을 처리하는 자," "군주는 말이요 백성은 본"이라고 주장했을 뿐만 아니라 "독부민적(獨夫民賊. 폭군-역자주)"을 경계하는 관점도 밝혔다. 그도 봉건적 부자관계·부부관계를 부정하고 삼강을 수호하는 일체의 형법제도는 "독부민적"의 이익을 위한 것이라고 비판했다.[16] 「인학」은 담사동의 사후에 간행되었지만 봉건주의를 격렬하게 비판하는 그의 사상은 그의 생전에도 일부 유신파 지사들 사이에 전파되었다.

유신파의 삼강오륜 비판을 반박하기 위해 장지동은 「권학편」에서 다음과 같이 말했다. "오륜은 모든 행위의 근본이며 수천 년을 전해내려 오면서 누구도 반대하지 않았다. 성인이 성인이고 중국이 중국인 까닭은 실로 여기에 있다." 그는 변법으로 삼강오륜의 도리를 결코 버릴 수는 없다고 주장하며 유신파를 "부모와 성인을 잊어버린," "우리의 성교를 따를 생각이 전혀 없는," "방자하게 세상을 더럽히는" 무리라고 질책하였다.[17] 그의 논조를 추종하는 사람들도 한 결 같이 예부터 이러하였으니 이후로도 반드시 이러해야 한다는 이유로 봉건사회의 전통적 정치제도와 가르침을 옹호했다.

유신파는 서양 자산계급의 "천부인권"설을 외치며 자유·평등·민권·

---

16 「인학·하권」, 『담사동전집』. 56, 66쪽.
17 『장문양공전집』 제202, 203권, 「명강(明綱)」. 「변법」 편.

입헌·의회 등을 주장했다. 이들의 주장은 봉건주의의 상층 구조에 맹렬한 충격을 주었다.

장지동은 「권학편」에서 다음과 같이 말했다. "오늘날 중화가 웅장하거나 강대하지 못함은 사실이나 백성이 지금도 안심하고 본업에 종사할 수 있는 것은 조정의 법이 있기 때문이다. 민권설을 외치기 시작하면 어리석은 백성은 반드시 기뻐할 것이고 불순한 백성은 반드시 일을 벌일 것이니 기강은 통하지 않게 되고 사방에서 대란이 일어날 것이다."[18] 일부 봉건 수구파들도 "모든 사람이 평등하고 모든 권리가 평등하다면 모든 것이 거꾸로 될 것"이라거나 "대권은 곁에 있는 사람에게도 줄 수 없는데 어찌 아래로 백성에게 옮겨준단 말인가? 위와 아래의 사정이 서로 통하기만 하면 된다"[19]라는 따위의 말로 목청을 높였다. 이미 부패할 대로 부패한 봉건 통치 질서는 자산계급 신사상과 신정치의 충격을 받지 않을 수 없었다. 이런 봉건주의자들이 전통적 통치 질서가 전복될 것이란 두려운 예감을 갖게 되는 상황이 머지않아 찾아오게 된다.

봉건주의자들이 "아래와 위의 사정이 통하기만 하면 된다"고 했을 때 그들이 말하는 "아래"란 지방의 신사들을 가리킬 따름이었다. 유신파도 "아래와 위의 사정이 통해야 한다"고 하였지만 이들이 말하는 "아래"란 신흥 자산계급을 포함하고 있어서 봉건주의자들이 말하는 "아래"보다는 범위가 넓었다. 봉건주의자들은 민권을 외치면 "아래 백성이 반란을 일으킬 수 있고 모든 것이 거꾸로 될 것"이라고 두려워했고 머지않아 유신파도 자산계급 혁명파를 공격할 때 똑 같은 주장을 했다. 그러나 이 무렵 유신파는 "민

---

18 「권학편·정권(正權)」,『장문양공전집』제202권, 24쪽. 또한『무술변법자료』제3책, 222쪽을 보라.

19 『익교총편(翼教叢編)』제5권, 2, 3쪽.

권"을 드높이는 주장이 위험을 불러오리라고 생각하지 않았고 오히려 피압박 인민의 반란 의지를 소멸시켜주는 작용을 한다고 보았다.

유신파의 주장은 일부 모호한 점이 없지 않았다. 그들은 구국의 길을 찾는다면서도 결론은 "백성의 지혜를 개발하면" 나라가 망하지 않고 설령 망한다 하더라도 회복할 수 있다고 주장했다. 그들은 나라를 보전하자면 먼저 사상과 종족을 보전해야 한다고 주장했다. 그들이 말하는 사상이란 공자의 가르침이었다. 그들이 전통적인 공자의 가르침을 내세웠다는 것은 봉건주의를 철저하게 반대하는 입장이 아니었기 때문이다. 그들이 말하는 종족도 그 의미가 매우 모호했다. 그들의 화법을 따르자면 종족을 보전하자면 백성의 지혜를 개발해야 한다. 학회를 열고 학교를 세우는 목적은 백성의 지혜를 개발하여 종족과 가르침을 보전하는 것이었다. 심지어 양계초는 강유위에게 보낸 편지에서 다음과 같이 말했다. "우리들의 뜻은 가르침을 전하는 데 있지 정치에 참여하는 데 있지 않습니다. 무수한 중생을 구하자는 것이지 나라를 구하자는 게 아닙니다. 한 나라의 멸망은 우리와는 상관이 없습니다."[20] 이 기괴한 논법을 통해 새로운 학문을 습득했다고 자처하는 지식분자들이 백성의 지혜를 열고 국가의 운명과 심지어 인류의 운명까지 자신들이 결정해야 한다는 자부심을 갖고 있었음을 알 수 있다. 유신파 인물들은 한편으로는 국가의 존망에 관심이 없다면서 다른 한편으로는 보국의 구호를 내세웠다. 그들 자신은 이런 모순을 해명한 적이 없었다. 그들은 지주계급이 독재하는 국가의 존망에 대해서는 별 가치를 두지 않았고 자산계급의 국가로 대체되어야 한다고 주장했지만 이런 사상을 주도적으로 표출한 적도 없고 이런 사상을 실천을 통해 실현할 능력도 없었다.

장지동도 「권학편」에서 유신파를 공격하면서 "사상의 보전," "종족의

---

20 『무술변법자료』 제2책, 544-545쪽.

보전," "국가의 보전"을 주장했다. 그는 종족은 국가에 종속되고 사상도 국가에 종속됨으로 국가의 보전을 맨 앞에 내세워야 한다고 보았다. 그가 말한 국가란 현존하는 국가, 다시 말해 봉건지주 계급이 지배하는 청 왕조 정권이었다. 형식상으로는 양파의 논쟁의 핵심은 국가의 보전, 종족의 보전, 사상의 보전 가운데서 무엇이 우선되어야 하느냐는 문제였지만 실질 내용에 있어서는 양파의 관점의 차이는 보전해야할 상이한 계급의 국가였다.

유신파의 서양학습

모택동(毛澤東)은 다음과 같이 지적했다. "1840년 아편전쟁 패전 때부터 선진적인 중국인들은 온갖 어려움을 겪으면서 서방국가에서 진리를 찾았다. 홍수전, 강유위, 엄복, 손중산(孫中山) 등은 중국공산당이 태어나기 이전에 서양에서 진리를 찾으려던 일파의 인물이다."[21]

강유위와 엄복은 무술유신 시대의 인물이다.

엄복(1853-1921)은 복건성 후관(侯官)현 사람이었다. 그는 14세 때에 좌종당이 설립한 복주선창(福州船廠) 부설 선정학당(船政學堂)에 입학하였고 졸업 후에는 군함에 승선하여 수년 동안 실습한 후 광서 3년(1877년)에 유학생으로 영국에 파견되었다. 2년 후에 귀국하여 선정학당의 교사로 임명되었다. 광서 6년(1880년)부터 20년 동안 이홍장이 설립한 북양수사학당(北洋水師學堂)에서 가르쳤다. 엄복은 영국 유학 시기에 유럽의 유명한 자산계급 학자인 아담 스미스, 헉슬리, 루소, 몽테스키외, 다윈 등의 저작을 읽었다. 그의 서양지식은 유신파를 대표하는 인물들보다 훨씬 깊고 넓었다. 광서 21년

21　『모택동전집』 제4권, 인민출판사 1991년 판, 1469쪽.

(1895년)에 그는 천진에서 《직보(直報)》를, 2년 후에는 《국문보》를 설립하고 변법을 주장하는 몇 편의 유명한 논문을 발표했다. 그는 서양 자산계급 학자들의 정치학, 경제학, 사회학, 논리학 서적을 여러 권 번역했는데 그 중에서 광서 21년(1895년)에 번역한 영국 생물학자 헉슬리의 『천연론(天演論)』은 무술유신운동 시기와 그 이후의 한 시기에 대중에게 큰 영향을 미쳤고 유신파의 주요 사상 교과서가 되었다.

엄복은 "백성의 지혜를 개발하려면 서양 학문을 배우지 않으면 안 된다"고 말했다. 그는 중국이 "서양"과 같이 부강해지려면 반드시 "서양의 기술을 사용해야" 한다고 주장했다.[22] 강유위, 엄복과 기타 유신파 지사들은 구국의 길을 찾자면 서양에서 배워야 한다고 분명하게 주장했다. 그들이 말한 "서학"이란 바로 서양 자산계급의 사회학설과 자연과학이었다. 그들은 서양 자산계급의 문명을 기준으로 하여 중국 봉건사회의 낙후성과 부패를 통렬하게 지적했다. 그들의 "서학"을 무기로 한 통렬한 중국사회 비판은 봉건주의자들로부터 "경전을 벗어나 반역의 도(離經叛道)"라고 비난받았다.

엄복은 유럽에서 자본주의가 발달한 나라의 빈부대립 현상을 목격했다. 그는 여러 문장에서 오늘의 중국의 관점에서 보자면 서양은 부강함은 사실이지만 서방 각국이 "최성기"에 도달했다는 주장은 큰 오류라고 주장했다. 그는 철도와 윤선의 발달이 "백성의 교통에 유익하기는 하지만 간웅이 독점하는데도 유리하고," 독점이 생기자 빈부의 차이가 갈수록 심해져 "비록 평탄하게 하고자 해도 끝내 그 방법이 없기 때문에" 이들 국가에도 "대란"의 위기가 존재한다고 지적했다.[23]

---

22 엄복, 「원강(原强)」. 「구망결론(救亡決論)」. 「논세변지함(論世變之函)」 등의 글. 『무술변법자료』 제3책. 57, 63, 74쪽 등.

23 「원강(原强)」. 『무술변법자료』 제3책. 50-51쪽.

당시 서양의 자본주의는 이미 제국주의 단계에 진입하여 무산계급 사회주의 혁명운동이 활발하게 일어나고 있었는데, 중국의 초기 자산계급을 대표하는 유신파는 이런 상황을 전혀 이해하지 못했다. 상술한 바와 같이 엄복은 자본주의의 병폐를 간파하고 있었지만 그는 유신파 가운데서 예외적인 인물이었다. 그들은 유치한 학생들처럼 한 결 같이 "서학"을 찬미하면서 서양 자산계급 문명과 그 사회 정치 제도를 지고지선의 존재로 파악했다.

양계초는 광서 23년(1897년)에 발표한 문장에서 봉건 중국을 "혁신하지 못하는 나라(不新之國)"로 규정하고 서방 자산계급 국가는 "혁신을 추구하는 나라(求新之國)"라 불렀다. 그는 수많은 미사여구를 동원하여 "혁신을 추구하는 나라"의 "군주·신하·백성"을 찬미하고 그 나라들의 정치와 사업, 그곳의 도시·거리·정원·주택 등을 칭송했다. 그는 같은 해에 발표한 다른 문장에서, 중국은 2천년 동안 "만신창이가 되어 시대가 바뀔수록 퇴화"한 반면에 "유럽 각국은 지난 백 년 동안 정치를 혁신하고 제도의 병폐를 정돈"했다고 말했다. 그래서 그곳의 보통백성도 "정치를 논할 권리를 갖고 있고 그들이 시행하는 치국의 도는 "도리에 맞을" 뿐만 아니라 "우리나라 고대 하(夏)·상(商)·주(周) 세 왕조에서 성인이 천하를 평안하게 다스린 때"와도 다르지 않다. 그곳의 대국은 세상을 종횡으로 누벼도 막을 자가 없고 그곳의 소국도 자립하나 다른 나라에 먹히지 않는다고 하였다.[24] 담사동도 서방국가의 제도는 중국 상고시대 "세 왕조"보다 낫다고 하였다.[25] 그들은 봉건적 전통 언어로 자본주의를 칭송했다. 그들의 언어에서는 "세 왕조의 통치"를 지고무상의 이상적 정치로 파악하는 관점이 드러난다.

---

24 「서정총서 서(西政叢書 序)」, 『음빙실문집(飮氷室文集)』 2권, 63쪽.
25 「연년회서(延年會序)」, 『담사동전집』, 141쪽.

강유위는 『대동서』에서 자신이 생각하는 이상사회를 묘사했다. 이 책의 내용은 매우 복잡하며 상호 모순된 관념으로 가득하다. 그는 대동의 이상을 묘사하면서 때로는 공상적 사회주의에 가까운 이상향을 지향했으나 핵심 내용은 자산계급 왕국에 대한 동경이었다. 그는 대동세계에서는 "계급이 없고" "모든 사람이 평등"하다고 하였다. 그러나 그가 말하는 "계급"이란 봉건사회의 신분등급제를 의미했고 그가 말한 평등이란 "노예가 없고 군주가 모든 것을 통솔하지 않는다"는 의미의 평등, 즉 자산계급의 평등이었다. 그가 말한 대동세계란 국가가 있고 정부도 있으며 자산계급이 주도하는 대의제도가 실시되는 곳이었다. 그는 자산계급이 독재하는 국가를 극도로 미화했다. 그는 "계급이 없어지고 인류가 평등한 곳에서는 사람들은 반드시 즐거워 할 것이고 국가는 반드시 융성할 것인데 미국이 바로 그런 나라"라고 하였다.[26] 그가 바랐던 대동세계의 표본은 미국이었던 것이다.

　　강유위가 쓴 『대동서』는 그의 생전에 전문이 발표되지는 않았다. 그는 유신운동 중에 중국의 황제가 러시아의 표트르대제와 일본의 명치천황을 본받아야 한다고 주장했다. 그가 실현하려고 했던 것은 반(半)봉건·반(半)자본주의 사회 정치제도였다. 그는 미국식 자산계급 민주정치를 "대동세계"란 낭만적 환상주의 속에 얽어 넣었으나 그런 정치를 실천할 방법은 그로서는 제시할 수 없는 일이었다.

　　유신파는 또한 자본주의의 국제관계를 극단적으로 미화하고 이상화했는데, 국제공법을 찬양한 그들의 언사에서 이런 관점이 분명하게 드러난다. 담사동은 "만국공법은 서양인의 인의(仁義)가 남김없이 담긴 책"이라고 하였다.[27] 그들은 이민족에 대한 압박과 침략이 자본주의 제도의 필연적인

26　『대동서』. 고적(古籍)출판사 1956년 판, 110쪽.

27　「보패원징」. 『담사동전집』. 423쪽

현상이란 점을 전혀 이해하지 못하고 오히려 서방 자산계급이 만든 국제공법이 모든 국가의 독립을 보장해줄 수 있다고 믿었다. 그렇다면 왜 중국이 서방국가의 침략을 받았는가? 이 문제에 대해 담사동은 다음과 같이 해석했다. "안타깝게도 중국이 스스로 나라를 구하고자 해도 외국이 인정해주지 않는 까닭은 공법에 가입한 적이 없기 때문이고 법이 없으니 기댈 곳이 없다."[28] 유신파는 이런 화법으로 중국이 자본주의의 길로 들어서기 위해 신속히 "변법"을 실시해야 하는 필요성을 논증하려 했다. 그들은 제국주의 침략자에 맞서 진지하게 투쟁할 필요가 없고 단지 서양으로부터 배워 서양과 같은 자본주의를 실시하면 "인의가 남김없이 담긴" 국제공법에 의지하여 국가의 독립과 민족의 자유를 얻을 수 있다는 일종의 환상을 유포했다. 담사동은 10년 동안 이로운 것은 일으키고 해로운 것은 없애면 중국은 능히 자립할 수 있고, 그러면 "만국공법"에 의거하여 각국과 협의해 과거에 맺은 조약을 고쳐 각국이 항구와 변경 관문에서만 통상하고 내지로 들어오지 않도록 동의하게 할 수 있으며, 그로부터 다시 10년이 지나면 중국은 부강해질 수 있다고 주장했다.[29]

그러므로 유신파는 국내정치에 있어서는 개량주의의 입장을 취했고 제국주의의 침략으로부터 어떻게 벗어날 것인가 하는 문제에 있어서도 개량주의적 환상을 갖고 있었다. 이런 환상을 갖고 있었기 때문에 유신파는 심지어 제국주의의 침략을 변호하는 주장까지도 내놓았다. 양계초는 광서 23년에 쓴 「남학회서(南學會序)」에서, 현재 서방국가들이 중국을 분할하기란 매우 쉬운 일인데도 그렇게 하지 않는 이유는 중국을 쪼개면 "모두가 썩어 문드러지는" 형세가 되어 그들의 상업에 불리하기 때문이며, 중국이 스스로

---

28 「보패원징」, 『담사동전집』, 423쪽
29 「보패원징」, 『담사동전집』, 412, 413쪽

떨쳐 일어나 자신을 보전할 수 없다면 그들은 부득이 분할을 실시할 것이라고 하였다. 그는 서방 각국이 사실은 중국이 스스로 일어나 부강해져서 부득이 분할되는 상황을 면하게 되기를 바라고 있다고 인식했다. 이런 논법이라면 유신파 지사들이 주장하는 대로 변법을 실시하면 제국주의가 중국을 침략하는 위기는 자연히 사라질 터였다.

이런 주장을 요약하자면, 제국주의 열강은 중국이 독립적으로 자본주의를 발전시키기를 바라는 선의를 갖고 있다는 주장과 다름없다. 이것은 역사적 사실과는 근본적으로 위배되는 독단이다. 이런 환상을 품고 있었기 때문에 제국주의와 그 주구들을 상대로 투쟁하자는 구호가 나올 수 없었다. 그들이 말한 "스스로 떨쳐 일어남"이란 제국주의와 맞서 투쟁하도록 광대한 인민의 의식을 깨우는 일은 아니었다.

뿐만 아니라 유신파는 어떤 제국주의 국가의 역량에 의존하여 변법을 실시해 부강의 목표를 달성한다는 환상을 갖고 있었다. 유신파의 많은 인물들이 일본·영국과 연합하자는 주장을 내놓았다. 당시 제국주의 열강은 동아시아에서 러시아·독일·프랑스를 일방으로 하고 일본·영국·미국을 다른 일방으로 하여 서로 세력을 다투고 있었다. 청 정부의 외교정책을 주도하던 이홍장은 주로 러시아에 의존하려 했고 유신파는 일본과 영국에 의존하려는 환상을 품고 있었다.

강유위는 황제에게 올린 5번째 상서에서 변법의 강령을 열거했는데, 그 중에 다음과 같은 조항이 있었다. "외국으로부터 대규모 차관을 들여와 정사를 일으킨다."[30] 담사동은 심지어 "내외몽고·신강·티베트·청해는 넓지만 춥고 척박하여 중국에 아무 도움이 되지 않으므로" 영국과 러시아 두 나라에 "나누어 파는" 것이 낫다는 황당한 구상까지 내놓았다. 그는 영토

---

30 『무술변법자료』 제2책, 194쪽.

를 팔아 일본에 전쟁배상금을 지급하고 "그러고도 많은 돈이 남을 것이니 변법 시행에 쓸 수 있다"[31]고 주장했다. 이런 유신파 인사들이 정말로 정권을 잡고 그들의 뜻을 폈더라면 중국은 반식민지 또는 식민지로 가는 길을 벗어날 수 없었을 것이다. 그들은 중국의 독립자강이란 과제를 해결할 수 없었다. 중국이 독립적으로 자본주의를 발전시킨다는 주장은 환상에 불과했다.

통속적인 진화론과 정치상의 개량주의

유신파는 변법을 요구했고 자본주의 발전에 유리한 사회 상층구조의 개혁을 요구했다. 따라서 그들은 봉건주의의 "하늘은 변하지 않고 도리도 변하지 않는다"는 전통 관점에 이의를 제기했다. 강유위는 다음과 같이 말했다. "하늘의 도리는 변하는 것이다. 하늘은 낮만 있고 밤이 없을 수는 없으며, 추위만 있고 더위는 없을 수는 없으며, 하늘은 변해야 오래 갈 수 있다… 사람은 어린아이에서 어른이 되고 노인이 되면서 형체와 얼굴빛과 모습이 하나라도 변하지 않는 것이 없고 한시라도 변하지 않는 적이 없다."[32] "무릇 사물은 새것은 힘차고 낡은 것은 노쇠하며, 새것은 신선하고 낡은 것은 썩으며, 새것은 활기차고 낡은 것은 굳으며, 새것은 통하고 낡은 것은 막힌다. 이것이 사물의 이치이다."[33]

---

31 『담사동전집』. 406쪽.

32 「진정아라사피득대제변정기서(進程俄羅斯彼得大帝變政記序)」. 『무술변법자료』 제3책. 1쪽.

33 「응조통주전국절(應詔統籌全局折)」. 『무술변법자료』 제2책. 198쪽.

유신파는 통속적인 진화론을 지도사상으로 삼았다. 그들이 인정하고 요구하는 것은 점진적인 변화뿐이었다.

모택동은 중국에서는 "지난 백여 년 가까이 수입된 유럽의 기계적 유물론과 통속적 진화론이 자산계급이 떠받드는 사상이었다"고 지적했다.[34] 외국에서 수입된 통속적 진화론을 가장 먼저 이용한 집단이 유신파였다.

강유위가 쓴 변법이론의 저작 『신학위경고』와 『공자개제고』는 형식상으로는 서한(西漢) 시대 공양(公羊)학파의 삼통삼세(三通三世)와 공자 탁고개제설(托古改制說)을 논하고 있으나 실제로는 통속적 진화론으로 공양학설을 해석하여 자신의 변법이론을 만들어 냈다. "삼통"은 새로운 왕조는 모두 천명(天命)을 받아 출현하게 된다는 주장이다. 이 주장에 따르면 유방은 사회적 지위가 미미한 인물이었으나 그가 설립한 왕조는 천명을 받았기 때문에 앞 선 왕조와 계승 관계를 갖지 않고 완전히 독자적으로 존재할 권리가 있다. "삼세"란 사회발전은 "거란세(據亂世)", "승평세(昇平世)", "태평세(太平世)"의 순서를 따라 혼란에서 안정으로 나아가므로 변할수록 더 좋은 단계로 진입한다는 학설이다. 공양학파의 삼통삼세설은 공자의 이름을 빌리고 있으나 사실은 공자의 사상과는 관련이 없다.

공양학파의 학설은 동한(東漢) 후기 이후로 오래 동안 모습을 드러내지 않다가 청 후기에 와서 주목을 받기 시작했다. 강유위는 2천 년 전에 상승기를 맞았던 지주계급의 사상 도구인 이 학설을 이용하여 신흥 자산계급의 입장에서 변법유신을 주장하는 근거로 삼았고 여기다가 서양의 통속적 진화론을 끌어들였다.

강유위는 엄복이 번역한 스펜스(H. Spencer)의 『군학이언(群學肄言)』(원제는 The Study of Sociology -역자 주)를 바탕으로 하여 인류사회의 역사는 점진

---

34 『모택동선집』 제1권. 인민출판사 1991년 판. 301쪽.

적 변화의 과정일 따름이며 정치적으로는 "군주제에서 입헌군주제로, 입헌 군주제에서 공화제로" 점진적으로 변화할 수밖에 없다고 주장했다.[35] 그는 급진적 변화를 부정하는 입장에서 군주제에서 곧바로 공화제로 변하는 것을 반대했다. 급진적 변화를 부정하고 점진적 변화만 인정하는 것이 통속적 진화론의 관점이었다. 이런 관점이 정치에서는 혁명을 부정하는 개량주의, 구세력과의 결별보다는 타협을 택하는 주장으로 나타났다.

강유위는 변법의 시조로서 공자를 들고 나와 개량주의 노선을 제시했다. 그는 폭력을 동원하여 현존하는 제도를 전복시키는 혁명을 부정하고 황제의 의지와 수도에 있는 사대부들의 호응에 의존하자고 주장했다. 그러자면 성인 공자의 후광을 업고 자신의 주장의 합법성을 증명할 수밖에 없었다. 그는 공양학설 중에서 간단하지만 심오한 뜻을 담은 공자의 말을 찾아내 이것을 변법주장의 근거로 삼을 수 있다고 생각했고 공자의 뜻을 내세워 황제와 사대부의 지지를 끌어내려 힘썼다. 그러나 그가 내세운 공자의 가르침은 당시 정통으로 인정받던 정주학파가 해석한 공자의 학설이 아니었기 때문에 봉건주의자들의 격렬한 반대에 부닥치지 않을 수 없었다. 봉건수구파 섭덕휘(葉德輝)는 "한 나라 때의 공양학은 한나라를 높였으나 오늘날의 공양학은 오랑캐를 높인다"[36]며 강유위를 "겉으로는 공자를 말하나 그 마음은 오랑캐"라고 매도했다.[37] 강유위가 공자의 학설에다 자산계급의 사상을 더했기 때문에 이런 평가를 받은 것이다.

강유위와 그의 문하생들은 당시의 시국을 논하는 일부 문장(강유위의 몇 차례 상서를 포함하여)에서 현존하는 정치 사회제도는 이미 바꾸지 않으면

35 『엄역명저총서 : 군학이언』, 상무인서관 판, 50-51쪽.

36 「섭이부여석취육서(葉吏部與石醉六書)」, 『익교총편』 제6권, 15쪽

37 「섭이부여유선단,황욱문양생서(葉吏部與劉先端,黃郁文兩生書)」, 『익교총편』 제6권, 17쪽

안 되는 정도에 이르렀다고 묘사했는데, 이런 묘사는 사실상 봉건제도에 대한 고발이었다. 그들은 봉건제도를 비판하면서 "백성을 대변한다(爲民請命)"는 자세로 역사의 무대 위에 올랐으나 봉건제도에 대한 그들의 비판은 봉건사회의 기초인 봉건적 토지소유제에 대해서는 전혀 언급하지 않았고, 봉건 통치세력이 제국주의와 결탁하여 그들의 하수인이 된 사실에 대해서도 전혀 언급하지 않았다. 그들은 주도적으로 봉건제도에 반대하는 입장에서 비판한 것이 아니라 오히려 멸망을 피할 수 없는 봉건제도의 운명에 대해 애통해 하는 심정을 갖고 있었다. 그들은 봉건제도에 대해 무정한 비판을 가한 것이 아니라 봉건제도를 위해 절망적인 만가를 부르고 있었다.

강유위는 다음과 같이 말했다. "조정은 위아래를 통틀어 서로 바라보며 한숨만 쉴뿐, 모두가 망국의 위기를 알고도 지혜를 모으지 않는다. 무리지어 탄식하며 손을 놓고 죽을 때만 기다리니 … 생기는 이미 다했고 노을빛이 처량한데 기상이 이와 같으니, 자고로 이런 일이 있었던 적이 없다."[38] 중국은 장기간의 봉건시대를 거치면서 왕조의 교체를 수없이 경험했지만 이제는 왕조의 교체가 아니라 봉건제도 자체의 몰락이 눈앞에 다가와 있었다. 강유위는 이런 차이를 명확하게 인식하지는 못했으나 느끼고는 있었다. 봉건제도는 자발적으로 역사무대에서 퇴출하지는 않는다. 유신지사들의 비판과 고발은 객관적으로 보자면 폭풍우의 전주곡이었지만 그들의 주관적인 입장에서 보자면 개량주의 변법을 통해 "노을빛이 처량한" 낡은 제도에 새로운 "생기"를 불어넣고자 하는 시도였다.

강유위는 "입헌군주제"의 실시를 주장했다. 그는 입헌군주제를 "군민합치(君民合治)"로 해석했다. 그가 말하는 군주란 봉건통치세력의 대표였고 인민이란 주로 자산계급을 가리켰는데 자산계급은 전체 인민의 대표를 자

---

38 「상청제제5서(上淸帝第五書)」, 『무술변법자료』 제2책, 192-193쪽.

처했다. 그는 "군민합치"의 장점은 "군주와 인민이 동체가 되어 서로 정이 통하고 중국이 한 가족이 되어 행복과 고통을 함께"하는 것이라고 하였다.[39] 그가 만들고자 했던 국가는 사실은 지주계급과 자산계급이 연합하여 독재하는 국가였다.

강유위는 서양이 자산계급 혁명을 겪은 사실을 모르지 않았다. 강유위는 「진정법국혁명기서(進呈法國革命記序)」에서 프랑스 혁명사를 읽었을 때 "책을 덮고 눈물을 흘리지" 않을 수 없었다고 썼다. 그는 프랑스 혁명을 다음과 같이 묘사했다. "온 나라에 피가 흐르고 파리에서는 백일동안 120만 구의 시체가 쌓였다. 세 차례 변혁을 거쳐 군주가 복위하기까지 80년 동안 재앙이 지속되었다. 10만의 귀족, 100만의 부호, 천만의 중인이 잡풀처럼 해골을 드러내거나 이국으로 흩어져 유랑했다. 도시는 폐허가 되고 변혁은 빈번하게 일어나 아직도 안식을 찾지 못하고 소용돌이에 휘말려 끝을 알 수 없다."[40] 그가 혁명을 이처럼 두렵고 처참한 모습으로 묘사한 까닭은 마음속으로 혁명을 겁내고 있었기 때문이었다. 그는 유년시절에 태평천국 혁명을 경험했기 때문에 하층 농민이 반란을 일으키면 그 위력이 얼마나 큰지를 알고 있었다. 그는 위로부터 아래로의 개량주의적 변법이 혁명을 피할 수 있는 방법이라고 믿었다. 그는 혁명을 통해 봉건통치를 전복시키고 자산계급 독재를 실현하는 일은 감히 상상하지도 못했다. 그래서 그는 통치계급이 자발적으로 자산계급에게 일정한 양보를 하고 그들을 정권에 참여시킴으로써 노동인민의 독재에 공동으로 대처하는 방식을 주장했다.

급진적인 담사동과 서양에 관한 지식이 가장 많았던 엄복을 포함하여 대부분의 유신파 인물은 정치적으로는 입헌군주제 요구에서 한발도 더

39 「상청제제2서(上淸帝第二書)」, 『무술변법자료』 제2책, 153쪽.

40 『무술변법자료』 제3책, 7-8쪽.

나아가지 않았다. 담사동은 군주의 폭정을 통렬하게 비난하면서도 "역군(易君)"(황제의 교체)이 해법이란 결론에 도달했다. 엄복은 군주의 폐출은 가능하지만 먼 장래에나 가능한 일이라고 보았다. 그들이 대표하는 자산계급은 봉건지주계급과 결별할 수 없었기 때문에 두 사람은 황제와 결별한다는 주장은 할 수가 없었다. 그들이 연약한 자산계급 개량주의자로 머물 수밖에 없었던 이유는 이것이었다.

유신파의 집권

　　앞에서 설명한 바와 같이 강유위가 주도한 보국회는 설립 후 곧 흩어
졌다. 일부 집권파의 공격이 있기도 했지만 한편으로는 이 무렵 강유위는
권력의 핵심에 접근할 수 있는 길을 찾았기 때문에 보국회 같은 대중적 조
직이 필요하지 않게 되었기 때문이다.

　　광서황제는 한 도찰원 관원의 추천을 받아들여 강유위를 만날 준비
를 했으나 공친왕 혁흔이 반대했다. 공친왕은, "오랜 관례"에 따르면 4품 이
상의 관원이 아니면 황제가 접견할 수 없다고 말했다. 광서황제는 대신들에
게 강유위를 만나보라고 지시했다. 광서 23년 정월 초3일(1898년 1월 24일)에
강유위는 총리아문의 초청을 받고 이홍장, 옹동화, 영록(榮祿) 등 몇 사람의
대신들과 변법에 관한 변론을 벌였다. 강유위는 그들 앞에서 현재의 형세
아래서는 절대로 "조상이 만든 법"을 변함없이 지켜나갈 수 없으며 실정에
맞게 고치고 "신정"을 실시해야 한다는 주장을 펼쳤다. 이홍장과 영록은 그
의 주장에 반대했다. 광서황제와 비교적 가까운 옹동화 한 사람만 동정적인
태도를 보였다. 옹동화가 황제에게 대화의 내용을 보고했다. 이 무렵은 황제
가 지난 해 11월에 강유위가 올린 다섯 번째의 상서를 읽은 후였다. 양계초

의 말에 따르면, 이 상서에는 일단 나라가 망하면 황제는 "평민으로 살아가기도 어려울 것"이며 심지어 명 왕조의 마지막 황제처럼 매산(煤山)에서 목을 매 자결하게 될지도 모른다는 말이 있었고 이 말이 황제에게 깊은 충격을 주었다고 한다.[1] 그러나 황제가 내린 지시는 이후 강유위가 올리는 상서는 지체 없이 가져오고 강유위의 저서를 구해오라는 것뿐이었다.

강유위는 정월 초8일에 황제에게 '응조통주전국절(應詔通籌全局折)'이란 상서를 올렸는데 이것이 여섯 번째의 상서였다. 그는 황제가 일본의 명치천황과 러시아의 표트르대제를 본받으라는 의미에서 자신의 저서 『일본명치변정고(日本明治變政考)』와 『러시아표트르변정기(俄羅斯彼得變政記)』를 황제에게 보냈다. 이어서 그는 일곱 번째의 상서를 올렸는데, 이 상서에서는 표트르대제가 어떻게 서방으로부터 문물을 도입했는지 재차 설명했다.

4월 23일(6월11일)에 광서황제는 '명정국시조(明定國是詔)'를 발표했다. 이 조서는 일종의 정치선언서로서 변법자강을 언급하고 "서학"을 긍정하는 말을 담았다.[2] 5일 후 황제는 이화원(頤和園)에서 강유위를 접견했다. 자금성(紫禁城)이 아닌 교외의 행궁을 택한 이유는 이때의 만남이 비정식적인 성격이었고 "오랜 관례"를 위반하지 않기 위해서였다. 광서황제는 강유위의 주장을 수용한다는 뜻을 밝혔으나 할 수 있는 일은 그를 "총리아문장경상행주(總理衙門章京上行走)"라는 6품의 말직에 임명하는 것뿐이었고 동시에 직접 황제에게 상주문을 올릴 수 있는 권한을 주었다. 이렇게 하여 황제와 강유위 사이에 통로가 열렸다. 황제가 강유위를 접견하고 반 달 후에 양계초도 거인의 신분으로 황제를 면담했고 6품관으로 역서국(譯書局)에서 일하라는 명령을 받았다. 4월 23일의 '명정국시조' 이전에도 광서황제는 "신정실시"

---

1 양계초, 「무술정변기」, 『무술변법자료』 제1책, 250쪽.
2 『무술변법자료』 제2책, 17쪽.

에 관한 몇 가지 조서를 발표했었다. '명정국시조' 이후로 이런 류의 조서가 끊임없이 발표되었는데 심지어 하루에 몇 건이 발표된 적도 있었다. 조서들은 정치 방면에서는 언로의 확대, 관민의 상서(上書) 장려, 만주인의 기생적 특권 폐지 등의 내용을 담고 있었다. 경제 방면에서는 주로 실업 장려, 농공상총국(農工上總局)과 광무철로국(鑛務鐵路局)의 설치, 농민조합(향신으로서 토지를 소유한 자들이 설립)과 상인조합의 설립 장려, 민영 철도와 광산 장려, 각종 발명의 장려, 국가은행의 설립, 국가 예결산제도의 시행, 국가 지출 절약 등의 내용을 담고 있었다. 군사 방면에서는 주로 녹영의 축소, 잉여 병사의 도태, 무과 과거제도의 개선, 육군의 훈련 강화, 병기공장의 설립, 해군 증설, 해군 인재 양성 등의 내용을 담고 있었다. 문화교육 방면에서는 수도에 대학당(京師大學堂)개설, 전국 각지에 중학과 서학을 동시에 가르치는 학교의 설립, 팔고문(八股文) 폐지, 과거시험 과목 중 책론(策論)의 부활, 일본에 유학생 파견, 역서국 설치, 서적의 편찬, 저술 장려 등의 내용을 담고 있었다. 그러나 조서의 발표와 실제 집행은 별개의 문제였다. 각 성의 총독과 순무를 임면하는 권력은 광서황제에게 있지 않고 자희태후가 쥐고 있었다. 각 성의 총독과 순무는 나이 어린 황제가 내린 신정 관련 업무 추진 명령을 미루어 두고 처리하지 않거나 모호한 보고를 보냈다.

그럼에도 불구하고 황제가 발표한 조서는 사람들에게 전통 봉건사회의 상층구조가 변하지 않은 상태로 유지되지는 못할 것이란 인상을 주었다. 유신파의 두 거두 강유위와 양계초는 번갈아 가며 황제의 부름을 받았고 유신파의 주장은 최소한 다시는 불법으로 인식되지는 않았다. 이런 분위기에서 전국의 관료향신과 지식계급은 커다란 충격을 받지 않을 수 없었다. 신정과 변법에 관한 고담준론을 나누는 일이 한 시대의 유행이 되었다. 언로를 널리 열라는 광서황제의 호소에 따라 황제에게 올리는 상서가 끊임없이 올라왔다. 7월 27일에 광서황제는 다시 다음과 같은 칙령을 내렸다. "국가의 정사를 떨치게 하려면 서양의 제도도 함께 채택해야 할 것이다. 백성을 정사의 기초로 함은 중국과 서양이 다르지 않은데 서양인이 생각해낸 방법이 비교적 정교하니 우리가 미치지 못하는 바를 매워줄 수 있다." 이것은 서양으로부터 배워야 한다는 뜻이었다. 이 칙령은 다음과 같은 말도 덧붙였다. "이제 변법의 뜻을 천하에 포고하여 모든 백성들로 하여금 짐의 마음을 알게 하고 군주는 의지할만한 데라는 점을 다 함께 깨닫게 하여 상하가 한마음으로 신정을 이루어 중국을 부강하게 만들자." 이것은 반드시 변법을 실시하겠다는 의미였다. 이어서 황제는 각 성과 지방 관원들에게 "4월 23일 이후로는 신정에 관한 황제의 명령을 모든 백성이 알게 하라"는 명령을 내렸다.[3] 이 조서는 담사동이 기초했기 때문에 유신파의 색채가 짙게 배어 있었으나 백일유신의 마지막 날은 곧 다가올 터였다.

백일유신 중에 중앙에서 지방에 이르기까지 전체 관료기구가 전혀 움직이지 않았고 수구세력의 정점인 자희태후는 황제를 능가하고 있었다. 이런 상황에서는 사소한 개혁일지라도 제대로 실현될 수가 없었다.

광서황제는 끊임없이 칙령을 내리고 강유위는 끊임없이 상주문을 올렸다. 상주문을 부지런히 올릴 때는 거의 매일 한 번씩 올렸다. 상주문은 거의 대부분이 아무런 효과가 없었다.

7월 20일, 광서황제는 양예(楊銳), 유광제(劉光第), 임욱(林旭), 담사동을 4품관으로 승진시키고 군기장경상행족(軍機章京上行足)(군기처에서 문서를 처리하는 관원)에 임명하여 신정에 참여하게 했다. 광서황제는 각 방면에서 올라오는 신정에 관련된 상주문을 이들이 심사하게 하고 조서도 이들이 기초하게 하였다. 네 사람은 일시에 관료사회에서 상당한 권세를 가진 인물로 비치게 되었다. 그러나 15일 후에 백일유신은 막을 내리고 이들은 목숨을 잃

---

3   『무술변법자료』 제2책, 84, 85쪽.

었다.

네 사람의 정치적 면모는 살펴볼 가치가 있다.

앞에서 여러 차례 언급한 담사동(1865-1898)은 호남 유양(瀏陽)현 사람으로서 대대로 관료를 지낸 집안의 자제였다. 그의 아버지 담계순(譚繼洵)은 관직이 호복순무에까지 이르렀다. 그는 19세 때에 아버지의 임지를 따라 난주(蘭州)로 갔고 이어서 신강순무 유금당의 막료가 되어 신강으로 갔다. 이후 10년 가까이 각지를 돌아다녀 나라의 형편과 백성의 처지에 대해 많은 견문을 갖추게 되었다. 갑오전쟁이 발발하기 1년 전에는 상해에서 많은 서양 번역서적을 읽었다. 갑오전쟁의 결과에 자극을 받은 그는 분발하여 신학문과 변법을 주장하였다. 그의 정치사상은 어떤 면에서는 강유위나 양계초보다 급진적이었다. 사상적으로 그는 자산계급 개량파와 자산계급 혁명파의 과도적 인물이었다. 그는 호남순무 진보잠을 도와 신정에 관한 일을 처리했고 남학회의 회장을 맡기도 해서 어느 정도 명성을 얻었다.

네 사람 중에서 가장 나이가 적은 임욱(1875-1898)은 복건 후관현에서 태어났고, 유명한 양무파 관료인 양강총독 심보정의 손녀사위였으며 유신을 완강하게 반대하던 수구파 대신 영록의 막료를 지낸 적도 있었다. 그러나 그는 강유위를 존경하여 그를 스승으로 받들었고 강유위도 그를 통해 영록과 관계를 맺으려 했다. 그는 광서 24년 초에 북경에서 민학회 설립을 주도했고 보국회 설립에도 열정적으로 참여했다. 군기처에 들어간 후로 그가 기초한 글의 내용이 비교적 급진적이어서 담사동과의 사이가 좋지 않았고 수구파 관료들의 혐오의 대상이었다.

양예(1857-1898)와 유광제(1859-1898) 두 사람은 호광총독 장지동과 관계가 밀접한 인물이었다. 장지동은 호남순무 진보잠에게 두 사람을 광서황제에게 추천하도록 권유했다. 이 무렵 장지동은 집권 양무파 중에서 활동이 가장 활발한 인물이었다. 그는 진보잠이 호남에서 대체적으로 양무파가 용인할 수 있는 수준의 신정을 추진하는 것을 허락했으나 남학회가 발간하는 《상보》의 언론이 점차로 용납할 수 있는 범위를 넘어서자 직접 나서서 간섭하였다. 《상보》는 정간 당했다. 광서황제는 《명정국시조》를 발표하기 전에 장지동에게 입경하여 자신을 보좌하라는 명령을 내린 적이 있는데, 이는 자희태후의 동의를 얻은 조처였다. 관료집단 내부의 알력과 그 밖의 원인 때문에 장지동은 북경으로 가지 못하고 호광총독으로 계속 머물렀으나 백일유신 동안에는 영향력을 발휘했다.

황제가 군기처에 배치한 네 사람의 유신파 기수 중에서 양예는 장지동의 제자였고 과거에 합격한 후 내각중서(內閣中書)에 임명되었다. 장지동은 그가 북경에 상주하며 활동할 수 있도록 재정적인 지원을 해주었고 그를 통해서 수도의 정치상황을 파악했다. 갑오전쟁 후에 양예는 우국충정의 뜻에서 강유위가 주도한 강학회와 보국회에 참가했으나 사상적으로 유신파는 아니었다. 군기처에 들어가 임욱과 함께 일하면서 임욱이 기초한 상주문의 내용이 지나치게 과격하다고 생각하여 강제로 고치게 한 적이 서너 차례 있었지만 자신은 상주문을 한 번도 쓴 적이 없었다. 유광제는 군기처로 옮기기 전에는 형부 주사를 지냈고, 보국회에 참가하기는 했지만 유신파와 수구파 사이에서 어느 쪽에도 기울지 않는 태도를 유지했다.

광서황제가 기용한 군기처의 관료 네 사람으로 구성된 실무 작업반이 황제의 신정 추진을 보좌했지만 이 작업반에는 양무파와 유신파가 섞여 있었다. 유신파는 담사동과 임욱 두 사람이었고 양무파는 장지동의 사람 둘이었다. 백일유신 동안에 유신파가 무대의 중심에 서기는 했지만 진정한 의미에서 정권에 참여했다고 말하기에는 거리가 멀었다.

백일유신 시기의 광서황제

백일유신 기간 동안 광서황제가 어떤 노선을 집행하려 했는지, 혹은 어떤 노선의 집행이 가능했는지는 살펴볼만한 가치가 있는 문제이다.

광서황제가 강유위·양계초·담사동 일파에게 동조를 표시하자 자희태후는 백일유신을 압살하기 위해 정변을 일으켜 일거에 강유위·양계초·담사동 일파를 분쇄하는 동시에 광서황제를 유신파의 보호자라 하여 유폐시켰다. 백일유신이 실패로 끝난 후에도 강유위와 양계초는 광서황제를 이상적인 성군이라 극력 칭송하였다. 이 때문에 사람들은 흔히 광서황제를 취약한 자산계급의 이익을 대변한 유신파의 황제로 평가한다.

이런 평가는 역사적 사실과 부합하지 않는다. 광서황제가 백일유신 동안에 신정을 실시하기 위해 발표한 수많은 조서들의 내용을 보면, 그리고 광서황제가 유신파의 구체적 주장에 대해 보여준 태도를 보면 광서황제는 유신파의 정치노선을 진정으로 따랐다고 할 수는 없다. 그가 수용한 정책은 사실은 양무파의 노선이었다. 양무파의 노선은 기본적으로 매판자산계급과 결탁한 봉건대지주의 정치노선이었고 유신파의 노선은 취약하고 동요하는 자산계급의 정치노선이었다. 광서황제는 백일유신 동안에 형식상으로는 강유위 일파의 주장을 수용했으나 실제 내용에서는 장지동 일파의 노선을 따라갔다. 당시의 역사조건 하에서 광서황제가 자신의 의지대로 유신파의 황제가 되기는 매우 어려웠다. 유신파의 사회적 기초인 민족자산계급은 아직도 취약한 지위에 머물고 있어서 자신을 대변하는 황제를 갖기란 불가능했다. 유신파는 환상 속에서 광서황제를 성군으로 분장시켰지만 현실에서는 그런 황제를 만들어 낼 수가 없었다.

강유위는 「공거상서」와 「황제에게 올리는 네 번째 상서」에서 국회를 개설하라고 건의했고, 「응조통주전국절」에서는 헌법제정을 요구했을 뿐만 아니라 그 밖의 여러 상주문에서 "군민합치"를 주장했다. 이런 주장이 양무와 구별되는 가장 중요한 정치 강령이었다. 강유위가 말한 국회는 입법권을 가진 자산계급의 대의 기관이 아니라 민선 자문기구에 불과했다. 백일유신을 추진한 황제의 명령에서는 헌법과 국회에 관해서는 단 한 자도 언급된 적이 없었다. 광서황제는 오직 한 번의 조서에서 "사민(士民)이 상서를 올려 말하고자 하면…. 막지 말라. 만약 지체시키는 자가 있으면 황제의 뜻을 거역한 죄로 처벌하겠다"고만 하였다.[4] 이전에는 사민(자산계급 포함)은 상서를 올릴 권리조차 없었으나 이 조서가 발표됨으로써 어느 정도의 권리는 갖게 되었다. 그래도 국회나 헌법제정과는 한참 거리가 멀었다. 강유위는 다음과 같은 또 하나의 중요한 정치적 건의를 내놓았다. "궁중에 제도국(制度局)을 열고 공경대부와 초야의 인재 20인을 선발하여 정사를 의논하는 일에 참여시키고 이들로 하여금 신정을 협의하고 헌법초안을 만들게 하면 의논은 상세해지고 법령은 치밀해질 것이다."[5] 그는 제도국이 입법기능을 가진 신정의 주도기구가 되기를 바랐다. 또한 그는 황제에게, 군기처와 총리아문은 모두 쓸모가 없으니 신정을 시행하고자 한다면 이들 대신에게 의논하게 할 수는 없다, 낡은 기구는 굳이 폐지할 필요는 없지만 반드시 제도국을 설치하여 유신파가 중앙의 입법과 행정 대권을 장악하게 해야 한다고 건의했다.

강유위가 제도국에 관한 첫 번째 건의서를 올린 후에도 황제는 군기처와 총리아문의 대신들에게 "적절히 의논하여 방안을 올리라"는 지시를 내렸다. 대신들은 공허한 논리로 강유위의 건의를 부정하였다. 제도국에 관한 두 번째의 건의서를 올린 후에는 아예 대신들에게 의논해보라는 지시조차 없었다.

---

4 『무술변법자료』 제2책, 71쪽.
5 『무술변법자료』 제2책, 199쪽.

강유위의 중요한 건의가 올라오면 황제는 늘 "대신들에게 보내 의논한 후 방안을 보고하라"는 지시를 내렸는데, 결과는 논의 끝에 흐지부지 되거나 "변통하는 방법" 있다는 이유로 폐기되었다. 강유위는 이런 정황을 알고 있었기 때문에 여러 차례 상주문에서 "황제께서 스스로 결단을 내리라"고 호소했고 때로는 "아래로 보내 논의케 하지 마시고 특별히 조서를 내리"라고 분명하게 청원했다. 광서황제가 분명한 조서를 내리는 적도 있었지만 아래에서 논의하도록 한 것은 황제 자신이 어려운 처지에 놓여 있었기 때문이며, 어떤 일에 있어서는 황제의 정치적 태도가 그랬기 때문이라는 점을 강유위는 끝내 깨닫지 못했다.

경제정책 면에서 강유위가 제시한 가장 중요한 건의는 통상원(通商院. 또는 공상총국[工商總局]이라고 불렀다)의 설치와 상품의 내국 통행세 폐지였다. 이 두 가지 건의는 자본주의 발전을 위해서는 중요한 조처였다. 당시에 상업이라 함은 공업까지를 포함했다. 강유위는 일반 상인들로 하여금 시험적으로 상무국을 운영하게 하고 상인단체의 설립과 주식회사 설립을 허가함으로써 "방직업을 넓혀 서양 면포에 대적하고 일용품을 만들어 서양 상품에 대적하게" 하자고 주장했다. 이는 독립적인 발전을 요구하는 민족자산계급의 이익을 대변하는 주장이었다. 백일유신 중에 광서황제는 여러 차례 "상업을 일으킨다"는 조서를 내린 적이 있지만 그 내용은 강유위가 주장하는 바와는 달랐다. 황제의 조서는 총리아문의 건의를 받아들여 유곤일과 장지동 등 각 성의 총독과 순무가 "상업에 통달하고 공정한 원신(員紳)을 골라 파견하여 상무국을 시험적으로 운영하게 하라"고 지시했다.[6] "원"은 현직 관료를 말하고 "신"은 현직을 떠난 관료나 명망 있는 지주계급의 대표 인물을 의미했다. 일반 상인의 참가를 받아들이지 않는 상무국은 지방장관의

---

6   『무술변법자료』 제2책, 20쪽.

감독 하에 들어가지 않을 수 없다. 이것은 양무파의 정책, 그것도 초기 양무파의 정책이었다.

강유위는 상주문에서 상인이 정부의 보호를 받지 못하고 오히려 지방 각급 관리의 억압의 대상이 되고 있다고 지적했다. 그는 조정에 상업을 관장하는 부서를 만들 수 없으면 각 성에 먼저 상무국을 설치하여 총리아문 직속으로 하고 상인들이 믿을 수 있고 재능 있다고 추천한 인물이 관장하게 하자고 주장했다. 그의 의도는 총리아문의 고관들의 권위를 빌려 상인들이 지방관의 억압을 벗어나게 하고 각 성의 상무국은 상인들이 자유롭게 운영하도록 한다는 것이었다. 그러나 광서황제는 강유위의 건의와는 달리 각 성의 총독과 순무가 "상무국"을 설치하고 원신을 선발 파견하여 운영"하라는 명령을 내렸다.

7월 초, 광서황제는 다시 농업과 통상을 장려하는 조서를 내렸다.[7] 이 조서에서는 북경에 농공상총국을 설치하도록 하였으나 강유위가 주장한 것처럼 중앙이 직접 각 성의 상무국을 관할하게 하지는 않았다. 당시에 상업을 관리하는 업무를 중앙 기관이 통할할 것인지 아니면 각 성에서 관할할 것인지가 유신파와 양무파가 논쟁을 벌이는 문제의 하나였다. 중앙 기관이 통할하자는 유신파의 주장은 분할 상태의 봉건제도가 상공업 발전에 장애가 되고 있는 현상을 타파하려는 민족자본의 요구를 반영한 것이었다. 양무파 관료들이 지방의 분산 관리를 주장한 이유는 자신의 경제적 세력을 확대하고 공고하게 하려는 의도 때문이었다. 광서황제의 조서는 농공상총국 대신의 임무를 "수시로 관찰"하는 것으로 제한하고 각 성의 농공상분국을 지휘할 수 있는 권한을 주지 않았다. 각 성이 설치한 농공상분국은 총독과 순무가 파견한 향신이 관리했다. 농공상총국을 감독하도록 임명된

---

7   『무술변법자료』 제4책, 57쪽.

3명의 관리도 품계가 3품에 불과해 총독과 순무를 감독할 수 없었다. 뿐만 아니라 이 3명의 관원도 모두 양무파가 신임하는 사람들이었고 유신파와는 전혀 관계가 없었다. 이때 황제가 내린 농업과 통상을 장려하는 조서는 양무파의 의견을 그대로 반영한 것이었다.

이금(釐金. 내국 통행세-역자)제도를 폐지하자는 강유위의 건의도 광서황제는 받아들이지 않았다. 이금제도는 당시에 원성이 높은 폭력적인 징세제도였다. 이금은 상품 유통에 심각한 장애가 되어 상공업의 발전을 질식시켰다. 강유위는 7월에 올린 상주문에서 이금은 상업에 가장 큰 해를 주므로 반드시 철폐해야 한다고 주장했다. 그러나 7월 27일에 나온 이금제도만을 언급한 황제의 칙령은, 이금은 원래는 좋은 제도인데 집행하는 과정에서 일부 폐단이 있을 뿐이고 지금은 "이로운 것은 넓히고 폐단은 덜어낼 때"이므로 폐지할 수 없다고 하였다. 이 문제에 있어서 광서황제는 자유로운 발전을 요구하는 자산계급의 이익을 대표할 수 없었다.

문화 교육 방면에서 강유위의 가장 중요한 건의는 과거제도의 개혁이었다. 백일유신이 시작된 후 강유위가 올린 첫 번째 건의는 팔고문을 폐지하고 시험과목에서 책론을 부활시키자는 것이었다. 팔고문 폐지와 책론의 부활은 형식상의 문제로 끝나는 것이 아니라 내용 면에서의 근본적 개혁이었다. 강유위는 책론 시험을 치르게 하면 "안으로는 중국의 학문과 경전을 논하게 함으로써 유용한 인재를 길러낼 수 있고, 밖으로는 각국의 과학을 공부함으로써 기술·물리·정법에 통할 수 있다"고 주장했다.[8] 이것은 서양 학문을 책론 속에 끌어들이려는 의도였다. 5월 초에 나온 광서황제의 칙령으로 팔고문을 폐지했다. 그러나 그 방식은 형식은 폐지하지만 내용은 폐지하지 않는 것이었다. 5월 16일에 장지동이 '타의과거신장절(妥議科擧新章

8　『무술변법자료』 제2책, 211쪽.

折)'이란 상주문을 올렸다. "타의"라 함은 강유위의 주장이 타당하지 않다는 의미이다. 이 상주와 강유위의 건의는 정면으로 배치되는 것이었다. 6월 초1일에 나온 황제의 칙령은 장지동의 상주를 크게 칭찬하고, 장지동의 건의대로 과거를 3단계로 나누어 시행하고 세 번째 시험에서는 사서오경을 시험과목으로 하는 방안을 채택했다.[9] 과거제도 개혁을 둘러싼 양파의 논쟁에서 황제는 명백하게 양무파를 지지했다.

광서황제는 유신파의 건의를 완전히 배척하지는 않았다. 언로를 널리 열라는 건의를 광서황제는 받아들였다. 전족 금지는 유신파가 힘을 기울여 주장하던 정책인데 황제는 이를 지지하는 칙령을 발표했다. 그러나 이런 건의는 부차적인 문제였다. 중대한 문제에 있어서는 유신파의 건의는 받아들여지지 않았다.

황제가 일부 받아들인 강유위의 건의는 유신파의 독특한 주장은 아니었다. 예컨대 군대 정비와 훈련 강화, 철도건설, 우편제도 실시, 조운(漕運)의 폐지, 학교의 설립 등은 양무파가 일관되게 주장해오던 바였고 장지동, 왕문소(王文韶), 영록 등의 상주문에서도 상세히 논술했는데 다만 대부분이 강유위가 먼저 제안한 것들이었다.

백일유신의 단서가 된 "국시를 밝히는 조서를 내린" 일의 전후 사정은 살펴볼 필요가 있다. 전체적인 형세를 보면 이 일은 강유위가 주도하는 유신 사조가 촉발했음이 분명하지만 조서의 발표를 직접적으로 추진한 인물은 옹동화였다. 옹동화는 두 차례나 국시를 밝히기를 청원하는" 상주문을 기초하여 어사 양심수(楊深秀)와 시독학사 서치정(徐致靖)에게 주어 이들의 이름으로 황제에게 올리게 했다. 광서황제는 자희태후의 동의를 얻은 후에야 4월 23일의 '명정국시조'를 발표했다. 여기서 말하는 "국시"란 유신파

---

9   『무술변법자료』 제2책, 41쪽.

가 주장한 "국시"는 아니었다.

강유위는 국시를 정할 것을 요구하는 상주문에서 다음과 같이 말했다. "만국의 좋은 규범을 받아들이고 공의를 모아 헌법을 시행"하자.[10] 짧은 말이지만 "국시를 정하는 일"은 중대한 문제였다. 그러나 광서황제는 《명정국시조》에서 "성현의 가르침을 뿌리로 하고 당면한 중요 업무에 절실히 필요한 서학은 널리 받아들여 실력을 기르되 공허한 논의의 폐단은 피한다"[11]고 밝혔다. 강유위가 말한 "국시"는 서양을 본받아 헌정을 실시하자는 것이었는데 광서황제의 조서에서 밝힌 "국시"는 여전히 "중학위체, 서학위용"이었고, "당면한 중요 업무에 절실히 필요한 서학은 널리 받아들인다"고 하였으나 그 목적은 "공허한 논의의 폐단을 피하는" 것이었다.

백일유신 중에 광서황제가 내린 칙령은 백여 가지나 되지만 그 중점과 맥락은 분명했고 반복하여 강조한 것은 군대 훈련의 강화와 군비의 조달이었다. 군비의 조달은 군대를 훈련시키기 위함이니 사실은 하나의 일이었다. 국시를 밝히는 조서는 다음과 같이 지적했다. "오늘의 시국이 이러하고 국가의 실력이 이러한데 군비가 부족하여 군대를 훈련시키지 않고 선비는 학문에 힘쓰지 않으며 군대에 좋은 장수가 없다면, 강약과 빈부의 차이를 볼 때 어찌 막대기를 들고 견고한 갑옷과 날카로운 무기에 대적할 수 있단 말인가?" 이후의 조서에서도 다음과 같이 다시 한 번 명백하게 밝혔다. "오늘의 형세 하에서는 정사의 가장 큰 과제는 군대의 훈련이며, 서양식 군대를 만드는 것이 제일 긴요한 문제이다." "군대의 훈련을" 정사의 제일 큰 과제로 삼는 것은 양무파의 오래된 방침으로서 일찍부터 시행한 적이 있었으나 또한 일찍이 실패한 방침이었다. 이 방침은 유신파가 주장한 변법의 핵

---

10 『무술변법자료』 제2책, 207, 208쪽.
11 『무술변법자료』 제2책, 17쪽.

심인 "관제의 개혁"과 서양 정치제도의 모방과는 근본적으로 구별되는 것이었다.

광서황제는 유신파의 주요 정견을 수용할 수 없으면서도 강유위, 담사동, 양계초 등을 중용한 이유는 무엇일까?

광서황제는 유신파와 양무파를 구별하지 못했다. 그는 유신파를 양무파의 뛰어난 후진이라고 생각하고 등용했다. 황제는 유신파의 강학회나 보국회 활동을 보고 이들이 사회 역량을 동원하는 능력이 있다고 판단했으며 유신파의 이런 실력을 이용하여 자희태후와 맞설 생각이었다.

양무파와 유신파 사이에도 경계가 분명치 않은 면이 많았다. 옹동화와 서치정은 정치적으로는 진정한 유신파가 아니었지만 이들은 강유위, 담사동, 양계초 등을 매우 재능 있는 인물이라고 보고 황제에게 추천했다. 강유위도 장지동을 원군으로 끌어들이려고 광서 23년의 「공거상서」에서 장지동을 칭송한 적이 있었다. 양계초도 장지동에게 제자의 예를 표시한 적이 있었다. 광서 23년 무렵에는 양파의 정견 차이가 이미 분명해졌지만 유신파의 변법 주장의 일부는 양무파의 주장과 일치하는 면이 있었다. 당시 양무파 내부에서도 정견의 분기가 일어나 친러시아파와 친영국파가 대립하고 있었다. 이런 상황에서 광서황제는 장지동과 강유위가 정견상 차이가 있다는 점을 알면서도 강유위를 양무파와 한 부류로 판단했다. 황제는 양무파와 유신파의 의견이 일치할 때는 건의를 받아들였지만 유신파의 건의가 양무파의 주장에 배치될 때는 받아들이지 않았다. 유신파는 광서황제가 자신들이 바라는 "성군"이 될 것이라는 일방적인 기대를 갖고 있었다.

광서황제가 유신파를 기용했던 까닭은, 황제 자신의 표현을 빌리자면 "변법이 아니면 중국을 구할 방법이 없었고, 노쇠한 수구파 대신들을 버리고 재능 있고 시국에 통달한 선비들을 기용하지 않으면 변법을 시행할 수 없었기 때문"이었다.[12] 강유위 또한 유신파의 정치적 지위를 확보하기 위해 지위가 낮은 신하들을 파격적으로 기용하라고 제안했다. 두 사람의 말은 표면적으로는 같은 내용이지만 실질적인 계급적 내용은 달랐다. 그러나 광서황제는 내용의 계급적 차이를 구분할 수 없었고, 설사 구분할 수 있었다 하더라도 황제는 일정 정도의 "변법"은 실현하려는 의도를 갖고 있었고 유신파 또한 충심으로 그를 지지했기 때문에, 뿐만 아니라 황제는 자희태후와의 권력투쟁에서 유신파를 원군으로 끌어들여 그들의 힘을 빌려 눈앞의 목적을 달성하려 했다. 역사에서 이런 사례는 흔히 있는 일이다.

권력투쟁

자희태후는 양무파의 노선과 정책을 반대한 적이 없었다. 그는 오래전부터 증국번, 이홍장, 장지동 등 양무파 대신들을 중용했다. 따라서 그는 양무파의 색채가 짙은 4월 23일의 '명정국시조'에 대해 원칙적으로 반대할 필요가 없다고 생각했다. 그렇다면 자희태후가 광서황제의 유신을 작심하고 반대한 이유는 무엇이었을까?

자희태후는 양무파 관료들에게 의존하면서도 극단적으로 수구적인 왕실 귀족과 한족 관료들에게도 의존했다. 앞에서도 설명했듯이, 양파는 정치적 주장과 실제적인 권력에서 대립하고 있었지만 봉건통치 질서를 유지한다는 입장은 일치했다. 자희태후는 시국의 필요에 따라 때로는 양무파에 기울기도 하고 때로는 수구파에 힘을 실어주었는데 총체적으로 보면 자기 진영이라고 할 수 있는 양파를 "공평"하게 대우함으로써 양파의 견제와 균형 위에서 자신의 권력을 유지했다. 백일유신 중 광서황제가 시도했던 정책으

---

12 광서황제가 강유위에게 내린 "밀지". 『무술변법자료』 제2책, 92쪽.

로 양파의 균형은 깨어졌고 세력은 양무파 일변도로 기울었을 뿐만 아니라 황제는 유신파와 그들이 동원한 사회역량을 이용하려 했다. 황제는 유신의 기치를 내걸고 자희태후로부터 국가의 최고 통치 권력을 탈환하려했는데 이것은 자희태후와 태후를 따르는 수구파로서는 용납할 수 없는 일이었다.

광서황제가 형식상 친정을 시작한 후로도 실권은 자희태후가 장악하고 있었다. 광서황제와 그의 부친 혁현은 이런 상황에 대해 큰 불만을 품고 여러 차례 권력을 탈환하려는 시도를 했으나 성공하지 못했다. 갑오전쟁의 패전과 전후 처리과정에서 자희태후와 이홍장이 나라에 치욕을 안겨주어 위신이 땅에 떨어지자 광서황제의 권력 탈환의지는 다시 불타올랐다. 광서 24년 봄, 황제는 경친왕 혁광을 통해 태후에게 권력을 돌려달라는 분명한 의사를 표시했고, 태후는 "그가 처리하게 하라, 기다려보고 처리하는 모양이 시원찮으면 그때 가서 다시 논의하자"고 답했다. 광서황제는 이 기회를 이용하여 유신을 추진하기 시작했다. 그는 일정 정도는 변법을 시행할 생각을 갖고 있었고, 장지동 등의 양무파에 의존하고 유신파를 이용하는 한편 그들을 통해 제국주의 열강의 지지를 얻어서 사실상 태상황인 자희태후로부터 벗어나 진정한 황제로서의 권력을 행사할 생각이었다.

4월 23일의 '명정국시조'가 발표되자 북경의 정치형세는 매우 긴장되었다. 27일, 자희태후는 세 가지 조치를 취했다. 1) 옹동화에게 "자리를 비우고 귀향하라"는 명령을 내렸다. 2) 영록을 직례총독에 임명했다. 3) 2품 이상의 대신들에게 태후 앞에 나와 인사를 올리게 했다. 28일에는 숭찰(崇札)을 보병 통령(統領)에 임명했다. 5월 4일과 5일, 영록을 다시 문연각대학사(文淵閣大學士)에 임명하고 직례총독과 북양대신을 겸하게 했다. 6일, 회탑포(懷塔布)를 원명원 경호부대의 책임자로 임명하고 강의는 건예영(健銳營)을 지휘하게 했다. 이 무렵 동복상(董福祥)의 감군(甘軍), 섭사성의 무의군(武毅軍),

원세개의 신건군(新建軍)은 모두 북경과 천진 주변에 주둔하고 있었고 영록의 지휘를 받았다.

자희태후는 이런 조처를 통해 광서황제가 가장 신임하는 중신(옹동화)를 잘라내고, 자신이 신임하는 영록을 직례총독과 북양 3군을 통할하는 자리에 앉힘으로써 군사적으로 수도권을 장악하고 북경의 군대지휘권을 손에 넣었으며, 태후 자신의 주변 경호를 강화하고, 2품 이상 대신들의 동태를 직접 살핌으로써 권력은 황제에게 있지 않고 자신의 수중에 있음을 분명하게 보여주었다.

자희태후는 상술한 조처를 끝낸 후 7월 중순까지 별다른 움직임을 보이지 않고 이화원에서 조용히 지켜보고 있었다. 광서황제는 하루나 이틀 걸러 이화원으로 가 자희태후의 의견을 물었다. 이 시기에 광서황제가 발표한 조서에 대해 자희태후는 이견을 말하지 않았다. 상무국을 설치하라는 조서 같은 경우에는 자희태후의 동의를 받았다. 어떤 조서는 자희태후가 광서황제의 이름을 빌어 발표했다.

경험이 많은 관료들이 볼 때에 이런 상황은 광서황제의 존재를 드러내는데 불리했다. 황제의 신정을 알리는 천둥소리는 요란했으나 그 뒤에 어떤 비바람이 몰려올지는 의심스러웠다. 이 때문에 황제의 신정 실시 조서는 각성의 총독과 순무들로부터 적극적인 호응을 받지 못했다. 총독과 순무들은 형세를 관망하면서 정국의 향방이 분명해질 때를 기다렸다.

변법유신의 구호가 공허해지기 시작하고 나서 두 달 동안 광서황제는 곤경을 벗어나기 위해 7월 중순에 대담하게도 세 가지 조처를 취했다. 첫 번째로, 7월 14일에는 첨사부(詹事府), 통정사(通政司), 광록시(光祿寺), 홍려시(鴻臚寺), 태상시(太常寺), 태복시(太僕寺), 대리시(大理寺)(이들 관서는 대부분이 하는 일이 없었다) 등의 관서를 폐지하고 더불어 호북·광동·운남 3성의 순무를 폐지했다(이 3개 성에는 총독과 순무가 동시에 설치되어 있었다). 두 번째로, 7월

16일에는 주사 왕조(王照)의 상주를 저지한 예부상서 회탑포(懷塔布)와 허응규(許應騤) 등을 처벌하라는 지시를 내렸다. 세 번째로, 앞에서 이미 언급한 바와 같이 7월 24일에 담사동, 양예, 유광제, 임욱 등 네 사람을 군기장경상행족에 임명하여 신정을 집행하는 일에 참여케 하였다. 이 세 가지 조처는 신정의 본질적인 내용에는 영향을 미치지 못하는 인사였다. 그러나 인사 문제였기 때문에 권력의 행사와 직결되는 문제였다. 자희태후로서는 광서황제가 신정에 관한 칙령을 어느 정도 발표하는 것은 용인할 수 있었으나 자신이 신임하는 측근을 황제가 인사에서 배제하는 것은 절대로 용인할 수 없었을 뿐만 아니라 황제가 조정에서 독자적인 세력을 구축하는 것도 용납할 수 없었다. 태후와 태후의 측근 영록 등은 황제의 구상을 무산시킬 계획을 세우기 시작했다.

7월 29일, 광서황제는 이화원으로 가 자희태후를 만났다. 이 자리에서 자희태후는 황제에게 분명한 압력을 가했다. 이화원으로부터 환궁한 후 바로 그날 황제는 자신이 임명한 군기장경상행족 가운데 한 사람인 양예에게 다음과 같은 밀지를 내렸다. "짐이 시국의 어려움을 생각할 때 변법이 아니면 중국을 구할 수 없고 노쇠한 수구 대신들을 내보내고 시국에 통달하고 재능 있는 선비들을 기용하지 않으면 변법을 시행할 수 없다. 그러나 황태후는 그렇게 생각하지 않아 짐이 여러 차례 간했으나 태후는 더욱 화를 냈다. 이제 짐은 자리를 보전하기 어려울 것 같으니 너희 강유위, 양예, 임욱, 담사동, 유광제 등은 속히 몰래 대책을 의논하여 서로 구할 방도를 찾으라. 짐이 바라는 대로 이루어 지지 않을까 몹시 염려스럽다. 이에 특별히 일러 둔다."[13] 광서황제는 기본적으로 양무파의 정책을 집행했지만 실세인 양무파 대신들의 황제에 대한 태도는 소극적이었고 황제가 의지하는 심복들을

---

13   『무술변법자료』 제2책, 92쪽.

인정하지 않았다. 따라서 황제는 위급한 시기에 이르렀을 때 강유위 일파에게 구원을 호소할 수밖에 없었다. 그러나 황제 자신도 이들 서생이 아무런 권세도 갖고 있지 않아 그 무엇도 할 수 없다는 점을 알고 있었다. 3일 후인 8월 2일, 황제는 다시 임욱에게 밀지를 내려 강유위가 신속히 북경을 떠나도록 하라고 명령했다.

강유위는 서생이기는 했지만 황제를 구하기 위해 나름대로 방법을 강구했다. 강유위는 유신파의 운동은 뒷받침하는 무력이 없이는 성공할 수 없다는 점을 알고 있었고 수도와 그 부근의 병력을 자희태후가 신임하는 영록이 장악하고 있는 상황은 매우 위험하다는 것도 알고 있었다. 그가 생각해낸 방법은 우선 영록 휘하의 북양군대에서 일부를 이탈시키는 것이었다. 그는 북양 3군 가운데서 원세개는 양무에 능통하고 변법을 이해하는 군인이어서 유신파 쪽으로 끌어들일 수 있다고 판단했다. 그는 서치정과 담사동에게 원세개를 중용하도록 황제에게 추천해달라고 부탁했다. 광서황제는 이 의견을 받아들여 영록에게 원세개를 만나보고 싶으니 그를 북경으로 보내라고 명령했다. 원세개는 8월 1일에 황제를 만났고 이날 원세개에게 시랑의 관직을 내리는 조서가 발표되었다. 이것은 원세개가 감동하여 황제에게 충성하도록 하려는 조처였다.

황제로부터 구원을 요청하는 밀지를 받은 유신파 서생들은 원세개를 의존할 수 있는 구원세력으로 보았다. 담사동은 스스로 생각하기에 가장 효과가 큰 방법을 생각해냈다. 8월 3일 밤, 담사동은 원세개의 거처인 법화사(法華寺)로 찾아가 원세개에게 황제의 밀지를 보여주며 신속히 거병하여 영록을 죽이고 자희태후가 머물고 있는 이화원을 포위하라고 요구했다. 아울러 그는 일이 성사되면 즉시로 원세개를 직례총독이 되도록 해주겠다고 약속했다. 원세개는 매우 교활한 인물이어서 면전에서는 담사동의 요구를 거절하지 않고 공동행동을 취할 뜻이 있다고 밝혔다. 그러나 원세개는 군량과 총포, 탄환이 부족하므로 9월에 자희태후와 광서황제가 천진에서 열리는 열병식에 참석할 때까지 기다렸다가 거사해야 한다고 말했다. 담사동은 재차 거사일을 당길 것을 요구했으나 원세개는 다른 방법이 없다고 말했다. 담사동은 원세개의 의견에 동의할 수밖에 없었다. 이틀 후인 8월 5일, 원세개는 다시 한 차례 황제를 만나고 천진으로 돌아갔다.

유신파가 생각해낸 또 하나의 묘책은 제국주의 열강에 도움을 요청하는 것이었다. 이 방안은 7월 29일 이전에 이미 마련해 둔 것이었다. 강유위 등의 건의에 따라 광서황제는 8월 28일에 "무근전(懋勤殿)을 개방하여 각국의 사정에 능통한 인재 수 십 명을 골라 모으고 아울러 동서 각국의 정치전문가를 초빙하여 함께 제도를 의논하게 하게 하여, 확대해야 할 것과 폐지해야 할 것을 전반적으로 산정하고 상세한 계획을 만든 후 이를 시행하기로 결심했다"는 조서를 발표했다.[14] 유신파는, 서양인이 무근전에 자리 잡고 신정을 지지하면 자희태후를 비롯한 모든 반대자들이 입을 다물 것이라고 판단했음이 분명하다. 또한 유신파는 광서황제에게 영국의 침략 이익을 위해 활동하고 있던 선교사 리처드(Timothy Richard, 중국명 이제마태[李提摩太])를 추천하여 고문 대신으로 임명하도록 했고, 일본의 이토 히로부미가 중국에 와서 활동하던 무렵에는 광서황제에게 이토를 만나보도록 적극 건의했는데 이는 자희태후를 겁주려는 방안이었다. 7월 29일 이후 강유위는 용굉(容閎)을 통해 미국 공사관에 도움을 요청했다. 강유위는 또 리처드를 찾아가 그와 함께 영국 공사관을 찾아갔다. 이어서 그는 이토를 찾아가 자희태후를 설득해 달라고 부탁했다. 8월 7일(정변이 일어나고 이틀 후)이 되자 양계초도 리처드를 찾아가 광서황제를 구할 방법을 논의했다. 제국주의 각국은 자희태후와 광서황제의 권력쟁탈전에서 어느 한쪽도 명확하게 지지할 필

---

14 『무술변법자료』 제1책, 272쪽.

요를 느끼지 않았기 때문에 유신파의 이런 활동은 결과를 얻지 못했다.

유신파가 그들의 황제를 구출하기 위해 바삐 움직이는 동안 자희태후와 영록도 적극적으로 움직이기 시작했다.

광서황제가 원세개를 포섭하려는 움직임을 알아 챈 영록은 8월 3일에 총리아문에 전보를 보내 영국과 러시아가 블라디보스토크에서 전쟁을 벌여 각국의 군함이 대고 항으로 몰려들고 있다는 거짓 보고를 하고 천진을 방어하기 위해 원세개를 속히 돌려보내달라고 요청했다. 영록은 이와 함께 섭사성의 무의군 5천 병력을 천진에 배치하여 원세개의 신건군이 북경으로 진입할 수 있는 통로를 끊고(원세개의 부대는 천진 동남쪽의 소참에 주둔하고 있었다), 동복상의 감군을 북경에 진주시켰다. 8월 5일, 원세개는 북경에서 천진으로 돌아오자 말자 담사동이 밤중에 찾아왔던 전말을 영록에게 밀고했다. 영록은 당일로 전용차를 타고 북경으로 가 회탑포, 허응규, 양숭이 등과 함께 자희태후를 만나 대책을 논의했다. 회의는 한밤중이 되어서야 끝났다.

8월 6일(양력 9월 21일), 자희태후는 정변을 일으켰다. 백일유신은 이렇게 막을 내렸다. 이날 새벽에도 광서황제는 문안인사를 올리기 위해 이화원을 찾았으나 자희태후는 샛길로 빠져나가 서직문(西直門)을 거쳐 황제의 거소로 직행하여 모든 문서를 가져간 후 황제를 불러 질책했다. 자희태후는 황제가 병이나 정사를 처리할 수 없어 자신이 "조정에서 정사를 돌보겠다"고 선포했다.[15]

이날 자희태후는 강유위 체포령을 내리고 강유위의 거처인 남해회관(南海會館)을 수색했으나 회관에는 강유위의 동생 강광인(康廣仁)만 있었다. 강유위는 하루 전에 북경을 빠져나가 천진으로 갔다. 그는 당고(塘沽)에서 영국 상선 중경호(重慶號)를 타고 상해로 갔다. 체포령은 상해까지도 전달되

---

15 『무술변법자료』 제4책, 161쪽.

어 있었다. 영국 영사관의 도움으로 홍콩으로 빠져 나가지 못했다면 강유위는 개량주의 정치운동의 순교자가 되었을 것이다. 양계초도 8월 7일에 일본인의 보호 하에 천진에서 일본 군함을 타고 일본으로 도주했다.

체포된 사람은 많았다. 양심수, 양예, 임욱, 유광제, 담사동, 강광인은 8월 13일에 처형되고 그들의 시체는 시장 거리에 전시되었다. 나머지는 변경지역으로 유배되거나, 감옥에 갇히거나, 파면되었다.

담사동은 정변이 일어났을 때 달아날 기회가 있었으나 그렇게 하지않고 조용히 앉아 체포되기를 기다렸다. 체포되기 며칠 전, 그는 북경의 사설경호원 왕오(王五)를 만나 광서황제를 구출할 방법을 찾았다. 담사동의 일본 친구들이 일본으로 피난할 것을 권유했으나 그는 다음과 같은 말로 거절했다. "각국이 변법을 시행하면서 피를 흘리지 않고 성공한 예가 없다. 지금 중국에서 변법 때문에 피 흘리는 자가 나오지 않는다면 그런 나라는 번영할 수 없다. 피 흘리는 자가 있어야 한다면 이 담사동이 그 첫 번째가 되고자 한다."[16] 처형되기 전 그는 "도적을 죽이기로 뜻을 세웠으나 힘이 미치지 못하였네, 죽을만한 가치가 있으니 서둘러 시행하라!"는 절명시를 남겼다.[17]

정변 후 5일 만(8월 11일)에 자희태후는 첨사부 등의 관서를 회복시키고, "상주문을 올리지 말아야 할 인원"이 상서하는 일을 금하고,《시무보》를 폐간하였고 이어서 팔고문 과거제도를 부활시켰다. 그러나 지금까지 시행해왔던 "통상, 기술중시, 농업중시, 인재육성, 군비확충, 재원발굴" 같은 양무는 "국가경제와 백성의 생활에 관계가 깊으므로 즉시 시행"하라고 지시했다.[18] 태후는 광서황제가 추진했던 "신정"을 전부 취소하지는 않았고 다

―――
16 『무술변법자료』 제4책, 53쪽.
17 『담사동전집』, 512쪽.
18 『무술변법자료』 제2책, 102쪽.

만 유신파를 처단함으로써 진정한 황제가 되려던 광서황제의 희망을 꺾어
버리려 하였다.

정변의 승자와 패자

자희태후의 유신파 제거는 어떤 저항도 받지 않았다. 처형된 유신파
지사들을 제외한 나머지는 국외로 망명하거나, 국내에서 은거하거나, 정치
적 열정이 식어버린 사람들은 조용히 유신파의 깃발을 내렸고 심지어 과거
의 행적에 대해 "격렬한" 참회를 표시하는 사람도 있었다.
엄복은 유신파 중에서 가장 먼저 사상적으로 뒷걸음친 대표적 인물이
었다. 그는 변법이 시행된 무술(戊戌)년보다 한 해 전(광서 23년)에 《시무보》에
실린 양계초의 민권을 고취하는 문장을 보고 비판적인 견해를 밝혔다. 그
는 다음과 같이 말했다. 서방 각국이 민주적인 제도를 시행할 수 있었던 것
은 오래 전 그리스와 로마 시대 때부터 민주의 "싹"이 자랐기 때문인데 중
국은 "민주의 싹"이 없는 "군주전제 국가이고 억만 년이 흐른다 해도 군주
제에서 민주제로 들어갈 수 없다."[19] 이 해에 그는 「중아교의론(中俄交誼論)」
란 문장을 발표하고, 중국은 러시아와 연합해야 한다는 주장을 펼쳤다. 이
문장은 사실상 이홍장의 친러시아 정책을 변호하기 위해 쓴 것이었다. 당시
유신파는 일반적으로 영·일과의 연합을 주장했고 이 역시 제국주의의 대
한 환상이었지만 이홍장의 친러시아 정책은 사회여론으로부터 매국정책이
란 비난을 받고 있었다. 그런데도 이홍장의 정책을 지지한 엄복의 주장은
분명한 정치적 동요였다. 엄복은 "중국과 러시아의 우호"를 주장하는 글에

---

19 『무술변법자료』 제3책, 30쪽.

서 본지와는 관계가 없는 민권 반대론 주장을 무리하게 끼워 넣었다. 그는 이 글에서 중국은 현재 민지(民智)가 열리지 않은 상태이기 때문에 서방을 본받아 군주권을 줄이고 민권을 넓히면 대혼란이 올 수 있다고 주장했다.[20] 엄복이 광서 21년에 발표한 자산계급 민주정치를 찬양한 「벽한」이란 문장이 다음 해에 《시무보》에 전재되자 이를 본 장지동은 격노하여 사람을 시켜 반박하는 글을 발표하게 하는 한편 엄복에게 위해를 가하려 했으나 주변의 만류도 그만 두었다. 엄복이 광서 23년에 발표한 반민권적 문장은 압력에 굴복한다는 표현이었다. 엄복은 23년 봄에 《국문보》에 「상황제만언서(上皇帝萬言書)」를 발표했다. 장문의 이 글에서 그는 부국강병을 위해 변법을 실시해야 한다고는 주장했지만 정치개혁은 물론 민권에 관해서는 한마디도 언급하지 않았다. 백일유신 기간에 엄복은 신학문을 지지하는 언론가 역할을 했고 광서황제도 그를 불러 만났다. 황제가 그에게 큰 뜻을 담은 다른 문장이 있느냐고 묻자 그는 그런 것은 없고 최근에 발표한 황제에게 올리는 글뿐이라고 답했다. 이 때 그는 3년 전에 발표한 「원강(原强)」과 「벽한」 같은 패기 넘치는 문장을 스스로 드러내려 하지 않았던 것이다. 이런 사실을 볼 때 강유위와 양계초가 변법유신운동을 적극적으로 펼치고 있을 때 엄복은 이미 유신사상에서 이탈했음을 알 수 있다. 정변이 일어났을 때 그는 화를 입지 않았지만 그가 발행하던 《국문보》는 폐간되고 행동의 감시를 받았다. 그래서 그는 이 때 "북경의 하늘은 어둡고 하늘 남쪽에는 다시 비가 내린다"는 비분의 감정을 담은 시를 지었다.[21] 그러나 이후로 그도 손을 씻고 "분수를 지키며" 살아갔다.

엄복은 일생동안 양무파와 밀접한 관계를 유지했으며 생활도 양무파

---

20 엄복, 「중아교의론」, 『만청문선(晚淸文選)』. 생활서점 1937년 판, 682쪽.
21 엄복, 「무술팔월감사(戊戌八月感事)」; 양계초, 「음빙실시화」. 『음빙실문집』 45(상), 2쪽.

에 의존했으므로 양무파와 유신파의 의견차이가 점차로 분명해지고 양자 사이의 투쟁이 첨예해지자 그는 손끝까지 타들어 오는 담배를 던져 버리듯 이 민주언론을 팽개쳤다. 엄복이 정치적인 신념을 일찌감치 버린 데는 이런 개인적인 이유도 있었지만 전체적으로 볼 때 연약한 자산계급 개량주의자 는 계급투쟁의 풍랑을 이겨낼 수 없었다. 동요와 변절, 후진은 개량주의가 쉽게 벗어날 수 없는 운명이었다.

강유위와 양계초의 해외 망명 이후의 활동에 대해서는 뒤에서 살펴 보겠다. 그들이 벌인 정치활동은 점차로 신흥 자산계급과 대립하는 쪽으로 흘러갔고 그들 자신도 민주와 관계를 끊고 군권을 숭배하는 입장으로 후진 했다.

무술년에 이르기까지 유신파 사조는 중국사회에서 가장 선진적인 사 조였으나 주로 자산계급화 되었거나 자산계급화를 시도하는 지주계급 지식 분자들 사이에서만 영향력을 미쳤다. 유신파가 잔혹한 탄압을 당한 후 계급 투쟁이 빠르게 발전하자 자산계급 개량주의의 깃발은 갈수록 빛이 바래 더 는 선진적인 역할을 할 수 없었다. 유신파는 헛되이 피를 흘렸다. 그들이 피 흘린 결과는 담사동이 바랐던 데로 유신변법운동의 상승과 승리가 아니라 그 반대로 자산계급 개량주의의 변법유신은 더 나아갈 수가 없는 막다른 길임을 증명했다.

유신파 지사들의 시체가 시장바닥에 전시되었을 때 광서황제는 중남 해(中南海) 안의 영대(瀛臺)에 유폐되었다. 그러나 광서황제의 실패와 유신파 의 실패는 같은 것이 아니었다.

앞에서 이미 설명한 바와 같이 광서황제는 유신파가 주장하는 자산 계급 노선을 진정으로 실행할 수가 없었다. 중국 봉건지주 계급이 제국주의 와 결탁하여 제국주의의 하수인이 되어 있는 역사 조건 하에서 황제는 그 의 계급 지위를 뛰어 넘어 유신파가 바라던 대로 "개국하는 자세로 천하를 통치"할 수 없었고 그의 힘으로 자본주의의 천하를 열어갈 수 없었다. 장태염(章太炎)은 자산계급 혁명파의 입장에서 백일유신을 분석한 적이 있다. 그의 분석에 따르면 광서황제는 태후가 자신을 폐위시킬까 걱정했다. 황제는 여러모로 계산한 결과 변법을 실행하지 않으면 제국주의의 환심을 살 수 없고 따라서 태후의 권세를 배제할 수도 없다는 점을 알았다. 황제가 백일유신을 추진했던 것은 자신의 권위를 보전하기 위함이었다. 만약 그때 태후가 죽었더라면 황제는 대권을 독점할 수 있었을 것이고 그가 추진했던 "신정"이란 것도 계속 추진할 필요가 없어졌을 것이다. 뿐만 아니라 그런 상황이라면 황제는 태도를 바꾸어 무력으로 자산계급 노선을 지키려는 사람들을 진압했을 가능성도 있다.[22] 장태염의 이런 추론은 상당한 설득력을 갖는다.

광서황제의 실패는 봉건통치 집단 핵심부 내부에서 일어난 권력투쟁의 실패였다. 광서황제는 유신파를 이용했기 때문에 권력투쟁에서 자희태후에 패해 유신파와 유사한 처지에 빠졌다. 그래서 사람들은 황제가 유신파와 뜻을 같이한 동지적 관계였다고 쉽게 오해한다.

앞에서도 말한 바 있지만, 광서황제는 실제로는 양무파의 노선을 집행했다. 그렇다면 그의 실패는 양무파의 실패를 의미하는 것은 아닌가? 그렇지는 않다. 정변 이후로 백일유신 중에 제시된 양무파 성격의 신정은 완전히 취소되지는 않았다. 양무파는 무술정변의 패배자가 아니라 오히려 승리자라고 해야 마땅할 것이다. 이 점은 특별히 언급해둘 가치가 있다.

일부 근대사 저작들은 강유위와 양계초의 관점을 이어받아 광서황제를 정점으로 하는 "제당(帝黨)"과 자희태후를 정점으로 하는 "후당(后黨)"의

---

22 장태염, 「박강유위논혁명서(駁康有爲論革命書)」. 장태염, 『정론선집』 상책, 중화서국 1977년 판, 199쪽.

대립을 유신당과 수구당의 대립으로 파악한다. 이런 관점으로는 당대의 투쟁의 형세를 충분히 설명할 수 없다. 첫째, 광서황제는 유신파의 우두머리가 아니었다. 둘째, 양당 대립론에서는 양무파가 설 자리가 없는데 양무파는 당시 정치권력 투쟁에서 중요한 역할을 맡았다. 양무파는 계급적 입장에서는 기본적으로 수구파와 일치했지만 그들도 변법을 말했기 때문에 유신파 편에 섰던 것처럼 보인다. 양무파도 백일유신에 발을 걸쳤기 때문에 "제당"이라고 말할 수도 있을지 모르나 "제당" 내에서 유신파와 대립했고 정변 이후에는 다시 자희태후 편에 서서 유신파를 제거를 도왔다. 양쪽에 다리를 걸치고 있다가 시세를 따라 움직인 양무파의 대표적인 인물이 장지동이었다.

정변 발생 후 장지동은 군기대신 왕문소(이 인물도 양무파였다)에게 급전을 보내 양예를 구해달라고 부탁하는 한편 자희태후에게도 전보를 보내 유신당을 중벌에 처하라고 건의했다. 이때의 정변에서 호남순무 진보잠은 파면되고 양예와 유광조는 죽임을 당하는 등 양무파 가운데서 연루된 사람이 없지는 않았으나 이들의 배후인 장지동은 전혀 다치지 않았을 뿐만 아니라 자희태후로부터 상을 받았다.

무술변법 시기의 장지동의 태도를 보고 그를 기회주의적인 정객이라고 하는 평가하는 이가 있다. 강유위도 훗날 그를 두고 "판세를 읽는 데 뛰어나 몸을 보전했다"고 평가했다.[23] 장지동이 광서황제와 자희태후의 권력투쟁에서 교묘하게 처신했다는 점에서 본다면 그런 평가를 할 수 있다. 그는 유신파를 반대하는 데 있어서는 전혀 망설임이 없었다. 그는 사실상 반 유신파의 선봉가운데 한 사람이었다.

중국을 침략한 제국주의자들은 유신운동과 정변에서 어떤 태도를 보

---

23 『무술변법자료』 제2책, 525쪽.

였을까? 강유위는 홍콩에서 영국이 중국 정세를 관찰하기 위해 파견한 베레스포드(Charles Beresford)를 만나 대화를 나눈 적이 있었다. 베레스포드는 저서에서 이때의 대화를 기록하고 있다. 그는 강유위는 매우 존경할 만한 인물이나 "유감스럽게도 다음과 같은 결론을 내리지 않을 수 없다. 이들 유신파는 명확한 구상을 갖고 있지 않았고 지나치게 서둘렀기 때문에 구국사업을 망쳐놓았다"고 평가했다.[24] 이런 평가는 대체로 영국 정부의 관점을 대표한다고 할 수 있다. 영국 공사 맥도날드(Claude M. MacDonald)는 정변 발생 20일 후에 본국 외무성에 보낸 보고서에 다음과 같이 썼다. "본인은 중국을 위해서는 적절한 변법이 강유위와 그의 친구들의 지혜롭지 못한 방식 때문에 크게 망쳐졌다고 판단한다."[25] 상해에서 영국인이 발행하던 《자림서보(字林西報)》는 유신에 대한 북경 외교계의 평가를 다음과 같이 전했다. "유신파의 계획은 실제와 부합하지 않았다. 광서황제는 중국을 엉망으로 만들어 놓았을지도 모른다. 태후는 궁정에서 유일하게 두뇌가 명석한 인물이며 그의 시의적절한 간섭은 시국에 도움이 되었다."[26]

　　제국주의가 말한 "적절한 변법"이란 중국이 반식민지 반봉건적 지위를 벗어날 수 없는 상황을 받아들이는 전제 하에서 내부 통치 질서의 안정을 유지할 수 있는 그런 변법이었으며 바로 이것이 양무파가 바라던 변법이었다. 강유위가 주장한 변법의 강령과 추진 방식은 봉건세력을 명확하게 반대하지 않았고 제국주의를 반대하지도 않았지만 중국의 독립적인 자본주의 발전을 지향하는 내용을 포함하고 있었고, 따라서 객관적으로 중국 국내의 계급투쟁을 격화시킬 가능성을 내포하고 있었기 때문에 제국주의자

24　Beresford, *The Break-up of China*. 1899년 판. 199쪽.

25　『무술변법자료』 제3책. 532쪽.

26　『무술변법자료』 제3책. 520쪽.

들의 입장에서는 "지나치게 서두르고" "실제에 부합하지 않는" 것이었다.

광서황제는 "영국·일본과 연합"하자는 유신파의 정책을 수용하는 쪽으로 기울었기 때문에 러시아는 자희태후가 발동한 정변에 대해 매우 만족했다. 그러나 영국도 이때의 정변에 반대하지 않았다. 자희태후는 러시아의 도구가 될 수 있었을 뿐만 아니라 마찬가지로 영국의 도구도 될 수 있었기 때문이었다. 무술정변 이후 영국이 앞장서서 자희태후에게 광서황제를 정식으로 폐위시키지 말도록 압력을 가한 이유는 태후가 완전히 러시아 쪽으로 기울지 못하게 하기 위해서였다.

무술정변 중에 자희태후와 그 주변의 수구파가 승리했고 양무파도 자희태후와 함께 승리했다. 중국의 가장 반동적인 세력의 배후에는 제국주의가 있었고 그들도 함께 승리했다. 그들은 중국의 운명이 자신들의 손아귀를 벗어날 수 없음에 대해 큰 만족을 느꼈다.

승리자들은 승리한 후에도 안심할 수가 없었다. 유신에서 정변에 이르는 역사극에서 아직 등장하지 않은 배역이 있었다. 역사의 진정한 주역은 강유위를 위시한 유신파나 자희태후와 광서황제가 아니라 착취와 압박 속에서 생존을 위해 투쟁하던 빈곤한 노동대중, 그 중에서도 주로 농민대중이었다. 그들은 아직 무대 위에 오르지는 않았으나 극중의 출연자는 모두 그들의 모습과 음성을 보고 듣지 않을 수 없었고, 그들의 모습과 음성에 두려움을 느끼고 있었다.

등장하지 않은 배역

강유위가 하향식 변법을 실행하려 했던 절박한 이유 중의 하나는 제국주의 열강이 중국을 분할하려는 위기 때문이었고 다른 하나는 하층 인민대중이 보여준 반란의 위기였다. 그는 광서 23년에 황제에게 올린 상서에서 다음과 같이 분명하게 지적했다. "강한 적의 핍박이 없다하더라도 백성들이 참지 못하고 들고 일어날까 염려스럽다."[27] 강유위가 황제를 위해 편찬한 『프랑스 혁명사(法國革命史)』의 서문에서 혁명의 공포를 애서 강조한 까닭은 통치자가 자발적으로 자신이 주장하는 변법유신을 실행해야 두려운 혁명을 피할 수 있다고 설명하기 위해서였다. 그는 중국이 변법을 시행하지 않으면 외국에게 멸망되지 않더라도 혁명이 머지않아 찾아올 것이라고 판단했다.

강유위가 주도한 자산계급 개량주의 정치운동은 인민대중의 반제국주의·반봉건주의 혁명운동의 물결이 일어나려고 하는 상황에서 발생했다. 혁명이 일어날 형세가 아니었더라면 자산계급 개량주의 정치운동도 없었을 것이다.

자희태후를 정점으로 하는 봉건통치 집단은 강유위가 제시한 처방을 받아들이지는 않았지만 혁명의 위기를 감지하고 있었다. 유신운동 시기인 광서 24년에 자희태후의 심복인 직례총독 영록은 비밀 상주문을 올려 혁명의 위기에 대한 두려움과 반감을 표시했다. 그 중의 한 구절을 인용하면 다음과 같다. "지금의 시국은 여러 가지 어려움을 맞고 있는데, 내부의 불순한 무리를 숙청하고 인심을 단결시키는 것이 가장 긴박한 일이다."[28]

봉건통치 집단의 집권자들은 자신의 역량으로는 혁명의 위기를 해결할 수 없다고 느끼게 되자 제국주의 열강에게 희망을 걸었다. 장지동은 다음과 같이 말했다. "각 성의 상인과 백성들이 놀라고 도적 무리가 이 틈을 타서 도처에서 교회당을 불 지르니 시국을 수습하기 어렵다. 지금 급한 일

27 『무술변법자료』 제2책. 192쪽.
28 『무술변법당안사료(戊戌變法檔案史料)』. 346쪽.

은 … 영국·왜국과 연합하는 일이다."[29] 그의 의도는 영국·일본 제국주의에 의존하여 그들의 무기를 빌어 인민의 혁명투쟁을 진압함으로써 반(半)식민지·반(半)봉건통치를 유지하자는 것이었다.

제국주의자들은 중국 인민혁명의 창끝이 그들을 향하자 같은 공포를 느꼈다. 원래 그들은 청 왕조가 자신들의 양순한 도구가 되었으므로 중국에서 거리낌 없이 하고 싶은 바를 해도 된다고 생각했다. 중국인민의 저항능력을 그들은 매우 낮게 평가하고 있었다. 미국의 자산계급 역사학자 스타이거(Steiger)의 표현을 빌려 말하자면 "서방 정치가들은 중국 인민의 민족정신을 보지 못한다. 그들은 '동사이아의 병자'의 재산을 분할해도 저항이 없을 것이라고 생각한다."[30] 객관적 사실은 그들의 이러한 낙관적 전망을 분쇄해버렸다.

지금부터 열거하는, 광서 24년(1898년)에 제국주의 열강의 관료들의 발언과 신문의 평론을 보면 그들이 중국의 형세와 그들 자신의 중국에서의 처지에 대해 느끼는 두렵고 불안한 정서를 알 수 있다. 당연한 일이지만 그들이 두려워했던 것은 강유위의 유신운동이 아니라 하층 인민대중 사이에 널리 퍼져있던 반제국주의 정서였다. 중국 인민의 반제국주의 정서와 그것으로부터 나온 행동에 대해 미국 공사 콘저(E. Conger)는 "중화제국 전체의 국면이 매우 심각하다"고 묘사했다.[31] 이 해 10월 영국인이 발행하던 《자림서보》는 중국의 형세가 태평천국 대혁명의 전야와 유사하다고 논평했다. 이 신문은 당시 광서, 사천, 서북지역과 장강 유역 각 성에서 발생한 "반란"과

---

29 『장문양공전집』 79권, 18쪽.

30 Steiger, 『중국과 서방 : 의화단운동의 기원과 발전(中國與西方 : 義和團運動的起源和發展)』. 1927년 판. 중국사회과학원 근대사연구소 자료편역조의 번역문을 인용하였다.

31 경여집, 『미국침화사』 제2권, 607쪽.

"불안정"한 상황을 열거하면서 다음과 같은 결론을 내렸다. "이 모든 요인들이 각지에 가연물질을 퇴적시키고 있다. 어느 한 구석에서 작은 불씨 하나가 일어나면 즉시로 뜨거운 불길이 되어 솟아오를 것이다. 그렇게 된다면 대량의 무고한 생명과 상업적 이익이 희생되는 일은 피할 수가 없을 것이다. 이런 일이 일어날 가능성을 낮게 평가해서도 안 되고 그것이 가져올 가공스러운 결과를 경시해서도 안 된다."[32] 이 기사가 실린 무렵에 혁덕은 제국주의의 중국에서의 처지를 다음과 같이 묘사했다. "시국이 크게 혼란스럽고 불안하다. 우리 자신의 정원에서도 모험을 감수해야 한다. 어디를 가든 조심하고 신중하지 않으면 안 된다."[33] 그가 말한 "우리 자신의 정원"이라 함은 "조계"와 조차지"를 의미했다. 제국주의자들은 이미 획득한 근거지에서조차 불안을 느꼈다.

백일유신이 실패한 후 홍콩에서 강유위를 만났던 베레스포드는 영국의 전임 해군성 장관이자 상원의원이었다. 그가 1898년에 중국의 정세를 관찰하기 위해 왔을 때는 개인자격이었지만 반쯤은 영국 정부의 입장을 대변하고 있었다. 그는 "관찰" 후에 쓴 책에서 중국에서의 상업과 투자는 불안한 상황에 처해있다고 우려했다. 그는 이런 불안이 전부 중국 정부의 부패에서 비롯된 것이며 중국 전체에서 일상적으로 발생하는 반란과 소요 때문에 중국은 매우 심각한 혁명의 위기를 맞고 있다고 하였다. 책에서 그는 다음과 같이 말했다. "유럽 전체만큼이나 큰 나라에서 4억 인구가 혁명을 일으킨다면 가공할 일이 될 것이다. 유럽문명이 이 재난에 대처하고자 한다면 연해 지역에 배치되어 있는 소량의 군함으로는 효력이 매우 적거나 전혀 없

32 『무술변법자료』 제3책, 490쪽.
33 Morse, 『중화제국대외관계사』 제3권, 167쪽의 주①.

을 것이다."[34] 베레스포드는 청 왕조 정부가 중국 인민의 반제국주의 반봉건 혁명운동을 진압하는데 영국 정부가 군함을 중국 내지로 파견하여 도아야 한다고 주장했다.

결론적으로 말하자면, 이 무렵에 중국의 봉건 통치자이건 외국 제국주의자이건 중국의 광대한 인민 사이에서 숙성되어 가고 있던 혁명의 폭풍우를 모두가 불안한 눈길로 바라보고 있었다.

그러므로 우리는, 유신에서 정변에 이르는 역사극이 연출되고 있을 때 아직 무대에 오르지 않은 중요한 배역이 있었음을 유념해야 한다. 이 배역은 아직 등장하지는 않았으나 등장인물들은 이 인물이 무대의 막 뒤에서 차례를 기다리고 있음을 감지하고 있었다. 이 배역은 머지않아 화산의 용암처럼 땅 속에서 솟아올라 등장할 것이다. 그가 등장하면 일체의 대지주, 대매판, 대관료와 그들의 황태후, 황제, 일체의 제국주의자는 천지를 뒤흔드는 소리를 듣게 될 것이다.

---

34 Beresford, *The Break-up of China*, 1899년 판, 199쪽.

제18장
의화단(義和團)의 홍기

권회(拳會)에서 의화단으로

광서 25년(1899년)에 산동을 중심으로 하여 의화단이라고 부르는 자발적인 농민운동이 갑자기 폭발한 화산처럼 솟아올랐다. 의화단운동은 무술유신운동이 실패한 직후에 일어난, 중국근대사 전기의 두 번째 혁명고조기의 중요 구성요소이다.

의화단이란 조직은 장강 이북 각 성에서 오래 전부터 내려오던 일종의 민간 회당인 백련교에서 시작되었다. 가경 원년(1796년)에서부터 9년이나 이어지는 백련교 대봉기와 가경 18년에 백련교의 지파인 천리교가 일으킨 봉기가 실패한 후 수십 년 동안 백련교의 지파는 계속하여 직례, 산동, 하남, 산서 등에서 여러 명칭으로 암암리에 전해져 내려왔는데 그중에서 팔괘교(八卦教)가 가장 널리 전파되었다. 청 왕조는 팔괘교를 전파하는 자는 체포하고 우두머리가 되는 자는 극형에 처하는 법령을 시행했다. 이런 고압적인 정책 아래서 팔괘교도는 권법 전수를 표면에 내세워 자신을 은폐했다. 갑오전쟁 때에 산동의 일부 지방에서는 의화권 조직이 이미 활동하고 있었고 산동 남부에서 활동하던 대도회가 전 후 수 년 동안 의화권 조직과 관계를 맺었다. 두 조직이 관계를 맺은 후 "권회(拳會)," "홍권회(紅拳會)," "의화권회(義和拳會)" 등의 이름을 가진 단체가 생겨났다. 우리는 이러한 의화권 조직을 일률적으로 의화단이라 부르고 있지만 이들 단체가 결성 때부터 "단"이라 자칭하지는 않았다. "단"이란 명칭은 훗날 특수한 조건 하에서 붙여진 것이다.

장강 이남 각 성에서 유행하던 가로회(천지회, 삼합회) 계통의 회당과 마찬가지로 백련교도 통일적인 지도 조직이 없이 각지에 분산된 수많은 수평적 소조직으로 구성되어 있었다. 백련교의 주요 구성원은 대량의 빈농이었지만 강호의 유랑민이 항상 중요한 역할을 했다. 백련교는 강호의 유랑민과 각종 빈곤 노동인민의 정치적 경제적 상호 부조단체였다. 백련교는 명확한 정치투쟁 강령을 갖고 있지 않아서 딴 마음을 먹고 조직 속에 섞여 들어온 지주 명사의 영향을 제어하지 못했고 때로는 그들에 의해 조종되는 경우도 있었다. 남방의 가로회와 비교할 때 백련교는 종교 미신의 색채가 더 짙었다.

태평천국 농민혁명의 발동자들은 현지의 천지회 조직 밖에서 배상제회를 따로 설립하여 가능한 한 전통 회당이 내포하고 있던 농민혁명의 발전에 불리한 요소들을 배제했다(완전히 배제하지는 못했지만). 그러나 태평천국 운동이 실패한 후 배상제회 조직은 후대에 이어지지 못했는데, 주된 원인은 배상제회가 차용했던 기독교가 제국주의의 침략도구여서 갈수록 인민들로부터 배척당했기 때문이다.

70년대와 80년대에 이르자 농민혁명의 적진에는 봉건세력뿐만이 아니라 제국주의 침략세력도 가세했고 특히 후자는 주요한 적이 되었다. 봉건세력은 제국주의에 의존하면서 일부 분야에서는 제국주의와 갈등을 빚기도 했다. 이처럼 민족모순과 계급모순이 교착된 형세는 이전의 농민혁명이 경험하지 못한 조건이었다. 이런 상황에서 봉건시대 때부터 내려온 가로회와 백련교라고 하는 기성 조직의 조직형식으로는 농민혁명을 담아내기에는 부족했다. 그러나 90년대 말까지는 농민에게 더 낳은 조직형식을 제공해줄 선진적 계급이 없었고 농민대중도 스스로 보다 나은 조직형식을 창조해내지 못했다. 반제국주의 농민 대투쟁의 각종 객관 조건이 갖추어졌을 때 농민대중과 기타 노동인민 대중은 기존 조직형식을 이용하여 투쟁을 전개할 수밖에 없었다. 그들이 들었던 무기가 바로 구식 칼과 창이었던 것처럼.

의화단이 흥기한 시기는 갑오전쟁 후 중국이 제국주의에 의해 분할될 위기에 처한 시기와 겹치고 의화단의 활동 지역은 봉건통치 세력의 중추신경에 해당하는 수도권에 가장 가까운 곳이었다.

산동성 동부 해안지역은 갑오전쟁 중에 일본군의 직접적인 침략을 받은 곳이었고 이어서 독일과 영국이 각기 교주만과 위해위를 점령했다. 게다가 독일은 산동성 전체를 자신의 세력범위로 만들고 1899년부터 교제(膠濟, 청도[靑島]–제남[濟南])철도 부설을 강행하기 시작했고 철도 연변의 광산도 개발했다. 외국 선교사들은 일찍부터 산동에 들어와 활동했는데 90년대 말에 외국인이 연 기독교 교회당과 교회 기구가 산동성 전체에 널려있었고 그 중에서 천주교 세력이 가장 강했다. 다른 해안지역 성과 마찬가지로 산동에서는 서양의 면사와 면포, 그리고 서양 상품이 대량으로 수입되었고 수많은 농산품이 상품화 되었다. 이 때문에 농민 수공업이 심각한 타격을 받아 농촌의 자연경제는 파괴되고 농민과 기타 노동자들의 생존이 위협을 받았다. 광대한 인민대중 사이에 쌓인 제국주의에 대한 적대적 정서가 의화단 투쟁을 통해 폭발하기 시작했다.

광서 24년에서 25년(1898-1899년) 사이에 산동성 수도 부근을 포함하여 성 전체에서 의화단이 활동했다. 산동 서북부의 운하에 면한 지역 — 수장(壽長), 요성(聊城), 임청(臨淸), 청평(淸平), 치평(荏平), 고당(高唐), 은(恩) 등의 현 — 에서 의화단의 기세가 특히 높았다. 이 무렵 남북 운수의 주역은 해운으로 옮겨갔고 이 때문에 생계에 타격을 받은 운하에서 일하던 뱃사공, 짐꾼과 운하 부근에서 생계를 유지하던 노동자들이 의화단의 주요 분자가 되었다. 운하에 면한 지역은 산동성 내에서도 외국 교회당이 가장 밀집된 곳이기도 했다. 중국인 신자 가운데는 유혹에 넘어간 빈민도 있었을 뿐만 아니라 적지 않은 악덕 지주와 불량배들도 있었다. 광대한 민중과 외국 교회 세력을 등에 업고 악행을 저지르는 중국인 신자들 사이의 갈등이 첨예해졌다. 갈수록 많은 사람들이 권법을 연마한다는 명분으로 결집하여 교회를 적대시하면서 관부와도 대적하는 조직을 형성했다. 이런 조직이 직례성 경내로 번져나갔다. 광서 25년 가을에 산동성 인근인 위현(威縣), 청하(淸河), 고성(故城), 경주(景州), 동광(東光), 교하(交河), 부성(阜城)에서도 의화단이 활동하고 있었다.

광서 25년에 산동성 평원(平原)현에서 지방관이 군대를 파견하여 의화단을 탄압한 사건이 발생했다. 고당, 치평, 장청(長淸) 일대의 의화단 수령인 주홍등(朱紅燈)과 승려 본명(本明)이 2,3백 명의 무장대를 이끌고 현지의 의화단 무리와 합류하여 관병과 싸움을 벌였는데 승부가 나지 않았다. 산동 순무 육현(毓賢)이 치평으로 군대를 보내 계략을 써서 주홍등과 본명을 체포한 후 처형했다.

북방의 백련교는 남방의 가로회와 마찬가지로 "반청복명(反淸復明)"을 반란의 구호로 내세운 적이 있었다. 그러나 명 왕조를 회복한다는 구호는 갈수록 인민을 동원하는 호소력을 잃어갔다. "반양(反洋)"과 "멸양(滅洋)"이란 구호는 제국주의와 중국 인민의 모순이 주요 모순이 된 객관적 형세를 반영하고 있었으므로 제국주의의 압박을 몸으로 느끼고 있던 대중을 자극하고 동원하는 작용을 했다. 그러나 당시 농민을 위주로 한 노동인민을 이끌어 줄 선진계급과 선진사상이 존재하지 않았기 때문에 노동인민은 협소한 직접적 경험에 의존하여 외국 침략세력에 대한 적대감을 선동할 수밖에 없었다. 그들은 중국의 봉건 통치계급이 제국주의가 중국을 압박하는 도구로 전락한 사실을 명확하게 인식할 수 없었고, 제국주의 침략자가 주요 투쟁 대상이 되었을 때 반제국주의 투쟁과 반봉건주의 투쟁의 관계를 어떻게 해결해야 할지 알지 못했다. 나아가 그들은 소생산자의 입장에서 제국주의의 침략에 저항하면서 동시에 자본주의 생산방식이 봉건주의 생산방식에 비해 앞서 있다는 사실을 인정해야 하는 모순을 이해하지 못했다. 그들의 반제국주의 투쟁은 낮은 단계의 감성적 인식 수준에 머물고 있었기 때문에 막연한 배외주의로 표출되었다. 그들의 주요 활동방식은 교회당을 불태우고 외국 선교사와 외국인을 배척하는 것이었으며 기독교 신자와 외국 상품이라면 무조건 적대시하는 태도를 보였다. 이런 상황에서 그들의 투쟁의 창끝은 외국 침략자에게로 향했을 뿐, "반청복명"의 깃발은 쓸모가 없었다. 그들이 이 낡은 깃발을 내려놓았을 때 "보청멸양(保淸滅洋)"이란 깃발을 받아들이기는 너무도 자연스러운 일이었다.

의화단 활동의 내용은 문화적으로 낙후하고 폐쇄적인 농촌 고유의 미신적인 요소를 많이 포함하고 있었는데, 이것은 백련교의 전통과 관련이 있었다. 그들은 부적과 주술을 사용했고 "신권(神拳)"을 연마하면 총칼 앞에서도 몸을 지킬 수 있다고 믿었을 뿐만 아니라 적이 무력해지도록 신령에게 빌었다. 그들이 의존했던 것은 적개심을 바탕으로 한 용기였다. 그들이 빌었던 신령은 대부분이 신화나 고사 또는 유행하는 소설에 나오는 각양각색의 잡신들[1] — 홍균노조(洪鈞老祖), 여산노모(驪山老母), 관우, 장비, 황삼태(黃三太), 황천패(黃天霸), 손행자(孫行者), 저팔계 등 — 이었다. 이것은 통일된 조직을 갖추지 못하고 통일된 "신"도 없는 의화단의 분산성을 반영한다.

---

[1] 홍균노조는 민간소설 『봉신연의(封神演義)』(일명 『봉신방[封神榜]』)에 나오는 신선. 여산노모는 도교의 신선. 황천패는 민간소설 『시공안(施公案)』에 등장하는 녹림의 영웅, 황삼태는 그의 아버지. 손행자는 손오공의 다른 이름(역자 주).

짧은 시간 안에 대단한 기세로 일어난 의화단운동을 직면한 당시의 청 왕조 지방관원들은 대체로 두 가지 대응책을 주장했다. 하나는, 의화단은 "사교"인 백련교에서 나왔으니 박멸하는 것 이외에 다른 방법은 없다는 주장이었다. 평원 현령 장해(蔣楷)가 이런 주장을 내놓은 최초의 인물이었다. 다른 하나는, 광서 24년에 산동 순무 장여매(張汝梅)가 내놓은 대책으로서 의화단의 주장을 "수용"하자는 것이었다. 다음 해 2월에 후임 순무 육현도 의화단에 대해 "유화책"을 사용했다. 전·후임 순무가 투쟁의 표적이 되지 않으려고 대중의 반침략투쟁을 지지하는 것처럼 가장했던 것이다. 두 순무는 진심으로 외국 침략자를 반대한 것이 아니라 낡은 봉건주의를 지키기 위해 자본주의와 관련이 있는 사물이라면 모조리 반대했던 것이다. 그들은 입장이 이러했기 때문에 의화단의 투쟁 방향을 절대적인 배외주의로 유도했고 따라서 의화단의 운동은 더 많은 미신적 색채를 띠게 되었다. 또한 두 사람은 중국인 기독교 신자에 대한 대중의 적대감을 적극적으로 선동하여 이른 바 "권민(拳民)"과 "교민(敎民)"의 대립과 충돌을 심화시켰다.

산동의 전후임 순무 장여매와 육현이 기본적으로 유화책을 채택했기 때문에 의화단은 산동에서 최소한 절반은 합법적인 지위를 확보했다. 지금까지 하층 사회의 비합법적 회당은 "회(會)"라고 불렀고 단지 지주계급이 조직한 지방무장만 "단(團)"이라고 부를 수 있었다. "의화단"이란 명칭은 관부에서 이처럼 유화적인 태도를 보였기 때문에 붙일 수 있었다. 각지의 의화단 조직이 점차로 "보청멸양"의 구호를 내세웠던 것도 장여매와 육현의 유화정책과 관련이 있었다.

의화단이 일종의 합법적 지위를 얻게 되자 두 가지 결과가 나타났다. 첫째로, 의화단이 급속하게 성장했다. 말단 관료인 평원 현령 장해는 의화단을 저지할 힘이 없었을 뿐만 아니라 한 결 같이 의화단 토벌을 주장하다가 파면되었다. 둘째로, 순무가 의화단을 지지한다는 인상은 자발적인 대중

혁명운동에 매우 유해한 독소가 되었다. 적지 않은 지주계급 분자가 의화단에 섞여 들어 대중 혁명조직의 반제국주의 투쟁을 심하게 오염시켰다.

산동의 형세는 중국을 침략한 제국주의 열강의 심각한 우려를 자아냈다. 교주만에 군대를 주둔시키고 있던 독일은 마침내 군대를 동원하여 교주·고밀(高密)·일조(日照) 등지에서 촌락을 불태우고 살인과 약탈을 자행하는 등 직접 대중의 반제국주의 투쟁을 진압했다. 미국·영국·이탈리아도 산동성에 자국의 선교사와 기술자가 거주하는 것을 핑계로 하여 북경 주재 공사를 통해 의화단 활동을 단속하라고 청 정부를 압박했다. 광서 25년 10월 미국 공사 콘저가 총리아문에 직접적으로 육현을 파면하고 "폭도를 진압할" 의지가 있는 인물을 파견하라고 요구했다. 자희태후는 육현을 칭찬했으나 서양인의 뜻을 거스를 수는 없었다. 육현은 산서 순무로 옮겨가고 무술정변 중에 중요한 역할을 한 원세개가 산동 순무에 임명되었다.

원세개는 유신파 지사들을 배신한 후에도 천진 근처에서 군대를 지휘했다. 그가 지휘하던 "신건육군" 7천여 병력은 신식 무기를 갖춘 군대였다. 그는 산동 순무로 임명된 후 이 부대를 2만여 명으로 확충했다. 그는 산동 순무에 취임하자 곧바로 "의화권 무리를 금지하는 포고문" 발표했다. 그는 의화단의 합법성을 전적으로 부정하고 무력으로 진압에 나섰다. 육현의 "유화책"과 원세개의 "토벌책"은 상반되는 정책이었으나 동일한 목표를 달성하는데 상호 보완적인 기능을 했다. 육현의 유화책은 의화단을 내부에서 부식시키고 와해시키는 역할을 했다. 산동의 의화단이 견고한 조직과 강대한 기세로 원세개의 무력 진압에 대항하지 못했던 이면에는 육현의 유화책으로 의화단 내부가 분열된 사정이 있었다.

원세개의 통치 하에서 산동에서는 의화단의 대규모 활동은 없어졌으나 이미 타오른 불길을 완전히 꺼버릴 수는 없었다. 광서 26년(1900년)이 되자 의화단의 활동 중심은 점차로 산동에서 직례성으로 옮겨갔다.

의화단의 북경·천진 진입

　　직례성 경내의 의화단 활동은 처음에는 산동성 인근 지역에서만 일어났으나 광서 26년 3-4월이 되자 의화단 조직은 적례성 전체에 퍼져나갔다.

　　외국 교회, 그 중에서도 특히 천주교회는 작례성에서는 산동성보다 세력이 강했다. 각지의 의화단은 처음에는 권법을 연마한다는 명분을 내세워 조직을 만들었는데 이를 "권창(拳廠)"이라 불렀다. 그들은 외국 교회세력을 등에 업고 여러 가지 악행을 저지르는 신자들을 직접적인 투쟁 대상으로 삼았다. 그들이 내건 구호는 "보청멸양"이었지만 구성원의 주력은 봉건적 압박에 시달리던 빈민이었기 때문에 서양인의 요구에 순응하여 외국 교회를 보호하는 봉건통치 세력과 대립하지 않을 수 없었다. 각지의 의화단 설립자와 포교자들 가운데는 산동성이나 다른 성 출신들이 일부 있었지만 구성원은 주로 현지의 빈농과 빈민들이어서 현지의 자생적인 조직이라고 할 수 있었다. 외국 교회(적지 않은 교회가 자체의 무장을 갖추고 있었다)와 교회의 비호 아래 있던 지방 토호 세력에 대항하기 위해, 그리고 진압에 나선 청의 관군에 대항하기 위해 인접한 지역의 의화단 조직이 서로 연계하기 시작하면서 분산된 조직이 점차로 집중했다.

　　노보(盧保)철도(노구교-보정[保定] 간의 철도노선, 이미 정정[正定]까지 연결되어 있었다) 연변은 천주교회당이 밀집된 지역이어서 의화단 운동의 중심 지역이었다. 의화단의 발전 형세는 태평천국 농민혁명과는 크게 달랐다. 마치 비 온 후의 죽순처럼 각지에서 의화단 조직이 일시에 생겨났다. 개별 지역의 조직을 보면 역량이 그리 크지 않았고 시작 단계에서는 별로 눈에 띠지도 않았으나 지역의 조직이 집합하여 하나가 되자 큰 불길이 되었다. 산동성에서 직례성으로 달려온 각지의 권법 교사들이 의화단 조직을 전파하는 데 일정한 역할을 했지만, 홍수전과 양수청이 태평군을 이끌고 호남성 등에 진입했던 것과는 달리 조직적인 의화단 세력이 산동성에서 직례성으로 진입하지는 않았다.

광서 26년 2,3월에 이르기까지 조정과 직례총독 유록(裕祿)은 의화단 조직이 강대한 정도로 발전하리라고는 예측하지 않았다. 유록은 자신의 관할 지역 내에서 등장한 의화단을 "다른 성"에서 온 "비적무리"라고 파악했다. 그는 광서 25년 11월 초에 부대를 이웃 산동성으로 파견하여 의화단을 "탄압"했고 26년 2월 초에는 황제의 명에 따라 "의화권을 엄금하는" 포고문을 발표했다. 그러나 위협과 징벌로는 목적을 달성할 수 없었다. 대외 사무를 책임진 총리아문은 이런 사태에 대해 특별히 염려했다. 3월 중순에 러시아 공사가 탁주(涿州)와 역주(易州)에서 그 전 달부터 의화단이 활동하고 있었고 근래에는 노구교까지 들어왔다는 정보를 입수했다고 총리아문에 통지해주었다. 총리아문은 이런 정황을 직례총독 유록에게 전보로 알리면서 "엄밀히 조사하여 체포하라"고 요구했다. 이 무렵 의화단 세력은 이미 직례성 전체로 확장되어 수도권을 위협하고 있었다. 심지어 수도와 직례총독의 임지인 천진에서도 의화권 사범을 자칭하는 인물들이 길거리에서 권법을 가르치며 도제를 모았다. 4월 11일에 황제는 다음과 같은 칙령을 내렸다. "근래에 듣기에, 수도 인근 지역에서 의화단 권법회가 아직 해산하지 않고 있고 점차로 수도에까지 미친다고 하니" 수도 안에서는 "엄밀히 조사하여 금지할 방법을 찾으라."

수도 인근에서 들풀처럼 무성하게 자라난 의화단에 대해 어떻게 대처할 것인지가 갈수록 통치자들의 근심거리가 되어갔다. 조정의 어떤 관원은 "권민이라고 하는 추악한 부류가 무리를 이루어 죽이려 해도 죽일 수 없고 관군의 기세를 누르고 활동 범위를 잠시 넓히고 있으니 무너뜨릴 방법을 속히 찾지 못하면 요원의 불길이 될까 심히 걱정스럽다"고 하였다.[2] 조정의 적지 않은 관원들은 군사를 동원하여 토벌하는 위험한 방법보다는 육현이 산동성에서 사용한 적이 있는 "유화책"을 채택하는 것이 낫다고 판단했다.[3] 그러나 직례총독 유록과 산동순무 원세개는 불법적인 "권법회"를 합법적인 "단련"으로 개편하는 방법은 쓸모가 없다고 주장했다.[4]

4월 하순, 노보철도 북쪽 연변의 내수(淶水)·정흥(定興)·탁주 일대에서 봉건통치자들을 크게 놀라게 하는 사건이 발생했다. 내수현 고락촌(高洛村) 주민들이 현지 교회의 괴롭힘을 견디다 못해 4월 초에 권창을 설립했다. 인근의 정흥··신성(新城)·탁주·역 현의 의화단 조직이 사람을 보내 이들을 도와 교회세력과 충돌하는 과정에서 현지 교회와 일부 가옥을 불살랐다. 같은 시기에 정흥현 창거촌(倉巨村)에서도 유사한 사건이 발생했다. 북경의 천주교 주교인 (프랑스인) 파비에(Pierre-Marie-Alphonse Favier)가 청 조정에 압력을 가하자 직례총독 유록이 병력을 동원해 진압에 나섰으나 실패했고 오히려 관군의 지휘관 양복동(楊福同)이 피살되었다. 제독 섭사성 휘하의 무위전군(武衛前軍)이 다시 진압에 나섰다. 섭사성 부대는 북양군대의 주력으로서 서양식 총포를 갖추고 있었으나 사방에서 봉기한 의화단 앞에서는 힘을 쓸 수가 없었다. 그의 부대는 청 왕조의 관군과 마찬가지로 기율이 매우 나빠서 가는 곳마다 "비적 토벌"이란 미명 하에 주민을 약탈하였기 때문에 오히려 더 많은 인민을 의화단의 대오에 참가하게 만들었다. 관군의 진격을 막기 위해 의화단은 철도를 파괴했다. 그들은 4월 말에서 5월 초 사이에 고비점(高碑店)·탁주·유리하(琉璃河)·장행점(長幸店)·노구교 등의 기차역을 불살랐다. 이리하여 노보철도 북단 연변은 모두 의화단의 세상이 되었다. 의화단 무리가 탁주성에 진입했다. 그들은 성 내의 관원을 해치지는 않았으나

---

2 『의화단당안(檔案)사료』 상책, 84, 85쪽.

3 『의화단당안(檔案)사료』 상책, 84, 85쪽.

4 『의화단당안(檔案)사료』 상책, 90, 95쪽.

사실상 탁주성을 지배했다. 탁주와 탁주 이북의 철로 연변은 순천부윤(順天府尹)의 관할 지역이었다. 반란의 불길은 이제 조정의 발밑에서 타올랐다. 노회하고 통치 경험이 풍부한 자희태후는 수도 주변에서 군사를 움직이는 일이 매우 위험하다는 점을 잘 알고 있었다. 태후는 5월 7일에 북양의 각 군을 통솔하는 영록에게 "경솔하게 움직이지 말라, 군대를 움직여 토벌하면 변란이 일어날 수 있음을 명심하라"는 명령을 내렸다.[5] 태후는 협판대학사 강의, 형부상서 조서교(趙舒翹), 순천부윤 하내영(何乃瑩)을 탁주로 보내 "조정의 뜻을 널리 알려" 무리를 해산시키려 했다. 강의 등은 5월 18일에 두점(竇店)에서 그들이 보고 들은 것을 다음과 같이 조정에 보고했다. 노구교 이남에서부터 "어디서나 권민이 삼삼오오 무리를 짓고 있고," "마을마다 권창이 설치되어 있으며," "유리하 왼쪽에 무리가 모여 있으며," 탁주에 "특히 많은 무리가 모여 있다." 그들은 이곳 일대에 모인 군중의 기세에 크게 놀랐고 함부로 진압하려 들었다가는 무리의 북진하는 길을 막지 못하고 오히려 더 큰 위기를 만들 것이라고 판단했다. 그들은 보고서에서 "만일 권민이 북으로 달려가 수도를 압박하면 대국을 그르칠 수 있다"고 하였다. 그래서 그들은 섭사성의 군대를 철수시키고 권유와 설득으로 의화단을 해산시켜야 한다고 주장했다.[6]

강의 등이 탁주에서 "권유"와 "설득"을 하고 있을 때 수도로 숨어드는 의화단은 갈수록 많아졌다. 그들은 성 안 도처에 서양인을 반대하는 격문을 붙였고 점차로 공개적으로 "연단"을 설치했다. 조정은 여러 차례 "체포," "금지," "탄압," "해산"의 명령을 내렸으나 효과가 없었다. 5월 15일 일본 공사관의 서기 한 사람이 영정문(永定門) 밖에서 동복상(董福祥)의 부하 병사

5   『영문충공전집(榮文忠公全集)』 제3권, 14쪽.
6   『의화단당안사료』 상책, 137-138쪽.

에게 살해당하는 사건이 발생했다. 동복상의 부대는 당시 수도 일대를 방위하고 있었는데 그 중 일부 병사들이 의화단의 활동에 참가했다. 5월 17일부터 의화단 군중이 우안문(右安門), 숭문문(崇文門), 선무문(宣武門)과 정양문(正陽門) 밖에서 외국 교회의 시설을 연속적으로 방화하여 불길이 치솟았고 정양문 밖에서 발생한 화재는 3일 동안 꺼지지 않았다. 19일에 황제는 다음과 같은 칙령을 내렸다. "황성에서 소란이 이 지경에 이르렀으니 엄하게 처벌하지 않으면 생각할 수 없는 화를 불러올 것이다."[7] 사실상 청 왕조 당국은 점차로 수도의 상황을 통제할 능력을 잃어갔다.

같은 상황이 천진에서도 벌어졌다. 4,5월 사이에 천진 성 내의 권법을 전수하기 위해 설치한 "권창"이 갈수록 많아졌다. 이 무렵 천진 부근의 정해(靜海), 문안(文安), 패(霸) 현 등 농촌지역으로으로부터도 의화단 군중이 지속적으로 천진으로 몰려들었다. 5월 18일, 의화단 군중이 천진의 천주교당 한 곳을 불 질렀다. 직례총독 유록은 의화단에 대해 "가차 없는 진압"을 주장해왔지만 날로 커져가는 천진의 의화단 세력을 제압할 방법이 없었다. 천진과 북경을 연결하는 철도는 이때 이미 의화단의 활동 때문에 통하지 않았다. 철도 연변의 각지에는 모두 의화단의 깃발이 내걸렸다.

자희태후의 "전쟁 선포"

제국주의 열강은 청 정부가 상황을 통제하지 못하는 사이에 의화단 세력이 점차로 북경과 천진에 스며드는 것을 보고 병력을 동원하여 직접 중국인민의 반제국주의 투쟁을 진압하기로 결정했다.

---

7   『의화단당안사료』 상책. 140쪽.

광서 26년 3월(1900년 4월) 한 달 동안 영국이 군함 한 척을 파견했고 미국, 독일, 이탈리아가 각기 군함 한 척씩을 대고 항으로 보냈다. 4월 한 달 동안에 영국·미국·독일·프랑스 4개국의 공사가 잇따라 총리아문에 찾아와 북경 부근과 북경에 진입한 의화단을 신속히 진압하라고 요구했다.

5월 1일(5월 28일)에는 북경에 주재하는 각국 공사가 회의를 열고 "공사관을 보호"한다는 명분으로 즉각 군대를 북경에 진주시키기로 결정하고 이를 총리아문에 통지했다. 청 정부는 난색을 표했지만 결국은 양보했다. 자희태후의 인가를 받아 총리아문은 각국이 북경에 군대를 파견하는데 동의하고 다만 병력의 수를 줄여달라고 요청하는 한편 천진에 있던 직례총독 유록에게 당고에서 상륙하여 천진을 거쳐 북경으로 진입하는 외국 군대를 수송할 기차 편을 준비하라고 통지했다. 5월 4일에서 6일 사이에 영국·러시아·프랑스·미국·이탈리아·일본·독일·오스트리아 등의 병력 450여 명이 천진을 거쳐 북경에 도착했다.

이 무렵 대고 항으로 접근하던 각국 전함은 40여 척에 가까웠고 그 중에서 포함 10 척은 이미 대고 항 안으로 들어와 있었다. 천진 조계에 상륙한 각국 군대의 병력은 3천여 명이었다. 5월 14일(6월 10일), 영국이 제안하여 이 병력 가운데서 상술한 병력을 포함한 2천 명을 빼내 영국의 해군 제독 시모어(E. H. Seymour)가 지휘하여 북경을 향해 출발했다. 유록은 이 부대의 출발을 저지하려 했으나 그들은 필요한 기관차와 화차를 확보했다. 그러나 철도는 의화단이 파괴했고 시모어가 지휘하는 부대는 도중에 무장한 의화단의 습격을 받아 부대는 5일을 소비하고서도 북경-천진 노정의 절반밖에 나아가지 못했다. 이 부대는 군량과 탄약도 떨어진데다 많은 사상자가 발생하여 천진으로 돌아올 수밖에 없었다.

청 정부는 시모어 부대가 천진을 출발하여 북경으로 향한다는 소식을 들은 후 외국 군대가 "어지럽게 몰려오면 생각할 수도 없는 후환이 발생할 수 있다"고 판단하여 유록에게 대고 항과 천진 부근의 수비를 강화하라고 다음과 같이 지시했다. "각국의 군대가 다시 기차를 타고 북으로 오려고 하는데 실력으로 막는 것이 유록의 책임이다." 이것은 유록에게는 어려운 임무였다. 유록은 5월 19일에 이 지시에 대한 회신에서 외국 군대의 입경을 "실력으로 저지"할 방법이 없다고 하였다.[8] 그는 의화단을 "토벌"해야만 각국이 만족하여 출병하지 않을 것이고 출병한다 하더라도 "역시 그들의 도움을 빌려 형세를 바로 잡을 수 있을 것"이라고 하였는데, 이 말은 외국 군대의 힘을 빌려 "도적 무리를 토벌하자"는 뜻을 암암리에 담고 있었다. 그는 책임을 조정에 떠넘겨 조정이 결심하라고 요구한 것이었다.

　　5월 20일부터 연속 4일 동안 자희태후는 어전회의를 소집하였다. 조정의 대신들 중에는 기본적으로 두 파의 의견이 있었다. 군기대신 왕문소, 호부상서 입산(立山), 병부상서 서용의(徐用儀), 이부시랑 허경징(許景澄), 내각학사 연원(聯元), 태상시경 원창(袁昶) 등은 의화단을 "모반자"로 보고 반드시 진압해야 하며 그래야만 서양인이 다시는 군대를 파견하여 북경으로 들어오지 않을 것이라고 주장했다. 단왕(端王) 재의(載漪), 장왕(莊王) 재훈(載勛), 보국공(輔國公) 재란(載瀾), 대학사 서동(徐桐), 협판대학사 강의 등은 의화단 세력은 이미 진압할 방법이 없고 무리하게 진압하려 한다면 수도권 일대가 혼란에 빠질 것이며 의화단은 "도술"을 부린다 하니 이런 도술의 힘을 빌려 서양인을 이길 수도 있으므로 의화단을 귀순시켜 서양인을 몰아내자고 주장했다. 앞의 의견은 양무파의 입장을 대변했고 당시 최고 직위인 봉강대신 (封疆大臣) 양광총독 이홍장, 호강총독 장지동, 양강총독 유곤일, 산동순무 원세개가 지지했다. 이미 실권을 잃어버린 광서황제는 이 주장을 지지했다. 그러나 어전회의에서 이 일파는 패배했다. 자희태후는 뒤의 의견을 채택했

8　『의화단당안사료』 상책. 142–143쪽.

다. 뒤의 의견을 주장한 인물들은 극단적인 수구파들이었다. 그들은 서양인의 세력을 두려워하면서도 한편으로는 기적과 같은 일이 일어나 서양인이 없는 봉건적 통일천하를 회복할 수 있다는 환상을 갖고 있었다. 그들도 수도권에서 일어난 의화단의 역량을 두려워했다 그러나 의화단은 귀신을 부린다는 미신과 "보청멸양"의 구호가 그들로 하여금 고대하던 기적이 마침내 일어날 것이란 희망을 갖게 하였다.

자희태후는 서양인과 관련된 업무는 언제나 양무파 대신들에게 의존하여 처리했으나 며칠 동안의 어전회의에서는 극단적 보수파의 주장을 받아들였다. 태후는 양무파를 배척한 것이 아니라 당시의 형세를 충분히 계산한 후 자신에게 비교적 유리한 정책을 선택한 것이었다. 통치경험이 풍부한 이 노부인은 자신의 발밑에서 극렬하고도 폭력적인 방식으로 표출되고 있던 인민들의 반침략 투쟁 역량을 최소한 일시적으로라도 수용하지 않으면 공격의 대상이 바로 자신이 될 것이란 점을 간파하고 있었다. 사실상 당시 청 왕조 정부는 수도권에 널리 퍼져있던 의화단 세력을 자신의 힘만으로 소멸시킬 능력이 없었을 뿐만 아니라 황성 바로 앞에서 군대를 움직였다가는 수습할 수 없는 재난이 발생할 위험도 컸다.

의전회의가 열리고 있던 바로 그 기간에 제국주의 열강은 다시 한 번 심각한 침략행위를 실행했다. 5월 20일(6월 16일) 밤, 러시아·영국·독일·프랑스·이탈리아·오스트리아·일본 등 7국의 연합함대가 대고 항의 포대를 포격한 후 곧바로 포대를 점령했다. 그들이 포대를 공격한 이유는 청 왕조 정부가 의화단을 "실력으로 토벌하지 않기 때문에" 천진과 북경 간의 도로를 소통시키기 위해 대고 항에 군사를 주둔시킨다는 것이었다.[9]

제국주의 열강은 원래 청 왕조 정부를 유능하다고 생각하지는 않았으

---

9   『의화단당안사료』 상책, 164쪽.

나 길들여 쓸 만한 도구로 평가해왔다. 그들은 청 정부가 의화단을 진압할 결심을 하지 못하자 불만을 가졌다. 그들은 무력으로 위협하면 청 정부가 결심을 하리라고 판단했고 나아가 무력으로 진압을 도울 생각이었다. 그러나 실제에 있어서는 그들이 침략을 강화할수록 중국인민의 반침략주의 투쟁 정서는 더욱 격화되었고 이런 정서는 청 왕조 군대의 일부 지휘관과 병사들에게도 전파되었다. 제국주의 열강의 희망과는 반대로 청 정부는 열강의 압박을 받고서도 의화단을 진압할 생각이 없었고 그럴 능력도 없었다.

5월 23일까지도 북경에서는 대고 항이 실함되었다는 사실을 알지 못한 채 대고 항의 수비부대가 침략군과 격전을 벌이고 있다고 생각했다. 이날의 어전회의에서 자희태후는 극단적 수구파의 주장을 받아들여 중국을 침략한 각국을 상대로 전쟁을 벌이겠다는 뜻을 밝혔다. 25일(1900년 6월 21일)에 황제의 이름으로 전쟁을 선포하는 조서가 발표되었다. "짐은 이제 눈물로써 선조의 사당에 고하고 당당하게 군사들 앞에서 맹세하노니, 구차하게 생존을 도모함으로써 만고에 부끄러움을 남기기보다는 무기를 들고 자웅을 겨룰 것이다. 몇 날 동안 대소 신료의 의견을 듣고 이와 같이 결심하였다. 수도 인근과 산동성에서 일어난 의민(義民)은 약속하지 않았는데도 모여든 자가 수 십 만을 넘었고 아래로는 오척 동자에 이르기까지 사직을 지키기 위해 무기를 들었다."[10] 여기서 말하는 의민은 바로 의화단을 가리켰다. 조서에 쓰인 문자를 보면 자희태후를 정점으로 하는 청 왕조 정부는 의화단과 한편이 되어 외국 침략자를 상대로 전쟁을 벌일 결심을 한 것처럼 보인다.

그러나 전쟁을 선포한 이 조서의 내용은 황당하다. 조서를 보면 어느 나라 또는 몇 개의 나라를 상대로 전쟁을 선포하는지 분명하지 않다. 이 조

---

10 『의화단당안사료』 상책. 163쪽.

서에는 어떤 나라의 이름도 특정되지 않았을 뿐만 아니라 어느 나라의 정부에게 어떤 형식으로든 이 조서가 전달된 적이 없었다. 이 때문에 기이한 일이 일어났다. 봉천(지금의 심양[沈陽])에 있던 성경장군 증기(增祺)가 6월 2일에 조정의 입장을 묻는 다음과 같은 공문을 보냈다. "이 번의 전쟁은 어느 나라와 화의가 깨어졌기 때문입니까? 들리는 얘기로는 상세한 내막을 알 수가 없으니 분명히 밝혀주시어 어떤 적을 상대해야 할지 준비할 수 있도록 해주기 바랍니다."[11]

선전포고 조서가 나오기 하루 전에 각 성의 총독과 순무에게 내려진 황제의 칙어는 다음과 같았다. "근래에 수도 안팎의 권민들이 서양 종교를 원수로 여겨 서양인을 적으로 삼아 교회당과 교민을 연일 불 지르고 죽이는 일이 만연하고 있어 토벌하기도 어렵고 회유하기도 어렵다. 서양 군대가 천진의 대고 항에 모여들었고 우리나라와 외국이 전쟁을 벌일 단서가 이미 생겼는데 앞으로 어떻게 수습해야 할지 예상하기 심히 어렵다."[12] 이를 보면 자희태후의 결정은 토벌하기도 어렵고 회유하기도 어려운 상황에서 부득이하게 내려진 것임을 알 수 있다.

자희태후와 황제 사이의 권력투쟁도 이 결정에 영향을 미쳤다. 광서 25년 12월에 자희태후는 단왕 재의의 아들 부준(溥儁)을 동치황제의 계승자로 결정하고 그의 입궁을 명하는 한편 그를 "따아꺼(大阿哥, 황제의 장자-역자 주)"라고 불렀는데, 이는 광서황제를 폐출하기 위한 준비 작업이었다. 각국의 북경 주재 공사들은 광서황제에 대한 지지를 표시하기 위해 입궁하여 축하하기를 거절했고 이 때문에 자희태후는 불만을 품었다. 5월 20일의 어전회의가 열렸을 때 자희태후는 서양인들이 황제의 권력을 돌려주라는 요구를

11 『의화단당안사료』 상책, 201쪽.
12 『의화단당안사료』 상책, 156쪽.

포함하여 네 가지의 요구사항을 담은 외교각서를 제출했다는 정보를 입수했는데 사실 이 정보는 부정확한 것이었다. 태후는 이 정보를 듣고 크게 노했다. 그렇지만 궁극적으로 태후가 제국주의 열강과 결별을 결심한 이유는 이 정보 때문은 아니었다.

종교와 미신은 봉건통치 계급이 피압박 대중을 정신적으로 속박할 때 사용하는 일종의 무기이다. 많은 봉건관료 자신들도 머릿속에 미신이 가득했다. 조정이 의화단 승인을 선포하고 나아가 전쟁 조서를 발표하자 수도의 수많은 관리들이 미신으로 가득 찬 기이한 내용의 상서를 다투어 올리기 시작했다. 그들은 "홍균노조"와 "관우"의 뜻이라며 외국 군대는 포위되면 자동적으로 소멸될 것이라든가, 의화단의 신통력에 의지하면 군대를 동원하지 않고도 서양인 세력을 몰아낼 수 있다는 따위의 상서를 올렸다.[13] 자희태후는 의화단의 "도술"을 완전히 불신하지는 않았지만 그것에 의존하여 서양인의 세력을 물리칠 수 있다고 믿을 정도로 우둔하지는 않았다. 전쟁 조서가 나온 후 닷새째 되는 날에 이홍장, 유곤일, 장지동 등 각 성의 장관들에게 내려진 칙령은 다음과 같이 밝혔다. "총독과 순무들은 우리의 역량을 헤아려 경솔하게 전쟁을 벌이지 말고 진지하게 나라를 보존할 계책을 세우라. 이번에 의화단이 일어나 십만이 넘는 무리가 몇 달 만에 수도에 퍼지니 병사와 백성에서부터 왕공귀족에 이르기까지 한 결 같이 서양 종교를 적대시한다. 이들을 토벌하고자 하면 화가 가까이 미칠 것이고 백성이 도탄에 빠질 터이므로 부득이 이들을 이용하여 서서히 해결하고자 한다. 나라를 지키기 위해 그들의 도술을 믿어보자는 주장을 내놓는 고충은 이해하지만 조정이 믿는 바는 아니다."[14]

---

13 『의화단자료』 제1책, 15쪽.
14 『의화단당안사료』 상책, 187쪽.

자희태후가 5월 25일에 전쟁 조서를 내린 이유는 근본적으로 자신과 자신을 정점으로 하는 통치세력이 공격의 목표가 되는 상황을 피하고자 했던 때문이었고, 한편으로는 의화단을 제국주의 침략군에 대항하는 제1선에 내세움으로써 제국주의 열강이 의화단을 소멸시켜주기를 바랐기 때문이었다. 전쟁 조서의 내용이 철두철미하게 허위였음은 이후의 사태발전에서 완전하게 증명된다.

의화단의 북경점령?

자금성 전면의 세 문 안팎에서 대규모 화재가 발생하여 수천 채의 가옥이 불탄 후 의화단의 기세가 북경 전체에 퍼져나갔다. 서양 교회당과 외국 공사관은 긴장하였고 고대광실에 살던 자들도 빈민들의 봉기를 보고 공포에 떨었다. 사방으로부터 의화단의 깃발을 들고 북경 성 안으로 들어오는 무리가 하루에 천 명을 헤아렸고 성 안의 빈민들도 자발적으로 의화단의 대오에 참가했다. 그들은 머리에 붉은 띠를 두르고 손에는 창칼을 쥔 채 무리를 지어 자유롭게 돌아다녔다. 그들은 왕공귀족의 저택을 차지하고 그곳에 "단(壇)"을 쌓고 거주했다. 관리가 가마나 말을 타고가다 길에서 의화단을 마주치면 강제로 내려야 했다. 수많은 고관대작들의 가마꾼과 마부가 의화단에 참여했고 주인은 그들을 함부로 다룰 수 없었고 오히려 그들에게 보호를 요청했다. 성안의 집집마다 의화단을 믿는 표시로 붉은 종이가 나붙었다. 의화단의 활동은 심지어 자금성 안에까지 미쳤으나 제지하는 사람이 없었다. 자금성을 경호하는 부대는 영록이 지휘하는 무위중군(武衛中軍)이었는데, 이 부대는 기율이 없기로 이름을 얻고 있었고 이 기회를 틈타 자금성을 약탈했다. 황족과 1품 이상의 고관 등 귀족들의 저택은 약탈당하여 씻은 듯하였다. 이런 약탈은 일부는 의화단이 수색한다는 명분으로 저질렀고 일부는 무위중군이 저지른 것이었다. 적지 않은 관리들이 형세가 위태로움을 보고 서둘러 북경을 빠져나와 남방으로 달아났다. 요컨대, 의화단의 활동은 북경 성내에 청 정부로서는 통제할 수 없는 혼란을 조성했다.

그러나 의화단은 진정한 의미에서 북경을 점령하여 주인이 되지는 않았다.

의화단과 봉건시대의 역대 농민혁명운동을 비교하면 의화단은 한 가지 분명한 약점을 갖고 있었다. 의화단은 정권을 세우거나 장악하려는 생각이 없었고 그럴 조직도 갖추지 않았다. 역사상 농민전쟁은 예외 없이 "내가 그를 대신하겠다"는 강령을 내세웠다. 의화단 이전에 있었던 청 왕조의 여러 차례 농민전쟁은 실패하기는 했지만 모두 북경으로 진격하여 청 왕조의 통치를 종식시키겠다는 강령을 갖고 있었다. 의화단은 마침내 북경에 진입하여 사실상 북경 성을 장악했다. 동시에 천진 같은 중요 도시와 수도권 일대를 장악했다. 뿐만 아니라 의화단의 봉화는 직례와 산동 이외에 산서, 봉천, 내몽고, 하남 등에서도 올랐다. 그러나 의화단은 자신의 역량을 이용하여 부패하고 반민족적인 청 왕조 정부를 무너뜨리고 정권을 세울 계획을 갖고 있지 않았다.

의화단이 농민혁명의 전통을 벗어난 데는 이유가 있었다. 의화단 운동은 이전의 어떤 농민전쟁도 마주한 적이 없는 새로운 역사조건 하에서 발생했다. 의화단이 외국 제국주의 침략자를 주요 투쟁대상으로 삼은 것은 새로운 역사조건에 적응한 결과였고, 이 때문에 수도에 가까운 지역에서 신속하게 발전하여 순조롭게 북경에 진입할 수 있었다. 그러나 의화단은 반제국주의 투쟁과 반봉건주의 투쟁을 결합해야하는 복잡한 문제를 해결할 수 없어서 결국 "보청멸양"이란 모호한 구호에 미혹되었고, 그 결과로 정권수립이라고 하는 혁명의 근본문제에서 혼란에 빠졌다.

의화단은 북경에 진입한 후에도 여전히 통일된 조직을 갖추지 못했고 집중된 핵심 지도부도 없었다. 누구든, 어떤 동기에서건 모두가 의화단을 자칭할 수 있었다. 의화단의 기세가 높아질수록 대오는 더욱 넓어졌고, 따라서 구성원의 성분도 갈수록 복잡해지고 조직의 산만성도 더욱 심각해졌다. 의화단은 시종 통일된 조직을 형성하지 못했기 때문에 정권수립이란 의제는 등장하지도 않았다.

자희태후는 전쟁 조서를 발표하는 동시에 장왕 재훈과 협판대학사 강의에게 의화단을 "통솔"하라는 명령을 내리고 2만 섬의 쌀과 은화 10만 냥을 의화단에게 "상"으로 내렸다. 장왕의 저택에 단이 설치되고 의화단이 와서 "등록"하면 쌀을 지급했다. 재훈과 강의는 의화단의 행동을 제대로 통제할 수 없었지만 "등록"을 마친 수많은 의화단 부대는 "황제의 뜻을 받드는 신령한 의화단(奉旨義和神團)"이란 깃발을 내걸었다. 이렇게 하여 의화단은 조정과 대립하는 무리가 아니라 조정의 명령을 따르는 무리라는 인상이 강해졌다.

자희태후가 취한 다른 하나의 음험한 조처는 의화단으로 하여금 동교민항(東交民巷)에 있는 외국 공사관과 서집고(西什庫)에 있는 천주교 북당교회를 공격하게 한 것이었다. 북경의 각국 공사관은 제국주의의 침략을 대표했다. 이 무렵 북경에 진입한 각국 군대는 동교민항의 공사관 지역 주위를 경계하고 있으면서 여러 차례 발포하여 사람을 상하게 했다. 군중은 무장을 갖추기 시작한 제국주의 공사관에 대해 분노를 품었다. 그러나 제국주의자들을 상대로 전투를 벌인다고 해서 외국 공사관을 공격할 수는 없었다. 청 왕조의 통치자들은 공사관을 "섬멸"한다고 해서 외국 침략자를 물리치는데 도움이 되지 않는다는 점을 모르지 않았다. 자희태후는 의화단 이외에도 영록이 지휘하는 무위중군과 동복상이 지휘하는 감군을 공사관과 북당교회 포위공격에 가담시켰다. 독일 공사 케텔러(Klemens Freiherr von Ketteler)

는 공사관 지역 포위공격이 시작되기 5일 전인 5월 23일에 공사관 지역을 벗어난 동단패루(東單牌樓) 부근에서 총탄에 맞아 사망했다. 발포한 사람은 재의가 지휘하는 팔기군 소속의 한 병사였지만 발포는 상부의 명령에 따른 것이 아니었다. 포위공격은 두 달 가까이 지속되었다. 동복상 부대의 병력은 2만여 명, 영록의 무위중군 병력은 8천여 명, 여기다 수만 명이 넘는 의화단 군중이 참가하고서도 병력이 4백여 명 밖에 안 되는 공사관 지역과 40여 명 밖에 안 되는 북당을 점령하지 못했다. 이것을 전쟁이라고 부른다면 그것은 자희태후가 유혹과 술책으로 의화단을 동원하여 일으킨 "전쟁"이었다.

자희태후가 전쟁을 선포한 이유는 원래는 의화단의 공격을 피하기 위함이었다. 북경성 내의 의화단 군중을 유인하여 공사관과 교회당을 공격하게 함으로써 이 목적은 훌륭하게 달성되었다. 의화단 군중은 수만 명에 이르렀으나 손에든 무기라고는 큰 칼과 긴 창뿐이었고 청 관부는 단 한 자루의 신식 소총도 북경의 의화단에게 지급하지 않았다. 좁고 수많은 가옥이 장애가 되는 전장에서 공격전을 펼치면서 대량의 의화단이 외국 병사의 총구 앞에서 쓰러졌다. 자희태후는 영록과 동복상의 부대를 참가시켜 전쟁 선포는 진심에서 나온 것처럼 보이게 함으로써 의화단 군중이 "전쟁"의 광기에 빠지도록 선동했고 다른 한편으로는 의화단이 이 "전쟁"에서 승리하지 못하도록 방치했다. 영록의 무위중군은 동교민항의 동쪽에 주둔하면서 허세만 보여주었을 뿐 진심으로 싸우려 하지 않았다. 동복상의 부대도 동교민항의 서쪽과 북쪽에 주둔했으나 소수의 병사만 의화단 군중의 투쟁에 영향을 받아 비교적 진지하게 싸웠다. 서집고 천주교회를 포위한 병력은 의화단 군중과 영록의 무위중군이었다. 당시 북경에 거주하던 한 외국인은 다음과 같은 기록을 남겼다. "영록은 프랑스인 신부와 암암리에 돈독한 우정의 관계를 맺었다. 그는 부대에 심한 공격을 하지 말라는 명령을 내렸는데 이는 사실상 지연책이었다. 공사관에 대해서도 같은 전술을 썼다."[15] 영록이 이런 태도를 보인 이유는 "프랑스 신부와 돈독한 우정의 관계를 맺었던" 때 문만이 아니라 자희태후의 의중이 그러했기 때문이기도 했다.

6월 28일에 나온 황제의 칙어는 다음과 같았다. "다행스럽게도 현재 각국의 사신들은 케텔러를 제외하고는 모두 무사하다. 일전에는 각 공사관에 과일과 채소 등 먹을 것을 보내 위로의 뜻을 전한 바 있다."[16] 한편으로는 형식적으로 의화단 군중을 동원하여 외국 공사관을 공격하면서 다른 한편으로는 관원을 시켜 "과일과 채소 등 먹을 것"을 보내 공사관 측에 위로의 뜻을 표시한 것이다. 이것은 자희태후가 연출한 한 바탕 희극에 다름 아니었으니, 그 목적은 의화단 군중의 반제국주의 투쟁의 정서와 정력을 헛되게 소모시키기는 것이었다.

반침략전쟁의 일선

천진에서는 의화단이 반침략전쟁의 제1선에 섰다. 의화단 군중의 투쟁에 영향을 받은 일부 하급 관병이 의화단과 어깨를 나란히 하여 적극적으로 전투에 참가했다.

제국주의의 함대는 6시간의 격렬한 전투를 치른 후 5월 21일(6월 17일) 새벽에야 대고 포대를 점령했다. 대고의 청군 포대는 장비가 비교적 충실한 편이었지만 전쟁 준비는 제대로 되어 있지 않았다. 포대를 지키는 청군은 갑작스런 적의 도발을 맞아 맹렬한 포격으로 맞섰고 적은 상당한 대가를

---

15 『의화단자료』 제2책, 293쪽.
16 『의화단당안사료』 상책, 344, 365쪽.

치룬 후에야 포대를 점령할 수 있었다.

이 무렵, 영국 해군 제독 시모어의 지휘 하에 천진을 출발하여 북경으로 진격하려던 2천여 명의 연합군은 5월 19일에 낭방(廊坊)에 도착한 후 의화단의 저격 때문에 더 이상 전진하지 못하고 후퇴하던 중에 다시 의화단과 청군의 습격을 받아 포위되었다. 연합군은 증원군이 오지 않으면 천진의 조계로 돌아갈 수 없는 상황에 처했다. 천진 조계에 남아있던 병력은 2천 4백여 명에 불과했고 그 중 천 7백 명이 러시아 육군이었다. 그들도 의화단 군중에 포위된 상태여서 병력을 나누어 시모어를 도울 형편이 아니었다. 5월 27일(6월 23일), 러시아·일본·영국·미국·프랑스의 군대 도합 8천여 명의 병력이 격전을 치른 후 대고 항을 통해 천진 조계에 도착했다. 이들과 원래부터 조계에 남아있던 병력, 그리고 증원부대의 도움으로 5월 30일에 천진 조계로 후퇴한 시모어 부대를 합한 만 2천여 병력이 천진 성 밖 자죽림(紫竹林) 조계에 집결했다. 병력의 대분은 러시아군(6천명)과 일본군(4천명)이었다. 그 밖에 대고 항에도 6천여 명의 병력이 주둔하고 있었다. 침략군은 병력이 증강되자 천진 항 전체를 점령했다. 이 과정에서 천진에서는 한 달 가까이(5월 21일경부터 6월 17일까지) 격렬한 전투가 벌어졌다.

5월이 되자 의화단 세력이 천진 전체에 퍼졌다. 의화단은 모든 천주교회를 불 질렀고 이때 저지하던 서양 군대와 최초로 충돌했다. 천진에 주재하던 직례총독 유록은 의화단 진압을 앞장서서 주장한 인물이었지만 갑자기 땅속에서 솟아나듯 끊임없이 몰려오는 의화단 앞에서 그도 의화단의 존재를 인정할 수밖에 없었다. 심지어 그는 의화단이 사람을 보내 자신의 관부를 지키는 일도 승인했다.

대고 전투가 끝나고 북경 조정의 풍향이 바뀌자 유록은 의화단에 대해 공개적으로 유인책을 펼쳤다. 천진 부근 각 현의 의화단이 다투어 천진으로 들어왔다. 6월 초, 천진 성내의 의화단 군중은 3만을 넘어섰다. 그 중소수만 관부가 정한 규정을 지켜 "명부에 이름을 올렸다." 천진에는 원래 섭사성(직례총독) 휘하의 무위전군(武衛前軍)이 주둔하고 있었으나 6월 초에 조정은 마옥곤(馬玉崑)이 거느린 무위좌군(武衛左軍)의 일부를 천진에 파견했다. 섭사성의 부대는 직례 각지에서 의화단을 "토벌"하기 위해 파견되어 있었고 외국 침략군에 맞서서 천진 보위전을 치르는 동안 비교적 용감하게 싸웠다. 섭사성 자신도 6월 13일 천진 성 남쪽 팔리대(八里臺)에서 침략군을 맞아 싸우다가 전사했다. 그의 부대는 마옥곤 휘하로 흡수되었다. 마옥곤은 전투를 벌이면서 의화단을 선봉에 세우고 관군은 후위를 맡게 했다. 13일 밤에 조계를 공격한 한 차례 전투에서 의화단 군중은 2천여 명이 전사했으나 관군은 부상자 수도 극히 소수였다. 당시 어떤 사람이 기록한 바에 따르면 의화단은 서양 군대의 맹렬한 사격을 받았을 뿐만 아니라 등 뒤에 있던 관군으로부터도 총격을 받았다고 한다.[17] 조정은 다시 고위 장수인 송경(宋慶)을 방판(幫辦)북양군무대신에 임명하고 천진으로 파견하여 유록의 조수가 되게 하였다. 송경은 임명되면서 자희태후를 직접 만났다. 갑오전쟁 때 싸우지도 않고 후퇴한 경력이 있는 이 인물은 자희태후에게 8국 연합군과 맞서는 일은 불가능하다고 말했다.[18] 그런 그가 파견되었다는 사실은 자희태후가 진정으로 침략군과 전쟁을 벌일 생각이 없었음을 짐작케 한다. 송경은 14일에 천진에 도착하고 곧바로 17일에 의화단 무리를 "모조리 죽이라는 명령을 내렸다."[19] 당시 사람이 쓴 기록을 보면, "송경의 군대는 의화단 무리를 만나면 그 자리에서 죽이고 16세 이하인 자에게는 여비를 주어 고향으로 돌아가게 했다. 반나절 만에 성 내에서 깃발을 꼽고 단을 설치한 자

---

17 『의화단자료』 제2책, 171쪽.

18 유맹양(劉孟揚), 「천진권비변란기사(天津拳匪變亂記事)」, 『의화단자료』 제2책, 35, 39쪽.

19 상동.

들이 모두 흩어졌다."[20] 바로 이 6월 17일(7월 13일)에 러시아·영국·미국·일본·프랑스 연합군이 천진에 대한 공격을 시작했고 그 다음날에는 천진 성내에 진입했다. 이때 천진 성 밖에는 청의 관군 60개 영(營)이 있었으나 심각한 손실을 입지 않았는데도 모두 서쪽으로 철수했다.

　도시라고 하는 복잡한 조건에 더하여 의화단이 관부의 인정을 받게 되자 의화단의 이름으로 활동하는 자 가운데 불순한 동기를 가진 분자와 불량배가 섞여 드는 일은 피할 수가 없었다. 그들은 기회를 틈타 개인적 이익을 도모하고 여러 가지 황당무계한 유언비어(예컨대, 이러저러한 "도술"로 서양인을 쉽게 물리칠 수 있다는 등)를 만들어 퍼뜨렸다. 전근대적인 미신은 당시의 도시 주민과 관료들에게서 좋은 시장을 찾아냈다. 이 때문에 의화단을 둘러싼 신화는 갈수록 위력을 더해갔다. 의화단 활동에 참여한 부녀자가 적지 않았는데 천진에서는 이들을 "붉은 등(紅燈)," "푸른 등(藍燈)"이라고 불렀다. 사회에서는 이들 부녀자가 "도술을 부려" 구름을 타고 먼 곳으로 날아가 불을 지르고 사람을 죽이는데 그들이 움직일 때는 붉은 등과 푸른 등으로 나타난다는 소문이 나돌았다. 이런 괴상한 신화는 봉건 예교의 속박을 비교적 적게 받는 하층 사회 부녀자들이 용감하게 전투에 참가한 정신을 드러내는 사례였다.

　의화단은 천진에서 반제국주의 투쟁의 주력으로서 용감하게 제1선에서 전투를 벌였다. 그들은 관부의 병기고를 열고 소량의 총을 확보했다. 그러나 그들의 대부분은 구식 창칼로 무장했다. 의화단 군중은 애국심에 불탔으나 그들을 정확한 방향으로 이끌어줄 지도부가 없었고 청 관부가 진정으로 서양인들과 전쟁을 벌일 생각을 갖고 있다고 오인했기 때문에 천진을 지키려는 전투에서 맨몸으로 서양식 총포 앞에 섰다. 어떤 관원은 조정에

20 『의화단자료』 제2책, 156쪽.

보낸 보고서에서 의화단은 "용감하나 무모하다"고 썼다.[21] 관부는 바로 이 "무모함"을 이용하여 의화단을 제국주의 침략자들의 무기 앞에 내세워 소멸되게 하였다.

제국주의 열강이 보기에 청 왕조 정부의 이런 책략은 열강에게 유리하지만은 않았다. 의화단운동이 없었더라면 자희태후든 광서황제든 어떤 집권파도 5월 25일의 전쟁 조서 같은 것은 발표할 생각은 하지 않았을 것이다. 이미 제국주의 열강의 충실한 노비가 되어 있던 청 정부가 어느 날 갑자기 의화단운동의 포로 신세가 되었고 그런 신세를 탈피하기 위해 수단과 방법을 가리지 않고 발버둥 치고 있었다. 제국주의의 출병은 의화단 진압을 통해 중국인민의 반제국주의 투쟁의지를 꺾어 놓음으로써 청 왕조 정부를 포로의 신세에서 구출해내고 제국주의 열강의 중국 지배 질서를 재건하려는 것이었다.

21 『의화단당안사료』 상책, 279, 299쪽.

제19장
8국 연합군과 의화단의 실패

8국 연합군의 북경 점령

천진을 점령한 각국 침략군은 즉시 병력을 조직하여 북경으로 진군할 계획을 세웠다. 천진 함락 20일 후에 도합 1만 9천여 명의 침략군 병력이 천진을 출발하여 운하 양안을 따라 북경으로 향했다.

이 침략군 중에는 일본 병력이 가장 많아 8천 명이었다. 영국은 당시 남아프리카 식민지 전쟁에 휘말려 있어서 3천 명의 병력만 파견할 수 있었다. 미국은 연합군 구성에 적극적이었지만 2천 5백 명의 병력만 동원할 수 있었다. 영국과 미국이 일본의 출병을 종용하고 지지했던 이유는 러시아와 독일이 이때의 연합군 구성을 주도하는 것을 막기 위해서였다. 러시아는 이 기회를 이용하여 중국의 동북 지역을 침략하는 한편 북경 진군에도 적극적으로 참가했다. 연합군 병력 중에서 러시아 병력은 4천 8백명으로서 숫자로는 일본 다음이었다. 극동에서 세력을 확장하려는 야심을 갖고 있던 독일은 북경 주재 독일 공사가 피살된 사건을 구실로 삼아 이미 7천여 명의 침략 부대를 구성하라는 명령을 내려놓고 있었다. 그러나 연합군이 천진을 출발할 때 독일군 병력은 아직 도착하지 않았다. 프랑스는 연합군에 8백 명의 병력을 참가시켰다. 그밖에 오스트리아·헝가리제국과 이탈리아는 극동 지역에 병력을 주둔시키지 않았기 때문에 각기 50여 명의 병력만 파견했다.

연합군은 천진을 출발한 지 20일 만인 광서 26년 7월 20일(1900년 8월 14일)에 북경에 도착했다. 함풍 10년(1860년)에 영국과 프랑스 연합군이 북경을 점령한 후로 40년 만에 북경은 다시 제국주의 열강에게 점령되었다.

청 왕조 정부는 북경과 천진 사이에 상당히 큰 규모의 병력을 배치해 놓고 있었다. 천진에서 철수한 유록, 송경, 마옥곤 등의 부대가 2,3만 명, 북경성을 수비하던 영록과 동복상의 부대가 약 3만 명, 2만여 명의 팔기병(만주병), 여기다가 이 무렵 청 정부가 다른 성에서 수도권으로 동원한 군대까지 합치면 최소한 10여 만의 병력이 있었다. 영국·프랑스 연합군이 북경을 침략했을 때는 청 정부는 온 힘을 다해 태평천국과 싸우고 있어서 근본적으로 북방에서 침략자를 맞아 싸울 의지가 없었다. 그러나 이번에는 청 정부가 침략자를 향해 전쟁을 선포한 상태였다. 청 정부가 북경과 천진 사이에 배치한 군대를 동원하여 진지하게 싸울 의지가 있었더라면, 그리고 진정으로 의화단 군중의 역량을 동원하고 의지할 뜻이 있었더라면 2만이 안 되는 연합군이 그토록 쉽게 북경에 진입하기란 불가능한 일이었다.

자희태후를 정점으로 하는 청 왕조 당국은 단지 문서만으로 전쟁을 선포했을 뿐 사실상 전쟁을 치를 결심도 하지 않았고 완강하게 저항할 계획도 세워놓지 않았다. 일부 겁이 많은 장수들이 지휘하는 부패한 군대는 적이 진격해오자 거의 전부가 싸우지도 않고 흩어졌다. 침략 연합군은 천진 북쪽 10킬로미터 지점의 북창(北倉)에서 섭사성의 잔여 부대와 수천 명의 의화단 무장부대의 습격을 받아 비교적 격렬한 전투를 치렀다. 북양대신 유록과 그의 조수 송경의 부대는 천진 북쪽 30킬로미터 지점의 양촌(楊村)에서 연합군을 맞아 잠시 전투를 벌이다가 패주했다. 유록은 자살하고 송경과 마옥곤은 그길로 달아나 다시는 싸우려 하지 않았다. 침략군이 북경에 진입하기 10일 전에 전임 순열장강수사대신(巡閱長江水師大臣) 이병형(李秉衡)

이 조정의 명을 받고 북경으로 들어왔다. 자희태후는 그에게 통주(通州) 남쪽에서 적을 저지하는 임무를 주고 30개 영 만여 명의 병력을 배속시켰다. 이병형의 부대는 적의 총소리만 듣고도 사방으로 달아났고 일부만 남아 형편없는 전투를 벌이다가 궤멸했다.

7월 19일 밤, 침략 연합군은 북경성 밖에 도착하여 남쪽과 동쪽에서 성을 공격했다. 일부 의화단 군중이 자발적으로 성에 올라 진격해오는 적을 막았다. 청의 관군 중에서 동복상이 지휘하는 감군은 전투력이 가장 뛰어나다는 평을 받고 있었다. 동복상은 적을 맞아 싸운다며 성 밖으로 나갔는데, 그가 간 방향은 적이 진격해오는 방향과는 반대인 서쪽이었다. 영록이 지휘하는 무위군과 재의가 지휘하는 이름도 거창한 신기영(神機營)과 호신영(虎神營)이란 팔기병 부대는 적군이 성으로 몰려오는 소리를 듣자 모두 흩어져 흔적이 보이지 않았고 영록 본인은 몇 개 영을 거느리고 서직문을 통해 달아났다. 이처럼 하룻밤 사이에 침략 연합군은 북경성에 진입했다.

북경이 함락될 때 자희태후는 광서황제와 일부 황족, 대신을 데리고 북경성 서북쪽 덕생문(德生門)을 통해 황급히 빠져나갔다. 태후 일행은 창평(昌平)을 거쳐 거용관(居庸關)을 나가 산서성 경내로 들어갔다.

자희태후의 조정은 5월 25일에 전쟁 조서를 발표한 적이 있었지만 침략군이 한 발짝씩 접근해오자 청 정부는 여러 경로를 통해 각국에게 조정의 본의는 전쟁이 아님을 "양해"해달라는 뜻을 전했다. 천진 함락을 전후하여 청 정부는 다시 황제의 이름으로 러시아·영국·일본·프랑스·독일·미국 측에 국서를 보내 조정이 의화단과 한 편이라는 오해를 풀어달라고 요청했다.

침략 각국도 시종일관 그런 오해를 한 적이 없었다. 각국이 공동으로 무력을 사용하여 대고 포대를 탈취하고 천진을 점령할 때 그들은 일치하여 "중국(물론 청 정부를 가리킨다-저자 주)을 상대로 한 전쟁상태는 존재하지 않는다"고 주장했다.[1] 각국 사령관이 협의하여 결정한 공식적인 입장은 "절대로 중국 정부를 상대로 군대를 보내지 않으며," "이번 출병의 목적은 의화단이란 이름으로 중국 정부를 전복시키려는 반도를 토벌하는데 있다"는 것이었다.[2] 연합군에 참가한 각국은 각기 나름의 계산을 하고 있었지만 북경에 군대를 보내는 뜻은 포위된 공사관을 구출하고 청 정부의 의화단 "토벌"을 돕는데 있다는 점에서는 일치했다.

40년 전 영국과 프랑스 연합군이 북경을 침략할 때 침략자들은 전쟁이란 수단을 동원하여 완고하고 잘못을 고칠 줄 모르는 청 왕조 정부를 징계하는 것이 목적이지 중국 인민과는 상관없는 일이라고 선포했다. 영국·프랑스 연합군의 북경 점령의 결과는 침략자들이 청 정부와 손잡고 태평천국을 진압한 것이었다. 그러나 이번의 전쟁에서는 침략자들은 처음부터 북경 진격의 목적은 의화단으로 대표되는 제국주의에 저항하는 중국 인민을 진압하는 데 있지 청 정부를 적으로 보지 않는다는 정 반대의 입장을 분명하게 밝혔다. 이제 그들은 청 정부가 "난을 일으킨" 인민의 협박에 못 이겨 원치 않는 행동을 하지 않도록 청 정부를 구원하러 온 것이다.

북경을 빠져나간 조정은 7월 25일에 상해에서 침략 각국에게 강화를 구걸하고 있던 이홍장에게 칙령을 내렸는데, 그 안에는 다음과 같은 구절이 있었다. 각국이 조정에 대해서는 나쁜 뜻을 갖고 있지 않다고 하나 결국 북경성을 공격하여 들어왔으니 이는 "외교관계를 전혀 고려하지 않은 일이며 원래 합의한 바와도 맞지 않다."[3] 이 말은, 원래는 의화단을 진압하기 위해 출병한다고 약속해놓고 북경에서 소란을 피워 조정의 체면을 잃게 한

---

1   Morse, 『중화제국대외관계사』 제3권, 244쪽.
2   왕예생, 『60년래 중국과 일본』 제4권, 10-11쪽
3   『의화단자료』 제4책, 39쪽.

제국주의 침략자들을 향한 원망의 표현이었다.

"동남지역 상호보존"과 이홍장의 강화

의화단운동이 북방 각 성, 특히 북경과 천진에서 맹렬한 기세를 올리면서 청 조정이 부득이 외국을 상대로 전투를 벌이려는 태도를 보이지 않을 수 없게 되자 전국에 강력한 충격이 퍼져나간 것은 당연한 일이었다.

6월 달에 사천, 호북, 호남, 강서, 절강, 복건 성에서 군중이 외국 교회당을 불 지르는 사건이 일어났다. 호남 남부의 형양(衡陽), 형산(衡山), 안인(安仁), 상녕(常寧), 뇌양(耒陽), 영능(零陵) 등지의 교회당이 거의 동시에 불타고 서양인 주교와 교회 직원들이 살해되었다. 절강 서부의 강산(江山)과 상산(常山)에서는 군중의 반교회 투쟁이 무장봉기로 발전했고, 군중은 강산 현청을 점령하고 서안(西安)현(현재의 구[衢]현) 지현(知縣)을 살해했다. 같은 시기에 절강 동부 해안 지역에서는 외국 교회당이 불타거나 파괴되는 사건이 발생했다. 남방의 여러 성에는 의화단 조직은 없었으나 하층 민중 사이에서 의화단과 유사한 각종 회당이 활약하기 시작했다. 어떤 지방에서는 지방 신사들이 이 기회를 이용하여 서양인에 대한 적개심을 풀어놓았다. 북경의 조정이 의화단의 합법적 지위를 인정하고 전쟁을 선포하는 조서 ─ 비록 사기극이기는 했지만 ─ 를 발표하자 전국이 영향을 받지 않을 수 없었다.

북경 조정은 이미 국가를 통제하기 어려운 처지에 빠졌다. 제국주의 열강도 천진을 점령하고 북경에 진입했지만 중국 전체에서 끓어오르는 반제국주의 운동을 병력을 동원해 직접 진압할 수는 없었다.

이런 상황에서 양무파 관료를 중심으로 하는 남방 각 성의 총독과 순무들은 제국주의가 이용할 수 있는 가장 유용한 도구가 되었다. 이들은 반(半)식민지적 질서를 유지하기 위해 힘을 쏟았으므로 제국주의 열강으로부터 높은 찬사를 받았다.

양광총독 이홍장, 호광총독 장지동, 양강총독 유곤일은 처음부터 의화단 토벌을 주장했다. 그들은 조정이 수구파 관료들의 주장을 받아들여 의화단에 대해 유화적인 정책을 펴는데 대해 일관되게 반대했다. 그들은 이런 정책이 열강의 불만을 살 뿐이고 수습할 수 없는 국면을 초래할 것이라고 주장했다. 장강 유역을 자신의 세력범위로 간주하던 영국은 직접 유곤일, 장지동에게 장강 중하류 각 성의 질서를 유지하기 위해 공동으로 노력하자고 제안했다.

5월 25일에 전쟁 조서가 하달된 후 양광 총독 이홍장은 조서의 내용이 조작되었다고 판단하고 지시 내용을 따르지 않았다. 이홍장, 장지동, 유곤일을 연결하여 이른 바 "동남지역 상호보존"을 실행하게 만든 인물은 철로독판(鐵路督辦)을 맡고 있던 매판 관료 성선회였다. 성선회의 계책에 따라 상해 도대 여원원(余聯沅), 장지동과 유곤일이 파견한 관원(성선회 본인도 배석했다) 등으로 구성된 대표단이 상해에서 미국 총영사를 대표로 하는 각국 영사단과 협상을 벌였다. 쌍방은 5월 30일에 9개 항으로 이루어진 이른 바 '동남보호약관(東南保護約款)'을 체결했는데, 그 내용 중에 "상해 조계는 각국이 책임지고 공동 보호한다," "장강과 소주·항주 내지의 각국 상인과 선교사의 재산은 모두 남양대신 유곤일과 양호독헌(兩湖督憲) 장윤인(張允認)이 책임지고 확실하게 보호한다"는 조항에 있었다[4](양강총독 유곤일은 남양대신이란 직책도 갖고 있었다). 유곤일, 장지동과 외국인이 체결한 이 협정에 이홍장도 당연히 찬성했다. 장강 상류의 사천총독 규준(奎俊)도 즉시 동의했다. 민절총독 허응규(許應騤)는 7월 2일에 성선회에게 보낸 전보에서 자신이 복

---

4   『중외구약장회편』 제1책, 968쪽.

주 주재 영국 영사와 맺은 협정도 같은 내용이라고 설명하고 "동남지역 상호보존"에 가입하겠다고 알렸다. 이 협정으로 인해 제국주의 열강은 남방에서 자신들에게 불리한 상황이 발생할 것을 염려할 필요 없이 북방에 군대를 집중 배치 할 수 있게 되었다. 그래서 당시 한 미국인은 다음과 같은 기록을 남겼다. "남부와 중부 각 성의 고급 관리들은……모두 각국과 연맹을 맺었다."[5] 영국은 13척의 군함을 장강에 진입시켰다. 7,8월에 영국·프랑스·독일·일본은 잇따라 소수의 병력을 상해에 상륙시켰다.

남방 각 성의 총독 순무와 같은 입장을 취했던 인물로서는 섬서순무 단방(端方)과 산동순무 원세개도 있었다. 원세개의 부대는 북양군대 중에서 정예라고 불렸고 이 부대의 주둔지는 천진에서 지척의 거리에 있었지만 원세개는 천진을 돕기 위해서 단 한명의 병사도 보내지 않았다. 그는 산동에서 이른 바 "산동성을 지키고 백성을 편안하게 한다"는 방침을 실행했다. 영국인이 동남지역 상호보존 조약에 대한 의견을 물었을 때 그는 "나의 의견은 남방의 총독들과 같다"고 답변했다.[6]

이들 총독과 순무가 자발적으로 제국주의 열강과 손을 잡고 그들의 이익을 보호할 책임을 진 일은 형식상으로 보자면 북경 조정의 전쟁 조서와는 배치되는 것이었다. 조정이 전쟁을 선포한 본의를 이해하지 못한 관원들이 동남 지역 각 성의 총독과 순무를 비난하는 상서를 조정에 올렸지만 조정은 이들의 상서에 대해 반응을 보이지 않았고 오히려 동남지역 총독과 순무들이 취한 조처에 대해 완전히 동의한다는 뜻을 밝혔다. 침략 연합군이 북경을 점령한 후 북경을 탈출한 조정은 황제의 칙령을 통해 입장을 분명하게 밝혔다. "앞서 유곤일과 장지동 등이 올린 상주문과 같이 해안 지역

5   Morse, 『중화제국대외관계사』 제3책, 248쪽.
6   Morse, 『중화제국대외관계사』 제3책, 248쪽.

과 장강 연안의 항구에서는 이전과 같이 약속한 대로 상업을 보호하라. 협의한 대로 시행함으로써 큰 믿음을 보여주도록 하라."[7]

남방의 총독과 순무 중에서는 이홍장이 주도적인 인물이었다. 그는 영국과 러시아의 갈등 때문에 광서 24년에 총리아문에서 밀려났지만 관료 집단 내부에서는 여전히 서양인과의 교섭에 가장 뛰어난 인물이란 평가를 받고 있었다. 그는 광서 25년 말에 양광총독에 임명되었다. 광서 26년 5월 22일, 그는 즉시 입경하라는 황제의 지시를 받았는데 바로 대고 항이 침략군에게 점령되었을 때였다. 조정이 그를 기용한 이유는 그를 통해 제국주의 각국과 교섭하여 국면을 완화시키기 위해서였다. 이홍장은 북경의 정세가 혼란스러움을 간파하고 잠시 관망하기 위해 광주에 머물면서 시간을 끌었다. 6월 12일에 조정은 다시 이홍장에게 직례총독 겸 북양대신이라고 하는 실권이 있는 자리를 주었다. 조정의 재촉을 받은 이홍장은 6월 20일에야 배편으로 광주를 떠나 상해로 향했다. 이때 천진은 이미 함락되었다. 그는 조정의 요구대로 신속히 입경하지 않고 상해에 머물렀다. 유곤일과 장지동은 일부 총독과 순무를 규합하여, 강화를 서두르고 이홍장에게 더 많은 권한을 주라고 건의하는 전보를 조정에 보냈다. 이 무렵 이홍장은 상해에서 청정부가 각국에 파견한 공사들과 연락을 취해 각국의 의향을 파악하고 있었다. 7월 6일, 이홍장은 상해에서 유곤일과 연명으로 상주문을 올려 조정이 즉시로 각 성의 총독과 순무에게 시급한 일 몇 가지를 처리하도록 명령을 내리라고 건의했는데, 그 중에서 중요한 내용은 "각국의 상인과 선교사를" "조약대로 진실하게 보호할 것," 모든 "비적"과 "쓸데없는 용기로 시국을 어지럽히는 백성"을 "철저하게 토벌할 것" 등이었다. 이들이 이런 상주문을 올렸을 때는 침략 연합군은 아직 천진을 출발하지 않았다. 이들은 상주

---

7   『의화단당안사료』 상책, 489쪽.

문에서 "지금 각국이 의화단 토벌을 돕고자 군대를 늘이고 있고 천진 전투는 우리나라와 전쟁을 벌이려는 의도가 아님을 밝히고 있으니 아직 비상한 화를 불러올 상황은 아니나" 의화단을 제대로 토벌하지 않고 외국인의 이익을 손상시키면서 시간을 끌면 수도는 재앙을 면하기 어려울 것이라고 말했다.[8] 이 상주문의 내용은 침략자의 의도를 완벽하게 대변하고 있었다.

침략 연합군이 천진을 출발하여 북경을 향하고 있던 중이던 7월 13일에 조정은 아직도 상해에 머물고 있던 이홍장을 "강화 전권대신"으로 임명했다. 연합 침략군이 북경으로 진격하고 있을 때 이홍장은 상해에서 각국에게 어떤 조건이면 강화에 응할 것인지 타진하고 있었던 것이다. 북경이 함락된 후인 7월 30일에 산서성 태원(太原)으로 피난해 있던 조정은 "전권대신 이홍장은 필요하다고 판단하는 대로 신속히 처리하여 짐으로 하여금 먼 곳에서 통솔하게 하지 말라"는 명령을 내렸다.[9]

이제 양무파 관료들이 시국을 수습할 중심 세력이 되었다. 수도를 점령한 침략자에게 강화를 구걸하는 임무가 양무파의 우두머리 이홍장에게 주어졌다.

날강도 무리

침략 연합군이 수도에 진입하고 조정이 황급히 자취를 감추자 문무백관도 다투어 숨었다. 제때에 달아나지 못해 수도에 남아있던 대학사 곤강(昆岡) 등 몇몇 관원은 청 정부의 관직을 갖고 있던 영국인 혁덕을 찾아가

---

8 『의화단당안사료』 상책. 416–417쪽.
9 『의화단자료』 제4책. 43쪽.

"위급한 상황을 끝내도록 주선해 달라"고 부탁했다. 혁덕은 경친왕 혁광이 서둘러 자금성으로 들어와 각국과 "시국을 해결하기 위해 협의해야 한다" 는 뜻을 밝혔다.[10] 영국 측에서 이홍장의 입경을 재촉하지 않았던 이유는 그가 러시아와 긴밀한 관계를 맺고 있었기 때문이었다. 피난 중이던 조정은 곤강의 보고를 받은 후 선화(宣化)로 달아나 있던 혁광에게 즉시 북경으로 돌아가라는 명령을 내리는 한편 상해에 머물던 이홍장에게도 북경으로 가라고 재촉했다. 혁광은 8월 10일에 북경에 도착했다. 그가 북경으로 들어갈 때는 호위했던 부대는 무장해제를 당했고 영국과 일본 군대가 그를 호송했다. 북경에 들어온 후 각국 공사를 만난 그는 뜻밖에도 출병해준 "성의"에 대해 감사의 뜻을 표시했다.

　　러시아 측에서 이홍장에게 "보호"의 책임을 지겠다는 뜻을 밝히자 이홍장은 8월 25일에 상해에서 배편으로 북상했다. 그와 그의 수행원들은 대고 항에 도착한 후 곧바로 코사크 기병의 호위를 받으며 기차를 타고 천진으로 갔다. 이때 천진은 제국주의 열강의 군사적 통제 하에 놓인 반식민지 도시가 되어 있었다. 침략 연합군은 6월 18일에 천진을 점령한 후 즉시로 이른 바 "천진시 임시정부위원회"(당시에 중국인은 천진도통아문[都統衙門]이라고 불렀다)를 구성했다. 이 위원회는 천진 전투에 가장 많은 병력을 파견한 러시아, 영국, 일본의 대표 각 1명으로 구성되었다. 침략 각국이 참여를 강력히 요구하자 위원회는 확대되어 독일·프랑스·미국·이탈리아·오스트리아 대표가 참가했다. 열강이 공동 관리하는 임시정부는 천진에서 세금을 걷고 의화단이라고 의심되는 중국인을 참수하여 저자거리에 머리를 내거는 등 사법권도 행사했다. 이홍장은 직례총독이란 직책을 갖고 있었지만 임시정부는 이홍장을 "개인 자격으로 대우하였기 때문에 그의 도착은 천진 임시

10　『의화단당안사료』 상책, 497쪽.

정부의 업무에 아무런 영향을 주지 않았다."[11] 천진에서 이홍장을 접대하는 임무를 맡았던 러시아 관원은 "이 씨는 사실상 예우 받는 포로"였다고 묘사했다.[12]

이홍장은 윤8월 9일에 북경에 도착했다. 경친왕도 강화 전권대신으로 임명되어 이홍장과 함께 일을 처리했다. 11월 초가 되어서야 침략자들은 강화 조건을 정식으로 제시했다. 그들은 강화를 서두를 필요가 없었다. 그들은 이 기회를 이용하여 대규모 약탈을 자행하는 한편 저항하는 중국 인민을 무력으로 진압했다. 그들이 이홍장과 경친왕을 원했던 이유는 우선 강화조약에 서명할 사람이 필요했던 탓도 있지만 그들을 통해서 유랑 중인 조정으로 하여금 제국주의와 철저하게 협력하는 태도를 보여야만 살아남을 수 있다는 사실을 깨우쳐 주고 싶었고, 나아가 북방에 남아있는 청 왕조의 군대를 단속하여 침략자들의 뜻대로 의화단 세력을 공동으로 진압하라는 명령을 내릴 수 있는 주체가 필요했기 때문이었다.

8국 연합군은 도처에서 방화와 약탈을 저질렀다. 연합군의 총사령관 폰 발더제(Alfred Graf von Waldersee)는 수기에서 다음과 같이 기록했다. 천진과 북경 사이에 "지나는 곳마다 파괴되지 않은 가옥을 찾기 힘들다. 대부분이 부서진 기왓장 더미로 변했다 … 대고 항에서 천진을 거쳐 북경으로 이르는 노선 주변에는 최소한 50만의 인구가 기거할 가옥이 없는 상태에 놓였다."[13] 북경에 진입한 후 연합군은 문이 활짝 열린 보물창고를 만난 강도 무리와 같았다. 중심부인 황궁과 성 밖의 이화원을 포함하여 북경성 전

---

11   Morse, 『중화제국대외관계사』 제3권, 320쪽.

12   크리스토비츠, 『원동의 러시아인(俄國人在遠東)』. 이금추(李金秋) 등역, 상무인서관 1975년 판. 140쪽.

13   『의화단자료』 제3책, 29쪽.

체가 철저하게 약탈당했다. 장교와 병사는 물론이고 선교사들 까지도 약탈에 참가했다. 당시에 프랑스의 한 신문은 귀국한 병사의 말을 인용하여 "군사들은 북당 교회에서 황궁으로 향했다. 선교사들도 우리와 함께 갔다," "우리는 명령에 따라 성 안에서 3일 동안 살인하고 싶으면 살인하고 갖고 가고 싶은 게 있으면 마음대로 가져갔다. 사실상 약탈은 8일 동안 진행되었고 선교사들이 우리의 길잡이 노릇을 했다"고 보도했다.[14] 연합군 총사령관 폰 발더제는 수기에서 다음과 같이 자인했다. "연합군은 북경을 점령한 후 3일 동안 공개적인 약탈을 승인했다. 그 후의 약탈은 개인적인 것이었다. 북경 주민들의 물질적인 손실은 막대했지만 상세한 숫자는 조사하기 어렵다. 현재 각국은 약탈의 책임을 서로에게 미루고 있으나 각국이 공동으로 철저하게 약탈한 사실은 변함이 없다."[15] 폰 발더제는 독일군 원수였고 독일 황제 빌헬름 2세가 독일군의 사령관으로 그를 파견하면서 연합군의 총사령관 자리를 요구했다. 독일군은 북경이 함락된 후 북경으로 달려갔다. 폰 발더제의 수기는 영국·일본·미국·러시아·프랑스의 군대가 북경에서 경쟁적으로 약탈에 나선 모습을 생동감 있게 묘사하였다. 당시 북경에 주재하던 영국 기자의 보도에 따르면 독일군은 북경에 도착하자마자 약탈에 나섰고 병사들은 "독일 황제의 칙령 가운데 그렇게 하라는 명령이 있어서 명령을 따랐을 뿐"이라고 주장했다.[16]

북경에 진입한 연합군 부대는 구역을 나누어 점령했다. 그들은 자금성은 점령하지 않기로 약속했다. 이것은 아직도 청 왕조 정부를 인정한다는 표시였다. 그러나 각국 지휘관과 병사들은 각종 기회를 이용하여 자금성에

---

14 『의화단운동사논총』. 삼련서점 1956년 판. 127쪽에 실린 소순정(邵循正)의 글에서 인용.
15 『의화단자료』 제3책. 31-31쪽.
16 『의화단자료』 제2책. 388쪽.

들어가 약탈했다. 폰 발더제는 중남해(中南海)의 의란전(儀鸞殿)에 사령부를 설치했다. 의란전은 자희태후가 거처하든 곳으로서 진기한 보물이 많았는데 폰 발더제는 철수하면서 이곳을 불태웠다.

연합군은 가는 곳마다 의화단과 기타 군중을 학살했다. 당시 북경에 거주하던 한 중국 문인은 다음과 같이 기록하였다. "성이 무너지든 날 서양 군대가 죽인 사람 수는 셀 수가 없다…. 거리에는 시체가 시체를 베고 누었고 서양 병사가 중국인을 시켜 시체를 마주 들고 가 묻게 하였다. 가래와 삽으로 묻고나면 시체를 들어 옮긴 사람도 남김없이 쏘아 죽이고 함께 구덩이에 묻었다."[17] 영국인 기자 심슨(Bertram L. Simpson)도 자신이 목격한 바를 다음과 같이 기록하였다. "프랑스 보병 선발대가 길에서 중국인 무리와 마주쳤는데 무리 가운데는 의화단, 병정, 평민이 섞여있었다. 무리가 달아나려 하자 프랑스 병사가 기관총을 겨누어 막다른 골목으로 몰아 넣었다. 약 10분 혹은 15분 정도 기관총탄이 쏟아졌고 살아남은 자는 하나도 없었다."[18]

침략 연합군이 천진과 북경을 점령한 후 북경과 천진 부근에 청의 관군은 남아있지 않았지만 적지 않은 지역에서 아직도 의화단이 활동하고 있었다. 연합군은 우선 이 지역에서 약탈과 방화를 자행했다. 8월에 연합군은 천진 서남쪽 20여 킬로미터 지점의 독류진(獨流鎮)에 도착했다. 이곳은 의화단 활동의 중심지 가운데 한 곳이었다. 연합군은 이 마을을 불 태웠다. 연합군이 북경 동쪽의 통주와 무청(武淸), 남쪽의 양향(良鄕)과 탁주, 서쪽의 삼가점(三家店) 등지를 약탈할 때 의화단 군중의 격렬한 저항에 부딪혔다.

연합군의 각국 부대는 천진과 산해관을 잇는 철도를 점령하려고 경쟁했다. 천진에 도착한 이홍장은 이 철도를 지키기 위해 주둔하고 있던 청

---

17 『의화단자료』 제2책, 470-471쪽.
18 「경자사관피위기(庚子使館被圍記)」, 『의화단자료』 제2책, 358쪽.

군 부대에 점령하러 오는 연합군에게 저항하지 말라는 명령을 내렸다. 연합군 각 부대는 논쟁을 벌인 후 다음과 같이 타협했다. 산해관의 포대와 기차역은 각국이 공동 점령한다, 산해관 요새의 사령관은 영국인이 맡고 천진에서 산해관까지의 철도는 러시아가 관리한다, 이 철도가 지나가는 진황도(秦皇島)와 북당(北塘)은 독일이 점령한다.

연합군은 의화단을 토벌한다는 명분으로 하북성 중부 지역에도 진입했다. 프랑스 부대가 직례성 동남부의 천주교 세력 중심지인 헌현(獻縣)에 진입했다. 프랑스 부대는 이 지역에서 반교회 투쟁에 적극적이라는 평판이 있는 몇 개 마을을 부순 후에 서쪽으로 보정부(保定府)를 향해 진격했다. 동시에 독일·프랑스·영국·이탈리아 부대로 구성된 군대가 북경과 천진을 출발하여 보정에 도착했다. 직례성의 수도인 보정에는 청 정부의 고급 관료인 유록이 죽고 나서 직례총독 대리가 된 포정사 정옹(廷雍)이 있었다. 정옹은 조정의 명을 받고 휘하의 전 병력을 동원하여 의화단을 이미 진압하였다. 연합군 총사령관 폰 발더제는 다음과 같이 썼다. "연합군이 전진할 때는 언제나 중국 군대가 권법 수련자들과 전투를 벌인 흔적을 볼 수 있었다. 어느 마을에서나 마을 입구에는 연합군의 진입을 환영하는 표시로 권법수련자 우두머리의 잘린 목이 걸려있었다."[19]

연합군이 윤8월 20일에 보정에 도착했을 때 정옹과 기타 보정의 관원들은 연합군을 맞아 성 안으로 안내하였다. 이홍장이 윤8월 18일에 북경에 도착한 그날 첫 번째로 한 일이 정옹에게 급신을 보내 연합군이 보정에 도착하면 "백기를 들고 맞이하고," "예측할 수 없는 화를 입지 않도록 병사들을 단속하여 절대로 연합군과 충돌하지 않도록 하라"고 통지한 것이었다.[20]

---

19 『의화단자료』 제3책, 30쪽.
20 『의화단당안사료』 하책, 702쪽.

침략 연합군은 보정에 진입한 후 약탈과 방화와 살인을 자행했을 뿐만 아니라 주요 관원을 체포하기 시작했다. 그들은 관원들이 의화단을 부추겼다고 주장하면서 정옹과 몇 명의 관원을 총살하고 머리를 잘라 거리에 내걸었다. 중국의 관원들은 침략군을 "예를 갖추어 맞아들였으나"[21] 죽음을 면할 수는 없었다. 사실을 보고받은 청 조정은 크게 놀랐다.

침략 연합군은 보정을 떠나 남쪽으로 정정 일대에 도착했다. 연합군은 부대를 나누어 기중(冀中) 지역을 소란스럽게 하는 이외에도 산서로 들어갈 듯한 태도를 보였다. 연합군의 요구에 따라 직례성 경내에 있던 청군은 자발적으로 서쪽으로 철수했다. 9월, 독일·이탈리아·오스트리아 3국의 군대가 선화를 거쳐 장가구(張家口)에 침입했다. 거의 동시에 독일·프랑스·영국·이탈리아 군대가 역주를 거쳐 자형관(紫荊關)과 광창(지금의 내원[淶源])을 점령했고 청군은 산서성 영구(靈丘)와 평형관(平型關)으로 퇴각했다. 12월, 독일과 프랑스 양국의 군대가 정정을 거쳐 서쪽으로 획록(獲鹿)까지 진출했고 청군은 낭자관(娘子關)까지 철수했다. 다음 해 3월 초 프랑스군이 낭자관을 점령했다.

천주교회 측에서 펴낸 책을 보면 당시의 형세를 다음과 같이 묘사하고 있다. "남으로는 정정, 북으로는 장가구, 동으로는 산해관(여기다가 서로는 낭자관을 포함시켜야 할 것이다-저자)까지 모조리 연합군의 세력권 안으로 들어와 왕래함에 불편이 없다. 권법 무리의 소굴은 관아이건 민가이건 가리지 않고 보이는 대로 모두 불 질렀다. 마을 전체가 약탈된 경우가 흔했다."[22] 이홍장은 조정에 보낸 보고서에서 다음과 같이 말했다. "연합군"이 수도에 들

---

21 『의화단당안사료』 하책, 741쪽.
22 헌현 천주당 출판, 『성교사략(聖教史略)』; 범문란, 『중국근대사』, 1951년 판, 471쪽에서 인용.

어온 후 "강화 회담을 미루면서 사방으로 군대를 보내 멋대로 노략질할 뿐만 아니라 지방 관원을 위협하여 돈을 뜯어가고 있다."[23]

자희태후를 정점으로 하는 청 조정은 윤8월 8일에 태원에서 서안으로 옮기고 이홍장과 혁광이 북경에서 하루라도 빨리 침략군과 강화를 맺기를 기다렸다. 조정은 침략군이 계속하여 깊이 들어오는 것을 두려워하면서도 "강화"에 방해가 될까보아 자신의 군대가 어느 곳에서건 침략군에 대항하지 않도록 힘을 쏟았다. 조정은 이때 산서와 하남 지방의 관원들에게 거의 같은 내용의 훈령을 내렸는데, 그 주요 내용은 현재 각국과 강화를 의논하고 있으므로 절대로 회담을 결렬시켜서는 안 된다, 적군이 침범하거든 먼저 관원을 보내 설득할 것이지 "미련하게 일을 처리하여 더 깊이 들어오게 함으로써 거북하게 만들지 말라"는 것이었다.[24] 이것은 분명한 양보 방침이었다. 북경에 있던 이홍장도 하남순무에게 전보를 보내 다음과 같이 당부했다. "서양 병사가 하남에 도착하면 소와 양고기와 예물을 충분히 준비하여 예의로써 맞이하라."[25]

수도권과 작례성에 진입한 침략 연합군의 병력은 점차로 늘어나기는 했으나 가장 많을 때라고 해야 10만을 조금 넘었고, 각국의 생각이 달라서 총사령관인 폰 발더제가 통일된 지휘를 할 수 없었다. 연합군은 북경-천진-산해관에 이르는 선을 점령한 후 내지로 깊이 들어가기가 어려웠다. 그런데도 연합군이 기세 더 높게 원하는 곳이면 어디든 갈 수 있었던 이유는 사실상의 동맹군이 지원해주고 있었기 때문이었다. 청 왕조의 통치자들은 의화단을 토벌하기 위해 전력을 다하고 있었을 뿐만 아니라 외국 침략자들에

---

23 『의화단당안사료』하책. 775쪽.
24 『의화단당안사료』하책. 747쪽.
25 『의화단당안사료』하책. 763쪽.

게 절대적으로 순종하는 태도를 보이고 있었기 때문에 침략자들로서는 그들이 없어서는 안 될 동맹이자 조수였다.

외국 침략자와 청 왕조의 통치자들이 힘을 합해 진압함으로써 의화단운동은 실패했으나 그래도 외국 침략자에게 원한을 품은 수백, 수천만의 중국 인민이 존재했다. 연합군이 병력을 분산하여 내지로 더 깊이 진출하였더라면 인민의 적개심을 더욱 자극하여 의화단운동 중에 표출된 격렬한 저항이 다시 분출했을 것임은 분명하다. 청 왕조 통치자들은 매번 양보할 줄 밖에 몰랐고, 때문에 중국을 지배하는 통치자로서의 지위도 더욱 취약해 졌다. 이러한 상황에서는 제국주의 열강의 동맹이자 도구로서의 역할도 취약해질 수밖에 없었고, 이것은 제국주의 열강으로서도 피하고 싶은 사태였다. 이 때문에 침략 연합군은 자신의 군사 활동을 직례성 경내로 한정하고 나머지 광대한 지역에서의 중국인민에 대한 탄압은 청 왕조 통치자들이 맡도록 하였다. 청 왕조 통치자들에게 열강이 제시하는 강화조건을 충실히 받아들이는 게 좋다는 교훈을 주기에는 그 정도의 군사 활동이면 충분했기 때문이었다.

이제 러시아가 동북3성에서 단독으로 벌인 군사 침략에 대해 서술할 필요가 있다.

러시아는 천진과 북경이 잇따라 제국주의 열강에게 점령되는 상황을 자신이 중국의 동북을 점령할 수 있는 좋은 기회라고 판단했다. 5,6월 사이에 의화단운동은 동북 3성에까지 퍼졌고 그 중심지는 성경(요녕)이었다. 영국·프랑스·미국인이 세운 교회당과 러시아인이 건설한 철도는 대중의 적개심이 집중된 표적이었다. 봉천(현재의 심양)과 기타 각지의 교회당이 불탔다. 러시아가 건설한 동청철도(시베리아에서 시작하여 흑룡강을 건너고 길림성 경내를 거쳐 블라디보스토크로 연결되는 철도)는 개통을 앞두고 있었고, 러시아가 강점한 여순·대련에서 북쪽으로 뻗어가는 철도(남만철도)는 개원(開原)까지 공사가 끝나 있었다. 러시아인이 중국 영토 안에서 중국의 노동력을 동원하여 건설한 철도는 일찍부터 대중 사이에 광범위한 분노를 심어놓았다. 대중은 자발적으로 일어나 북으로는 개원까지, 남으로는 해성(海城)에 이르는 5백리의 철도를 파손했다.[26]

천진이 함락된 후 조정은 동북 3성의 장관들에게, 철도 파손은 전적으로 "권민"의 짓이며 정부는 단지 제때에 "진압하지 못한" 책임만 있을 뿐임을 반드시 러시아 측에 이해시키고 그래도 러시아 측과 군사적 충돌이 생길 때에는 "권민을 앞장세우라"는 명령을 내렸다. 이런 비루한 방침은 동북 3성의 관병들에게 러시아군이 쳐들어오면 저항하지 말라는 지시와 다름없었다. 3성의 군대는 원래부터 부패한데다가 이런 방침까지 내려왔으니 그 결과는 생각해보지 않아도 알 수 있을 것이다.

산해관 안쪽에서 침략 연합군이 천진을 출발하여 북경을 향해 진군하던 때와 거의 같은 시기에 러시아 군대가 동북3성을 전면적으로 침범했다. 러시아군은 북쪽과 동쪽에서 흑룡강성과 길림성 경내로 침입하는 한편 여순·대련 지역에서부터 철도를 따라 북으로 진격했다. 불과 두 달 만에 러시아군은 동북3성의 주요 도시 거의 전부를 점령했다. 도시들을 점령하는 과정에서 러시아군은 일반 시민을 잔혹하게 살해했다. 6월 하순, 러시아군은 아이훈(璦琿)을 공격하면서 흑룡강 북안 해란포(海蘭泡, 블라고베슈첸스크)에 거주하던 중국인 5천여 명을 강 건너 쪽으로 쫓아냈는데 강을 건너던 중국인 주민 거의 전부가 익사했다. 러시아군은 이어서 강 동쪽의 육십사둔(六十四屯)에서 중국인 주민을 쫓아내거나 학살했는데 2천여 명이 살해되었다. 제국주의가 중국을 침략한 역사에서 이런 참극은 전례가 없었다.

러시아 정부가 오래 동안 품어왔던 중국 동북지역 독점의 야심이 거

---

26 『의화단당안사료』 상책. 307쪽.

의 이루어지는 듯했지만 러시아는 공개적인 합병은 삼갔다. 당시 여순·대련 지역을 점령하고 있던 러시아의 군사장관 알렉세예프는 다음과 같이 말했다. "관동성(關東省, 러시아인은 점령한 여순·대련 지역을 관동성이라 불렀다)에서의 시도는 러시아인이 직접 중국인을 통치하기에는 아직 조건이 성숙하지 않았음을 충분히 입증해주었다. 이처럼 광대한 범위(동북3성을 가리킨다)에서 같은 잘못을 저지른다면 사실상 모험이 될 것이다."[27] 이 말은, 동북지역에서는 중국인을 내세워 중국인을 통치해야 한다는 주장이었다. 다시 말해, 러시아가 중국의 동북지역을 공개적으로 합병한다면 열강의 강력한 반대에 부닥칠 것임은 물론이고 열강도 중국 각지의 세력범위를 합병하려 들 것이므로 동북지역 병탄만으로 만족할 수없는 러시아의 입장에서는 이런 사태는 결코 원치 않는 바였다. 그래서 러시아 당국은 청 왕조의 동북지역 행정기구를 형식상으로 회복시키기로 결정했다. 알렉세예프는 봉천을 탈출한 성경장군 증기를 찾아내고 그를 협박하여 이른 바 "봉천반환" 임시협정서에 서명하게 했다. 이 협정에 따라 성경장군은 봉천으로 돌아와 지위를 회복했으나 요녕성은 여전히 러시아군의 통제 하에 있었고 성경장군은 러시아의 관동성 장관의 지시를 받는 부하가 되었다. 10월 초에 증기는 요녕성의 수도 봉천으로 돌아왔다. 길림성과 흑룡강성에서도 같은 일이 벌어졌다. 러시아 정부는 "러시아 정부의 만주 감리원칙"이란 것을 만들어 발표했는데, 이 원칙에 따라 동북3성은 사실상 러시아의 식민지가 되었고 단지 형식상으로 행정관할권만 중국에 속했다.

일본·영국·미국 등 제국주의 국가의 반대에 부딪쳐 러시아의 동북지역 점령 문제는 여기서 끝나지 않았다. 이후의 경과는 아래에서 살펴보기로 한다.

---

27 크리스토비츠, 『원동의 러시아인』, 152쪽.

제국주의 열강의 "문호개방" 정책과 신축조약(辛丑條約)

이홍장과 경친왕 혁광이 강화대신의 자격으로 제국주의 열강이 점령한 북경에 머물렀으나 그들과 침략국 대표 사이에는 사실상 "강화를 위한 대화"가 없었다. 대화가 있었다고 한다면 그것은 침략 국가들 사이의 대화뿐이었다. 침략 국가들은 청 왕조 정부에 대한 처우문제와 강화의 조건을 놓고 거의 1년 동안 협상과 암투를 벌였다. 이홍장과 경친왕이 강화를 위해 한 일이라고는 침략 국가들이 협의한 결과를 서안에 있는 조정에 전해주고 마지막에 가서 조약에 서명한 것뿐이었다.

중국의 분할은 제국주의 열강의 가장 중요한 문제였다. 당시 중국에서 가장 큰 세력은 영국과 러시아였고 두 나라 모두 중국을 분할할 준비를 하고 있었다. 영국은 장지동을 호남과 호북 지역에 "독립"시킨다는 구상을 갖고 장강 중하류에서 군사력을 강화한 적이 있었고 이홍장을 광동광서 지역에 "독립"시킨다는 계책을 세운 적이 있었다. 러시아도 앞에서 설명한 바와 같이 동북 지역 전체를 무력 통제 하에 두었고 다시 몽고와 신강을 차지한다는 야심찬 계획을 갖고 있었다. 양국은 중국을 분할하지 않을 수 없는 형세가 된다면 자신이 조금이라도 더 많이 차지하려는 준비를 해두고 있었다. 다른 한편으로 양국은 중국의 분할을 찬성하지 않는다는 뜻도 밝혀두고 있었다. 분할을 찬성하지 않는다는 말은 거짓은 아니었다. 중국을 분할한다고 했을 때 그들은 필연적으로 발생하게 될 제국주의 열강 사이의 격렬한 투쟁에 대응하기 위해 큰 역량을 소모해야 하고 기왕에 획득한 거대한 이익도 손해를 입거나 상실할 위험이 없다는 보장이 없었다.

영국과 러시아 이외에 중국에서 이미 일정한 "세력범위"를 획득한 독일·일본·프랑스도 이 무렵 분할에 대비하면서도 한편으로는 분할을 반대했다.

의화단운동의 경험을 통해 제국주의 열강은 중국 분할이 매우 위험한 일임을 알게 되었다. 실제로 중국을 분할한다면 광대한 중국 인민대중의 저항 정서를 더욱 자극하게 될 것이고 제국주의 열강은 의화단과 같은 방대한 투쟁과 직접 대면하지 않을 수 없기 때문이다. 침략 연합군 총사령관 폰 발더제는 독일 황제에게 올린 보고서에서 "중국분할" 문제에 관한 자신의 견해를 밝혔다. 그는 각국이 분할 문제를 두고 타협하지 않을 수 없다고 하면서, 한편으로는 자신이 중국에서 경험한 바를 근거로 하여 중국의 황실과 관리, 그리고 상류계급은 부패하고 무지하기는 하지만 중국에는 4억의 인구가 있으며 의화단운동에서 보았듯이 전투정신을 잃지 않은 인구가 많으므로 분할이란 방법은 취할 바가 못 된다고 주장했다.[28] 영국인 혁덕은 그 무렵에 쓴 중국문제에 관한 평론에서 중국 분할은 피하기 어려운 일이지만 지금 곧 실시할 수 있는 일은 아니라고 주장했다. 그는 의화단운동을 통해서 이제 "중국인은 긴 잠에서 깨어나 점차로 '중국은 중국인의 중국이라야 한다'는 사상을 갖게 되었고 …… 앞으로 이런 정신은 사람들 마음속에 깊이 자리 잡아 전국으로 퍼져나갈" 것임을 깨닫게 되었다. 그는 당장 분할을 실시한다면 이런 정신을 더욱 자극할 뿐이므로 가장 좋은 방법은 중국의 현상을 유지하는 것이며, 열강이 청 왕조 정부를 내세워 중국인에게 중국은 망하지 않는다는 느낌을 주도록 하면서 의화단운동에서 표출된 정신을 점차적으로 소모시키는 것이라고 주장했다.[29]

미국은 당시 열강의 중국 분할을 반대하고 중국 정부를 현 상태로 유

---

28 범문란, 『중국근대사』 상편, 502쪽에서 인용.
29 양계초가 「멸국신법론(滅國新法論)」이란 글에서 개괄한 혁덕의 글. 『음빙실문집』 6, 44쪽을 보라. 『황화론(黃禍論)역사자료선집』(중국사회과학출판사 1979년 판)에 혁덕의 글 전문이 수록되어 있다.

지하자고 주장했다. 이런 정책을 미국 자신은 "문호개방" 정책이라고 불렀다. 의화단운동이 발생하기 전인 광서 25년 8월(1899년 9월)에 미국 정부는 영국·러시아·독일·일본·이탈리아·프랑스 정부에 "문호개방"에 관한 외교각서를 보냈다.

미국은 1898년에 미국·스페인 전쟁에서 이겨 괌과 필리핀을 탈취한 후 태평양 연안으로 세력을 확장하겠다는 야심을 갖고 있었고 최종 목적지는 중국이었다. 미국은 중국에서의 열강의 세력범위를 부정할 수 없었기 때문에 "문호개방"이란 명분을 내세워 어느 한 나라의 세력범위도 미국에게 문을 닫아서는 안 된다고 주장했다. "문호개방" 정책은 열강에게 현재의 중국 정부를 인정하고 중국 영토를 온전히 보존하며, 중국에서의 일체의 권익을 공동으로 향유하며 이른바 "이익균점"의 원칙을 지킬 것을 요구했다. "문호개방"은 미국의 입장에서는 우월한 경제력을 바탕으로 하여 점진적으로 중국에서의 지위를 강화하는데 유리할 뿐만 아니라 열강의 직접적인 분할을 두려워하던 청 정부에게도 매력적인 정책이었다. 뿐만 아니라 "문호개방"은 중국을 침략한 주요 제국주의 국가도 동의할 수 있는 정책이었다. 제국주의 열강이 "문호개방"에 찬성하거나 최소한 반대하지 않은 이유는, 누구도 중국을 독점할 수없는 상황에서 중국을 공동 관리한다면 열강 가운데 어느 한나라의 이익이 배척당할 위험이 없을 뿐만 아니라 각종 기회를 이용하여 이익을 확대할 가능성도 있었기 때문이었다.

광서 26년 6월(1900년 7월), 침략전쟁의 불길이 천진에서 이미 타오르고 있던 때에 미국은 문호개방 문제에 관한 두 번째의 외교 각서를 각국에 보냈다. 미국은 각서에서 "중국의 영토와 행정의 실체를 유지하고 조약과 국제법에서 보장하는 우호국의 권리 일체를 존중"하는 것이 문호개방의 핵심이라고 주장했다. 이것은 제국주의 열강이 청 왕조 정부의 전국적인 통치를 계속하여 공동으로 보장함으로써 이미 체결된 불평등조약과 제국주의 세계질서를 준수해야 각국의 중국에서의 권리가 보장된다는 의미의 다른 표현이었다. 미국의 첫 번째 각서는 주로 각국의 중국에서의 조계지와 세력범위의 "개방" 문제를 언급한 반면 두 번째 각서는 전체 중국의 "개방"을 언급했다.

미국의 두 번째 외교 각서가 나온 한 달 후에 침략 연합군이 북경을 점령했다. 각국이 강화의 방침을 두고 논쟁을 벌일 때 영국·독일·일본·프랑스·러시아는 자신의 이익을 지키는 방법으로서 이른 바 "이익균등"과 "중국보전"의 원칙에 동의했다. 요약하자면 제국주의의 이익을 위해 청 왕조 정부를 보존하자는 것이었다.

이렇게 하여 미국이 주창한 문호개방 정책은 열강의 공인된 원칙이 되었고 연합군이 청 정부에게 제시한 강화조건의 기초가 되었다. 결국 열강은 이번에는 누구도 영토 할양의 요구를 하지 않기로 약속했다.

미국·러시아·프랑스는 청 정부를 유지시킬 작정이면 자희태후를 정부의 우두머리로 앉혀두어야 한다고 주장했다. 영국·독일·일본은 자희태후가 광서황제에게 권력을 돌려주어야 한다는 의견을 표명한 적이 있었지만 강화조건을 협의하는 과정에서 주장을 철회했다. 열강은 마침내 말썽을 부렸다가 "회개"한 황태후(청 조정이 동의하고 서명한 강화의 기본원칙 가운데서 "회개의 뜻을 밝혔다"는 표현이 나온다)를 계속하여 공동으로 유지시키기로 결정했다. 강화가 아직 발효되기 전에 각국은 말썽을 일으킨 핵심인물들의 처벌을 요구했는데 독일이 특히 강하게 요구했다. 처벌받아야 할 인물들이란 의화단 지지를 주장한 청 조정의 고위관료들을 가리켰다. 거듭된 토론을 거친 후 열강은 사형에 처해야할 11명의 조정 대신의 명단을 제시했다. 그중에서 신분이 가장 높은 인물은 단왕 재의였다(그의 아들은 황위계승자로 지명되어 있었다). 전쟁 조서를 내렸던 자희태후로서는 자신이 주요 처벌대상자가 되는 것이 가장 걱정되는 일이었다. 열강이 단왕을 처벌하는 선에서 만족하며 자신을 여전히 필요로 한다는 사실을 알게 된 자희태후는 상대가 제시하는 어떤 조건도 기꺼이 받아들일 생각이었다.

광서 26년 11월 초(1900년 12월), 열강은 각국이 합의한 강화 원칙 12개 항을 제시했다. 이 원칙에 따라 세부 내용과 절차는 추후에 결정하기로 했다. 서안에 피난해 있던 조정은 강화 원칙에 서명한 후 조정의 입장은 "중화의 물력(物力)을 헤아려서 여러 나라의 환심을 받아들인다"는 것이라고 밝혔다.[30] 바꾸어 말하자면, "중화의 물력"을 있는 데로 동원하여 수도를 무장 점령한 "여러 나라"의 비위를 맞춤으로써 열강에게 청 조정은 분명히 "보전"할 가치가 있다고 느끼게 해주겠다는 뜻이었다. 세부 내용과 절차를 협의하는 과정에서 가장 큰 문제는 "배상금"의 액수였다. 제국주의 열강은, 중국이 이번 출병의 비용과 열강이 입은 기타 "손실"을 반드시 보상해주어야 한다고 주장했다. 보상금 액수는 최종적으로 은화 4억 5천만 냥으로 합의되었고 40년 동안 원리금을 매년 분할 지급하는 조건이었다. 40년 동안 지급해야할 원리금 합계액은 9억 8천 2백여만 냥이었다(그해의 간지를 따라 경자[庚子]배상금이라 부른다). 이 금액은 청 정부의 20년 동안의 재정수입 총액과 맞먹었다.

12개 항 원칙을 바탕으로 하여 열강이 제시한 조약안이 광서 27년 7월 25일(1901년 9월 7일)에 정식으로 조인되었다(이 해의 간지를 따라 신축[辛丑]조약이라 부른다). 조약은 관세, 염세, 상관세(常關稅, 내지 관세)를 배상금의 담보로 규정했다. 아직 상환하지 못한 이전의 차관이 있는 상태에서 이런 세수만으로는 배상금을 지급하기에는 턱없이 부족했다. 청 왕조 정부는 경자배상금을 지급하기 위해 각 성에 매년 2천만 냥의 추가 징세를 할당했다.

배상금 문제 이외에 신축조약은 청 정부에게 제국주의에 반대하는 일

30　『의화단당안사료』 하책, 945쪽.

체의 대중의 행동과 조직을 철저하게 진압하도록 책임을 지우고 관련 업무를 소홀히 한 대소 관원은 엄격하게 처벌하도록 규정했다.

신축조약은 북경 동교민항 일대를 외국 공사관 지역으로 획정하고 각국이 자신의 군대를 동원하여 공사관을 "보호"할 수 있는 권리를 인정함으로써 공사관 지역은 사실상 나라 안의 나라가 되었다. 또한 이 조약은 청 정부로 하여금 대고 포대와 대고에서 북경에 이르는 연선의 모든 포대를 반드시 철거하도록 규정하고, 나아가 천진 주위 20리 안에는 중국 군대의 주둔을 금지하면서도 제국주의 열강에게는 북경에서 연해지역에 이르는 통로를 확보할 수 있게끔 각지에 군대를 주둔시킬 수 있는 권리를 인정했다. 또한 청 정부는 이 조약에 따라 열강이 북경-천진-산해관 철도 연변 12개 지역에 주둔 시킨 군대를 기정사실로 인정하였다. 이처럼 북경에서 연해지역에 이르는 도로는 제국주의 군대 앞에 활짝 열리게 되었고, 북경 성 안에도 외국 군대가 주둔하게 되었으니 청 왕조 정부는 열강의 날카로운 칼날 아래서 완전한 감시를 받게 되었다.

신축조약에는 출병한 독일·러시아·일본·미국·프랑스·영국·이탈리아·오스트리아 등 8국이 서명하였고 그밖에 벨기에·스페인·네덜란드도 서명했다. 청 정부를 대표해서는 경친왕 혁광과 이홍장이 서명했다. 이홍장은 이 조약에 서명한 두 달 후 병사함으로써 중국을 침략한 제국주의자들의 동료이자 주구로서의 일생을 마감했다.

신축조약의 체결과 함께 청 조정은 전국적인 통치자 신분으로 북경으로 돌아왔고 중국은 형식상으로는 여전히 독립 통일국가였다. 그러나 당시 한 미국인이 말한 바와 같이 중국은 "이미 독립 주권국가로서의 속성이 극히 일부분만 유지되는 매우 낮은 국가단계에 도달했다."[31] 제국주의 열강은

---

31 Morse, 『중화제국대외관계사』 제3권. 383쪽.

신축조약을 통해 청 조정으로 하여금 중국은 열강의 공동관리 하에 있는 반식민지 국가라는 사실을 인정하게 했다. 미국이 제창한 문호개방 정책에 의해 "보전된" 중국이란 바로 이런 모습의 중국이었다.

신축조약에는 토지를 할양한다는 조항은 없었지만 열강이 군사적으로 천진을 점령하고 있던 동안에 러시아는 천진에서 강제로 조계를 빼앗았고 뒤를 이어 이탈리아·벨기에·오스트리아도 조계를 갖게 되었다. 이 이전에도 천진에는 영국·프랑스·미국·독일·일본의 조계가 있었다(미국 조계는 후에 영국 조계와 합병되었다).

러시아는 일방적으로 규정한 "러시아 정부의 만주 감리원칙"과 성경 장군 증기를 위협하여 체결한 "봉천반환 임시협정서"(정식명칭은 《봉천교지잠차장정[奉天交地暫且章程]》)를 근거로 하여 동북 3성에서 군사적인 통제를 시행했다. 그러나 원천적으로 지방관원에게는 이런 협정을 체결할 권한이 없었다. 영국·일본·미국이 강력하게 반대하고 청 조정도 승인할 수 없다는 의사를 표시했다. 러시아정부는 영국·일본·미국의 반대 목소리를 잠재우고 만주 독점을 "합법화"할 근거를 마련하기 위해 청 조정과 정식 협정을 맺어야 할 필요가 있었다. 열강이 북경에서 강화의 원칙을 제시한 바로 그 시점에 청 조정은 러시아의 요구에 따라 러시아 주재 공사 양유(楊儒)를 대표로 하여 모스크바에서 담판을 진행했다. 러시아정부가 양유에게 제시한 협정 초안은 형식상으로 동북 3성을 반환할 뿐 실제로는 이 기회를 이용하여 청 정부가 전체 동북 지역뿐만 아니라 중국령인 몽고와 신강 지역에서도 러시아의 독점적 권익을 인정하게 만들겠다는 의도를 분명하게 드러냈다.

러시아정부가 비밀리에 제시한 협정초안이 누설된 후 제국주의 열강, 그중에서도 영국·일본·미국은 강력한 반대의사를 표시했다. 세 나라는 청 조정에게 러시아와 협정을 맺는다면 중국을 분할하는 국면이 조성될 것이라고 경고했다. 이런 상황에서 청 조정은 러시아의 요구를 받아들일 수 없었다. 양유의 모스크바 담판은 아무런 결과도 얻지 못했다. 신축조약이 체결된 후에도 러시아 군대는 철수를 거부하고 여전히 동북 3성에 머물렀다.

의화단의 역사적 공적과 자산계급의 의화단에 대한 태도

천진과 북경이 침략 연합군에게 잇따라 점령된 후 청 왕조의 통치자들과 제국주의 침략자들은 전면적인 협력을 통해 중국인민의 반제국주의 투쟁을 공동으로 진압했다. 청의 통치자들은 어제까지만 해도 의화단을 "의민"이라고 불렀다가 오늘은 다시 반드시 "철저하게 토벌"해야 할 "도적무리"라고 불렀다. 그들이 의화단을 우롱한 이유는 그들을 팔아먹기 위해서였다. 의화단은 청 조정의 속셈을 정확하게 파악할 능력도, 대처할 능력도 없었고 그 결과 안팎의 반동파로부터 공격을 받아 철저하게 난도질당했다. 직례성 농촌에 분산된 의화단 무장은 일부에서 투쟁을 지속하기는 했지만 다시는 역량을 규합할 수가 없었다.

직례성과 북방 몇 개 성에서 왕성하게 일어났던 의화단운동은 실패했다. 의화단운동이 실패한 후 일부 활동가들은 사천으로 가 투쟁의 전통을 갖고 있던 현지의 민간 회당과 결합하기 시작했다. 광서 27년(1901년) 4월, 사천 동부 일대에서 "청 타도, 서양인 축출, 한족부흥"의 구호를 내걸고 인민의 봉기를 호소하는 의화단 격문이 등장했다. 다음 해에는 자양(資陽)현에서 시작하여 사천 동부 각지와 사천 북부와 남부의 일부 지역에서 관군에 저항하며 교회당을 불 지르는 군중 투쟁이 발생했다. 같은 시기에 직례성 남부의 광종(廣宗)과 거록(巨鹿)에서도 경정빈(景廷賓)을 우두머리로 하여 "청 타도, 서양축출"을 구호로 내건 무장봉기가 일어나 산동과 하남 두 성의 변경지역 일부 현에까지 확산되었다. 이 지역에 잠복해있던 의화단 군중이 이때의 봉기에 참가했다. 사천 동부와 직례 남쪽의 두 차례 봉기는 오래 지속되지 못하고 관군의 잔혹한 진압으로 실패했지만 그들이 내건 구호는 주목할 만한 것이었다. 사천 동부와 직례 남부의 두 차례 봉기는 의화단운동의 여파라고 할 수 있었지만 한편으로는 반제국주의 투쟁과 이미 제국주의의 완전한 도구가 되어버린 청 왕조의 통치계급에 반대하는 투쟁이 상호 결합한 첫 번째 봉기라는 의미를 지니고 있었다.

의화단운동은 반(半)식민지 반(半)봉건적 중국에서 광대한 농민이 봉건세력과 맞서 투쟁하는 강대한 역량이자 제국주의와도 맞서 싸우는 강대한 역량임을 보여주었다. 의화단운동은 이 두 방면의 투쟁을 제대로 융합해내지는 못했으나 의화단의 역량이 일시에 분출하자 청 왕조 정부는 감히 상상도 못했던 선전포고를 하지 않을 수 없었다. 제국주의 열강은 중국이라는 거인을 마음대로 요리할 수 있는 대상으로 보아오다가 의화단운동이 폭발한 후로는 중국사회의 저층에 흐르는 거대한 저항 역량을 공포의 눈길로 바라보게 되었다. 의화단운동은 실패로 끝났지만 제국주의 열강의 중국 직접 분할을 저지하는데 지대한 역할을 했고 그 후로 중국인민은 파도를 하나씩 넘어가며 반제국주의와 반봉건주의 투쟁에서 완전히 승리할 때까지 선구자 역할을 했다.

의화단운동은 선진계급의 영도가 없는 상황에서 가난한 농민이 핵심이 된 자발적 대중운동이었다. 의화단운동은 이러한 농민혁명과 농민전쟁의 마지막이었다. 중국은 다시는 세계 밖에 고립된 봉건주의 중국이 아니었다. 세계는 이미 제국주의 시대로 접어들었고 중국은 반(半)식민지 반(半)봉건 중국이 되었다. 의화단운동은 반제국주의 투쟁에서 뛰어나게 임무를 수행했으나 이 임무를 봉건주의에 반대하고 민족의 진보를 쟁취하는 임무와 결합해내지는 못한 체 봉건주의의 낙후성과 배외주의란 독소에 함몰되고 말았다. 의화단의 실패는 단순한 자발적 농민혁명과 농민전쟁은 시대의 요구에 다시는 부응할 수 없다는 사실을 증명했다. 태평천국운동이나 의화단운동 같은 낡은 방식의 농민운동은 다시는 역사의 중심에 설 수 없게 되었다.

반(半)식민지 반(半)봉건 중국에서 농민이 갖고 있는 무궁무진한 반제국주의 반봉건주의 역량은 역사상 가장 선진적인 계급의 영도가 없이는 충분히 발휘될 수 없었다. 중국의 무산계급은 공산당을 통해 광대한 농민대중을 동원하고 단결시킬 수 있었으며, 농민운동을 태평천국이나 의화단 같은 자발적 운동이 도달하지 못했던 수준으로 끌어올렸으며, 이런 업적을 통해 중국 무산계급은 중국 민족민주혁명의 영도자가 될 수 있었고 혁명을 발전시켜 최후의 승리에 이를 수 있었다.

19세기 말에 중국의 무산계급은 아직 계급적 자기인식을 갖고 있지 못했고 정치무대에도 오르지 못했다. 이런 시기에 정치무대에 오르기 시작한 자산계급은 그들이 대표하는 생산방식으로 보거나 정치사상의 어떤 면으로 볼 때 농민에 비해서는 선진계급이었다. 그러나 자산계급은 여러 가지 약점 때문에 농민혁명의 영도자가 될 수 없었다.

의화단운동이 폭발했을 때 중국 자산계급을 대표하는 인물은 의화단의 약점만 지적했을 뿐 의화단의 혁명적 역할을 간파한 사람은 거의 없었다.

무술정변 후에 국외로 도피한 강유위와 양계초는 광서황제를 보위한다는 강령을 내세우고 보황당(保皇黨)을 조직했다. 북방에서 의화단운동이 일어났을 때 그들은 국내에서 활동을 재개할 좋은 시기가 왔다고 판단했다. 당재상이 이들을 대표하여 일본으로부터 귀국했다. 당재상은 광서 26년 6월에 상해에서 의화단 사변을 맞아 인민은 스스로 "종족을 보존하고 나라를 구해야 한다"고 주장하며 수백 명을 초청하여 회의를 열었는데, 이 회의를 "국회"라고 불렀다. 회의에 참석한 인물 대부분은 자산계급 경향을 가진 상류사회 인사들이었다. 당재상은 다음과 같이 "국회"의 3대 강령을 제시했다. "1. 중국 자립의 권리를 보전하고 새로운 자립중국을 창조한다. 2. 만주족 청 청부가 청을 통치하는 권리를 인정하지 않는다. 3. 광서황제를 복위시킨다."[32] 청 정부를 인정하지 않는다면서 자희태후로부터 권력을 빼앗아 광서황제에게 돌려준다는 것은 모순이 아닐 수 없었다.

당재상은 공개적으로 "국회"를 소집하는 이외에도 비밀리에 자립회(自立會)라는 조직을 만들고 장강 중 하류 각지의 가로회와 연락하여 자립군(自立軍)의 이름으로 봉기를 일으킬 준비를 했다. 그는 화교들로부터 모금한 거액의 자금을 이용하여 다수의 가로회 우두머리들을 끌어들이고 일부 청 왕조 군대를 매수했다. 자립군은 빠른 시간 안에 형식상으로는 상당한 역량을 갖추게 되었다. 당재상은 그해 7월에 무한에 지휘부를 두고 호남·호북·안휘·강서에서 동시에 봉기를 일으키려고 했다. 계획된 봉기가 시작되기 전에 안휘 대통(大通)의 자립군 조직이 청 당국에 발각되어 무너졌다. 이어서 무한에서는 당재상에게 매수된 청군의 장교 일부가 당국에 자수했다. 호광총독 장지동이 자립군의 총 지휘부를 체포하라는 명령을 내렸고 당재상과 20여 명이 체포되었다. 이들은 즉시 처형되었고 호북에서도 자립군에 참가한 가로회 우두머리 여러 명이 체포 처형되었다. 호남과 안휘에서도 적지 않은 사람들이 처형되었다. 강유위와 양계초 일파가 시도했던 유일한 무장봉기는 이렇게 하여 실패로 끝났다.

강유위는 모금을 위해 화교들에게 보낸 서신에서 자신이 외국의 지지를 받을 수 있음을 믿어 달라고 호소하면서 승리를 확신한다고 큰소리쳤다. 그의 방침은 근본적으로 제국주의를 반대하지 않는 것이었다. 그는 자신의 운동과 의화단운동은 다르다는 점을 강조했을 뿐만 아니라 그의 군대는 북

---

32 탕지균(湯志鈞), 『무술변법인물전고(戊戌變法人物傳稿)』 상책, 192쪽.

상하여 외국 침략자들과 함께 의화단을 공격하겠다고 약속했다.

당재상의 봉기는 혁명이 아닌 황제 보위와 유신의 깃발을 내걸었다. 이 봉기가 실패하자 애초에 강유위의 주장을 받아들였던 애국 지식분자들이 분화하기 시작했고 일부가 청의 통치에 반대하는 혁명 노선으로 돌아섰다. 당재상은 회당의 역량을 이용하여 봉기를 시도했는데, 이것은 이후 혁명당파가 본받은 행동방식이었다. 양계초는 의화단운동 시기에 발표한 한 문장에서 중국이 약한 원인의 하나는 "우매함"이라고 말했다. 그는 다음과 같이 말했다. "당면한 권법 무리의 환란은 우매한 무리가 불러왔다는 게 논자들의 일치된 견해이다. 전국의 백성 가운데서 권법 무리보다 나은 식견을 가진 자가 몇이나 되는지 자문해보자."[33] 그는 완전히 귀족 주인나리의 관점으로 인민대중을 파악했다. 더욱 황당한 것은, 그가 같은 문장에서 중국인의 가장 큰 병폐는 "움직이지 않는 것"이라고 지적했다는 점이다. 그는 다음과 같이 묘사했다. 중국인은 "탐관오리가 압제해도 움직이지 않고, 포학한 정치에 해를 입어도 움직이지 않고, 외국인이 침략해 와도 움직이지 않고, 만국의 부강해진 성과가 눈앞에 찬란하게 펼쳐져도 움직이지 않고, 열강에게 분할 당할 치욕이 코앞에 와있어도 움직이지 않는다."[34] 의화단으로 대표되는 중국의 하층 인민대중이 비록 내부적인 약점 때문에 결국 실패하게 되지만 제국주의의 침략에 맞서 강렬하게 저항함으로써 역사에 위대한 공헌을 기록하고 있을 때 양계초 같은 자산계급 언론가는 투쟁에 나선 사람들을 우매한 무리라고 매도했다. 광대한 인민이 투쟁에 나섬으로써 중국에서 격렬한 진동이 발생하고 있을 때, 더욱이 장래에는 어떤 힘으로도 억누를 수 없게 되는 진동이 발생하고 있을 때, 양계초가 본 것은 "움직이지 않

---

33 「중국적약소원론(中國積弱溯源論)」, 『음빙실문집』 5, 중화서국 1932년 판, 22쪽.

34 전게서, 26쪽.

음"이었다.

이 무렵 강유위와 양계초 일파는 제국주의·봉건주의 세력과 비교적 밀접한 관계를 맺고 있던 상층 민족자산계급을 대표했다. 그들은 정치적으로는 자산계급 개량파였다. 민족자산계급 중 다른 일파 — 손중산을 위시한 자산계급 혁명파 — 가 이 무렵 이미 존재를 나타내고 있었다. 손중산은 일찍이 갑오전쟁 시기에 호놀룰루 화교사회에서 "흥중회(興中會)"란 조직을 만들고 정치활동을 시작했다. 그러나 손중산을 중심으로 한 자산계급 혁명파의 초기 활동은 국내에서는 영향이 크지 않았고 그들과 자산계급 개량파의 정치적 경계도 분명하지 않았다. 당시 손중산 일파는 의화단운동의 반제국주의적 혁명성에 대해 분명한 이해도 갖고 있지 않았다.

20여 년 후 손중산은 의화단에 대해 공정한 평가를 하였다. 그는 의화단의 배외주의는 "유럽과 미국으로부터 유입된 신문화에 대한 반동"이라고 평가하고 의화단의 반침략 투쟁정신에 대해 다음과 같이 찬양했다. "그 용감한 기상에 대해서는 탄복하지 않을 수 없다. 의화단의 혈전을 통해 외국인은 중국에 아직도 민족정신이 남아있고 그런 민족은 소멸시킬 수 없다는 사실을 알게 되었다."[35] 그러나 의화단운동이 진행되고 있던 당시에는 자산계급의 경향을 대표하던 여론은 일반적으로 의화단을 청 왕조 통치계급의 지지를 받는 낙후하고도 나라에 화를 불러오는 운동으로 보았다.

당시에 애국 지식분자 가운데서 개별적으로 의화단에 대해 긍정적인 평가를 한 인물이 없지는 않았다. 광서 27년(1901년), 중국 유학생들이 일본 요코하마(橫濱)에서 발간하던 《개지록(開智錄)》이란 잡지에 「의화단의 중국에 대한 공헌설(義和團有功于中國說)」[36]이란 제목의 글이 실렸다. 이 문장은 다

---

35 『손중산전집』. 인민출판사 1981년 판. 758-759쪽.

36 장단(張枬) 등, 『신해혁명전10년시론선집(辛亥革命前10年時論選集)』 제1권, 삼련서점

음과 같이 주장했다. "세계에서 가장 놀랍고, 곤혹스러우며, 밉고, 혐오스러운 존재로 말하자면 오늘날의 문명국만한 것이 없으며," 의화단은 이런 "문명국"이 중국을 압박한데 대한 반응이었고, "압력이 클수록 반발하는 힘도 큰 것이 자연의 이치이다. 그러므로 북부 산동과 직례의 인민이 외국인이 우리를 모멸하는데 하늘 역시 막아주지 않는다고 외치며 백성이 뜻을 합해 함께 완력을 사용한 일은 천명에 순응하고 인간의 도리를 다한 것이다. 성공했더라면 열강을 몰아냈을 것이고 실패했어도 국민의 배외사상을 떨쳤으니 이것이 의화단의 공헌이다." 또한 이 글은 의화단이 큰 화를 불러왔다는 당시의 일반적인 평가를 반박하면서 다음과 같이 주장했다. "의화단은 비록 실패하고 평가를 못 받고 있지만 중국 민족이 강한 뿌리를 갖고 있음을 보여주었고 국민독립의 씨앗을 뿌린 공적을 우리 중국인이 어찌 모를 수 있겠는가?" 이 글의 저자는 의화단 투쟁이 열강으로 하여금 중국 분할을 다시 생각하게 만들었다고 주장하였다. 이 글이 의화단에 대해 일부 잘못된 관점을 보이고 있고 의화단의 약점에 관해서 구체적인 분석을 하지 못하기는 했지만 의화단이 화를 불러온 게 아니라 "중국을 위해 공헌"한 바가 있다는 주장은 당시의 언론계에서는 찾아보기 어려운 논점이었다.[37]

1960년 판, 58-62쪽.

37 《개지록》에서는 이 문장의 저자의 이름을 밝히지 않고 있다. 1903년에 출판된 『황제혼(黃帝魂)』이란 논문집에도 이 글이 수록되어 있는데 역시 저자 이름은 밝히지 않고 있다. 장사교(章士釗)에 의하면 『황제혼』의 편집자는 황조(黃藻)이며 그(황조)가 이 글을 썼다고 한다(장사교의 『소황제혼(疏黃帝魂)』. 중화서국에서 1961년에 출판된 『신해혁명회억록』. 제1책, 238-239쪽에 수록).

제4편

자산계급이 주도한 신해혁명

일본·러시아 전쟁과 제국주의의 중국 경제침략

제국주의 열강은 신축조약을 체결하는 과정에서 중국 침략의 공동 이익을 지키기 위해 일시적으로 의견의 일치를 보았다. 그러나 일치는 오래 가지 못하고 곧 상호 알력과 충돌로 대체되었다.

신축조약 체결 4년 후에 일·러전쟁(1904-1905)이 발생했다. 이 전쟁은 중국 동북지역의 지배권을 다투는 제국주의 전쟁이었다. 이 전쟁에서 영국과 미국은 일본을 지지했다. 영국과 일본은 1902년 2월에 영·일동맹조약을 체결했다. 이 조약의 체결 목적은 "청 제국의 독립과 보전을 유지하고 모든 국가의 청 제국에서 획득한 상업과 공업의 기회균등을 보증"하는 것이었다. 이 조약은 앞에서 설명한 문호개방주의의 구현이자 모든 제국주의 국가에 문호를 개방한 반(半)식민지 국가로서의 중국의 지위를 보증하고 있었다. 영·일동맹이 설정한 적은 당시 동북 3성을 사실상 점령하고 있던 러시아였다. 일·러 전쟁 중에 미국은 열강에게 다시 한 번 문호개방주의를 강조하는 통첩을 보내 중국을 보전해야 각국이 획득한 상업상의 기회균등이 유지될 수 있음을 환기시켰다. 러시아의 동북지역 점령에 대해 청 정부는 수모를 참으면서 열강의 반대를 등에 업고 러시아와 협상을 벌여 점진적으로 러시아군을 철수시킨다는 구상을 갖고 있었다. 광서 28년 3월(1902년 4월)에 러시아는 청 정부와 철군 협약을 맺었다. 러시아는 협약 체결일로부터 시작하여 6개월씩 세 차례로 나누어 동북 지역에 주둔한 군대를 완전히 철수시키겠다고 약속했다. 이 해 9월에 성경(지금의 심양) 서남부에 주둔하던 러시아군이 협약에 따라 처음으로 철수했지만 제2차 철군 시한인 광서 29년 3월(1903년4월)에 러시아는 성경 부근과 길림성에 주둔한 군대를 철수시키지 않은 채 오히려 철군의 선결 조건으로서 7개 항의 요구를 내놓았다. 요구의 핵심 내용은 청 정부가 동북 3성뿐만 아니라 몽고도 러시아의 세력범위임을 인정하라는 것이었다. 러시아의 이런 야심 때문에 일·러 전쟁이 일어났다. 영국과 미국은 일본을 이용하여 러시아의 중국 동북지역 독점을 막는 한편 극동 지역의 러시아 세력을 약화시키려 했다. 일본은 러시아를 대신하여 동북 지역을 차지할 생각이었다. 일본은 러시아에 선전포고를 하면서 "중국의 주권과 영토의 보전"과 "각국의 중국에서의 공·상업 기회균등"을 내세웠다.

전쟁은 1904년 2월(광서 29년 12월)에 시작되었다. 전쟁이 발생하기 전 청 왕조의 일부 관원은 일본과 연합하여 러시아와 전쟁을 벌이자고 주장했다. 그러나 청 조정은 전쟁을 벌일 의지가 없었고 일본도 중국의 참전을 원치 않았다. 일본 정부는 청 정부에게 동북 지역을 전장으로 내놓은 채 일·러 양국의 전쟁을 지켜보라고 요구했다. 청 정부는 뜻밖에도 요하(遼河) 이동을 교전지역으로 선포하고 "국외중립"의 지위를 자청했다.

러시아는 해전과 육상전에서 모두 패배했으나 일본도 탈진 상태였다. 미국의 조정으로 쌍방은 1905년 9월에 포츠머스조약을 체결하고 전쟁을 끝냈다. 이 조약으로 러시아가 점령했던 요동반도 남단의 여순·대련 항과 부근 해역, 그리고 장춘-여순 철도가 일본에게 넘어갔다. 일·러 강화조약이 체결된 후 일본 정부는 대표단을 북경으로 보내 청 정부와 담판을 벌이고 청 정부는 러시아가 갖고 있던 만주 남부지역의 특수지위를 일본이 완전히 계승한다는데 동의했다. 경친왕 혁광, 외무부 상서 구흥기(瞿鴻禨), 북양대신 원세개로 구성된 청 정부 대표가 광서 31년 11월(1905년 12월)에 일본의 요구대로 '동북3성 사무와 관련한 중·일회의 주 조약(中日會議東三省事宜正約)' 3개 항과 부속 약관 12개 항에 서명했다. 청 정부는 포츠머스조약 중의 관련 규정을 "일괄적으로 승낙"하겠다는 의사를 밝혔을 뿐만 아니라 일본에게 별도의 권익을 주겠다고 동의했다.

일·러 전쟁이 벌어지고 있는 동안에 영국은 티베트를 무력으로 침공했다. 광서 29년 10월(1903년 12월)에 영국군 천여 명의 병력이 인도-티베트 국경을 넘어 와 다음 해 2월(1904년 4월)에 장무(江孜)를 점령하고 6월(8월)에는 라싸(拉薩)를 점령했다. 영국군은 티베트의 일부 종교지도자들을 위협하여 '라싸조약'에 서명하게 했다. 이 조약은 청 정부를 배제한 채 체결되었을 뿐만 아니라 그 내용도 티베트를 중국에서 분리하여 완전히 영국의 지배하에 두는 것이었으므로 청 정부는 반대하지 않을 수 없었다. 청 정부는 라싸에 주재하고 있던 주장대신(駐藏大臣) 유태(有泰)에게 서명을 거부하라는 지시를 내렸다. 이후 청 정부는 광서 31년(1905년)과 32년(1906년) 두 차례에 걸쳐 관원을 파견하여 영국 대표와 각기 인도와 북경에서 담판을 벌였고, '라싸조약'을 완전히 폐기할 수는 없었으나 티베트를 분리시키려는 영국의 음모는 실현되지 못했다. 티베트에 진입한 영국군은 광서 33년(1907년) 말에 완전히 철수했다.

영국의 티베트 침입은 러시아 세력의 확장을 견제하려는 의도에서 나왔다. 러시아는 일찍이 19세기 80년대부터 티베트로 세력을 확장하기 시작했고 1900년이 되자 러시아는 티베트의 종교지도자 달라이 13세와 손을 잡고 티베트 독점을 시도했다. 일·러 전쟁에서 패배하자 러시아는 티베트에 대한 야심을 포기할 수밖에 없었다. 일·러 양국이 중국의 영토 안에서 전쟁을 벌이고 영국이 티베트를 무장 침입하는 일이 발생하기는 했지만 전체적으로 보자면 신축조약이 체결된 후로 일정 기간 제국주의 열강은 중국에 대해 전쟁이란 수단을 사용하지 않고 비교적 은폐된 수단을 동원하여 압박하고 침략했다. 그렇게 된 데는 두 가지 요인이 작용했다. 첫째, 의화단운동을 거치면서 열강은 무력으로 중국을 정복하기가 쉽지 않음을 깨닫게되었다. 둘째, 열강은 청 왕조의 통치자들을 다시 양순한 하수인으로 만들었다.

신축조약 체결 후 2년 동안 청 정부는 영국·미국·일본과 새로운 '통상행선속약(通商行船續約)'을 잇따라 체결했다. 이 조약은 중국의 주권을 희생시키면서 외국 기선의 장강 상류 와 기타 내륙 하천 항행을 보장하고, 외국 자본에게 중국 내지에서 공장과 광산을 개설할 수 있는 권리를 인정했으며, 외국 상품의 중국 내지 진출에 매우 유리한 조건을 제공했다. 중국의 수출입 무역을 보면, 1901-1903년 3년 사이의 매년 평균 수입액은 4억 7천 3백만 위안, 수출액은 3억 1천 백만 위안으로서 수입 초과액이 1억 6천 2백만 위안이었다. 10년 전인 갑오전쟁 전 3년 동안과 비교하면 수입액은 두배 이상 늘어난 반면에 수출액은 86/100만 증가하여 수입 초과액이 세 배를 넘었다.

중국의 연해지역과 내륙 하천에서의 항운업은 외국 기업이 거의 완전히 장악하고 있었다. 광서 3년(1877년)의 각 통상 항을 통과한 수출입 선박의 양을 누적 톤수로 계산하면, 외국 선박이 62.7/100(672만 톤), 중국 선박은 37.3/100(400만 톤)이었다. 광서 33년(1907년)의 경우, 외국 선박의 점유율은 84.9/100(6,200만 톤)인데 중국 선박은 15.1/100(1,100여 만 톤)이었다. 중국의 대형 선박회사는 초상국 한 곳 뿐이었다. 1900년을 전후하여 여러 지역에서 선박회사가 설립되었지만(대부분이 지방 호족과 상인이 설립했고 관영도 있었다) 규모가 작아 몇 달 또는 몇 년을 못가 도산하는 경우가 많았다.

외국 선박회사 가운데서 중요한 기업은 영국계의 태고공사(太古公司)와 이화양행(怡和洋行)이었다. 갑오전쟁 후 일본·독일·프랑스·미국·네덜란드의 선박회사가 중국에서 항운업을 경영했다. 전국 무역의 절반이 장강 연안 각 항구를 통해 이루어지고 있었으므로 장강(상해-한구-의창)에서는 각국의 선박회사가 치열한 경쟁을 벌였다. 영국의 태고와 이화 두 회사와 일본의 일청공사(日淸公司)가 이 경쟁의 승리자였다. 중국 관부가 직접 운영하는 초상국은 장강에서 항운업을 운영해왔으나 외국 회사와 비교할 때 갈수록 열세에 놓였다. 1903년에 장강에서 초상국이 담당한 물동량은 영일 양국 선박회사의 1/3에 불과했고 1911년에는 1/6로 줄었다. 장강은 사실상 외국 선박회사가 장악했다.

앞(제14장 철도강탈)에서 성명한 바와 같이, 1900년 이전 열강은 중국에서 철도건설을 둘러싸고 쟁탈전을 벌였다. 많은 철도가 실제로 건설된 것은 1900년 이후의 일이었다. 청 왕조가 멸망한 1911년까지 중국의 영토 안에는 9,600여 킬로미터의 철도가 부설되어 있었다. 그중에서 동북 지역의 동청철도와 남만철도는 각기 러시아와 일본이 직접 운영했고, 산동의 교제철도(膠濟鐵道)는 독일이 직접 운영했으며, 운남의 전월철도(滇越鐵道)는 프랑스가 직접 경영했다. 식민지적 성격이 강한 이들 노선의 철도는 전장이 도합 3,700여 킬로미터로서 전국 철도 총 연장의 39/100를 차지했다. 이 무렵 북경-봉천, 북경-한구, 석가장(石家莊)-태원, 상해-남경, 개봉-낙양(洛陽), 천진-포구 등의 노선이 이미 개통되어 있었는데, 이들 노선은 차관으로 건설되었기 때문에 외국세력의 지배 아래 있었다. 외국의 지배 아래 있는 철도노선의 총연장은 5,200 킬로미터로서 전체 철도 총연장의 54/100을 차지했다. 외국이 직접 운영하는 철도와 외국 차관으로 건설된 철도가 전체 철도 총연장의 93/100을 차지했다. 7/100인 660여 킬로미터의 철도만 중국이 자주적으로 운영하고 있었고, 그중에는 청 정부의 자금과 중국 기술자를 동원하여 건설된 북경-장가구 노선과 민간자본으로 건설된 조주-산두 간의 단거리 노선과 외국에 팔았다가 다시 사들인 일부 노선이 포함되어 있었다.

제국주의 열강은 1900년 이후 몇 년 동안 중국에서 광산채굴권 탈취를 한층 더 강화했다. 이홍장이 설립했고 상당한 이익을 내고 있던 개평탄광이 8국 연합군이 북경과 천진에 접근하던 무렵에 가장 먼저 영국 자본의 지배 아래로 들어갔다.[1]

제국주의는 여러 가지 방식으로 중국 각지의 광권을 차지했다. 독일이 산동에서 철도 부근의 광권을 손에 넣었던 방식을 본받아 일본의 남만철도공사는 봉천성 무순(撫順)의 탄광을 손에 넣었고 러시아의 동청철도는 만추리(滿洲里)와 잘라이누르(扎賚諾爾)의 탄광을 손에 넣었다. 어떤 광산은 청 관부와 합작으로 개발되었으나 실제로는 외국인의 지배 아래 있었다. 중국 상인이 경영하던 일부 광산은 자금부족으로 외국상인에게 임대해 주거나 외국상인으로부터 운영자금을 빌려 썼다가 결국에는 외국상인의 수중으로 들어갔다. 제국주의 열강은 청 정부를 협박하여 채굴권을 받아냈다. 청 왕조 말기에 전국의 석탄 생산량은 (재래식 채굴 4백만 톤을 제외하고) 기계식 채굴로 약 500만 톤이었는데, 그 중에서 제국주의의 지배하에 있던 광산의 생산량이 90/100이상을 차지했다.

제국주의 각국은 중국에서 항운, 철도, 광업 이외에 공업투자도 빠르게 늘려갔다. 면방직업을 예로 들자면, 광서 26년(1900년) 이전에 영국·미국·독일·일본 자본이 상해에서 설립한 공장이 8곳이었다. 청 왕조 말기에

---

1 광서 33년(1907년)에 개평 부근에 란주매광공사(灤州煤鑛公司)가 설립되었다. 이 회사는 직례총독 원세개가 지원하는 관독민영 기업이었다. 애초의 설립목적은 개평과 경쟁하여 궁극적으로 개평을 환수하는 것이었다. 그러나 관료가 운영하던 "란주"는 제국주의의 "개평"을 상대할 수가 없었다. 결국 1911년에 "란주"가 "개평"에 흡수되어 영국자본이 지배하는 개란공사(開灤公司)로 변신했다.

외국 자본은 상해 방직업을 절대적으로 지배했고 전국에서도 방직업의 거의 절반을 지배했다. 조선업의 경우 영국자본이 설립한 야송선창(耶松船廠)이 상생(祥生), 화풍(和豐) 두 조선소를 합병하여 당시 상해 조선공업을 독점했다. 담배 제조공업의 경우, 1902년에 설립된 영미담배공사가 10년 만에 공장을 한 곳에서 네 곳으로 늘렸고 노동자 수는 백여 명에서 만 명 으로, 자본금은 10만 5천 위안에서 1,100만 위안으로 증가했다. 이 금액은 당시 중국의 모든 담배 제조공장의 자본금을 합친 것보다 8배나 많은 것이었다.

1901년부터 청 왕조의 마지막 해(1911년)까지 외국이 중국에서 설립한 광공업 기업의 자본금 합계액은 대략 7천만 위안 이상이었다. 여기서 지적해야할 것은, 이런 자본금의 많은 부분이 외국에서 들여온 것이 아니었다는 점이다. 한 푼의 돈도 지니지 않은 외국 무뢰배들이 중국에 온 후 제국주의가 중국에서 확보한 특권을 이용하여 "모험가"로 활동하다가 수년 내에 대자본가로 변신하는 경우가 적지 않았다. 그들이 이룩한 부는 중국의 영토 안에서 중국인을 착취하거나 중국인으로부터 갈취한 것이었다. 제국주의가 소량의 투자로 거대한 세력으로 발전할 수 있었던 방식은 바로 이런 것이었다.

제국주의가 "평화적인" 경제 침략의 방식을 채택하자 청 왕조의 통치자들은 만족했지만 제국주의가 이런 방식이 중국인민의 저항을 자극하지 않으리라고 믿었다면 그것은 크나큰 착각이었다. 다음에서 우리는 한편으로는 청 왕조의 통치자들이 제국주의의 요구에 순응함으로써 자신의 통치 지위를 유지해가는 모습을 보게 될 것이고, 다른 한편으로는 중국 민족자본주의가 이 시기에 한층 더 발전하고 중국인민이 의화단과는 다른 방식으로 새로운 투쟁을 전개하는 모습을 보게 될 것이다.

자희태후의 "변법"

무술변법 과정에서 자희태후는 광서황제의 일체의 권력을 박탈하고 황제가 내걸었던 변법유신의 깃발을 꺾어 버렸다. 그러나 의화단운동과 8국 연합군의 북경 점령이라는 일련의 사변을 겪은 후 자희태후도 "변법"을 주장하고 "신정"을 실시하는 기수로 변신했다.

자희태후는 단왕 재의의 아들 부준을 세워 광서황제를 대체할 생각이었다. 신축조약을 체결한 후 열강의 요구에 따라 단왕은 참감후(斬監候)(판결 즉시 집행하지 않는 사형 죄인)라는 판결을 받고 영원히 감금되었다. 그의 아들도 후보 황제로서의 자격을 상실했다. 광서의 황위는 보전되었다고 할 수 있었으나 그는 조정에서 아무런 발원권도 갖지 못했다. 모든 실권은 자희태후의 손 안에 있었다.

조정이 아직 서안에 머물고 있는 동안에도 자희태후는 변법을 부르짖기 시작했다. 광서 26년 12월 초(1901년 1월 29일)에 발표된 칙령은 황제와 황태후는 한마음으로 "나라의 부강과 백성의 복리"를 위해 변법을 실행한다고 밝혔다. 27년 3월 초에는 "정치의 개혁과 자강을 도모"하기 위해 경친왕 혁광과 대학사 이홍장으로 하여금 "독판정무처(督辦政務處)"를 구성하라는 칙령이 나왔다. 7월 달에는 다음 해 과거시험부터 팔고문 사용을 폐지하라는 칙령이 내려졌다. 8월 초에는 다시 경사대학당(백일유신 동안에 창설된 경사대학당은 정변 후에도 존속했다)을 정돈하고 각지의 서원을 학당으로 개편하며 각성의 수도에 대학당을 설치하고 각 부(府)에는 중학당을, 각 현에는 소학당을 설치하라는 칙령이 나왔다. 이어서 각 성에서 관비 유학생을 선발하여 외국으로 파견하라는 명령이 내려졌다. 이런 신정 정책은 대부분이 백일유신 중에 광서황제의 명령으로 시행했다가 정변 이후에 자희태후가 폐지했던 것들이었다. 각 성에서 관비 유학생을 파견하라는 명령만은 새로운 정책이었다.

조정은 서안을 떠나기 4일 전인 광서 27년(1901년) 8월 20일에 자희태후의 이름으로 다음과 같은 포고문을 발표했다. "변법은 여러 방면에 영향을 미치는 중요한 일이다 …… 조정은 뜻을 굳건히 하여 반드시 실행하라. 변법자강 이외에는 …… 다른 대책이 없다."[2] 간단히 말해, 변법을 실행하겠다는 맹세를 한 것이다.

제국주의 열강의 요구에 따라 광서 27년 6월(1901년 7월)에 총리각국사무아문을 외무부로 개편했다. 이와 관련하여 나온 칙령은 "지금은 화약을 다시 맺을 때이니 국교가 가장 중요하다"고 하였다.[3] 11월 하순에 조정은 북경으로 귀환하면서 북경 성에 들어오기 직전에 칙령을 발표하여 북경으로 돌아가면 "빠른 시일 안에 황제가 각국의 북경 주재 공사를 접견함으로써 국교와 관련된 일을 독려하겠다"고 밝혔다. 황제가 각국 공사를 접견하는 이외에 황태후도 각국 공사 부인들을 만났다.[4] 황제 알현의 허락 여부는 과거에는 오래 동안 논쟁을 불러일으킨 문제였다.

결론적으로 말하자면, 자희태후가 신정을 선포한 이유는 수도로 돌아오면서 제국주의 열강에게 태후의 정권은 과거처럼 완고한 정권이 아니라 제국주의의 필요에 순응하는 정권이 되었다는 새로운 면모를 보여주어야 했기 때문이었다. 전쟁 조서를 내린 적이 있는 자희태후가 지금은 "변법자강"을 하겠다는데 제국주의 열강이 걱정은커녕 오히려 안심하게 된 이유가 무엇일까? 그것은 자희태후가 말한 변법자강이 양무파 관료들이 추진하려던 옛 정책과 다름이 없었기 때문이다.

───

2   『의화단당안사료』 하책, 1327–1328쪽.

3   『의화단당안사료』 하책, 1256, 1342쪽.

4   상동.

광서 26년 12월 초에 선포한 변법을 실시하라는 칙령은 강유위 일파의 "죄행"을 다음과 같이 강조했다. "강유위는 신법을 주장하면서 오히려 법을 어지럽혔으니 변법이 아니다."[5] 이 말은 강유위의 변법과는 분명한 선을 긋겠다는 의미였다. 또한 이 칙령은 "삼강오륜"은 만세불변이나 "치법(治法)"은 변할 수 있는 것이라고 강조했다.[6] 다시 말하자면, 봉건주의의 근본원칙은 변할 수 없는 것이고 변할 수 있는 것이란 통치방법 뿐이라는 의미다. 이 말은 양무파의 "중학위체, 서학위용"이란 논리와 완전히 일치하는 것이었다.

장강 유역의 "상호보전"을 주창했던 총독 유곤일과 장지동은 조정의 호소에 부응하여 광서 27년 5, 6월 사이에 세 차례나 연명으로 상주문을 올렸다. 두 사람은 변법의 첫 걸음은 "인재육성과 학교 설립"으로부터 시작해야 한다고 주장하면서 구체적인 방법으로 "문무학당"의 개설, 팔고문 고시제도와 구식 무과 고시제도의 폐지, 외국 유학의 장려를 제시했다. 그들은 "중법(中法) 정돈"과 "서법(西法) 채용"을 위한 각종 조치도 제안했다. 그들이 말한 "서법 채용"이란 서양식 군대훈련, 전람회 등의 방법으로 공예 장려, 은화의 발행, 수입인지와 납세필증의 발행 등이었다. 또한 그들은 자신들이 제시한 방법과 강유위의 주장은 "완전히 다른 것"이며 "대략 지난 30년 동안 조정의 뜻을 받들어 끊임없이 추진해왔던 것"이라고 주장했다.

이홍장이 죽은 후 원세개가 직례총독 겸 북양대신의 자리를 이었다. 유곤일도 광서 28년(1902년)에 죽자 원세개와 장지동은 각성 총독과 순무 가운데서 중심인물이 되었다. 두 사람은 광서 31년(1905년)에 연명으로 상주문을 올려 과거제도를 폐지하고 신식학교를 널리 세우자고 주장했다. 그들

---

5 『의화단당안사료』 하책, 915, 914쪽.
6 상동.

은, "근래 몇 년 동안 각국이 우리의 유신을 고대하며 변법을 권유"해 왔으며, 과거제도는 외국인이 하찮게 여기는 것이니 신식학교 설립이 신정의 가장 중요한 일이며, 그러므로 이 방면의 개혁이 있어야 비로소 각국이 "우리를 주목하고 성실하게 대할 것"이라고 주장했다.[7] 우리는 이런 논법을 통해 그들이 과거제도 폐지를 주장한 이유는 봉건 통치계급이 "유신"이란 외피를 걸쳐야 제국주의의 신임을 얻을 수 있기 때문이었음을 알 수 있다.

8국 연합군 전쟁 이전에 자희태후는 봉건 수구파 관료집단과 매판성이 강한 양무파 관료집단을 균형을 잡아가며 활용했다. 연합군의 침공 이후로 자희태후는 조정을 양무파로 채웠다고 할 수 있다. 이때부터 수구파와 양무파 관료집단의 구분은 사라졌다.

자희태후가 소리 높여 변법을 주장한 또 하나의 이유는 국내의 위기를 타개하기 위해서였다. 신축조약의 체결로 외부로부터의 위기는 피할 수 있게 되었지만 국내 위기는 더욱 심각해졌다. 압박과 착취를 당하는 광대한 하층 대중 속에는 곳곳에 타오르기를 기다리는 불씨가 묻혀 있었다. 뿐만 아니라 사회 상층의 일부 계급과 계층 ─ 각지의 향신, 중소지주, 상인, 신흥 자산계급 ─ 의 청 왕조 정권에 대한 불신감도 전례 없이 증가하였다. 이 계급과 계층으로 하여금 정권이 아직 희망이 있다는 느낌을 갖게 하려면 자희태후는 3년 전에 광서황제가 연주했던 곡을 다시 연주하지 않을 수 없었다.

자희태후의 조정이 북경으로 돌아온 후 최초 3년 동안 실시한 "신정" 가운데서 비교적 주목할 만한 것은 다음 세 가지였다.

1. 민간자본의 공업투자를 장려했다. 광서 29년 8월(1903년 9월)에 조정은 상부(商部)를 설치했다. 1년 전에 영국·프랑스·벨기에·미국·일본을 시찰

---

7 『양수원주의집요(養壽園奏議輯要)』 제35권, 2-3쪽.

한 황족 재진(載振)을 상서에 임명하고 광공업과 철도를 이 부서에서 관리하게 했다(3년 후에는 농상공부로 개칭했다). 상부는 설립되자 곧바로 상법 제정에 착수하여 '장려공사장정(獎勵公司章程)'(기업장려법)을 제시했다. 민간자본의 자유로운 발전은 원래 유신파가 주장하던 바였다. 갑오전쟁 때까지 청왕조는 신식 공업을 관부에서 철저하게 장악하는 정책을 고수해 왔다. 외국 자본이 중국 광공업에 깊이 침투하고 관부가 이를 통제할 수 없게 되자 청 왕조는 비로소 민간자본을 장려했다. 이 정책은 자산계급에 대한 일종의 양보였지만 시기가 너무 늦었다. 뿐만 아니라 장려하는 방법도 자본을 투입하여 기업을 설립하는 상인에게 자본금의 규모에 따라 차등적인 관직을 주는데 그쳤을 뿐 민간자본을 보호하는 조처는 전혀 없었다.

2. 과거제도를 폐지하고 학교를 설립했으며 외국 유학을 장려했다. 광서 28년(1902년), 조정은 각 성에서 학생을 선발하여 서양 각국에 보내 전문지식을 배우도록 하라는 첫 번째의 명령을 내렸다. 광서 29년(1903년)에는 학생장정을 반포했다. 이 무렵에는 각급 학교 졸업자에게 공생(貢生), 거인(擧人), 진사(進士) 등의 자격을 부여하는 제도가 시행되고 있었다. 광서 31년(1905년)에는 원세개와 장지동의 건의에 따라 과거제도를 폐지했다. 민간 자본주의 경제에 합법적인 지위를 부여하지 않을 수 없었던 것처럼 봉건 통치자들은 자산계급이 추구하는 서양학문에도 합법적인 지위를 인정하지 않을 수 없었다.

3. 군사제도를 개혁했다. 구식의 녹영과 방용(防勇)부대를 점차로 해산하고 신식 군대를 조직했다. 청 왕조 말년 각 성의 "신군"은 이렇게 하여 생겨났다. 원세개가 통솔하던 북양 6진은 가장 먼저 편성된 신식 군대였다. 신군의 장교와 병사를 양성하기 위해 청 조정은 각 성에 무비학당을 세우도록 명령하는 한편 광서 30년(1904년)부터는 매년 백여 명을 일본으로 파견하여 군사학을 배우게 했다.

신정은 청 왕조 통치의 효율을 높여 주지도 않았고 사회 각 계급과 계층에게 국가가 새로운 기상을 갖게 되었다는 느낌도 주지 못했다. 광서황제가 강유위 일파에 의존하여 실시한 유신이 사회 상층 각 계급과 계층에서 강렬한 반응을 불러일으켰다고 한다면, 신축조약으로 인해 거대한 굴욕을 맛보고 막중한 배상금의 부담을 안게 된 배경 하에서는 신정은 이미 민심을 감동시키는 역할을 할 수 없게 되었다.

봉건 관료정치의 부패와 암흑은 전과 전혀 다름이 없었다. 해마다 지급해야 하는 거액의 경자배상금 때문에 전국 각 성은 원래 부과하던 세금을 최저선으로 하고 여기에 더하여 각종 명목의 잡세를 걷었다. 각 성의 장관들은 세금을 착복하는 이외에도 신정을 실시하기 위해서 필요하다며 멋대로 세금을 올렸다. 자산계급 혁명파의 선전가 중의 한 사람인 진천화(陳天化)는 1903년에 다음과 같이 말했다. 청 왕조 정부는 "경자년에 이르러 천하의 화를 불러오고 나서야 비로소 수구 일변도로는 절대로 안 된다는 점을 깨닫고 겉으로만 약간의 신정을 실시했다. 실제로 제대로 된 것이 무엇이 있나? 다만 이를 빌어 국민의 눈과 귀를 가리고 서양인의 환심을 샀을 뿐이다. 한 줄기의 빛도 비치지 않았고 오히려 어둠만 몇 배로 깊어졌다."[8]

광서 31년(1905년)이 되자 자희태후는 갑자기 일부 관원들의 건의를 받아들여 입헌 문제를 고려하겠다고 밝히고 다음 해에는 예비 입헌을 선포했다. 외관상으로는 광서황제의 백일유신보다 멀리 나간 것처럼 보였다. 이른바 입헌준비의 진상이 어떠했는지는 다음에서 상세히 설명하겠지만, 여기서는 청 조정이 의화단과 8국 연합군이란 난관을 거친 후 제국주의의 지지에 기대어 북경으로 돌아오자 심각한 국내 위기에 직면했다는 점만 지적

---

8 「경세종(警世鐘)」, 『중국근대사자료총간 : 신해혁명』(이후 『신해혁명자료』라 약칭한다) 제 2책, 상해인민출판사 1957년 판, 113쪽을 보라.

해두기로 한다. 이 무렵 압박과 착취에 시달리던 하층 대중은 옛 방식대로는 살아갈 수 없다고 느꼈고 통치자와 착취자들도 옛 방식대로 통치를 계속할 수는 없다고 느꼈다. 자희태후가 변법의 결심을 밝힌 때로부터 입헌준비를 시작한 때까지의 과정은 한편으로는 제국주의의 환심을 사야하고 다른 한편으로는 옛 방식으로는 통치를 계속할 수 없게 된 상황의 반영이라고 할 수 있다.

손중산의 초기 활동

제3차 혁명고조기는 제2차 혁명 고조기에 잇따라 찾아왔다. 1905년 동맹회의 성립은 제3차 혁명고조기가 시작되었다는 표지였다. 제3차 혁명고조기는 의화단운동이 국내외의 반동세력에 의해 진압된 후 불과 5년 만에 찾아왔다.

무술 유신운동과 의화단운동을 거치면서 중국의 내외 모순은 해결되기는커녕 오히려 몇 배나 격화되었다. 모순의 핵심은 중국 인민과 외국 제국주의 사이의 모순, 그리고 중국 인민과 봉건 통치세력 사이의 모순이었다. 청 왕조의 통치자들이 이미 제국주의의 중국 침략과 중국 지배의 도구로 전락한 상황에서 중국 인민의 제국주의와 봉건주의와의 모순은 청 왕조의 통치세력에 대한 반대로 집중되어 표출되었다.

8국 연합군, 신축조약, 그리고 그 이후의 사회 정치 형세는 민족 자산계급 중 하층세력으로 하여금 빠른 속도로 애국주의 운동과 사회정치 운동에 나서도록 만들었다. 그들의 정치적 대표가 자산계급 혁명파였다. 자산계급 혁명파는 제1차 혁명고조기와 제2차 혁명고조기에는 없었던 자산계급 혁명 강령, 혁명 이상, 혁명 조직을 갖고 있었다. 자산계급 혁명파는 혁명의 지도 역량이 되었다.

자산계급 혁명파의 대표 인물은 손중산(1866-1925)이었다.

손중산은 본명이 손문(孫文)이며 광동성 향산(香山)현(지금의 중산[中山]
현) 취형촌(翠亨村)의 빈곤한 농민 가정에서 태어났다. 그의 형 손미(孫眉)(손
덕창[孫德彰])이 동치 10년(1871년)에 살길을 찾아 호놀룰루로 갔다. 손중산은
13살 때인 광서 4년(1878년)에 형을 찾아 호놀룰루로 가기 전까지는 고향의
구식 서당에서 몇 년 간 공부했다.

호놀룰루는 태평양에 떠있는 하와이 군도의 수도였다. 미국 식민주의
자들은 선교사를 앞세워 19세기 초에 이 섬나라에 침입하기 시작했다. 하
와이는 노동력이 부족하여 1865년부터 중국에서 "쿨리"를 수입하기 시작했
다. 상업을 목적으로 하와이로 간 중국인도 일부 있었다. 손미는 그곳에 도
착한 후 처음에는 농업노동자로 일했다. 그는 얼마간의 돈을 모은 후 독립
하여 황무지를 개간하고 농장을 경영했으며 70년대 말에서 80년대 사이에
농목축업 자본가로 성장했다.

손중산은 하와이에 머문 5년 동안 형의 도움을 받아 영국교회와 미국
교회가 공동으로 운영하는 중학교에서 공부했고 후에는 홍콩으로 옮겨 계
속 공부했다. 광서 10년에서 11년(1881-1885년) 사이의 중·프랑스전쟁이 끝
난 후 그는 의학을 공부하기 시작했다. 처음에는 외국 교회가 설립한 광주
박제(博濟)의원 부설 의학원에서 공부했고 이어서 홍콩으로 옮겨가 아려(雅
麗)의학원에서 공부했다.

이상의 경력에서 알 수 있듯이 손중산은 청소년기에 전통 봉건교육의
영향을 적게 받았다. 그는 서방국가가 식민지 지식분자를 양성하는 교육을
받았지만 이를 통해 봉건사상과 대립되는 자산계급의 사회 정치사상과 자
연과학 지식을 받아들였다. 그는 같은 시기에 성장한 강유위에 비해 자본
주의 사회의 실제 경험이 훨씬 많았다. 그는 출신 성분에 있어서도 관료 가

정에서 태어난 강유위와는 달랐다.

청년 시기의 손중산은 같은 광동 출신의 선배인 홍수전을 숭배했다. 광주와 홍콩에서 의학을 공부하던 시기에 그는 늘 학우들과 시사와 정치 문제 토론을 벌였고 홍수전 추종자들과 교류하던 친구들을 통해 태평천국의 반청사상을 흡수했다. 홍수전 추종세력은 천지회와 삼합회 계통의 강호의 회당였다. 홍콩에서 손중산은 진소백(陳小白. 미국인이 광주에서 운영하던 격치학원[格致學院]의 1회 졸업생, 아려의학원에 입학하여 공부했다), 왕열(尤烈)(광주 지도국 측량 기사였다가 홍콩 화민정무사서[華民政務司署][9]의 서기가 됨), 양학령(楊鶴齡)(마카오 대상인의 아들) 등과 긴밀하게 교류했다. 이 네 청년은 청 왕조의 부패한 통치를 공공연하게 비판했기 때문에 친구들 사이에서 "사대구(四大寇)"라고 불렸다.

광서 18년(1892년), 27세의 손중산은 아려의학원을 졸업한 후 마카오와 광주에서 의원을 개업했다. 광서 20년(1894년) 여름, 그는 어린 시절부터 의기투합했던 고향 친구 육호동(陸晧東)과 함께 북방을 유람했다. 두 사람은 광주를 출발하여 상해를 거쳐 천진에 도착했다. 손중산은 천진에 도착하자 출발하기 전에 준비해 두었던 장문의 서신을 아는 사람을 통해 이홍장에게 전달했다. 이 편지에서 손중산은 "유럽이 부강한 이유는 배와 무기의 성능이 뛰어나고 군대가 강한 때문만이 아니라 백성이 재능을 다 발휘할 수 있고, 지리의 이점을 충분히 이용하고, 자원을 충분히 이용하고, 상품이 널리 유통되기 때문이다. 이 네 가지가 부강의 핵심이자 나라를 다스리는 근본"이라고 주장했다. 서신의 기본 주장은 봉건관료의 양무론보다 한 발 나아

---

9   화민정무사서(Secretariat for Chinese Affairs). 홍콩의 중국인 인구조사와 중국인 단체 등기 업무를 맡은 홍콩총독부 관서. 홍콩총독이 현지 중국인의 여론을 파악하는 창구였다(역자 주).

간 것이기는 했지만 같은 시기에 강유위가 황제에게 건의한 수준을 넘어서지는 못했다.

손중산은 위대한 자산계급 혁명가이지만 그의 사상은 여러 단계를 거치며 발전했다. 그의 사상은 자산계급 개량주의에서 출발하여 자산계급 혁명 민주주의로 발전하는 과정을 거쳤다. 갑오전쟁이 일어날 때까지 그의 사상은 개량주의의 범위를 벗어나지 못했고 갑오전쟁 이후로 비로소 민주주의 혁명사상의 싹을 보였다.

손중산이 이홍장에게 서신을 보냈을 때는 갑오전쟁이 일어나기 직전이었다. 그의 서신은 이홍장으로부터 아무런 반응을 얻지 못했다. 그와 육호동은 북경을 유람한 후 무한을 거쳐 남방으로 돌아왔다. 갑오전쟁이 발발했을 때 손중산은 다시 호놀룰루에 가 있었고 그곳에서 "흥중회"를 조직했는데 광서 20년 10월(1894년 11월)의 일이었다.

호놀룰루 흥중회에는 현지의 화교 실업가 20여 명이 참가했다. 회원 가운데는 손미(이 무렵 상단한 자본가가 되어 있었다), 등음남(鄧蔭南)(호놀룰루에서 성공한 농업자본가, 삼합회에도 가입했다), 하관(何寬)(현지 은행의 임원) 등이 있었다. 호놀룰루 흥중회의 주요 강령은 구국이었고, 규약 가운데서 중국의 처지에 대해 깊은 우려를 표시하였으며 구체적으로 거명하지는 않았지만 청 왕조의 통치자들이 나라를 망치고 있다고 지적했다. 흥중회의 설립 목적은 다음과 같았다. "회를 설립함은 중화의 진흥에 전념하여 국체를 보존함을 위해서다. … 이에 특별히 국내외의 중화민족에게 연락하여 회를 일으킴으로써 백성의 뜻을 펴고 나라를 돕고자 한다."[10] 그러나 교민들 사이에 결성된 소규모 조직이 어떻게 나라를 구할 것인지 명확한 방침은 제시하지 않았다. 이 소규모 조직이 성립된 후 손중산은 바로 홍콩으로 돌아와 광서 21

---

10 『손중산전집』 제1권, 중화서국 1981년 판, 19쪽.

년 정월(1895년 2월)에 홍콩에서도 흥중회를 조직했다.

홍콩 흥중회에 참여한 사람들은 손중산의 오랜 홍콩 친구인 진소백과 육호동 이외에 보인문사(輔仁文社)란 조직의 일부 회원이 있었다. 보인문사는 광서 16년(1890년)에 설립되었고 주요 회원으로서는 양구운(楊衢雲)(신사선양행[新沙宣洋行]의 해운부문 임원), 사찬태(謝纘泰)(오스트랄리아의 저명한 화교 상인의 아들), 유연빈(劉燕賓)(병기선무공사[炳記船務公司]의 임원) 등이 있었다. 양구운이 홍콩 흥중회의 회장으로 선출되었다. 양구운과 보인문사의 회원 몇몇은 홍수전 추모 조직과 비교적 깊은 관계를 맺고 있었다.

홍콩 흥중회의 규약 가운데도 명백하게 혁명을 선포하는 구절은 없었으나 회원은 입회할 때 다음과 같은 선서를 해야 했다. "만주족 오랑캐를 몰아내 중국을 회복하고 백성의 정부를 창립하자. 만약 두 마음을 먹는다면 천지신명이 벌할 것이다."[11] 홍콩 흥중회는 성립 후 곧바로 광주에서 폭동을 일으킬 준비를 했다. 손중산은 광주에 도착한 후 병원 간판 뒤에서 군사 준비를 했다. 이때 그는 농학회(農學會) 같은 위장 조직을 만들지는 않았다. 양구운은 홍콩에서 지원 역할을 맡았다. 봉기 날짜는 그 해 9월 9일로 예정되어 있었는데 사전에 광주의 관부에 발각되었다. 관부는 봉기 조직을 알아내고 홍콩에서 광주로 몰래 반입된 무기를 찾아냈다. 손중산의 오랜 친구 육호동과 봉기에 참가하기로 한 회당의 우두머리 구사(丘四)와 주귀전(朱貴全) 등이 체포되어 처형당했다. 손중산은 운 좋게 도피했다. 이 봉기의 기본 세력은 삼합회였다. 양구운이 홍콩에서 삼합회 무리 3천여 명을 불러 모아 광주로 오기로 되어 있었고 그밖에 광주 부근 각지의 삼합회 조직도 동원하기로 되어 있었다. 그러나 사전 준비도 철저하지 못한데다가 돈을 주고 고용하는 형식으로 동원된 삼합회 무리는 믿을 만한 역량이 되지 못했

---

11 추로(鄒魯), 『중국국민당사고(中國國民黨史稿)』 제1편, 중화서국 1960년 판, 14쪽.

다. 무리는 관부의 조사가 시작되자 그대로 흩어졌다. 청 관부는 현상금을 걸고 봉기 주모자의 체포에 나섰다. 체포령에는 손중산의 이름이 "손문(孫汶)"이라고 적혀 있었는데 홍수나 맹수 같은 인물이란 뜻이다. 광서 22년(1896년), 관부에서는 손중산이 영국 런던에 머물고 있다는 사실을 알아냈다. 손중산은 광주 봉기가 실패한 후 홍콩을 거쳐 일본으로 도피했다가 다시 호놀룰루를 거쳐 미국으로 간 후 영국으로 건너갔다. 청 정부의 런던 주재 공사관이 손중산을 공사관으로 유인한 후 체포하고 몰래 본국으로 송환할 준비를 했다. 손중산의 영국인 친구가 이 사실을 알고 그를 구해냈다. 이 사건을 통해 손중산은 국제적으로 중국 혁명가란 이름을 알리게 되었다.

손중산은 해외 망명 중에 가는 곳마다 흥중회의 이름으로 화교사회에서 조직과 선전활동을 벌였으나 성과는 별로 없었다. 광서 24년(1898년)에 그는 일본으로 갔다. 이 무렵 일본에는 중국 유학생이 많지 않았고 만여 명의 화교들 가운데서 후원금을 낸 사람은 백여 명을 넘지 않았다. 이 무렵 국내 지식계에서는 강유위가 전성기를 맞고 있었다. 무술정변 후 강유위와 양계초가 일본으로 망명했다. 손중산과 진소백은 강유위와 협력을 논의했으나 강유위에게 거절당했다. 그러나 손중산과 양계초는 1899년에 긴밀하게 교류했고 양계초는 양측이 합병하여 통일된 조직을 만들자는 제안까지 했다. 강유위와 그의 제자 서근(徐勤)이 강하게 반대하여 이 제안은 성사되지 못했다.

손중산은 홍콩의 동지들과 계속 연락하면서 조직 재건을 시도했다. 의화단운동이 일어나자 손중산은 양광총독 이홍장과 협력하여 양광 지역을 독립시킨다는 계획을 갖고 홍콩으로 갔다. 이 계획은 원래 영국 정부의 구상이었다. 그러나 영국인들이 이 계획을 일지감치 포기했고 이홍장도 조정을 부름을 받고 북으로 갔다. 이 해 8월에서 윤8월(1900년 9, 10월) 사이에 손중산이 세운 계획에 따라 광동 혜주(惠州)에서 회당의 조직을 동원한 무장봉기가 일어났으나 신속하게 진압되었다. 혜주 봉기를 지휘한 인물은 손중산의 오랜 학우 정사량(鄭士良)이었다.

혜주 봉기 후에 손중산은 다시 외국으로 망명했다. 그는 일본에서 2년 동안 머물렀고 월남으로 갔다가 호놀룰루를 거쳐 미국으로 건너갔다. 이 무렵 그는 유학생과 화교 가운데서 비교적 많은 동조자를 얻었다. 훗날 손중산이 말한 바에 따르면, 1895년 광주 봉기가 실패한 후 그와 봉기를 주도한 사람들은 가는 곳마다 비난과 욕설을 들었고 모두가 그들을 독사나 맹수를 대하듯 했는데 1900년의 혜주 봉기가 실패한 후에는 일반인들로부터 별로 욕을 먹지 않았고 식자층에서는 봉기 실패를 두고 안타까운 마음을 표시하는 사람이 있었다고 한다.

1904년에 손중산은 미국의 한 신문에 「중국문제의 진정한 해결」이란 글을 발표했다. 그는 이 글에서, 청 왕조 정부의 통치를 종식시켜야만 "새롭고, 개명된, 진보적인 정부를 세울 수 있으며," "만주족 청 왕조의 군주정을 '중화민국'으로 바꾸어야" 진정으로 중국문제를 해결할 수 있다고 주장했다. 그는 또한 이 글에서 "중국은 현재 처음으로 위대한 민족운동의 전야를 맞고 있으며," 청 왕조 전복은 거대하고도 어려운 임무이나 실현할 방법이 없지는 않다고 주장했다. 이 글은 다음과 같은 말로 마무리했다. "문명세계의 인민들을 향해, 특히 미국의 인민들을 향해, 도의적이고 물질적인 동정과 지원을 요청하는 바이다. 여러분은 일본에서 서양문명의 개척자였고, 여러분은 기독교 민족이며, 여러분은 자유와 민주의 전사들이기 때문에 우리는 여러분들의 정부를 모방하여 우리의 새로운 정부를 만들 것이다."[12] 손중산은 이 글을 통해 사실상 서양의 자산계급을 향해 호소했다. 서양의 자산계급은 이미 부패하고 몰락하여 동방민족의 독립과 진보를 지지할 능력이 없

---

12 『손중산전집』 제1권. 중화서국 1981년 판, 254, 255쪽.

었는데도 손중산은 이 점을 이해하지 못했다. 그러나 이 무렵 손중산의 자산계급 민주혁명파의 입장은 확립되었다.

자산계급 민주혁명파 활동가로서 손중산의 사회적 영향력이 1900년 이후로 빠르게 확대된 것은 당시 국내에서 자산계급·소자산계급의 정치운동이 분출하고 있었고 자산계급·소자산계급 가운데서 수많은 선진 지식분자들이 이미 개량주의에 불만을 품고 혁명을 추구하고 있었기 때문이었다.

자산계급 애국운동

의화단운동과 8국 연합군 전쟁을 겪은 후 민족자본주의 경제는 지속적인 발전 추세를 보였다. 전국에서 매년 창업한 기업 가운데서 자본금 1만 위안 이상인 광공업 기업을 보면, 갑오전쟁 후 6년 동안(1895-1900년)에 도합 104 곳이었고 자본 총액은 2천 3백여 만 위안으로서 매년 평균 투자액이 380여 만 위안이었다. 1901년부터 신해혁명 1년 전인 1910년까지 10년 동안에는 370여 곳의 기업이 설립되었고 자본 총액은 8천 6백 20여만 위안으로서 매년 평균 투자액이 862만 위안이었다. 특히, 1906, 1907, 1908년 3년 동안에 설립된 광공업 기업 수와 자본 총액은 각기 68 곳에 2,300만 위안, 58 곳에 1,400만 위안, 52 곳에 1,600만 위안 이었다. 발전의 고조기가 출현했다고 할 수 있다.

이들 민족자본 기업은 대다수가 규모가 크지 않았다. 상술한 370여 곳 기업 가운데서 자본금 5만 위안 이하인 경우가 153곳, 50만 위안 이상인 경우가 42 곳이었다.[13] 또한 각지에는 자본금 1만 위안 미만으로서 상술한

---

13 여기서 제시한 통계 숫자는 왕경우(汪敬虞) 편, 『중국근대공업사자료』 제2집 상책.

통계에 포함되지 않은 공장이 많았는데 이런 공장은 사실상 수공업 공장이었다.

이 시기에 일부 대기업가가 빠르게 성장했다. 대표적인 예가 장건(張謇)이었다. 그는 1899년에 자본금 70만 위안의 남통대생사창(南通大生絲廠)을 설립했는데 1908년이 되자 이 기업의 자본금은 280만 위안으로 늘어났다. 10여 년 동안에 그가 설립하거나 자본 참여한 기업은 20여 곳이었고 이들 기업의 자본금의 총액은 900여 만 위안이었다. 빠르게 성장할 수 있었던 대기업가는 봉건 관료와 비교적 많은 관련을 갖고 있거나 제국주의와 비교적 밀접한 관계를 맺고 있었다. 대부분의 중소기업은 중국에 진출한 제국주의 자본의 압력을 받았을 뿐만 아니라 봉건주의의 속박을 받아 어려움을 겪고 있었다.

신식 기업의 숫자가 적기는 했지만 몇 개 도시에 집중되어 있어서 사회적 영향은 컸다. 많은 사람들이 기업경영이 구국의 중요한 방법이라고 인식했고 중국 기업을 일으켜 세우자면 제국주의가 중국에서 누리는 특권을 취소하거나 축소하지 않으면 안 된다고 생각했다.

이 무렵 의화단과는 다른 새로운 형식의 애국주의 대중운동이 일어났는데, 바로 자산계급·소자산계급 위주의 애국운동이었다. 강유위 일파가 조직한 보국회 등은 자산계급의 애국운동에 속했다고 할 수 있지만 투쟁의 대상은 제국주의가 아니었고 지지 세력은 주로 지주계급 중에서 자산계급으로 진화한 일부, 특히 지식분자였다. 1900년 이후 몇 년 동안에 중하층 민족자산계급·상인·학생이 대거 반제국주의 애국운동에 참가했고 이들의 운동은 자산계급 민주주의 혁명운동과 관계를 맺기 시작했다. 이것은 전에는 없던 현상이었다.

399-401쪽을 참조하였다.

제국주의의 광산과 철도 탈취를 반대하기 위해서 관련 있는 각 성에서 권리회수 운동이 일어났다. 민족자산 공상업계는 이러한 운동 중에 중요하게 활약했다. 그들은 청 정부가 이미 제국주의에게 내준 채굴권과 철도 부설권을 회수하라고 요구하면서 민간 기업을 설립하여 스스로 광산을 열고 철도를 부설할 준비를 했다.

광서 31년(1905년) 무렵에 산서·하남·안휘·산동·운남·사천·길림·흑룡강 성 등에서 외국 세력의 현지 광권 침탈에 반대하는 운동이 일어났다. 하남 수무(修武)현에서는 영국 복공사(福公司)가 오래 전부터 석탄을 채굴하고 있었는데, 일본에 체류하는 하남 동향회가 「하남 동향에게 신속히 광산을 운영할 것을 촉구하는 글(告河南同鄕迅速辦鑛務書)」를 발표했다. 이 선언서는 자본을 모집하여 채광 기업을 설립하라고 요구하는 이외에도 다음과 같이 주장했다. "우선 광물이 나오는 지역에 보광회(保鑛會)를 설립하고 부근의 모든 인민이 가입하여 광산을 서양인에게 영원히 팔지 않겠다는 서약을 해야 한다. 고의로 말을 듣지 않는 자는 중벌에 처해야 한다. 간사한 소인배와 작은 이익을 탐하여 큰 해를 잊은 자는 본 회에 들어와서는 안 된다. 서양인에게 땅을 팔려는 자는 본 회가 찾아내 몇 배의 벌을 가하고 사형에 처할 것이다···. 지방관리, 총독, 순무, 사도가 서양인에게 아첨하며 감히 백성을 강박하여 땅을 팔게 한다면 하남 출신 중앙정부 관리에게 고발하는 한편 지방 상인과 학생들에게 고발할 것이다. 구차하게 부귀를 도모하는 탐관오리와 매국노가 감히 몰래 민간의 광산을 팔아먹지는 못할 것이다."[14] 이 선언서는 통속적이고 평이한 문장으로 광대한 대중의 애국 애향 정서를 고양시키려 했다.

철도부설권 회수운동은 관련 각 성에서 대규모로 일어났다. 광서 29

---

14   왕경우 편, 『중국근대공업사자료』 제2집 하책, 748쪽.

년(1903년), 광동·호남·호북의 지방명사와 상인들이 조직을 만들어 청 정부가 미국의 합흥공사와 체결한 계약을 취소하고 철도를 회수하라고 요구했다. 일본에 유학하고 있던 중국 학생들이 광동·호남·호북 철도연합회를 조직하여 이 운동을 지원했다. 2년을 투쟁한 결과 마침내 청 정부는 합흥공사와 교섭에 나서 보상금을 지불하고 이 노선에서 이미 공사가 끝난 광주-삼수 구간의 철도와 합흥공사가 누리고 있던 각종 특권을 회수했다. 청 정부가 부설권을 팔아먹은 경한(京漢), 진진(津鎭), 도청(道淸), 호항용(滬杭甬), 천한(川漢) 노선이 지나는 각 성에서도 회수운동이 맹렬하게 일어났다.

철도회수운동은 제국주의의 침략에 맞서 고향을 지키려는 성격을 띠고 있었다. 따라서 이 운동에는 중하층 자산계급 이외에도 자산계급 상층 인사와 지주, 관원, 하층 대중도 참가했다. 이 운동은 청 정부 당국을 상대로 요구하고 청 정부 당국이 나서 관련 제국주의 국가와 교섭하는 방식으로 진행되었기 때문에 운동 자체는 반란이나 혁명적 성격은 아니었다. 그러나 이 운동이 미친 정치적 영향은 매우 컸다. 광대한 대중이 제국주의 반대운동의 절박성을 이해하게 되었을 뿐만 아니라 청 정부의 매국 정책에 대해서 깊은 반감을 갖게 되었다.

광서 29년(1903년)에는 프랑스 거부운동과 러시아 거부운동도 일어났다.

이 해 봄에 광서에서 왕화순(王和順)과 육아발(陸亞發) 등이 주도한 회당의 봉기가 일어났다. 봉기세력은 빠른 속도로 확장하여 광서 서부의 10여 개 현을 장악했고 호남으로도 세력을 뻗어갔다. 청의 관군이 진압에 나섰으나 효과가 없었다. 광서순무 왕지춘(王之春)은 프랑스로부터 자금과 병력을 빌려 "난을 평정"할 계획을 세웠다. 이 소식이 일본의 중국 유학생들을 통해 상해에 전해졌다. 상해의 장원(張園)[15]에서 열린 4,5백 명이 참가한 집회에서 왕지춘을 반대하는 전문을 보내기로 결정되었다. 이 집회에 참가한 사람들은 대부분이 회당의 행동을 지지하지 않았으나 프랑스와 왕지춘을 반대하는 운동은 객관적으로 광서의 봉기와 뜻이 통하는 바가 많았다. 왕지춘이란 양무파 관료가 프랑스의 힘을 빌리려던 음모는 폭로되어 결국 실현되지 못했다. 2년 후, 청 정부는 광서·호남·호북 3성의 병력을 동원해 광서 회당의 봉기를 진압했다.

같은 해 4월에는 동북 지역에서 철군을 거부하고 있는 러시아에 항의하는 집회가 장원에서 열렸다. 집회에서는 외교부에 다음과 같은 전문을 보내기로 결정했다. "러시아가 우리를 협박하여 서명하게 한 여러 조약이 그대로 시행되면 안으로는 주권을 상실하고 밖으로는 전쟁을 불러올 것이다. 전국의 인민은 절대로 승인할 수 없다." 그리고 각국의 공사관에는, 비록 정부가 러시아와 조약을 체결하더라도 인민은 승인하지 않을 것이란 내용의 전보를 발송하면서 다음과 같이 강조했다. "민심이 격동하여 전국에 퍼지면 어느 곳에서든 외국인을 적대시하는 일이 벌어져도 그것은 모두 러시아 탓이지 우리나라 책임이 아니다."[16] 같은 시점에 북경의 경사대학당 학생들도 러시아에 항의하는 집회를 열었다. 도쿄에 유학하던 중국 학생들도 러시아 거부 집회를 열고 의용대를 조직하여 조국에 돌아가 러시아에 맞서는 선봉에 서겠다고 결의했다.

상해의 프랑스·러시아 거부운동은 중국교육회(中國敎育會)와 애국학사(愛國學社)란 두 조직이 주도했다. 자산계급 혁명에 동조적이던 사회 활동가이자 교육자인 채원배(蔡元培, 다른 이름은 혈민[孑民][1868-1940])와 그의 동지들이 광서 28년에 상해에서 중국교육회를 설립하고 교과서 편집과 서적 출판을 준비하는 한편 직접 학교를 운영할 계획을 세웠다. 관립 남양공학(南洋

---

15 장원은 상해 조계에 있던 오락장. 돈을 받고 장소를 빌려주었다.

16 풍자유(馮自由), 『중화민국개국전혁명사(中華民國開國前革命史)』 상편, 129쪽.

公學)(교통대학의 전신)의 재학생 일부가 학교당국의 억압적인 통제에 반대하다가 퇴학당하자 채원배는 학생들과 함께 교사직에서 물러났다(채원배는 남양공학의 교사였다). 중국교육회는 퇴학당한 이들 학생을 기초로 하여 애국학사를 설립했다. 애국학사는 학교이면서 동시에 애국단체의 성격을 지녔다. 학사의 사원은 항상 장원에서 집회를 열고 연설했다.[17] 교육학회와 애국학사의 참가자들은 후에 점차로 자산계급 혁명파와 입헌 청원파로 분화되어 갔다. 프랑스·러시아 거부 집회에 참가한 사람들도 기본적으로 이 두 부류로 나뉘어 갔다. 그러나 당시에는 두 부류의 구분이 명확치 않았다. 청 정부 측에서 볼 때 집회를 여는 사람들은 관부의 정책과 배치되는 목소리를 내는 반란파였다. 관부에서는 장원에서 집회를 여는 사람들을 "프랑스와 러시아를 거부한다는 명분을 내세우나 사실은 사회를 어지럽히는" 무리로 보았다.[18]

애국학사는 《소보(蘇報)》란 신문과도 관계가 있었다. 《소보》는 본래는 평범한 신문이었으나 광서 29년(1903년) 초부터 애국학사의 교사와 학생들이 편집을 맡으면서 애국운동과 반청 혁명운동을 고취하는 여론 기관으로 변했다. 이 해 윤5월에 청 정부는 상해 조계 당국과 결탁하여 《소보》의 발행을 금지시켰다. 애국학사도 이때 해산했다. 중국교육회는 이후로도 계속 활동했다. 광서 29년 겨울에 교육회의 채원배가 '러시아거부동지회(拒俄同志會)'를 조직하고 《아사경문(俄事警聞)》이란 신문을 발행하여 러시아제국주의를 반대하는 선전활동을 전개했다. 이 신문은 일·러시아 전쟁이 폭발할 때까지 발행되었다.

---

17 장유교(蔣維喬), 「중국교육회지회억(中國敎育會之回憶)」, 『상해연구자료속집(續集)』, 중화서국 1939년 판, 87~88쪽을 보라.
18 풍자유, 『중화민국개국전혁명사』 상편, 134쪽.

광서 31년(1905년)에는 전국의 거의 모든 도시에서 미국 제국주의를 반대하는 운동이 일어났다. 이 운동은 상인들이 미국 상품의 판매를 거부하는 형식으로 진행되었다. 외국 상품의 판매거부는 전혀 새롭게 등장한 운동 방식이었다.

19세기 중엽 미국은 중국의 쿨리를 대량으로 수입했다(제12장 반식민지적 외교 참조). 1877년 미국의 경제위기 때에 캘리포니아 주에서 중국인 배척운동이 일어났다. 미국 자산계급은 자본주의의 위기를 너무 많은 중국인 노동자 탓으로 돌리고 중국인 배척운동을 선동했다. 광서 6년(1880년)부터 미국은 청 정부에 요청하여 중국인의 입경을 제한하는 조약을 맺는 한편 국내에서는 여러 가지 중국인 차별정책을 실시했다. 광서 20년(1890년) 미국과 청 정부는 10년간 "양국 정부가 협력하여 중국 노동자의 미국 입국을 금지"하는 조약을 맺었다. 미국 내의 중국인 노동자와 상인은 심한 차별대우를 받았을 뿐만 아니라 여러 도시에서 많은 중국인들이 인종주의자들에게 폭행당해 사망했다. 한 미국 선교사가 1907년에 출판한 책은 다음과 같이 기술했다. "가장 조악한 의화단의 폭력과 비교할 때 기독교 국가인 미국에서 중국인을 상대로 행해진 폭력은 그보다 덜할 게 없다. 그러나 전자에 대한 보복은 광범위한 군사적 토벌과 거액의 배상금이었지만 후자에 대해서는 한 건의 처벌도 없었다."[19] 광서 30년(1904년), 미국 측은 중국인 노동자의 입국 금지조치를 계속 유지하고자 했다. 로스엔젤리스와 기타 지역에서 화교조직이 조약의 폐기를 호소하는 운동을 벌였다. 그들의 호소는 중국 내에서 각지의 호응을 받았고 미국의 중국인 배척 죄행을 고발하고 미국 제국주의의 경제침략에 반대하는 대규모 운동이 일어났다.

19　A. H. Smith, *China and America To-day*, 1907, 165쪽.

미국 화교 중에는 광동 출신이 대다수를 차지했기 때문에 이런 운동은 광주에서 먼저 일어났다. 얼마 후 자산계급의 세력이 비교적 강한 상해가 운동의 중심지가 되었다. 광서 31년 6월에 상해 상공회의소가 회의를 소집하여 미국 상품의 사용 중지와 미국 상품의 구매계약 중지를 결정했다. 철강업, 기계업, 석유업, 제분업계의 지도적 위치에 있던 상인들이 이 결정의 집행을 촉구하는 문서에 서명했다. 신문 출판업계도 이 운동을 지지하는 강력한 여론을 만들어 냈다. 운동은 전국으로 빠르게 확대되었다. 상해·남경·북경·천진·보정과 기타 각지에서 학생집회가 잇따라 열려 운동의 기세가 크게 높아졌다. 미국상품 불매운동 과정에서 수많은 사람들이 "공업 진흥"과 국산품 사용으로 수입상품을 대체하자는 주장을 펼쳤다. 이런 운동은 민족자산계급에게 매우 유리한 조건이었다.

중국에서 갑자기 등장한 대규모의 새로운 애국운동은 그 첫 번째 대상이던 미국 제국주의에 큰 충격이었지만 기타 국가도 불안을 느끼지 않을 수 없었다. 제국주의의 요구로 청 정부는 미국과의 조약 폐기운동을 금지하는 다음과 같은 명령을 내렸다. "무지한 무리를 선동하여 사단이 벌어지면 즉시 엄격히 조사하여 환란을 사전에 차단하라." 직례총독 원세개, 양강총독 주복(周馥), 양광총독 잠춘훤(岑春煊) 등 지방의 고위 관료는 이 운동을 억제하는 조치를 취했다.

민족자산계급이 중심이 된 애국운동은 곧 분화하기 시작했다. 민족자산계급 상층을 대표하는 인물들 ― 장건, 탕수잠(湯壽潛), 왕강년(汪康年) 등 ― 은 이 운동을 폄훼하는 견해를 밝히고 사실상 운동을 해산시키는 조치를 취했다. 시세에 떠밀려 운동에 참가하는 서명을 했던 일부 매판상인들은 슬며시 미국산 석유와 면포를 다시 팔기 시작했다. 상해 상공회의소 회장 증주(曾鑄)는 운동이 시작될 때는 적극적으로 주도했지만 7월에는 운동에는 관여하지 않겠다는 성명서를 발표했다. 성명서에서 그는 운동은 계속되어야 하지만 "미국 상품을 사용하지 않는 방법이어야지 폭동은 안 된다"고 말했다.[20] 민족자산계급 중하층과 학생들만 참여한 가운데 이 운동은 1년 반 가까이 지속되었다. 이 운동은 분명히 "폭동"으로 발전하지는 않았지만 미국과의 조약을 폐기하는 결과에 이르지도 않았다. 이 때문에 일부 급진적인 애국주의자들은 인민의 애국 정서를 어느 방향으로 이끌어야 할지 고려하지 않을 수 없었다.

지식계의 혁명사상

광서 29년(1903년) 무렵, 지식계에서는 혁명사상이 분출하기 시작했다. 일부 청년 지식인들이 출판물을 통해 혁명 여론을 조성했고 비밀 혁명단체까지 조직하는 사람도 있었다. 그들은 주로 일본에 머물고 있던 중국 유학생들이었다.

1900년 이전부터 일본에 유학하고 있던 청년 지식인들이 잡지를 발행하고 프랑스 자산계급 혁명을 촉발하는데 영향을 미친 루소, 몽테스키외 등의 저작을 번역 출판했다. 그러나 1900년 이전까지는 일본 유학생의 숫자는 백 명을 넘지 않았고 그들 중 일부가 선전하던 자산계급 혁명사상은 국내에서는 별로 영향을 미치지 못했다.

1901년부터 일본으로 가는 유학생의 숫자가 갑자기 늘어나 1904년이 되자 3천 여 명에 이르렀다. 유학생의 숫자가 크게 늘어난 데는 청 정부가 유학을 장려하는 정책을 발표한 탓도 있었지만 관비 유학생은 2, 3/10에 불과했고 다수는 자비 유학생이었다. 일본으로 가는 비용이 비교적 적게 들었

---

20 「1905년반미애국운동」, 『근대사자료』 1956년 제1기, 47쪽.

기 때문에(당시 사람의 말에 의하면 1년에 은화 3백 냥이 필요했다고 한다) 일본으로 가는 유학생 숫자가 유럽이나 미국보다 훨씬 많았다. 관비 유학생이나 자비 유학생의 절대 다수가 지주와 부농 가정 출신의 청년이었다. 이 무렵, 수많은 중소지주와 부농은 경제적으로 파산의 위기에 몰려있었다. 과거를 통해 관료로 나아가는 길은 곧 끊어질 것 같았다. 이런 가정 출신의 청년들은 출로를 찾기 위해 국내에 신설된 신식학교에 몰려들었고 방법이 있는 사람들은 외국으로 나가 유학했다. 그 중 일부가 자산계급의 신학문을 접촉하면서 존망의 위기 가운데서 나라를 구하기 위해서는 청 왕조의 통치에 기댈 수는 없고 강유위와 양계초의 개량주의도 기대할 것이 못 된다는 점을 깨달았다. 그들은 봉건사회가 이미 절명의 위기를 맞고 있음을 알고 새로운 출로를 탐색했다. 그들이 자산계급 혁명사상의 지지자이자 선전자가 되었다.

1903년, 일본 유학생 진천화가 통속적인 소책자 『맹회두(猛回頭)』와 『경세종(警世鐘)』 두 권을 썼다.[21] 이 두 권의 소책자는 국내에서 널리 배포되었고 영향도 컸다. 진천화(1875-1905)는 호남 신화(新化)현 출신으로서 신화실업중학당을 졸업한 후 관비 유학생으로 선발되어 출국했다. 두 권 소책자의 중심 내용은 중국이 제국주의의 침략을 받아 존망의 위기를 맞고 있음을 밝히고 이런 국면을 타개하기 위해 투쟁하자는 호소였다.[22] 그는, 열

---

21 『맹회두(猛回頭)』와 『경세종(警世鐘)』의 전문은 『중국근대사자료총간 : 신해혁명』 제2책, 112–190을 보라.

22 "제국주의"는 당시 신문잡지에서 이미 사용하던 용어였다. 예컨대, 1901년 일본 요코하마에서 출판된 『개지록』에 「제국주의의 발달과 20세기 세계의 전도를 논함(論帝國主義之發達及20世紀世界之前途)」이란 제목의 글이 실렸다(『신해혁명전10년간 시론선집』 제1권 상책, 53쪽을 보라). 진천화는 『맹회두』에서 다음과 같이 말했다 : "당신이 말하는 망국이란 옛날의 그것과 같은 것인가? 옛날의 망국이란 그 나라의 제왕의 자리만 바뀔 따

강이 "우리의 18개 성을 세력범위로 나누고 우리에게는 추호의 자유도 허락하지 않는다. 중국의 관부는 마치 그들의 노예와 같고 중국의 백성은 그들의 가축과 같다…. 우리 중국은 아직 분할되지는 않았으나 분할된 것과 다름없다"고 말했다. 그는 열강이 중국 분할을 실행하지 않은 것은 "나라의 숫자가 많아 똑 같이 나누기 어려울 뿐만 아니라 중국의 국토가 광대하여 각국 세력이 지방에까지 미치지 못하기 때문이다. 만주족 정부를 내세워 관리하는 것이 분할하는 것보다 어찌 편리하지 않겠는가?"라고 주장했다. 따라서 그는 독자들에게 다음과 같이 호소했다. "여러분은 조정이 아직도 만주족의 조정이라 말하는가? 서양인들의 조정이 된지가 오래다! 믿기지 않는다면 근래에 조정이 한 일을 보라. 서양인의 호령을 받들지 않은 일이 하나라도 있는가? … 이런 도리를 깨닫지 못하고 일마다 조정을 따른다면 입으로는 서양인의 백성이 되기 싫다고 하면서 오래전부터 서양인의 백성 노릇을 하고 있음을 아직 깨닫지 못하는 것과 같다. 조정을 거역할 수 없다고 한다면 서양인의 조정도 거역하지 말아야 한단 말인가?" 사실상 진천화는 제국주의 침략에 저항하자면 청 왕조의 통치에 저항하지 않을 수 없다는 결론을 제시했다.

진천화는 전국의 인민들에게 단결하여 일어나 "목숨을 걸고 싸워야 중국을 구할 수 있다"고 호소했다. 그러나 그는 의화단처럼 배외주의를 부르짖고 "양무"를 배척해서는 안 된다고 주장했다. 그는, "서양인을 거부하려면 먼저 서양인의 장점을 알아야 한다"고 주장했다. 이것은 60년 전에 위원이 "오랑캐의 장점을 배워 오랑캐를 이긴다"고 한 말의 되풀이 같았다. 그러

름이라 민간에는 손상이 없었다. 지금과는 크게 달랐다. 지금은 망국이란 용어는 민족제국주의를 의미한다." 이 말은 제국주의가 피압박국가를 식민지로 전락시킨다는 사실을 지적했다.

나 무엇을 외국으로부터 배울 것인가에 대한 이 무렵 선진 지식계의 인식은 60년 전보다 훨씬 높은 수준에 올라있었다. 두 권의 소책자에서 진천화는 민주정치를 실시해야한다는 점은 명확하게 지적하지 않았지만 다음과 같이 말했다. "국가는 한 척의 배와 같다. 황제는 조타수이고 관부는 선원이며 백성은 자본을 출자한 배의 주인이다 ···. 조타수가 일을 제대로 못하면 주인은 조타수를 바꾸고 다른 사람을 써야하는 것이 도리다." 2년 후 진천화는 「논중국의개행민주정체(論中國宜改行民主政體)」(중국의 민주정체 전환론)이란 문장을 발표했다.

1903년에 민주혁명의 구호를 분명하게 제시한 대표작은 추용(鄒容)이 쓴 「혁명군」이란 소책자였다.[23] 추용(1885-1905)의 아버지는 중경의 상인이었다. 그는 자비로 일본에 유학했다. 그는 일본에 체류한 지 1년 만에 청 정부가 파견한 유학생 감독관을 모욕한 일(그는 요문보[姚文甫]라는 관원의 변발을 잘라 유학생회관에 "전시"했다) 때문에 1903년에 강제 귀국 당했다. 상해에 도착한 후 그는 장태염과 일부 애국학사 활동가들과 교류하면서 러시아 거부운동에 참가했다. 바로 이 무렵에 쓴 것이 「혁명군」이다.

18세의 이 청년은 2만자에 달하는 소책자에서 가득한 열정으로 혁명을 찬미하고, 혁명으로 청 왕조를 전복시키고 세계에서 중국의 독립된 지위를 확보하자고 주장했다. 그는 다음과 같이 썼다. "우리 중국이 오늘날 만주인의 굴레를 벗어나고자 한다면 혁명하지 않으면 안 된다. 우리 중국이 독립하고자 한다면 혁명하지 않으면 안 된다. 우리 중국이 세계열강과 나란히 서고자 한다면 혁명하지 않으면 안 된다. 우리 중국이 새로운 20세기에도 존재하고자 한다면 혁명하지 않으면 안 된다. 우리 중국이 지구상에서 이름난 국가가 되고 주인공이 되고자 한다면 혁명하지 않으면 안 된다 ···. 이에

---

23 「혁명군」 전문은 『신해혁명전10년간 시론선집』 제1권 하책, 649-677쪽을 보라.

본인은 큰 소리로 혁명의 대의를 천하에 선포하는 바이다." 그는 서방 자산계급 혁명의 성취를 찬양하고 자산계급의 자유평등 사상을 고취했다. 그는 혁명을 "야만의 혁명"과 "문명의 혁명"으로 나누었다. 그가 말한 "문명의 혁명"이란 사실은 자산계급이 이끄는 혁명이었다. 그는 청 왕조 정부의 부패상, 낙후성, 매국행위를 낱낱이 폭로하면서 이런 정부를 무너뜨리고 서방 자산계급의 헌법을 본받아 중화공화국을 세우자고 주장했다. 그는 "중화공화국은 자유 독립국이다"라는 구절과 "중화공화국 만세," "중화공화국 4억 동포의 자유 만세"라는 구호로 문장을 끝맺었다.

추용의 「혁명군」은 장병린(章炳麟, 장태염)의 서문을 붙여 광서 29년(1903년) 5월에 상해에서 출판되었다. 거의 같은 시기에 장태염도 「강유위를 반박하는 글(駁康有爲書)」을 발표했다. 장태염(1869-1936)은 이 무렵 이미 학자와 저술가로서 이름을 얻고 있었다. 그는 무술 유신시기에는 양계초의 친구였으나 청 왕조의 통치를 반대했기 때문에 정치사상 면에서는 점차로 강유위 일파와 길을 달리했다. 1899년에 그는 일본에서 손중산을 알게 되었다. 1902년, 그는 일부 일본 유학생들과 함께 도쿄에서 "지나(支那) 망국 242주년 기념회"를 열었다. 그가 써서 이 기념회에서 발표한 선언서는 청 왕조의 통치에 반대하는 강령을 강렬하게 표현했다. 1903년에 그는 상해에서 중국교육회와 애국학사에 참여했다. 이 무렵 강유위는 「남북미주의 화상에게 보내는 글(與南北美洲諸華商書)」을 발표하고 중국은 "입헌은 가능하지만 혁명은 안 된다"고 주장했다. 장태염은 이 글을 겨냥하여 「강유위를 반박하는 글(駁康有爲書)」을 발표했다. 그는 주로 만주족의 통치를 반대하는 논리로 혁명의 필요성을 주장하면서 혁명의 결과는 필연적으로 민주주의가 될 수밖에 없다고 주장했다. 강유위는 "중국의 현재의 민도는 공리(公理)를 깨우치지 못하고 낡은 습속이 그대로 남아"있으므로 혁명은 반드시 혼란을 불러와 좋은 결과를 볼 수 없다고 말했다. 이런 논점에 대해 장태염은 다음과 같이 반박했다. "백성의 지혜라고 하는 것은 경쟁한 후에 생기는 것이며, 지금은 백성의 지혜가 열리기를 기다릴 때가 아니라 혁명을 통해 백성의 지혜를 열어야 한다." 또한 그는 지금 주장해야할 혁명은 필연적으로 "합중공화(合衆共和)"라야 하고, "합중공화를 통해 민심을 모아 혁명을 성공시킨 후에는 반드시 민주가 된다. 민주의 흥기는 사실상 시국이 요구하는 바일 뿐 아니라 경쟁을 통해 이 지혜란 것이 생긴다"고 하였다. 그는 혁명이 "백성의 지혜"(다시 말해 인민의 사상적 각성)를 발전 진보시키는 동력이라고 보았다. 이런 관점에서 출발한 그는 추용과 마찬가지의 열정을 가지고 혁명을 노래하고 혁명을 통해 "공리"를 널리 밝히고 "낡은 습속"을 제거해야 한다고 주장했다.

장태염의 문장은 《소보》에 발표되었다. 그는 이 밖에도 《소보》에 혁명을 고취하고 청 왕조의 통치에 반대하는 평론을 발표했다. 이 때문에 《소보》는 발행을 정지당했다.

추용과 장태염, 그리고 몇 몇 동지들이 영국 조계의 경찰 당국에 체포되었다. 젊은 혁명가 추용은 조계의 감옥에서 죽었고 장태염은 3년간 갇혔다가 1906년에 출옥했다.

1903년부터 국내(주로 상해)와 일본의 유학생 사이에서 혁명 출판물이 급격하게 증가했다. 위에서 말한 진천화, 추용, 장태염의 저작은 이 무렵 지식계에서 분출한 혁명사상을 대표하는 저작이라고 할 수 있다.

무술유신 시기에 여론에 중대한 영향을 미친 양계초는 일본으로 건너온 후 요코하마에서 《청의보(淸議報)》(순간)와 《신민총보(新民叢報)》(월간)을 발행했다. 양계초와 그의 스승 강유위는 국외에서 "보황회"의 이름으로 활동을 계속했다. 보황회의 "보황"이란 명칭 속에는 광서황제를 지키고 자희태후를 반대한다는 의미가 내포되어 있었고 주요 강령은 "백일유신"의 신정을 회복하고 입헌군주제를 실시한다는 것이었다. 그들은 혁명으로 청 왕조를 전복시키는데 반대했다. 양계초의 저작은 청 조정의 엄격한 감시를 받았으나 국내 지식계와 일본 유학생 사이에서 널리 퍼져 환영받았다. 양계초는 많은 글을 썼는데, 유려하면서도 이해하기 쉬운 문장으로 서방 자산계급의 철학, 사회 정치학설, 경제학설을 소개하면서 서방 자산계급의 민족운동과 혁명운동에 등장하는 인물들을 찬미하고 중국의 봉건전통과 배치되는 사회사상과 도덕관념을 고취했다. 그가 이런 방면에서 펼친 선전활동은 질적으로나 양적으로도 동시대의 어떤 자산계급 혁명분자보다도 뛰어났다. 그의 글을 읽은 사람들은 입헌군주제를 찬성하였지만 적지 않은 사람들이 바로 그런 논조 때문에 당시 흥기하고 있던 혁명사상 쪽으로 급격하게 기울었다. 그러나, 무술정변 이후 1903년까지 양계초가 효과적인 사상계몽 활동을 펼쳐 지금까지 사서오경과 공·맹·노·장만 알고 있던 사람들(특히 청년들)의 눈을 열어주고, 봉건문화와 자산계급 문화를 대비하여 중국 민족의 낙후성을 깨우쳐 줌으로써 구국과 혁명의 열정을 더욱 강렬하게 불러일으킨 업적은 인정해야 할 것이다. 중국은 궁극적으로 어떤 개혁의 길을 걸어야 하는지에 대해 양계초의 문장, 특히 1902년에서 1903년 사이에 발표된 문장은 모순된 관점을 보였다. 그는 한편으로는 청 왕조를 전복시키는 민주혁명을 실행하자는 주장에 대해 회의와 반대를 표시하면서도 다른 한편으로는 중국을 구출하기 위해서는 대변혁(즉, 혁명)을 통하지 않으면 안 된다고 주장했다.[24] 그는 신문잡지를 통한 선전활동은 실제 행위보다는 더 격렬해야한다는 이유를 들어 이런 모순을 설명했다.[25] 이 때문에 자산계급 혁명파 측에서는 그의 입헌군주와 "보황" 주장에 불만을 표시했고 스승 강유위와 개량주의

---

24 양계초, 「석혁(釋革)」,(신민총보 제22기, 1902년 12월).『음빙실문집』9, 41-42쪽.
25 양계초, 「동지 제군에게 삼가 고함(敬告我同業諸君」(1902년 10월).『음빙실문집』11, 38-39쪽.

를 고수하던 동지들은 그의 언론이 지나치게 멀리 나아갔다고 보고 경고를 보냈다.

양계초에게서 드러난 이런 모순은 자산계급 혁명사상이 선진 지식계에서 자산계급 개량주의 사상을 대체하여 주도적 지위를 확보해가고 있던 과정의 반영이라고 할 수 있다.

지식계에 등장한 혁명조직

손중산의 흥중회가 호놀룰루와 홍콩에서 조직되었을 때 그 구성원의 대다수는 화교 사회의 상인과 농장주였고 노동자도 일부 있었다. 흥중회가 광주봉기(1895년)와 혜주봉기(1900년)를 발동했을 때 의존했던 역량은 모두 회당이었다. 당시에 국내 지식계와 유학생 중에서 손중산의 조직에 참여한 사람은 매우 적었다.

1902년, 흥중회에 참가한 자산계급 분자들이 광주에서 회당을 주력으로 하여 봉기할 계획을 세웠다. 홍전복(洪全福, 본명은 홍춘괴[洪春魁])은 홍수전의 조카로서 젊은 시절에 태평천국 전쟁에 참가했었다. 그는 태평천국이 실패한 후 홍콩으로 도피하여 화물선의 주방장으로서 30여 년을 바다 위에서 노동한 후 홍콩에 정착했다. 그는 삼합회와 깊은 교류가 있었고 회당 내에서 상당한 영향력을 갖고 있었다. 홍콩 흥중회의 회원인 사찬태(그의 아버지는 오스트레일리아의 화교 상인이었고 홍전복의 오랜 친구였다)와 이기당(李紀堂) (부유한 홍콩 상인의 아들)은 홍전복의 회당 사회에서의 영향력을 이용하여 다시 한 번 봉기를 일으킬 계획을 세웠다. 그들은 봉기가 성공한다면 새로운 나라의 이름을 "대명순천국(大明順天國)"이라 부르기로 하였고 미리 작성해둔 격문에서는 만주족 왕조 반대를 강조하고 "유럽의 군민공주정체(君民共主

政體)"를 시행할 것이라고 주장했다.[26] 이것은 회당의 성격이 짙고 민주혁명의 성격은 약한 봉기였다. 이때의 봉기에 관해 손중산은 들은 적도 없었다. 홍전복, 사찬태, 이기당 등은 홍콩과 광주에 연락 조직을 설치하고 무기를 사들여 광주로 반입했다. 그들은 광주 부근 지역의 호걸들과 협의하여 광서 27년 섣달 그믐날(1902년 2월) 방화를 신호로 하여 일거에 광주의 관아를 점령하기로 약속했다. 그러나 조직 내부의 배신자가 밀고하는 바람에 그들이 약속한 봉기일은 그들의 광주 조직이 관부에 의해 일망타진 되는 날이 되고 말았다. 이 봉기는 요람 속에서 목이 졸려 죽었다. 홍전복은 이름을 바꾸고 싱가포르로 도주했다가 몇 년 후 그곳에서 병사했다. 사찬태는 후에 영국인과 함께 홍콩에서 《남화조보(南華早報)》란 영어신문을 운영하면서 다시는 홍중회의 일에 관여하지 않았다.

지식계에서 혁명사조가 발전함에 따라 지식분자를 위주로 한 혁명단체가 등장했다.

1903년에 일본 유학생 들이 러시아 거부운동을 벌이든 중에 일부 학생들이 의용대를 조직하였고 여기서 군국민교육회(軍國民教育會)란 조직이 생겨났다. 이 조직의 목적은 학생들에게 군사학을 가르치는 것이었다. 군국민교육회는 느슨한 대중조직이었을 뿐 오래가지 않아 존재가 없어졌다. 이 조직에 관여했던 일부 학생이 귀국하여 활동했다. 1904년에는 귀국한 유학생들이 주도하여 화흥회(華興會)와 광복회(光復會)란 두 개의 혁명단체를 만들었다.

화흥회는 호남 출신 유학생 황흥(黃興), 유규일(劉揆一), 양육린(楊毓麟), 진천화 등이 주도하여 광서 29년 섣달 그믐날(1904년 2월 15일)에 장사 명덕학당(明德學堂)의 한 이사의 집에서 발기회를 열었고 이 때 참석한 사람은

---

26 풍자유, 『혁명일사(革命逸史)』 제4집, 상무인서관 1936년 판, 110-111쪽.

100여 명, 대부분이 학계 인사였다. 그들은 황흥을 회장, 송교인(宋敎仁)과 유규일을 부회장으로 추대했다. 황흥(1874-1916)은 호남 선화(善化)현(현재의 장사현) 사람이며 생원출신으로서 무창의 양호서원(兩湖書院)에서 공부했고, 1901년에 관비 유학생으로 선발되어 일본으로 가 사범학교에서 공부하면서 군사학에 대해서도 어느 정도 배웠다.

광복회는 광서 30년 10월(1904년 11월)에 상해에서 결성되었다. 창립회에 참가한 사람들은 강소, 절강, 안휘 3성의 학계 인사들이었다. 옥중에 있던 장태염도 창립회원으로 이름을 올렸다. 일본에서 갓 귀국한 공보전(龔寶銓)이 조직 결성을 주도한 주요 인물이었다. 중국교육회를 이끌던 채원배가 회장으로 추대되었다. 이 단체가 결성된 후 중요한 역할을 한 중심인물은 도성장(陶成章)이었다. 도성장(1878-1912)은 절강 소흥(紹興)현 출신으로서 젊은 시절에는 서당 훈장을 지냈고 1900년이 되어서야 신학문을 접하고 청 왕조의 통치에 반대하는 사상을 갖게 된 인물이었다. 1902년에 관비유학생으로 선발되어 일본으로 갔다. 성성학교(成城學校)[27]에 들어가 군사학을 배우려 했으나 청 관부의 저지를 받았다. 1903년에 귀국하여 활동했다.

화흥회와 광복회는 자산계급 혁명정당의 성격을 띠고 있었다. 두 단체의 발기인과 참여자는 청 왕조를 전복시킨다는 목적을 갖고 있었고 그들이 추구하는 최고 이상은 자산계급 민주공화국의 수립이었다. 황흥은 화흥회 창립회에서 혁명 발동의 지점과 방법에 대해 언급했다. 그는 17,8세기 영국과 프랑스의 혁명 경험을 인용하면서 중국은 사정이 다르므로 수도에서부

---

27 1900년에 일본 육군참모본부가 중국 육군 유학생을 위해 설립한 예비군사학교. 1903년에 동경진무학교(東京振武學校)로 개명했고 1914년까지 운영했다. 이 학교를 졸업한 후에는 부대 실습을 거친 후 일본 정규 육군사관학교에 입학할 수 있었다. 졸업생 중에는 중국 근대사에 큰 족적을 남긴 인물이 많다(역자 주).

터 혁명을 시작할 수는 없고 "성 하나를 차지한 후 다른 성과 연락하여 함께 일어서는 방법"을 택해야 한다고 주장했다. 그는 호남의 "군사·학계의 혁명사상이 날로 높아가고 있고 시민들도 은연중에 그 영향을 받고 있을" 뿐만 아니라 "홍회당(洪會黨) 사람들"(강호의 회당)도 "만주족 반대"의 강령을 갖고 있으므로 일단 봉기하면 "호남을 근거지로 삼기는 어렵지 않다"고 주장했다.[28]

자산계급 혁명가로서 등장한 청년 지식분자들은 반란과 혁명을 일으키자면 대중의 역량을 동원하지 않으면 안 된다는 점을 이해하고 있었다. 그들은 하층사회를 이끌 수 있다고 자부했으나 실제로는 하층사회를 알지 못했다. 그들은 농민과 노동자 속으로 들어가 동원하고 조직하는 힘든 활동을 하지 않았고 그럴 생각도 없었다. 그들은 오늘 혁명단체를 만들고 내일 봉기하여 모래는 성공한다는 계획을 갖고 있었다. 그들에게는 당장에 활용할 수 있는 무력이 필요했다. 가로회, 삼합회 같은 부류의 기성 조직이 바로 그들이 찾던 세력이었다. 당시에 지식분자 혁명가들은 입버릇처럼 혁명은 "중등사회"가 이끌고 "하층사회"의 역량을 활용해야 한다고 말했다. 이들이 말한 "하층사회"란 강호의 빈곤한 유랑민이 중심이 된 회당이었다.

화흥회는 조직된 지 9개월 만에 장사에서 폭동을 일으키려 했다. 광서 30년 10월 10일(1904년 11월 16일)은 자희태후의 70회 생일이었다. 그들은 이날 호남성의 문무관원들이 운집하여 기념식을 거행할 때 미리 설치한 폭탄을 터뜨리고 무비학당의 학생들을 동원하여 봉기하는 한편 가로회는 성 밖에서 호응하여 장사를 점령한다는 계획을 세웠다. 화흥회의 부회장 유규일도 일본에서 귀국한 유학생이었고, 원래부터 호남 가로회의 큰 우두머리

---

28 유규일(劉揆一), 「황흥전기」, 『신해혁명자료』 제4책, 277쪽을 보라.

인 마복익(馬福益)과 교분이 있어서 가로회를 적극적으로 활용하자고 주장했다. 황흥과 유규일은 마복익과 만나기로 약속했다.

광서 30년(1904년) 봄, 황흥과 유규일은 상담(湘潭)에서 마복익과 첫 번째로 만났다. 황흥이 봉기의 총책임자가 되고 유규일과 마복익이 각기 정·부 지휘를 맡기로 합의했다. 이 해 8월에는 황흥, 유규일, 그리고 화흥회의 몇몇 활동분자들이 유양(劉陽)에서 마복익과 수하의 주요 두목들을 만났다. 이 자리에서 황흥은 소총 20정, 권총 40정, 말 40필을 마복익에게 주었다. 이 무렵 화흥회는 사람을 시켜 상해에서 무기를 사들이고 있었고, 무기가 대량으로 확보되면 예정된 시점보다 앞당겨 봉기할 계획이었다. 그러나 이때의 만남을 화흥회 내부의 변절자가 청 관부에 밀고했다. 관부는 즉각 관련 인사들의 체포에 나섰다. 가로회의 중간급 두목 몇 사람이 체포되었다. 황흥은 기독교회 쪽 친구의 도움으로 장사를 빠져나가 상해로 갔다. 유규일 등도 도피했다. 실패로 끝난 이 봉기를 준비하느라 황흥과 유규일은 집을 팔고 돈을 빌려 4,5만 위안의 경비를 마련했다.

관부의 체포령이 내려지자 마복익은 광서로 달아났다. 광서 31년(1905년) 초에 그는 호남으로 돌아와 다시 봉기를 일으킬 준비를 하는 한편 상해에 있던 황흥과 연락을 취했다. 그러나 그는 호남으로 돌아 온지 얼마 되지 않아 체포되었고 체포된 지 3일 만에 처형되었다. 마복익은 지독한 고문을 받아 죽음에 이를 때까지도 굴복하지 않았다. 일본 유학생들이 그를 위한 추도 집회를 열었다.

광복회는 결성된 후 화흥회와 연락을 유지했다. 호남에서 화흥회의 봉기가 일어나면 광복회는 장강 하류 지역에서 봉기를 일으켜 호응하기로 했다. 화흥회의 봉기가 유산하자 광복회의 준비작업도 중지되었다. 광복회도 회당을 끌어들이려는 활동을 했다. 도성장, 공보전과 역시 일본 유학생인 위란(魏蘭) 등 세 사람은 1904년에 절강과 절동 지역을 두루 유람하면서 여러 회당 조직과 관계를 맺었다. 도성장은 이때 회당과 접촉한 경험을 바탕으로 하여 『교회원류고(敎會源流考)』란 책을 썼는데, 이 분야의 상황을 체계적으로 논술한 최초의 저술이 이 책이다. 절강성 남부 여수(麗水) 일대에서 활약하던 회당의 우두머리 왕금보(王金寶)(그는 권법 사범 출신이었다)가 화흥회의 영향을 받아 봉기를 시도하다가 관부에 체포되었고, 광서 30년(1904년) 10월에 처형되었다.

마복익과 왕금보의 행적을 보면 유랑 무산자들을 대표하는 회당의 지도인물들은 혁명적 사상을 갖고 있었음을 알 수 있다. 자산계급·소자산계급 혁명가들은 교육과 사상적 수준이 비교적 높았고 사회에서의 신분 지위도 비교적 높았을 뿐만 아니라 재력도 갖추고 있었으므로 혁명을 고대하던 회당의 지도자들을 쉽게 자기편으로 끌어들일 수 있었다. 그러나 그들은 회당의 몇몇 우두머리들과 관계를 맺고 일시적으로 회당 구성원들의 감투정신을 활용했을 뿐 힘든 대중동원 활동을 하지 않았다. 그들은 회당과 협력하는 과정에서 진정으로 하층 대중 속에 확고한 혁명의 기초를 마련할 수 없었다.

화흥회, 광복회와 거의 같은 시기에 무한의 지식계에서도 혁명조직이 생겨났다. 무한 지식계의 일부 청년들은 현지 군대에 주목하고 병사와 하급 장교를 상대로 활동을 벌였다. 그들은 광서 30년(1904년) 4월에 "과학보습소"라는 별로 눈길을 끌지 못하는 명칭의 조직을 결성했다. 그들은 화흥회와 연락을 취하고 있었고, 화흥회의 봉기계획이 폭로되자 과학보습소도 연루되어 해산 당했다. 보습소 회원들은 훗날 "일지회(日知會)"라는 이름으로 조직을 다시 결성했다. 청 왕조를 타도한 신해혁명(辛亥革命)이 무한에서부터 폭발하게 된 데는 일지회란 조직과 관련이 있다. 이 사실에 관해서는 뒤에서 따로 설명할 것이다.

상술한 상황과 사건에서 알 수 있듯이, 1903-1904년에는 지식계의 혁명 조류 가운데서 자산계급·소자산계급이 주도하는 혁명의 새로운 시기가 급속히 대두하고 있었다.

제21장
동맹회 초기
- - - - - - - - - - - - -

동맹회의 성립과 그 강령

광서 30년(1904년), 손중산은 미국에 있었고 다음 해에 유럽 몇 나라를 거쳐 일본으로 갔다. 그는 미국의 화교 상인들 사이에서 비교적 광범위한 연락을 유지하고 있었다. 벨기에·독일·영국·프랑스에서 일부 유학생들이 손중산이 이끄는 혁명조직에 참가하기를 원했으나 숫자가 너무 적었다. 이 무렵 중국 유학생은 주로 일본에 몰려 있었고 그곳의 유학생들은 손중산에게 열렬한 환영을 보냈다. 천여 명이 참석한 환영회에서 연설을 통해 손중산은, 지난 몇 년 동안 민족주의를 주창해 왔으나 호응한 곳은 회당뿐이었고 "중류사회 이상의 사람들"은 극히 적었는데 이제는 상황이 크게 달라졌다고 말했다. 그는 청 왕조의 전제통치를 무너뜨리고 민주공화국을 세워 중국을 빠르게 발전시킬 수 있다는 확신감을 표시했다. 그는 중국은 "입헌군주제만 가능하고 공화정으로 바로 건너 뛸 수는 없다"는 따위의 논법은 오류라고 주장했다. 그는 다음과 같이 말했다. "토지와 인구의 크기에 있어서 중국을 따라올 나라가 없다. 우리가 중국에 함께 태어난 것은 실로 행복이다. 각국의 현자와 호걸들은 중국과 같은 무대를 얻고자 해도 불가능한 일이다. 우리는 이 큰 무대를 함께 차지하고서 한 치의 공도 세우지 못하고 허송세월만 하고 있다. 이민족이 차지(만주족의 통치를 가리킴-저자)하고 있는 이 나라를 되찾아 커다란 공화국을 세워 세계에 보여준다면 부끄러워질 사람이 얼마나 많겠는가?"[1]

당시에는 각종 혁명 소단체들이 분산하여 활동하고 있어서 혁명 발전의 수요에 적응할 수 없었다. 객관적 형세가 혁명단체의 역량을 결집시키고 명확한 혁명 강령을 제시할 것을 요구하고 있었다. 손중산은 일본에 도착한 후 화흥회의 황흥 등을 만나 혁명조직을 통합하기로 합의했다. 광서 31년 6월 28일(1905년 7월 30일)에 일본 도쿄에서 혁명정당 결성 준비회의가 열렸다. 이 회의에는 70여 명이 참석했다. 손중산이 통합조직의 명칭으로 혁명동맹회를 제안했다. 한 차례 토론을 거쳐 명칭은 중국 동맹회로 하고 "만족축출, 중화회복, 민국창립, 평균지권(平均地權)"이란 16자의 강령이 정해졌다. 7월 20일(8월 20일)에 열린 동맹회의 정식 설립대회에는 수백 명이 참가했다. 당시 아직 유학생을 파견하지 않고 있던 감숙성을 제외한 전국 각 성 출신의 유학생이 다 모였다. 대회에서는 황흥이 기초한 규약을 통과시키고 손중산을 "총리"로 선출하고 집행기구를 확정했다.

동맹회는 흥중회, 화흥회, 광복회 등 지방색을 띠고 있던 소단체를 연합하여 전국적인 조직으로 변신했다. 조직형식, 인원구성, 강령 등 모든 면에서 동맹회는 자산계급 혁명정당의 면모를 갖추었다.

동맹회는 성립 시에 그 지도 기구로서 총리, 선거를 통해 구성되는 평의부(評議部)와 사법부, 총리가 지명한 사람들로 구성되는 집행부가 있었다. 이런 조직 형식은 서방 자산계급 국가의 "3권 분립"의 원칙을 받아들인 것이었다. 평의부는 의회의 역할을 했다. 서방 자산계급의 의회제도는 동맹회 혁명가들이 동경하던 목표였고 동맹회의 조직 형식은 이 점을 반영하고 있

---

1   『손중산전집』 제1권, 중화서국 1981년 판, 282쪽.

었다. 그러나 실제에 있어서 평의부와 사법부는 뚜렷한 역할을 하지 못했다. 동맹회 본부는 일본 도쿄에 있었고 국내에는 동·서·남·북·중 5개 지부를 두고 국외 화교사회에는 남양·미주·유럽·호놀룰루 4개 지부를 두었다. 국내 지부 아래로는 각 성마다 분회를 두고 성 책임자를 선정했다.

동맹회 성립 1년 후에 회원 수는 만여 명이었다. 회원은 유학생과 국내 지식계 인사들의 비율이 높았다. 동맹회의 국내 사회와의 관계는 화교사회를 중심으로 설립된 흥중회와 비교할 때 크게 확대되었다. 동맹회 회원들의 정치사상의 총체적 경향을 보면 일반적으로 민족 자산계급 하층을 대변했다. 그러나 그들 중에는 지주가정 출신이 적지 않았고, 이들은 혁명의 목적과 방법론에 있어서 사실상 다른 관점을 갖고 있었다.

손중산이 동맹회의 영수가 될 수 있었던 까닭은 오래 동안 활동해온 혁명가로서 명성을 갖고 있었을 뿐만 아니라 그가 당시로서는 가장 급진적이라고 할 수 있는 자산계급 민주혁명의 강령을 주창했기 때문이었다. 동맹회 결성 준비회의에서 조직의 명칭을 두고 토론할 때 어떤 사람이 "대만동맹회(對滿同盟會)"를 제안하자 손중산은 "혁명의 주지는 만주족 정권타도가 아니라 궁극적으로는 전제체제를 폐지하고 공화체제를 창조하는데 있다"는 이유를 들어 이 제안을 받아들이지 않았다.[2] 손중산이 제시한 "평균지권"에 대해 일부에서는 회의적인 태도를 보였으나 그래도 이 주장은 강령에 포함되었다. 손중산은 동맹회의 기관지 《민보(民報)》 발간사에서 처음으로 "삼민주의" ― 민족주의, 민권주의, 민생주의 ― 를 제시했다. 손중산은 민족주의를 "만주족을 몰아내고 중화를 회복하는 것"으로 해석했고, 민권주의는 "민국의 건립"을 가리켰으며, 민생주의의 내용은 바로 "평균지권"이었다. 손중산 자신과 일부 동지들은 "평균지권"과 "토지국유"를 같은 것으로 보았

2　추로, 『중국국민당사고』 제1편, 47쪽.

다. 《민보》는 매 기마다 한 번씩 《본사간장(本社簡章)》이란 난을 통해 "본 잡지의 주의"를 선포하였는데 도합 6차례 실렸다. 그 중에서 국내문제에 관한 것이 3차례 실렸다. 첫 번째가 "현재의 열악한 정부의 전복," 두 번째가 "공화정체의 건설," 세 번째가 "토지국유"였다.

혁명적 폭력을 사용하여 청 왕조의 통치를 무너뜨린다는 것이 동맹회의 기존 주장이었다. 동맹회는 성립 직후부터 국민군 조직을 확정하고 군정부 선언까지 마련해두었다. 동맹회 회원들 사이에 실천과정에서 무장투쟁의 방법론을 두고 점차로 이견이 나타나기는 했지만 총체적으로 볼 때 당시 자산계급 혁명파에 속한 사람들은 다음과 같은 일치된 인식을 갖고 있었다. 중국이 제국주의 열강에 의해 분할되는 운명을 벗어나 독립 강성한 나라가 되려면 청 왕조 정부를 전복시키지 않으면 안 되고, 청 왕조의 통치를 끝내려면 무장투쟁 이외에 다른 길은 없다.

동맹회는 민족주의의 깃발을 들고 청 왕조의 통치에 반대하는 운동을 고취했다. 청 왕조의 통치는 실질적으로 만주족의 통치가 아니라 지주계급을 대표하는 봉건전제주의 통치였다. 자산계급 혁명가들은 이 점을 충분히 인식하지 못했다. 그들 중 일부가 선전하는 민족주의는 편협한 반 만주족주의로 흐르거나 심지어 한족 우월주의를 지향하는 경우도 있었다. 손중산은 이 문제에 있어서는 비교적 정확한 태도를 취했다. 그는 1906년 《민보》 창간 기념대회의 연설에서 다음과 같이 말했다. "민족주의란 다른 종족을 만나면 그냥 배척하는 것이 아니다 …… 민족혁명은 만주족을 없애버리는 것이라는 말을 형제들은 들었겠지만 이 말은 크게 잘못된 것이다."[3]

손중산은 "민권주의"란 수천 년 된 군주 전제정체를 제거하는 것이며 이것은 "정치혁명의 근본"이라고 강조했다. 그는 다음과 같이 말했다. "우리

---

3   『손중산전집』 제1권, 324, 325쪽.

가 만주족 정부를 무너뜨리면, 만주족을 몰아냈다는 면으로 보자면 민족혁명이고, 군주정체를 무너뜨렸다는 점에서 보면 정치혁명이다. 민족혁명과 정치혁명이 각기 다른 일이 아니다. 정치혁명의 결과를 놓고 말하자면 민주입헌체제라야 한다. 요즘 논의되고 있는 정치론에 비추어 보면 한족이 군주가 될 수 있다는 얘기이고, 그렇게 된다면 다시 혁명하지 않을 수 없다."[4] 그가 말한 정치혁명이란 바로 자산계급의 공화국을 세우는 것이었다.

손중산을 포함하여 동맹회 회원들은 "수천 년 이래의 전제군주 정체"가 실질적으로는 지주계급의 통치이며, 지주계급의 농민에 대한 착취제도라는 기초 위에 수립된 것임을 간파하지 못했다. 이 기초를 흔들지 않고는 자산계급 혁명의 승리는 보장될 수 없는 것이었다.

"평균지권" 혹은 "토지국유"의 주장은 봉건적 토지제도 문제를 겨냥한 강령이었는데, 손중산과 일부 동맹회원들은 토지문제는 정치혁명과는 별개의 혁명 — 사회주의 혁명이라고 인식했다. 그들의 논법에 따르면, 민생주의가 바로 사회주의였다(그들은 서방의 Socialism을 사회주의로 번역할 수 있고 민생주의로도 번역할 수 있다고 했다. 《민보》 제4기에 실린 주집신[朱執信]과 풍자유[馮自由]의 문장을 보라). 무엇이 사회주의인가? 그들의 머릿속은 매우 혼란스러웠다. 《민보》에 어떤 필자가 마르크스를 언급하고 『공산당선언』의 내용을 단편적으로 소개했지만 그들은 마르크스주의를 이해하지 못했다. 그들은 마르크스주의를 각종 사회주의 학설 중의 하나 정도로 이해했다. 그들은 무정부주의, 사회개량주의, 서방 자산계급 정부가 시행하는 사회개량 정책, 심지어 제국주의가 식민지에서 시행하는 모종의 토지정책까지도 사회주의로 보았다.

중국의 자산계급 혁명파는 서방 자산계급 국가의 경험으로부터 자본

----

4   『손중산전집』 제1권, 325쪽.

주의 사회는 진선진미의 사회가 아님을 알아차렸다. 자본주의가 발달하면 첨예한 계급투쟁이 필연적으로 발생하게 되고 여러 가지 사회문제가 생겨나 새로운 혁명을 불러오게 된다. 사회의 이러한 변환에 대해 동맹회원들은 두 가지 상반된 관점을 보였다. 하나는 장태염으로 대표되는 관점이었다. 그는 당시에 발표한 몇몇 문장을 통해 미래의 혁명을 피하자면 상공업과 자본주의가 발전한 서방의 발자취를 따라가지 않는 것이 좋다고 주장했다. 동맹회 시기의 장태염의 혁명사상은 민족자산계급과 소생산농민·소규모수공업자의 관점 사이에서 배회하고 있었다. 자본주의가 적게 발전하거나 아예 발전하지 않는 게 좋다는 주장은 소생산농민·소규모수공업자의 관점을 반영한 것이었다.

손중산으로 대표되는 다수 동맹회원들은 다른 관점을 보여주었다. 그들은 사회주의 혹은 민생주의라는 이름으로 그들이 중국에서 발전하기를 바라는 자본주의의 이상을 표현하였고, 더 나아가 그들이 말하는 사회주의를 되도록 빨리 실시해야 자본주의 발전의 병폐를 예방하고 다음 차례의 혁명을 피할 수 있다고 주장했다. 1905년에 손중산은 《민보》 발간사에서 구미 각국에서는 민족주의와 민권주의 문제는 이미 해결되었고, 지금은 "민생주의가 활발히 논의되는" 시기에 접어들었고 "20세기는 민생주의의 시대가 되지 않을 수 없다"고 말했다. 그는, 중국에서는 "자본주의의 폐해가 아직 싹트지 않은 단계이므로 잘하면 정치혁명과 사회혁명을 한꺼번에 달성할 수 있다"고 주장했다.[5] 1년 후 손중산은 《민보》 창간 1주년 기념대회에서 한 연설을 통해 구미 각국에서는 "문명 진보"의 결과로 "사회혁명"이 찾아왔으니 중국으로서는 "앞서간 수레를 거울로 삼을 수 있다"고 말했다. "문명 진보"란 다름 아닌 자본주의의 발전을 가리켰다. 손중산은 "문명은 빈민에게

5   『손중산전집』 제1권, 288, 289쪽.

이롭지 못하다, 차라리 옛날로 돌아가느니만 못하다"는 등의 주장에는 찬성하지 않았다. 그는 다음과 같이 주장했다. "문명진보는 자연의 이치이니 피할 수 없는 것이다. 문명은 선과(善果)와 악과(惡果)를 동시에 내는데 선과를 취하고 악과를 피해야 한다. 구미 각국에서는 선과는 부자들이 다 차지하고 빈민은 악과만 먹었다. 소수가 문명의 행복을 차지하였으므로 이처럼 불평등한 세계가 된 것이다. 우리의 이번 혁명은 국민의 국가를 만들어 내야 할 뿐만 아니라 사회의 국가를 만들어 내야 한다. 우리가 만드는 국가는 구미가 절대로 따르지 못하는 국가이다."[6]

손중산은 자본주의 제도 하에서 사회혁명이 어떤 것인지를 이해하지 못했고, "사회혁명"을 평균지권으로 인식했다. 그가 말한 평균지권이란, 우선 국가가 토지의 가격을 정하고 이 후 토지가격이 오르면 국가가 원래의 가격대로 개인으로부터 토지를 사들여 전국 토지의 주인이 되어서 국가가 시대를 수취하는 제도를 의미했다. 순진하게도 손중산은 자신의 구상대로 "민족혁명," "정치혁명"과 동시에, 또는 그 이후에 "사회혁명"을 실행하면 "소수의 부자가 전제"하는 현상은 영원히 생기지 않을 것이라고 선전했다.

손중산이 주장한 평균지권은 공업자본가와 상업자본가가 존재한다는 전제 하에서만 실현 가능한 것이다. 따라서 이 정책을 철저하게 시행하면 "소수 부자들의 전제"를 소멸시킬 수 없을 뿐만 아니라, 자본주의가 발전하면 지주는 공상업자본가로부터 거액의 지대를 분배받을 수 없게 되거나 토지의 소유권을 상실하게 된다. 그러므로 이 강령은 실질적으로는 봉건주의의 속박을 파괴하여 자본주의 발전에 유리한 조건을 만들어 내는 정책이다. 자산계급이 나서서 토지를 국유화한다고 할 때 그것이 사회주의적 내용을 담을 수는 없고 오히려 자본주의의 신속한 발전을 위해 길을 닦는 내용

---

6   『손중산전집』 제1권, 327-328쪽.

이라야 당연하다.

손중산과 그의 동지들은 봉건 착취제도의 기초 위에 성립된 중국사회의 본질을 명확하게 인식하지 못했기 때문에 실제적으로는 자본주의 발전을 목적으로 하는 반봉건적 민주주의 강령을 제시했다. 그들은 서방에서 무산계급 혁명운동이 일어나는 것을 보고 민주주의 강령 위에다 사회주의라고 하는 환상의 외피를 입혀놓고 전체 피착취 노동대중을 구원한다고 자임했으며 중국에서 자본주의를 발전시킬 것이라고 당당하게 외쳤다. 이런 행태는 중국의 자산계급이 아직도 초기 단계에 머물고 있던 상황의 반영이라고 할 수 있겠지만 다른 한 편으로 보면 중국의 자산계급은 매우 취약한 계급이었다. 자산계급 가운데서 가장 급진적인 민주혁명파는 반봉건적 강령을 철저하게 실현하려면 농민대중이라고 하는 가장 강대한 반봉건 역량을 반드시 동원해야 한다는 점을 알고 있었지만, 그들은 광대한 중국 농민들 사이에 일찍부터 존재하던 혁명적인 토지분배 요구(이런 요구는 태평천국의 토지 강령 중에 선명하게 반영되었다)를 보고서도 모른 체 했고, 오히려 외국으로부터 헨리 조지 류의 토지단일세를 도입하여 토지국유화를 실행하려고 했다. 그들은 평균지권과 토지국유라는 강령을 제시했지만 강령을 실현할 능력을 갖고 있지 않았다.

당시의 역사조건 하에서 역량을 집중하여 청 왕조의 통치를 종식시킨다는 것은 또한 그 배후에 있는 제국주의에 대한 타격이기도 했다. 동맹회원들은 모두가 중국이 반식민지 상태에 빠진 현실을 보고 분개했으며 혁명을 통해 중국의 독립을 성취하고자 열망했다. 일부 동맹회원들은 청 정부가 이미 제국주의의 하수인이 된 사실을 명확하게 인식하고 있었다. 청의 조정은 "서양인의 조정"이라고 부른 사람은 동맹회 발기인의 한 사람인 진천화였다. 《민보》에 실린 여러 사람의 문장도 청 왕조 정부는 제국주의에게 이용당하는 허수아비라고 지적했다.

그러나 동맹회가 반제국주의적 강령을 명확하게 제시한 적은 없다. 《민보》가 선포한 "본 잡지의 주의" 6개 항 중에서 3개 항은 국외문제에 관한 발언이었다. 1. "진정한 세계평화의 유지," 2. "중국과 일본 양국 국민의 연합을 주장함," 3. "중국의 혁신사업에 세계열강이 찬성해줄 것을 요구함." 이 3개 항의 함의는 최소한 모호하다는 지적을 면하기 어렵다. 동맹회 성립 시에 사전에 기초한 '국민군'의 「대외선언」에는 "청 정부에 도움을 주어 국민군 정부를 방해한 외국인은 모두 적으로 간주한다"는 조항이 있었지만 동시에 다음과 같은 조항도 있었다. "중국이 이전에 각국과 체결한 조약은 모두 계속 효력을 가지며," "외채의 상환은 변함없이 책임진다," "외국인의 모든 기득권은 보호된다." 자산계급 혁명파가 이처럼 분명하게 일체의 제국주의적 속박과 제국주의자들의 "찬성"을 맞바꾸겠다는 의사를 제국주의자들에게 밝혔으니 자산계급 혁명파가 철저하고도 일관된 반제국주의 강령을 지향하지 못한 것은 당연한 일이었다.

누가 혁명을 이끌어야 하는가? 동맹회원들은 일반적으로 혁명은 "중등사회"가 영도해야 한다고 믿었다. 그들 중에서 일부는 18세기 프랑스 자산계급 혁명은 지나친 혼란을 불러왔지만 중국의 혁명은 "질서 있게 진행될 것"이라고 믿었다.[7] 이들은 자산계급 혁명파 우익이라고 할 수 있는데, 하층 인민의 역량을 되도록 적게 동원할 생각이었다. 다른 일파는, 혁명은 마땅히 "평민의 혁명," "일반 인민의 혁명"이 되어야 한다고 주장했다.[8] 손중산은 다음과 같이 말했다. "우리는 평민혁명을 통해 국민정부를 세워야한다.

---

7 「정명이(正明夷)프랑스혁명사론」. 『신해혁명전10년간 시론선집』 제2권 하책. 645쪽을 보라.

8 「발난편(跋難篇)」. 『신해혁명전10년간 시론선집』 제2권 상책. 384쪽. 왕동(汪東)의 회고에 의하면 이 글의 저자는 왕정위(汪精衛)라고 한다.

이것은 우리 혁명의 목적일 뿐만 아니라 우리가 혁명한다고 할 때 성취해야 할 최소한의 것이다." 이른 바 "평민혁명," "일반 인민의 혁명"이란 모호한 개념이었지만 급진적인 자산계급 혁명파의 관점이었다. 이런 관점을 가진 사람들은 자산계급·소자산계급 혁명파를 통해 혁명의 주도권을 장악하려 했지만, 최소한 주관적으로는 하층 인민대중의 역량을 동원하고 전체 "평민"과 "일반 인민"의 대표자의 지위를 차지하려고 했다.

　　동맹회는 성립 이후 즉시로 혁명 선전과 실제적인 혁명 활동을 시작했다. 동맹회의 강령은 이러저러한 약점을 갖고 있었지만 당시의 역사조건 하에서는 비교적 완벽한 민주주의 혁명 강령이었다. 동맹회의 강령은 자산계급·소자산계급의 정치 경제적인 요구를 담아냈고, 민족독립과 민주적 권리를 요구하는 중국 인민의 공통된 희망과 중국사회가 앞으로 나아가기 위해 절박하게 필요로 하는 요구들을 구체적으로 표현했다. 이 강령을 바탕으로 하여 진행된 일체의 활동은 중국 역사상 전대미문의 참신한 기상을 만들어 냈다. 얼마 전까지만 해도 선진적 지위를 차지하고 있던 강유위·양계초 일파의 자산계급 개량주의를 상대로 하여 사상적으로 승리한 것이 동맹회의 중대한 업적이었다. 이 승리는 청 왕조의 통치를 무너뜨리는 혁명 투쟁의 사상적 기초였다. 이 문제를 서술하기 전에, 다음에서 우리는 이른바 입헌준비와 그와 관련된 강유위 일파의 활동과 언론을 먼저 살펴보기로 한다.

청 조정의 입헌준비와 자산계급 입헌파

　　광서 31년(1905년) 6월과 7월 사이에, 청 조정은 "장래에 실시할 입헌을 준비하기 위해 " 대신들을 외국으로 파견해 "정치를 고찰"하기로 결정했다. 이 무렵, 외국에 주재하는 중국 공사와 조정의 관원, 그리고 지방의 총독과 순무 가운데 일부가 조정에 "정체변경(政體變更)"을 요구하는 청원서를 제출했다. 실력자인 직례총독 원세개도 청원자에 포함되어 있었다. "정체변경"이란 청 조정이 헌법을 제정 반포하고 입헌군주제를 시행하라는 요구였다. 그들은 이 방법으로 혁명의 위기를 피하고 대지주·대매판 계급이 통치하는 정체를 유지하려했다. 자희태후는 마지못해 이 청원을 받아들였다. 광서 27년(1901년)부터 몇 년 동안 "변법"과 "유신"을 외쳤지만 아무런 성과를 내지 못한 황태후로서는 새로운 계책을 써먹지 않을 수 없었다. 황태후는 입헌을 실시했을 때 청 황실과 만주족 귀족들의 권력이 침해받지 않을지 확신이 없었고 이 점을 확인하기 위해 대신들을 파견해 살펴보고자 했다.[9]

시찰 명령을 받은 대신 다섯 사람은 8월 26일에 북경 역에서 오월(吳樾)이 던진 폭탄 기습공격을 받았다. 이 공격으로 차벽이 훼손되었으나 다섯 대신은 무사했고 오히려 오월 자신만 폭사했다. 오월은 보정(保定)고등학당 학생이었고 혁명서적을 읽고 영향을 받아 청 정부의 고관들을 암살하기로 결심했다. 그의 행동은 동맹회와는 관계가 없었으나 그는 동맹회원들과 개인적인 교분을 갖고 있었다. 그는 유서에서, 만주족 정부의 입헌 약속을 절대로 믿을 수 없으며, "만주족 정부는 실은 중국의 부강을 가로막는 첫 번째 장애물이며," "구국을 하고자 만주족 정부를 받드는 것은 섶을 지고 불을 끄려는 것과 다름 아니다"고 하였다.[10]

폭탄사건으로 5대신의 출국은 11월까지 미루어졌다. 5대신 중 둘은 만주족 귀족이었고 셋은 한족 관원이었다. 그들은 많은 수행원들을 거느리

---

9 1905년 9월 출간 『성사(醒獅)』 제1기. 『신해혁명전10년간 시론선집』 제2권 상책, 70쪽을 보라

10 『신해혁명자료』 제2책, 433쪽.

고 일본에 도착한 후 두 팀으로 나뉘어 미국·영국·프랑스·독일·러시아를 시찰했다. 다음 해 2월에 귀국한 시찰 팀은 즉각 "입헌을 선포"하자는 건의를 조정에 제출했으나 입헌의 실시 시기는 15년 또는 20년 후로 미루자고 주장했다. 이런 건의는 사실은 자희태후의 의중에 맞춘 것이었으므로 그대로 수용되었다. 광서 32년(1906년) 7월 13일에 황태후와 황제의 이름으로 "헌정을 본받을 준비"를 하라는 칙령이 나왔다. 칙령은, 당연히 "헌정을 본받아야" 하지만 "지금은 법령과 제도가 갖추어져 있지 않고 백성의 지혜가 아직 열리지 않아" 언제 입헌을 실시할 것인지 현재로서는 정할 수 없으므로, 우선 관제를 세밀히 정하는 일로부터 시작하고 법률을 제정하여 교육 확대·재정정리·군비정돈·치안제도 실시 등 관련 업무를 준비하라고 지시했다. 이해 9월에 중앙관제를 개편하여 탁지부(度支部), 법부, 우전부(郵傳部), 민정부, 농공상부 등 새로운 명칭이 사용되었다. 각 부에는 책임자로 상서(부장에 상당) 한 사람을 임명하고 시랑 2명(부부장에 상당)을 두었다. 이전처럼 만주족과 한족의 구분은 두지 않는다고 했으나 실제로는 군기대신과 각 부 상서에 임명된 13명의 관원 가운데 한족은 4명뿐이었다.

청 조정이 예비 입헌을 선포한 주요 목적은 혁명을 피하기 위함이었다. 출국시찰단 대신 5인 중에서 우두머리인 만주 귀족 재택(載澤)은 상주문에서 "내란을 없앨 수 있는 것"이 입헌의 "큰 이점" 가운데 하나라고 하였다. 또 한사람의 만주 귀족 단방(端方)은 상주문에서 자신이 국외에서 "백방으로 알아본 결과" 혁명당의 영향이 매우 크다는 점을 극력 강조하면서, "손문이 연설할 때는 청중이 모였다하면 수천 명이며 혁명당보를 구독하는 자가 수만 명을 넘는다… 그를 환영하는 무리가 서로 앞을 다투니 인심의 변화가 매우 심하다"고 하였다. 그는, 엄격한 진압만으로는 사태 해결에 아무 도움이 되지 않으며 다른 방법으로 혁명의 위기를 해소하지 않으면 안된다고 주장했다. 그가 보기에 입헌을 실행하겠다고 선포하면 "정치적으로

는 새로운 희망을 줄 수 있고" "난을 꾸미는 당을 해산"시키는 목적도 달성할 수 있었다.[11]

청 조정이 입헌을 실시할 것 같은 태도를 보이자 일부 혁명당 사람들은 오히려 우려와 혼란에 빠졌다. 그들은 청 정부가 입헌을 실행하여 장기간 통치를 유지해 간다면 청 왕조를 전복시키려는 혁명도 불가능해 질 것이라 생각했다. 그러나 실제에 있어서는 청 조정의 입헌 준비 선포는 빈 약속에 불과했고 예비 단계로서 관제개혁은 속임수 정도의 역할도 하지 못했다. 이후 몇 년 동안 입헌에 관해서는 주목할 만한 아무런 조처도 없다가 광서 34년(1908년)에 가서는 다시 9년 동안 준비 작업을 하겠다고 선포했다. 입헌이라는 도구를 가지고 혁명의 불꽃이 다시 타오르지 않게 하겠던 청 정부의 희망은 완전히 헛수고로 끝났다.

강유위와 양계초 같은 보황당 일파의 입장에서는 청 조정의 입헌 약속은 확실히 "정치적으로는 새로운 희망을 주는" 일이었다.

강유위와 양계초는 광서 25년(1899년)부터 해외 화교사회에서 보황당의 이름으로 활동하고 있었다. 그들은 광서황제를 자희태후로부터 핍박받는 현명한 성군으로 묘사하고, 자신들은 광서황제로부터 동지의 대우를 받는 특수한 관계이며 황제의 밀명을 받아 해외에서 활동하는 듯이 처신했다. 강·양 두 사람은 화교 상인들 가운데서 아직도 황제의 권위를 믿고 자희태후의 행태에 대해 분개하는 일부 인사들을 보황당의 깃발 아래 불러 모았다. 양계초는 스승 강유위의 명을 받아 심지어 손중산이 처음으로 흥중회를 만들었던 호놀룰루까지 달려가 수많은 화교 상인들을 보황회에 끌어들였는데, 손중산의 형 손미도 참여했다. 강유위와 양계초의 정치적 입장은 손중산으로 대표되는 자산계급 혁명파와는 근본적으로 대립되는 것이었다.

---

11 「청평만한진역밀절(請平滿漢畛域密折)」, 『신해혁명자료』 제4책. 41–44쪽.

자산계급 혁명파의 세력이 갈수록 커지자 그들도 갈수록 혁명파의 입장에 대해 공개적으로 반대의사를 표시했다.

광서 32년 7월 13일에 "헌정을 본받을 준비"를 하라는 칙령이 나오자 당시 미국에 있던 강유위는 즉각 강력한 환영의 뜻을 표시했다. 그는 각지의 보황회원들에게 보낸 "포고"에서 청 조정이 이번에 선포한 예비 입헌은 그가 수년 동안 이끌어 온 운동의 결과라고 자랑했다. 그는 자희태후와 광서황제는 이제 "서로 좋아하게 되었으며" 황제는 "점차로 실권을 찾아가고" 있어서 황제를 보위하는 목적은 달성되었다 할 것이므로 "보황회"의 이름을 "국민헌정회(國民憲政會)"로 바꾼다고 발표했다.[12] 회의 이름을 바꾸면서 강유위는 혁명당의 주장을 공격했다. 그는 자신이 지금까지 "중국에서는 입헌군주제만 가능하고 공화제는 할 수가 없다"고 주장해왔으며, 혁명을 하면 내홍과 분쟁이 생겨 중국은 열강에 의해 분열되는 국면을 맞게 된다고 강조했다. 얼마 지나지 않아 강유위는 다시 국민헌정회를 제국헌정회(帝國憲政會)로 바꾸었다. 그가 이처럼 절박하게 청 왕조의 통치자를 향해 "충의"를 표시한 까닭은 청 왕조의 입헌 정책에서 자신의 출로를 찾고자 했기 때문이었다.

청 조정의 입헌이 공론으로 끝나자 강유위가 조직한 국민헌정회에 대한 지지는 수그러들었고 일본에 머물면서 활동하고 있던 그의 제자 양계초까지도 거리를 두기 시작했다. 강유위의 직접적인 영향은 미주의 일부 화교 상인들에게 국한되었을 뿐만 아니라 그마저도 점차로 축소되었다.

양계초가 보여주었던 논조와 행동은 스승 강유위의 그것과는 달랐다. 청 조정의 예비 입헌 조서가 발표되자 양계초는 강유위와는 달리 즉각 환

---

12 포고는 원래 광서 32년 10월 24일자 뉴욕에서 출판되던 보황회 기관지 《중국유신보》에 실렸다. 《민보》 제13기에 전문과 함께 평론이 게재되었다.

호하지는 않았고 그가 발행하던 《신민총보》에 상술한 강유위의 포고를 전재하지도 않았다. 양계초는 자신이 발행하던 잡지를 통해 청 왕조의 입헌준비는 진정한 정치혁신을 달성할 수 없다고 공격했다.[13] 그는 혁명당이 생겨난 이유는 현 정부의 부패 때문인데 입헌이란 공허한 이름 아래서 부패한 정치가 계속된다면 혁명당에게 구실만 더해줄 뿐이라고 주장했다. 그의 주장은 간명했다. 그러므로, 혁명당의 입지를 없애려면 청 정부가 진지하게 입헌을 실행해야 한다. 양계초는 청 정부가 진정으로 입헌을 실시하려면 적극적이고 성실하게 "인민"의 지지를 얻어야 한다고 주장했다.[14] 이런 주장을 기반으로 하여 양계초는 광서 33년(1907년) 하반기에 일본에서 "정문사(政聞社)"라고 하는 단체를 조직했다. 이 단체는 "국민"의 의식 수준을 높여 입헌정치를 추진한다고 자처했다. 양계초는 이 단체의 지도부에 이름을 올리지는 않았으나 사실상 이 단체의 정신적 지주였다. 정문사의 "선언서"는 그가 집필했다.[15] 선언서는, 정문사는 하나의 정당으로 발전하기 위해 국내 각지에서 활동하기를 원한다고 밝혔다. 청 정부의 탄압을 피하기 위해 양계초는 선언서에서 특별히 다음과 같이 강조했다. "정문사는 질서 있는 행동과 정당한 요구를 고수할 것이다. 황실에 대해서는 그 존엄을 절대로 해치지 않을 것이며 국가에 대해서는 절대로 치안을 문란하게 하는 행동은 하지 않을 것이다."

국내에서는 청 조정이 발표한 예비 입헌은 지주, 지방 유력인사, 퇴직 관료, 자본가들로부터 상당히 열렬한 호응을 얻었다. 우선 상해에서 장건,

---

13 「현정부와 혁명당(現政府與革命黨)」. 《신민총보》 제89기에 실렸고 『음빙실문집』 19, 48쪽에도 수록되어 있다.

14 「정치와 인민(政治與人民)」. 『음빙실문집』 20, 17쪽.

15 『신해혁명자료』 제4책, 105쪽. 또한 『음빙실문집』 20, 19쪽을 보라.

정효서(鄭孝胥), 양수잠, 증주 등이 "예비입헌공회(豫備立憲公會)"를 조직했다. 장건은 장원급제한 경력이 있는 방직업 자본가로서 관료사회와 밀접한 관계를 맺고 있었다. 정효서는 거인 출신으로서 청 정부의 주일본 나가사키(長崎) 영사를 지낸 적이 있었고 광서·광동·호남에서 독판·안찰사 등의 관직을 지낸 적이 있었으며 이때는 상해 실업계의 대표 인물이었다. 탕수잠은 안휘성 청양현 지현을 지냈고 관직을 물러난 후 절강성의 유명한 향신이 되었고 절강 유지와 상인들이 철도회사를 설립하기 위해 자본을 모을 때 그를 이사장으로 추대했다. 증주는 앞에서 설명한 바와 같이 미국상품 불매 운동을 주도했던 상해 상공회의소 총회장이었다. 상해의 예비입헌공회에 이어서 호북에서는 탕화룡(湯化龍)이 주도하여 헌정주비회(憲政籌備會)가, 호남에서는 담연개(譚延闓)가 주도하여 헌정공회(憲政公會)가 성립되었다. 탕화룡은 진사시에 급제한 후 관비 유학생으로 일본에 갔고 귀국 후에는 한구 은행협회와 호북 상인단체 연합회에서 중심적인 역할을 한 인물이었다. 담연개는 양광총독을 지낸 적이 있는 담종린(譚鍾麟)의 아들로서 자신도 진사시에 합격했고 호남에서 학교를 운영하면서 현지의 광업 자본가들과 밀접한 관계를 맺고 있었다. 이밖에, 광동에는 갑오전쟁 때 대만에서 도망쳐 나온 향신 구봉갑이 결성한 자치회(自治會)가 있었다. 이들 조직의 성격과 강령은 정문사의 그것과 유사했다. 주요 구성원들은 자산계급화한 지주계급 분자였다. 그들은 실권 있는 관직에 있지는 않았으나 향신 실업가의 신분으로 관료사회와 관계를 맺고 있었다. 청 조정이 입헌을 발표하자 이들은 정치무대에 오를 수 있는 새로운 희망을 발견했다. 이들은 청 왕조의 통치에 불만을 품고 개혁을 요구하면서도 한편으로는 혁명적 입헌파를 반대했다. 이들은 강유위·양계초 일파의 국내 지지기반이었다.

정문사는 광서 34년(1908년) 초에 상해에서 출판물을 간행하고 연락 사무소를 설치하여 각지의 입헌 단체와 연락했다. 이해 7월, 청 관부는 정문사의 국내 활동을 금지시켰다. 관부는 강유위·양계초 일파가 입헌운동의 중심에 서는 것을 원치 않았지만 상술한 각지 입헌파 자산계급의 단체들에 대해서는 활동을 허용했다.

혁명파와 입헌파의 논쟁

손중산은 같은 망명객 처지인 강유위·양계초 일파와 협력할 생각을 한 적이 있었다. 그러나 협력이 불가능하다는 사실이 밝혀진 광서 30년(1904년)에 손중산은 "혁명파와 보황파가 두 길로 나뉜 것은 흑백이 섞일 수 없고 동과 서가 자리를 바꿀 수 없는 것과 같다"고 말했고, 양계초를 만난 후에는 "정사를 논하는데 마치 적국을 대하는 것과 같았다"고 말했다.[16]

한편 양계초도 광서 29년(1903년)에 미국에 갔다가 일본으로 돌아온 후 "보황의 강령을 명백히 하고 혁명을 반대하기 위한 선전에 나서는 것"이 자신의 임무라고 분명하게 밝혔다.[17]

1905년 동맹회가 성립되고 기관지 《민보》가 일본에서 비교적 체계적으로 혁명의 주장을 선전하기 시작했다. 강유위·양계초의 보황당도 청 조정이 "입헌준비"를 선포하자 입헌군주제의 장점을 선전하는데 힘을 쏟았다. 1906년에서 1907년 사이에 한 쪽에서는 《민보》가, 다른 쪽에서는 양계초가 편집하는 《신민총보》가 대표가 되어 혁명파와 입헌파 사이의 대논쟁을 벌였다.[18] 자산계급 혁명파의 사상과 주장에 약점이 없었던 것은 아니지만 총

---

16 『손중산전집』 제1권, 중화서국 1981년 판, 232쪽.

17 「답화사인(答和事人)」, 『음빙실문집』 11, 45쪽.

18 광서 31년 5월, 벽상객(壁上客)이란 필명을 쓰는 인물이 《민보》와 《신민총보》의 주요 논

체적으로 보아 혁명파는 중국을 역사발전의 궤도에 따라 앞으로 끌어갔고 입헌파와의 논쟁에서 커다란 승리를 거두었다. 이 승리는 자산계급 혁명파가 이미 사상적으로나 실천적으로도 가장 선진적인 정치세력 되었음을 보여주었다.

논쟁의 중심문제는 청 왕조 정부를 무너뜨리고 독립된 민주공화국을 만들기 위해 폭력혁명을 할 것인지 여부였다. 이것은 실질적으로 "국체"나 "정체"와 관련된 문제였다. 모택동은 1940년에 발표한 「신민주주의론」에서 다음과 같이 말했다. "국체문제는 청 말기부터 수십 년 동안 논쟁을 거듭하면서도 결론을 보지 못한 문제이다. 이 논쟁의 핵심을 말하자면, 사회 각 계급이 국가 안에서 차지하는 지위이다. 정체문제에 관해서 말하자면, 그것은 정권구성의 형식문제이며 특정 사회계급이 적으로부터 자신을 보호하는 정권 기관을 어떤 형식으로 조직하느냐를 가리킨다."[19] 당시의 혁명파는 마르크스주의자처럼 국체와 정체의 의의를 명확하게 구분할 수는 없었기 때문에 정체문제 뿐만 아니라 국체문제를 한꺼번에 논쟁했다.

양계초는 《신민총보》를 통해 다음과 같이 말했다. "우리의 목적은 현 정부를 개조하는 것이지 국가의 근본을 흔들고자 함이 아니다 …… 혁명당은 국가가 부패했다고 해서 국가의 근본을 바꾸려 한다."[20] 여기서 말하는 "국가의 근본"이란 바로 "국체"를 가리켰다. 입헌파는 국체의 변경을 바라지 않았고 정체의 변경만 요구했다. 그들의 바람은 청 왕조의 황제로 대표되는 대지주·대매판의 통치를 유지하면서 정권의 조직형식만 조금 바꾸기 위해

쟁문장을 수집하여 『입헌론과 혁명론의 격전(立憲論與革命論之激戰)』이란 제목의 책으로 출판했다.

19 『모택동선집』 제2권. 인민출판사 1991년 판. 676, 677쪽.

20 여지(與之), 「중국 현재의 당파와 장래의 정당(論中國現在之黨派及將來之政黨)」, 『신해혁명전10년간 시론선집』 제2권 하책, 613쪽.

헌법을 반포하고 의회를 소집하며 소위 책임정부를 수립하는 것이었다. 이렇게 함으로써 상층 민족자산계급이 정권에 참여할 수 있는 다소간의 여지를 열어두자 — 이것이 당시 입헌파의 공통된 주장이었다.

입헌파가 청 왕조의 통치를 수호하는 입장에 서자, 당연한 일이지만 혁명파는 이들을 맹렬하게 공격했다. 청 왕조 정부는 이미 부패할 대로 부패하여 제국주의의 도구로 전락했을 뿐만 아니라 중국이 나아가는 길에서 반드시 제거되어야 할 장애물이 되었다. 자산계급 혁명파는 반박할 수 없는 사실을 근거로 하여 청 왕조 통치자들의 죄상을 성토하고 입헌파 주장의 반동성도 폭로했다.

자산계급 혁명파는 청 왕조의 통치를 반대할 때 주로 민족주의 구호를 내세웠는데, 사실 이것은 혁명파의 논리적 약점이기도 했다. 양계초는 이 약점을 붙잡고 혁명파를 "편협한 반 만주족 복수주의자"라고 비난했다. 그러나 양계초는 혁명파에게는 이런 비난을 쏟아 부으면서도 만주족 귀족의 특권을 놓지 않으려 애쓰는 청 왕조의 통치자들을 향해서는 어떤 비난도 하지 않았고, 청 왕조의 통치자들이 하루하루 제국주의자들의 보호를 구걸하고 있는 사실에 대해서도 전혀 언급하지 않았다. 하물며, 급진적 자산계급 혁명파가 청 왕조 통치의 종식뿐만 아니라 청 왕조의 전복을 통해 2천년 이래의 군주정치를 종식시키겠다는 역사적으로 정확한 주장 앞에서 양계초의 지엽적인 비난은 설득력이 없었다. 자산계급 혁명파는 명백하게 표현하지는 않았지만 청 왕조의 전복을 통해 국체를 변경하는 혁명을 주장했다. 바로 이 부분에서 입헌파는 혁명파와의 논쟁에서 극복할 수 없는 열세에 빠졌다.

양계초로 대표되는 입헌파는 청 왕조의 통치를 두둔해야 하는 불리한 입장에서 벗어나기 위해 다른 문제를 붙잡고 혁명파를 공격했다. 그들은 청 왕조의 통치를 전복시키고 공화정을 수립하려면 폭력적 혁명(양계초는 폭동적 혁명이라고 표현했다)을 거치지 않을 수 없고 중국의 현재 상황에서는 폭력혁명은 매우 위험하다고 주장했다—"국민"은 아직 공화정을 실행할 능력이 없고 혁명은 "내란"을 초래할 뿐이므로 외국의 간섭과 중국 분할의 국면을 불러 올 것이다. 입헌파는 혁명이 나라를 구하지 못하고 오히려 망하게 할 뿐이라는 점을 증명하려 했다.

혁명파의 관점은 입헌파의 관점과는 상반되는 것이었다. 혁명파는, 중국인민은 구미 각국의 인민에 비해 결코 열등하지 않다, 인민에게 희망을 걸어야지 낙후하고 부패한 통치자에게 기대를 걸 수는 없다고 주장했다. 혁명은 "살상과 유혈의 참극을 피하기 어렵지만" 집권자가 "성실하고 공정하게 개혁을 실시하기란 불가능하므로" 부득이 개혁의 권리는 아래 사람의 손에 넘어가지 않을 수 없을 뿐만 아니라, "시기가 긴박함으로 번개처럼 혁명하지 않으면 성공할 수 없다." 유혈과 살상이 두려워 혁명을 미룬다면 그것은 종양을 발견하고도 수술하지 않는 것과 같다.[21] 혁명파는, 혁명을 사랑하는 것은 평화를 사랑하는 것과 같다고 주장했다. "혁명은 인간 세상을 구하는 귀한 약이다. 혁명이 없다면 인간 세상은 긴 밤이다." "나는 평화를 사랑하기 때문에 혁명을 더 사랑한다."[22] 제국주의가 군사적인 간섭을 할 것이라는 입헌파의 협박[23]에 대해 혁명파는 청 왕조의 통치가 열강을 중국의 주인으로 만들었기 때문에 중국이 분할 될 위기에 처한 것이라고 반박했다. 혁명만이 새로운 사회질서를 창조하고 중국을 망국의 화로부터 구해 낼 것

---

21 기생(寄生)(汪東), 「입헌이 혁명에 우선해야한다는 주장에 대해(論支那立憲必先以革命」, 『신해혁명전10년간 시론선집』 제2권 상책, 127, 129쪽.

22 사황(思黃)(진천화), 「중국혁명사론」, 《민보》 제1기, 53쪽.

23 양계초, 「폭동과 외국간섭(暴動與外國干涉)」, 『신해혁명전10년간 시론선집』 제2권 상책, 284, 290쪽.

이다.[24]

혁명파는 혁명 과정에서의 각 사회계급의 관계에 대해 좀 더 분명한 설명을 하지 못했고 중국 혁명과 제국주의의 관계에 대해서도 명확하게 설명하지 못했다. 그들은 단순히 "서양의 혁명이 성공한 까닭은 중등사회가 혁명을 이끌었기 때문"이라며 중국 혁명도 "중등사회"가 이끌어야 성공할 수 있다고 설명했다. 그들은 혁명은 문명적이고 질서가 있으며 건설적인 것이므로 지금까지의 농민혁명과는 다르다고 말할 뿐 광대한 농민대중의 역량을 제대로 동원할 수 있는 방법이 무엇인지에 대해서는 고민하지 않았다. 혁명파는 제국주의가 서로 견제하고 있고 자신들이 추구하는 혁명은 의화단 식의 "배외"운동이 아니기 때문에 열강의 무장 간섭은 있을 수 없다고 주장했다. 혁명파의 일부 인사는 제국주의 열강이 무장 간섭을 한다 하더라도 중국은 많은 인구와 광대한 영토에 의존하여 끝까지 저항할 수 있다고 주장했는데, 이런 주장은 뒤집어 말한다면 결국은 열강의 간섭이 없을 것이란 전제 하에서 혁명의 성공을 바란다는 것이었다. 그들이 간파하지 못한 점은 제국주의 열강은 무장 간섭 이외에도 여러 경로를 통해 중국 혁명을 파괴할 수 있다는 사실이었다. 이상의 추론과 희망은 모두가 자산계급 혁명파의 약점을 보여준다. 그러나 어떤 관점에서 보든, 대중의 역량을 두려워하고 제국주의의 간섭이 두려워 혁명을 포기한 입헌파의 주장에 비하자면 혁명파의 논거는 훨씬 더 빛이 나는 것이었다.

논쟁은 봉건적 토지제도를 개혁하는 문제를 두고도 벌어졌다. 입헌파는 혁명파가 제시한 사회혁명과 평균지권의 주장에 대해 특히 적대적이었다. 양계초는, 혁명파는 토지국유가 사회주의의 실현이라고 주장하나 이는 "아직 사회주의가 무엇인지 모르는 데서 나온 말"이고, "일체의 생산기관을

---

24 기생(왕동), 「혁명금세론(革命今勢論)」, 《민보》 제17기, 45쪽.

모두 국유화한 후에라야 완전한 사회주의라고 할 수 있다"고 하였다. 그는, 중국의 현재 상황은 "자본가를 장려해야" 할 때이므로 사회주의를 논할 처지가 못 된다고 주장했다.[25] 사회주의에 관한 양계초의 분석이 혁명파의 그 것보다 정확한 면이 있었지만 그렇다고 양계초가 논쟁에서 우위를 차지할 수는 없었다. 자산계급 혁명파는 진정으로 사회주의를 시행할 생각이 없었는데도 양계초가 반사회주의의 기치를 내걸고 봉건토지제도를 옹호하는 투쟁을 벌였던 까닭은 반봉건투쟁이 농민대중을 동원하는 사태를 불러올까 두려워했기 때문이었다. 양계초는, 혁명파가 평균지권을 주장하는 것은 "이를 이용하여 널리 일반 하층사회의 동정을 불러일으키려는" 수작이므로 자신은 가슴에 비수를 들이대더라도 소리 높여 "사회혁명"과 "토지 국유제"를 반대할 것이라고 말했다.[26] 양계초가 뭐라고 하던 자산계급 혁명파는 자신의 논리로 "사회혁명"과 "평균지권"의 필요성을 역설했다. 입헌파는 봉건주의 정치제도와 봉건사상을 상대로 투쟁을 벌여오기는 했지만 지금껏 봉건주의의 경제적 기초에 대해서는 건드린 적이 없었는데, 이는 그들이 사회혁명이란 말만 들어도 두려워했기 때문이었다. 바로 이 점에 있어서 자산계급 혁명파의 언론이 훨씬 선진적인 지위에 있었다.

혁명파와 입헌파의 논쟁의 승패를 두고 1907년에 입헌파의 기관지인 《신민총보》 자신이 내린 결론은 다음과 같다. "몇 년 동안 혁명론이 중국에서 성행했는데, 지금은 법이론과 정치이론의 날개를 달고 그 기치가 더욱 선명해지고 그 보루는 더욱 견고해졌다. 아래로는 봇짐장수와 역졸에 이르기까지 입으로는 혁명을 말하지 않아도 몸으로 파괴하고 있다." "혁명당은

---

25 양계초, 「사회혁명은 지금의 중국에 과연 필요한가(社會革命果爲今日中國所必要乎)?」, 『신해혁명전10년간 시론선집』 제2권 상책, 340-342쪽.
26 양계초, 「계명전제론」, 『신해혁명전10년간 시론선집』 제2권 상책, 189쪽.

정부는 집권을 위한 것이라며 입헌을 매국이라 욕하니 그 주장에 회의를 품은 자라할 지라도 감히 입헌파에 가담하지 못하고 있다. 그런데 혁명당이라고 하는 자들은 공공연히 사실상의 활동을 하고 있고 입헌파라고 하는 자들은 명분상으로만 떠들 뿐이다. 기세에 눌려 입을 다물지 않을 수 없다… "[27]

혁명파의 기세가 이처럼 압도적인 이유는 그들의 법이론과 정치이론이 심원했기 때문이 아니었다. 계급투쟁의 실제 형세가 갈수록 긴장을 더해가는 상황에서 자산계급 사상을 바탕으로 혁명의 필연성을 논증하는 주장은 논리적 약점이 적지 않았음에도 불구하고 광대한 대중에게 강력한 흡인력을 발휘할 수밖에 없었다.

1906년 호남·강서 접경지역의 봉기

동맹회는 성립 후 최초 3년 동안 입헌파와 논쟁을 벌이는 한편 여러 차례의 무장봉기를 일으켰다. 그 첫 번째가 광서 31년(1906년)의 호남 예릉 (醴陵)·유양과 강서 평향(萍鄕)의 봉기였다. 이때의 봉기의 중심 세력은 현지의 구식 회당(가로회 조직)이었고 동맹회 회원은 내부에서 주도 역할을 하였다.

이 지역에서 활동하던 가로회의 일부 지도자들은 죽은 마복익의 부하들이었고 마복익은 황흥, 유규일의 화흥회와 협력하다가 체포되어 처형되었다(제20장 지식계에 등장한 혁명조직을 보라). 광서 32년(1906년) 여름에 일본

---

27 여지, 「중국 현재의 당파와 장래의 정당」, 『신해혁명전10년간 시론선집』 제2권 하책, 607-608쪽. 원래는 《신민총보》 제92기에 실렸다.

에 유학하고 있던 동맹회 회원 유도일(劉道一. 유규일의 동생)과 채소남(蔡紹南)이 호남으로 돌아왔다. 그들은 장사 명덕학당의 학생 위종전(魏宗銓)을 통해 예릉, 유양, 평향 일대의 가로회 조직과 관계를 맺었다. 위종전의 집은 강서 평향현 상율(上栗)(평향 북쪽 90리, 호남 유양현과 접경)에 있었고 그의 아버지는 부유한 상인이었다. 그는 현지의 가로회와 교류가 있었고 명덕학당에서 동맹회의 혁명사상에 영향을 받았다. 유도일과 채소남은 그를 고향으로 보내 "전승지필점(全勝紙筆店)"을 열게 하고 이곳을 가로회와의 연락거점으로 삼았다. 그들은 구식의 회당을 조직하는 방식을 동원하여 일대의 가로회 두목 100여명으로 홍강회(洪江會)를 결성했다.

홍강회는 공춘대(龔春臺)를 "따꺼(大哥. 큰형님)"로 추대했다. 농민출신의 공춘대는 폭죽 공장의 노동자와 병정을 지낸 경험이 있었고 문맹이었으며 현지 가로회 우두머리의 한 사람이었다. 채소남과 위종전은 상율에 머물면서 공춘대의 지휘를 도왔다. 유도일은 장사에서 대외 연락 활동을 하였다. 홍강회의 조직은 완전히 가로회의 전통을 따라 각 지역에 "마두관(碼頭官)"을 설치했다. 입회할 때는 수탉의 피를 섞은 술을 마시며 다음과 같이 맹세했다. "중화민국의 종지를 지킬 것이며 따꺼의 명령에 복종한다. 일치단결하여 만주족을 몰아내고 한족의 나라를 세운다. 이 맹세를 어기면 사람과 신으로부터 함께 벌을 받을 것이다."

원래부터 있던 가로회를 바탕으로 하고 다시 빈곤한 농민들을 받아들임으로써 홍강회는 급속하게 발전하여 그 세력이 불과 몇 달 만에 예릉, 유양, 평향 뿐만 아니라 평향 이동의 의춘(宜春), 만재(萬載), 분의(分宜) 등지로 뻗어나갔다. 평향의 안원(安源)에는 큰 탄광이 있었고 약 5천 명의 노동자가 그곳에서 일하고 있었다. 탄광의 작업반장의 한 사람인 소극창(蕭克昌)은 가로회의 우두머리였고 홍강회가 결성될 때에도 가입했다. 안원탄광의 노동자 반수 이상이 점차로 홍강회에 가입했다.

홍강회 지도자들은 튼튼한 조직적 기초를 다졌다고 판단하고 그해(음력) 말에 무장봉기를 일으키기로 결정했다. 10월 19일, 예릉의 홍강회 조직이 예정보다 앞서 갑자기 봉기를 일으키자 홍강회 지도부는 혼란에 빠졌다. 공춘대, 채소남, 위종전은 즉각 유양의 고가대(高家臺)에서 각 지역 마두관 회의를 소집하고 대책을 논의했다. 소문을 들은 홍강회 분자들이 몰려들어 대책회의는 군중집회로 발전했다. 아직 아무런 결정이 내려지지 않은 상태에서 홍강회의 한 우두머리인 요숙보(廖叔保)가 2,3천 명의 무리를 모아 "대한(大漢)"이라고 쓴 흰 깃발을 내걸고 마석진(麻石鎭)으로 진출하여 반란을 선포하자 마석진 농민들이 대거 참여했다. 상황이 이렇게 되자 홍강회 지도자들은 전체 군중을 향해 봉기를 선언하지 않을 수 없었다.

봉기 군중은 10월 21일에는 이미 상율을 점령하고 군사 지도기구를 구성하였다. 공춘대는 중화국민군(中華國民軍) 남군(南軍) 선봉대 도독, 채소남과 위종전은 각기 좌우 통령으로 불렸다. 그들은 도독의 명의로 공포한 격문에서 "중화민국 정부의 명"을 받든다고 자칭하였고 태평천국의 뒤를 잇는다고 선언하였다. 격문은 청 왕조 통치의 "10대 죄악"을 열거하면서 다음과 같이 주장했다. "도독과 지도부는 동포의 행복을 도모할 뿐 제왕이 되겠다는 생각은 추호도 없으니 중국의 역대 왕조에서 국가를 한 사람의 사유재산으로 생각하고 봉기한 원시적인 영웅들과는 다르다. 본 도독이 건설하고자 하는 국가는 만주족을 몰아냄으로써 소수 이민족의 독재를 끝낼 뿐만 아니라 수 천 년 동안 내려온 군주 한 사람이 특권을 독점하는 전제정체를 제거할 것이다. 4억 동포가 평등의 이익을 누리고 자유의 행복을 얻는 공화민국을 반드시 건설할 것이다. 사회문제에 있어서는 새로운 법을 마련하여 지권(地權)을 백성과 더불어 평균할 것이며 부자가 더욱 부유해지는 불평등사회를 막을 것이다. 이런 행복은 만주족 오랑캐의 지배 하에서는 꿈에도 생각하지 못했던 것이고 현재 구미 각국의 인민들도 완전하게 누리지 못하고 있는 것이다."[28] 이 격문은 구식 회당을 동원하는 봉기 방식에 의존하면서도 완전히 손중산의 언어를 사용함으로써 새로운 면모를 갖추었다.

호남과 강서 접경지역의 몇 개 현에서 봉기에 참가하기 위해 몰려온 군중의 숫자가 일시에 3만여 명을 넘어섰다. 그들은 지방의 지주 무장으로부터 2,3천정의 총을 빼앗아 무장하였지만 나머지는 칼과 창으로 무장했다. 그들은 농촌지역의 몇 개 현과 약간의 농촌교역 중심지를 점령했을 뿐이었지만 그 충격은 두 개 성의 수도를 흔들어 놓았다. 청 관부는 안원에서 소요사태가 발생하는 것을 매우 염려하고 있었기 때문에 사전에 이곳의 치안을 강화해놓고 있었다. 봉기가 발생하고 나서 며칠 만에 관부는 안원의 홍강회 지도자 소극창을 유인 체포하여 처형했다. 일부 탄광 노동자들이 감시를 뚫고 봉기에 참가했으나 탄광 전체로서는 봉기를 일으킬 수가 없었다. 탄광 전체가 봉기에 참여했더라면 상황은 크게 달라졌을 것이다.

강서순무 오중희(吳重熹)와 호남순무 잠춘명(岑春蓂)은 즉각 병력을 출동시켜 평향과 유양의 봉기부대를 공격했다. 봉기부대가 모였다 흩어지기를 거듭하면서 기회를 보아가며 반격을 계속하자 관군은 여러 차례 위기에 빠졌다. 이 때문에 호광총독 장지동은 호북으로부터, 양강총독 단방은 강소로부터 병력을 빼내와 합동작전을 펼쳤다. 관군이 군사력에서 우세한 위치에 서게 되자 봉기는 10월 말부터 진정 국면에 들어갔다.

이 봉기에서 관군에게 살해된 군중의 숫자는 최소한 천여 명이었다. 봉기의 지도인물 중에서 채소남은 전투 중에 적에게 잡혔고 위종전은 부대

---

28 진춘생(陳春生), 「병오평예기의기(丙午萍醴起義記)」, 『신해혁명자료』 제2책, 477쪽. 봉기
    가 일어났을 당시 이 격문이 존재했는지는 의문시된다. 어떤 사료 연구자는 이 격문이
    사후에 동맹회 회원에 의해 작성되었다고 본다.

638 | 아편전쟁에서 5·4 운동까지

가 해산한 후 평향의 친척 집에 은신해 있다가 역시 관군에게 체포되었다. 두 사람은 모두 처형되었다. 공춘대는 위급한 상황에서 부대를 탈출한 후 강호를 유랑하다가 신해혁명 때에 다시 부대를 이끌고 등장했다. 청 당국은 이 봉기가 단순히 "도적무리"의 행동이 아니며 손중산이 이끄는 동맹회와 연관되어 있다는 사실을 알아내고 사태의 심각성을 알아차렸다. 양강총독 과 강서순무는 사변의 경과를 보고하는 상주문에서 다음과 같이 말했다. "이 번의 도적무리의 난리는 …… 비록 뿌리가 깊지 않았으나 재빨리 무력 을 동원하고 혁명의 명분을 내세워 동조하는 자가 많았고," "역도 손문(孫汶 이라고 표기했다. 손중산을 가리킨다-저자)과 암암리에 연결되어 있었으니 만약 에 초기에 진압하지 못했더라면 그 환란은 상상하기 어렵다."[29]

　유도일의 임무는 장사에 남아 도쿄의 동맹회 본부와 연락을 취하는 것이었다. 그가 임호를 사용하여 보낸 전보는 전부 발각되었고 그는 곧 체 포되어 처형당했다. 호남에서 체포 처형된 유명한 동맹회원으로서는 우지 모(禹之謨)가 있었다. 그는 일본 유학을 마치고 귀국한 후 호남에서 수건공 장을 경영하면서 학교도 운영했고 1905년에는 미국상품 불매운동과 철도 부설권 회수운동에 적극 참여한 탓에 학계와 실업계에서 저명인사가 되었 다. 그는 봉기가 일어나기 4개월 전부터 여러 가지 구실로 체포되어 있다가 10년의 징역형을 선고받고 정주(靖州) 감옥에 갇혀있었다. 봉기가 일어나자 관부는 그를 주모자로 의심하여 온갖 고문을 가한 후에 결국 교수형에 처했다.

　도쿄의 동맹회 본부는 신문보도를 보고서야 봉기 사실을 알게 되었 다. 손중산과 황흥은 즉각 회원 일부를 귀국시켜 호남, 호북, 강소, 안휘, 강 서 각 성에서 조직을 가동시켜 봉기를 지원하게 하였다. 그러나 귀국한 회

29　『신해혁명자료』 제2책. 496쪽.

원들은 모두 현지의 관부에 발각되었다. 그들은 체포된 후 일부는 투항했다. 대학사 손가정(孫家鼐)의 종손(從孫)이고 동맹회 본부에서 간사를 맡았던 손육균(孫毓筠)은 남경에서 체포되자 곧바로 양강총독 단방에게 동맹회 조직 상황 일체를 알려주고 목숨을 구걸했다. 그런가 하면 다수는 영웅적인 최후를 맞았다. 소상인 출신의 양탁림(楊卓林)은 병사로 복무한 적이 있었고 일본 유학 시에 동맹회에 가입했다가 이때 귀국하여 강소와 절강의 회당과 연결을 시도하던 중에 상해에서 단방이 파견한 회당 두목으로 가장한 첩자에게 속아 양주(揚州)까지 유인되어 갔다가 체포되었으나 변절을 거부하고 의연하게 죽음을 맞았다.

단명으로 끝난 이 봉기는 동맹회가 성립된 후 동맹회 회원이 주도하거나 최소한 동맹회 회원과 연결된 최초의 봉기였다. 실패한 이 봉기를 통해 일부 자산계급·소자산계급 혁명가들이 걸출한 활동을 보여주었을 뿐만 아니라 부분적으로는 하층 대중 속에서 의지할 수 있는 혁명역량을 조직하려 노력했다. 그러나 그들은 대중을 동원하고 조직함에 있어서 간고한 노력을 기울이지 않고 구식 회당 조직에만 의존했다. 이점이 이때의 봉기나 앞으로 동맹회가 주도하게 되는 여러 차례의 봉기에서 나타나는 특징이었다.

1907-1908년 손중산이 이끈 6차례의 무장봉기

1907년에서 1908년 사이에 손중산의 책동과 직접적인 주도하에서 동맹회는 광동과 광서와 운남에서 6차례의 무장 봉기를 일으켰다. 손중산은 신해혁명 이전에 "10차례 혁명의 실패"를 경험했다고 말한 바 있는데 이는 바로 이러한 무장봉기의 실패를 가리킨다. 10차례의 실패 가운데는 1906년 호남-강서 접경지역에서의 봉기는 포함되지 않는다. 그가 주도하여 실패한 첫 번째와 두 번째의 무장봉기는 1896년과 1900년 두 차례의 무장봉기를 가리키며 세 번째에서 여덟 번째까지는 동맹회가 성립한 후인 1907년부터 1908년까지의 6차례의 봉기를 가리킨다.

광서 33년(1907년) 5, 6월 사이에 손중산은 광동의 황강(黃崗)과 혜주(惠州)의 칠녀호(七女湖)에서 두 차례 봉기를 일으켰는데, 이것이 그가 말한 세 번째와 네 번째의 무장봉기이다.

광동 조안(潮安)현 출신이며 싱가포르의 부유한 화교 상인이던 허설추(許雪秋)는 1906년에 동맹회에 가입했다. 손중산은 그가 광동 조안 일대의 회당과 깊은 관계를 갖고 있다는 사실을 알고 이런 배경을 활용하기 위해 그에게 중화국민군 도독이란 명칭을 주고 산두(汕頭)로 가 활동하게 하였다. 손중산의 원래 계획에 따르면 조산(潮汕)봉기는 혜양(惠陽)과 광동성 서부의 흠주(欽州), 염주(廉州) 등지의 봉기준비가 끝나 분위기가 성숙되었을 때 함께 일어났어야 했다. 그러나 허설추는 이미 봉기해버린 회당을 통제할 수가 없었다. 4월 11일에 황강의 여축(余丑) 등이 이끄는 회당 무리가 스스로 행동을 시작하여 조그마한 성인 황강을 점령했다. 황강은 광동과 복건을 잇는 교통의 요충지로서 조주부(潮州府) 요평현(饒平縣)에 속해있었다. 봉기군이 황강을 점령하자 청의 지방당국이 군대를 파견하였고 쌍방은 14일에 황강 서쪽에서 격전을 벌여 양쪽 모두 많은 사상자를 냈다. 황강으로 철수한 봉기군은 "무기가 열악하고 탄약과 양식도 부족하여 오래 버텨야 무익하다"고 판단하고 스스로 "해산"을 결정했다. 산두에 있던 허설추도 활동을 멈추었다. 이렇게 되자 손중산은 다시 홍콩과 싱가포르에서 여관업을 경영하던 상인 등자유(鄧子瑜)에게 혜주에서 현지의 회당 조직을 이용하여 봉기를 일으키라고 지시했다. 봉기부대는 4월 22일부터 행동을 개시하여 귀선(歸善)(지금의 혜양현 경내에 있었다)과 박라(博羅) 사이에서 혜주 관부의 순방영(巡防營)과 10일 동안 교전하다가 스스로 해산했다.

같은 해(광서 33년) 7월(1907년 8,9월 사이), 손중산은 광동 서부의 흠주와 염주 지역(현재는 광서 장족[壯族] 자치주 소속)에서 한 차례 무장봉기를 일으켰다. 이 봉기에서 손중산은 왕화순에게 "중화국민군 남군 도독"이란 칭호를 주었다. 왕화순은 광서 회당의 봉기를 한 차례 주도한 적이 있었고 실패한 후에는 홍콩을 거쳐 월남의 사이공으로 망명했다. 손중산은 1907년 초에 월남에 왔다가 그를 포섭하여 동맹회에 가입시켰다. 이 해 여름 흠주와 염주에서 농민대중이 높은 세금과 재해가 발생한 시기에 식량 값이 폭등하자 자발적으로 저항을 조직하기 시작했다. 흠주의 나려(那黎)·나팽(那彭)·나사(那思) 세 마을에서 농민들이 만인회(萬人會)를 조직하고 유사유(劉思裕)를 우두머리로 추대했다. 양광총독은 통령(統領) 곽인장(郭仁漳)과 표통(標統) 조성(趙聲)에게 군대를 이끌고 나가 진압하게 하였다. 손중산은 그들의 진영으로 밀사를 보내 두 사람에게 혁명의 깃발을 들도록 설득했다. 두 사람은 구두로만 동의하고 실제 행동은 취하지 않았다. 왕화순은 7월 하순에 2백여 명의 병력을 이끌고 흠주의 방성(防城)현을 습격하여 점령했다. 이 행동은 현지 농민대중의 지지를 받았음에도 불구하고 왕화순은 자발적으로 저항을 조직한 유사유의 만인회 등 농민세력을 흡수하지 않았고 오로지 곽인장과 조성의 "반정(反正)"만 기대했다. 이런 기대는 기대로만 끝났고 왕화순은 고군분투하면서 흠주 북쪽의 영산(靈山)을 공격하였으나 성공하지 못했다. 8월 10일을 전후하여 그는 부대를 해산하고 자신은 월남 경내로 도피하였다. 이것이 손중산이 말한 다섯 번째의 실패였다.

흠주와 염주 방면에서 실패한 후 손중산은 다시 광서 변경인 진남관(鎭南關)(지금은 우의관[友誼關]이라 부른다)에서 활동을 시작했다. 손중산의 지시로 청 왕조의 군대 내부에 잠입해있던 황명당(黃明堂)과 관인보(關仁甫) 등이 회당과의 관계를 이용하여 진남관의 수비병 일부를 매수했다. 10월 27일(12월 2일), 그들은 일거에 진남관의 포대 세 곳을 점령했다. 손중산과 황흥 등 동맹회의 영수들은 직접 이 포대를 찾아보았다. 그들은 월남 경내로 돌아가 무기를 사들일 자금을 마련하고 병력을 증강하여 진남관에서부터 북진할 준비를 하고 있을 때 포대를 빼앗겼다는 소식이 날아들었다. 이것이 여섯 번째의 실패였다.

진남관 전투 후에 청 관부는 프랑스와 교섭하여 손중산이 월남에서 추방당하게 만들었다. 손중산은 월남을 떠나면서 광동의 흠주와 운남의 하구(河口)에서 두 차례의 행동을 시도했는데 이것이 광서 34년(1908년)의 일곱 번째와 여덟 번째의 실패였다.

일곱 번째의 군사행동은 황흥이 지휘하였다. 그는 1년 전 방성 전투와 진남관 전투에 참가했던 회당 조직원과 월남의 화교가운데서 2백여 명을 모아 손중산이 마련해준 무기로 무장하여 봉기했다. 2월 26일(3월28일)에 부대는 중국과 월남 국경을 넘어 흠수 방면으로 진군했다. 부대는 진군하는 도중에 청 왕조의 소규모 지방부대와 마주쳐 몇 차례 작은 승리를 거두었다. 이 무렵 곽인장의 부대는 아직도 흠주에 주둔하고 있었고 곽인장은 황흥에게 탄약을 제공하고 기회를 보아 반란에 가담하기로 사전에 약속해 두었다. 그러나 황흥의 부대가 흠주에 진입한 후 곽인장은 다시 한 번 약속을 어겼을 뿐만 아니라 이번에는 우세한 병력으로 황흥의 부대를 포위했다. 황흥의 부대는 40일 동안 수십 곳의 마을을 전전하면서 돌파구를 찾았으나 성공하지 못하고 결국 자진해산을 선포했다. 황흥 자신은 다시 월남으로 들어갔고 그의 부하들은 산속으로 흩어졌다.

여덟 번째 군사행동의 지휘자들은 원래 회당의 우두머리였던 황명당, 왕화순, 관인보였다. 이들은 상술한 5차와 6차 군사행동에서도 주요한 역할을 맡았다. 이번 군사행동의 무대는 월남의 라오카이(老街)와 이웃한 운남의 하구였다. 3월 29일(4월29일), 그들은 백여 명의 병력을 이끌고 하구를 기습했고, 사전에 매수해 두었던 청 수비군의 일부가 내응해 일거에 하구 성을 점령할 수 있었다. 그들은 병력을 양분하여 한 쪽은 철도를 따라 몽자(蒙自) 방향으로 진군하고 다른 한 쪽은 신가(新街)와 만모(蠻耗) 방향으로 진군하였으나 별다른 진전을 보지 못했다. 청 당국에서는 운남총독 석량(錫良)이 군대를 파견했을 뿐만 아니라 광서 쪽의 군대도 동원하여 봉기군을 포위 공격했다. 4월 하순, 관군이 도착하고 봉기군 가운데서 투항자가 발생하자 남은 병력은 하구로 집결했다가 월남 쪽으로 넘어갔다. 프랑스인은 그들의 무기를 압수한 후 추방했다. 이때의 전투는 약 한달 가량 지속되었다. 동맹회 측에서는 실패의 원인이 유능한 지휘관의 부재와 부족한 자금 때문이라고 판단했다.

1908년의 두 차례 봉기는, 흠주에서는 기대할 수 없는 청군 장교의 "반정(反正)"에 희망을 걸었고, 하구에서는 돈으로 회당 조직원을 끌어들이고 청군 관병의 투항을 유도하는데 기대를 걸었다. 두 차례 다 대중적 기초가 없는 상황에서 단순한 군사적 모험주의에 매달렸던 것이다.

1907-1908년 광복회가 발동한 봉기

1904년에 결성된 광복회는 회원 다수가 동맹회에도 가입했지만 실질적으로는 독립적인 활동을 유지하고 있었다. 1907년에 광복회 회원이 꾸민 봉기가 한 차례 일어났는데 주요한 역할을 한 인물은 절강의 추근(秋瑾)과 안휘의 서석린(徐錫麟)이었다.

저명한 여성 혁명가 추근(1875-1907년)은 지주 집안 출신으로서 부모가 정해준 대로 부유한 상인의 아들이자 관료인 사람과 결혼했으나 뜻이 맞지 않아 결국 남편과 결별했다. 그는 청 왕조 정부의 부패와 제국주의의 중국 침략 실상을 목격하고 구국사업에 헌신하기로 결심하였다. 1904년에 그는 봉건 가정의 속박을 뛰어넘어 스스로 경비를 마련하여 일본 유학을 떠났다. 그의 결정은 당시 관습으로서는 세상을 놀라게 하는 비상한 행동이었다. 그는 광복회와 동맹회에 잇따라 가입하였고 동맹회의 절강성 대표로 추대되었다. 그는 홍문(천지회)조직에도 참가했다. 1906년 초에 귀국한 후 그는 상해에서 광복회 회원들과 함께 활동하면서 학교를 설립하고 《중국여보(中國女報)》란 잡지도 창간했다.

광복회원 도성장의 소개로 추근은 절강 각지의 회당과 관계를 맺기 시작했다. 호남과 강서 접경 지역에서 봉기가 일어났을 때 추근은 고향인 절강성 소흥으로 돌아가 절강을 거점으로 하여 군사행동을 발동하려고 시도했다. 소흥의 대통학당(大通學堂)은 도성장과 서석린 등이 1905년에 설립했는데, 그들은 이 학교를 이용하여 절강 각지의 회당과 연락을 취했고 학교 안에 무기와 탄약을 숨겨두기도 했다. 이 무렵 추근은 대통학당의 경영을 책임지고 있었다. 호남과 강서 접경 지역의 봉기가 실패로 끝나자 그는 독립적으로 봉기하기로 결심했다. 그는 절강성 서부 각지를 돌아다니며 많은 회당 조직으로부터 봉기에 참가할 것이며 그의 지휘를 받아들이겠다는 약속을 받아냈다. 추근은 "광복군"의 조직체계를 수립했다. 광복군의 통령은 그 무렵 안경(安慶)에 머물고 있던 서석린이 맡았고 추근 자신은 부통령을 맡았다. 추근은 우선 금화(金華)에서 봉기한 후 소흥 방면의 회당 조직과 협동하여 항주를 기습한다는 계획을 세웠다. 항주를 함락시키지 못하면 절강 각지의 군대를 집결시켜 절강 서부에서부터 강서와 안휘로 진출할 계획이었다. 추근은 당초에는 광서 33년(1907년) 4월에 봉기할 생각이었으나 준비가 부족하여 5월 하순으로 시기를 바꾸었다. 그러나 봉기 계획이 세어나가고 각지의 광복회와 회당의 수령들이 다수 체포 살해되자 추근은 안경으로 사람을 보내 서석린에게 예정된 날짜에 봉기하기 어려운 상황을 알려주었다.

서석린(1873-1907)은 소흥부 학교에서 산술강사를 한 적이 있었고 1904년에 한 차례 일본을 둘러본 후 혁명사상의 영향을 받아 1905년에 광복회에 가입하고 소흥에 머물면서 활동했다. 광복회의 도성장 등은 청 관부의 내부에서 군권을 장악해 혁명을 일으키기 위해 돈을 써서 관직을 사고 사람을 군대 내부에 심어놓기로 의견을 모았고 이 계획을 실행한 인물이 서석린이었다. 서석린은 돈을 내고 도원(道員)의 관직을 산 후 안휘순무 은명(恩銘)에게 접근하여 신임을 얻어 안경에서 경찰학교의 교장이 되었고 이어서 경찰의 부책임자에 임명되었다. 1907년에 추근으로부터 소식을 들은 후 그는 모험적인 계획을 실행하기로 결심했다. 5월 26일은 경찰학교의 졸업식이었다. 순무 은명과 기타 성 정부의 관원들은 관례에 따라 졸업식에 참석하여 검열하게 되어있었다. 서석린은 은명 앞에서 업무보고를 하는 순서에서 권총을 빼들어 은명을 쓰러뜨렸다. 그와 함께 행동한 동지는 26세의 진백평(陳伯平)과 24세의 마종한(馬宗漢) 두 사람뿐이었다. 이들은 추근과 서석린 사이에서 연락을 맡은 사람이었다. 두 사람은 이때 권총을 소지한 체 현장에 있다가 서석린과 함께 행동했다. 30여 명의 학생들이 그들을 따라 병기고를 점령한 후 몇 시간 동안 순방영 부대에 저항하다가 결국에는 진압되었다. 진백평은 전사하였고 서석린과 마종한은 체포된 후 극형에 처해졌다.

　　청의 관부는 서석린의 거처에서 광복군의 포고문을 찾아내고 방대한 조직의 배경이 뒤에 있음을 알아냈고 결국 추근과 서석린의 관계도 알아냈다. 소흥의 대통학교에 머물고 있던 추근은 안경 사건의 소식을 들은 후에도 여전히 학교에 머물면서 회당 조직원들과 연락을 취해 거사일을 6월 10일로 바꾸었다. 6월 4일, 성 정부에서 소흥으로 파견한 군대가 대통학교를 포위하자 소수의 학생들이 총을 쏘며 저항했다. 추근과 함께 교사와 학생 6명이 체포되었다. 적의 심문 앞에서 추근은 어떤 답변도 거부했고 체포된 다음날 참수형에 처해졌다. 절강순무가 탕수잠(湯壽潛)에게 추근을 어떻게 처리하는 게 좋을지 의견을 구하자 그는 다음과 같이 말했다. "이런 인물을 죽이지 않고 뭘 기다리는가?"[30] 이 입헌파 정객이 볼 때에 관료의 부인이었던 인물이 엉뚱하게도 혁명을 들고 나와 강호의 강도들과 교류했으니 죽여야 마땅한 일이었다.

이때의 광복군 봉기계획에 연루되어 체포 처형된 혁명당인과 회당 분자의 숫자는 백여 명에 이르렀다. 추근이 처형된 후 몇 달 동안 소흥, 여수, 금화 등지에서 광복군 봉기에 참가하기로 되어 있었던 회당 분자들이 자발적으로 소규모 폭동을 일으켰지만 모두가 깜박이는 불꽃처럼 스러졌다.

서석린과 추근이 희생된 다음 해에 이들의 영향을 받은 웅성기(熊成基)가 안경에서 봉기를 일으켰다.

웅성기(1887-1910)는 강소성 감천(甘泉)(지금의 한강[邗江])현 사람으로서 19세에 신군(당시 청 왕조에서 편성한 신식 군대)에 참가하여 강남 포병부대의 배장(排長. 소대장)에까지 올랐고 얼마 후에는 안휘 포병부대의 연장(連長. 중대장)으로 발령받았다. 그는 신군에서 복무하는 동안 혁명사상을 받아들이고 서석린의 사업을 계승하겠다고 결심하였다. 광서 34년 10월(1908년 11월), 그는 광서황제와 자희태후가 잇따라 사망하여 민심이 불안한 시기를 틈타 신군 포병부대 병력 천여 명을 이끌고 봉기한 후 안경으로 진격했다. 혁명군은 청군과 하루 밤낮을 격전을 벌였으나 불리한 전세를 타파하지 못하고 집현관(集賢關)으로 퇴각한 후 전략을 바꾸어 여주(廬州)를 점령하여 근거지로 삼기로 하였다. 청군의 추격을 받으면서 웅성기는 부대를 이끌고 저항하였으나 여주에 도착했을 때 남은 병력은 백 명을 넘지 않았고 게다가 적과 내통하여 웅성기를 해치려는 병사도 있었다. 젊은 웅성기(이때 그는 21세에 불

---

30 도성장. 「절안기략(浙案紀略)」. 『신해혁명자료』 제3책. 41쪽.

과했다)는 경험이 부족한 탓에 사태를 장악하지 못하고 단신으로 달아났고 결국 봉기는 실패했다. 이때 봉기에 참가했다가 관부에 체포되어 처형된 장교, 병사, 학생의 숫자가 3백 명을 넘었다. 1910년에 웅성기는 하얼빈(哈爾賓)에서 체포 처형되었다.

서석린과 추근의 광복군 봉기는 주로 회당의 역량에 의존하였다. 웅성기는 이와는 달리 신군 병사를 동원하였다. 당시 혁명파는 회당을 혁명의 주력으로 삼을 수 없다는 점을 점차로 깨달아 가고 있었기 때문에 신군 가운데서 혁명 역량을 찾아내려 했다. 웅성기는 신군 병사를 동원하여 봉기한 첫 번째 인물이었다.

개별적인 암살행동

손중산과 황흥에서 추근과 서석린에 이르기까지 자산계급·소자산계급 혁명가들은 혁명과 무장투쟁은 분리할 수 없는 것으로 파악했다. 그들은 청 왕조의 이른 바 입헌을 멸시했을 뿐만 아니라 권고와 청원의 방법으로 "정치혁명"을 달성할 수 있다는 인식은 전혀 믿지 않았다. 그들은 중국 농민혁명의 우량한 전통을 계승하였다. 그러나 무장투쟁을 효율적으로 조직하고 추진하는 방법론에 관해서는 그들은 뚜렷한 해답을 갖고 있지 않았다.

손중산은 다음과 같이 말했다. "황강 전투에서 하구 전투에 이르기까지 동맹회 간부가 직접 발동한 무장투쟁이 잇따라 여섯 차례나 실패하였다. 여섯 차례의 실패를 거치면서 크게 실망한 정위는 몇몇 동지와 함께 북경으로 가 오랑캐 우두머리의 목숨을 직접 노리기로 결심하였다."[31] 군사행동

---

31 『손중산전집』. 인민출판사 1981년 판. 205쪽.

의 잇단 실패로 말미암아 최소한 일부 동맹회원 사이에 비관과 절망의 정서가 퍼져나갔다. 《민보》에 정치평론을 쓰서 이름을 날린 왕정위(汪精衛)가 이런 비관과 절망 끝에 개인적인 암살이란 수단으로 기운 인물이었다. 그는 암살이란 행동목표를 갖고 북경에 도착했으나 관부에 체포된 후에는 부끄럽게도 투항하고 말았다. 1910년의 일이었다.

당시 소자산계급 혁명가들 가운데는 암살을 가장 유효한 수단으로 생각한 인물이 더러 있었다. 1905년 북경 전문(前門) 역에서 서양 시찰단 5대신을 폭탄으로 암살하려했던 오월은 「암살시대」란 제목의 글을 남겼다. 그는 이 글에서 개인의 역량에 의존하여 혁명을 유발하려면 암살뿐이라고 주장했다.[32]

1900년, 20세의 청년 지식분자이며 흥중회 회원인 사견여(史堅如)(광주 격치서원[格致書院]의 학생이었다)가 광동순무겸 양광총독 덕수(德壽)를 암살할 목적으로 순무아문에 몰래 폭탄을 설치했다가 미수에 그치고 체포되어 희생되었다. 그는 이 거사를 통해 손중산과 정사량(鄭士良)이 혜주에서 일으키려는 봉기와 호응하려는 생각이었다. 이후 1904년에는 상해에서 만복화(萬福華)가 매국노라고 여론의 지탄을 받던 전 광서순무 왕지춘(王之春)을 권총으로 저격하였고, 왕한(王漢)이 하남 창덕(彰德) 역에서 조정이 파견한 호부시랑 철량(鐵良)을 저격하였다. 두 저격 사건은 모두 실패로 끝났고 왕한은 자살하고 만복화는 체포되었다. 만복화는 황흥과 유규일의 친구였고 왕한은 무한의 혁명분자와 관련이 있었지만 그들의 암살 시도는 독립적이고 자발적인 행동이었다.

동맹회 성립 이후로 회원 유사복(劉師復)이 1907년 광주에서 수사제독(水師提督) 이준(李準)을 암살하기 위해 폭탄을 설치하는 계획을 세웠고

---

32 『신해혁명전 10년간 시론선집』 제2권 하책, 715쪽.

이 계획은 동맹회 조직의 지지를 받았다. 당시 조주·혜주의 봉기를 준비하고 있던 동맹회는 이준의 암살이 봉기의 성공에 도움이 된다고 판단했다. 유사복의 계획은 실현되지 못했다. 그는 거처에서 폭탄을 조립하던 중에 폭탄이 폭발하여 부상한 채로 체포되었다. 2년 후에 친구가 그를 감옥에서 탈출시켰다. 그는 홍콩으로 가서 몇 명의 동조자를 모아 지나암살단(支那暗殺團)을 조직했다. 이 무렵 그는 사상적으로 무정부주의에 깊이 빠져 있었다. 이 암살단은 동맹회와는 독립적으로 활동했고 그가 이끌던 2년 동안에 참가자 수는 12명에 불과했다.

이상에서 살펴본 바와 같이 암살자는 두 부류였다. 하나는 혁명단체에서 이탈해 나온 부류로서 유사복의 암살단도 사실은 이런 부류에 속했다. 다른 하나는 연속적인 혁명의 실패로 인한 조급증을 참지 못하고 위험을 무릅쓴 부류로서 왕정위가 대표적인 인물이었다. 결론적으로 말해, 개인적인 암살이란 수단을 숭배한 것은 소자산계급 혁명분자들의 대중의 역량에 대한 불신의 표현이었다.

하나의 혁명조직으로서 동맹회는 개인적인 암살을 주요 수단으로 삼지 않았는데, 이는 장기에 걸친 중국 농민혁명의 전통과 관련이 있었다. 농민 대중 속에서 암살은 개인적인 보복의 수단으로서만 용납되었다. 예컨대, 동치 9년(1870년)에 강호의 협객 장문상(張文祥)이 개인적인 원한이 깊었던 양강총독 마신이(馬新貽)를 단도로 찔러 죽인 일은 온 사회를 뒤흔든 사건이었다. 그러나 농민들은 봉기하여 천하의 권력을 다툴 때는 오히려 개인적인 암살이란 수단을 멀리하고 무리를 조직하여 초라한 무기를 들고 일어났다.

제22장
신해혁명 전야

청 왕조 통치의 기본을 뒤흔든 농민대중의 자발적 투쟁

광서 33년(1907년) 9월, 황제는 다음과 같은 칙령을 내렸다. "지금은 어려움이 많아 민심이 흔들리고 있다.", "근년에 각 성에서 도적떼가 소란스럽게 무리를 짓고, … 한쪽 구석에서 일이 생기면 전체에 영향을 미친다."[1] 10월에는 다시 다음과 같은 칙어가 나왔다. "지금 인심이 안정되지 못하고 난당(亂黨)이 발호하고 있다."[2] 여기서 말하는 "난당"과 "도적떼"는 혁명당의 활동뿐만 아니라 도처에서 봉기한 대중의 자발적 저항투쟁을 가리킨다. 까마득히 높은 곳에 있던 조정조차도 "민심이 흔들리고, 인심이 안정되지 못함"을 느끼고 있었으니 진실로 "산속에 비가 내리려 하니 성루에 바람이 가득한(山雨欲來風滿樓)[3]" 형국이었다.

의화단 식의 반외세 반교회 투쟁도 여전히 발생하고 있었다. 광서 33년 8월에 나온 칙어는 다음과 같이 말했다. "근래에도 각 성에서 교회당을

---

1   『광서조동화록제』 5책, 총제 5748, 5770쪽.
2   상동.
3   당 후기 시인 허혼(許渾)의 시 『함양성동루(咸陽城東樓)』(역자 주).

불 지르고 선교사를 해치는 일이 되풀이 되고 있다."[4] 1905년, 광동의 염주(廉州)(지금의 광서성 합포[合浦])에서 미국인이 세운 교회당이 불타고 선교사 다섯 명이 살해되는 일이 발생했다. 같은 해 티베트 인민들이 파당(巴塘)(지금의 사천성 감자[甘孜] 장족[藏族]자치주에 속했다)에서 프랑스인이 세운 교회를 불태웠다. 1906년과 1907년에는 강서의 남창·요주(饒州)(파양[鄱陽])·남강(南康)과 하남의 서평(西平), 복건의 장포(漳浦), 사천의 개(開)현 등지에서 교안이 발생하였고 그중 일부는 대중봉기의 성격을 띠었다. 요주의 군중은 "홍련회(洪蓮會)"란 이름을 내걸고 기독교를 적대시하는 활동을 벌였는데, 강서 성을 넘어 안휘의 휘주(徽州)(지금의 흡[歙]현)에까지 영향을 미쳤다. 하남 서평의 군중들은 서양 종교를 반대하는 깃발을 내세우고 차하산(嵖岈山)까지 진출했다가 하남과 호북 두 성의 관군에게 포위되어 수백 명이 죽었다.

자산계급 혁명파는 자발적이고 형식상 저급한 단계의 반제국주의 투쟁을 "야만적 배외주의"라고 불렀다. 예컨대, 영향력이 강했던 진천화의 소책자 『경세종』은 다음과 같이 주장했다. "야만적 배외주의는 규범도 없고 강령도 갖추지 못한 체 갑자기 수천 수백 명이 모여 몇 곳의 교회당을 불 지르고 몇 명의 선교사와 신도들, 그리고 유람하는 서양 선원이나 통상하는 서양 상인을 살해함으로써 할 일을 다 했다고 생각한다." 진천화는 "외국인의 장점을 배우자"고 하면서도 반드시 국가의 주권을 지켜내고 필요하다면 전쟁도 마다하지 않아야 한다고 주장했다. 그는 다음과 같이 말했다. "전쟁이 벌어지면 물러설 수는 없고 모조리 죽여야 한다. 그러나 서양 병사 이외에 서양인을 해쳐서는 안 되며 서양 병사도 항복하면 죽여서는 안 된다."[5] 진천화는 자신이 주장하는 바를 "문명적인 배외주의"라고 불렀는데,

4 『광서조동화록제』 5책. 총제 5743쪽.
5 『신해혁명자료』 제2책. 134쪽.

그 개념은 명확하지 않았으나 반제국주의 투쟁을 비교적 높은 단계로 끌어올리려는 자산계급의 인식을 보여주었다. 당시 국가의 통치권은 매국적인 청 왕조 정부가 장악하고 있었으므로, "야만적인 배외주의"보다는 우선 청 왕조의 통치를 반대하는 데 역량을 집중해야 한다는 혁명파의 인식과 주장은 근거와 설득력이 있는 것이었다.

전국적인 범위에서 볼 때 광서 33년(1907년) 이후로는 외국인의 교회를 공격하는 단순한 투쟁은 크게 감소하였다. 각지 군중의 자발적인 투쟁에서 두 종류의 투쟁이 주류를 이루었다. 하나는 굶주림에 빠진 군중이 일어나 식량을 약탈하고 세미의 운반을 거부하는 투쟁이었고 다른 하나는 청 관부가 추진하는 "신정"에 대한 반대 투쟁이었다. 두 가지 투쟁은 모두가 청 왕조의 통치자들을 상대로 한 것이었다. 어떤 지역에서는 군중이 이런 투쟁을 진행하면서 동시에 서양인 세력에게 타격을 가하기도 했다. 객관적인 형세의 발전이 반봉건투쟁과 반제국주의 투쟁을 낮은 단계에서 자발적으로 결합시키도록 만들었다.

굶주린 농민들이 무리를 지어 납세와 세미의 운반을 거부하고 지주 부호로부터 식량을 약탈하며 심지어 도시로 진입하여 식량을 약탈하는 일이 여러 지역에서 해마다 끊이지 않고 발생하는 풍조가 되었다. 이것은 인민대중의 생활이 절망적인 상태에 빠져 최소한의 생존 조건을 찾기 위한 투쟁에 나서지 않을 수 없는 상황의 분명한 증거였다. 예컨대, 선통(宣統) 원년(1909년)에 자연재해를 당한 항가호(杭嘉湖) 지역의 농민들이 세금의 면제를 요구하였으나 관부가 거절하였고 이 때문에 폭동이 일어났다. 선통 2년(1910년)에 호북, 안휘, 강소, 봉천 성 각지에서 관부의 세미 창고를 약탈하는 폭동이 일어났는데 가장 심한 곳이 호남의 장사였다.

호남 각지는 선통 원년부터 이미 자연재해가 빈번하게 발생했는데 동정호 주변의 수해가 가장 심각했다. 호남은 원래부터 식량을 다른 성으로 내다팔지 않았는데 이 무렵 호남순무 잠춘명이 자연재해로 식량이 부족한 상황에서도 영국·미국·일본 상인의 요청을 받아들여 식량을 다른 성으로 실어내는 일을 허가했다. 대량의 식량이 상강(湘江) 물줄기를 따라 끊임없이 흘러나갔다. 장사 일대의 식량 가격은 평시에는 1 승(升)에 2,30문(文)하던 것이 70문 이상으로 뛰어 올랐다. 장사 근교의 농민들 가운데서 지주와 부농의 집에서 밥을 빌어먹는 사람이 날이 갈수록 늘어났고 굶주린 군중들이 끊임없이 장사 시내로 쏟아져 들어왔다. 다음 해 3월 초가 되자 식량 가격이 1승에 80문으로 뛰어 올랐다. 근교지역에서 들어온 농민, 성 안의 수공업 노동자("미장이와 목수"), 기타 빈민들이 순무의 아문 앞에 모여들었다. 잠춘명은 순방영 부대에 발포를 명령했다. 군중이 순무 아문을 불 질렀다. 이 과정에서 70여 명의 사상자가 발생했다. 군중의 분노는 빠르게 외국 제국주의자들을 향했다. 시위 군중은 장사 근교로 흩어져 영국계의 이화양행·태고양행, 미국계의 미부양행(美孚洋行), 독일계의 서기양행(瑞記洋行), 일본계의 삼정양행(三井洋行)·동신양행(東信洋行) 등의 사무소·전용부두 ·창고 등 설비, 그리고 프랑스·영국·미국의 교회 건물을 불태웠다. 이 사건으로 잠춘명은 사임하지 않을 수 없었고 전임 포정사 장갱량(莊賡良)이 순무에 임명되었다. 장갱량은 취임하자마자 호남성의 군대를 정비하고 호북에서 순방영 2개 부대의 지원을 받아 장사 시내에서 엄격한 진압을 실시하는 한편 근교 지역으로 부대를 파견하여 구걸하는 농민을 발견하는 대로 죽였다. 이때의 장사 사변 중에 영국은 군함 2척을, 미국은 군함 1척을, 일본은 군함 4척을 상강에 진입시켜 청 관부를 측면에서 지원했다.[6]

---

6   이때 장사에서의 쌀 약탈 풍조의 상세한 정황에 관해서는 『신해혁명자료』 제3책, 501-516쪽 ; 『신해혁명전호남사사(辛亥革命前湖南史事)』(양세기[楊世驥] 저, 호남인민출판사 1958년 판), 130-148쪽을 보라.

호남에는 동맹회 조직이 있었지만 이때의 대중의 자발적인 투쟁에는 참여하지 않았다. 신군 제49 표(標, 연대-역자 주)의 관대(管帶, 대대장-역자 주) 진강(陳强)과 배장 진작신(陳作新)은 동맹회 회원이었다. 그들이 속한 부대는 순무의 아문이 군중들의 포위 공격을 받을 때 장사에 배치되어 경계 작전을 펼쳤다. 진작신은 이 기회를 이용하여 봉기하자고 주장했으나 진강은 움직이지 않았고 오히려 이를 빌미로 진작신을 파면했다.

여기서 우리는 청 관부가 추진한 "신정"에 대한 대중의 반대투쟁이 어떠했는지를 다시 살펴보자.

청은 광서 28년(1902년)부터 "신정"을 실시한다고 선포했다. 신정을 실시하기로 한 본의는 대중을 회유하기 위한 속임수였지만 신정 한 가지를 실시할 때마다 경비가 필요했고 그래서 세금을 늘렸다. 당시 각지에서 실시한 "신정"으로서는 학교의 설립, 경찰의 설치, 철도부설에서부터 호구조사와 문패달기까지 여러 가지가 있었다. 이런 정책들은 대중의 회의와 반항을 유발했다. 새로운 정책이 시행될 때마다 세금을 함부로 걷었고 지금까지 매국적인 정부가 내놓은 시책이 대중에게 유리한 적이 없었다는 점은 경험을 통해 입증되고 있었다.

광서 32년에서 33년(1906-1907년) 사이에 섬서 부풍(扶風)에서 철도 묘연(畝捐)(통상적인 토지세 이외에 신정-여기서는 철도부설-의 재원 마련을 위해 토지면적에 따라 징수한 추가 세)에 반대하는 항쟁이 발생했다. 관군은 부풍 성을 포위하고 군중을 학살했다. 항쟁에 참가했던 일부가 서안(西安) 동쪽으로 달아나면서 도중에 각지에서 군중을 끌어 모았다. 섬서순무의 보고에 따르면 군중은 "학교를 서양 교회라고 지목하고 전선은 서양인이 가설한 것이며 세금은 서양인이 매기는 것"이라는 말을 퍼뜨렸다. 이것은 사실상 관부에서 실시하는 일체의 사업이 외국 제국주의의 이익을 위한 것이라는 주장이었다. 군중은 화음(華陰)에서 학교와 세무서를 파괴하고 동주부(東州府)(대여[大

荔])에서는 교회 두 곳과 관염국(官鹽局), 관전국(官錢局)을 파괴했다.

광서 34년(1908년) 8월에 조정의 명령으로 시작된 호구조사 사업은 전국 여러 곳에서 격렬한 저항에 부딪쳤다. 예컨대, 광동의 조주와 염주에서는 문패를 달라는 관의 지시를 거부하며 대중이 무장하고 일어나 일부 지주 토호의 집과 미국 교회당을 불태웠다. 운남의 소통부(昭通府)에서는 호구조사를 실시하여 집집마다 문패를 달게 하고 그 비용을 따로 걷자 농민 수천 명이 모여 경비를 걷자고 주도한 지주 토호의 집을 부쉈다.

"지방자치"도 일종의 "신정"이었다. 이른 바 지방자치란 각지에 지주 토호가 장악하는 "자치국"을 설치하고 관리와 토호가 결합하여 대중으로부터 더 많은 수탈을 자행하는 행위에 지나지 않았다. 선통 2년(1910년)에 하남의 섭(葉)현과 직례의 역주(易州)에서는 지방관과 토호가 "자치를 한다"는 명분을 내세워 잡세를 거두는데 반대하는 폭동이 일어났다. 같은 해 5, 6월에는 산동성 내양(萊陽)의 현관이 "지방자치연구소"를 설치하고 호구조사를 실시하며 그 밖의 몇 가지 "신정"을 실시한다는 명목으로 토지세, 재산세, 인구세를 더 걷자 농민들이 폭동을 일으켰다. 군중은 낙향한 관리가 갖고 있던 총기를 빼앗고 재래식 총포를 모아 진압군과 대결하였으나 이 폭동을 주도한 인물은 반란할 생각이 없었기 때문에 폭동은 군중의 대량 사상으로 끝을 맺었다.

여기서 우리는 자발적인 항쟁을 일으킨 대중들이 학교에 대해 어떤 태도를 보였는지 살펴보아야 할 것이다. 학교설립은 청 왕조 정부의 중요한 유신정책이었다. 그러나 각지의 학교는 대부분이 지주토호들의 통제 아래 있어서 "신학문"을 가르치지도 않았고 설사 "신학문"을 가르친다고 해도 빈곤한 대중과는 관련이 없었다. 인민대중이 보기에 학교는 관료와 토호가 돈을 걷는 일종의 수단에 불과했다. 상술한 바와 같이 섬서의 화음과 직례의 역주에서 학교를 파괴하는 사건이 발생한 까닭은 이런 것이었다. 남아있는 기록을 보면 절강은 이 방면에서 독특한 사례를 보여주는 곳이다. 광서 33년(1907년)에 절강순무는 다음과 같은 보고서를 올렸다. "해녕(海寧), 해염(海鹽), 동향(桐鄕) 등에서" 군중이 "소란을 일으킴이 특히 심하고 교회당과 학교를 부수었다."[7] 선통 2년(1910년)에는 소흥, 엄주(嚴州)(건덕[建德]), 처주(處州) 등 여러 주현에서 학교가 농민대중의 습격을 받았고 자치사무소, 순경국(巡警局) 등도 함께 공격을 받았다.

총체적으로 보아, 이른 바 신정으로 유발된 대중의 저항은 청 왕조 통치자들이 어떤 방법을 동원하든 부패하고 매국적이며 인민에게 재난만 가져다주는 통치행태를 바꿀 수 없었다는 사실을 설명해주기에 족하다.

사료를 정리하는 학자들은 『동방잡지(東方雜誌)』에 실린 「중국대사기(中國大事記)」와 고궁문서를 바탕으로 하여 청 왕조 마지막 순간이 오기 직전 몇 년 동안의 각지의 자발적인 대중투쟁 기록을 정리하였다.[8] 불완전하기는 하지만 이 자료를 통해서 알 수 있는 것은, 납세거부와 식량약탈 투쟁이건 각종 신정에 대한 반대투쟁이건 불문하고 투쟁이 가장 빈번하게, 그리고 지역적으로도 가장 보편적으로 발생한 해는 1910년이란 점이다. 이때는 신해혁명이 폭발하기 1년 전이다.

자산계급 혁명파는 이러한 투쟁의 물결 속에서 드러난 대중의 역량을 간파하지 못했다. 손중산이 1907년 흠주 방성현 봉기를 발동할 때 현지 농민의 자발적인 투쟁을 본체만체 한 것이 대표적인 사례였다. 청 왕조 통치의 기반을 흔들어 놓고 청 왕조 통치자들로 하여금 마지막 순간까지 불안에 떨게 만든 것은 도처에서 봉기한 농민대중의 자발적 투쟁이었다. 객관적

---

7 『광서조동화록』 제5책, 총제 5814쪽.

8 『신해혁명자료』 제3책 중의 「인민반청투쟁자료」. 『중화민국사당안관자료회편』 제1집, 중국제2역사당안관 편, 강소인민출판사, 1979년 판을 참고하라.

으로 말하자면, 자산계급 혁명파가 1911년 신해혁명에서 일거에 청 왕조를 넘어뜨릴 수 있었던 것은 바로 이러한 농민의 자발적 투쟁이 있었기 때문에 가능했다. 그런데도 자산계급 혁명파는 농민의 역량을 주도적으로 조직화하고 동원해내지 못했으며, 청 왕조가 무너진 후에 민주혁명을 승리로 이끌지 못한 근본적인 이유도 바로 이것이었다.

자의국, 자정원, 그리고 원세개

청 정부는 광서 33년(1906년)에 "입헌준비"를 선포한 후 자산계급을 자기편으로 끌어들이기 위해 자본가의 활동을 장려하는 법령을 만들었다. 광서 33년 6월에 나온 칙령은 다음과 같이 말했다. "혼자서든 여럿이 모여서든 농·공·상·광업을 경영할 수 있는 자에게는 여러 가지 우대를 해주라. 자본금이 천만 위안을 넘거나 고용한 노동자 수가 천 명을 넘으면 벼슬을 상으로 내리는 것도 아까워하지 말라."[9] 이 칙령에 따라 농공상부는 19개항으로 된 규정을 발표했는데, 그 중에는 "자본의 다소와 고용한 노동자의 다과에 따라" 상인에게 벼슬을 상으로 내리는 규정이 있었다. 예컨대, 자본금 2천만 위안 이상이면 "특상 1등 자작," 자본금 7백만 위안이면 "특상 3품 경"을, 가장 낮은 경우 자본금 10만 위안 이상 30만 위안 미만이면 "5품 관직을 내리도록 주청한다"는 규정이 있었다.[10] 이 규정이 발표된 후 농공상부는 다시 자본금이 비교적 적은 소상인에 대한 보충 규정을 마련했다.

자본가에게 벼슬을 상으로 내리는 정책은 자본가의 정치적 지위를 높

---

9 『광서조동화록』 제5책, 총제 5709쪽.
10 『중국근대공업사자료』 제2집 상책, 645, 646쪽.

여 상당한 직위를 가진 관원들과 대등하게 교류할 수 있게 해주었으나 민간자본의 발전을 저해하는 각종 장애요인들 — 과중한 과세, 번잡한 내국관세, 외국상품과의 경쟁, 외국자본이 중국에서 누리는 특권 — 는 변함이 없었다.

자산계급에 대한 일종의 양보로서 청 정부는 자정원(資政院)을 설치하고 성 단위에는 자의국(諮議局)을 두겠다고 선포했다. 광서 33년(1907년) 8월에 나온 칙령은 다음과 같이 밝혔다. "중국은 상·하원을 일시에 세울 수 없으니 우선 자정원을 설치하여 의회의 기초로 한다."[11] 한 달 후에는 각 성의 도독과 순무에게 (성의 수도에) 자의국을 설치하고 각 부·주·현에는 의사회(議事會)를 설치할 준비를 하라는 명령이 내려졌다.[12] 다음 해 6월에는 각 성에서 1년 내에 자의국을 설치하라는 자의국 장정이 선포되었다. 다시 8월에는 9년 내에 입헌을 완성한다고 선포하였다. 이때 나온 칙령은 다음과 같이 밝혔다. "금년부터 시작하여 9년 이내에 각종 준비 업무를 빠짐없이 완수하라. 그때가 되면 흠정헌법을 반포하고 의회를 소집할 것이다."[13] 그러므로 자정원과 자의국의 설치는 입헌 준비업무가 완수되기 전의 임시적 조치였다.

이해(1908년) 10월에 자희태후가 병사했다. 이 노부인은 거의 반세기 동안 중국을 통치했다. 그의 통치 기간 동안에 중국은 주권을 대량으로 상실했고 갈수록 제국주의 통제하의 반식민지로 변해갔다. 자희태후는 궁정정변을 통해 권력을 잡고 온갖 교활한 음모를 동원하여 통치집단 내에서 최고의 지위를 유지했다. 대지주계급의 통치이익을 보존하기 위해 그는 중

---

11 『광서조동화록』 제5책, 총제 5736쪽.
12 전게서 총제 5749쪽.
13 전게서 총제 5784쪽.

국 사회의 낙후성을 유지하는데 온 힘을 쏟았고 그가 통치하는 동안에 중국은 외국 제국주의 침략 하에서 극단적인 굴욕을 맛보았다. 생애의 마지막 시기에 그는 혁명의 위기를 맞아 유신과 입헌이라는 허위극을 연출했다. 몰락하고 부패한 대지주계급은 이러한 자희태후란 인물을 자신의 대표로 내세울 수밖에 없었다.

자희태후가 병사하기 하루 전에 광서황제도 갑자기 사망했다. 이틀 전, 자희태후는 광서황제의 조카 부의(溥儀)를 황제의 계승자로서 궁으로 불러들이고 부의의 부친 재풍(載灃)을 섭정왕에 봉했다. 이리하여 아직 세살이 안 된 부의가 청 왕조의 마지막 황제가 되었다. 새로운 황제의 연호는 선통(宣統)이었고 실제로 권력을 행사한 인물은 재풍이었다.

자희태후가 생전에 조처해둔 대로 선통 원년(1909년) 9월에 각 성에 자의국이 설치되었다. 그러나 북경의 자정원은 선통 2년(1910년) 9월에 설립되었다. 자정원과 자의국은 의회의 기초가 될 것이라고 하였지만 성격은 자문기구에 지나지 않았으니 자산계급의 민주제도를 실행한다고 말할 수 없다. 그럼에도 불구하고 이 기구는 전통 봉건주의 정체에서는 없었던 존재였고 얼마가지 않아 신해혁명 때는 각 성의 자의국이 특수한 역할을 하기 시작한다.

각 성 자의국의 의원 수는 일정하지 않았다. 의원 수가 가장 많은 순직(順直. 순천부와 직례성)은 140명이었고 가장 적은 곳인 길림, 흑룡강, 신강은 30 명에 지나지 않았다. 의원은 그래도 선거로 뽑았다. 선권권자와 피선거권자는 누구였을까? 규정에 의하면 "본 성에 본적을 둔 남자로서 연령만 25세 이상인 자, 본 성에서 학교나 공익기관에서 3년 이상 근무한자 또는 중학 이상의 학교를 졸업한자 또는 거인·공생·생원 출신자, 혹은 문관으로서 7품 이상 무관으로서 5품 이상의 직에 보임되었던 자로서 파면된 적이 없는 자, 혹은 본 성에 5천 위안 이상의 영업자본이나 부동산을 보유한 자"와 "본 성 출신이 아닌 자로서 연령 만 25세 이상인 자, 본 성에 거주한 지 10년 이상 인 자, 거주하는 곳에 1만 위안 이상의 영업자본이나 부동산을 보유한 자"가 선거권 및 피선거권자였다.[14] 이를 통해 알 수 있듯이 부녀자는 완전히 배제되었고 농민(빈농, 중농, 그리고 대부분의 부농)·노동자·수공업자·점원·소상인도 전부 배제되었다. 지주, 토호, 대상인, 학계의 저명인사라야만 의원이 될 수 있는 자격이 있었다.

관부가 통제하는 선거에서는 각종 뇌물과 불법이 난무했다. 입헌파자산계급에 속하는 지역 유력자들이 선거에서 두각을 나타냈다. 대부분 성의 자의국에서 이들이 다수 의석을 차지했다.

자의국은 실제 권력을 가진 기구는 아니었지만 자산계급 입헌파가 합법적으로 정치활동을 펼칠 수 있는 거점이 되었다. 그들은 이 거점을 이용하여 청 정부 당국에 입헌을 요구했고 청 왕조 정권이 혁명의 물결에 휩쓸려 무너졌을 때는 이 거점을 이용해 혁명의 과실을 탈취해갔다.

각 성에서 자의국이 설치되기 전에 자산계급 입헌파는 여러 차례 조정을 대상으로 청원운동을 벌였다. 이런 청원운동은, 정치운동은 위를 향해 요구하는 방식으로만 전개할 수 있다는 양계초의 주장과 완전히 부합하는 것이었다. 광서 34년(1908년) 7월 장건 등이 상해에서 조직한 예비입헌공회가 호남, 호북, 광동과 기타 성의 유사 단체와 연락하여 파견한 대표가 북경에 모여 청 정부에게 빠른 시일 내에 의회를 소집하라는 요구를 제출했다. 청 정부가 이 무렵 입헌 준비기간을 9년 이내로 끝내겠다고 발표한 것도 이 청원과 관련이 있었다. 선통 2년(1909년) 11월에는 장건이 주도하는 강소 자의국의 제의로 16개 성의 자의국 의원대표가 상해에 모였다. 이들은 9년이란 예비 기간은 너무 길으로 2년 내에 의회를 소집하라고 요구했다. 이

---

14 『신해혁명자료』 제4책, 69쪽.

해 12월, 16개 성의 대표는 함께 북경으로 가 조정에 이 같은 요구를 제출했으나 거절당했다. 다음 해 4월과 9월에는 각 성의 자의국, 일부 상인단체, 그리고 기타 사회단체의 대표로 구성된 "국민청원대표단"이 다시 북경에서 두 차례 청원하였다. 9월의 청원서가 제출되었을 때는 이미 자정원이 설치된 뒤였다.

자정원은 2백 명의 "의원"으로 구성된 기구였다. 이 2백 명 중 절반은 황제가 지명한 "흠정의원(欽定議員)"이었고 나머지 절반도 각 성의 자의국 의원 중에서 선출하여 도독과 순무의 인준을 거쳐 확정된 자들이었다. 자정원에는 총재와 부총재를 두었는데 조정이 지명한 왕공대신이 맡았다. 자정원은 매년 9월에 개회하도록 규정되어 있었다. 선통 2년(1910년)에 첫 번째 회의가 열렸고 두 번째 회의가 열려야 할 때는 신해혁명이 폭발한 후였다.

선통 2년에는 각 성의 자의국이 주도하여 국회를 조기에 개원하라는 목소리가 높았고 자정원도 이 주장에 동조했다. 이에 따라 청 조정도 예비 기간을 3년으로 단축하여 "선통 5년"에 의회를 개설하겠다고 약속하고 새로운 내각도 구성하겠다고 약속하는 한편 민정부에 지시하여 상경한 청원단을 당일로 해산시켰다.

선통 3년(1911년) 3월에 내각이 설치되었다. 원래의 군기대신, 협판대학사, 각 부 상서의 명칭은 내각 총리대신, 협리(協理)대신, 각 부 대신으로 바뀌었다. 새로운 내각을 구성한 13인의 대신 중에서 만주족이 8인이었고 그 중 5인은 황족이었다. 내각 총리대신 경친왕 혁광은 어린 황제의 숙조부(叔祖父)로서 오래 동안 총리각국사무아문을 이끈 경험이 있었고, 이홍장과 함께 신축조약을 체결하기 위한 담판을 벌였던 매국외교의 고수였을 뿐만 아니라 뇌물 수수와 매관매직으로 이름을 날린 인물이었다. 당시 사람들은 이 내각을 "황족내각"이라고 불렀다.

이 내각은 어느 정치세력으로부터도 환영받지 못했고 심지어 자산계급 입헌파도 그들이 기대했던 정치 방향을 제시한 내각이라고 평가하지 않았다. 어떻게 해서 이런 내각이 구성되었을까? 그 주요한 원인은 통치 집단 내부의 권력투쟁에서 찾을 수 있을 것이다.

반동 통치 진영 내부의 각종 세력은 그들이 함께 올라 탄 배가 침몰할 위기에 직면하자 한편으로는 위기에서 벗어나기 위해 협력해야 했고 또 한편으로는 그들 사이의 권력 쟁탈전이 격화될 수밖에 없었다. 만주족 황실을 중심으로 한 중앙 통치세력은 혁명의 물결이 높아 가는데 불안을 느끼면서 통치 진영 내부의 동요를 막아야 했다. 그들은 각 성의 총독과 순무들이 위기가 닥쳐왔을 때 이탈하여 따로 세력을 형성하는 상황을 염려했다. 그들이 가장 의심하고 두려워했던 상대는 야심만만한 원세개였다.

원세개는 무술변법 때에 광서황제의 회유를 뿌리치고 유신파를 배신한 대가로 자희태후의 총애를 얻었다. 그는 경자사변 중에는 유곤일, 장지동과 보조를 함께하면서 제국주의자들의 이익을 지켜주었기 때문에 제국주의자들의 호감을 샀다. 이홍장이 광서 27년(1901년)에 사망한 후 그는 직례총독과 북양대신의 자리를 물려받았다. 그가 훈련시키고 지휘한 북양군대 6개 진(鎭)(진의 병력은 약 1만 3천 명)은 당시 최강의 병력으로서 산해관, 천진, 북경, 보정과 동북의 금주와 산동의 제남 일대에 주둔하고 있었다. 그는 여러 가지 직을 겸하고 있었고 그의 관부는 천진에 설치되어 있었기 때문에 전체 국면에 중대한 영향을 미칠 수 있는 세력을 형성했다. 광서 32년에 조정이 입헌준비를 선포한 후 첫 번째로 취한 조처는 관제의 정비였다. 지방 총독과 순무의 권한을 축소하고 무엇보다도 군권을 중앙으로 집중하는 것이 관제 정비의 가장 중요한 목적의 하나였다. 원세개는 이 압력에 굴복하여 자신이 갖고 있던 각종 직책을 내놓아야 했고, 무엇보다도 북양 6진 가운데서 4개 진을 새로 성립된 내각의 육군부 산하에 배속시켜야 했고 자신은 산해관과 천진 부근에 배치된 2개 진만 지휘하게 되었다. 거의 동시에 호광총독 장지동도 휘하의 군대를 육군부에 내주었다. 장지동은 당시 원세개와 맞먹는 중요한 지방 실력자였다. 광서 33년 7월에 원세개는 외무부 상서 겸 군기대신에 임명되었는데, 이는 직례총독 겸 북양대신이라고 하는 막강한 실권을 가진 자리에서 그를 떼놓기 위한 조처였다. 이와 동시에 장지동도 호광총독에서 해임되어 군기대신에 임명되었지만 그는 선통 원년(1909년) 8월에 북경에서 병사했다.

원세개는 형식상으로는 군권을 박탈당했지만 북양 6진의 지휘관 가운데서 제1진을 제외하고는 모두가 그에게 충성하는 인물들이었고 그와 밀접한 관계를 유지했다. 예컨대, 북경에 주둔하는 제6진의 통제(統制) 단기서(段祺瑞)는 바로 그가 발탁한 인물이었다. 원세개는 중국을 침략한 주요 제국주의 국가들로부터도 신뢰를 받는 인물이었다. 그는 자신의 군대 훈련을 일본 고문에게 맡겼고 영국 공사 조던(John Newell Jordan)과는 친밀한 관계를 유지하고 있었다. 그는 직례총독으로 재임하던 마지막 몇 년 동안 신정을 적극적으로 지지하는 주요 인물로 변신했다. 무술정변에 참여하여 담사동 등 유신 지사의 선혈을 손에 묻힌 이 군벌은 시기가 찾아오자 그 면모를 바꾸어 더 큰 권력을 약탈했다.

자희태후는 자신의 사후를 대비하면서 단기서의 제6진을 북경에서 내보내고 육군부 상서 철량이 지휘하는 제1진을 북경에 주둔시켰다. 태후가 원세개에 대해 방심하지 않았다는 사실을 이런 부대 배치를 통해서 알 수 있다. 태후 사후에 조정의 권신들은 원세개를 견제해야할 필요를 더욱 강하게 느꼈다. 새 황제가 즉위한 두 달 후에 원세개는 모든 직책에서 해임되었다. 조정에서 쫓겨난 원세개는 하남 창덕(彰德) 원상촌(洹上村)에 거주하였는데, 겉으로는 은퇴했다면서 사실은 시기를 엿보며 복귀를 준비하고 있었다. 북양군의 지휘관들이 늘 조용히 찾아와 그와 의논하였고 사방을 분주하게 돌아다니던 관료들도 원상촌으로 그를 찾아와 인사를 올렸다. 따라서 조정의 권력을 장악한 황족과 권신들의 입장에서는 각 성의 자의국에서 올리는 수많은 청원을 어떻게 처리하느냐 하는 문제는 입헌파 지방 유력자들을 다루는 문제로 국한되지 않았다. 그들이 염려한 상대는 지방 유력자들 뒤에 있는 지방 도독과 순무, 더 나아가 도독과 순무의 뒤에 어른거리는 원세개의 숨은 그림자였다. 선통 2년, 운남·귀주 총독 이경희(李經羲)를 위시한 18명의 총독과 순무가 내각과 국회를 동시에 설치하라는 청원을 두 차례나 연명 전보로 조정에 제출했다. 이들 총독과 순무의 전보는 자의국의 지방 유력자들의 요구와 보조를 같이 하는 것이었다. 조정의 황족과 권신들이 황급히 "황족내각"을 출범시킨 까닭은 원세개로 대표되는 지방 세력이 입헌의 기회를 타서 권력을 탈취하는 사태를 방지하기 위한 조처였다.

제국주의 열강의 "기회균등"과 "이익균점"

일본·러시아전쟁(1904-1905)이 종결된 후 유럽에서는 영국과 독일이 대립하는 제국주의 전쟁의 위기가 감돌고 있었다. 이 때문에 야기된 제국주의 열강의 새로운 이합집산은 극동에서의 열강의 세력 관계에 영향을 주지 않을 수 없었다. 중국을 침략한 제국주의 열강의 상호 관계에도 상당히 큰 변화가 발생했다.

일·러 강화조약이 체결되기 전인 1905년 8월에 영국과 일본은 또 한 차례 동맹조약을 체결했다. 러시아는 일본에게 패한 후에도 전 세계적인 범위에서는 아직도 제국주의의 상호 쟁탈전에 참가하는 강국의 지위를 잃지 않았지만 최소한 극동에서는 영국과 패권을 다투는 적수의 지위를 일시적으로 상실했다. 독일과의 전쟁을 준비하면서 영국은 러시아와 동맹관계에 있던 프랑스를 끌어들였고 나아가 러시아까지도 자기편으로 끌어 들이려

했다.

1907년 6월, 일본과 프랑스는 하나의 협정을 체결했다. 이 협정에서 일본과 프랑스는 중국과 아시아에서의 기득권을 상호 승인했다. 이어서 일본은 같은 해 7월에 러시아와도 협정을 체결했다. 이 협정의 주요 내용은 중국의 동북 3성에서 양국의 세력범위를 획정하는 것이었다. 일본은 만주 북부를 러시아의 세력범위로 인정하고 러시아는 만주 남부를 일본의 세력범위로 인정했다. 이 두 협정이 체결 된 후 같은 해 8월에 영국과 러시아가 동방에서 세력범위를 획정하는 조약을 체결했는데, 중국은 물론 페르시아(이란)와 아프가니스탄이 대상이었다. 3개월이란 짧은 기간 내에 체결된 3개의 조약은 그때까지 대립관계였던 영국·일본과 러시아·프랑스의 두 개 동맹을 하나로 결합시켰다. 이렇게 하여 영국·일본·프랑스·러시아 4개 제국주의 국가가 제휴 협력하여 중국을 분할하는 형세가 출현했다. 7년 후에 폭발하게 되는 유럽전쟁(제1차 세계대전) 중에 등장하는 영국·프랑스·러시아 3국의 연맹이 바로 이때 형성되기 시작한 것이다.

영국·러시아·일본·프랑스가 공동으로 중국을 지배하는 형세는 미 제국주의로서는 달가운 게 아니었다. 미국은 당초부터 "문호개방정책"을 주장했고 "신축조약"의 체결과정에서 주도적인 역할을 했는데 그 목적은 중국에서 자신의 세력을 확대하는 것이었다. 일·러 전쟁에서 미국이 일본을 지지한 이유는 원래 러시아가 독점하던 만주에서의 패권에 미국도 참여하기 위해서였다. 미국은 일·러 전쟁이 종결되면 일본과 러시아로부터 남만주철도와 중동철도를 사들일 생각이었지만 무위로 끝났다.

러시아는 남만주로부터 밀려났지만 동청철도는 확고하게 장악하고 있었다. 동청철도가 점유한 "철도용지"는 약 13만 상(垧)으로서 철도의 실제 용지의 4배였다. 러시아는 철로 연변을 직접 통치하는 식민지로 취급했을 뿐만 아니라 흑룡강성의 전부와 길림성의 절반을 자신의 세력범위로 주장했다. 러시아는 또한 당시 중국령이던 외몽고를 자신의 특수이익 지역으로 간주하고 이를 1907년에 체결된 일본과의 협정에 반영했다. 일본은 러시아를 대신하여 여순·대련과 남만철도의 주인이 된 후 1906년에 남만주철도주식회사(약칭 만철)와 관동도독부를 설치했다. 남만철도주식회사는 일본 정부가 직접 관리하는 경제침략 기구였고 관동도독부는 이른 바 관동주(여순·대련 지역을 가리킴)에서 식민통치를 실시했을 뿐만 아니라 "남만철도를 보호"한다는 명분으로 휘하의 관동군을 동원해 일본의 세력범위로 간주되던 만주 남부 각지를 통제했다. 관동군과 만철은 일본 제국주의가 군사·정치·경제 등 모든 방면에서 중국의 동북지역을 침략하고 지배하는 무기였으며 이런 상황은 2차 세계대전으로 일본 제국주의가 붕괴될 때까지 지속 되었다. 일본과 러시아는 만주의 남부와 북부를 나누어 점거하고서 한편으로는 서로 대립하면서 다른 한편으로는 만주에 대해 야심을 갖고 있던 제3국(주로 미국)을 공동으로 견제하지 않을 수 없었다. 1907년에 일본과 러시아 사이에 협정이 맺어질 수 있었던 이유는 이런 공동의 이해관계가 있었기 때문이었다.

청 왕조는 동3성을 자신들의 "발상지"라 하여 특별지구로 지정하고 한족 인민의 자유로운 이주를 금지해왔다. 그러나 청 왕조는 제국주의의 철마가 "발상지"를 짓밟고 다니는 것을 제지할 방법이 없었다. 광서 33년(1907년) 초에 청 정부는 동3성을 관내의 다른 성과 같은 체제로 편입시키기로 결정하고 총독과 순무를 임명했다. 이렇게 한 실질적인 이유는 동3성을 일본과 러시아 이외의 제국주의 국가에게 개방하기 위함이었다. 청 왕조 당국의 입장에서는 기타 제국주의 세력을 끌어들여서 일본과 러시아 세력을 견제하는 것이 유일한 방도였다. 첫 번째 동3성 총독 서세창(徐世昌)과 봉천성 순무 당소의(唐紹儀)는 원세개 계통의 인물이었고 당소의는 최초의 미국 유학생이었다. 미국은 당소의를 통해 동북에서 철도를 부설할 수 있는 권리를 확보하려 했으나 일본의 방해로 뜻을 이루지 못했다.

일본이 극동에서 미국 세력의 확장을 가로막는 가장 큰 장애가 되자 미국과 일본 사이의 모순은 빠르게 격화되었다. 이때부터 반식민지 중국을 둘러싼 제국주의 각국의 상호 쟁탈전은 일본과 미국의 모순이 중심 고리가 되었다. 1907년 무렵 태평양에서는 미·일 사이의 전쟁의 기운까지 감돌았다. 1908년 11월 미국의 국무장관 루트(Elihu Root)와 일본의 주미 대사 다카히라 고고로(高平小五郞) 사이에 외교문서를 교환하는 형식으로 중국 문제에 관한 협정(루트-다카히라협정)이 맺어졌다. 이 협정으로 양국 사이의 모순은 일시적으로 완화되기는 했으나 실제로는 양국 사이의 경쟁은 계속되었다.

미국은 중국의 동북지역에서 철도를 부설하여 일본·러시아와 경쟁하겠다는 구상을 포기하지 않았다. 1909년, 청 왕조 정부는 미국이 주도하고 영국이 일부 참여한 자본이 금주(錦州)에서 치치하르(齊齊哈爾)를 거쳐 아이훈(瑷琿)에 이르는 철도를 부설하는데 동의했다. 이 무렵 미국의 국무장관 녹스(P. C. Knox)가 "만주철도 중립화"계획을 열강에 제시했다. 이 계획의 주요 내용은 일본과 러시아를 포함한 열강이 중국 정부에 차관을 제공하고 중국 정부는 이 차관으로 일본과 러시아 양국이 경영하는 철도를 사들여 차관을 제공한 각국이 공동으로 경영하며, 계획 중인 금주-아이훈 철도도 열강이 공동으로 투자한다는 것이었다. 이 계획의 목적은 일본과 러시아의 독점을 타파하고 미국을 위시한 열강의 공동관리로 바꾸자는 것이었다. 일본과 러시아는 이 계획에 반대했고 이미 일본·러시아와 협력관계를 맺은 영국과 프랑스도 적극적인 반응을 보이지 않았다. 녹스의 구상은 실현되지 않았고 금주-아이훈 철도부설 계획까지 유산되었다. 일본과 러시아는 미국을 배제하기 위해 1910년 7월에 두 번째의 일·러시아 협정을 체결했다.

전국의 다른 지역에서도 제국주의 각국은 자신의 세력범위를 확대하기 위해 지속적으로 경쟁을 벌였다. 영국은 장강 유역을 세력범위로 간주해왔는데 다른 열강의 개입을 완전히 배제하지는 못했다. 1905년, 영국과 프랑스 자본이 연합하여 화중철로공사(華中鐵路公司)를 설립했다. 이 회사의 설립목적은 호북에서 사천에 이르는 철도부설권을 획득하는 것이었다. 이 철도가 부설된다면 그들의 세력은 내륙의 큰 성인 사천까지 깊숙이 침투할 수 있었다. 1909년에는 독일 은행단도 참가했다. 3국 은행단은 청 정부에 호광철로(湖廣鐵路)(천한[川漢]철로와 월한[粤漢]철로의 북단을 포함) 건설비를 차관해주기로 합의했다. 미국 자본가들은 호광철도 건설계획에서 자신들이 배제당해서는 안 된다고 생각했다. 미국 정부는 자본가들의 이런 주장을 강력히 지지했다. 미국 자본이 참가하여 1910년에 구성된 미·영·프·독 4개국 은행단은 선통 3년 4월(1911년 5월)에 청 정부와 호광철도 차관계약을 체결했다.

미국은 4국 은행단을 통해 청 정부를 재정적으로 지배하여 동북 3성 진출계획을 다시 추진할 계획이었다. 미국의 주도로 선통 3년 3월(1911년 4월)에 4국 은행단은 청 정부와 "화폐제도의 개혁과 동3성 산업진흥"을 위한 차관 계약을 체결했다. 이 계약에 의하면 청 정부는 4국 은행단으로부터 1천만 파운드를 빌리고 대신 4국 은행단에게 동3성 투자의 우선권을 주게 되어 있었다. 이 계약의 체결은 미국의 일본과 러시아에 대한 일대 승리를 의미했다. 그러나 이때는 이미 신해혁명 폭발 전야였다.

1911년 7월 영국과 일본은 세 번째의 동맹조약을 체결했다. 중국 문제는 영국과 일본이 세 차례 맺은 동맹조약의 주요 내용이었다. 이때의 동맹조약에는 1905년에 체결된 두 번째의 동맹조약과 마찬가지로 다음과 같은 조항이 들어 있었다. "중국제국의 독립과 영토의 보전을 보증하며 아울러 열강의 중국에서의 상공업상 기회균등의 원칙을 보증함으로써 열강의 중국에서의 공동이익을 유지한다."

사실상 상술한 몇 년 동안에 제국주의 열강 사이에 체결된 중국 관련 협정은 모두가 유사한 조문을 갖고 있었다. 예컨대, 1907년의 일·프랑스 협정에는 "…… 중국의 독립과 영토의 보전 및 각국의 중국에서의 상업상의 기회균등과 시민의 동등한 대우의 원칙을 존중한다"는 조항이 있었다. 일본과 프랑스는 공개된 협정 이외에 중국에서 상호 세력범위(프랑스는 광동, 광서, 운남 3개 성. 일본은 복건과 동북)를 인정하는 비밀문건을 교환했다. 같은 해에 체결된 일·러시아 협정에서도 양국이 동북에서 세력범위를 분할하는 문제는 비밀문서에 규정되었고 공개된 협정은 여전히 "체결 당사국은 중국의 독립과 영토의 보전 및 각국의 중국에서의 상공업의 기회균등주의를 인정하며, 각자가 보유한 평화적인 방법을 동원하여 현상을 존속시키고 상술한 주의를 존중할 것을 약속한다"고 밝혔다. 1908년에 체결된 미·일 간의 루트-다카히라협정이 사용한 표현도 대동소이했다. "양국 정부는 각자의 권한의 범위 내에 있는 일체의 평화적 수단에 의거하여 중국의 독립과 영토의 보전 및 중국에서의 열강의 상공업 기회균등의 원칙을 유지함으로써 열강의 중국에서의 공동이익을 보호하기로 결의한다."

이러한 제국주의의 협약은 하나같이 형식상으로는 중국의 독립과 영토의 보전을 약속하고 있었으나 실제로는 중국을 열강의 공동분할과 통제를 받는 반식민지로 만들어 놓았다.

일·프랑스, 일·러시아 협약의 내용을 알게 된 청의 한 관리(강소 도감찰어사[道監察御史] 사이진[史履陳])은 분개하며 상주문에서 다음과 같이 말했다. "무릇 중국의 자주와 영토의 온전함을 모르는 사람이 없는데 어찌 일본의 보호를 기다린단 말인가? 중국의 강역이 각국이 서로 주고받는 물건이 되었는데도 묵묵히 말이 없다면 우리는 어떤 인물인가?!"[15] 그러나 이런

---

15 『청광서조중일교섭사료』 제71권, 2-3쪽.

생각을 가진 사람은 품계가 비교적 낮은 관원뿐이었고 대관료 장지동은 전혀 다른 관점을 갖고 있었다. 그는, 열강이 중국에서 세력범위를 나누기 위해 협의하는 것은 "힘에 기대어 뜻을 이루려 하고 글 솜씨를 자랑하느라 함부로 말을 늘어놓는 것일 따름이니 깊이 따질 것 없고," 따라서 이 때문에 "지나치게 두려워할" 필요가 없다고 하였다.[16] 청 정부의 외무부가 일본과 프랑스 양국에게 외교문서를 통해 "중국영토 안에서의 평화와 안전은 당연히 중국의 일이므로 타국이 간여할 바가 아니"라는 뜻을 표시했지만[17] 항의를 위한 항의에 불과했다. 이후에 체결된 유사한 협정에 대해서는 이런 항의조차도 하지 않았다.

청 왕조 정부의 집권자들은 열강이 중국 영토의 보전을 상호 보증하고 중국의 문호를 개방하며 이익을 균점한다는 원칙에 대해서 수치를 느끼지도 않았을 뿐만 아니라 오히려 열강의 조처를 환영하였다. 선통 3년(1911년) 조정은 동3성 총독 석량과 봉천순무 정덕전(程德全)에게 칙령을 내려 동3성에서의 방침은 "상업도시를 널리 열고, 외국인이 많이 모여들도록 하고, 드러나지 않게 독점을 막고, 서양의 빚을 많이 끌어 들이고 외국 돈이 국내로 들어오도록 하여, 암암리에 견제하는 것"이라고 하였다.[18] 이에 따라 청 외무부는 동3성에서 "이익균점과 문호개방"을 실행하자는 미국의 주장에 완전히 동의했다. 외무부는 녹스의 계획을 우전부와 탁지부에 회람시키고 의견을 묻는 서신에서 외무부 자신의 의견을 다음과 같이 밝혔다. "미국이 내놓은 각국이 연합하여 동북지역에서 철도를 공동 부설 경영하자는 안이 그대로 실행되면 특별히 중국의 행정권을 제약하지도 않을 뿐만 아니라 각

---

16 『장문양공전집』 제200권. 『전독(電牘)』 79. 13-14쪽.
17 왕예생, 『60년래중국과일본』 제5권. 70쪽.
18 『청선통조외교사료』 제9권. 33쪽.

국의 이익을 공평하게 할 것이니 일본과 러시아가 자웅을 다투지도 않을 것이요 미국과 영국이 독점하지도 못할 것이다. 현재 동북지역의 형세로 보아 이보다 좋은 계책은 없을 것이다."[19] 미국의 계획은 일본과 러시아의 반대로 실현되지는 않았지만 청 정부는 이 방침을 동북지역에서만 적용할 생각이 아니라 사실상 전국 모든 지역에서 적용할 생각이었다.

제국주의 각국은 기본적으로 중국에서 자산계급 민주혁명이 일어나는 것을 원치 않았다. 동맹회원 중에서는 서방 자산계급이 걸어갔던 길을 뒤따라간다면 서방 자산계급 국가로부터 동정을 얻을 수 있을 것이라고 판단한 사람이 적지 않았다. 그들은 제국주의 각국이 부패하고 미래가 암울한 청 왕조 정권을 포기하고 중국 혁명을 도와줄 것이란 천진난만한 희망을 갖고 있었다. 제국주의 국가가 중국의 혁명운동에 동정을 표시한 적이 없지는 않았으나 그 이유는 그들이 중국을 침략하는 과정에서 중국의 혁명운동도 이용할만한 가치가 있는 하나의 패라고 판단했기 때문이었다.

일본 정부가 공개적인 장소에서는 청 왕조 정부를 지지하고 있었으나 이면에서는 흑룡회(黑龍會)와 현양사(玄洋社) 등 군국주의 낭인 조직이 동맹회의 혁명운동에 손을 뻗치고 있었다. 두 단체는 동맹회의 결성을 도와주었고 동맹회가 여러 차례 봉기를 일으키면서 무기를 사들이고 운반할 때도 도움을 주었다. 1907년 3월 초, 일본 정부는 손중산의 일본 체류를 허가하지 말라는 청 정부의 요청을 받아들였고 다음 해 9월에는 《민보》의 간행을 금지시켰다. 그러나 낭인 조직은 동맹회와 일정한 관계를 유지한다는 방침을 버리지 않았다.

프랑스 관부도 손중산의 혁명 활동에 관심을 표시한 적이 있었다. 1907년에 손중산이 월남에 머물면서 중국 경내의 봉기를 발동할 수 있었

---

19 『청선통조외교사료』 제12권. 20쪽.

던 것은 프랑스 식민당국의 묵인이 있었기 때문에 가능했다. 진남관 전투에서는 프랑스의 "퇴역장교"가 참가했다. 이 전투가 끝난 후 프랑스는 청 정부의 요구를 받아들여 손중산을 월남에서 추방했지만 동맹회의 기타 간부는 월남에 남아 활동할 수 있도록 허락했다.

1902년 이후로 홍콩의 영국정부는 손중산의 출입을 허가하지 않았다. 손중산에게는 영국인 친구와 미국인 친구가 있었으나 그의 혁명 활동은 영국과 미국 정부와 가까운 사람들로부터는 별다른 도움을 받지 못했다. 영국 정부와 미국 정부는 청 왕조 정부 통치하의 통일된 중국의 외모를 유지시키는 것이 자신들의 이익에 가장 유리하다고 판단했기 때문에 이런 통치질서를 교란하는 혁명을 결코 원치 않았다.

결론을 말하자면, 세계를 다시 분할하려는 제국주의 전쟁이 다가오고 있을 때 제국주의 각국의 중국에 대한 기본정책은 청 왕조 정부를 존속시켜 각국의 중국에서의 세력균형을 잠시 유지하는 것이었다. 제국주의에게 필요한 것은 반식민지적 중국이었지 독립되고 민주적인 중국은 결코 아니었다.

철도부설권의 확보와* 애국운동

제20장 자산계급 애국운동의 절에서 이미 설명했듯이 제국주의의 중국 철도와 광산 탈취에 반대하기 위해 이 문제와 관련이 있는 성에서는 이권회수 운동이 벌어졌다. 이 운동은 대부분 민족자산계급 상층 분자들이 주도했다. 청 왕조가 멸망하기 전 마지막 몇 년 동안 철도부설권 회수운동

---

* 당시 사람들은 "보로(保路)", "보로운동"이라고 표현했는데 핵심내용이 민간의 철도부설권 확보였다(역주).

은 어떤 성에서는 맹렬하게 전개되었고 청 왕조의 붕괴를 촉진한 주요 요인이 되었다.

광서 31년에서 32년(1905-1906년) 사이에 절강과 강소의 대상인들이 각기 주식을 공모하여 민영 철도회사를 설립하고, 강소 경내에서는 상해에서 가흥까지, 절강 경내에서는 가흥에서 항주를 거쳐 영파에 이르는 철도를 스스로 건설할 준비를 했다. 영국이 간섭하고 나섰다. 영국은 1898년에 청 정부의 독판철로대신(督辦鐵路大臣) 성선회와 영국 회사 이화양행 사이에 논의되었던 소항용(蘇杭甬)철로 가계약을 근거로 하여 이 철도를 건설할 수 있는 권리는 이미 영국이 갖고 있다고 주장했다. 성선회가 체결한 가계약의 내용은 극히 모호했을 뿐만 아니라 7,8년이란 세월이 흘러 계약이 합법적 효력을 갖고 있다고 말할 수 있는 상황도 아니었지만 영국 공사는 가계약대로 처리할 것을 고집했다. 청 정부 당국은 이를 과감하게 거절하지 못하고 영국 측에 방법을 약간 바꾸어 줄 것을 간청했다. 청 당국이 제안한 방법은, 영국 자본가가 청 정부의 우전부에 차관을 제공하고 우전부는 다시 강소와 절강 양성의 철도회사에 돈을 빌려준다는 것이었다. 광서 33년 9월에 이 문제를 해결하기 위해 나온 칙령은 다음과 같이 말했다. 이렇게 해야만 "큰 신의를 좇아 국교를 온전하게" 할 수 있고, 영국 회사와 합의는 이미 끝났으나 "강소와 절강의 상인에게도 주식을 살 수 있는 기회를 주어 동정을 표시하라."[20] 결국 영국 자본이 주가 되고 "강절 상인"은 주식참여를 허락받는 형식이 되고 말았다.

청 정부가 영국의 압력에 쉽게 굴복하자 강소와 절강의 철도회사, 실업계, 학계가 강력하게 반발했다. 그들은 잇따라 집회를 열고 반대를 선언했다. 절강에서는 차관도입을 반대하는 국민거관공회(國民拒款公會)가 결성되

20　복여성(宓汝成), 『중국근대철로사자료』 제2책, 848쪽.

어 대중에게 투자를 호소하며 민영 철도회사를 끌어갔다. 절강 철도회사의 임원 양수잠(楊壽潛)이 군기처에 전보를 보내 성선회의 파면을 요구했다. 그러나 조정은 오히려 "양수잠을 파면하고 철도 일에 간여하지 못하게 하라"는 명령을 내렸다. 절강 철도회사는 양수잠의 말은 개인 의견이 아니고 주주를 대표하는 것이라는 "전체 주주" 명의의 성명을 발표했다. 뿐만 아니라 회사는, 회사의 임원은 전체 주주에 의해 선출되었으므로 조정이 그의 직책을 파면할 권리가 없다고 주장했다.[21] 철도부설권 문제를 두고 자산계급과 봉건 매판세력을 대표하는 청 정부 집권파 사이에 첨예한 대립관계가 조성됐다.

이 무렵 청 왕조 정부는 철도의 중요성을 잘 알고 있어서 자신의 통제를 벗어난 "민영" 철도를 인정하려 하지 않았다. 민영 철도는 자산계급 세력과 지방 세력의 성장을 촉발할 수 있었기 때문이었다. 제국주의자들도 청 왕조 정부를 통해 중국의 경제적 명맥을 장악하고자 했다. 이 점에 있어서 청 왕조 정부와 제국주의의 태도는 일치했다.

민족자산계급은 경제역량이 두텁지 못했기 때문에 철도사업을 운영할 만큼 충분한 자본을 모으기가 쉽지 않은데다가 상층 자산계급은 봉건적 사회관계와 밀접하게 연관되어 있어서 그들이 운영하는 철도회사도 낭비와 착복과 횡령 등 부패한 관료사회의 습성을 벗어나지 못했다. 총독, 순무에서 말단 관료에 이르기까지 지방 관원이 층층이 민영 기업의 운영에 간여하니 자본주의 식의 경영을 실행하기란 어려웠다. 강소와 절강의 철도회사는 투쟁을 통해 일정 시기 동안 민영 성격을 유지할 수 있었으나 철도 건설은 마냥 늦추어졌다. 다른 성의 민영 철도회사의 형편도 대체로 이와 같았다. 그래서 청 정부는 민영이 관영보다 못하다고 판단했다. 청 정부는

---

21   전게서, 844-846, 885, 886쪽.

성과를 내지 못한다는 평계로 민영 기업을 흡수하려하는 반면에 자산계급은 관영 기업은 외채에 의존하고 있어서 나라의 주권을 서양인에게 팔아먹는다고 반격했다. 이제 철도문제를 둘러싼 투쟁은 갈수록 격렬해졌다.

청 정부 당국으로서는 자산계급 상층 분자와의 권력다툼이라면 대응하기가 어려운 일은 아니었다. 혁명의 위기가 눈앞에 닥친 상황에서 자산계급 상층 분자가 주도하는 철도부설권 획득 운동은 광대한 하층 대중을 동요시킬 가능성이 높았고 이는 청 왕조의 통치자들이 가장 두려워하는 바였다. 강소와 절강의 철도부설권 획득 운동에서는 이런 조짐이 나타나지는 않았지만 조금 후 사천에서는 형세가 달라졌다.

선통 원년(1909년)에 호남과 호북에서도 철도부설권 획득 운동이 일어났다. 호남에서는 광서 32년(1906년)에 이미 민영 철도회사가 설립되어 있었고 성 전체에서 자본금을 모집하여 선통 원년에서 2년(1909-1910년) 사이에 장사에서 주주(株洲)까지 철도 110리를 부설했다. 호북성에서도 광서 32년에 호북성 경내를 통과하는 부분의 월한선과 천한선을 부설하기 위해 호광총독 장지동이 주도하여 자본을 모집한 적이 있었다. 당시 장지동은 지방 유력자와 대상인들이 철도에 투자하는데 찬성했다. 선통 원년에 장지동은 군기대신으로 자리를 옮겼고 월한철로와 호북성 경내를 통과하는 부분의 천한철로 건설을 감독하는 대신에 임명되었다. 장지동은 자리가 바뀐 후부터는 철도 부설사업은 외국의 힘을 빌리지 않으면 안 된다고 주장했다. 장지동이 영국, 프랑스 등과 차관을 들여오는 협상을 벌여 막바지 단계에 이르렀을 때에 호북과 호남 양성의 지방유력자, 대상인, 학계인사들이 들고 일어나 반대했다. 그들은 차관 도입을 반대하고 "자영 및 민영"을 요구했다. 호남에서는 철도회사의 운영을 주도하던 대상인들 말고도 새로 설립된 자의국 의원 담연개(譚延闓) 등도 이 운동에 적극 참여하였다. 호북에서는 자의국 의원·교육회·헌정주비회, 무창과 한구의 상인단체 대표, 일본 유학생 단체에서 이 일 때문에 파견하여 귀국한 학생대표 등이 회의를 열고 철로협회를 조직했다. 그들은 또한 월한·천한철도공사를 설립하고 자본금을 모집하기 시작했다. 이 무렵 혁명활동에 관여하고 있던 첨대비(詹大悲)(1888-1927)가 한구에서 《대강보(大江報)》를 발행하고 있었는데, 그는 이 신문에 철도 국유에 반대하는 글을 싣고 나아가 중국의 평화적인 개혁은 이미 불가능해졌다고 주장했다. 그는 「대란이 중국을 구하는 약이다(大亂者, 救中國之藥石也)」란 제목의 글에서 혁명을 주장했다. 호광총독 서징(瑞澂)이 이 신문의 발행을 정지시키고 첨대비와 그를 도와 신문을 발행한 하해명(何海鳴)을 체포하자 각계 인사들이 항의 집회를 열었다. 각계에서 뽑은 대표들이 북경으로 올라가 청원활동을 벌이는 한편 단식투쟁을 벌였다. 호남과 호북 양성의 지방 유력자와 대상인들의 반대에도 불구하고 청 정부는 선통 3년(1911년) 4월에 미·영·프·독 4국은행단이 원하는 대로 철도부설 차관계약에 서명했다.

이 계약이 체결되기 불과 10일 전인 선통 3년 4월 11일에 조정은 철도 국유정책을 확정하는 칙령을 발표했다. 이 칙령은 광동, 사천, 호남, 호북의 민영 철도회사가 수년 동안 아무런 성과를 내지 못하고 있음을 지적하면서 "모든 철도는 국유로 하는 정책을 천하에 특별히 알린다. 선통 3년 이전에 각 성에서 설립된 민영 철도회사는 시간이 오래 지났는데도 성과가 없으니 즉시 국가가 회수한 후 철도 건설을 서두른다"고 선포하였다.[22] 이는 4국 은행단이 월한·천한철도를 지배할 수 있도록 청 정부가 직접 나서서 길을 터준다는 의미였다. 광동, 호남, 호북, 사천의 지방유지와 대상인, 학계에서 즉시 반대하고 나섰는데 특히 사천의 반대 움직임이 큰 물결을 이루었다.

내륙의 큰 성인 사천에는 1949년 중화인민공화국이 수립되기까지 한 치의 철도도 건설되어 있지 않았으나 일찍이 광서 29년(1903년)부터 철도회

---

22 『우재존고』 제17권, 「주소」 17, 4쪽.

사가 있었다. 이 회사는 당시의 사천총독 석량이 주도하여 관영으로 출발했다가 광서 33년(1907년)에 민영으로 바뀌었다. 회사는 동쪽으로는 의창에서 시작하여 만현(萬縣)과 중경을 거쳐 서쪽으로 성도에 이르는 철도를 건설할 계획을 갖고 있었는데 관영 시기에서 민영 시기에 이르기까지 시종 종이 위의 계획으로 머물고 말았다. 여러 차례에 걸쳐 모집한 회사의 자본금은 대략 1,600만여 위안에 달했다. 회사의 자본금은 주로 "추조지고(推租之股)" — "경지를 가진 모든 집은 … 소작료를 받을 때 10석 이상인 자는 그해에 실제로 받은 소작료의 3/100을 출자금으로 납부한다" — 를 통해 조달되었다.[23] 이런 자본조달 방식 때문에 사천성의 대소 지주는 모두가 형식상으로는 주주였지만 회사를 장악한 사람들은 관부와 연결된 소수의 지방 유력자였다.

선통 3년에 반포된 철도 국유화정책에 따라 사천의 철도회사는 청산 절차에 들어가야만 했다. 사천총독을 대신하여 왕인문(王仁文)이 북경 정부에 올린 보고서는 "회사가 운영된 지 8년이 지나 관련 장부가 산처럼 쌓여" 일시에 청산할 방법이 없다고 하였다. 왕인문은 회사를 두둔하는 입장이었으나 청 정부는 철도 국유화정책을 확고하게 집행하고자 했다. 철도회사를 운영하던 지방 유력자들과 정부 사이에 첨예한 이해충돌이 발생하지 않을 수 없었다.

철도 국유화 정책이 선포된 한 달 후인 5월 21일에 사천성 수도인 성도에서 철도회사 주주회의가 열렸는데 사실상 관련 지방 유력자, 실업계, 학계 대표 인물들의 회의였다. 이 회의에서 "보로동지회(保路同志會)"를 설립하기로 결정되었다. 자의국 의장 포전준(蒲殿俊)과 부의장 나륜(羅綸)이 보로동

23　『천한철로총공사집고장정(川漢鐵路總公司集股章程)』(광서 30년 12월). 대집례(戴執禮) 편 : 『사천보로운동사료(四川保路運動史料)』 과학출판사 1959년 판. 35쪽을 보라.

지회의 의장과 부의장으로 추대되었다. 보로동지회는 철로국의 경비를 이용해 광범위한 선전활동 ─ 정기간행물의 발간, 인쇄물 배포, 강연회 개최, 다른 성의 단체와 연합하여 상경 청원 ─ 을 벌였다. 보로동지회는 "철도를 지키자면 약속을 폐기해야 한다"고 선포했다. 이 말은 곧 4국 은행단과 체결한 계약을 파기해야 철도가 외국인의 손에 떨어지지 않게 된다는 주장이었다. 그래서 보로동지회는 "철도 국유화"를 반대하는 것이 아니라 "국유를 명분으로 내세운 사실상의 외국인 소유"를 반대한다고 특별히 밝혔다.[24] 이리하여 철도부설권 획득 운동은 매국주의를 강력하게 반대하고 국가주권의 보위를 주장하는 애국주의 운동의 색채를 띠게 되었다.

이 운동을 발기하고 주도한 포전준과 나륜 같은 입헌파 유지와 자산계급 상층 분자들은 처음부터 합법적인 범위 내에서 운동을 전개하려고 힘썼다. 그들은 죽은 광서황제를 호신부로 내세우고, 광서황제의 "신위"가 가운데에 자리 잡고 좌우 양쪽에 광서황제의 어록 ─ "서정은 여론에 따라야 한다(庶政公諸輿論)," "철도는 민영으로 해야 한다(鐵路準歸商辦)" ─ 이 적힌 노란색 종이를 다량으로 인쇄하여 배포했다. 곽말약(郭沫若)은 회고록에서 당시의 성도의 정황을 다음과 같이 묘사했다. "집집마다 사람들이 이 노란색 종이를 대문에 붙여놓고 아침저녁으로 향과 촛불을 피워 예배했다." 뿐만 아니라 "거리에도 같은 모양의 광서황제의 신위를 모신 '성위대(聖位臺)'란 임시 제단을 설치했다"[25] 보로동지회는 사천 성 전체를 돌며 강연회를 개최했는데, 여러 가지 세세한 규칙을 두어 강연회가 격렬한 행동으로 발전하지 않도록 했다. 동지회의 문건은 다음과 같이 분명하게 밝히고 있었다. "본 회가 가장 중시하는 것은 첫째는 폭동의 방지요 둘째는 질서이다

---

24 『사천보로운동사료』. 221쪽.
25 「반정전후(反正前後)」. 『말약문집(沫若文集)』 제6권. 인민출판사 1958년 판. 229, 230쪽.

..."[26]

대중의 역량을 동원하여 청 정부의 압력에 저항하면서도 대중운동이 "윗사람을 거슬러 반란을 일으키는" 정도로 확대되지 않도록 통제해야 하는 것이 입헌파 자산계급이 직면한 과제였다.

7월 1일, 성도 시내 전역의 상인들은 철시하고 학생들은 수업을 거부했다. 성도 이외의 지역에서도 잇따라 보로회가 결성되기 시작했다. 안해(顔楷)를 회장으로 하고 장란(張瀾)을 부회장으로 하는 천한철도주주회가 대중의 격앙된 정서에 눌려 7월 9일에 다음과 같이 발표했다. "금일부터 소작료 납부와 납세를 거부한다. 이미 납부한 사람은 어쩔 수 없지만 아직 납부하지 않은 사람은 낼 필요가 없다."[27] 지방 유력자들은 그래도 반란을 일으키려 하지는 않았다. 그들이 내세운 가장 과격한 구호는 "사천인 스스로 지키자"는 것이었다. 그러나 조정은 부임한지 얼마 안 된 사천총독 조이풍(趙爾豊)의 보고에 근거하여 다음과 같은 결론을 내렸다. "사천 사람들이 소작료와 세금을 거부함은 법을 안중에 두지 않는 행위이고 더 나아가 스스로 지킨다 함은 독립을 뜻하니 그 죄는 벗어날 수 없다."[28]

7월 15일 새벽에 조이풍은 포전준, 나륜, 안해, 장란 등 9명을 "화근"으로 지목하고 체포하기 시작했다. 이들 지방 유력자들은 자신들이 체포되리라고는 전혀 예상하지 못했다. 조이풍은 이들 유력자들을 압박하면 운동이 수그러들 것으로 예상했으나 사태는 예상과는 전혀 반대되는 쪽으로 격화되었다. 그날 정오 무렵 수천 명의 군중이 총독 관서 앞에 집결하여 체포된 사람들의 석방을 요구하자 조이풍은 군중을 향해 발포를 명령했고 30

---

26 『사천보로운동사료』. 185, 186쪽.

27 『사천보로운동사료』. 294쪽.

28 『사천보로운동사료』. 308쪽.

여 명의 사상자가 나왔다. 이때부터 사천 각지의 보로회 운동은 온건한 지방 유력자들이 설정한 궤도를 벗어났다.

　　당시에 동맹회 회원 몇몇이 사천에서 활동하고 있었으나 비교적 견고한 조직은 갖추지 못했다. 1906년 이후로 사천의 동맹회 회원은 사천 북부의 강유(江油), 남부의 서주(敍州)(지금의 의빈)과 노주(瀘州), 동부의 광안(廣安), 동남부의 검강(黔江) 등지에서 여러 차례 봉기를 시도했으나 주로 회당에 의존했기 때문에 아무런 성과를 내지 못했다. 사천의 도시와 농촌 지역에서는 "포가(袍哥)"라 불리는 회당이 상당한 세력을 떨치고 있었다. 조이풍이 성도 학살사건을 일으킨 후 성도 부근 각 현의 보로동지회는 회당 세력을 주력으로 하여 무장하기 시작했는데 이 부대를 동지군(同志軍)이라 불렀고 일부 동맹회 회원들도 참가했다. 동맹회원 용명검(龍鳴劍)은 성도의 보로회에 초기부터 참가하여 활동했다. 이 무렵 그는 영(榮)현으로 가서 회당 조직과 연합하여 동지군 부대를 결성했다. 조이풍은 무력진압에 의존하여 성도에 진입하려는 동지군을 막아낼 수 있었지만 성 전체의 소요를 진압할 수는 없었다. 용명검이 이끌던 동지군 부대는 성도에 진입하지는 못하고 조이풍의 부대와 인수(仁壽)-성도 사이에서 전투를 벌이다 실패하고 가정(嘉定)(지금의 낙산[樂山])으로 물러났다. 용명검이 병사한 후 남은 부대를 또 다른 동맹회원 왕천걸(王天杰)이 이끌고 영현으로 돌아갔다. 일본에서 귀국한 지 얼마 되지 않은 오옥장(吳玉章)은 동맹회가 사천의 동맹회 활동을 이끌기 위해 파견한 인물이었다. 그는 왕천걸 등과 함께 영현의 정권을 탈취하여 독립을 선언했다. 이때는 무창 봉기가 일어나기 반 달 전이었다.

　　사천에서 입헌파 자산계급이 주도하던 철도부설권 획득 운동은 7월 15일에 총독 관서 앞에서 울려 퍼진 총성과 함께 종말을 고한 후 사실상 무장봉기로 발전하여 사천성 전체를 휩쓸었다. 무창 봉기가 일어나자 사천성 내의 각파 정치세력의 투쟁은 새로운 국면에 접어들었다. 이에 관해서는 뒤에서 따로 설명하기로 한다.

동맹회 내부의 분열과 동맹회가 주도한 두 차례 광주 봉기

총체적으로 말하자면, 자산계급·소자산계급 혁명가의 사상과 행동은 혁명 형세의 발전과 부합하지 못했다. 혁명 조건이 갈수록 성숙해져가고 있던 시기에 그들 중의 많은 사람들은 예정된 승리를 감지하지 못하고 조급함과 실망에 빠졌다. 동맹회는 몇몇 소단체가 연합하여 결성되었는데, 결성 후에도 소단체가 원래 갖고 있던 관념에서 완전히 탈피하지 못했다. 동맹회 내부에서는 날이 갈수록 의견대립과 파벌경쟁이 나타나기 시작했고 심지어 조직의 분열까지 드러났다.

장태염이 이끄는 광복회가 제일 먼저 동맹회와 결별했다. 장태염은 광서 32년 5월(1906년 6월)에 상해에서 출옥한 후 일본으로 건너가 동맹회 회원과 유학생들로부터 열렬한 환영을 받았다. 동맹회의 기관지 《민보》의 편집장은 장태염으로 바뀌었다. 당시 동맹회를 이끌던 명망 있는 인물은 손중산, 황흥, 장태염이었고 장태염은 "학식을 갖춘 혁명가"[29]로서 지식계에서 높은 권위를 누렸다. 1907년에 손중산과 황흥이 잇따라 일본을 떠난 후 장태염과 도성장이 도쿄에서 일부 동맹회 회원들을 부추겨 손중산의 총리직을 파면하고 황흥을 후임으로 선출하는 대회를 소집하자고 주장했다. 이 무렵 도쿄에서 동맹회 사무를 주재하고 있던 유규일은 황흥과 가까운 사이면서도 이 주장에 찬성하지 않았다. 동맹회 내부의 풍파는 일시적으로 갈아 앉았으나 이때 이후로 손중산과 장태염은 다시는 협력하지 않았다.

---

29 『노신전집』 제6권, 인민문학출판사 1959년 판, 443쪽.

1908년에 도성장과 광복회의 일부 회원들이 싱가포르와 네덜란드령 인도(인도네시아) 각지로 가서 활동하면서 광복회 조직을 부활시키고 일본에 남아있던 장태염을 명목상의 지도자로 추대하여 동맹회의 주도권에 반대한다는 뜻을 표시했다. 원래 광복회 소속이 아니었던 허설추는 손중산의 지휘를 받아 조주에서 봉기를 주도한 적이 있었는데도 손중산 공격에 참가했다. 손중산이 네덜란드령 인도에 파견하여 화교사회에서 모금운동을 하던 사람들과 광복회 회원들은 서로 배척하였다. 장태염과 도성장 같은 혁명 활동가들로 말하자면 소생산자의 정치적 이해를 대표하는 면이 비교적 강했고, 그들이 손중산과 대립한 데는 인사문제도 있었지만 보수적 소생산자의 대표로서 자산계급 혁명파의 주도를 거부한다는 의사표시이기도 했다.

장강 유역 각 성의 동맹회원들 일부는 화남지역의 봉기에 주력하는 손중산의 구상에 불만을 품고 1907년 가을 일본에서 "공진회(共進會)"를 결성했다. 공진회 회원은 동맹회를 탈퇴했다고 볼 수는 없었지만 공진회는 사실상 동맹회와 병행하는 조직이었다. 공진회의 정관에는 조직의 목적을 "만주족 오랑캐의 축출, 중화의 회복, 민국의 건립, 평균인권"이란 네 구절로 명시했는데, 동맹회가 내세운 "평균지권"을 "평균인권"이라고 하는 훨씬 더 해석하기 어려운 말로 바꾸어 놓았다. 공진회의 조직 형식은 "산당(山堂)을 열고, 향을 살라 맹세한 후 입회"하는 구식 회당의 방식을 그대로 이어받았다. 공진회 회원은 얼마 후 폭발하게 되는 신해혁명에서 적지 않은 역할을 하게 되지만 조직문화 자체는 결론적으로 말해 동맹회보다 낮은 수준에 머물렀다.

동맹회 회원 중에는 무정부주의자를 자처하는 사람도 있었다. 일본에서 활동하던 유사배(劉師培)(유신숙[劉申叔])·하진(何震) 부부는 1907년에 《천의보(天義報)》란 잡지를 창간하였고, 유사배는 민보의 편집장을 지낸 장계(張繼)와 함께 "사회주의 강습소"란 이름을 내걸고 무정부주의를 선전했다. 유사배는 잡지 기고를 통해 민족주의와 민주주의는 인민의 고통을 더할 뿐이므로 "정부가 없어지고, 인민은 공동생산을 하며, 통치와 피통치의 구분이 없는" 제도가 가장 좋은 제도라고 주장했다. 그러나 그의 고매한 언론 중에는 반동사상의 그림자가 비치고 있었다. 그는 중국의 지금까지의 전제정부는 사실은 일종의 "방임정치"였고 자본주의보다 더 개명된 제도였다면서, 따라서 중국에서 무정부주의를 실현하기란 매운 쉬운 일일 것이라고 주장했다. 뿐만 아니라 그는 "정부가 여전히 존재해야 한다면 유신보다는 수구가 낫고 입헌보다는 전제가 낫다"고까지 말했다.[30] 유사배 부부가 무정부주의를 선전하기 시작한 것은 1907년의 일이었는데, 그 다음 해에 그들은 친척의 소개로 양강총독 단방에게 투항하고 기꺼이 청 관부의 첩자가 되었다. 1907년에는 프랑스에서 무정부주의를 선전하는 《신세기(新世紀)》란 잡지가 등장하여 1910년까지 간행되었다. 주요 필진들 다수가 오치휘(吳稚暉)처럼 훗날 국민당의 반공 극우파로 변신하였다.

청 관부는 혁명당 내부에서 매수공작을 시작했다. 양강총독 단방은 전담요원을 일본으로 파견하여 유학생 매수활동을 벌였다. 민정부 상서인 숙친왕(肅親王) 선기(善耆)도 동맹회에 참가한 적이 있는 정가정(程家檉)을 참모로 받아들이고 그에게 1만 위안의 거금을 주어 도쿄로 보내 동맹회와 접촉을 시도했다. 왕정위는 바로 이 선기에게 매수되어 변절했다. 앞에서 말한 바와 같이, 왕정위는 봉기가 여러 차례 실패하자 절망에 빠진 나머지 암살이란 수단에 매달렸다. 선통 2년(1910년)에 그와 황복생(黃復生) 등 몇 명은 북경에 잠입하여 섭정왕 재풍의 암살을 준비하다가 발각되었다. 체포된 왕정위와 황복생을 선기가 직접 심문하였다. 선기는 두 혁명당원을 법대로 처형하지 않고 감금하면서 좋은 대우를 해주었다. 1년 후에 신해혁명이 폭발

---

30 『신해혁명전 10년간 시론선집』 제2권 하책, 974, 969쪽.

하였고 왕정위는 석방되면서 변절 투항하여 양면파가 되었다.

혁명 조직이 강대한 통일 진영을 만들어 청 왕조의 붕괴라고 하는 대변화에 대비하지 못한 이유는 거듭된 좌절에서 비롯된 절망감과 내부의 의견 대립에서 나온 분열 때문이었다.

손중산은 화교들로부터 활동자금 모금하기 위해 선통 원년(1909년)에 다시 서유럽과 미국으로 갔다. 황흥과 호한민(胡漢民)은 홍콩에서 동맹회 남방지부를 설립하고 신군의 무력을 이용하여 봉기를 발동하기 위해 주로 광주의 신군 가운데서 동조자를 모으는 활동을 했다. 원세개의 북양 6진을 모델로 하여 각 성에서도 신군을 편성했다. 청 정부는 전국에 36진의 신군을 설치할 계획이었으나 청 말년에 이르기까지 편성된 신군은 14진 20협(協)에 그쳤다(청의 신군 편제. 진은 사단에 상당하고 협은 여단에 상당하였다. 1진은 2협). 신군의 장교와 병사 가운데는 소수지만 지식분자가 있었고 이들은 비교적 쉽게 자산계급 혁명파의 사상을 받아들였다. 동맹회는 각지에서 점차로 신군을 포섭하는 활동에 주의를 기울이기 시작했다. 광주의 신군은 3개표(標)(연대 상당)였다. 양강총독 단방 밑에서 포병 장교로 복무하다가 동맹회에 가입한 예영전(倪映典)은 동맹회 남방지부의 명령에 따라 광주에서 조직을 만들고 신군 중에서 혁명에 참가할 장교와 병사를 끌어들였다. 계획대로라면 선통 2년 정월에 봉기하기로 되어 있었으나 정보가 세어나가 예영전은 부득이 정월 초사흗날에 신군 1천여 병력을 이끌고 서둘러 봉기를 선포했다. 그들은 광주성을 점령한 후 양광총독 원수훈(袁樹勳)이 동원한 그들보다 10배나 많은 병력과 맞서 싸웠다. 증원군도 없이 이틀 동안 전투를 벌인 끝에 예영전은 전사하였다. 봉기에 참가한 병사 중에서 사상자와 체포된 자가 3백여 명이었고 나머지는 흩어졌다. 이것이 손중산이 말한 "우리 당의 9번째 실패"였다.

이 무렵 손중산은 미국의 로스앤젤레스에 있었다. 실패의 소식을 들고 그는 태평양을 건너 동아시아로 갔다. 그는 말레이시아의 페낭에서 황흥 등을 만났다. 손중산은 당시 만났던 사람들의 정서를 다음과 같이 묘사했다. "눈을 들어 앞날을 바라보니 모두가 근심에 싸여있었다. 장래의 계획을 물으니 탄식하지 않는 사람이 없었고 서로 바라보며 말이 없었다."[31] 손중산의 격려를 받고 참석자들은 광주에서 다시 한 번 봉기를 일으키기로 결정했다. 그들은 다시 실패하지 않으려면 가장 핵심적인 문제는 경비조달이라고 판단했다. 과거에 회당의 역량에 의존했던 봉기나 최근에 신군의 역량에 의존했던 봉기가 모두 실패한 것을 거울삼아 이번에는 각지의 동맹회원 가운데서 확고한 신념을 가진 5백 명 — 후에 8백 명으로 늘어났다 — 을 "정예"이자 동시에 기본 무력으로서 동원하기로 결정했다.

손중산은 다시 미국으로 건너가 화교들을 상대로 모금에 나섰다. 그 결과 남양 각지와 미국의 화교사회로부터 모금한 자금이 20만 위안에 가까웠다. 황흥 등은 홍콩에서 봉기의 지휘부 역할을 맡을 "통주부(統籌部)"를 구성했다. 황흥이 통주부의 부장, 조성(趙聲)이 부부장에 추대되었다. 조성(조백선[趙伯先])은 강소 신군과 광동 신군에서 표통(標統)(연대장)을 지낸 적이 있고 동맹회와 관계를 맺고 있었다. 이 무렵 그는 곽인장으로부터 배척을 받아 계속해서 광주 신군 내부에 머물 수가 없게 되자 사직하고 유랑하던 중 홍콩에 머물고 있었다. 그는 군사를 알고 있었고 옛 부하들 중에서 그를 따르는 자도 있었기 때문에 1910년에서 1911년 사이에 동맹회 남부지부가 조직한 봉기에서 주요한 역할을 한 지도자 가운데 한 사람이 되었다.

그들의 봉기계획은 다음과 같았다. 8백 명의 "정예"가 광주성 내에서 먼저 봉기하여 양광총독부와 수군 지휘소 등 중요 관서를 점령하고 군기고를 열어 무기를 확보한다, 그런 후에 성문을 열어 광주 근교에 주둔한 신군

31 『손중산선집』. 인민출판사 1981년 판. 206쪽.

을 맞아들인다. 또한 그들은 광주를 점령한 후 부대를 둘로 나누어 황흥이 지휘하는 한 부대는 호남을 거쳐 호북으로 진출하고, 조성이 이끄는 한 부대는 강서를 거쳐 남경으로 진출한다는 계획도 세워놓고 있었다. 황흥과 조성, 그밖에 예정된 행군 중에 각 부대의 지휘를 맡을 사람들은 각자가 신뢰할 수 있고 가장 용감한 "정예"를 광동 각지와 복건·강소·광서·절강·호남·사천·운남 등지, 그리고 남양 각지로부터 불러 모아 홍콩에 집결시켰다. 이 병력이 광주 시내에 자리를 잡도록 사전에 광주 성내에 상점이나 주택의 이름으로 여러 거점을 마련했다.

한 무리의 외지인들이 일거에 광주를 점령한다는 구상은 본질적으로 군사적 모험주의인데다가 실제로도 선통 3년 3월 29일(1911년 4월 27일)에 실행된 봉기에는 8백 명 "정예" 중에서 일부만 참가했다. 봉기 준비작업 전체를 보드라도 통일적이고 굳건한 지휘부가 존재하지 않았고 봉기의 시점도 몇 차례나 변경되었기 때문에 임시로 각 부대를 지휘하기로 되어있던 사람들 일부는 거사의 연기를 주장하였고, 이미 광주에 도착한 수백 명 "정예" 가운데서 대부분은 홍콩으로 철수했다. 이 무렵 광주에 머물고 있던 황흥은 적이 봉기의 기미를 알아차리고 갈수록 경계를 엄중히 하고 있는 긴박한 상황에서 거사를 다시 연기하는 것은 부대를 해산시키는 것이나 다름없다고 판단하고 예정대로 3월 29일에 봉기를 발동하기로 결정했다. 이리하여 이날 오후 5시 반에 황흥이 지휘하는 160여 명의 병력이 갑자기 봉기하였다. 봉기군은 어깨에 흰 수건을 감고 손에는 총과 폭탄을 들고 양광총독 관서를 습격했다.

봉기부대는 소수의 경비 병력이 지키는 총독 관서에 진입하였으나 고급 관원은 한 사람도 붙잡지 못했다. 총독 장명기(張鳴岐)는 총독 관서를 빠져나가 수군 지휘소로 옮겨갔다. 그는 수사제독 이준과 함께 병력을 지휘하여 봉기군을 포위 공격했다. 황흥은 부대를 세 부분으로 나누어 성 밖으로 탈출했다가 신군과 순방영 중에서 봉기에 참여하기로 예정된 병력과 합류할 생각이었다. 그러나 봉기군은 성 안 각처에서 적의 저지를 받아 흩어졌다. 일부는 전사하고 일부는 포로가 되었으며, 또 일부는 형세를 살피다가 가망이 없자 변장하여 도주했다. 황흥 본인은 그날 저녁에 부상을 입고 숨어 있다가 광주를 빠져나갔다. 그래도 소수는 봉기 다음날에 적과 시가전을 벌였다.

어떤 "정예" 부대, 예컨대 진형명(陳炯明)과 요우평(姚雨平)이 이끈 부대는 광주에 도착한 후에도 수수방관하기만 했다. 조성이 동원한 150명의 병력은 대다수가 봉기가 발동되었을 때 아직도 홍콩에 있었고 조성은 30일이 되어서야 광주에 도착했는데, 이때 황흥의 봉기는 이미 실패로 끝난 뒤였다.

봉기에 참가한 절대다수는 영웅적으로 싸웠다. 청 관부가 남긴 심문 자료를 보면 포로가 된 사람 중에서 일본 유학생인 임각민(林覺民)과 유배륜(喻培倫) 등은 절개를 지키면서 의연하게 죽음을 맞았다. 사후에 어떤 사람이 이 전투에서 죽은 72인의 시체를 거두어 황화강(黃花崗)에 합장했다. 그러나 실제로 죽은 사람은 이보다 많았다.

이때의 봉기가 손중산이 말한 "우리 당의 열 번째 실패"였다. 이때의 봉기를 조직한 사람들은 주관적으로 자신이 동원할 수 있는 최대의 인력과 재력을 동원하여 적과 결사적인 전투를 벌였기 때문에 실패하고 나서 그들이 받은 심리적 타격은 말할 수 없이 컸다. 그들 중 어떤 사람은 심지어 이때의 광주봉기가 실패했으니 전국 어디서도 봉기는 가망이 없다고 말했다.

일지회(日知會)에서 문학사(文學社)까지

국내의 일부 지방에서는 혁명파가 비교적 깊이 있는 대중동원 활동을 해오고 있었다. 무한의 상황이 그런 경우였다.

앞(제20장 지식계에 등장한 혁명조직)에서 언급했듯이 무한에는 광서 30년 (1904년)에 "과학보습소"란 명칭을 내건 혁명조직이 있었고, 이 조직은 황흥이 이끄는 화흥회가 호남에서 발동하려다 미수에 그친 봉기에 연루되어 활동을 멈추었다. 과학보습소의 주요 구성원은 현지 신군의 병사들이었고 일부 학계 인사들도 참여했다. 호광총독 장지동은 이 무렵 호북성에서 신군 제8진(통제는 장표[張彪])과 제21혼성협(통령은 여원홍[黎元洪])을 편성하는 한편 무한에 육군소학당과 육군중학당을 설립했다. 혁명파에서는 신군 내에 지식청년을 잠입시켰다. 장난선(張難先)과 호영(胡瑛)은 제8진의 공병부대 사병으로, 유정암(劉靜庵)은 여원홍 밑에서 문서병으로 복무하면서 신군 병사에게 혁명사상을 선전하며 혁명동지를 모았다.

과학보습소의 일부 회원들은 후에 다시 일지회(日知會)라는 단체를 만들어 활동했다. "일지회"는 원래 현지 기독교 교회가 신자들에게 신문을 읽히기 위해 만든 기구였다. 군대를 떠난 유정암(1875-1911)이 1905년부터 이 기구의 운영 책임자가 되었다. 그는 일부 혁명동지들과 함께 이 공개적이고 합법적인 기구를 이용하여 혁명 서적과 신문을 보급하고 강연회를 열었다. 그들의 비밀조직도 일지회란 명칭을 사용했다. 그러면서도 그들은 신군 내부의 활동에 특별한 주의를 기울였다. 1906년에 유정암 등이 체포 투옥되자 일지회는 활동을 중단했다. 1908년, 광서황제와 자희태후가 죽은 후 정국이 소용돌이쳤다. 이때에 신군 내부의 혁명 병사들이 "군치학사(群治學社)"란 조직을 만들었다. 1910년, 이 조직은 이름을 "진무학사(振武學社)"로 바꾸었다. 이 두 조직의 회칙에는 활동 목적이 "학문연구, 자치장려, 무학(武學)연마"라고 간단하게 명기되어 있었으나 실제로는 혁명사상을 전파하고 혁명역량을 조직 축적하는 활동을 했다.

이 조직이 군치학사와 진무학사란 이름으로 2년 동안 활동한 경과를 보면 두 가지 특징이 드러난다. 첫째, 그들은 신군 내에서의 활동을 비교적 깊이 있게 진행했다. 동맹회는 광동 같은 지역에서도 신군의 역량을 끌어들이기는 했으나 일반적으로 몇 명의 장교를 혁명조직 안에 흡수하는 수준에서 만족했다. 그들은 일단 봉기가 폭발하면 장교가 앞장서서 병사들을 인솔해 올 것으로 기대했다. 그러나 군치학사와 진무학사는 직접 병사들을 조직했다. 일부 지식청년들이 군에 입대하여 병사들 사이에서 골간의 역할을 했다. 진무학사 사장으로 추대된 양왕붕(楊王鵬)은 혁명을 목적으로 군 내부에 투입된 지식청년이었다. 둘째, 그들은 과학보습소와 일지회가 모두 호남지역에서 경솔하게 발동한 봉기에 연루되었던 교훈을 명심하고 봉기의 발동에 대해서는 비교적 신중한 자세를 가졌다. 그들은 몸담고 있던 군대라는 특수한 환경으로부터 조직의 기밀을 유지하는 것이 얼마나 중요한지 배웠다. 진무학사의 주요 사원들은 여원홍의 제21 혼성협 소속이었다. 여원홍은 점차로 그들의 신분을 알아냈다. 양왕붕은 1910년 겨울에 군대에서 제명되고 무한을 떠났지만 조직 전체는 여전히 보존될 수 있었다. 1911년 음력 설날에 이 조직은 다시 문학사(文學社)로 이름을 바꾸고 활동을 이어갔다.

문학사는 장익무(蔣翊武)가 사장, 왕헌장(王憲章)이 부사장이었다. 장익무(1885-1913)는 호남출신으로서 상덕사범학교(常德師範學校)와 상해의 중국공학(中國公學)에서 공부했다. 두 곳은 모두 동맹회의 혁명사상의 영향 아래에 있던 학교였다. 그는 1909년에 동지 유요징(劉堯澂)과 함께 호북으로 가 군치학사의 회원들과 관계를 맺었고, 유요징과 함께 여원홍 휘하의 제11표에 사병으로 입대했으며 진무학사의 활동에도 참여했다. 왕헌장(1885-1914)은 귀주 출신으로서 처음에는 권력이 있어야 국가를 위해 좋은 일을 할 수 있다는 생각에서 돈으로 관직을 사려하였으나 혁명사상의 영향을 받아 이 방법을 버렸다. 그는 무한의 신군 내부에 지사들이 상당히 많이 있다는 소문을 듣고 곧바로 장표 휘하의 제30표에 병사로 입대했다. 문학사는 군치학사와 진무학사의 전통을 이어받아 군대 내부에서 신중하면서도 적극적으로 사원을 확보해 나갔다. 장표의 제8진과 여원홍의 제21혼성협 소속의 하급부대에는 어느 곳에나 문학사의 사원이 침투해 있었다. 문학사의 사원은 군대 밖에도 있었다. 당시 무한에서 《대강보》를 발행하던 첨대비는 문학사의 발기인이자 핵심 사원의 한 사람이었다. 그는 철도부설권 운동 중에 체포되었기 때문에 문학사에는 영향을 끼치지 못하다가 무창봉기 후에 자유의 몸이 되었다.

문학사와 그 전신인 몇 개 조직은 모두 동맹회의 사상적 영향을 받았고 사원들은 동맹회에 참가한 적이 있는 사람들이었지만 문학사의 활동과 동맹회는 직접적인 관계가 없었다. 동맹회 회원 일부가 "공진회"를 결성하였고, 이들 중 일부가 1908년 호북성으로 와서 비밀기구를 조직하여 활동했다. 이들은 군치학사와 연락을 취하기는 했으나 신군 내부 공작에는 관심이 없었고 주로 회당과 손잡고 빠른 시간 안에 봉기를 일으키는데 주력하였다. 회당은 조직적인 지휘를 받아들이지 않아 봉기계획을 실현할 수가 없게 되자 공진회의 호북에서의 활동은 정체되었다. 1910년 하반기에 공진회는 무한에서 활동을 재개했다. 이때부터 공진회는 학계의 인사들을 흡수하고 각지의 회당과 연락하는 이외에 신군 내부공작에도 힘을 쏟았다. 공진회는 일지회, 군치학사, 진무학사에 참가한 적이 있는 인사들뿐만 아니라 현재 문학사 사원인 인사들도 자기 조직에 끌어 들였다. 문학사와 공진회는 신군 내부의 각 표와 영(營)(대대)에 각자 자기 조직을 확산시켜나갔는데, 이 일을 위해 서로 정보를 교환하기도 했지만 다소간의 마찰과 다툼도 생겼다. 신군 내부에서는 문학사의 조직이 비교적 강했으므로 공진회는 봉기를 일으키자면 문학사의 협력을 구하지 않을 수 없었다.

1911년 초, 동맹회는 광주 봉기를 준비하면서 장강 유역 각 성에 사람을 보내 광주 봉기 시에 호응하도록 촉구했다. 무한의 공진회와 문학사도 적극적으로 수락했다. 광주 봉기가 실패한 후 상해의 동맹회 회원 송교인 등이 동맹회 중부총회를 결성하고 장강 유역 각 성에서 봉기를 시도했다. 중부총회는 무한으로 사람을 보내 공진회뿐만 아니라 문학사와도 연락을 취했다. 그러나 동맹회 중부총회가 제시한 것은 일반적인 봉기 구호였을 뿐 비교적 깊이 있는 대중동원 계획은 없었다.

1911년의 무창 봉기는 문학사와 공진회가 협력하여 발동한 것이었다. 문학사는 비교적 장기간에 걸쳐 신군 내부에 기초를 구축했고 이것이 봉기의 성공에 결정적인 역할을 했다.

제23장
무창 봉기와 봉기 후의 무창 정권

혁명적 병사들이 하룻밤 사이에 거둔 승리

1911년 10월 10일(선통 3년 8월 9일), 무창의 혁명적 병사들이 하룻밤 사이에 봉기를 성공시키고 청 왕조의 조종을 울렸다.

무한의 공진회와 문학사는 봉기를 발동하기 위해 사전에 협의했으나 그리 순조롭지는 못했다. 두 조직은 누가 봉기를 주도할 것인지를 두고 의견의 일치를 보기가 어려웠다.[1]

몇 달 동안의 협상을 거쳐 두 조직은 선통 3년 7월(1911년 8월)에 합병하기로 결정했다. 8월 3일(양력 9월 24일)의 1차 합동회의에서는 양쪽의 책임자와 각 표와 영의 대표 60여 명이 참가하여 봉기계획을 토론 확정하고 군사와 정치 방면의 책임자를 선발했다. 장익무가 혁명군 총지휘(일설에는 명칭이 임시총사령이었다고 한다), 손무(孫武)가 참모장으로 추대되었다. 정치 방면에서는 유공(劉公)이 "총리"로 추대되었다. 유공과 손무는 공진회의 무한지역

---

1 이춘훤(李春萱), 「신해수의기사본말(辛亥首義紀事本末)」, 『신해수의회억록(辛亥首義回憶錄)』 제2집, 중국인민정치협상회의 호북성위원회 편, 호북인민출판사 1957년 판, 126쪽을 보라.

주요 지도자였다.

봉기는 계획대로 진행되지 않았고 예정된 지도기구의 영도 아래 진행되지도 않았다.

처음에 정해진 봉기 날짜는 8월 15일(10월 6일)이었다. 준비가 부족하여 봉기 날짜는 8월 20일(10월 11일)로 연기되었으나 정보가 새어나가 관부가 경계를 강화했다.

8월 18일(10월 9일), 손무가 한구의 러시아 조계 내에 있는 비밀장소에서 폭탄을 제조하다가 실수로 폭탄이 폭발했다. 부상을 입은 손무와 현장에 있던 사람들은 도피하였으나 러시아 경찰이 폭발음을 듣고 조사하든 중에 조직의 문서를 찾아냈다. 이 비밀장소에 인접해 있던 유공의 집도 조계 경찰의 수색을 받았다. 유공은 도피했으나 그의 아내와 동생, 그리고 몇 사람이 체포되었다. 조계 경찰은 압수한 문서와 체포된 사람들을 즉시 청 관부에 넘겼다. 무한의 봉기 지도기관에 있던 장익무와 그밖에 군사행동을 책임진 사람들은 당일로 이 소식을 듣고 대비했다. 지도기관은 빨리 움직이지 않으면 앉아서 죽음을 맞게 될 것이라 판단하고 각 표와 영의 동지들에게 당일 밤 12시에 중화문(中和門) 밖에서 포성이 들리면 봉기하라고 통지했다. 그러나 중화문 밖에 주둔한 포병부대에는 명령이 전달되지 않았다. 포성은 울리지 않았고 봉기도 일어나지 않았다. 이날 밤 장익무가 있던 지휘기관은 군경의 습격을 받았다. 장익무와 기타 몇 명은 달아났으나 많은 사람들이 체포되었다. 체포된 사람들 중에서 문학사 사원 유요징, 팽초번(彭楚藩), 양굉승(楊宏勝) 세 사람은 그날 밤으로 심문을 받았으나 뜻을 굽히지 않았고 다음날 새벽에 처형되었다. 그러나 체포된 사람들 가운데서 그 자리에서 변절한 사람도 나왔다. 관부는 압수한 문서와 변절자들의 자백을 통해 혁명조직의 전모를 파악했다. 호광총독 서징은 계엄을 선포하고 비교적 신뢰할 수 있는 순방영, 수위대(守衛隊), 교련대(敎練隊)를 동원하여 체포 작전에 나섰다. 무창과 한구의 혁명당 기관은 모두 수색을 당했고 30여 명이 체포되었다. 압수한 명단으로부터 다수의 신군 병사가 혁명당에 가담한 사실을 알게 된 서징은 신군 부대의 출입문을 봉쇄하고 병사들로부터 무기와 탄약 일체를 회수한 뒤 각 표와 영의 지휘관들에게 가담자 색출을 명령했다.

서징은 19일에 조정에 보낸 보고서에서 다음과 같이 말했다. "다행히도 사전에 발각했기 때문에 즉시 진압할 수 있었습니다."[2] 그러나 지도부를 상실한 혁명병사들이 예상 밖에 그날 밤 무창성 안팎에서 자발적으로 봉기하기 시작했다.

장표가 통솔하던 제8진과 여원홍이 통솔하던 제21혼성협의 병력은 도합 1만 8천여 명이었다. 이 무렵 일부 병력은 단방의 지휘 하에 보로회의 폭동을 진압하기 위해 사천으로 파견되어 있었고 또 일부 병력은 한구와 한양 등지에 분산 배치되어 있었다. 무창에 남아 있던 병력은 14개 영으로서 성 내외에 약 7천 명이 분산 주둔하고 있었다. 그중에서 문학사 등의 조직에 참가한 병사가 약 1/3이었다.

19일 저녁, 중화문 내에 주둔하고 있던 제8진 소속의 공병 제8영의 막사 안에서 병사들이 쿠데타를 일으켰다. 공병 제8영에는 혁명조직에 참가한 병사가 비교적 많았다. 이들은 웅병곤(熊秉坤)이 중심이 되어 동료 병사들을 동원했다. 병사들은 막사 안에 있던 탄약을 탈취하고 초망대(楚望臺)로 달려갔다. 초망대에는 총포와 탄약이 저장된 병기고가 있었다. 병기고를 지키던 병사들도 이들에게 동조했다. 혁명에 반대하던 장교들은 달아났고 병기고는 쉽게 병사들에게 점령되었다. 봉기에 참가한 병사는 3백여 명이었고 그중 다수는 원래 혁명조직에 참가하지 않았던 사람들이었다. 웅병곤은 혁명조직 내에서는 영을 대표하는 직위를 갖고 있었으나 사태를 장악

---

2   『신해혁명자료』 제5책. 290쪽.

할 수 없었다. 병사 한 사람이 사변이 발생했을 때 숨어버렸던 대관(隊官)(연장[連長], 즉 중대장에 상당-역자 주) 오조린(吳兆麟)을 찾아냈다. 오조린은 일지회의 간사를 맡았던 적이 있었으나 이후로는 어떤 혁명조직에도 가담하지 않았다. 웅병곤 등은 장교 한 사람에게 지휘를 요청하자는 다수 병사들의 요구를 따르지 않을 수 없었다. 이렇게 해서 오조린이 봉기군의 지휘자가 되었다. 오조린은 일부 병력에게 부근에 주둔하고 있던 혁명에 적대적인 부대를 경계하게 하는 한편 혁명에 참가할 수 있는 부대에 연락하였다. 공병부대, 군수부대, 육군 측량학교의 수백 명이 즉각 호응해왔다. 특히 포병부대의 병사들이 대포 3문을 끌고 와 봉기에 참가하자 봉기군의 사기가 크게 높아졌다.[3]

그날 자정, 집결한 봉기군은 양광총독의 관서를 향해 진격하기 시작했다. 초망대에서 포성이 울린 후 무창 신군의 각 표와 영에서 더 많은 병사들이 봉기에 참가했다. 날이 밝을 무렵 봉기군에 참가한 병력은 약 2천여 명이 되었다. 신군의 영급 이상 지휘관 대부분은 자신이 지휘하던 부대가 불온한 기색을 보이자 목숨을 보전하기 위해 부대를 버리고 피신했다. 제21혼성협의 통령 여원홍은 처음에는 진압을 시도하였으나 이미 부대를 통제할 수 없는 상황임을 알아차리고 한 참모의 집에 피신했다. 봉기 병사들은 총독 관서 부근에 불을 지르고 불길을 신호로 하여 총독 관서를 포격했다. 호광총독 서징과 독판공소 총판(督辦公所 總辦) 철충(鐵忠) 등 관리들은 가족과 귀중품을 챙겨 장강 위에 정박하고 있던 군함으로 달아났다. 제8진 통제 겸 순방영 제독 장표는 여전히 사령부를 지키며 완강하게 저항했다(제

---

3 공병 제8영 봉기의 구체적 상황에 관해서는 여러 가지 설이 있다. 여기서는 웅병곤(熊秉坤)의 「신해수의공정영발난개술(辛亥首義工程營發難槪述)」을 근거로 하였다. 『신해수의회억록』 제1집을 보라.

8진 사령부와 총독 관서는 인접해 있었다). 봉기 병사들은 세 차례 반복된 공격을 통해 마침내 날이 밝기 전에 총독 관서와 제8진 사령부를 점령했다. 무창을 빠져나온 장표는 강을 건너 한구로 달아났다.

하룻밤이 지난 8월 20일(10월 11일) 새벽에 무창은 봉기군 병사들에게 장악되었다.

그러나 승리한 병사들에게는 강력한 지도자가 없었다. 동맹회의 영수들은 국외에 있거나 혹은 상해, 혹은 홍콩에 있었다. 이번 봉기를 발동한 문학사와 공진회의 일부 우두머리들은 현장에 있지 않았다. 장익무, 유공, 손무는 모두 며칠이 지나서야 얼굴을 내밀었다.

수년 동안 전국 각지에서 혁명당파가 선전과 조직 활동을 끈질기게 벌이지 않았더라면 10월 10일[4]의 무창 봉기는 없었을 것이다. 그러나 하룻밤 사이의 승리는 무창의 혁명병사들의 적극성과 자발성이 없었더라면 불가능했을 것이다. 병사들은 독립적으로 승리를 획득했다. 이 승리를 지켜내기 위해서 병사들은 더 많은 시련과 시험을 거쳐야 했다.

신정권의 성립과 그 변천

당시 혁명병사들의 마음속에는 한 가지 분명한 희망이 있었다. 그것은 혁명으로 새로운 정권을 만들어 청 왕조의 통치를 대체한다는 것이었다. 이제 호북성의 수도 무창을 탈취했으니 청 왕조로부터 "독립"을 선포하고 호북성 정권을 수립한 후 기타 성의 호응을 촉진하여 청 왕조 통치 전체를 무너뜨리고 중화민국을 수립하는 것이 다음 목표였다. 혁명병사들이 당

---

4   이후의 날짜 표시는 양력을 위주로 한다.

면한 과제는 호북 정권의 수립이었다.

참모의 집에 숨었던 제21혼성협 통령 여원홍은 11일 새벽에 병사들에게 발각되었다. 병사들은 그를 강제로 초망대로 데려왔다. 초망대에서 지휘를 맡고 있던 오조린은 상관에 대한 예의를 갖추어 그를 영접했다. 그날 오후 혁명병사 중에서 핵심분자들이 자의국에서 회의를 열고 신정부 건립문제를 논의했다. 여원홍은 병사들의 총구에 밀려 회의장에 도착했다. 자의국 의장 탕화룡, 부의장 장국용(張國容)과 하수강(夏壽康), 비서장 석산엄(石山儼)과 그 밖의 몇몇 의원도 병사들의 재촉을 받고 할 수없이 회의장에 나타났다. 탕화룡이 회의의 사회자로 추대되었다. 이 입헌파 유지는 방금 전장에서 돌아 온 병사들 앞에서 혁명을 지지하지 않을 수 없었다. 이 회의에서 오조린이 여원홍을 호북군정부(軍政府) 도독(都督)으로 추대하자는 제안을 내놓았다. 그의 제안은 자의국 신사들의 지지를 받았고 현장에 있던 병사들도 찬성했다.

여원홍(1864-1928)은 호북 황피(黃陂)현 출신으로서 북양수사학당을 졸업하고 이홍장의 북양해군에서 복무했다. 북양해군이 갑오전쟁으로 붕괴된 후 그는 장지동의 부하가 되었다. 장지동에게 인정을 받은 그는 일본으로 파견되어 공부했고 1905년에 제21혼성협이 편성될 때는 장지동에 의해 이 부대의 협통(協統)으로 발탁되었다. 그는 혁명운동과는 아무런 관련이 없었을 뿐만 아니라 혁명을 적대시하던 구식 군인이었다.

봉기에 참가했던 혁명당파 사람들의 회고록을 보면 봉기에 참가했던 부대 중에서 "비혁명분자이면서 임시로 혁명에 동정적인 인물이 다수를 차지했고," "자의국에서 회의를 열고 도독을 추대할 때 새로 참가한 사람이 혁명당파 사람들보다 많았다"[5]고 하였으니 여원홍이 무대의 전면에 나설 수

---

5 이춘원, 「신해수의기사본말」, 『신해수의회억록』 제2집, 159쪽.

있는 좋은 기회였음이 분명하다. 다수의 혁명병사들은 정부를 수립하자면 여원홍 같은 지위가 높은 사람이 있어야 모양이 갖추어진다고 판단했다. 혁명당과 사람들도 이런 낡은 세력의 습관을 벗어나지 못했다. 뿐만 아니라 공진회와 문학사는 합병했다고는 하나 파벌 소속감은 여전히 남아있었고 그들 사이에서 공인된 지도자는 없었다.

도독을 선출한 다음날인 10월 12일에 자의국에서 다시 회의가 열렸다. 이 회의에서 군정부 산하의 4개 부서의 인선이 결정되었는데 탕화룡이 민정부장에 취임요청을 받았다.

도독에 추대된 여원홍은 난감한 처지에 빠졌다. 그는 병사들에 의해 사실상 자의국 안에 연금된 상태에 있었다(도독부는 자의국 안에 설치되었다). 그는 목숨을 잃을지도 모른다는 두려움을 갖고 있었다. 반란에 동조했다는 죄명으로 청 정부에 의해 머리가 잘리든지, 아니면 혁명에 순종하지 않는다는 혐의로 병사들에 의해 머리가 잘리든지, 어느 쪽이든 목숨이 위태롭기는 마찬가지였다. 그는 아무 말도 하지 않는 방법을 택했다. 그는 도독 취임을 거부하지도 않았고 그의 이름으로 발표되는 여러 문건에 대해서 어떤 의견도 내놓지 않았다.

여원홍이 도독으로 추대된 그날 참모부도 구성되었다. 참모부는 군정부가 수립된 후 1주일 이내에 작동한 유일한 기구였다. 당시에 정부조직에 관한 규정은 아무것도 없었고 참모부의 업무는 자발적으로 참여한 적극분자들이 맡았다. 일부 신해혁명 참가자들의 회고록에 따르면 군정부 안에는 모략처(謀略處)라는 기구가 있어서 군정부의 일체의 큰일을 결정하는 핵심적인 역할을 했다고 한다. 그러나 자료를 조사해보면 모략처라고 하는 기구는 존재하지 않았고 모략처를 구성했다고 하는 10여 명[6]은 사실은 참모부

---

6   당시 사람이 남긴 기록과 회고록에 따르면 모략처 구성원의 명단은 대체로 일치하나 한

내부의 적극 활동분자였다. 모략처의 중심인물이라고 알려진 채제민(蔡濟民)(1887-1919)은 신군 중의 배장(排長. 소대장에 상당-역자 주)이었고 일지회와 문학사의 사원이었다. 10월 10일 밤 봉기에서 그는 29표 중의 혁명병사의 우두머리였다. 그밖에 모략처 소속이었다고 알려진 인물들 가운데서 신분이 확인되는 사람은 몇 사람의 배장을 제외하고는 모두가 사병이었다. 그들은 문학사와 공진회의 회원이자 첫날 밤 봉기에서 핵심역할을 한 사람들이었다. 그들은 모두가 정치경험이 없는 20여세의 청년들이었다. 요컨대, 그들은 특수한 역사 환경 하에서 특수한 역할을 한 것이다. 그 무렵 혁명의 싹은 막 머리를 내민 형편이었고 이 싹이 제대로 성장할지는 여원홍으로 대표되는 구시대 관료나 군인, 탕화룡으로 대표되는 입헌파 유력인사는 물론 심지어 혁명파 중의 지도인물들도 확신이 없었다. 당시에 어린 싹을 키워내야 하는 임무는 나이어린 혁명병사들의 손에 떨어졌다. 그들은 뜻하지 않게 혁명정권을 장악하게 되었고 가장 어려운 단계에서 혁명의 싹을 키우기 시작했다.

무창이 광복되었다. 봉기 당일 밤에 행동에 참가하지 않은 신군의 병사들도 혁명에 참가했다. 그러나 장강에는 청 왕조의 군함 3척(달아난 호광총독 서징은 이 군함 위에 있었다)이 떠있었고 한구 방면에는 장표와 그의 나머지 부대가 진을 치고 있었으며 무창성 내외에는 아직도 반혁명 병력이 잠복하고 있었다. 11일 오후, 사산(蛇山)에 숨어있던 제30표의 만주족 병사 백여 명이 혁명에 반대하는 장교의 지휘 하에 불시에 자의국을 습격했다. 이들은

두 사람만 차이가 있다. 신뢰할 수 있는 기록들을 비교검토하면 다음과 같이 12인의 명단이 나온다 : 채제민, 장정보(張廷輔), 오성한(吳醒漢), 고상지(高尚志), 채대보(蔡大輔), 서달명(徐達明), 왕문금(王文錦), 진굉호(陳宏浩), 사석흠(謝石欽), 등옥린(鄧玉麟), 왕헌장(王憲章), 모홍훈(牟鴻勛). 여러 기록들이 도합 15명이라고 하면서도 15명 전체의 명단을 제시한 기록은 없다.

혁명병사들에 의해 즉시 섬멸되었지만 무창의 형세가 안정되지 않은 것만은 사실이었다. 다음 날, 청군이 곧 대규모로 반격해올 것이란 소문이 돌아 성 안은 혼란에 빠졌다. 군정부 내에서도 몰래 빠져나가는 인원들이 나왔다. 이런 상황에서 군정부의 실제 핵심인사들이 중요한 역할을 했다. 그들은 무창에 분산돼 있던 반혁명 세력을 진압하는 한편 13일에는 포병 진지를 설치하고 장강에 떠있던 3척의 청 왕조 군함을 포격해 멀리 쫓아버렸다. 이 무렵 한양과 한구에서는 그곳에 주둔한 혁명병사들이 봉기하여 점령했다. 한양에서는 막 출옥한 이아동(李亞東)이 지부(知府)에 취임했다. 이아동은 일지회 위원이었고 1906년에 체포되었다. 한구에는 군정부의 분부(分府)가 설치되었고 막 출옥한 첨대비와 하해명이 각기 정·부 주임을 맡았다. 3개 영의 병력만 남은 장표는 한구 교외의 유가묘(劉家廟)로 후퇴했다.

무한 이외의 호북 각지에서도 봉기가 일어나기 시작했다. 경산(京山), 천문(天門), 한천(漢川), 황주(黃州), 기춘(蘄春), 의창 등지에서 13일과 15일 사이에 혁명당파가 잇따라 광복을 선포했다. 무한의 양 날개라고 할 장강의 상·하류가 모두 확보되었다.

군정부는 군대를 확충하기로 결정하고 4개 협을 편성했다. 무한과 인근에서 혁명군에 참가하려는 사람들이 줄을 이어 5일 만에 정원을 채웠다. 신군의 병사들은 새로 편성된 4개 협의 각급 장교가 되었다. 4개 협의 협통은 오조린, 두석균(杜錫鈞)(원래 제30표의 영장이었으나 봉기 후에 혁명군에 투항했다), 임익지(林翼支)(원래 12표의 병사, 문학사 사원), 장정보(張廷輔)(원래 30표의 배장의 한 사람, 문학사 사원)였다. 4개 협이 편성된 후 곧 이어 제5협이 편성되었고 협통은 무창 봉기를 발동한 공병 제8영의 혁명병사 대표 웅병곤이 맡았다.

구식 관서가 철폐되자 대중이 환호했다. 신생 정부와 군대는 새로운 기상을 보여주었다. 잡세의 폐지가 선포되었다. 장교와 군정부의 사무요원은 일률적으로 매월 "거마비" 20 위안만 받았고, 병사에 대한 대우는 조금 나아져 한 사람당 매월 10위안을 지급했다.[7] 군대의 기율은 매우 엄격하게 지켜졌다. 사회에는 평등의 공기가 흘러 "대인," "나리" 등의 호칭이 사라지고 가마를 타는 것은 금지되었다. 한양의 병기창은 정상적으로 가동되었고 노동자들은 적극적으로 무기와 기계를 생산하여 군과 민간에 공급했다. 상인단체는 군정부를 대신하여 경비를 모금했다.

군정부는 군사적으로는 주도적인 방침을 제시할 수 없었다. 청 정부가 파견한 반란 토벌부대의 선발대가 무창 봉기 후 1주일 만에 한구 부근에 도착했다. 군정부는 민군(民軍)을 조직하여 맞섰다. 새로 편성된 군대는 제대로 훈련받지 못했지만 용감하게 싸웠고 특히 농민과 철도노동자의 지지를 받았다. 10월 19일, 적은 한구에서 40리 떨어진 섭구(灄口) 이북으로 밀려났다. 초전의 승리는 무한의 시민과 군대를 크게 고무시켰다.

무한의 군정부가 자리를 잡아가자 원래 신군 중의 비교적 고급 장교들이 혁명정부에 협조하기 시작했다. 여원홍과 관계가 있던 관료와 정객들도 달려 나오기 시작했다. 그들은 여원홍을 둘러싸고 좋지 않은 생각을 주입시켰다.

혁명당 쪽에서도 일부 지도적인 인물들이 나왔지만 일반적으로 긍정적인 역할을 하지는 못했다. 장익무는 도피하다가 무한으로 돌아왔다. 당시 그와 접촉한 인물의 회고록에 따르면, 그는 여원홍이 도독이 될까 염려한 게 아니라 여원홍이 도독 자리를 거부할까 염려했다.[8] 거정(居正)이 상해로부터 왔는데, 그는 동맹회 회원이자 공진회의 지도적 인물이었다. 동맹회원 담인봉(譚人鳳)도 상해로부터 왔다. 이들은 모두 혁명당의 저명인사였다. 이들

7   『신해혁명자료』 제5책, 157쪽.
8   장난선(張難先), 『호북혁명지지록(湖北革命知之錄)』, 상무인서관 1946년 판, 274쪽.

은 무한에 도착하자 곧 탕화룡 같은 부류의 인사들과 어울렸다. 유공과 손무도 이어서 무한에 도착했다. 이들은 모두 여원홍의 도독 추대를 적절한 것으로 받아들였고 한 결 같이 여원홍의 도독 수락 여부를 혁명의 성패의 관건인 것처럼 인식했다.

여원홍은 점차로 "적극성'을 띠기 시작했다. 거정 등이 주장하여 10월 16일에 여원홍의 도독 취임을 황제(黃帝)에게 고하는 제사 겸 도독에게 충성을 맹세하는 열병식이 열렸다. 이 의식을 통해 혁명당파 사람들은 여원홍이 진정으로 도독의 역할을 하리라 믿고 안심했다.

새로 편제된 조직 조례에 따라 성립된 군정부는 도독부라고 불렀다. 도독은 군정부의 수장으로서 매우 큰 권한을 부여받았다. 도독부에는 사령부, 군무부, 참모부, 정무부 등 4개 부서를 두었고 사령부 총장은 도독이 겸임했다. 정무부와 그 산하의 7개 국은 입헌파 지방유지들이 완전히 장악했고, 참모부의 정·부 부장은 구식 군대의 장교였으며, 오직 군무부만 혁명당파 사람들이 장악했다.

입헌파 유지들이 적극적으로 움직이기 시작했다. 혁명에 끼어든 구세력 전부가 적극적으로 나서기 시작했다. 혁명병사들의 대표가 참모부를 통해 사실상 정권을 장악했던 시기는 잠시 만에(1주일) 지나갔다. 이 한 주일 동안에 참모부의 적극적인 활동분자들은 일반적으로 무창 군정부에서 중요한 역할을 맡지 못했다. 그들 중 일부는 계속 군에 남아 활동하다가 민국 초년에 원세개 또는 여원홍에 의해 직접적으로 또는 간접적으로 살해되었다.

호북성 군정부는 10월 26일에 다시 한 번 개편되었다. 이날 공포된 '군정부개정잠행조례(軍政府改訂暫行條例)'[9]에는 한 가지 특이한 점이 있었다.

---

9   호조순(胡租舜), 『무창개국실록』 상책, 1948년 간본, 46쪽.

조례에 따르면 군정부 도독의 "수하"로서 약간 명의 계사원(稽查員. 조사원)을 두되 이들 계사원은 도독이 임의로 임명하지 못하고 "봉기자들의 추대를 거쳐 도독에게 임명을 제청"하도록 되어 있었다. 이 계사원 제도를 기초로 하여 얼마가지 않아 총감찰처가 설치되었다. 총감찰처에는 총감찰 1인을 두고 그 아래에 계사와 참의(參議) 두 부를 두었다. 총감찰처 설치 임시규정[10] 은 다음과 같았다. "총감찰은 처음에 봉기를 조직한 기관의 여러 사람이 공동으로 추대한 후 대총통에게 직접 임명하도록 제청한다. 계사, 참의 2 부의 인원도 처음에 봉기를 조직한 기관의 사람들이 공동으로 추천한 후 총감찰이 전국 대총통에게 임명을 위임해 줄 것을 제청한다." 총감찰처의 직무에 관해서는 다음과 같은 규정이 있었다. "본 처는 전국 대총통의 명을 받들어 호북 군정부 각 부의 인사와 행정을 감찰하기 위해 설치한다." "본 처는 군정부 전체를 감찰하는 권한을 가지며, 도독이 직책을 임명할 때는 대총통의 재가를 받아야 한다." 여기서 말하는 대총통이란 전국 대총통인데 당시에는 아직 전국적인 정권이 없었다. 조례 가운데 이런 규정을 둔 이유는 총감찰처의 지위가 매우 높다는 점을 밝히기 위해서였다. 규정에 따르면 총감찰처는 도독이 임명하는 것이 아니라 총감찰처가 도독의 일에 간섭할 권한을 갖고 있었다. 또한 조례에는 호북군정부 각 부의 정·부 부장은 모두 감찰처의 "토론과 추천"을 거친 후 "도독에게 임명을 제청"하도록 되어 있었다.

'군정부개정잠행조례'에서 계사원 제도를 규정하고 나아가 총감찰처를 설치한 이유는 혁명당파가 볼 때 도독 여원홍의 권력이 너무 컸기 때문이었다. 그들은 "처음에 봉기를 조직한 기관의 여러 사람"의 자격으로 도독과 군정부를 감찰할 수 있는 지위를 확보하고자 했다. 총감찰처가 설치되고 공진

---

10 상동.

회의 영수의 한 사람인 유공이 총감찰을 맡았다. 그러나 총감찰처는 조례에서 정한 기능을 제대로 할 수 가 없었다. 사실상 총감찰처는 이름뿐인 기관으로서 정권과 군권이 점차로 여원홍을 우두머리로 하는 구세력의 수중에 떨어지는 것을 막을 수 없었다.

반혁명 세력의 중심인물이 된 원세개

무창 봉기가 승리한 12일 후인 10월 22일(음력 9월 초하루)에 호남과 섬서 두 성의 수도에서 봉기가 발생하고 청 정부를 향해 독립을 선포했다. 봉기의 물결은 1개월 이내에 강서, 산서, 운남, 귀주, 절강, 강소, 안휘, 광서, 복건, 광동 등의 성과 특수 지위를 가진 상해 같은 도시를 휩쓸었고 이보다 조금 뒤에는 사천에서도 독립의 깃발이 올랐다. 이 기간 동안 장강 중하류 지역에 집중된 청 정부의 해군 함정에서도 중하급 장교들이 주도하여 모두가 혁명군에 가담했다. 각 성의 봉기와 독립의 경과는 매우 복잡하지만(복잡한 상황에 대해서는 다음 장에서 상술할 것이다) 총체적으로 말하자면 청 왕조의 통치가 부정되었다.

무창 봉기로 조성된 위기와 혼란에 대응하기 위해 북경의 조정은 황급히 연속적인 조처와 명령을 내놓았지만 뒤의 조처가 앞의 조처를 뒤엎고 나중에 나온 명령이 먼저 나온 명령을 부정하는 모순이 되풀이 되었다. 이러한 상황은 마지막 날을 맞이한 청 왕조가 완전히 피동적인 국면에 처했음을 분명하게 보여주었다.

10월 12일(8월 21일), 조정은 북양 6진 중에서 두 개 진을 빼내 육군대신 음창(蔭昌)의 통솔 하에 "호북토벌군"[11]으로 보냈다. 바로 이틀 뒤인 10월 14일에는 "호광총독에 원세개를 임명하여 토벌에 관한 일을 감독하게 하

라"는 칙령이 내렸다.[12]

무창의 신군이 하룻밤 사이에 거의 전부가 반란에 가담한 것은 다른 성의 신군도 같은 행동을 할 수 있음을 보여주는 위험한 신호였다. 수도권의 북양 6진은 청 조정이 가장 신뢰하는 병력이었지만 또한 원세개의 잠재적인 영향력이 가장 큰 군대이기도 했다. 뿐만 아니라 원세개는 각 성의 총독과 순무, 그리고 입헌파 유지들 사이에서도 큰 영향력을 갖고 있었다. 따라서 조정 내에서는 즉시 원세개를 기용하자는 주장이 나왔다. 섭정왕 재풍은 원세개를 의심했지만 황족내각의 총리 혁광은 다년간 원세개로부터 뇌물을 받아왔기에 그를 적극적으로 지지했다. 혁광이 원세개를 지지하는 또 다른 중요한 논거는 "동교민항(당시 북경의 외국 공사관 구역-저자 주)에서도 원세개가 아니면 사태를 수습할 수 없다는 주장이 파다하게 퍼져있다"[13]는 것이었다. 다시 말해 원세개만이 제국주의의 신임을 받는 인물이란 뜻이었다.

하남 창덕에 "은거"하고 있던 원세개는 "발병"이 아직 낫지 않았다는 이유로 호광총독 취임을 거절했다. 이 무렵 음창이 통솔하여 남하한 군대는 제4진과 제5진을 주력으로 하여 두 부대로 나뉘어 편성되었는데, 음창이 제1군 통령을 겸했고 제2군 통령은 풍국장(馮國璋)이었다. 풍국장은 원세개가 직접 발탁한 측근이었다. 풍국장은 원세개의 비밀 지시에 따라 일부러 군대를 느리게 움직였다. 원세개의 계획은 청 조정이 혁명의 불길에 더 많이 노출되어 어쩔 수없이 자신에게 더 많은 권한을 주도록 하는 것이었다. 조정은 10월 20일(8월29일)에 원세개의 오랜 친구이자 내각 협리대신(協理大

---

11 『신해혁명자료』 제8책, 293, 294쪽.
12 상동.
13 장국감(張國淦), 『신해혁명사료』. 용문(龍門)연합서점 1958년 판, 108쪽.

臣)인 서세창을 창덕으로 보내 원세개의 등단을 독촉했다. 원세개는 6가지 조건을 제시했는데, 기본 내용은 전방 군사지휘의 전권을 자신에게 주고 나아가 책임내각을 구성하라는 것이었다. 이는 사실상 자신이 내각의 수뇌가 되겠다는 뜻이었다.

청 조정은 한 발짝씩 원세개의 요구에 말려들지 않을 수 없었다. 원세개는 북양군 가운데서 자신이 신임하는 장군이자 당시 강북제독(江北提督)이던 단기서를 호북으로 불러 풍국장을 제1군 통령으로 옮기고 단기서를 제2군 통령에 임명했다. 이어서 10월 27일에 조정은 음창을 소환하고 원세개를 흠차대신에 임명하여 그가 수륙 각 군을 통솔하게 했다.

이때 원세개는 여전히 창덕에 머물면서 얼굴을 내밀지 않았다. 그러나 그의 지시에 따라 풍국장의 제1군이 한구를 향해 맹렬한 공격을 퍼부었다. 혁명군 쪽에서 전선 총지휘로 임명한 장경량(張景良)은 잘못된 선택이었다. 그는 원래 제29표의 표통을 맡았던 구식 장교로서 전투를 겁내 풍국장과 내통하였다. 풍국장은 10월 28일에 한구의 대지문(大智門) 기차역을 신속하게 점령했다. 한구 군정분부의 첨대비가 장경량을 즉결처분했다. 황흥은 29일에 무창에 도착하여 총사령의 직책을 맡았으나 그 또한 민군의 불리한 형세를 만회할 수가 없었다. 11월 1일(9월 11일)에 북양군이 한구를 완전히 점령했고 민군은 한양으로 물러났다. 원세개가 한구를 공격한 목적은 청 정부에게는 자신이 아니면 국면을 수습할 수 없다는 점을 증명해보이고 또한 민군 진영에는 자신의 역량을 한번 보여주는 것이었다.

북경 조정은 즉시 헌정을 실시함으로써 혁명의 위기를 벗어나고자 했다. 10월 30일(9월 초 아흐레), 여섯 살 어린 황제의 이름으로 황제의 잘못을 자인하는 조서가 발표되었다. 같은 날, "정당 활동 금지를 속히 해제하여 관대함을 보여주고 민심을 안정시키라"는 자정원의 청원을 근거로 하여 "무술년 이후 정변으로 인해 처벌받은 자, 정치혁명에 연루된 혐의가 두려워 달아나 숨은 자, 그리고 협박 때문에 이번의 반란에 참가하게 된 자의 기왕의 잘못을 모두 사면한다"는 포고가 나왔다. 11월 1일(9월 11일), 조정은 경친왕 혁광이 중심이 된 내각의 해산을 선포하고 원세개를 내각총리대신으로 임명하는 한편 그에게 "즉시 상경하여 내각을 구성하고 조속히 정치개량에 관한 일체의 사무를 준비하라"는 명령을 내렸다. 그러면서도 호북에 파견한 군대의 지휘는 여전히 원세개가 맡았다.[14]

원세개가 제시한 조건은 모두 실현되었다. 그는 10월 31일에 창덕을 출발하여 신양(信陽)으로 가 군대를 격려한 다음 한구에 도착했다. 그러나 그는 조정의 명령에도 불구하고 상경을 서두르지 않았을 뿐만 아니라 총리대신 임명에 대해서도 "사양"의 뜻을 표시했다. 그는 우선 혁명진영을 탐색해볼 생각이었다. 그는 혁명의 위기를 이용해 청 정부로부터 권력을 받아냈고 다른 한편으로는 혁명진영 내부에서 자기편 인물을 찾아내 혁명을 조종하려 했다. 그는 조정에 군대의 동원을 멈출 것을 제안하고, 동시에 여원홍에게는 사람을 보내 사태를 "평화적으로 해결"하자고 제안하는 한편 혁명당파가 입헌군주제를 수용하라고 요구했다. 여원홍은 청 황제가 자리를 유지하는 입헌군주제는 찬성할 수 없으며 오히려 원세개가 공화제를 지지하기를 바란다고 밝혔다. 여원홍은 자신과 "동지들"의 명의로 원세개에게 보낸 서신에서, 청 왕조를 계속 지지하는 것보다 공화제를 지지하는 것이 원세개 자신을 위해서 보다 유리할 것이라고 설득하면서 다음과 같이 말했다. "장래에 민국의 총통을 선거할 때에 첫 번째 중화공화국의 대총통의 자리는 공이 조용히 차지하기란 어렵지 않을 것이다."[15]

이 무렵, 옥중에서 청 왕조의 숙친왕에게 매수되었던 왕정위는 출옥

---

14 『신해혁명자료』 제8책. 336쪽.
15 이 서신의 발송일자는 분명하지 않다. 장국감 편, 『신해혁명사료』, 281쪽을 보라.

후에 곧바로 원세개의 아들 원극정(袁克定)에게 매수되었다. 왕정위는 무창 쪽에 보낸 서신에서, 원세개는 청 왕조에 충성하지 않으며 남방혁명당이 원세개를 공화국의 초대 총통으로 추대해준다면 그가 혁명당과 행동을 같이 할 것이라고 말했다. 무창에 있던 황흥도 원세개에게 보낸 서신에서, 청 왕조를 무너뜨리는 사업에 함께 해주기를 바라며 그렇게 한다면 나폴레옹이나 워싱턴 같은 인물이 될 수 있을 것이라고 말했다.

원세개가 무창 정부에 제안한 평화적 해결은 즉각적인 효과를 내지는 못했지만 원세개는 혁명진영 내부의 정치적 맥박을 짚어볼 수 있었다.

자정원의 청원에 따라 조정은 11월 3일(9월 13일)에 '헌법신조19조(憲法信條19條)'를 공포하였다. "19조"의 주요 내용은 다음과 같았다. 국호는 "대청제국(大淸帝國)"으로 한다, "황통은 만세불변이다," "황제는 신성불가침"이지만 "황제의 권한은 헌법이 정한 제약을 받는다," 국회를 설치하며, "총리대신은 국회의 추천으로 황제가 임명하고 기타 국무대신은 총리대신이 추천하여 황제가 임명한다," "황족은 총리대신이나 국무대신 또는 성장이 될 수 없다."[16] 이러한 헌법 요강은 민주공화를 주장하는 혁명 조류를 멈추게 할 수는 없었지만 원세개에게는 유리한 것이었다. 이 헌법 요강은 원세개가 전권을 가진 총리대신으로서 자신을 수뇌로 하는 내각을 구성할 수 있는 합법적 근거가 될 수 있었다. 또한 "19조"는 국회가 설치되기 전까지는 자정원이 국회의 직권을 대행한다고 규정하고 있었다. 자정원은 11월 9일에 회의를 열고 원세개를 총리대신으로 선출했다. 원세개는 더는 사양하지 않았다. 그는 11월 13일(9월23일)에 한구를 출발하여 북경에 도착했다. 3일 후에 그는 내각을 구성했는데, 자신의 측근인 구 관료 이외에 저명한 입헌파와 사회명사들이 포함되어 있었다.

---

16 『신해혁명자료』 제8책, 340-341쪽.

원세개가 권력의 핵심으로 빠르게 부상할 수 있었던 데는 제국주의 열강의 지지가 큰 역할을 했다.

10월 12일, 무창 봉기 성공 후에 새로 수립된 정권은 "중화민국 군정부 악(鄂. 호북)군통수"의 이름으로 각국의 한구 주재 영사들에게 외교각서를 보냈다. 각서는 다음과 같이 천명했다. "청국이 이전에 각국과 체결한 조약은 모두 효력을 유지한다," "각국이 청 정부를 도와 군정부를 방해한다면 적으로 간주될 것이다," "이 각서가 전달된 이후로 청 정부와 각국이 체결하는 조약에 대해서는 군정부는 그 종류를 불문하고 효력을 인정하지 않는다."[17] 각서의 내용은 동맹회가 초기에 기관지 《민보》를 통해 밝힌 "대외선언"의 내용과 같았다(제21장 동맹회의 성립과 그 강령을 보라). 혁명파는 혁명 군정부가 이런 선언을 발표하면 각국이 혁명을 동정하거나 혁명정부를 "승인"해 줄 것으로 생각했지만 무창 봉기 직후의 몇몇 사건들을 보면 이런 희망은 환상에 불과함이 증명되었다.

무창 봉기 후에 러시아의 북경주재 공사는 즉각 한구에 주재하는 영사에게 다음과 같이 통지했다. "혁명당 쪽에서 어떤 정식 선언이 있더라도 답변을 거부할 것."[18] 영국의 북경 주재 공사도 한구 주재 영사에게 "혁명당 지도부와 일체의 문서 왕래를 하지말라"는 지시를 내렸다.[19] 10월 18일, 한구에 주재하는 영국·러시아·프랑스·독일·일본 5개국 영사(이 5개국은 당시 한구에 "조계"를 갖고 있었다)는 공동으로 다음과 같이 선포했다. "본 영사 등은 스스로 중립을 엄수하며 조계 규칙에 따라 병기로 무장한 자의 조계 내 출입을 금하며 조계 내에 병기와 폭약을 은닉하는 행위를 금한다." 이 포

---

17 『신해혁명자료』 제8책, 308-309쪽.
18 『홍당잡지유관중국교섭사료선역』, 329쪽.
19 『신해혁명자료』 제8책, 265쪽.

고를 본 혁명당 사람들은 매우 고무되었다. 그들은 "중립을 엄수"한다는 구절을 열강이 혁명당을 청 정부와 대등한 지위에 있는 "교전단체"로 인정하는 의미로 해석했다. 열강은 원래 중국 영토 안에 설치된 이른 바 "조계"를 "나라 안의 나라"로 인식했고 그들이 말한 "중립"이란 실제로는 "조계"의 지위를 언급한 것에 불과했다. 무창 봉기 후 6일째에 영국·미국·프랑스·독일·일본의 군함이 잇따라 장강에 진입하였고 민군이 점령하고 있던 무한 앞 수면에 정박한 군함이 13척이었다. 그 중의 한 척은 혁명의 깃발을 내건 의창 쪽으로 이동했다. 경한(京漢)철도를 관리하던 프랑스 기술자는 모든 기관차의 행선을 북방으로 바꾸었는데, 이는 기관차가 민군의 수중에 들어가는 것을 막기 위한 조처였다.[20] 제국주의 열강은 중국에서 혁명이 일어나는 것을 목격하고 싶지 않았고 그것이 성공하리라고 믿지도 않았다. 혁명진영에서는 외국의 이익을 침해하지 않겠다는 뜻을 애써 표시했으나 제국주의 열강은 그들의 주구인 청 왕조 정부를 겨누고 있는 혁명의 총구가 자신들을 직접 겨냥할 수도 있다는 우려를 갖고 있었고 이런 우려는 근거가 없지 않았다.

제국주의 열강은 청 왕조라고 하는 배가 혁명의 풍랑 속에서 빠르게 침몰하리라고는 예상하지 않았다. 그들은 자신의 기득권이 손상 받는 쪽으로 사태가 발전할까 염려했지만 한편으로는 중국 국내의 대혼란 속에서 유리한 기회를 찾으려 애썼다. 러시아는 중국의 혁명위기가 동북 3성과 몽고, 그리고 신강 지역에서 자신의 지위를 강화할 수 있는 기회라고 판단했다. 러시아는 만주에서 혁명이 발생하면 공동으로 출병하여 간섭하기로 일본과 약정했고, 만약 울란바토르에 출병하게 된다면 그곳의 왕공과 종교지도들과 손잡고 외몽고 독립을 획책할 생각이었다. 일본도 중국에 대해 무장간

---

20 『홍당잡지유관중국교섭사료선역』. 335쪽.

섭을 고려한 적이 있었다. 일본은 "각국의 중국에서의 권익을 보호"한다는 명분으로 중국에 출병하는 문제를 두고 열강의 입장을 타진해 보았다. 영국과 미국이 반대했다. 두 나라는 무장간섭이 필요하다면 반드시 열강의 일치된 의견 하에서 공동으로 행동해야 한다고 주장했다.

이 무렵 제국주의 열강은 제1차 세계대전을 앞두고 점점 더 깊이 상호 충돌 국면에 빠져들고 있었기 때문에 중국에서 공동의 군사행동을 하기가 매우 어려운 상황이었다. 뿐만 아니라 중국에서 무장간섭을 하고자 한다면 중국과 지리적으로 가장 가까운 일본과 러시아가 필연적으로 가장 유리한 위치에 서게 될 것이고, 이는 서방 열강이 원치 않는 바였다. 이러한 이유들이 제국주의 열강이 신해혁명에 대해 무장간섭을 하지 않았던 원인임은 분명하지만 더 중요한 원인은 중국의 국내 정세에 있었다. 무창 봉기 후에 혁명의 불길은 빠르게 전국으로 번져나갔다. 청 왕조의 통치는 인민들 사이에서 전반적으로 신임을 상실했다. 신해혁명은 여러 가지 약점을 갖고 있었지만 그래도 혁명의 기반은 부패하고 매국적인 청 통치 하에서 더는 견딜 수 없는 수억의 인민이었다. 원래 혁명과는 아무런 인연이 없었던 관료, 정객, 장교, 지방 유력자들이 혁명의 깃발 아래로 몰려와 기회를 찾으려 했다. 물론 이 때문에 혁명대오의 순수성이 흐려진 면도 없지 않았으나 이런 형세는 혁명이 이미 그 무엇으로도 막을 수 없는 큰 흐름을 형성했다는 반증이기도 했다. 소수의 외국 군대를 동원하여 이러한 혁명의 불길을 끄기란 불가능했을 뿐만 아니라 만약 외국 군대가 무장간섭을 했더라면 의화단 운동 때보다 훨씬 더 광범위한 "외국인 배척운동"이 일어나 반제국주의 운동으로 발전했을 것이다.

바로 이런 상황이었기 때문에 원세개의 등장이 제국주의 열강으로부터 환영 받았다. 제국주의 열강, 그 중에서도 특히 영국과 미국은 청 조정을 부추겨 원세개를 기용하도록 하는데 큰 역할을 했다. 영국과 미국은 원세개가 청 왕조를 구출해냄으로써 혁명을 약화시킬 것으로 기대했다. 그들은 내각총리대신이 된 원세개에게서 완전하게 신뢰할 수 있는 "새로운" 정권을 발견했다. 원세개에 의지하여 혁명으로 조성된 위험한 형세를 수습한다는 것, 그러기 위해 필요하다면 심지어 청 왕조라고 하는 늙은 말도 버릴 수도 있다는 것-이것이 제국주의 열강 사이에 이미 합의된 주도적인 정책이었다.

한 미국 작가가 1921년에 중국의 혁명에 관해 쓴 저서에서는 원세개가 북경에 도착했을 때 "그는 곧바로 사실상 제국의 독재자가 되었다. 그가 다시 권력을 잡은데 대해 외국인들은 공개적으로 안도감을 표시했다"고 기록했다.[21] 이처럼 원세개는, 마지막 날을 눈앞에 둔 청 왕조와 혁명의 진영에 섞여든 여원홍 같은 부류는 물론이고 중국을 침략한 외국 제국주의자들까지 포함한 일체의 반혁명 세력이 공동으로 희망을 건 중심인물이었다.

반혁명 세력의 손에 떨어진 무창 정권

여원홍을 우두머리로 한 반혁명 세력이 내부에서 무한 정권을 찬탈했다고 한다면 원세개는 외부에서 협력하고 호응했다고 할 수 있다.

당시 한구에는 군정분부가 있었고 방금 출옥한 첨대비와 하해명이 주임과 부주임을, 그 나머지 책임자 급도 대부분이 공진회와 문학사 회원들이 맡고 있었다. 그들이 "군정분부(軍政分府)"라고 불렸던 이유는 그들이 여원홍이 도독인 무창 군정부를 불신했기 때문이었다.[22] 원세개 북양군의 진

---

21 A. J. Brown, *The Chinese Revolution*, 173쪽.
22 장난선은 『호북혁명지지록』에서 다음과 같이 말했다. "동지들은 도독(여원홍을 가리킴)의

격 앞에서 한구 군정분부는 가장 앞에 서서 전방의 전투를 지원하고 한구를 보위하는데 매우 큰 역할을 했다. 여원홍은 시기심에서 군정분부를 없앨 생각을 한 적도 있었으나 그러지 못해 결국 "한구주재 호북군지부(駐漢鄂軍支部)"란 이도저도 아닌 명칭을 붙여주었다.[23] 직접 지휘할 병력을 갖지 못한 첨대비와 하해명은 북양군이 진입하자 한구를 버리고 구강(九江) 쪽으로 도주했다. 한구 군정분부의 지도부의 일원이었던 온초형(溫楚珩)의 회고에 따르면, 여원홍과 첨대비의 갈등이 매우 심해 첨대비는 피하지 않았더라면 살해되었을 것이라고 한다.[24] 북양군의 한구 공격과 점령은 여원홍에게는 부담스러운 한구 군정분부를 소멸시키는 작용을 했다.

북양군이 한구에 진입할 때 무창에 도착한 황흥은 혁명당의 저명인물로서 특히 호남과 호북에서 신망이 매우 높았다. 무창 봉기 직후에 황흥을 도독으로 추대하자는 사람도 있었다. 그는 무창에 도착한 후 곧바로 강을 건너 한구로 가서 그때까지 완강하게 시 중심지를 지키고 있던 민군을 지휘하여 반격작전을 조직했다. 민군은 영웅적인 시가전을 벌였으나 병력면에서 우세한 북양군의 포위망을 뚫지 못했다. 북양군의 통령 풍국장은 민군의 남은 병력이 버티지 못하도록 한구 시가지를 불 지르라는 명령을 내렸다. 이렇게 하여 한구는 마침내 완전히 북양군의 수중에 떨어졌다. 그러나 한양은 아직도 민군이 지키고 있었다. 황흥은 총사령으로서 한양에서 계속하여 북양군과 싸웠다.

혁명파 중에서 어떤 사람이, 황흥을 호북성 도독 여원홍과 예속 관계

태도가 분명하지 않음을 보고 한구에 군정분부를 설치하는 문제를 논의했다." 이 책 272쪽을 보라.

23 호조순, 『무창개국실록』, 53쪽.

24 온초형, 「신해혁명실전기」, 『신해수의회억록』 제1집, 63쪽에서 인용.

가 아니므로 마땅히 "남방민군총사령"으로 불러야 한다고 주장했다. 여원홍의 지위를 약화시키는 이런 호칭에 대해 입헌파 유지인 탕화룡 등이 극력 반대했다. 그들은, 일치단결을 위해 황흥은 여원홍이 위임한 "민군 전시총사령"이 될 수밖에 없다고 주장했다. "전시"란 두 글자를 앞에다 덧붙인 이유는 임시라는 의미를 강조하기 위해서였다. 거정처럼 이미 입헌파와 한통속이 된 일부 혁명당파 사람들은 이런 주장에 전적으로 찬성했다. 11월 3일에 무창 연병장에 "배장대(拜將臺)"가 차려지고 도독 여원홍이 황흥을 총사령에 임명하는 의식이 치러졌다. 이 의식은 유방(劉邦)이 한신(韓信)을 장군으로 영입한 고사를 모방하여 치러졌다고 한다. 이런 우스꽝스러운 의식은 황흥의 위신을 높여주는 것으로 비쳤으나 사실은 여원홍의 지위를 높이기 위한 계산에서 나온 것이었다.

황흥이 통솔하는 민군 — 호남에서 이동해 온 2개 협의 부대가 포함되어 있었다 — 은 한양에서 강을 사이에 두고 북양군과 대치했다. 황흥의 계획은 전력으로 양하(襄河, 즉 한수[漢水])를 건너 한구를 수복하는 것이었다. 11월 17일, 한양의 민군은 황흥의 명령에 따라 공격을 시작했으나 부대 사이의 협조가 원활하지 않아 기대했던 전과를 거두지 못하고 적의 반격을 받아 전선 전체에서 후퇴했다. 이 무렵 원세개는 북경에서 내각총리대신에 취임해 있었다. 남방 혁명세력의 굴복을 압박하기 위해 한구의 북양군은 11월 21일부터 민군을 향해 맹렬한 공격을 퍼부었다. 황흥의 군대는 결사적으로 한양을 지켰으나 7일 동안의 격전을 거친 후 한양은 마침내 북양군에게 점령되었다. 11월 27일, 민군의 남은 병력과 총사령 황흥은 강을 건너 무창으로 후퇴했다.

북양군에게 패한 황흥은 실망하여 무한을 떠났고, 황흥의 부재는 다시 한 번 여원홍에게 도움이 되었다.

한양과 한구가 함락되자 무창 군정부 각 기관의 기회주의자들은 대다수가 달아났다. 12월 1일, 귀산(龜山) 쪽에서 날아온 포탄이 도독부로 쓰이던 자의국 건물 안에 떨어졌다. 이 무렵 여원홍은 대세가 안정되었다고 판단하고 적극적으로 "혁명적"으로 되어갔다. 그러나 위험을 피하고 목숨을 보전하기 위해 그는 소수의 측근만 대동하고 황급히 무창성을 빠져나가 무창 하류 90리 지점에 있는 갈점(葛店)으로 도피했다. 입헌파의 우두머리 탕화룡은 한양이 함락되자 일지감치 상해로 달아났다.

이런 상황에서 사태를 장악하고 수습한 것은 혁명당파 사람들이었다. 원래 문학사 사장이었던 장익무는 황홍의 뒤를 이어 호리(護理, 대리) 총사령이 되었다. 그들은 총감찰 유공의 명의로 시민들을 안심시키는 포고문을 발표하고 유공이 도독 직권을 대행했다. 위급한 상황이 되자 그들은 혁명대오에 섞여든 기회주의자들과는 구분되는 행동을 보여주었다.

원세개는 무창에서의 여원홍의 지위를 손상시키고 싶지 않았다. 한양이 북양군에게 점령된 11월 26일에 원세개는 북경에서 영국 공사 조던을 만나 무창 정부 측과 쌍방이 만족스러운 조건 하에서 정전하고 싶다는 뜻을 밝히고 영국인들이 이 뜻을 여원홍에게 전달해 달라고 요청했다. 조던은 즉시로 한구 주재 영국 영사에게 전보를 보냈다.[25] 영국 영사는 풍국장과 상의한 후 정전조건을 전달하기 위해 12월 1일 저녁에 영국 상인을 무창으로 보냈으나 이때 여원홍은 무창을 떠나 갈점으로 도피하고 없었다. 유공, 손무, 장익무 등은 정전조건이 받아 들일만 하다고 판단하고 도독 여원홍의 이름으로 정전조약에 도장을 찍어 주었다. 정전 기간은 3일 동안이었다.

여원홍은 정전협상에 대해 매우 만족스러웠다. 영국인과 원세개 측에서는 여원홍을 협상의 상대로 인정해주었다. 여원홍의 위신은 무창 정부 안에서 뿐만 아니라 혁명진영 내부 전체에서 크게 높아졌다. 무창의 혁명파

---

25 『신해혁명자료』 제8책, 328쪽을 보라.

중에서는 여원홍이 긴급한 시기에 멋대로 자리를 비웠으므로 처벌해야 마땅하다고 주장한 사람이 있었으나 이 의견은 부결되었다. 혁명당 사람들은 여원홍을 버릴 용기가 없었다. 여원홍을 잃어버린다는 것은 원세개와 계속해서 전투를 벌여야 함을 의미했다. 그들은 여원홍을 다시 무창성으로 모셔왔다.

3일 동안의 정전 기간이 완료되자 영국인의 주선으로 정전기간은 다시 3일 동안 연장되었다. 이어서 15일 동안의 정전이 합의되었다. 15일 동안의 정전의 적용 대상은 전국이었다. 이로써 여원홍은 봉기한 각 성을 대표하여 정전을 협의하는 권한을 인정받았고 그의 지위는 한층 더 높아졌다. 사실상 이때부터 무한과 무한 외곽에서는 전투가 벌어지지 않았다. 여원홍의 지위가 공고해지고 혁명파 내부의 단결이 흐트러지자 무창 정권 중에서 혁명파의 역량은 증가될 수 없었을 뿐만 아니라 혁명파는 제대로 저항해보지도 못하고 하나하나 여원홍에게 무릎을 꿇었다.

당시 혁명파의 생각으로는 문학사니, 공진회니, 동맹회니 하는 혁명조직은 봉기를 준비하기 위해 필요한 조직이었고 봉기가 승리한 후에는 존재할 이유가 없었다. 무창 봉기가 성공한 첫날부터 사실상 어떠한 혁명정당도 존재하지 않았다. 혁명파는 "처음에 봉기를 조직한 기관의 여러 사람"이란 명칭으로 자신들을 결합하여 정권 내부에서 모종의 특수한 역할을 하려고 했다. 그러나 그들 사이에는 명확한 공동의 정강이 없었고 일정한 조직형식도 없었으며, 오히려 적지 않은 사람들이 승리가 눈앞에 다가왔다고 느낀 때부터 각자 개인의 권리와 지위를 차지하기 위해 나서면서 구세력과 손을 잡았으며 자기 내부에서는 상호 경쟁하고 배척했다. 전투가 사실상 멈춘 후부터 구관료, 구군인, 입헌파 유지들이 여원홍을 중심으로 세력을 결집하기 시작한 반면 혁명파 내부의 권력쟁탈 경쟁은 더욱 가열되었다. 이렇게 하여 혁명파는 와해되었다.

무창 군정부 안에서 줄곧 혁명파가 장악했던 기관은 군무부였다. 군무부 부장 손무와 부부장 장진무는 원래 공진회 회원이었고 부부장 장익무는 문학사 사원이었다. 당시 사람들은 셋을 일컬어 3무라고 하였다. 3무는 서로 경쟁하고 대립했으며 공진회의 유공이 이끄는 총감찰처와 3무 사이에도 갈등이 있었다.[26] 장익무는 한구와 한양이 함락된 상황에서 총사령을 맡아 상황을 안정시키기 위해 일정한 역할을 했지만 안정된 이후에는 유공의 총감찰처가 회의를 소집하여 장익무의 직위 해제를 제청했다. 여원홍은 당연히 이 의견을 받아들였다. 이때부터 장익무는 군무부 부부장이란 직책조차도 잃어버렸다. 그 후 1913년에 장익무는 반 원세개 투쟁에 참여했다고 하여 광서에서 피살되었다. 또 한 사람의 군무부 부부장 장진무도 손무와 사이가 좋지 않아 자리를 잡지 못하고 있다가 여원홍에 의해 무기 구입을 핑계로 상해로 파견되었고, 1912년 8월에 여원홍이 핑계를 만들어 그를 북경에서 살해했다. 군무부 부장 손무는 여원홍의 측근과 손을 잡고 여원홍의 비위를 맞추며 함부로 권력을 휘두르다가 혁명파 중의 많은 사람들로부터 분노를 샀다. 1912년 2월, 원래 문학사 사원 출신의 일부 장교들이 중심이 되어 손무를 반대하는 무장정변을 일으켰는데, 당시 사람들은 이를 호북의 "제2차 혁명"이라고까지 불렀다. 그러나 사실은 혁명이라기보다는 새로운 집권파 내부의 충돌일 뿐이었다. 이 정변을 이용하여 여원홍은 군대 내부의 문학사 사원을 살해하거나 쫓아내고 손무의 직위를 해제했다. 손무란 인물은 한번 시작하자 끝없이 타락하여 훗날 원세개가 황제가 될 준비를 할 때 원세개로부터 "의용후(義勇侯)"란 봉호를 받았다. 유공으로 말하자면, 1912년 초에 여원홍에 의해 북벌좌익군 총사령관에 임명됨으로써 막강한 권한을 가진 이 총감찰은 무창에서 쫓겨났다. 당시 북벌이란 실제 병력

26   조아백(曹亞伯), 『무창혁명진사(武昌革命眞史)』정편, 287쪽.

이 동원되지 않은 지상공론에 불과했다.[27] 이로부터 얼마 후에 여원홍은 유공을 "군사전문가"가 아니라 "정법전문가"라는 이유로 군대에서 몰아냈다.

혁명파 사람들은 여원홍을 추대하여 도독의 자리에 앉혀놓은 후 자신들은 혁명을 주도한 공적이 있다하여 여원홍을 제쳐놓고 좌지우지 하였다. 무창 정권 내부에서 혁명파는 봉기가 성공한 후 반년이 못되어 지위를 철저하게 상실했다. 그들은 일부는 살해되었고, 일부는 도피하였으며 나머지는 반동세력에 동화되었다. 혁명파는 그들이 각고의 노력으로 획득한 정권을 유지하지 못하고 자신들이 보좌에 올려준 여원홍에게 운명을 내맡기고 말았다.

---

27 『무창개국실록』 하책, 58쪽.

제24장
혁명의 물결에 휩싸인 각 성의 풍운

단명으로 끝난 자산계급 혁명파의 정권

　이제부터는 호북 이외의 각 성의 봉기와 독립에 관해서 살펴보기로
한다.

　각 지방의 대중적 혁명역량의 발전과 자산계급 혁명파의 역량의 발전
이 평형을 이루지 않았기 때문에, 그리고 혁명역량 이외의 각 사회세력(주로
봉건지주계급 세력과 입헌파 자산계급 세력)이 혁명에 대해 상이한 태도를 보였기
때문에, 각 성에 등장한 상황도 상이했다. 일반적으로 말해, 한 성의 수도
의 상황이 성 전체의 상황을 대표하거나 성 전체 상황에 영향을 미쳤다. 그
러나 실제에 있어서 많은 성에서는 성의 수도 이외에 각지에서 상이하고 복
잡한 상황이 나타났다. 우리는 여기서 혁명의 물결 가운데서 성립한 정권의
변천과정을 중심으로 하여 몇 가지 유형으로 분류할 수 있을 것이다.

　호남과 귀주가 하나의 유형이다. 자산계급·소자산계급혁명파가 대중
적 봉기를 발동하여 구정권을 무너뜨리고 자신이 중심이 된 정권을 수립한
다. 그러나 이들의 정권은 유지되지 못하고 얼마 안가 자산계급 입헌파가
주도하는 반혁명 정변으로 권력을 빼앗긴다. 자산계급 입헌파는 봉기가 승
리한 직후에는 혁명파와 협력을 공언하지만 얼마 후에는 혁명파를 목 졸라

죽이는 살인범이 된다.

우선 호남의 예를 살펴보자. 장사 봉기의 영도자는 초달봉(焦達峰) (1887-1911)이었다. 그는 호남 유양현 사람으로서 지주 가정 출신이었고, 18세에 가로회에 가입하였으며 장사 고등보통학당에서 공부하면서 혁명사상을 받아들였다. 1906년에 일본으로 유학하면서 동맹회에 가입하고 공진회도 조직했다. 공진회는 원래 호남과 호북에서 동시에 봉기를 일으키려 했다. 선통 원년(1909년) 7월, 초달봉은 장사에서 혁명조직을 만들기 시작했는데, 주로 회당과 연락을 담당했고 학계와 신군을 대상으로 한 활동도 했다.

호남의 철도부설권 획득운동도 사천과 마찬가지로 입헌파 명사들이 주도했다. 담연개가 의장인 성 자의국이 철도부설권 획득운동의 중심기관이었다. 청 정부가 매국정책을 계속하자 입헌파 중의 일부 인사와 입헌파의 영향력 아래 있던 대중들이 혁명파와 협력하면서 혁명의 주장을 받아들였다. 무창 봉기 소식이 장사에 전해지자 혁명파는 즉각 호응했다. 이때 장사에 주둔하던 신군 제25협 내의 적지 않은 병사들이 혁명에 참가했다. 초달봉의 신군을 대상으로 한 활동을 돕던 인물은 호남 신군 내의 배장이었다가 혁명적인 정치성향 때문에 쫓겨난 진작신이었다. 혁명파 초달봉과 진작신 등은 성 자의국 의원 동영(董鍈)과 좌학겸(左學謙) 등 입헌파 인사들과 모임을 갖고 공동으로 봉기하는 방법을 논의했다. 이들 입헌파 인사들은 신군이 봉기에 참가하는 데 찬성했으나 "질서를 문란"하게해서는 안 된다는 단서를 달았고, 회당의 역량을 동원하는데 반대했으며, 봉기한 후에는 순방영 통령 황충호(黃忠浩)가 도독이 되어야 한다고 주장했다. 초달봉 등은 이런 주장에 반대했다.[1] 신군 내부의 불온한 기색을 알아차린 호남순무 여성격(余誠格)은 황충호가 통솔하는 순방영을 믿을만하다 하여 자기편으로 끌

---

1 『호남성지(湖南省誌)』 제1권, 호남인민출판사 1959년 판. 288쪽.

어들이고 신군 전부를 기한을 정해 장사성 밖으로 내보내는 결정을 내렸다. 이렇게 되자 혁명파는 유양과 예릉 일대에서 동원하기로 되어있던 회당 병력이 아직 장사에 도착하지 않은 상태에서 지체 없이 봉기를 일으키지 않을 수 없었다.

무창 봉기 후 12일 째인 9월 초하루(10월 22일)에 초달봉과 진작신은 장사성 밖에 주둔한 신군의 몇 개 영의 병사들을 무장시켜 성 안으로 진입한 후 순무의 관서를 점령했다. 성을 지키던 순방영의 병사들은 지휘관의 명령에 따르지 않고 한 발의 총도 쏘지 않았다. 이렇게 하여 봉기는 쉽게 성공했다. 끝까지 혁명에 반대하던 몇 명의 관원은 봉기군 병사에게 살해되었고 호남순무 여성격은 도주했다. 즉시 "중화민국군정부 호남도독부(中華民國軍政府 湖南都督府)"가 설치되고 초달봉이 도독, 진작신이 부도독에 취임했다.

소자산계급 청년 혁명가들은 매우 높은 혁명의 열정을 갖고 있어서 승리할 수 있을 때는 과감하게 승리를 거머쥐었다. 빛나는 승리를 거둔 후 그들이 입헌파 유지들의 혁명 참여를 거절하지 않은 것은 당연한 일이었다. 그러나 그들은 진정으로 민주혁명을 원치 않는 사람들과 협력할 때 혁명의 과실을 보전하자면 어떻게 해야 하는지를 알지 못했다.

혁명파의 도독부 바로 곁에 담연개가 원장인 참의원(參議院)이 설치되었다. 참의원은 실제로는 원래의 자의국이었다. 참의원 규정에 따르면 도독부에서 나가는 모든 명령은 먼저 참의원의 결정을 거친 후 도독이 명령서에 날인하고 참의원을 통해 각 집행부에 하달하도록 되어 있었다.[2] 도독과 참의원의 의견이 일치하지 않을 때는 참의원이 의견을 바꾸지 않으면 도독이 양보할 수밖에 없었다. 초달봉 등은 담연대의 참의원이 만든 규정을 그

---

2 곽효성(郭孝成), 『중국혁명기사본말(中國革命紀事本末)』 제2편, 상무인서관 1912년 5월판. 8-9쪽.

대로 받아들였을 뿐만 아니라 참의원의 구성을 바꿀 생각은 전혀 하지 않았다.

이것은 매우 의미 있는 일이었다. 신해혁명 시기에 혁명당은 자산계급 의회제도 설립을 하나의 이상으로 받아들였다. 그들은 권한을 가진 의회가 설립되어 행정기관이 의회에 대해 책임을 지게 된다면 여원홍이 집권하든 원세개가 집권하든 문제될 게 없다고 생각했다. 동맹회의 저명한 활동가 중의 한 사람인 송교인도 봉기가 성공한 후 무창에 왔을 때 이런 생각을 바탕으로 하여 '악주약법(鄂州約法)'을 기초했다. 이것은 중국 최초의 자산계급 민주헌법이었다(물론 호남성 한 곳만을 대상으로 한 헌법이었지만). '악주약법'은 실시되지 못하고 한 장의 종잇조각으로만 남았다. 자산계급 의회민주제도는 신해혁명 시기에 뿌리를 내리지 못했다. 오직 호남에서만 권한과 세력을 가진 의회가 등장했다. 그러나 이 의회조차도 자산계급 민주혁명의 성과를 지켜내지 못하고 오히려 혁명을 반대했다.

초달봉과 진작신은 호남의 여원홍을 찾아내 도독의 자리에 앉히지는 않았다. 그러나 그들은 담연개의 참의원을 함부로 반대할 수가 없었고, 자신의 권한을 약화시키면서까지 명망 있는 유지의 협조를 구하려 했다. 그 결과 그들은 "새장에 갇힌 새"가 되었다.[3] 어쨌든 담연개의 역할은 결정적이었다. 그는 초달봉이 도독이 되었을 때는 의회를 이용하여 혁명파를 견제했고 초달봉이 피살되고 자신이 도독이 된 후에는 참의원을 해산해버렸다.

초달봉과 진작신 정권은 겨우 10일 동안 유지되었다. 담연개는 신군 제50표의 영장 매형(梅馨)과 결탁하여 11월 1일에 쿠데타를 일으킨 후 초달봉과 진작신을 살해했다. 담연개는 곧장 호남 도독에 취임하였다. 그는 초달봉과 진작신의 죽음의 책임을 쿠데타군에게 돌리고 두 사람의 장례식에 직

---

3   담인봉(譚人鳳), 「석수패사서록(石叟牌詞敍錄)」, 『근대사자료』 1956년 제3기, 53쪽을 보라.

접 참석하면서도 한편으로는 두 사람을 "비적의 두목"이라고 매도하는 등 양면파의 수법을 보였다.

초달봉과 진작신이 실패하게 된 데는 그들의 유치한 식견, 부족한 경험, 담연개 같은 인물의 음모를 간파하지 못한 미숙함이 작용했지만 가장 근본적인 원인은 그들이 굳건한 대중적 기초를 갖지 못했다는데 있었다. 그들은 일부 신군을 동원하여 봉기하고 봉기가 승리한 후에는 즉시로 원래의 신군을 기초로 하여 신병을 모집하고 군대를 확충했으나 진정으로 군대를 장악하지는 못했다. 그들이 의지한 최대의 대중적 역량은 구식 회당의 조직이었다. 호북의 탕화룡은 담연개가 호남성 도독에 취임했다는 소식을 듣고 담연개에게 다음과 같은 전보를 보냈다. "공이 나선다는 소식을 듣고 기쁘기 한량 없읍니다."[4] 담연개는 탕화룡과 마찬가지로 원래는 자산계급 혁명파와 대립되는 입장에 서 있었고 손에는 혁명파의 피를 묻혔다. 이들은 훗날 장개석(蔣介石)의 국민당에서 "원로"로 존경받았다.

귀주에서는 혁명파와 입헌파 사이에 훨씬 복잡한 투쟁이 벌어졌다. 신해혁명 이전에 귀주에는 헌정예비회(憲政豫備會)와 자치학사(自治學社)라고 하는 정당의 성격을 띤 상호대립적인 사회단체가 있었다. 자치학사는 1907년에 결성되었고 자산계급 혁명성향을 띤 지식분자가 주류를 이루면서 일부 관리, 지주, 자본가도 참여하고 있었으며 중심인물은 장백린(張百麟)이었다. 장백린은 귀주 각지의 가로회 조직과 널리 교류하고 있었다. 헌정예비회는 관부와 결탁한 지방 유지들의 단체로서 그 중심인물인 임가징(任可澄)과 대감(戴戡)은 양계초의 문하생 출신이었고, 회원 중에서는 일본에서 양계초를 정신적 지주로 받드는 정문사(政聞社)에 가입한 적이 있는 사람이 많았다. 자치학사의 지도자들은 동맹회와 접족하는 관계이기는 해도 분명한 혁명계

---

4   『신해혁명자료』 제6책, 154쪽.

획을 가지고 학사의 활동을 이끌어오지는 않았다. 그들은 귀주성의 자의국에 참가하였고 경쟁을 거쳐 자의국에서 헌정예비회보다 많은 의석을 갖고 있었다.

　　귀주성 수도의 봉기는 무창 봉기에서 24일이 지난 11월 3일에 일어났다. 그동안에 이미 몇 개 성이 독립을 선포하였고 특히 이웃 성인 호남(10월 22일)과 운남(10월 30일)의 독립은 귀주를 흔들어 놓았다. 자치학사는 원래 무장봉기를 준비하지 않았으나 이 무렵 관부의 군대(신군, 순방영, 육국소학당 등) 내부에서 동조자를 모으는 활동을 강화하고 있었다. 헌정예비회의 유지들이 순무 심유경(沈瑜慶)에게 혁명이 일어날 기미가 보인다고 알려주면서 자치학사의 지도인물들을 체포 살해하라고 주장했다. 하층 대중의 정서가 격앙되어 있었고 관부도 진압 조처를 취할 가능성이 있는 상황이라 자치학사의 지도자들은 행동에 나서지 않을 수 없었다. 그들이 어느 시점에서 어떤 방식으로 봉기할 것인지 토론하고 있는 사이에 육국소학당의 학생들이 먼저 봉기를 선포했다. 학생들은 대부분이 18세 가량의 청년으로서 도합 2백여 명이었다. 현지 최강의 병력인 신군 제1표의 병사들이 육군소학당 학생들의 행동을 지지하고 나섰다. 순무 심유경은 수중에 동원할 병력이 없음을 알게 되자 군정대권을 자의국에 넘긴다고 선포했다. 이렇게 하여 하룻밤 사이에 봉기는 승리했다.

　　11월 4일, 자치학사의 지도자들이 각계 인사들을 자의국으로 불어모아 새로운 정부의 수립문제를 논의했다. 그들은 입헌파를 포함하는 각 당파와 단체의 대표가 참가하는 "연립내각"의 원칙을 제시했다. 양신성(楊藎誠)과 조덕전(趙德全)이 정·부 도독에 추대되었다. 양신성은 원래 신군 제1표의 부표통(부연대장)이었으며 봉기가 시작된 후 혁명당을 지지한다고 밝혔다. 조덕전은 신군의 대관(隊官)(중대장에 상당)으로서 자치학사와의 관계가 비교적 깊었다. 도독과 부도독의 자리가 군대에 돌아갔으므로 정무를 관장하는 추밀원(樞密院))을 따로 설치했다. 자치학사의 지도자 장백린이 추밀원 원장을 맡고 입헌파의 지도자 임가징이 부원장을 맡았다. 자치학사의 또 한 사람의 지도자 황택림(黃澤霖)은 순방(巡防) 총통을 맡았다. 봉기가 성공한 후 자치학사와 관련이 있는 가로회 조직이 성 전체에서 잇따라 무장하기 시작했다. 순방 총통이란 이런 무장 조직을 통솔하는 직책이었다. 원래의 자의국은 입법원으로 명칭을 바꾸었고 의원과 의장은 원래 있던 그대로였는데 자치학사가 다수파였다. 이렇게 하여 귀주에서는 자치학사가 주도하는(다시 말해 혁명파가 주도하는) 새로운 정권이 등장했다.

혁명파가 이끄는 정권은 확고한 뿌리를 내리지 못했다. 그 원인은 두 가지였다. 첫째, 봉기 전에 자치학사의 사원은 1만 4천여 명이었으나 봉기가 승리한 후 자치학사는 대중에게 유리한 정치적 조치를 취하지 않았고 이 때문에 대중과의 관계는 확대되지 못했을 뿐만 아니라 오히려 축소되었다. 둘째, 자치학사의 지도자들은 당시 혁명파 내부에서 유행하던 "군민분치(軍民分治)" 방식을 선호하여 군대는 구식 장교들에게 맡기고 자치학사는 군권을 포기했다. 가로회 조직을 기초로 하여 편성된 순방군은 믿을만한 혁명무력이 되지 못했다. 많은 가로회 분자들이 혁명이 가져다준 합법적인 지위를 이용하여 사회질서를 교란하는 활동을 함으로써 혁명파의 명예와 신뢰를 실추시켰다. 뿐만 아니라 입헌파 유지들도 가로회와 손잡고 "공구(公口)"(당시 귀주의 가로회 조직은 "공[公]"이란 명칭을 사용했다. 예컨대 "황한공[皇漢公]", "빈한공[斌漢公]" 등)의 결성을 공개적으로 장려했기 때문에 일시적으로 귀주성 전체에 "공구가 숲을 이루는" 현상이 생겨났다. 입헌파가 이렇게 한 이유는 자치학사가 이끄는 정권을 교란하기 위해서였다. 이런 상황은 가로회라고 하는 낙후한 조직이 반혁명 세력에 의해 쉽게 이용될 수 있었음을 보여준다. 셋째, 입헌파 처리 문제를 두고 자치학사 내부에서는 입헌파를 배척하자는 주장과 협력하자는 주장으로 입장이 나뉘었다. 장백린은 협력하자는 쪽이었다.

그러나 협력이라 함은 사실상 반혁명 세력의 확산을 방치한다는 것을 의미했다. 봉기가 일어나기 전 청의 순방은 입헌파의 건의에 따라 혁명을 진압하기 위해 보안영(保安營)을 편성했고 또 흥의(興義)로부터 지방 토호 유현세(劉顯世)가 거느린 민단(民團)을 동원했다. 봉기가 예상보다 빨리 일어났기 때문에 보안영과 귀주에 막 도착한 유현세의 민단 병력은 무장을 갖출 시간이 없었다. 자치학사의 지도자들은 유현세와 보안영의 조직자 곽중광(郭重光)을 새 정부에 참여시켰을 뿐만 아니라 그들이 통솔하는 두 부대에 충분한 무기까지 공급해 주었다. 곽중광은 퇴직 관료로서 일부 대지주와 대상인을 규합하여 "기로회(耆老會)"라는 단체를 조직했다. 이 단체는 표면적으로는 술과 음식을 함께 즐기는 친목단체였으나 실제로는 정치적 음모활동을 하였다. 혁명파 내부에서도 기로회를 단속하자는 의견이 있었으나 장백린은 이렇게 말했다. "민주국가에는 집회와 결사의 자유가 있다. 소수가 모여 다른 뜻을 품는다고 바로 환란이 되지는 않는다."[5] 곽중광은 기로회에 자치학사 정권을 무너뜨릴 계책을 제시했다. 기로회는 사실상 반혁명 세력의 핵심이 되었다.

자치학사가 이끄는 정권은 3개월 동안 유지되었다. 곽중광의 계책에 따라 입헌파는 황택림이 통솔하는 순방군의 일부 장교와 병사를 매수했다. 그들은 1912년 2월 2일에 장백린과 황택림의 집을 습격했다. 황택림은 참혹하게 살해되었고 장백린은 운 좋게도 달아났다. 이때 도독 양신성은 군대를 이끌고 귀주성을 벗어나 있었고 도독의 직책을 대행하던 부도독 조덕전은 입헌파와 한패가 되어 있었다. 그래서 장백린은 단신으로 귀주성을 빠져나갔다. 자치학사의 주요 지도자 가운데 한 사람은 살해되고 한 사람은 달아

---

5   황제주(黃濟舟), 「신해귀주혁명기략」, 『운남귀주신해혁명자료』, 과학출판사 1959년 판, 165쪽을 보라.

낳으니 자치학사의 정권은 와해되기 시작했다.

입헌파가 운남에 연락하여 원병을 요청한 것도 곽중광의 계책이었다. 운남은 독립 후 입헌파가 정권을 잡았다. 황택림을 살해한 사변이 일어난 한 달 후에 당계요(唐繼堯)가 통솔하는 운남군이 북벌을 진행하기 위해 사천으로 들어가려하니 길을 빌려달라는 명분을 내세워 귀주성 수도 귀양(貴陽)에 진입했다. 당계요 군대는 즉시 대규모 군사정변을 일으켜 귀주 군정부 안에서 겨우 명맥을 유지하고 있던 자치학사 계열의 사람들과 자치학사에 가까웠던 사람들을 모조리 몰아냈다. 이미 자치학사를 배신했던 조덕전도 도독 대행의 직위를 잃어버렸을 뿐만 아니라 체포되어 목숨까지 잃었다. 귀양에는 당계요를 도독으로 하는 정부가 세워졌다. 기로회의 곽중광과 헌정예비회의 임가정 등은 요직에 올랐다. 귀양과 각 현에서 당국은 명단을 들고 다니며 자치학사 사원들을 체포했다. 수많은 사람들이 살해되었고 일부는 다른 성으로 달아났다.

귀주의 자치학사는 정권을 잡기 전에는 기세가 넘치는 조직이었으나 정권을 장악한지 3개월 만에 반혁명 세력의 진격을 막아내지 못하고 사라져버렸다. 자산계급·소자산계급 혁명파의 대표적인 약점이 이런 것이었다.

자산계급 입헌파는 혁명파로부터 정권을 탈취한 후 권력을 독점했을까? 그렇지는 않다. 자산계급 입헌파의 뒤에는 봉건 지주계급이 버티고 있었다. 봉건 지주계급은 입헌파를 이용하여 혁명파의 정권을 찬탈했다. 귀주의 기로회와 입헌파의 관계가 그 분명한 예증이다.

정권을 지켜내지 못한 자산계급 입헌파

운남, 절강, 사천에서는 자산계급 입헌파의 세력이 강했지만 자산계급 혁명파의 세력도 강했다. 양자 사이에는 호남이나 귀주에서처럼 유혈충돌이 발생하지 않았고 봉기와 독립운동에서 서로 협력했다. 그러나 혁명파는 이런 협력 과정에서 주도권을 장악하지 못했다. 성 내에서 국부적으로 혁명파가 주도하는 정권을 세우기는 했으나 성 전체로서는 입헌파가 주도권을 장악했다. 혁명과정에서 생겨난 정권은 입헌파가 직접 장악했으나 입헌파도 자신의 정권을 유지할 능력이 없어 구세력을 대표하는 일부 실력파가 빠르게 입헌파를 대신하여 권력을 장악했다. 이것이 두 번째 유형이다.

운남에서는 서부의 등월(騰越)(지금의 등충[騰沖])에서 먼저 혁명이 발생했다. 혁명의 지도자 장문광(張文光)은 현지의 거부였고 미얀마에서 사업을 한 적이 있으며 동맹회에는 1908년에 가입했다. 무창 봉기가 일어난 후 장문광은 현지에 주둔한 군대의 하급 장교들과 손을 잡고 10월 21일에 무장 봉기를 일으켜 청 정부의 등월진 총병 등 관리들을 죽였다. 봉기 승리 후에 정식으로 수립된 정권에서 장문광은 전서군(滇西軍) 도독을 칭했다. 이 정권은 자산계급 혁명파가 이끄는 정권이었으나 운남성 전체를 장악한 정권은 아니었다. 3일 후인 10월 30일에 운남성 수도에서 봉기의 총성이 울렸다.

곤명(昆明)의 봉기는 신군의 장교들이 일으켰다. 운남에는 신군 제19진이 있었는데, 산하의 제37협은 곤명에 주둔하고 있었고 제28협은 대리(大理)와 등월 일대에 주둔하고 있었다. 제37협의 협통은 양계초의 뛰어난 제자 채악(蔡鍔)(1882-1916)이었다. 채악이 이때의 봉기를 이끌었다. 그는 초보적인 민주주의 사상을 지닌 애국자였으며 정치적 성향은 그의 스승과 같았다. 그와 협력하여 봉기를 조직한 사람들은 신군의 하급 장교들과 운남육군강무당(雲南陸軍講武堂)의 교관들이었다. 일본에서 돌아온 동맹회 회원 일부가 운남 신군 내부에서 활동하고 있었다. 운남 육군강무당 학생 5백여 명 중에는 일찍부터 동맹회가 뿌린 혁명서적을 본 사람들이 많았고 학교 안에는 동맹회의 비밀조직도 있었다. 혁명을 바라는 열기는 신군의 병사들 사이에도 퍼져있었다. 무창 봉기가 일어나자 동맹회 조직은 채악의 영도를 지지했다.

곤명 신군의 봉기는 매우 순조롭게 승리했다. 제19진 진통(鎭統, 사단장에 상당) 종린동(鍾麟同)은 저항하다가 살해되었다. 운귀총독 이경희는 포로가 된 후 예의를 갖추어 성의 경계 밖으로 쫓겨났다. 운남 군정부가 수립되고 채악이 도독에 취임했다. 이 무렵 등월의 정권과 곤명의 정권은 대립하는 형세를 보였고 쌍방은 대리 부근에서 무력충돌했다. 쌍방은 담판을 벌였다. 장문광은 곤명 정권이 운남성 전체를 대표하는 정권임을 인정했고 곤명 정권은 장문광을 등월 지역 군정장관으로 임명했다.

일본에 머물고 있던 양계초는 자신의 제자인 채악에게 큰 기대를 걸었다. 그는 운남을 장악한 채악이 입헌파의 천하를 열 것으로 예상했다. 그는 채악에게 다음과 같은 자신의 구상을 알려주었다. "운남군을 운용하여 사천과 호북을 아우른 뒤 장강 상류를 차지하고 천하의 변화를 지켜본다."[6] 채악의 군정부는 운남성 내에서는 혁명파의 전서군정부(滇西軍政府)를 병합하였고, 성 밖으로는 귀주에 군대를 보내 혁명파 세력을 소멸시켰고 사천에도 파병하여 사천 남부에서 하층 대중의 "동지군(同志軍)"을 소탕하였으나 양계초의 희망은 실현될 수 없었다. 채악은 점차로 야심을 가진 부하 군인들을 통제할 수 없게 되었다. 귀주로 파견된 당계요는 더는 그의 명령을 들으려 하지 않았고 운남성 내에서도 두 명의 사단장으로부터 위협을 받았다. 1913년 5월, 장문광이 반동세력에게 암살되었다. 이해 겨울에 채악도 위협을 받고 운남을 떠났다. 그가 운남 도독이 된지 2년 남짓밖에 되지 않아 새로 일어난 봉건 군벌이 그의 지위를 대체했다.

절강성에서도 혁명을 거치면서 입헌파가 도독이 된 새로운 정권이 생

---

6 『신해혁명회억록』 제6집, 271쪽.

겨났다. 1909년 이후로 절강에서는 광복회의 옛 회원들이 활동하기 시작했다. 그들은 구식 회당 분자들과 연락하는 한편 군부와의 접촉도 강화했다. 신군 제21진 예하의 제41협은 항주에 주둔하고 있었는데, 신해혁명 전야에 41협의 단(團, 연대에 상당)과 영(營, 대대에 상당) 급 장교 모두가 혁명에 찬성했다. 11월 4일(무창 봉기가 일어난 20여일 후)에 이들 장교는 41협 전체를 이끌고 봉기했다. 절강순무 증온(增韞)은 포로가 되고 진통과 협통은 모두 도주했다. 봉기 다음날 지방 유력자들이 당시 상해에 머물고 있던 탕수잠을 불러와 도독 자리를 맡기고 혁명의 승리와 군정부의 성립을 선포했다.

탕수잠은 원래 절강성 자의국 의장이자 건설 중이던 호항용철도회사의 대표였다. 그러나 군권을 갖지 못한 탕수잠은 취임 2개월 만에 스스로 사직했다. 도독의 자리는 여러 사람의 손을 전전하던 끝에 주서(朱瑞)에게 떨어졌다. 이 사람은 봉기 전에 신군 제41협의 한 표통(연대장)이었는데 봉기 참가를 이용하여 실력자로 성장한 인물이었다.

절강성 수도에서 봉기가 일어난 후 성 전체 11개 부(府)에서 잇따라 군정분부가 성립되었다. 각 군정분부를 장악한 인물은 구 장교(녕파의 제41협 협통[여단장])도 있었고, 현지의 지주토호도 있었으며, 광복회와 관계를 맺고 있던 회당의 우두머리도 있었다. 노신(魯迅)은 바로 이 시기에 소흥에 있었다. 그는 소흥이 광복될 때의 상황을 다음과 같이 묘사했다. "우리는 곧 거리를 한 바퀴 둘러보았는데 눈에 띠는 것이라고는 흰 깃발뿐이었다. 겉모습은 이래도 속사정은 옛날과 다름없었다. 몇몇 구 유지들이 조직한 군정부에서 무슨 무슨 철도회사의 주주라는 인물이 행정국장 자리에 앉았고 전당포 주인이란 자는 병기국장 자리를 차지했다…"[7] 소흥에서는 먼저 현지의

---

7 『노신전집』 제2권 ("아침꽃을 저녁에 줍다(朝花夕拾)"). 인민문학출판사 1956년 판. 282쪽.

토호들이 군정부를 수립한 후에 성의 수도에서 군대를 끌고 온 왕금발(王金發)이 군정부를 접수했다. 왕금발은 광복회와 관련이 있는 회당의 우두머리였고 그래서 노신은 작품에서 이런 사람을 "녹림(綠林)대학출신"이라고 풍자했다. 그는 "왕도독"이 된 후 낡은 세력에 완전히 동화되어 혁명파라고 할 만한 면모는 전혀 보여주지 않았다. 그는 성의 수도의 집권파들과 사이가 좋지 않아 얼마 안가 주서에게 살해당했다.

사천의 형세는 훨씬 복잡했다.

성의 수도와 각지에 분산되어 있던 동맹회 회원의 숫자는 적지 않았지만 조직적인 역량을 형성하지는 못했다. 성도의 신군 제17진에 하지시(夏之時)라는 배장(排長, 소대장)이 있었다. 그는 일본 유학 시기에 동맹회에 가입했고 귀국 후에도 동맹회와 관계를 맺고 있었다. 11월 5일, 그는 성도 동남쪽 약 50리 지점에 있는 용천역(龍泉驛)에서 몇 개 소대의 병사들을 선동하여 혁명을 선포했다. 하지시는 혁명 총지휘에 추대되었다. 민군은 간양(簡陽), 악지(樂至), 안악(安岳), 동남(潼南)을 거쳐 중경을 향해 진격했다. 중경에서 활동하고 있던 동맹회에 참가한 지식분자들이 내부에서 호응하여 하지시 부대를 맞아들였다. 이렇게 하여 사천 동부의 중요한 도시인 중경이 광복되었다. 중화민국 촉군정부(蜀軍政府)가 성립되고 군정부 도독에는 동맹회 회원이자 전임 중학당(中學堂) 감학(監學)이던 장배작(張培爵)이, 부도독에는 하지서가 추대되었다. 촉군정부의 선언문은 완전히 동맹회의 주장을 담고 있었다. 이 군정부는 점차로 인근 몇 개 현으로 통치권을 확대했지만 여전히 전체 성을 대표하는 정권은 되지 못했다.

중경에서 촉군정부가 성립된 지 5일 후에 성도에서도 정권 교체가 일어났지만 새 정권은 혁명의 기풍이라고는 전혀 없었다. 사천총독 조이풍은 구금하고 있던 입헌파 유지들을 10월 30일에 석방하기 시작했다. 이들 지방 유지들은 석방되자 곧바로 「사천 전체 인민에게 전투중지를 호소함」이란 선언서를 발표했다. 그들은 선언서에서, 정국에 큰 변화가 생겼으므로 외국으로부터 차관을 들여와 철도를 부설하는 계약은 당연히 효력을 상실했다, 그러므로 보로동지회가 추구하던 목표는 이미 달성되었다고 말했다. 대중의 투쟁이 "철도부설권 확보"의 범위를 한참이나 넘어 선 상황에서 입헌파 유지들은 이런 호소로 혁명의 불길을 끄려했으니 아무런 성과도 없었던 것은 당연한 일이었다. 보로동지회 병력은 계속하여 성도를 포위했다. 조이풍은 자신에게 사천의 국면을 통제할 아무런 수단이 없다는 사실을 알게 되자 입헌파 유지들과 담판을 벌여 정권을 이들에게 넘겨주었다. 11월 27일, "대한사천독립군정부(大漢四川獨立軍政府)"가 성립되었다. 이 군정부는 포고문에서 다음과 같이 밝혔다. "세계의 공리(公理)와 인도주의에 기초하여 공화제 헌법을 제정함으로써 대한연방제국(大漢聯邦帝國)을 공고하게 한다."[8] "공화"를 말하면서 동시에 "제국"을 말하고 있으니 입헌파의 입김이 그대로 드러나는 선언이었다. 군정부의 도독은 포전준이 맡았고 부도독은 조이풍의 측근인 신군 제17진 통제 주경란(朱慶瀾)이 맡았다. 군정부는 사실상 입헌파 유지들과 봉건세력의 연합정부였다. 이 무렵, 조정의 명에 따라 군대를 이끌고 사천으로 진입한 단방은 이미 중경과 성도의 중간인 자주(資州, 지금의 자중[資中])까지 와 있었다. 조정은 그에게 성도에 도착하는 대로 조이풍의 직위를 접수하라는 비밀 지시를 내려두었다. 그런데 성도에서 독립을 선언한 다음날 자주에서 쿠데타가 일어나 병사들이 단방의 목을 잘라버렸다.

　　포전준이 도독에 자리에 머문 기간은 열흘에 불과했다. 12월 8일, 포전준이 순방군을 사열하고 있을 때 조이풍의 사주를 받은 순방군 병사들이 쿠데타를 일으키고 성도 성 안으로 흩어져 들어가 약탈했다. 성도성은 혼란에 빠졌다. 각 현의 "보로동지군"이 이 기회를 타고 무리를 지어 성도

8　『사천보로운동사료』, 489~490쪽.

로 쏟아져 들어왔다. 보로동지군은 원래 입헌파 유지들이 보로운동을 제창할 때 영향을 받아 조직되었는데 이 무렵에는 이 무력을 지휘할 만한 인물이 없었다. 입헌파 유지들은 물론이고 사천에서 활동하던 자산계급 혁명파도 "동지군"에게 명확한 투쟁 목표를 제시해 주지 못했다. 자발적인 군중들은 조총, 창, 쇠스랑, 낫, 써레, 멜대 등으로 무장하고 무질서하게 성도 성으로 몰려들었다. 그들 스스로도 도대체 무엇을 해야 하는지 알지 못했다.

이런 무정부 상태에서 포전준의 정권은 무너졌다. 주경란은 신군을 움직일 수가 없어서 달아났다. 조이풍은 혼란을 틈타 복귀를 시도했으나 실패했다.

성도 지식계의 일부 동맹회 회원들은 포전준의 정권이 성립할 때 회의를 열고 반대를 선언한 적이 있었으므로 이제는 그들이 나설 수 있는 좋은 기회가 왔다. 문제는 그들이 어떤 세력에 의존하느냐 하는 것이었다. 그들은 입헌파의 실패 경험으로부터 반드시 실력을 갖추어야 한다는 점을 깨닫게 되었으나 그렇다고 해서 대중의 역량에만 의존해서는 안 된다는 점도 알게 되었다. 그들은 군정부에서 고위직에 있던 윤창형(尹昌衡)이라는 실력자와 손을 잡기로 하였다. 이 사람은 일본 육군사관학교 제6기 졸업생이었고 당시에는 육군소학교 교장으로서 군부에 영향력이 있었다. 곽말약은 그를 다음과 같이 평가했다. "그는 입헌파가 아니었고 혁명당도 아니었다. 그는 병권을 손에 쥔 실력파일 따름이었다"[9]. 윤창형은 이 기회를 이용하여 도독에 자리에 올랐고 입헌파 영수의 한 사람이며 전임 자의국 부의장이었던 나륜이 부도독이 되었다. 동맹회 회원 동수무(董脩武)와 양신우(楊莘友) 등이 그의 정부에서 요직을 맡았다. 이 정부는 외관상으로는 실력파 군인, 입헌파, 혁명파의 연합정부처럼 보였으나 실제로는 혁명의 격랑 속에서 생겨난 반혁

---

9 『말약문집』 제6권(반정전후·反正前後), 인민문학출판사 1958년 판. 256쪽.

명 정권이었다. 이 정부에서 입헌파는 입헌파의 목소리를 낼 수 없었고 혁명파도 혁명파의 역할을 할 수가 없었다. 지주와 자산계급을 불안에 떨게 하는 대중의 자발적 역량을 진압하고 질서를 회복할 수 있는 인물은 윤창형 밖에 없었기 때문에 그들은 일치하여 윤창형이란 실력파를 지지할 수밖에 없었다. 윤창형 정부는 성립 후에 조이풍을 처형하는 한편 "파괴분자는 끝까지 진압"하겠다는 포고를 발표했다.[10] 그의 정부는 진압과 회유라는 이중방식을 사용하여 성도와 사천 성 각지의 보로동지군을 소멸시켰다.

이제 중경 군정부를 어떻게 처리할 것인가 하는 문제만 남았다. 당시 사천에서는 일부 다른 성과 마찬가지로 군웅이 봉기하여 제각기 도독을 자칭하고 있었는데 성도 군정부 이외에 가장 중요한 정권은 중경 군정부였다. 성도 쪽에서는 군사적 위협과 정치적 담판을 통해 마침내 중경 측으로부터 양보를 받아냈다. 1912년 3월, 중경의 촉군정부는 해산하고 도독 장배작은 성도로 와서 부도독이 되었고 부도독 하지시는 사임하고 외국으로 나갔다. 이렇게 하여 사천은 한 바탕 자산계급 혁명운동의 풍랑을 겪은 후 결국 봉건지주와 매판을 대표하는 군인 윤창형의 손에 통일되었다. 이로부터 얼마 후 윤창형은 또 한사람의 군인 호경이(胡景伊)에게 밀려나게 되는데, 이는 실력파 상호간의 투쟁이었을 뿐 신해혁명과는 무관한 일이었다.

중국의 지주계급은 풍부한 정치경험을 갖고 있었다. 그들은 장기간의 봉건시대를 거치면서 농민혁명을 진압한 경험을 축적했을 뿐만 아니라 농민혁명의 과실을 찬탈한 경험도 풍부하게 축적하고 있었다. 자산계급 입헌파와 지주계급은 밀접한 관계를 맺고 있었다. 입헌파는 대다수가 지주계급에서 변신한 인물들이었고, 그들은 지주계급의 정치경험을 계승하고 있었을 뿐만 아니라 이런 경험을 서방 자산계급에게서 배워 온 몇몇 수법과 결

10 『사천보로운동사료』. 513쪽.

합하기 시작했다. 그들은 신해혁명 중에 매우 유리한 위치에 있었다. 그들은 권력을 잡지 않았기 때문에 쉽게 혁명을 찬성한다고 말할 수 있었는가 하면 다른 한 편으로는 자산계급·소자산계급 "풋내기" 혁명가가 아니었기 때문에 모든 구시대 사회세력으로부터 쉽게 신임을 얻을 수 있었다. 그들은 이런 조건을 이용해 신해혁명 중에 중요한 역할을 맡았다.

그러나 자산계급 입헌파는 궁극적으로 독립적인 정치세력이 되지 못했다. 실제로 봉건 지주계급과 매판계급은 입헌파를 이용하여 혁명파를 속였을 뿐만 아니라 그들의 손을 빌려 혁명의 과실을 훔쳤다. 도도한 혁명의 물결을 거스를 수 없다고 판단한 봉건 지주계급과 매판계급은 일보 후퇴하여 자산계급 입헌파를 임시로 전면에 내세우고 혁명을 견제하는 역할을 맡겼다. 어떤 성의 정권을 손에 넣은 자산계급 입헌파 인사가 야심은 커지만 정권을 비교적 오래 동안 유지할 수 없었던 이유는 지주계급과 매판계급은 혁명 중에 아무런 손상을 입지 않았기 때문이며, 이들이 권토중래하면서 더욱 강력한 도구가 필요했기 때문에 자산계급 입헌파의 정권은 이들로부터 버림받을 수밖에 없었다. 운남의 채악은 군권을 쥐고 있었으면서도 이런 운명을 피할 수 없었으니 절강의 탕수잠이나 사천의 포전준은 더 말할 필요가 없다.

혁명의 외피를 걸친 군벌과 불량배 정객들

섬서와 산서에서는 혁명 후에 설립된 정권이 앞에서 설명한 (운남에서 귀주로 간) 당계요, (절강의) 주서, (사천의) 윤창형과 유사한 군인들의 수중에 떨어졌다. 그들은 혁명 전에 군대에서 일정한 지위에 올랐고, 혁명당의 덕을 보았으며, 혁명 덕분에 입신하여 한 성을 차지하는 권력자가 되었다.

섬서 신군 제39협의 하급 장교와 병사들이 10월 22일(장사 봉기와 같은 날)에 서안에서 봉기했다. 협통 수하의 한 참모였던 장봉홰(張鳳翽)가 대통령(이후 다른 성과 마찬가지로 도독으로 바꾸어 불렀다)이 되었다. 그는 일본육군사관학교 제6기 졸업생이며 동맹회에 가입한 적이 있었지만 곧 탈퇴하고 혁명 활동에 참여하지 않았다. 도독에 취임한 후 그는 전임 자의국 부의장 곽희인(郭希仁)을 모사로 썼다. 섬서 지식계에서는 동맹회 회원들이 활동하고 있었는데(핵심 인물은 정물막[井勿幕]), 이들이 신군의 봉기를 추진하는 역할을 했다. 그러나 새로 성립된 성 정권에서 동맹회 회원들은 아무런 지위를 얻지 못했다. 섬서의 가로회는 세력이 매우 컸다. 장봉홰의 정부에서 실권을 장악한 가로회의 지도자들은 혁명파를 경시했다. 이 때문에 섬서의 동맹회 회원들은 혁명이 실패했다고 생각했다. 장봉홰는 가로회 세력을 이용했다. 그는 기회를 보아가며 자신의 말을 잘 듣지 않는 가로회 지도자들을 살해하였고, 점차로 가로회 세력을 7개 여단과 하나의 독립연대로 개편하여 수하에 둠으로써 자신은 섬서를 지배하는 실력파가 되었다.

　　섬서성이 독립한 후 산서순무 육종기(陸鍾琦)는 혁명의 물결이 산서로 넘어오는 것을 막기 위해 신군 제85표를 태원(太原)에서 이동시켜 하동(河東)을 지키게 했다. 제85표 제2영의 장교와 병사들 중에는 동맹회의 혁명사상에 영향을 받은 사람이 많았다. 이들은 10월 28일 밤에 봉기하여 순무의 관서를 점령하고 육종기와 협통 담진덕(譚振德)을 총살했다. 태원 성안에는 신군 제86표가 주둔하고 있었는데 표통 염석산(閻錫山)은 관망하는 태도를 취하면서 수하의 부대가 봉기에 참가하는 것을 허락하지 않았다. 봉기가 성공한 후 군부 인사들과 지역 유지들이 자의국에 모여 새로운 정부 수립 문제를 논의했다. 입헌파인 성 자의국 의장 양선제(梁善濟)의 제의로 염석산이 도독으로 추대되었다. 염석산은 장봉홰와 일본육군사관학교 동기생이었고 동맹회에 이름을 올린 적도 있었다. 10월 하순, 청의 관군이 낭자관(娘子關)

으로 진격해왔다. 염석산은 청군에게 강화를 요청했으나 거절당하자 태원을 버리고 부대를 이끌고 산서 북부로 달아났다. 청군이 산서성 수도를 탈환했으나 산서 각지에서는 대중적이고 자발적인 봉기가 잇따라 일어났고 동맹회 회원들도 완강하게 투쟁했다. 이런 형세에 힘입어 염석산은 마침내 원세개로부터 산서 도독의 지위를 인정받게 되었고 1912년 9월에는 태원으로 돌아왔다. 염석산은 이때부터 북양군벌 시기를 거쳐 장개석의 국민당 시대에 이르기까지 36년이란 긴 세월 동안 산서를 통치하는 토착 황제 노릇을 했다.

자산계급 혁명파의 인적 구성은 매우 복잡했다. 상해, 복주, 광주에서는 지주계급과 매판계급이 혁명의 간판을 내건 불량배 정객을 그들의 대리인으로 내세워 혁명의 격랑을 틈타 권력을 탈취했다.

상해라고 하는 이 민감한 도시에서는 혁명의 소식이 대중들 사이에서 강렬한 반응을 일으켰다. 상해에 주둔한 청군은 송호(淞滬)순방영 등 소수의 부대뿐이었다. 이들 부대의 지휘관들은 대세의 흐름을 보고 혁명에 반대하는 입장을 공개적으로 드러내지는 못했다. 그러나 혁명파는 지금까지 상해를 전국 기타지역을 상대로 활동을 전개하는 하나의 거점으로만 생각했기 때문에 이곳에서 대중조직을 구축하는 활동을 한 적이 없었다. 11월 3일, 회당 세력을 위주로 한 자발적인 대중봉기가 일어나 강남제조국을 점령하고 이때부터 상해의 광복을 선포했다. 동맹회 회원 진기미(陳其美)(일명 진영사[陳英士])는 상해 회당 집단(이른 바 "청방[靑幇]")의 한 우두머리이기도 했고 상업계의 거물인 이평서(李平書)(즉, 이종각[李鍾珏])의 지지도 있어서 일약 상해 군정부의 도독이 되었다. 진기미는 강소와 절강 두 성을 장악하려는 야심을 갖고 있었으나 혁명의 격랑 속에서 이미 두 성을 장악한 구세력과는 싸우려 하지 않고 오히려 광복회의 저명한 지도자 도성장을 눈엣가시로 여겼다. 도성장은 결함이 있는 인물이었으나 혁명의 대의에 대한 충성을 버린 적은 없었는데, 12월에 상해에서 암살당했다. 암살의 교사범은 진기미였고 실행범은 장개석이었다. 당시 장개석은 진기미의 부하이자 상해 조계 경찰의 밀정이면서 유명한 불량배 황금영(黃金榮)의 제자였다.

복건에서도 혁명의 과실은 동맹회에 적을 둔 군인 정객의 손 안에 떨어졌다. 복주가 광복될 때 현지의 신군은 기병(旗兵)(만주족 군대)과 격렬한 전투를 벌였다. 만주족 장군 박수(樸壽)는 전사하고 민절총독 송수(松壽)는 자살했다. 12월 5일에 설립된 신정부는 표면상으로는 동맹회가 완전하게 장악하고 있었다. 도독으로 추대된 손도인(孫道仁)은 복건에 주둔한 신군 제10진의 통제(사단장)였는데, 그는 봉기 3일 전에 현지의 동맹회 조직에 가입했다. 도독부를 구성하는 10인의 참사원(參事員)도 모두가 동맹회 회원이었고 그 중 중심인물은 팽수송(彭壽松)이었다. 이 인물은 경찰 간부 출신이었다. 그는 동맹회 복건지부의 책임자 가운데 한 명이면서 따로 군경동맹회(軍警同盟會)란 구식 회당 조직도 거느리고 있었다. 팽수송은 원래 이 회당 조직의 우두머리였다. 그는 도시의 불량배 집단을 자기 주변에 조직화하였다. 군대를 손에 쥐고 있던 손도인이 정권을 탈취하기 3일 전에 서둘러 동맹회에 가입한 이유는 어느 정도 혁명의 색채로 치장하여 팽수송 같은 폭력조직의 협력을 얻고자 함이었다. 봉기가 성공한 후 얼마 지나지 않아 동맹회 복건지부와 군경동맹회는 합병을 선언하고 팽수송이 회장이 되었다. 정권기관의 참사회는 정무원으로 개편되었고 정무원의 총장은 그대로 팽수송이었다. 손도인과 팽수송이 중심이 된 정부는 깃발을 바꿔 단 것 말고는 새로운 기풍을 전혀 보여주지 못했다. 그래서 이 정부는 성립된 직후에 누군가를 비난하는 다음과 같은 포고문을 발표해야 했다. "헛된 의심을 키워 소문을 퍼뜨리며, 심지어 본 군정부의 업무 방침이 선포된 공화국 수립의 종지에 부합되지 않는다고 비방하고 있다."[11]

광주의 독립은 12월 9일에 광주의 지역유지와 상인들이 선포했다. 이

날 이전, 성의 수도 이외의 각지에서 혁명의 깃발과 구호를 내건 군대(당시에는 민군[民軍]이라 통칭했다)가 여기저기서 일어나 권력을 탈취하기 위해 성의 수도로 몰려들고 있었다. 광주의 유지와 상인들은 두려움에 빠졌다. 그들은 자의국에서 회의를 열어 "공화독립을 선포"하기로 결정하고 양광총독 장명기에게 도독을 맡아달라고 요청했다. 장명기는 이 제의를 거절하고 주요 관원들과 함께 달아났다. 유지와 상인들은 다시 홍콩 동맹회의 저명한 지도자인 호한민에게 도독 자리를 제안했다. 호한민은 10일에 광주로 와 도독에 취임했으나 실제로 움직일 수 있는 병력을 갖지 못했다. 각지 민군의 우두머리들이 개인적인 야심을 품고 병력을 이끈 채 광주로 모여들었다. 이들은 호한민의 지시를 전혀 따르지 않았다. 그중의 최강자가 진형명이었다. 그는 광동성 자의국의 의원을 지낸 적이 있었고 동맹회에 참가한 후에는 황화강 전투에 참가했다가 전선을 이탈했다. 그 후 그는 혜주 일대에서 회당 조직과 관계를 맺고 스스로도 한 부대를 거느렸다. 광주에서 그는 기타 민군 우두머리들을 모아 군단협회(軍團協會)라는 것을 만들어 자신이 회장이 되었다. 광주의 유지들과 상인들은 그가 실력자임을 간파하고 그를 광동성 부도독으로 추대했다. 한 달 후 그는 도독 자리를 물려받았다. 그는 군단협회란 세력을 이용해 호한민을 배척했고, 도독의 자리에 오른 후에는 즉시 군단협회를 해산하고 각종 술수를 동원해 각지 민군 우두머리의 상호 불신을 부추겨 민군을 하나씩 해산해나갔다. 진형명은 동맹회 내의 혁명파로 분류되고 있었지만 그의 정권은 실제로는 광동의 유지와 상인들이 혁명을 끝내고 이전의 사회질서를 유지하기 위해 활용한 도구에 지나지 않았다.

상술한 몇 개 성의 경우는 혁명의 외피를 걸친 군벌과 불량배 정객이 혁명의 격랑 속에서 정권을 잡은 사례이며, 혁명의 물결 가운데서 성립된

---

11 정조음(鄭祖蔭), 『복건신해광복사료』, 복건건국출판사 1942년 판, 89~90쪽.

정권의 세 번째 유형이었다.

새로운 도독의 외피를 걸친 옛 순무

　　네 번째 유형은 구시대의 집권파, 다시 말해 청 왕조의 지방 군정장관이 현지의 지주와 유지들의 추대를 받아 새로운 정권의 수장으로 변신한 경우이다.

　　무창 봉기의 영향을 받아 강서성 구강 신군의 일부 하급 장교와 병사들이 봉기를 시도했다. 봉기를 이끌어줄 지도자가 없었기 때문에 그들은 혁명과는 전혀 관련이 없는 제53표 표통(연대장) 마육보(馬毓寶)를 우두머리로 내세웠다. 마육보는 호북의 여원홍의 선례를 알고 있어서 동의했다. 이렇게 하여 마육보는 독립을 선언한 구강군정부(九江軍政府)의 도독이 되었다. 이때는 무창 봉기가 있은 후 반 달이 지난 10월 23일이었다. 강서성 수도 남창의 유지들은 형세가 긴박하게 돌아가는 모양을 보고 혁명을 방지하기 위해 청 왕조의 순무 풍여규(馮汝騤)에게 독립을 선포할 것을 권고했으나 풍여규는 그런 "대역무도"한 일을 할 만한 인물이 못되었다. 10월 31일에 남창에 주둔하던 신군 병사와 육군소학당, 육군 측량학당의 학생들이 봉기를 선언했다. 지방유지, 상인, 병사, 학생 등 각계를 대표하는 인사들이 회의를 열고 토론한 끝에 제27협의 협통(여단장)이며 역시 혁명과는 무관한 군인 오개장(吳介璋)을 대도독으로 추대하여 강서군정부(江西軍政府)를 출범시켰다. 군정부는 전체 성에 명령을 내려 행정제도, 관원, 사회질서 등 일체는 옛날과 다름없이 유지된다고 밝혔다.[12] 군 내부의 알력 때문에 오개장은 도독의 자리

12　곽효성, 『중국혁명기사본말』 제2편, 21쪽.

에 앉은 지 10일 만에 물러났고 측량학당의 교사 팽정만(彭程萬)도 9일 만에 도독의 자리에서 물러났다. 마침내 구강의 마육보가 군대를 이끌고 남창으로 와 유지와 상인의 환영을 받으며 전체 성의 도독이 되었다.

이러한 유형에 속하는 정권으로서 대표적인 경우가 강소와 광서 정권이었다. 이 두 성에서는 모두 청 왕조에서 임명된 순무이자 성 최고의 군정 장관이 독립을 선포했다.

소주에서는 상황에 쫓긴 강소순무 정덕전이 현지 유지와 상인 지도자들의 요구를 받아들여 11월 5일에 순무 관서의 정문에 "민국군정부 강서 도독부(民國軍政府 江西都督府)"란 팻말을 내걸었다. 순무의 호칭이 도독으로 바뀜으로서 혁명은 완성된 것처럼 보였다. 정덕전은 기회를 포착하는데 능숙한 관료였다. 1900년 의화단 전쟁 때에 그는 후보 지현(知縣)의 신분으로서 치치하르를 점령한 러시아 침략군을 극진히 대접하여 러시아 측의 신임을 얻었고 이때부터 관계에서 두각을 나타내기 시작해 강소성의 순무에까지 이른 인물이었다. 신해혁명 중에 그는 다시 한 번 민국 창립의 주요 인물로 변신했다.

광서 각지에는 회당의 세력이 강했다. 혁명의 물결 속에서 회당은 활발하게 무장활동을 벌였다. 순무 심병곤(沈秉坤)과 관리들은 자의국 유지들과 상의하여 다른 성보다 앞서 독립을 선언하기로 결정했다. 11월 6일 밤 사이에 그들은 계림 성내에 수백 장의 황색 깃발을 세웠다. 깃발에는 "대한 광서 전성 국민군은 심도독이 독립을 선포할 것을 삼가 요청하는 바이다. 광서의 앞날 만세(大漢廣西全省國民軍恭請沈都督宣布獨立, 廣西前途萬歲)"라는 24자가 씌어 있었다. 다음날 청 왕조의 이 순무는 자의국이 추대한 도독이 되어 "순무아문을 군정부로 개칭하고 자의국을 의원(議院)으로 개칭"한다는 포고를 발표했다.[13] 심병곤은 군권을 장악하지 못했기 때문에 3일 후에 광서제독 육영정(陸榮廷)에게 도독 자리를 빼앗겼다.

안휘와 산동도 같은 유형에 속하지만 상황의 전개과정은 훨씬 복잡하다.

안휘성 수도 안경에서는 11월 8일에 자의국의 유지들이 독립을 선언했다. 안휘순무 주가보(朱家寶)가 도독, 자의국 의장 두이각(竇以珏)이 민정부장이 되었다. 안경의 군부와 지식계에서 활동하던 동맹회의 혁명분자들은 이 군정부를 인정하지 않고 일본 육군사관학교 출신인 왕천배(王天培)를 도독으로 추대했다. 주가보는 표면적으로는 양보하고 물러났으나 재빨리 무력을 조직하여 왕천배를 몰아냈다. 혁명파는 강서로 가 도움을 요청했다. 강서 구강에서 온 군대와 안휘 현지의 군대가 안경에서 대치하자 주가보도 도독자리를 유지할 수가 없었다. 한 차례 혼란을 겪은 후 지방 유지들은 상해에 있던 손육균을 도독으로 초빙했다. 이 인물은 청 왕조의 대학사 손가내의 종손이며 일본 유학시절에 동맹회에 가입하였고 1906년 귀국 후에 남경에서 단방에게 체포되자 변절하고 관부에 투항했다. 그런데도 혁명파에서는 그를 원로 동맹회원으로 인정하였다. 이런 "혁명가"라면 지주와 지방 유지들이 받아들이지 못할 이유가 없었다. 손육균은 12월 하순에 안경에 도착했다. 그를 우두머리로 한 정권은 사실은 구 군대와 지주 유지들의 정권이었다. 당시 안휘성에서는 수도 안경 이외에 각지에 수많은 군정분부와 그와 유사한 기관이 설치되어 있었고 이들은 나름의 무력을 갖추고 각기 한 지역을 할거하고 있었다. 그들의 우두머리 가운데는 진정한 혁명당도 있었고 거짓 혁명당도 있었다. 구 관료와 지방 유지들의 입장에서는, 성 전체를 호령하고 통일된 국면을 조성하기 위해서는 성의 수도에 거짓 혁명당을 우두머리로 하는 정권이 있는 것이 당연히 유리했다.

제남의 유지, 상인, 학생 등 각계 인사들이 11월 5일에 자의국에서 회

13 곽효성, 『중국혁명기사본말』 제2편, 185쪽.

의를 열고 "독립준비"문제를 토론했다. 산동에서는 동맹회 회원들이 활동하고 있었으나 조직적인 세력을 형성하지는 못했다. 동맹회도 이때의 회의에 대표를 참석시켰다. 회의에서는 순무 손보기(孫寶琦)에게 독립선언을 요청하기로 결정되었다. 손보기는 "화평당"의 요청을 받아들여 11월 13일에 "산동성 전체 인민은 지금부터 청 왕조와의 일체의 관계를 단절하며," "산동성은 중화민국 군정부에 가입한다"고 선언했다.[14] 그러나 그는 동시에 북경 조정에도 전보를 보내 이런 행동은 결코 본의가 아니라고 알렸다.[15] 원세개는 당시 북경 정권을 장악하고 세력을 확장하는 데 힘을 쏟고 있었다. 원세개는 직례와 하남 두 개 성을 직접 지배하는 이외에 산서에 출병하여 태원을 점령했고 산동의 형식적인 독립에 대해서도 못마땅하게 생각했다. 그는 관원을 보내 손보기를 도왔고, 손보기는 11월 24일에 독립 취소를 선포했다. 이렇게 하여 산동은 다시 청 왕조의 깃발 아래로 돌아갔다.

"혁명금지"

광대한 빈곤농민 대중과 도시 빈민 대중은 신해혁명 과정에서 중요한 역할을 하였다. 그들의 혁명역량이 충분히 발휘되지는 못했지만 그런 역량이 존재하지 않았더라면 각 성의 "광복"은 그처럼 신속하게 실현될 수는 없었을 것이다. 한편으로는, 그런 역량이 충분히 발휘되지 못했기 때문에 각 성에서 공화의 승리를 선포하는 환호성이 울려 퍼지고 있을 때 실제로 혁명의 과실은 임기응변에 능한 구세력의 수중에 떨어졌던 것이다.

---

14 곽효성, 『중국혁명기사본말』 제2편, 231쪽.
15 「손보기가 9월 23일에 내각에 보낸 전보」, 『근대사자료』 1956년 제1기, 128쪽.

자산계급 혁명파가 퍼뜨린 혁명사상과 그들이 일으킨 혁명투쟁은 사회의 기층에서 압박받고 있던 대중 사이에 강렬한 반향을 불러일으키지 않을 수 없었다. 혁명 동란의 시기가 길어질수록 광대한 기층 대중 사이에 축적되어 있던 반제국주의와 반봉건주의 정서도 더욱 적극성을 띠며 분출되었고 기존 사회질서를 뒤흔드는 상황에 이르렀는데, 이는 각 지방의 지주와 유지 상인들이 가장 두려워하는 바였다. 수많은 지역에서 봉기의 총성이 울리자 말자, 심지어 봉기의 총성이 울리기도 전에 입헌파 유지들은 혁명에 대한 지지를 표명하고 지주계급과 매판계급의 대표인물과 청 왕조의 군정 관원들이 일시에 태도를 바꾸어 민주공화를 주장한 근본 원인은, 하층 대중과 진검승부를 벌여야 하는 혁명을 피하자면 이렇게 하지 않으면 안 된다는 사실을 그들이 알고 있었기 때문이었다. 신해혁명을 배경으로 하여 《아Q정전(阿Q正傳)》이란 소설을 쓴 노신은 작품 속에서 특별히 "혁명금지"라는 장을 두어 역사의 진실을 반영하고 있다. 조 나으리, 수재, 가짜 양코배기 등등은 하층 대중의 혁명 참가를 막기 위해 재빨리 수단을 부려 혁명을 나타내는 "은복숭아 휘장"을 옷깃에 단다.

　　혁명 투쟁을 발동하기 위해 자산계급 혁명파는 하층 대중의 역량을 찾아내야 했지만 그들은 혁명이 승리했다고 느낄 때에는 하층 대중의 역량을 거들떠보지 않거나 심지어 하층 대중을 혁명의 대열에 참여시키지 않는 진영에 가담했다.

　　하남성의 경우에서 알 수 있듯이, 자산계급 혁명파는 일정 정도까지는 하층 대중의 혁명 열정을 유발하였으나 하층 대중의 역량을 깊이 있고 지속적으로 조직하고 동원하려는 노력은 하지 않았다.

　　개봉과 낙양 등지의 지식계에는 동맹회 회원들이 적지 않았다. 그들은 주로 학교 운영을 통해 혁명사상을 전파하고 혁명조직을 발전시켰다. 무창봉기가 일어난 후 그들도 신군 장교들의 힘을 빌려 봉기할 계획을 세웠으나 성공하지 못했다.

11월 하순, 동맹회 하남 조직이 낙양을 공격할 계획을 세웠다. 그들은 숭(嵩)현 양산(羊山)을 점거하고 있던 녹림세력을 동원할 생각이었다. 양산 녹림의 우두머리는 왕천종(王天縱)이라는 인물이었다. 숭현의 한 소학당 교장인 석언(石言)은 동맹회 회원이었고 하남의 녹림세계에서 상당한 영향력이 있는 인물이었다. 동맹회 조직은 석언과 녹림의 관계를 이용하여 하남부(河南府) 중학당의 교사 유춘인(劉春仁)을 양산으로 파견했다. 유춘인은 왕천종과 그의 동지들에게 손중산의 혁명 주장과 무창 봉기의 경과를 들려주고 낙양 공격을 도와줄 것을 요청했다. 그들은 동맹회와 협력하여 낙양을 공격하기로 동의했다. 그러나 청의 관부가 군대를 증원하여 경비를 강화하자 계획된 군사행동은 무산되었다.

낙양 지역에는 "재원(在園)"이란 이름의 농민조직이 있었다.[16] 이 조직을 만든 사람은 낙양성 동문 밖 하원(下園)에서 채소농사를 지으면서 부업으로 직물 염색도 하던 남대정(南大定)이란 인물이었다. 그의 집은 하남부 중학당 가까이에 있었고 이 중학당의 교사와 학생들 중에는 동맹회 회원이 많았다. 남대정은 이들로부터 혁명사상을 받아들이게 되었다. 그가 하원에서 만든 조직은 점차로 발전하여 낙양뿐만 아니라 낙양 인근의 이천(伊川), 맹진(孟津) 등의 현에도 조직이 생겼다. 조직 구성원은 주로 농민이었다. 하원에서는 농민의 70/100 이상이 조직에 참가했다. 지식계 중의 일부 동맹회 회원들도 이 조직의 활동에 참가했다. 남대정이 영도하는 이 농민조직은 소자산계급 혁명분자의 영향을 받아 청 왕조의 전복을 투쟁목표로 설정했다. 그러나 이 조직의 성격은 기본적으로 구식의 강호 회당이어서 조직

---

16 양의평(楊依平), 「약담 "재원" 활동(略談 "在園" 活動)」, 『신해혁명회억록』 제5집, 375–381
    쪽.

의 명칭을 대도회 또는 소도회라고 부르기도 했다. 1911년, 낙양의 지부(知府)가 "재원"이란 조직이 낙양에서 봉기를 일으키려 한다는 정보를 입수하고 즉각 상부에 보고했다. 개봉에서 파견된 군대가 진압에 나섰다. 남대정은 체포되었으나 절개를 지키며 영웅적으로 죽음을 맞았다. "재원"의 활동에 참가했던 많은 지식인들이 체포되거나 도망하고 조직은 큰 손상을 입었다. 때는 무창 봉기 바로 전날이었다.

동맹회 조직은 11월 하순 왕천종의 부대와 낙양을 공격하기로 약속했을 때 동시에 "재원" 조직에 참가한 농민대중도 동원하려 했다. 봉기가 무산된 후 "재원"이란 농민조직은 소멸했고 동맹회원 중에서 남대정의 농민운동을 이어받는 사람은 나오지 않았다.

왕천종의 부대는 이후 하남 서부 일대에서 활동하다가 섬서 군정부가 동관(潼關) 밖으로 파견한 장방(張鈁)의 부대와 협력한 적이 있었다. 전국 정권이 원세개에게 찬탈된 후 양산에서 나온 병력은 대부분 하남 서부 각지의 지방 무장에 흡수되어 진숭군(鎭嵩軍)이라 불리었다. 원래 하남의 동맹회 회원이었던 유진화(劉鎭華)가 하남 서부 관찰사 겸 진숭군 통령에 임명된 후 이 무력을 밑천으로 하여 원세개에게 충성을 바침으로써 봉건군벌이 되었다. 왕천종의 몇몇 동지들이 이 군벌의 앞잡이 노릇을 했다. 왕천종 본인은 북경으로 불려가 원세개 밑에서 관료가 되었다. 이런 경과에서 알 수 있듯이, 자산계급·소자산계급 혁명파는 혁명을 명분으로 내세워 파산 유민 출신의 녹림 세력을 끌어 들였지만 그들이 혁명의 길에서 계속 전진하도록 인도하지는 못했다. 하남은 끝내 독립을 선언하지 못하고 원세개의 지배하에 남았던 성이다. 독립을 선언한 성이라 할지라도 하층 대중은 "혁명금지"라는 금령에 부딪쳤고 어떤 경우 이 금령은 무력진압을 수반했다.

동란의 규모가 가장 크고 지속된 시간도 가장 길었던 사천성에서는 하층 대중의 혁명역량이 중요한 역할을 한 반면에 혁명 후에는 그만큼 새로운 집권세력으로부터 압박도 많이 받았다. 다른 성에서도 혁명과정에서 농민대중과 도시빈민의 다양한 운동이 일어났다. 지역적으로 광범위하고 분산적이며 규모가 작은 이런 운동을 하나하나 서술하기는 불가능하므로 여기서는 전형적인 사례 몇 가지만 소개한다.

강소성 수도는 평화롭게 광복되었지만 강소 각 지는 그렇지 않았다.

11월 7일, 실직한 수공업 장인 손천생(孫天生)을 중심으로 한 도시빈민과 병사들이 양주에서 무장봉기했다.[17] 손천생은 양주 군정부 도독의 이름으로 포고문을 내고 3년 동안 세금을 걷지 않을 것이며 각종 잡세를 폐지하고 상인이 쌀과 육류의 가격을 올리는 것을 금한다고 선언했다. 현지의 토호, 유지, 소금상인들이 원래 밀수단속 부대의 지휘관이었다가 시세를 보고 혁명에 뛰어든 서보산(徐寶山)이란 자를 진강으로부터 불러왔다. 서보산은 병력을 끌고 와 봉기군 70여 명을 살해했고 손천생도 붙잡아 죽었다. 서보산은 양주 군정분부 도독이 되었다.

강소성 남부의 무석(無錫), 상숙(常熟), 강음(江陰) 3개 현의 접경 지역에서 1911년에 "천인회(天人會)"란 농민 단체가 봉기했다.[18] 이 해 7월에 이 지역에서는 큰 비로 재해가 발생하자 굶주린 농민들이 지주와 대상인들이 쌓아둔 식량을 탈취했다. 쌀을 강탈하는 풍조 가운데서 천인회란 비밀조직이 생겨났다. 무창 봉기의 소식이 전해지자 농민들 가운데서는 "황제가 이미

---

17 양주사범학원 역사과 편 『신해혁명강소지구사료』(강소인민출판사 1962년 판) 가운데 「손천생기의조사기」가 실려 있다. 이 조사기는 당년에 양주 광복을 직접 겪은 노인 50여명을 방문하여 작성했다. 집필자는 기룡위(祁龍威). 같은 책에는 그 밖에도 관련 기사 몇 편이 더 실려 있다.

18 『신해혁명강소지구사료』에 「천인회조사기」와 그 밖의 관련자료 몇 편이 실려 있다. 이 조사기는 1960년 양주사범학원 중국근대사 향토자료조사대가 실시한 조사의 보고서이며 집필자는 기룡위이다.

없어졌으니 세금을 낼 필요가 없다"는 말이 나왔고 천인회는 점차로 공개적으로 활동했다. 3개 현이 교차하는 20리 범위의 지역 내에서 빈곤한 농민들이 연이어 이 조직에 참가하여 납세 거부를 주장했다. 강소성 수도가 무혈 광복된 후 이 세 현에서도 지주, 자본가, 구관료들이 중심이 되어 새로운 정부를 수립했다. 무석 군정분부의 수뇌는 관료지주 집안 출신의 동맹회 회원이었다. 세 현의 새로운 정부는 농민들에게 옛날과 같이 납세할 것을 요구했다. 12월달 동안에 상숙의 군경이 왕장(王莊) 마을로 내려와 천인회의 우두머리 주천보(周天寶)를 체포했다. 천인회 군중이 왕장으로 몰려와 그곳 토호지주의 주택과 그들이 경영하는 상점을 부수고 왕장 성황당에 모여 사령부를 구성하고 도독 손이(孫二), 손삼(孫三)과 군사(軍師) 번문도(樊文濤)의 이름으로 포고문을 내다 붙였다. 손이와 손삼은 재봉사 일을 겸업으로 하는 빈농이었고 번문도는 가난한 서당 훈장이었다.

이 무렵 강소성 경내에서는 도독을 자칭하는 사람이 도처에 있었지만 천인회가 세운 빈곤한 농민출신의 도독은 인정받지 못했다. 무석, 상숙, 강음 세 현의 신 정권은 소주와 상해 군정부의 지지 하에 천인회를 진압하기 위한 군대를 보냈다. 가진 무기라고는 낫, 망치, 조총밖에 없는 농민군중은 당해낼 수가 없었다. 군중의 도움으로 손이, 손삼, 번문도는 끝까지 체포를 면했으나 이때 이후로 그들은 종적을 감추고 다시는 나타나지 않았다.

산서성 동남부 장치(長治)와 고평(高平)의 건초회(乾草會)의 사례도 있었다.[19] 건초회는 현지 농민의 자발적인 조직이었다. 군중은 나무 막대기와 건초를 가지고 다니면서 어두운 밤에 행군할 때는 횃불을 만들어 들었고 이 때문에 건초회란 이름을 얻었다. 무창 봉기, 태원 봉기 소식이 전해진 후 두 현의 건초회는 비밀서신을 통해 연락하면서 무리를 모아 조세 면제를 요구

---

19 1962년 출판된 『산서문사자료』 제4집에 실린 「장치, 고평의 건초회」.

하면서 수많은 지주들의 집을 불 질렀다. 이 무렵 두 현은 아직 청 정부가 임명한 현관의 지배하에 있었다. 머지않아 민국의 새 현관이 부임하고 나서도 지주들은 현과 성 정부에 건초회를 고발했다. 관부에서는 이들의 고발을 근거로 하여 진압에 나섰다. 각 마을에서 건초회의 우두머리로 지목된 사람들이 수없이 체포되거나 살해되었다.

교전과 화의

앞에서 이미 설명한 바와 같이(제23장 반혁명 세력의 손에 떨어진 무창정권), 원세개의 군대가 한양과 한구를 점령한 후 무창 군정부는 원세개가 제안한 정전을 받아들이고, 처음에는 두 차례 3일간 무한 지역에서 전투를 멈추었고(12월 3일 새벽에서부터 9일 새벽까지) 다음으로는 전국적인 범위에서 15일 간(12월 9일에서부터 24일까지) 전투를 멈추었다.

무한 이외에 전투가 발생한 지역은 주로 북방의 산서와 섬서, 남방의 안휘북부와 남경이었다.

청 왕조 정부의 양강총독은 남경에 주재했다. 강서, 강소, 안휘 3성이 모두 청 왕조 정부에 대해 독립을 선포한 후 양강총독 장인준(張人駿)에게는 남경 성 하나만 남았다. 이 무렵 남경 성 안에는 강방영(江防營), 순방영, 집사영(緝私營) 등 도합 40개 영의 병력이 있었는데 그중 다수를 차지하는 부대가 강남제독 장훈(張勳)이 통솔하는 강방병 20개 영이었다. 장훈은 완강하게 청 왕조에 대한 충성을 고집하는 인물이었기 때문에 장인준은 독립을 선포하자는 남경 유지들의 제안을 받아들일 수가 없었다. 남경에는 원래 서소정(徐紹楨)이 통솔하는 신군 제9진도 주둔하고 있었으나 신군의 장교와 병사들이 혁명에 기울었다고 염려한 장인준은 무창 봉기가 있은 후 제9진

전부를 남경 성 밖으로 이동시켰다. 제9진의 사령부는 남경 성 남쪽 40여 리 떨어진 말릉관(秣陵關)으로 옮겨갔다. 서소정은 원래 혁명을 주장하던 인물은 아니었으나 대세의 흐름을 보고 혁명 쪽에 서기로 결심했다. 11월 8일, 그는 부대를 지휘하여 남경을 공격했으나 실패했다. 그의 부대는 진강 일대로 물러나 집결했다. 진강에 주둔하던 제9진 제35표의 병사들은 그보다 하루 앞서(11월 7일) 봉기를 선포하고 군정부를 세워 영장 임술경(林述慶)을 도독으로 추대했다. 서소정은 상해와 각 방면으로 연락하여 강절(江浙)연합군을 편성하고 다시 남경을 공격하기로 결정했다.

강절연합군의 총사령은 서소정이 맡았다. 연합군에는 서소정의 부대 이외에 진강의 임술경 부대, 소주의 정덕전이 파견한 유지결(劉之潔)이 지휘하는 부대, 절강에서 온 주서의 부대, 상해 오송에서 온 (숫자는 얼마 안 되었지만) 여천재(黎天才)의 부대가 있었다. 각 부대는 작전 중에 제대로 협력하지 못했다. 그러나 남경은 고립된 성이었고 공격하는 연합군의 병력은 수비군보다 많아서 연합군이 우세한 위치에 있었다. 11월 22일부터 10일 동안의 전투를 거친 후 연합군은 남경 성 밖의 각 거점을 점령했다. 장훈은 부대를 이끌고 남경 성을 탈출하여 강을 건너 북쪽으로 달아났다. 양강총독 장인준과 성 안의 주요 관원들도 달아났다. 이날이 12월 2일, 무창에서 정전이 선포되기 하루 전이었다.

안휘성 북부에는 동맹회 혁명분자들이 이끄는 회상군(淮上軍)이 있었다. 안휘성 수도에서 독립을 선포한 며칠 후, 회하(淮河) 남쪽 강변 수주(壽州, 지금의 수[壽]현)에서 봉기가 일어났다. 이 봉기는 동맹회 회원이자 일본에 유학한 적이 있는 장회도(張匯滔)와 성 자의국 의원 왕경운(王慶雲)이 주도했다. 그들은 수주를 점령한 후, 원래부터 거느리고 있던 민단과 일부 회당 병력에다 현지의 일부 청 관군을 흡수하여 회상군을 편성하고 안휘 북부지역으로 진격했다. 장훈은 남경을 빠져나와 북으로 달아나던 중에 회상군과 마주쳤다. 회상군은 장훈의 부대를 섬멸하려 했으나 성공하지 못했다. 장훈은 서주(徐州)에 이르러 원세개의 지원을 받아 대오를 확대 편성한 후 그곳을 근거지로 삼아 눌러앉았다. 장회도가 회상군 일부를 이끌고 안휘 서북 지역으로 진입한 후 호북의 청군을 압박하기 위해 다시 하남으로 진출하려 시도했다. 원세개는 형세가 위급함을 간파하고 즉시 하남 포정사 겸 무위군 좌익장(武衛軍 左翼長) 예사충(倪嗣冲)에게 안휘 서북부를 공격하라고 명령했다. 이때는 무한 정부와 원세개 사이에 약속된 전국 범위의 15일 정전 기간 중이었지만 예사충은 계속 군대를 진격시켜 회상군으로부터 안휘 북부와 기타 여러 지역을 탈환했다. 1912년 이후 예사충은 안휘를 지배하는 군벌이 되었다. 회상군 영수 장회도는 상해에서 암살당했는데, 암살을 지시한 인물은 바로 예사충이었다.

북방의 섬서성과 산서성에서는 전국적인 정전이 선포되기 이전이나 이후에도 전투가 벌어지고 있었다. 원세개는 전국적인 정전을 제안하면서 섬서와 산서는 제외된다는 뜻을 밝힌 바 있다.

섬서 군정부는 동로군을 편성하여 장방의 지휘 하에 11월 중순에 동관을 넘어 하남성 서부로 진격했다. 원세개는 조척(趙倜)이 지휘하는 의군(毅軍)이란 이름의 부대를 하남과 섬서 접경지역에 파견하였고 이 부대는 장방 부대와 교전을 반복했다. 1912년 1월 20일, 조척의 의군이 동관을 점령했다. 장방의 섬서 군대가 패퇴하자 서안 이동의 통로가 적에게 완전히 노출되었다. 동시에 서안은 서쪽 감숙에서 오는 만주족 관원 승윤(昇允)이 거느린 정예부대의 위협을 받았다. 1912년 2월, 감숙의 청군이 예천(醴泉)을 점령한 후 함양(咸陽)을 위협했다. 동서 양쪽으로부터 위기에 직면하여 장봉화를 중심으로 한 섬서 군정부는 한 때 서안을 버리고 섬서성 남부로 물러나는 계획을 세우기도 했다. 최종적으로, 전국 정권이 원세개의 수중에 떨어지자 장봉화의 섬서에서의 지위는 원세개로부터 인정을 받았고 감숙 군대는 섬서에서 물러났다.

　태원에서 10월 30일에 군정부가 수립된 후 청 조정은 오록정(吳祿貞)이 지휘하는 신군 제6진을 보내 태원을 공격했다. 오록정은 일본 육군사관학교에 진학한 제1기 중국 유학생이었다. 그는 동맹회에 참가하지는 않았지만 정치적 성향으로는 자산계급 혁명파에 기울어 있었다. 그는 섬서 군정부에 사람을 보내 비밀리에 연락을 하고 있었고, 11월 4일에 낭자관에서 염석산을 비밀리에 만나 연합군을 구성하기로 합의했다. 또한 오록정은 하북성 동부 란주(灤州)에 주둔한 신군 제20진 통제 장소증(張紹曾)과도 줄곧 연락을 취하고 있었다. 그의 계획은 염석산, 장소증 부대와 함께 북경으로 진격하는 것이었다. 원세개는 일찍부터 오록정을 의심하고 제거 대상자로 꼽고 있었다. 원세개는 거금을 들여 오록정의 측근인 경호대장을 매수했다. 11월 6일 밤, 오록정은 자신의 경호대장에게 살해되었다. 이어서 란주의 장소증도 군직에서 물러나야 했다.

　오록정이 죽은 후 원세개는 북양 신군 제3진 통제 조곤(曹錕)과 그 수하의 제5협 협통 노영상(盧永祥)을 새로 보내 산서를 공격하게 했다. 12월 중순, 조곤과 노영상의 군대는 낭자관을 함락시키고 이어서 태원을 점령했다. 같은 시기에 산서 북부 대동(大同)에서도 전쟁이 벌어졌다. 대동에는 동맹회 회원 속동계(續桐溪)를 우두머리로 한 군정부가 있었다. 청군은 대동을 40여 일간 포위한 끝에 마침내 점령했다. 청군의 태원과 대동 점령은 모두 전국적인 정전협상이 성립된 이후에 발생한 일이었다. 조곤과 노영상 군대는 태원을 점령한 후 북으로는 흔(忻)현까지, 남으로는 임분(臨汾)에 이르는 지역에서 "도적을 토벌"한다는 명분을 내세워 각지의 혁명세력을 진압했다.

　지금까지 설명한 상황에서 알 수 있듯이, 원세개가 정전을 제안한 이유는 상대방을 마비시키고 상대방의 수족을 묶어 두기 위함이었을 뿐 자신이 필요하다고 판단했을 때는 무력을 동원하는데 주저함이 없었다. 당시 남방에서 독립을 선언하고 공화를 주장하는 12개 성은 정전을 반대하고 북벌을 강하게 요구했다. 어떤 성에서는 북벌군을 출동시키기까지 했다. 북벌의 목소리를 흐리게 하는 정전의 분위기는 원세개에게는 더없이 유리한 상황이었다.

독립한 각 성의 집권세력 중에는 철저하게 민주혁명을 실행하지는 못했지만 민주공화 정체를 굳게 지키려는 혁명파 이외에 혁명의 외피를 걸친 입헌 군주파 유지·구 관료·구 군벌·불량배 정객들도 있었다. 그들은 민주공화 쪽에 패를 던졌기 때문에 청 왕조가 반드시 붕괴되고 국가가 민주공화의 형식을 갖추어야만 민국 수립의 공신이나 원훈으로서 자신들의 권력과 지위를 지킬 수 있는 입장이었다. 그러나 그들의 입장에서는 혁명과 전쟁 상태가 빨리 끝날수록 좋았다. 만약 전쟁이 아니라 담판 책상 위에서 민주공화국을 얻을 수 있다면 그보다 더 좋은 일은 없었다. 그러므로 원세개가 던진 정전과 화의의 미끼는 그들의 입맛에 꼭 들어맞는 것이었다.

11월 9일, 호북 정권의 여원홍이 각 성에 전보를 보내 임시 중앙정부 구성을 논의하기 위한 회의에 참석할 대표를 무한으로 보내달라고 요청했다. 강소·절강·상해 세 곳의 도독도 거의 같은 시기인 11월 11일에 공동 명의로 각 성 대표가 상해에 모이도록 요청했다. 결과는, 몇몇 성의 대표는 무한으로 갔지만 다수 성의 대표는 상해에 모였다. 상해에 모인 대표들은 "각 성 도독부 대표연합회"를 구성했다. 호북 군정부 측에서 "최초 봉기자"의 자격을 내세워 무한이 중심이 되어야 한다고 강력하게 주장하자 상해의 연합회는 11월 23일에 무한으로 옮기기로 결정했다. 11월 30일, 무한으로 모인 대표들이 회의를 시작했다. 이 무렵 풍국장의 군대가 이미 한구와 한양을 점령한 후 무창을 향해 포격을 가하고 있었기 때문에 회의는 한구의 영국 조계 안에 있는 한 양행 건물에서 열렸다. 회의에서는 '중화민국 임시정부 조직대강(中華民國臨時政府組織大綱)'이 통과되었지만 이 조직대강에 근거한 임시대총통은 선출되지 않았고 임시정부도 구성되지 않았다. 회의는 다음과 같은 상해에서 이미 결정된 사항을 재확인 했을 뿐이었다. "호북 군정부를 중앙 군정부로 공인하고," 여원홍이 "대도독의 이름으로 중앙 정무를 집행한다."[20] 이 결정은 사실상 원세개의 요구를 그대로 수용한 것이었다. 원세개는 한구의 영국 영사를 통해 호북 군정부에 3일 동안의 정전을 제안하면서 장기 정전문제도 언급했다. 영국 영사는 한구의 영국 조계 내에 모인 각 성 도독부 대표회의에 이 소식을 전하면서 여원홍이 대표가 되어야 장기 정전 문제를 의논할 수 있다고 알려주었다. 이렇게 하여 여원홍의 "중앙 정무를 집행하는 신분"이 정전과 화의를 의논하는 전제조건이 되었다.

각 성 대표회의는 한구에서 12월 7일까지 열렸다. 회의는 전국 범위에서 15일 동안 휴전하자는 원세개의 제안을 받아들였고, 아울러 원세개가 파견하는 대리인 당소의와 여원홍 또는 여원홍이 지명하는 대리인이 "정국을 토론"하는데 동의했다. 또한 회의에 참석한 대표들은 원세개가 공화제를 받아들인다면 그를 대총통으로 추대한다는데도 동의했다. 이제 임시정부 구성은 서두를 필요가 없게 되었다.

전국 정부 수립문제를 두고 장강 하류의 강소·절강·상해의 세 도독과 호북 군정부 사이에는 다툼이 있었다. 12월 2일, 강절연합군이 남경을 점령하자 이들 세 도독의 발언권이 크게 높아졌다. 12월 4일, 세 도독은 상해에 머물고 있던 각 성 대표들(각 성 대표들이 회의를 열기 위해 무한으로 갈 때 각 성의 대표 한사람씩을 선정하여 상해에 남겨두었다)을 재촉하여 회의를 열게 했다. 정덕전, 양수잠, 진기미 등 세 도독도 이 회의에 참가했다. 회의는 남경을 임시 중앙정부의 소재지로 결정하고 황흥을 대원수로, 여원홍을 부원수로 추대했다. 그들이 황흥이란 패를 꺼낸 까닭은 혁명당 지도자로서의 황흥

---

20 유성남(劉星楠), 「신해각성대표회의일지」, 『신해혁명회억록』 제6집, 244쪽.

의 신망을 이용해 여원홍의 "최초 봉기자"로서의 자격을 압도하기 위해서였다. 한양 전투에서 패한 후 상해로 간 황흥은 사실상 움직일 수 있는 병사가 단 한명도 없었기 때문에 대원수 제안을 거절했다.

한구와 상해의 각 성 대표들은 12월 11일에 남경으로 옮겼다. 12월 14일, 각 성 도독부 대표회의가 남경에서 시작되었다. 회의는 한구에서 통과된 임시정부 조직대강에 따라 임시 대총통을 선출하기로 결정했다. 그런데 이때, 원세개의 대리인 당소의가 무창에서 여원홍에게 원세개도 공화제를 지지한다고 밝혔으며 당소의가 오정방(伍廷芳) 협의하기 위해 곧 상해로 간다는 소식이 전해졌다. 그래서 회의는 임시 대총통 선거를 잠시 미루고 대원수가 대총통의 직무를 임시로 대행한다고 결정했다. 여원홍 일파는 황흥을 여원홍 위에 두는데 반대했고 황흥 자신도 애써 고사하였으므로, 12월 17일에 회의는 다시 두 가지 패를 바꾸어 여원홍에게 대원수를, 황흥에게는 부원수 자리를 주기로 결정했다. 그러나 대원수니 부원수니 하는 자리는 모두 이름뿐이었다. 각 성의 대표들은 당소의와 오정방의 상해 담판 결과를 기다리면서 대총통 자리는 원세개에게 주기 위해 비워두고 있었다.

12월 25일, 손중산이 귀국하여 상해에 도착했다. 사태는 새로운 변화를 맞았다.

제25장
손중산을 수뇌로 한 남경정부

손중산의 임시 대총통 취임

선통 3년(1911년) 3월의 광주 봉기(즉 황화강 전투)에서 실패한 후 손중산은 계속하여 미국 각지에서 화교들을 상대로 혁명을 선전했다. 미국 중부 콜로라도 주로 가는 도중에 신문을 보고 "무창이 혁명당에게 점령"된 소식을 들은 손중산은 우선 외교에 힘을 쏟아야 하겠다고 판단했다. 외교 방면에서 핵심적인 국가는 영국이었다. 그는 영국으로 건너갔다. 이 무렵 외국 신문에는 중국의 혁명이 성공한 후에는 공화국의 초대 총통은 손중산이 될 것이라는 보도가 나오고 있었다. 그는 영국에서 4국 은행단이 청 왕조 정부에 거액을 차관을 제공하려는 계획을 저지하고 혁명정부와 은행단이 차관제공 문제를 논의하게 만들려고 했다. 영국 측에서는 청 정부에 차관을 제공하지는 않겠지만 혁명정부와는 정식으로 정부가 수립된 후에라야 차관문제를 논의할 수 있다는 입장을 밝혔다. 손중산은 프랑스로 갔다가 귀국했다. 12월 24일 손중산이 상해에 도착했을 때는 무창 봉기가 있은 지 두 달 반이 지난 뒤였다.

귀국한 손중산은 열렬한 환영을 받았다. 혁명세력은 손중산의 귀국으로 유력한 중심인물을 갖게 되었고 혁명을 반대하는 측에서는 두려움을 느

제25장 손중산을 수뇌로 한 남경정부 | **757**

껐다. 그러나 혁명당 내부에서도 그의 귀국을 원치 않는 사람들이 있었다. 여원홍이 임시 대총통을 맡아야 한다고 주장하던 동맹회 회원 담인봉 같은 인물은 손중산이 국외에서 활동하는 것이 더 낫다고 말했다.[1] 담인봉은 자서전에서, 당시에 자신이 주장한 것은 "여(원홍)는 최초 봉기의 공을 스스로 가로챔이 지나치다"는 의미였다고 하였다. 그렇다면 담인봉의 논리는 앞뒤가 맞지 않는다고 할 수 밖에 없다.

손중산의 상해 도착이 임박하자 여러 신문에 그가 "거액의" 혁명군 지원금을 가지고 온다는 보도가 나왔다. 손중산은 자서전에서 다음과 같이 말했다. "내가 상해에 막 도착한 그날 동지들이 내게 바라는 바가 이것이었고 국내외의 신문기자들이 찾아와 묻는 것도 이것이었다. 나는 다음과 같이 답했다. 내게 돈이라고는 한 푼도 없습니다. 내가 가져온 것은 혁명의 정신뿐입니다. 혁명의 목적이 아직 달성되지 않았으니 화의는 말할 때가 아닙니다."[2]

그러나 화의는 12월 18일에 상해에서 논의되고 있었다.

원세개는 협상의 전권 대표로 당소의를 파견했다. 당소의는 19세기 70년대에 미국 유학을 마치고 원세개 밑에서 오래 동안 일했고 1900년 이후로는 청 정부의 외무부·우전부의 시랑, 봉천순무, 우전부 상서 등을 역임했다. 당소의의 담판 상대 오정방도 19세기 70년대에 영국에 유학한 후 홍콩에서 변호사로 활동했고, 청 정부의 수정법률대신(修訂法律大臣)·협판상무대신(協辦商務大臣)·외무부와 형부의 시랑을 역임했고 미국 주재 공사를 두 차례나 지낸 인물이었다. 그는 두 번째 주미 공사 임기를 마치고 귀국한 1910년 초부터 상해에서 입헌파 인물인 장건 등과 교류했다. 무창 봉기 후에 그

---

1 담인봉, 「석수패사서록(石叟牌詞敍錄)」, 『근대사자료』 1956년 제3기, 59쪽을 보라.
2 『손중산선집』, 인민출판사 1981년 판, 211쪽.

는 공화정 지지를 선언했다. 오정방에게는 몇 명의 조수가 있었는데 왕정위가 그 중의 한 명이었다. 왕정위는 당소의 대표단의 일원으로서 상해에 도착 한 후에는 곧바로 남방 대표 오정방의 조수로 변신했다. 그는 원세개와도 밀접한 관계를 맺고 있었고 동맹회의 혁명가로도 평가받고 있어서 협상 과정에서 중요한 역할을 했다.

원세개를 대표한 당소의는 남방, 즉 혁명당파에게 정전 상태를 계속 유지하자고 주장했고 남방 대표는 정전을 할 바에는 지역적인 예외를 두어서는 안 된다고 주장했다. 양쪽 대표들은 교전 지역의 군대에게 일률적으로 정전을 통지하고 예정된 정전 기간이 만료된 후에도 7일(1911년 12월 24일부터 31일 까지) 동안 정전을 지속하기로 결정했다.

당·오의 상해 회담에서는 정전문제만 논의된 것은 아니었다. 원세개의 공식적인 입장은 청 황실을 유지시키는 입헌 군주제의 실시였다. 그러나 그의 속셈은 청 왕조를 존속시킬 생각이 전혀 없었고 오히려 자신이 청 왕조를 대체한다는 구상을 갖고 있었다. 이러한 원세개의 내심을 꿰뚫어보고 있던 당소의는 회의에서 자신은 공화제를 반대하지 않으며 총통 자리만 차지할 수 있다면 원세개도 공화제를 반대하지 않을 것이란 뜻을 내비쳤다. 그러면서도 당소의는 자신으로서는 청 조정이 반대할 수 없는 "평화적 해결책"도 찾아야 한다고 주장했다. 12월 20일의 회의에서 당소의는 남북 각 성과 내·외몽고, 티베트 대표가 참가하는 "국민대회"를 열어 여기서 군주입헌 또는 민주공화정 문제를 결정하자고 제의했다.

청 조정은 어전회의 토론을 거친 후 상해 회담에서 쌍방 대표가 합의한 내용에 동의한다는 칙어를 12월 28일에 발표했다. 그러나 이미 공화정을 선포한 각 성의 실권파들이나 남경에 모인 각 성 도독부 대표들에게 상해 회의의 합의 내용은 의문과 반발을 불러 일으켰다. 그들은 원세개가 민국의 총통이 될 결심을 아직 하지 않았다고 의심했고, 결심했다고 하더라도 군사적 충돌을 일시적으로 피하려는 술책일 따름이라고 판단했으며, 만약에 새로운 회의를 열어 입헌군주제와 민주공화정 문제를 논의한다면 그것은 남경에 모인 각 성 대표회의의 지위를 부정하는 것과 다름없었다.

손중산은 이런 때에 귀국했다. 그가 상해에 도착한지 4일만인 12월 29일에 남경의 각 성 대표회의에서 임시총통 선거가 실시되었다. 회의에는 17개 성 대표가 참석했고 각 성이 1표씩을 행사했다. 손중산은 16표를 얻어 당선되었고 절강성 대표만 기권했다. 12월 31일, 손중산은 수행원들과 함께 상해에서 남경으로 갔다. 다음날 손중산은 임시총통에 취임하고 중화민국 성립을 선포했다. 이날은 1912년 1월 1일(음력으로는 신해년 11월 13일)이었다.

각 성 대표들이 중앙정부 수립을 결정한데는 두 가지 주요한 이유가 있었다. 첫째, 그들은 중앙정부가 수립되어야 외국의 "승인"을 받을 수 있다고 생각했다. 당시 혁명에 참가했던 사람들은 대부분이 — 진정한 혁명파는 물론이고 혁명에 끼어든 투기분자들까지 — 제국주의 열강의 "승인"을 시급한 일로 보았다. 둘째, 그들은 중앙정부를 수립하며 원세개를 압박하려 했다. 그들이 중앙정부를 수립했던 것은 원세개와의 결별을 원해서가 아니라 원세개로 하여금 청 왕조를 포기하도록 압박하기 위해서였다. 그래서 그들은 새로운 정부를 "임시정부"라고 불렀고 손중산을 임시총통으로 선출했다. 손중산은 "임시"라는 명칭에 반대했지만 그의 주장은 수용되지 않았다.

손중산은 위대한 자산계급 혁명가이다. 그는 대총통 자리에 나아갔을 때 맞닥뜨려야 할 위험을 회피하지 않고 의연하게 남경에서 임시대총통에 취임했다. 그는 취임연설에서 다음과 같이 말했다. "임시정부는 혁명시대의 정부이다."[3] 그러나 그는 혁명대오 속에 널리 퍼져있던 타협주의, 총통의 직

---

3 『총리전집(總理全集)』. 근분(近芬)서옥 1944년 판, 「선언」 4쪽.

위를 원세개에게 주려는 정략의 영향을 받지 않을 수 없었다. 그는 취임사에서 다음과 같이 밝혔다. "전제정부가 넘어가고 국내에 변란이 없으며 민국이 세계 속에 우뚝 서서 만방으로부터 공인받을 때가 이 (손)문이 임시대총통의 직을 벗어나야 할 때입니다."[4] 또한 그는 북경의 원세개에게 전보를 보내 자신은 임시정부를 조직하는 일을 "잠시" 맡을 뿐이며 "빨리 이 자리를 벗어나려는 마음뿐임은 장래에 밝혀질 것이다. 대계를 생각하여 모쪼록 빨리 결심을 내려 4억 인민의 갈망을 보살펴주기 바란다"고 말했다.[5]

이러한 상황이 손중산이 이끄는 남경 임시정부의 운명을 결정했다. 남경정부는 과도적 정부에 불과했다. 남경정부가 맡았던 임무는 혁명을 철저히 진행하는 것이 아니라 타협으로 혁명을 종결짓는 것이었다.

남북 화의와 원세개의 음모

원세개는 1911년 11월 16일에 자신을 수반으로 하는 내각을 구성한 후 재빨리 청 왕조의 정권과 군권을 장악했다. 이미 아무런 역할도 할 수 없었던 섭정왕 재풍(선통 황제의 생부)은 12월 6일에 자청하여 퇴위했다. 군자부(軍咨府)대신과 금위군 훈련대신을 겸하고 있던 재풍의 아우 재도(載濤)도 자청하여 군직에서 물러났다. 원세개는 즉시로 심복 서세창을 군자부 대신에 임명하고 또 한사람의 심복 풍국장으로 하여금 금위군을 통솔하게 하였다. 황태후(광서황제의 아내, 융유태후[隆裕太后]라고 불렀다)로부터 모든 황족과 귀족에 이르기까지 원세개에게 희망을 걸 수밖에 없게 되었다. 청 왕조의

4   『신해혁명자료』 제8책, 8쪽.
5   『손중산전집』 제1권, 중화서국 1981년 판, 576쪽.

운명은 원세개의 손안에 놓였다.

　원세개는 당시 가장 잘 훈련되고 가장 우수한 장비를 갖춘 북양대군을 보유하고 있었지만 전국 성의 거의 2/3가 청 왕조에 대해 독립을 선언한 상황에서 병력으로는 혁명의 불길을 끌 수가 없었다. 손중산을 수뇌로 하는 남경정부가 수립되었을 때 내·외몽고와 티베트를 제외한 전국의 22개 성 가운데서 청 왕조의 깃발을 아직 내리지 않은 곳은 직례, 하남, 산동, 감숙, 동3성과 신강뿐이었다. 그나마 이들 성에서도 동란의 요인들이 상존하고 있었다.

　산동은 독립을 취소하기는 했으나 산동순무는 성을 완전하게 통치할 수 없었다. 혁명당이 교동에서 봉기한 후 연대, 등주(봉래[蓬萊]), 영성(榮成), 문등(文登) 등지를 점령하였고 연대에서는 군정부까지 설치되었다. 교제철도의 동단 지역에서도 혁명군이 활동했다.

　원세개가 대군을 투입하여 지배하던 하남성도 결코 안정되지 않았다. 동맹회 조직이 11월 하순에 낙양을 공격하려던 계획(제24장 "혁명금지")이 무산된 후 성의 수도 개봉에서 활동하던 학계의 일부 동맹회 회원들이 개봉의 육군학교 학생들과 협력하여 봉기를 일으킬 준비를 했다. 그러나 정전협상의 소식이 들려오자 봉기는 연기되었고 그 사이에 관부에 발각되어 무산되었다. 섬서의 혁명군은 각지 민간 무장 세력의 지원을 받아 한 차례 하남 서부를 공격한 적이 있었고 하남 남부의 남양(南陽)과 정주 일대에도 수많은 민간 무장 세력이 봉기의 시기를 기다리고 있었다. 호북성 서북부에서 출발한 북벌군은 1912년 1월에 하남성에 진입하여 신야(新野), 정주, 남양 등지를 점령하였다. 만약 전투가 계속되었더라면 원세개의 하남 지배는 무너졌을지도 모른다.

　감숙은 청 왕실에 충성하는 섬감총독 장경(長庚)이 지배하고 있었는데, 그는 섬서의 민군을 견제하는 역할 밖에는 하지 못했다. 신강순무 원대화(袁大化)는 굳건하게 청 왕실을 지지했다. 1912년 1월 7일에 동맹회 회원 풍특민(馮特民) 등이 이리 지역에서 현지의 신군과 연락하여 봉기를 일으키고 도독부를 세웠다. 이미 퇴임한 이리장군 광복(廣福)(몽고족)이 도독으로 추대되었다. 이렇게 하여 신강에서는 두 개의 정권이 대립하며 교전하는 형세가 생겨났다.

혁명의 조류는 동북3성도 흔들어 놓았다. 봉천성의 적지 않은 지역에서 혁명당파들이 현지의 녹림 세력과 연합하여 봉기를 일으켰으나 대부분이 신속하게 진압되었다. 오직 요동반도의 장하(莊河)와 복(福)현 일대에서만 봉기군이 근거를 마련하여 수개월 동안 유지되었다. 그 우두머리는 북양군에서 협통을 지낸 적이 있는 남천울(藍天蔚)이었다. 그는 관외 대도독을 자처했으나 그의 세력은 비교적 넓은 지역으로 확대되지는 못했다. 동북 3성에서는 혁명당파의 세력도 취약했으나 이에 대응하는 청군의 병력도 취약했다.

북경 수도권과 직례성도 위기에 빠져 있었다. 일부 혁명당 지식분자들이 무창 봉기에 호응하기 위해 천진에서 비밀리에 북방혁명협회를 결성했다. 1912년 1월 2일 하북성 동부의 란주(灤州)에서 신군 제79표의 영장 왕금명(王金銘)과 풍옥상(馮玉祥) 등 하급 장교들과 병사들이 일어나 봉기를 선언하고 천진을 향해 진격했다. 원세개는 비교적 강력한 군대를 파견하여 이들을 막았고 봉기군은 궤멸적인 패배를 당했다. 북방혁명협회는 그 후로도 통주와 천진 등지에서 봉기를 시도했으나 성공하지 못했다. 이러한 상황은 원세개의 발판이 되는 지역조차도 불안정했음을 증명해준다.

혁명당파 전체의 세력을 원세개의 실력과 비교했을 때 혁명당파가 우세했다. 전국의 민심의 향배를 감안했을 때는 더욱 그러했다. 그랬기 때문에 원세개는 화의라는 방법을 사용하여 혁명세력의 전진을 막아야만 했다.

원세개의 후원자인 제국주의자들은 혁명전쟁이 연장되지 않도록 온갖 수단을 써서 원세개가 추진하는 화의에 유리한 국면을 조성했다. 상해의 화의회담은 영국인들이 조종하여 시작되었다. 영국의 북경주재 공사 조던이 이 회담의 실질적인 연출자였다. 원세개가 군사적인 열세에도 불구하고 원하던 정전을 끌어낼 수 있었던 데는 제국주의 열강의 지지가 중요한 요인 중의 하나였다.

어떤 이는 회고록에서 다음과 같이 말했다. "신해년 무창 봉기 이후 원세개의 태도는 혁명에는 찬성하지 않으나 청 왕조를 무너뜨리는 데는 동의한다는 것이었다."[6] 이런 관찰과 평가는 사실과 부합한다. 다시 말해 원세개는 청 왕조를 무너뜨린 후 자신이 그 자리를 차지하려는 생각을 갖고 있었으나 새로 들어설 정부가 자산계급 민주혁명 승리의 성과물로서 등장하는 것은 받아들일 생각이 전혀 없었다. 원세개가 혁명진영의 인사들이 바라던 바와는 달리 청 왕조의 조속한 종결을 서두르지 않았던 이유는 청 왕조의 붕괴로 인해 북방에서 내부 충돌이 일어났을 때 남방과의 세력대비에서 열세에 처할 것을 우려했기 때문이었다. 그는 혁명의 형세를 이용하여 청 왕조가 궁지에 몰린 끝에 자발적으로 양위할 수밖에 없는 국면을 조성하려 했고, 아울러 청 왕조의 존속 문제를 혁명진영과 협상할 밑천으로 활용하고자 했다. 혁명진영 측에서는 자신의 힘으로 청 왕조를 무너뜨릴 수 있다고 주장하지도 않았고 중앙정부의 수립을 미루면서 대총통의 자리를 원세개에게 주겠다는 태도를 보이자 원세개와 그 일파는 더욱 고무되었다. 그들은 조금만 더 기다리면 원세개가 나서서 청 왕조를 무너뜨려 주기를 바라는 혁명진영 측에서 원세개를 황제로 받아들이는 일도 가능하다고 믿었다. 그랬기 때문에 원세개는 남방 쪽에서 제시한 대총통이란 예물을 서둘러 받

---

6 왕팽년(汪彭年), 「무창봉기후 원세개가 시국을 조종한 몇 가지 견문(武昌起義後袁世凱操縱時局的幾占見聞)」, 『신해혁명회억록』 제6집, 429쪽.

아들이지 않고 정전과 화의를 빌미로 시간을 끌면서 자신의 음모를 실현시킬 여러 방면의 준비를 해나갔다.

손중산이 임시 대총통에 선출되고 남경정부가 수립되자 원세개는 타격을 받았다. 원세개는 즉각 일련의 반격을 펼쳤다. 그는 당소의가 직권을 초월하여 인정할 수 없는 합의를 도출했다고 선포했다. 원세개의 뜻을 헤아린 당소의는 손중산이 임시 대총통에 취임하던 1912년 1월 1일에 협상 대표직을 사임했다.

1월 3일, 원세개의 도당인 풍국장과 단기서 등 48명의 장교들이 연명으로 오정방에게 전보를 보내 공화제를 반대하고 입헌군주제를 지지한다고 선언했다. 공화제를 반대한다 함은 당연히 손중산이 대총통인 남경정부를 반대한다는 의미였다. 원세개가 부하들을 동원하여 남경정부에 첫 번째의 경고를 보낸 것이다.

원세개는 한구와 한양을 공격하여 점령한 후 무창의 여원홍과는 평화롭게 공존했는데 이것은 양쪽의 이해관계가 맞아떨어졌기 때문이었다. 남경의 중앙정부가 성립된 후 1월 5일에 원세개는 다시 군대를 한구로부터 약 백리 떨어진 효감(孝感)까지 물리고 영국인을 통해 무창 쪽에서 한구와 한양을 공격하지 말라고 통지했다. 여원홍은 당연히 공감을 표시했다. 여원홍은 기회 있을 때마다 입으로는 북벌을 주장했지만 실제로는 갈수록 원세개의 회유에 넘어가고 있었다. 원세개는 손중산의 남경정부를 고립시키기 위해 혁명진영 내부의 분열을 조장하는 공작을 강화했다. 한양과 한구로부터의 병력 철수는 이런 공작의 일부였다.

한편으로 원세개는 서주에 주둔하고 있던 장훈의 부대에게 남쪽으로 진격하여 남경을 위협하라는 명령을 내렸다.

원세개는 남경정부 수립 후에 주로 비군사적 방법을 동원하여 대응했다. 그는 당소의와 오정방의 회담을 중지시켰지만 정전과 화의의 깃발을 완전히 거두어들이지는 않았다. 그는 자신이 직접 나서서 오정방과 전보를 통해 담판을 이어갔다. 그렇게 하여 1912년 1월 1일에 정전을 계속한다는 합의가 이루어졌다. 원세개와 오정방은 비밀전보를 통해 실질적인 담판을 지속했다. 계속하여 상해에 머물고 있던 당소의도 오정방과 비밀리에 연락을 유지했다. 그들 사이의 담판의 실질적인 주제는 청 왕조를 종결시키고 동시에 남경정부도 취소하여 일체의 권력을 원세개에게 귀속시키는 조건이었다. 원세개는 담판을 진행시키는 한편으로 후견세력인 제국주의 열강과 혁명진영 내부의 동조자들을 동원하여 남경정부가 자신이 설치해놓은 그물 안으로 들어오도록 여러 방면에서 문제와 곤경을 만들어 갔다.

원세개는 남경정부가 독립적으로 청 왕조를 압박할 능력이 없다는 사실을 확인하자 자신이 청 왕조에 대해 압력을 가하기 시작했다. 1월 16일, 그는 내각총리의 명의로 상주문을 올려 현재의 병력과 재정으로는 전투를 할 수 없음을 거듭 강조했다. 이날부터 원세개는 병을 핑계로 조회에 나가지 않고 내각 각료 가운데 다른 사람을 내세워 조정과 연락을 취했다.

황태후는 황족과 귀족을 불러 여러 차례 어전회의를 열었다. 그들은 즉시 통치 지위에서 물러나는 결정을 내리려 하지 않았다. 황족 재택(載澤)과 부위(溥偉) 등은 원세개가 "혁명당과 사통한 간첩"이라며 맹렬하게 비난했다. 그러나 그들이 할 수 있는 일이라고는 울분을 터뜨리는 것뿐이었다.

1월 26일, 귀족 중 소장파의 영수인 양필(良弼)이 조회를 마치고 귀가하던 중 폭탄공격을 받아 암살되었다. 이 암살은 북경과 천진의 동맹회 회원들이 조직하고 혁명청년 팽가진(彭家珍)이 나서서 집행한 것이었다. 팽가진은 영웅적으로 희생했다. 양필은 금위군의 협통이었다. 금위군은 이미 풍국장이 총통을 맡고 있었지만 장교와 사병 중에는 만주족이 많았고 양필은 이들 사이에서 상당한 영향력을 갖고 있었다. 원세개와 양필 사이에는 알력이 있었다. 양필의 죽음은 사치와 안일을 즐기던 왕공귀족들로 하여금 감히 군주제(帝制)를 계속 주장할 수 없게 만들었고 원세개를 반대할 용기를 잃게 만들었다.

같은 1월 26일에 원세개의 사주를 받은 장교들이 연명으로 황제의 퇴위와 공화정의 확정을 요구하는 상주문을 올렸다. 이 상주문에 이름을 올린 인물들은 23일 전에 공화정을 반대한다는 전보를 발표했던 바로 그 사람들이었는데, 다만 풍국장 한 사람만 이름을 올리지 않았다. 풍국장은 금위군의 최고 지휘관으로서 이런 청원에 이름을 올릴 수가 없는 위치에 있었다.

이제 원세개의 태도는 분명해졌다. 원세개를 유일한 의지로 생각해왔던 청 왕조로서는 황제의 퇴위 이외에는 어떤 방도도 찾을 수가 없게 되었다.

손중산은 임시 대총통에 취임하면서 원세개가 청 왕조를 버리는 조건으로 그를 대총통에 추대하겠다고 약속했으나 원세개는 남경정부의 대총통이 될 생각이 없었다. 그는 청 왕조와 남경정부가 함께 물러나도록 요구하고, 자신이 남북을 통일한 전국 정부를 조직하겠다고 주장했다. 원세개는 1월 16일에 청 조정에 "제위의 존속여부"를 묻는 상주문을 제출하면서 한편으로는 오정방을 통해 남경정부에게 청 황제가 퇴위하면 남경정부도 즉각 해산해야 한다는 주장을 전달했다. 1월 26일에 원세개의 부하 장교들이 올린 상주문에는 다음과 같은 주장이 담겨 있었다. "황제가 공화정부를 세우겠다는 분명한 뜻을 내외에 밝히면 현재의 내각과 국무대신 등이 임시로 정부를 대표하여 조약의 체결과 차관의 도입 등 미완의 사무를 교섭하고 국회를 소집하여 공화정부를 조직한다."[7] 이것은 요컨대, 청의 황제가 퇴위한 후에도 원세개 내각은 존재하며 이 내각이 청 왕조의 합법적 계승자라

---

7   『신해혁명자료』 제8책, 174쪽.

는 주장이었다. 이런 논리라면 남경정부는 설 자리가 없었다.

남경정부는 분노를 표시했다. 1월 27일에 손중산은 각국 공사들에게 다음과 같은 내용의 전보를 보냈다. "본 총통은 원(세개)씨에게 총통의 자리를 내어 주겠다고 말한 바 있고 원씨도 받아들였다. 원씨가 남경정부의 즉각적인 해산을 요구할 줄은 천만 뜻밖이며 민국으로서는 매우 받아들이기 어려운 조치이다. 민국이 양보하고자 했던 이유는 공화정을 위해서였지 원씨를 위해서가 아니었다 …… 원씨의 실제 뜻은 북경정부와 민국정부가 다 같이 해산함으로써 한 사람이 대권을 독점하고자 하는 것이다."[8]

남경정부의 유약한 태도

각 성 도독부가 한구에서 회의를 열었을 때 '중화민국임시정부조직대강(中華民國臨時政府組織大綱)'이 제정되었고 남경정부의 성립은 바로 이 조직대강에 근거하였다. 이 조직대강에는 대총통에 관한 규정은 있었으나 부총통에 관한 규정은 없었다. 손중산이 임시대총통에 취임한 3일 후에 각 성 도독부 대표회의는 부총통 직을 증설하도록 결정하고 무창에 있던 여원홍을 임시부총통으로 선출했다.

이 조직대강에 따르면 임시정부 대총통 아래에는 외교, 내무, 재정, 군무, 교통 등 5개 부서 밖에 없었고 각 부서의 총장도 대총통이 뽑게 되어 있었다. 손중산은 정부를 구성하면서 각 파의 세력을 만족시키기 위해 부서를 9개로 늘렸다. 9개 부서의 총장 가운데서 단지 2명(육군총장 황흥, 교육

---

8   백초(白蕉), 「원세개와 중화민국(袁世凱與中華民國)」, 인문월간(人文月刊)사 1936년 판, 19–20쪽.

총장 채원배)만 자산계급 혁명파였다. 외교부 총장 왕총혜(王寵惠)는 미국 예일대학 1905년 졸업생으로서 유럽에 있을 때 손중산과 알게 되어 동맹회에 가입했으나 정치적 성향으로는 온건한 입헌군주파에 속했다. 나머지 6명의 총장은 모두 입헌파나 구관료였다. 강소의 입헌파 대자본가 장건은 실업총장에 임명되었고 절강의 입헌파 유지 탕수잠은 교통총장에 임명되었다. 손중산은 원래 동맹회의 송교인을 내무총장에 임명할 생각이었으나 반대에 부닥쳐 결국 구관료 정덕전을 임명했다. 재정총장 진금도(陳錦濤), 해군총장 황종영(黃鍾瑛), 사법총장 오정방은 모두 청 왕조의 관료출신이었다. 총장과 차장의 명단은 1월 3일에 확정되었다.

여원홍은 부총통 직을 기꺼이 받아들였으나 근거지 호북을 떠나 남경으로 가려하지는 않았다. 총장에 임명된 사회명사들과 구관료들 중에서 남경으로 와서 취임한 사람은 한사람도 없었다. 남경 임시정부가 비바람 속에 흔들리고 있을 때 무거운 짐을 함께 나누려는 총장은 없었다. 손중산의 주요한 조수는 육군총장 겸 참모총장 황흥이었다. 남경정부의 업무에 참가한 각 부의 차장과 직원들 중에는 엽관을 한 투기 정객이 없지는 않았으나 대부분이 자산계급 민주주의 경향의 청년들이었다.

임시정부 조직대강은 입법기관으로서 참의원의 설립을 규정하고 있었다. 참의원은 각 성 도독부가 파견한 참의원으로 구성되었다. 참의원은 1월 28일에 구성되었다. 이제 임시정부의 조직이 모두 갖추어졌다.

혁명이 폭발하기 전에도 자산계급은 정치적으로 입헌파와 혁명파로 분화되어있었다. 혁명이 폭발하자 입헌파는 입헌군주제의 깃발을 버리고 공화를 주장하며 혁명에 참가하겠다는 뜻을 밝혔다. 그러나 입헌파의 본질은 변하지 않았다. 그들은 지주 매판계급과 타협하는 방식으로 공화정을 실시하자고 주장했다. 입헌파의 이런 주장은 혁명의 승리를 이미 거머쥐었거나 최소한 승리가 눈앞에 와있다고 믿었던 자산계급·소자산계급 혁명파 일부로부터 호응을 얻었다. 그러므로 형식상으로는 입헌파가 혁명의 조류에 순응했지만 실제로는 오히려 혁명파가 사상과 정치적으로 입헌파에게 대폭적으로 동화되는 현상이 나타났다. 자산계급이 주체가 된 남경 임시정부는 자산계급 혁명파와 자산계급 입헌파의 연합정권이라고 할 수 있었고 연합 과정에서 사상적으로 우위를 차지한 것은 자산계급 입헌파의 사상이었다.

이 무렵 동맹회는 자산계급 혁명파의 조직으로서 지도적인 역할을 할 수가 없었다. 남경 임시정부에서 일한 적이 있는 오옥장은 다음과 같이 지적했다. "동맹회는 광주 봉기가 실패한 후로 해이해지기 시작했고 무창 봉기가 일어날 무렵에는 거의 와해상태에 빠졌다. 장태염은 '민군이 일어나고 혁명당은 사라졌다'고 말했는데, 이 말은 큰 착오이기는 하지만 당시 상황을 사실에 가깝게 표현했다고 할 수 있다."[9]

일부 동맹회 회원들은 입헌파의 뒷줄에 서서 입헌파가 연주하는 악기에 맞추어 노래 불렀다. 예컨대, 1911년 겨울 상해에서 오정방과 장건이 주도하여 '공화통일회의견서(共和統一會意見書)'[10]라는 것을 발표했는데, 여기에 발기인으로 서명한 사람 중에는 당시 유명한 동맹회 회원들이 포함되어 있었다. 이 의견서는 "공화정체" 뿐만 아니라 "신속한 북벌"까지 주장했지만 민주자유의 공기가 성행하여 머지않아 "질서회복"이 어려운 상황이 올 것이란 우려를 표시했다. 또한 의견서는 전쟁이 길어지면 반드시 열강의 간섭을 불러올 것이므로 "무릇 열강의 간섭을 면하고자 한다면 빨리 혁명을 성공시키는 것보다 나은 방법이 없다"고 하였다. 혁명이 이제 막 시작된 시점에서 혁명의 과열을 염려하며 혁명이 조속히 승리하지 않으면 반드시 큰 화가 생길 것이라는 주장을 펼친 것은 상층 자산계급의 혁명에 대한 두려움과

---

9   오옥장(吳玉章), 『신해혁명』. 인민출판사 1961년 판. 145쪽.
10   『중국혁명기사본말』 제3책, 76-82쪽을 참고하라.

혁명이 빠른 시일 안에 종결되기를 바라는 사상의 표현에 불과했다.

원래 동맹회 회원 중에서 별도의 정당을 만드는 인물도 나왔다. 장태염은 1912년 초에 일부 광복회 회원들을 중심으로 하여 "중화민국연합회(中華民國聯合會)"를 결성하였고, 이 조직은 머지않아 입헌파 명사인 장건, 탕수잠, 탕화룡 등과 구관료 정덕전 등과 연합하여 "통일당(統一黨)"이 되었다. 호북의 동맹회 회원 손무, 장진무 등은 여원홍을 추대하여 정당의 성격이 짙은 "민사(民社)"를 결성했다. 그들의 조직은 당연히 혁명을 정강으로 내세우지 않았다. 이런 정당은 예외 없이 원세개와의 타협을 주장했다.

와해상태에 빠진 동맹회는 손중산이 귀국하기 이전에 동맹회 본부의 이름으로 상해에서 단 한 차례 선언을 발표했을 뿐이었다.[11] 이 선언서는 화려하기만 할뿐 실질 내용이 없는 문장을 동원하여 무창 봉기 이후의 형세를 설명하기는 했으나 동맹회가 어떤 역할을 할 것인지에 대해서는 아무런 구체적 언급을 하지 않았다. 손중산은 귀국한 후 상해에서 열린 당원 모임에서는 다시 한 차례 선언을 발표했는데[12] 이때의 선언은 그 전의 선언에 비해 좀 더 실질적인 내용을 담았다. 선언은, 당원 가운데 "의견이 서로 맞지 않아 의론이 만 갈래로 나뉘며," "옳은 것과 그른 것을 구분할 수 없고 옥석이 한 곳에 뒤섞인" 상황이라고 지적하였다. 선언은 또한 혁명의 승리는 아직 결정되지 않았으므로 혁명당파는 계속 분투 노력해야한다고 주장했다. 이 선언은 "민군이 일어나고 혁명당은 사라졌다"는 평가를 반박하면서 "우리 당의 책임은 민족주의에서 끝나는 것이 아니라 민권주의와 민생주의에서 끝난다"고 주장했다. 이 선언은 동맹회가 개조되어야 한다고 주장했으나 실제로는 그렇게 할 수가 없었다. 남경정부가 성립한 후 1912년 2월에 동

---

11   추로, 『중국국민당사고』 제2편, 491-493쪽.
12   전게서 제2편 제1책, 79-81쪽.

맹회는 남경에서 회의를 열어 새로운 규약을 채택하고 선거를 실시했다. 손중산이 총리에 선출되고 그를 보좌할 두 사람이 추대되었는데 한 사람은 황흥, 다른 한 사람은 한 번도 동맹회에 참여할 의사를 밝힌 적이 없을 뿐만 아니라 따로 당을 만든 여원홍이었다. 당시 남경과 무한은 대립하는 형세에 있었기 때문에 동맹회는 여원홍에게 부총통의 지위를 줄 뿐만 아니라 어떻게 해서든 그를 당내로 끌어 들이려고 했다. 이때의 개조를 통해 동맹회의 조직은 더 강화되지도 않았고 지도 기구도 마찬가지여서 진정한 의미의 동맹회 본부는 만들어지지도 못했다. 당시에 아직 청 왕조의 통치 하에 있던 성과 이미 청 왕조의 통치를 벗어난 성, 그리고 남경에는 동맹회 참여 여부를 떠나 독립 민주적인 신 중국을 건설하려는 선량한 희망을 가지고 유혈과 희생을 무릅쓰고 투쟁활동을 하는 지사들이 적지 않았다. 동맹회 본부는 이런 세력을 지도하고 조직해내지 못했다. 현실과 희망이 부합하지 않는 상황을 앞에 두고 이들은 점차로 의욕을 잃어가거나 결국은 구 사회세력에 동화되었다. 노동인민 대중으로 말하자면, 거대한 혁명역량을 내포하고 있는 농민 대중을 어떻게 동원하고 조직할 것인가 하는 문제에 대해 동맹회는 선언과 규약에서 어떤 고려도 보여주지 않았다.

손중산을 수뇌로 하는 남경정부는 당면한 수많은 곤란을 해결할 능력이 없었고 매우 유약한 처지에 머물고 있었다.

남경정부가 정전과 화의를 받아들이지 않을 수 없었던 까닭은 전쟁을 치를 능력이 없었기 때문이었다. 각 성의 군대는 모두 각 성의 실력자들이 장악하고 있었다. 강서, 절강, 광동, 광서 성의 일부 군대가 성 내의 모순 때문에 이탈하여 북벌을 명분으로 내세우고 남경 일대로 모여들었지만 이들은 남경정부로부터 군대의 유지비만 받아낼 뿐 남경정부의 지휘를 받아들이지 않았다. 육군총장 겸 참모총장인 황흥은 기본적으로 이름뿐인 사령관이었다. 남경정부는 다음과 같이 6로로 진격한다는 계획을 제시했다. "호남·호북군을 제1군으로 하여 경한(京漢)철도를 따라 전진한다. 녕하·안휘군을 제2군으로 하여 하남 방면으로 진군한 후 개봉과 정주 사이에서 제1군과 합류한다. 강소군을 제3군으로, 연대(煙臺)군을 제4군으로 하여 산동을 향해 진격하다가 제남에서 합류한다. 산해관 밖의 군대는 제5군으로 하여 진황도(秦皇島)에 집결하고, 산서와 섬서군은 제6군으로 하여 북경을 향해 전진한다. 1, 2, 3, 4군은 첫 번째의 목표를 달성한 후 다시 5, 6군과 합류하여 적의 본거지를 공격한다."[13] 화의의 국면은 시종 파탄난 적이 없었고 이 원대한 계획은 도상연습에 불과했다.

그러나 호북의 여원홍, 호남의 담연개, 복건의 손도인, 광서의 육영정과 심병곤, 그밖에 군대를 가진 지방 실력파들은 격앙된 어조의 전보를 남경정부에 보내 정전의 연장을 강력히 반대하며 즉시로 북벌 군대를 출동시키라고 주장했다. 그들은 목소리만 높일 뿐 행동은 하지 않으면서 화의와 정전을 통해 원세개에게 굴복한 책임을 모두 남경정부에 떠넘겼다.

남경정부는 성립하자 말자 "중앙정부의 재정 결핍이 극심하다"고 호소했다.[14] 남경정부는 각 성으로부터 재정상의 어떠한 지원도 받을 수가 없었다. 당시에 세관은 외국인이 관리하고 있었다. 세관을 통한 세수에서 외채를 상환하고 남은 금액은 청 왕조 정부의 중요한 재정수입이었다. 남방 각 항구의 세관의 서양인 세무사들은 각국의 채권을 보호한다는 핑계로 세관 수입 전액을 통제하기 시작했다. 남경정부는 세관수입에서 한 푼도 가져올 수가 없었다. 남경정부는 공채를 발행하여 돈을 마련하려 했으나 이도 실패했다.[15] 외국으로부터 돈을 빌리려 해도 외국은행들은 남경정부의 법적 자격

---

13 『남경임시정부공보』 제2호. 『근대사자료』 총제25호. 12쪽을 보라.

14 상동.

15 남경정부는 1월 8일에 1억 위안의 "군수공채(軍需公債)"를 발행했으나 성과는 보잘 것

을 인정하지 않았다. 장건 등 상해의 자본가들을 통해 남경정부는 일본 대창양행(大倉洋行)으로부터 250만 위안을 빌렸다. 1912년 2월 말이 되자(이무렵 청 황제는 이미 퇴위했고 남경정부는 조만간 해산하기로 되어 있었다) 원세개가 영·미·독·프 4국 은행단으로부터 5백만 냥의 차관을 도입하여 그 중의 2백만 냥을 유지비용이라며 남경정부에 주었다. 남경정부는 재정문제를 해결하기 위해 장건 같은 자본가에 도움을 요청할 수밖에 없었고[16] 심지어 원세개가 도입한 차관에서 일부를 얻어 써야하는 지경에까지 이르렀으니 고개를 들 수 없었던 것은 당연한 일이었다. 남경정부는 존속한 3개월 동안 형벌로서의 체벌 금지, 인신의 매매 금지, 청 왕조 관청 명칭의 폐지, 학교 교과목 중 '대청회전(大淸會典)'·'대청율례(大淸律例)'·'황조장고(皇朝掌故)'·'국조사실(國朝事實)'과 "기타 민국의 정신을 저해하는" 과목의 폐지, 소학교에서의 "독경과(讀經科)"를 폐지하는 등의 명령을 반포하고 그 밖에 몇 가지 "실업을 장려하고 상업을 개량하는" 통고를 내놓았다. 남경 임시정부가 반포한 명령가운데서 농촌과 관련된 것이라고는 "중화민국 원년 이전에 마땅히 납부를 마쳤어야 했으나 체납한 각종 세금은 모두 면제한다"는 것 하나뿐이었다.[17] 다른 명령도 마찬가지이지만 이 명령은 실행할 방법도 없었거니와 실행했다 하더라도 농촌사회의 봉건관계에 아무런 영향을 주지 않는 것이었다.

남경에서 손중산의 총통부는 원래는 양강총독의 관서였고 태평천국의 천왕부의 옛터이기도 했다. 태평천국에서 손중산의 남경정부에 이르기까지는 반세기라는 시간적 간격이 있었다. 그동안 중국역사는 단순한 농민

없었다.

16 『신해혁명회억록』 제1책, 198쪽.

17 『남경임시정부공보』 제41호, 『근대사자료』 총제25호, 308쪽을 보라.

혁명으로부터 자산계급 민주혁명으로 큰 걸음을 내딛는 발전을 보였다. 그러나 손중산의 남경정부를 말할 것 같으면, 태평천국은 제한적이긴 하지만 수많은 농민의 반봉건투쟁 역량을 결집시키고 동원하였으나 이점에 있어서 남경정부는 아무 것도 하지 못했다는 치명적인 약점을 갖고 있다.

청 왕조의 멸망과 남경정부의 종결

1912년 2월 12일, 청 황제가 퇴위를 선포했다. 이로서 청 왕조 260여 년의 통치가 끝났을 뿐만 아니라 2천여 년 이어져온 황제 전제제도도 끝이 났다. 이것은 자산계급 민주혁명이 거둔 위대한 승리였다.

승리의 이면에는 실패도 포함되어 있었다. 혁명의 충격이 없었더라면 청 왕조는 물러나지 않았을 터이지만 혁명진영은 왕조를 무너뜨리면서 자신의 역량을 충분히 발휘하지 못했다. 이런 국면을 조종한 인물이 원세개였다. 그는 혁명진영이 중대한 타협과 양보를 해주는 조건으로 청 황제의 자발적인 퇴위를 압박했다.

남경의 참의원은 원세개가 제시한대로 "청 황제 양위 후의 우대에 관한 조건"을 의결했다. 이 조건에 따르면 청 황제는 퇴위 후에도 황제란 칭호를 계속 유지하면서 궁정 내에 거주하고, 민국 정부는 외국 군주를 대우하는 예에 따라 청 황제를 예우하고 매년 4백만 위안의 비용을 지급하며, 궁 내의 각종 집사 인원은 그대로 유지하며 민국 정부는 황실 재산을 특별히 보호하도록 되어 있었다. 이밖에도 황족에 대한 대우를 규정하고 귀족은 작위를 유지하며 재산은 일률적으로 보호하도록 규정되었다.

혁명진영의 타협과 양보는 청 황실의 우대조치에만 한정된 게 아니었다. 그들은 원세개의 희망대로 청 왕조가 취소된 후에는 남경정부도 해산하기로 더 큰 양보를 해주었다. 원세개는 황제의 퇴위를 협박할 때 이미 오정방을 통해 남경정부 측에 황제가 퇴위하면 남경정부도 즉각 해산하라는 요구를 전달했다. 이 요구에 대해 저항한 사람은 손중산 뿐이었다.

손중산은 1월 18일에서 20일 사이에 오정방에게 연속적으로 전보를 보내 원세개 측에 다음 세 가지 요구를 제시하게 했다. "1. 황제의 퇴위와 정권의 동시소멸은 그 신하에게 사사로이 주는 방식이 되어서는 안 된다. 2. 북경에 따로 임시정부를 세워서는 안 된다. 3. 각국이 중화민국을 승인한 후 임시총통의 직을 사임하고 참의원에 원세개를 대총통으로 선출해주도록 요청한다."[18] 이 세 가지 조건은 원세개를 겨냥한 방어선이었다. 이 세 가지 조건에 따르면 청 황제는 정권을 원세개에게 "사사로이" 줄 수가 없고 원세개는 남경정부 이외에 따로 정부를 세울 수가 없었다. 손중산은 여기서 원세개를 대총통으로 추대하겠다는 약속을 거듭하였으나 자신이 임시대총통에서 물러나는 시점은 민국정부가 "각국으로부터 승인을 받은" 다음으로 미루었다. 일단 제국주의 열강이 남경정부를 전국적인 통일정권으로 인정하고 나면 원세개로서는 민국의 대총통에 취임하는 것 밖에는 다른 방법이 없을 것이라는 게 손중산의 계산이었다.

원세개와 남·북방의 원세개 지지자들은 손중산의 세 가지 요구 사항을 무시했다.

황태후와 황제의 이름으로 발표된 퇴위 조서는 원세개의 부탁을 받아 상해의 장건이 기초한 것이었다. 조서는 다음과 같이 밝혔다. "원세개는 이전에 자정원에서 총리대신으로 선출된 적이 있다. 신구교체가 일어나고 남북이 통일해야 하는 지금 임시 공화정부를 조직하고 민군과 통일을 협상하

---

18 손중산이 1912년 1월 20일에 오정방에게 보낸 전보. 『총리전집』. 문전(文電). 10쪽을 보라.

는 전권을 원세개에게 준다."[19] 원세개는 이 조서를 근거로 하여 즉시 자신을 "임시 공화정부 조직의 전권을 가진" 수뇌라고 선포하고 기존 내각의 각부 대신을 새로운 공화정부의 각부 책임자로 임명했다. 원세개의 조처는 손중산이 제시한 세 가지 요구조건 가운데서 앞의 두 가지 조건에 정면으로 배치되는 것이었다. 황제는 퇴위하면서 정권을 "사사로이" 원세개에게 주었고, 북경에는 청 정부를 계승하면서 아울러 남경정부를 병탄하려는 "임시정부"가 등장했다.

혁명진영 내부의 원세개 동조자들은 원세개를 찬양하는 노래를 불러대기 시작했다. 그들이 부르는 노래에 따르면 혁명을 최종적인 승리로 이끈 인물은 다름 아닌 청 왕조의 내각총리대신이었다. 그들은 손중산이 사직하겠다는 약속을 즉시 실천하도록 압박하는 분위기를 만들어갔다. 2월 14일 손중산은 참의원에 사직서를 제출했다. 15일, 참의원에서 원세개를 임시 대총통으로 선출했다. 여원홍이 부총통으로 선출되었다. 참의원은 원세개에게 보낸 전보 통지문에서 그를 "세계에서 두 번째의 워싱턴이자 중화민국 첫 번째의 워싱턴"이라고 불렀다.[20]

남경정부는 수립 후 두 차례나 제국주의 열강에게 "승인"을 호소했으나 열강은 거들떠보지 않았다. 손중산은 각국이 남경정부를 승인한 다음에 사직하겠다는 주장을 철회할 수밖에 없었다. 그러나 그는 2월 14일에 사직하면서 다음 세 가지 사항을 분명히 밝혔다. "1. 임시정부를 남경에 설치한다는 것은 각 성 대표회의에서 결정한 바이므로 고칠 수 없다. 2. 사직 후, 참의원에서 선출된 새 총통이 직접 남경으로 와 취임하면 그때 대총통과

---

19 상병화(尙秉和) 편, 「신임(辛壬)춘추」 제1상, 『신임정기(政紀)』. 16쪽. 또한 『중국혁명기』 제27책을 보라.

20 『신임춘추』 제1하, 3쪽.

각 국무위원은 직무를 떠난다. 3. 임시정부 약법(約法)은 참의원에서 제정하고 새 총통은 반포된 일체의 법제와 규정을 반드시 준수해야 한다." 이 원칙에 따르면 손중산은 임시대총통을 사직해도 "직무를 떠나는"것은 아니었다. 새로 선출된 임시대총통 원세개가 남경으로 와서 취임하기 전까지는 손중산을 수반으로 하는 남경 임시정부는 여전히 존재하는 셈이었다.

남경 측에서는 채원배, 송교인, 왕정위 등 8명으로 구성된 대표단을 북경으로 파견하여 원세개가 남경으로 와서 취임하라고 요구했다. 원세개는 대표단을 위해 성대한 환영식을 마련하고 남하 문제를 진지하게 논의하는 한편 심복 조곤에게 밀령을 내려 북경 시내에서 거짓 쿠데타를 일으키게 했다. 조곤의 군대가 약탈극을 벌이자 원세개는 자신이 북경을 지키고 있지 않으면 북방의 정세를 안정시킬 수 없다고 변명했다. 천진과 보정에서도 잇따라 거짓 쿠데타가 일어났다. 제국주의자들도 즉각 호응하는 행동을 보였다. 북경과 천진 일대에 주둔하던 열강의 군대가 출동하고 일본군은 진황도에 상륙했다. 원세개가 북경을 떠나면 "내우외환"의 형세가 금방 일어날 것 같았다. 여원홍 같은 혁명진영 내부의 원세개 동조자들이 목소리를 합하여 남경정부가 원세개의 주장을 받아들여 무마하라고 요구했다.

남경정부는 다시 한 번 양보했다. 원세개는 북경에서 임시대총통에 취임했다. 3월 6일, 남경 측에서는 원세개가 남경 참의원에 전보로 취임선서문을 보내고 국무총리와 국무위원의 명단을 참의원에 제출하여 동의를 받은 후 국무총리로 하여금 남경에서 임시정부를 접수하게 하면 손중산이 임시대총통의 직무에서 떠난다는 방식을 제안했다. 원세개로서는 이 방식을 반대할 이유가 없었다.

원세개가 입는 대총통 예복은 남경정부가 수여하는 것이라야지 퇴위하는 청 황제가 하사하는 것이어서는 안 된다─남경정부가 쟁취한 요구는 이것 하나뿐이었다.

3월 11일, 손중산은 임시대총통의 자격으로 참의원을 통과한 '중화민국임시약법(中華民國臨時約法)'을 공포했다. 모택동은 다음과 같이 평가했다. "민국 원년의 '중화민국임시약법'은 당시로서는 비교적 좋은 것이었다. 물론 불완전하고 결점이 있으며 자산계급적 성격을 띠고 있었으나 혁명적 성격과 민주적 성격을 갖추고 있었다."[21] 이 약법은 정식 헌법이 제정되기 전의 임시헌법으로 인식되었다. 손중산은, 약법이 있으면 원세개를 견제하고 자산계급 민주공화국의 성립을 담보할 수 있으리라고 믿었다. 이것은 또 하나의 공상이었다.

3월 10일, 원세개는 북경에서 임시대총통 취임을 선포했다. 임시약법은 내각책임제의 실시를 규정하고 있어서 대총통은 국무총리와 각 부 총장을 임명할 때 반드시 입법기관인 참의원의 동의를 얻어야 했다. 3월 13일, 원세개는 친구인 당소의를 국무총리에 임명하였다. 당소의가 남경으로 와 각 부 총장의 명단을 제출한 후 4월 1일에 손중산은 대총통의 직무를 벗어난다고 선포했다.

혁명과정에서 생겨난 남경 임시정부는 3개월이란 짧은 생명을 마감했다. 이 3개월 동안 남북의 두 개 정부는 시종 대립했다. 4월 2일, 참의원은 원세개의 희망에 따라 북경으로 정부를 옮기기로 결정했다. 정부의 이전 결정은 원세개의 완전한 승리를 나타내는 형식상의 마지막 절차였다.

제국주의에 대한 환상의 파탄

남경의 임시정부가 해산하고 손중산이 임시대총통의 자리를 원세개에

21 『모택동저작선독』 하책, 인민출판사 1986년 판, 708쪽.

게 내줌으로써 신해혁명은 종말을 고했다. 제국 중국은 민국 중국으로 간판을 바꾸어 달았으나 자산계급 민주공화국을 건설한다는 목표에 비추어 보자면 혁명은 실패로 끝난 것이었다. 12년 후인 1924년에 손중산은 《중국국민당 제1차 전국대표대회 선언》에서 신해혁명이 준 교훈을 회고하면서 다음과 같이 말했다. "그 시기에는 상황에 쫓겨 반혁명적 전제계급과 타협을 모색할 수밖에 없었다. 이런 타협은 실제로는 제국주의의 조종을 받은 것이었다. 이것이 혁명이 실패한 첫 번째 원인이었다." "무릇 원세개란 인물은 북양군벌의 우두머리로서 열강과 결탁하고 무인관료배와 같은 일체의 반혁명 전제계급과 손을 잡고 생존을 도모하였는데 혁명당파가 그에게 정권을 주어 실패에 이르렀으니 다시 무슨 할 말이 있겠는가!"[22]

원세개의 배후에는 제국주의가 있었다. 원세개와 타협한다는 것은 바로 제국주의와 타협하는 것이었다.

남경 임시정부가 수립된 직후인 1월 5일에 임시 대총통 손중산의 명의로 대외적인 포고문을 발표하였는데 그 중에 다음과 같은 말이 있었다. "아마도 세계 각국이 우리 중국인의 선린하고자 하는 참뜻을 알지 못할 것 같아 아래에 몇 가지 속마음을 각국 앞에 밝힌다. 우리와 각국은 늘 이를 살피기 바란다." 이 포고문은 여덟 가지를 나열하였는데 앞에 나오는 세 가지는 다음과 같다. "1. 혁명 이전에 만주족 정부와 각국이 체결한 조약을 민국은 모두 유효한 것으로 인정하며 조약은 기한이 되었을 때 종료된다. 혁명이 일어난 이후에 체결된 조약은 그렇지 아니하다. 2. 혁명 이전에 만주족 정부가 빌린 외채와 인정한 배상금은 민국정부도 그 조건을 바꾸지 않고 상환의 책임을 인정한다. 민군이 일어난 이후에 생긴 외채와 배상금은 그러하지 아니하다. 혁명 이전에 조약을 체결하고 혁명 후에 지급 의무가

---

22 『손중산선집』, 인민출판사 1981년 판, 587쪽.

생긴 외채와 배상금도 또한 그러하지 아니하다. 3. 혁명 이전에 만주족 정부가 각국의 국가와 개인에게 양여한 각종의 권리는 민국정부도 여전히 존중한다. 민군이 일어난 이후의 것은 그러하지 아니하다."

이 문건은 자산계급 혁명파가 제국주의 열강에 대해 갖고 있던 실제와는 동떨어진 환상을 보여주고 있다. 자산계급 혁명파는 혁명을 일으켜 제국주의의 주구인 청 왕조 정부를 무너뜨리고 중국이 독립국가로서 세계 각국과 평등하게 교류하기를 바라면서도 한편으로는 제국주의가 청 정부와 체결한 일체의 불평등조약을 무조건적으로 인정해주었다. 갓 성립된 혁명 정부가 일체의 불평등조약을 즉각 폐기한다는 것은 비현실적인 과제였음을 부인할 수 없다. 그러나 그들은 제국주의의 중국에서의 모든 기득권을 손상시키지 않으면 그들이 중국을 자산계급 민주국가로 개조하는 것을 열강이 지지해줄 줄로 믿었지만 이는 환상이었다.

남경정부가 원세개와 타협에 나섰던 중요한 이유 중의 하나는 제국주의 열강의 무장간섭에 대한 두려움이었다. 남북의 화의회담이 진행되는 과정에서 원세개는 전보와 선언 등의 수단을 동원해 각지의 군벌과 관료들을 상대로 나라가 위기에 처한 상황에서 외국의 간섭도 눈앞에 다가왔으니 남방 측이 양보해야 한다고 위협했다. 혁명진영 가운데서도 많은 사람들이 이런 공포를 유포하는데 적극적이었다.

남경정부는 국내에서 자신의 지위를 안정시킴으로써 외국으로 하여금 남경정부를 승인하지 않을 수 없게 만들려 하지 않고 제국주의 열강의 승인에 기대어 북방정부와의 담판에서 자신의 지위를 높이려 했다. 아울러 남경정부는 외국 차관으로 자신의 재정곤란을 해결하려 했으나 각국으로부터 거절당했다.

청 황제의 퇴위 선포와 원세개의 북경정부 접수 이후 영·프·독·미 4국 은행단은 북경정부와 거액의 차관제공 담판을 진행했고 최종 합의가 이루어지기도 전에 차관 일부를 미리 지급하는 호의를 보였다. 원세개의 북경정부가 남경정부를 병탄할 수 있었던 데는 제국주의로부터의 재정원조에 힘입은 바가 적지 않았다.

손중산의 남경정부가 간절히 바랐지만 얻지 못했던 각국의 승인을 원세개 정부는 얻어냈다. 1913년 5월 2일, 제일 먼저 미국이 중화민국 승인을 선포했다. 이 해 10월 6일에 국회가 원세개를 정식 대총통으로 선출할 때까지 기타 열강들도 중화민국 승인을 선포했다. 손중산의 중화민국은 승인하기 싫지만 원세개의 중화민국은 기꺼이 승인하겠다는 열강의 저의가 분명하게 드러났다.

원세개는 1913년 10월 10일에 정식 대총통에 취임하면서 발표한 선언서에서 다음과 같이 밝혔다. "이전의 청 정부·중화민국 임시정부와 외국 정부 간에 체결된 조약·공약·협약은 반드시 지켜질 것이며, 이전 정부가 외국 기업 또는 시민과 체결한 정당한 계약도 역시 지켜질 것이며, 각국의 시민이 국제계약과 국내법률 및 관례에 따라 중국에서 누리고 있는 권리와 특권은 확실하게 인정될 것이다. 이로서 선린과 평화는 지켜질 것이다."[23]

원세개는 이 선언을 통해 그가 이끄는 민국정부는 청 정부의 매국적 전통의 계승자이므로 제국주의 열강은 전적으로 안심해도 좋다는 점을 확인해 주었다.

신해혁명에서 제국주의 열강은 손중산이 아니라 원세개를 선택했지만 자산계급 혁명파는 이점을 자랑스럽게 생각해도 좋을 것이다. 자산계급 혁명파는 중국의 진정한 독립을 획득할 능력이 없었기에 세계 각국과 평등하게 교류할 수 없었고, 또한 그들은 제국주의에 대해 실제와 동떨어진 환상을 갖고 있었지만 궁극적으로 그들이 구상했던 중국의 진로는 제국주의가

---

23 『원대총통수독회편(袁大總統書牘匯編)』, 신중화도서국 1914년 판, 8쪽.

바라던 진로와는 상반되는 것이었기 때문이다.

신해혁명은 실패했다. 황제가 대총통으로 바뀌었을 뿐 중국은 여전히 제국주의 열강의 지배를 받는 반식민지 반봉건 국가였다.

신해혁명이라고 하는 격렬한 진통을 겪은 후에도 기대했던 독립과 민주는 찾아오지 않았으나 그렇다고 해서 이 진통이 헛되게 지나간 것은 아니었다. 2천년 넘게 이어져온 군주제(帝制)가 무너지고 중국 대륙에 민주공화국의 깃발이 세워졌다는 것은 결코 사소한 사건이 아니었다. 이때 이후로 민주주의의 조류를 거스르는 어떠한 시도, 중국에서 군주제를 회복하고 독재통치를 수립하려는 어떤 개인이나 정치집단도 인민의 저항에 부닥쳐 결국은 실패로 끝나지 않을 수 없었다.

모택동이 「신민주주의론」에서 지적했듯이, 신해혁명은 "비교적 좀 더 완전한 의미에서" "제국주의와 봉건세력에 반대하고 독립된 민주주의 사회를 건설하려는 투쟁을 시작한" 혁명이었다.[24] 태평천국, 무술유신과 의화단운동도 외국 침략자와 봉건세력을 반대하는 의미를 내포하고 있었지만 자산계급과 소자산계급이 이끈 신해혁명은 비교적 좀 더 완전한 의미에서 이를 추구한 혁명이었다.

신해혁명이 실패한 이유는 자산계급과 소자산계급 지도자들이 극복할 수 없는 자체적 약점을 갖고 있었기 때문이었다. 그들의 약점은 중국의 광대한 하층 대중, 주로 농민의 혁명역량을 정확하고도 일관되게 동원하여 충분히 발휘되도록 이끌 수 없었다는 것이었다. 인민들, 특히 인민 가운데서 선진분자들은 실패로부터 배움을 얻었다. 신해혁명의 실패는 중국인민의 반봉건 혁명투쟁이 새로운 단계로 진입하여 한 층 더 높은 수준에서 지

---

24 『모택동선집』 제2권, 인민출판사 1991년 판, 666-667쪽.

속적으로 전개될 것임을 예고했다.

제5편

신민주주의 혁명의 과도기

제26장
원세개의 반동통치와 반 원세개 투쟁

1913년 국민당의 반 원세개운동의 실패

신해혁명의 과실은 비록 원세개로 대표되는 대지주 대매판 계급에게 찬탈 당했으나 자산계급 혁명파는 이 사실을 곧바로 알아차렸다.

1912년 3월 원세개가 임시대총통에 취임했을 때, 몇 가지 표면적인 현상으로 보자면 자산계급 혁명파가 실패했다고 할 수는 없었다. 첫째, 원세개는 남경 임시정부의 임시약법을 인정하지 않을 수 없었고 이 약법에 따르면 국가행정의 권력은 주로 총통이 아니라 내각의 수중에 있었다. 둘째, 원세개가 임명한 내각총리 당소의는 다소간 자산계급 민주주의 사상을 가진 관료였으며 동맹회에 참가할 의사까지도 밝혔다. 셋째, 당소의 내각의 10명의 부장 가운데서 4명이 동맹회 회원이었다. 넷째, 남경에서 북경으로 옮겨 간 임시 참의원(임시약법에 의하면 참의원은 의회의 성격을 모두 갖추고 있었다)에서 동맹회가 차지한 의석수가 상당히 많았다(130석 중 40여 석). 이 밖에도 당시 혁명의 격랑 속에서 각 성의 정권을 잡은 실력과 중에 동맹회 회원이 적지 않았다.

손중산은 사임한 후 얼마 되지 않은 1912년 4월에 한 연설에서 다음과 같이 말했다. "우리나라의 종족혁명과 정치혁명은 이미 성공했으나 오직 사회혁명만은 아직 손을 대지 못하고 있다. 그러므로 지금은 사회사업이 매우 중요하다 …… 나는 이번에 사임하면서 인민을 위한 사업의 발기인이 되고자 한다." 또한 그는, "우리 중화의 약점은 인민이 가난하다는 데 있다. 내가 살펴 본 바 열강의 부강함의 원천은 산업이다. 공화정의 초기에 빈곤에 대한 처방으로서 산업을 일으키는 것은 가장 중요한 정책"이라고 하였다.[2] 당시 손중산은 자신의 다음 임무는 사회사업에 뛰어들어 산업을 일으키는 것이라고 생각했다.

원세개는 민주공화국의 간판을 내건 채 사실상 한걸음씩 독재통치로 나아가고 있었다. "임시약법," "책임내각," "임시참의원" 등은 그를 견제하는데 아무런 역할을 하지 못했다. 당소의는 원세개의 오랜 친구였고 그의 동맹회 가입은 원세개도 찬성한 바였지만 당소의가 책임내각의 권력을 행사하려 하자 원세개가 이를 용인하지 않았다. 두 달 후 당소의는 강제로 물러났다. 당소의와 함께 동맹회 소속의 각료 4명도 사임했다. 6월 말, 원세개는 자신이 신임하는 외교부 총장 육정상(陸徵祥)을 내각총리에 임명했다. 9월이 되자 내각총리는 다시 전임 내무총장 조병균(趙秉鈞) — 원세개의 심복 — 으로 교체되었다. 내각에 이런 변동이 있어도 동맹회의 영수들은 불안을 느끼지 않았다.

동맹회 영수의 한 사람인 송교인은 자산계급 의회정치에 심취한 인물이었다. 그는 동맹회를 개조 확대하면 정식 국회가 구성될 때 다수 의석을 차지할 것이고 이를 바탕으로 자신이 내각을 구성할 수 있다고 주장했다. 그의 주장은 황흥 등의 지지를 받았다. 1912년 8월, 동맹회는 국민당으

---

1 『손중산전집』 제2권, 중화서국 1981년 판, 335쪽.
2 「실업을 일으키는 것은 가난을 구하는 양약(興發實業爲救貧良藥)」(민국 원년 4월 17일에 손중산의 상해 실업연합회 환영회 강연 요지). 『총리전집』, 「연강(演講)」을, 1쪽을 보라.

로 확대 개편되었다. 국민당은 여전히 손중산을 지도자로 받들었지만 핵심 인물은 송교인이었다.

당시 참의원에서 동맹회와 대등한 의석수를 차지한 정당의 이름이 공화당(共和黨)이었다. 이 당의 대표는 여원홍이었고 장건과 정덕전 등이 당을 이끌었다. 이 당은 원세개를 지지하고 동맹회를 반대했다. 그밖에도 통일공화당과 기타 정당들이 있었는데, 그 구성분자들은 대부분 구 관료정객과 입헌파 인물들이었다. 송교인은 국민당을 조직하면서 통일공화당과 기타 군소정당 및 대량의 구 정객과 구 관료들을 끌어들였다.

혁명의 열기가 아직 가시지 않은 당시의 사회분위기에서 원세개는 손중산과 황흥 같은 명망 있는 혁명 지도자들을 끌어들여 구색을 갖추고 싶었다. 1912년 8월 하순, 원세개는 우선 손중산을 북경으로 초청하여 귀빈의 예로서 그를 맞아 국가대계를 논의했다. 이 회담을 통해 원세개는 손중산에게 자신이 민국의 원수로서 훌륭하게 역할 할 것이란 확신을 심어주었다. 손중산은 원세개가 10년 동안 총통직을 수행하기를 바란다는 희망을 밝혔고 자신은 앞으로 전력을 다해 철도건설 사업에 종사하고 싶다고 말했다. 원세개는 손중산에게 전국철로총판(全國鐵路總辦)이란 명칭을 주었다. 황흥도 초청을 받아 북경으로 가 원세개와 회담하는 자리에서 정당 내각제를 주장했다. 손중산과 황흥은 원세개와의 회담을 마친 후 상해로 돌아왔다. 원세개는 표면적으로는 손중산과 황흥에게 지극한 존경의 예를 갖추었으나 뒤에서는 사람을 시켜 손중산과 황흥을 폄훼하는 유언비어를 담은 소책자를 만들어 각처에 뿌렸다.[3]

원세개는 군벌관료 전제통치 집단 가운데서 온갖 투쟁을 거쳐 올라온 인물이었다. 이 집단은 극단적으로 부패하기는 했으나 속임수·음모·권

---

3   『신해혁명회억록』 제1집, 489쪽을 참고하라.

모술수의 풍부한 경험을 갖고 있어서 원래부터 약점이 있고 정치적 경험도 거의 없는 자산계급 혁명파를 다루는 일에서는 일시적으로 성공할 수 있었다. 당시에 손중산이 원세개를 회견한 후 한 말을 살펴보면 원세개가 파놓은 함정에 그가 얼마나 깊이 빠져있었는지를 알 수 있다. 손중산은 북경에서의 한 연설에서 다음과 같이 말했다. "본인의 생각에는 현재 정치는 원 대총통과 일반 국무위원들이 맡아서 잘하고 있습니다. 본인은 정계에 가까이 하지 않고 사회에서 한 가지 사업에 전념하고 싶습니다…. 본인이 계획하고 있는 것은 다름 아니라 철도건설 문제입니다."[4] 그는 북경에서 상해로 돌아와 한 연설에서는 다음과 같이 말했다. "저는 북경에서 원 총통을 만나 국가의 대 정책을 넓고도 깊게 토론했습니다. 저는 원 총통이 책임감이 강하고 두뇌도 뛰어나며 천하의 일을 두루 밝게 파악하고 있으며 새로운 사상을 지닌 인물이라고 믿습니다. 다만 일을 처리하는 방식이 구식이기는 합니다만 일이라는 것이 원래 새로운 방식만으로는 다 처리할 수는 없는 것입니다…. 민국을 다스리고자 한다면 새로운 사상과 옛 경험 옛 수단을 두루 갖추지 않으면 안 됩니다. 이런 점에서 원 총통은 적합한 인물이라고 할 수 있습니다. 그러므로 제가 항성(項城-원세개를 가리킴. 저자 주)을 추천한 일은 결코 잘못이 아니라고 생각합니다."[5]

원세개는 국민당의 저명인물 중에서 매수할 수 있는 인물은 모조리 매수했다. 예컨대 왕정위 같은 인물은 오래전부터 원세개 측으로부터 "특별비"를 받고 있었다. 매수공작에 넘어가지 않고 용납할 수도 없는 인물에 대해서는 비열한 폭력을 동원해 처리했다. 1912년 말에 각 성에서는 정식국회 의원선거를 시작했고 국민당이 국회의 다수의석을 차지했다. 송교인은 자신

---

4   손중산의 민국 원년 9월 2일 북경 언론계 환영회 강연. 『총리전집』. 「연강」을, 4쪽.
5   손중산의 민국 원년 10월 5일 상해 국민당 환영회 강연. 전게서, 「연강」 병, 3쪽.

을 중심으로 한 국민당 내각을 구성할 수 있다고 믿었다. 그는 호남을 출발하여 상해와 남경을 거쳐 북경으로 가면서 정당 내각제를 선전하고 주장할 계획이었다. 1913년 3월 20일 그는 상해 역에서 암살되었다. 암살을 지시한 배후인물이 원세개의 심복인 내각총리 조병균이란 사실이 곧바로 밝혀졌지만 이미 타협책에 포위되어 있던 국민당은 "조용히 법률적 해결을 기다린다"는 방침을 결정했다. 손중산은 반동세력과의 대항을 회피하지 않는 혁명가였다. 송교인 피살사건으로 원세개에 대한 환상에서 깨어난 손중산은 군대를 조직하여 원세개를 토벌할 것을 주장했다. 황흥과 그 밖의 국민당 지도자들은 이 주장에 찬성하지 않았다.

송교인 암살사건이 벌어졌을 때 원세개는 제국주의 열강의 은행단과 대규모 차관도입 담판을 진행하고 있었다. 1913년 4월에 차관이 성립되었다. 원세개는 재정적인 기반을 마련한 후 제국주의 열강의 지지를 확보하고 군사적인 대비까지 마친 6월에 우선 국민당 소속 도독 3명(강서의 이열균[李烈鈞], 광동의 호한민, 안휘의 백문울[柏文蔚])을 파면하는 명령을 내리고 군대를 남하시켰다. 이때가 되어서야 국민당은 대응에 나섰다. 상해에 있던 손중산과 황흥은 남방의 각 성에 원세개와 맞서라고 호소했다. 이것이 국민당 측에서 말하는 이른 바 "2차 혁명"이다.

국민당의 "2차 혁명" 중 반 원세개 군사행동의 중심은 강서와 남경이었기 때문에 "감녕의 전쟁(贛寧之役)"이라고 불렀다. 7월 12일에 이열균은 강서 호구(湖口)포대를 근거지로 하여 독립을 선언했고 15일에는 황흥이 남경에서 원세개 토벌군을 결성했다. 안휘·광동·복건·호남·사천의 국민당 세력이 모두 동조했으나 대부분 행동이 따르지 않는 말뿐이었다. 원세개의 남하군대의 압력을 받아 강서와 남경의 반 원세개 무력은 빠르게 와해되었고 동조를 약속했던 각 성의 군대도 스스로 물러났다. 2개월도 되지 않아 감녕전쟁은 원세개의 전승으로 끝이 났다. 원세개가 파견한 심복 부대가 남경,

호북, 광동에 주둔하였고 원세개의 세력은 원래 국민당계 군인과 기타 계파가 지배하던 장강 유역과 남방 각 성까지 확대되었다.

신해혁명 이후 1년 반 동안에 국민당은 혁명정당으로서의 색채를 잃어버렸다. 이 무렵 전국의 인민들은 신해혁명의 과실을 찬탈한 원세개의 죄악에 대해 아직 제대로 알지 못했다. 따라서 감녕전쟁은 소수의 국민당 인사들의 단순한 군사행동으로 인식되었기 때문에 신해혁명과 연결되지도 못하고 대중적 혁명으로 발전하지도 못했다. 그러나 감녕전쟁은 반 원세개 투쟁의 시작이었다는 점에서 역사적 의의를 갖는다.

군사적 승리를 거머쥔 후에 원세개는 본모습을 드러내고 자산계급 혁명파와 맞섰다. 7월에 원세개는 다음과 같은 포고문을 발표했다. "폭도가 함부로 독립을 선언하고 민국의 통일을 파괴했다. 정부는 약법상의 통치권에 따라 병력을 동원하여 변란을 평정할 책임이 있다."[6] 원래는 원세개를 견제하기 위해 만들어진 임시약법이 이제는 오히려 원세개가 혁명을 진압하는 합법적 근거가 되어버렸다. 손중산과 황흥 등은 모두 체포 대상인 "폭도"가 되었다. 그들은 혁명을 통해 건립되기 시작한 중화민국을 떠나 다시 한 번 망명의 길에 오르지 않을 수 없었다.

감녕전쟁이 발생했을 때 국회는 개회 중이었다. 원세개는 다시 한 번 매수와 분열의 방법을 동원해 적지 않은 국민당 소속 의원들을 탈당시켜 별도의 작은 당파를 구성했다. 국민당은 국회에서 다수당의 지위를 상실했다.

7월 말, 원세개는 웅희령(熊希齡)을 내각총리로 임명했다. 이 내각의 외교, 내무, 육군, 해군, 교통 등 몇 개 부서의 총장은 원세개의 측근이 장악했고 나머지 몇 개 부서의 총장도 모두 진보당 인사들이 차지했다. 사법총장

---

6 마진동(馬震東), 『원씨망국사(袁氏亡國史)』. 중화서국 1932년 판. 228쪽.

양계초, 농상총장 장건, 내각총리 겸 재정총장 웅희령이 진보당원이었다.

진보당은 국회에서 국민당의 우세를 압도하려는 원세개의 뜻에 따라 공화당, 통일당, 민주당 등 3개 정당이 합병하여 만들어진 정당이었다. 통일당은 공화당에서 갈라져 나와 장태염이 당수를 맡은 군소정당이었고 민주당은 양계초가 1912년 10월에 일본에서 귀국한 후 원래의 입헌군주파 분자 일부를 모아 만든 정당이었다.

양계초를 정치적 대표인물로 내세운 상층 자산계급은 자산계급 혁명파를 이용하여 자신들의 정치적 지위를 크게 높였다. 그러나 그들은 자산계급 혁명파와의 협력을 원치 않았고 독립적으로 정권을 장악할 능력도 없었다. 그들은 원세개와 손잡는 것이 정권의 중심부로 들어갈 수 있는 지름길이라고 판단했다. 결국 자산계급 혁명파 인물들이 폭도와 반란자로 몰려 국외로 망명할 때 양계초와 웅희령 등은 원세개의 요청을 받아 내각에 들어와 중요한 자리를 차지하게 되었다.

원세개가 세우고 싶었던 정권은 제국주의를 후원자로 하고 대지주계급과 대매판계급을 대표하는 독재정치였다. 그로서는 "격렬한" 자산계급 정당이 필요하지 않았고 "온화한" 자산계급 정당도 필요 없었다. 감녕전쟁 후 얼마 되지 않아 원세개의 지휘 하에 국회는 정식 대총통 선거를 실시했다. 국회 안에는 그래도 원세개의 각본대로 투표하지 않으려는 일부 의원들이 남아 있었기 때문에 하루에 세 차례나 투표를 한 끝에 원세개가 겨우 법정 당선표를 확보할 수 있었다. 여원홍도 부총통으로 선출되었다. 원세개의 입장에서는 국회란 마음대로 다룰 수 있는 도구가 아니었다. 이제 "합법적으로" 정식 대총통에 선출되고 나자 국회는 쓸모가 없어졌다. 11월 4일, 원세개는 국민당 해산령을 내리고 국민당 소속 의원들의 자격을 전부 취소했다. 이렇게 하여 국회는 소집될 수가 없게 되었다. 다음 순서는 웅희령 내각의 사퇴였다(1914년 2월 12일).

원세개 독재 매국행위의 폭로

원세개의 국회해산은 민국 원년에 제정된 "임시약법"을 근거로 하여 이루어졌다. 국회를 해산한 후 원세개는 임시약법을 폐기하고 자신의 필요에 부합하는 약법으로 대체했다.

원세개는 1914년 3월에 그가 원하는 약법을 제정하기 위한 회의를 소집했고, 회의 소집 전에 약법 제정의 원칙을 규정한 "약법증수대강(約法增修大綱)" 7개 항[7]을 발표했다. 7개 항의 주요 내용은 다음과 같았다. "외교대권은 절대적으로 대총통에게 귀속된다," "관제의 제정과 관리의 임면"에 관한 권한도 모두 대총통에게 귀속된다, 이 두 가지 권한은 의회의 동의를 필요로 하지 않을 뿐만 아니라 대총통은 의회를 경유하지 않고 "법률과 동등한 효력을 가지는 정령"을 반포할 권리를 가지며 "임시 재정처분을 내릴 수 있는 권한"을 가진다, 국무총리는 두지 않으며 정부 각 부의 총장은 "모두 대총통 직속"으로 한다, "인민의 권리에 관하여는 그 박탈과 회복을 대총통이 자유롭게 결정할 수 있다." 이 7개 대강에 따라 의회제도와 내각책임제는 취소되고 민주적 개념은 근본적으로 부정되었다. 이 원칙에 따라 제정된 약법이 1914년 5월에 공포되었다. 약법은 원세개의 개인독재에 "합법성"을 부여했고 중화민국은 겨우 이름만 남았다.

원세개의 약법에 따르면 의회와 유사한 "입법원(立法院)"(대총통의 직무를 감독할 권한은 없었고 대총통의 명령을 듣기만 했다)과 "참정원(參政院)"이란 이름의 자문기관을 두도록 되어 있었다. 그러나 실제로 설치된 것은 참정원뿐이었으며 그 구성원은 대부분이 청 왕조의 관료와 각지의 지주 향신, 그리고 일부 진보당 인사와 변절한 국민당 인사들이었다. 참정원에서 원세개

---

7   『원씨망국사』, 354-355쪽.

의 필요에 따라 "대총통선거법"(1915년 1월 1일 공포)이란 것을 제정했다.[8] 이 선거법에 따르면 대총통의 임기는 10년이고 연임할 수 있었다. 대총통선거는 참정원과 입법원에서 각기 50명씩을 추천하고 이들이 투표하도록 되어 있었으나 참정원이 "정치적으로 필요하다고 인정할 경우" "현임 대총통의 유임을 의결"하고 선거를 치르지 않을 수 있었다. 그 밖에도 이 선거법에는 매우 기이한 조항이 있었는데, 후임 대총통 후보자의 명단을 현임 대총통이 미리 확정하여 "가화금간(嘉禾金簡)" 위에 써서 "금궤석실(金匱石室)"에 보관하게 되어 있었다. 선거 때가 되면 석실 문을 열고 금간을 꺼내 거기에 이름이 적힌 사람가운데서 한 명을 뽑아야 했다. 당시 사람들은 원세개가 종신 대총통의 자리를 확보했을 뿐만 아니라 아들에게 대총통 자리를 물려줄 수 있게 되었다고 평가했다.

이 무렵 원세개는 사실상 황제와 같은 권력을 가졌고 유일한 차이라면 황제란 명칭을 사용하지 않았다는 점뿐이었다. 1915년 하반기에 원세개와 그의 추종자들은 민주공화정은 중국 실정에 맞지 않으므로 중국에서는 군주제 제제(帝制)를 실시해야 한다는 여론을 대대적으로 퍼뜨리는 한편 전국에서 원세개를 황제로 추대하는 "민의"를 조작했다. 12월 12일, 원세개는 군주제의 실시를 정식으로 선포했다. 중화민국은 중화제국으로 바뀌고 역대 황제들이 연호를 반포했듯이 다음 해를 "홍헌(洪憲)" 원년으로 정했다.

원세개는 무력으로 전국 통일을 시도했다. 그는 북양 6진을 기초로 하여 자신의 직계 세력을 대거 확충했다. "2차 혁명"을 진압한 후 장강 유역 각 성은 북양 군인들의 손에 떨어졌다. 남방의 운남·귀주·사천·광동·광서·절강 등 비북양계 지방 군벌들로부터는 원세개는 매수와 무력위협을 통해 복종과 충성의 맹세를 받아냈다. 형식상으로는 전국이 통일된 것 같았

---

8   『원씨망국사』. 384-387쪽.

다. 그러나 실제에 있어서는 비북양계 군벌뿐만 아니라 원세개의 직계 장군들도 각자 근거지를 하나씩 차지한 후에는 서로 경쟁하며 자기 세력을 넓히는데 힘을 쏟았다. 원세개 통치하에서는 진정한 의미의 통일이 아니라 군벌이 할거하는 국면이 시작되었다.

원래 자산계급 혁명파들은 혁명을 거쳐 민국을 수립하고 나면 자본주의가 발전하기 시작하고 국가는 부강의 길로 접어들 것으로 예상했다. 그러나 현실은 그와는 정반대로 민족자본주의 경제는 원세개와 그 밖의 크고 작은 군벌들의 통치하에서 위축되는 추세를 보였다. 1914년 장건이 북경정부의 농상총장에 취임하면서 "면철(棉鐵)정책"을 내세우고 면방공업과 강철공업의 발전을 역설했으나 공론에 그쳤을 뿐이었다.

원세개가 신해혁명의 과실을 찬탈할 수 있었던 데는 제국주의 열강의 지지가 큰 역할을 했다. 영·프·독·미 4국 은행단의 거액 차관은 열강 사이의 모순 때문에 얼마간의 곡절을 겪었다. 일본과 러시아가 중간에 참여하고 미국이 중도에 퇴출함으로써 차관이 성립되었을 때는 4국 은행단이 5국 은행단으로 변해있었다. 차관의 총액은 2,500만 파운드로서 염세(鹽稅)수입을 담보로 하고 상환 기한은 47년, 원리금 합계액은 6,700여 만 파운드였다. 차관계약에 따르면 5국 은행단이 사람을 파견하여 소금의 유통을 감독하고 차관의 사용처를 확인하도록 되어 있었다. 이것은 완전히 예속적인 정치차관이었다. 이 차관 덕분에 원세개는 1913년에 우세한 국민당 세력을 압도할 수 있었다.

1914년에 유럽전쟁(제1차 세계대전)이 폭발했다. 중국을 침략한 제국주의 열강은 두 진영으로 나뉘어 서로 싸웠고 이 때문에 원세개 정부는 곤란한 지경에 처하게 되었다. 8월 6일에 중화민국은 중립을 선포했다. 독일은 교주만 조차지(청도)에 군대를 주둔시키고 있었고 영국의 동맹국인 일본은 언제라도 참전하여 교주만을 탈취할 수 있는 상황이었다. 중국내에서는 일본이 차지하기 전에 독일과 협상하여 교주만을 반환받자는 주장이 대두되었다. 극동지역에 신경 쓸 여유가 없었던 독일은 이 방안에 대해 동의를 표시했지만 원세개 정부는 일본의 위협 때문에 아무런 행동도 할 수가 없었다. 8월 23일, 일본은 독일에 대해 전쟁을 선포하고 교주만을 봉쇄하는 한편 청도 공격을 명분으로 군대를 출동시켰다. 일본군은 청도와는 멀리 떨어진 산동 동북부의 용구(龍口)에 2만여 병력을 상륙시킨 후 황현(黃縣)·액현(掖縣)·평도(平度)·내양(萊陽)·즉묵(卽墨) 등 중국의 영토를 마치 적국처럼 휩쓸며 지나갔다. 원세개 정부는 어떤 항의도 하지 못했고 오히려 1904년 일·러전쟁의 선례를 좇아 용구·내주·교주만과 그 부근을 "교전지역"으로 획정했다. 일본군은 교전지역 밖에서도 군사행동을 벌였다. 11월 7일, 일본군이 청도를 점령했다. 그 이전에 일본군은 이미 교제철도가 지나는 유(濰)현 등을 점령한 후 철도를 따라 서쪽으로 진군하여 10월 6일에 제남 기차역을 점령했다. 일본 제국주의는 독일로부터 교주만을 탈취할 뿐만 아니라 교제철도 전체와 산동성 전체까지 지배할 계획임을 분명히 드러냈다.

원세개는 지금까지 주로 영국과 미국의 지지에 의존해왔고 특히 영국과의 관계가 밀접했다. 서방 열강이 유럽전쟁에 휘말리게 되자 일본 정부는 중국을 독점할 수 있는 좋은 기회라고 판단했다. 일본은 산동 지역을 상대로 군사적인 침략행동을 한 후 중·일간의 "현안"을 해결한다는 핑계로 중국에게 무리하고도 야만적인 요구를 제시했다. 1915년 1월 18일, 일본 공사가 이런 요구를 직접 원세개에게 제출했다. 요구사항은 모두 5개 부분 21가지로 이루어졌었다─첫째 부분은 산동지역에서의 일본의 특수권리, 둘째 부분은 동3성의 동부와 남부 및 내몽고 지역에서의 일본의 특수권리, 세 번째 부분은 기왕에 일본 자본이 들어가 있는 한야평공사(漢冶萍公司)의 중·일 공동경영 요구, 네 번째 부분은 "중국 연해의 항만과 도서를 타국에 양여하거나 조차하지 말라"는 요구, 다섯째 부분은 중국정부의 재정·정치·

군사 등의 고문으로 일본인을 초빙하고 일부 지역의 경찰국·병기창을 공동 운영하며 일부 지역의 철도부설과 광산개발에 있어서 일본에게 투자의 우선권을 주는 문제.

마치 승전국이 패전국에 요구하는 듯한 무리한 요구를 두고 원세개 정부는 대표를 파견하여 일본 공사와 비밀리에 담판을 진행했다. 담판 과정에서 원세개 측에서는 여러 가지 양보를 하였으나 일본은 만족하지 않았다. 이 해 5월 7일, 일본은 최후통첩을 보내고 48시간 이내에 답변을 요구했다. 5월 9일, 원세개 정부는 일본이 제시한 조건을 모두 받아들였다(다만, 다섯째 부분의 몇 개 조항은 제외하였으나 "훗날 따로 협상한다"는 조건은 받아들였다).

원세개의 독재 통치는 중국을 더 심한 빈곤과 혼란 속에 빠뜨렸다. 그는 산동문제를 두고, 특히 21개조 문제를 두고 일본 제국주의의 압력에 굴복함으로써 매국적인 면모를 전체 중국 인민 앞에 충분히 드러냈다. 21개조를 받아들인 후 그는 군주제로의 복귀 활동을 더 강화하였는데, 중국 사회에 뿌리내린 황권에 대한 미신을 이용하여 자신의 통치를 안정시키려는 의도였다. 그러나 군주제 복귀를 선포하자 원세개의 통치 지위는 강화된 것이 아니라 정반대로 그의 몰락만 가속되었다.

손중산의 중화혁명당

1913년 반 원세개 투쟁이 실패한 후 망명했던 국민당 인사들의 사상은 여러 갈래로 나뉘어 있었다. 훗날 손중산이 회고한 바에 따르면 당시 일본에 망명했던 인사들의 정서와 분위기는 다음과 같았다. "모두가 고개를 떨어뜨리고 용기를 잃었으며," "하루도 혁명을 말하지 않는 날이 없었으나 어떤 세력과 어떤 방법이 있었겠는가? 2년 전에 우리 당은 10여개 성을 차지하고 천만의 자금을 모았으며 3,4십만의 병력을 동원할 수 있었음에도 원씨를 꺾지 못했는데 아무것도 갖지 못한 지금 어떻게 혁명할 수 있겠는 가?"[9]

손중산은 이러한 패배주의 정서를 강력하게 반대했다. 그는 혁명의 신념을 바탕으로 하여 일본에서 "중화혁명당(中華革命黨)"을 결성했다(1914년 7월 8일). 손중산이 중화혁명당을 조직한 방식을 보면 동맹회가 신해혁명 후 국민당으로 바뀌면서 철저히 실패한 경험을 진지하게 받아들여 반 원세개 투쟁에 반영하려는 강한 의지를 찾아볼 수 있었다. 그러나 궁극적으로 과거의 경험을 어떻게 받아들이고 그것으로부터 어떤 교훈을 얻느냐 하는 것만으로는 문제를 해결했다고는 할 수 없었다.

이념과 사기 면에서 해이해진 국민당의 면모를 바꾸기 위해 중화혁명당 결성 선언문은 다음과 같이 밝혔다. "이번에는 문제를 근본적으로 해결하는데 중점을 둔다. 1. 관료를 배제하고, 2. 거짓 혁명당을 가려냄으로써 1차 혁명시대(신해혁명을 가리킴-저자 주)에 이질 분자가 당내에 자리를 잡고 혼란을 일으켰던 잘못을 바로 잡고 통일을 기대한다."[10] 이를 위해 중화혁명당은 입당하는 당원에게 지문을 날인하고 손중산 개인에게 복종한다는 서약을 하게 했다.[11] 손중산은 이렇게 한 이유를 다음과 같이 설명했다. "이번에 혁명당을 중건하면서 명령복종을 유일한 당원 요건으로 하였다. 누구든 입당하고자 하는 자는 반드시 손문 한사람에게 기꺼이 복종할 것인지 자문한 다음에 추호의 의심도 생기지 않는다면 입당할 수 있다. 만약 말과 뜻이 다르다면 절대로 입당할 수 없다. 당원 한사람을 더 얻는 것보다 당원 한사

---

9   손중산의 1923년 11월 25일 강연, 『총리전집』, 「연강」 병, 32쪽.

10 『총리전집』, 선언, 29쪽.

11 추로, 『중국국민당사고』 제1편, 159쪽.

람을 제대로 부리는 것이 더 중요하다. 넘치지 않아야 옥석을 구분할 수 있다. 이번에 우리가 당을 결성함에 있어서 전과 다른 점은 이것이다."[12]

신해혁명을 거치면서 혁명당이 변질하고 국가정권이 구 세력에게 찬탈당한 교훈에 비추어 손중산은 중화혁명당을 결성하면서 혁명의 단계를 "군정(軍政)," "훈정(訓政)," "헌정(憲政)의 세 시기로 나누어 제시했다.[13] 「중화혁명당총장(中華革命黨總章)」에서는 군정시기를 "적극적 무력으로 일체의 장애를 제거하고 민국의 기초를 놓는다"고 규정하고, 훈정시기는 "문명 법치로 국민을 이끌어 지방자치를 건설한다"고 규정하고, "지방자치가 완비된후"에 헌법을 제정 반포하여 헌정시기로 진입한다고 규정하였다. 「총장」은 "헌법이 반포되는 날이 혁명이 성공한 때"라고 밝히고 그 이전 시기를 모두 "혁명시기"라고 불렀다. 혁명시기에는 "국가와 군대의 일체의 정무는 모두 우리 당이 완전히 책임진다." 「총장」에서는 또한 당원을 3등분하여 당원이 누리는 권리가 같지 않음을 명확히 하였다. 민군이 봉기하기 이전에 입당한 당원은 "수의(首義)당원"이며 이들은 혁명시기에는 "원훈공민(元勳公民)"으로 불리며 "일체의 참정과 집정에서 우선적인 권리를 갖는다." 민군이 봉기한 후에 입당한 당원은 "협조(協助)당원"이며 이들은 혁명시기에는 "유공(有功)공민"으로 불리며 선거권과 피선거권을 갖는다. 혁명정부 성립 후에 입당한 당원은 "보통당원"이며 "선진공민"으로서 선거권만 갖는다. 비당원은 "혁명시기에는 공민의 자격을 가질 수 없다."[14]

손중산이 이런 일련의 방식을 제시한 이유는 다음 혁명에서는 신해혁

---

12 「손중산이 남양의 동지에게 보낸 글」. 전게서 265쪽을 보라.
13 동맹회를 설립할 때 손중산은 "군법통치", "약법통치", "헌법통치"라는 3시기를 제시한 바 있다. 그러나 군정, 훈정, 헌정시기의 논리와 완전히 일치하지는 않는다.
14 「중화혁명당총장」. 『총리전집』. 방략(方略), 119-120쪽.

명 때처럼 민군과 혁명정부가 성립되었을 때 혁명의 과실이 투기분자와 구세력에게 찬탈당하는 일을 되풀이 당하지 않기 위해서였다. 그는, 헌법 반포가 늦어지더라도 "혁명시기"의 정권을 민군이 봉기하기 이전에 충성을 서약한 소수의 "수의당원"이나 좀 더 확대하여 "협조당원"이 장악한다면 혁명의 승리를 보장할 수 있다고 믿었다. 그런데 손중산은, 만약 이런 방식대로 한다면 "수의당원"이나 "협조당원"이 편협한 종파로 발전함으로써 당과 혁명이 광대한 인민대중으로부터 이탈하는 위험에는 생각이 미치지 못했다.

손중산을 수뇌로 하는 혁명당의 최고 목표는 자산계급 민주공화국의 건설이었다. 그러나 신해혁명 이후 3년 동안의 경험을 통해 사람들은 서방식의 의회민주주의는 중국에서 통하지 않으며 원세개로 대표되는 구세력을 억제하는 데는 아무런 역할도 할 수 없음을 통감하게 되었다. 손중산이 중화혁명당을 결성할 때 갖고 있던 사상과 구상은 이런 모순을 반영하고 있었다. 그는 이 모순을 해결할 수 없었다. 그가 이 모순을 해결하기 위해 채택한 방법은 오히려 그로 하여금 민주주의의 반대방향으로 나아가게 하는 것이었다. 그가 만든 중화혁명당은 지도자 개인에 대한 절대적인 복종 여부를 당원의 유일한 표준으로 삼았을 뿐만 아니라 가장 먼저 복종을 서약한 당원에게 "참정과 집정의 우선권"을 주었다. 그가 구상했던 혁명시기는 소수의 "수의당원"과 "협조당원"이 공민자격조차도 없는 전체 인민을 통치하는 정치였다!

중화혁명당은 1914년 7월에 성립되었고 손중산은 총리, 황흥이 부총리에 뽑혔다. 황흥은 참가를 거절했다. 적지 않은 지식분자와 군부의 원로 당원들도 지문을 날인하고 선서하는 방식에 대해 반감을 표시하고 이를 이유로 참가를 거절했다. 유럽전쟁이 폭발한 후 일본 내에 있던 국민당원 가운데서 중화혁명당에 가입하지 않은 사람들(그중 다수가 군인이었다)이 따로 모여 "유럽사정연구회"란 조직을 만들었다. 이들은 황흥과 마찬가지로 원세개에 대해 "급진적인" 혁명수단으로 대응하는데 반대하고 "온건"을 주장했다.

일본이 원세개에게 21개조를 제시한 후인 1915년 2월에 황흥과 유럽사정연구회의 몇몇 핵심 성원(백문울과 이균열. 이들은 감녕전쟁의 중요인물이었다)들이 연명으로 국가존망의 위기에서 반 원세개 활동을 잠시 멈추고 일치단결하여 대외문제에 전념해야한다는 성명을 발표했다. 손중산은 이들의 주장에 강력히 반대했다. 그는 자발적으로 매국행위에 나선 원세개와는 양보 없는 투쟁뿐이라고 주장했다.

원세개에 대처하는 문제에 있어서 손중산의 방침은 정확한 것이었다. 그러나 중화혁명당의 조직형식과 활동방식이 대중과는 격리된 비밀단체인 상황에서 손중산이 국내정치에서 미칠 수 있는 영향은 그리 크지 않았다. 1916년 반 원세개 투쟁이 고조되었을 때 손중산을 대표로 하는 자산계급 혁명파는 영도적인 지위를 차지할 수 없었다.

양계초 : 친 원세개에서 반 원세개로

양계초를 수뇌로 하는 진보당 인사들과 서남 지역 몇 개 성의 지방군벌들은 원세개가 제국주의에 굴복하고 황제가 되려다 전국 인민의 반대에 부닥친 상황을 충분히 이용하여 반 원세개 운동에서 지도적 지위를 차지했다.

국회 해산, 웅희령 내각의 사퇴 이후 원세개가 날로 독재정치를 강화해가자 양계초를 위시한 진보당 인사들이 원세개에 반대하고 나섰다. 원세개가 만든 "대총통선거법"에 따라 참정원이 설치될 때 양계초와 몇몇 진보당 인사들이 참정원으로 초빙되었고 이들은 선거법에 대해서는 어떤 이의

도 제기하지 않았다. 1915년 8월이 되어 원세개의 측근들이 공개적으로 군주제 복귀를 주장하자 양계초는 형세를 살핀 후 계속해서 원세개를 지지하는 것은 현명하지 못한 일이라고 판단했다. 이 무렵 그는 「이른바 국체문제에 관한 이견(異哉所謂國體問題者)」[15]이란 글에서 반 원세개 입장을 선포했다.

양계초는 글에서, 원세개를 반대하는 것은 진정으로 민주공화정을 원해서가 아니며 공화정의 깃발을 내걸고 전제정치를 실시하는 것은 용납할 수 있다고 밝혔다. 그는 다음과 같이 말했다. "지금 공화정체 하에서 잠시 전제를 실행하는 것은 부득이한 이유가 있다. 무리의 비난에도 불구하고 그렇게 하는 것은 천하 사람들이 함께 이해할 수 있기 때문이나," 공개적으로 공화정의 폐기를 주장하면 천하 사람들의 반대를 피하기 어렵다. 그래서 양계초는 글에서 원세개를 향해, 이미 종신 대총통이 되었고 자식을 계승자로 지명할 수 있는 권리도 갖게 되었으니 "공화정체 하에서 잠시 전제를 실시하는데 만족해야지" 굳이 공화정을 폐지하고 황제가 되려하는 이유가 무엇인지 물었다. 양계초는 반 원세개 깃발을 들면서 원세개가 스스로 공화의 간판을 버리는 것에 대해 애석함을 표시했다.

이 무렵 강유위와 양계초는 의견이 맞지 않았다. 강유위는 원세개가 황제가 되는 것을 반대했지만 그것은 공화정을 제정으로 대체하는 일을 반대한 것이 아니라 원세개는 황제가 될 자격이 부족하다는 의미의 표현일 뿐이었다. 강유위는 청 왕조의 복원을 바랐다. 양계초는 스승과는 다른 생각을 갖고 있었다. 그는 발표한 글에서 공화정이 중국에 끼친 해악에 대해 개탄하기는 했지만 원세개를 반대하는 논리를 펼 때는 공화정을 지지하는 전사의 태도를 보였다.

양계초는 신해혁명의 경험을 통해 원세개를 반대하자면 누구보다 앞

---

15 이 글은 그의 저서 『순비집(盾鼻集)』에 실려 있다. 『음빙실전집』 33, 85-98쪽을 보라.

서서 반대의 깃발을 내세워야 자신과 일파에게 유리하다는 점을 깨달았다. 원세개를 반대하자면 어느 세력의 지원을 받아야할까? 양계초가 찾아낸 세력은 서남 몇 개 성의 지방세력 — 운남의 당계요, 귀주의 유현세, 광서의 육영정 — 이었다.

양계초의 제자 채악은 한편으로는 양계초의 절친한 협력자였다. 채악은 신해혁명 때에 운남 봉기를 주도하여 운남도독이 되었고 1913년에 운남을 떠났다. 그는 군부 내에서 신망이 높았기 때문에 원세개는 그에게 각종 명예직을 주어 그를 북경에 붙들어 두었다. 원래는 채악의 부하였던 당계요가 원세개에 의해 귀주에서 운남으로 옮겨졌고 장군 계급도 받았다.[16] 1915년 11월, 채악은 양계초와 미리 협의해둔 행동계획에 따라 원세개의 감시를 따돌리고 북경을 떠나 일본으로 간 후 운남으로 돌아갔다. 그와 거의 동시에 운남에 돌아온 인물로서는 유럽사정연구회 회원이자 원래 국민당원이던 이열균과 웅극무(熊克武) 등이 있었다. 그들은 당계요를 설득하여 원세개 반대를 선언하게 했다. 12월 25일, 당계요는 원세개를 성토하는 전보를 전국에 발송하고 운남의 독립을 선언했다. 당계요는 운남도독이 되었다. 운남의 군대는 3개 군으로 구성되었고 호국군이란 명칭을 사용했다. 채악이 그 중 한 부대를 이끌고 사천으로 진격했다.

귀주 군벌 유현세는 원래 지방토호였는데 신해혁명 시기에 혁명파와 입헌파가 다투는 틈을 타서 귀주성의 군권을 장악했다. 그도 원래는 원세개에게 충성했으나 운남의 사태를 보고 1916년 1월에 귀주의 독립을 선포했다.

광서를 통치하던 육영정은 평소에 북양군인들로부터 배척을 받아왔

---

16 원세개는 제정(帝政)을 준비하면서각 성의 군사 장관들에게 여러 명목의 장군 칭호를 수여했다.

으나 반 원세개 행렬에 가담할지를 두고는 망설였다. 그의 결심을 촉구하기 위해 양계초는 그의 요청을 받아들여 상해를 출발하여 홍콩과 월남을 거쳐 광서로 들어갔다. 이 과정에서 양계초는 원세개가 전국 각지에 심어놓은 밀정들의 눈을 피하기 위해 일본인으로부터 큰 도움을 받았다. 1916년 3월 15일, 육영정과 양계초 명의의 원세개를 성토하는 성명이 나왔고 광서는 독립을 선포했다. 육영정이 광서도독이 되었다.

채악이 통솔하여 사천으로 진입한 호국군의 병력은 매우 적었다. 채악은 사천 남부에서 사천 군대를 패퇴시키고 서주(敍州. 지금의 의빈[宜賓])·노주(瀘州)·기강(綦江) 등지를 점령하였으나 원세개가 일부 북양군대를 사천으로 동원한 후로는 수세에 몰렸다.

원세개가 사천으로 파견한 장군 진환(陳宦)은 원세개의 신임을 받았으나 북양군 직계는 아니었다. 그는 전쟁이 확대되는 것을 바라지 않았다. 북양군대가 더 많이 사천에 진출한다면 진환의 지위는 흔들릴 수밖에 없었다. 진환과 채악 쌍방의 묵계 하에 사천의 전투는 소강상태로 들어갔다.

운남, 귀주, 광서 3성이 독립하자 황제를 칭하려던 원세개의 꿈은 깨어졌다. 운남이 호국군이라는 명칭을 사용했기 때문에 이때의 반 원세개 투쟁은 "호국운동"이라고 불리었다. 호국운동은 신해혁명을 철저히 말살하려는 독재자 원세개에 대한 전국 인민의 저항을 반영했지만 이 운동에 참여한 입헌파와 지방군벌은 각자 자기 계산을 따로 하고 있었다. 양계초는 자신과 일파를 위해 반 원세개 투쟁의 주도권을 장악하려는 희망을 갖고 있었는데, 그의 희망은 이루어졌다. 주도권이 그들의 손에 들어가자 이 운동의 발전규모는 신해혁명에 훨씬 못 미칠 수밖에 없었다.

원세개의 파멸

원세개는 1915년 12월부터 황제의 칭호를 사용하기 시작했다. 그러나 1916년 1월 1일로 예정되었던 "등극" 의식은 거행되지 못했고 몇 차례 미루어지다가 결국 3월 22일에 군주제 취소가 선포되었다.

서남 지역 몇 개 성의 독립선포는 원세개에게 심각한 타격을 주었고 제국주의자들도 곤경에 빠진 원세개를 보고 군주제를 계속 지지할 수가 없다고 판단했다. 북양군 내부의 분열도 표면화되었다. 이 모든 것들은 원세개로서는 전혀 예상하지 못한 상황이었다.

원세개가 군주제운동을 준비하면서 초빙한 헌법고문 미국인 굳나우(Frank Johnson Goodnow. 컬럼비아대학 교수출신)와 정치고문 일본인 아루가 나가오(有賀長雄. 일본 수상 오쿠마 시게노부[大隈重信]의 측근)는 모두 중국은 공화정을 폐기하고 입헌군주제를 채택해야한다고 주장했다.[17] 반식민지 반봉건적 중국 통치자들은 국내정치에 어떤 중대한 변화를 시도할 때면 언제나 제국주의의 안색을 먼저 살펴야 했다. 유럽전쟁이 아직 진행 중이었기 때문에 일본은 극동에서 전반적인 국면에 중대한 영향을 끼칠 수 있는 위치에 있었고 원세개는 일본의 태도가 어떤지를 우선적으로 고려해야 했다. 일본 정부는 아루가 나가오와 기타 경로를 통해 원세개에게 "21개조"를 받아들이면 일본은 군주제를 지지할 것이라는 방침을 전달했다. 일본의 태도를 보고 원세개는 군주제를 실시하면 제국주의 열강의 승인과 협조를 얻을 수 있다고 판단했다.

그러나 일본이 원세개에게 보여준 실제 태도는 겉과 속이 완전히 다른 것이었다. 원세개와 영·미는 비교적 깊은 관계를 유지하고 있었는데, 원

---

17 Goodnow의 전문은 백초 편, 『원세개와 중화민국』. 162-174쪽을 보라.

세개의 통치가 안정되는 것은 일본으로서는 원하는 바가 아니었다. 일본의 입장에서는 중국이 군주제로 복귀하여 정국이 혼란해져야 중국에서 일본의 세력을 확대할 기회가 많아 질 것이고 일본의 이익을 충실하게 대변해줄 대리인도 양성할 수 있을 것이었다. 양계초의 반 원세개 활동이 일본의 도움을 받을 수 있었던 이유도 여기에 있었다. 1916년 1월, 일본은 원세개 정부가 운남과 귀주의 국면을 안정시킬 능력에 대해 분명한 의문을 표시했다. 이밖에도 일본은 청 왕조의 귀족과 유신들의 군주제 복귀 활동을 재정적으로 지원했다. 원세개는 차츰 일본의 내심을 알아차렸다.

북양군벌의 내부분열은 북양군의 양대 지주인 단기서와 풍국장의 대립으로 나타났다. 원세개 정부에서 단기서는 줄곧 육군총장을 맡아왔다. 군주제 실시를 준비하던 1915년 8월에 원세개는 단기서가 야심을 품고 있다고 의심하여 그를 육군총장 직에서 해임했다. 강소에 주둔하고 있던 풍국장은 원세개의 군주제 복귀 시도에 냉담했고 원세개를 반대하는 입헌파 인사들과 서남 지역 군벌들과 비밀리에 교류하고 있었다. 그는 원세개의 몰락을 예견하고 자신을 중심으로 하여 북양군의 전통세력을 유지할 계획을 세웠다. 그의 이러한 의도는 강서와 호북의 북양군벌들로부터 지지를 받았다. 북양군 내부분열이 표면화되자 원세개는 더욱 곤란한 처지에 빠졌다.

원세개는 군주제 취소를 발표한 후에도 대총통 직은 유지하려 했다. 1916년 4월 21일, 그는 단기서에게 국무경(國務卿)을 맡아 책임내각을 구성해줄 것을 요청했다. 원세개는 단기서의 세력을 이용하여 난관을 넘길 생각이었고 단기서는 이 기회를 이용하여 원세개로부터 — 신해혁명 때에 원세개가 청 왕조의 정권을 접수했듯이 — 정권을 접수할 생각이었다. 이 무렵 서남 지역의 독립을 선언한 성은 원세개가 대총통의 직을 계속 수행할 권한이 없다고 주장했을 뿐만 아니라 풍국장까지도 원세개에게 자발적으로 퇴위하는 게 좋다는 전보를 보냈다. 4월과 5월 동안에 광동, 절강, 섬서 등 원래 원세개에게 충성하던 지방군벌들이 잇따라 운남이 주도하던 호국운동에 참여하고 독립을 선포했다. 사천의 진환은 채악과 협의한 후 3월 말부터 정전에 들어갔고 5월에는 사천의 독립을 선포했다. 이어서 호남장군 탕향명(湯薌銘)도 독립을 선포했다. 진환과 탕향명은 원세개의 신임을 받던 인물로서 두 사람의 이탈은 원세개로서는 특별한 타격이었다. 이제 그의 통치는 계속될 수가 없었다.

손중산의 중화혁명당은 운남의 호국운동이 시작되기 전에 반 원세개 투쟁을 벌이고 있었지만 투쟁의 전체 과정에서 주도적인 역할을 하지는 못했다. 중화혁명당이 동원할 수 있는 세력은 주로 구식 비밀결사 조직이었다. 진기미는 상해지역의 비밀결사와 깊은 관련을 맺고 있었고 1914년에는 상해를 중심으로 하여 강소와 절강에서 봉기를 일으키려 했으나 실현하지 못했다. 1915년 11월(운남 호국운동이 시작되기 한 달 전) 그는 사람을 보내 원세개의 상해지역 하수인인 상해진수사(鎭守使) 정여성(鄭汝成)을 암살했다(정여성만 제거하면 상해에서의 봉기가 쉬울 것으로 기대했다). 12월 초, 그는 상해 항에 정박한 군함 조화(肇和)호의 봉기를 조직하였으나 각 방면의 연락과 협력이 원활치 않아 실패로 끝났다. 호국운동이 일어난 후 중화혁명당원들은 각처에서 몇 차례 용감한 활동을 벌였다. 1912년 2월, 양왕붕(楊王鵬. 신해혁명 전 무창에서 진무학사의 사장을 지냈다) 등 40여 명이 장사에서 권총과 폭탄으로 무장한 채 호남장군 탕향명의 관서를 기습했다가 전원이 희생되었다. 4월과 5월에도 강소, 산동, 광동에서 유사한 봉기가 일어났다. 비교적 가시적 성과를 냈던 봉기는, 산동에서 거정(居正)을 위시한 중화혁명당원들이 유현(維縣)과 고밀(高密) 등지를 일시 점령한 사건이었다.

손중산은 1916년 4월 말에 일본에서 상해로 돌아온 후 5월 9일에 원세개 성토 선언을 발표했다. 그는 다음과 같이 지적했다. 이번의 투쟁은 진정으로 민국을 보존하기 위한 생각에서 나온 것이며 원세개 한 사람을 제거한다고 만족할 수는 없다.[18] 이 말은 양계초를 정치적 영혼으로 내세운 호국운동을 겨냥한 것이었다.

양계초는 투쟁의 목적이 원세개 한 사람의 축출임을 분명히 밝혔다. 양계초의 구상에 따라 1916년 5월 8일에 광동 조경(肇慶)에서 독립 각 성의 연합조직으로서 "군무원(軍務院)"이 성립되었다. 운남의 당계요가 무군장(撫軍長)을 맡았고 조경의 잠춘훤(岑春煊)이 무군부장(撫軍副長)으로서 무군장의 직권을 대행했으며 양계초는 군무원 정무위원을 맡았다. 잠춘훤은 청 왕조의 관료출신으로서 섬서순무, 사천총독, 양광총독, 운귀총독, 우전부 상서 등을 역임했고 관직에 있을 때 원세개와 사이가 좋지 않았던 인물이었다. 신해혁명 이후 그는 동맹회에서 개조된 국민당에 참가하였다. 유럽사정연구회의 군인들이 그를 지도자로 추대하려 했던 적이 있었다. 그는 양계초를 위시한 입헌파 인사들과 교류가 있었고 광동과 광서의 군인들과도 오랜 교분을 갖고 있었기 때문에 군무원의 우두머리가 될 수 있었다. 군무원은 원세개의 대총통 자격을 부정하고 부총통 여원홍이 "법에 따라" 대총통 직을 이어받아야 한다고 주장했다. 잠춘훤은 북벌을 선포하는 「출사포고(出師布告)」에서, 그들의 목적은 오로지 원세개의 퇴위뿐이라고 밝혔다.[19] 잠춘선과 양계초는 한편으로는 북벌의 분위기를 고조시키면서 한편으로는 단기서와 풍국장과 접촉하여 원세개의 자발적 퇴위를 종용했다.

1916년 6월 6일, 원세개는 울분이 병이되어 사망했다. 군권을 갖지 못한 여원홍은 단기서의 동의하에 대총통에 취임하고 단기서는 내각총리를 맡았다. 머지않아 풍국장이 부총통에 취임했다. 여원홍은 민국 원년의 임시약법을 회복한다고 선포했다. 7월 14일, 광동의 군무원은 자발적으로 해산

---

18 「토원2차선언(討袁二次宣言)」. 『총리전집』. 「선언」. 22쪽.
19 「군무원고실(軍務院考實)」. 상무인서관 1916년 판. 『작전방략』 12쪽.

을 선포했다. 북경정부는 원세개만 사라졌을 뿐 여전히 북양군벌이 지배했다.

손중산이 중화혁명당을 결성한 것은 반 원세개 혁명을 일으키기 위해서였다. 원세개는 사라졌으나 손중산이 기대했던 혁명은 일어나지 않았다. 양계초 일파가 반 원세개 운동을 일으켰던 이유는 반 원세개 투쟁이 민주혁명으로 발전하는 것을 방지하기 위해서였다. 그들이 반 원세개 투쟁을 조속히 종결지으려 애썼던 이유는 혼란 중에 혁명의 위기가 등장할까 두려워했기 때문이었다.

손중산은 반 원세개 투쟁의 목적은 "민국의 보전"이 되어야 한다고 주장했지만, 궁극적으로 진정으로 민국을 보전할 수 있는 방법이 무엇이냐에 대해 그가 제시한 해법은 민국 원년의 약법 존중뿐이었다. 북경정부가 이미 민국 원년의 약법을 회복했다고 주장하고 나서자 중화혁명당은 자신의 새로운 투쟁 임무를 제시하지 못했다. 손중산은 다만 국민당의 명칭 회복을 선포하고[20] 중화혁명당에 참가하지 않았던 국민당 인사들[21]에게 다시 뭉쳐 당을 만들자고 호소했다.

---

20 추로의 중국국민당사고 제1편에서는 다음과 같이 설명하고 있다 : "민국 8년(1919년) 10월 10일, 중화혁명당은 중국국민당으로 정식 개명했다"(287쪽). 그러나 또한 다음과 같이 설명하고 있다 : "원세개가 죽자 국내외의 각 지부와 교통부는 일률적으로 국민당 명칭을 회복했다"(390쪽). 실제로는, 1916년 중화혁명당이 국민당이란 명칭을 회복했지만 국민당은 정당으로서의 활동이 매우 미약했고 1919년에 다시 중국국민당으로 개명했다.

21 중화혁명당에 참여하지 않았던 황흥은 1916년 7월 미국에서 상해로 돌아왔고 손중산은 그를 만나 협력관계를 회복했다. 황흥은 10월 말 상해에서 병사했다.

제27장

5·4운동
- - - - - - - - - -

북양군벌의 파벌투쟁과 남방의 호법운동

　　원세개가 사망한 후에 원세개에 의해 폐기되었던 임시약법이 회복되고 원세개가 해산했던 국회가 다시 소집되는 등 표면상의 변화는 있었으나 이것이 자산계급 민주공화정의 승리를 나타내는 것은 아니었다. 임시약법과 국회라고 하는 신해혁명의 두 가지 유산은 머지않아 다시 폐기된다.

　　이번의 국회해산은 대총통 여원홍과 내각총리 단기서의 권력쟁탈전 과정에서 발생했다. 원세개가 남겨놓은 북양군 계통의 양대 우두머리 가운데 한 사람인 단기서는 내각총리의 신분으로 북경정권을 장악했고, 또 한 사람 풍국장은 1916년 10월에 국회에서 부총통으로 선출된 후에도 자신의 실력을 보존하기 위해 계속 강소독군[1]으로 머물면서 북경으로 오지 않았다. 여원홍은 풍국장을 이용해 북경정부 내의 단기서 세력을 배제하려 했다. 1917년, 유럽전쟁 참전 여부를 둘러싸고 논쟁이 벌어졌다. 단기서는 진보당의 헌법연구회 계파(연구계) 의원들의 지지를 받아 참전을 주장했고 여원홍은 연구계 이외의 다수 의원들의 지지를 받아 참전에 반대했으며 남경의 풍

1　이 무렵 각 성의 군사장관의 명칭은 "독군[督軍]"으로 개칭되었다.

국장도 참전에 반대했다. 이 논쟁은 국제적 배경을 갖고 있었다. 일본은 중국이 자신과 함께 참전하기를 바랐고 미국은 중국의 참전을 반대했다. 5월에 여원홍이 단기서의 내각총리 해임명령을 내렸다. 단기서는 즉각 안휘, 봉천, 산동, 복건 등 8개 성의 군벌을 교사하여 독립을 선포하게 하는 한편 자신은 천진으로 가 반 여원홍 활동을 시작했다. 풍국장을 수뇌로 하는 강소, 강서, 호북 3성의 군벌들은 단기서의 행동을 지지하지는 않았지만 그렇다고 여원홍에 대한 적극적인 지지의사도 표시하지 않았다. 위기에 처한 여원홍은 서주에 주둔한 군벌 장훈에게 도움을 청했다. 장훈은 북양군 직계도 아니었고 지금껏 청 왕조의 복귀를 주장해왔던 인물이었는데, 이제는 자신의 기회가 왔다고 판단하고 여원홍과 단기서 사이를 조정한다는 명분을 내세워 군대를 이끌고 북경에 진입했다. 그는 군대를 이끌고 북경에 진입한 후 국회가 있는 상태에서는 조정이 불가능하다며 국회의 즉각적인 해산을 요구했다. 6월 12일, 여원홍은 국회해산령을 발표했다.

장훈은 여원홍의 보호자가 될 생각이 없었고 청 왕조를 회복시킬 방도를 찾았다. 같은 주장을 펼치고 있던 강유위가 이때 상해에서 북경으로 와 장훈의 밀접한 협력자가 되었다. 많은 청 왕조의 유신들이 장훈의 주변에 몰려들었다. 7월 1일, 그들은 궁중에 거주하고 있던 마지막 어린 황제 부의(溥儀)를 찾아가 "다시 보좌에 올라" 중국에서 "대청제국"이 다시 수립되었음을 선포하라고 청원했다.

장훈은 북경에 진입할 때 천진을 거쳐 가면서 단기서와 회담했는데 단기서는 장훈의 계략을 알고서도 반대하지 않았다. 그는 장훈이 국회를 해산하는 기회를 이용해 여원홍을 몰아낸 후 자신이 일체의 성과를 독차지할 생각이었다. 그래서 북경에서 황제 복위의 연극이 연출되자 단기서는 마광(馬廠. 천진-창주[滄州] 간의 철도변에 있었다)에서 장훈 토벌을 선언했다. 7월 12일에 단기서의 군대가 북경에 진입하자 장훈과 강유위 등 복위파는 달아나 숨었다. 반달이 되기 전에 복위파의 추악한 연극은 끝이 났다. 이렇게 하여 단기서는 "공화정 재건"의 영웅으로 분장했다. 여원홍은 대총통 직 사임을 선언할 수밖에 없었다. 풍국장은 부총통의 자격으로 대총통 직을 승계하고 8월 1일에 북경으로 들어왔다. 단기서는 그대로 내각총리 직에 머물렀다.

이 무렵 강유위와 양계초 사제 두 사람 중에서 한 사람은 장훈 복위파의 공모자가 되었고 또 한 사람은 단기서의 장훈 토벌군의 모사가 노릇을 했다. 단기서가 다시 내각을 조직할 때 외교·내무·재정·사법·농상·교육 각 부는 모두 연구계의 정객이 차지했다. 양계초는 재정총장을 맡았다. 연구계는 단기서에게 여원홍이 해산한 국회를 회복시키지 말고 "임시참의원"을 소집하여 "국회를 개조"함으로써 북양군벌의 전국적인 통치에 유리한 조건을 조성하라는 계책을 내놓았다.

양계초로 대표되는 연구계는 자산계급 민주정의 수립을 원치 않았다. 그들이 바랐던 것은 북양군벌의 무력에 의존하여 약간의 "개량"을 통해 양계초가 여태껏 주장해왔던 "개명 전제주의" 또는 "공화국체 하의 전제정"이었다. 그들은 그렇게 해야만 국가의 안정을 기대할 수 있다고 주장했다. 사실 이런 국면은 반식민지 반봉건 국면에 불과하고 어떻게 "개량"하든 안정은 기대할 수 없었다.

북양군벌 내부의 파벌투쟁 때문에, 또한 남방 몇 개 성의 지방군벌과 북양군벌 사이의 모순 때문에 단기서가 포함된 연구계 인물들의 내각은 4개월 만에 붕괴했다. 1918년 3월에 단기서가 전열을 가다듬고 다시 내각총리에 취임하였지만 이때의 내각에서 연구계는 배제되었다. 단기서는 자신이 더욱 신뢰하는 관료정객들로 "안복클럽(安福俱樂部)"을 결성하고 1918년 8월에는 국회를 구성했다. 이 국회는 안복클럽 구성원들이 다수를 점했기 때문에 "안복국회"라고 불리었다. 풍국장은 단기서의 핍박을 받아 대총통 직에서 물러났다. 안복국회는 청 왕조의 대관료(또한 원세개의 오랜 동지)인 서세창을 대총통으로 선출했다. 이렇게 하여 북양군벌 내에서는 환(皖. 안휘)계(중심인물은 단기서. 그는 안휘 출신이었다)와 직(直. 직례)계(중심인물은 풍국장, 그는 직례 출신이었다. 1919년 풍국장이 사망한 후에는 조곤이 직례계의 영수 자리를 이었다. 조곤도 직례 출신)의 대립이 갈수록 격렬해졌고, 1920년에는 양파 군벌 사이에 대 충돌(직환전쟁[直皖戰爭])이 벌어졌다.

환계나 직계 모두 외국 제국주의를 배경으로 삼았다. 단기서는 오로지 일본 제국주의에만 의존했다. 풍국장은 1913년 말부터 강소를 지반으로 하여 영·미 제국주의와 관계를 심화시켜갔다. 장훈의 왕정복고 소동을 거치면서 북경정권을 다시 장악한 단기서는 8월 14일에 대 독일 전쟁 참전을 선포했는데, 이는 일본 제국주의의 승리였다. 단기서는 일본의 재정적 지원을 이용하여 참전군을 편성한다는 명분을 내세워 자신의 실력을 대폭 확충하였고 이를 바탕으로 국내에서 무력통일을 실현하려 했다. 일본으로서는 단기서를 이용하여 중국을 독점하려는 야심을 달성하는 한편 중국의 군대를 대 소련 전쟁에서 부속군으로 동원하고 싶었다. 러시아가 10월 혁명 이후 제국주의 전쟁에서 퇴출하자 1918년 상반기에 제국주의 열강은 신생 소비에트 국가를 상대로 무장간섭을 시작했다. 이해 5월 단기서와 일본정부는 비밀리에 "공동방적(防敵)" 군사협정을 맺었다.[2] 이 조약에 따르면 일본군대는 공동으로 반 소련 전쟁을 진행한다는 명분하에 중국 영토 내에 진입할 수 있었고 중국의 관련 부대를 지휘할 수 있었다. 1917년에서 1918년 사이에 단기서는 일본으로부터 총액 일화 5억 엔이 넘는 거액의 차관을 얻었는데, 이 차관에는 각양각색의 정치적 조건이 따랐다. 일본은 이러한 거액의 투자를 통해 원세개와 체결한 21개조보다 더 많은 이익을 얻을 수 있었다.

---

2   육군과 해군을 포함한 두 개의 협정. 『중외구약장회편』 제2책, 1365–1369쪽.

북양군벌 내부에 분열이 생기자 남방의 비북양계 지방군벌이 일어나 북양군벌에 도전했다. 도전을 주도한 인물은 호국운동에 앞장섰던 육영정과 당계요였다. 광서의 육영정의 세력은 이때 광동까지 미쳤다. 운남의 당계요는 귀주를 통제했을 뿐만 아니라 사천에도 군대를 보냈다. 육영정과 당계요는 남방의 두 실력자로 부상했다. 장훈의 왕정복고 기도가 좌절된 후 단기서가 무력으로 남방을 통일하려 하자 남방 실력파는 위협을 느꼈다. 육영정과 당계요는 연합하여 북양군벌의 민국 원년 국회해산과 민국 원년 약법 폐기를 비난하고 단기서 정부의 합법성을 부정했다.

상해에 머물고 있던 손중산도 북양군벌 정부 반대를 선언했다. 그는 1917년 7월에 상해에서 광주로 갔다. 이때 해군 총사령 정벽광(程璧光)이 북경정부에 독립을 선언하고 해군 병력을 이끌고 손중산을 따르겠다고 선언했다. 남방의 소 군벌들도 손중산의 위신을 차용하려했다. 이렇게 하여 정벽광의 해군과 육영정·당계요의 지방 무력이 손중산이 의존할 수 있는 무력이 되었다.

손중산은 "호법"이란 구호를 내세웠다. 그가 지키려던 법은 원세개를 이은 북양군벌이 폐기했던 민국 원년의 약법이었다. 그의 호소를 받아들여 해산되기 전 국회의 일부 의원들이 광동으로 와 8월 25일부터 회의를 열었는데, 인원수가 부족했기 때문에 "비상국회"라고 불렀다. 비상국회는 광주에 군정부를 설치하기로 결정하고 손중산을 군정부의 수뇌(대원수)로, 당계요와 육영정을 원수로 선출했다. 손중산은 대원수의 명의로 풍국장이 총통을, 단기서가 국무총리를 맡고 있던 북경정부를 부정하는 성명을 발표하고 북벌을 호소했다. 북경정부는 손중산 등에 대한 체포령을 내렸다.

이번의 호국운동은 형식상으로는 손중산이 이끌었으나 그의 처지는 매우 힘들었다. 1년이 안 된 1918년 5월에 비상국회는 '수정군정부조직법'을 통과시켜 대원수제를 없애고 손중산의 직권을 박탈할 준비를 했다. 손중산은 분노하여 스스로 대원수직을 사퇴하고 상해로 돌아갔다. 그는 사직을 알리는 성명서에서 다음과 같이 말했다. "우리나라의 큰 병폐로서 무인들의 패권다툼보다 더한 것이 없다. 남과 북이 모두 한통속이다. 호법을 내세운 성이라 할지라도 법률과 민의를 따르려 하지 않는다."[3] 얼마 후 그는 지인에게 보낸 편지에서 광동에서 대원수의 직에 있었던 때의 상황을 다음과 같이 설명했다. "힘들게 1년을 버텼다. 아무 도움이 없이 혼자였다. 가까운 사람이 고통을 당해도 아무것도 할 수 없었다. 결국 자리를 떠났다."[4]

손중산이 호법운동에 실패한 이유는 두 가지였다. 첫째, 호법운동은 민국을 찬탈한 북양군벌을 반대하는 운동이기는 했지만 내건 구호는 민국 원년 약법과 민국 원년 국회의 회복이었고, 또한 여원홍의 합법적 지위를 인정하고 그를 대총통에 복귀시키라고 요구했는데, 이런 요구는 광대한 인민대중에게는 호소력이 없었다. 둘째, 군정부는 남방의 군벌세력에 의존했다. 이들 지방 군벌은 자신의 세력을 보전하고 확대하는 것만 생각했을 뿐, 호법이란 허울에 불과했다. 당계요와 육영정은 북벌에 찬성하면서도 이면에서는 북양세력과 왕래하면서 적당한 조건만 갖추어진다면 언제든지 타협할 준비가 되어 있었다. 그래서 손중산은 "남과 북이 모두 한통속"이라고 개탄하지 않을 수 없었다.

양계초와 손중산은 잇따라 서남군벌과 협력했으나 양계초가 반 원세개 운동을 통해 단기서 진영에 투신했다고 한다면 손중산은 "고립무원" 가운데서 실패했다. 손중산의 또 한 차례 호법운동의 실패는 혁명의 출로를 찾지 못한 그의 처지를 보여주는 것이라고 할 수 있을 것이다. 그러나 실패

---

3 손중산이 1918년 5월 4일 비상국회에 보낸 대원수 사직 전보. 『중국국민당사고』 제3편, 1085쪽.

4 손중산이 상해의 진갱(陳賡)에게 보낸 편지. 『총리전집』, 「함찰(函札)」, 176쪽을 보라.

의 원인이 군벌들과 결탁하지 않았기 때문이라고 한다면 이는 그의 명예이지 결코 치욕이라고 할 수는 없을 것이다.

손중산이 대원수 직을 사퇴한 후 광동의 호법군정부는 7명 총재의 합의제로 개편되었다. 비상국회에서 잠춘훤, 손중산, 당계요, 육영정, 오정방, 당소의, 임보역(林葆懌)을 총재로 추대되었고 잠춘훤이 주석 총재가 되었다.[5] 손중산은 취임하지 않았고 얼마 후에는 이름뿐인 이 총재직도 사퇴했다. 이 무렵 국민당은 사분오열되어 있었는데 그 중 우익인 정학계(政學係)의 정치적 색채는 북방의 연구계와 사실상 차이가 없었다. 잠춘훤을 우두머리로 하는 호법군정부는 계림 군벌과 정학계의 정객들이 완전히 지배했다.

1920년, 진형명의 군대가 계림 군벌계 부대를 광동에서 몰아냈다. 손중산은 광동으로 돌아와 다시 호법의 깃발을 내걸고 "비상정부"를 구성한 후 자신은 "비상대총통"에 취임했다. 진형명의 무력은 손중산이 1918년에 대원수로 있을 때 계림 군벌세력에 대항하기 위해 양성한 부대였다. 손중산이 비상대총통에 취임하고 얼마 지나지 않아 진형명은 다시 북양군벌과 제국주의와 결탁하여 정변을 일으켰고 손중산은 또 한 번 광주를 떠나야 했다. 호법운동은 철저하게 실패했다.

오옥장(호법운동 시기에 민주혁명가로서 시종일관 손중산을 곁에서 도왔다)은 회고록에서 다음과 같이 말했다. "신해혁명 때부터 시작하여, 우리는 청 왕조를 무너뜨리기 위해 원세개와 타협했고, 다음으로는 북양군벌을 반대하기 위해 서남군벌을 이용했고, 또 그 다음으로는 서남군벌에 대항하기 위해 진형명을 키웠고, 마지막에는 진형명도 배반했다. 그렇다면 이전의 혁명

---

5 일곱 총재 가운데서 오정방과 당소의는 병권을 갖지 못한 구 관료, 사회명망가였다. 임보역은 해군의 수뇌(정벽광은 앞서 1918년 2월에 암살당했다)였다. 잠춘훤은 앞에서 보았듯이 반원 호국운동의 중심인 군무원의 수뇌였다.

방식을 모조리 바꾸지 않으면 안 되었다. 그런데 우리가 의지할 세력이 어디 있는가? 궁극적으로 어떻게 하면 국가의 위기를 구할 수 있는가? 이것이 시시각각으로 우리의 마음을 절박하게 만들고 번민과 고뇌에 빠지게 하는 문제였다."[6]

국가의 명운을 바꾸려는 뜻을 품은 손중산과 그 밖의 혁명지사들이 당면한 문제가 이것이었다.

민족공업의 일시적인 번영

1차 세계대전 동안에 중국의 민족공업은 발전의 기회를 잡았다.

전쟁 때문에 서방 각국은 다량의 상품을 계속해서 중국으로 수출할 수 없었다. 일본 상품의 수출은 영향을 받지 않고 오히려 늘었으나 중국의 수입화물의 총액은 현저하게 감소했다. 1912년(민국 원년) 수입총액은 4억 7,300만 냥, 1913년에는 5억 7,000만 냥으로 증가했다. 유럽전쟁이 폭발한 1914년에는 5억 5,700만 냥으로 전년보다 약간 줄었다. 세계대전이 끝나는 1918년에 이르기까지 이후 몇 년 동안 매년 수입액은 1913년보다 적었고 가장 적었던 해인 1915년에는 4억 5,400만 냥까지 내려가 1913년보다도 1억 1,000만 냥 가량이 줄었다. 전쟁 기간 동안 중국의 수출액은 일반적으로 감소하지 않는데, 전쟁 중에 각국이 중국으로부터 농산품, 원료, 밀가루 등의 수입을 늘렸기 때문이었다. 전쟁 전 몇 년 동안 중국의 매년 입초금액은 1억 냥 내지 2억 냥에 달했으나 전쟁 기간 동안인 1915년에서 1918년까지 입초액은 2,600만 내지 8,300만 냥으로 떨어졌다. 이런 상황은 중국

---

6 『오옥장회억록』, 중국청년출판사 1978년 판, 109–110쪽.

의 민족공업 발전에 유리했다.

유럽전쟁 동안에 가장 빠르게 발전한 산업은 면방직업이었다. 전시라고 하는 유리한 조건이 유발한 공장건설 붐은 1921-1922년에 정점에 이르렀다. 전쟁 이전에 제분업으로 돈을 번 영종경(榮宗敬)은 1916년과 1919년에 상해에서 두 개의 면방공장을 건설했고 1921년에는 다시 무석과 한구에서 두 개의 면방공장을 건설했다.[7] 그는 중국 최대의 면방업 자본가가 되었다. 1915년에서 1922년에 이르는 8년 동안에 민간자본이 운영하는 면방직업은 공장 수나 방추(紡錘) 수에서도 3배가량 증가했고 직기 수는 그보다 더 증가했다. 면방업 이외에 생사, 사직, 편직업도 이 시기에 현저하게 발전했다. 이 시기는 민족 방직업의 "황금시대"라고 불린다.

제분공업은 전쟁 전에는 소량을 수출하였으나 수입량은 대량이었다. 1913년과 1914년의 입초액은 모두 200만 단(担) 이상이었다. 1915년 이후 6년 동안은 상황이 일변하여 출초가 되었고 1918년부터 1921년까지 매년 출초액이 200만 단에서 300만 단 사이였다. 이 기간 동안 각지에서는 제분공장이 잇달아 설립되었다. 전쟁 전 전국의 제분공장 수는 40여 곳에 불과했으나 1920년과 1921년 사이에 120여 곳(소수의 외국자본도 포함)으로 늘어났다. 제분공업도 유럽전쟁 기간 동안에 민족자본이 비교적 빠르게 발전한 분야였다.

면방직업과 제분업 이외에 성냥·시멘트·담배·식용유·종이·설탕·비누·양초 등의 제조업도 전쟁 동안과 전쟁 후 초기 몇 년 동안에 상당한 발전을 보였다. 결론적으로 말해, 이 시기를 이용하여 발전한 공업은 주로 경공업, 그 중에서도 일용품 제조공업이었다. 중국의 민간자본은 창업이 비교

---

7 신신(申新) 1공장에 4공장까지의 네 공장. 영씨 집안은 계속하여 1925-1928년 사이에 신신 5공장에서 7공장까지 확장했다.

적 쉽고 이윤도 비교적 빨리 회수할 수 있는 경공업에 투자할 수 있는 정도의 실력 밖에는 없었다.

민족공업 호경기는 오래가지 않았다. 1918년 세계대전이 끝나자 중국의 무역 입초는 빠르게 전쟁 전 수준으로 돌아갔다. 1919년의 수입액은 6억 4,600만 냥으로서 전쟁 전인 1913년의 5억 5,700만 냥보다 많았으나 이 한 해 동안의 수출액도 비교적 많아서 입초액은 1,600만 냥에 머물렀다. 1920년 수입액은 7억 6,200만 냥, 수출액은 오히려 감소하여 이 해의 입초액은 2억 2,000만 냥을 넘어 전쟁 전의 기록을 깨뜨렸다. 외국상품의 수입이 급증하면서 외국자본도 다시 대거 중국으로 몰려왔다. 민족공업의 단기적인 번영은 제국주의가 중국에 대한 침략을 잠시 늦춘 틈을 이용한 것이었기 때문에 제국주의 세력이 다시 몰려오자 민족공업의 발전추세는 즉시로 단절되었다. 타격을 가장 많이 받은 분야는 발전의 속도가 가장 빨랐던 면방공업과 제분업이었다. 많은 기업들이 외국자본과의 경쟁에서 이기지 못해 재고증가, 자금회전 둔화에 시달렸고 조업을 중단하거나 외국자본에 합병되는 기업도 나타났다.

반식민지 반봉건 중국에서 민족공업이 맞았던 제1차 세계대전 기간 동안의 호경기는 다시는 찾아오지 않았다. 이처럼 호경기의 일시적인 출현과 신속한 소멸은 제국주의의 침략과 압박이 중국의 민족자본의 발전을 저해하는 기본 요소임을 충분히 드러내 보여주었다. 반식민지 반봉건적 사회관계를 벗어나지 않고서는 중국의 국민경제는 정상적으로 발전할 수가 없었다.

당시 정치적 암흑에 직면한 일부 인사들은 교육구국론과 실업구국론을 주장했다. 그러나 군벌의 통치하에서 교육의 발전은 근본적으로 논할 수가 없었고 실업구국이란 것도 마찬가지로 일종의 공상에 불과했다.

5·4신문화운동

신해혁명 이후 몇 년 동안 중국의 사상계는 혼란에 빠졌다.

사회정치의 실제상황은 많은 사람들로 하여금 자산계급 민주혁명의 이상에 대해 회의를 품고 동요하게 만들었다. 나라의 이름은 중화민국으로 바뀌었으나 낡은 봉건경제와 봉건정치가 통치지위를 차지하고 있었다. 사상 면에서도 통치지위를 차지한 것은 봉건적 사상이었다. 원세개는 황제를 칭하기 전부터 이미 하늘에 제사지내고 공자를 높이는 의식을 장려했다. 사회에서는 "공도회(孔道會)," "공교회(孔敎會)," "존공회(尊孔會)" 따위의 조직이 등장하고 청 왕조의 유신들이 이런 조직의 주요 인물이 되었다. 강유위가 이런 인물들의 중요한 대변인이었다. 그들은 봉건적 삼강오륜과 예교를 고취하고 유교를 "국교"로 삼자는 주장을 펼쳐 신해혁명으로 실망한 대중들에게 민주공화정과 자유평등의 관념에 대해 회의하는 정서를 조장했다. 이런 반동적 사조는 원세개의 칭제와 장훈의 왕정복고 운동에서 나온 것이었다. 원세개와 장훈이 잇달아 실패한 후에도 공교회니 존공회니 하는 따위의 조직이 도처에서 활동하고 있었다. 봉건주의의 삼강오륜과 충효절의 설교, 귀신을 숭배하는 미신, 여기다 더하여 사람의 정신을 혼미하게 만드는 저급한 취미의 문예작품까지 가세하여 인민의 사상을 속박하고 민족의 생기를 억압하니 봉건군벌이 이용하기에는 매우 편리한 사상적 포위망이었다. 1915년 9월 잡지 《신청년(新靑年)》의 창간은 이러한 포위망을 뚫는 투쟁의 시작을 알렸다. 《신청년》의 창간 제호는 《청년잡지(靑年雜誌)》였는데 1916년 9월에 나온 제2권 제1호부터 《신청년》으로 바꾸었다. 이 잡지가 청년대중에게 미치는 영향은 발행부수의 증가와 함께 갈수록 커져갔다. 《신청년》의 영향을 받아 역사적인 의미를 갖는 문화사상 운동이 형성되었다. 이 문화사상 운동은 5·4신문화운동이라고 불린다. 5·4운동은 1919년 5월 4일에 발생

한 북경 학생애국운동에서 나온 이름이다. 1919년보다 3년 전에 시작된 신
문화운동은 사상적으로 5·4애국운동의 시발점이면서 5·4애국운동과 함께
심화 발전하였다.

《신청년》이 창간 시에 밝힌 잡지의 종지는 "시정비평"이 아니었다. 그
렇지만 잡지의 발행자들은 그들이 벌이고 있는 문화사상 운동과 정치가 밀
접하게 관련되어 있음을 분명하게 인식하고 있었다. 그들은 당시의 정치문
제에 관해 개별적인 사안마다 독립된 비평을 가하려 하지 않고 정치적으로
일종의 근본적인 개혁을 추구했으며 어떤 문장에서는 정치문제를 직접 다
루었다. 강유위는 민국 성립 후 6년 동안의 정치적 혼란과 암흑 현상을 모
두 공화정과 신해혁명 탓으로 돌렸다. 이런 논리에 대해 《신청년》의 발행인
이자 편집자인 진독수(陳獨秀)는 다음과 같이 반박했다. "공화정 건설 초기
에는 실현하기가 쉽지 않았던 까닭에 전제나 왕정으로 돌아가는 경우가 자
주 있었으나" 그것은 "공화정 자체의 결함" 때문이 아니라 "장애물"에 부닥
쳤기 때문이다, "무인"으로서는 "북양파 군인 장훈 같은 인물," "학자"로서
는 "보황당의 강유위 같은 인물"이 바로 가장 큰 장애물이다. 그는 이런 장
애물 때문에 생겨난 "반동시대의 암흑"은 결국은 소멸될 수밖에 없다고 주
장했다. 암흑의 등장을 개혁을 방해하는 "무인·학자들" 탓이 아니라 "개혁
을 꿈꾸는 사람들"의 탓으로 돌리는 것은 전혀 도리에 맞지 않다고 그는 반
박했다.[8] 진독수와 《신청년》의 필자들은 신해혁명의 성과에 대해 큰 불만을
갖고 있었으나 반동세력의 공격 앞에서는 강인한 태도로 신해혁명을 변호
했다.

초기의 《신청년》[9]은 자산계급 민주주의를 사상적 무기로 삼았다. 잡지

---

8   진독수, 「박강유위공화평의(駁康有爲共和評議)」, 《신청년》 제4권, 제3호.
9   《신청년》은 1926년까지 발행되었다. 이 잡지는 1919년 5·4운동 시기에 마르크스주의를

의 필자들은 중국이 진정한 의미에서 민주공화국이 되려면 민주주의적인 신사상, 신도덕, 신문화를 대대적으로 선전해야 하며 봉건적 구사상, 구도덕, 구문화를 철저하게 반대해야 한다고 주장했다. 그들은 신해혁명이 그렇게 하지 못했기 때문에 민주공화도 가식적 형식에 머물렀다고 주장했다. 그들은 이런 관점에서 당시 기세를 올리던 복고적 반동사조를 맹렬하게 공격했다. 그들은 민주와 과학의 기치를 들고서, 민주와 과학을 이용하여 "중국의 정치적, 도덕적, 학술적, 사상적 일체의 암흑을 바로 잡고자" 했다.[10] 그들은 삼강오륜이나 충효절의 같은 교조는 "노예의 도덕"이며 "오늘날의 사회와 국가"에는 근본적으로 맞지 않는 것이라고 지적했다. 그들은 공격의 창끝을 봉건시대의 성인 공자에게 직접 겨누고 "공자의 점포를 타도하자"는 운동을 펼쳤다. 공자에 대한 직접적인 공격은 무술변법 시기의 유신파나 신해혁명 시기의 혁명파나 말한 적이 없고 감히 말할 생각도 해보지 못한 비판이었다. 반 봉건적 운동이란 점에서 보자면 5·4신문화운동은 무술유신과 신해혁명의 계승이라 할 수 있지만 투쟁의 철저함에 있어서는 앞의 두 시기를 크게 초월하는 것이었다.

문어체 문장을 백화문으로 대체하고 나아가 "문학혁명"이란 구호를 내걸고 신문학을 주장한 것은 5·4신문화운동의 중요한 내용이자 《신청년》의 중대한 공적이기도 하다. 《신청년》의 필자들은 문체의 개혁과 문학 분야의 혁명이 구정치와 구사상을 반대하고 신정치와 신사상을 드높이는 투쟁과 밀접하게 연관되어 있음을 분명하게 인식하고 있었다.

《신청년》의 필자들은 개인주의가 그들의 신도덕, 신사상, 신신앙의 핵

알리는 문장을 싣기 시작했고, 1921년 중국공산당이 설립된 후에는 중국공산당의 이론지가 되었다. 여기서 말하는 초기의 《신청년》이란 1919년의 《신청년》을 가리킨다.

10 진독수, 「본지죄안지답변서(本誌罪案之答辯書)」, 《신청년》 제6권, 제1호.

심이라고 주장했다. 이 말은 그들이 오직 자산계급의 사상으로 무기를 삼는다는 표현이기는 했지만 일정한 역사조건 하에서는 이러한 사상무기가 전투력을 발휘했다. 그들은 개인의 독립 자주적인 권리라는 관점에서 출발하여 독립적인 사고를 제창하고, 옛 사람의 사상에 의존하거나 봉건적 권위에 대한 맹종을 반대하고 관습적 세력의 노예가 되기를 거부하며, 봉건 전통의 속박으로부터 개성과 재능의 해방을 요구함으로써 자유를 확대할 수 있다고 믿었다. 그들이 제창한 "문학혁명"도 이런 정신을 관철하기 위해 문장을 쓸 때는 옛 사람의 "팔고문"을 모방할 것이 아니라 자신의 말로 자신의 문장을 써야 한다고 주장했다. 이런 주장과 호소는 일상생활과 정신생활에서 봉건적 질곡의 고통을 깊이 느끼고 있던 청년들의 요구를 반영한 것이었기 때문에 청년들의 공명을 얻고 그들의 투쟁 열정을 자극하였다.

《신청년》의 필자들은 사상혁명이 새로운 국가의 기초를 놓을 수 있다고 믿었으며 이런 주장은 실제와도 부합했다. 그러나 그들의 봉건적 구사상, 구도덕, 구문학을 향한 공격은 사실상 봉건적 구정치에 대한 공격이었다. 민주주의의 정치적 투쟁이란 기준에서 보자면 《신청년》으로 대표되는 5·4신문화운동은 손중산이 국민당 시기에 전개한 호법운동보다 훨씬 강대한 생명력을 갖고 있었다.

5·4신문화운동을 이끌었던 사람들과 이 운동으로부터 영향을 받은 사람들 중에서 일부는 정치와 사상 면에서 시종 자산계급적 개인주의와 민주주의 수준에 머물렀고 또한 일부는 여기서 더 나아가 새로운 탐색을 시작했다. 세계의 형세와 중국의 현실이 그들로 하여금 자산계급 사상으로는 중국의 문제를 해결할 수 없다고 느끼게 만들었다. 선진적 지식분자들은 운동의 발전 과정에서 자산계급 민주주의의 경계를 뛰어넘어 마르크스주의와 무산계급 사회주의를 찾아내고 마르크스주의를 국가 운명을 관찰하는 도구로 사용하기 시작했다.

1914년에 폭발한 제국주의 전쟁은 중국인민 가운데서 선진분자들로 하여금 자본주의 제도에 대해 진일보한 회의를 품게 만들었다. 1917년 러시아의 10월 사회주의 혁명의 승리는 중국인민에게 거대한 충격을 주었다. 그중에서도 특히 선진분자들은 시야를 크게 넓혀 인류의 운명은 자산계급이 결정하는 게 아니라 무산계급이 결정하며, 자본주의가 아니라 사회주의가 결정한다는 사실을 깨닫게 되었다.《신청년》의 주요 편집자의 한 사람인 이대교(李大釗)는 1918년부터 1919년 사이에 마르크스주의를 선전하는 문장을 발표하기 시작했다. 모택동(毛澤東), 주은래(周恩來), 채화삼(蔡和森), 등중하(鄧中夏), 운대영(惲代英) 등 수많은 선진적 청년 지식분자들이 1918년에서 1920년 사이에 마르크스주의를 접촉하고 받아들였고 각지에서 마르크스주의를 연구하고 선전하는 단체가 결성되었다. 5·4신문화운동의 주장이었던 진독수는 1920년에 발표한 문장에서 마르크스주의 사상을 받아들인다고 언명했다.

중국의 선진 지식분자들은 주로 러시아 10월 혁명을 통해 마르크스주의를 알게 되었다. 당시에 그들이 접근할 수 있었던 마르크스와 레닌의 저작은 매우 제한적이었다. 그들은 마르크스주의의 기본 관점만 배운 후 곧바로 치열한 실천 투쟁에 용감하게 뛰어들었다. 그들의 이론준비는 충분하지 못했고 이는 하나의 약점이었다. 그러나 일단 마르크스주의를 받아들이자 즉시로 중국의 반 제국주의 반 봉건주의 대중운동과 결합시켰다. 이것이 중국 마르크스주의 운동의 특징이자 우수성이다.

5·4대중애국운동

세계대전이 종결된 후 전후문제를 처리하기 위해 1919년 1월에 "5강"

(영국·미국·프랑스·이탈리아·일본)이 조종하는 파리강화회담이 열렸다. 이 무렵 북경정부의 대총통은 청 왕조의 관료 출신인 서세창이었고 실제로 북경정부를 움직이는 인물은 일본 제국주의의 하수인인 단기서였다. 남방의 호법정부는 손중산이 퇴출한 후 잠춘훤을 위시한 군벌 관료들이 장악하고 있었다. 남북 두 개 정부는 1918년 말에 정전을 선포하고 1919년 2월에는 화의회담을 시작했다. 북경정부는 파리 강화회담에 대표단을 파견했고 여기에는 남방 군정부의 외교인원도 참가했다.

　　파리 강화회담이 열리기 전 미국 대통령 윌슨은 의회연설을 통해 강화회담의 원칙으로서 "14개조"를 제시했다. 그 중에는 전후 식민지 처리에 있어서 식민지 주민의 이익을 우선으로 고려하며 각국은 정치적 자유와 영토의 보전을 상호 보장한다는 내용이 포함되어 있었다. 이 때문에 중국의 지식계에서는 파리 강화회담을 통해 세계무대에서 중국의 평등과 독립적 지위를 확보할 수 있으리라는 큰 기대를 가졌다. 인민의 희망을 반영하지 않을 수 없었던 중국 대표단은 이 회담에 임하는 네 가지 방침을 공표했다. 1. 독일이 산동에서 갖고 있던 일체의 이익은 일본이 계승해서는 안 되며 중국이 이를 회수한다. 2. 1915년 일본이 원세개 정부에게 제시하고 원세개 정부가 승인한 "21개조"는 취소한다. 3. 외국이 중국에서 갖고 있는 일체의 특수이익 ─ 영사재판권, 조계, 조차지, 세력범위 ─ 은 취소한다. 4. 독일과 오스트리아 등 패전국의 중국에서의 정치와 경제적 이익은 종결된다.

　　전후에 서방 열강은 중국에 대한 침략을 다시 강화했다. 그들과 전쟁 중에 최대의 이득을 본 일본 사이에 모순이 발생하지 않을 수 없었다. 이런 모순은 특히 일본과 미국 사이에서 첨예하게 드러났다. 중국 대표단이 파리 강화회담에서 일본이 특별히 불리하다고 생각한 요구를 제시한데는 미국의 종용과도 관련이 있었다. 그러나 강화회담은 본질적으로 열강의 장물 분배 회담에 불과했기 때문에 누구도 중국에서 기득권이 손상되거나 취소되는 것을 원치 않았다. 중국 대표단이 제시한 "21개조"의 폐기와 열강의 영사재판권 취소 등의 문제에 대해 5강을 대표하여 프랑스 총리가 그 문제는 강화회담의 토론 범위에 포함되지 않는다고 답변했다. 전쟁 전의 독일 식민지 처리문제를 논의 할 때만 중국의 교주만 문제가 언급되었다. 중국 대표단의 전략은 완전히 실패했다. 일본 측에서는 교주만은 이미 사실상 일본이 점유하고 있을 뿐만 아니라 북경정부가 산동 문제에 관하여 1917년 9월에 일본 정부와 교환한 문서에서 일본의 요구에 "기꺼이 동의한다"고 밝힌 바 있기 때문에 독일이 갖고 있던 산동에서의 일체의 권리는 오직 일본에게만 양도될 수 있다고 주장했다. 강화회담은 마침내 일본의 의지대로 결정을 내렸다.

파리 강화회담에 대해 환상을 품었던 사람들에게 현실은 교훈을 주었다. 예컨대, 1918년 12월에 창간된 시사평론지 《매주평론(每週評論)》(이대교, 진독수 편집) 발간사는 "공리가 강권을 이겼다"고 말했다.[11] 그러나 1919년 5월 초가 되자 이 잡지는 "파리 강화회담에서 각국은 모두가 자국의 권리를 중시한다. 공리니, 영구평화니, 윌슨의 14개조 선언이니 하는 것들은 모두 한 문장도 가치 없는 빈 얘기가 되었고," 파리 강화회담과 "세계 영구평화니 인류의 진정한 행복이니 하는 것들 사이에는 메울 수 없는 간극이 존재한다. 전 세계 인민이 모두 일어나 직접 해결하지 않으면 안 된다"고 논평했다.[12]

북경의 학생들이 먼저 일어나 제국주의, 그중에서도 특히 일본 제국주의와 친일파 북경정부에 대한 인민의 분노를 행동으로 표시했다. 1919년 5월 4일 오후, 북경의 각급 학교 학생 3천여 명이 천안문 앞에서 집회를 가진 후 시위에 들어갔다. 학생들은 선언서에서 "밖으로는 주권을 쟁취하고

---

11 《매주평론》의 이 발간사의 저자는 "척안(隻眼)"이란 필명을 사용했는데, 진독수이다.

12 《매주평론》 제20기의 「수감록(隨感錄)」을 보라. 역시 진독수의 글이다.

안으로는 매국노를 처단하자"는 구호를 내걸고 즉각 국민대회를 소집하라고 요구했다. 시위대는 각국 외교관서에 항의를 표시하기 위해 동교민항으로 몰려갔으나 공관 경찰의 저지를 받았다. 시위대는 방향을 바꾸어 동단(東單)지역 조가루(趙家樓)에 있는 조여림(曹汝霖)의 집으로 향했다. 조여림은 당시 북경정부의 교통 총장이었고 1915년에는 원세개 밑에서 외교 차장을 지내면서 21개조에 서명한 대표단의 한 사람이었다. 조여림, 장종상(章宗祥), 육종여(陸宗輿) 세 사람은 단기서가 일본으로부터 차관을 들여오고 군사협정을 맺을 때 실무 책임자였기 때문에 여론의 질책을 가장 강하게 받는 3인 매국노였다.[13] 학생 시위대는 조여림의 집을 포위하고 집안을 뒤졌으나 조여림은 찾지 못하고 조여림의 집에 왔던 장종상을 붙잡았다. 장종상은 일본에서 갓 귀국한 참이었다. 학생들은 조여림의 집을 불 지르고 장종상을 구타했다. 군대와 경찰이 대거 몰려와 학생 32명을 체포했다.

5월 4일 북경 학생들의 시위는 겨울의 어둠을 몰아내는 봄날의 번개처럼 전국을 뒤흔들어 놓았다. 5월 5일에 북경의 학생들은 동맹휴업을 선언하고 중등 이상 학교의 학생연합회를 결성했다. 학생연합회는 체포된 동료의 석방을 요구하고 애국선전 활동을 시작했다.

5·4운동이 발생하기 전 북경의 학생들 사이에서는 여러 종류의 사회단체와 조직이 생겨났다. 그 중에는 《국민잡지》를 출판하는 국민사(國民社), 《신조잡지(新潮雜誌)》를 출판하는 신조사(新潮社), 도시와 농촌 주민을 상대로 통속적인 애국선전 활동을 하는 "평민교육강연단", 그리고 일부 무정부주의 경향의 청년조직이 있었다. 이들 단체와 조직이 5월 4일 시위의 중심

---

13 장종상은 5·4운동 당시 북경정부의 주일본 공사였다. 육종여는 주일본 공사를 지냈고 5·4운동 당시에는 폐제국(幣制局) 총재이자 중일 합작기업인 중화회업은행(中華匯業銀行)의 총재였다.

을 이루었다. 천안문 앞에서의 집회와 시위, 그리고 조가루 시위에는 대중이 자발적으로 참가했지만 전체 과정을 보면 비교적 조직적이었을 뿐만 아니라 이날 이후로도 집회와 시위가 지속적으로 이어질 수 있었던 데는 이들 사회단체의 역할이 있었기 때문이었다. 이들 사회단체와 사회단체에 참가한 청년들의 사상적 경향은 다양했는데 그중에서 마르크스주의 청년들이 특히 중요한 역할을 하기 시작했다. 이대교는 당시 북경대학의 교수 겸 도서관 주임으로서 신문 잡지에 글을 발표하는 이외에도 운동의 발전을 위해 적극적으로 활동하는 한편 수많은 진보적인 학생들과 밀접한 관계를 맺고 학생연합회의 활동을 지원했을 뿐만 아니라 학생들의 운동을 지원하는 교직원 조직도 만들었다.

북경정부는 5·4 시위가 있은 이틀 후에 체포된 학생들을 석방하였으나 학생들이 제시한 정치적 요구에 대해서는 답변을 하지 않았고 오히려 학생의 정치간섭 금지 명령을 내렸다. 1월 19일, 북경 시내의 학생들이 다시 동맹휴업을 선언했다. 학생들은 북경 시내에서뿐만 아니라 북경 부근의 철로를 따라가며 강연회를 열었다. 북경정부가 학생들의 활동을 더 엄격하게 단속하자 며칠 후부터 학생들은 국산품 장려운동의 형식으로 선전활동을 이어갔다. 6월 1일, 북경정부는 다음과 같은 두 가지 명령을 내렸다. 1. 민중으로부터 매국노로 비난받은 조여림, 육종여, 장종상의 명예를 회복시킨다. 2. 학생들의 일체의 애국운동을 금지한다. 학생들의 분노는 배가되었다. 6월 3일부터 학생들은 다시 가두 강연을 시작했다.

북경정부는 군경을 동원하여 진압에 나섰다. 6월 3일, 170여 명의 학생들이 체포되었고 다음 날에도 7백여 명의 학생이 체포되었다. 3일째 되는 날, 거리는 강연에 나선 학생들과 청중으로 넘쳐났다. 북경정부로서는 진압할 방법이 없었다. 운동은 빠르게 전국으로 확산되었다. 각지의 학생들은 동맹휴업에 들어가고 상인들은 철시했으며 노동자들은 파업하였다. 이제 운동은 전국적인 반 제국주의, 반 매국정부 운동이 되었다.

　이 무렵 각지의 민족자본 공상업은 제국주의 세력의 전후 권토중래의 위협을 맞고 있었다. 5·4학생운동에서 일본상품 불매와 국산품 애용의 구호가 등장했는데 이는 상공업자들에게 유리한 환경이었다. 북경의 상인단체는 4월 4일 직후부터 학생들의 행동을 지지하였고 이어서 천진과 상해 등 전국의 수많은 도시의 상인단체도 뒤를 따랐다. 6월 3일, 북경의 학생들과 반동정부가 첨예하게 대립하고 있는 상황에서 학생들의 영향을 받은 상해의 상공업계가 북경정부의 폭력진압에 항의하여 6월 5일부터 철시한다고 선언했다. 상해 부근의 중소도시와 전국의 기타 도시에서도 상인들의 철시 선언이 잇달았다.

　노동자들도 일어나 운동의 기세를 더하였다. 전국의 산업 노동자 수는 신해혁명 무렵에는 약 5,60만 이었으나 5·4운동 시기에는 약 2백만에 달했다. 상해에서는 일본자본인 내외면(內外棉) 주식회사의 제3, 제4 공장 남녀 노동자 5,6천 명이 6월 5일에 파업을 시작하였고 이어서 일본자본의 기타 공장과 영국자본의 일부 공장, 미국·프랑스·중국 기업이 경영하는 전차회사의 노동자들이 파업을 선언했다. 상해 이외에도 호녕(滬寧. 상해-남경) 철도와 호항(滬杭. 상해-항주)철도 노동자들, 경봉(京奉. 북경-봉천)철도 당산 (唐山)역 노동자들, 경한(京漢. 북경-한구)철도 장신점(長辛店)역 노동자들이 잇달아 파업에 들어갔다. 한구, 장사, 남경, 제남, 무호(蕪湖) 등지에서도 노동자들의 파업이 있었다.

　애국운동은 넓고도 깊게, 그리고 빠르게 발전해 나갔다. 특히 노동자 대중이 파업의 형식으로 투쟁에 참가하자 북경정부는 물론 제국주의 열강도 매우 놀랐다.

　노동자 파업 때문에 상해와 천진 등의 제국주의 조계는 마비상태 직전까지 갔고 제국주의의 중국에서의 이익이 위협받았다. 제국주의의 하수인으로서 북경정부는 위기를 해소할 조치를 취하지 않을 수 없었다. 6월 10일, 북경정부는 조여림, 육종여, 장종상의 "사직"을 "비준"하고 내각을 개편한다고 발표했다. 그러나 개편 후의 내각은 여전히 단기서 세력이 지배했다. 파리 강화회담에서는, 사회각계의 반대여론 때문에 북경정부의 대표단은 산동문제를 포함한 대 독일 강화조약(즉 베르사이유조약)에 서명을 하지 않았다. 그러나 북경정부는 일본이 독일의 산동에서의 권리를 계승한 기정사실에 대해서는 어떤 반대의견도 제출하지 않았다.

5·4대중운동을 거치면서 중국의 사상계는 거대한 격랑을 경험했다. 자산계급 개인주의의 관점을 견지하던 사람들은 운동이 고조되자 점차로 투쟁의 대열에서 물러났고 마르크스주의 사상을 받아들이기 시작한 사람들이 가장 강인한 태도로 투쟁을 주도해갔다. 5·4이전에는 신문화운동이 내건 깃발은 자산계급 민주주의와 개인주의였다. 5·4운동을 거치면서 마르크스주의의 소개, 연구, 선전은 거스를 수 없는 흐름이 되었다. 신문화운동은 마르크스주의 사상운동으로 발전하였고 《신청년》 잡지는 점차로 마르크스주의의 선전 기지로 변했다. 5·4 후에 전국 각지에서는 지식청년들이 각종 사회단체를 결성하고 출판물을 간행했다. 단지 1년 사이에 출판물의 종류가 4백여 종으로 늘어났다. 이런 사회단체와 간행물은 마르크스주의를 받아들인다는 취지를 분명하게 밝혔고 다른 사상 경향을 가진 단체라도 사회주의, 러시아 사회주의 혁명, 마르크스주의를 논하지 않을 수가 없었다.

호법운동에서 좌절을 맛본 손중산은 5·4운동에서 새로운 희망을 보았다. 그는 1920년 1월에 국내외의 국민당 당원들에게 보내는 편지에서 다음과 같이 말했다. "북경대학 학생들이 5·4운동을 일으킨 이후로 일반 애국청년도 장래의 혁신사업을 예비하기 위해 혁신사상을 연마하지 않는 자가 없다. 이렇게 하여 언론이 크게 펼치니 국내 각계의 여론도 함께 일어난다. 열혈 청년들이 만든 각종의 새로운 출판물이 때맞춰 나오고 있다. 모두가 자신의 재능과 특징을 마음껏 펼치니 사회가 큰 영향을 입고 있다. 우둔한 정부라 할지라도 언론의 예리함은 피한다. 신문화운동은 우리나라 사상계에서 전례가 없는 대변화인데 그 근원을 따라가 보면 출판계의 한 두 선각자들이 제창하고 뒤를 따라 여론이 크게 일어난 것이다. 배우고자 하는 열기가 전국으로 퍼지니 사람마다 깨우쳐 애국운동을 위해 죽음을 맹세하였다. 이 운동이 지속되고 높아진다면 거두어들일 성과의 위대함과 원대함은 의심할 여지가 없다.”[14]

5·4운동에서는 학생들이 선봉에 섰다. 중국인구의 최대다수를 점하는 농민은 아직 이 운동에 참여하지 않았다. 이 운동의 특출한 의미라고 한다면 노동자 계급이 그들의 역량을 보여주었다는 점이다. 선진적 지식분자, 다시 말해 마르크스주의를 받아들이기 시작한 지식분자들은 러시아 무산계급 10월 혁명으로부터 많은 깨달음을 얻었을 뿐만 아니라 5·4운동의 경험을 통해 중국 무산계급의 역사적 지위를 인식하게 되었다. 그들은 노동자 대중 속으로 들어가 선전활동과 조직활동을 펼쳤고, 이렇게 하여 마르크스주의 사상운동과 노동운동이 결합되었다. 많은 지역에서 공산주의 소조직이 결성되었고, 이는 중국공산당이 성립될 수 있는 토양이 되었다.

5·4운동 2년 후인 1921년에 중국 무산계급 정당인 중국공산당이 정식으로 창립되었다.

중국은 여전히 제국주의와 봉건주의 통치하의 빈곤하고 낙후한 반식민지 반봉건 국가였지만 5·4운동을 거치며 중국 근대사에서 중대한 변화가 발생했다. 중국의 무산계급이 독립된 계급으로서 역사의 무대에 등장한 것이다. 무산계급은 자산계급을 대체하여 중국 민족민주혁명의 영도자가 되었다.

---

14 《손중산선집》, 인민출판사 1981년 판, 482쪽.

5·4운동은 자산계급이 영도하는 구 민주주의 혁명의 종결과 무산계급이 영도하는 신 민주주의 혁명의 시작을 알렸다. 이때부터 중국 근대사는 새로운 장을 열어가게 된다.

역자 후기

호승(胡繩후성, 1918-2000)은 충실한 마르크스주의자로서 평생 동안 중국공산당과 정부의 이념 선전분야에서 일하면서 많은 저술과 논문을 남겼다.

중화인민공화국이 수립되기 이전에는 중국공산당이 직접 관장하는 간행물과 기타 진보적인 신문잡지에 다수의 논문을 발표하고 저서도 출간했다. 그중 일부는 중국의 실제상황을 열거하여 마르크스주의의 우수성을 선전하는 통속적 선전문이었고, 일부는 중국공산당의 이론과 정치적 주장을 선전하고 국민당의 정책을 비판하는 정치평론이었으며, 일부는 새로운 관점에서 중국 봉건사회의 역사와 중국 근대사를 논술한 학술적 저작이었다. 1948년에 출판한 『제국주의와 중국정치(帝國主義與中國政治)』는 아편전쟁 이후 80년 동안의 중국정치의 내면을 깊이 있게 파헤친 학술적 저작이었다. 그의 논문과 저서는 판을 거듭하여 간행되었고 일부는 해외에서도 번역 소개되었으며 국내외 지식계와 특히 청년들에게 많은 영향을 주었다. 그는 전시에다 국민당 통치지역이라는 열악하고 위험한 환경에서도 굽히지 않고 중국공산당의 청년이론가로서 마르크스주의를 선전하고 당의 정책을 알리는데 크게 공헌하였다. 17세에서 30세에 이르기까지 10여 년 동안에 그가 발표한 논문과 저작은 총 100여만 자에 이른다. 이런 활동을 통해 그는 신 중국 성립 이전에 이미 사회과학계에서 명성을 얻었다.

중화인민공화국이 성립된 후 호승은 정무원 출판총서 당 조직 서기에서 시작해 (당과 정부의 공식문헌을 출판하는) 인민출판사 사장, 중국공산당 중앙위원회 선전부 비서장, 《학습(學習)》지 편집인, 중국공산당 중앙위원회 마르크스·레닌학원 제1부 주임, 중국공산당 중앙위원회 정치연구실 부주임, 잡지 《홍기(紅旗)》 부총편집, 마르크스·레닌학원 부원장을 역임하였다. 50년대에서 60년대 중반까지 모택동선집 편집 작업에 참가하면서 당의 이론 연구와 선전 업무를 책임졌고, 당과 정부의 중요한 문건(예컨대, 1954년의 중화인민공화국 헌법 초안 보고, 중국공산당 제8차 전국대표대회의 정치보고 등) 기초 작업에 참여하였으며, 모택동과 당 중앙위원회가 소집한 중요 학술이론 연구모임에 참여해 모택동사상과 마르크스주의를 당 간부들에게 교육하고 당의 방침과 정책을 알리는데 많은 역할을 하였다. 50년대 초에 출판 발표한 그의 저서 『중국근대사제강(中國近代史提綱)(1840-1919)』과 논문 「중국근대사분기문제(中國近代史分期問題)」는 중국근대사 연구의 독특한 체계를 형성하였고 후대의 중국근대사 연구와 교육에 큰 영향을 미쳤다.

문화대혁명 기간 중에는 박해를 받아 간부학교에서 하방되어 노동을 했고 1973년 이후에 점차 업무에 복귀했다.

1975년에는 국무원 정치연구실 책임자 중 한 명으로 임명되어 모택동 저작의 정리와 중국과학원 철학사회과학원 복원업무에 참여해 등소평이 주도하는 전면적인 정돈 정책의 이론적 기초를 제공하는데 힘을 쏟았다. 한편으로 이 기간 동안에 『아편전쟁에서 5·4운동까지(從阿片戰爭到五四運動)』의 저술에 착수하여 1981년 인민출판사에서 출판하였다. 아편전쟁 이후 80년 동안의 중국의 사회 경제적 구조와 계급의 발전 변화를 체계적으로 논술한 이 저작은 중국근대사 연구와 애국주의 교육을 고취하는 기점이자 바탕이 되었다.

개혁개방의 시대가 시작된 후로 호승은 70년대 말과 80년대 초에 걸쳐 모택동저작 편집위원회 판공실 부주임, 중국공산당중앙위원회 문헌연구실 부주임을 역임했다.

1982년부터 중국공산당 중앙위원회 당사연구실 주임을 맡았고 1994년에는 중국공산당 중앙위원회 당사공작(黨史工作) 영도소조 부조장에 임명되었다.

1985년에서 1998년까지 중국사회과학원 원장을 지냈다. 이 기간 동안 한편으로는 홍콩특별행정구기본법 기초위원회 부주임과 마카오특별행정구 기본법 기초위원회 부주임을 맡았다. 이 기간 동안 「건국 이래 당의 약간의 역사문제에 관한 결의(關干建國以來黨的若干歷史問題的決議)」와 신헌법 수정작업에 참여하는 등 계속하여 당과 국가의 중요 문헌을 기초하는 일에 참여하였고 철학 사회과학의 학술활동을 주도하고 중요한 국제 학술문화교류와 대만학자들과의 교류도 주도했다.

호승은 중국공산당 중앙위원회 당사연구실 주임과 중국 공산당사학회 회장으로 있던 시기에 중국공산당사 연구에 많은 공헌을 하였다. 그가 편찬한 『중국공산당 70년(中國共産黨的70年)』은 중국공산당사에 관한 권위 있는 요약독본이며 영문으로도 번역되었다. 1991년에 출판된 『중국공산당 역사(中國共産黨歷史)』 상권도 그가 편찬한 중요한 당사 저작이다.

호승은 오랫동안 중국사회과학원 원장과 국무원 학위위원회 부주임을 맡았고 중국사학회 회장과 손중산연구회 회장도 지냈으며, 중국과학원이 학부(學部)를 설치한 후에는 철학사회과학부 학부위원과 상무위원을 지냈다.

1980년대와 90년대에 호승은 주목받는 논저를 다수 발표했다. 1987년에 발표한 「왜 중국은 자본주의의 길을 걸을 수 없는가(爲甚麼中國不能走資本主義道路)?」라는 글에서 그는 중국의 특수상황에 대한 깊이 있는 분석을 통해 중국이 사회주의의 길을 굳건하게 걸어가야 할 역사적 필연성을 주장했다. 호승이 1991년에 일본 아세아대학에서 행한 「중국의 개혁개방을 논함(論中國的改革開放)」이란 제목의 강연은 국내외에서 두루 호평을 받았고, 1994년 6월에 발표한 「사회주의란 무엇인가? 어떻게 사회주의를 건설할 것인가?(甚麼是社會主義?如何建設社會主義?)」란 제목의 긴 논문과 같은 해 말에 행한 「마르크스주의는 발전의 이론(馬克思主義是發展的理論)」이라는 제목의 강연에서는 마르크스주의는 발전의 이론이며 등소평 이론은 마르크스주의 건설이론이 중국이란 조건하에서 거대한 발전을 보인 것이라고 강조하였다. 호승은 만년에 등소평 이론을 해석하고 전파하는데 중요한 공헌을 했다.

1988년과 1993년에 호승은 중국인민정치협상회의 전국위원회 부주석으로 선출되었다. 그는 중국공산당 제8, 10, 11, 12, 13, 14, 15차 전국대표대회 대표와 제12기 중앙위원회 위원, 제1, 2, 3, 4, 5차 전국인민대표대회 대표와 제4, 5차 전국인민대표대회 상무위원회 위원을 역임했다.

호승은 중국공산당의 이론가로서 철학, 중국공산당사, 중국근대사와 시사평론에 이르기까지 광범위한 주제의 저술활동을 이어왔다. 그는 학자이자 동시에 정치활동가로서 중국사회주의 건설에 직접 참여했다. 학자로서 그의 업적은 중국근대사 연구를 첫 번째로 꼽을 수 있다.

호승은 마르크스주의 역사학의 대가이며 범문란(范文瀾)과 함께 마르크스주의를 기반으로 중국근대사 연구를 개척한 첫 세대이다. 중화인민공화국이 수립되기 전 시기에 범문란이 중국공산당 지배지역에서 마르크스주의의 관점에서 중국근대사 탐색을 대표했다고 한다면, 호승이 1937년에 발표한 『5·4운동론』, 1939년에 발표한 『아편전쟁론(論阿片戰爭)』, 1948년에 홍콩에서 출판한 『제국주의와 중국정치(帝國主義與中國政治)』등은 공산당 지배지역 이외에서 혁명 활동에 종사하는 마르크스주의자의 근대중국사에 대한 탐색을 대표한다. 호승이 『5·4운동론』을 발표했을 때 그의 나이는 19세에 불과했고 『제국주의와 중국정치』를 출판했을 때도 30세를 넘지 않았지만, 그의 저작은 신 중국 수립 이후에도 오랫동안 중국근대사를 공부하는 청년들의 필독서였다. 범문란의 『중국근대사』(상권)와 호승의 『제국주의와 중국정치』는 신 중국 성립 이후 중국 근대사학의 기초가 되었다.

이상과 같은 원저의 출판 배경과 저자의 정치적 이력으로 볼 때 이 역서의 원전인 『아편전쟁에서 5·4운동까지』는 중국근대사 연구의 고전이며 또한 중국공산당의 공식적인 견해이자 해석이라고 할 수 있을 것이다. 이 책에 대한 중국 학계의 평가의 일단을 소개한다.

> "『아편전쟁에서 5·4운동까지』는 중국 근대사 연구에서 '혁명사 서술'의 전범이 되는 작품이다. 이 책은 감정이 충만한 역사서술로서 아편전쟁부터 5·4운동까지의 기간 동안 발생한 세 차례 혁명의 정점, 즉 '태평천국-무술변법과 의화단운동-신해혁명"의 시기를 논하고 있다. 저자는 각 혁명의 전후사정을 명확하게 논술하고 있을 뿐만 아니라, 80년 동안 지속된 중국 사회·경제·정치의 발전과정으로부터 출발해 세 차례 혁명 정점의 특징과 상호관계를 설명하고, 전 단계의 정점에서 다음 단계의 정점으로 발전해가는 객관적인 필연성을 설명했다 … (중략)
> 저자의 이론적 관점은 마르크스주의 계급관이다. 중화인민공화국 건국 이후 사회주의 시기에는 계급관으로 역사를 논술하는 것이 당시 역사연구의 주류였다. 호승의 저술이 독특한 점은 다음과 같다. 그는 구체적인 역사적 상황 속

의 갖가지 투쟁 속으로 깊이 파고들어 '전쟁을 겪으면서 내외 계급관계에 발생한 변화와 발전 추세'를 여실히 보여주었고, 이로써 계급관에 입각한 역사 논술의 복잡함과 생동감을 보여주었다. 이것은 같은 시기 다른 수많은 논저들처럼 독단적이거나 기계적인 서술이 아니었다. 70년대 말부터 시작된 개혁 시기는 계급언어가 이미 기본적으로 사라졌는데, 이렇게 마르크스주의 계급관으로 중국 근대사를 논술한 방식은 유난히 사람들의 주목을 끈다 … .(중략) 저자 본인의 이론적 수준도 높고 논리성도 강하며, 규칙적인 각종 지식을 종합적으로 개괄하는 데 뛰어나다. 글을 쓰는 데서는 쉬우면서도 깊이 있게 표현하였고, 유창하면서도 철학적 함의가 풍부하며, 비유가 매우 적절하고 담아내는 뜻 역시 인상 깊다."

『아편전쟁에서 5·4운동까지』의 초판본은 1981년 6월에 인민출판사에서 상·하 두 권으로 출판된 후 1983년 2월에 홍기출판사에서 축약본이 나왔고, 다시 1997년 6월에 인민출판사에서 축약본 수정판이 나왔다. 역자는 이 가운데서 인민출판사에서 나온 축약본 수정판 [2004년(제2쇄)]을 저본으로 하여 번역하였다.

배움이 얕은 역자로서 원저자에게 누를 끼치는 번역이 되지 않았는지 걱정스러우며 혹 오역이 있다면 기꺼이 독자 여러분의 지적을 기다려 배우며 바로잡겠다.

2013년 봄, 역자 씀.

---

1   왕열(王悅), 청화대 인문사회과학원 박사. 『동아시아 책의 사상 책의 힘』, 한길사 2010년 판, 194−196쪽에서 인용.

찾아보기

㉠

가로회(哥老會) 110, 333, 335, 509, 511, 635, 636, 726

가철(柯鐵) 389

간대사(簡大獅) 389

간우문(簡又文) 217

간정화(簡精華) 388

감녕의 전쟁(轗寧之役) 791

감녕전쟁 792, 793

감리원칙, 러시아 정부의 만주 553

강광인(康廣仁) 454, 495, 496

강국기(康國器) 446

강남대영(江南大營) 125, 126, 181, 195, 224

강남제조국(江南製造局) 285, 286, 287, 315

강달초(康達初) 446

강북대영(江北大營) 125, 180

강소조(姜紹祖) 387, 388

강여순(强汝詢) 307

강유위(康有爲) 446, 448, 449, 452- 456, 458, 459, 462-464, 466, 468- 472, 473, 475, 476-484, 486-488, 492-495, 498-506, 563, 564, 566, 580, 583, 585, 589, 592, 600, 603, 622, 625, 626, 628, 629, 803, 812, 813, 821

강의(剛毅) 423, 456, 490, 518, 528

강충원(江忠源) 127

강학회(强學會) 450, 451, 452, 488

개량파, 자산계급 479

개평광무국(開平鑛務局) 290, 315, 403

거정(居正) 702, 715, 808

건륭 황제 25

경사대학당 578, 595

경여집 153, 428, 505

경자배상금 558, 583

경정빈(景廷賓) 561

계량(桂良) 158, 171, 283

고관광(顧觀光) 234

고든(Charles George Gordon) 232, 233, 247

고심(顧深) 234

고염무(顧炎武) 34

고헌성(顧憲成) 34

곤강(昆岡) 543, 544

공거상서(公車上書) 448, 481, 488

공교회(孔敎會) 821

공구(公口) 726

공득수(龔得樹) 187

공보전(龔寶銓) 608, 610

공자 114, 115, 335, 446, 447, 462, 470, 471, 823

공자진(龔自珍) 55

공진회(共進會) 683, 691-693, 699, 704, 713, 717, 718

공춘대(龔春臺) 636-638

공화당(共和黨) 789, 793

곽말약(郭沫若) 679, 734

곽송림(郭松林) 299

곽숭도(郭嵩燾) 307, 309, 319, 349, 354, 357, 359, 360

곽인장(郭仁漳) 642, 643, 686

곽정이(郭廷以) 77

곽중광(郭重光) 727, 728

곽효성(郭孝成) 722, 741, 744

곽희인(郭希仁) 737

관독민영(管督民營) 289

관동도독부 667

관인보(關仁甫) 642, 643

관천배(關天培) 58, 61, 63, 64

광복(廣福) 763

광복회(光復會) 607, 608, 610, 611, 614, 644-646, 682

광서황제 415, 445, 449, 475, 477, 478, 481, 484, 486-488, 490, 492, 494-496, 499, 500, 501, 503, 521, 534, 563, 625, 626, 647, 660, 761

교안(教案) 317

교제철도(膠濟鐵道) 575, 797

구구갑(歐榘甲) 456

구봉갑(丘逢甲) 386, 387, 628

구사(丘四) 588

구홍기(瞿鴻禨) 573

국민당 788-793, 798, 799, 810, 817

국민사(國民社) 828

군무부 703, 718

군치학사(群治學社) 689-691

굳나우(Frank Johnson Goodnow) 806

궁모구(宮慕久) 97

규준(奎俊) 540

규창(奎昌) 342

그로(Jean-Baptiste Louis Gros) 156, 157, 168, 170

금릉제조국(金陵製造局) 286

기공(祁土貢) 84

기룡위(祁龍威) 748

기선(琦善) 62, 63, 64, 70

기영(耆英) 67, 70-72, 80, 84-88, 103, 104, 159, 211

길경원(吉慶元) 190

길문원(吉文元) 124

길이항아(吉爾杭阿) 151

Ⓝ

나가륜(羅家倫) 77

나대강(羅大綱) 121, 144

나돈연(羅惇衍) 176, 178

나륜(羅綸) 678-680, 734

나진옥(羅振玉) 456

나택남(羅澤南) 127

나폴레옹 3세 156, 327, 361

나폴레옹 709

낙국충(駱國忠) 196

낙병장(駱秉章) 95, 191, 203

남경정부 768, 772-778, 781

남경조약(南京條約) 67, 71, 78, 79, 84, 87, 91, 95, 101, 103, 144, 145, 150

남대순(藍大順) 203

남대정(南大定) 746

남만철도(南滿鐵道) 398, 403, 551, 575, 576, 667

남천울(藍天蔚) 763

남통대생사창(南通大生絲廠) 592

남학회(南學會) 455, 456, 480

노숙용(魯叔容) 243

노숭광(勞崇光) 160

노신 419, 732, 745

노한철도 404-406, 409, 411

녹스(P. C. Knox) 668, 671

녹영(綠營) 29, 31, 32, 36, 126, 224

뇌문광(賴文光) 187, 245, 246, 249, 250

니콜라이 2세 395

ⓒ

다윈 463
다카히라 고고로(高平小五郎) 668
단기서(段祺瑞) 664, 707, 765, 807,
    809, 811-815, 826, 828
단방(端方) 541, 624, 638, 640, 684,
    685, 695, 733, 743
단화(鄭親王 端華) 225, 226
달라이 13세 573
담계순(譚繼洵) 479
담사동(譚嗣同) 455, 458, 460, 465,
    467, 468, 473, 478-481, 488, 492,
    493, 495, 496, 499, 664
담소광(慕王 譚紹光) 247
담연개(譚延闓) 628, 676, 721-724, 773
담인봉(譚人鳳) 702, 758
담정양(譚廷襄) 157
담종린(譚鍾麟) 628
담진덕(譚振德) 737
당견(唐甄) 34
당경숭(唐景崧) 385-387
당계요(唐繼堯) 728, 730, 736, 804,
    809, 815-817
당국화(唐國華) 286
당소의(唐紹儀) 667, 756, 758, 759, 765,
    766, 779, 787, 788, 817
당재상(唐才常) 455, 563, 565
당형(唐炯) 364
대녹지(戴鹿芝) 321
대만 보위투쟁 384
대생사창(大生紗廠) 435, 441-443
대야(大冶)철광 295, 297
대집례(戴執禮) 678
덕수(德壽) 649
덕흥아(德興阿) 180
데게벨(Paul d'Aiguebelle) 287

데이비스(Sir John Frnacis Davis) 85, 86
데트링(Von Detring) 365, 378
덴비(Charles Denby) 378, 428, 442
도광 황제 54, 55, 58, 60, 62, 64-66,
    71, 89
도성장(陶成章) 608, 610, 645, 646,
    682, 738
동남보호약관(東南保護約款) 540
동맹회 584, 614-618, 620-622, 629,
    635, 639, 640, 642, 644, 645, 650,
    682, 683, 685, 691, 692, 710, 717,
    771, 788
동문관(同文館) 303
동복상(董福祥) 490, 495, 518, 528,
    536, 537
동영(董鍈) 721
동청철도(東淸鐵道) 395, 403, 551, 575,
    576, 666
동치황제 358
두문수(杜文秀) 203, 261-263, 343
두석균(杜錫鈞) 701
등세창(鄧世昌) 374
등연정(鄧延禎) 54-56, 58, 61, 63, 65
등자유(鄧子瑜) 641
등중하(鄧中夏) 825

ⓛ

라그레느(Lagrene) 80, 81
레닌 408, 825
로바노프(Alexei Lobanov) 394
로슈슈아르(Julien de Rochechouart)
    322
루소 463, 599
루트(Elihu Root) 668
리드(William Bradford Reed) 157
리처드(Timothy Richard) 494

ㅁ

마가리(Augustus Raymond Margary)
344, 354

마건충(馬建忠) 358

마르크스 155, 617, 825

마미조선국(馬尾造船局) 286

마복익(馬福益) 609-611, 635

마복초(馬復初) 203

마샬(Humphrey Marshall) 147

마신이(馬新貽) 650

마여룡(馬如龍) 203, 362

마옥곤(馬玉崑) 372, 532, 536

마종한(馬宗漢) 646

마화룡(馬化龍) 263, 264

만복화(萬福華) 649

망하조약(望夏條約) 80, 149

매계조(梅啓照) 307

매티슨(James Matheson) 59

매형(梅馨) 723

맥도날드(Claude M. MacDonald) 502

맥도날드(Maxwell MacDonald) 405

맥맹화(麥孟華) 434, 452

맥카트니(Halliday Macartney) 287, 357,

메클레인(Robert Milligan McLane)
143, 145, 148, 151, 152

명정국시조(明定國是詔) 476, 480, 486,
487, 490

명치천황 466, 476

모택동(毛澤東) 463, 630, 779, 783, 825

목극덕납(穆克德納) 160

목음 171

목창아(穆彰阿) 55

몽득은(蒙得恩) 191, 216, 241, 243

몽시옹(蒙時雍) 216, 219, 241

몽테스키외 463, 599

묘패림(苗沛霖) 187-189

무라비에프(Mikhail Nikolayevich Mura-
viev) 396

무라비요프(Nikolay Nikolayevich Mura-
vyov-Amursky) 161

무정부주의자 683

무츠 무네미츠(陸奧宗光) 379

문상(文祥) 282, 283, 297

문정식(文廷式) 381, 451

문학사(文學社) 690-693, 695, 699,
713, 716-718

민사(民社) 771

민족자산계급 382, 421, 443-445, 481,
483, 566, 592, 598, 599, 618, 673,
675

민주당 793

ㅂ

바브코프(J. F. Babkov) 337-339, 342

박수(朴壽) 739

반사성(潘仕成) 103

반정신(潘鼎新) 367

발더제(Alfred Graf von Waldersee)
545-548, 550, 555

발포어(George Balfour) 97

배상제회(拜上帝會) 114-116

백귀(柏貴) 160

백련교(白蓮敎) 35, 36, 70, 75

백문울(柏文蔚) 791, 802

백언호(白彦虎) 350, 351

백초 806

버지바인(H. A. Burgevine) 231

번문도(樊文濤) 749

벌링게임(Anson Burlingame) 272, 354,
356

범문란 422, 555

베레스포드(Charles Beresford) 502,
506, 507

보국회(保國會) 454, 488, 592

보넘(George Bonham) 143

보우링(John Bowring) 148, 151-153,

155
보인문사(輔仁文社) 588
보황당 625
보황회 604
복여성(宓汝成) 674
복제(福濟) 228
본명(本明) 511
봉천교지잠차장정(奉天交地暫且章程)
　560
부레(Albert Bourée) 363, 365
부르불롱(Alphonse de Bourboulon)
　143, 205
부의(溥儀) 660
부주르그 341
북경조약 165
북양군 663, 664, 707, 713
북양수사학당(北洋水師學堂) 463, 698
분(William Jones Boone) 99
브라운(Horace Browne) 343, 344
브레통(Albert-Edouard Le Brethon de
　Caligny) 223
브루스(Frederick Bruce) 205, 272
비상국회 815, 817
비테(Sergei Witte) 394, 400
빌헬름 2세 396, 546

㈂
사견여(史堅如) 649
사대구(四大寇) 586
사찬태(謝纘泰) 588, 606, 607
삼민주의 615
삼합회(三合會) 110, 199, 200, 509, 586,
　588, 606, 609
상군(湘軍) 125-128, 179, 180, 183,
　223, 224, 226, 228, 249, 258, 284,
　376
상병화(尙秉和) 777
상승군(常勝軍) 221, 222, 229, 231,

233, 234
상첩군(常捷軍) 223, 247
상해기기직포국 294
색환장(索煥章) 340
서계여(徐繼畬) 101, 102
서광진(徐廣縉) 88, 89, 104
서근(徐勤) 383, 589
서동(徐桐) 521
서린(瑞麟) 319
서방도(徐邦道) 375
서보산(徐寶山) 748
서석린(徐錫麟) 644, 645, 647, 648
서세창(徐世昌) 667, 707, 761, 826
서소정(徐紹楨) 750, 751
서안(西安) 655
서양(徐驤) 387
서연욱(徐延旭) 364, 367
서유임(徐有壬) 204
서윤(徐潤) 293
서징(瑞澂) 677, 694-696, 700
서치정(徐致靖) 486, 493
석달개(翼王 石達開) 117, 137, 139, 143,
　179, 182, 190, 191, 201, 202, 234,
　240, 243
석량(錫良) 644, 671, 678
석보전(席寶田) 261
석산엄(石山儼) 698
석언 746
선기(善耆) 684
설지원(薛之元) 188
설환(薛煥) 170, 204, 213, 219, 220,
　232
섭덕휘(葉德輝) 471
섭명침(葉名琛) 88, 148, 151, 153-157,
　159, 160, 199
섭사성(聶士成) 371, 372, 376, 490,
　495, 517, 518, 532, 536
섭지초(葉志超) 371, 372

섭한(葉瀚) 335
성선회(盛宣懷) 293, 294, 297, 404,
　418, 419, 540, 674
소극창 638
소보(蘇報) 596, 604
소순정(邵循正) 546
소우렴(邵牛濂) 379, 385
소원춘(蘇元春) 430
소조귀(西王 蕭朝貴) 117, 119
손가정(孫家鼐) 639
손도인(孫道仁) 739, 773
손무(孫武) 693, 697, 703, 716, 718,
　771
손미(孫眉) 585, 587
손보기(孫寶琦) 744, 744
손삼(孫三) 749
손육균(孫毓筠) 640, 743
손육당(孫毓棠) 287, 313
손이(孫二) 749
손중산(孫中山) 463, 566, 585-590,
　603, 606, 607, 613, 615-619, 621,
　625, 629, 639-641, 643, 648, 649,
　657, 672, 682, 683, 685-688, 756,
　757, 760, 762, 765, 767, 768, 771,
　772, 774, 776, 778, 787, 789-791,
　798-802, 808, 810, 815-817, 831
손천생(孫天生) 748
송경(宋慶) 376, 377, 532, 536
송경시(宋景詩) 201
송교인(宋敎仁) 608, 692, 723, 769,
　778-791
송수(松壽) 739
송육인 310
수구파 302, 304, 306, 326, 329, 330,
　456, 459, 461, 471, 489-501, 503,
　522, 523, 581
숙순(肅順) 225, 226
숭후(崇厚) 286, 287, 351, 352, 354,

357
스미스 463
스타이거(Steiger) 505
스펜스(H. Spencer) 470
슬레이든(E. B. Sladen) 343
승격임비(僧格林沁) 168, 170-172, 249
승보(勝保) 188, 189
승윤(昇允) 752
승태(昇泰) 345
시모노세키조약 380, 381, 383-386,
　393, 399, 426, 434
시모어(E. H. Seymour) 520, 531
시와드(William Henry Seward) 355,
　356
신군 582
신조사(新潮社) 828
신축조약 558, 559, 574, 578, 584, 666
심병곤(沈秉坤) 742, 773
심보정(沈葆楨) 226, 325, 479
심유경(沈瑜慶) 725
심재(沈梓) 198

◎
아루가 나가오(有賀長雄) 806
아이훈조약 164
안복국회 813
안영경(顔咏經) 360
안해(顔楷) 680
알렉세예프 553
알콕(Rutherford Alcock) 95, 278
애국학사(愛國學社) 595, 596, 602, 603
애로우(Arrow) 154, 155
애버딘(George Gordon Aberdeen) 85
앰허스트(William Amherst) 46
야쿱 벡 340, 341, 343, 346-351, 359
양계초(梁啓超) 448, 452, 454, 458,
　462, 465, 467, 475-477, 479, 481,
　488, 494, 496-500, 563, 564, 566,

589, 600, 603-605, 622, 625, 626, 628, 629, 631, 633, 661, 730, 793, 802, 803, 805, 807, 809, 813, 816

양굉승(楊宏勝) 694

양구운(楊衢雲) 588

양독신(楊篤新 John Griffith) 208

양무파 282-285, 289, 291, 292, 302, 304, 306, 310, 312, 326, 330, 367, 377, 403, 409, 410, 413, 419, 433, 451, 457, 458, 481, 484, 486-490, 492, 500-503, 521, 522, 539, 580, 581

양문정(楊文定) 142

양방(楊芳) 65, 205, 206, 220, 229, 230, 231

양배우(梁培友) 200

양보상(梁寶常) 84, 245

양사홍(楊泗洪) 388

양선제(梁善濟) 737

양세기(楊世驥) 654

양수잠 627, 755

양수청(東王 楊秀淸) 117, 119, 124, 137-140, 143, 240, 242, 515

양숭이(楊崇伊) 451, 495

양시호(楊詩浩) 427

양신우(楊莘友) 734

양심수(楊深秀) 486, 496

양아발(梁阿發) 113

양예(楊銳) 478-480, 492, 496, 501

양왕붕(楊王鵬) 690, 808

양유(楊儒) 560, 561

양육린(楊毓麟) 607

양육수(楊毓秀) 263

양의평(楊依平) 746

양자운(楊紫雲) 388

양창대(洋槍隊) 206

양탁림(楊卓林) 640

양태(楊泰) 201

양필(良弼) 766

양학령(楊鶴齡) 586

엄복(嚴復) 459, 460, 463-465, 470, 473, 497, 498

엄중평(嚴中平) 404

엘긴(James Bruce, 8th Earl of Elgin) 155, 157, 168, 170, 207, 215

엘리어트(Charles Elliot) 56, 57, 59, 61-65

엘리어트(George Elliot) 61

엥겔스 40, 165

여동신 429

여보순 74

여성격(余誠格) 721, 722

여원원(余聯元) 540

여원홍(黎元洪) 689, 690, 695, 696, 698-700, 702, 703, 713, 716-718, 754-756, 758, 765, 768, 769, 771, 773, 778, 789, 793, 809, 811, 813, 816

여천재(黎天才) 751

여축(余丑) 641

연구계 811, 813, 817

연대(烟帶)조약 344, 345

연원(聯元) 521

염군(捻軍) 180, 186, 187, 201, 249, 250, 263, 264

염노오(冉老五) 321

염석산(閻錫山) 737, 738, 753

영록(榮祿) 475, 479, 486, 490-493, 495, 504, 518, 526, 528, 536, 537

영·일동맹조약 571

영전(榮全) 342

영종경(榮宗敬) 819

예비입헌공회(豫備立憲公會) 627, 661

예사충(倪嗣冲) 752

예영전(倪映典) 685

예이츠(Matthew Tyson Yates) 147

오개장(吳介璋) 741
오건창(吳健彰) 142, 147
오능운(吳凌雲) 200
오록정(吳祿貞) 753
오삼계(吳三桂) 29
오스본(Sherad Osborn) 271-273
오아충(吳亞忠) 362
오여효(吳如孝) 144
오옥장(吳玉章) 681, 770, 817
오운(吳雲) 204
오월(吳樾) 623, 649
오정방(伍廷芳) 756, 758, 759, 765-767,
　　769, 770, 776, 817
오조린(吳兆麟) 696, 698, 701
오중희(吳重熹) 638
오치휘(吳稚暉) 684
오코너(Nicholas R. O'Conor) 409
오쿠마 시게노부(大隈重信) 806
오탕흥(吳湯興) 387
오팽년(吳彭年) 388
온초형(溫楚珩) 714
올니(Richard Olney) 442
옹동서(翁同書) 188
옹동화(翁同龢) 380, 381, 451, 475,
　　486, 488, 490, 491
옹빈존(翁斌存) 454
와드(Frederick Townsend Ward) 206,
　　209, 220-223, 229, 230, 231
왕가벽(王家璧) 305
왕경우 593
왕경운(王慶雲) 751
왕금명(王金銘) 763
왕금발(王金發) 732
왕금보(王金寶) 611
왕도(王韜) 237-239, 397
왕동(汪東) 621, 632
왕무음(王茂蔭) 158
왕문소(王文韶) 486, 501, 521

왕부지(王夫之) 34
왕선겸(王先謙) 332
왕숭무(王崇武) 244
왕열(尤烈) 586
왕예생(王藝生) 382
왕오(王五) 496
왕유주 208
왕인문(王仁文) 678
왕정위(汪精衛) 621, 649, 650, 684,
　　708, 759, 778, 790
왕지춘(王之春) 429, 594, 649
왕천걸(王天杰) 681
왕천배(王天培) 743
왕천종(王天縱) 746, 747
왕팽년(汪彭年) 764
왕한(王漢) 649
왕해양(康王 汪海洋) 249
왕헌장(王憲章) 690
왕화순(王和順) 594
왕화순 642, 643
왜인(倭仁) 303
요문보(姚文甫) 602
요숙보(廖叔保) 637
요우평(姚雨平) 688
용굉(容閎) 239, 240, 494
용명검(龍鳴劍) 681
우감(牛鑑) 66, 67, 71
우능진(千凌辰) 305
우지모 639
운대영(惲代英) 825
웅극무(熊克武) 804
웅만전(熊萬荃) 196, 197
웅병곤(熊秉坤) 695, 696, 701
웅성기(熊成基) 647, 648
웅희령(熊希齡) 792, 793, 802
워싱턴 709, 777
원갑삼(袁甲三) 188, 259
원극정(袁克定) 709

원대화(袁大化) 762
원명원(圓明園) 172
원세개(袁世凱) 259, 451, 491, 493, 495,
514, 517, 521, 541, 573, 580, 582,
623, 663-665, 667, 685, 703, 705,
707-710, 713, 715-717, 744, 753-
755, 758, 759, 761-763, 765, 766,
767, 774, 775, 777, 778, 780, 782,
787-798, 802, 803, 806, 807, 809,
811
원수훈(袁樹勛) 685
원옥린(袁玉麟) 54
원창(袁昶) 521
월스리(G. L. Wolseley) 216
월한철도 404, 406, 408
웨델(J. Weddell) 39
웨이드(Thomas Francis Wade) 214,
217, 277, 278, 344, 349
위란(魏蘭) 610
위여귀(衛汝貴) 372
위원(魏源) 55, 101, 102, 283, 601
위창휘(北王 韋昌輝) 117, 137, 139, 140,
143, 179, 240
윌슨 826, 827
유걸(劉杰) 327
유겸(裕謙) 66
유곤일(劉坤一) 274, 284, 323, 334,
376, 429, 443, 451, 483, 521, 525,
540, 542, 580, 663
유공(劉公) 693, 694, 697, 703, 705,
716, 718
유광제(劉光第) 478, 479, 492, 496
유규일(劉揆一) 607-610, 635, 682
유금당(劉錦棠) 264, 350, 479
유도일(劉道一) 635, 636, 639
유도형(劉道衡) 262
유려천(劉麗川) 146
유맹양(劉孟揚) 532

유명전(劉銘傳) 366, 385
유방(劉邦) 470, 715
유배륜(喩培倫) 688
유병장(劉秉璋) 428
유보섬(劉步蟾) 373
유사배(劉師培) 683
유사유(劉思裕) 642
유석홍(劉錫鴻) 288, 304, 306
유송산(劉松山) 264
유신파 432, 444, 445, 451-470, 473,
477, 478, 480, 481, 484, 486-490,
494, 497, 499, 500, 502
유심 85
유연빈(劉燕賓) 588
유영복(劉永福) 362-366, 369, 385,
387, 388
유요징(劉堯澂) 690, 694
유운가(劉韻珂) 66, 75
유정암(劉靜庵) 689
유지결(劉之潔) 751
유진화(劉鎭華) 747
유춘인(劉春仁) 746
유태(有泰) 573
유현세(劉顯世) 804
육아발(陸亞發) 594
육영정(陸榮廷) 742, 773, 804, 805,
815-817
육정상(陸征祥) 788
육종기(陸鍾琦) 737
육종여(陸宗輿) 828, 829
육현(毓賢) 511, 513, 514, 516
육호동(陸晧東) 586-588
윤창형(尹昌衡) 734-736
융문(隆文) 65
융유태후(隆裕太后) 761
음창(蔭昌) 705, 707
이개방(李開芳) 124
이검농(李劍農) 429

이경방(李經方) 386
이경희(李經羲) 665, 730
이규(李圭) 235, 257
이그나티에프(N. P. Ignatiev) 169
이금제도 485
이금추(李金秋) 545
이기당(李紀堂) 606, 607
이노우에(井上淸) 370
이대교(李大釗) 825, 827, 829
이량(怡良) 151
이리포(伊里布) 63, 64, 67, 70-72
이문무(李文茂) 200
이문병(李文炳) 195
이문치(李文治) 25
이문학(李文學) 202, 261
이병형(李秉衡) 429, 536
이복명(李福明) 308
이봉포(李鳳苞) 301, 302
이성원(李星沅) 118
이세현(李世賢) 242, 244, 245, 247, 249
이소수(李昭壽) 187, 190, 245
이속의(李續宜) 226
이수성(李秀成) 180-185, 188, 191, 196,
    206-209, 219, 222, 240-243, 245,
    246, 248
이시요(李侍堯) 44
이아동(李亞東) 701
이열균(李烈鈞) 791, 802, 804
이영가(李英家) 189
이영화(李永和) 203
이유원(李裕元) 417
이이제이 414-420
이자성(李自成) 29
이준(李準) 649, 687
이춘훤(李春萱) 693, 698
이태국(李泰國. Horatio Nelson Lay)
    268, 270, 271
이토 히로부미 379, 494

이평서(李平書) 738
이한장(李瀚章) 261
이홍장(李鴻章) 221, 223, 226, 228,
    229, 230-233, 240, 245, 247, 249,
    250, 256, 258, 259, 273, 274, 282,
    284, 285, 287, 289, 292, 294, 297,
    299-301, 303-305, 314, 319, 322,
    344, 348, 349, 363, 365, 367, 369,
    371-379, 381, 384, 385, 397, 400,
    402-404, 409, 411, 414, 417, 433,
    451, 468, 475, 497, 521, 525, 538,
    540, 542-544, 547, 550, 554, 559,
    578, 580, 589, 662, 663, 698
이홍조(李鴻藻) 381
이화공사(怡和公司) 267, 293
이화원(頤和園) 302
일지회(日知會) 611, 689-691
임각민(林覺民) 688
임대북(林大北) 389
임보역(林葆懌) 817
임봉(林鳳) 38
임봉상(林鳳祥) 124
임소장(林紹璋) 219
임술경(林述慶) 751
임영승(林永昇) 374
임욱(林旭) 478-480, 492, 496
임의성(林義成) 388
임익지(林翼支) 701
임준(林俊) 201
임칙서(林則徐) 54-58, 60, 61, 63, 65,
    414
임화방(任化邦) 249, 250
입헌준비 583, 627, 629, 658, 663
입헌파 622, 629, 631-634, 661, 663,
    665, 679-681, 703, 709, 716, 717,
    720, 745, 769-771, 807

ㅈ

자딘(William Jardine) 59
자립회(自立會) 564
자산계급 633
자산계급 개량파 566
자산계급 입헌파 728
자산계급 혁명파 461, 479, 500, 566,
    583, 584, 596, 605, 616, 617, 621,
    625, 630, 631, 634, 652, 657, 683,
    685, 720, 728, 729, 734, 738, 745,
    770, 781, 782, 792, 793, 796
자안태후(慈安太后) 225, 281
자치학사 725
자희태후(慈禧太后) 225, 227, 281, 282,
    302, 330, 358, 363, 366, 369, 378,
    380, 414, 423, 451, 477, 478, 480,
    486, 488-495, 497, 500, 501, 503,
    504, 518, 521, 524-526, 528, 530,
    532, 534, 536, 550, 557, 564, 578,
    579, 581, 583, 609, 623, 625, 626,
    647, 659, 660, 664
잠육영(岑毓英) 364
잠춘명(岑春蓂) 638, 654
잠춘훤(岑春煊) 809, 817, 826
장개석(蔣介石) 724, 739
장갱량(莊賡良) 654
장건(張謇) 440, 442, 443, 627, 661,
    758, 769-771, 774, 776, 789, 793,
    796
장경량(張景良) 707
장경(長庚) 762
장계경(張繼庚) 138
장계자 443
장계(張繼) 683
장교(張釗) 121
장국감(張國淦) 706, 708
장국량(張國梁) 181
장권(張權) 454

장난선(張難先) 689, 713
장덕견(張德堅) 135
장락행 187, 189
장란(張瀾) 680
장명기(張鳴岐) 687, 740
장문광(張文光) 729, 730
장문상(張文祥) 650
장방(張鈁) 747, 752
장배작(張培爵) 735
장백린(張百麟) 724, 726, 727
장백정(張伯楨) 415
장봉홰(張鳳翽) 737, 752
장사교(章士釗) 567
장선계(張善繼) 201
장소증(張紹曾) 753
장수미(張秀眉) 202, 261
장여매(張汝梅) 513
장유교(蔣維喬) 596
장음환(張蔭桓) 379, 397, 414
장익무(蔣翊武) 690, 694, 697, 702,
    716, 718
장익풍(蔣益灃) 200
장인준(張人駿) 750, 751
장정보(張廷輔) 701
장정화 447
장종상 829
장종우(張宗禹) 249, 250
장지동(張之洞) 290, 292, 296, 297,
    304, 381, 382, 405, 408, 409, 415,
    425, 433, 434, 440, 443, 451, 452,
    457, 459-462, 479, 480, 481, 483,
    485, 486, 490, 498, 501, 504, 521,
    525, 540, 542, 554, 564, 580, 582,
    638, 663, 664, 671, 676, 689, 698
장진무(張振武) 718, 771
장찬신(蔣贊臣) 333
장태염(章太炎) 500, 602-604, 618, 682,
    770, 771

장표(張彪) 689, 695, 696, 700, 701
장해(蔣楷) 513
장회도(張匯滔) 751, 752
장훈(張勳) 750, 751, 765, 812-815, 821
재교(齋敎) 427
재도(載濤) 761
재란(載瀾) 521
재원(怡親王 載垣) 171, 225, 226
재의 524, 529, 537, 557, 578
재진(載振) 582
재첨(載湉) 281
재택(載澤) 624, 766
재풍(載灃) 660, 684, 706, 761
재훈(載勛) 521, 528
전강(錢江) 84
전계인(錢桂仁) 196, 197
전방(田芳) 121
전월철도(滇越鐵道) 575
전흥서(田興恕) 321, 331
정관응(鄭觀應) 311
정덕전(程德全) 671, 742, 751, 755, 769, 771, 789
정문사(政聞社) 627, 628, 724
정물막(井勿幕) 737
정벽광(程璧光) 815
정보정(丁寶楨) 364
정사량(鄭士良) 590, 649
정성공(鄭成功) 29, 39
정여성(鄭汝成) 808
정여창(丁汝昌) 373, 375
정옹(廷雍) 548, 549
정일창 319, 328, 329
정조음(鄭祖蔭) 740
정종유(程宗裕) 428
정학계(政學係) 817
정효서(鄭孝胥) 627
제사화(齊思和) 58
조계(租界) 79, 97-100, 413, 430, 711

조곤(曹錕) 753, 778
조덕전(趙德全) 725, 727, 728
조던(John Newell Jordan) 664, 716, 764
조병균(趙秉鈞) 788, 791
조서교(趙舒翹) 518
조성(趙聲) 642, 686-688
조신고표(照信股票) 423
조아백(曹亞伯) 718
조여림(曹汝霖) 828, 829
조이풍(趙爾豊) 680, 681, 732-734
조지 맥카트니(George Macartney) 46
종린동(鍾麟同) 730
좌보귀(左寶貴) 372
좌종당(左宗棠) 226, 231, 245, 247, 256, 264, 265, 282, 286, 287, 304, 343, 346-348, 350, 352, 357, 446, 463
좌학겸(左學謙) 721
주가보(朱家寶) 743
주경란(朱慶瀾) 733, 734
주귀전(朱貴全) 588
주기앙(朱其昂) 293
주서(朱瑞) 731, 736
주성예(周星譽) 417
주오(周五) 195
주은래(周恩來) 825
주집신(朱執信) 617
주차기(朱次琦) 446
주천보(周天寶) 749
주팽수(朱彭壽) 289
주홍등(朱紅燈) 511
주홍영(朱洪英) 199, 200
중국교육회(中國敎育會) 595, 596
중화민국연합회(中華民國聯合會) 771
중화민국임시약법(中華民國臨時約法) 779
중화민국임시정부조직대강(中華民國臨

時政府組織大綱) 754, 768
중화혁명당(中華革命黨) 799-802, 808, 810
증광균(曾廣鈞) 454
증국번(曾國藩) 125-128, 182-185, 213, 214, 223-230, 232, 233, 239-241, 245, 246, 249, 250, 256, 258, 272, 279, 282, 284, 285, 304, 328, 329, 348
증국전(曾國荃) 226, 245, 246, 258, 284, 366
증기(增祺) 524, 553
증기택(曾紀澤) 352, 357, 360
증육유(曾毓瑜) 263
증주(曾鑄) 627
지예(志銳) 381
지켈(Proper Marie Giquel) 287
진강(陳强) 655
진개(陳開) 200
진계원(陳啓源) 309
진금도(陳錦濤) 769
진기미(陳其美) 738, 755, 808
진독수(陳獨秀) 822, 825, 827
진득재(陳得才) 187, 203, 245, 246, 249
진무학사(振武學社) 689, 690
진백평(陳伯平) 646
진보당 792, 793, 802, 811
진보잠(陳寶箴) 455, 479
진소백(陳小白) 586, 588, 589
진옥성(陳玉成) 180-185, 188, 189, 240, 241, 243
진원상(陳沅湘) 431
진일강(秦日綱) 143, 243
진작신(陳作新) 655, 721-723
진천추(陳千秋) 448
진천화(陳天化) 583, 600-602, 604, 607, 620, 652
진추국(陳秋菊) 389

진치(陳熾) 312, 335
진형명(陳炯明) 688, 740, 817
진환(陳宦) 805, 808
진회(秦檜) 332

㉛
채소남(蔡紹南) 635-638
채악(蔡鍔) 729, 730, 804, 805
채원배(蔡元培) 595, 596, 608, 769, 778
채화삼(蔡和森) 825
천조전무제도 129, 130, 132, 134, 136, 193, 194
천지회(天地會) 110, 111, 115
천진조약 159, 165-167, 169, 207, 215, 267, 268, 274
철도부설권 회수운동 639, 673
철량(鐵良) 649, 664
철충(鐵忠) 696
첨대비(詹大悲) 677, 691, 701, 707, 714
첨아서(詹阿瑞) 389
청방(靑幇) 110, 738
청 황제의 퇴위 781
초달봉(焦達峰) 721-723
초상국(招商局) 289, 290, 293, 294, 307, 574
총리각국사무아문(總理各國事務衙門) 211, 283, 579
추근(秋瑾) 644-648
추로(鄒魯) 588, 799, 810
추용(鄒容) 602-604

㉿
케텔러(Klemens Freiherr von Ketteler) 528, 530
켐벨(J. D. Kempbell) 368
콘저(E. Conger) 505, 514
쿠싱(Caleb Cushing) 80
크리스토비츠 545, 553

클레어런던(Clarendon) 356

ⓔ

탑성회의 339
탕수잠(湯壽潛) 646, 731, 769, 771
탕지균(湯志鈞) 564
탕향명(湯薌銘) 808
탕화룡(湯化龍) 628, 698, 699, 703, 715, 716, 724, 771
태고공사(太古公司) 267, 293, 575
통속적 진화론 470
통일공화당 789
통일당(統一黨) 771, 793
투밍(妥明) 340, 341
트리쿠((Arthur Tricou) 365
티에르(Louis Adolphe Thiers) 354

ⓟ

파리강화회담 826
파머스톤(Palmerston) 62, 154, 155
파블로프(Ivanovich Pavlov) 396-398
파비에(Pierre-Marie-Alphonse Favier) 517
파크스(Harry Smith Parkes) 172, 183, 215-217
파트노트르(Jules Patenôtre) 366, 369
팔기병 31, 32
팽가진(彭家珍) 766
팽수송(彭壽松) 739
팽약슬(彭若瑟) 333
팽정만(彭程萬) 742
팽초번(彭楚藩) 694
페리(Jules Ferry) 363, 365, 368
포붕(鮑鵬) 70
포세신(包世臣) 92
포스터(John Watson Foster) 41
포전준(蒲殿俊) 678-680, 733, 734
포팅어(Sir Henry Pottinger) 65, 67

표트르대제 466, 476
푸르니에(FranÇois-Ernest Fournier) 365
푸티아틴(Euphimus Putiatin) 157, 163, 164
풍계분(馮桂芬) 236
풍국장(馮國璋) 706, 707, 714, 716, 754, 761, 765-767, 807, 809, 811, 813-815
풍승아(豊昇阿) 372
풍여규(馮汝騤) 741
풍옥상(馮玉祥) 763
풍운산(馮雲山) 112, 114, 115, 117, 119, 139, 234
풍자유(馮自由) 596, 617
풍자재(馮子材) 368, 369
풍특민(馮特民) 763

ⓗ

하계청(何桂淸) 169, 170, 205
하계(夏啓) 360
하록(何祿) 200
하섭(夏燮) 320
하수강(夏壽康) 698
하신의(何信義) 195
하지시(夏之時) 732, 735
하진(何震) 683
하해명(何海鳴) 677, 701, 714
한신(韓信) 715
한양철창 295, 296, 297
함풍 황제 166, 167, 169, 172, 211, 226
향영(向榮) 118, 121, 126, 138, 143, 180
허경징(許景澄) 521
허내제(許乃濟) 53-55
허상광(許祥光) 88, 89
허설추(許雪秋) 641, 683
허응규(許應騤) 492, 495, 540
헉슬리 463, 464

헌정공회(憲政公會) 628
헌정주비회(憲政籌備會) 628, 676
혁경(奕經) 66, 68, 75
혁광(奕劻) 378, 490, 544, 550, 554,
　559, 573, 578, 662, 706, 708
혁덕(赫德. Robert Hart) 268, 277, 278,
　300, 357, 358, 366, 368, 399, 400,
　409, 506, 543, 555
혁명파 633
혁산(奕山) 65, 73, 74, 76, 164
혁정(赫政. James Hart) 357
혁현(奕譞) 281, 296, 301, 326, 490
혁흔(奕訢) 172, 211, 212, 217, 225,
　227, 282, 283, 297, 378, 379, 414,
　475
협정관세 제도 268
호경이(胡景伊) 735
호국군 804
호국운동 805
호림익(胡林翼) 127, 179, 182, 183, 224
호문조약(虎門條約) 78, 79
호법운동 816
호북군정부(軍政府) 698, 704
호영(胡瑛) 689
호유록(胡有祿) 199, 200
호이트(W. Howitt) 40
호프(James Hope) 167, 168, 183, 215,
　216, 219-221, 232
호한민(胡漢民) 685, 740, 791
홍강회(洪江會) 636-638
홍련회(洪蓮會) 652
홍문(洪門) 110, 645
홍수전(洪秀全) 112-115, 117, 124, 137,
　138, 140, 144, 184, 191, 192, 194,
　207, 216, 234, 240, 241, 246, 248,
　463, 515, 586
홍인간(洪仁玕) 113, 191-194, 208,
　234, 239, 242, 248

홍인달(洪仁達) 240
홍인발(洪仁發) 240
홍전복(洪全福) 606, 607
홍천귀복(洪天貴福) 248
화사납(花沙納) 158
화신(和珅) 25
화아도승은행(華俄道勝銀行) 439
화춘(和春) 180, 181
화흥회(華興會) 607-611, 614, 635, 689
황계윤(黃桂鋆) 456
황금영(黃金榮) 739
황득미(黃得美) 201
황명당(黃明堂) 642, 643
황문금(黃文金) 243, 246
황문영(黃文英) 243
황복생(黃復生) 684
황영방(黃榮邦) 388
황작자(黃爵滋) 54, 55
황제주(黃濟舟) 727
황조(黃藻) 567
황종영(黃鍾瑛) 769
황종한(黃宗漢) 176, 177
황종희(黃宗羲) 34
황준헌(黃遵憲) 415
황충호(黃忠浩) 721
황택림(黃澤霖) 726, 727
황포조약 81, 150
황흥(黃興) 607, 608, 610, 614, 635,
　639, 642, 643, 648, 682, 685-689,
　707, 709, 714, 715, 755, 756, 768,
　769, 788, 789, 791, 801
회군(淮軍) 221, 223, 228, 230, 232,
　245, 247, 249, 258, 284, 367, 376
회탑포(懷塔布) 490, 492, 495
회풍은행(匯豊銀行) 267, 294, 400
흑기군(黑旗軍) 201, 362, 369, 388
흑룡회(黑龍會) 672
흥중회(興中會) 566, 587-589, 606, 614,

649
히로부미(伊藤博文) 371

21개조 798, 802, 806, 814, 826, 827, 828
3국 간섭 394, 395, 409, 412
4국은행단 677
Morse 85, 150, 154, 271, 323, 401,
   506, 538, 541, 545, 559
Roberts(중국명 나효전[羅孝全]) 144

아편전쟁에서 5·4운동까지

발행일 1쇄 2013년 7월 20일

　　　　2쇄 2018년 2월 20일

지은이 호승(胡繩)

옮긴이 박종일

펴낸이 여국동

펴낸곳 도서출판 인간사랑

출판등록 1983. 1. 26. 제일-3호

주소 경기도 고양시 일산동구 백석동 1178-1번지 2층

전화 031)901-8144(대표) | 977-3073(영업부) | 031)907-2003(편집부)

팩스 031)905-5815

전자우편 igsr@naver.com

페이스북 http://www.facebook.com/igsrpub

블로그 http://blog.naver.com/igsr

인쇄 인성인쇄 **출력** 현대미디어 **종이** 세원지업사

ISBN 978-89-7418-313-4 93910

* 책값은 뒤표지에 있습니다.　　* 잘못된 책은 바꿔드립니다.

* 이 책의 내용을 사용하려면 저작권자와 도서출판 인간사랑의 동의를 받아야 합니다.

이 도서의 국립중앙도서관 출판시도서목록(CIP)은 서지정보유통지원시스템 홈페이지(http://seoji.nl.go.kr)와
국가자료공동목록시스템(http://www.nl.go.kr/kolisnet)에서 이용하실 수 있습니다.(CIP제어번호: CIP2013008545)